Enciclopedia del Perú

ENCICLOPEDIA DEL
PERU

ENCICLOPEDIA DEL
PERU

OCEANO

Es una obra de
OCEANO
GRUPO EDITORIAL

EQUIPO EDITORIAL

Dirección
Carlos Gispert

Dirección de Producción y Subdirección
José Gay

Dirección de Edición
José A. Vidal

Dirección de la obra
Graciela d'Angelo

Edición
Edgardo Dobry
Carmen Giralt
Daniel Torras

Diseño
Ferran Cartes/Montse Plass

Edición gráfica y maquetación
Josep A. Borrell
Victoria Grasa
Laura Manzanera
Gregori Miana

Preimpresión
Didac Puigcerver

Producción
Antonio Aguirre
Antonio Corpas
Daniel Gómez
Alex Llimona
Ramón Reñé
Antonio Surís

Sistemas de cómputo
María Teresa Jané
Gonzalo Ruiz

Cartografía autorizada por el Ministerio de Asuntos Exteriores - OF.RE.(DFL-CAR) Nº 0.4.A/597

Milanesat, 21-23
EDIFICIO OCEANO
08017 Barcelona (España)
Tel. 34 932 802 020* – Fax 34 932 041 073
www.oceano.com

IMPRESO EN ESPAÑA - PRINTED IN SPAIN

ISBN: 84-494-1443-1
Depósito legal: B-19506-XLII

COORDINACIÓN

Carlos Peñaherrera del Águila
Geógrafo. Profesor Emérito Universidad Nacional Mayor de San Marcos. Premio Nacional de Fomento a la Cultura Antonio Raimondi.

COLABORADORES

Carlos Araníbar Zerpa
Historiador. Profesor Emérito de la Universidad Nacional Mayor de San Marcos.

Alfonsina Barrionuevo
Periodista. Profesora en la Escuela de Periodismo.

Carlos Castillo Ríos
Abogado. Doctor en Educación. Profesor Emérito de la Universidad Nacional Mayor de San Marcos. Consultor internacional.

Jaime Fernando Coronado del Valle
Sociólogo. Miembro del Centro de Investigación Social.

Joseph Dager Alva
Historiador. Profesor en la Pontificia Universidad Católica del Perú. Miembro del Instituto Riva-Agüero.

Ricardo González Vigil
Poeta y crítico literario. Profesor en la Pontificia Universidad Católica del Perú.

Roger Guerra-García
Investigador científico.

Jorge Morelli Pando
Embajador retirado. Miembro de la Comisión Consultiva del Ministerio de Relaciones Exteriores.

Luis Oliveros Lakoma
Geógrafo. Magister en Desarrollo Regional, experto en Integración Económica y Doctor en Geografía.

Manuel Jesús Orbegozo Hernández
Periodista. Profesor en la Universidad Nacional Mayor de San Marcos.

Carlos Peñaherrera del Águila
Geógrafo. Profesor Emérito Universidad Nacional Mayor de San Marcos. Premio Nacional de Fomento a la Cultura Antonio Raimondi.

Inés Pozzi Escot
Lingüista. Profesora Emérita en la Universidad Nacional Mayor de San Marcos.

Alfredo Quispe Correa
Especialista en Derecho Constitucional. Ex Decano de la Facultad de Derecho Universidad de San Martín.

Catalina Romero Cevallo
Socióloga. Profesora en la Pontificia Universidad Católica del Perú. Investigadora del Instituto Bartolomé de las Casas.

José Tamayo Herrera
Historiador. Ex Director de la Biblioteca Nacional. Profesor en la Universidad de Lima.

Luis Enrique Tord
Doctor en Antropología y escritor. Profesor en la Universidad de Lima y la Universidad Nacional Agraria La Molina.

Ernesto Yepes del Castillo
Profesor en la Universidad de Lima y la Universidad Nacional Agraria La Molina.

FOTOGRAFÍA E ILUSTRACIÓN

AGE
Aisa
Archive photos
Archivo Corbalán
Balaguer, Alejandro
Biblioteca Nacional del Perú
Bizantium
Blassi, Jaume
Carrasco, Ricardo
Chambí
D'Auriol, Mylene
EFE
Englebert, Víctor
Etchart, Julio
Ferrer & Sostoa
Giannoni, Daniel
Giraud, Thierry
Hereter, Román
Iberdiapo
Index
Larrabue, Cecilia
Lénars, Charles
Lezama, Diego
Molina, J. Enrique
Pedrol, Josep
Peñaherrera del Águila, Carlos
Plenge, Heinz
Prisma
Solimano, Aníbal
Souto, Nelson
Tord, José Luis
Tord, Luis Enrique
Uccelli, Renzo
Vautier, Mireille

Presentación

La historia de Perú demuestra hasta qué punto resulta equívoca la denominación de «Nuevo Mundo» aplicada a América, ya que pocos países en todo el planeta podrían acreditar una genealogía tan antigua como la nuestra. En efecto, si los vestigios de población en suelo peruano se remontan hasta cerca del año 10000 a.C., a partir del 1000 a.C., con el llamado Horizonte Temprano, podemos hablar ya de culturas tan importantes como Chavín o Paracas, cuyos rastros han sido estudiados por los más eminentes antropólogos nacionales y extranjeros. Se ha comprobado así que el desarrollo de la cerámica, las formas primitivas de agricultura y ganadería, además de la progresiva complejidad de las estructuras sociales, ubican a estas civilizaciones entre las más avanzadas de su tiempo. A partir del siglo XV de nuestra era, con la gran expansión territorial de los incas y la consolidación del Tahuantinsuyo, nos hallamos ya ante un verdadero imperio, con una vasta distribución territorial y una consolidada organización política y social. Los modernos enfoques históricos, que han roto con el secular etnocentrismo europeo, nos permiten ahora comprender en profundidad la importancia de aquellas civilizaciones, cuyo acerbo permanece en numerosas manifestaciones de la cultura y la tradición nacional.

A partir de la llegada de Pizarro y sus hombres, con el apresamiento y muerte del Inca Atahualpa, el Perú ingresa en la larga etapa colonial de su historia, pasando a formar parte del imperio español; entre 1544 y 1824, nada menos que cuarenta virreyes se sucedieron en Lima, a lo largo de dos dinastías y diez soberanos en el trono de España. En esos casi tres siglos la entera realidad política, social, demográfica, cultural, económica, religiosa y lingüística se vio profundamente alterada. Con el comienzo de la etapa republicana, en fin, el Perú emprendió un lento pero persistente viaje hacia la modernidad y en pos de su integración plena en la comunidad internacional. Ello implicó, y sigue implicando, la asunción de los rasgos singulares del país, que están definidos justamente por la compleja amalgama de la cultura y los cánones europeos sobre un intrincado sustrato vernáculo. De esta forma, durante el siglo XX el Perú se ha ido consolidando como entidad nacional de rasgos netamente definidos, enmarcada en su contexto latinoamericano —sin excluir las relaciones a veces difíciles con los países vecinos, desde la Guerra del Pacífico a los numerosos litigios fronterizos, sobre todo con Ecuador, que por fin parecen definitivamente despejados— y en sus fluidas relaciones con la comunidad internacional. La reciente consolidación de las instituciones democráticas, tras un camino muchas veces accidentado e inestable, debe ser comprendida asimismo en ese marco.

La enorme riqueza del suelo peruano, la extensión de su litoral marítimo, la división del territorio entre costa y sierra no son ajenas a esa evolución histórica. ¿Cómo entender la configuración social sin hablar de las explotaciones mineras, de los cultivos que cubren el paisaje desde los ricos valles costeños hasta las laderas andinas? ¿Cómo explicar el desmesurado crecimiento de Lima y de otras ciudades peruanas sin aludir al relativo eclipse de las economías regionales vinculadas a la producción agrícola y ganadera? Y, en fin, ¿cómo no ver en la narrativa de un José María Arguedas, en la poseía de un César Vallejo o en los ensayos de un José Carlos Mariátegui las más altas manifestaciones que esta abigarrada realidad ha dejado en la literatura y en el pensamiento?

En su intento de dar cuenta de esta compleja pluralidad, la Enciclopedia de Perú se presenta como un espejo del largo recorrido histórico y del rico presente del país. Los más destacados especialistas en cada materia han coordinado sus esfuerzos para esta obra, actualizando los enfoques y datos y resumiendo en un número de páginas relativamente breves el producto de muchos años de estudio e investigación.

La forma de una obra determina su contenido. En una enciclopedia temática los capítulos permiten —incluso exigen— un análisis amplio, sin troquelados artificiosos ni segmentaciones abruptas. De esta forma, en la presente obra el dato histórico o la cifra estadística son analizados y cotejados, puestos en su contexto y, al mismo tiempo, relacionados con el desarrollo anterior que los ha favorecido o determinado, y con los acontecimientos posteriores que se han visto influidos por ellos.

Tanto la historia como la literatura, tanto la economía como las instituciones nacionales, necesitan su *relato*, es decir su «relación» con las otras áreas, con los acontecimientos que les son contemporáneos, con el trasfondo de la realidad del país y del mundo. Con este fin, la Enciclopedia de Perú, a través de una serie de biografías, un apartado cronológico y un índice onomástico, facilita un rápido abordaje al lugar o lugares en que aparece el dato buscado, y éste es visto dentro de la integridad de que forma parte, pudiendo el lector profundizar la información cuanto desee. El profuso material gráfico —que abarca desde la ilustración histórica hasta la documentación fotográfica, la reproducción de obras de arte y la más actualizada cartografía— y la puntualización sobre datos o citas específicas en los recuadros que complementan el texto central de cada capítulo favorecen un acceso al mismo tiempo cómodo y amplio a la información.

Hemos dicho que la forma de una obra determina sus contenidos. Debemos agregar que el objeto de la obra los determina a ambos. Por ejemplo, las páginas dedicadas a los capítulos históricos se proponen abarcar el largo y complejo recorrido de la presencia humana en nuestro territorio; desde aquellos primitivos recolectores e inspirados ceramistas hasta los últimos años, marcados por inusitados fenómenos, como las nuevas formaciones políticas, la irrupción, expansión y caída del fenómeno guerrillero, el difícil problema de las plantaciones de coca (con la consiguiente deforestación salvaje de los terrenos), las perspectivas y riesgos que supone para el país su inserción en la globalización económica o el particular fenómeno que combina, de un lado, la imparable urbanización de la población y, del otro, la progresiva asunción por parte de todos los estratos sociales y políticos del rico sustrato vernáculo de la cultura peruana. La riqueza y la problemática particular de cada uno de los departamentos del Perú, la diversidad biogeográfica del territorio, las potencialidades económicas del país y sus posibles formas de desarrollo: todos los aspectos que sirven a una abarcadora comprensión de la realidad nacional tienen cabida en esta Enciclopedia del Perú.

Plan general de la obra

GEO	**Geografía**	El territorio	1
		El relieve	15
		Variedad climatológica	55
		Hidrografía continental	87
		El Mar de Grau	121
DEP	**Departamentos**	La división político-administrativa	153
BIO	**Biodiversidad**	Flora y fauna	257
		Medio ambiente y ecología	281
POB	**Población**	La población	307
		Las ciudades	337
ECO	**Economía**	Actividades económicas primarias	363
		Minería e industria	387
		Infraestructura y servicios	417
HIS	**Historia**	El Perú precolombino	453
		El período colonial	513
		El Perú en el siglo XIX	553
		El Perú de la primera mitad del siglo XX	585
		El Perú en las últimas décadas: De 1950 a la actualidad	615
		Instituciones públicas	637
		Historia regional	657
SOC	**Sociedad**	La sociedad	669
LEN	**Lenguas**	Pueblos y lenguas indígenas	695
CUL	**Cultura**	Cultura tradicional	719
		Ciencia y tecnología	737
		La literatura	757
ART	**Arte**	Artes plásticas	797
		Arquitectura	835
		Periodismo, deportes y espectáculos	869
		Relaciones exteriores	889
CRO	**Cronología**	Cronología	911
PER	**Biografías**	Personajes	941
		Acta Presidencial de Brasilia	967
		Índice onomástico	971

Sumario

EL TERRITORIO 1
Localización. Cumbres y depresiones 3
El marco de coordenadas geográficas 3
Extensión superficial 3
Tratado de límites con Ecuador: el Protocolo de Río 5
El fallo del capitán Aguiar 7
Las otras fronteras: Colombia, Brasil, Bolivia y Chile. El nombre de Perú 9
La «atormentada» geografía peruana 10
El nombre de Perú 11
Nombre desconocido por los incas 13

EL RELIEVE 15
Grandes rasgos morfológicos del Perú 17
La costa 17
El relieve andino 17
Orogenia andina 18
Rasgos morfológicos más característicos 20
Morfología submarina y litoral 21
Morfología de la costa 23
La costa norte 24
La costa central 25
La costa sur 27
Morfología andina 28
División en zonas 28
El piso inferior 28
El piso de altitudes medias 30
El piso superior 31
Piso altitudinal de muy alta montaña 33
Morfología de la región de bosques amazónicos 34
La ceja de selva 34
La selva alta 34
Los cañones fluviales 37
La selva baja o llano amazónico 39
Otros rasgos morfológicos de importancia 41
Altos o restingas 41
Zonas inundables y pantanosas de la selva baja 42
Evolución de vertientes en la selva amazónica 43
Morfología periglaciar y glaciar 45
Actividad sísmica y vulcanismo 47
Actividad sísmica 47
Vulcanismo 48

VARIEDAD CLIMATOLÓGICA 55
La diversidad climática 57
La barrera andina 57
Convergencia intertropical y «fríos de San Juan» 58
Clima de la costa 58
Clima de la región andina 62
Piso altitudinal de 1,000 a 2,000 m 63
Piso altitudinal de 2,000 a 3,500 m 64
Piso altitudinal de inicio de las heladas 65
Piso altitudinal de 3,500 a 4,400 m 67
Piso altitudinal andino de 4,400 a 5,000 m 69
Piso altitudinal muy frío de la muy alta montaña 72
La región de bosques amazónicos 73
Clima tropical 73
Temperaturas en la selva 74
Precipitaciones en la selva 76
Tipos de clima según la altitud 77
Un país de contrastes 80
El fenómeno El Niño 81
Grandes alteraciones climáticas 81
Cómo se genera el fenómeno de El Niño 82
Características y efectos del fenómeno 85

HIDROGRAFÍA CONTINENTAL 87
La vertiente hidrográfica del Pacífico 89
Ríos torrentosos 89
Principales cursos de la vertiente del Mar de Grau 89
Cursos menores 92
La vertiente hidrográfica del Atlántico 98
Ríos de gran extensión 98
El sistema del Amazonas 98
El Amazonas peruano y su cuenca 100
Descubrimiento del Amazonas 102
Localidades de la cuenca Amazonas-Ucayali-Apurímac 103
Afluentes del bajo Amazonas 103
Afluentes por la margen derecha 104
Río Ucayali-Apurímac 105
Río Urubamba 106
Río Mantaro 107
Ríos Perené-Chanchamayo y Pachitea 107
Río Pacaya 108
Río Marañón 109
Afluentes del Marañón por su margen izquierda 110
Afluentes del Marañón por su margen derecha 112
Lagos y lagunas 115
Lago Titicaca 115
Otros lagos y lagunas 116
Lagos y lagunas de la Amazonia peruana 119
Aguas subterráneas 120
Aguas termominerales y medicinales 120

EL MAR DE GRAU 121
Fenómenos oceánicos en el litoral peruano 123
Tipología de las olas 123
Las mareas 124
Los tsunamis 126
El Mar de Grau y la corriente Peruana 127
Anomalías térmicas del litoral peruano 127
Peculiaridad de la coloración marítima 129
La corriente Peruana 130
Bajas temperaturas en la superficie 131
Anomalías térmicas del Mar de Grau 134
Características de El Niño 135
Zonas más contaminadas del Mar de Grau 136
Los recursos del Mar de Grau y su explotación 137
Variedad según el emplazamiento 137
Presencia de mamíferos en aguas peruanas 143
Las aves guaneras 144

El mar y el hombre peruano 146
Primitivos navegantes 146
Aparejos, embarcaciones y puertos 147
Acuicultura, harina y aceite 150

LA DIVISIÓN POLÍTICO-ADMINISTRATIVA 153
Amazonas 155
Ancash 159
Apurímac 163
Arequipa 167
Ayacucho 171
Cajamarca 175
Provincia Constitucional del Callao 179
Cusco 183
Huancavelica 187
Huánuco 191
Ica 195
Junín 199
La Libertad 203
Lambayeque 207
Lima 211
Loreto 215
Madre de Dios 219
Moquegua 223
Pasco 227
Piura 231
Puno 235
San Martín 239
Tacna 243
Tumbes 247
Ucayali 251

FLORA Y FAUNA 257
Variedad de la flora peruana 259
Flora de la costa 259
Flora de los Andes 261
La selva baja y las grandes llanuras amazónicas 262
Formaciones vegetales del Perú 265
Desiertos y malezas 265
El bosque espinoso 266
Praderas y tundras 267
Bosque montano 267
Bosque subtropical y tropical 268
Fauna del litoral 271
Especies del Pacífico 271
Variedad de aves 273
Fauna de la región andina 274
Fauna de la selva 276
Animales característicos de la selva 276
Aves de la selva 278
Peces de agua dulce 280

MEDIO AMBIENTE Y ECOLOGÍA 281
Los fenómenos atmosféricos y sus consecuencias 283
Gran diversidad de flora y fauna 283
Escasez de agua potable 283
Inundaciones por El Niño extraordinario 284
Carencias en las construcciones 285
El medio ambiente. Atmósfera y suelos 287
Riesgos del hacinamiento 287
Contaminación de aguas 288
La caza indiscriminada 292
La deforestación de los bosques 293
Tala ilegal del algarrobo 293
Explotación irracional de la tierra 294
La ley de Áreas Naturales Protegidas 298
Título I. Disposiciones generales 298
Título II. De la gestión del sistema 299
Título III. De los instrumentos de manejo 301
Título IV. Utilización de las Áreas Naturales Protegidas 304

LA POBLACIÓN 307
El poblamiento prehispánico 309
Los primeros pobladores 309
Primeros agricultores 310
Las culturas superiores 310
Evolución demográfica durante la Colonia y la República 312
Guerra y enfermedades 312
El período republicano 313
El período de transición 314
Evolución demográfica contemporánea 315
Crecimiento y migración interna 315
Natalidad y fecundidad 316
Tasa bruta de mortalidad 318
Estructura sociodemográfica 321
Composición de la población por edad 321
Composición de la población por sexo 321
Caracterización cultural 323
La población según el nivel educativo 324
Caracterización económica de la población 326
Rasgos propios del Perú 326
La PEA por ramas de actividad 327
La PEA según las categorías ocupacionales 330
Redistribución espacial de la población 331
Las corrientes migratorias 331
Composición urbana y rural 332
Tendencias demográficas 335

LAS CIUDADES 337
El proceso de urbanización 339
La ciudad prehispánica 339
La ciudad colonial 340
Aislamiento y recursos mal explotados 343
Del período republicano a la ciudad moderna 344
Crecimiento de los puertos 344
Auge de la minería y decadencia del caucho 345
La urbanización contemporánea 346
Flujos de inmigración interna 347
El sistema urbano nacional 349
Las tres generaciones 349

Sumario

Tipología de ciudades 350
Ciudades intermedias 352
Centros urbanos locales 355
Ciudades pioneras 355
Lima Metropolitana 356
Las etapas del crecimiento 356
Los barrios residenciales 359
Problemas de Lima Metropolitana 361

ACTIVIDADES ECONÓMICAS PRIMARIAS 363
Evolución de la economía nacional 365
La economía agrícola prehispánica 365
Culturas diversas, desafíos comunes 365
La economía minera colonial 367
Los espacios económicos en el tránsito hacia la República 368
Apogeo y decadencia de los puertos 370
La Confederación Peruano-Boliviana 372
La era del guano 372
La actividad agrícola 377
Agricultura costera y andina 377
La producción agrícola comercial: arroz y algodón 377
La agricultura andina 381
El potencial forestal 382
La explotación del caucho 383
Ganadería y pesca 384
Puna y valles costeños 384
La pesca marítima, fluvial y lacustre 385

MINERÍA E INDUSTRIA 387
La minería peruana a través de los siglos 389
Impulso tras la Conquista 389
Recuperación del oro 391
Cobre y vanadio 391
Plomo, zinc y oro 393
Breve historia del petróleo 394
Situación actual de la minería: recursos y explotación 396
Riqueza del territorio 396
Claves de la producción 397
Extracción de oro, zinc y plata 398
Hierro y estaño 399
El impacto social y económico de la minería 399
El impacto ambiental 403
Desarrollo del sector industrial 404
El período de expansión 404
El modelo de sustitución de importaciones 404
El gobierno de Velasco Alvarado 407
La producción industrial 408
Características del entramado industrial 409
Recursos energéticos 410
Insuficiencia de la capacidad eléctrica 410
Las reservas de petróleo 413
La producción de gas 415

INFRAESTRUCTURA Y SERVICIOS 417
Transportes, comunicaciones y sistema bancario 419
Situación de las comunicaciones 419
Transporte terrestre 420
Aviones y telecomunicaciones 422
El comercio exterior 422
Banca y finanzas 424
Creación de fondos de crédito 425
Crisis del sistema financiero 426
Los servicios de salud y educación 428
La educación 428
Atractivos turísticos del territorio nacional 431
Principales enclaves 431
Departamentos de Tumbes, Piura y Lambayeque 431
Departamentos de Cajamarca y Amazonas 433
Departamento de La Libertad 433
Departamento de Ancash 434
Departamento de Lima 434
Departamento de Ica 435
Departamento de Arequipa 436
Departamentos de Moquegua, Tacna y Puno 437
Departamento del Cusco 438
Departamentos de Apurímac y Ayacucho 440
Departamentos de Huancavelica y Junín 441
Departamentos de Pasco y Huánuco 441
Departamento de San Martín 442
Departamento de Loreto 443
Departamento de Ucayali 443
Departamento de Madre de Dios 444
Itinerarios y recorridos 445
De Lima a todo el Perú 445
Otros circuitos extradepartamentales 446
Las rutas del Cusco 448

EL PERÚ PRECOLOMBINO 453
Orígenes del hombre americano 455
Primeras soluciones al enigma 455
Cronología 459
Balance de la cuestión 461
La antigüedad del poblador peruano 461
La ciencia en la posguerra 461
La arqueología peruana hasta 1945 462
Los viajeros del siglo XIX 464
Uhle, Tello: la arqueología científica 466
Periodificación 468
Áreas culturales 468
Periodificaciones 468
Duplicaciones 469
¿Evolución unilineal? 469
Evolución multilineal y diacronía 469
Horizontes y períodos 470
Tabla de Rowe 470
La marcha hacia la unidad 470
Geografía de contrastes 470
Las regiones 471
Período inicial 472
Lítico o Caza-recolección (desde 10000 a.C.) 472
Comienzos de la agricultura (desde 7000 a.C.) 473

Aparición de la cerámica en los Andes 475
Horizonte temprano (formativo medio y superior) 476
Formativo inferior (desde 1800 a.C.) 476
Formativo medio o Chavín (desde 800 a.C.) 476
Formativo superior (desde 200 a.C.) 479
Paracas 479
Vicús 481
Salinar y Gallinazo 481
Pucara 481
Período intermedio temprano (200 d.C. a 900 d.C.) 482
Moche 482
Nazca 483
Tiahuanaco 484
Horizonte medio (Huari-Tiahuanaco) 487
Nuevo ensayo de unificación panandina 487
Huari 487
Período intermedio tardío (1000/1100-1450) 489
Chimú 489
Chincha 490
El Horizonte tardío: los incas 493
Crónicas. Nuevas fuentes 493
Nuevos estudios 493
Etapas de la historia inca 494
De los orígenes a la formación del Estado (1200-1438) 494
Los incas en el Cusco 495
De Pachacuti a la invasión europea (1438-1532) 496
El Tahuantinsuyo 498
El Cusco 499
Organización social 500
Organización económica 502
Las artes 505
Carácter del dominio Inca 506
Mundo de creencias 509
Tópicos erróneos o discutibles 510
Reflexión final 511

EL PERÍODO COLONIAL 513
División interna en el Tahuantinsuyo 515
Alianza contra los incas 515
El enfrentamiento entre Huáscar y Atahualpa 515
La corriente etnohistórica 517
Interrogantes y concepciones 518
La llegada de los españoles 520
Pizarro y sus hombres 520
Los viajes de Pizarro 521
El tercer viaje de Pizarro 525
Descubrimiento, invasión, conquista, encuentro 527
La situación tras la Conquista 528
La crisis demográfica 528
Primeras ciudades de la era colonial 529
El sistema de las encomiendas y las Leyes Nuevas 531
Las «Ordenanzas» del virrey Toledo 532
Organización política, social, económica y religiosa del virreinato 534
Instituciones metropolitanas: la monarquía absoluta 534
Instituciones locales: el virrey 535
Un nuevo cargo: el corregidor 537
La sociedad colonial 539
El modelo económico 541
La Iglesia durante la Colonia: las órdenes 543
Educación bajo la Colonia:la Universidad de San Marcos 546
De las reformas borbónicas a la antesala de la Independencia 547
Los objetivos de Carlos III 547
La rebelión de Túpac Amaru II 548
El principio del fin de la Colonia 550

EL PERÚ EN EL SIGLO XIX 553
El Perú de 1821 a 1827 555
La Emancipación 556
Afirmación y crisis de Perú como entidad independiente 561
El militarismo y la determinación de las fronteras 561
La economía de 1821 a 1840 564
La anarquía: 1842-1849 567
La era del guano 569
La venta libre del guano 570
El sistema de consignaciones 572
El monopolio 573
El señuelo ferroviario 574
Balance de una era 575
El primer circuito bancario 576
Influjo guanero en otras actividades económicas 576
El guano y la deuda 577
El Partido Civil 578
El primer gobierno civil: Manuel Pardo 578
Los esclavos y los coolíes chinos 579
La guerra con Chile 580
Antecedentes del conflicto 580
Desarrollo de la guerra 581
Perú tras la Guerra del Pacífico 582

EL PERÚ DE LA PRIMERA MITAD DEL SIGLO XX 585
La República Civilista 587
Los primeros tiempos de la República Civilista 587
Poder y oligarquía 588
Bases institucionales del modelo exportador: se definen las reglas de juego 589
El ascenso de Billinghurst 594
Crisis económica y conflicto social. La caída del civilismo 597
Límites de la política económica civilista 597
Transformaciones en la estructura social 598
La jornada de ocho horas 600
La caída del civilismo 601
El oncenio de Leguía 602
La trayectoria de Leguía 602
El oncenio: balance de un proyecto político 604
El leguiísmo y el sistema internacional 604
Las nuevas corrientes ideológicas y la transición

Sumario

oligárquica 608
La década indigenista 608
El período 1930-1948: la transición oligárquica 609
La restauración oligárquica 610
La respuesta oligárquica: de Sánchez Cerro a Benavides 612
La Segunda Guerra Mundial y las exportaciones 613

EL PERÚ EN LAS ÚLTIMAS DÉCADAS: DE 1950 A LA ACTUALIDAD 615
El nuevo rostro del Perú 617
Cambios demográficos: de país rural a país urbano 617
La modernización liberal 619
Participación del capital local 620
El auge exportador 621
La industria de sustitución de importaciones. La Ley de Promoción Industrial 623
Modernización vía estatal 626
Un nuevo diseño del Estado 626
Las empresas públicas 627
El fracaso de las reformas estructurales 627
Crisis y segunda fase del gobierno militar 628
Gobiernos de Alan García y Alberto Fujimori 630
Crisis económica y polarización política 630
La afirmación de la diversidad 632
Una nueva etapa 634

INSTITUCIONES PÚBLICAS 637
Breve historia constitucional 639
Las Constituciones peruanas 639
La Constitución de 1993 641
Estructura del Estado 644
El Congreso y sus miembros 644
El poder ejecutivo 645
El poder judicial 647
El Ministerio Público 649
El sistema electoral 651
El Tribunal Constitucional 651
Las garantías constitucionales 652
Las fuerzas políticas 654
Surgimiento de los partidos 654
El movimiento sindical 655

HISTORIA REGIONAL 657
Las regionalizaciones del territorio peruano 659
Cusco 660
Arequipa 662
Puno 663
Loreto 665
Piura 667
Lambayeque y La Libertad 667
Junín 668

LA SOCIEDAD 669
Rasgos de la sociedad peruana 671
La colonialidad del poder en la sociedad peruana 671
La sociedad peruana «oligárquica» 671
Modernización social 672
Recomposición de la estructura social 673
La desaparición de las relaciones serviles 673
El agro: reformas y crisis 674
Surgimiento del gobierno militar reformista 674
Las reformas del agro 674
Crisis agraria reformista 675
Transición democrática 676
Crisis agraria democrática 676
Éxodo rural 677
Migración interna y vida urbana 678
Vida urbana y cultura andina . 678
Crisis social 679
Tendencias sociales de tipo étnico 679
Nuevas instituciones urbanas 680
Reestructuración del mundo urbano 680
Modificaciones en la estructura social 681
Cambios en el mundo del trabajo 682
Interrogantes sobre la sociedad peruana actual 683
La mujer y el niño 684
Los niños 684
Las mujeres 687
Las religiones 689
La Iglesia Católica 689
Los laicos 691
Iglesias evangélicas 692

PUEBLOS Y LENGUAS INDÍGENAS 695
Pobladores autóctonos 697
Ser indígena en el Perú 697
La autodefinición indígena 698
Lenguas indígenas 699
La familia aymara 701
Lenguas y dialectos 701
Origen y expansión 701
El aymara como lengua escrita 702
La familia quechua 703
Lenguas y dialectos 703
Origen y expansión 704
El quechua como lengua escrita 705
Situación sociolingüística 706
Pérdida de las lenguas ancestrales 706
Relación quechua-aymara 708
Lenguas y pueblos amazónicos 709
Ribereños 709
Colonos 709
Las organizaciones indígenas 710
Los Arahuaca 710
Otros pueblos indígenas 712

CULTURA TRADICIONAL 719
Mitos, leyendas y tradiciones 721
Los orígenes de la cultura 721
Acervo tradicional 723
Arte popular y artesanías 725

Hilados y bordados 725
Marroquinería 725
Artesanías menores 725
Manifestaciones artísticas actuales 726
Cerámica 727
Imaginería 727
Tallas de piedra 727
Oro y plata 727
Diseño de juguetes artesanales 728
Fiestas populares 729
La Candelaria y los carnavales 729
Festivales 729
Semana Santa 729
Música y danzas 734
Instrumentos musicales 734
Las danzas y sus intérpretes 734

CIENCIA Y TECNOLOGÍA 737
Los conocimientos en el Perú antiguo 739
Los quipos y su funcionamiento 739
La tecnología en la construcción 740
Metalurgia y textilería 740
Plantas alimenticias 740
Medicina 741
Minería 742
La ciencia en la época colonial 743
Desprecio por las ciencias 743
Universidades coloniales 743
Estancamiento científico e intelectual 747
Desarrollo científico 748
Facultad de Medicina 748
Escuela Nacional de Ingenieros 748
Químicos, matemáticos y botánicos 748
Escuela Nacional de Agricultura 749
Logros en el campo de la medicina 749
Ciencia y tecnología hasta 1960 752
Ciencias naturales, de la salud, tecnológicas y sociales 752
Academias e instituciones científicas 753
Situación actual 754
Investigaciones sobre la altura 755
Instituciones 756

LA LITERATURA 757
Literatura quechua 759
La literatura en tiempos prehispánicos 759
Las formas líricas del quechua 760
Las formas narrativas 761
El manuscrito de Huarochirí 762
Las formas dramáticas 762
El *Ollantay* 763
Período contemporáneo 764
El quechua en el siglo XX 764
Literatura aymara y amazónica 765
De finales del siglo xviii al siglo XX 765
Literatura amazónica 765
La tradición oral amazónica 766
Literatura colonial 767
Influencia de la décima o *espinela* 767
Literatura cultista 767
Poesía épica 767
Poesía conceptual y petrarquista 768
Los cronistas 768
Inca Garcilaso de la Vega 770
Felipe Guaman Poma de Ayala 771
El barroco 772
Literatura de la Emancipación 775
Pablo de Olavide 775
Juan Pablo Viscardo y Guzmán 775
José Faustino Sánchez Carrión 776
Olmedo y Melgar 776
Literatura de la República 777
Del costumbrismo al realismo 777
Fronteras entre el romanticismo y el realismo 777
Ricardo Palma y las *Tradiciones* 778
El modernismo 780
El postmodernismo 781
El vanguardismo 782
El postvanguardismo 783
César Vallejo 784
Indigenismo y neoindigenismo 787
Antecedentes coloniales 787
Indianismo 787
Indigenismo 787
Neoindigenismo 788
Últimas generaciones 791
Nueva narrativa 791
Mario Vargas Llosa 791
Generaciones del sesenta y el setenta 793
Neovanguardismo 793
Años noventa 796

ARTES PLÁSTICAS 797
Arte prehispánico 799
Cazadores y recolectores 799
Agricultura incipiente 799
El Formativo 799
Cultura Chavín 800
Cultura Paracas 801
Cultura Vicús 801
Cultura Mochica 801
Recuay 802
Cultura Nazca 803
Cultura Tiahuanaco 804
Cultura Huari 804
Cultura Chimú 805
Cultura Lambayeque 805
Cultura Chancay e Ica-Chincha 805
Arte incaico 806
Pintura en el virreinato 807
Los «quillcas» 807
Los «queros» 807
El arte en el siglo XVI 808

Sumario

La pintura virreinal en Lima 809
Siglo XVII 811
Siglo XVIII 813
Escuela Cusqueña de Pintura 814
Arte sacro 814
Arte cusqueño tardío 817
Influencias de la Escuela Cusqueña 818
Escultura en el virreinato 820
Relieves y policromados 820
Artistas europeos en Lima 820
Pintura decimonónica 823
José Gil de Castro 823
Pancho Fierro 823
Otros artistas 823
Académicos y románticos 824
Arte del siglo XX 826
Impresionistas: Hernández, Castillo y Baca Flor 826
Indigenismo 827
La visión de lo propio 828
Informalistas 831
Últimos lustros 832
Fernando de Szyszlo 832
Artistas y corrientes 832

ARQUITECTURA 835
Arquitectura preincaica e incaica 837
El Formativo 837
Arquitectura renacentista 844
Impulso constructor 844
Diseño renacentista 845
Templos renacentistas 845
Portadas renacentistas 846
Arquitectura barroca 849
Arquitectura barroca de Lima 849
Trujillo y Lambayeque 851
Arequipa 851
El valle del Colca 853
Puno 854
Ayacucho y Huancavelica 854
Cajamarca 855
Cusco barroco 856
Arquitectura mestiza surperuana 860
Neoclásico y República 863
El barroco tardío y el rococó 863
La arquitectura en el siglo XIX 863
Arquitectura del siglo XX 866
Reacción neocolonial 866
Corriente neocolonialista 867
Racionalismo contemporáneo 867
Último tercio del siglo xx 867

PERIODISMO, DEPORTES Y ESPECTÁCULOS 869
Periodismo 871
Aparición del periodismo peruano 871
Periódicos y publicaciones en la primera mitad del siglo XX 874
Diarios políticos 875
Periódicos en la segunda mitad del siglo XX 875
Revistas 876
Periódicos de provincias 876
Radio y televisión 877
Proliferación de emisoras de radiodifusión 877
La radiodifusión en los años cuarenta y cincuenta 877
Finales del siglo XX 877
Televisión 878
Avances tecnológicos 878
Deportes 879
Fútbol 879
El voleibol 881
Otros deportes 882
Basquetbol 883
Tenis 883
Atletismo 883
Deportes de mesa 883
Deportes náuticos 883
Cine y teatro 884
Cine sonoro 884
Teatro 885
Ópera, ballet y música 887
Ópera 887
Ballet nacional 887
Música 888

RELACIONES EXTERIORES 889
Perú en el contexto global 891
Órbitas de influencia 891
La noción de «ultramarina» 891
Percepción externa del Perú 891
Relaciones con el continente 893
El Grupo de Río 894
Relaciones con América del Sur 894
Políticas interna y externa 896
Visión histórica 896
Opciones políticas 896
Evoluciones en política exterior 897
Relaciones bilaterales y multilaterales 899
Ecuador 899
Chile-Bolivia 900
Brasil 902
Colombia 903
El contexto sudamericano y sus subregiones 904
Dos subregiones de integración económica 904
Otros ámbitos diferenciados 906
Ámbito de jurisdicción marítima 907
Acuerdos e instituciones vinculantes 908
El tratado de Tlatelolco 908
El tratado de Rarotonga 908
El ámbito continental 908
América Central y el Caribe 909
Relaciones con Estados Unidos, Europa y la Cuenca del Pacífico 910

CRONOLOGÍA 911

BIOGRAFÍAS 941

ACTA PRESIDENCIAL DE BRASILIA 967

ÍNDICE ONOMÁSTICO 971

El territorio

Localización.
Cumbres y depresiones

Tratado de límites con
Ecuador: el Protocolo de Río

Las otras fronteras:
Colombia, Brasil, Bolivia
y Chile. El nombre de Perú

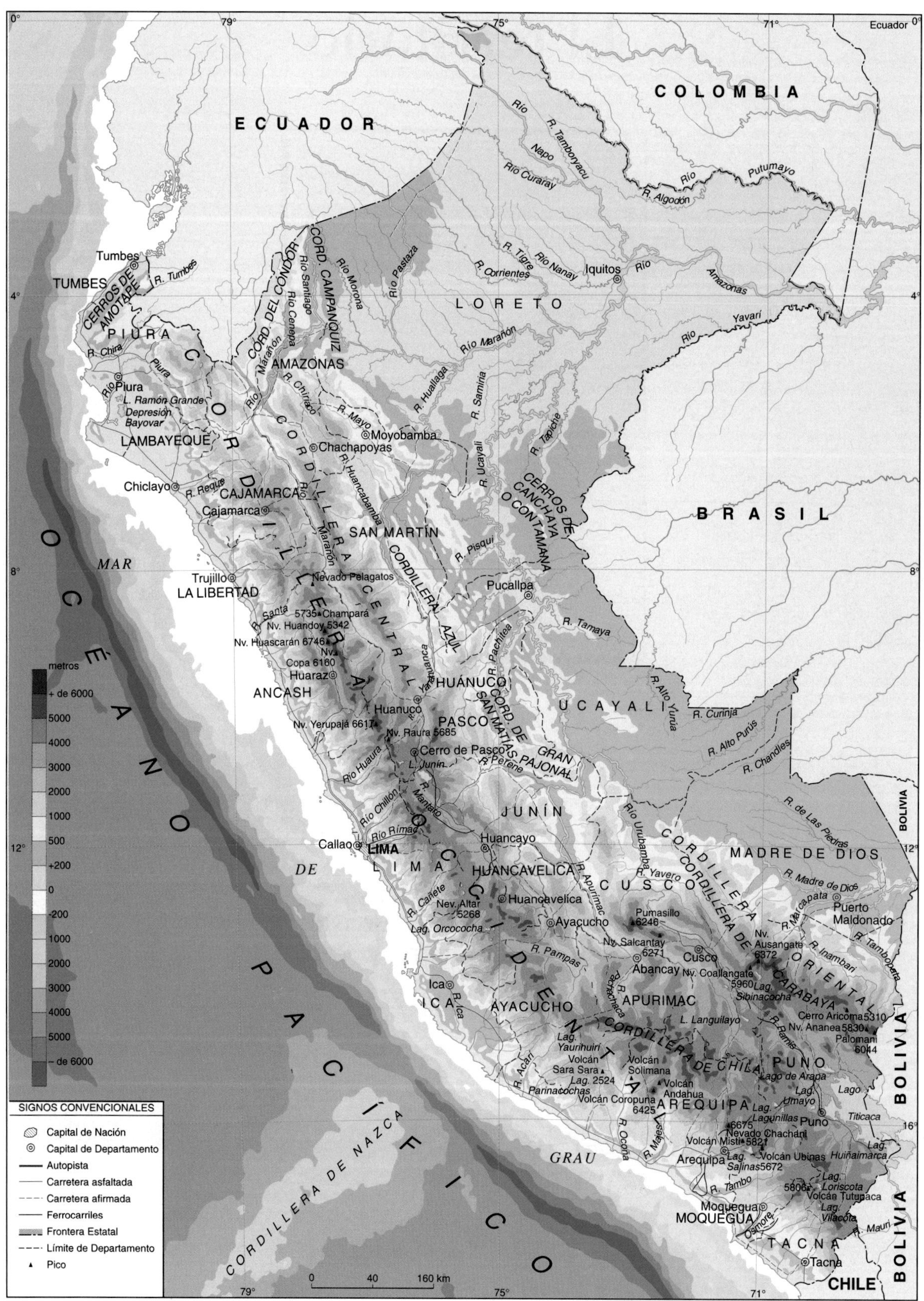
COLOMBIA
ECUADOR
LORETO
BRASIL
BOLIVIA
CHILE
OCÉANO PACÍFICO
MAR DE GRAU
CORDILLERA DE NAZCA
Tumbes
TUMBES
CERROS DE AMOTAPE
PIURA
Piura
LAMBAYEQUE
Chiclayo
CAJAMARCA
Cajamarca
AMAZONAS
Chachapoyas
Moyobamba
SAN MARTÍN
Trujillo
LA LIBERTAD
ANCASH
Huaraz
HUÁNUCO
Huanuco
PASCO
Cerro de Pasco
Pucallpa
UCAYALI
JUNÍN
Huancayo
Callao
LIMA
HUANCAVELICA
Huancavelica
Ayacucho
AYACUCHO
ICA
Ica
APURIMAC
Abancay
CUSCO
Cusco
MADRE DE DIOS
Puerto Maldonado
PUNO
Puno
AREQUIPA
Arequipa
MOQUEGUA
Moquegua
TACNA
Tacna
Iquitos
CORDILLERA OCCIDENTAL
CORDILLERA CENTRAL
CORDILLERA AZUL
CORDILLERA ORIENTAL
CORDILLERA DE CARABAYA
CORDILLERA DE CHILA
CORD. DEL CONDOR
CORD. CAMPANQUIZ
CORD. DE SAN MATÍAS GRAN PAJONAL
CERROS DE CANCHAYA O CONTAMANA
Nevado Pelagatos
5735 Champará
Nv. Huandoy 5342
Nv. Huascarán 6746
Nv. Copa 6180
Nv. Yerupajá 6617
Nv. Raura 5685
Nev. Altar 5268
Pumasillo 6246
Nv. Salcantay 6271
Nv. Ausangate 6372
Nv. Coallangate 5960
Cerro Aricoma 5310
Nv. Ananea 5830
Palomani 6044
Volcán Sara Sara
Volcán Solimana
Volcán Andahua
Volcán Coropuna 6425
6075 Nevado Chachani
Volcán Misti 5821
Volcán Ubinas
Salinas 5672
5806 Volcán Tutupaca
L. Ramón Grande
Depresión Bayovar
L. Junín
Lag. Orcococha
Lag. Parinacochas
Lag. 2524
Lag. Yaurihuirí
L. Languilayo
Lag. Sibinacocha
Lago de Arapa
Lag. Umayo
Lag. Lagunillas
Lago Titicaca
Lag. Huiñaimarca
Lag. Loriscota
Lag. Vilacota
Río Napo
R. Tamboryacu
Río Curaray
Río Putumayo
R. Algodón
R. Tigre
Río Nanay
R. Corrientes
Río Amazonas
Río Yavarí
Río Pastaza
Río Morona
Río Santiago
Río Cenepa
Río Marañón
R. Chiriaco
R. Mayo
R. Huallaga
R. Samiria
R. Tapiche
R. Ucayali
R. Huancabamba
R. Pisqui
R. Tamaya
R. Pachitea
R. Alto Yurúa
R. Curinja
R. Alto Purús
R. Chandles
R. de Las Piedras
R. Madre de Dios
R. Marcapata
R. Inambari
R. Tambopata
R. Tumbes
R. Chira
Río Piura
R. Reque
R. Santa
Yanahuanca
Río Huaura
Río Chillón
R. Mantaro
Río Rímac
R. Perené
Río Urubamba
R. Yavero
R. Apurímac
R. Cañete
R. Pampas
R. Pachachaca
R. Ica
R. Acarí
R. Ocoña
R. Majes
R. Ramis
R. Tambo
Osmore
R. Mauri
metros
+ de 6000
5000
4000
3000
2000
1000
500
+200
0
-200
1000
2000
3000
4000
5000
- de 6000
SIGNOS CONVENCIONALES
Capital de Nación
Capital de Departamento
Autopista
Carretera asfaltada
Carretera afirmada
Ferrocarriles
Frontera Estatal
Límite de Departamento
Pico
0
40
160 km
0°
4°
8°
12°
16°
79°
75°
71°
Ecuador 0°

Localización. Cumbres y depresiones

Una panorámica del nevado Huascarán, el pico más alto de los Andes peruanos.

El territorio peruano, localizado al sur de la línea ecuatorial, ocupa la parte central y occidental de América del Sur. Sus costas están bañadas por el océano Pacífico, que frente al Perú toma el nombre de Mar de Grau, con un ancho de 200 millas marinas medidas desde las líneas de base que establece la ley. El territorio comprende, además, una franja costera desértica en el centro y el sur, y semidesértica en el norte, con bosques de manglares en el litoral tumbesino. Completan la geografía peruana el relieve andino, con cumbres nevadas que culminan en la cima sur del Huascarán —a 6,746 m sobre el nivel del mar— y la extensa foresta amazónica, que se inicia en altitudes máximas de entre 3,800 y 3,900 m, en las vertientes orientales de los Andes.

El marco de coordenadas geográficas

El territorio está delimitado, al norte, por el paralelo 0° 01' 48" de latitud sur y, al sur, por el paralelo 18° 21' 03" de latitud sur; al este, por el meridiano 68° 39' 27" de longitud oeste y, al oeste, por el meridiano 81° 19' 34.5" de longitud oeste.

Los cuatro puntos extremos

Los puntos extremos son, al norte, la parte superior de la primera gran curva que describe el río Putumayo; ésta se encuentra en el departamento de Loreto, al norte de la población de Gueppi, y es parte de la frontera natural entre Perú y Colombia. Las coordenadas geográficas de este punto son de 0° 01' 48" latitud sur y de 75° 10' 29.0" de longitud oeste. En cuanto al punto más meridional, se encuentra en el departamento de Tacna, en la frontera con Chile, al sur del punto denominado Pascana del Hueso, a orillas del océano Pacífico, y tiene las siguientes coordenadas: 18° 21' 03" de latitud sur y 70° 22' 56" de longitud oeste. Si se toma como referencia el punto Datum provisional para América del Sur, establecido en territorio venezolano, las coordenadas del punto más meridional de Perú tendrían los siguientes valores: 18° 20' 50.8" de latitud sur y 70° 22' 31.5" de longitud oeste.

El extremo oriental de Perú se sitúa en el departamento de Madre de Dios, en la confluencia del río Heath con el río Madre de Dios, en la frontera con Bolivia. Tiene como coordenadas geográficas los valores de 12° 30'11" de latitud sur y 68° 39' 27" de longitud oeste. En fin, el punto más occidental del territorio se encuentra a orillas del Mar de Grau o Pacífico peruano, en el departamento de Piura, en Punta Balcones, al sur del puerto de Talara; tiene como coordenadas geográficas los valores siguientes: 4° 40' 44.5" de latitud sur y 81° 19' 34.5" de longitud oeste. Las distancias entre los puntos extremos de Perú son, desde el punto más septentrional al más meridional, 2,135 kilómetros; y desde el punto más occidental al más oriental, 1,640 kilómetros.

Extensión superficial

La superficie total del territorio peruano, incluyendo las islas costeras en el zócalo continental del Pacífico y en la parte peruana del lago Titicaca, es de 1'285,216 km^2. De este total, la superficie insular abarca 133.4 km^2, de los que 94.36 km^2 corresponden a la superficie de las islas del Mar de Grau, frente al litoral peruano, y 39.04 km^2 a la superficie de las islas del sector peruano del lago Titicaca, en el departamento de Puno. El terri-

En la imagen, la isla San Lorenzo, ubicada frente al Callao, con 8 km de largo por 3 km de ancho. Otras islas del litoral peruano son Las Viejas, San Gallán y Lobos de Tierra.

torio continental de Perú tiene una extensión mayor a la de la suma de seis países europeos, a saber: España (504,750 km^2), Francia (543,965 km^2), Austria (83,859 km^2), Portugal (91,191 km^2), Albania (28,748 km^2) y Bélgica (30,518 km^2), que sumados llegan a 1'283,031 km^2.

En cuanto a la cumbre más elevada del país, es el nevado Huascarán, pico estructural que culmina en dos cumbres, una de las cuales, la meridional, tiene una altura de 6,746 m sobre el nivel del mar. Forma parte de los nevados de la cordillera Blanca, al este del Callejón de Huaylas, en el valle del río Santa, departamento de Ancash.

El punto más bajo del territorio peruano, según las mediciones del Instituto Geográfico Nacional en su Carta Nacional a escala 1:100,000 —realizada mediante levantamiento aerofotogramétrico—, hoja de Lobos de Tierra, es de 34 m por debajo del nivel del mar. Se localiza al sudeste del departamento de Piura, en el desierto de Sechura, aproximadamente a 60 km al sur de la ciudad de Sechura, y a unos 40 km al sudeste de la caleta Bayóvar, en una depresión encerrada por los paralelos 6° y 6° 10' de latitud sur, y los meridianos 80° 40' y 80° 55' de latitud oeste. Este punto de –34 m se ha establecido mediante procedimientos de restitución, a partir de un banco de nivel o *Bench Bank* —tal como se denomina a un punto geodésico del que se ha determinado su altitud por medio de procedimientos técnicos de gran precisión— de <20.07 m existente en la misma área (Bm L –59 –F = –20.07 m), o sea, a 20.07 m por debajo del nivel del mar.

Lagunas transitorias

En la costa sur, en el departamento de Arequipa, al sur de la desembocadura del río Tambo y muy cerca del litoral, existe una depresión de unos 25 km de largo y 10 km de ancho máximo, cuyo fondo está por debajo del nivel del mar, y que en su punto más bajo alcanza –27 m.

En cuanto a la depresión de Bayóvar, conocida con los nombres de laguna Cerro y depresión Bayóvar, según el ingeniero Roberto A. Leigh se colmó de agua y quedó convertida transitoriamente en laguna tras las fuertes lluvias del año 1925. Luego se secó y permaneció sin agua hasta 1983, cuando un Niño extraordinario la inundó nuevamente. Durante El Niño de 1998, el desierto de Sechura se convirtió en una extensa laguna de agua dulce, denominada La Niña, de varios cientos de kilómetros de extensión y con abundancia de peces, con predominio de liza y langostinos. Como en casos anteriores, fue una laguna transitoria. Por otra parte, en los bordes de la depresión de Bayóvar existen importantes depósitos de rocas fosfáticas.

El paso de mayor altitud es el de Ananea, en la carretera de Putuca a Sandia, a 5,080 m sobre el nivel del mar; a éste le sigue el Paso de Ticlio, en la carretera Central, situado a 4,870 m sobre el nivel del mar. El Paso de Porculla, a 2,138.36 m de altura —en la cordillera Occidental andina, departamento de Piura, en la carretera que parte de Olmos hacia el río Marañón— es, según la nivelación de precisión del país efectuada por el Instituto Geográfico Nacional, el de menor altitud de los Andes peruanos.

Tratado de límites con Ecuador: el Protocolo de Río

Los límites internacionales fueron establecidos y demarcados de conformidad con tratados internacionales debidamente ratificados por el Congreso nacional y los de los respectivos países limítrofes; tratados que Perú ha cumplido en atención al ordenamiento jurídico internacional.

Los límites con Ecuador por el norte y el noroeste han sido fijados por el denominado «Protocolo de paz, amistad y límites entre Perú y Ecuador», firmado en Río de Janeiro el 29 de enero de 1942 y cuyo texto es el siguiente:

»Los Gobiernos del Perú y del Ecuador, deseando dar solución a la cuestión de límites que por largo tiempo los separa, y teniendo en consideración el ofrecimiento que les hicieron los Gobiernos de los Estados Unidos de América, de la República Argentina, de los Estados Unidos del Brasil y de Chile, de sus servicios amistosos para procurar una pronta y honrosa solución del problema, y movidos por el espíritu americanista que prevalece en la III Reunión de Consulta de Ministros de Relaciones Exteriores de las Repúblicas Americanas, han resuelto celebrar un Protocolo de paz, amistad y límites en presencia de los Representantes de esos cuatro Gobiernos amigos. Para este fin intervienen los siguientes Plenipotenciarios:

»Por la República del Perú, el Señor Doctor Alfredo Solf y Muro, Ministro de Relaciones Exteriores; y por la República del Ecuador, el Señor Doctor Julio Tobar Donoso, Ministro de Relaciones Exteriores; los cuales, después de exhibidos los plenos y respectivos poderes de las Partes, y habiéndolos encontrado en buena y debida forma, acordaron la suscripción del siguiente Protocolo:

Alfredo Solf y Muro fue negociador del Protocolo de Río como ministro de Relaciones Exteriores.

Bases del Protocolo

»Artículo I: Los Gobiernos del Perú y del Ecuador afirman solemnemente su decidido propósito de mantener entre los dos pueblos relaciones de paz y amistad, de comprensión y de buena voluntad, y de abstenerse, el uno respecto del otro, de cualquier acto capaz de perturbar esas relaciones.

»Artículo II: El Gobierno del Perú retirará, dentro del plazo de quince días, a contar de esta fecha, sus fuerzas militares a la línea que se halla descrita en el Artículo VIII de este Protocolo.

»Artículo III: Estados Unidos de América, Argentina, Brasil y Chile cooperarán, por medio de observadores militares, a fin de ajustar a las circunstancias la desocupación y el retiro de tropas en los términos del artículo anterior.

»Artículo IV: Las fuerzas militares de los dos Países quedarán en sus nuevas posiciones hasta la demarcación definitiva de la línea fronteriza. Hasta entonces, el Ecuador tendrá solamente jurisdicción civil en las zonas que desocupará el Perú, que quedan en las mismas condiciones en que ha estado la zona desmilitarizada del Acta de Talara.

»Artículo V: La gestión de Estados Unidos, Argentina, Brasil y Chile continuará hasta la demarcación definitiva de las fronteras entre el Perú y el Ecuador, quedando este Protocolo y su ejecución bajo la garantía de los cuatro países mencionados al comenzar este artículo.

La línea de frontera

»Artículo VI: El Ecuador gozará, para la navegación en el Amazonas y sus afluentes septentrionales, de las mismas concesiones de que gozan el Brasil y Colombia, más aquellas que fueren con-

La imagen muestra una tropa del ejército peruano durante el último conflicto armado entre Perú y Ecuador por cuestiones limítrofes. El escenario fue el alto Cenepa en febrero de 1995.

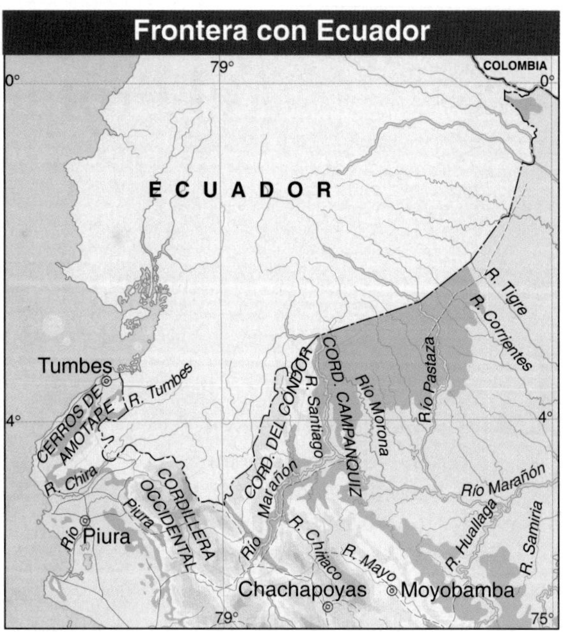

venidas en un Tratado de Comercio y Navegación destinado a facilitar la navegación libre y gratuita en los referidos ríos.

»Artículo VII: Cualquier duda o desacuerdo que surgiere sobre la ejecución de este Protocolo será resuelto por las Partes con el concurso de los Representantes de Estados Unidos, la Argentina, Brasil y Chile, dentro del plazo más breve que sea posible.

»Artículo VIII: La línea de frontera será referida a los siguientes puntos: A) en el Occidente: 1°) Boca de Capones en el Océano; 2°) río Zarumilla y Quebrada Balsamal o Lajas; 3°) río Puyango o Tumbes hasta la quebrada de Cazaderos; 4°) Cazaderos; 5°) Quebrada de Pilares y del Alamor hasta el río Chira; 6°) río Chira, aguas arriba; 7°) ríos Macará, Calvas y Espíndola, aguas arriba, hasta los orígenes de este último en el Nudo de Sabanillas; 8°) del Nudo de Sabanillas hasta el Río Canchis; 9°) río Canchis en todo su curso, aguas abajo; 10°) río Chinchipe, aguas abajo, hasta el punto en que recibe el río San Francisco. B) En el Oriente: 1°) de la Quebrada de San Francisco, el *divortium aquarum* entre el río Zamora y el río Santiago hasta la confluencia del río Santiago con el Yaupi; 2°) una línea hasta la boca del Bobonaza en el Pastaza; confluencia del río Cunambo con el Pintoyacu en el río Tigre; 3°) boca del Cononaco en el Curaray, aguas abajo hasta Bellavista; 4°) una línea hasta la boca del Yasuni en el río Napo; por el Napo, aguas abajo, hasta la boca del Aguarico; 5°) por éste, aguas arriba, hasta la confluencia del río Lagartococha o Zancudo con el Aguarico; 6°) el río Lagartococha o Zancudo, aguas arriba, hasta sus orígenes, y de allí una recta que vaya a encontrar el río Gueppi y por éste hasta su desembocadura en el Putumayo, y por el Putumayo arriba hasta los límites del Ecuador y Colombia.

Garantías del acuerdo

»Artículo IX: Queda entendido que la línea anteriormente descrita será aceptada por el Perú y el Ecuador para la fijación, por los técnicos, en el terreno, de la frontera entre los dos países. Las Partes podrán, sin embargo, al procederse a su trazado sobre el terreno, otorgarse las concesiones recíprocas que consideren convenientes, a fin de ajustar la referida línea a la realidad geográfica. Dichas rectificaciones se efectuarán con la colaboración de representantes de Estados Unidos de América, Argentina, Brasil y Chile. Los Gobiernos del Perú y del Ecuador someterán el presente Pro-

La navegación en aguas del Amazonas y sus afluentes septentrionales relaciona las poblaciones ribereñas con Iquitos y otros centros urbanos de la selva alta y baja.

tocolo a sus respectivos Congresos, debiendo obtenerse la aprobación correspondiente en un plazo no mayor de 30 días.

»En fe de lo cual, los Plenipotenciarios arriba mencionados firman y sellan, en dos ejemplares, en castellano, en la ciudad de Río de Janeiro, a la una hora del día veintinueve de enero del año mil novecientos cuarenta y dos, el presente Protocolo, bajo los auspicios de Su Excelencia el Señor Presidente del Brasil y en presencia de los Señores Ministros de Relaciones Exteriores de la República Argentina, Brasil y Chile y del Subsecretario de Estado de los Estados Unidos de América.»

El Congreso del Perú aprobó el Protocolo por Resolución Legislativa nº 9,574 del 26 de febrero de 1942; lo propio hizo el Congreso del Ecuador, en la misma fecha. El canje de ratificaciones se realizó solemnemente en la localidad brasileña de Petrópolis el 31 de marzo de 1942.

El fallo del capitán Aguiar

En julio de 1945, el capitán de mar y guerra Braz Dias de Aguiar escribió las siguientes «Conclusiones» al fallo por él mismo emitido sobre la divergencia entre los estados peruano y ecuatoriano en el sector Zamora-Santiago:

«Considerando (...) que la intención clara del Protocolo es la de llevar la frontera del río San Francisco a la confluencia del Yaupi con el Santiago por la línea natural más directa y fácilmente reconocible; que el divortium aquarum entre el Zamora y el Santiago no va a la confluencia del Yaupi, como los negociadores del Protocolo suponían, dejando, por consiguiente, una solución de continuidad en la línea limítrofe; que la interpretación dada por los dos Gobiernos después de la suscripción del Protocolo y manifestadas por las "informaciones oficiales" publicadas en la prensa, fue la de que la frontera va directamente del San Francisco a la boca del Yaupi sin pasar por la confluencia del Zamora; que la Comisión ecuatoriana nunca acordó, como interpretación, el ir a la boca del Zamora, y siempre protestó contra tal interpretación; que, de conformidad con el Protocolo, la demarcación de la frontera debe ser hecha por el divortium aquarum Zamora-Santiago, en cuanto este divisor corresponda al objetivo perseguido, sin la preocupa-

Antecedentes del Protocolo de Río de Janeiro

Con el Ecuador, el Perú conviene en someter a arbitraje la cuestión de límites. El árbitro será el Rey de España. Antes de que el laudo se pronuncie, el gobierno del Ecuador se entera de que le es desfavorable o no le es del todo favorable. Entonces —caso insólito en el Derecho Internacional— se rebela contra un laudo que todavía no se ha emitido. Es el año de 1910. Hay violentas manifestaciones antiperuanas en Quito y Guayaquil. El Gobierno del presidente Leguía pide satisfacciones y decreta la movilización. Jóvenes de toda clase y condición acuden entusiastamente a los cuarteles. Los efectivos del ejército llegan a 23,000 hombres. Para evitar el conflicto inminente, los Estados Unidos, Brasil y Argentina interponen *motu propio* su mediación. Naturalmente, el Rey de España se inhibe de sentenciar. El problema queda pendiente. Sólo le pondrá término, después de la guerra de 1941, el Tratado de Río de Janeiro del 29 de enero de 1942. Más le hubiera valido al Ecuador aceptar el abortado arbitraje de 1910.

El más reciente enfrentamiento militar entre Perú y Ecuador tuvo lugar en 1995. Fue llamado el «conflicto del Cenepa», nombre de un afluente del Marañón en el sector de la cordillera del Cóndor.

Enrique Chirinos Soto,
Historia de la República

ción de que sea o no la línea de las altas cumbres de la cordillera del Cóndor; que los trabajos ejecutados por la Comisión Mixta en la región del extremo norte del divisor de aguas Zamora-Santiago, inclusive la construcción de un hito, no tienen carácter de demarcación definitiva, pues fueron hechos para reunir elementos que suministraran mejores informaciones a los dos Gobiernos, conforme propuesta del Presidente de la Comisión peruana en oficio de 30 de octubre de 1943;

»Considerando que el Protocolo en la región en que el divisor principal se ramifica en varios otros (punto D de la carta anexa N° 18), resulta inejecutable; considerando que de la región norte del divisor de aguas Zamora-Santiago se desprende un ramal o contrafuerte importante que va a morir en la margen derecha del Santiago frente a la boca del Yaupi, como lo permite apreciar la escala de la referida carta al millonésimo; considerando que se debe procurar la solución que más se aproxime al espíritu del Protocolo, el cual indica una línea terrestre de la naciente del San Francisco a la confluencia del Yaupi; somos del parecer que la frontera debe ser así definida:

»De la naciente del río San Francisco seguirá por el divortium aquarum entre los ríos Zamora y Santiago hasta la parte norte de donde se desprende el contrafuerte que va a terminar frente a la confluencia del Yaupi (más o menos en el punto D de la carta anexa n° 18); en seguida por ese contrafuerte, esto es, por el divisor que separa las aguas que van para el norte a desaguar en el río Santiago, arriba de la boca del Yaupi, de las que van para el este a desembocar en el mismo río abajo de dicho afluente. Si la extremidad de este divisor de aguas no alcanza a la confluencia del Yaupi, la divisoria será una recta entre su extremidad y la referida confluencia.»

Las otras fronteras: Colombia, Brasil, Bolivia y Chile. El nombre de Perú

Los *límites con Colombia*, por el norte y el nordeste, fueron establecidos por el Tratado de límites firmado en Lima el 24 de mayo de 1922, conocido también con el nombre de Tratado Salomón-Lozano, por los apellidos de los ministros peruano y colombiano que lo refrendaron. El Tratado fue aprobado por Resolución Legislativa nº 5,940 del 20 de diciembre de 1927.

Por el este, la *frontera con Brasil* fue demarcada, en su sector norte, en cumplimiento de la Convención Fluvial de 1851, desde la confluencia del Yavari con el Amazonas, frente a la población brasileña de Tabatinga, y continúa hacia el sur por el río Yavari hasta sus nacientes. Para fijar en el terreno el sector de la frontera concertada en el Tratado de límites del 8 de septiembre de 1909 desde las nacientes del Yavari hasta la frontera con Bolivia, se creó una Comisión Mixta Demarcadora, que inició sus funciones en 1914 y las concluyó en 1927.

El Titicaca, el lago navegable más alto del mundo, divide sus aguas entre Perú y Bolivia.

Por el sudeste, la *frontera con Bolivia* fue demarcada en el terreno en su parte septentrional, desde la confluencia del Yaverija con el Acre hasta la confluencia del río Suches con el arroyo Pachasili, de conformidad con el Tratado de rectificación de fronteras del 17 de septiembre de 1909 y con los acuerdos complementarios suscriptos entre 1911 y 1913.

Demarcación de las tres secciones meridionales

La parte meridional, primera sección, desde la confluencia del Pachasili con el Suches hasta la bahía de Cocahue en el Titicaca, fue demarcada entre 1925 y 1926. La segunda sección, desde la bahía de Cocahue hasta la boca del río Desaguadero, atravesando la península de Copacabana, el lago Huiñaymarca y el golfo de Taraco, fue demarcada en 1929-1930, al igual que la tercera sección, que va de la boca del río Desaguadero hacia el sur.

La demarcación de estas tres secciones meridionales se hizo ejecutando el Tratado Osma-Villazón de 1902 y el Protocolo Elías Bonnemaison-Diez de Medina de 1925. La demarcación en la península de Copacabana se efectuó mediante trueque o cambio de soberanía de comunidades y tierras peruanas y bolivianas, aprobadas con posterioridad por el Protocolo Concha-Gutiérrez de 1932. El Protocolo Solf y Muro-Anze Matienzo, de 1941, dictó disposiciones con el fin de regularizar la nacionalidad de los pobladores, cuyas propiedades cambiaron de soberanía en la península de Copacabana.

La frontera con Chile

La línea fronteriza con Chile fue demarcada sobre el terreno entre 1929 y 1930, de acuerdo con el Tratado de Lima de 1929. Tiene dos sectores bien diferenciados; el primero es el de la costa, poco accidentado y cruzado por numerosos cauces secos que sólo se activan en raras ocasiones y por pocos días, algunas veces incluso por un lapso de unas pocas horas, según la intensidad y la duración que pueden tener las precipitaciones que en forma excepcional ocurren en el desierto costero. El segundo sector es el interandino, que presenta un relieve accidentado en las vertientes y topografía de llanuras en las punas, de precipitaciones estacionales y significativas variaciones de temperatura entre el día y la noche, que se incrementan con la altitud.

El *Mar de Grau*, región del océano Pacífico frente a las costas de Perú, que constituye el dominio marítimo del Estado, demarca su territorio en el límite de las 200 millas.

La «atormentada» geografía peruana

Perú es un país que tiene una «geografía atormentada» no sólo por lo accidentado de las vertientes andinas, con profundos y estrechos cañones, por sus frías punas y cumbres glaciares, su costa desértica y sus bosques tropicales. Lo es también por las grandes inundaciones que se producen en la costa desértica como consecuencia de fenómenos El Niño extraordinarios; en el altiplano del Collao, las variaciones del nivel del lago Titicaca y las crecientes extraordinarias de sus ríos afluentes son asimismo causa de estragos por inundaciones.

En la selva, las crecientes excepcionales afectan a grandes extensiones de la selva baja y, en menor porcentaje, de la selva alta. Aluviones que tienen su origen en valles interandinos por deslizamientos de laderas o vertientes, obstruyen el lecho de los ríos y dan origen a lagos de barrera transitorios. Cuando sus aguas sobrepasan los diques de contención originan aluviones destructivos. Algunos de los accidentes más importantes de esta clase fueron el que se originó en el Mantaro. Alud-aluviones que tuvieron su génesis en la caída de cornisas de hielo del nevado Huascarán, cumbre norte, destruyeron las poblaciones de Ranrahirca y Yungay. Otro de menores proporciones destruyó un sector de la ciudad de Urubamba en la década del 1940.

Cuarta Sección Perú-Bolivia

Entre el punto más meridional de la Tercera Sección de la frontera peruano-boliviana (confluencia del Ancomarca con el Mauri) y el punto más oriental de la frontera peruano-chilena (hito 80) existe entre Perú y Bolivia un límite *de facto*, que coincide con la demarcación realizada por Bolivia y Chile en ejecución del Tratado que firmaron esos dos países en 1904, cuando Chile ocupaba indebidamente la mayor parte de nuestra provincia de Tarata. Hoy dicho sector está reconocido por el Perú y Bolivia, bajo la denominación de «Cuarta Sección del Sector Sur».

Instituto Geográfico Nacional,
Atlas del Perú

Frontera con Chile

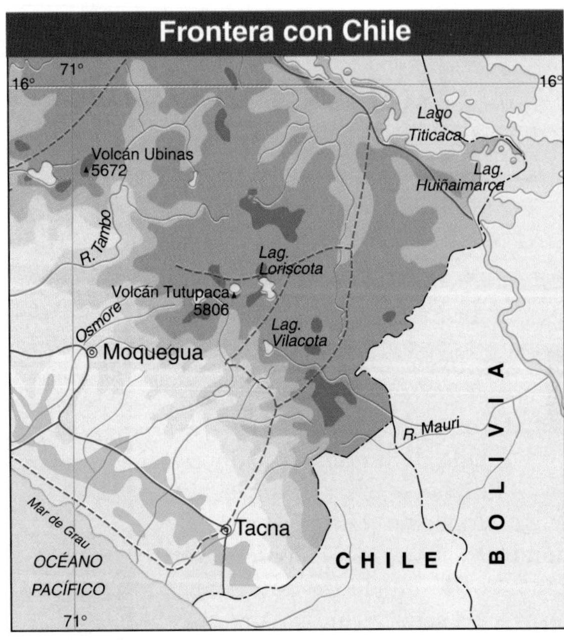

En cuanto a los desbordes de lagunas de alta montaña, han sido causa de destructivos fenómenos torrenciales, como el que arrasó parte de la ciudad de Huaraz, mientras que las lavas torrenciales o *llocllas*, mal llamadas *huaycos*, han sido desde siempre causas de catástrofes en áreas urbanas y rurales, y con toda probabilidad seguirán siéndolo no sólo en los Andes y la costa sino también en la ceja de selva y selva alta.

Variedad climática y deforestación

Esta «geografía atormentada» se revela asimismo por la variedad climática, que va desde el desierto tropical y el tropical húmedo y lluvioso de Amazonia hasta el frío glacial de alta montaña tropical, con muy baja humedad atmosférica, pasando por los climas templado cálido, templado, templado frío y frío de los diferentes pisos de altitud de los Andes tropicales. Allí la altura sobre el nivel del mar es un factor determinante para la existencia de climas que resultan azonales en el territorio peruano, y que son además muy diferentes de los que, con nombres semejantes, se observan en latitudes medias, subpolares y polares. El clima desértico costero, con escasez de lluvias pero con atmósfera de alta humedad relativa, es

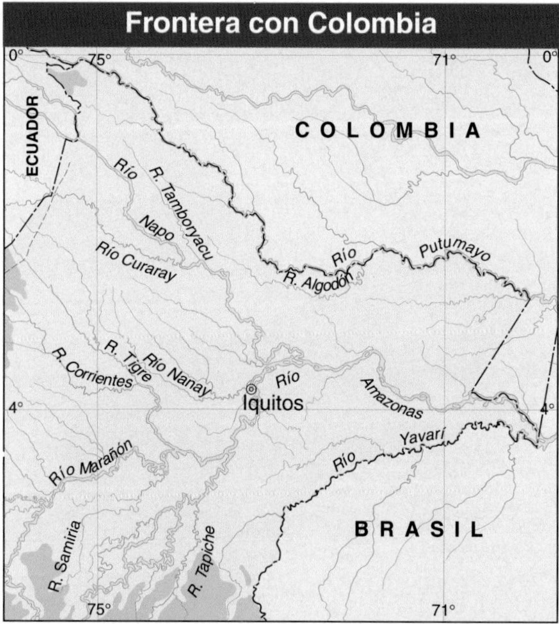

también diferente al que se encuentra en otros desiertos situados en el interior de continentes, como el Sahara.

Inciden además en estas peculiaridades la deforestación irracional de los bosques amazónicos. Ésta se realizó en un primer momento de una forma selectiva, para la explotación de árboles de maderas finas, como la caoba y el cedro. Pero la agricultura, que antes se practicaba preferentemente en los fondos de valle y en las terrazas fluviales, a partir de la década de 1970 llevó a la deforestación masiva de vertientes o laderas con pendientes o declives superiores a 40°, con el objeto de cultivar coca para fines ilícitos.

Otros factores que están modificando la biodiversidad amazónica son la explotación masiva e irracional de plantas medicinales, industriales y decorativas de la selva peruana, como *Uncaria tomentosa*, *Uncaria guayamense* o uña de gato, sangre de grado, chuchuhuasi, etcétera.

El nombre de Perú

Raúl Porras Barrenechea, sabio historiador peruano, autor de un libro fundamental titulado *El nombre del Perú*, señala al inicio de su obra: «El nombre del Perú, aplicado al Imperio de los Incas por los españoles, se difunde en el mundo a partir de 1534, después de la llegada de Hernando Pizarro a Sevilla y del desfile, ante la vista azorada de los habitantes y de los mercaderes genoveses y venecianos, del fabuloso tesoro de tinajas y

Tratado de Límites con Colombia

Según el tratado, el Perú reconoce, como límite entre los dos países, el río Putumayo, en vez del Caquetá. La cuestión podía ser debatible. Por añadidura, el Perú cede a Colombia el llamado trapecio amazónico, que incluye la población peruana de Leticia, y gracias al cual obtiene Colombia acceso al gran río y derecho de libre navegación.
Hasta entonces, los países propiamente amazónicos eran dos: Brasil y Perú.
En adelante, habrá que añadir a Colombia.
En compensación, el Perú recibe el territorio de Sucumbios. Éste le había sido previamente cedido por el Ecuador a Colombia. En 1942, en otro trueque de territorios, el Perú devolverá Sucumbios al Ecuador (...).

Enrique Chirinos Soto,
Historia de la República

barras de oro, a que se habían reducido los esplendorosos adornos del Templo de Coricancha, que sirvieron de irrisorio rescate al Inca Atahualpa. La noticia de la sorprendente riqueza del César español corrió por toda Europa y se tradujo a todos los idiomas, para que lo entendiesen y apreciasen todos los rivales y enemigos de España, en cifras de envidia.

»El nombre del Perú corrió desde entonces con vibración de leyenda. Ella se recoge por igual en los isolarios de los cosmógrafos venecianos que informaban al mundo nuevos descubrimientos españoles, como en las gacetas alemanas y en un minúsculo folleto francés, impreso en Lyon en 1534, que leería Francisco I, todavía con el ceño arrugado de Pavía, y que consignaba la lista de todas las riquezas llegadas de Sevilla, bajo el título legendario: *Nouvelles certains des isles du Peru*. El Perú aparece con el prestigio fabuloso de las Islas Afortunadas de la Geografía medieval. Es una nueva Thule, una Antilia dorada, una Brasilia de palacios de oro.

Atahualpa, señor del Dorado

»Desde entonces el nombre del Perú fascina la imaginación de todos los aventureros del mundo,

En este grabado de 1890 aparece el Inca Atahualpa rodeado de sus consejeros en su palacio. Las crónicas lo describen como un hombre de 30 años, bien apersonado y algo grueso.

con un espejismo áureo de riqueza y de maravilla. El Perú es el único mito realizado de la conquista de América y Atahualpa el auténtico señor del Dorado. Las cartas y relaciones de los descubridores señalan como capital de aquella nueva tierra de vellocinos tangibles a la ciudad de Jauja y la leyenda mece, entre prodigios ubérrimos de fertilidad y magnificencia, esos dos nombres exóticos y desconocidos hasta entonces: Jauja y el Perú, que se quedan incorporados en la mitología geográfica, al lado de las más osadas fantasías de la ambición humana, vecinas de la Cólquida y del país de los Hiperbóreos.

»Garcilaso, y con él la cohorte de los cronistas que recogieron los recuerdos del descubrimiento y de la Conquista y las tradiciones indígenas, trataron de explicar desde el siglo XVI el origen del nombre del Perú y nos transmitieron las anécdotas y consejas de los contemporáneos, en que cristalizan las primeras versiones históricas. Son conocidas las versiones de Garcilaso y Blas Valera sobre el presunto río Perú, la del cacique Biru o Peru, que sostuvieron Andagoya y Oviedo, las de la provincia del Peru que relatan Gómara y Zárate, y las lucubraciones filológicas del clérigo Montesinos que hallaba el origen de la palabra Perú, en la del fantástico nombre Ophir.

Himno Nacional

Coro

Somos libres, seámoslo siempre,
y antes niegue sus luces el Sol,
que faltemos al voto solemne
que la Patria al Eterno elevó.

Estrofas

Largo tiempo el peruano oprimido
la omniosa cadena arrastró;
condenado a cruel servidumbre
largo tiempo en silencio gimió.
Mas apenas el grito sagrado
¡Libertad! en sus costas se oyó,
la indolencia de esclavo sacude,
la humillada cerviz levantó.

Ya el estruendo de broncas cadenas
que escuchamos tres siglos de horror,
de los libres al grito sagrado
que oyó atónito el mundo, cesó.
Por doquier, San Martín inflamado,
libertad, libertad, pronunció,
y meciendo su base los Andes
la anunciaron, también, a una voz.

Escasa cartografía histórica

»Estas versiones, que han sido repetidas muchas veces, necesitan ser estudiadas con criterio cronológico evolutivo para rastrear en ellas los elementos históricos auténticos y los que representan el aporte interesado o imaginativo del testigo o del cronista. Precisa, también, verificar las diversas afirmaciones confrontándolas con los documentos contemporáneos y con los escasos testimonios cartográficos. El derrotero de esta dilucidación histórica deberá seguir, por lo tanto, por estos cauces: primero, el testimonio de los cronistas que recogieron la versión directa de los descubridores y conquistadores; segundo, la discriminación cronológica exacta, a través de los documentos de la época, del momento en que se empieza a usar la palabra Perú para designar el Imperio de los Incas o Tahuantinsuyo; y tercero, la contribución ofrecida por los escasos documentos cartográficos subsistentes de la época del descubrimiento o inmediatamente posteriores.»

Nombre desconocido por los incas

Porras Barrenechea llega a las siguientes conclusiones: «El nombre del Perú fue desconocido para los incas. Fue impuesto por los conquistadores españoles y rechazado por los indios del Perú que se negaban a usarlo según testimonio de Valera, Acosta y Garcilaso (...). No fue nombre de la lengua quechua, ni tampoco de la antillana o caribe, sino corrupción del nombre del Cacique de una tribu panameña, vecina del Golfo de San Miguel, llamado Birú, al que los soldados y aventureros de Panamá dieron en llamar Perú (...). No puede ser derivado de la palabra quechua *pirúa*, que significa orón o troje, o sea depósito de semilla, como propone el padre Blas Valera, ni del nombre del primer Inca, Pirua Pacaric Manco, el portador de las semillas, como sostuvo Montesinos, porque el nombre Perú se aplicó desde 1527, antes de hallarse pueblos de habla quechua e influencia incaica. Tampoco puede ser derivado del nombre Piura, lugar que sólo fue alcanzado por los descubridores en 1528. Menos probabilidades tiene la proposición garcilacista, de ser una palabra de la lengua hablada por los indios de Panamá a Guayaquil, en la que la voz Pelu sería sinónimo de río porque no existen ríos con ese nombre o

El tramo de la frontera entre Perú y Brasil que abarca desde la naciente del río Yavari (en la imagen) hasta el límite con Bolivia fue concertado en el Tratado de Límites de 1909.

desinencia en este litoral. Y carece, por último, de toda seriedad la disparatada afirmación del clérigo Montesinos de que Pirú proviene del hebreo y bíblico Ophir (...). El nombre del Perú no aparece en ningún documento escrito hasta 1527, salvo que sea probada la autenticidad del contrato de 10 de marzo de 1526, lo que retrotraería un año dicha fecha (...). Durante los años 1524 a 1527, y aun posteriormente, sólo se habla oficialmente del descubrimiento de la costa de Levante (...). La capitulación de Toledo vaciló en llamar a la tierra de los Incas "la provincia de Tumbes" o "la provincia del Perú"; terminó inclinándose por esta última. El nombre del Perú no significa, pues, ni río, ni valle, ni orón o troje y mucho menos es derivación de Ophir. No es palabra quechua ni caribe, sino indo-hispana o mestiza. No tiene explicación en la lengua castellana, ni tampoco en la antillana, ni en la lengua general de los incas, como lo atestiguan Garcilaso y su propia fonética enfática, que lleva una entraña india invadida por la sonoridad castellana. Y aunque no tenga traducción en los vocabularios de las lenguas indígenas ni en los léxicos españoles, tiene el más rico contenido histórico y espiritual. Es anuncio de leyenda y de riqueza, es fruto mestizo brotado de la tierra y de la aventura y, geográficamente, significa tierras que demoran al sur. Es la síntesis de todas las leyendas de la riqueza austral.»

El relieve

Grandes rasgos morfológicos del Perú

Morfología andina

Morfología de la región de bosques amazónicos

Otros rasgos morfológicos de importancia

Actividad sísmica y vulcanismo

La geografía peruana está vinculada con la orogénesis andina provocada por la subducción de la placa del Pacífico Sur o Nazca por debajo de la placa de América del Sur. En la foto, sector de los Andes visto desde Machu Picchu.

Grandes rasgos morfológicos del Perú

El territorio peruano presenta un relieve variado. En los fondos oceánicos, frente a las costas del sur, las fosas marinas alcanzan profundidades de hasta 6,552 m. Su continuidad sólo es interrumpida por la cordillera de Nazca, relieve submarino que se inicia en los fondos del Pacífico meridional y llega hasta la altura de las costas de la provincia de Nazca, en el sector meridional del departamento de Ica. Otro importante contraste se da en el ancho de la plataforma continental peruana, que varía desde los 140 km, frente a las costas sur del departamento La Libertad y el norte de Ancash, hasta los 5 km, a la altura de Talara, Punta Pariñas y Aguja.

Vista del nevado Meiggs, uno de los picos más altos del Perú, en Ticlio, departamento de Lima.

La costa

Con una extensión aproximada de 3,080 km, y rectilíneo en gran parte, el litoral marítimo peruano presenta sus mayores accidentes en la gran bahía de Sechura y en la península de Paracas. En general, los acantilados rocosos alternan con playas, muchas de las cuales, en la actualidad, se han convertido en balnearios.

La costa, delimitada por el mar y el piso inferior andino, es una franja de ancho variable: en el norte (paralelo 6° de latitud sur) alcanza 170 km y a la altura de Punta Lobos, en el sur, departamento de Arequipa, tan sólo tiene 5 km. Poco accidentada, presenta ligeras ondulaciones por la presencia de valles formados por ríos (que llevan agua todo el año o bien en forma estacional) y de quebradas secas o cauces, que sólo entran en actividad cuando se producen lluvias en los pisos inferior y medio de la vertiente occidental andina, o bien precipitaciones muy intensas en la costa septentrional, debidas a fenómenos extraordinarios El Niño. Esta última situación se dio durante los años 1925, 1982-1983 y 1997-1998. Colinas de poca altitud, aisladas o formando sistemas, delimitan pampas de extensión variada.

El relieve andino

El relieve andino, denominado cordillera andina, se desplaza paralelo y a poca distancia del litoral marino. Aunque alcanza su mayor altitud —6,746 m— en el pico sur del nevado Huascarán, hay numerosas cumbres nevadas que superan los 6,000 m. También son característicos de los Andes peruanos los profundos cañones o valles en garganta, y las punas o altas mesetas con topografía poco accidentada, donde existen lagos y lagunas, estas últimas de origen glaciar en su mayor parte.

Los diversos pisos de altitud dan lugar a ecosistemas variados, dentro de un gran abanico vertical de zonas ecológicas. El sector de bosques amazónicos se inicia en la vertiente oriental, a más de 3,500 m de altitud, allí donde la acción humana no ha sido causa de deforestación o de quema de las gramíneas que crecen en las punas y afectan a la ceja de selva. Esta región natural posee una topografía muy accidentada, con profundos y estrechos cañones delimitados por laderas o vertientes con fuertes declives, como por ejemplo en la zona de Machu Picchu.

La selva alta muestra valles amplios, muy largos y estrechos, con terrazas escalonadas y colinas de poca elevación. El llano amazónico o selva baja se caracteriza por su relieve ondulado y la alternancia de zonas bajas e inundables con terrazas y colinas de poca altura que, en cambio, nunca se inundan. Sin embargo, cuando constituyen riberas

Panorámica de los Andes, entre Cusco y Arequipa. La cadena andina atraviesa el continente americano desde Colombia al norte hasta Chile al sur.

de lechos fluviales en zonas de ríos meándricos, las terrazas altas y colinas se ven afectadas por la erosión fluvial de esos cursos, que divagan en las llanuras típicas de la selva baja.

Territorio de grandes contrastes

Por esta variedad topográfica, por los contrastes climáticos —precipitaciones, temperatura, presión atmosférica, o cursos hidrográficos como el del Amazonas-Ucayali, con más de 30,000 m^3 por segundo, lo que marca una gran diferencia respecto a los ríos de la costa que llegan a secarse— y por otras diferencias no menos pronunciadas es por lo que se ha calificado al territorio peruano como una «geografía atormentada».

Orogenia andina

El origen del relieve andino está relacionado con la dinámica de la placa del Pacífico Sur, denominada también placa de Nazca, y la placa continental de América del Sur. De acuerdo con la teoría tectónica de placas, la oceánica del Pacífico Sur, que se desplaza de oeste a este, se hunde por debajo de la placa de América de Sur. Este fenómeno se conoce con el nombre de subducción y origina el levantamiento de materiales acumulados en los fondos marinos del geosinclinal, iniciándose la orogenia o formación del relieve andino a partir del Mesozoico. Esta acción de las placas, que continúa aún, es responsable de la evolución geológica y de los fenómenos tectónicos de los Andes, que se manifiestan constantemente en el territorio peruano.

Según los geólogos, la evolución del relieve andino habría sido principalmente continental, a excepción de las épocas en que el mar invadió vastas áreas y se produjeron las transgresiones marinas. Jenks opina que el espacio peruano fue tierra firme desde el Pérmico Superior hasta más o menos el comienzo del Triásico Superior. Asimismo señala una transgresión marina durante el Pensilvaniano, que dejó rocas marinas con abundante fauna, como la de los cerros de Amotape y las regiones de Tarma. Durante la orogenia andina, hubo períodos geológicos con intensa actividad volcánica, la cual continúa en nuestros días aunque de forma esporádica, como ocurre en los Andes del sur, departamentos de Arequipa, Moquegua y Tacna.

Plegamientos en tres períodos

Los materiales volcánicos de períodos geológicos pasados han formado acumulaciones de lavas

La Reserva Nacional de Paracas abarca una superficie de 355,000 hectáreas, de las que 217,544 corresponden al Mar de Grau. Está ubicada en el departamento de Ica.

volcánicas que, en el sur peruano, alcanzan potencias o espesor de hasta 2,700 m. Según Isaiah Bowman, estos materiales llegan a «cerca de 100 millas de ancho y una extensión indefinida hacia el norte y sur», causando variaciones en el drenaje. El mismo autor concluye que la actividad volcánica no fue continua y que existieron períodos de calma tan prolongados que duraron miles de años y permitieron la formación de suelos por acción del intemperismo y el establecimiento de sistemas de drenaje.

Las rocas volcánicas y sedimentarias se plegaron y quedaron sometidas a una intensa erosión, fenómeno este último que aún continúa. En opinión de U. Petersen, los plegamientos andinos en Perú «varían desde estructuras abiertas hasta muy cerradas e invertidas». Por otra parte, de acuerdo con Rudolf Steinmann, estos plegamientos se produjeron en tres períodos: el denominado plegamiento Quichuano, durante el Pliocénico; el Incaico, durante el Terciario Inferior, Paleocénico u Oligocénico, que fue el más intenso; y el Peruano, en el Cretácico Superior. En apreciación de Bellido y Simons, «durante la última fase del levantamiento andino, los ríos profundizaron notablemente sus lechos, formando gargantas estrechas con paredes escarpadas, conocidas ahora como "cañones fluviales"».

Presencia peruana en la Antártida

Desde el 10 de abril de 1981, Perú forma parte del Tratado Antártico, firmado inicialmente por doce países el 1 de diciembre de 1959 en Washington. Dicho tratado internacional, que regula las actividades de los países en el continente antártico, se ha demostrado con el tiempo como una pieza maestra para la solución de los complejos problemas políticos y jurídicos que se presentan en esta tierra de nadie y de todos que es el dicho continente. En ese contexto, desde 1988, Perú viene realizando anualmente expediciones a la Antártida dentro del plan denominado ANTAR.

De acuerdo a lo establecido en la Política Nacional Antártica (PNA), se realizaron hasta 1998 diez expediciones científicas a esta región. Los programas de investigación científicos que se realizan en ellas están agrupadas por áreas de la siguiente manera: área humana (programas de biología humana), ciencias del mar (oceanografía física y química, biología y acústica), de ciencias de la tierra (programa de magnetismo) y área de ciencias de la atmósfera (meteorología y geofísica).

El *BIC Humboldt*, buque de investigación pesquera perteneciente al IMARPE, es el barco utilizado para realizar estas expediciones marítimas. Fue construida por el Servicio Industrial de la Marina (SIMA Perú) en 1979 y tiene una capacidad para cien personas. Asimismo, el Perú cuenta con una estación antártica estable llamada Machu Picchu. Con el objeto de desarrollar una política de presencia nacional en la Antártida, se creó la Comisión Nacional de Asuntos Antárticos (CONAAN), que tiene como función el estudio y análisis de los aspectos políticos, jurídicos, económicos, científicos y técnicos referidos a la región antártica. Además, asesora en la formulación y ejecución de la PNA, coordina las acciones de los diversos sectores públicos y privados en lo relacionado con la problemática antártica, y formula los proyectos de adecuación de la legislación nacional pertinente a los lineamientos de la PNA.

El Cañón del Colca, en la provincia de Caillo-ma (departamento de Arequipa), alcanza los 4,500 m sobre el nivel del mar e incluye 14,000 hectáreas de terraplenes agrícolas.

El batolito de la costa

Durante el Cretácico Superior, o inmediatamente después, al oeste del plegamiento máximo se produjo la intrusión del batolito de la costa, que se extiende en forma continua desde el paralelo 7° de latitud sur hasta los 16° 30" de latitud sur (Chiclayo-Ocoña), a lo largo de una longitud aproximada de 1,300 km. Al sur de Ocoña el batolito se vuelve discontinuo.

El batolito aflorado tiene 75 km de ancho, y su composición es variable, aunque predominan las granodioritas. Según Jenks, ocupa una superficie de 85,000 km^2.

Rasgos morfológicos más característicos

Los grandes rasgos morfológicos del territorio peruano pueden estudiarse en dirección longitudinal y cada uno de ellos contiene a su vez diversas subdivisiones. De oeste a este se distinguen los fondos marinos (con fosas de más de 6,000 m de profundidad), el talud y la plataforma continental. El primero de ellos se encuentra por debajo de la isóbata de los 200 m, en tanto que la plataforma abarca desde el litoral hasta los 200 m de profundidad.

En la morfología continental se describe la costa, con un litoral de 3,080 km de largo, aproximadamente. Presenta, de norte a sur, tablazos o sillas, y terrazas marítimas y fluviales. Desde Paracas hasta la frontera con Chile se extiende el relieve denominado cordillera de la Costa. Desiertos cubiertos de arena se inician en el departamento de Piura y se prolongan hasta los departamentos de Ica y Arequipa. Ejemplos son los de Sechura en Piura y los de Pisco e Ica en el departamento de Ica. En los departamentos La Libertad, Lambayeque, Piura y Tumbes predomina el algarrobo.

En cuanto al relieve andino, el rasgo más notable es la cordillera Occidental, con abruptas vertientes en su cara oeste. En los Andes ancashinos se divide en dos ramales, denominados cordillera Negra (sin nevados) y cordillera Blanca (con numerosas cimas cubiertas de hielo).

Punas y faja subandina

En las altas punas o mesetas ubicadas al este de la cordillera Occidental se localizan el lago Titicaca, al sur, y el de Junín, en los Andes centrales. Su topografía es poco accidentada, pero algunos sectores han sido profundamente erosionados dando origen a valles encajonados o cañones fluviales, como los que han modelado los ríos Marañón, Mantaro y Apurímac.

Cumbres nevadas y de paredes abruptas sobresalen en las punas, y lagunas de deshielo en la parte baja de los glaciares; éstas son particularmente numerosas en el flanco occidental de la cordillera Blanca. Al este de las punas, la vertiente oriental está cubierta por bosques tropicales; el relieve se encuentra accidentado por la existencia de profundos y estrechos valles, excavados por los numerosos ríos que drenan estos territorios. Más al este se sitúa la faja subandina, con alineamientos montañosos que siguen una dirección sudeste-noroeste, salvo en algunos sectores, en los que el eje se dispone en dirección sur-norte. Según el geólogo Eleodoro Bellido, estos relieves son, en muchos casos, anticlinales y los fondos de valle son sinclinales. Los grandes cursos de agua amazónicos cruzan estos relieves formando imponentes cañones fluviales, conocidos con el nombre de pongos. Los más importantes son los formados por los ríos Marañón, Huallaga, Mantaro y Urubamba.

Avanzando hacia el este se encuentra la gran llanura amazónica, con suaves ondulaciones y ríos de cursos meándricos que ocupan territorios de los departamentos de Loreto, Ucayali y Madre de Dios, y sectores de San Martín, Huánuco, Pasco, Junín y Cusco.

La bahía de Paita, en la provincia homónima, alberga uno de los puertos principales del Perú. Sus zonas de influencia son los departamentos de Piura, Tumbes y Lambayeque.

Morfología submarina y litoral

Desde el punto de vista morfológico, los fondos marinos del Mar de Grau presentan una profunda fosa que, a manera de enorme surco, con profundidades superiores a los 5,000 m, se extiende de norte a sur. Continúa su curso frente a las costas de Chile, interrumpido solamente por la cordillera submarina de Nazca, que emerge desde el fondo oceánico frente al litoral sur del departamento de Ica y se prolonga mar adentro. Este fondo abismal se denomina «fosa de Lima» o «fosa de Perú» frente al litoral peruano, pero pasa a llamarse «fosa de Arica» frente a la costa norte de Chile.

En Perú, la fosa alcanza una profundidad máxima de 6,552 m frente a las costas de Moquegua, Tacna y sur de Arequipa. Otras isóbatas importantes son la de 6,308 m, a la altura de las islas Guañape, y las de 6,263 m a la altura de Chimbote; 6,219 m a la altura de Bahía de la Independencia; 6,206 m frente al Callao, y 6,160 m frente a Ancón. En el norte, existen relieves submarinos de poca altura, desde Paita y Punta Pariñas, que, con dirección noroeste, se conectan con los relieves de las islas Galápagos.

Las tres secciones del zócalo

La plataforma continental, con una pendiente de entre 1 y 2 por ciento, constituye el fondo marino, que, iniciándose en el litoral, llega hasta los 200 m de profundidad. Su ancho varía entre 5 y 140 km. Las rocas son del mismo tipo que las del litoral y están cubiertas preferentemente por arenas, arcillas y limos de origen continental.

Según los geólogos, las islas que emergen frente al litoral peruano serían restos de la cordillera de la Costa, que suponen hundida entre Paracas (al sur) e Illescas (al norte). Las mayores elevaciones de las islas Lobos de Afuera, Lobos de Tierra y Tortugas serían las cumbres más altas del relieve sumergido. Además de las islas mencionadas, caben citarse las de San Lorenzo y El Frontón, frente al Callao; Pachacamac, al sur de Lima; Guañape y Chao, en La Libertad; Santa, Blanca, Ferrol y Chimú, en Ancash, y San Gallán, islas Chincha, Independencia y Santa Rosita, en Ica.

Según Schweigger y Buse, el zócalo continental se divide en tres sectores: la costa norte, la costa central y la costa sur. El de la costa norte, que se extiende entre la frontera con Ecuador y Punta

El balneario de la Punta goza desde 1911 de la categoría de distrito. Es sede de la Escuela Naval y de la Escuela de Marina mercante del Perú.

Agujas, se divide a su vez en dos subsectores: el norte, cuyo ancho oscila entre 50 y 70 km, y va desde la frontera con Ecuador hasta Zorritos; y el sur, entre Zorritos y Punta Agujas, que no supera los 5 km de ancho frente a Talara, pero se amplía en las bahías de Paita y Sechura. El zócalo de la costa central se encuentra entre Punta Agujas y la península de Paracas, y su ancho varía de 30 a 140 km a la altura de la desembocadura del río Santa. El zócalo de la costa sur, en fin, se extiende desde Paracas hasta la frontera con Chile, y se divide en dos subsectores: el norte, Sangallán-Atico, posee un ancho que varía entre 5 y 40 km; y el sur, de Atico a la frontera con Chile, tiene un ancho de entre 5 y 30 km, amplitud esta última que alcanza frente a la boca del río Tambo.

Accidentes más destacados

El talud continental se sitúa al borde de la plataforma continental, muestra un declive promedio de 4° y llega hasta los 4,000 y 5,000 m de profundidad, isóbatas a partir de las cuales se inician las pendientes abruptas, que llegan a las mayores depresiones de las fosas marinas. En el sector de la costa septentrional, el zócalo continental tiene importantes reservas de petróleo y gas, que se hallan en fase de explotación.

El litoral marítimo peruano, con una longitud aproximada de 3,080 km, es poco accidentado. Se ha modelado en terrazas marinas —por ejemplo, en Paita y Mollendo— y en terrazas fluviales —como es el caso de Huaura, Lurín, etcétera—, en acumulaciones desérticas, en zonas deltaicas —como en Tumbes— y en rocas de naturaleza diversa, como puede observarse en el distrito de Chorrillos, en el lugar denominado Salto del Fraile, y en la bahía de La Independencia. Existen numerosas playas con dimensiones que varían desde algunos cientos de metros (al sur de Lima, en Naplo y Pucusana, por ejemplo) hasta decenas de kilómetros (en el litoral norte). El litoral se halla poco accidentado y sigue un trazado prácticamente rectilíneo, con excepción de las pequeñas inflexiones que se presentan en algunos sectores.

Los mayores accidentes están representados por las bahías de Paita y Sechura, en el departamento de Piura, siendo la segunda la más importante por su dimensión, y la bahía de La Independencia en el departamento de Ica. Bahías de menor magnitud son: Chimbote, Samanco, Tortugas y Casma, en el litoral ancashino; Huacho, Callao y Chorrillos, en Lima; Paracas, San Nicolás y San Juan, en Ica, e Islay, en Arequipa. Pequeñas ensenadas o caletas, explotadas por pescadores artesanales o devenidas balnearios, se encuentran a lo largo del litoral, sobre todo en los departamentos de Tumbes, Piura, Ancash, Lima e Ica.

Deltas, puntas, penínsulas y tablazos

Uno de los rasgos morfológicos más característicos del litoral es el delta del río Tumbes, en el departamento homónimo, que está atravesado por canales denominados «esteros». Existen también lagunas litorales o albuferas como la de Nuevo Mundo, al norte de Huacho, convertida, en la actualidad, en centro turístico gracias a la abundancia de aves y peces, y a la belleza de su paisaje. Lo mismo ocurre en el litoral de Arequipa, con las lagunas litorales de Mejía, declaradas Santuario Nacional con el fin de proteger su biodiversidad.

Paracas, ubicada en el departamento de Ica, es la península más importante y conocida del litoral peruano.

También están presentes las denominadas «puntas», relieves rocosos que sobresalen a orillas del mar y forman acantilados que sobrepasan en ocasiones los 100 m de altura, como ocurre en los cerros de Illescas, en el departamento de Piura. El modelado del litoral se efectuó por erosión en terrazas fluviales y marinas —denominadas «tablazos» en el norte—, en depósitos desérticos y en rocas con diversidad litológica. Exceptuando la zona litoral, cubierta por bosques de manglares en Tumbes, el resto es desértico, salvo pequeños sectores donde crecen totorales, o en la desembocadura de los ríos que llevan agua todo el año, permitiendo que la agricultura llegue hasta muy cerca de la línea litoral. Las ciudades más importantes del litoral son el Callao, Chorrillos, La Punta, Chimbote, Pisco, Talara, Paita, Huacho, etcétera.

Morfología de la costa

La costa es la parte continental delimitada al oeste por el Mar de Grau y al este por alturas de 800-1,000 m. Hasta esas cotas llega la influencia marina, salvo en las épocas en que se producen fenómenos El Niño extraordinarios, cuando las masas de aire originadas en el mar superan estos límites altitudinales. La morfología de la costa inmediata al mar presenta cerros que, en el litoral, forman acantilados, y en el sector continental pueden ser relieves aislados o incluso sistemas de colinas que delimitan «pampas» más o menos onduladas. Éstas pueden ser depósitos desérticos, terrazas marítimas o fluviales, u oasis con llanuras aluviales que forman valles más o menos triangulares, con base en el litoral marino y vértice que se introduce entre los contrafuertes de la vertiente occidental andina.

Costa Verde, en el litoral de Lima. En épocas de Niño extraordinario, el calentamiento superficial de las aguas oceánicas genera un incremento de la temperatura ambiental.

Las terrazas marinas que sobrepasan los 300 m y se presentan en forma escalonada se observan en Marcona, Chala, Ocoña, entre otros lugares de la costa meridional. En el norte, en la costa de Tumbes y Piura, se describen los extensos tablazos de Máncora, Talara, Lobitos y Salinas. Las terrazas y los tablazos presentan un grado diverso de consolidación.

Desiertos y dunas

En conjunto, la topografía varía de llanuras más o menos planas, con pendientes suaves, hasta las profundamente desecadas por cauces sin agua, llamados comúnmente «quebradas secas» y, excepcionalmente, «ríos secos», con riberas que forman barrancos y, en su parte superior, una densa red de *thalwegs*. Estos lechos, de antigua edad morfológica, sólo llevan agua cuando en su sector superior se producen lluvias intensas. En estos ca-

Vista de las elegantes dunas de arena en el desierto costero del sur del Perú, en el departamento de Ica. Las dunas se forman por el fuerte viento conocido como «Paracas».

sos, el volumen de agua puede ser superior a los 100 o 200 m³ por segundo, con la consiguiente erosión en las riberas, el ensanchamiento notable del cauce existente, la apertura de nuevos lechos y las inundaciones. Además, en las zonas que inundan dejan gruesas capas de arcilla, limo y arenas, que a veces sobrepasan el metro de espesor, modificando el relieve de las zonas afectadas.

Otro rasgo morfológico que se extiende en toda la costa peruana son las zonas desérticas con la sola interrupción de los oasis costeros. Éstos se forman por la acción de los ríos que llevan agua todo el año o por la intervención de los pobladores que aprovechan las aguas subterráneas, tal como sucede en los valles de Ica y Chincha, Chira y Piura, Chicama, Jequetepeque, Santa, Rímac, Cañete, etcétera.

Se trata de desiertos cubiertos de arena que, por acción de los vientos, originan dunas en forma de media luna o «barjanes»; estas formaciones se presentan aisladas o como familias de dunas que se unen lateralmente para dar origen a colinas de arena. Otras veces adquieren formas caprichosas, que dan un aspecto singular a los desiertos. La gran mayoría de las dunas tienen un gran dinamismo, pero otras permanecen fijadas por la vegetación de algarrobos y huarangos, como es frecuente al norte de Chiclayo y en el desierto de Ica. La duna de mayor altitud es la de Pur-Pur, al norte del río Virú y sur de la ciudad de Trujillo. Los desiertos arenosos más extensos del territorio peruano son el de Sechura, en el departamento de Piura; el de Pisco, en el departamento de Ica, y el de La Joya, en el departamento de Arequipa.

La costa norte

En la morfología de la costa norte, entre Trujillo y la frontera con Ecuador, las pampas desérticas al norte de La Libertad y en Lambayeque no sobrepasan los 35 km, según afirma Collin Delavaud. En Lambayeque, la extensa llanura aluvial formada por los ríos Chancay y La Leche llega a alcanzar 76 km de ancho. Al norte de la ciudad de Lambayeque se extiende una extensa llanura que carece de escorrentía al mar, excepto en los años en que se producen fenómenos El Niño extraordinarios. Estas pampas, al oeste, están cubiertas con arena y, al este, con bosques de algarrobos. Hay también relieves rocosos aislados o «monteislas» que sobresalen en las pampas, por ejemplo el cerro Cutierape, de 1,040 m de altura, al oeste de Motupe.

El río Piura, que sólo lleva agua al mar en la estación de verano, cuando se producen precipitaciones en su curso superior, forma un extenso oasis costero que rompe la continuidad del desierto, el cual más al norte llega hasta el valle del río Chira con la denominación de Despoblado de la Huaca. Pasado ese punto en dirección norte, hacia los confines del valle del Chira, se extiende una zona arreica con numerosas quebradas secas, modeladas en tablazos que, de acuerdo con Eliodoro Bellido y Simons, se alzan hasta los 400 m.

En opinión de este autor, en los tablazos que se extienden desde el norte de la ciudad de Piura hasta el sur del departamento de Tumbes existen tres niveles, siendo el más elevado y a la vez el de mayor antigüedad el de Máncora. Menos antiguo y elevado es el de Talara. En fin, el tablazo de Lobitos es el más moderno y el de menor altura. Al norte del río Chira y de la ciudad de Sullana se alza un relieve antiguo llamado Cerros de Amotape o relieve de Amotape, con altitudes que alcanzan hasta 700 m en el departamento de Piura y superiores a los 1,000 m en el territorio de Tumbes. En Piura, la vertiente occidental está fuertemente disectada por quebradas que llegan hasta el Mar de Grau, y por el este alcanza hasta el río Chira; en el departamento de Tumbes forma divisoria de aguas con escorrentía al Mar de Grau y al río Tumbes.

El verdor de sus manglares y la tranquilidad de las aguas del río Tumbes (cuyo cauce aparece en esta imagen) crean un paisaje de una exuberancia propia de las zonas tropicales.

El valle del Tumbes

En Piura, los Amotapes tienen bosques secos y, en Tumbes, bosques subtropicales. La morfología del sector sur del departamento de Tumbes se caracteriza por la existencia de numerosas quebradas secas, y de zonas desérticas con relieves accidentados por la presencia de colinas aisladas o en forma de sistemas de poca altura, relacionados con la orogenia andina. La fuerte erosión se origina en períodos con Niños extraordinarios o muy intensos, cuando las fuertes lluvias dinamizan el modelado terrestre, sea con las aguas de escorrentía difusa o concentradas en thalwegs que se profundizan. Éstos dan lugar a la formación de barrancos y ponen en funcionamiento las quebradas secas, las que erosionan las riberas de los cauces fluviales y profundizan el lecho del río, y hasta llegan a excavar nuevos cursos de agua.

El valle del río Tumbes, gracias a su fertilidad, es zona muy poblada, a pesar del riesgo de inundaciones graves, como las que tuvieron lugar durante los Niños de 1925, 1982-1983 y 1997-1998. Al norte del río Tumbes se extienden llanuras inundables por las crecientes del río Zarumilla y por la actividad esporádica de las quebradas secas que las atraviesan. Tienen pendientes suaves por la poca diferencia de altura con relación al litoral marino, hacia donde fluyen las aguas. Al este de estas llanuras se observa un relieve con topografía de colinas, que no superan los 500 m de altura, y numerosas quebradas secas. Cuando caen precipitaciones abundantes, las quebradas llevan tanta agua que inundan extensas áreas.

La costa central

La costa central (entre Ica y Trujillo) se caracteriza por la presencia de numerosas pampas delimitadas por colinas de escasa altitud, algunas de ellas cubiertas por arenas y fragmentos rocosos, producto del intemperismo. Muchas de estas pampas son acumulaciones de tipo desértico, como las que existen en Ancón, La Molina, Lurín, Mala y Pucu-

Vista de la Reserva Natural de las Pampas Galeras, en la que se conserva la vicuña en estado natural. Se sitúa en la provincia de Lucanos, departamento de Ayacucho.

sana. Poco accidentadas, los materiales que las constituyen son transportados desde laderas cercanas, sea por efecto de la gravedad o por la acción de escorrentía laminar durante las lluvias estacionales.

Forman estas acumulaciones desérticas fragmentos rocosos, angulosos y en desorden, con matriz de arenas gruesas y bien lavadas, como lo demuestra la escasez de limo. Tienen decenas de metros de espesor y se utilizan en forma intensa, previa selección granulométrica, como material de construcción. Ejemplo de ello son las «minas» cercanas a Lima, en El Sol de La Molina, en la carretera a Cieneguilla. En los valles de Lurín, Chillón, Rímac, Chancay y otros, los depósitos desérticos están en contacto, y delimitados en ciertos sectores por terrazas fluviales con cantos rodados y abundante matriz arcillosa. Según Olivier Dollfus éstos «fueron depositados principalmente durante los períodos pluviales del Cuaternario».

En muchas de estas pampas, y a diferentes profundidades, se encuentran depositados materiales de origen torrencial traídos por llocllas (mal llamados huaycos), que se originan en el piso medio e inferior de la cordillera de los Andes. Las llocllas transportan bloques rocosos, abundante arcilla y limos, que, entremezclados con los depósitos desérticos, forman lavas torrenciales de gran peligrosidad que obstruyen los lechos fluviales y dan origen a las represas donde, por medio de la sedimentación, se forman capas de arcillas y limos que presentan un espesor variable, según la turbidez de las aguas y el tiempo que dura el fenómeno.

Ciudades y valles fértiles

Olivier Dollfus clasifica las acumulaciones desérticas en tres grupos o, como prefiere llamarlas este autor, familias: «Rellenos elementales de primer orden, instalados al pie de vertientes y que raramente sobrepasan el kilómetro cuadrado de superficie; conos de deyección que cubren muchos kilómetros cuadrados, y grandes "epandajes" o acumulaciones detríticas más o menos escalonadas». Esta clasificación estaría en estrecha relación con la naturaleza de la roca que aflora en las vertientes en las cuales se originaron los materiales acumulados.

Por acción del intemperismo, las colinas y ramales cordilleranos que llegan a la costa tienen sus laderas o vertientes cubiertas por fragmentos rocosos con variada granulometría, es decir, de diferentes tamaños. Las acumulaciones fluviales de las orillas de los ríos que llevan agua todo el año se caracterizan por formar terrazas; con ancho de varios kilómetros en la desembocadura, amplitud que disminuye aguas arriba hasta convertirse en angostas franjas que bordean el lecho estacional de estiaje. La gran llanura formada por el Rímac, sobre la cual se construyó Lima metropolitana, tiene una potencia o espesor máximo que sobrepasa los 200 m. En esta formación se han perforado pozos para extraer agua de la napa freática y se ha excavado hasta los 196 m de profundidad sin encontrar la roca subyacente.

Estas llanuras que se extienden a lo largo de la costa están muy pobladas; las ciudades que allí se erigen no cesan de crecer, ocupando zonas agropecuarias de gran productividad, lo cual hace que la superficie explotable disminuya progresivamente. Los oasis o valles costeros tienen alta densidad demográfica: su número de habitantes sobrepasa el 40 por ciento de la población nacional y el 75 por ciento de la población urbana del país.

La costa sur

La costa sur, comprendida entre la frontera con Chile y Paracas, se estrecha en sentido transversal de norte a sur y tan sólo se ensancha en el departamento de Tacna, pero no llega a tener en ningún punto la amplitud de la costa central y norte. Uno de los rasgos morfológicos destacables es la cordillera de la Costa, relieve de cerros discontinuos pero alineados que se localizan cerca del litoral y dispuestos de forma paralela a éste. De pendientes suaves y escasa altitud, culmina a 1,200 m de altura en el cerro Tunga o Criterión, al oeste de la ciudad de Nazca. Otros rasgos morfológicos a destacar son los contrafuertes andinos que llegan hasta la costa, y las terrazas marinas a diferentes niveles, que pueden observarse al sudoeste de Nazca, entre Marcona y la bahía de San Juan, en Atiquipa, al norte de Chala y otros lugares de las costas de Arequipa y Moquegua.

La cadena costera ha sido erosionada por los ríos Locumba, Tambo, Quilca y Camaná, en el departamento de Arequipa, formando valles en garganta, que en algunos casos llegan hasta poca distancia del litoral marino. En el sector comprendido entre el sur de Arequipa, Moquegua y Tacna, una zona de subsidencia con acumulaciones detríticas de origen continental intercaladas con derrames de tufos volcánicos, da origen en conjunto a la llamada formación Moquegua. Se trata, según el geólogo Jenks, de «una cuenca estrecha separada del océano Pacífico por una cordillera baja» y hacia el este por el piso inferior de las vertientes andinas. Está profundamente disectada por numerosos thalwegs, que forman quebradas secas de ancho y profundidad variables.

Valles y depresiones

En el fondo de los valles de los ríos existe acumulación de materiales producida por fenómenos torrenciales y fluviales. Estos materiales consisten en cantos bien rodados, pero desigualmente alterados y consolidados, que en algunos sectores llegan a formar conglomerados de gran dureza. Capas de tufos volcánicos cubren sectores de estas formaciones morfológicas. En la zona de Nazca, en el valle formado por el río Grande, se observan terrazas fluviales profundamente desecadas y erosionadas. En la misma área, al noroeste de la ciudad de Nazca, se hallan las famosas pampas de Nazca, donde los antiguos habitantes de Perú trazaron las líneas que representan figuras variadas de aves, animales y formas geométricas.

En la margen derecha del río Locumba, abarcando el valle del río Cinto, una extensa superficie con poca pendiente forma «glacis» de erosión, muy alargados con relación a su ancho, cruzados por thalwegs secos de profundidad diversa y actividad esporádica. Cerca de la desembocadura del Tambo y del litoral marino hay una depresión de 25 km de largo aproximadamente y un ancho máximo de 10. Su cota más profunda se encuentra en la parte norte, a 27 m por debajo del nivel del mar; en el sector sur llega a los 22 m.

Las líneas de Nazca, situadas en el departamento de Ica, fueron descubiertas en 1927 por Paul Kosok.

Morfología andina

La cordillera andina, en América meridional, se extiende desde el sur de Chile hasta Colombia, siguiendo una dirección paralela al litoral pacífico; en Perú tiene una altitud promedio de 4,000 m, en la denominada cordillera Occidental. Morfológicamente, su límite inferior puede establecerse entre los 800 y 1,000 m sobre el nivel del mar.

Lloclla *o lava torrencial que se inicia al pie de un glaciar, a más de 5,000 m, en la cuenca del Mantaro.*

División en zonas

La subdivisión de los Andes peruanos abarca las siguientes zonas: vertiente occidental o del Pacífico; vertiente oriental (con sus sectores interandino y de ceja de selva); mesetas o punas altoandinas, que se inician entre los 3,000 y 4,000 m sobre el nivel del mar, que se denominan «jalcas» en los Andes del norte (Piura, Cajamarca, Amazonas y La Libertad), y que se encuentran principalmente en la vertiente oriental; y bajas mesetas en los Andes del sur (Arequipa), vertiente occidental, conocidas con el nombre de «pampas», como las de Majes y La Joya.

Un rasgo morfológico común a las vertientes oriental y occidental son los profundos cañones fluviales o valles en garganta, formados por la erosión de los ríos y modelados a lo largo de fallas tectónicas y zonas que ofrecen poca resistencia a la profundización de los lechos fluviales. Al oeste se inician entre los 800 y 1,000 m sobre el nivel del mar, en la vertiente del Pacífico, y al este entre los 600 y 800 m de altura, en la vertiente del océano Atlántico.

El piso inferior

El relieve andino varía con la altitud. El modelado del piso inferior de las vertientes occidentales (entre los 800 y los 2,000 m) es desértico y se encuentra profundamente desecado por una densa red de thalwegs jerarquizados, que permanecen secos entre siete y ocho meses al año. Los thalwegs funcionan llevando lavas torrenciales o *llocllas* durante el verano austral, cuando se producen lluvias que originan una escorrentía superficial y laminar. Las aguas se van concentrando en el thalweg principal del *huayco* o cuenca torrencial, hasta formar importantes volúmenes que se desplazan con gran velocidad y violencia; estos últimos factores se ven favorecidos por la pendiente del lecho. Se trata de fenómenos extraordinariamente destructivos y se presentan con mayor frecuencia cuando se producen Niños muy intensos, como los ocurridos en 1891, 1925-1926, 1982-1983 y 1997-1998, originando auténticos desastres en los fondos de valles andinos y en la costa.

Al llegar hasta los ríos que corren por el fondo de los valles interandinos, las llocllas acumulan los materiales que transportan formando conos de deyección que recubren terrazas fluviales, por lo que a éstos se los llama cono-terrazas. En ocasiones, la carga sólida que transportan las llocllas se acumula en los lechos fluviales formando diques transitorios que dan origen a lagos de barrera temporales, los cuales, al desbordarse aguas abajo, suelen causar aluviones destructivos.

En la parte baja del piso inferior, los conos de deyección de los huaycos o torrentes —materiales rocosos que están envueltos con abundante matriz constituida por arcillas y limos— alcanzan potencia o espesor superior a los 50 m. Estas zonas han sido urbanizadas u ocupadas para la construcción de viviendas, infraestructuras de recreación, etcétera.

Vista de la tala de árboles para la preparación de una chacra en los valles de la selva alta. Se trata de una práctica usual en los valles de Palcazu, Neguachi y Pichis, en Pasco.

Cuando los huaycos entran en actividad, las llocllas arrasan caminos, construcciones e infraestructuras para recreación hechas en su cono-terraza, tal y como ocurrió en los barrios marginales de Chosica conocidos como Pedregal y Quirio, y en el valle de Santa Eulalia.

Profundos valles en garganta

En la parte más septentrional, en las cuencas del Piura y Chira, la menor altitud de la cordillera Occidental permite el intercambio de masas de aire del Pacífico con los de la circulación amazónica, lo que da origen a copiosas precipitaciones durante el verano. Ello ha favorecido el desarrollo de una cobertura vegetal que influyó en la evolución del modelado de las cuencas vertientes. Los bosques de los profundos y estrechos cañones fluviales lamentablemente están siendo talados, con el fin de ganar terreno para la agricultura y la ganadería que se alimenta con pastos cultivados o con los que crecen favorecidos por la humedad. De continuar la deforestación, habrá serios problemas ecológicos que se reflejarán no sólo en la flora y la fauna sino también en la morfología y la hidrografía.

Al sur de Piura, el modelado de las vertientes occidentales se desarrolla en un medio árido en el que los ríos, con dirección generalizada de este a oeste, descienden desde las altas cumbres a lo largo de profundos valles en garganta o cañones fluviales, cuya magnitud va disminuyendo, y dejan de ser tales cuando el río ingresa a la costa. Por el fondo de estos valles, que a manera de grandes surcos dominan el paisaje topográfico de las vertientes occidentales, corren ríos que llevan agua todo el año. Estos cursos de agua constituyen el eje de las cuencas hacia el que confluyen numerosos huaycos o quebradas, activados por lavas torrenciales en la estación lluviosa, lo cual suele ser causa de obstrucciones en las vías de comunicación que conectan la costa con los espacios andinos. En cuanto a los problemas de solifluxión, con derrumbes o deslizamientos, sólo tienen lugar en la parte superior de este piso andino. De sur a norte, los cañones fluviales antes mencionados han sido formados por los ríos Quiroz y Piura (departamento de Piura) y Moche (La Libertad). El imponente cañón del Pato (en el departamento de Ancash), donde se ha construido una central hidroeléctrica, ha sido excavado por el río Santa al final del Callejón de Huaylas, desde 2,000 m de altitud y con-

Cascada artificial del cañón del Pato, en el departamento de Ancash. Este cañón, ubicado en el extremo norte del Callejón de Huaylas, alberga una central hidroeléctrica.

Panorámica del cañón del río Urubamba, desde la ciudad inca de Machu Picchu; la mayor parte del río discurre por el Valle Sagrado de los Incas, en el departamento del Cusco.

cluye en el centro poblado de Huallanca. El Santa es el único río que en su curso alto —aguas arriba del cañón del Pato— sigue una dirección sur-norte-noroeste, hasta llegar al valle del río Tablachaca, lugar a partir del cual toma un rumbo este-oeste, como todos los cursos fluviales de la cuenca del Pacífico.

Fenómenos torrenciales

Por poseer un clima particular, con precipitaciones, humedad y nubosidad, el piso inferior de la vertiente oriental andina se caracteriza por una exuberante vegetación tropical que cubre las vertientes abruptas que delimitan profundos y estrechos cañones fluviales o valles en garganta. Éstos evolucionan principalmente por fenómenos de solifluxión lenta o acelerada, desencadenando constantes derrumbes que obstruyen carreteras. En ocasiones, grandes deslizamientos que obstruyen el cauce de los ríos dan origen a lagos de «barrera» que, al incrementar su volumen, sobrepasan y destruyen el dique formado por el derrumbe, ocasionando, aguas abajo, destructivos aluviones, que afectan a los valles de la selva alta. Accidentes memorables de este tipo fueron por ejemplo el de Satipo, en el departamento de Junín; el de Uchiza, en 1980, en el departamento de San Martín, y, el de 1998, en el valle del Urubamba, al nordeste de las ruinas de Machu Picchu, provincia de La Convención, área de Santa Teresa, departamento de Cusco, cuando un gran deslizamiento en marzo de 1998, iniciado en el nevado Salcantay, represó las aguas del Urubamba, que cubrieron la central hidroeléctrica homónima, la cual proporcionaba energía al Cusco y a otras ciudades.

En los últimos años, antiguos riachuelos que tenían creciente lenta y con poca turbidez cuando sus cuencas estaban protegidas por bosques tropicales, como consecuencia de la deforestación producen fenómenos torrenciales, al haberse convertido en huaycos que entran en actividad con lavas torrenciales. Ejemplo de ello es lo que sucedió en la selva central, sector de San Ramón y La Merced, y también lo que acaeció en Oxapampa durante el verano de 1998.

El piso de altitudes medias

El piso de altitudes medias de las vertientes andinas, comprendido entre los 2,000 y 3,000-3,500 m sobre el nivel del mar, tiene características morfológicas más o menos similares en las vertientes occidental y oriental. Los valles están profundamente erosionados por ríos que corren formando cañones estrechos, con laderas de pendientes pronunciadas, y constituyen ejes de escorrentía hacia donde confluyen cursos de agua de menor volumen. Estos afluentes también forman valles en garganta de menor magnitud, así como huaycos o quebradas que durante el verano austral entran en actividad con lavas torrenciales o llocllas.

Estas cuencas de segundo y tercer orden se prolongan en altitud hasta pisos altos de la cordillera andina, llegando los de mayor longitud hasta el borde de las punas o altas mesetas andinas. Fenómenos morfológicos importantes y frecuentes son los deslizamientos lentos —reptación— o violentos —derrumbes— de materiales con abundante matriz arcillosa, que recubren vertientes y, al desplazarse, se depositan en el fondo de los va-

Típica zona de puna en territorios andinos, en el departamento de Cusco; a una altitud de 3,400 m, el ichu es prácticamente la única especie que puede apreciarse.

lles. También son comunes los desplazamientos de materiales secos que cubren vertientes o laderas; tales derrumbes están originados bien por movimientos sísmicos de gran magnitud y violencia, o bien por efecto de la gravedad. En este último caso, son lentos y desplazan fragmentos rocosos que se acumulan al pie de las vertientes, formando conos de materiales con base en el fondo de valle.

Cañones de gran altura

En el piso medio, los cañones fluviales forman fondos de estrechez creciente, y sus vertientes alcanzan alturas que pueden superar incluso los 4,000 m sobre el nivel del mar. En la vertiente del Pacífico, se encuentran los cañones formados por los ríos Rímac (entre Matucana y San Mateo), Fortaleza (aguas arriba de Chasquistambo), Huaura (desde la desembocadura del río Puccho), Chillón (aguas arriba de Santa Rosa de Quives), Cañete (aguas arriba de San Lorenzo de Putirza) y Majes-Colca (curso medio desde la desembocadura de su afluente, el río Blanco). En la vertiente oriental se encuentran los cañones fluviales modelados por los ríos Marañón, Huallaga, Mantaro y Apurímac, entre otros.

El piso superior

Los límites aproximados de altitud del piso superior comprenden desde los 3,000 m hasta las punas más altas, que se hallan a más de 4,000 m. Las características morfológicas de este piso son las vertientes abruptas y los valles estrechos, que en sus cuencas superiores ocupan antiguos valles glaciares. En algunos casos se observan pequeños bosques formados por queñuales y otras especies que sería necesario preservar para mantener los ecosistemas. Esto es de gran importancia no sólo para proteger la flora y la fauna sino también para conservar los recursos hídricos y detener los crecientes procesos de erosión.

En algunas vertientes pétreas se observan corredores formados por fragmentos rocosos de variada granulometría, producto del intemperismo, los cuales se desplazan por gravedad.

Las punas o altas mesetas andinas

Las punas se sitúan a altitudes superiores a los 4,000 m; pueden llegar a los 4,500 m y, excepcionalmente, en los Andes del centro y sur, a los 5,000 m. Presentan una topografía con ligeras ondulaciones que, a la distancia, dan impresión de horizontalidad, debido a que las antiguas morrenas glaciares, predominantes en ellas, tienen alturas más o menos similares.

Antonio Raimondi, que visitó el departamento de Puno en el año 1864, en su obra *El Perú*, al referirse a las punas, escribe: «En este departamento fue donde vi en su mayor escala aquellos extensos llanos elevados y fríos que se conocen en el Perú con el nombre de punas». Estas mesetas cubiertas con vegetación de gramíneas, donde predomina el ichu, en algunos sectores corresponden a la superficie puna, y en muchas áreas está cubierta por acumulaciones glaciares y periglaciares.

Esta altiplanicie, que dio a la cordillera un ancho extraordinario en la zona Perú-Bolivia, se produjo, según Dollfus, en varias fases: la primera, a finales del Cretácico y principios del Terciario; la segunda, probablemente, durante el Oligocénico, y la tercera entre finales del Mioceno y principios del Plioceno.

En muchos sectores, principalmente en el centro y sur, capas de lavas volcánicas recubren y fosilizan las punas, «atenuando las irregularidades de su relieve y contribuyendo a mantener la horizontalidad de las mesetas», según Dollfus.

Existen antiguas formas glaciares en la parte superior: valles en auge glaciar, morrenas, formas aborregadas y cerrojos glaciares. El proceso diario de congelación y descongelación que tiene lugar en la parte superior de este piso provoca deslizamientos y derrumbes, cuando las vertientes rocosas están cubiertas por materiales sedimentarios con predominio de arcillas.

Lagos y lagunas de los Andes peruanos

Los dos grandes lagos andinos del territorio peruano ocupan zonas deprimidas de las punas. Son el lago Titicaca y el lago Junín, Bombón o de los Reyes. Hay además numerosas lagunas, la gran mayoría de origen glaciar: Suche y Vilcanota, en Tacna; Lagunillas, Lauricota, Umayo y Arapa, en Puno; Punrún y Huarancocha, en Pasco; Viscachas, en Moquegua; Marcapomacocha, en Junín; Choclococha y Orcococha, en Huancavelica; Langui Layo, en Cusco; Parinacochas, en Ayacucho; Salinas, en Arequipa; Pacucha, en Apurímac; Llanganuco, Parón y Conococha, en Ancash, etc.

Los nudos, nacientes de ríos

Rasgo importante del piso andino de las punas son los denominados nudos: Vilcanota en los Andes del sur, en el límite de los departamentos de Cusco y Puno; y Pasco, al sur de la ciudad de Cerro de Pasco. Erróneamente, con más imaginación que conocimiento de la dinámica del modelado terrestre, solía considerarse en otros tiempos a estos nudos como los puntos donde se iniciaban y terminaban las cordilleras Central y Oriental de los Andes. Pero, en realidad, se ha demostrado que se trata de relieves residuales, producto de la erosión diferencial, que desgastó y desmanteló más rápido las rocas que por su naturaleza ofrecieron menos resistencia a los procesos erosivos. Las rocas de mayor dureza, que por su composición litológica soportaron mejor la acción de los agentes de erosión, fueron quedando como relieves rocosos que sobresalen a poca altura en las extensas punas. Tienen importancia hidrográfica, pues en sus zonas periféricas se originan destacados ríos que pertenecen al sistema hidrográfico del Amazonas y de la cuenca interior o endorreica del lago Titicaca.

En el relieve residual de Pasco tienen sus nacientes los ríos Huallaga, Perené, Pozuzo y Man-

La superficie puna

Eleodoro Bellido y Simons, al referirse a la superficie puna, comenta que «la parte superior de los Andes es una conspicua altiplanicie. Hacia el occidente está cortada por los abruptos ríos costeños y hacia el oriente está profundamente seccionada por los ríos Marañón, Huallaga, Mantaro, Pampas, Apurímac y Vilcanota. Su ancho varía desde algunas decenas de kilómetros, en el norte, hasta más de 100 km en el sur. Su altitud media es de alrededor de 3,800 m en la sección septentrional y encima de los 4,000 m en la parte central y meridional. La altiplanicie continúa en territorio boliviano, incluyendo, en el límite entre Perú y Bolivia, la gran depresión de la cuenca interior de los lagos Titicaca y Poopó. La altiplanicie es el resto de una peniplanicie formada a una altura relativamente baja durante el Terciario Medio o Superior. A fines del Terciario o principios del Cuaternario, esta superficie peniplanizada fue levantada hasta altitudes de 3,000 a 5,000 m. Los restos de esta superficie antigua existentes a dichas altitudes han sido denominadas "superficie puna" en el centro del Perú (por McLaughlin, en 1924) y "superficie post-madura". En el sur del Perú, el altiplano está limitado hacia el este por la cordillera Oriental; en el centro se extiende entre las cordilleras Occidental y Central; y en el norte se extiende al este de la garganta del río Marañón».

taro de la cuenca amazónica. En Vilcanota, los ríos Azángaro y Ayaviri dan sus aguas al Titicaca y el Vilcanota, al igual que los afluentes del Apurímac por su margen derecha, que también forman parte del sistema hidrográfico del Amazonas. Accidentes topográficos de importancia son asimismo los valles formados en las mesetas o punas, como el del Santa (en las punas de Conococha), el Mantaro (meseta de Junín), los formados por ríos afluentes del Titicaca, etcétera.

Existen, por otra parte, áreas de depresiones rellenas con materiales de granulometría fina —limos, arcillas, cenizas de origen volcánico, entre otros— que permanecen constantemente húmedas y se encuentran siempre cubiertas por pequeñas hierbas. En la región se las conoce con los nombres de «oconales» y «chupaderos»; resultan extremadamente peligrosos para quien no conoce sus características, puesto que al pisar en ellas es fácil hundirse con rapidez en los finos materiales que se hallan perpetuamente embebidos de agua.

La cordillera de Vilcabamba, cuyo nevado más alto es el Salcantay, de 6,217 m.

Piso altitudinal de muy alta montaña

El piso de la muy alta montaña ocupa altitudes superiores a los 5,000 m. Es el dominio del hielo y las nieves eternas, con temperaturas siempre negativas y modelado glaciar. Predominan los paisajes blancos, matizados con paredes rocosas, abruptas y de color oscuro, donde por la verticalidad de las vertientes no puede mantenerse el hielo, salvo en pequeñas placas, que persisten en salientes de poca importancia o en fisuras de la roca. Se describen circos glaciares, morrenas que van quedando por retroceso de los glaciares y campos de neviza.

Cubriendo las elevadas cimas hay capas de hielo de espesor variable e imponentes cornisas de hielo, como las de la cumbre norte del Huascarán. Al desprenderse, estas cornisas han originado los catastróficos alud-aluviones, que en ocasiones han arrasado ciudades enteras. Según Dollfus, las más altas cumbres andinas en territorio peruano son relieves residuales, horst o pilares tectónicos, conos y agujas volcánicas.

Morfología de la región de bosques amazónicos

De modo general intervienen en la morfología de esta gran región la vegetación, la altitud, la pendiente, la petrografía, las precipitaciones, los suelos y la densidad de thalwegs. La combinación de todos estos factores da como resultado tres grandes conjuntos morfológicos: ceja de selva, selva alta y selva baja.

Vista típica de valle de la zona de ceja de selva, en el departamento de Junín.

La ceja de selva

Ocupa altitudes entre 1,000 y 3,500 m y, excepcionalmente, hasta 3,800-3,900 m. Las características más destacadas de la ceja de selva son las fuertes pendientes, que encierran valles estrechos y profundos denominados cañones, y las capas de materiales sedimentarios, con alto porcentaje de arcillas y espesor variable. Estos materiales cubren las vertientes y, por efecto de la humedad y la pendiente, se desplazan por gravedad, dando origen a constantes derrumbes, involuntariamente favorecidos, en ocasiones, por la construcción de carreteras que rompen las inestables pendientes de equilibrio. Otros factores que aceleran estos deslizamientos son la erosión de las riberas de los ríos que corren por el fondo de los valles, la agricultura en laderas con fuerte pendiente y la deforestación.

En el piso inferior de la ceja de selva, situado por debajo de los 1,800-2,000 m sobre el nivel del mar, y en los relieves de la selva alta, el cultivo de coca se extendió desde 1970 y ocupó laderas con pendientes de hasta 40°. Ejemplo de magnitud pueden observarse, por ejemplo, en los valles de La Convención, San Ramón, Chinchao, Huallaga y sus afluentes, zonas de Tingo María, Monzón, Uchiza, Progreso, Tocache, Aucayacu, Sión y el Valle, entre otros.

La selva alta

La selva alta se ubica entre 300-400 y 800-1,000 m sobre el nivel del mar. Se caracteriza por valles de gran longitud, superior en ocasiones a los 300 km, cuyo ancho en los fondos generalmente no alcanza los 50 km. Los suelos, de gran fertilidad, están ocupados por terrazas escalonadas hasta en cuatro niveles, todas muy pobladas, sobre todo el primer y segundo nivel, que son los más productivos. Colinas de poca altura delimitan los fondos del valle y hacen de transición con las vertientes de ceja de selva. Estas colinas cubiertas por gruesas capas arcillosas, convertidas primero en campos agrícolas y luego en pastizales para ganadería, se desplazan con lentitud —denominada reptación o *creeping*— durante la estación de lluvias, en el verano austral, llegando incluso a originar derrumbes.

Otro rasgo morfológico importante son los contrafuertes andinos, que excepcionalmente sobrepasan los 1,000 m de altitud. Estos contrafuertes, al ser cruzados por los ríos, forman valles en garganta denominados cañones, cajones y pongos. Ejemplos de éstos son el cañón que forma el río Huallaga en las cercanías de Tingo María, departamento de Huánuco; los cajones de Sión y Cayumba, entre Tocache y Juanjuí, departamento de San Martín; los grandes pongos de Rentema y Manseriche, formados por el Marañón en el departamento de Amazonas; y el de Mainique, en el río Urubamba, departamento de Cusco.

Relieves de la selva alta

Son áreas de vertientes e interfluvios con menor altura, donde los declives fuertes no siempre son tan pronunciados como los del piso superior,

La erosión provocada por el cultivo de coca

Dos causas determinantes deben mencionarse en la alta erosión que provocan los cultivos de coca: por un lado, la utilización de laderas con pendientes fuertes y sembrío en surcos que siguen la dirección de las pendientes. Por otro, la forma de efectuarlos: se cosechan todas las hojas, lo que deja a la planta tan sólo con sus delgadas y desnudas ramas, las cuales no ofrecen cobertura ni protegen el suelo de la energía cinética de las gotas de lluvia.

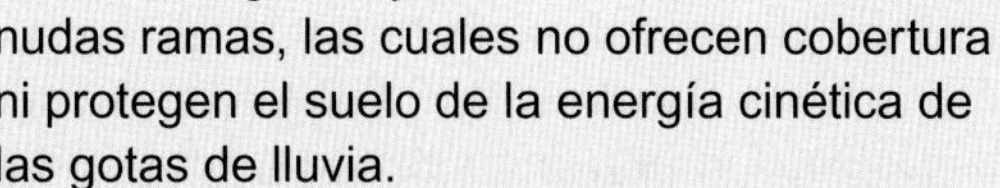

La lluvia cae a gran velocidad sobre materiales sin cohesión, debido a que se arrancan las hierbas removiendo las capas superficiales del terreno; luego, éstas son arrastradas con gran facilidad por las aguas de escorrentía, que se concentran formando surcos, los cuales evolucionan hasta convertirse en cárcavas de importancia. Las intensas lluvias estacionales que se concentran cada vez más en los thalwegs aceleran los procesos de erosión lineal y lateral, e incrementan y generalizan el fenómeno de erosión.

Las vertientes cultivadas se convierten, en cortos períodos de tiempo, en campos cubiertos con gramíneas, con claros donde se observan la roca subyacente o arcillas ferruginosas. La erosión y los derrumbes en estas áreas son importantes, y causan la interrupción del tráfico en carreteras, como sucede por ejemplo en las rutas Huánuco-Tingo María, sector de Carpish; o en la de Tarma-San Ramón, sector bajada de Carpapata.

y se alternan con laderas de pendientes moderadas. En muchas de éstas se practican o pueden practicarse actividades ganaderas y agrícolas, siempre y cuando se tomen las debidas precauciones y se utilicen las técnicas adecuadas para evitar la erosión acelerada. Los materiales que cubren estas laderas tienen un considerable espesor, lo que posibilita una actividad agropecuaria en las áreas de menor pendiente.

La evolución es semejante a la descrita para el piso superior, sólo que la acción agrícola del hombre ha sido mucho más intensa, ocasionando serios problemas de erosión, que han hecho perder fertilidad a extensas áreas.

Las terrazas tectónicas

Un aspecto que merece señalarse respecto a estas laderas de la selva alta es la presencia de terrazas tectónicas que se escalonan formando diversos niveles, tal como se observa en el valle del río Tulumayo, en la zona de Tingo María, donde existen altas terrazas escalonadas en las vertientes de la cordillera Azul o Divisoria. Idénticos fenómenos pueden apreciarse en sectores de San Ramón, Satipo, La Convención, etcétera.

Como en este sector los ríos que corren por el fondo de los valles son de gran volumen, la erosión lateral que realizan en sus riberas origina derrumbes frecuentes, que afectan a zonas importantes de las vertientes inmediatas. La construcción de rutas que no tienen en cuenta estos aspectos morfológicos desencadena a menudo desplomes.

Diferentes niveles de terrazas en los fondos de valles

Esta unidad morfológica está representada por el fondo de los valles de selva y los diversos niveles de terrazas que allí se localizan. Se incluyen aquellas altas terrazas que han sido modeladas en forma de sistema de colinas, pero quedan excluidas las que, por causas tectónicas, han sufrido modificaciones en su localización.

Los valles de la selva alta se caracterizan por su gran longitud y poco ancho. Sus fondos están rellenos con materiales fluviales que forman terrazas, con tres o incluso más niveles.

La abundancia de riachuelos y arroyos, las caídas de agua y la inmensa riqueza y variedad de la flora y la fauna son las características principales del sector de ceja de selva.

Las terrazas más antiguas, que son las situadas a mayor altura, se localizan hasta los 200 m, e incluso más, sobre el lecho de los ríos que ocupan el fondo del valle. Estas terrazas se presentan muy desecadas, con gran número de thalwegs que se profundizan sin aumentar mayormente su ancho, conformando un paisaje con quebradas de gran longitud y vertientes de poca altura pero fuerte pendiente. En el fondo de estos thalwegs afloran a veces aguas subterráneas, que mantienen una escorrentía estacional y se convierten en cursos intermitentes donde el subescurrimiento es el fenómeno más generalizado a lo largo de todo el año. Las materias de estas altas terrazas están consolidadas y tienen un alto grado de impermeabilidad. La forma de colinas con cumbres redondeadas, modeladas en altas terrazas que ocupan el fondo de valles amplios, se debe a la erosión simultánea realizada en interfluvios paralelos, constituidos por un río principal y uno o más afluentes.

Terrazas bajas e intermedias

Estas colinas modeladas en terrazas aparecen formando conjuntos geomorfológicos bien diferenciados. Desde el punto de vista agrícola, presentan pocas posibilidades a causa de su pronunciada pendiente y escasa fertilidad, resultado de un lesivaje o lavado muy prolongado. Con las limitaciones establecidas por la pendiente, pueden utilizarse para la ganadería extensiva, cuidando siempre de no provocar ni acelerar los procesos de erosión.

En cuanto a las terrazas bajas, que bordean el lecho de los ríos, presentan dos niveles que corresponden a las zonas más fértiles de la región. La más baja se inunda anualmente por períodos no superiores a dos o tres días, y es la zona donde los pobladores han instalado sus campos agrícolas, principalmente cultivos de plátanos. Estos cultivos dan elevados rendimientos durante largos períodos gracias al aporte anual de materiales con abundante limo, que se depositan en el momento en que las crecientes anuales cubren las terrazas.

El segundo nivel corresponde a la terraza que, por ubicarse a mayor altura con respecto al río, sólo se inunda parcialmente cuando se producen crecientes extraordinarias que no tienen carácter cíclico. Este tipo de terrazas se cultiva también de forma intensiva debido a la fertilidad de sus suelos, y son apropiadas para una agricultura intensiva, con mecanización e incluso con posibilidades de riego a bajo costo.

Las terrazas intermedias, que ocupan niveles más elevados que las anteriormente citadas, están muy desecadas y sus suelos han perdido gran parte de su fertilidad debido a la erosión química, por lo que su uso agrícola presupone el uso de abonos. En muchos sectores de los valles de la selva alta se observan antiguos depósitos de tipo torrencial, que están cubiertos por las terrazas más antiguas. Se caracterizan por la presencia de grandes y angulosas piedras, que sobrepasan el metro de longitud, poco rodadas y con superficie de color negro debido a la oxidación. En conjunto, presentan alto grado de consolidación y se diferencian de forma neta de las terrazas fluviales que están fosilizándolas.

Vista del cerro Putucusi y el río Urubamba desde el camino inca en la base del Huayna Picchu, en la cordillera de Urubamba, departamento de Cusco.

Los cañones fluviales

Los cañones fluviales constituyen otro rasgo morfológico de importancia. Su origen está ligado a la erosión fluvial en las vertientes y los contrafuertes andinos, determinados posiblemente por fenómenos de tectonismo, es decir, por las denominadas fallas.

Los cañones son propios de zonas de topografía muy accidentada, con valles en garganta que presentan las vertientes con mayores pendientes de la región. Se localizan sobre todo en los sectores de altas vertientes andinas y en las zonas donde se inicia y concluye la selva alta.

La erosión en estas zonas es intensa y generalizada. Se origina en el fondo del cañón, debido a la erosión lateral de los ríos que hace caer grandes paquetes de materiales desde las riberas, iniciando el proceso que luego se extiende por la vertiente. Las rutas que se construyen por estos cañones contribuyen a acelerar esta erosión y crean problemas de mantenimiento de difícil solución. Otras veces, la erosión lineal que profundiza el lecho fluvial rompe el inestable equilibrio de las vertientes o alcanza zonas de contacto entre rocas con diferente grado de permeabilidad, facilitando derrumbes de una gran extensión. Estas extensiones se generalizan siguiendo planos de deslizamiento formados en el contacto de rocas permeables e impermeables.

Los ríos que atraviesan estos cañones corren formando cascadas o correntadas que dificultan y a veces imposibilitan la navegación, cuando se trata de los grandes cursos fluviales de la Amazonia peruana en la selva alta.

Los pongos

La vegetación natural de estos cañones desaparece rápidamente con las talas, y con ello se aceleran los fenómenos de erosión. Las rocas en que han sido modelados estos cañones fluviales varían de acuerdo con las zonas en que se encuentran. Las diferencias petrográficas tienen importancia en el tipo de vegetación, el valor de las pendientes y la amplitud del cañón.

Cañones fluviales pueden observarse en la provincia de Bagua, al norte del departamento de Amazonas, entre la desembocadura del Chinchipe y el pongo de Manseriche, que corresponde a la denominada región de los pongos del río Marañón. Los cañones alternan con angostos valles

El paisaje del pongo Manseriche, uno de los más imponentes de la geografía peruana, puede apreciarse cerca de la desembocadura del río Santiago en el Marañón.

formados por afluentes de este río, que, a su vez, han modelado cañones de menor magnitud.

Al norte del departamento de Huánuco y en el departamento de San Martín, el río Huallaga forma cañones al atravesar los relieves de Carpish, la cordillera Azul y los últimos contrafuertes andinos. Se trata de los cañones de Chinchao y Cayumba, y del pongo de Aguirre, entre otros.

El río Perené forma también una serie de pongos que, según informa el ingeniero Wetheman, se localizan aguas abajo de la confluencia del Chanchamayo con el Paucartambo, en una longitud de 18 millas, y luego, en otro sector, al este de Pampa Hermosa y aguas abajo de este punto. El río Paucartambo posee también en su cuenca importantes cañones fluviales formados por este río y sus afluentes, entre los que pueden citarse el pongo de Mainique y el cañón de Machu Picchu.

Potencial de los cañones

En general, todos los demás ríos de la región forman cañones que originan el conjunto morfológico estudiado. Estos cañones o pongos constituyen zonas que deben convertirse en parques nacionales, toda vez que presentan paisajes de extraordinaria belleza, y aquellos de poca altitud son de fácil acceso para todo tipo de personas amantes de la naturaleza. De ahí que la vegetación que los cubre no debiera ser talada porque no se vuelve a desarrollar. Constituyen también zonas donde los ríos ofrecen gran potencial hidroeléctrico y son verdaderas reservas para el futuro desarrollo del país.

El pongo o cañón de Manseriche puede por sí solo generar más de seis millones de kilovatios, y si a ello se agregan las posibilidades de los cañones formados por los ríos Huallaga, Apurímac, Urubamba, etcétera, puede tenerse una idea cabal de la magnitud, importancia y trascendencia futura desde el punto de vista hidráulico que tiene esta zona morfológica de los cañones.

Rutas a través de los cañones

Cabe señalar asimismo que, a pesar de sus laderas abruptas, los cañones fluviales desempeñan un importante papel en las comunicaciones. Muchas rutas terrestres en dirección a la selva los atraviesan para ingresar a la región oriental salvando, por medio de ellos, la accidentada topogra-

La presencia de marmitas en el lecho rocoso del río Yuracyacu, en el Boquerón del Padre Abad (departamento de Ucayali), es una característica típica de la ecología de la zona.

fía de las altas vertientes andinas: los relieves calcáreos del área de Tingo María, con pendientes superiores a 40°; los acantilados de areniscas en las inmediaciones de la ciudad de Saposoa, a orillas del río del mismo nombre; y los modelados en rocas salinas de Pilluana, aguas arriba del puerto de Shapaja, a orillas del Huallaga y cerca de la ciudad de Tarapoto.

La selva baja o llano amazónico

La selva baja se sitúa entre los 70 y los 400 m sobre el nivel del mar. En muchas ocasiones puede considerarse que se inicia al final de los grandes pongos, como es el caso de Manseriche, en el Marañón; Aguirre, en el Huallaga, y Mainique, en el Urubamba.

El viajero que visita Pucallpa, pasando Tingo María y tras ascender la cordillera Azul, inicia el descenso y atraviesa el imponente cañón formado por el río Yuracyacu, afluente del Aguaytía, que se conoce con el nombre de Cañón del Padre Abad. Al final de éste se ingresa bruscamente y sin transición a la selva baja, que en la zona recibe el nombre de Pampa del Sacramento.

La selva baja se caracteriza por una topografía en la que alternan zonas altas, no inundables, con ondulaciones de gran radio, que culminan en cimas redondeadas y vertientes convexas. Éstas forman colinas de poca altura, que normalmente no sobrepasan los 50 m. Las colinas están separadas por pequeños riachuelos, conocidos en la región con el nombre de quebradas. Unos llevan agua todo el año y otros solamente durante la estación estival, permaneciendo secos durante el largo período de escasas precipitaciones. Alternando con estas zonas elevadas se encuentran extensas áreas inundables, producto de la divagancia de los ríos que forman meandros y constituyen el lecho mayor estacional y excepcional de los cursos que cruzan la selva baja.

El llano amazónico

En su libro *Los Andes del sur del Perú*, Isaiah Bowman describe la transición entre la selva alta y baja en los siguientes términos: «Pasados los peores rápidos del Pongo luce una sucesión de maravillas naturales. Lo bordean barrancos revestidos de helechos, un arbusto semejante al enebro alarga sus ramas, parecidas a dedos, hacia el centro del río y las orillas se hallan cubiertas por espesas capas de musgo. Los grandes bosques silenciosos e impenetrables visten las altas pendientes y se extienden hasta los límites de la visión. De los bordes de los barrancos descienden cascadas cabrilleando sobre mantos de pizarra puestos casi de filo. Por fin aparecen los capiteles blancos de caliza que obstaculizan la salida inferior del Pongo.
Más allá de este último pasaje se encuentra uno de pronto al margen de una región ondulante, cubierta de floresta, el territorio del caucho, el país de los grandes bosques. Aquí termina el reino de los Andes y comienza la Amazonia». Y más adelante añade: «La ruptura entre la cordillera andina y las llanuras, manchadas por colinas, del valle bajo del Urubamba, es casi tan acentuada como una línea litoral. Las llanuras ondulantes se hallan cubiertas por leguas y más leguas de espesura densa (...)».

Erosión de riberas cóncavas

Al concluir las crecientes, y cuando las aguas vuelven a su lecho de estiaje, estas áreas quedan convertidas en zonas pantanosas, denominadas «aguajales» —cuando predominan las palmeras de aguaje (*Mauritia flexuosa*)—, «tahuampales» —cuando hay variedad de arbustos y árboles—, «renacales», etcétera. En estas áreas inundables

Vista del puerto fluvial de Francisco de Orellana, en la margen derecha del río Napo, a pocos kilómetros de su desembocadura en el Amazonas, en el departamento de Loreto.

divagan los grandes ríos y sus afluentes, formando meandros libres y trenes, o sea, sucesión de curvaturas, que evolucionan erosionando las riberas cóncavas del lecho fluvial y acumulando materiales en las riberas convexas. El dinamismo de la erosión se acelera durante las crecientes y llega a cortar el «cuello» del meandro, que corresponde a la parte más angosta, dando lugar de este modo a un nuevo lecho del río. Abandona el sector semicircular convertido desde entonces en una laguna de origen fluvial que es conocida regionalmente con los nombres de cochas y tipishcas.

La erosión de riberas cóncavas es un fenómeno generalizado en los lechos fluviales de los grandes ríos y afecta, entre otras, a las ciudades de Iquitos (en el río Amazonas), Contamana y Genaro Herrera (Ucayali). En los afluentes, la erosión es menos intensa y afecta a poblados menores y campos agropecuarios.

Relieves de Contamana

Los relieves de Contamana y las colinas que forman la divisoria de aguas entre las cuencas del Ucayali con las de Madre de Dios, Purús y Yurúa constituyen otro conjunto morfológico de importancia. Se localizan en la zona de Contamana (provincia de Ucayali, departamento de Loreto) y se extienden por el sur, siguiendo una línea más o menos paralela al río Ucayali. Son sistemas de colinas que forman divisoria de aguas y alcanzan su cota máxima a la altura de Pucallpa, donde los cerros La Bandera y El Cono llegan, respectivamente, a 1,000 y a 800 m. El relieve de Contamana se inicia en el límite con Loreto, en las nacientes del río Cushabatay, y sigue una dirección aproximada de norte a sur hasta alcanzar las nacientes del río Callaría. En esta zona se confunde con las colinas que se extienden al sur, formando la divisoria de aguas del río Ucayali con los Yurúa, Purús y Madre de Dios.

Este relieve ha sido erosionado por el río Ucayali al norte de la desembocadura del río Cushabatay, dando origen a un estrechamiento del lecho normal y del lecho mayor del Ucayali a la altura del pueblo de Orellana. En años pasados llegaron a plantearse proyectos de ingeniería para convertir a este «estrecho» en un embalse para las aguas del Ucayali.

Esta unidad morfológica se caracteriza por las vertientes poco inclinadas pero suficientes para poseer un buen drenaje, que continúan por terrenos altos, de poca pendiente aunque con buen escurrimiento superficial de las aguas. Por ello no se forman zonas pantanosas y aguajales, con la excepción de algunas depresiones muy acotadas. Ello las convierte en zonas apropiadas para la colonización agropecuaria; por lo general, forman franjas o corredores de zonas altas, que se extienden hasta el Ucayali.

Otros rasgos morfológicos de importancia

El territorio peruano presenta rasgos morfológicos de importancia que no pueden incluirse en ninguno de los apartados descritos hasta aquí. Uno de ellos son los filos o relieves de transición entre la selva alta y baja. Se trata de colinas de poca elevación, que no alcanzan los 100 m de altura y que se caracterizan por estar constituidas esencialmente por materiales aluviales con abundantes arcillas. Se las puede observar en la zona de Neshuya y Aguaytía, y en la carretera de Tingo María a Pucallpa. Poco estudiadas, su extensión regional todavía no se ha conseguido establecer.

La erosión fluvial, como la del Pongo de Rentema, es característica del paisaje del valle del Marañón.

Altos o restingas

En cuanto a los altos o restingas de la selva baja, son elevaciones que, a manera de plataformas, sobresalen siempre en la llanura amazónica, aun en las épocas de mayores crecientes. Sobre estas restingas o terrazas altas se han instalado las mayores ciudades y los principales centros poblados que se localizan a lo largo de los ríos amazónicos de la selva baja, como Iquitos, Pucallpa, Yurimaguas, Contamana, Requena y Nauta, entre otras. En estas áreas, que permanecen siempre por encima del nivel de las aguas, se localiza un gran porcentaje de la agricultura perenne y los pastos cultivados que mantienen la ganadería de la selva baja.

La evolución morfológica de estos altos se debe principalmente a la erosión fluvial de pequeños cursos de agua conocidos con el nombre de quebradas. Éstos modelan el relieve y originan thalwegs que se suceden a distancias de entre 500 y 1,000 m, y que pueden alcanzar profundidades de hasta 50 m; tal es el caso de los observados en Tamshiyaco, en la margen derecha del Amazonas, aguas arriba de Iquitos; en Genaro Herrera, en la margen derecha del Ucayali, aguas abajo de Requena, y en la carretera que se construye de Iquitos a Nauta. La erosión lineal que las quebradas realizan en los altos da como resultado un sistema de colinas de muy escasa altura, que no sobrepasan los 100 m, y que poseen cimas redondeadas y con vertientes convexas. En conjunto, estas colinas conforman un relieve ondulado que evoluciona por solifluxión y desplazamiento de paquetes que se dividen constantemente cuando existen arenas inmediatamente por debajo de la superficie.

Terrazas de origen fluvial

Estas formas onduladas por la presencia de colinas de poca altitud pueden observarse a lo largo de la margen derecha del río Ucayali, desde las inmediaciones de su confluencia con el Marañón hasta las inmediaciones de Contamana; en la margen izquierda del Marañón, en la zona de Nauta; a orillas del Amazonas; en la zona del río Tigre, y en muchos sectores del Napo, Yavari y Putumayo. Faltan estudios más detallados e individualizados sobre estos relieves (puesto que unos tienen sustrato arenoso y otros arcilloso) para establecer de manera precisa su origen. El relieve sobre el que se asienta la ciudad de Iquitos parece ser de origen lacustre; posiblemente se formó en la zona periférica de un gran lago, como lo demuestran las capas de turba estratificadas que se observan en las riberas del Amazonas, actualmente sujetas a erosión.

Al oeste de Iquitos, las terrazas cortadas por la carretera que se construye siguiendo el valle del

El Amazonas atraviesa la selva baja, en el departamento de Loreto. En la época de lluvias, el río más caudaloso del planeta convierte estas tierras en superficies inundables.

río Nanay, y que debe llegar hasta Nauta, son de origen fluvial, como lo prueban los cantos rodados encontrados a unos 15 km de Iquitos en diciembre de 1971, y que son esencialmente cuarcitas de gran resistencia a la erosión. Estos cantos rodados fueron hallados en los estratos arcillosos que alternan con las capas de arena y que constituyen la estructura de estas colinas bajas.

Petroperú también ha encontrado grandes acumulaciones de cantos rodados en la zona donde se perforó el pozo petrolero de Pavayacu, hecho que constituye una ulterior confirmación del origen fluvial de las terrazas localizadas al oeste de la ciudad de Iquitos, en las cuencas del Nanay y el río Tigre.

Zonas inundables y pantanosas de la selva baja

En amplias áreas de la selva baja, que se extienden por grandes zonas de los departamentos de Loreto y Madre de Dios, y sectores de San Martín, el llano amazónico constituye el lecho mayor estacional y excepcional de los ríos que integran el sistema hidrográfico del Amazonas. Estas tierras inundables, que durante la época de lluvias permanecen cubiertas por las aguas de creciente, constituyen en época de estiaje o vaciante de los ríos zonas muy húmedas y pantanosas. Estas zonas aparecen recorridas por numerosos «caños» —lechos fluviales estacionales con muy poca pendiente—, que realizan el drenaje durante la época de estiaje, cuando los ríos ocupan su lecho menor y la superficie de sus aguas constituye el nivel de base para el escurrimiento y la evacuación de las aguas que se expandieron por el llano amazónico.

Llanuras bajas e intermedias

Cuatro sectores pueden distinguirse en esta área morfológica de zonas inundables y pantanosas: las llanuras más bajas, las intermedias, los barrizales y las áreas meándricas.

Las llanuras más bajas, que se inundan todos los años durante las crecientes estacionales y constituyen zonas de pantanos cuando las aguas descienden su nivel, son los denominados «tahuampales», «aguajales», «chupaderos», «renacales», etcétera. Se caracterizan no sólo por su drenaje deficiente y por la constante presencia de aguas con poca profundidad o gran humedad del suelo, sino también por el tipo de vegetación que las habita.

La superficie de estas áreas está cubierta por capas de fango, con abundante porcentaje de materias orgánicas descompuestas. Las zonas que siempre están cubiertas por agua revisten importancia biológica, pues allí se concentran cardúmenes de peces que hasta ahora no han sido debida-

El impresionante grosor de los troncos y la peculiar forma de aleta de las raíces laminares son características en el extenso bosque verde de la selva amazónica peruana.

mente estudiados, y desde allí inician sus largas migraciones hasta los ríos de la selva alta.

En cuanto a las llanuras intermedias, comprenden dos sectores: uno se inunda anualmente y otro corresponde a las restingas altas, que permanecen siempre por encima del nivel de las aguas o que sólo son cubiertas por éstas excepcionalmente. Estas últimas son áreas en las que el poblador ha establecido campos de cultivo, que se ven afectados por las crecientes cada cierto número de años.

Barrizales y áreas meándricas

Los barriales o barrizales son sectores del lecho fluvial limitados por las riberas y el nivel más bajo de las aguas. Aparecen cuando los ríos descienden de nivel y ocupan sólo su lecho de estiaje. Se caracterizan por estar situados inmediatos a las riberas y se localizan principalmente en los sectores convexos de los ríos. Tienen un alto porcentaje de limo, que se incrementa y renueva anualmente, y son áreas donde existe una agricultura estacional intensiva. Se trata, en fin, de lechos fluviales anfibios, toda vez que a lo largo del año pasan alternativamente por períodos en que permanecen subaéreos y subacuáticos.

Los altos porcentajes de limo que poseen hacen que estas áreas permanezcan siempre húmedas, hecho que facilita el crecimiento de plantas que se cultivan allí, las mismas que luego absorben por capilaridad aguas del subsuelo, que se infiltran desde el río o desde las zonas pantanosas adyacentes.

Además de los barriales o barrizales, quedan también al descubierto zonas del lecho fluvial conocidas con el nombre de playas. Éstas se distinguen de los barriales por su alto contenido de arenas y muy bajo porcentaje de limo.

Por último se encuentran las zonas meándricas. Característica destacable y de gran dinamismo de estas áreas son los lechos meándricos de los ríos que cambian su curso constantemente, abandonando extensos meandros que pasan a convertirse en lagunas, y que son conocidas con el nombre de cochas o tipishcas. En otras ocasiones, la divagancia de los lechos fluviales deja profundas y visibles huellas que destacan en las inmediaciones de los ríos y aparecen semejando caminos en las forestas ribereñas.

Evolución de vertientes en la selva amazónica

En la evolución de estas vertientes deben tenerse en cuenta los fenómenos de solifluxión y derrumbes. En general, pueden distinguirse tres tipos principales en la evolución de las vertientes: las boscosas, las de erosión fluvial y las de las colinas de selva baja.

Bosque de piedra puruna, en el departamento de Arequipa. La puruna es una roca formada por agregado de minerales, que se encuentra sobre todo en las altitudes propias de la puna.

En la evolución de las vertientes boscosas la solifluxión, en sus diversas modalidades, es el fenómeno más generalizado. La gran mayoría de las vertientes está afectada por una solifluxión lenta, del tipo de reptación o creeping, que se detecta de forma indirecta por la típica curvatura que presentan los árboles en la parte de su tronco más cercana al suelo.

El creeping se origina por el lento desplazamiento de los materiales que cubren las vertientes, combinado con el fenómeno de geotropismo. También se detecta por la presencia en superficie de las raíces de los árboles, las cuales quedan por encima del suelo a causa del desplazamiento lento. Este proceso se mantiene constante en la ceja de selva por el agua que producen las denominadas «lluvias ocultas» —que en forma de un goteo continuo proveen de humedad al suelo— y por el aporte de agua que dan las lluvias estacionales.

Cuando se producen las intensas lluvias de verano, el proceso de solifluxión se acelera y origina derrumbes de magnitud variable en todas las vertientes. Predominan los pequeños deslizamientos que se aceleran y son cada vez mayores cuando se construyen obras que suponen la modificación del perfil de reposo de dichas vertientes o laderas con bosque. Es un fenómeno morfológico frecuente en las altas laderas boscosas de ceja de montaña o ceja de selva; se produce también en relieves de la selva alta y, en la selva baja, afecta a los relieves de Contamana. El dinamismo de estos fenómenos depende de la pendiente, del tipo de materiales y de la intensidad de las precipitaciones.

Vertientes de erosión fluvial y de colinas

La evolución de vertientes a partir de la erosión fluvial origina derrumbes en las riberas y se generaliza luego, afectando a áreas cada vez mayores. Este fenómeno, como el anterior, resulta acelerado por la acción humana cuando se efectúan obras sin evaluar los fenómenos geomorfológicos existentes o que pueden presentarse de acuerdo con los materiales que recubren la roca subyacente.

En cuanto a la evolución de vertientes en las colinas de la selva baja, se caracterizan, en primer lugar, por la pronunciada convexidad, y originan colinas redondeadas con laderas de poco declive. La evolución de estas vertientes guarda estrecha relación con el tipo de materiales que conforman el subsuelo. Cuando son arenas, las vertientes evolucionan por desplazamientos lentos, de grandes paquetes que se fraccionan constantemente, haciendo aparecer numerosas grietas superficiales. Afectan sólo a determinados sectores y están relacionados con filtraciones de aguas de subescurrimientos o por erosión lateral de los cursos intermitentes, que corren por el fondo de los pequeños valles que modelan el relieve. En los casos en que los materiales son arcillosos o con abundancia de arcillas y limos, la solifluxión es el fenómeno predominante.

Un modelado típico en la zona es el que se verifica en las rocas salinas. Un ejemplo notable se observa a orillas del Huallaga, en las minas de sal de Pilluana, aguas arriba del Puerto de Shapaja. Allí pueden apreciarse formas parecidas a «chimeneas de hadas»: columnas que se deben a la erosión producida por las aguas pluviales y las de infiltración que afloran y se desplazan superficialmente, concentrándose para acelerar la erosión lineal que origina el relieve. Otro aspecto destacado en la morfología de estas vertientes salinas son los importantes movimientos de solifluxión causados por el alto porcentaje de arcillas que contienen y las características especiales de las rocas salinas. Tal fenómeno es el origen de las formas escalonadas u onduladas típicas de estas vertientes.

La cordillera tropical más alta del mundo es la cordillera Blanca, con 27 nevados que superan los 6,000 m de altitud. Ésta, junto con la cordillera Negra, conforma el Callejón de Huaylas.

Morfología periglaciar y glaciar

En altitudes superiores a los 4,000 m, y hasta el límite inferior de las nieves eternas —5,000 a 5,500 m sobre el nivel del mar—, se produce el fenómeno periglaciar. Éste consiste en la congelación y descongelación diaria, la congelación nocturna de los manantiales, riachuelos y zonas pantanosas, así como en la formación de escarcha que cubre las gramíneas, seguida de la descongelación diurna por acción del calor solar.

El fenómeno periglaciar constituye un aporte constante de agua en las morrenas y los bordes de las punas, con lo cual se humedecen las arcillas, que se convierten en materiales plásticos que ocasionan derrumbes. En estas zonas hay evidencias recientes del modelado glaciar, tales como valles en «U» o auge glaciar, cerrojos glaciares, ombilics, rocas aborregadas y morrenas. Llámanse así las acumulaciones de materiales que fueron transportados por lenguas glaciares y abandonados cuando, por efecto de la deglaciación, las nieves persistentes van retrocediendo, haciendo que el límite inferior del hielo se coloque cada vez a mayor altitud y adquiera menor volumen.

Gran número de lagunas de origen glaciar ocupan cuencas formadas por la erosión de los hielos que en épocas pasadas cubrieron esas zonas. Al producirse el retroceso de los glaciares, las morrenas terminales abandonadas por lenguas glaciares constituyeron diques que cerraron los valles en auge glaciar, dando origen a numerosas lagunas en zonas periglaciares.

Origen de las morrenas

La morfología glaciar afecta a las cumbres andinas situadas a más de 5,000 y 5,500 m sobre el nivel del mar cubiertas por hielo permanente. El modelado ha dado origen a extensos circos glaciares, tal como se denomina a las excavaciones semicirculares delimitadas por escarpas rocosas, donde se acumula la nieve que se transforma en hielo y que al desplazarse por gravedad erosiona el fondo y los sectores laterales del circo glaciar.

Los materiales extraídos son transportados hasta llegar a las lenguas glaciares, donde el hielo desciende lentamente hasta llegar al límite inferior de los nevados; allí se licua por efecto de temperaturas superiores a 0 °C. Al desaparecer el hielo queda un modelado que se denomina valle en auge glaciar, en forma de «U». Los materiales transportados por el hielo se acrecientan con fragmentos rocosos, producto de la ruptura de las paredes abruptas que demarcan los circos y las lenguas glaciares.

Estos fenómenos tienen su origen en las aguas de fusión diurna del hielo que penetra por las grietas de las paredes rocosas. Al congelarse el agua durante las noches, aumenta su volumen y ocasiona una presión lateral que fragmenta la roca; ésta se rompe en pedazos y cae sobre el hielo, el cual se desplaza por gravedad, a la vez que transporta los materiales anteriormente erosionados y que al final se acumulan, dando así origen a las morrenas.

Erosión glaciar antigua a menor altitud

En los Andes peruanos la erosión glaciar ha dejado huellas morfológicas desde los 3,000 m de altitud. Isaiah Bowman dice haber observado depósitos glaciares a esta altura en los relieves de Carabaya, en el departamento de Puno. Lo mismo sucede en el Callejón de Huaylas, donde manifestaciones morfológicas producidas por la erosión glaciar existen incluso a menor altitud, según algunos autores.

Causas del fenómeno alud-aluvión

Muchos glaciares tienen poderosas cornisas de hielo con altura de cientos de metros que, al desprenderse, suelen provocar aludes; éstos, convertidos en alud-aluvión, han ocasionado en el siglo XX la destrucción de las ciudades de Ranrahirca y Yungay, en el Callejón de Huaylas (en los años 1962 y 1970, respectivamente). Estas tragedias se produjeron cuando desde la cumbre norte del nevado Huascarán un importante sector de la cornisa de hielo, de millones de metros cúbicos, se desprendió desde una altura superior a los 6,500 m. Al caer sobre una lengua glaciar en cuyo interior había grandes bolsones de agua formados en sus numerosas grietas, se originó una lava torrencial que transportaba grandes bloques de hielo, convirtiéndose en un fenómeno con gran potencia y dinámica. Este fenómeno es el que, siguiendo la terminología propuesta por Olivier Dollfus, se ha denominado alud-aluvión. Idéntico fenómeno, aunque de menor magnitud, se originó en el nevado Chicón, en el año 1942, causando la destrucción de un importante sector de la ciudad de Urubamba, en el valle Sagrado de los Incas.

Actividad sísmica y vulcanismo

A lo largo de su historia geológica, la parte del territorio peruano que se ubica en el ámbito del llamado Cinturón de Fuego del Pacífico ha sufrido la acción de sismos de magnitud variada, desde aquellos apenas perceptibles por los pobladores hasta los destructivos con intensidad X en la escala Mercalli modificada. Ciudades como Lima y el Callao en la costa; Arequipa, Cusco y Huaraz en la región andina; y Moyobamba en la selva alta sufrieron en el pasado los devastadores efectos de los terremotos.

Una de las tantas imágenes de destrucción que dejó el terremoto del 31 de mayo de 1970.

Actividad sísmica

La actividad sísmica continúa en nuestros días. Las causas son la subducción de la placa marina de Nazca (que se desplaza de oeste a este, por debajo de la placa continental de América, de dirección contraria) y el tectonismo en la cordillera andina, donde existen numerosas fallas geológicas activas, como la de Huaytapallana (en el departamento de Junín) y la de Moyobamba (en San Martín), entre otras. Los terremotos con intensidad VI-VII y superiores originan derrumbes y caídas de cornisas glaciares que ocasionan desastres directos e indirectos. En este último caso, los materiales desplazados obstruyen a veces el cauce de los ríos y forman represas que al desbordarse se convierten en aluviones destructivos. Cuando desde miles de metros caen cornisas de hielo sobre campos de hielo o de lenguas glaciares, se produce su fusión por fricción o choque violento, remueven a la vez depósitos sedimentarios, y se convierten en destructiva lava torrencial denominada alud-aluvión. Este fenómeno tiene una dinámica especial, producto del hielo que transporta: por su menor densidad «salta» hacia el exterior sobrepasando relieves de altura variada, y lleva tras de sí grandes volúmenes de lava torrencial.

Otro efecto peligroso de los movimientos sísmicos es la ruptura de diques morrénicos de lagunas que tienen origen glaciar y se localizan en la alta montaña andina. Cuando esto sucede se originan destructivos aluviones, que se desplazan por quebradas con fuerte pendiente, transformándose en lavas torrenciales que erosionan riberas y transportan sedimentos y bloques rocosos de diferente tamaño y peso. Estos bloques pueden medir varios metros y pesar toneladas, magnitudes que, unidas a la velocidad con que se desplazan, incrementan su poder de destrucción.

Los estudiosos de los fenómenos sísmicos en Perú manejan información que cubre un período de quinientos años, a lo largo de los cuales se registra un saldo trágico de alrededor de 90,000 muertos, decenas de millares de desaparecidos y heridos, y destrucción de viviendas, carreteras y toda clase de infraestructuras.

Los sismos destructivos de los que se dispone información confiable, desde el siglo XVI hasta finales del XX, publicados por el ingeniero Silgado y en el *Atlas del Perú*, fueron (medidos en la escala de Mercalli modificada): 31 de grado VII, que originaron daños materiales en los departamentos de Lima, Tacna, Provincia Constitucional del Callao, La Libertad, Ayacucho, Huancavelica, Arequipa, Mollendo, Puno, Cusco, Junín, Ica, Ancash, San Martín, Huánuco y Apurímac; 17 de grado VIII, que afectaron a las ciudades de Arequipa, el Callao, Lima, Cusco, Huacho, Barranca, Sayán, Canta, Cajatambo, Santa, Huaylas, Ica, Piura y

La carretera Panamericana, que une las principales capitales de Sudamérica, ha sido seriamente dañada en el tramo peruano por sucesivos movimientos sísmicos. La foto es de junio de 1970.

Tumbes, causando pérdidas materiales y víctimas en la población; 14 de grado IX, que causaron pérdidas materiales y víctimas en las ciudades de Arequipa (1582-1784-1960), Lima (1586-1655-1687), Ica (1664), el Callao (1655-1687), Camana, Ocoña, Caravelí, Chuquibamba y Valle de Majes (1821), Tacna, Tarata, Sama, Locumba y Arica (1833), Nazca (1942-1997), Sihuas, Quiches, Conchucos (1946), Satipo, Andamarca y Acobamba, con embalse de las aguas del río Satipo (1947), ciudades al nordeste de Huancayo (Chilifruta, Lampa, Pomamanta y Pariahuanca, en los Andes orientales) y uno relacionado con la falla de Huaytapallana (1969), al norte de Huancayo.

Movimientos sísmicos luctuosos

Además del trágico terremoto del 31 de mayo de 1970, la historia de Perú registra otros movimientos sísmicos de lamentables consecuencias. En 1946 se registraron graves daños materiales y 1,400 víctimas en las ciudades de Sihuas, Conchucos, Mayas, Quiches y pueblos aledaños al río Marañón (en el departamento de Ancash). En 1947 se contaron 200 víctimas mortales en Satipo, Andamarca y Acobamba (departamento de Junín).

En 1619, un terremoto provocó graves daños en la ciudad de Trujillo, ocasionando 350 víctimas. En 1746, un movimiento de tierras destruyó la casi totalidad de casas de la Lima de aquel entonces: de las 3,000 que había, tan sólo quedaron en pie 25. Causó alrededor de 1,141 víctimas y originó un maremoto, conocido científicamente como *tsunami*, ola marina de gran altura que destruyó el Callao y provocó la muerte de alrededor de 4,000 de sus pobladores; sólo se salvaron 200. El tsunami destruyó también pequeñas poblaciones establecidas en Guañape y punta Caballos.

Vulcanismo

En la historia geológica del territorio peruano hay vestigios de vulcanismo producido durante el Terciario, que se manifiesta en la actualidad por la existencia de aguas termales en los departamentos de Tumbes (Hervideros y Malpaso), Piura (Jahuay Grande y Ayabaca), Cajamarca (Baños del Inca, Yumagual), La Libertad (Baños Chimú,

Principales terremotos en territorio peruano

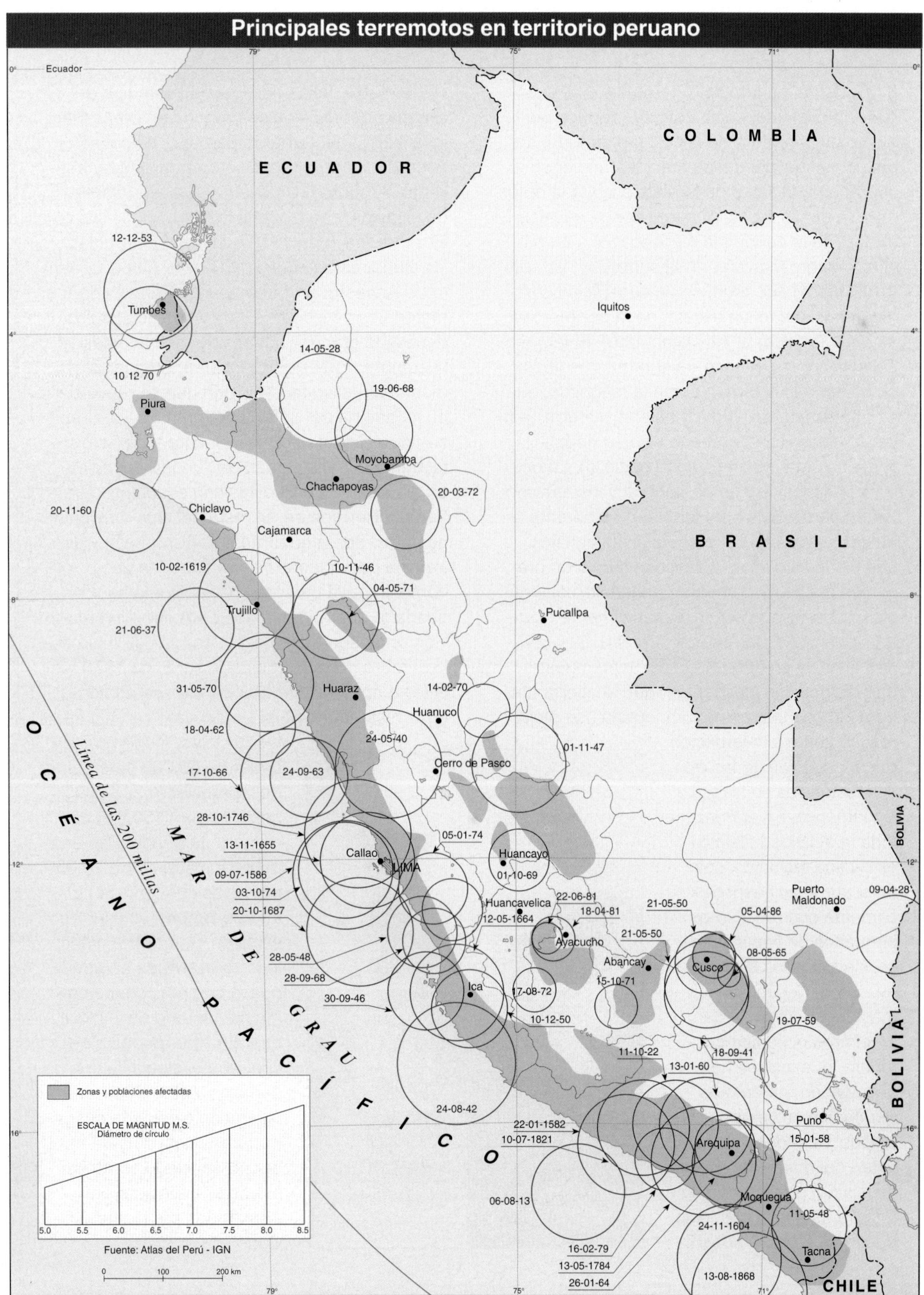

El terremoto más trágico

Un sismo, un temblor o terremoto, es una vibración del suelo, que se produce por efecto de la ruptura de la corteza terrestre como consecuencia de las fuerzas que llegan a sobrepasar el límite de la resistencia a la deformación de las rocas. Al punto donde se inicia la ruptura se le denomina hipocentro y a su proyección perpendicular en la superfície, epicentro. El efecto que produce en superficie se llama intensidad, cuya escala, dada por Mercalli, es del 1 (inocuo) al 12 (cataclismo). El tamaño del sismo o la cantidad de energía que libera, se miden indirectamente con la magnitud, que es una escala logarítmica abierta, determinada por Charles Richter (desde valores negativos,–4, hasta próximos al 10 positivo). La ocurrencia de los sismos en general y los terremotos en particular, es un fenómeno inherente al proceso evolutivo del planeta; esto significa que los movimientos sísmicos estuvieron presentes desde el momento que nuestro planeta alcanzó el estado sólido, especialmente cuando se consolidó la corteza terrestre. La actividad sísmica en el territorio peruano muestra una distribución hipocentral, que en cierta manera esboza una estructura interna compleja, resultante de la interacción por subducción de las placas tectónicas de Nazca y Sudamérica. En el Perú, toda la actividad sísmica es de tipo tectónico, sólo en el sur y muy esporádicamente ocurren sismos pequeños de tipo volcánico. De todos los sismos tectónicos, los mayores y más destructivos se dan en el área oceánica-costanera, que incluso han ocasionado maremotos (*tsunamis*) en tiempos históricos. Cuando la profundidad del hipocentro (foco del sismo) es pequeña, la ruptura asociada al mismo puede alcanzar la superficie terrestre (fallas geológicas); este tipo de sismos superficiales se produce en áreas bien localizadas del territorio peruano, ubicadas en Ayacucho, Apurímac, Cusco, Junín (Huaytapallana), Arequipa (Caravelí) y Ancash (Callejón de Huaylas y de Conchucos).

El 31 de mayo de 1970 quedaron destruidas las ciudades de Huaraz y Casma (departamento de Ancash), y Chimbote sufrió graves daños materiales y víctimas. El movimiento sísmico derrumbó grandes volúmenes de hielo desde la cumbre norte del Huascarán, originando el más destructivo alud-aluvión que se recuerda en la historia del país. Una «gran ola» sobrepasó una colina de 200 m de altura y devastó totalmente la bella ciudad de Yungay, conocida en el Callejón de Huaylas con el apelativo de Yungay Hermosura. El resto del alud-aluvión se desplazó por la quebrada de Ranrahirca y destruyó lo que quedaba de la arrasada población homónima, ya que gran parte de ella había quedado destruida en 1962 por otro alud-aluvión originado en la misma cornisa de hielo de la cumbre norte del Huascarán. El de 1970 fue el terremoto más destructivo que se recuerda en la historia del país. De acuerdo con los datos oficiales, murieron alrededor de 50,000 personas, desaparecieron 200,000 y se calcula en 150,000 el número de heridos. De una población superior a 20,000 personas que tenía la ciudad de Yungay, sólo 92 de ellas, en su mayoría niños, lograron salvarse en una huaca que funcionaba como cementerio de la ciudad. En este grupo se encontraba el científico peruano Mateo Casaverde, quien contó luego la desgarradora experiencia de haber presenciado cómo numerosas víctimas eran arrastradas por el alud-aluvión.

La fuerza del terremoto de mayo de 1970 prácticamente arrasó con todas las localidades del Callejón de Huaylas, incluyendo a la ciudad de Huaraz.

Huaranchal, Cachicadan), San Martín (Moyobamba), Amazonas (Asnaycu, Vituya, Cuelcacha), Pasco (Cocha), Loreto (Contamana), Huánuco (Aguas Calientes, Chaccha, Aguamiro, Baños), Ancash (Chavín, Chancos, Mancos, Pomabamba, Andamayo, Jocos), Lima (Oyón, Churín, Chiuchín, Andajes, Boza, Tambo Viso), Junín (Yauli, Llocllapampa), Huancavelica (San Cristóbal, Corsi, Julcamarca), Ayacucho (Niñobamba, Sancos), Apurímac (Hualacache, Quilcata), Cusco (Colpani, Andiguela, Lares, Yaurique), Puno (Ollachea, Cuyo-Cuyo, Aguas Calientes, Pirtua, Ayaviri), Arequipa (Yura, Jesús, Tapaiza, Chuicane, Antaura), Moquegua (Omate, Carumas) y Tacna (Candarave, Ticaco, Caliente).

El antiguo vulcanismo en territorio peruano fue particularmente intenso en la región andina.

El vulcanismo cuaternario, que continúa en nuestros días, se concentra en los Andes del sur, en los departamentos de Arequipa, Ayacucho, Moquegua y Tacna, donde existen volcanes activos como el Sabancaya. Otros emiten constantes fumarolas, como el Misti, y hay un gran número de conos volcánicos que, en el momento actual, se encuentran del todo inactivos. Los principales conos volcánicos son: en el departamento de Ayacucho, Sara Sara y Huañipaco; en el departamento de Arequipa, Tacune, Misti, Chachani, Las Minas, Solimana, Coropuna, Pichu-Pichu, Sabancaya y Andahua; en Moquegua, Omate (llamado también Huainaputina Quinistaquilla y Morro Putina), Ubinas, Chuquianama, Ticsani, Ichtollo y Arundane; en Tacna, Tutupaca, Yucamané, Cóndor Pico y Chuquiamanta.

Ilustración de un volcán en erupción, contenida en la obra de Agustín Zárate Historia del descubrimiento de la provincia del Perú, *publicada en Amsterdam en el año 1700.*

El testimonio de Valdivia

Acerca de la erupción del volcán Omate, a finales del siglo XVI, Raimondi dice que «debe observarse, no obstante, que algunos fijan la época de la erupción de este volcán en el año 1600. En una publicacion hecha en Arequipa por el Deán Dr. D. Gualberto Valdivia, cuyo título es *Fragmentos para la historia de Arequipa*, se hace una descripcion de esta catástrofe muy parecida a la de Pérez de Torres (...) y se ve claramente que se habla del mismo suceso, pues dice que las aguas del río Tambo se embalsaron durante 28 horas a causa de los escombros y que al desplomarse arrasaron todo el valle.

»Puesto que en la descripcion de Valdivia aparecen los distintos fenómenos que se experimentaron en Arequipa durante esa célebre erupción, resulta de interés reproducirlas aquí. En cuanto a la fecha, no se puede asegurar cuál merezca más fe, ignorándose la fuente que ha servido a la descripcion de este último escritor».

He aquí el fragmento que cita Raimondi del libro de Valdivia:

«El 15 de Febrero de 1600, sintieron los Arequipeños moverse la tierra con lentitud y continuación. El 18, primer Viernes de cuaresma, entrando la noche menudearon los movimientos; hacia las 10 hubo un fuerte sacudimiento y en toda la noche continuaron los movimientos muy sensibles. En la mañana del 19 hubo un movimiento estrepitoso causado por la erupcion del Volcán de Omate, llamado de Quinistaquilla. En 24 horas se contaron como doscientos temblores. Se obscureció el cielo y solo se percibían algunos truenos y relámpagos, siguiendose á ellos una lluvia de arenilla blanca que cubrió todo el campo. Los estruendos eran á manera de artilleria y por la obscuridad del polvo y arena todo era horror y confusion...

Pueblos sepultados por la lava

»De este modo se pasó hasta el Domingo 1° de cuaresma, en cuya mañana se dedicaron con alguna luz á quitar la ceniza de los techos, que era tan pesada que los echaba abajo. Al medio día volvió la obscuridad; á las dos de la tarde parecía ser la noche y se repetían los temblores.

»El 24 de Febrero fué tan funesto que parecia el dia del juicio (...). El 28 de Febrero fué el mayor temblor de todos que derribó las últimas casas. A las tres de la tarde de ese dia volvió la lluvia de arena y la tormenta de truenos y la obscuridad (...).

»No se sabía que el Volcán había ocasionado tales estragos. Pasados muchos días se supo que el Volcán Huainaputina, cerro de Quinistaquilla del curato de Omate, 22 leguas lejos de Arequipa al Sud-este, había reventado. El pueblo de Quinistaca, legua y media lejos de dicho Volcán, quedó enterrado con cien habitantes. La quebrada contigua al Volcán como un cuarto de legua de ancho y muy profunda, quedó terraplenada. Los pueblos de Chiqueomate, Lloque, Jhacsata, Colana y Checa perecieron completamente.

»El Teniente de Cura de Puquina escapó con algunos pocos; despues de un mes fué á Omate y halló cocidos con el fuego á sus habitantes. Subió á Ubinas y halló que en Chichillaque, Sasallaque y Cacabasa habían escapados algunos á beneficio de los terrales; le dijeron que habían visto piedras incendiadas de enorme tamaño, lanzadas por el

La lluvia de ceniza

La erupción volcánica más desastrosa registrada en territorio peruano se produjo a finales del siglo XVI o principios del XVII, el 7 de febrero de 1599 según Simón Pérez de Torres o el 15 de febrero de 1600 según el deán Gualberto Valdivia, de acuerdo con lo consignado por Antonio Raimondi en el segundo volumen de su obra *El Perú*, publicada en 1876. Se transcribe a continuación el relato extractado de *Los largos viajes* de Simón Pérez de Torres (1586-1600): «Sucedió un caso de admiración, en medio de Arequipa i Moquegua, un Sabado primero de Quaresma, á siete de Febrero de 1599. A cosa de las cinco de la tarde empezó á oirse tanta cantidad de tiros muy á menudo, que parecian Piezas de Artilleria, esto duró hasta el Lunes al medio dia, sin poder saber qué seria, quando empezó una obscuridad, i unos truenos tan secos, que no sé cómo significallo; parecia que el Mundo se venia abajo, tanto, que entendimos todos que era el Juicio; veíamos que no llovia, i en un instante se bolvía noche, que no veiamos unos á otros, sino era con luz (para decir esto era menester otra lengua que la mia), andábamos como sin juicio por las Calles, las Iglesias abiertas; las Mugeres daban gritos, que los ponian en el Cielo; las Calles llenas de Niños, i Mugeres; el Santísimo Sacramento descubierto; i nosotros atónitos de ver llover Ceniça, en tanta cantidad, que parecía Agua; tomarla en la mano, i cerrarla, se salía por entro los dedos, corría como arroios de Agua: estuvimos con esta confusión hasta el Martes, que vino el Clérigo del Valle donde havía sucedido: Entró en la Ciudad con dos Sobrinas, i ochenta Indias del Pueblo; venían asidas unas á otras; como en Procesión; esto nos dió más miedo, hasta que supimos que era un Volcán, que se abrió media Lengua de su Pueblo, i havía asolado todo aquello á la redonda, i él se escapó así como vió salir aquellas bolas de fuego de la Tierra, que eran las que parecían Piezas de Artilleria: Decía que echaba de sí la Tierra aquellas Bombas de fuego, que cada vez que se abria la Tierra echaba aquello, i hacía aquel estruendo. (...) las Casas con terrados recogieron tanta Ceniça, que si con diligencia no la hecháran abajo, como iba lloviendo, se hundieran las Casas (...) desde el Lunes, hasta el Miercoles, no supimos si havia dia: El Miercoles a las quatro de la tarde, abrió un poco el Dia, no para ver el Sol; ni por eso dejaba de llover Ceniça, y luego se bolvió a cerrar la Noche, hasta el Viernes á las nueve, que vimos á el Sol, tan obscuro, que daba espanto el mirarle, i siempre llovia Ceniça; i la llovió quince dias arreo, de la que hechaba el Volcan, que la que estaba fuera; más de dos años duró, que los vientos la traian, que parecia la llovia siempre (...).» Antonio Raimondi agrega lo siguiente: «La interesante relación que acabamos de transcribir se refiere á la erupción del volcan de Omate, llamado de Quinistaquilla, que es el nombre del pueblo mas inmediato. Tambien se conoce con los nombres de Huayna Putina y de Morro Putina.»

En mayo de 1970 la ciudad de Yungay, departamento de Ancash, fue destruida por un alud provocado por un desprendimiento del Huascarán. Hubo cerca de 20,000 víctimas.

Volcán. Las cenizas se estendieron por el aire 200 leguas de distancia y el Volcán quedó deshecho desde sus planes (...).

»En los manuscritos de aquel tiempo se halla que el rio Tambo fué estancado con los escombros y labas y represado por veintiocho horas en tiempo de aguas, y que al desbaratarse arrazó todo el valle de Tambo á ecepcion de sus gentes que con tiempo se salvaron á las lomas laterales. En los cerros actuales se conoce aun la inmensa altura hasta donde subió el agua cuando rompió los diques.

La búsqueda de Raimondi

»Los Valles de Vitor, Siguas, Mages y Moquegua perdieron muchas fincas por la ceniza, que en algunas partes corría como torrente. Aun los árboles grandes llegaron á troncharse ó quedar enterrados. En Quilca murieron varios ahogados y otros sepultados en la Ceniza. La polvareda duró nueve meses continuos: y muchos individuos se fueron para otras tierras. Los terrenos de Arequipa quedaron estériles y solo el trigo producia algo. El Ayuntamiento hizo traer víveres de grandes distancias.»

El propio Raimondi, quien acudió a visitar la zona en 1864, escribió luego, en el Tomo I de *El Perú*, al referirse a los volcanes de Ubinas y Huayna Putina: «De Omate hice un pequeño viaje al pueblo de Ubina, situado a catorce leguas de distancia, para ver de cerca el volcán del mismo nombre que tiene su cráter destrozado. De regreso a Omate, emprendí mi marcha al pueblo de Quinistaquilla, sobre terrenos cubiertos de una espesa capa de piedra pómez. En este pueblo ninguno me dió razon del volcán Huayna Putina, que se cita en muchas obras; sin embargo, tomé guías y recorrí toda la región elevada en busca del volcán, y después de algunas horas de fatigosa marcha, parte á bestia y parte á pié, sobre un terreno movedizo, me encontré de repente con un gran cráter, que en el país conocen con el nombre de Morro-Putina. Este volcán es sin duda el que hizo su erupción en 1600 y que arruinó los pueblos de Omate, Quinistaca y Quinistaquilla.»

Variedad climatológica

La diversidad climática

La región de bosques amazónicos

El fenómeno El Niño

Con una altitud media de 4,000 m sobre el nivel del mar, el relieve andino impide el encuentro de las masas de aire del Pacífico Sur con aquellas provenientes de la actividad intertropical del Amazonas.

La diversidad climática

Desde un punto de vista teórico, podría suponerse que, por su ubicación en la zona tropical del hemisferio sur, al territorio peruano le correspondería un clima con altas temperaturas a lo largo de todo el año, con precipitaciones abundantes en todo su territorio durante el verano austral y con una alta humedad atmosférica durante todas las estaciones astronómicas. Sin embargo, la realidad es diferente. Ello se debe a fenómenos y factores geográficos que modifican el clima ecuatorial que, a tenor de la hipótesis que se acaba de plantear, le correspondería a Perú por su latitud.

La barrera andina influye profundamente sobre todas las variables climáticas del territorio peruano.

La barrera andina

La cordillera de los Andes, una de las más altas del planeta y que sigue una dirección más o menos meridiana, forma una barrera climática entre las masas de aire provenientes del Pacífico y las del Atlántico Sur. Su altitud influye sobre la temperatura, provocando descensos que determinan incluso la formación de glaciares; lo mismo ocurre con la humedad, la presión atmosférica y la alta insolación.

La insolación disminuye en verano, debido a la nubosidad y a las precipitaciones en forma de lluvia y nieve, que en conjunto originan diversidad de climas templados y fríos de montaña tropical, que difieren en su origen de los de las zonas templadas y frías de latitudes medias y altas.

En la costa, la corriente Peruana, con aguas frescas (entre 17 y 18 °C de promedio anual) debido al afloramiento de aguas profundas, modifica el clima desde su extremo meridional hasta los 5° de latitud sur aproximadamente.

Las masas de aire oceánicas, con altas temperaturas y humedad, que llegan desde el anticiclón del Pacífico Sur, se enfrían y condensan en forma de neblinas, al pasar sobre la superficie marina influida por la corriente Peruana. Las neblinas ingresan sobre la costa sur y central y se acumulan formando gruesas capas de nubes del tipo estratos, que sólo originan lluvias de gotas muy finas, las «lloviznas» o «garúas». La latitud deja sentir sus efectos en la Amazonia peruana, en la ceja de selva, selva alta y baja, y en la parte más septentrional de la costa.

Alteraciones por El Niño

El fenómeno El Niño no responde a regularidad alguna, y además se presenta con características e intensidades diferentes en lo que respecta a precipitaciones, temperaturas, inicio y duración. El Niño modifica las condiciones climáticas, afectando principalmente a la costa norte y central, con fuertes y continuas lluvias. Estas precipitaciones originan a su vez crecientes de los ríos y activación de quebradas secas, que inundan extensas zonas de la costa norte y central, llegando incluso a formar lagunas en los desiertos, como ocurrió en el de Sechura durante El Niño de 1997-1998. La violencia y el carácter abrupto de estas crecientes destruyen viviendas, carreteras, puentes y campos agrícolas. El Niño modifica igualmente las condiciones ecológicas del Mar de Grau, dándoles un carácter sensiblemente más tropical.

Anticiclones y vientos

El anticiclón del Pacífico Sur, con masas de aire que giran en sentido contrario al de las agujas del reloj, alrededor del centro de alta presión, origina vientos que llegan hasta las costas peruanas. El

A lo largo de todo el territorio costero, al sur de los 4° 5´ de latitud sur, se presenta el clima cálido de desierto. Las zonas más representativas son los desiertos de Sechura e Ica.

anticiclón del Atlántico Sur es, por su parte, otra gran fuente de masas de aire marítimas. Con altas temperaturas y elevada humedad atmosférica, penetra en el continente por la depresión transversal amazónica, dinamizando la circulación atmosférica sobre la Amazonia. La humedad atmosférica se incrementa con la evapotranspiración en la extensa cuenca del Amazonas, originando precipitaciones en el llano amazónico y en los flancos orientales del relieve andino (en la ceja de selva, selva alta y selva baja).

Convergencia intertropical y «fríos de San Juan»

Las migraciones estacionales al sur de la convergencia intertropical —normalmente localizada al norte del ecuador— afectan a las costas septentrionales y al norte de Amazonia, con lluvias de intensidad variada. Los profundos cañones fluviales interandinos tienen influencia climática, pues las altas temperaturas que existen en el fondo de estos valles en garganta originan masas de aire caliente, que se enfrían cuando alcanzan altitudes superiores a los 3,000 o 4,000 m, se condensan y originan lluvias de convección.

Las masas de aire frío que se originan en el frente polar del Atlántico Sur —en la convergencia antártica— se dirigen hacia el norte y, penetrando por el valle del Paraná, llegan a Bolivia, donde una parte ingresa en la meseta del Titicaca y Andes del sur, originando fuertes nevadas.

Otra parte de estas masas de aire frío prosiguen al norte por la depresión longitudinal sudamericana y atraviesan la Amazonia peruana, originando descensos de temperatura que duran pocos días, hasta que la masa de aire sigue su tránsito a la zona de bajas presiones ecuatoriales. A este fenómeno se lo conoce tradicionalmente como «fríos de San Juan», aunque se ha impuesto entre los meteorólogos el término «friajes». En el departamento de Madre de Dios se lo llama «sudazos», igual que en Bolivia.

Clima de la costa

La extensa franja costera del Perú se extiende entre los límites con el Ecuador por el norte y Chile por el sur, con un litoral de cerca de 3,080 km de longitud; su ancho máximo es de 160 km en el paralelo de 6° de latitud sur (en el departamento de Piura) y mínimo de 1 km al sur del país (en el departamento de Arequipa).

Es, en buena parte de su extensión, una zona árida, exceptuando el sector más septentrional, que comprende el norte de Piura y el departamento de Tumbes. Éste posee características subtropicales, con temperaturas medias anuales superiores a 24.5 °C y máximas absolutas superiores a 40 °C, como las que se observaron recientemente en Piura y otras ciudades norteñas, durante El Niño extraordinario del año 1998.

Las precipitaciones se concentran en el verano y varían desde pocos milímetros en años de sequías hasta más de 4,000 mm, durante Niños extraordinarios, como los recogidos en los cuatro primeros meses de 1998. La humedad atmosférica relativa se mantiene alta durante todo el año. Fenómenos El Niño extraordinarios o muy intensos, como los ocurridos en 1925, 1983 y 1998, constituyen anomalías climáticas que producen efectos desastrosos en esta zona de la costa. El Mar de Grau tiene también condiciones subtropicales. Al sur del sector climático descrito, y abarcando los territorios de Piura y Lambayeque, se encuentra el desierto subtropical de Sechura, el de mayor extensión del territorio peruano, y que, según J. Tossi, «pudiera ser la única representación en América del Sur de una formación que es muy escasa hoy en día en el mundo entero».

Sequías e inundaciones

En el desierto de Sechura, arenoso y con numerosas dunas, las precipitaciones son muy escasas, salvo en años en que se producen fenómenos El Niño intensos, con lluvias abundantes que hacen brotar vegetación, con lo que se convierte entonces en un campo verde salpicado de flores multicolores.

Si El Niño llega a ser extraordinario, con episodios de fuertes lluvias, como sucedió el 11 de marzo de 1998 —cuando la precipitación en la cuenca del río Piura alcanzó los 251.2 mm—, se originan asimismo crecientes extraordinarias del mencionado río y se activan las quebradas secas y se producen riadas que inundan el desierto de Sechura, territorio éste que queda repetidamente convertido en una enorme laguna de existencia transitoria.

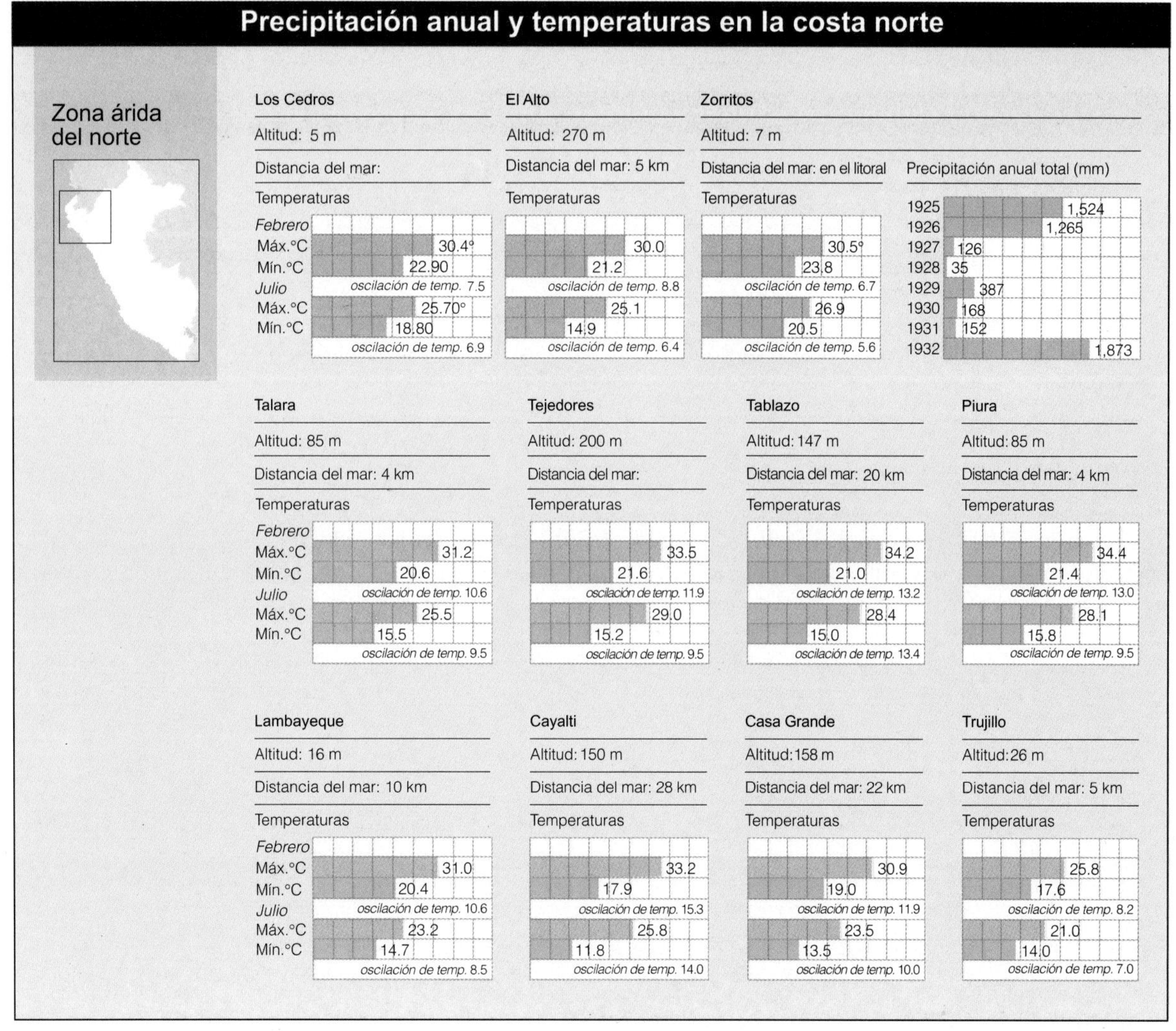

Zona árida de la costa central y sur

Esta zona abarca territorios de la costa y estribaciones andinas al sur de Lambayeque, hasta el límite con Chile. Influida por la corriente Peruana, con ligeras variaciones locales, características de la zona son su clima templado, más o menos uniforme, con una oscilación térmica media anual que no supera los 21 °C. Las máximas absolutas pueden sobrepasar los 32 °C cuando se producen Niños extraordinarios; en cuanto a las precipitaciones, son escasas y en forma de lluvia muy fina, popularmente conocidas como garúas o lloviznas. Excepcionalmente se producen lluvias más intensas. Las neblinas y nubes de tipo estratos pueden alcanzar hasta 800 m sobre el nivel del mar, y predominan de 8 a 9 meses al año, desapareciendo temporal y parcialmente en el verano austral.

La inversión térmica

La inversión térmica se produce entre los 600 y 800 m de altura. Este fenómeno se presenta cuando el estrato de nubes tiene temperaturas más bajas a nivel del mar o del suelo que en la parte superior, en la mencionada cota de altura.

Como es sabido, lo normal es que suceda lo contrario, es decir, que el aire esté más caliente en la parte baja y más frío en el límite superior de la capa de nubes, debido a la altitud. Las masas de aire con temperaturas mayores tienden a elevarse y al hacerlo se enfrían progresivamente. En consecuencia, disminuye la capacidad de contener la humedad con que el aire inició su ascenso y llega un momento en que se produce la condensación del vapor de agua excedente, que se precipita en forma de lluvias —si es a temperaturas superiores a 0 °C— o de nieve —si es a temperaturas negativas, es decir, de 0 °C o inferiores. Pero las nubes estratificadas que cubren la costa central y sur permanecen sin movimientos verticales, excepto en su parte superior, la cual está influida por el calor solar y corresponde a la zona de inversión térmica.

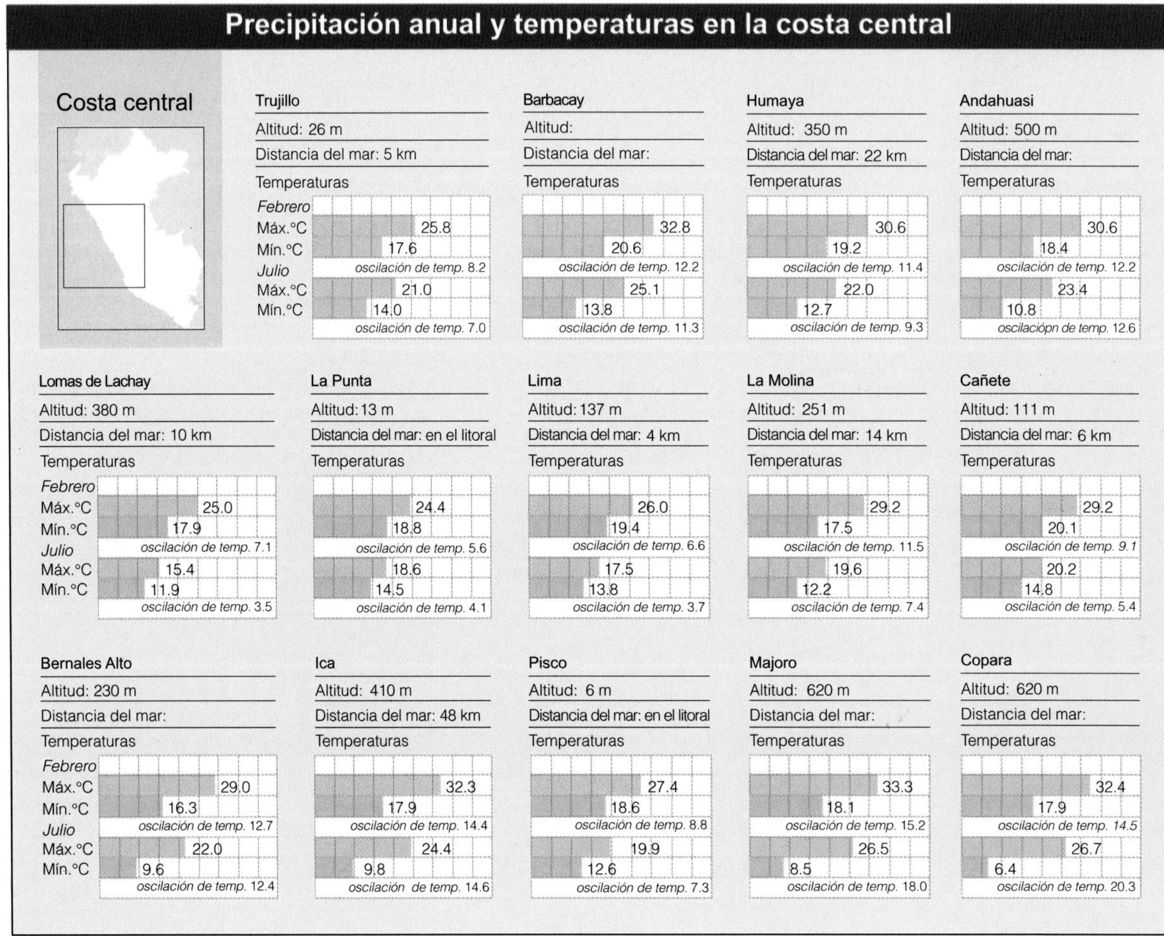

El centro y sur de la costa peruana (Lima, Ica, Arequipa y Moquegua) presenta una vegetación típica en sus lomas, y de Tillandsias en sus terrenos desérticos.

Brisas y lloviznas

Las neblinas son particularmente intensas en las zonas denominadas lomas, donde su permanencia permite que brote una vegetación de gramíneas y hierbas, que hacen florecer el desierto durante la estación de invierno y, cuando hay Niños muy intensos, también en verano. La alta humedad atmosférica, que en invierno llega al 100 por ciento, origina una condensación en gotitas muy pequeñas, formadas alrededor de núcleos de condensación (limos, partículas salinas, etc.): son las garúas o lloviznas típicas de la costa central y sur peruana.

Se producen lluvias más contundentes en años con Niños intensos o cuando potentes masas de aire de la circulación amazónica cruzan los Andes y ocasionan fuertes precipitaciones de corta duración. Esto fue lo que ocurrió en 1970, cuando cayeron lluvias amazónicas desde Nazca hasta Chimbote. Estas condiciones se verifican cuando existe una fuerte convergencia en altura, con vientos de entre 3.5 y 5.0 km sobre los Andes; el viento, al atravesar este relieve, produce las ondas de montaña en sotavento y, al desplazarse sobre la vertiente occidental andina y sobre la costa, con gran turbulencia debido a las fuertes corrientes de aire de altitud, origina intensas precipitaciones.

El «viento de Paracas»

Las brisas marinas conocidas con el nombre de «viento de Paracas» soplan con gran intensidad en la zona de Pisco y Paracas. Igual sucede más al sur, en el departamento de Ica y la costa norte del departamento de Arequipa. En las costas de los departamentos de La Libertad y Ancash, las brisas marinas alcanzan menos velocidad, pero se producen durante todo el año. En la costa sur (departamentos de Arequipa, Moquegua y Tacna), las neblinas densas y al nivel del suelo, denominadas *kamanchacas*, cubren a veces la carretera panamericana, convirtiéndose en auténtico peligro para la circulación.

Las lloviznas invernales no tienen mayor efecto morfológico. Sin embargo, durante los años con Niños intensos, fuertes lluvias caen en los cursos medio y superior de los ríos que atraviesan la costa central, originando crecientes extraordinarias como la del río Ica, de febrero de 1998, que inundó la ciudad homónima, destruyendo gran número de viviendas y afectando a los servicios esenciales de agua potable. Las lluvias en los pisos medio e inferior de la vertiente occidental andina hacen que también las quebradas o *huaycos* entren en actividad, con lavas torrenciales o *llocllas* que llegan hasta el mar.

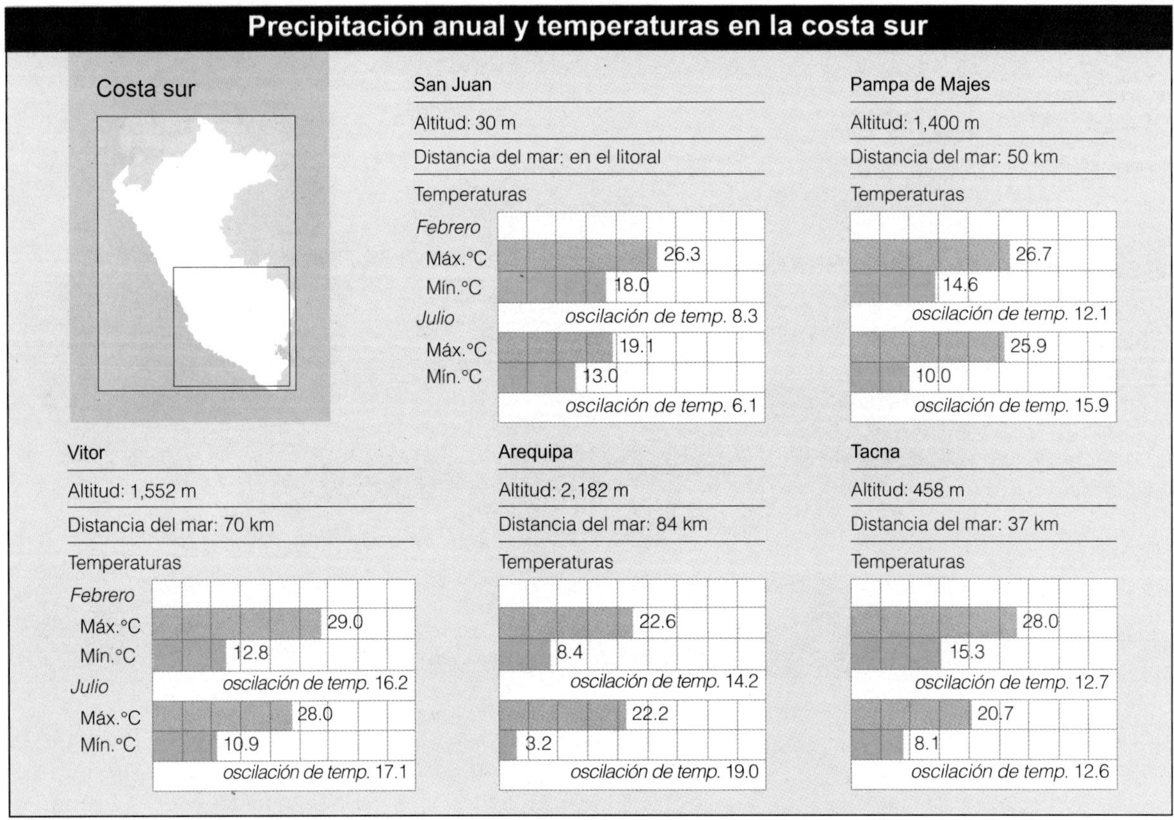

Clima de la región andina

El relieve andino en Perú se ubica en latitud tropical, con grandes estribaciones y desniveles que oponen profundos cañones a altas cumbres, lo que determina la existencia de condiciones climáticas variadas. Condiciones de calidez y humedad existen sólo en el fondo de los estrechos y hondos valles interandinos de la vertiente oriental, tales como el formado por el Marañón y sus afluentes, entre los 6 y 9° de latitud sur, aproximadamente; o el del Apurímac, en este último en un sector comprendido entre los paralelos 13 y 14° de latitud sur.

Las temperaturas del fondo de estos valles, que constituyen cañones angostos, imponentes y profundos, son constantemente altas durante todo el año, y tanto de día como de noche, es decir, sin mayores variaciones estacionales ni diarias. El clima es cálido y húmedo, no sólo a causa de la profundidad sino también debido a que las paredes rocosas que forman las vertientes se cargan de calor durante las horas de sol e irradian una energía calorífica que incrementa la temperatura; ello favorece la evaporación desde el fondo del valle, generalmente húmedo.

La vertiente occidental

En la vertiente occidental, los ríos corren casi siempre siguiendo una dirección de este a oeste, y por sus valles penetran las masas de aire del Pacífico influidas por la corriente Peruana. El único valle interandino con dirección sur-norte es el del río Santa. Éste se ha formado en un piso intermedio, donde la influencia de la altitud es determinante y ha originado climas templados de altitud, como por ejemplo el de Huaraz, con temperaturas medias anuales del orden de los 13 °C. Solamente en la parte más septentrional del flanco occidental andino (en los departamentos de Piura y Tumbes), la influencia de la zona tropical determina la existencia de altas temperaturas, que revisten cierta semejanza con las que se observan en los profundos valles interandinos del Marañón y el Apurímac.

En consecuencia, puede afirmarse que los valles cálidos y húmedos interandinos de la vertiente oriental constituyen una excepción. Las altas temperaturas de estos valles, así como su elevada humedad atmosférica, son fenómenos excepcionales, que sólo se dan en altitudes por debajo de los 2,000 m sobre el nivel del mar.

Piso altitudinal de 1,000 a 2,000 m

En los Andes, el clima varía con la altitud determinando diversos ecosistemas a tenor de los diferentes pisos. En la vertiente occidental, el piso inferior andino comprendido entre los 1,000 y 2,000 m de altitud, aproximadamente, se caracteriza por tener un clima subtropical desértico. La sequedad de la atmósfera se acentúa a medida que se avanza hacia su límite superior, con fuerte insolación durante el invierno y nubosidad frecuente en el período estival. Las lluvias son estacionales, de poca intensidad y duración, y se producen de diciembre a abril.

Hay contrastes térmicos sensibles entre el día y la noche y entre verano e invierno. Influencias esporádicas de masas de aire del Pacífico llegan en forma de neblina hasta el nivel inferior de la zona desértica andina, y brisas de montaña descienden durante las noches a lo largo de vertientes y valles. Las temperaturas medias anuales son del orden de los 17.3 a 18.7 °C, con máximas de hasta 32.4 °C en mayo y mínimas de 4.4 °C en julio, según las mediciones realizadas en la estación Pampa de Majes (1,433 m sobre el nivel del mar). Estas mediciones han sido de 28 °C en enero y 2.4 °C en julio en la estación de Cháparra (1,050 m de altitud), ambas en el departamento de Arequipa; de 32.4 °C en mayo y 6 °C en julio y agosto en la estación de Huamaní y de 25.4 °C en junio y 8.6 °C también en junio, en la estación de Santa Cruz. Esta notable diferencia entre la máxima y la mínima absolutas se debe a la baja humedad del aire, a la fuerte insolación diurna y a la pérdida de calor por la radiación terrestre durante las noches. La amplitud térmica anual oscila entre 25 y 28 °C.

En la fotografía, panorámica aérea de un sector andino típico de clima subtropical desértico, situado en el departamento de Arequipa, a 1,500 m de altitud sobre el nivel del mar.

La vertiente oriental

El piso inferior andino tiene un período lluvioso intenso durante el verano austral (diciembre-abril), con abundantes precipitaciones, que a veces se inician desde noviembre; tienen su origen en las masas de aire cálido y húmedo de la circulación amazónica y en movimientos de convección que se producen en la misma zona. Las temperaturas mínimas absolutas, que oscilan entre 6 y 17.7 °C, son mayores que en la vertiente occidental; en cambio, las máximas absolutas —que no llegan a 30 °C—.

Las temperaturas máximas suelen producirse en el mes de octubre (en Huánuco), mientras que en Oxapampa las máximas se presentan durante el verano, en el mes de febrero. Las mínimas absolutas se producen durante los meses de mayo (Oxapampa), junio (Santa Cruz) y julio (Huánuco), o sea, durante el invierno austral.

La temperatura media anual en este piso inferior de los Andes orientales es superior a los 17 °C y menor de 20 °C, igual que en la vertiente occidental, mientras que la amplitud térmica anual es de 15 a 22 °C. Por estas cotas de temperatura, el clima de este piso altitudinal andino, con sus días calurosos y sus noches templadas y frescas, podría considerarse como de calor templado, de acuerdo con la clasificación de C. Troll y K.H. Paffen.

Diferencia en las precipitaciones

Las precipitaciones anuales varían considerablemente de una vertiente a otra. La oriental recibe mayor cantidad de lluvias: superior a 400 mm en Huánuco y de más de 1,000 mm en Oxapampa. El flanco occidental es marcadamente árido, con unas precipitaciones anuales que no llegan a 50 mm, excepto en Santa Cruz, donde la latitud y la poca altura de los Andes permiten precipitaciones de hasta 600 mm anuales.

Las precipitaciones en el flanco oriental varían de acuerdo a sus condiciones especiales de exposición y relieve. En Huánuco, localizado al oeste del relieve de Carpish y con altitudes que sobrepasan los 3,000 m, las lluvias son menores. Ello se debe a que las masas de aire cálido húmedo que provienen de la depresión barométrica del Amazonas se condensan ya en forma de lluvias o de neblinas densas en las cumbres de Carpish, las cuales se constituyen de este modo en una importante barrera climática.

En cambio, Oxapampa, ubicado en el valle alto del Pozuzo, tiene un frente amplio con la Amazonia a lo largo de los valles del Pachitea-Palcazu y Pichis. No existen grandes relieves al este que detengan las masas de aire cálido y húmedo procedentes del área ciclónica amazónica, por lo que las precipitaciones pueden sobrepasar largamente, en ocasiones, los 1,000 mm anuales.

Piso altitudinal de 2,000 a 3,500 m

El clima de esta zona es templado de altitud, con medias anuales entre 11 y 16 °C y máximas absolutas de 22 a 29 °C, que se producen entre enero y octubre. Las mínimas absolutas, comprendidas entre 7 y –4.4 °C, se presentan entre mayo y agosto, y excepcionalmente en noviembre, como en el caso observado en Yauyos, en el departamento de Lima. Las temperaturas diurnas son siempre superiores a 20 °C y las nocturnas, inferiores a 10 °C, con lo que las medias anuales son de 12 a 16 °C.

Estos valores promedio son, sobre todo, el resultado de la variación térmica diaria, o sea, de la diferencia de temperatura entre el día y la noche, que se sucede a lo largo de todo el año, a diferencia de los climas templados de latitudes medias, cuyos promedios resultan de la variación térmica anual, o sea, de la diferencia de temperatura entre invierno y verano. Esta variación térmica diaria, constante a lo largo del año, ha originado una adaptación del hombre a su medio geográfico para adecuarse no sólo a las bruscas variaciones de temperatura sino también a la baja presión, la sequedad de la atmósfera y la relativamente escasa proporción de oxígeno en el aire.

En el piso altitudinal de 2,000 a 3,500 m casi desaparecen las diferencias climáticas entre las vertientes occidental y oriental interandina, exceptuando el sector meridional, las zonas andinas que se ubican entre el sur de Ica, y el departamento de Tacna, donde la aridez persiste y las precipitaciones son siempre inferiores a los 200 mm anuales. Al norte de Ica las precipitaciones son más o menos similares en ambas vertientes, existiendo sólo influencias locales o regionales debidas a la ubicación.

En las vertientes profundas

Las precipitaciones en la vertiente occidental (según las mediciones realizadas en las estaciones de Yauyos y Huaraz) son del orden de 762 a 1,200 mm anuales. En la vertiente oriental varían de los 313 mm de Tarma a los más de 1,200 mm anuales en Huamachuco, en el valle del río Condebamba, afluente por la margen izquierda del Marañón.

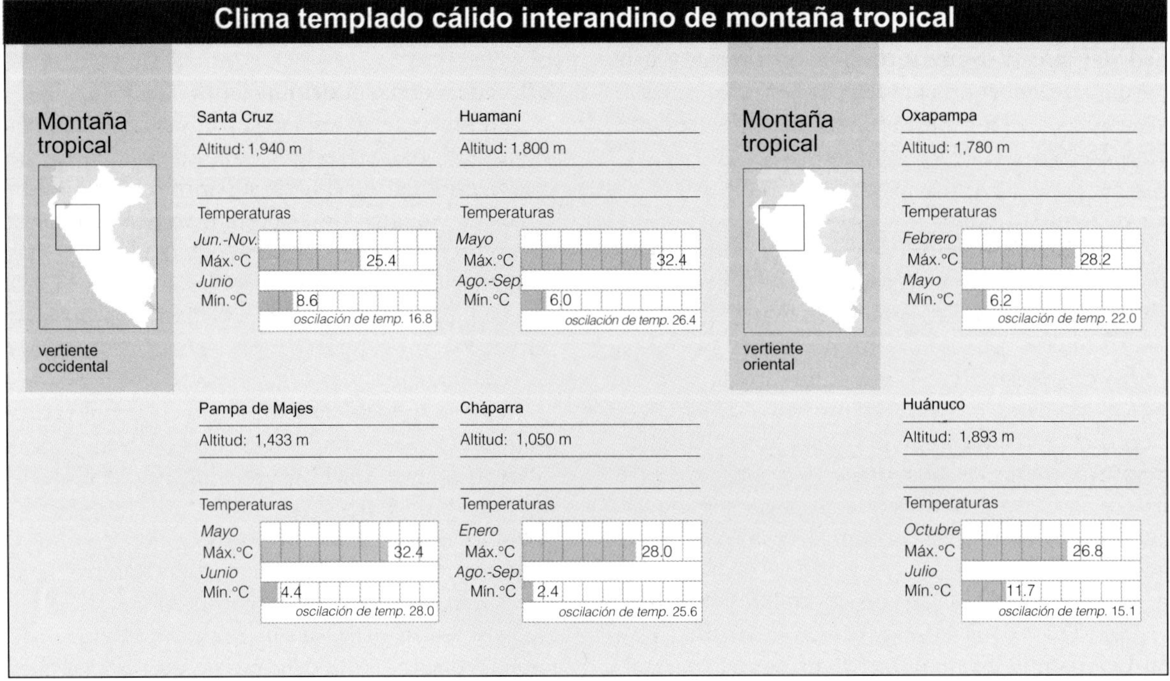

En la imagen, paisaje de alta montaña en el departamento de Ancash, en el sector centro-occidental del país. En el centro del departamento se extienden las altas cordilleras Blanca y Negra.

El ganado auquénido (llamas, guanacos, vicuñas y alpacas) se adapta perfectamente al clima de las zonas más altas del Perú, por su resistencia al frío y a las pistas duras.

Las temperaturas máximas son mayores en los lugares localizados en vertientes profundas, que reciben las masas de aire caliente que suben desde el fondo de los valles. En las noches, sin embargo, estos mismos sitios reciben las masas de aire frías que descienden desde la parte alta de las vertientes, que pueden estar a más de 4,000 m sobre el nivel del mar. Un ejemplo típico de esta situación es Curahuasi, en la margen izquierda del Apurímac, vertiente oriental, donde se han observado máximas de hasta 28.8 °C —debidas a la influencia de las brisas de valle que ascienden desde el fondo del cañón del Apurímac—, con mínimas de 1 °C, debidas, seguramente, a las masas de aire frío que descienden desde la alta montaña. Pauza, en Ayacucho, presenta también máximas de 26.2 °C y mínimas de 2.4 °C.

Sequedad y altitud

Entre los 2,000 y los 3,500 m, los fondos de valle se oponen a las altas cumbres, con desniveles superiores a los 1,000 m. La sequedad del aire, así como la transparencia de la atmósfera, se incrementan con la altitud. Las precipitaciones son estacionales y se producen de diciembre a marzo y, excepcionalmente, durante los meses de noviembre y abril. Estas lluvias, que caen después de un largo período de sequía sobre vertientes secas y sin mayor cobertura vegetal, desempeñan un importante papel morfológico.

En ambas vertientes de este piso altitudinal, la exposición juega una función preponderante, y es fácil observar las diferencias de temperatura que existen entre las vertientes afectadas por el sol y las que se encuentran a la sombra.

Piso altitudinal de inicio de las heladas

En el sector más alto de este piso medio altitudinal andino, a más o menos 3,000 m sobre el nivel del mar, se encuentran temperaturas medias anuales de entre 11 y 12 °C que corresponden a la zona de iniciación de las heladas nocturnas debidas a temperaturas de 0 °C, En consecuencia, una temperatura media anual de 11 °C puede considerarse como la «media de las heladas». Las temperaturas máximas absolutas son siempre superiores a 20 °C, pero las mínimas descienden por debajo de 0 °C.

En algunos lugares, como Cusco, a 3,665 m de altitud, las mínimas descendieron hasta –4.4 °C, en el mes de junio de 1964. Ello se debe probablemente a la cercanía de las altas mesetas y montañas, desde donde descienden masas de aire muy frío, favorecidas por el amplio valle del Vilcanota, que llega hasta los límites de la meseta del Collao.

Arado típico de las zonas andinas. En las duras condiciones climáticas de los Andes, la ganadería (como la bovina) sólo se practica en función de la agricultura.

En esta zona se originan grandes masas de aire frío, que se desplazan luego por el valle y, en razón de su volumen, sus condiciones térmicas no cambian mayormente, llegando a Cusco con temperaturas por debajo de 0 °C. Asimismo la presencia de nevados con altitudes superiores a 6,000 m, como el Ausangate en la vertiente de la margen izquierda del Urubamba, y los picos glaciares que culminan en un sector de las vertientes del Vilcanota, por su margen derecha, son igualmente centros de origen de masas de aire frío. Éstas descienden por las vertientes, fenómeno que se verifica sobre todo en julio y agosto, meses en que los días tienen siempre temperaturas superiores a 20 °C.

Amenaza para los cultivos

En la zona de iniciación de las heladas, durante los meses de invierno es común observar que a días calurosos, con abundante insolación y gran limpidez de la atmósfera, siguen noches con heladas. Este fenómeno es una amenaza permanente para los campos de cultivo que, sin protección alguna, se localizan en las rutas que siguen las masas de aire muy frío que descienden desde la alta montaña. No obstante, los agricultores, habituados a la situación, han llegado a establecer cuáles son los campos agrícolas y los tipos de cultivos más expuestos a este flagelo, y cuando presienten la inminencia de heladas tratan de protegerlos con fogatas nocturnas o mediante la quema de pastos.

El habitante andino sabe asimismo que cuando siembra en corrales, o sea en campos agrícolas cerrados y enmarcados por altos muros de piedra, los sembradíos están protegidos de la acción de las heladas. Éstas, por ser masas de aire secas y pesadas, se sitúan a nivel del suelo, y por su poca altura no llegan a sobrepasar sino en casos excepcionales los muros que rodean los corrales y campos cultivados.

Valles muy poblados

Desde el punto de vista ecológico, este piso medio altitudinal andino de 2,000 a 3,500 m es la zona idónea como hábitat del hombre. De ahí que los valles interandinos de Perú localizados en estos límites de altitud se encuentren densamente poblados y ocupados por campos agrícolas. La fuerte insolación diurna y la poca diferencia de duración entre el día y la noche a lo largo del año han favorecido el establecimiento de ciudades y centros poblados como Arequipa, Huaraz, Santiago de Chuco, Cajamarca, Chachapoyas, Jauja, Huancayo, Ayacucho, Abancay y Cusco, entre otros, y también el desarrollo de una agricultura variada e intensa, que se concentra principalmente en el fondo de los valles.

Piso altitudinal de 3,500 a 4,400 m

Este piso incluye las altas vertientes y mesetas andinas o punas. En algunos sectores de los Andes centrales corresponde a la parte superior de las vertientes occidentales, como sucede por ejemplo en las zonas de Ticlio, La Viuda y las nacientes del río Pativilca, entre otras, donde las vertientes culminan a mayor altura. En el sur, las mesetas ya se encuentran en este piso de altitud, lo mismo que en la vertiente oriental. La meseta del Collao o meseta del Titicaca se encuentra, principalmente, en este piso altitudinal andino.

El clima, con las reservas debidas al hecho de tratarse de alta montaña tropical, puede compararse con el frío-templado de la clasificación de C. Troll y K.H. Paffen. Sus características son una temperatura media anual de entre 7 y 10 °C, con unas máximas absolutas generalmente superiores a los 20° C.

Situación en el lago Titicaca

Una excepción a la situación descripta para este piso altitudinal se da en los observatorios influidos por el lago Titicaca (Huancané, Yunguyo y Puno), donde las máximas absolutas son superiores a 16 °C e inferiores a 20 °C. Esto se debe a la diferencia de calor específico entre las aguas del lago Titicaca y la zona continental del litoral lacustre. Durante el día, la tierra se calienta mucho más de prisa que el agua: el calentamiento diurno origina entonces centros de baja presión en la meseta, hacia donde llegan las brisas lacustres provenientes de la superficie del lago.

Las temperaturas más bajas del lago durante el día determinan la formación de áreas con presio-

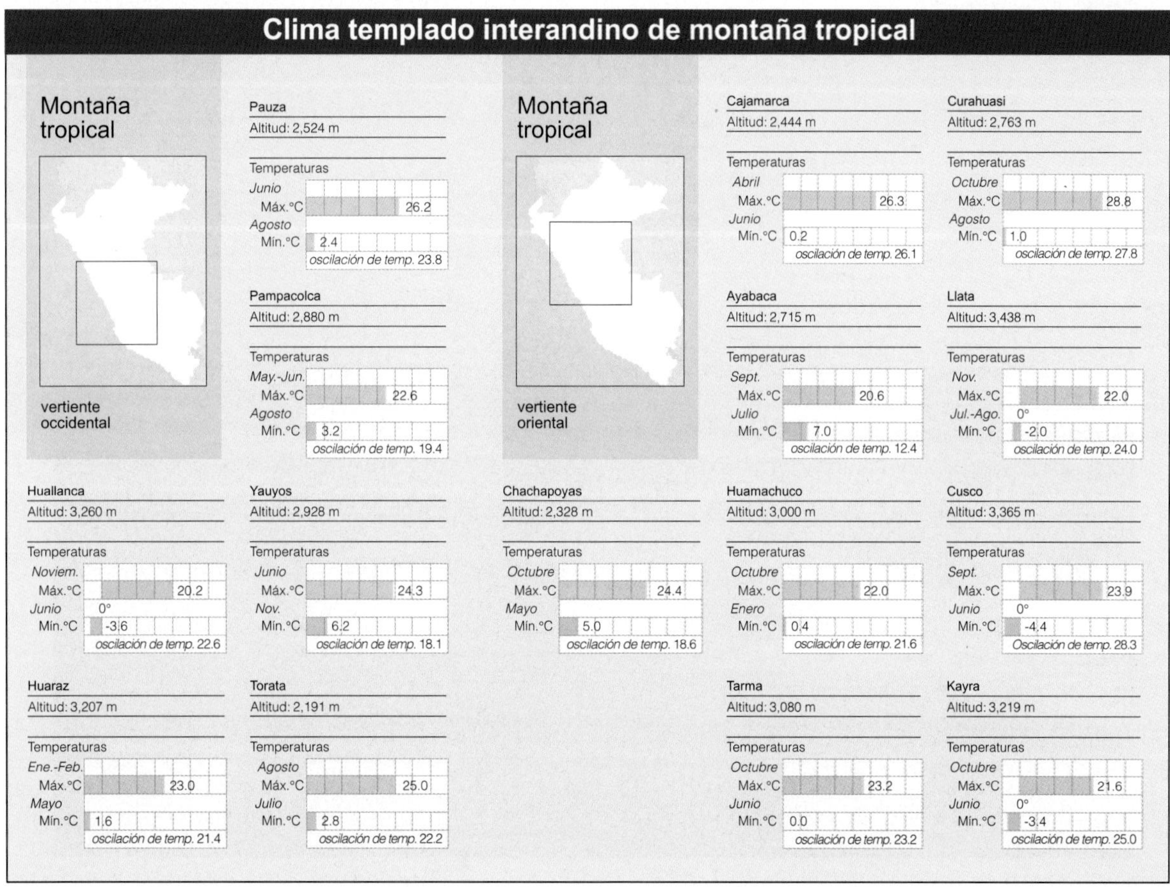

nes superiores a las existentes sobre la superficie de las punas inmediatas. Las brisas lacustres tienen influencia hasta distancias que pueden llegar a los 30 km, de acuerdo con la topografía del terreno. Ejemplo de ello son las mínimas absolutas con temperaturas más bajas, que originan una compensación térmica. Esto hace que las máximas absolutas sean inferiores a las existentes en áreas más alejadas del lago, adonde la influencia lacustre no llega sino en forma muy atenuada, o las de otros observatorios no influidos por masas de agua que por su volumen y persistencia ejercen influencia climática. Las máximas absolutas se presentan de septiembre a enero y alcanzan hasta 22.5 °C en Sibayo.

Heladas y escarchas

Las mínimas absolutas que se presentan de junio a agosto, siempre inferiores a 0 °C, están comprendidas entre –1.3 °C (en Puno, a orillas del la-

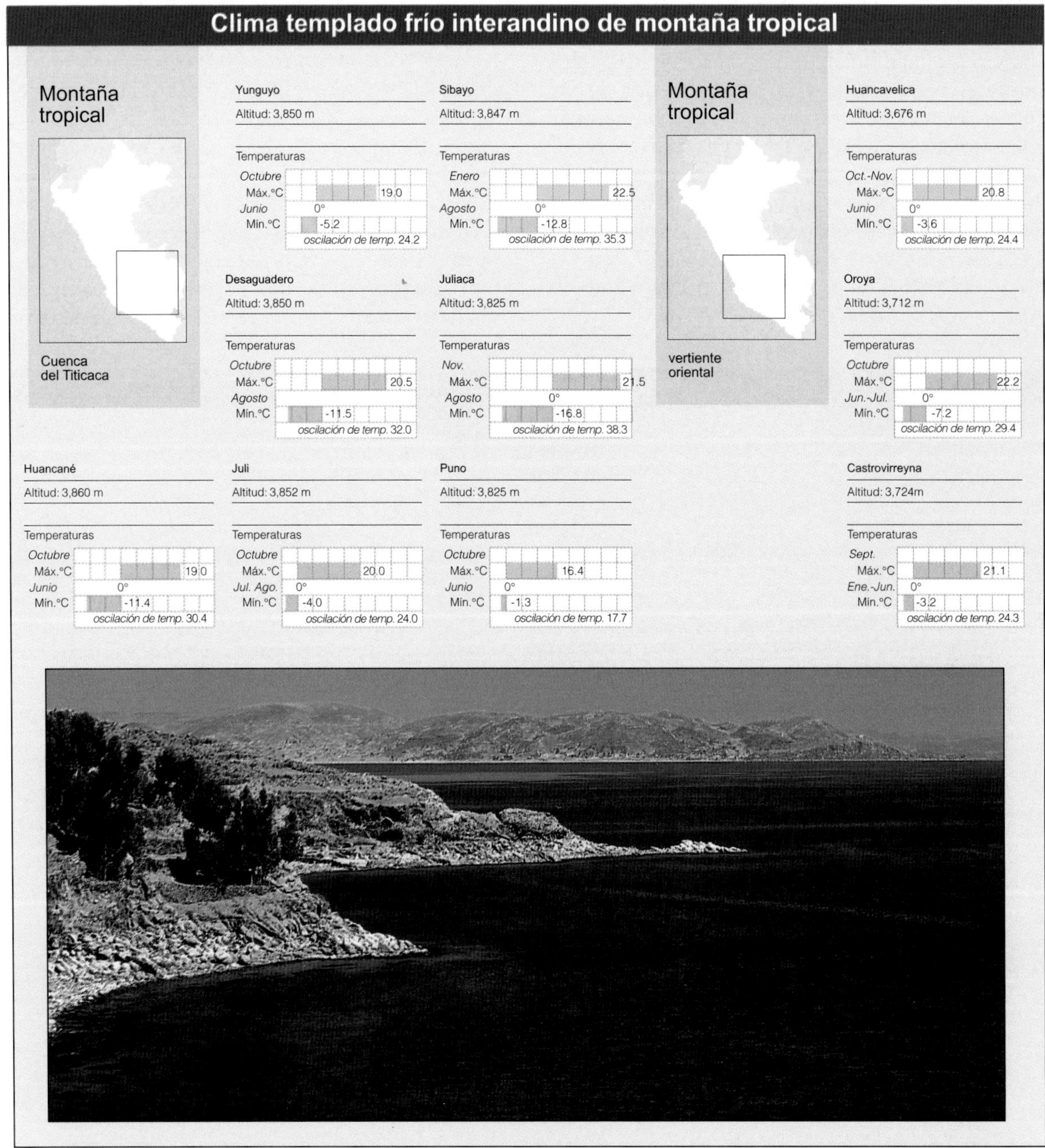

Vista de un totoral (Scirpus californicus) *a orillas del lago Titicaca, en la bahía de Puno, en el departamento del mismo nombre. La vegetación hidrófila incluye también el jocko-ruro y el asckor.*

go) y –16.8 °C (en Juliaca, a unos 30 km de distancia del Titicaca). Sin embargo, una característica importante en este piso altitudinal es la presencia de temperaturas mínimas absolutas superiores a 0 °C, por lo menos durante un mes al año.

En esta zona, las heladas se presentan siempre en invierno, con congelación de los charcos de agua y con formación de películas de hielo en la superficie, que se derriten durante las primeras horas de la mañana. Lo mismo ocurre con las escarchas nocturnas, que se originan a nivel del suelo o en las hojas de gramíneas y hierbas. La máxima amplitud térmica anual es de 38 °C en la estación de Juliaca. En las otras estaciones estudiadas siempre es superior a 24 °C, excepción hecha de Puno, que por su localización litoral presenta características climáticas especiales.

Piso altitudinal andino de 4,400 a 5,000 m

En este piso, denominado como de las muy altas mesetas o «punas bravas», las temperaturas medias anuales son siempre inferiores a 10 °C. Las lluvias se producen durante el verano y superan siempre los 400 mm anuales. Desde el punto de vista de las precipitaciones, existen dos estaciones bien marcadas: una seca, que generalmente dura desde mayo hasta octubre inclusive, y otra lluviosa, de noviembre a marzo. Precipitaciones sólidas en forma de nieve son fenómenos que ocurren sobre todo durante el invierno.

Las diferencias térmicas entre el día y la noche, el sol y la sombra, las mañanas y las tardes con el mediodía son mucho más acentuadas que en los pisos andinos inferiores. Por otra parte, cuando se producen fenómenos El Niño extraordinarios cambian las condiciones meteorológicas. En 1983 hubo sequías con grandes consecuencias para la actividad agropecuaria. En 1998, en cambio, hubo fuertes precipitaciones intercaladas con días de sequía.

La denominación de «punas bravas» se debe justamente al rigor del frío nocturno, que se presenta después de días templados con temperaturas al sol que superan los 20 °C.

Las tempestades eléctricas que se desencadenan en este piso altitudinal son de gran violencia. Los fuertes vientos producen un ruido peculiar en las hojas del ichu, que abunda en esta área, lo que ha dado origen a la expresión popular de que el «viento silba en las punas».

Poco oxígeno y bajas presiones

La sequedad de la atmósfera se incrementa y la transparencia de ésta es tal que llega a producir sensaciones ópticas falsas de las distancias existentes entre puntos observados, que parecen estar mucho más cerca de lo que realmente están. El porcentaje de oxígeno en el aire es bastante bajo, como asimismo es reducido el índice de presión atmosférica. Este conjunto de fenómenos contribuye a producir en el visitante no habituado a semejante altitud el síntoma conocido como «mal de altura» o *soroche*.

Las temperaturas diurnas son siempre positivas, pero en la sombra y en las noches, durante todos los meses del año, las temperaturas descienden siempre por debajo de 0 °C, originando la congelación de los charcos que se habían formado por la fusión del hielo nocturno, las precipitaciones de nieve y la formación de la escarcha. Isaiah Bowman observa, en su libro *Los Andes del sur del Perú*, que en este piso de altitud «durante el invierno, las charcas inmóviles, situadas junto a las fuentes, se congelan mucho antes de oscurecer, a medida que las sombras de las colinas se extienden sobre los altos valles, y en las mañanas el hielo cubre también los arroyos y pantanos».

Las diferencias térmicas entre el día y la noche, y entre el sol y la sombra, son, por lo tanto, muy marcadas. Bowman subraya que «en los momentos en que el sol es ocultado por las nubes, en el término de cinco minutos, a una altitud de 4,887 m, se ha observado un descenso de la temperatura de 11.1 °C; un descenso de 5.6 °C es común en cualquier altitud andina superior a los 4,267 m».

Gran amplitud térmica

En este piso altitudinal se encuentra la estación de Imata, ubicada a 4,405 m sobre el nivel del mar, al nordeste del departamento de Arequipa, cerca del límite con Puno, en la alta meseta andina de la vertiente occidental, en la margen derecha del río Chili, llamado también Sumbay, al sur de la Pampa de Colca y al norte de la Pampa de Vincocaya, en las proximidades de la estación Vincocaya del ferrocarril Arequipa-Juliaca.

El hecho es que en Imata se ha medido la temperatura más baja registrada en el territorio peruano: –25 °C, correspondiente al mes de julio de 1961. En la misma estación, la máxima absoluta que se observó el mismo mes y año fue de 20.3 °C, lo que da una amplitud térmica mensual

Tren en Juliaca, en la meseta del Titicaca. El trazado de la vía férrea, segunda en importancia del Perú, parte de Matarani, pasa por Arequipa, Juliaca y Cusco y acaba en Quillabamba.

de 45.3 °C. En la estación de Mazo Cruz —ubicada a 4,010 m de altitud, al sur del departamento de Puno, en la carretera de Ilave a Tarata— se ha observado también una mínima de –24 °C en el mes de agosto de 1965 y una máxima de 21.8 °C en octubre del mismo año, obteniéndose una amplitud anual que alcanza los 45.8 °C.

La temperatura media anual en este piso altitudinal supera los 0 °C y es inferior a 6 °C. Las temperaturas máximas absolutas son siempre superiores a 15 °C, llegando hasta 21.8 °C en Mazo Cruz, lo que origina días templados seguidos por noches muy frías, puesto que las mínimas absolutas oscilan entre –9 °C en la ciudad de Cerro de Pasco, a 4,500 m de altitud, y –25 °C en Imata. Las máximas absolutas se presentan a partir de julio y agosto, y sólo excepcionalmente en septiembre. Las diferencias térmicas entre el sol y la sombra son también muy acentuadas, y la presencia de nubes hace descender rápida y abruptamente la temperatura.

Precipitaciones

Las precipitaciones son estacionales y se producen generalmente de octubre a marzo. Una estación seca muy marcada se presenta de mayo a septiembre y alcanza límites extremos en las estaciones de la vertiente occidental, es decir, El Fraile e Imata. En éstas se comprueba que la aridez del invierno se acentúa: en algunos años se registra muy escasa precipitación entre los meses de mayo a septiembre inclusive.

Las precipitaciones anuales son superiores a 200 mm e inferiores a 1,000 mm en las estaciones de la vertiente occidental (El Fraile e Imata). En cambio, en las estaciones ubicadas al este de la cordillera occidental las precipitaciones anuales superan siempre los 400 mm, llegando a sobrepasar los 1,000 mm anuales, como en el caso de Cerro de Pasco.

La región andina produce el 90 por ciento de la papa, el 60 por ciento del maíz, zanahoria y cebolla, el 50 por ciento de alubias y casi todo el trigo, cebada, habas, guisantes y lentejas del Perú.

Influjo de la Luna sobre la papa

Se ha podido verificar que existe algún efecto de este satélite sobre la producción de papa, y parece que su efecto estaría indirectamente involucrado en la distribución de los fotosintatos por los diferentes órganos de las plantas, principalmente por los tubérculos. Este mecanismo de distribución estaría fuertemente influido por el efecto que ejerce la Luna sobre el movimiento del agua, tanto en el suelo como en la misma planta.

Se ha observado que los menores rendimientos obtenidos tanto durante la luna nueva como durante la luna llena coinciden con una disminución de la fotosíntesis, principalmente en esta última fase; en cambio, los rendimientos relativamente mayores, obtenidos tanto en cuarto creciente como en cuarto menguante, coinciden con un aumento de ella (...).

Las diferentes posiciones de la Luna con respecto a la tierra provocarían fluctuaciones en la disponibilidad del agua en el suelo y, por lo tanto, en las plantas.

Revista *Agronomía*, diciembre de 1992

Gracias a la presencia de gramíneas, estas muy altas mesetas andinas constituyen zona de pastoreo y existe una ganadería extensiva de ovinos y auquénidos, con viviendas permanentes de pastores hasta los 5,000 m en la meseta del Titicaca. Asimismo, en el límite inferior de este piso altitudinal existen territorios dedicados a la agricultura. La papa es una de las plantas que se cultivan por encima de los 4,000 m de altitud.

Piso altitudinal muy frío de la muy alta montaña

Se denomina piso altitudinal muy frío de la muy alta montaña al que se ubica entre los 5,500 y los 6,746 m sobre el nivel del mar. Corresponde a climas muy fríos, que tienen ciertas semejanzas con los de las regiones subpolares, aunque con características propias y especiales, por tratarse de un clima muy frío de muy alta montaña tropical. Estas diferencias radican ante todo en la fuerte insolación que tiene lugar a lo largo de todo el año, y que se incrementa durante el invierno austral; además se dan temperaturas positivas al mediodía, incluso en las cumbres más altas, en días muy soleados con cielo descubierto, lo cual origina la licuación de una capa superficial de hielo que al llegar la tarde se congela y se transforma nuevamente en hielo; también es característica de este piso la gran sequedad de la atmósfera; y, en fin, una presión atmosférica muy baja y una nubosidad que cubre los picos más elevados durante la estación del verano austral. Por la presencia del hielo y la nieve que cubren las rocas en forma continua, exceptuando aquellas que por su fuerte pendiente no favorecen la adherencia ni persistencia, ésta es la «zona blanca» del relieve andino. A estas áreas el hombre sólo llega de forma muy esporádica, con fines científicos o deportivos.

La región de bosques amazónicos

En la selva peruana, localizada en la vertiente y el piedemonte oriental andino, se pueden distinguir tres pisos de altitud desde el punto de vista de sus características climáticas: la ceja de selva, que va de 1,000 a más de 3,500 m sobre el nivel del mar; la selva alta, que se sitúa entre los 600 y 1,000 m de altitud, aproximadamente; y la selva baja, que comprende la franja entre los 100 y los 600 m.

Paisaje habitual en la región amazónica, en medio de una lluvia torrencial.

Clima tropical

El clima de la selva peruana es tropical y sus características generales son las altas temperaturas a lo largo de todo el año, con máximas absolutas que alcanzan los 42 °C; unas medias anuales superiores a 22 °C; precipitaciones anuales superiores a 1,000 mm excepto en zonas secas, como Jaén; la alta humedad atmosférica durante todo el año; dos estaciones perfectamente definidas desde el punto de vista de las precipitaciones: una seca, de mayo a septiembre u octubre, y una lluviosa, de noviembre-diciembre hasta abril. Sin embargo, diciembre, e incluso enero, se presentan a veces con escasas precipitaciones.

Las mayores precipitaciones y las más elevadas temperaturas medidas en Perú se han observado en la selva: Quincemil, con precipitaciones de 7,225 mm (promedio de ocho años); Neshuya, con una temperatura máxima absoluta de 41.1 °C observada en agosto de 1963; y Pucallpa, donde el termómetro ha ascendido hasta 42 °C, la temperatura más alta que se ha registrado en el territorio nacional

Un fenómeno climático característico de la selva es el que se conoce como «fríos de San Juan» —en Bolivia se los denomina «sudazos»—, que se produce cuando las masas de aire frío que llegan del sudeste del continente americano hacen descender sensiblemente la temperatura durante dos o tres días.

Variaciones entre las selvas alta y baja

Las condiciones climáticas antes mencionadas varían cuantitativamente entre la ceja de selva, la selva alta y la selva baja. Existen diversos factores que se combinan en la determinación de estas diferencias, por lo que se hace necesario referirse a cada uno de esos elementos en particular.

La latitud deja sentir sus efectos de forma preponderante en la selva baja. Este factor modifica ligeramente las condiciones climáticas, sobre todo durante las noches, y alcanza importancia muy significativa en la ceja de selva, donde las condiciones tropicales se atenúan de forma notable. En cuanto al ciclón amazónico, con su intensa actividad intertropical, hace que las masas de aire caliente y húmedo lleguen a las vertientes y los contrafuertes andinos, donde se condensan y precipitan. Por otra parte, el anticiclón del Atlántico Sur, con sus masas de aire muy húmedo, suministra asimismo masas de aire marítimo hacia el continente.

La barrera climática andina

También deben tenerse en cuenta las masas de aire frío y seco que penetran por el sudeste del continente americano, se desplazan por el estuario del Río de la Plata y siguen a lo largo del valle del río Paraná, para continuar por la depresión longitudinal sudamericana localizada entre los Andes y el macizo brasileño, hasta llegar finalmente a la Amazonia peruana. Allí ocasionan sen-

Bosque de nubes típico de la región de ceja de selva, dentro del territorio ocupado por la Reserva de Biosfera del Manu, en el departamento del Cusco.

sibles bajas de temperatura, conocidas con los nombres de fríos de San Juan, friajes o sudazos. Estas masas de aire frío y seco se presentan con mayor intensidad durante los meses de invierno.

El relieve andino, por su altitud, constituye una barrera climática que impide la libre circulación atmosférica y el contacto de las masas de aire del anticiclón del Pacífico Sur con aquellas provenientes de la actividad intertropical del Amazonas. Ambas masas de aire, al chocar con las altas cumbres andinas, se condensan y precipitan en forma de lluvia o de nieve. En cambio, la escasa altitud de la región de los Andes del norte favorece que las masas de aire amazónico lleguen hasta la costa. En cuanto a los Andes centrales, se han detectado masas de aire amazónico que ocasionalmente sobrepasan la cadena andina aprovechando algunos pasos o cuellos y desencadenan precipitaciones excepcionales en las costas, como por ejemplo la que se produjo en enero de 1970.

Temperaturas en la selva

También en este caso es necesario diferenciar las tres zonas altitudinales que integran el área estudiada, es decir, las altas vertientes boscosas o ceja de selva, la selva alta y la selva baja. En las altas vertientes boscosas las temperaturas varían entre el día y la noche, así como entre las zonas desprovistas de bosques debido a la acción del hombre o por derrumbes naturales y aquellas donde la vegetación se mantiene, formando un microclima de gran importancia en el interior y debajo de las forestas o sotobosque.

En estas áreas, las temperaturas diurnas sobrepasan los 20 °C en sectores descubiertos, pero en el follaje y debajo del bosque permanecen por debajo de los 20 °C, formando microclimas que favorecen y mantienen las «precipitaciones ocultas». Las temperaturas mínimas pueden descender hasta 0 °C en las partes más altas y deforestadas, pero se mantienen por encima de los 0 °C debajo de las forestas en las altas vertientes.

La cuenca del río Pilcopata, con una extensión de 771 km², ubicada en el departamento de Cusco, presenta una vegetación típica de bosque húmedo montano.

Cabe señalar que, a una misma altitud y en áreas contiguas, pueden observarse campos abiertos cubiertos por escarcha, mientras que bajo el bosque sólo hay abundante rocío. Este hecho, comprobado en la zona de Tarma y en las nacientes del río Chontayacu, en la provincia de Marañón, muestra las notables diferencias en las temperaturas nocturnas de zonas vecinas, diferencias determinadas por la presencia o la ausencia de vegetación.

Máximas y mínimas en las selvas alta y baja

En la selva alta, las temperaturas máximas absolutas son superiores a 30 °C e inferiores a 36 °C; las mínimas absolutas están comprendidas entre 8 y 15 °C, y las temperaturas medias anuales oscilan entre 22 y 25 °C. Como en el caso anterior, hay diferencias, aunque no muy marcadas, entre las temperaturas diurnas y nocturnas; no obstante, estas variaciones son suficientes para producir abundante condensación en forma de rocío, que se observa en las hierbas y gramíneas, y también dejan su rastro en los tejados de las casas, sobre todo los de calamina. Esta diferencia de temperatura entre el día y la noche ha llevado a Javier Pulgar Vidal a denominar esta zona con el nombre de rupa-rupa, que significa «caliente-fresco-caliente». En cuanto a la selva baja, las altas temperaturas son constantes y se mantienen sin variaciones importantes a lo largo de todo el año, y durante el día y la noche. En otros términos, el calor persiste todo el año, durante las 24 horas del día. Es la zona más calurosa del país. Las temperaturas máximas absolutas son siempre superiores a los 36 °C y llegan hasta 42 °C en Pucallpa y San Ramón. Las mínimas absolutas están comprendidas entre 10 y 18 °C. Sin embargo, en las estaciones de Puerto Maldonado e Iberia, en el departamento de Madre de Dios, se han registrado mínimas excepcionales de hasta 7 °C durante los meses de mayo, junio y julio; en cambio, en Gueppi, al norte de Loreto, las mínimas no descienden por debajo de 14.9 °C.

El origen de las temperaturas mínimas absolutas en el departamento de Madre de Dios debe relacionarse con las masas de aire frío que llegan desde el sudeste del continente americano, y que conservan todavía su acentuada frialdad. En tanto que en Gueppi, las mismas masas de aire se han modificado ya considerablemente por influjo de las altas temperaturas de las masas de aire tropical que han atravesado en su recorrido. Esta situación origina mínimas absolutas que sólo descienden a 14.9 °C.

El río Tigre tiene una longitud aproximada de 550 km; en su cuenca, que discurre por la selva baja, la exuberante vegetación se ve favorecida por las precipitaciones y la alta humedad.

Precipitaciones en la selva

La humedad atmosférica es constantemente alta. En las estaciones meteorológicas actualmente en servicio en la zona de la selva, el promedio de humedad atmosférica anual es siempre superior al 70 por ciento. Las precipitaciones en la zona de bosques orientales del territorio peruano alcanzan promedios superiores a los 1,000 mm anuales en las selvas alta y baja. No existen mayores informaciones sobre las altas vertientes andinas, pero con certeza, en estas áreas, alcanzan notable importancia las precipitaciones ocultas.

En las selvas alta y baja hay precipitaciones escasas durante los meses de mayo a septiembre, y un período con precipitaciones abundantes se inicia en octubre o noviembre, para finalizar en marzo o abril, y a veces en mayo. Los meses con menor cantidad de lluvias corresponden en general a los de julio y agosto; en cambio, los meses con más alto volumen de precipitaciones se presentan con mayor variación: en unas estaciones corresponden a noviembre, en otras a diciembre y, con mayor frecuencia, a marzo y abril.

El hecho de que sea justamente en verano cuando se concentran las precipitaciones ha producido el extraño fenómeno de que los pobladores de la Amazonia peruana llamen «invierno» a esta estación y, por el contrario, «verano» a la estación seca, que en realidad es el invierno. Iguales denominaciones suelen oírse en la zona andina. Exceptuando la zona de Jaén, las precipitaciones anuales en la Amazonia son superiores a 1,800 mm, habiéndose registrado precipitaciones de 185 y 187 mm en sólo 24 horas. A menudo las lluvias cubren extensas áreas de la selva amazónica, lo que dificulta la navegación aérea.

Las precipitaciones ocultas

En las altas vertientes y también en laderas de la selva alta se da un fenómeno de gran importancia hidrológica, muy poco estudiado sin embargo: las denominadas precipitaciones ocultas. Se trata de fenómenos microclimáticos que se producen principalmente dentro de los bosques que cubren las altas laderas andinas y, si bien en porcentaje mucho menor, en los relieves de la selva alta.

Las precipitaciones ocultas son particularmente intensas en las altas laderas del flanco oriental andino, como ocurre en la cordillera del Cóndor, donde las neblinas persisten a lo largo de todo el año. Tales neblinas se deben a la condensación de las masas de aire que, con altas temperaturas y cargadas de humedad, llegan de la actividad intertropical del Amazonas. Estas masas de aire, al tomar contacto con las masas de temperaturas menores —las que se forman en la fronda del bosque que cubre las altas laderas— se condensan, se depositan y se concentran en forma de pequeñas gotas de agua en las hojas y ramas de las plantas. Estas gotas caen luego por efecto de la gravedad, originando un constante goteo debajo del bosque.

Fenómeno persistente

Las precipitaciones ocultas persisten durante todo el año, aportando una importante cantidad de agua, que mantiene una constante humedad del suelo y constituye una fuente de alimentación para los cursos de agua que corren por el fondo de los valles. Por otra parte, la alta humedad atmosférica que existe debajo del bosque se condensa en el transcurso de las noches en forma de abundante rocío, debido al descenso de las temperaturas.

Este fenómeno tiene especial importancia para el mantenimiento de los recursos hídricos que alimentan el caudal de los ríos amazónicos, lo cual hace indispensable conservar la vegetación de bosques naturales en la ceja de selva y vertiente de las selvas alta y baja.

Debe agregarse, en fin, que a lo largo de las altas vertientes o laderas orientales del territorio, cubiertas por una vegetación que Augusto Weberbauer llamó de «ceja de montaña», existe un factor meteorológico que caracteriza al clima de la ceja de selva. Son las neblinas, fenómeno que se origina principalmente en las crestas y cumbres expuestas a los vientos del este.

La alta humedad amazónica da origen al fenómeno de la «precipitación oculta», que humedece el terreno de manera constante, generando un impresionante desarrollo de la flora.

Tipos de clima según la altitud

El clima tropical de la selva alta se caracteriza por unas temperaturas medias anuales comprendidas entre 22 y 25 °C; unas máximas absolutas superiores a 33 °C pero inferiores a 36 °C; y unas mínimas entre 8 y 15 °C. En general, las precipitaciones son más abundantes que en la selva baja, pero con presencia de una estación seca, durante la cual la cantidad de lluvia mensual es inferior a 100 mm, y que corresponde generalmente a los meses de mayo a septiembre. En la selva alta se han observado las mayores precipitaciones anuales de Perú: 7,225 mm en Quincemil, y casi 8,000 mm en Yurac. La excepción en la selva alta, tanto en precipitaciones como en temperaturas, la constituye Jaén, zona semidesértica donde la temperatura media anual es de 26 °C, la máxima absoluta, de 38 °C y las precipitaciones anuales, en promedio inferiores a 500 mm.

En la selva alta, las temperaturas nocturnas son bastante frescas, lo que permite la condensación de la humedad atmosférica en forma de rocío, que se deposita sobre las hojas de las plantas y en los tejados de las casas, sobre todo cuando éstos son de calamina, lo cual ocasiona caídas de gotas de agua en las primeras horas del día.

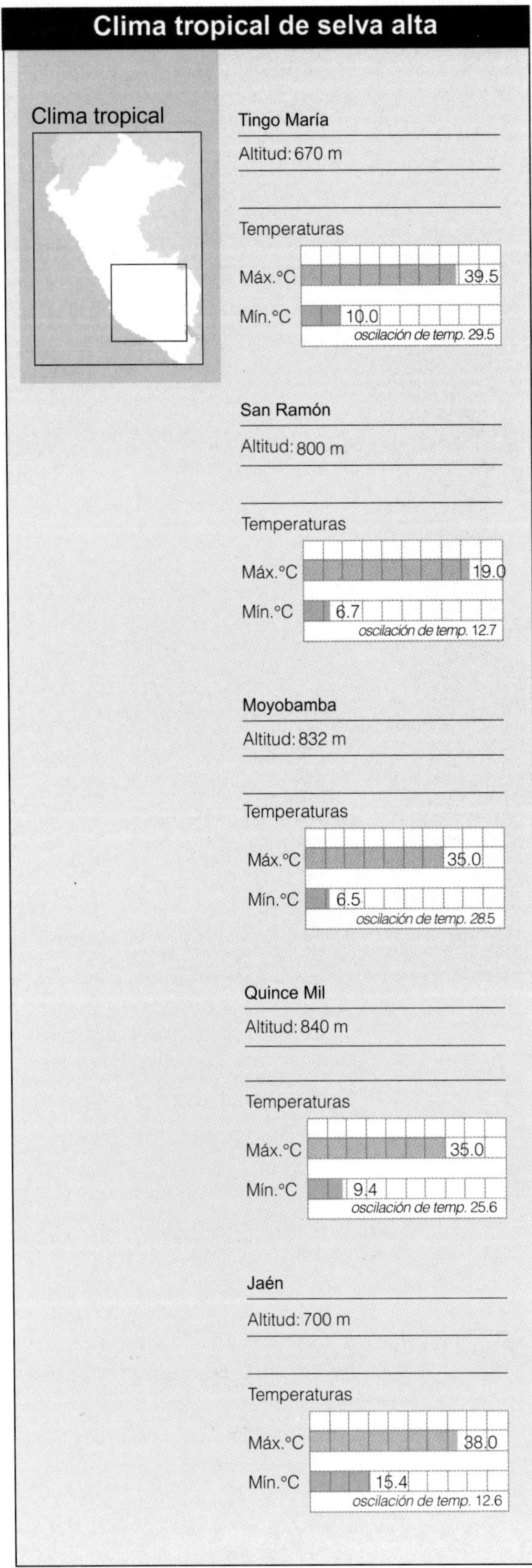

En la selva baja, las vastas llanuras del Amazonas y sus tributarios son el dominio del clima de selva tropical, permanentemente húmedo y cálido, que abarca gran parte de los departamentos de Loreto, San Martín y Amazonas, sectores del noreste de Huánuco, en el Huallaga Central, y áreas del noreste de Cajamarca, comprendidas entre la frontera con Ecuador y el Marañón central. Sus características son unas temperaturas medias superiores a los 18 °C en todos los meses del año, y unas precipitaciones anuales superiores a los 750 mm, lo que corresponde al clima AF en la clasificación realizada por Köeppen. Las temperaturas medias anuales superan los 25 °C y las máximas absolutas están siempre por encima de 36 °C.

Meses secos en la selva baja

En la selva baja, en Neshuya (carretera a Pucallpa), se ha observado una temperatura máxima absoluta de 41.1 °C en agosto de 1963. En Pucallpa se ha medido la máxima absoluta del territorio nacional, que llegó a 42.0 °C. Las mínimas absolutas en la selva baja están comprendidas entre 10 y 18 °C, exceptuando el departamento de Madre de Dios, donde se han observado mínimas de 7 °C en los observatorios de Puerto Maldonado e Iberia. Las precipitaciones anuales son en todos los casos superiores a los 1,000 mm.

Del mismo modo que en la selva alta, en la selva baja también existen meses con precipitaciones inferiores a los 100 mm. La zona más seca de los lugares con observatorios meteorológicos es la de Tarapoto, donde en algunos años se han registrado hasta 8 meses con precipitaciones inferiores a 100 mm. Juanjuí es otro lugar donde se han observado 6 meses con precipitaciones inferiores a 100 mm; en Pucallpa, en fin, los meses con menos de 100 mm de precipitaciones llegan a 5, y en Puerto Maldonado se sitúan en un arco que oscila entre 5 y 7.

Por lo general, los meses con precipitaciones escasas están comprendidos entre abril y septiembre, pero no es raro que en octubre, noviembre, diciembre y enero también se presenten precipitaciones inferiores a 100 mm mensuales. Los meses de junio, julio y agosto son los más secos, por presentar precipitaciones muy reducidas, hasta el punto de que en Tarapoto, por ejemplo, se han recogido sólo 4 mm en el mes de junio de 1964.

Fuertes ráfagas

Las diferencias de temperatura entre el día y la noche son menos marcadas en la selva baja que en la alta, ya que el calor persiste durante las 24 horas. La humedad atmosférica es alta y se mantiene a lo largo de todo el año, favorecida por la evaporación de los cursos de agua y de las zonas pantanosas, abundantes en la región, y también debido a la evapotranspiración.

Los vientos que alcanzan velocidades de hasta 74 km por hora, se producen con mayor frecuencia de julio a octubre y a veces van acompañados por tempestades eléctricas de excepcional violencia. Ocasionan pérdidas importantes en los campos agrícolas, sobre todo en los cultivos de plátanos, los cuales caen por acción de las ráfagas, causando en ocasiones escasez de este producto, uno de los elementos tradicionales y básicos de la alimentación popular.

Clima de sabana de la zona de Jaén

Jaén constituye una excepción en el clima de la selva alta tanto por sus precipitaciones como por sus temperaturas. Es una zona semidesértica, donde la temperatura media anual es de 26 °C; la máxima absoluta es de 38 °C y las precipitaciones

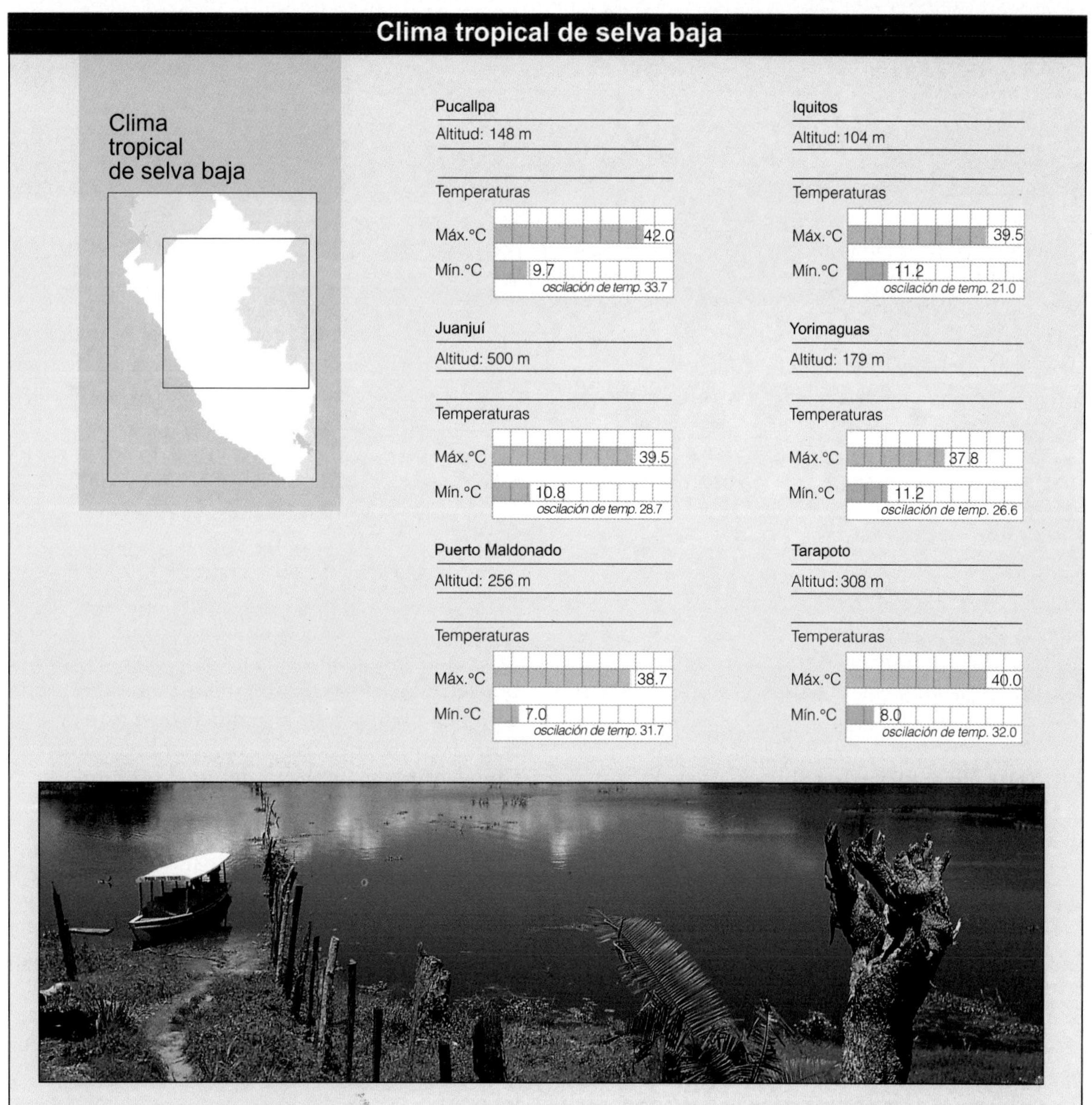

A pesar de su ubicación tropical, el Perú cuenta con una inusitada diversidad de climas que influye sobre el diferente desarrollo social y económico de las regiones. En la imagen, paisaje del Cusco.

anuales son inferiores a los 500 mm. La humedad relativa no sobrepasa en ningún mes el 75 por ciento, a diferencia de lo que ocurre en San Martín y Loreto, por ejemplo, donde la media anual de la humedad relativa está siempre por encima de esa cifra.

Estudios más detallados, incluyendo series continuas que abarquen períodos de por lo menos veinte años, podrán establecer mayores precisiones sobre los subtipos climáticos de la selva. Ello se hace imprescindible si se desea obtener un conocimiento más exacto de los ecosistemas regionales, el cual permitirá establecer con mayor certeza los programas de organización del territorio y de desarrollo regional.

Un país de contrastes

Podría resumirse todo lo anteriormente descrito diciendo que Perú alberga a lo largo y a lo ancho de su territorio las condiciones climáticas más opuestas: la marca de –25 °C registrada en Imata, que es hasta la fecha el lugar más frío detectado en todo el territorio nacional, y la de 42 °C en Pucallpa. La diferencia entre las mínimas y máximas da así una amplitud térmica de 67 °C. Tal amplitud es desconcertante en un país tropical como Perú, pero se explica por la presencia del alto relieve andino. En lo que respecta a las precipitaciones, las variaciones son igualmente brutales. Casi 8 metros de lluvia al año en Yuracyaco y precipitaciones de sólo algunos milímetros en el desierto costero, que a veces no llegan sino a vestigios en muchas estaciones meteorológicas.

Esta diversidad climática ha dado como resultado la existencia de paisajes naturales y tradiciones culturales muy diferentes, a veces en distancias relativamente cortas. En menos de cuatro horas de viaje por carretera se puede pasar del desierto costero a la zona de nieve y hielo. Desde valles templados, como el Callejón de Huaylas, donde crecen palmeras y se cultiva la caña de azúcar, pueden observarse los imponentes nevados de la cordillera Blanca. Lo mismo ocurre al este de esta misma cordillera, donde sus cumbres cubiertas con glaciares se aprecian desde el profundo valle del Marañón, cuyas temperaturas son tan altas que pueden compararse con las de la selva.

Pero si se quiere tener una auténtica visión de la diversidad de paisajes peruanos, en menos de una hora de vuelo se viaja, por ejemplo, de Lima a Pucallpa o Tarapoto, pasando de la aridez sin cobertura vegetal a las grandes extensiones cubiertas de nieve y hielo o la selva tropical. Si el viaje es hasta Iquitos, se observará en todo su esplendor la selva peruana, con sus grandes ríos que surcan la foresta.

El fenómeno El Niño

El Niño es un fenómeno natural que resulta de la interacción entre el océano y la atmósfera. Se produce por las oscilaciones barométricas que afectan a la circulación de los vientos alisios provenientes del Pacífico Sur, el calentamiento de las aguas superficiales del mar y las variaciones del nivel del mismo, la influencia de la convergencia intertropical y la profundización de la termoclima, es decir, de la zona de transición que existe entre las aguas oceánicas superficiales y las profundas.

Durante El Niño extraordinario, como el de 1983 (en la foto), los cauces secos se convierten en caudalosos ríos.

El Niño origina cambios climáticos con altas temperaturas y fuertes precipitaciones que causan efectos desastrosos en la agricultura, las vías de comunicación y los centros poblados, y que afectan particularmente a la costa norte de Perú y sur de Ecuador. Sin embargo, su influencia en el país abarca toda la costa y la región andina. Produce cambios en la ecología marina, que perjudican a la pesca industrial basada en la anchoveta y la sardina, y perjudica asimismo la pesca para la alimentación directa, sobre todo la artesanal, por la migración de especies marinas debido al calentamiento del mar.

Grandes alteraciones climáticas

Se ha elaborado una clasificación tentativa de los fenómenos El Niño en base a información confiable, estableciéndose cuatro categorías: «débil o ligero», con pocas precipitaciones y escaso calentamiento del mar; «moderado», con precipitaciones y calentamiento del mar más importantes; «intenso o fuerte», con lluvias abundantes y mayor calentamiento de las aguas superficiales del mar, y «muy intenso, muy fuerte o extraordinario», con lluvias de gran intensidad, altas temperaturas en la costa y calentamiento de 8 °C y más de la superficie del mar. Contando desde la última década del siglo XIX, se han producido Niños débiles o ligeros en 1930, 1932 y 1963; moderados en 1965, 1976, 1992 y 1994: intensos o fuertes en 1940-41, 1957-58 y 1972-73; y muy intensos, muy fuertes o extraordinarios en 1891, 1925-26, 1982-83 y 1997-98.

Daños por El Niño extraordinario

Los muy intensos, muy fuertes o extraordinarios, como el de 1998, con lluvias torrenciales en la costa norte, originan crecientes de gran magnitud de los ríos del norte. El Piura, por ejemplo, a finales de 1997 tenía su cauce seco en la ciudad homónima; el 12 de mayo de 1998, en cambio, transportaba por ese mismo cauce un caudal de 4,424 m^3 por segundo —el mayor que se ha registrado en el lugar—, que destruyó el puente más antiguo y tradicional de la ciudad e inundó el desierto de Sechura, transformado en una extensa laguna de profundidad variable y decenas de kilómetros de largo y ancho.

De esta forma, la brusca crecida del Piura modificó el ecosistema desértico, transformándolo en uno de agua dulce, con abundancia de peces (con predominio de lizas, crustáceos y langostinos); arrasó campos de cultivo, destruyó carreteras y ocasionó grandes daños en muchos centros poblados en su recorrido costanero. Las temperaturas en la costa alcanzaron máximas desacostumbradas, y las aguas superficiales elevaron su temperatura en el norte hasta en 8 °C, originando la migración hacia el sur de la anchoveta —principal recurso para la elaboración de harina de pescado—, la sardina y otras especies marinas.

Un vehículo intenta vadear el desborde de un río en plena crecida, durante el Niño extraordinario de 1998, en la carretera a Manzanilla, departamento de San Martín.

Irregularidad de sus características

El fenómeno El Niño no es cíclico, ni se presenta con las mismas características ni intensidad en las formas en que se manifiesta cada vez. Tampoco tiene una fecha de inicio ni se origina en los mismos espacios geográficos del Pacífico occidental, donde tiene lugar el calentamiento anómalo de las aguas oceánicas, que luego se desplazan hacia el este y llegan a las costas de América del Sur, afectando principalmente la costa norte de Perú y las del sur de Ecuador. Se considera que prácticamente toda la cuenca del Pacífico subtropical del sur constituye el escenario principal del fenómeno.

Los dos últimos Niños extraordinarios, ambos de catastróficas consecuencias, tuvieron inicios diferentes: el del año 1982-83 comenzó en junio de 1982 y concluyó en mayo de 1983. Las aguas calientes llegaron a las costas de Perú y Ecuador entre septiembre y octubre del mismo año (1982). Esto se produjo casi al mismo tiempo que llegaba la perturbación tropical denominada «zona de convergencia intertropical», que a su vez fue activada por las altas temperaturas ya existentes en el Mar de Grau, intensificándose con la generación de lluvias, que alcanzaron extraordinaria intensidad. El Niño de 1997-1998 se inició aproximadamente a finales de 1996; en mayo de 1997 se detectaron en el Mar de Grau aguas oceánicas con mayores temperaturas que las normales y las precipitaciones fuertes se produjeron en el verano de 1998.

Cómo se genera el fenómeno El Niño

La gestación del fenómeno El Niño se puede advertir mediante la observación de ciertos indicadores o precursores oceanográficos y atmosféricos. Es interesante hacer un repaso de los más importantes de estos índices.

El calentamiento de las aguas superficiales del mar (TSM) se advierte por la sensible diferencia de la temperatura observada en un momento determinado y la temperatura media de varios años de observación. En el caso de 1997-98, el calentamiento de las aguas oceánicas comenzó alrededor de noviembre de 1996 en una zona al este de Indonesia y Australia, aparentemente en forma simultánea con otro calentamiento general en el océano Pacífico frente a Chile y Perú. Este último

El calentamiento de las aguas superficiales del Pacífico en la zona del Mar de Grau es uno de los elementos que desencadenan el fenómeno de El Niño.

foco se propagó hacia las costas de Chile y luego se desvió hacia el norte, a las costas de Perú y la zona ecuatorial del océano Pacífico, uniéndose en el mes de mayo de 1997 con las provenientes de la zona ecuatorial propagadas de este a oeste. Las estaciones oceanográficas del Instituto del Mar de Perú registraron incrementos de temperatura en la costa peruana entre el 15 y el 21 de agosto de 1997, incrementos estos que oscilaban entre los 5.6 °C (Paita) y los 4.6 °C (Callao), para decrecer ligeramente hasta los 2.8 °C en Ilo.

Oscilación del sur y variaciones de nivel

Durante el episodio El Niño se observa una presión barométrica con valores por debajo de la media en la zona del océano Pacífico tropical oriental, y una presión con valores por encima de la media en la zona de Indonesia y norte de Australia. Como consecuencia de estas alteraciones, los vientos alisios ecuatoriales de dirección sur y sudeste en el Pacífico Sur oriental se debilitan, y en algunas ocasiones se colapsan, influyendo negativamente en el transporte de aguas relativamente frías de la corriente Peruana, que son entonces reemplazadas por aguas calientes. El índice denominado ENSO, que mide la intensidad de esta alteración, se expresa por la diferencia de la presión barométrica entre Darwin (Australia) y Tahití (Polinesia). Este índice tiene siempre un valor negativo, precisamente como indicador de la alta presión atmosférica en la región occidental y baja presión en la región oriental del Pacífico tropical y subtropical.

Por otra parte, cuando se producen fenómenos de Niños extraordinarios hay un aumento del nivel del Mar de Grau en la costa del litoral peruano. Son varios los factores que ocasionan estas variaciones en el nivel del mar, entre ellos el desplazamiento de las aguas cálidas en forma de ondas. Los mareógrafos de la Dirección de Hidrografía y Navegación de la Marina de Guerra de Perú registraron a lo largo de la costa peruana aumentos que llegaron hasta 20 cm entre junio y julio de 1997.

Influencia de la Zona de Convergencia Intertropical

La llamada Zona de Convergencia Intertropical (ZCIT) es la banda de perturbación tropical que se forma como resultado de la convergencia

De la extrema inundación generada por El Niño, los terrenos pasan a la aridez y sequedad que les es consustancial, como ha sucedido, por ejemplo, en el departamento de Lambayeque.

de los vientos alisios ecuatoriales de los hemisferios norte y sur. Esta convergencia tiene lugar en las cercanías de la línea ecuatorial, alrededor de la cual oscila aproximadamente entre los 10° de latitud norte y los 2 o 3° de latitud sur. Se caracteriza por la formación de grandes masas de nubes de desarrollo vertical —cúmulos y cumulonimbos—, que son fuente generadora de precipitaciones intensas en el trópico.

De acuerdo con las últimas investigaciones sobre el fenómeno El Niño, la intensa actividad de la ZCIT se desplaza hacia el sur induciendo y/o incrementando las precipitaciones en las costas de Ecuador y norte de Perú, en coincidencia con la estación de verano del hemisferio sur.

Aún no se conocen de forma precisa los mecanismos de esta interacción entre el océano y la atmósfera; para su estudio la Administración Nacional para el Océano y la Atmósfera (NOAA) de Estados Unidos ha diseñado el Programa Panamericano de Estudios Climáticos (PACS), que se puso en marcha en septiembre de 1997. Este estudio se llevará a cabo principalmente a partir de observaciones satelitales.

Profundización de la termoclina

La profundización de la termoclina es otro parámetro oceanográfico. El mar tiene normalmente tres capas de temperatura en profundidad: la primera corresponde a la superficie y caracteriza a la Temperatura Superficial del Mar (TSM); la segunda, en profundidad, es una zona de transición, con una disminución drástica de la temperatura del agua, y recibe el nombre de termoclina; la tercera es la zona de aguas profundas, con temperaturas frías. La profundización de la termoclina se refiere, por lo tanto, a la zona de transición, y está en estrecha relación con la TSM: a mayor anomalía de ésta, mayor será la profundidad alcanzada por la termoclina.

En condiciones normales, esta capa de transición se encuentra entre los 45 m de profundidad, incrementándose con la presencia del fenómeno de El Niño. En 1998, la termoclina en el Pacífico ecuatorial se hallaba a una profundidad de aproximadamente 200 m, tendiendo aun a aumentar. En términos más simples, la termoclina define el espesor de la capa de agua caliente en el océano.

Las precipitaciones generadas por el Niño pueden hacer que incluso los terrenos más áridos, como este del departamento de Piura, se cubran de vegetación.

Características y efectos del fenómeno

El Niño es un fenómeno de verano en el hemisferio sur, pues en esta estación se producen sus manifestaciones extremas: precipitaciones intensas que originan inundaciones y desastres, altas temperaturas que sobrepasan los promedios y calentamiento de la superficie oceánica, que llega a alcanzar incrementos de 8 °C y aun más. Los indicadores antes descritos, principalmente las anomalías positivas de la TSM, aparecieron en 1998 con cierta fuerza a lo largo de la costa peruana, con efectos claros, tales como la presencia de especies marinas de origen tropical frente a las costas centrales de Perú (departamentos de Ancash, Lima e Ica).

En los departamentos de Tumbes y Piura, la distribución normal de las precipitaciones anuales entre las ciudades de Piura y Chulucanas varía entre 50 y 500 mm por año. Durante el año 1983 se registraron entre 2,000 y más de 4,000 mm de precipitaciones; en 1998 estas cifras fueron superadas, pues el 11 de marzo del citado año en la cuenca alta del río Piura la precipitación fue de 251.2 mm.

Como consecuencia de las intensas precipitaciones pluviales se dan inundaciones de catastróficas consecuencias, como las ocurridas en los departamentos de Tumbes, Piura, Lambayeque, La Libertad e Ica durante los meses de enero, febrero, marzo y abril de 1998.

Cambios climáticos regionales y globales

Las consecuencias de El Niño extraordinario son importantes, tanto en la producción agrícola de la costa norte, a causa sobre todo de las precipitaciones, y por las altas temperaturas en el resto de la región costera del país. Un fenómeno curioso es la aparición de abundante vegetación en las zonas normalmente áridas, situación que se detecta también en el norte de Chile, donde se aprecia la aparición de flores en el desierto de Atacama.

Para tener una idea de los cambios climáticos adversos en el orden regional y global se pueden mencionar las fuertes precipitaciones en el sur de Chile, Argentina, Paraguay y sur de Brasil; la sequía en el noreste brasileño, en Indonesia y Australia, y las importantes inundaciones en Estados Unidos.

La particular violencia del fenómeno El Niño extraordinario de 1998 volvió prácticamente inútiles todas las previsiones, dejando sin techo a decenas de miles de familias.

Pronóstico y predicción

En relación con la capacidad de predecir la ocurrencia o no de un fenómeno natural, hay dos conceptos comúnmente utilizados en geofísica: el pronóstico, que se expresa en términos de probabilidad; y la predicción, que determina con cierto grado de precisión el lugar, el tiempo y la magnitud del fenómeno. En el caso de El Niño, la investigación de los últimos años, principalmente a cargo de instituciones científicas de Estados Unidos, viene proporcionando modelos fisicomatemáticos de previsión. Sin embargo, dado que las observaciones se realizan con varios meses de antelación, se trata más bien de un pronóstico con una alta probabilidad de acierto. Estos modelos anuncian la ocurrencia de precipitaciones por encima de lo normal, en particular en la costa norte de Perú y en el litoral marítimo del Ecuador.

En el caso de El Niño de 1998, los medios de comunicación peruanos y extranjeros habían difundido desde 1997 pronósticos y predicciones acerca de la posible intensidad, la magnitud y los efectos del fenómeno para el verano en el hemisferio sur. Quedó de este modo demostrado que el desarrollo de la ciencia oceanoatmosférica, a pesar de sus notables adelantos en los últimos tiempos, aún no ha alcanzado el nivel que permita afirmar categóricamente y con la anticipación debida la intensidad, las características, la extensión y las consecuencias del fenómeno; por lo tanto, todavía no existen condiciones para realizar una predicción razonablemente fiable.

El Niño de 1998

Según los datos emitidos por el Centro de Estudios y Prevención de Desastres (PREDES), actualizados a principios de marzo de 1998 (publicados en el diario *El Comercio* el 12 de abril), en Perú el fenómeno El Niño extraordinario de 1998 afectó a «cerca de 325,400 personas, ha destruido aproximadamente 30,000 viviendas, más de 100,000 han sido afectadas, ha malogrado los cultivos de 250,000 hectáreas en todo el país y ha causado directamente más de 300 muertos, afectando a cerca de 70,000 familias».

Hidrografía continental

La vertiente hidrográfica del Pacífico

La vertiente hidrográfica del Atlántico

Lagos y lagunas

La quebrada de Carhuasanta se encuentra situada en el sector norte del nevado de Mismi. En sus lagunas glaciares nace el río Ucayali-Apurímac, donde se ubican las nacientes más lejanas del río Amazonas.

La vertiente hidrográfica del Pacífico

La cordillera andina determina, en el territorio peruano, dos grandes corrientes de drenaje exorreicas (que se dirigen una hacia el océano Pacífico y la otra hacia el Atlántico, respectivamente) y una endorreica, que tiene como colector al lago Titicaca. Existen, además, numerosos lagos y lagunas en la alta montaña y en la Amazonia.

En el delta del río Tumbes (en la imagen) existen canales o esteros bordeados de manglares.

Ríos torrentosos

Los ríos de la vertiente hidrográfica del Pacífico se caracterizan por tener cortos recorridos y lechos con fuerte declive. En su gran mayoría son ríos torrentosos, con grandes variaciones de caudal a lo largo del año. El río Piura, cuyo lecho, normalmente, permanece seco durante cerca de ocho meses al año, en 1998, debido a El Niño extraordinario, alcanzó un caudal de 4,424 m^3/s, causando graves inundaciones. El río Ica, que por lo general sólo tiene agua en el sector interandino, el 29 de enero de 1998, también debido a El Niño, tuvo una creciente excepcional que inundó muchos sectores de la ciudad de Ica, donde el agua llegó a alcanzar hasta un metro de altura.

También existen las denominadas «quebradas secas», que tan sólo llevan agua periódicamente; en estos casos, las aguas, al llegar al desierto, dan vida a una vegetación asimismo transitoria.

Los principales ríos que drenan la costa norte son Tumbes, Zarumilla, Chira y Piura. Tienen un régimen pluvial, a diferencia de los ríos de mayor importancia situados en la costa central y sur. Estos últimos citados poseen en cambio un régimen níveo-glacio-pluvial, puesto que se alimentan de la fusión de hielo y nieve de la alta montaña, además de las lluvias.

Principales cursos de la vertiente del Mar de Grau

El río Zarumilla sirve de límite entre Perú y Ecuador en una buena parte de su recorrido. Tiene sus orígenes en territorio ecuatoriano, y alcanza una longitud de 50 km aproximadamente.

El Tumbes es uno de los principales cursos fluviales de la costa peruana. Es de régimen pluvial; nace en el Ecuador, en las «sierras ecuatorianas llamadas de Zaruma», según escribe E. Romero. La superficie de su cuenca, en territorio peruano, es de cerca de 1,885 km^2, y su longitud de 130 km. En su desembocadura forma un amplio delta, surcado por canales conocidos con el nombre de esteros, orillados por una exuberante vegetación de manglares. Es el único río de la costa navegable por pequeñas embarcaciones. Otro de los ríos importantes de la costa es el Chira, que tiene sus nacientes más lejanas en parajes del Ecuador, al norte de la ciudad de Loja, con el nombre de Catamayo; al confluir con el río Macará o Calvas, en el límite peruano-ecuatoriano, toma el nombre de Chira. Su principal afluente es el Quiroz, que tiene toda su cuenca en territorio peruano.

La ciudad más importante del valle del Chira es Sullana y, cerca de ella y aguas arriba, se ha construido el reservorio de Poechos, con una capacidad de 1,000 millones de m^3. En este valle se cultiva arroz, limón, maíz, plátano, mango, camote, frijoles y pallar, entre otras especies.

Río Piura

El Piura tiene sus nacientes en la provincia de Huancabamba, en el cerro Sogorón, a 2,680 m sobre el nivel del mar, con el nombre de río San Martín. Al recibir por su margen derecha las

El río Reque es una de las tres ramificaciones del río Lambayeque-Chancay, cuyos valles han sido acondicionados para fines agropecuarios. Desemboca al norte del puerto de Eten.

aguas de la quebrada de Pusmalca, cambia su denominación y pasa a llamarse Canchaque, nombre con el cual discurre hasta confluir con el río Bigote; a partir de entonces y hasta su desembocadura se llama río Piura. Tiene una longitud aproximada de 150 km.

Las aguas del río Piura sólo llegan al mar cuando se producen abundantes lluvias estacionales, que incrementan notablemente el débit del río, como ocurre cuando se producen fenómenos El Niño extraordinarios. En 1998 sus aguas inundaron el desierto de Sechura, formando una gran laguna transitoria bautizada como La Niña.

A partir de Tambo Grande, el río Piura se adentra en el desierto costanero y se desplaza enmarcado por extensas pampas, conocidas con el nombre de «despoblado de Olmos», en la margen izquierda, y «despoblado La Huaca» en la margen derecha. En el denominado Bajo Piura se ha desarrollado una agricultura intensiva. Se cultiva algodón de fibra larga, cítricos, mango, arroz, maíz y artículos de panllevar, entre otros.

Para mejorar el riego del Bajo Piura e incrementar el área cultivada se construyeron la represa de Poechos y el Canal de Quiroz, que lleva aguas a la represa de San Lorenzo. En el Bajo Piura se utiliza también agua del subsuelo.

Ríos La Leche y Lambayeque-Chancay

El río La Leche tiene sus orígenes en la provincia de Cutervo, en la laguna Pozo con Rabo, en las estribaciones del Cerro Negro. En sus nacientes se lo conoce como río Moyán, y luego pasa a denominarse La Leche, nombre con el cual atraviesa el departamento de Lambayeque. Tiene un recorrido de 120 km aproximadamente y una cuenca de unos 4,000 km^2. Sus aguas no llegan al mar, ya que se pierden en el desierto costero, no sólo a causa de la infiltración y evaporación, sino también por el uso intensivo para regadío de los campos agrícolas.

En cuanto al Lambayeque-Chancay, nace en la provincia de Santa Cruz, en los cerros de San Lorenzo, a 3,800 m de altitud. En el lugar denominado La Puntilla, el río, por obra humana, se divide en tres lechos: río Reque, el curso más meridional; río Taymi, el más septentrional, y, entre ambos, el Lambayeque. El río Reque desemboca al norte del puerto de Eten. Los otros dos ramales, el Lambayeque y el Taymi, no llegan al mar. Tiene un recorrido de cerca de 200 km. Sus aguas irrigan grandes áreas de la provincia de Chiclayo y se distribuyen por un complicado sistema de canales. Algunos canales son legado de los antiguos pobladores de la región, como por ejemplo el canal preincaico de Taymi, conocido también como río Taymi.

Con el fin de solventar las deficiencias de riego se ha construido el reservorio de Tinajones, que cuenta con capacidad para almacenar cerca de 300 millones de m^3.

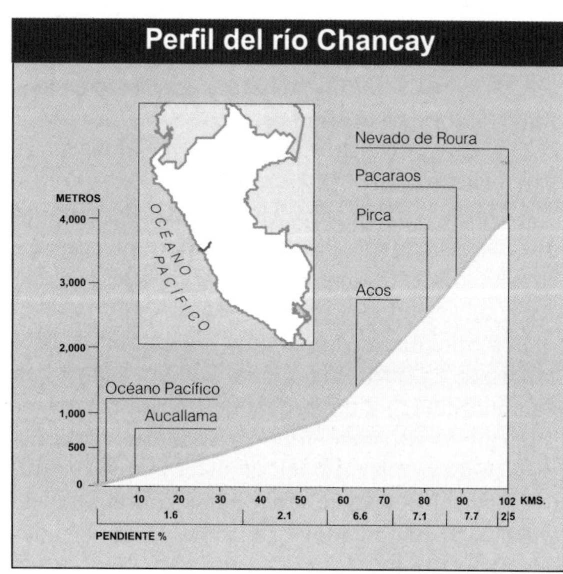

Paisaje interandino de extraordinaria belleza en el Callejón de Huaylas, nombre que recibe el curso superior del río Santa, en el departamento de Ancash.

Ríos Jequetepeque, Chicama y Moche

El Jequetepeque nace al sudeste de la ciudad de Cajamarca, como quebrada Agua Colorada, y luego pasa a denominarse río Grande. Al atravesar el desierto costero adopta el nombre de río Jequetepeque, con el que desemboca en el Mar de Grau. Tiene una longitud aproximada de 160 km, y en su costa se cultiva arroz, algodón, maíz y caña de azúcar.

El río Chicana tiene su origen en los cerros Pata de Gallo y Ruecas, a 4,200 m de altura, en las lagunas de San Lorenzo. En sus nacientes se llama río Callacullán, luego se denomina Coina, Huancay y finalmente Chicama. Ingresa al departamento de La Libertad, donde irriga el amplio valle de Chocope y Casa Grande. Los principales cultivos en el valle del Chicama son caña de azúcar, espárragos, maíz, frijol, garbanzo, hortalizas y cítricos. Su longitud es de 172 km aproximadamente.

El río Moche nace en el cerro Pelón Chico, a 4,450 m sobre el nivel del mar, con el nombre de Shori. Luego se denomina río Moche, y después Otuzco, al pasar esta ciudad. Al ingresar a la costa, se llama nuevamente Moche y forma el valle de Santa Catalina. Sus aguas, muy contaminadas cuando hay fuertes lluvias en la región andina, desembocan al sur de Trujillo.

Río Santa

El río Santa es uno de los más caudalosos de la costa peruana. Tiene una longitud de cerca de 370 km. La gran mayoría de sus afluentes lo alcanzan por su margen derecha, y se originan en los glaciares y las lagunas de la cordillera Blanca. La alimentación proveniente de estas lagunas y de los glaciares hace que el débit del Santa sea el de menores variaciones entre los ríos de la costa. Forma un importante valle interandino, conocido con el nombre de Callejón de Huaylas, al que se denomina «la Suiza peruana», debido a la belleza de su paisaje. Está enmarcado por la cordillera Blanca, con imponentes glaciares, que lo limita por el este; y la cordillera Negra, con sus paisajes desérticos y sin cumbres nevadas, al oeste.

Cascada en el Cañón del Pato, uno de los cañones fluviales más importantes de Perú. *Gracias a la fuerte pendiente del lecho fluvial, su fuerza se utiliza para generar energía eléctrica.*

También forma el Cañón del Pato, garganta estrecha esculpida en las rocas andinas, a una altitud comprendida entre los 1,400 m (Huallanca) y los 2,000 m (Hacienda Pato). El río Santa, en la zona costanera, no forma valle agrícola importante, acorde con el volumen de su débit.

Fuentes y afluentes del Santa

Este río nace en el sector meridional de la cordillera Blanca, en el nevado de Tuco, con el nombre de quebrada de Tuco; penetra en la laguna de Aguash, y su desaguadero, después de atravesar la Pampa de Lampas, vierte sus aguas en la laguna de Conococha, de donde parten con el nombre de río Santa. Las ciudades de Recuay, Huaraz, Carhuaz, Yungay, Caraz, y otras de menor importancia, se suceden de forma casi ininterrumpida a lo largo del Callejón de Huaylas.

El contraste entre el fondo del valle y las altas cumbres es impresionante, y a la vez fuente de peligrosos fenómenos naturales. Huaycos, aluviones y alud-aluviones se suceden con cierta frecuencia en esta zona. Un afluente importante del Santa —que desemboca en el Mar de Grau, al norte de la ciudad de Chimbote— es el río Chuquicara, que le da sus aguas por la margen derecha. Nace al norte de la provincia de Pallasca, en el nevado de Pelagatos, a 4,849 m de altura, en las lagunas glaciares de Challuacocha y Lluracocha.

Las aguas del Santa son utilizadas para generar energía eléctrica en el Cañón del Pato. Asimismo, son captadas en la margen derecha para la irrigación Chavi-Moche, de la que se benefician extensas áreas en la costa del departamento de La Libertad; además, alimenta de agua a la ciudad de Trujillo. En la margen izquierda se halla en fase de construcción un canal que conducirá sus aguas para la irrigación de Chinecas, en el área de Chimbote, departamento de Ancash.

Cursos menores

El río Fortaleza nace en el departamento de Ancash, en la cordillera Negra. En la costa forma un valle ocupado casi íntegramente por la Hacienda Paramonga, dedicada al monocultivo de la caña de azúcar. El Pativilca, con orígenes en la provincia de Bolognesi, se alimenta de la fusión de glaciares meridionales de la cordillera Blanca.

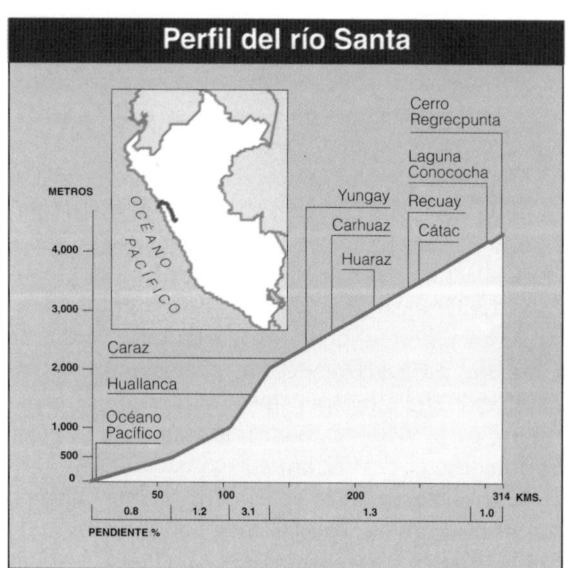

Desemboca al sur de la ciudad de Pativilca. En cuanto al Huaura, nace en el nevado de Raura, en la provincia de Cajatambo. En la costa, forma el importante valle de Huacho, productor de algodón, frutales, panllevar, etcétera.

El río Chancay nace en las lagunas de Verdecocha, Acoscocha y Lichicocha, al pie del glaciar de Alcoy, con el nombre de río Ragrampi. Después se llama Acos y, finalmente, río Chancay, nombre con el que desemboca al sur de la localidad de Chancay, después de recorrer aproximadamente 120 km. En cuanto al río Chillón, nace en el glaciar de Corte, a 5,372 m de altitud, en la laguna de Chonta. Desemboca en el Pacífico, al norte de Lima, tras recorrer 140 km aproximadamente. En su sector interandino forma un valle estrecho y profundo, que sólo se amplía en la zona de Canta. En la costa, en cambio, forma un amplio valle, conocido con el nombre de Carabayllo, ocupado por asentamientos poblacionales que conforman la Lima Metropolitana.

Santa Rosa de Quives, ubicado en su valle, es un centro de atracción turística, porque allí pasó cuatro años de su infancia la virtuosa Isabel Flores de Oliva, elevada a los altares con el nombre de Santa Rosa de Lima. Se conserva la pequeña capilla donde la Santa fue confirmada.

Río Rímac

En el valle costanero del Rímac se ubica la ciudad de Lima, capital del Perú y, junto a su desembocadura, el puerto del Callao, el más importante del país. El río Rímac nace en el nevado de Ticlio,

Perfil del río Rímac

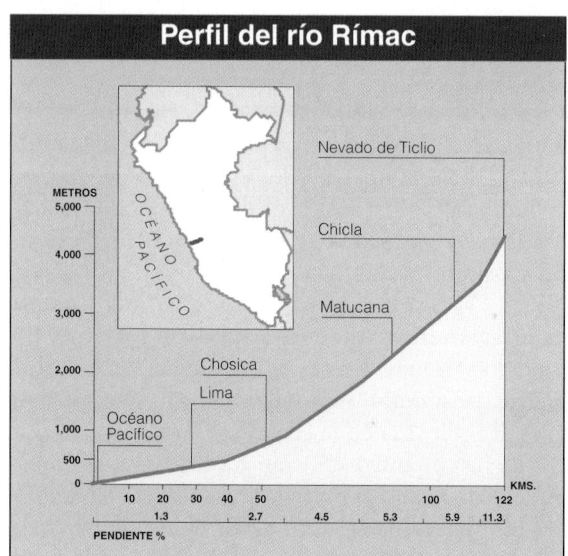

Sistema hidrográfico del Perú

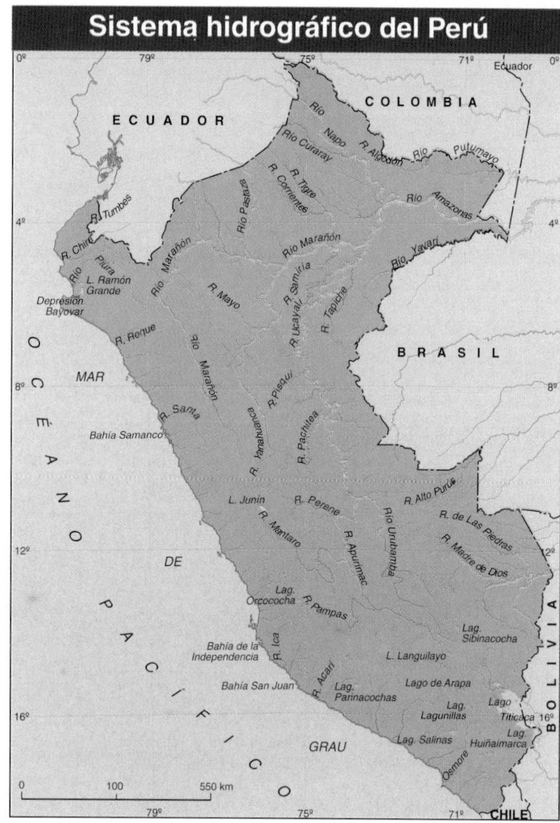

a más de 5,000 m de altura. Forma un importante cañón, aguas arriba de la población de San Mateo; denominado El Infiernillo, este cañón continúa bajo el nombre de Viso. Se amplía muy poco en Matucana, y el valle en garganta continúa hasta Surco; desde Chaclacayo se inicia la gran llanura aluvial del Rímac, que llega hasta el Pacífico.

El Santa Eulalia, afluente del Rímac por la margen derecha, tiene gran importancia económica. Nace en el nevado de Corte, en la laguna de Quisa. En sus orígenes toma el nombre de Quebrada Huáscar, y luego se llama Santa Eulalia, hasta confluir con el Rímac.

En la cuenca del Rímac existen centrales hidroeléctricas de importancia. Para instalar la gran central de Huinco hubo que construir un túnel en sifón de 10 km de largo, que pasa por debajo de los glaciares que forman divisoria continental; este túnel trasvasa aguas de la cuenca amazónica (río Mantaro) a la del Pacífico (río Santa Eulalia). Los trabajos se iniciaron en diciembre de 1957 por dos frentes ubicados en el Campamento de Milloc, al este, y Marca, al oeste, ambos a más de 4,500 m sobre el nivel del mar; y se concluyeron el 5 de septiembre de 1962.

Embarcaciones pesqueras en el puerto de Pisco, en la bahía de Paracas. Dicho puerto se encuentra al sur del río Pisco y al norte de la Reserva Nacional de Paracas.

Ríos Mala, Cañete y Chincha

El río Mala nace con el nombre de río Carhuapampa, al sudeste de la ciudad de Matucana. Después de confluir con el río Ayaviri, que le da sus aguas por la margen izquierda, toma el nombre de río Mala, denominación que conserva hasta su desembocadura. En el valle que forma en la costa se ha desarrollado sobre todo el cultivo de frutales. En sus nacientes, la laguna Chumpicocha ha sido represada con el objeto de regular su débit.

El río Cañete, por su parte, tiene sus orígenes al norte de la provincia de Yauyos, en la laguna Ejerniocc, a 5,000 m de altitud. El efluente de esta laguna ingresa a la laguna de Shujoc, de donde salen las aguas con el nombre de quebrada Huachi-Pampa; después de confluir con el efluente de la laguna Mollocochа, se denomina río Cañete, nombre con el que da sus aguas al Pacífico. El Cañete riega un valle fértil, cuya producción agrícola se ha incrementado en los últimos años gracias a los sistemas de irrigación.

El Chincha nace en el departamento de Huancavelica, al norte de la provincia de Castrovirreyna, y con el nombre de río San Juan llega hasta la costa, donde cambia su denominación por la de río Chincha, formando un amplio y fértil valle costanero, en el que se cultiva principalmente algodón y vid.

En el sector superior de su cuenca se han represado siete lagunas: Obispo, Huarmicocha, Huichinga, Nuñongayoc, Turpo, Astococha y Chuncho, que en conjunto almacenan alrededor de 116 millones de m^3 de agua, utilizados para regular el débit del río durante la época sin lluvias.

Río Pisco

El Pisco se origina en el departamento de Huancavelica, en el cerro Chojcho, a 5,050 m de altitud, bajo el nombre de río Luicho. Luego pasa a llamarse Chiris, hasta confluir con el río Castrovirreyna; a partir de entonces se llama Pisco, hasta su desembocadura, al norte del Puerto de Pisco. El río Pisco sólo lleva aguas hasta el mar durante la estación lluviosa en los Andes. En los otros períodos las aguas de este curso fluvial se usan para irrigar el amplio valle algodonero y vitivinícola que el río forma en la costa.

Es justamente este valle costanero, tradicionalmente dedicado al cultivo de la vid, el que ha dado nombre al prestigioso aguardiente de uva que, desde hace cientos de años, se elabora en la costa

Cosecha de uva en el valle costero del río Pisco. De este cultivo se extrae el prestigioso aguardiente originario de la costa centro-sur del Perú, conocido como «pisco».

central y sur del Perú, y que se conoce con el nombre genérico de «pisco».

Debe agregarse que el caudal del río Pisco está regulado por el represamiento de cuatro lagunas que se encuentran ubicadas en su cuenca superior. Las lagunas de Accnococha, Pacococha, San Francisco y Pultoc almacenan en conjunto unos 55 millones de m^3.

Río Ica

Las nacientes del Ica se encuentran en el departamento de Huancavelica, en la laguna de Parianococha, a 4,500 m sobre el nivel del mar, en la quebrada Llacctachayocc. Luego pasa a llamarse río Tambo, hasta confluir con el río Santiago, que lo alcanza por su margen izquierda, y toma entonces la denominación de Ica. Aunque sus aguas sólo llegan al mar durante el período de abundantes precipitaciones en los Andes, forma un valle agrícola de gran riqueza, que no alcanza la costa. Por esta razón se le conoce con el nombre de valle interior de Ica. En él se hace un profuso aprovechamiento de las aguas subterráneas, que se alimentan de las inundaciones provocadas por las crecientes excepcionales.

Para incrementar el caudal del río Ica y permitir la irrigación de su valle costanero, se han efectuado trabajos hidráulicos para trasvasar las aguas de la laguna de Choclococha. Esta laguna de la vertiente atlántica, perteneciente a la cuenca del río Pampas, ha visto así derivada parte de sus aguas a la cuenca del río Ica, en la vertiente del Pacífico. La laguna de Choclococha, con las obras de represamiento, almacena unos 166'853,000 m^3.

El canal incaico de La Achirana, mandado construir por el Inca Pachacútec, riega aún extensos campos agrícolas en la costa. Por otra parte, en febrero de 1998, durante El Niño extraordinario de este año, una creciente excepcional inundó gran parte de la ciudad de Ica, destruyó numerosas viviendas y ocasionó graves daños en la infraestructura urbana.

Río Ocoña

El Ocoña nace en la laguna de Huanzo o Pestecocha, a 4,870 m sobre el nivel del mar, de donde salen las aguas con el nombre de quebrada de Compepalca, hasta confluir con la quebrada de Huancarani, donde cambia su denominación por la de río Cuspa, y luego Huarcaya. Discurre formando un valle disimétrico, con laderas de fuerte pendiente en la margen derecha y algo menos pronunciadas en la izquierda, en la que se concentran la población y los campos de cultivo.

Al pasar por Cotahuasi, el río adopta este nombre y se desplaza por un profundo y angosto valle con paredes rocosas de fuerte pendiente, que

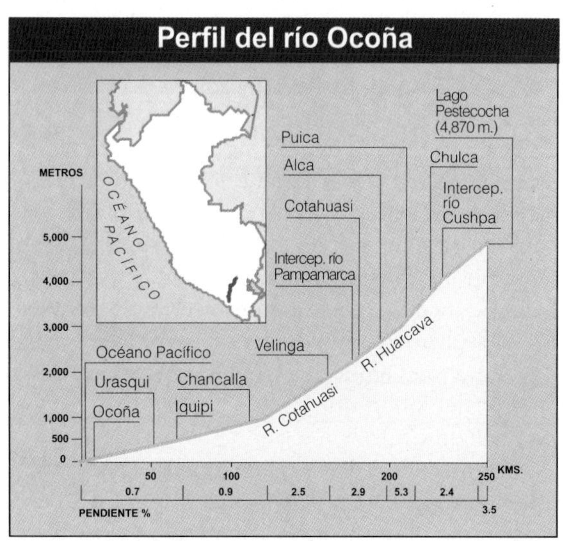

Arreísmo en la costa

El arreísmo es un fenómeno que se verifica en algunas zonas de la costa. Los ríos Piura e Ica, para mencionar los más importantes, no tienen escurrimiento hasta el mar, salvo en años con precipitaciones abundantes en la región interandina. El escurrimiento de estos ríos se pierde en el desierto costanero, pero antes forman fértiles valles interiores, y alimentan napas freáticas muy explotadas.

Existen, además, numerosas quebradas o torrentes que llevan agua en su sector interandino y que en la costa, en cambio, sólo dejan ver sus cauces secos, que continúan el lecho. Son formas morfológicas de períodos más lluviosos del pasado, y que persisten en nuestros días, funcionando con grandes volúmenes de agua que transportan abundante arena y limo cuando se producen Niños violentos o extraordinarios, como los ocurridos en 1925, 1983 y 1998.

Detalle de una fotografía aérea del cauce del río Camaná, ubicado en la vertiente occidental de los Andes, en Arequipa. El fértil valle del río Camaná se caracteriza por su riqueza agrícola.

alcanzan alturas superiores a 1,200 m desde el lecho fluvial. El cañón se inicia a unos 3,500 m de altitud y termina a los 1,000 m sobre el nivel del mar. Aguas abajo, discurre por entre los nevados Coropuna y Solimana, hasta confluir con el río Chuica, donde toma el nombre de río Ocoña.

A diferencia de la mayor parte de los ríos de la vertiente del Pacífico, el Ocoña no forma valle agrícola acorde al volumen de aguas, debido a que la mayor parte de su curso se encuentra enmarcado por gargantas de mayor o menor magnitud.

Río Camaná-Colca-Majes

El Colca es uno de los ríos con mayor recorrido en la vertiente occidental de los Andes peruanos. Sus nacientes están al sur del Paso Crucero Alto, en el cerro de Yanasalla, a 4,886 m sobre el nivel del mar. Atraviesa las pampas de Acucullo, Lacayacunca y Colca, donde toma este nombre. En esta última pampa se ha construido un canal que lleva sus aguas a las del río Sumbay, de la cuenca del Vítor, que pasa por Arequipa bajo el nombre de Chili.

El río Colca recibe en la región de las punas el efluente de la laguna Pañe, en la que se han efectuado unas obras de represamiento que permiten almacenar 86 millones de m^3 de agua. El Colca forma uno de los más profundos y bellos cañones fluviales del territorio peruano. Desde que los deportes acuáticos de aventura, como el canotaje, han adquirido un notorio auge, este cañón atrae a turistas de todo el mundo. Cuando el Colca confluye con el río Andamayo pasa a denominarse Majes, nombre que mantiene hasta poco antes de su desembocadura, pues llega al mar como río Camaná. Su cuenca, con aproximadamente 17,058 km^2, es la de mayor superficie entre los ríos de la vertiente del Pacífico. Su longitud es de cerca de 450 km.

Ríos Quilca-Vítor y Tambo

El Quilca-Vítor nace en la laguna Coline con el nombre de río Lagunero. Sucesivamente adquiere los nombres de río Poncomayo y Conchimasa, y al salir de la Pampa del Confital toma el nombre de río Chili. Luego se lo llama río Sumbay, para denominarse después, nuevamente, río Chili. Con este nombre cruza la ciudad de Arequipa. Cerca de Imata recibe un canal que le aporta aguas del río Colca.

A partir de Uchumayo forma una garganta y, al confluir con el río Yura, adopta el nombre de

Vítor; tras una pronunciada curva pasa a llamarse Quilca, nombre con el que desemboca en el Pacífico. En la cuenca del Vítor se halla el río Blanco, en el que se ha construido la represa de El Frayle, con capacidad para 200 millones de m^3, cuyo objeto es el de regularizar el caudal del Vítor e irrigar la Pampa de La Joya.

El río Tambo nace al sudeste de la localidad de Ichuña, en lagunas de origen glaciar ubicadas al sur de estas cumbres. En su origen adopta el nombre de río Laramacata, para llamarse sucesivamente Jucumarini, Crucero, Ichuña y, finalmente, Tambo, desde la confluencia con el río Paltatura. Desagua en el Mar de Grau, al norte de Punta Bombón, formando un pequeño delta de poco más de 17 km de ancho. En su recorrido, drena territorios de los departamentos de Moquegua y Arequipa. La longitud del río es de 535 km aproximadamente, lo cual lo ubica como el curso fluvial de mayor longitud de cuantos integran la vertiente occidental.

Río Locumba

El Locumba tiene sus nacientes en el departamento de Moquegua, en los cerros Oquelaca y Chanane, a 5,100 m de altitud, con el nombre de quebrada Chiuchine. Luego se denomina, sucesivamente, Japopunco, Mazo-Cruz y Umapalca; con este nombre da sus aguas a la laguna Suche o Huaitire, a 4,452 m de altitud. De ésta sale con la denominación de río Callazas. Penetra después al departamento de Tacna y, al ingresar a la Pampa Turún-turún, a 4,031 m sobre el nivel del mar, se divide en varios cursos. Uno de ellos, bajo el nombre de Callaza, sigue en dirección al sur y da sus aguas a la laguna de Aricota, a 2,842 m de altura.

Fotografía panorámica del extenso valle agrícola del río Colca, localizado en el departamento de Arequipa.

El efluente o desaguadero de la laguna Aricota surge bajo el nombre de Curibaya, luego se denomina Salado y, finalmente, al recibir las aguas del río Cinto, pasa a llamarse Locumba, hasta su desembocadura al norte de la Punta de Ite. Algunos kilómetros antes de llegar al mar, este río recibe los relaves de las minas de Toquepala, lo que inutiliza sus aguas para todo uso humano, agrícola o industrial. Por otra parte, las sustancias tóxicas de los relaves, al llegar al mar, han producido importantes daños entre la fauna de crustáceos en una amplia zona del litoral.

El río Locumba tiene especial significado para la economía del departamento de Tacna, en razón de la central hidroeléctrica establecida en Aricota, que genera buena parte del fluido eléctrico consumido en su territorio.

Ríos Sama y Caplina

El río Sama nace en el cerro de Llocollocone, a 5,050 m, como río Cano. Cambia luego su nombre y se llama Sama hasta su desembocadura. En su cuenca se ha construido el embalse de Condorpico, que almacena 2 millones de m^3.

En cuanto al Caplina, sólo lleva aguas en su sector interandino, quedando seco en la costa. Este río, en cuyo valle se encuentra la ciudad de Tacna, nace en el nevado de Achacollo, a 5,690 m de altitud, con el nombre de quebrada Piscullani. Recibe las aguas de la quebrada de Chupiquiña; cambia su denominación por la de río Caplina, y llega hasta Tacna, donde sus aguas se pierden por infiltración, evaporación y usos humanos diversos. En la zona de Tacna recibe las aguas del río Yungane o Uchusuma, que en su curso superior es alimentado a su vez con las aguas del canal Uchusuma.

La vertiente hidrográfica del Atlántico

Los cursos fluviales de la vertiente oriental de los Andes peruanos tienen como colector continental al gran río Amazonas, que a su vez vierte sus aguas en el océano Atlántico. La cordillera Occidental andina, desde el norte hasta el paralelo 15° 30' latitud sur, aproximadamente, constituye, en territorio peruano, la divisoria continental de aguas. Más al sur, la cordillera sirve de divisoria a las aguas que drenan al Pacífico, en la cuenca interior del lago Titicaca.

El río Alto Madre de Dios nace en el Parque Nacional y Reserva de la Biosfera del Manu.

Ríos de gran extensión

Los grandes ríos del sistema hidrográfico del Amazonas, que tienen sus nacientes en la cordillera Occidental o en la de Carabaya, se caracterizan por su largo recorrido y su gran débit cuando entran a la selva alta y luego al llano amazónico.

Son ríos navegables en su curso medio y bajo y tienen tres sectores bien diferenciados. Un primer sector en altitud o curso superior del río, en el que las aguas que descienden desde las altas montañas atraviesan sectores de las mesetas andinas y penetran luego en lechos que se profundizan cada vez más en el flanco oriental andino. Estos cursos forman gargantas y cañones de gran profundidad que se extienden hasta que las aguas penetran en la selva alta.

A partir de entonces se puede hablar del curso medio de los ríos. En este sector el valle se amplía y la pendiente del lecho disminuye, así como la competencia de transporte, favoreciendo la acumulación de los materiales que transporta y dando origen a llanuras aluviales y terrazas apropiadas para la actividad agropecuaria y la radicación de centros poblados.

Al finalizar los valles del curso medio, los ríos cruzan los últimos contrafuertes andinos. A través de los cañones conocidos con el nombre de «pongos» penetran en la selva baja, dando inicio al curso bajo o inferior, donde la navegación de vapor es favorecida tanto por el volumen de las aguas como por su escasa velocidad.

La evolución de los meandros divagantes, característica de los ríos en selva baja, forma lagunas que, a veces, ocasionan serios problemas en las ciudades de este medio.

El sistema del Amazonas

La complejidad del sistema hidrográfico del Amazonas ha inducido a esbozar una clasificación, que divide sus cursos en diversos grupos principales, en función de la ubicación de sus nacimientos: al norte del departamento de Arequipa, en la divisoria continental, en la ceja de selva, en las selvas alta y baja, y en el llano amazónico.

Río Amazonas-Ucayali-Apurímac

Con nacientes al norte del departamento de Arequipa, es el eje de todo el sistema hidrográfico del Amazonas. Posee características que lo convierten en un río único en todo el mundo. Es, con sus 6,762 km, el de mayor longitud del planeta, y también el más caudaloso del mundo. Su extensísima cuenca, que abarca ambos hemisferios, recorre territorios que van desde el nivel del mar hasta altitudes superiores a 5,000 m sobre el nivel del mar. Asimismo, atraviesa zonas climáticas de gran diversidad. Hidrólogos como Maurice Parde, entre otros, han dedicado gran atención al estudio de este río, al que consideran como de «régimen complejo».

El río Pozuzo pertenece al sistema hidrográfico del Amazonas. Nace en los macizos de Pasco y Vilcanota, en la cordillera andina, en el departamento de Pasco.

Ríos con nacientes en la divisoria continental

Este apartado engloba los ríos que tienen sus nacientes en la divisoria continental de aguas, y en las cordilleras de Carabaya y Vilcabamba, como los ríos Marañón, Huallaga, Mantaro y Madre de Dios, entre los principales. Tienen alimentación nival y glaciar durante todo el año, y pluvial durante la estación lluviosa principalmente. Se dividen en dos grupos: en primer lugar, los que tienen recorrido interandino de selva alta y de selva baja, como el Marañón, el Huallaga y el Inambari; y, en segundo lugar, los que sólo tienen recorrido interandino y en la selva alta. Por lo general, éstos desembocan en un río del grupo de los descritos en primer lugar. Ejemplos de este segundo grupo son el Mantaro, el Pampas y el Chamaya.

En cuanto a los ríos que nacen en los macizos de Pasco y Vilcanota y en el borde oriental de la meseta andina, se alimentan con la fusión de las nieves y del hielo que se forma durante las noches y las precipitaciones. Ejemplos de este grupo son los ríos Mayo, Huayabamba, Tocache, Chontayacu, Perené y Pozuzo.

Ríos que nacen en la ceja de selva

Los ríos con nacientes en la ceja de selva se alimentan de las lluvias meteóricas y ocultas, y de aguas subterráneas. No es raro que su caudal desaparezca por completo o que disminuya considerablemente si la deforestación en su cuenca alcanza niveles graves. Ejemplos de estos ríos son el Biabo, el Aspusana y el Paranapura, afluentes del Huallaga; el Cushabatay y el Pisqui, afluentes del Ucayali, etcétera.

Ríos que nacen en la selva alta y en la selva baja

Este grupo engloba a los ríos con nacientes en las colinas con forestas de la selva alta. Son de corto recorrido y poco caudal, pero lo mantienen durante todo el año. La deforestación de sus cuencas repercute en el volumen de sus aguas. Son afluentes de los cursos fluviales con nacientes en la ceja de selva.

En cuanto al grupo de los ríos de la selva baja, abarca los que nacen en las altas terrazas de tal zona, incluyendo el denominado relieve de Contamana. Tienen curso meándrico pero poseen riberas bien definidas en sus zonas de origen. Se ali-

Sectores del Amazonas

En su recorrido por el territorio peruano, el Amazonas puede ser dividido en tres sectores: el Bajo Amazonas, aguas abajo de la confluencia del Ucayali con el Marañón; el sector medio, con el nombre de Ucayali, comprendido entre la confluencia del Tambo con el Urubamba hasta la desembocadura del Marañón; y el curso alto o superior, desde las nacientes del Apurímac hasta la confluencia Tambo-Urubamba.
La longitud aproximada del Amazonas en territorio peruano es de 3,713 km, pero llega a recorrer casi 7,000 km hasta su desembocadura en el Atlántico. Si consideramos que la longitud de su curso medio y superior, bajo los nombres de Ucayali y Apurímac, es de 3,000 km desde sus nacientes hasta su confluencia con el Marañón; y la del Amazonas en su curso bajo o inferior —según el capitán de navío AP Guillermo Faura Gaig— es de 3,762 km desde la confluencia del Ucayali con el Marañón hasta su desembocadura, tenemos un total de 6,762 km. Este cálculo permite considerar al río Amazonas como más largo que el Nilo, cuya longitud es de 6,677 km según el *Atlas Mundial* de Clute y de 6,500 km según H. E. Hurts en su libro *Le Nil, description générale du fleuve-utilisation de ses eaux.*

Durante todo el año es posible navegar por el río Ucayali en embarcaciones de vapor de tres pies de calado, desde la ciudad de Atalaya hasta Iquitos.

mentan de lluvias, filtraciones de aguas subterráneas y desagües de zonas pantanosas. Forman parte de este grupo los ríos Serjalí, Shepahua, Inuya, Sheshea, Tapiche y otros afluentes del Ucayali.

Ríos que nacen en el llano amazónico

Durante la época de crecientes, los ríos que conforman este grupo se cubren con las aguas de los grandes cursos fluviales que recorren la selva baja. Nacen en las *tipishcas* o *cochas*, aguajales, tahuampales y zonas pantanosas. Son lechos casi completamente horizontales y muy sinuosos; sus aguas se desplazan de forma muy lenta, al punto que en ocasiones se requiere de una atenta y larga observación para establecer la dirección de la corriente. Cuando son de corto recorrido se los denomina «caños». Otros toman el nombre de «sacaritas», cuando hacen de canal de conexión entre dos ríos próximos. Son importantes sobre todo por su gran riqueza ictiológica.

El Amazonas peruano y su cuenca

El Amazonas es el río más grande del planeta, tanto por la superficie de su cuenca —unos 6'430,000 km^2 aproximadamente— como por el caudal de sus aguas y la longitud de su curso. Tiene su origen en las nacientes más remotas del curso Ucayali-Apurímac, localizadas al norte del pueblo de Chivay, capital de la provincia de Cailloma, en la parte septentrional del departamento de Arequipa.

Este punto se localiza en la cordillera Occidental de los Andes peruanos del sur, un sector conocido con el nombre de cordillera de Chila, en el nevado de Mismi, a 5,597 m sobre el nivel del mar y a 15° 30' 49" latitud sur y 71° 40' 36" latitud oeste, según las coordenadas establecidas por el teniente coronel Manuel Llanos, del Departamento de Cálculo del Instituto Geográfico Nacional.

La cuenca del Amazonas en territorio peruano abarca la totalidad de la superficie localizada al este de la cordillera Occidental andina y de la denominada cordillera del Carabaya. Comprende la cuenca de los ríos Marañón y Madre de Dios, y sectores peruanos del Napo y de los ríos Yavari y Putumayo, que marcan el límite del Perú con el Brasil y Colombia, respectivamente. En fin, la cuenca del Amazonas abarca las dos terceras partes del territorio peruano y es el eje del sistema hidrográfico del mismo nombre.

Con sus afluentes navegables y a lo largo de todo su recorrido continental, forma la red de vías

El medio de transporte más importante del interior del Perú es la navegación en balsa por el Amazonas y sus afluentes, en total unos 50,000 km de longitud.

fluviales navegables más extensa e importante del planeta, con aproximadamente 50,000 km de longitud total.

Complejidad de su régimen

Río de régimen complejo, sus aguas no sólo se alimentan con la fusión del hielo y la nieve de la alta montaña y con las precipitaciones que caen en toda su cuenca, sino que dependen también del régimen de lluvias de los hemisferios norte y sur, pues sus afluentes tienen orígenes y recorrido en ambos hemisferios.

El lecho del Amazonas en territorio peruano, en su curso medio y bajo, es muy sinuoso, y sus aguas corren por meandros de gran radio, que evolucionan constantemente, dando origen a lagunas a las que se denomina «cochas» o «tipishcas».

El lecho menor del curso inferior del Amazonas en territorio peruano tiene un ancho variable. Es de 4 km en la confluencia del Ucayali con el Marañón, y luego fluctúa entre 2 y 5 km. La velocidad de sus aguas es de 4 km/h frente a Iquitos y su profundidad varía entre 10 y 30 m. El lecho mayor de inundación anual es muy amplio y abarca varios kilómetros de ancho, que aumentan en los períodos de crecientes excepcionales.

El fondo de su lecho es móvil y está constituido esencialmente por arenas, que originan bancos peligrosos para la navegación.

Durante el estiaje, las aguas, al bajar su nivel, dejan al descubierto dilatadas playas, que alcanzan su mayor extensión en las orillas de curva convexa de los meandros. En estas playas, popularmente denominadas «barriales» o «barrizales», constituidas por arena y limo, los pobladores ribereños cultivan plantas de rápido crecimiento y cosecha, con predominio del arroz.

Ciudades y navegabilidad

La aglomeración urbana más importante en las márgenes del río Amazonas es la ciudad de Iquitos, con más de 300,000 habitantes y caracterizada por un gran dinamismo. Se localiza en la margen izquierda del curso bajo del gran río, frente a una amplia isla conocida con el nombre de Padre Isla. La ciudad está delimitada por el río Nanay hacia el norte y, al sur, por el río Itaya. En su curso medio, la ciudad de Pucallpa, con más de 200,000 habitantes a orillas del Ucayali, es la más importante. El Amazonas peruano es navegable por embarcaciones de hasta 28 pies de calado, que llegan a Iquitos en estación de creciente; en las restantes estaciones arriban barcos de hasta 20 pies de calado, procedentes de Brasil, Europa y América del Norte. Iquitos es puerto terminal de la navegación internacional; desde allí parten barcos que luego siguen sobre todo las rutas del Ucayali, el Marañón y el Huallaga.

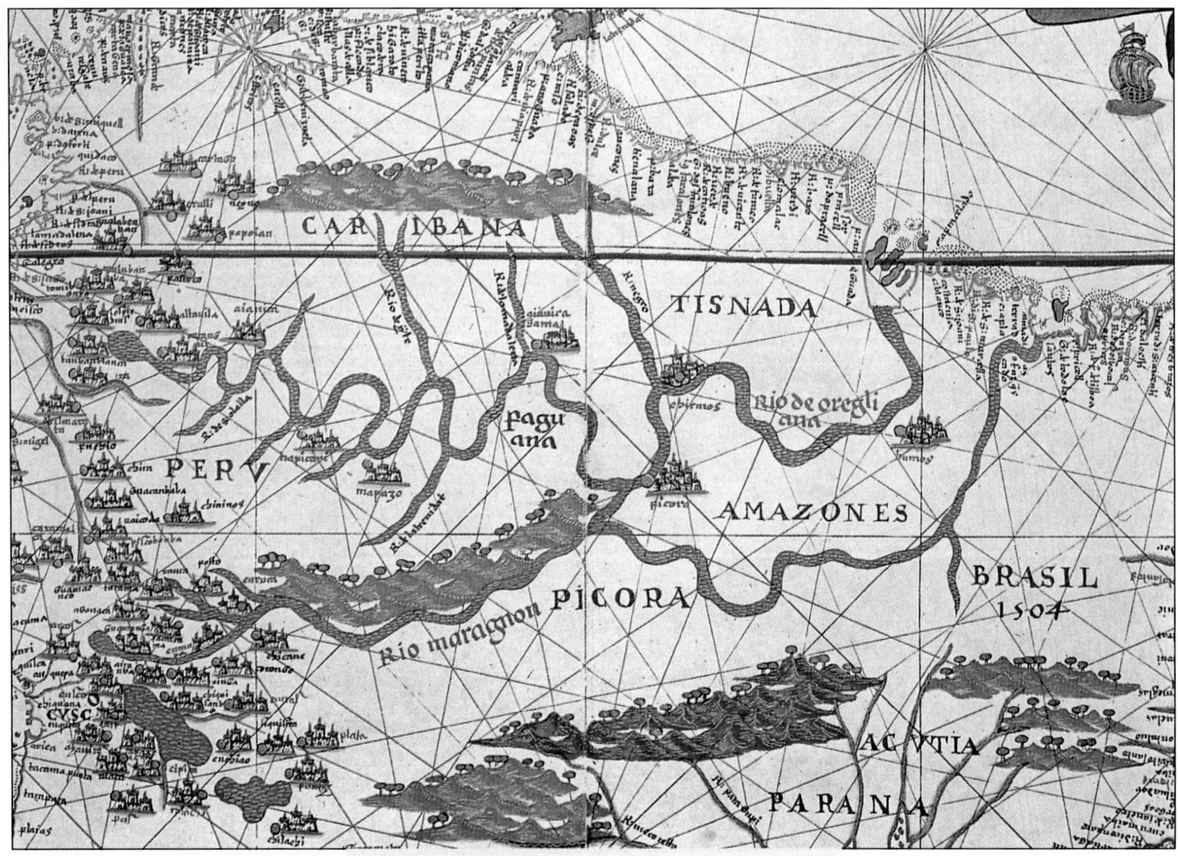

El mapa, que pertenece al Atlas portulano de Joan Martines, de 1582, representa el río Amazonas con toda su cuenca. Fue realizado durante la exploración de Francisco de Orellana.

Descubrimiento del Amazonas

El río Amazonas, que atraviesa casi completamente de oeste a este el subcontinente sudamericano y cuyo lecho constituye eje de drenaje para algo más de la tercera parte de ese territorio, fue visto por los españoles en su desembocadura, en febrero del año 1500. Ello sucedió cuando la expedición al mando de Vicente Yáñez Pinzón navegó el Atlántico por las costas orientales de América del Sur. Yáñez Pinzón, en nombre del Rey de España, tomó posesión del gran río, al que bautizó como Santa María de la Mar Dulce.

Sin embargo, el recorrido del bajo Amazonas por territorios de las actuales repúblicas de Perú y Brasil permaneció ignorado por los españoles hasta el 12 de febrero de 1542, cuando el capitán Francisco de Orellana inició su navegación desde la desembocadura del Napo hasta el Atlántico. La expedición que realizó la primera navegación del curso bajo del Amazonas fue organizada en el Cusco por Gonzalo Pizarro, con el objeto de llevar a cabo la conquista de la tierra de La Canela. Partió de Cusco con dirección a Lima a principios de 1540, con Pizarro al mando de unos doscientos españoles. En el trayecto a Quito, se unieron a la expedición el contador Riquelme y el sacerdote dominico Gaspar de Carvajal. Este último viajó como capellán de los expedicionarios y fue también el cronista de la navegación a lo largo del Amazonas.

Expedición de Gonzalo Pizarro y Orellana

Al salir del Cusco con rumbo a Quito, la expedición tomó el camino de los Andes; en su trayecto tuvieron algunos encuentros con pobladores de las montañas, a los que vencieron sin grandes esfuerzos. Pero al llegar a Huánuco Viejo tuvieron que hacer frente a los naturales, que les opusieron fuerte resistencia. Para someterlos, los españoles necesitaron de encarnizada lucha y de los refuerzos que, enviados por Francisco Pizarro desde la ciudad de Lima, llegaron bajo el mando de Francisco Chávez.

A partir de este punto el viaje se realizó sin mayores contratiempos; llegaron a Quito a finales de noviembre. En los primeros días de diciembre del mismo año se unió a la expedición el capitán Francisco de Orellana, y continuaron su viaje con dirección al este, en busca de la tierra de La Canela, árbol que comenzaron a observar en la provincia de Zumaco. Penetraron por el valle del río Coca, afluente del Napo, y recibieron noticias de que, aguas abajo, existía un río mucho mayor y con abundancia de vegetación en sus márgenes.

Gonzalo Pizarro decidió entonces que el capitán Orellana, hombre de su entera confianza, llevara a cabo el reconocimiento, con el fin de verificar esas informaciones. Orellana partió de un lugar no precisado del río Coca, el 24 o el 26 de diciembre de 1541, iniciando su célebre viaje, que le llevaría al Napo y, a través de éste, al Amazonas y el Atlántico.

El padre Gaspar de Carvajal, en su *Relación del nuevo descubrimiento del famoso Río Grande de las Amazonas*, narra las peripecias de Orellana y sus acompañantes, y la imposibilidad de volver al lugar de partida, en los siguientes términos: «(...) porque aunque quisiéramos volver aguas arriba no era posible por la gran corriente, pues tentar de ir por tierra era imposible, de manera que estábamos en gran peligro de muerte a causa de la gran hambre que padecimos y así estando buscando el consejo de lo que se debía hacer, platicando nuestra aflicción y trabajos, acordóse que eligiésemos de dos males el que al capitán y a todos pareciese menor, que fue ir adelante y seguir el río (...).»

Orellana y sus acompañantes prosiguieron su viaje por el Napo, y tras viajar más de un mes por este río, el 12 de febrero de 1542 llegaron a su desembocadura y penetraron en el Amazonas. Continuaron su viaje por este último y alcanzaron el Atlántico el 26 de agosto del mismo año, convirtiéndose en los primeros españoles que navegaron por el curso bajo de este gran río y tomaron contacto con los pobladores que ocupaban por entonces sus orillas.

A finales del siglo XIX y primeros años del XX, la navegación internacional por el Amazonas se incrementó de modo notable, debido al auge de la explotación del caucho. Naves europeas llegaban hasta Iquitos trayendo toda clase de productos, que luego eran llevados hasta los campamentos de «shiringueros». De allí procedían las grandes bolas de caucho, que, en Iquitos, eran cargadas en las bodegas de los barcos de todo el mundo.

El río Napo discurre de noroeste a sudeste; es uno de los afluentes más caudalosos del Amazonas en suelo peruano. Francisco de Orellana siguió su curso para descubrir el Amazonas.

Localidades de la cuenca Amazonas-Ucayali-Apurímac

La cuenca del Amazonas está sembrada de localidades de gran importancia, tanto en el aspecto histórico como en el socioeconómico. Cusco —considerada la capital arqueológica de América—, Abancay, Ayacucho, Huancavelica, Huancayo, Cerro de Pasco, Huánuco, Tarma, Urubamba, Jauja, Andahuaylas, Sicuani, La Oroya, Cajamarca, Chachapoyas, Cerro de Pasco y Huánuco, en la región andina. E Iquitos, Pucallpa, Requena, Contamana, Atalaya, Oxampampa, San Ramón, La Merced, Satipo, Quillabamba, Jaén, Tingo María, Moyobamba y Tarapoto, en la selva.

Afluentes del bajo Amazonas

En su margen izquierda, los principales afluentes del bajo Amazonas en territorio peruano son los ríos Itaya, Nanay, Napo y Putumayo. El Itaya desemboca al sur de la ciudad de Iquitos; su curso sinuoso transcurre por la selva baja, formando numerosos meandros. La longitud de su lecho es de unos 150 km.

El Nanay, con una longitud que se aproxima a los 370 km, nace con el nombre de Agua Blanca y toma el de Nanay tras recibir las aguas del río Aucayacu. Desemboca al norte de Iquitos.

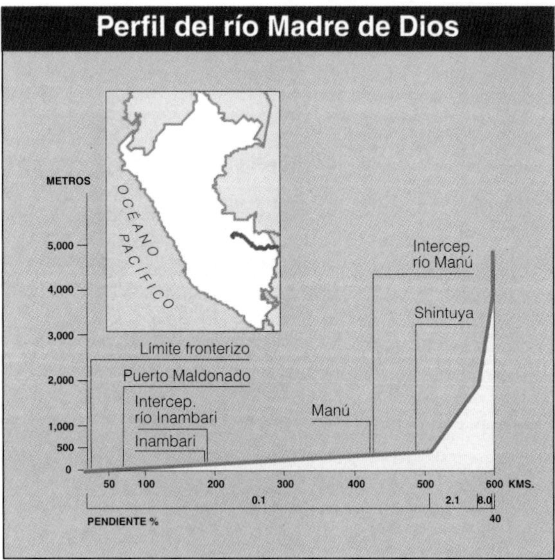

Ríos Napo y Putumayo

En cuanto al río Napo, es uno de los mayores afluentes septentrionales del bajo Amazonas en territorio peruano. Nace en tierras ecuatorianas, al sudeste de Quito, e ingresa en el Perú desde la confluencia del río Yasuní, su afluente por la margen derecha. Al pasar junto a la población peruana de Pantoja recibe, por su margen izquierda, las aguas del río Aguarico, que antes de confluir con el Napo sirve de límite entre Perú y Ecuador, al igual que su afluente el Lagartococha, que a lo largo de todo su recorrido también delimita al Perú con Ecuador.

El ancho del Napo en territorio del Perú varía de 1,500 a 3,000 m. Sus crecientes se inician en febrero y concluyen en agosto, en tanto que las vaciantes van de septiembre a febrero. Afluentes del Napo en territorio peruano son los ríos Curaray, Mazán y Tambor Yacu.

El Putumayo es afluente del Amazonas por su margen izquierda, pero desemboca en territorio brasileño. Sirve de límite entre Perú y Colombia, desde su confluencia con el río Gueppi, en la frontera del Perú con Ecuador, hasta la desembocadura del río Yaguas. Su longitud en el sector en que delimita los territorios peruano y colombiano es de 1,380 km aproximadamente. Su ancho varía de 200 a 800 m. Los principales afluentes peruanos del Putumayo, que le dan aguas por la margen derecha, son los ríos Guruya, Socicaya, Angusilla, Yubineto, Campuya, Algodón y Yaguas. En la margen peruana, el mayor centro poblado es Puca Urco, cerca de la desembocadura del río Algodón.

Afluentes por la margen derecha

El principal afluente del Amazonas por su margen derecha es el río Yavari-Yaquerana, que sirve de límite al Perú con Brasil a lo largo de todo su recorrido. Nace al sur del paralelo 7° latitud sur. Su curso meándrico tiene una longitud de aproximadamente 1,200 km. Desemboca en el Amazonas al este del meridiano 70° longitud oeste, y a una altitud de 80 m. El ancho del río, que es de 80 m en la confluencia del río Gálvez, varía luego entre 300 y 400 m. Es navegable durante todo el año por embarcaciones de cuatro pies de calado.

En cuanto a los ríos Yurúa y Purús, asimismo afluentes del Amazonas por su margen derecha, tienen sus nacientes en territorio peruano, pero dan sus aguas al Amazonas en tierras del Brasil. El Yurúa es río peruano hasta su confluencia con el Breu, y el Purús desde sus orígenes hasta la desembocadura del río Santa Rosa. Con el nombre de Alto Purús penetra en territorio brasileño. El mayor centro poblado en sus orillas es Esperanza, cerca de la frontera con Brasil.

En cuanto al río Madre de Dios o Amaru-Mayo, llamado también Manú-Tali y Padre Río, da sus aguas al Amazonas en territorio del Brasil. Conocido desde la época incaica, Inca Roca inició su conquista y sus capitanes, comandados por Yahuar Huaca, penetraron en su cuenca por los valles del Pilcopata, Cosñipata y Tono, sin obtener mayor éxito. Más tarde, Túpac Yupanqui, con más fortuna, llegó a la cuenca del Madre de Dios e inició la conquista de los Mojos. Su origen está en las fuentes del Pilcopata. Según Von Hassel, este río nace en el nevado de Pucará, departamento de Cusco, con el nombre de río Huaisambilla y, tras confluir con el río Rocco, pasa a llamarse Pilcopata y al recibir las aguas del río Pantiacolla toma el nombre de Madre de Dios y se desplaza por un lecho meándrico hasta la desembocadura del río Heath, en el límite del Perú con Bolivia. Penetra al territorio boliviano, para proseguir luego por tierras brasileñas con el nombre de río Madeira hasta desembocar en el Amazonas.

Río Madre de Dios

El Madre de Dios o Amaru-Mayo tiene en territorio peruano una longitud de 655 km aproximadamente. En su curso superior o Alto Madre de Dios forma rápidos y cañones, de los que destaca el pongo Coñec. Es navegable desde su confluencia con el Manu, y su cuenca está poco poblada, perdurando aún algunas tribus nómadas.

Las fuertes precipitaciones amazónicas en la época de creciente hacen desbordar el río Ucayali, inundando las extensas áreas denominadas tahuampas y aguajales.

La ciudad de Puerto Maldonado, capital del departamento de Madre de Dios, es el mayor núcleo de población.

Sus principales afluentes por la margen derecha son los ríos Inambari y Tambopata. Por la margen izquierda, Manu, Cashpajali y Tacuatimanú o de las Piedras.

Río Ucayali-Apurímac

Constituye el curso medio y superior del río Amazonas. Su cuenca abarca zonas de la alta montaña andina, atraviesa elevadas mesetas y, después de correr por profundos cañones interandinos, penetra en la selva alta. Luego pasa al llano amazónico, discurre por un lecho sinuoso y cambia constantemente de cauce.

En su origen, que es el del Amazonas, se llama quebrada Carhuasanta; luego se denomina río Apurímac, hasta recibir las aguas del río Mantaro por su margen izquierda. A partir de este punto se llama río Ene, hasta confluir con el Perené, sitio desde el cual se denomina río Tambo, y tras su confluencia con el río Urubamba pasa a llamarse río Ucayali. Estos cambios de denominación son comunes en el Perú; incluso los ríos de la costa adoptan diversos nombres a lo largo de su recorrido, porque toman el de los centros poblados que atraviesan.

La cuenca del Ucayali-Apurímac (incluyendo las del Tambo y Ene) drena diez departamentos: Arequipa, Cusco, Apurímac, Ayacucho, Huancavelica, Junín, Pasco, Huánuco, Ucayali y Loreto. Tiene una longitud aproximada de 3,000 km y un ancho que oscila entre 400 y 2,000 m, hasta la confluencia con el Marañón, donde cambia su denominación y pasa a llamarse río Amazonas.

Nacimiento en lagunas glaciares

El río Ucayali-Apurímac nace en pequeñas lagunas glaciares del sector norte del nevado de Mismi, con el nombre de quebrada Carhuasanta. Luego pasa a denominarse río Orcuyo; discurre por una alta meseta y, tras recibir las aguas de la quebrada Quinchohuayco y otras que llegan desde la zona de Caylloma, pasa a llamarse río Apurímac. Atraviesa elevadas mesetas y comienza a profundizar su lecho formando profundos cañones; luego penetra a la selva alta formando un valle profundo y encajonado, que se amplía aproximadamente al norte del paralelo 13° latitud sur. Recorre después una zona donde recibe numerosos afluentes por ambas márgenes, y su valle muestra un alto grado de presencia humana, dentro de la cual Luisiana, Teresita, Pichari y Sivia son cuatro localidades pioneras.

Al norte de Sivia recibe por su margen izquierda las aguas del río Mantaro y toma la denominación de Ene, nombre con el cual atraviesa una zona selvática con escasa presencia humana y con numerosos ríos, que le dan sus aguas por ambas márgenes.

La red fluvial de la Amazonia peruana constituye la principal vía de comunicación de las poblaciones del este del país. En la foto, una vista del majestuoso río Ucayali.

Cambios de nombre

El río Ene, que en sectores de su valle se amplía considerablemente, en otros forma cañones, entre los que destacan el pongo de Paquipallango, cerca de la localidad de Quiteni, y el Paso de Utica. Al norte del Paso de Utica confluye con el río Perené y cambia ahí su denominación por la de río Tambo, que luego de atravesar un gran cañón, al cual da su nombre, confluye con el río Urubamba, que llega por su margen derecha, cerca de la población de Atalaya.

El ancho del Tambo en su desembocadura es de 800 m y la velocidad de sus aguas varía de 2 a 5 nudos. Luego de la confluencia del Tambo con el Urubamba toma la denominación de río Ucayali, iniciándose allí el curso medio del Amazonas-Ucayali-Apurímac. Se desplaza por un lecho de 400 a 2,000 m de ancho, con numerosas curvas que divagan constantemente, dando origen a «cochas» o «tipishcas» de perfil semicircular. Recibe las aguas del río Marañón, cerca de la población de Nauta y a una altura de unos 110 m sobre el nivel del mar. Allí, una vez más, cambia su nombre y pasa a denominarse río Amazonas, al que, con justicia, el poeta peruano Carlos G. Amézaga otorgó el cetro de «Monarca de los ríos». Se inicia pues, en dicha confluencia, el nombre de río Amazonas.

Los dos sectores del Ucayali

En el recorrido del río Ucayali se suele distinguir dos sectores: el comprendido entre la desembocadura de los ríos Urubamba y Pachitea, cuyo lecho aparece cubierto en muchos tramos por cantos rodados, y el delimitado por la boca de los ríos Pachitea y Marañón, que tiene el lecho y la ribera de arenas finas mezcladas con limo. Su lecho mayor de inundación anual es muy amplio y cubre grandes áreas de la selva baja. Al norte del paralelo 6° latitud sur se divide en dos brazos, que después de recorrer casi 100 km vuelven a unirse. El de la margen izquierda es conocido con el nombre de canal de Puinahua.

En este sector, el Ucayali como los otros ríos que corren por la selva baja, deja al descubierto durante la época de estiaje extensos «barriales» o «barrizales», zonas anfibias que durante las crecientes se abonan en forma natural, aparecen en los sectores convexos de sus meandros y son convertidas en campos agrícolas. Es una «agricultura de capilaridad», pues las plantas crecen favorecidas por las aguas que se filtran desde el río.

Las playas son el hábitat del quelonio denominado charapa que vive en ellas, donde deposita sus huevos durante las noches, previa excavación en la arena, que luego rellena cuidadosamente.

Las zonas de Contamana, Requena, Genaro Herrera, Bagazán, en la margen derecha, son altas y no inundables; en tanto que en su margen izquierda las riberas son bajas y las aguas del río llegan a sobrepasarlas rápidamente, cubriendo grandes extensiones conocidas como «tahuampales» o «aguajales», que son húmedas y pantanosas. En otros sectores, como por ejemplo en Pucallpa, las riberas altas están en la margen izquierda, en tanto que la margen derecha resulta inundable en buena parte de su extensión.

Sus principales afluentes por la margen derecha son los ríos Urubamba, Sheshea, Tamaya, Maquía, Guamache, Tapiche, etcétera, y por la margen izquierda, los ríos Pachitea, Aguaytía, Pisqui, Cushabatay, etcétera.

Río Urubamba

Con una longitud aproximada de 862 km, la cuenca del Urubamba es zona habitada desde antiguo; la ciudad del Cusco es la más importante, a orillas de su afluente, el río Huatanay.

En sus orígenes se llama río Vilcanota y, al pasar por la ciudad de Pisac, toma el nombre de río Urubamba y su valle, la denominación de valle

Sagrado, hasta Ollantaytambo. Aguas abajo forma grandes cañones fluviales, como el que se observa en la zona de Machu Picchu, que alternan con valles amplios, hasta concluir en el imponente pongo de Mainique, al norte de la desembocadura del río Yavero, donde el lecho fluvial se angosta considerablemente —30 m—, con una fuerte ruptura de pendiente. Concluye en la llamada «entrada de Tonquini» y, a partir de entonces, el río penetra en la selva baja y sus aguas, ya incrementadas, discurren con menor velocidad.

El valle que forma el Urubamba y sus afluentes en la selva alta, aguas arriba del pongo de Mainique, es conocido con el nombre de valle de La Convención. El ancho del Urubamba, aguas abajo de Quillabamba, varía entre 100 y 300 m, y en su desembocadura tiene aproximadamente 1,000 m.

Las crecientes de sus aguas se inician en octubre, alcanzando su máxima en febrero y marzo. El estiaje se inicia en abril y las mínimas se producen en agosto y septiembre.

Los principales afluentes del Urubamba por la margen derecha son los ríos Laras, Yavero o Paucartambo, Camisea, Mishagua, Shepagua e Inuya; y por la margen izquierda, Consebidayoc o Cosirani, Picha, Pagorani, Huipaya y Sepa.

El río Urubamba, afluente del Amazonas por la margen derecha, en su curso medio, debe su nombre a la ciudad homónima, en el Valle Sagrado de los Incas, departamento de Cusco.

Río Mantaro

El Mantaro es uno de los afluentes más importantes del Apurímac-Ucayali, no sólo por el volumen de sus aguas, sino también por la importancia económica y por la gran población que se concentra en su valle. Con una longitud de más o menos 724 km, en sus orígenes se llama río San Juan, recibe las aguas de la laguna de Alcacocha y luego las del efluente del lago de Junín y se denomina entonces río Mantaro, hasta su desembocadura en el Apurímac.

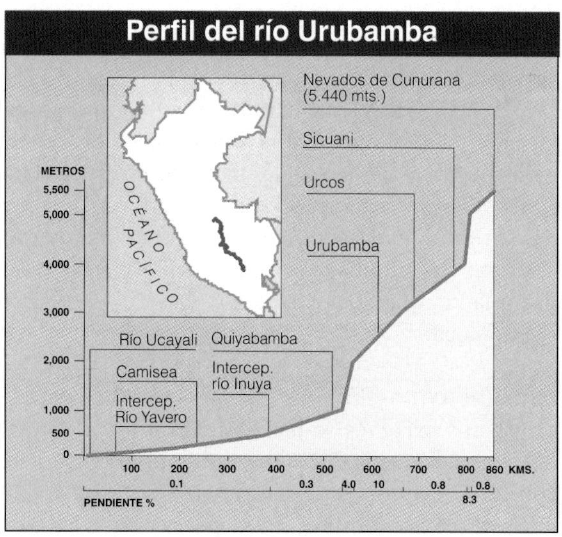

En su recorrido pasa por La Oroya y Jauja, donde el valle se ensancha y concentra no tan sólo una gran actividad agropecuaria, sino también una población urbana en varias ciudades, muchas de ellas comunidades campesinas, con larga tradición e historia, tales como Huaripampa, Muquiyauyo y Mito, entre otras. La mayor concentración urbana del valle está en la ciudad de Huancayo, a 3,271 m sobre el nivel del mar. El Mantaro, tras pasar por la ciudad de Huancayo, ingresa al departamento de Huancavelica, y su lecho forma dos grandes curvas, en las cuales las aguas del río descienden aproximadamente 2,000 m. Para aprovechar este desnivel se ha construido la central hidroeléctrica del Mantaro, la más importante del país.

Ríos Perené-Chanchamayo y Pachitea

Toma esta denominación desde la confluencia de los ríos Chanchamayo y Paucartambo, al norte de La Merced, ciudad a orillas del Chanchamayo.

El valle del río Aguaytía destaca por su elevado desarrollo agropecuario; además, sobre este río se ha construido el puente más largo del país, de 700 m de longitud.

Su nombre en idioma campa significa «agua grande». Tiene una longitud aproximada de unos 300 km, y luego de confluir con el Paucartambo se denomina río Perené.

El río Pachitea es un afluente del Ucayali por la margen izquierda. Sus nacientes están en las fuentes del río Huancabamba, que se denomina sucesivamente Pozuzo y Palcazu, hasta confluir con el río Pichis, donde toma el nombre de Pachitea, que mantiene hasta desembocar en el Ucayali. El ancho de su lecho varía entre 150 y 500 m, y está enmarcado por riberas altas que impiden la inundación de su valle. Es navegable durante todo el año y en época de creciente pueden surcar sus aguas barcos de hasta más de 4 pies de calado. La longitud total del río Pachitea es de aproximadamente 550 km.

Ríos Aguaytía, Pisqui y Cushabatay

Con una longitud aproximada de 380 km, el Aguaytía nace con el nombre de río Yuracyacu. Atraviesa el imponente y hermoso cañón conocido con el nombre de Boquerón del Padre Abad, con vertientes recorridas por bellas cataratas que descienden rebotando en la roca y los árboles. La mayor y más admirada es la llamada Manto de la Virgen. El Aguaytía penetra luego en la Pampa de Sacramento y da sus aguas al Ucayali al norte de la ciudad de Pucallpa. En su valle, explotado por la producción agropecuaria, existen importantes depósitos de gas.

En cuanto al río Pisqui, tiene una longitud aproximada de 250 km, con dos sectores: Alto Pisqui, con fuerte pendiente y lecho encajonado, y Bajo Pisqui, que corre por la selva baja con lecho sinuoso.

El Cushabatay, en fin, tiene una longitud aproximada de 200 km; en su curso superior es torrentoso y al penetrar al llano amazónico, sus aguas divagan por un lecho meándrico. A lo largo de su valle y descendiendo por el río Ponasa, afluente del Huallaga, existe desde épocas pasadas una vía que conecta las cuencas del Ucayali y el Huallaga.

Río Pacaya

En sus orígenes se llama río Alfaro y después de recibir las aguas del Chambira, por su margen izquierda, cambia su denominación y pasa a llamarse Pacaya, nombre que conserva hasta su desembocadura en el Canal de Puinahua, brazo del río Ucayali. En su recorrido atraviesa numerosas lagunas o cochas, con gran riqueza ictiológica, por lo que este río ha sido declarado «zona reservada», con prohibición de pesca en sus aguas. Además, se ha instalado una «estación experimental» dedicada principalmente a favorecer la reproducción y preservación del paiche y la charapa, valiosas especies de la Amazonia. Su cuenca forma parte de la Reserva Nacional Pacaya Samiria.

Río Marañón

Con una longitud aproximada de 1,800 km, tiene sus nacientes en lagunas glaciares de formación reciente, que colectan las aguas de fusión del nevado de Yarupa. En su origen se llama río Gayco; penetra en las lagunas de Santa Ana y Lauricocha, de donde sale con el nombre de río Marañón. Forma imponentes cañones al este de los departamentos de Cajamarca, La Libertad y Ancash. En su curso superior, desde sus nacientes hasta la desembocadura del río Chamaya, el río discurre de sur a norte. Luego penetra en la selva alta y atraviesa la zona conocida como «región de los pongos», algunos de los cuales son Rentema, Mayo, Cumbinama y Huaracayo. Tras la desembocadura del río Santiago y en el límite del departamento de Amazonas con Loreto, se encuentra el pongo de Manseriche, el más grande e imponente.

Al salir de Manseriche, el Marañón inicia su curso bajo y penetra en la selva baja, donde discurre por un lecho meándrico, con una dirección general de oeste a este, hasta dar sus aguas al río

Perfil del río Marañón

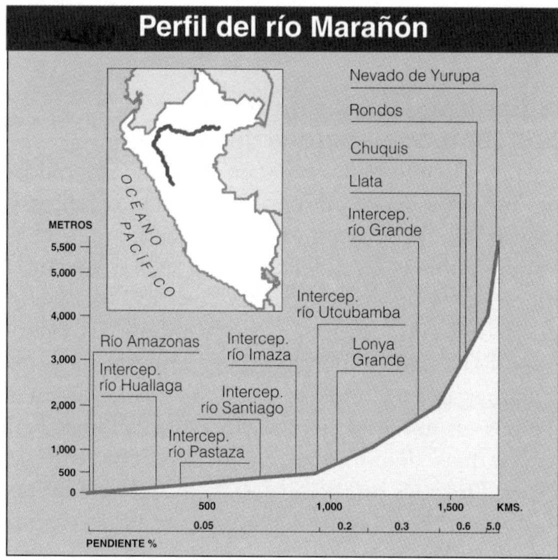

Los pongos

Los pongos son cañones fluviales de gran magnitud o grandes «valles en garganta»; la palabra pongo significa «puerta» en la etimología quechua, de acuerdo a la información aportada por el geógrafo Emilio Romero en su obra *Geografía económica del Perú*. Se han formado en los puntos en que los grandes ríos del Sistema Hidrográfico del Amazonas atraviesan cordilleras o contrafuertes de relieve andino. En los pongos, el río se angosta y el lecho, con pronunciada pendiente, origina fuertes correntadas y olas de gran tamaño. En las riberas sobresalen puntas rocosas que originan fenómenos de turbulencia con remolinos migratorios.

El pongo del Rentema, en su zona más estrecha, justamente en el fondo, ocupado por el lecho del río Marañón, tiene una amplitud aproximada de 60 m. Su longitud es de cerca de 2 km.

En cuanto al pongo de Manseriche, etimológicamente su denominación proviene de la palabra mayna *piwicho* o *pihuicho*, nombre que se da a un pequeño loro que abunda en la región. Es un estrechamiento del lecho del río Marañón, con una longitud de unos 12 km, de los cuales cerca de 4,500 m corresponden a la parte más estrecha. En ella se encuentran los malos pasos de Huaccanqui, Sajino y Asnahuaccanqui. Fue excavado en capas terciarias, que yacen concordantes sobre lutitas y calizas del Cretácico Medio y Superior.

El pongo de Manseriche presenta grandes dificultades para su travesía a vapor. El teniente primero de la Armada Peruana Melitón Carbajal, en una embarcación de vapor, navegó por primera vez este pongo en ambos sentidos el 26 de octubre de 1869, en la cañonera *Napo*.

La navegabilidad del bajo Marañón permite que se comuniquen las distintas poblaciones ribereñas, como Nauta, en el departamento de Loreto, y Borjas.

Ucayali, aguas abajo de la población de Nauta. Tradicionalmente, en el Perú se denomina río Amazonas aguas abajo de la confluencia de los ríos Ucayali y Marañón. En la cartografía de la República del Ecuador, en cambio, se llama río Amazonas aguas abajo de la desembocadura del río Napo.

Proyectos de represas

Existen proyectos para generar energía eléctrica utilizando las aguas del río, que serían retenidas en el pongo de Manseriche, donde el caudal promedio anual es de 2,200 m^3/s aproximadamente (según el informe de la Misión del Japón). Las aguas, según el mismo informe, se represarían para formar un reservorio con un espejo de agua superior a 2,500 km^2 y una capacidad de almacenaje de unos 100 mil millones de m^3.

Las crecientes del río Marañón, según el capitán de navío Guillermo Faura —en su obra *Los ríos de la Amazonia Peruana*— se inician en octubre y duran hasta abril, con máximas en enero y marzo. Las vaciantes, o aguas bajas, comienzan en mayo y se prolongan hasta septiembre, llegando a su menor nivel en los meses de julio y agosto. Al confluir con el Ucayali tiene un módulo de 17,371 m^3/s.

En cuanto a su navegabilidad, el Marañón lo es aguas abajo de Manseriche por embarcaciones de vapor, que llegan hasta la antigua población de Borja.

En fin, la cuenca del río, con una longitud de más o menos 1,800 km, alberga, en su sector andino, importantes ciudades, como Cajamarca, Chachapoyas, Chota, Tayabamba, Huánuco y Cerro de Pasco; en tanto que, en la selva, hay que nombrar a Jaén, Bagua Grande, Bagua, Moyobamba, Tarapoto, Tingo María, Tocache y Yurimaguas.

Afluentes del Marañón por su margen izquierda

En la margen izquierda, en la región interandina, los principales afluentes son los ríos Baños y Unión, en el departamento de Huánuco; Paccha, Pomabamba y Grande o Rupac, en el departamento de Ancash; Chusgón, Crisnejas —formado por la unión de los ríos Condebamba y Cajamarca—, Llaucano y Chamaya en el departamento de Cajamarca. El Chamaya tiene sus nacientes más lejanas en los orígenes del río Huancabamba, en las lagunas de Shimbe, en el departamento de Piura. Después de recibir las aguas del río Chotano toma el nombre de Chamaya, hasta desembocar en el Marañón.

En cuanto al río Chinchipe, nace en los Andes ecuatorianos, en el cerro de Cajaruma. Desde su confluencia con el río Canchis, que le da sus aguas por la margen derecha, el Chinchipe, de acuerdo a lo establecido en el Protocolo de Río de Janeiro, sirve de límite al Perú con el Ecuador, hasta confluir con el río San Francisco, lugar a partir del cual penetra en territorio peruano y da sus aguas al Marañón, al iniciarse el pongo de Rentema.

Entre los afluentes peruanos del Chinchipe, por su margen derecha, está el río Canchis, que marca parte del límite entre el Perú y el Ecuador —de acuerdo con el Protocolo de Río de Janeiro—; por la margen izquierda recibe al río San Francisco, que también traza un fragmento del Perú con el Ecuador —también en este caso de acuerdo con el Protocolo de Río de Janeiro.

El río Tabaconas —que nace al noreste de la ciudad de Huancabamba— le vierte sus aguas por la margen derecha.

Ríos Cenepa, Santiago y Morona

El Cenepa es uno de los principales afluentes de la margen izquierda del Marañón, en el departamento de Amazonas. Tiene sus nacientes en la cordillera del Cóndor, importante accidente topográfico que marca buena parte del límite entre el Perú y el Ecuador. Tiene una longitud aproximada de 220 km. Numerosos afluentes que se originan en la cordillera del Cóndor le dan sus aguas por la margen derecha, siendo el río Comaina el más importante. El Cenepa desemboca en el río Marañón, junto a la población de Orellana. Es navegable por pequeñas embarcaciones aguas abajo de su confluencia en el Comaina.

En cuanto al río Santiago, tiene sus nacientes en territorio de la República del Ecuador. Es río peruano desde su confluencia con el río Yaupi, que le da sus aguas por la margen izquierda. Desemboca en el Marañón, al iniciarse el pongo de Manseriche. Recibe numerosos afluentes en territorio peruano, que nacen en la cordillera del Cóndor. De éstos, los principales son Ampama, Cucaza, Candungos, Ayambis, Chinganaza, Yutupis y Putushin.

El río Morona es afluente del Marañón en su curso bajo, y le da sus aguas por la margen izquierda. Sus orígenes están en territorio del Ecuador y es río peruano desde la guarnición Vargas Guerra. Según Faura, «su curso se caracteriza por ser angosto, con muchas vueltas y pocos estirones, con playas y poco caudal de agua en época de vaciante». Su ancho varía de 65 a 180 m. Es navegable desde su desembocadura hasta Vargas Guerra. Su longitud en territorio del Perú es de 450 km aproximadamente.

Desagüe del río Santiago en el curso del Bajo Marañón, en el límite entre los departamentos de Amazonas y Loreto, y muy próximo al nacimiento del pongo de Manseriche.

Ríos Pastaza y Tigre

El Pastaza nace en los Andes ecuatorianos, al noroeste de la ciudad de Ambato. Es río peruano desde su confluencia con el río Bobonaza. Aproximadamente a 60 km aguas arriba de su desembocadura y en su margen derecha se localiza el gran lago Rimachi, conectado con el Pastaza a lo largo de un cauce conocido con el nombre de «canal de Rimachi».

El Pastaza es navegable en su recorrido peruano. Pero la existencia de bancos de arena y troncos arrancados de sus orillas hace que la navega-

El río Tigre, en su curso inferior, avanza lentamente por la llanura amazónica; en la época de estiaje, en invierno, disminuye ligeramente su caudal.

ción se realice sólo durante el día. Su longitud en territorio peruano es de aproximadamente 420 km. Puesto Bobonaza, en el límite con el Ecuador, es el centro poblado peruano más septentrional.

El río Tigre se forma en la confluencia de los ríos Cunambo y Pintoyacu, que llegan desde territorio ecuatoriano. En dicha unión se ubica la población peruana Puesto Cunambo. Su cauce es muy sinuoso, estrecho, con arenas y sectores pedregosos. El río tiene una longitud aproximada de 550 km y es navegable en todo su recorrido. En su desembocadura, su ancho es de más o menos 500 m.

Afluentes del Marañón por su margen derecha

En su curso superior estos ríos tienen corto recorrido, escaso caudal y pendiente muy pronunciada. En su curso medio, departamento de Amazonas, sus afluentes son los ríos Utcubamba, con una longitud de cerca de 250 km; Chiriaco o Imaza, de unos 220 km de largo, y Nieva, que tiene su desembocadura junto al centro urbano de Santa María de Nieva.

En cuanto al Samiria, su cuenca forma parte de la Reserva Nacional Pacaya-Samiria. Discurre por la selva baja, con formación de numerosos meandros y lagunas a lo largo de su recorrido. Sus aguas son oscuras, y tiene una longitud de aproximadamente 350 km; puede navegarse en gran parte de su recorrido.

Río Huallaga

El Huallaga es el mayor y más importante afluente del río Marañón. En su recorrido, atraviesa territorios de los departamentos de Pasco, Huánuco, San Martín y Loreto. Su longitud aproximada es de 1,300 km. Nace al oeste de la ciudad de Cerro de Pasco, en la laguna de Huascacocha, con el nombre de río Ranracancha. Luego, y sucesivamente, toma los nombres de río Blanco y río

El valle del río Samiria está integrado dentro de la Reserva Nacional Pacaya-Samiria, por ser una de las principales fuentes de recursos ictiológicos del país.

Chaupihuaranga, hasta su unión con el río Huariaca, lugar a partir del cual se llama Huallaga.

En su curso superior forma un importante valle agrícola interandino, que se extiende entre Ambo y Santa María del Valle, y que es conocido como el valle de Huánuco. Después atraviesa el relieve de Carpish, formando un cañón que concluye en la ciudad de Tingo María, donde se inicia el curso medio del río, y el valle es cada vez más amplio. Aguas abajo de Tocache Nuevo forma otro cañón, conocido como Cajón de Sión, que concluye en una fuerte ruptura de pendiente que recibe el nombre de Cayumba. Después, su valle se ensancha cada vez más, hasta alcanzar su máxima amplitud en el sector de la desembocadura del río Biabo. Al norte de Chazuta y antes del pueblo de Huimbayoc, sus aguas atraviesan los últimos contrafuertes andinos, formando el pongo de Aguirre, al salir del cual penetra en el llano amazónico y se inicia el curso inferior del río.

El río Huallaga comienza a ser navegable, en balsas y canoas con motores fuera de borda, desde Tingo María hasta el pongo de Aguirre, y aguas abajo en embarcaciones de vapor de poco tonelaje. El principal puerto es Yurimaguas, hasta donde llegan embarcaciones de vapor que hacen servicio hasta Iquitos.

Por lo que hace al poblamiento, cerca de la ciudad de Huánuco están las ruinas de Kotosh, con más de 3,800 años. En el sector selvático, los españoles encontraron tribus que habitaban a orillas del Huallaga y sus afluentes, y pequeñas aldeas en Lamas, Tarapoto y Moyobamba.

Afluentes del Huallaga por la margen izquierda

El río Chinchao posee un valle en el que se cultiva coca desde hace siglos. El Monzón forma un importante valle que sirvió para las entradas al Huallaga del Padre Sobreviela. También aquí el principal cultivo es la coca. En lo que se refiere al río Magdalena, en su curso meándrico, en la proximidad de su desembocadura, se encuentra el centro poblado de La Morada.

El río Huamuco es torrentoso, con aguas cristalinas y frescas; en su valle existió una antigua población de la que no quedan vestigios. El río Chontayacu tiene características semejantes a las del Huamuco; su valle está humanizado en toda su extensión y existe un antiguo camino que aún se utiliza para el comercio de la coca y sal gema. El principal cultivo en el valle es la coca. En su margen izquierda, y a unos 10 km de su desembocadura, está el pueblo de Uchiza, centro urbano cuya fundación data de finales del siglo XVIII.

En cuanto al río Tocache, su valle está ocupado desde antiguo. Los topónimos muestran que el primer poblamiento fue andino, como en el caso de Chontayacu. En las orillas y cerca de la desembocadura del río está el pueblo de Tocache Viejo, casi abandonado. Sus pobladores se trasladaron a orillas del Huallaga (en la margen izquierda), donde ocuparon una alta terraza y fundaron el pueblo de Tocache Nuevo.

Otros afluentes menores

El río Mishollo nace con el nombre de río Pacaichacu, en el departamento de La Libertad, y penetra al departamento de San Martín, ya bajo el nombre de río Mishollo. A lo largo de su valle existe un antiguo sendero que llega hasta Tayabamba.

Por su parte, el río Huayabamba, con nacientes al sudeste del departamento de Amazonas, penetra al departamento de San Martín y recibe por su margen derecha el Jelache y a partir de entonces toma el nombre de río Huayabamba. Recibe por último las aguas del Abiseo, antes de confluir con el río Huallaga, al sur de la ciudad de Juanjui.

El paisaje de la cuenca alta del río Huallaga se caracteriza por presentar abruptos y estrechos valles.

En el valle del río Saposoa, a unos 25 km de su desembocadura, se ubica la ciudad del mismo nombre. Por lo que se refiere al río Sisa, se origina en relieves de ceja de selva ubicados al sur de Moyobamba y forma un extenso valle agropecuario. El río Mayo tiene una longitud de aproximadamente 300 km. En su curso superior forma un fértil valle, con población concentrada en las ciudades de Moyobamba, Rioja y Nuevo Cajamarca. Otras concentraciones importantes se encuentran en el curso bajo de este río, en las ciudades de Tarapoto, Lamas y Tabalosos.

Los ríos Paranapura y Cainarachi desembocan cerca de Yurimaguas y son navegables por pequeñas embarcaciones. En cuanto al río Aipena, con curso muy meándrico, se origina en colinas de la selva alta. Da sus aguas al Huallaga, poco antes de que este río desemboque en el Marañón.

Afluentes del Huallaga por la margen derecha

En los valles superior y medio del río Tulumayo, al norte de la ciudad de Tingo María, se cultiva té, coca y café. El río Aucayacu desemboca junto al pueblo de Aucayacu. El río Aspusana sirve de límite a los departamentos de San Martín y Huánuco. El río Uchiza tiene aguas salobres y poco apropiadas para uso doméstico; desemboca al sur de Puerto Huicte. El río Biabo, que nace en la cordillera Azul, va a desembocar al Huallaga, tras recorrer cerca de 200 km. En cuanto al río Ponaza, a través de su valle existe una ruta que conecta las cuencas del Huallaga con la del Ucayali.

El río Chipurana discurre al norte del pongo de Aguirre, frente a la localidad de Navarro; dispone de un valle atravesado por caminos que también conducen al Ucayali.

Lagos y lagunas

La cuenca endorreica del lago Titicaca, ubicada al sudeste del territorio peruano, ocupa la meseta del Collao o del Titicaca. Su efluente, el río Desaguadero, vierte sus aguas al lago boliviano denominado Poopó o Aullagas.

El lago Titicaca es el principal agente regulador de las características climáticas del altiplano.

Lago Titicaca

El Titicaca tiene parte de su superficie en territorio peruano —al sudeste del país— y parte en Bolivia. Es el lago navegable más alto del mundo; el nivel medio de sus aguas está a 3,809 m sobre el nivel del mar. Su espejo de agua tiene una superficie aproximada de 8,300 km^2, de los cuales 4,996 km^2 están en territorio peruano y el resto en Bolivia. Sus dimensiones en el Perú son de 147 km de longitud, desde Antauricocha, al noroeste del lago, hasta la iniciación del estrecho de Tiquina; su mayor ancho es de 78 km medido sobre el meridiano 69 °15' longitud oeste. La profundidad mayor es de 284 m al sudeste de la isla Soto.

La parte oriental del lago Titicaca, al este del estrecho de Tiquina, recibe el nombre de lago Huiñaimarca. Las aguas del Titicaca no son salobres, y tienen una temperatura superficial que oscila entre 11 y 12 °C. Sus aguas son de color azul, en las zonas en que las profundidades sobrepasan los 25 m. En las bahías poco profundas, y cuando el lecho lacustre está recubierto con plantas acuáticas, toma un color verdoso.

Navegación del lago

Cuando las aguas superficiales del lago se agitan, forman olas de onda corta que sobrepasan los 0.50 m de altura. Las mareas son regulares y alcanzan 0.80 m de diferencia entre las altas y las bajas. Hay variación del nivel de las aguas, que suben en años lluviosos y descienden con las sequías.

En lo que se refiere a su origen, se supone que el Titicaca formaba parte de un antiguo gran lago miocénico, al que I. Bowman denomina lago Ballivián, de cuya división habrían surgido los actuales lagos Titicaca y Poopó.

En cuanto a la navegación, existe tráfico internacional de vapores que unen el puerto peruano de Puno con el boliviano de Huaqui. Además navegan por el Titicaca numerosas embarcaciones con motores, así como balsas y caballitos de totora, ya sea para pescar, transportar mercancías o con fines turísticos.

El lago Titicaca influye en el clima de sus costas, haciendo que éstas sean menos frías que el resto de la meseta. Puno, a orillas del lago, tiene una temperatura media anual de 8.4 °C, con mínima absoluta de –1.3 °C; Juliaca, a unos 25 km del lago, posee una temperatura media anual de 7.1 °C, siendo su mínima absoluta de –16.8 °C.

Cuenca endorreica

La cuenca del Titicaca abarca territorios del Perú y Bolivia, pero los ríos más importantes se localizan en el sector peruano. Sus afluentes se caracterizan por ser de corto recorrido y discurren en la meseta por cauces con riberas de poca altura, fácilmente sobrepasadas por las crecientes, que originan inundaciones.

Entre los principales afluentes figuran el río Huancané, que nace bajo el nombre de Malquine. Se denomina luego, sucesivamente, río Muñani, Inchupalla y Putina, hasta su confluencia con el río Lirima; a partir de entonces se llama Huancané, hasta confluir con el Ramis y dar sus aguas al

Golfos, bahías e islas del Titicaca

Los principales golfos en el sector peruano son los de Puno, Vilquechico y Juli. Las penínsulas de mayores dimensiones, en la parte peruana, son Capachica, en la zona donde desemboca el río Coata; Chucuito, al sudeste de Puno; Socca, al este de Chucuito; Jonsani, al sur de Huancané, y Huata, al sur de Conima.
Hay asimismo numerosas islas habitadas. Las mayores en el sector peruano son las de Amantani, Taquile, Quipatahua, Chilatahua, Soto, Chirata y Ustute. En el sector peruano del lago Huiñamarca, las islas más importantes son Iscaya, Caana, Yuspique, Anapía y Suana. En aguas de Bolivia, las islas de mayores dimensiones son las del Titicaca o isla del Sol; la isla de la Luna y la de Taquire. Existe además gran número de «islotes flotantes» construidos con totora, donde habitan los Uros, frente a las costas de la ciudad de Puno.

Detalle del puerto de Taquile, una de las 36 islas del lago Titicaca; esta isla es célebre por los restos arqueológicos que se encuentran en ella.

lago Titicaca. El río Azángaro-Ramis, con una longitud aproximada de 300 km, nace en los deshielos de los nevados de Ninacuyo y Ananea. Al recibir las aguas del río Grande pasa a llamarse Azángaro y, aguas abajo, río Ramis, hasta confluir con el Huancané y desaguar en el Titicaca.

Afluentes numerosos

El río Ayaviri-Pucará tiene una longitud de unos 150 km. Al pasar por Ayaviri toma el nombre de este lugar. Se llama después río Pucará, nombre que conserva hasta su confluencia con el río Azángaro.

En cuanto al Cabanillas-Coata, en sus orígenes se denomina río Quilisane. En su recorrido va cambiando de nombre: Quilliciani, Jarpaña, Collpapampa y río Verde o Comenmayo. Toma después los nombres de Cabanillas y Coata, nombre éste con el que desemboca en el lago Titicaca.

El río Lampa tiene una longitud aproximada de 90 km. Toma el nombre de Lampa al pasar por esa ciudad. El Ilave, toma este nombre a partir de la confluencia de los ríos Uncallame y Grande. Tiene una longitud de 70 km desde la confluencia del Uncallane con el río Grande, hasta su desembocadura en el Titicaca.

El río Desaguadero es efluente del Titicaca. Lleva sus aguas hasta el lago Poopó, en Bolivia. Inicia su recorrido al sudeste del lago Titicaca, en el golfo de Taraco, y sirve de límite al Perú con Bolivia, en un corto sector de su curso inicial. En épocas de sequías, cuando desciende el nivel del Titicaca, se convierte en afluente de este lago.

El río Mauri o Maure es otro río internacional que, naciendo en el Perú, con el nombre de río Ancohaque, da sus aguas al Desaguadero en territorio de Bolivia. Tiene un recorrido de aproximadamente 100 km en territorio peruano. El Uchusuma, que da sus aguas al río Mauri, en territorio de Bolivia, nace también en el Perú, en los nevados de Casiri e Iñuma (5,669 m sobre el nivel del mar) con el nombre de quebrada Murmunta, que luego se denomina río Uchusuma, nombre con el cual penetra primero al territorio de Chile y luego al de Bolivia, país en el cual da sus aguas al río Mauri. Tiene una longitud de aproximadamente 50 km en territorio peruano.

Otros lagos y lagunas

En la costa desértica, las principales lagunas son Ramón, en el departamento de Piura al norte del desierto de Sechura; y Huacachina, en el de-

El lago de Junín, de 258 km² de superficie, alberga en sus aguas una abundante flora y fauna silvestre; algunas especies son objeto de caza abusiva.

partamento de Ica, cerca de la ciudad del mismo nombre. Durante El Niño del año de 1998 se formó una extensa laguna que cubre el desierto de Sechura y que seguramente persistirá durante unos pocos meses. Se la ha denominado La Niña.

Los lagos interandinos ocupan las altas mesetas, y un gran número se han formado en valles glaciares. Los lagos y lagunas de la selva, salvo excepciones, son de origen fluvial y se ubican en la selva alta y baja. Conocidas en la región con los nombres de cochas o tipishcas, sus aguas son generalmente oscuras, debido al material orgánico que recubre sus fondos; tienen altas temperaturas, forma semicircular y una abundante riqueza ictiológica.

El paiche, pez de gran tamaño y altamente apreciado por su valor nutritivo, es el mayor exponente de esta fauna. Otro pez que abunda en las «cochas» es la «paña» o piraña, conocido por su voracidad. Asimismo, existe una gran variedad de peces ornamentales. En el departamento de San Martín debe nombrarse la laguna de Sauce, localizada al sudeste de Tarapoto y en la margen derecha del río Huallaga.

Arapa, Sibinacocha y Parinocochas

La laguna de Arapa se encuentra en la meseta del Collao, al noroeste del lago Titicaca. Tiene un largo de 25 km y su mayor ancho es de 10 km. La laguna de Umayo, que se localiza al noroeste del puerto lacustre de Puno, se encuentra a 3,821 m sobre el nivel del mar, y sus mayores dimensiones son de 7 km de largo por 6 km de ancho.

La laguna de Langui-Layo, en el departamento del Cusco, se encuentra situada a 3,917 m de altitud. Alcanza los 16 km de largo y su mayor ancho es de 5 km.

La laguna de Sibinacocha, en el departamento del Cusco, está al pie de imponentes glaciares. Tiene una longitud de unos 16 km y su mayor ancho es de 4 km. Su altitud es de 4,842 m sobre el nivel del mar.

La laguna de Parinacochas se ubica al sur del departamento de Ayacucho, a 3,273 m de altitud; tiene 12 km de largo, con un ancho máximo de 9 km. Es famosa por la abundancia de pariguanas, aves de gran belleza que anidan y viven en la laguna. En cuanto a la laguna de Paca, está en el departamento de Junín, muy cerca de la ciudad de Jauja.

El lago de Junín, en fin, también llamado Chinchaicocha, Bombón o de Los Reyes, está a unos 4,000 m sobre el nivel del mar. Ocupa la parte más baja de la alta meseta de Junín o Bombón, es poco profundo y su origen todavía no está bien establecido.

La laguna de Orcococha, situada en el departamento de Huancavelica, debe su origen a una depresión tectónica y a la acción erosiva de los glaciares andinos.

Lagunas en los Andes del centro y el sur

La laguna de Aricota se encuentra en el departamento de Tacna, en la cuenca del río Locumba. Está a 2,842 m sobre el nivel del mar y tiene 8 km de largo y 2 de ancho. Sus aguas son aprovechadas para generar energía eléctrica, que se distribuye en el departamento de Tacna. La laguna de Marcapomacocha, al noroeste del departamento de Junín y en la vertiente oriental andina, también ha sido represada, y sus aguas desviadas a la vertiente del Pacífico, con la finalidad de incrementar las del río Santa Eulalia, afluente del Rímac. Está ubicada a 4,413 m de altitud, su mayor extensión es de 4 km y su ancho de 1.8 km. Al norte de Marcapomacocha y en la misma cuenca se localiza la laguna de Atacocha, situada a 4,504 m de altitud. De menores dimensiones, tiene 2.2 km de largo y 1.9 km de ancho. Su efluente lleva aguas a la laguna de Marcapomacocha.

Lagunas de la cordillera Blanca

En la cordillera Blanca hay numerosas lagunas, en su gran mayoría de origen glaciar. Representan un constante peligro para las poblaciones enclavadas en el fondo del valle formado por el río Santa —en el Callejón de Huaylas—, así como para aquellas que ocupan las vertientes orientales de la cordillera Blanca —en el Callejón de Conchucos.

De acuerdo a estudios realizados por la Comisión de Control de lagunas cordillera Blanca, existen 260 lagunas, casi todas por encima de 4,000 m de altitud; la de Ishinka se ubica a 5,000 m sobre el nivel del mar. De ese número total, 185 lagunas ocupan la vertiente occidental, que pertenece a la cuenca del Santa, mientras que en la vertiente oriental, en la cuenca del Marañón, se localizan 75 lagunas.

Estas lagunas han sido clasificadas en dos grandes grupos y siete divisiones. La clasificación está en función del «grado de seguridad»; la «posición con respecto a glaciares» y «la naturaleza del dique de contención». Las más peligrosas son las que tienen diques morrénicos de fuerte pendiente y están en contacto directo con glaciares. Las de menor peligro son las que tienen diques morrénicos alejados de glaciares. Aún menos peligrosas que las anteriores son las que poseen diques de escombros rocosos. Las más seguras, en fin, son las que tienen diques de roca.

Las más importantes

Las lagunas de la cordillera Blanca más conocidas son: Cullicocha, a 4,650 m sobre el nivel del mar; y Yuraccocha, a 4,500, cerca a la población de Cocas; Puchuay, a 3,480 m, cerca de Huari; Paccharuri, a 4,500 m, en la zona de Marcará; Pucacocha, también a unos 4,500 m, en el área de Huallanca; Akillpo, a 4,500 m, en las alturas de Marcará; Tull-

En la laguna de Quistococha, localizada en las proximidades de Iquitos, en el departamento de Loreto, se observa una vegetación característica de la selva baja.

paraju, a 4,200 m; Cuchillacocha a 4,620 m; y Mullaca, a 4,800 m. La laguna de Parón se encuentra al este de la ciudad de Caraz.

La hermosa laguna de Llanganuco, a 3,900 m de altitud, ocupa un bello auge glaciar, que separa los nevados del Huascarán y Huandoy. Su dique es de escombros rocosos caídos desde las paredes norte del Huascarán y sur del Huandoy. Está rodeada por bosques de quishuar, que crecen hasta altitudes superiores a los 4,500 m, en las vertientes del Huandoy. Es de fácil acceso por carretera.

Otras lagunas en la región andina son las de Huascaicocha, Ticllacocha, Paucarcocha, Mollococha y Pilicocha; ésta se encuentra a más de 4,000 m de altitud, en la cuenca del río Cañete.

Lagunas de altura

Al sudeste de Huancayo se encuentra otro conjunto de lagunas, integrado por las de Huarmicocha, a 4,635 m de altitud, con un largo máximo de 7 km y un ancho mayor de 3 km; Coyllorcocha, a 4,560 m, con 4 km de largo por 1.5 km de ancho; Huichiccocha, Astococha y Choclococha, todas ellas a unos 4,650 m de altitud; y Turpo, a 4,800 m.

En las provincias de Castrovirreyna y Huaytará, se encuentran, respectivamente, las lagunas de Orcococha y Choclococha, en la cuenca del río Pampas, tributario del Apurímac. Han sido derivadas hacia el Pacífico, para incrementar las aguas del río Ica. Orcococha, a 4,600 m de altitud, tiene un largo de 9 km y su mayor ancho es de unos 4 km. Su efluente alimenta las aguas de la laguna de Choclococha, a 4,511 m de altitud. En el norte del país, se halla la pequeña laguna de Shimbe, en las nacientes del río Huancabamba. Tiene 3 km de largo y su ancho mayor no sobrepasa los 250 m.

Lagos y lagunas de la Amazonia peruana

La casi totalidad de los lagos y las lagunas de la selva son de origen fluvial y están en la selva baja. Las más conocidas y frecuentadas son aquellas que están cerca de los centros poblados, como la laguna de Quistococha, a pocos kilómetros de Iquitos, o la de Yarinacocha, en las inmediaciones de Pucallpa.

En cuanto al lago Rimachi, es el de mayores dimensiones en la Amazonia peruana. De origen fluvial, conforma un paisaje de gran belleza; está localizado en la margen derecha del río Pastaza, cerca de su desembocadura en el Marañón. El principal afluente del lago Rimachi es el río Chapuli, aunque sus aguas son también alimentadas por un brazo del Pastaza.

Otras lagunas en la cuenca del Marañón son las ubicadas a lo largo del río Samiria, su tributario por la margen derecha, en la selva baja.

En la cuenca del Ucayali hay también numerosas lagunas, como las localizadas a lo largo de los ríos Pacaya y Tamaya. En cuanto a la cuenca del Tamaya, las lagunas de mayores dimensiones son las de Inuria y Chioa. La «vaca marina», mamífero sirenio que habita en estas y otras cochas de la selva baja, se halla en peligro de extinción.

Lago Sauce

En la selva alta, el lago más conocido es el Sauce, llamado a veces «laguna azul», apodo sin duda equivocado, pues sus aguas son de color verdoso; está cerca de Tarapoto, en el departamento de San Martín. Tiene una profundidad máxima de 38 m, en el sector sur del lago. La temperatura superficial de sus aguas es superior a 26 °C y la de sus afluentes varía de 21 a 22 °C.

A partir de 1962 la fauna del lago se incrementó con la incorporación del paiche, especie introducida desde los criaderos de la Estación de Pesquería de Loreto, y en la década de 1970 con la tilapia, pez de origen africano.

Aguas subterráneas

El territorio peruano tiene napas acuíferas en el desierto costanero, en la Amazonia y en las mesetas andinas. La costa es la zona donde las aguas subterráneas son más utilizadas. Se explotan, con intensidad variable, algo más de 5,000 pozos.

El uso de napas freáticas en la costa del Perú tiene antecedentes prehistóricos, como puede comprobarse en Nazca, donde aún hay galerías de captación de aguas subterráneas, que siguen prestando servicio a la agricultura; en la ciudad preinca de Chanchán, etcétera.

Los valles de la costa con mayor número de pozos son los de Ica, Rímac, Chicama, Chancay (Lambayeque), Piura, Chira, Chillón, Nazca, Huaral, Ocoña, Camaná y Tacna. Aguas dulces subterráneas existen también en el desierto de Sechura, zonas del estuario de Virilá y al sudeste del cerro Illescas. La ciudad de Lima y otras de la costa peruana explotan las napas freáticas para uso urbano.

La laguna de Huancachina (Ica) es de gran interés por sus aguas medicinales, ricas en sustancias minerales.

En la región interandina, las aguas subterráneas son utilizadas principalmente para abastecer los centros urbanos y, en menor escala, para la industria y la agricultura. Se aprovechan los afloramientos naturales, conocidos con el nombre de «puquios». En la meseta del Collao se conoce la existencia de una extensa capa freática poco utilizada. Las aguas subterráneas en la selva alta y baja son poco empleadas en la actualidad.

Aguas termominerales y medicinales

En territorio peruano, especialmente en la zona interandina, existen numerosas fuentes de aguas termominerales. Algunas de ellas son conocidas y utilizadas desde la época incaica, como las aguas termales llamadas Baños del Inca, en las proximidades de la ciudad de Cajamarca.

Hay aguas termominerales y medicinales de diferentes clases. En lo que hace a las aguas bicarbonatado-sódicas, llamadas también alcalinas, la única fuente conocida en nuestro país es la de El Tigre en Yura, departamento de Arequipa; hay aguas bicarbonatadas cálcicas y bicarbonatadas mixtas, como las de Yura y Socosani en Arequipa; aguas clorurado-sódicas, como las de Jesús, en Arequipa, Monterrey en Ancash, la Yesera, Boza y Chilca en Lima, y Huacachina en Ica. También existen aguas sulfatadas, tales como las de Churín, en Lima; aguas ferruginosas, como las de Yura, en Arequipa, Putina en Puno, Matimba en Huánuco, Colpani y Colca en Cusco; aguas sulfurosas, como las de Cocha en Pasco, Churín en Lima, y la Fuente de San Juan en Paita; y, en fin, aguas carbogaseosas, como las de El Tigre y Socosani en Arequipa.

La temperatura de las fuentes termominerales y minero-medicinales peruanas varía desde las relativamente frías hasta las muy calientes. Las de mayores temperaturas en el Perú son, entre otras, las de Baños del Inca, Cachicadán, Chancos y Calientes, que sobrepasan los 70 °C.

El Mar de Grau

Fenómenos oceánicos
en el litoral peruano

El Mar de Grau y la
corriente Peruana

Los recursos del Mar de
Grau y su explotación

El mar y el hombre peruano

Una panorámica del litoral pacífico peruano. En todos los aspectos de la realidad del país, desde el clima a la gastronomía, pasando por la cultura o la historia de sus gentes, la presencia del océano Pacífico ha sido decisiva.

Fenómenos oceánicos en el litoral peruano

Como se sabe, cerca del 71 por ciento de nuestro planeta —lo que equivale a unos 361'000,000 km^2— está cubierto por aguas oceánicas. Estas aguas están conectadas entre sí mediante estrechos, como el de Magallanes o Paso de Drake, entre América del Sur y el continente antártico, o mediante amplios frentes, como ocurre con el Atlántico y el Índico, y con éste y el Pacífico. Esa enorme masa acuática suele ser dividida en cinco grandes océanos. El Pacífico, al que Balboa denominó «Mar del Sur» cuando lo observó por primera vez en 1513, es el más extenso de todos: su superficie alcanza los 165'000,000 km^2, con una profundidad media de 4,049 m y una máxima de 11,022 m. Las superficies de los restantes océanos de nuestro planeta son: Atlántico, 80'000,000 km^2; Índico, 72'000,000 km^2; Glacial Ártico, 14'000,000 km^2 y Austral o Antártico, unos 30'000,000 km^2.

Acantilados en la Reserva Nacional de Paracas, situada en el departamento de Ica.

En sectores que bañan las costas, estos grandes océanos suelen tomar la denominación de los respectivos países; en el caso de Perú, el sector del océano Pacífico que corresponde a su litoral marítimo se denomina Mar de Grau. Hay también mares delimitados por archipiélagos, como es el caso del Mar Caribe. Existen mares interiores, por ejemplo el Mediterráneo, el Caspio y el Mar Negro, y otros que están casi cerrados, como el Mar Rojo o el Golfo Pérsico.

Tipología de las olas

Los principales fenómenos dinámicos que se presentan en la superficie del mar, además de las corrientes marinas superficiales, son las olas u ondas, que transportan volúmenes de agua y, a la vez, energía. Las olas desempeñan un papel importante en el modelado de los litorales marinos, ya que en las proximidades de las playas adquieren una mayor altura y llegan a romperse; de olas de oscilación pasan a ser olas de traslación, que se suceden en forma constante, aunque con intensidad variable, a lo largo de todo el año.

Las olas más comunes son aquellas generadas por el viento, y se observan constantemente frente a las costas. Su altura y velocidad están relacionadas directamente con la intensidad del viento que las origina. Se distinguen tres tipos de olas: de mar, de mar de leva y de oscilación. Las primeras se producen en el área de la tormenta, y son irregulares y desordenadas. Las denominadas de mar de leva son las que, saliendo del área de tormenta, se desplazan a gran velocidad y con un patrón uniforme de crestas en alta mar hasta distancias de cientos y miles de kilómetros, llegando a las costas de continentes e islas; cerca del litoral se transforman en olas de oscilación.

Olas de gran altura

En el litoral suelen producirse excepcionalmente olas de gran altura, que dan origen a los denominados «maretazos». Éstos inundan playas que, incluso durante las altas mareas, suelen permanecer secas. También existen olas u ondas internas que se forman entre dos masas de aguas oceánicas de diferente densidad. Son flujos verticales de capas de agua que, salvo excepciones, tienen un perfil simétrico y cuyo volumen puede oscilar dentro de determinados períodos de tiempo.

En 1969, Ramón Mugica Martínez, estudioso del Mar Peruano, analizó las ondas internas en dos lugares del sector norte del Mar de Grau; des-

El mar de Chile y Perú conforma el banco ictiológico más importante del planeta, favorecido por la acción de las corrientes marinas, la abundancia de plancton y el clima reinante.

cubrió la predominancia de un período semidiurno, que coincidía con las mareas y tenía mayor amplitud cerca del litoral.

Las mareas

Las mareas son variaciones en la altura de la superficie marítima, a manera de grandes olas, que tienen su origen en la acción gravitatoria de la luna, sobre todo, y también del sol. Como resultado de la acción que ejercen ambos astros sobre las superficies oceánicas, se verifican los ascensos y descensos de las aguas costeras; estos movimientos verticales constituyen las mareas. Concomitante con este fenómeno se producen desplazamientos horizontales de aguas oceánicas, que se denominan corrientes de marea.

El período de las mareas es de 12 horas 25 minutos, que corresponden al período lunar, mientras que la longitud de la onda de marea es igual a la mitad de la circunferencia terrestre. El punto de mayor elevación de la marea se denomina pleamar o marea alta; el punto inferior se denomina valle, baja mar o marea baja. Cuando la Luna y el Sol quedan situados en un mismo eje, como sucede en luna nueva y luna llena, el nivel de la marea se eleva y luego desciende más de lo normal. En cambio, cuando el Sol y la Luna forman un ángulo recto con la Tierra, las ondas de marea, pleamar y baja mar son un 20 por ciento inferiores al promedio de las mareas. Durante su rotación alrededor de la Tierra, la Luna está unas veces más alejada, o sea en apogeo, y otras más cerca, o sea en perigeo. En este último caso las mareas son hasta un 20 por ciento más altas.

Altura de las mareas

La mayor o menor altura de las mareas se relaciona con el factor astronómico que representa la atracción ejercida por el Sol y la Luna, y con factores geográficos tales como la forma de las cuencas oceánicas y la morfología de los litorales. Las características especiales de los mares interiores tienen también gran influencia: en algunos litorales, por ejemplo, lugares próximos entre sí, tienen diferente oscilación de mareas. En golfos poco anchos y en fiordos, las mareas alcanzan mayor amplitud en relación a las costas abiertas.

La Dirección de Hidrografía y Navegación de la Marina de Guerra del Perú, en base a los regis-

Las denominadas corrientes de fondo son determinantes en el desarrollo de los temibles tsunamis, grandes olas que azotan las costas del Pacífico con catastróficas consecuencias.

tros mareográficos de la Red de Estaciones de Mareógrafos establecidos en el litoral peruano, establece previsiones para los valores de las mareas de cada año. Para 1998, por ejemplo, la mareas más altas, con un valor de 2.13 m, estaban previstas en Zorritos, en el norte peruano (departamento de Tumbes), durante los meses de febrero y marzo. En el Callao, la máxima sería de 1.13 m en el mes de mayo, y es común que alcance 1.10 m en los otros meses; en Matarani, la marea alcanza 1.16 m en junio y diciembre, siendo frecuentes las alturas de 1.10 y 1.13 m en otros meses. Las perturbaciones meteorológicas que influyen en el nivel del mar ejercen obvia influencia en las mareas. Sin embargo, si se saca el promedio de la altura de las mareas durante muchos años y en un lugar determinado se establece una previsión bastante aproximada de los valores de mareas para los años por venir.

Clasificación según el momento del día

Las mareas se clasifican en tres tipos: semidiurnales, diurnales y mixtas. Se las denomina semidiurnales cuando en las 24 horas de un día se producen dos pleamares, que tienen más o menos la misma altura. Las diurnales corresponden a una sola pleamar diurna; en fin, se habla de mareas mixtas cuando en un mismo lugar se presentan casos intermedios, con predominio de semidiurnales unas veces, y otras con preponderancia de diurnales. La amplitud de las mareas es mayor en el norte del litoral marítimo peruano, disminuyendo a medida que se avanza hacia el sur. La variación se sitúa entre seis y cuatro pies. En el norte, las dos pleamares consecutivas tienen una amplitud más o menos similar, en tanto que en el sur difieren de manera significativa.

Puesto que las mareas siguen una cierta periodicidad, se puede realizar una predicción año a año, hecho que permite la elaboración de tablas de mareas para los puertos; estas tablas reciben el nombre de «establecimiento de puerto». En Perú, la Dirección de Hidrografía y Navegación de la Marina es la encargada de elaborar anualmente las tablas de mareas para los diferentes puertos, sobre la base de los datos obtenidos en observaciones de la Red de Estaciones de Mareógrafos situadas a lo largo del litoral.

Los temibles tsunamis del Mar de Grau

En el Mar de Grau se han registrado, desde finales del siglo XVI, los siguientes tsunamis: el 20 de julio de 1586, en las costas de Lima, una gran ola penetró hasta 300 m tierra adentro, destruyendo viviendas y causando más de 20 víctimas entre la población.

El 12 de mayo de 1664, al sur de Lima, una ola de tsunami inundó la ciudad portuaria de Pisco, ocasionando 70 muertos. El 28 de octubre de 1746, olas de tsunami, que según historiadores de la época alcanzaron más de 7 m de altura, destruyeron el Callao y causaron la muerte de 5,000 a 7,000 habitantes; resultaron destruidos o encallados 17 barcos y uno se quedó varado a 15 km del litoral.

El 1 de diciembre de 1806, una nueva ola gigantesca, de 6 m de altura según noticias de la época, destruyó parte del Callao; un ancla de 1.5 toneladas fue levantada y quedó sobre una de las casas de la Capitanía del puerto.

El 13 de agosto de 1868, una gran ola de tsunami causó daños en la costa peruana desde Trujillo hasta Tacna y en Chile hasta Concepción, donde la ola tuvo hasta 21 m de alto.

En Arica, un buque de guerra de la marina de Estados Unidos fue desplazado y depositado a 400 m tierra adentro. En 1877, un tsunami afectó la costa sur de Perú. Casi un siglo más tarde, en 1974, como consecuencia de un sismo que afectó a la ciudad de Lima, el mar se retiró 200 m de la playa Agua Dulce, pero no originó olas de tsunami.

Los tsunamis

Son olas marinas que tienen su origen en la actividad sísmica con epicentro en los fondos marinos, por explosiones volcánicas submarinas, o en islas pequeñas y por grandes deslizamientos de rocas y materiales sedimentarios acumulados en los fondos oceánicos. En alta mar, los tsunamis tienen escasa altura de onda y gran longitud, del orden de 20 a 100 km, aunque es frecuente que alcancen 200 y, en ocasiones excepcionales, 600 millas por hora, o sea, 360 y 1,080 km por hora. Son las olas que alcanzan mayor velocidad, como la producida por la explosión del volcán Krakatoa en 1883, en la isla del mismo nombre, que generó ondas con velocidades de 150 m por segundo, y el tsunami que tuvo lugar en 1946 en las islas Aleutianas, que dio origen a ondas que avanzaban a 215 m por segundo.

Los tsunamis transportan importante cantidad de energía; cuando se acercan a las costas se transforman en olas de gran altura, a veces de trágicas consecuencias. Estas olas se suceden en períodos de entre 10 a 45 minutos cerca de la costa. En alta mar, donde las olas de tsunami son de poca altura —inferiores a un metro—, estos fenómenos pasan desapercibidos, a pesar de que tienen un período de 10 a 15 segundos.

Tsunamis y olas gigantes

La mayor ocurrencia de tsunamis se produce en el océano Pacífico, en la zona bordeada por el llamado «cinturón de fuego del Pacífico», donde existen numerosos volcanes en los bordes continentales y en las islas. Además, en sus fondos existen áreas donde se inician o toman contacto placas tectónicas de gran magnitud y, al hacerlo, dan origen a sismos de intensidad variable. Frente a las costas peruanas, la placa de Nazca o del Pacífico Sur se introduce por debajo de la placa de América del Sur, fenómeno al que los geólogos denominan subducción y que está en el origen de la intensa actividad sísmica que tiene lugar en Perú.

Con el fin de prever en lo posible la incidencia y las consecuencias de estos fenómenos en poblaciones e infraestructuras portuarias, se creó el Sistema Internacional de Alerta de Tsunamis, que tiene su sede y centro de operaciones en Honolulú, en la isla Hawaii, más o menos en el centro del Pacífico Norte. En Perú, el Centro Nacional de Alerta de Tsunamis es una dependencia de la Dirección de Hidrografía y Navegación de la Marina de Guerra, la cual transmite de inmediato al Instituto Nacional de Defensa Civil (INDECI) cualquier alerta sobre riesgo de tsunami en las costas peruanas. La Dirección de Hidrografía y Navegación de la Marina de Guerra del Perú recibe también, en caso de terremotos, rápida información emitida por el Instituto Geofísico del Perú (IGP) sobre la ubicación del epicentro y la intensidad del sismo. En base a ello se evalúa el riesgo de tsunami, así como la posible incidencia de este fenómeno sobre la costa.

El Mar de Grau y la corriente Peruana

El Mar de Grau o Mar Peruano comprende una ancha faja del océano Pacífico que alcanza hasta las 200 millas mar adentro, contadas a partir de la línea del litoral. Estas 200 millas náuticas componen la región del océano Pacífico que, de acuerdo con el artículo 54° de la Constitución Política del Perú (de 1993), forma parte del Estado. El artículo reza: «El dominio marítimo del Estado comprende el mar adyacente a sus costas, así como su lecho y subsuelo, hasta la distancia de doscientas millas marinas medidas desde las líneas de base que establece la ley. En su dominio marítimo, el Estado ejerce soberanía y jurisdicción, sin perjuicio de las libertades de comunicación internacional, de acuerdo con la ley y con los tratados ratificados por el Estado». Las 200 millas (unos 370 km) del dominio marítimo fueron establecidas por Decreto Supremo n° 781 del 1 de agosto de 1947, con el objeto de preservar y salvaguardar la riqueza ictícola. La misma actitud fue asumida también por los gobiernos de Chile y Ecuador.

Embarcación pesquera artesanal cerca del puerto de Máncora, al norte del departamento de Piura.

Anomalías térmicas del litoral peruano

El Mar de Grau, excepcionalmente rico en su fauna ictícola, presenta características peculiares de temperatura si se tiene en cuenta su latitud, exceptuando su sector más septentrional —costas de Tumbes y norte de Piura—, donde se dan las condiciones tropicales propias de su localización. Fuera de estas áreas, las condiciones de temperatura frente a la costa central y sur constituyen una anomalía dentro de los mares tropicales del mundo.

En efecto, de acuerdo a la latitud del territorio peruano, las aguas oceánicas que bañan las costas deberían tener temperaturas medias superficiales comprendidas entre los 25 y 26 °C; sin embargo, las temperaturas medias establecidas por Erwin Schweigger para el Mar de Grau oscilan entre los 18 y los 19 °C, o sea, entre 6 y 7 °C por debajo de las correspondientes para su latitud. Por su parte, Zacarías Popovici señala temperaturas de 19 °C entre los 6° y 12° de latitud sur. Frente a Atico midió temperaturas de 13 y 14°C durante el invierno, pero «unos 100 km hacia el sur de esta punta» Popovici observó temperaturas de 18 °C. Dicho autor afirma que durante el verano las temperaturas ascienden a 15 o 16 °C en Atico, y 100 km al sur a 22 o 23 °C, arrojando un promedio de 19 °C, es decir, 7 °C por debajo de la que le corresponde a un mar tropical. En una comunicación personal, F. Ancieta informó que frente a San Juan había observado una temperatura de 12.5 °C en los meses de agosto y septiembre de 1958. La anomalía de este fenómeno térmico se debe al afloramiento de aguas frente al litoral.

Un fenómeno advertido por Humboldt

La menor temperatura del mar frente a las costas de Perú fue ya advertida por los españoles durante la Colonia; se sabe que los primeros españoles llegados a territorio peruano enfriaban sus botellas de vino haciéndolas flotar en las aguas oceánicas. Pero no fue sino en 1802 cuando el viajero alemán Alexander von Humboldt, al medir la temperatura del mar frente a Trujillo, encontró que no se correspondía con la latitud del lugar; más tarde, poniendo en relación las temperaturas del mar y del aire, llegó a la conclusión de que estas últimas eran el resultado de la influencia tér-

Sector de playa en el departamento de Tumbes. La temperatura superficial del mar (TSM) del Pacífico americano durante el fenómeno El Niño de 1998 osciló entre 15.48 y 30.51 °C.

mica del mar, y que las condiciones climáticas de la costa estaban igualmente relacionadas con las bajas temperaturas oceánicas. Humboldt señaló asimismo que las temperaturas del mar se incrementaban a mayor distancia de la costa. Todos estos hechos han sido comprobados científicamente con posterioridad. Popovici, por ejemplo, expresa sobre el particular: «La temperatura del mar cerca de la costa peruana es inferior a la temperatura del aire durante la mayor parte del año»; y añade: «El contraste entre la temperatura del mar y la del aire reduce la evaporación, pero lleva, frecuentemente, a la aparición de niebla en la proximidad de la costa y sobre parte de ella».

Efectos climáticos y biológicos

Humboldt no acertó en lo referente al origen de las bajas temperaturas del Mar de Grau, pues consideró que se debían a desplazamientos de aguas oceánicas superficiales provenientes de la región antártica. Sólo en el presente siglo se llegó a establecer en forma categórica que el origen de esas bajas temperaturas residía en el afloramiento de aguas marinas desde zonas profundas.

Más allá del origen del fenómeno, debe decirse que las temperaturas bajas del Pacífico peruano tienen gran incidencia climática y biológica. Desde el punto de vista climático, son las responsables de la aridez de la costa, pues al enfriar las masas de aire que se desplazan por encima de la superficie marina las condensan y originan neblinas costeras, que cuando llegan al continente forman nubes estratificadas. Estas masas de aire enfriadas atemperan el clima de la costa y forman nubes estratificadas que, cuando se saturan y alcanzan su punto de condensación, originan lluvias con gotas muy finas, que se conocen popularmente con el nombre de lloviznas o garúas, frecuentes durante el invierno austral. No tienen mayor efecto morfológico y la alta humedad atmosférica no aminora la aridez de la costa peruana en sus sectores central y sur.

Las constantes neblinas invernales que caracterizan al cielo costero y hacen brotar vegetación en las lomas de la costa a partir de Trujillo hasta Tacna son también consecuencia de la influencia térmica del mar. Las más intensas lluvias de verano que excepcionalmente tienen lugar sobre todo en la costa norte son consecuencia de fenómenos El Niño extraordinarios, en tanto que las de la costa central se producen, a veces, por efecto de masas de aire amazónicas que cruzan los Andes.

Riqueza ictiológica

Desde el punto de vista biológico, las aguas templadas del Mar de Grau favorecen la abundancia de fitoplancton y zooplancton, alimento de la gran diversidad de peces que, en enormes cardúmenes, como los de anchoveta y sardina, por ejemplo, sirven de alimento a otros peces de mayor tamaño.

La riqueza ictiológica del Mar de Grau es grande, tanto en variedad como en cantidad, y ha permitido el rápido desarrollo de la industria pesquera (harina, aceite y conservas) y de la pesca para consumo humano. Sin embargo, es necesario tomar previsiones para que la biodiversidad marina no sufra alteraciones negativas debido a una explotación masiva e irracional, como ya ha sucedido en el caso de la anchoveta, especie que ha quedado sujeta a vedas con el fin de garantizar su recuperación y uso sustentable.

Peculiaridad de la coloración marítima

Fuera de los mencionados «maretazos», en el Mar de Grau o Mar Peruano no se observan las grandes olas que caracterizan a otras regiones del Pacífico. De un modo general, es un mar poco agitado y sólo cuando soplan vientos fuertes, poco comunes por lo demás, se observan olas de cierta magnitud. Erwim Schweigger señala que frente a las costas las olas alcanzan hasta 2 y 3 m de altura, con viento fuerte. Añade que cree «haber visto olas de casi 3.8 m de amplitud, o sea aproximadamente 7.5 m de altura, al norte de Cabo Blanco, con viento sudoeste 4-5».

En lo que respecta al color de las aguas del mar, el mismo Schweigger expresa que es de un tono verde que puede ser claroscuro o esmeraldino. Esta característica estaría originada por la presencia de «algas verdes microscópicas». Debe notarse, sin embargo, que el color verde varía hacia el azul cuando aumentan las distancias a la costa. Schweigger expresa que «mar adentro, el color del mar de repente ya no parece ser un verde limpio sino un verde azulado; después se presenta un azul claro, a veces lechoso y poco más tarde se oscurece el azul hasta llegar al tono especial de azul marino».

La riqueza ictiológica localizada frente al litoral de Paracas ha determinado la concentración de diferentes especies de aves, como las guaneras, y de mamíferos, como los lobos de mar.

El aguaje

Un fenómeno interesante, relacionado con el color del mar, son los aguajes. Zacarías Popovici y Gloria Chacón de Popovici presentaron un trabajo sobre este tema en el Primer Seminario Latinoamericano sobre el Pacífico Oriental, en el que expresan que el aguaje en el Pacífico peruano no está asociado invariablemente al calentamiento extremo del agua superficial, sino que puede aparecer también en áreas de afloramiento con aguas templadas (con temperaturas en torno a los 20 °C) y cargadas con sales nutritivas.

Según el mencionado trabajo, el aguaje tiene una base biológica y otra hidrodinámica; utilizan el nombre de «aguas teñidas» o «coloreadas» cuando se desconoce el agente causante.

La génesis del fenómeno del aguaje está relacionada con la presencia y multiplicación masiva de ciertos organismos acuáticos, frecuentemente dinoflagelados, en la capa superior del mar, que colorean las aguas oceánicas de acuerdo al pigmento de la especie predominante. Cuando se presentan los aguajes, el mar toma una coloración roja, «casi sanguínea» según Schweigger, que va cambiando paulatinamente hacia el marrón. En otras ocasiones tiene un «tono pardo o amarillento blancuzco y otras veces el mar se pone casi negro», siempre en palabras de Schweigger. Por otra parte, el mar desprende un olor sulfhídrico y su corrosividad llega a deteriorar la pintura de los cascos de las naves.

Espectacular puesta de sol en la bahía de Sechura, departamento de Piura. En esta zona existe un intenso frente térmico, que genera diferencias de más de 4 °C en sólo algunas millas.

La corriente Peruana

Frente a las costas de Perú existe un desplazamiento de masas de aguas oceánicas que siguen una dirección general sur-norte-nornoroeste, con variaciones locales y una velocidad variable que, en promedio, es de 15 millas diarias según Schweigger. Se trata de la denominada corriente Peruana, más o menos fría (entre 18 y 19 °C de promedio) debido al afloramiento de aguas profundas.

La circulación de vientos alrededor del anticiclón del Pacífico Sur, a su vez, origina una circulación oceánica que forma un gran circuito de corrientes marinas, las cuales se desplazan en el Pacífico meridional en sentido contrario al de las agujas del reloj. Tal circuito está conformado por la corriente Peruana, que corre de sur a norte bañando las costas de Chile y Perú. Cambia entonces la dirección hacia el oeste y atraviesa el Pacífico sur con el nombre de corriente ecuatorial del sur; luego se desvía hacia el sur con el nombre de corriente Australiana. Con ese nombre se vuelca a la izquierda y toma un rumbo oeste-este con el nombre de corriente del frente antártico hasta llegar a las costas de Chile, donde se orienta de sur a norte como corriente Peruana.

Corrientes oceánicas y costeras

La corriente Peruana es un sector de ese gran circuito de corrientes marinas del Pacífico austral que penetra al Mar de Grau desde el sur y se desplaza más o menos paralela a la costa hasta la altura del paralelo 5°-6° de latitud sur. Allí comienza a alejarse de la costa y a tomar rumbo noroeste-oeste y luego, con el nombre de corriente ecuatorial del Pacífico Sur, llega hasta la Polinesia; en este punto cambia de dirección y gira alrededor del anticiclón del sur, para conformar el circuito de corrientes superficiales del Pacífico meridional.

En la actualidad se acepta la existencia de una corriente oceánica y una corriente costera peruanas. La primera se desplaza de sur a norte, al oeste del meridiano 82° latitud oeste de Greenwich, de unos 700 m de profundidad. Por su parte, la corriente costera penetra al Mar de Grau desde el sur y se desplaza en sentido paralelo a la costa y cerca de ella, aumentando su velocidad a medida que avanza hacia el norte. Esta corriente es más lenta en verano y más rápida en invierno, con un rango de velocidad comprendido entre 5 y 30 cm por segundo, o sea, entre 11 y 64.8 km por hora; su profundidad no supera los 200 metros.

Causas del afloramiento costero

Zacarías Popovici considera que «el afloramiento es un proceso físico de ascenso amplio, aunque lento, de las aguas algo más profundas y más frías hacia la superficie del mar» y «tiene como causa principal una divergencia de la componente horizontal de la corriente del Perú, siendo ella provocada por el viento. Las causas del afloramiento frente al Perú son de índole física: los vientos dominantes; capas de distinta densidad; ondas internas de gran amplitud y período; y desnivel de las aguas en la costa, que se forma bajo presión del viento».

En períodos de El Niño se registran altos valores de salinidad en las costas del norte del país (como en esta playa de Piura), debido a la presencia de aguas con temperaturas tropicales.

Bajas temperaturas en la superficie

La corriente costera peruana, que transporta, según Klaus Wyrtki, unos 6'000,000 de m^3 de agua con dirección norte, se abastece parcialmente con el afloramiento de aguas profundas y comienza a tomar rumbo nornoroeste a partir de los 5°-6° de latitud sur, aproximadamente, o lo que es lo mismo, a la altura de Paita y Sechura (departamento de Piura).

Esta corriente es la que está más influida por el afloramiento de aguas profundas (300 m según Schweigger y 400 según Klaus Wyrtki) y el consiguiente enfriamiento de las aguas superficiales. Pero conviene notar que la corriente Peruana oceánica también posee temperaturas bajas en relación con los mares tropicales, puesto que están comprendidas entre 17 y 20 °C, siempre según los estudios contenidos en *El campo del movimiento horizontal y vertical en la corriente del Perú* de Wyrtki.

El afloramiento costero, de duración variable, puede producirse en cualquier lugar de la costa peruana, en respuesta a la acción continua del viento alisio que sopla desde el sudeste en forma persistente durante un período de varios días (cinco o seis, según Popovici). Para este autor, el afloramiento, que puede durar entre unos pocos días y varios meses, puede cesar por completo al interrumpirse la acción del factor causante. Este fenómeno se presenta como proceso fronterizo y se desarrolla en áreas de extensión limitada, debido a la barrera formada por la costa y a la estratificación de las aguas.

Dos núcleos de afloramiento

Al nivel de los 50 m las aguas de afloramiento se presentan en toda el área desde Salaverry hasta Ancón y desde el Callao hasta el norte de Chile. Sin embargo, en la superficie hay discontinuidad de las aguas «relativamente frías» de afloramiento y pueden distinguirse varios centros de afloramiento con extensión horizontal variable de acuerdo a las mareas, corrientes y otros factores locales. Popovici señala también que el área típica de afloramiento en la costa «se encontró entre Huarmey y Supe», donde se registraron las aguas con «temperaturas más bajas (16.68 °C) y más densas (26.67 OT), con salinidades de 35,10 por ciento, bajo contenido de oxígeno (1.75 ml/l) y alto contenido de fosfatos (180 UG-AT PO-4-P/L)». Ano-

Muelle en el balneario de Huanchaco, departamento de La Libertad. En esta zona se pesca con las embarcaciones denominadas «caballitos de totora», que datan del Perú preincaico.

ta además este autor que en los afloramientos costeros de algunas áreas de la costa observó características propias de aguas ecuatoriales subsuperficiales.

Según Salvador Zuta, los principales núcleos de afloramiento son dos: uno se encuentra entre los 4 y 6° de latitud sur, en la zona de Paita, departamento de Piura, y el otro en el área de San Juan entre los 14 y 16° de latitud sur. Los afloramientos son más lentos durante los meses de verano y se dinamizan e intensifican durante los meses de invierno.

Movimiento vertical de las aguas

El afloramiento costero o movimiento vertical de las aguas no tiene intensidad unánime a lo largo del año. Se presenta débil durante la estación del verano, cuando está limitado a algunas áreas poco extensas cerca de la costa. Durante los meses de invierno aumenta su intensidad y las aguas ascienden a la superficie por la parte superior de la termoclina; en la estación de primavera se nota que el proceso de afloramiento afecta a un número mayor de áreas frente a la costa de Perú, al mismo tiempo que las aguas llegan desde mayores profundidades.

La velocidad de ascenso y la profundidad originaria de las aguas de afloramiento dependen también de la morfología submarina, (es decir, del zócalo y la plataforma continental). Popovici anota que frente a Punta de Pescadores y Atico, donde la plataforma continental está reducida a su mínima expresión, las aguas ascienden libres de obstáculos y alcanzan la superficie del mar al pie de la costa, originando las temperaturas más bajas de toda la región costera de Perú, lo cual demuestra —dice— que allí proceden de mayores profundidades. Existen también corrientes submarinas o subsuperficiales.

La corriente de Cromwell y la peruano-chilena

Al sur de los 15° de latitud sur el afloramiento se abastece de aguas antárticas que se desplazan a profundidad y se caracterizan por su baja salinidad y temperatura, fluyendo hacia el norte en la dirección de la corriente Peruana. Al noroeste, en cambio, las aguas de afloramiento proceden de la masa de agua ecuatorial subsuperficial, que fluye

Puerto pesquero al norte del Perú. Las bolicheras y pequeñas embarcaciones desempeñan un papel importante dentro de la producción pesquera de las poblaciones de esta zona del litoral.

hacia el sur con la contracorriente de Perú. En efecto, la corriente de Cromwell, que se encuentra a profundidades de 100 a 200 m, se caracteriza por arrastrar aguas de una elevada salinidad (34.9 %) y temperatura (14-15 °C), según los valores medidos en la región de las islas Galápagos. Desde allí se desplaza hacia el sur, contribuyendo al afloramiento a todo lo largo de la costa noroeste y central de Perú, probablemente hasta los 15° de latitud sur, según Popovici.

Por otra parte, debemos mencionar la corriente peruano-chilena, que Zuta denomina también corriente Submarina Costera (CSC). Ésta fluye hacia el sur por debajo de la corriente costera peruana, por lo menos hasta los 41° de latitud sur, bordeando la plataforma continental a 100 m de profundidad, con velocidades que oscilan de 4 a 10 cm por segundo, es decir, entre 14.4 y 36 km por hora.

Las aguas de esta corriente alimentan en gran parte a las que afloran en la costa peruana. Según Zuta, existen indicios de que esta corriente se intensifica en períodos de El Niño o en algunas fases de su desarrollo. Otras corrientes submarinas son la contracorriente peruana, que se desplaza hacia el sur lejos de la costa y que fue estudiada por Wyrtki, y la contracorriente sur ecuatorial, que llega a las costas peruanas desde el oeste, entre los paralelos 4° y 8° de latitud sur.

Concentración de plancton

Además de sus temperaturas relativamente bajas, las aguas de afloramiento son densas y pobres en oxígeno, pero tienen un elevado contenido de sales minerales, esenciales para el desarrollo de las plantas acuáticas; estas características propician la importante bioproducción que es propia de las aguas de afloramiento. Como resultado de este fenómeno, y según apunta Zacarías Popovici, el «fitoplancton forma densas poblaciones, el zooplancton alcanza elevada abundancia y los cardúmenes de peces pelágicos tienen gran densidad».

Ello hace que las áreas de afloramiento tengan un elevado «índice de productividad» y sean zonas de abundante pesca, donde se concentran las bolicheras que pueden observarse formando agrupaciones en áreas no muy extensas del Mar de Grau. Conforman uno de los paisajes típicos de la costa peruana, que el viajero puede observar incluso desde el avión.

Cuando las aguas templadas se trasladan hacia el noroeste de Perú y toman contacto con aguas oceánicas de otras características originan zonas de fuerte concentración de plancton y, consiguientemente, de peces.

El Niño extraordinario de 1997-1998

El inicio del desarrollo visible de El Niño 1997-1998 tuvo lugar hacia marzo de 1997, cuando se hicieron evidentes ciertas anomalías principalmente oceanográficas, como la elevación de la temperatura superficial del mar en el Pacífico sudeste.

La evolución de las anomalías térmicas en las capas superficiales del Pacífico, abarcando áreas cada vez mayores en la zona occidental del océano, e intensificándose en el calentamiento, determinaron que la situación fuera incontrastable en abril, mayo, junio y julio, estabilizándose desde agosto de 1997 hasta marzo de 1998.

A partir de este último mes se apreció el debilitamiento global del evento El Niño extraordinario de 1997-1998.

En el norte del Perú y sur del Ecuador, las lluvias generadas por El Niño provocaron en los años 1993 y 1998 desbordes, aluviones e inundaciones; en la foto, Sullana, en Piura.

Anomalías térmicas del Mar de Grau

El afloramiento de aguas profundas no tiene sólo efectos en la biología marina sino que influye en la transparencia y color; en la concentración de oxígeno y sales minerales y, como se ha visto, en la temperatura superficial del Mar de Grau. Este fenómeno origina grandes diferencias en la distribución térmica de las aguas superficiales, desde la costa hacia mar adentro. Por otra parte, el afloramiento prolonga la duración de la temporada fría, «efecto que se observa claramente en la región del Callao y Lima, donde los meses de septiembre y octubre, que corresponden a la primavera, se mantienen relativamente fríos. Por lo tanto, los procesos de afloramiento frente al Perú sobreimponen sus efectos a la variación estacional de las condiciones meteorológicas y contribuyen, por un lado, a la disminución de la amplitud anual de la temperatura en la superficie del mar costero y, por otro, a una prolongación del período anual de enfriamiento de las aguas», en palabras de Zacarías Popovici.

En fin, el afloramiento origina también fenómenos hidrográficos como el desnivel transitorio de la superficie oceánica; ello se debe a que los vientos que soplan con cierta regularidad impulsan mar adentro las aguas superficiales del océano, creando un desnivel transitorio que es compensado con el ascenso o afloramiento de aguas profundas, parte de las cuales llegan hasta la superficie.

También se produce, por la misma causa, la circulación transversal de la corriente costera peruana, favorecida por los vientos del sudeste, así como la discontinuidad de las aguas costeras de afloramiento, debido a que se acumulan en la capa superior del mar, cerca de la costa, y se mantienen durante algún tiempo. La franja, que es discontinua en superficie, acentúa el fenómeno durante el verano. Cuando soplan vientos del sur paralelos al litoral, estas aguas de superficie más o menos frías se alejan del continente y se incorporan a la co-

Desierto costero en el departamento de Ancash. La mayor parte de la costa en la zona central está conformada por vastos desiertos de arena debido a la influencia de la corriente Peruana.

rriente costera de Perú, contribuyendo de esta forma a la anomalía térmica que lo caracteriza.

Características de El Niño

Una de las anomalías más características del Mar de Grau es la aparición de aguas oceánicas muy cálidas, que en forma de grandes lenguas de aguas calientes llegan desde las zonas tropicales del Pacífico sur y penetran en el Mar Peruano, interrumpiendo parcial o totalmente la continuidad de las aguas templadas de la costa y formando fajas con ancho de varios cientos de kilómetros: es el fenómeno conocido como El Niño.

Cuando se presenta con características extraordinarias, El Niño ocasiona anomalías atmosféricas y en el ecosistema marino, que se caracterizan por un incremento en la temperatura superficial del mar y de la costa, y unas precipitaciones de gran intensidad y frecuencia. Éstas, a su vez, originan la violenta y destructiva entrada en actividad de las numerosas quebradas habitualmente secas que cruzan la costa, y unas crecientes extraordinarias de los ríos que atraviesan el desierto, provocando inundaciones y destruyendo extensas áreas. Las temperaturas superficiales de las aguas oceánicas se incrementan hasta en 7 u 8 °C en la costa norte y algo menos en la parte central, ocasionando la migración de especies marinas hacia el sur, sobre todo de grandes cardúmenes de anchoveta y sardina. En el siglo XX se han producido ya tres fenómenos de El Niño extraordinarios o de gran intensidad: los de 1925, 1982-1983 y 1997-1998.

La corriente de El Niño

En la costa norte, frente al litoral de Tumbes y norte de Piura, se presenta, de forma eventual y estacional, la llamada corriente de El Niño, cuyo origen se sitúa en el golfo de Guayaquil. Esta corriente arrastra aguas cálidas en dirección norte-sur. Su nombre se debe a que su aparición se produce generalmente en el mes de diciembre.

Programas contra la polución de las costas peruanas

Una primera fase de estudios sobre la contaminación de las aguas oceánicas frente a las costas peruanas se inició en 1979 y concluyó en 1985, a través de un programa del Instituto del Mar del Perú (IMARPE) y la Organización de Estados Americanos (OEA), que concentraron sus investigaciones en aguas litorales comprendidas entre los paralelos 7 °-9 ° de latitud sur (Pimentel-Chimbote) y en aguas costeras del Callao (entre los 12 y 12° 05' de latitud sur) referidos principalmente a nutrientes y traza de metales.

En 1981 se inició un nuevo trabajo regional a cargo del Programa de las Naciones Unidas para el Medio Ambiente y la Comisión Permanente del Pacífico Sur (PNUMA-CPPS), llamado Plan de Acción para la Protección del Medio Marino y Áreas Costeras del Pacífico Sudeste. El objetivo principal de este trabajo consistía en el estudio de la contaminación por hidrocarburos de petróleo en áreas críticas del litoral, tales como Talara, Chimbote, Callao, Pisco e Ilo. Bajo la coordinación de IMARPE, diversas instituciones nacionales continúan trabajando en esa dirección. Existe también un Plan de Contingencia para el caso de producirse derrames de petróleo, coordinado por la Marina de Guerra del Perú. En 1987 se estableció además el Consejo Nacional de Protección del Medio Ambiente para la Salud (CONAPMAS), organismo de carácter multisectorial con sede en Lima, cuyo objetivo principal es el de coordinar las investigaciones orientadas a preservar la calidad del aire, el agua, el suelo y el subsuelo, con el fin de proteger la salud de la población peruana.

Existe asimismo un programa de Investigación Mundial de la Contaminación en el Medio Marino (GIPME) que ejecuta un plan de monitores de la polución marina que cuenta con varios grupos técnicos de trabajo y realiza periódicos eventos científicos, como el efectuado por la Organización de las Naciones Unidas para la Educación, la Ciencia y la Cultura (UNESCO) en 1984.

Zonas más contaminadas del Mar de Grau

Las principales causas de la contaminación marina provienen de la industria de harina y aceite de pescado, las emisiones de aguas servidas de las ciudades costeras (en particular, las de Lima metropolitana), el derrame de petróleo en los puertos (en el Callao, por ejemplo) y de basuras y todo tipo de desperdicios, incluyendo restos de pescado en algunas caletas de pescadores en las que se evisceran especies para su salazón. Además se deben tener en cuenta los productos químicos que se aplican a los cultivos en los valles de la costa, tales como pesticidas o herbicidas. Todo este conjunto de desechos va a parar a canales y cursos de agua que desembocan en el mar.

Relaves y aguas servidas

En el sur, en el departamento de Tacna, las aguas están contaminadas con los relaves de la mina de Toquepala, que se vierten al cauce del río Locumba. Las principales zonas del Mar de Grau contaminadas con aguas servidas son, de norte a sur, la desembocadura del río Tumbes, las áreas de la capital nacional y las de las ciudades de Trujillo, Chiclayo, Chimbote y Huacho, entre otras. Además, todos los puertos evacuan al mar las aguas servidas de sus ciudades, contaminando el océano en zonas inmediatas al litoral. Pero la contaminación más importante, por el volumen de residuos líquidos que vierte al mar y el área que afecta, es la originada por los siete millones de habitantes de Lima. La gravedad del problema ha llevado a las autoridades a la elaboración de proyectos para establecer lagunas de oxidación y tratamiento de aguas servidas en Lima, Trujillo, Chiclayo, Piura, Tumbes y otras ciudades.

Las zonas del Mar de Grau contaminadas por actividades relacionadas con la elaboración de harina, aceite y conservas de pescado son Chimbote, Callao, Pisco, Paita, Coishco y Bayóvar, sobre todo. El gobierno ha dictado normas dando plazos para que los propietarios de estas fábricas incorporen efectivas tecnologías tendientes a eliminar las sustancias contaminantes no sólo de las aguas oceánicas sino también de la atmósfera.

Los recursos del Mar de Grau y su explotación

La extraordinaria riqueza y variedad de la biomasa del Mar de Grau, considerada entre las de mayor productividad del mundo, tiene su origen en el afloramiento costero de aguas. Según los oceanógrafos, éstas provienen de profundidades comprendidas entre los 100 y los 400 metros.

Estas aguas aportan a la superficie un notable contenido de nutrientes, que aumenta sensiblemente su fertilidad; en ellas prosperan el fitoplancton y el zooplancton, alimento de especies menores como la anchoveta, que a su vez sirve de comida para peces mayores, completando la cadena biológica del mar.

Vista de una gran concentración de aves marinas y guaneras en Punta Coles, en el departamento de Moquegua.

Variedad según el emplazamiento

La riqueza del Mar de Grau es conocida y explotada desde los tiempos de los primitivos pobladores peruanos, hace varios milenios, según han demostrado diversos estudios. Ahora bien, los principales recursos marinos varían según su ubicación. En playas arenosas se encuentran variedad de cangrejos y el muy-muy (*Emericta analoga*), que habita en la zona de rompiente de olas; su presencia origina aglomeración de gaviotas, chorlitos y otras aves que se alimentan con ellos, igual que algunos peces como la corvina (*Sciaena gilberti*) y varias especies de tollos (*Mustellus*).

Según el biólogo Manuel Vegas Vélez, en las playas con mucho fango se encuentran diversas especies de rayas y moluscos, como la macha (*Mesodesma*), la almeja o concha blanca (*Semele tivela*) y la concha de abanico, que vive en fondos con arenas finas a profundidades comprendidas entre 4 y 12 brazas y a poca distancia de las playas (200 a 400 m). En las orillas rocosas hay amplia variedad de moluscos (chanque, caracolillo, lapas, cangrejo de roca) y gran abundancia de choros (*Choromytilus chorus*), especie muy popular, puesto que se emplea para preparar platos típicos como cebiche, choro a la chalaca, ají de choro, sopa, aguadito, arroz y cau-cau.

Anchoveta y otras especies filtradoras

En la desembocadura de los ríos hay abundancia de camarones de río (*Chryphiops caementarius*) y lisas (*Mugil cephalus, M. curema*). Caso especial son los bajos fondos cubiertos por arena y fango en el delta del río Tumbes y del Zarumilla, donde existe abundante fauna marítima en los manglares y esteros: moluscos y crustáceos como la concha negra, ostras, cangrejos, langostas y langostinos, etcétera. En las áreas pelágicas, una especie de gran importancia es la anchoveta (*Engraulis ringens J.*), que fue descripta por primera vez en 1842 por Jenyns. Conocida como anchoveta en su estado adulto, se la denomina «peladilla» cuando es pequeña, época en que está prohibida su captura. La edad límite, de acuerdo con Vegas Vélez, es la de los tres años, edad en la que mide hasta 17 cm de largo, con 16 g de peso.

Su aptitud de reproducción se inicia cuando llega a un tamaño de 12 cm, época en que pone hasta 9,000 huevos; cuando llega a los 17 cm llega a desovar hasta 24,000. Su período de desove se inicia en agosto y concluye en febrero o marzo. Sin embargo, pueden presentarse desoves de anchovetas en otros meses, cuando hay cambios en el ecosistema marino. Esta especie se alimenta a base de fitoplancton y zooplancton microscópicos, a los que filtra a través de su branquitecnias, de forma análoga a como lo hacen las ballenas.

Fábrica de harina de pescado. Este producto, cuya base es la anchoveta, se destina sobre todo a la dieta de alimentación en criaderos de aves, porcinos y bovinos.

Otros peces filtradores en el Mar de Grau son el pejerrey, la sardina, el jurel y la caballa.

Sardina y bonito

Especies presentes en el Mar de Grau son asimismo la sardina (*Sardinops sagax sagax*), que se encuentra en todos sus sectores, y la sardina chata (*Ylisba furtbi*), que se concentra en la costa norte. Se pescan principalmente para fines industriales, como son las conservas, la harina y el aceite. Sus cardúmenes son menos abundantes en comparación con los de anchoveta, y su biomasa ha disminuido debido a la pesca masiva para la industria de harina y aceite de pescado. Desde mediados de la década de 1990 la pesca desembarcada de sardina supera el millón de toneladas al año. El consumo humano de esta especie en forma directa es muy limitado.

En cambio sí es importante a tales fines el bonito (*Sarda sarda chiliensis*), propio de la corriente costera peruana, un túnido que fácilmente alcanza 50 cm de largo y sobrepasa los 2 kg de peso. Tiene amplia aceptación popular, favorecida por el hecho de que su abundancia lo convierte en más barato que otras especies. En épocas pasadas abundaba todavía más y constituía la base de la alimentación de la mayoría de la población. En aguas más cálidas existe otra especie de bonito (*Sarda ornamentalis velox*) que se encuentra al norte del Mar de Grau. La tradición culinaria de Perú conoce innumerables maneras de preparar el bonito: en forma de cebiche, escabeche, chupín, frito, al vapor, etcétera.

Pejerreyes, corvina y cojinova

El pejerrey (*Odonthestes regia regia*) se encuentra en la costa central y sur; el pejerrey del norte (*Melaniris pachylepis*) abunda en el área de Puerto Pizarro. Estos peces tienen cierto parecido con la anchoveta, en tanto se alimentan de zooplancton, pero no se emplean para fabricar harina de pescado sino que se consumen frescos. Su carne, muy sabrosa, sirve para elaborar cebiche, tiradito y frituras diversas. Su precio es de los más bajos que se ofrecen en los mercados y abundan en los meses de junio a noviembre.

Embarcación pesquera en el Callao. La producción pesquera de este puerto se destina principalmente a satisfacer la demanda limeña así como a las fábricas de harina de pescado cercanas.

Las mayores concentraciones de corvina (*Sciaena gilberti*) se verifican entre Chimbote y Pisco; el tamaño de esta especie puede superar los 50 cm y su peso, los 5 kg. De carne blanca, es conjuntamente con el lenguado uno de los peces más apreciados, y también uno de los que resultan más caros. Se consume en forma de cebiche, frito a la chorrillana y a la plancha, en escabeche, al vapor, en chupe, en anticuchos, etcétera.

En cuanto a la cojinova (*Seriolella violacea*), es una de las especies abundantes, apreciadas y de mayor consumo; su precio en el mercado se sitúa entre el del bonito y el de la corvina. Se pesca durante todo el año. La cojinova alcanza longitudes que pueden superar los 50 y 60 cm y su peso sobrepasa los 3 o incluso 4 kg. A los de menor tamaño los pescadores las denominan «palmeritas». Con este pez se condimentan una notable diversidad de platos, que son servidos en restaurantes de todas las categorías.

Captura de la anchoveta

La anchoveta es la principal especie para la elaboración de harina y aceite de pescado. Su biomasa, calculada en la década de 1940 por Schweigger en 20 millones de toneladas métricas, ha disminuido considerablemente debido a la pesca masiva, que ha hecho necesario el establecimiento de vedas o prohibición de pesca, para evitar su depredación y el eventual colapso de su biomasa. La enorme disminución de la población de anchoveta tuvo lugar a principios de los años setenta, con el consiguiente disturbio en la cadena biológica del mar peruano, la disminución del número de fábricas y el daño a la economía nacional. La anchoveta se pesca desde el norte del país, al sur de Talara, hasta la frontera con Chile. La mayor concentración de fábricas de harina de pescado se encuentra en Chimbote, Paita, Coishco, Pisco y Parachique, este último en el golfo de Sechura, aunque existen también fábricas en otros lugares de la costa. La anchoveta tiene tendencia a formar grandes cardúmenes; cuando ocurren fenómenos El Niño extraordinarios, estos cardúmenes migran hacia el sur o eligen aguas más profundas.

Principales especies comerciales que sustentan la pesquería marina

Nombre común	***Nombre científico***	***Distribución geográfica***
Anchoveta	*Engraulis ringens J.*	De Punta Aguja (Perú) a Talcahuano (Chile)
Atún	*Thunnus albacares*	Cosmopolita en mares tropicales y subtropicales
Ayanque	*Cynoscion analis*	De Santa Elena (Ecuador) a Coquimbo (Chile)
Bonito	*Sarda sarda chiliensis*	De Vancouver (Canadá) a Baja California (México)
		y de Puerto Pizarro (Perú) a Talcahuano (Chile)
Caballa	*Scomber japonicus*	De Manta (Ecuador) a Valparaíso (Chile)
Cabinza	*Isacia conceptionis*	De Islas Lobos de Afuera (Perú) a Talcahuano (Chile)
Cabrilla	*Paralabrax humeralis*	De Puerto Pizarro (Perú) al sur de Chile
		e Islas de Juan Fernández (Chile)
Coco	*Paralonchurus peruanus*	De Tumbes al Callao
Cojinova	*Seriolella violacea*	De Talara (Perú) hasta Valparaíso (Chile)
Congrio	*Genypterus maculatus*	De Tumbes (Perú) al sur de Chile
Jurel	*Trachurus picturatus m.*	De las Islas Galápagos (Ecuador) a Talcahuano (Chile)
Lisa	*Mugil cephalus*	De California (EE UU) a Valdivia (Chile)
Lorna	*Sciaena deliciosa*	De Puerto Pizarro (Perú) a Antofagasta (Chile)
Machete	*Ethmidium maculatum*	De Puerto Pizarro (Perú) a Antofagasta (Chile)
Merluza	*Merluccius gayi peruanus*	De Ecuador hasta Pisco (Perú)
Pejerrey	*Odontesthes regia regia*	De Punta Aguja (Perú) hasta Iquique (Chile)
Perico	*Coryphaena hippurus*	De San Diego (EE UU) a Antofagasta (Chile)
Sardina	*Sardinops sagax sagax*	Desde el Golfo de Guayaquil (Ecuador)
		hasta Talcahuano (Chile)
Tollo	*Mustelus whitneyi*	Desde Tumbes al Callao
Trucha	*Oncorhynchus mykiss*	Introducida, cuerpos acuáticos altoandinos del Perú

Fuente: Ministerio de Pesquería

Pesca de un mero gigante. La riqueza del litoral peruano lo convierte en uno de los destinos favoritos de los aficionados a la pesca deportiva, especialmente en las costas de Tumbes y Piura.

En el litoral de la costa norte peruana abundan numerosas especies, tanto de consumo humano como para uso industrial. En la imagen, pescadores en el puerto de Cabo Blanco, en Piura.

Lenguado, angelote y perico

El lenguado (*Paralichthys adspersus*) está presente en todo el Mar de Grau; es una de las especies más finas que se pescan en aguas peruanas. Su precio en los mercados es comparable al de la corvina. Hay ejemplares de más de 50 cm de largo y que pesan más de 4 kg, y se consumen en ceviche o tiraditos.

Varias especies de tollo (*Mustelus whitneyi*) se ofrecen normalmente en los mercados de Lima metropolitana y otras ciudades de la costa y los Andes. La carne de los tollos de menor tamaño es muy apreciada para preparar cebiche y otros platos. Abundan en la costa norte, donde secos y salados se ofrecen en los mercados locales y en los de las poblaciones andinas. Alcanzan tamaños superiores al metro.

El angelote y la guitarra (*Rhinobatos planiceps*) son dos especies que se pescan en la costa peruana para la salazón y para la venta en seco o en salmuera. Para Semana Santa, los pescadores los salan y secan en forma especial, y los venden como «bacalao criollo», de gran aceptación por sus precios bajos en relación con el bacalao seco importado. En cuanto al perico, que alcanza longitudes superiores a un metro, es un pez de aguas subtropicales —es decir, del norte del litoral marítimo peruano—, pero cuando el Mar de Grau se tropicaliza esta especie se desplaza hacia el sur, a la altura de Lima y Pisco. Los pescadores tienen entonces un recurso importante para sus faenas debido a la abundancia de perico cuando las especies propias migran o buscan aguas más profundas. Tiene gran aceptación entre los pobladores de Lima metropolitana y otras ciudades de la costa central, a causa del bajo precio de venta en los mercados y porque sus filetes de carne blanca no tienen espinas.

Pescador de langostinos en Tumbes. La cría y comercialización de larvas de langostino han adquirido progresivamente una importante envergadura en esta zona del litoral peruano.

Especies comestibles de la costa norte y central

Además del pargo y el camotillo, son propios de la costa norte las siguientes especies para consumo humano: el San Pedro Rojo o chivo (*Pseudupeneus grandisquamis*), la corvina dorada (*Micropognias altipinnis*), el burrito (*Amsotremus interruptus*), el gallinazo (*Ophioscion obscuras*), la callana o rancador (*Haemulopsis axillaris*), el sargo (*Amsotremus dovi*), la sardina chata (*Ilisha furthi*), la picuda o barracuda (*Sphyraena ensis*), el suco rayado (*Paralonchurus dumerili*), la chula, el jorobado (*Selene brevoorti*) y la camiseta (*Chaetodipterus zontus*), entre otras especies.
En la costa norte y central se hallan el coco o suco (*Paralonchurus peruanus*) y el pez diablo (*Paranthias furcifer*), entre otros.
En cuanto al congrio (*Genypterus maculatus*), ojo de uva (*Hemilutjanus macrophtalmos*), loro (*Oplegnatbus insignes*) y cabrilla (*Paralabrax humeralis*), se encuentran a lo largo de toda la costa peruana.

Ayanque, chita y camotillo

El ayanque o cachema (*Cynoscion analis*) es otra especie que se pesca para consumo fresco; abunda en el norte, en el área del Mar de Grau entre Pimentel y Máncora. Alcanza una longitud de 30 cm y un peso promedio de 350 g. La lorna (*Sciaena deliciosa*) se encuentra entre los 5 y 12° de latitud sur. La cabinza (*Isacia conceptionis*) se pesca desde la isla Lobos de Afuera hacia el sur, con concentraciones mayores entre Chimbote y Pisco.

La pesca de la chita (*Anisotremus scapularis*) se realiza en zonas rocosas a lo largo de todo el Mar de Grau. Su carne es muy apreciada, y su precio en los mercados, ligeramente inferior al de la corvina y el lenguado. Peces de roca muy apreciados y con precios que varían de intermedio a altos son la cabrilla (*Paralabrax humeralis*), que se pesca en toda la costa; el mero (*Epinephelus niveatus*), que se extrae principalmente en el norte, en las costas de los departamentos de Tumbes y Piura; el pargo (*Lutyanus guttatus*), propio de la costa norte; el ojo de uva (*Hemilutjanus macrophtalmos*), que habita en todo el Mar de Grau; y el camotillo (*Diplectrum pacificum*), que se pesca asimismo en la costa norte.

Merluza, pota y langostino

La merluza (*Merluccius gayi peruanus*) es una especie demersal —propia de aguas profundas, aunque suele remontar a la superficie en algunas épocas del año—, de color grisáceo o pardo. La merluza abunda en el Mar de Grau, en el sector comprendido entre Huarmey y Punta Pariñas. Se la encuentra sobre la plataforma y el talud continental, entre los 700 y 200 m de profundidad. Está asociada a otras especies de fondo como el congrio, y a una variedad de crustáceos, de los que se alimenta. Su pesca se realiza principalmente para la exportación en forma de filete congelado.

El calamar gigante (*Dosidicus gigas*) o pota es, por su parte, otra de las especies abundantes en el Mar de Grau; su captura se realiza bajo permisos que se adjudican a embarcaciones calamareras, tanto nacionales como extranjeras, previo concurso público. A mediados de la década de 1990 se capturaron 12,000 toneladas que fueron destinadas, en amplio porcentaje, a la exportación.

En cuanto a los langostinos, se concentran sobre todo frente a las costas del departamento

Faenas de pesca en Pimentel, Lambayeque. La pesca artesanal se realiza en pequeñas embarcaciones (lanchas, botes, chalanas), y sirve generalmente para el consumo de pescado fresco.

de Tumbes. Desovan en aguas de poca profundidad y cercanas a la costa, en las inmediaciones de los manglares, donde sus larvas encuentran alimento. La gran concentración de larvas de langostinos en aguas litorales del departamento de Tumbes ha dado origen a una intensa actividad de extracción, a la que se dedican los denominados «larveros», que en número calculado entre 6,000 y 10,000 llegan diariamente a las playas. El total de larvas obtenidas se vende en el Perú y Ecuador a los empresarios dedicados a la acuicultura para la cría de langostinos.

En aguas norteñas del Mar de Grau también se ha detectado la presencia de tiburones y de peces espada.

Presencia de mamíferos en aguas peruanas

La presencia de ballenas en el Mar de Grau es conocida desde los tiempos de la Colonia, y asimismo hay noticias de la presencia de flotas balleneras inglesas que llegaron a las costas peruanas con el fin de cazarlas. Según J. Iparraguirre, en el Mar de Grau existen las ballenas azul, de aleta y jorobada, y cachalotes. Sin embargo, la mayor caza en décadas pasadas correspondía a la ballena azul y el cachalote. Actualmente existen acuerdos internacionales para proteger el número bastante disminuido de ballenas que aún surcan los mares del mundo, ya que dicha especie está en peligro de extinción.

Otros mamíferos acuáticos que viven en el Pacífico son los delfines, que según el biólogo J. Sánchez abarca a los toninos (*Phocaena sprinipinnis, Delphinus delphis*) y a los bufeos o delfines (*Globicephala melaena, Orcinus orca*). Otrora estos delfines eran cazados para el consumo de carne fresca y la preparación de «buchana», pequeños filetes salados y secos, muy apreciados por los degustadores de exquisiteces. En la actualidad hay prohibición y existen sanciones para quienes cazan estas simpáticas especies, que pueden obser-

Colonia de lobos finos en Punta Coles, Moquegua. Por su alimentación se concentran en las loberas de la isla San Gallán, en Pisco, Punta San Juan de Marcona, Punta Atico y Punta Coles.

varse inclusive desde el litoral. En los ríos y las lagunas de la selva baja viven otras dos especies de delfines.

Algas, lobos y tortugas marinas

Un recurso importante en el Mar Peruano lo constituyen asimismo las algas marinas, que se fijan en las rocas y los fondos arenosos. Una alga muy utilizada para adornar los ceviches es el llamado «yuyo». En las décadas de 1960 y 1970 se exportaron algas al Japón.

Lobos marinos de dos especies, el chusco o de un pelo (*Otaria flavescens*) y el lobo fino de dos pelos (*Arctocephalus australis*) viven a lo largo del litoral peruano y en las islas del Mar de Grau, formando grandes colonias, concentradas principalmente al pie de los acantilados rocosos. Los pescadores siempre se hallan en conflicto con estos animales, ya que rompen sus aparejos de pesca y aprovechan para su alimentación los peces que ya estaban atrapados en las redes. Esto origina constantes quejas y demandas para realizar matanzas de estos animales, como ocurrió en la década de 1940, cuando se desencadenó un exterminio incontrolado de ambas especies. Según Piazza, en 1942 se mataron 36,650 ejemplares. En la actualidad existe una legislación que penaliza las agresiones sobre estos animales, que, según un censo de 1971, habían quedado reducidos a tan sólo 30,000 individuos, de los cuales el 76 por ciento eran chuscos y el resto, finos.

Por otra parte, frente a las costas del departamento de Ica puede apreciarse gran número de tortugas marinas. A pesar de existir disposiciones que prohíben su caza, es común observarlas en las playas de Pisco a la espera de compradores, que las buscan por su apreciada carne.

Las aves guaneras

Las aves guaneras forman también parte del ecosistema marino, pues se alimentan de peces y con sus deyecciones contribuyen a fertilizar las

Repercusión de El Niño 1997-1998 en los recursos pesqueros de la costa peruana

Durante 1997 la pesquería pelágica se vio afectada por la incidencia del fenómeno El Niño 1997-1998, el cual se presentó a partir de la segunda semana de marzo generando alteraciones en la distribución y concentración de los recursos pelágicos, replegándolos en primera instancia hacia la costa y posteriormente con desplazamiento de las mayores concentraciones hacia el sur; complementariamente se detectó la profundización de los cardúmenes de anchoveta por debajo de los 15 m.

En cuanto al recurso sardina, se produjo un cambio en la localización de las áreas de pesca, que se desplazaron desde la zona de Paita-Parachique hacia el sur de Chimbote, ubicándose en la actualidad entre las 30 y 40 millas de la costa, y entre Huarmey y Huacho. El jurel incrementó su disponibilidad al inicio del evento El Niño; los meses de mayores capturas fueron agosto, septiembre y octubre de 1997, profundizándose posteriormente. El recurso caballa ha presentado una mayor disponibilidad, incrementándose sus capturas a partir de enero de 1998, en el área comprendida entre Chimbote y Chancay, principalmente entre las 30 y 50 millas náuticas de la costa. Asimismo se ha observado la presencia de especies características de aguas oceánicas como tiburones, pez espada y perico o dorado, que se acercaron hacia la costa.

aguas superficiales. Sus nidos y el estiércol que se deposita sobre las islas y puntas de nuestro litoral conforman el denominado «guano de isla», fertilizante natural de primera calidad, que el poblador peruano ha utilizado desde antiguo para enriquecer sus campos agrícolas.

El principal productor de guano de isla es el guanay o cormorán (*Phalacrocorax bougainvillii*), ave de color negro, con el pecho, el vientre y la garganta de color blanco. Viven en islas y puntas formando numerosas colonias y durante el día salen a «pescar» en grandes bandadas. El pelícano o alcatraz *(Pelecanus occidentalis thagus)* es el segundo productor de guano. De mayor tamaño que el guanay, su número es menor. Durante los períodos de Niños extraordinarios de 1983 y 1998, la ausencia de anchoveta y otras especies marinas —que constituyen su alimento— hizo que estas aves, en búsqueda de su sustento, frecuentaran las áreas urbanas aledañas a los mercados.

Piquero peruano (Sula variegata), *ave guanera que anida en lugares escarpados y peligrosos de las islas.*

El piquero (*Sula variegata*) es el tercer productor, pero su guano no se deposita mayormente en las islas, ya que se pierde al caer al mar, pues anida en acantilados rocosos. Otras aves que viven en las playas y litorales escarpados son el chorlito de doble collar, el chorlo nevado, el chorlo semipalmado, el zarcillo y diversas especies de gaviotas (la peruana, la gris y la dominicana, entre otras). La población de aves guaneras, que en 1963 se calculaba en torno a los 30 millones, había descendido en 1973, según Manuel Vegas Vélez, a 1'600,000. Se recuperó, según el *Censo de aves guaneras* de 1982-1995, hasta 7'650,000 de ejemplares en 1994, y descendió a 7'400,000 a mediados de los años noventa, de los que 3'540,000 eran guanayes, 3'030,000 piqueros y 820,000 alcatraces.

Mortandad de aves por El Niño

Muchos autores consideran que existe una relación entre la sobrepesca de la anchoveta, principal alimento de las aves guaneras, y la disminución del número de estas aves. Sin embargo, es necesario señalar que en los años de fenómenos El Niño extraordinarios se da también una notable mortandad de las aves guaneras, debido a que la anchoveta se profundiza o migra al sur en busca de aguas más frías.

El mar y el hombre peruano

Desde hace milenios, los habitantes del territorio peruano han explotado los recursos del mar. Los estudios arqueológicos han demostrado que los primeros pobladores instalados en la costa peruana —hace unos 10,000 años— se alimentaron de mariscos y posiblemente de peces litorales.

Según Federico Engel, hace más de 9,000 años los habitantes de la costa ya recolectaban grandes cantidades de mariscos para alimentarse; también pescaban cerca del litoral y se dedicaban a la caza de los lobos marinos. En los basurales que formaron cerca de sus casas se han encontrado grandes acumulaciones de conchas, —que ahora se denominan «conchales»—, como los que se observan en la zona de Chilca, al sur de Lima. Allí se han hallado una gran cantidad de valvas de choro, un molusco que vive a profundidades superiores a los 10 m, lo cual hace pensar en marisqueros que ya eran buenos nadadores y mejores buceadores.

Detalles de peces y aves marinas en el relieve de un muro de Chanchán, de la cultura Chimú.

A lo largo de la costa peruana existen un gran número de conchales, que en algunos casos llegan a conformar elevaciones visibles que parecen naturales. Los sitios con conchales precerámicos más destacados, según la opinión de H. Busse, están entre Máncora y Negritos, en la desembocadura del Chira, en Huaca Prieta, Virú, Guadalupito, Nepeña, Tortugas, Las Haldas, Culebras, Supe, Huacho, Río Seco, Lachay, Ancón, Ventanilla, isla San Lorenzo, Chira, Curayacu, Chilca, Asia, Paracas, Otuma, bahía de San Nicolás, Lomas y Camaná.

María Rostoworoski concluye, tras sólidas argumentaciones, que al sur de Lima los habitantes prehispánicos se dedicaban a la maricultura por medio de la cría de peces en pozas que hacían a la orilla del mar.

Primitivos navegantes

Dentro de los importantes hallazgos de Federico Engel figura una red de pescar muy bien conservada, con un flotador de calabaza, encontrada en Río Seco. La importancia de dicho descubrimiento radica en demostrar que desde hace miles de años los antiguos pobladores de Perú navegaban en las aguas del Mar de Grau.

Otro factor que corrobora esta afirmación es que en las islas guaneras del norte se han encontrado, enterradas en el guano, maderas talladas de la cultura Mochica. Ahora bien, sólo era posible llegar hasta las islas utilizando algún tipo de embarcación. Según el arqueólogo Ducio Bonavia, éstas habrían sido los famosos «caballitos de totora»; los había de gran tamaño y no sólo los individuales, que son los que aún existen y usan los pescadores artesanales en el norte del Perú.

En el sur de Perú se han encontrado, en tumbas prehispánicas, lo que H. Busse ha llamado «balsillas de juguete». Un hito histórico que confirma la navegación del poblador prehispánico del Perú es el encuentro de la nave de Bartolomé Ruiz con una balsa de tumbesinos. Ésta fue, según el historiador R. Porras Barrenechea, la primera embarcación de vela que los españoles encontraron en América. El Inca Garcilaso de la Vega, en sus *Comentarios reales*, habla del uso de balsas de madera a las que «echan vela cuando navegan por la mar».

Algunos antropólogos e historiadores señalan, por otra parte, la probable existencia de una especie de bote inflable, que se confeccionaba a base de piel de lobo marino.

Cerámica Chimú que representa a un hombre en plena faena de pesca marina. El mar fue desde el principio una importante fuente de recursos para los primitivos habitantes de Perú.

La acuarela, de 1783, representa el sistema de pesca con redes utilizado por los naturales de las costas de Trujillo, que basaban su economía en la pesca y el intercambio.

Vía de comunicación y fuente de recursos

Durante la Conquista y la Colonia, el Mar de Grau, y el Pacífico en general, siguieron siendo elementos de primera importancia en la historia del habitante de Perú. En efecto, por mar llegaron los conquistadores españoles y por mar transportaron a la metrópoli las ingentes riquezas del Imperio Incaico, producto sobre todo del oro obtenido por el rescate de Atahualpa y, más tarde, del oro y la plata extraídos del interior de las minas. También por mar llegaron los virreyes y otras autoridades de la Colonia, las disposiciones emanadas por la Corona española, los comerciantes extranjeros e incluso los piratas.

Desde el Callao salieron también, durante la Colonia, las expediciones que descubrirían islas del océano Pacífico. Durante la República, el mar fue escenario de las gestas heroicas del conocido como «caballero de los mares», almirante Miguel Grau Seminario. En fin, en la actualidad, el Mar de Grau es el gran proveedor de proteínas para el poblador del Perú, y la fuente de recursos para la industria de harina, aceite y conservas de pescado. A lo largo del litoral peruano existen más de cuarenta puertos y caletas en los que se desembarca pescado para consumo humano directo y para la industria. Ello ubica al Perú en un lugar de preeminencia entre los países pesqueros del mundo; el Mar de Grau es visitado por flotas pesqueras internacionales, de acuerdo con las disposiciones legales establecidas y ateniéndose a los permisos y licencias correspondientes.

Aparejos, embarcaciones y puertos

Los aparejos usados en la pesca marina abarcan los instrumentos simples y de uso personal, como el cordel con anzuelo, que permite pescar desde el litoral o desde botes; el curricán, largo cordel donde se atan varios anzuelos; la atarraya, red circular en cuyos bordes se disponen trocitos de plomo para que se hunda rápidamente; el chinchorro, red de tipo cortina, muy usada por los pescadores artesanales; el espinel, que consiste en un cordel central de decenas de metros de longitud, al que se amarran numerosos cordeles más finos con sus anzuelos. El espinel puede ser de dos tipos: aquellos en los que el cordel madre permanece en la superficie y los que se depositan en el fondo; en ambos casos, se recoge la pesca después de aguardar varias horas.

Redes y anzuelos del Perú antiguo

Federico Engel, en su *Geografía humana prehistórica*, sostiene que los antiguos marisqueros del territorio peruano también utilizaban redes para pescar, y que la red hallada por él mismo en Paracas «es probablemente la más antigua que ha sobrevivido en buen estado de conservación en el mundo», pues tendría alrededor de nueve mil años. Señala asimismo que los fragmentos de redes que encontró en tumbas prehistóricas estaban confeccionadas «de hilo de cacto, muy finas, de malla cuadrangular, mientras que sus redes de carga eran de hilos gruesos y de malla pequeña. También se encontraron fragmentos de redes de diversas mallas en el pueblo de Illescas, al norte del Perú, que son de dos tipos: con mallas hechas con nudos, y otro con mallas sin nudos, pero enlaces corredizos.
El hombre de Chilca, más moderno (6,000 años a.C.), recolectaba mariscos y utilizaba para pescar anzuelos múltiples y anzuelos simples, hechos de espina de cacto, con materiales de valvas de choros y conchas, y más tarde utilizando huesos. Los anzuelos confeccionados con valvas de choros serían los más antiguos. Para pescar con anzuelo utilizaban cordeles hechos con fibra de cacto y otras extraídas del tallo de plantas».

A pesar de la industrialización de la pesca, los pobladores del litoral aún hoy continúan extrayendo artesanalmente pescado, con fines de comercio al menudeo o de autosostenimiento.

La red de cortina o agallera es utilizada por pescadores artesanales, quienes la tienden cerca de la costa. En cuanto a la red de cerco, es de gran longitud y altura, y puede tener hasta 1,000 m de largo y 100 m de alto. Su manejo requiere la ayuda de winches; es muy usada para la pesca de atún, bonito, jurel y grandes cardúmenes de anchoveta y sardinas. Se elaboran de acuerdo a la clase de pez a la que va destinada, según la cual recibe su nombre: anchovetera, sardinera, atunera, bonitera, etcétera.

En cuanto a las redes de arrastre, son de grandes dimensiones y tienen forma de embudo; son tendidas en el mar a profundidad y tiradas por barcos grandes. Sus mallas se elaboran de acuerdo a la especie a cuya pesca va destinada. Redes trampa, en fin, se colocan en forma de corrales.

Instalaciones portuarias

Las embarcaciones que se usan actualmente para la pesca incluyen los milenarios «caballitos de totora» para un solo pescador y las «balsas de madera palo de balsa», que se siguen usando en la costa norte y que son pequeños e impulsados por remos o motores de fuera borda. Asimismo existen modernas bolicheras con cámaras de refrigeración y sistemas de navegación que utilizan satélites. En el Mar de Grau operan también grandes barcos factorías y *tuna-clipper* nacionales y extranjeros, estos últimos con la correspondiente autorización de las autoridades competentes.

En el litoral se abren tres puertos pesqueros (Paita, Samanco y La Puntilla) que cuentan con grandes muelles y tienen cámaras de refrigeración y congelación, así como instalaciones para

Balneario de La Punta. El Callao es el principal puerto del Perú y, junto con Valparaíso (Chile), los más importantes de América del Sur desde los tiempos coloniales.

realizar labores de eviscerado, fileteado y lavado, fábrica de hielo y plantas para enlatado de conservas. Otros puertos con muelles que tienen en zonas aledañas fábricas de hielo, harina, aceite, conservas y congelado de pescado, y que poseen instalaciones para eviscerado, fileteado y lavado de pescado, son Chimbote y San Andrés, este último al sur de Pisco. Terminales Pesqueros Zonales (TPZ) con muelle, fábrica de hielo y pequeñas cámaras de refrigeración y congelación, así como facilidades para el eviscerado, fileteado y lavado de pescado son, por su parte, Parachique, Santa Rosa, San José, Huanchaco, Callao, Pucusana, Lomas, Quilca y Matarani. Como en el caso anterior, hay fábricas en zonas aledañas.

En cuanto a los muelles para desembarco de pesca artesanal, con facilidades para eviscerado y lavado de pescado, hay en Culebras, en el departamento de Ancash; Ancón, departamento de Lima; Lagunillas, Laguna Grande y San Juan de Márcona, en el departamento de Ica; Vila-Vila, en el departamento de Tacna; Paita, Cancas y La Islilla, en el departamento de Piura; y Puerto Pizarro, en el departamento de Tumbes. Otros puertos de desembarque con pequeños muelles son Coishco, al norte de Chimbote, departamento de Ancash; Pimentel, en Lambayeque; Salaverry, en La Libertad; Supe, Chancay y Huacho en el departamento de Lima; Tambo de Mora, en Ica; y los de Lomas y Quilca en Arequipa.

En fin, se puede decir que los diez principales puertos donde se desembarca pescado para consumo humano son, en orden de importancia, Paita (Piura), Chimbote (Ancash), Santa Rosa (Lamba-

El vigor del sector pesquero en el norte de Ancash se refleja no sólo en Chimbote sino también en la cercana localidad de Coishco, donde se realiza un mercado de pesca salada.

yeque), Parachique (Piura), Talara (Piura), Pisco (Ica), Callao, Coishco (Ancash), Huacho (Lima) y Salaverry (La Libertad).

Acuicultura, harina y aceite

La acuicultura marina en la costa peruana se inició en la década de 1960, cuando un grupo de empresarios privados construyó estanques para cultivar langostinos, proveyéndose de larvas e individuos jóvenes en los esteros para ser llevados a los estanques artificiales, donde alcanzaban un tamaño comercial y eran «cosechados» y preparados para la exportación. En esos años, el Perú dio un salto cualitativo hasta ocupar un puesto destacado en América Latina, junto a Brasil y México.

Durante El Niño extraordinario de 1982-1983, un gran número de estanques y sus infraestructuras fueron destruidos, ocasionando importantes pérdidas. Con posterioridad se rehabilitaron los estanques y se incrementaron hasta llegar a 4,000 hectáreas en las postrimerías de 1997. Sin embargo, el fenómeno El Niño extraordinario de 1998, de gran intensidad, ocasionó otra vez graves daños.

En la actualidad, existen laboratorios en Tumbes para la producción de larvas de langostinos, parte de los cuales se exportan. Pero la extracción de larvas en el mar continúa, debido a que son más resistentes que las que proceden de laboratorios. Se han instalado también zonas de cultivo de conchas de abanico, siendo las principales las de la isla San Lorenzo, que está frente al Callao, y las de la Bahía de la Independencia, en Ica. La Universidad Agraria tiene en marcha un proyecto de investigación para cultivo de choros y machas.

A lo largo de la costa peruana existen numerosos emplazamientos en los que se practica la acuicultura marina, actividad destinada a ser en el futuro una importante fuente de ingresos para la economía del país.

La industria de harina y aceite de pescado se inició hace varias décadas, cuando industriales peruanos instalaron fábricas para explotar la abundancia de anchoveta en el Mar de Grau. Fue un negocio que prosperó rápidamente; durante años, Perú se convirtió en el primer país pesquero a nivel mundial, con fines sobre todo industriales (harina y aceite), principalmente dirigidos al mercado internacional.

Tal como sucede con la anchoveta, el consumo de sardina fresca es bastante bajo, aunque en muchas caletas de pescadores es incluida en la dieta diaria. El jurel tiene mayor aceptación, y se ofrece a precios bajos en los mercados. En el Perú existen plantas para la producción de harina y aceite de pescado en los siguientes puertos: Chicama, Coishco, Chimbote, Huarmey, Supe, Huacho, Chancay, Callao, Paita, Parachique, Pisco, Atico, Mollendo e Ilo. Hay además 111 plantas industriales para enlatado y 82 para congelado.

Potencialidad de la anchoveta para su consumo directo

La utilización masiva de la anchoveta para la elaboración de harina y, en menor escala, de sardina y jurel, es cuestionada por los científicos, que consideran que estos recursos deberían consumirse frescos, congelados o salados. De esta forma, podrían constituirse en valioso complemento proteico en la alimentación de buena parte de la población costera y andina principalmente, donde existen grupos que viven en situación de pobreza extrema. La abundancia de anchoveta, sardina y jurel determinaría costos bastante bajos, por debajo de los de las especies que se comercializan diariamente en el mercado. Es cierto que sería necesario impulsar una campaña sostenida a escala nacional, para acostumbrar a la población peruana a incluir en su dieta diaria estas especies tan abundantes en el Mar de Grau, de extraordinario valor nutritivo.

La anchoveta, por ejemplo, tiene un 21 por ciento de proteínas y sólo un 3.50 por ciento de grasas, con la ventaja de que el aceite que contiene no es dañino para la salud, siendo más bien benéfico. El pescado contiene además aminoácidos esenciales, que no existen en la carne vacuna ni en los huevos. Minerales como el calcio, el magnesio y el fósforo son también comunes en el pescado, al igual que las vitaminas A y D, y en menores porcentajes la B1 y B2, siendo excepcional la B12 y la niacina. Esta valiosa fuente de proteínas, al convertirse en harina de pescado, escapa al consumo humano, ya que se destina a la elaboración de alimentos balanceados para animales.

En el Perú, estudios realizados concluyen que el consumo promedio anual de pescado *per cápita*, o sea por habitante de nuestra población, es de aproximadamente de 14 kilos.

Finalmente, mencionemos que para elaborar una tonelada de harina de pescado se requieren, dependiendo del tamaño, de cuatro a seis toneladas de anchoveta.

Criaderos de langostinos en la costa norte, en el departamento de Tumbes. La gran aceptación del langostino peruano a nivel mundial sigue haciendo rentable la acuicultura marina.

La flota industrial pesquera peruana está constituida en la actualidad por 829 embarcaciones, de las cuales 756 pertenecen a la flota costera, con la siguiente distribución: 73 cerqueras de 30 a 350 toneladas de capacidad; igual número de cerqueras de 170 a 350 toneladas de capacidad y 610 arrastreras costeras. Existen además 85 embarcaciones de la flota arrastrera de altura, 9 de ellas de bandera nacional y 76 de bandera extranjera. En cuanto a la flota atunera frigorífica, hay siete embarcaciones de bandera nacional y 7,639 embarcaciones registradas como integrantes de flota artesanal.

Destinos de las exportaciones

Las exportaciones de harina de pescado rondan los 4 millones de toneladas con los siguientes destinos: al Asia y Medio Oriente se destina casi la mitad del total; le sigue Europa occidental, con más del 40 por ciento del total; el resto se envía a Europa oriental, a otros países de América y a Oceanía.

Los países que más harina de pescado importan son Alemania y la República Popular China; en tercer lugar, bastante alejado, se encuentra Irán, y en cuarta posición está Rusia, seguida por Italia. Además se exportan alrededor de 60,000 toneladas de aceite de pescado: algo más del 10 por ciento con destino al resto de América (sobre todo Ecuador y México); a Europa se exporta una cantidad superior al 50 por ciento del total de aceite de pescado exportado (Alemania, Italia, Noruega, Reino Unido); a Asia se destina alrededor del 30 por ciento de lo exportado (a Corea del Sur y Japón sobre todo); y por último el continente africano compra menos del 3 por ciento del total. Con respecto a las exportaciones destinadas al consumo humano directo, en la actualidad las cifras de pescado enlatado superan las 22,000 toneladas anuales, mientras que el pescado congelado se sitúa en torno a las 53,000 toneladas y el pescado curado, alrededor de las 263 toneladas.

La división político-administrativa

División político-administrativa: departamentos

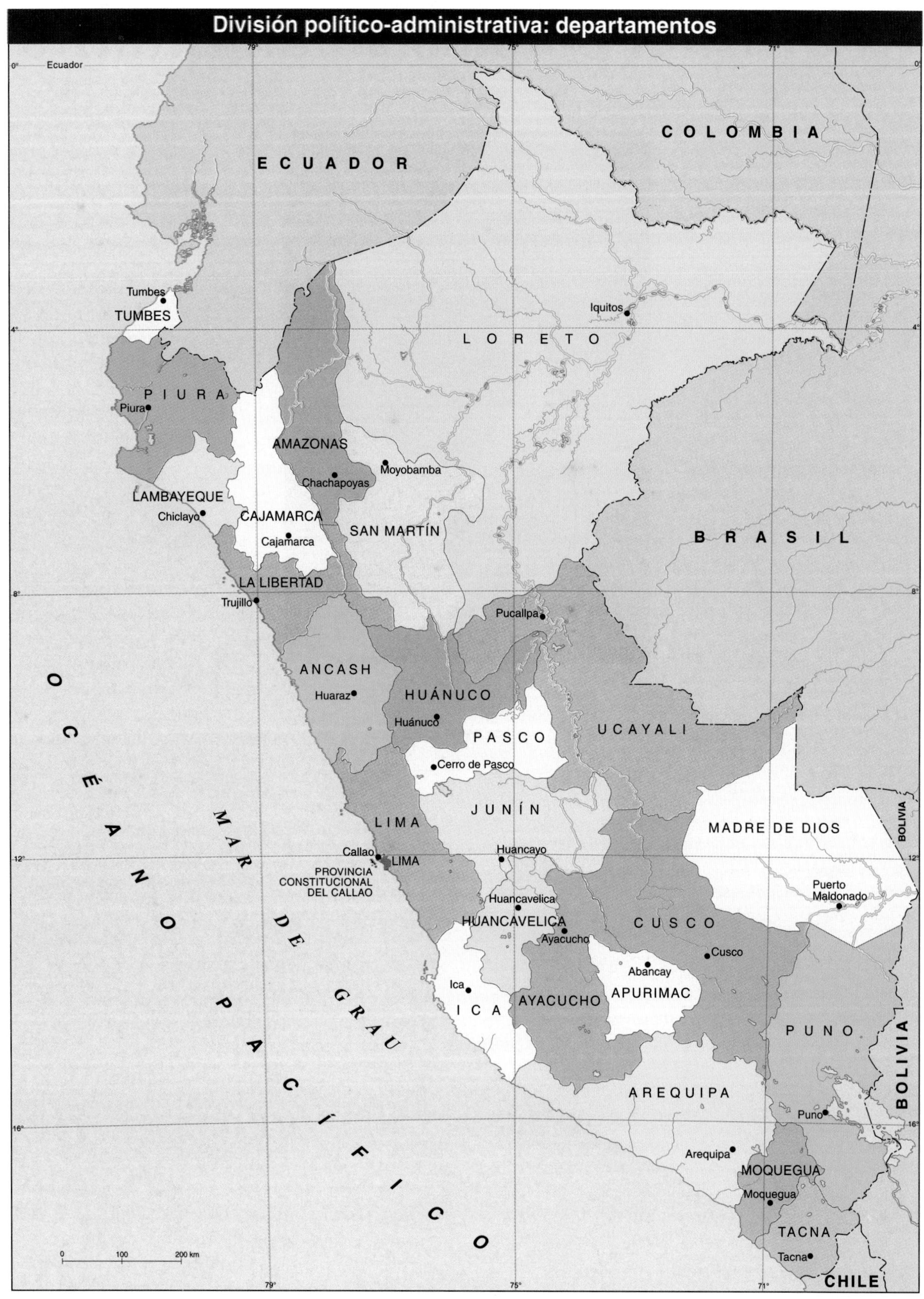

Amazonas

El departamento de Amazonas está ubicado en el norte del territorio peruano y abarca zonas andinas y de la Amazonia. Oficialmente, su creación se remonta al 21 de noviembre de 1832.

La divisoria de aguas de la cordillera del Cóndor, en sus sectores sur y central, marca el límite norte y noroeste del departamento de Amazonas, separándolo de la República del Ecuador. Al este, limita con los departamentos de Loreto y San Martín, en tanto que al sur con los departamentos de San Martín y La Libertad. El límite sudoeste lo separa del departamento de Cajamarca.

Sarcófagos de la cultura Chachapoyas, ubicados en el lugar arqueológico de Karajina, en Amazonas.

La superficie departamental es de 39,249.13 km^2 y su población, según el último censo aparecido (de 1993), era de 354,171 habitantes. Según la proyección del Instituto Nacional de Estadística e Informática (INEI), el número de habitantes proyectado para el año 2000 es de 406,058 personas, con una densidad de población de 10.34 habitantes por km^2.La capital de Amazonas es la ciudad de Chachapoyas, con 16,000 habitantes. Su fundación española tuvo lugar el 5 de septiembre de 1538, bajo el nombre de San Juan de la Frontera de los Chachapoyas. Fue trasladada a su localización actual el 15 del mismo mes y año.

Clima

El clima es cálido y húmedo en el valle interandino del Marañón, y a lo largo de este río en las provincias de Utcubamba, Bagua y Condorcanqui. Al sur, en las provincias de Luya, Bongará, Chachapoyas y Rodríguez de Mendoza se dan climas andinos influidos por la altitud: templado cálido en las yungas, templado en las quechuas y templado frío en las jalcas o punas.

La sequedad de la atmósfera y las variaciones térmicas entre el día y la noche se incrementan con la altitud. En la cordillera del Cóndor, el clima es templado y cálido con alta humedad atmosférica, por la persistencia de neblinas, pero con sensibles variaciones de temperatura entre el día y la noche. Las precipitaciones son abundantes durante el verano.

Hidrografía y morfología

El río Marañón es el más importante y constituye el eje hidrográfico del departamento; tiene una longitud de 1,800 km y una cuenca, en su parte peruana, de 287,130 km^2. Navegable en pequeñas embarcaciones y sólo en cortos trechos, traza, al sudoeste, el límite entre Amazonas y Cajamarca. En dirección al norte cruza el departamento hasta su vértice superior, formando valles en garganta denominados —pongos que en lengua quechua significa «puerta»—, tales como Rentema, Mayasito, Cumbinama, Huaracayo y Manseriche. Sus principales afluentes son los ríos Utcubamba, Chiriyaco y Nieva, por la margen derecha; y por la izquierda, el Cenepa —con orígenes en la divisoria de aguas de la cordillera del Cóndor—, y el Santiago, el mayor de todos, navegable en pequeñas embarcaciones.

Entre los rasgos morfológicos del territorio abarcado por este departamento, destaca, al sudoeste, el profundo cañón interandino del Marañón. Las jalcas o punas andinas, al sudeste, son poco accidentadas. También debe mencionarse la llanura formada por terrazas entre Corral Quemado y el Pongo de Rentema, así como la región de pongos entre Rentema y Manseriche. En cuanto a la cordillera del Cóndor, presenta fuertes pendientes y valles estrechos con interfluvios que tienen

Amazonas

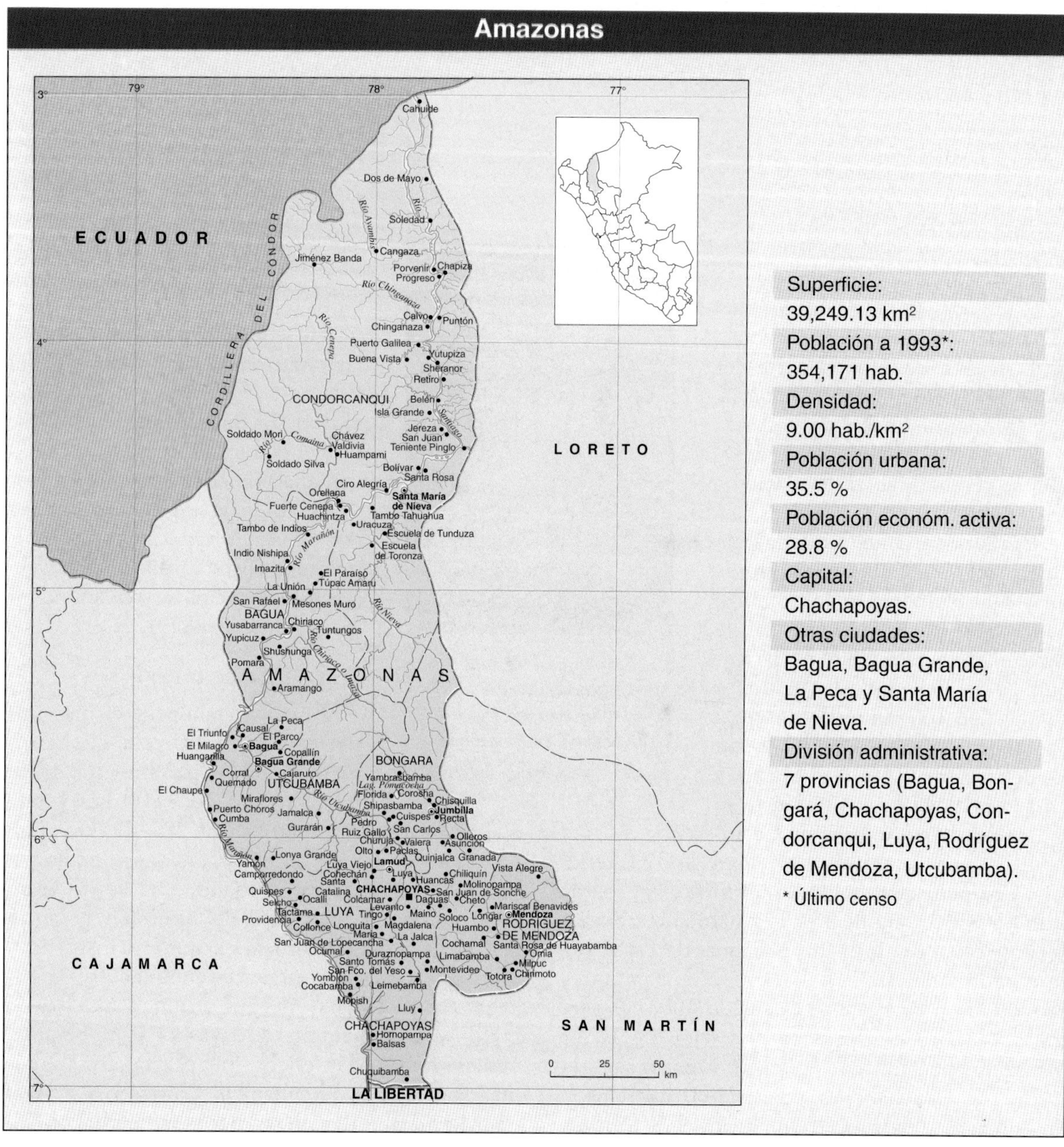

Superficie:
39,249.13 km²

Población a 1993*:
354,171 hab.

Densidad:
9.00 hab./km²

Población urbana:
35.5 %

Población económ. activa:
28.8 %

Capital:
Chachapoyas.

Otras ciudades:
Bagua, Bagua Grande, La Peca y Santa María de Nieva.

División administrativa:
7 provincias (Bagua, Bongará, Chachapoyas, Condorcanqui, Luya, Rodríguez de Mendoza, Utcubamba).

* Último censo

también pendientes pronunciadas. Al noreste se presentan los relieves de Campanquis y al este los del río Nieva. Al sudeste, en fin, se encuentran las «jalcas» de Pishcohuañuna.

Recursos hidrobiológicos

No hay la abundancia de épocas pasadas. En el curso alto del río Utcubamba se ha introducido con éxito la trucha. En el Marañón y sus afluentes la biomasa fluvial ha sufrido gran depredación, y no alcanza mayor relieve económico ni siquiera como fuente importante de alimentación para los pobladores. Las fuertes corrientes en los pongos constituyen un obstáculo para la migración de los cardúmenes que llegan de la selva baja.

Flora y fauna

La vegetación es variada. En la parte andina, al sur del departamento, las vertientes del valle del Marañón presentan escasa vegetación y culminan en bosques de ceja de selva. En las jalcas predominan las gramíneas. Al norte de la provincia de Utcubamba hay bosques de algarrobos, cactus, crotos y matorrales. Al norte del departamento, la

Vista de «El Castillo», construcción de la cultura Chachapoyas que forma parte del templo principal de la fortaleza. Forma parte del monumento arqueológico nacional de Kuélap.

vegetación es tropical, con variedad de especies maderables (caoba, cedro, tornillo, ishpingo, etc.) y medicinales, como la uña de gato; además hay palmeras y helechos gigantes.

No menos variada es la fauna. En las jalcas, hay venados y multitud de aves. En los bosques tropicales encontramos una importante diversidad de mamíferos (sachavaca, sajino, venados, osos, mono de cola amarilla, etc.), aves, reptiles y mariposas.

Suelos y explotación minera

En el sector andino, con relieve accidentado, la erosión ha empobrecido los suelos de vertientes, que siguen cultivándose, aunque con muy bajos rendimientos. Las provincias de Bagua y Utcubamba poseen, en cambio, suelos fértiles, en los que se cultiva arroz y frutales. En las vertientes con bosques tropicales, los suelos se preservan gracias a que el bosque los recubre. En los fondos de valle, junto a los ríos Santiago y Nieva, y en el curso inferior del Cenepa, hay terrazas fértiles, aptas para la agricultura.

La explotación minera es, por su parte, incipiente. Se explota oro en los placeres auríferos de los ríos Marañón, Cenepa y Santiago, así como plata, cobre, plomo y sal gema. En los últimos años se han emprendido exploraciones en busca de petróleo.

Población

Hay indicios de que esta región se halla poblada desde hace milenios. En la zona andina, en época preincaica se desarrollaron civilizaciones relativamente avanzadas, que construyeron monumentos tales como los Kuélap, con grandes edificios decorados con frisos de diseños geométricos. La cultura Chipuric levantó mausoleos ubicados en farallones de difícil acceso, con figuras rematadas en mascarones de facciones angulosas. También la región de bosques tropicales fue habitada desde antiguo por tribus diversas, que ocuparon sobre todo los valles del Marañón y sus afluentes. Predominan los Aguarunas y Huambisas. La población nativa actual se calcula en 30,000 personas.

La población departamental se ha cuadriplicado entre los censos de 1940 y 1993. En lo que respecta al índice de analfabetismo entre la población mayor de 15 años, era el 19.9 por ciento, según el último censo.

Ciudades y división política

Además de Chachapoyas, capital departamental, deben mencionarse entre las ciudades más importantes del departamento, Bagua Grande y Bagua, capitales de las provincias de Utcubamba y Bagua, respectivamente, y La Peca, antiguo centro urbano en el distrito del mismo nombre de la provincia de Bagua.

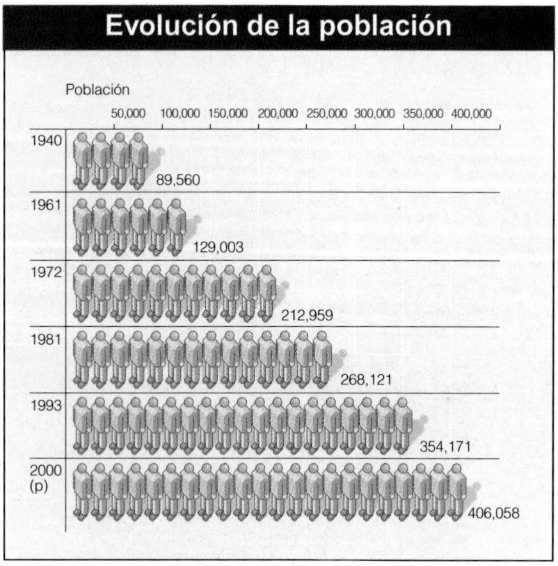

Evolución de la población

Población

50,000 100,000 150,000 200,000 250,000 300,000 350,000 400,000

Año	Población
1940	89,560
1961	129,003
1972	212,959
1981	268,121
1993	354,171
2000 (p)	406,058

El departamento está dividido en siete provincias y 83 distritos. Bagua, capital Bagua; Bongará, capital Jumbilla; Condorcanqui, capital Santa María de Nieva; Chachapoyas, capital Chachapoyas; Luya, capital Lamud; Rodríguez de Mendoza, capital Mendoza; y Utcubamba, capital Bagua Grande.

Actividades económicas

La explotación forestal, la agricultura y ganadería, la caza y pesca, así como algunas industrias alimentarias, constituyen los principales recursos económicos de este departamento. También el turismo es una actividad de importancia.

Los bosques andinos y amazónicos son explotados desde épocas prehispánicas. Durante el período colonial se inicia la deforestación para establecer campos ganaderos; en la actualidad, la explotación selectiva de plantas maderables, medicinales, ornamentales, etcétera, se concentra en los bosques tropicales.

En las áreas andinas, se practica la agricultura en laderas y fondos de valle. Se cultiva papa, maíz y frutales. En las provincias de Utcubamba y Bagua predomina el cultivo de arroz; en menor escala se produce café y cacao. También se practican los cultivos tropicales, tales como plátano, piña, yuca, etcétera, y plantas nativas, como chirimoya, granadilla, tunas y otros.

En las jalcas andinas se practica la ganadería extensiva de vacunos, con pastos naturales. En las provincias de Utcubamba, Bagua y Condorcanqui, se cría ganado vacuno con pastos cultivados.

Caza, pesca e industria

En las jalcas andinas se cazan venados, osos de anteojos, perdices y patos. En los bosques tropicales la caza se centra en la sachavaca o tapir americano, sajinos, venados, huanganas, monos y variedad de aves. Se pesca trucha en los cursos superiores de los ríos Huancabamba, y en lagunas como la de Pomacocha. En el Marañón y Santiago se pescan doncellas, zúngaro, bocachico, etcétera.

En cuanto a las actividades industriales, existen instalaciones para el pilado de arroz en las provincias de Utcubamba y Bagua. También hay plantas de elaboración de chancaca y aguardiente de caña, así como de aguas gaseosas y pequeñas fábricas de hielo.

Turismo

Entre las ruinas prehispánicas presentes en el territorio departamental de Amazonas, la más importantes son las preincaicas de Kuélap, a poca distancia de Chachapoyas. En la cuenca alta del Utcubamba y en Leimebamba existen mausoleos en acantilados rocosos. También hay ruinas incas cerca del poblado de Luya, y cuevas con pinturas rupestres en las provincias de Bagua y Utcubamba.

El turista puede combinar estos atractivos históricos con la vista de los hermosos paisajes del río Marañón, en la zona de pongos, y de los ríos Comaina, Cenepa, etcétera. La laguna de Pomacocha y su entorno en la carretera marginal constituye otra de las visitas obligadas del turista, así como las cataratas en la cuenca del río Chiriyaco. Es muy interesante también observar la biodiversidad de los bosques nubosos de la cordillera del Cóndor. Además, se puede hacer turismo de aventura, incluyendo la práctica del canotaje, en el río Marañón, desde el puente Balsas hasta el pongo de Manseriche, superando rápidos, remolinos y correntadas, muy violentas en algunas ocasiones. Aventuras del mismo tenor, aunque menos arriesgadas, pueden intentarse en los ríos Comaina, Santiago y Nieva.

Medio ambiente

Los ríos que pasan por las ciudades y centros poblados están contaminados por la evacuación de aguas servidas. Las aguas contaminadas de la quebrada La Peca son captadas para la ciudad de Bagua. El río Utcubamba en su curso bajo está contaminado con herbicidas, que utilizan los cultivadores de arroz. La deforestación de bosques tropicales también crea problemas ambientales.

Ancash

La chumbera es típica de la zona entre las cordilleras Blanca y Negra, en el Callejón de Huaylas.

Este departamento está ubicado en la parte centro-occidental del Perú. Abarca territorios andinos y de la costa.

Limita con los departamentos de La Libertad, por el norte y noreste; Huánuco por el este; Lima al sur, y por el oeste el Pacífico peruano o Mar de Grau. Abarca una superficie de 35,825.57 km^2.

Fue creado por el Reglamento Provisional del 12 de febrero de 1821 con el nombre de Huaylas, y el Decreto del 28 de febrero de 1839 cambió su denominación por el de Ancash. Su capital es la ciudad de Huaraz, a 3,052 m sobre el nivel del mar, y cuya población, estimada en junio de 1998, es de 69,159 personas, con una tasa de crecimiento anual del 3.39 por ciento. La población total del departamento proyectada al 2000, es de 1'0678,283 habitantes.

Su espacio comprende una región marítima (es decir, una parte del Mar de Grau), que se extiende desde la línea litoral hasta las 200 millas mar adentro. En la zona continental destacan, además de la costa, las regiones naturales andinas: yunga marítima, quechua, suni, puna y jalca o región con cumbres nevadas.

El clima es variado. Es templado, con alta humedad atmosférica y lluvias escasas en la costa, salvo en épocas en que se produce con intensidad el fenómeno El Niño, que puede originar precipitaciones de intensidad variable. En los Andes, los climas varían según la altitud, desde el templado cálido, al templado, templado frío y frío, que corresponden a los distintos pisos altitudinales. Lo mismo ocurre con las temperaturas y la sequedad de la atmósfera. Las variaciones térmicas entre el día y la noche, sol y sombra, mañanas y tardes con el mediodía, se incrementan con la altitud. En cambio, las temperaturas máximas y mínimas van disminuyendo con la elevación sobre el nivel del mar, hasta ser constantemente bajo cero en los nevados. Las precipitaciones son líquidas hasta los 4,000 m aproximadamente.

A mayor altitud, se inician las precipitaciones sólidas en forma de nieve, un fenómeno común en las cumbres nevadas, paisaje dominado por el blanco del hielo acumulado en los glaciares.

Hidrografía

Frente a las costas del departamento de Ancash, el Mar de Grau, influido por la corriente Peruana, tiene temperaturas de 15 a 17 °C en invierno y de 18 a 20 °C en verano. Pero en los excepcionales períodos de El Niño, como ocurrió en 1983, las temperaturas fueron de hasta 26 °C frente a sus costas y la salinidad de 35 por mil.

En el continente, los ríos que recorren el territorio pertenecen a las cuencas del Pacífico y del Amazonas. Entre los primeros, el Santa, que nace en la cordillera Blanca, es el más importante, con su afluente el Tablachaca. Otros ríos de importancia son: Nepeña, Casma, Culebras, Huarmey y Fortaleza. Entre los ríos amazónicos, el Marañón es el más importante; sus principales afluentes, todos por la margen izquierda y de sur a norte, son los ríos: Mosna o Puccha, Jaramayo y su afluente Pomabamba y el Rupac. Al pie de los glaciares, numerosas y hermosas lagunas, como la de Llanganuco, que es la más conocida.

Morfología

Los rasgos morfológicos más importantes de este departamento son el profundo cañón formado por el río Marañón al este. La cordillera Blanca

La plaza de Armas de Huaraz, reconstruida casi en su totalidad después del devastador terremoto que afectó al Valle del Santa o Callejón de Huaylas en mayo de 1970.

Feria dominical de productos agrícolas y textiles de origen rural que se realiza en la ciudad de Carhuaz, capital de la provincia homónima. Estos mercados son característicos de Ancash.

posee numerosos relieves cubiertos de hielo, algunas de cuyas cumbres sobrepasan con creces los 6,000 m sobre el nivel del mar, siendo la cumbre sur del Huascarán, con 6,746 m, la de mayor altitud de los Andes peruanos. Según H. Kinzl la cordillera Blanca es «la más alta de las cordilleras tropicales, la que tiene más glaciares y seguramente la más hermosa».

También debe citarse la cordillera Negra, al oeste, aunque es de menor altitud y sin glaciares; entre ambas cordilleras destaca el hermoso valle andino del Santa, conocido con el nombre de Callejón de Huaylas, donde se concentra la mayor población departamental. Son importantes asimismo el Cañón del Pato, valle en garganta al norte del Callejón de Huaylas, y, en la costa, las zonas desérticas, con sus dunas en media luna y los fértiles oasis formados por los ríos que los atraviesan.

Recursos económicos

En el desierto costero, la flora está constituida por tilandsias y relictos de antiguos bosques en los oasis ahora cultivados con variedad de plantas. En las vertientes andinas hay arbustos aislados, así como hierbas. En las punas, gramíneas con predominio del ichu, rodales de Puya Raimondi y pequeños bosques de quinuales y quishuales que crecen en altitudes superiores a los 4,000 m. Hay también bosques de eucaliptus, especie no nativa que crece hasta casi 4,000 m sobre el nivel del mar.

En el Mar de Grau existe abundancia y variedad de peces, con predominio de anchoveta y sardina, además de otras especies. Lobos marinos y gran número de aves viven en las islas y puntas del litoral marino. En los ríos y lagunas andinas hay abundancia de truchas. En los oasis del desierto y en los pequeños bosques de algarrobo existe gran número de aves, con abundancia de palomas. En las regiones andinas hay vizcachas en zonas rocosas, venados, cuyes, aves como el cóndor, perdices, etcétera.

La producción minera es variada. Se explotan tanto yacimientos polimetálicos —de los que se extrae oro, cobre, plata, zinc y tungsteno—, y no metálicos —mármol, yeso, arcillas y cuarzo. Los principales asientos mineros son Ticapampa y Tarica, y se planifica para 1999 la entrada en funcionamiento de la mina Pierina, en la cordillera Negra, que ofrece extraordinarias posibilidades por su riqueza en oro diseminado.

Los suelos en los oasis costaneros y fondos de valle interandinos son fértiles, y en ellos prospera una agricultura con riego. En las vertientes, los suelos se han empobrecido por efecto de la erosión; siguen cultivándose, aprovechando la época de lluvias, aunque con bajos rendimientos.

Agricultura, ganadería y pesca

La agricultura es la actividad económica predominante. Los cultivos están de acuerdo con los ecosistemas. En la costa se produce caña de azúcar, arroz, algodón y productos de pan llevar. En la zona andina predominan la papa, el maíz, la cebada y las habas, en tanto que en los valles yungas y quechuas los frutales son el cultivo principal. La silvicultura está orientada a la formación de bosques de eucaliptos.

Se practica la ganadería extensiva en los pastos naturales de las punas, con la cría de vacunos, ovinos y, en menor porcentaje, auquénidos sudamericanos (llamas y alpacas). La pesca es por su parte actividad de gran importancia en el Mar de Grau. Chimbote es el mayor puerto pesquero del departamento y de todo el país. La pesca industrial es la más importante, concentrada sobre todo en la anchoveta y la sardina. De la primera depende la industria de harina y aceite de pescado, en tanto que la segunda también se utiliza para la elaboración de conservas.

La pesca para consumo humano es asimismo importante. En los ríos y lagos de la zona andina se pescan truchas. La piscicultura se ha desarrollado en el Callejón de Huaylas y de Conchucos.

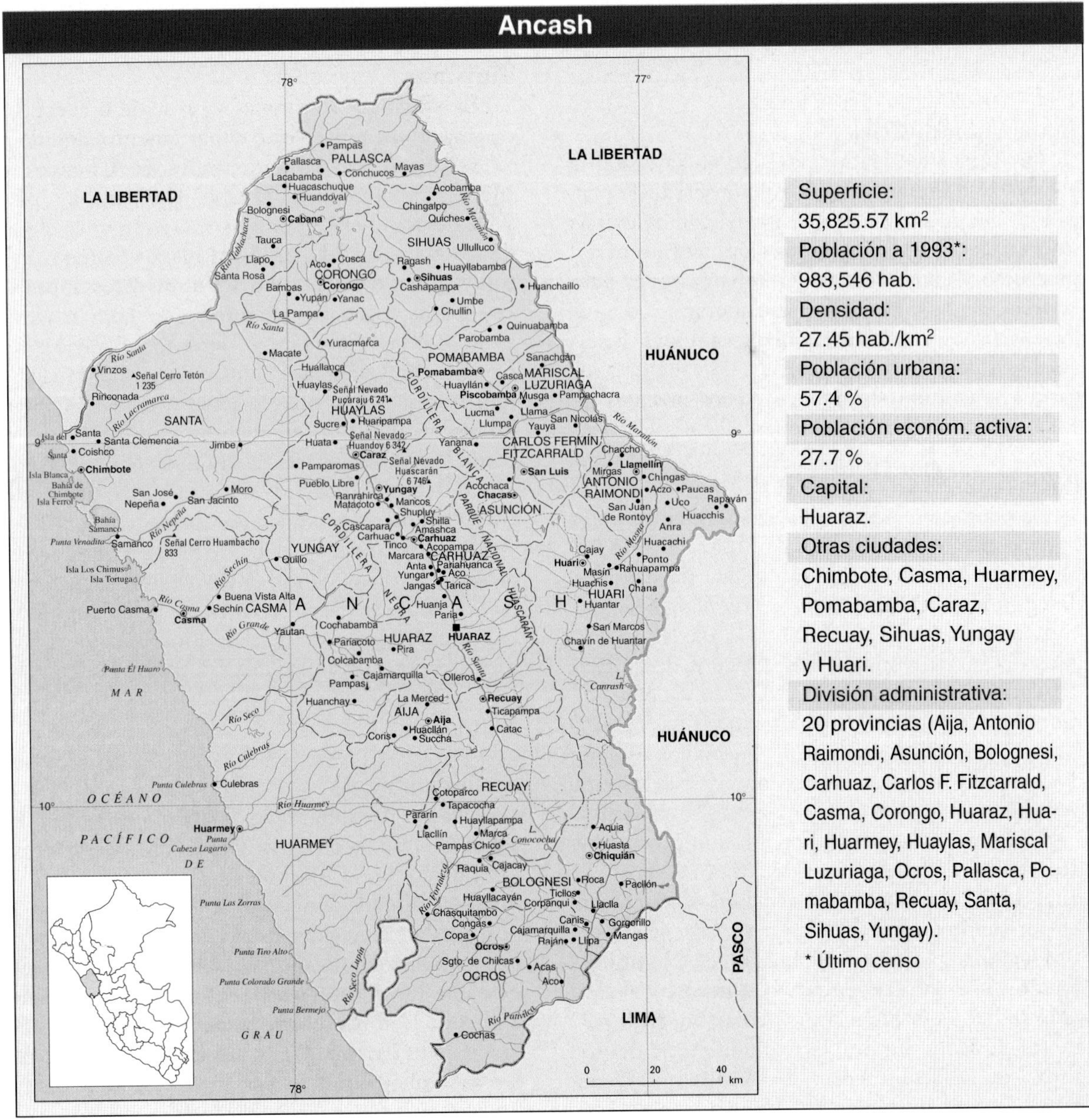

Evolución de la población

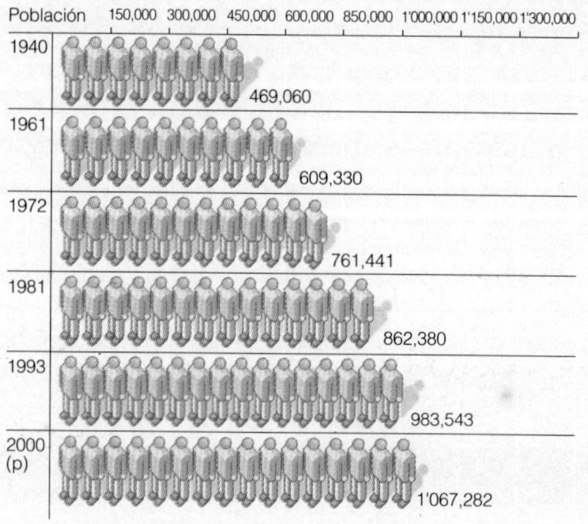

Año	Población
1940	469,060
1961	609,330
1972	761,441
1981	862,380
1993	983,543
2000 (p)	1'067,282

Actividad industrial

Las principales industrias son, en la costa, la elaboración de harina, aceite, y conservas de pescado; en el puerto de Chimbote existen industrias siderúrgicas, con derivaciones en el ámbito metal mecánico y construcción de embarcaciones para la pesca. En la zona andina se elaboran productos lácteos (quesos y mantequillas), jamones, aguas gaseosas, aguardiente y chancaca de caña de azúcar. La apicultura se practica en los bosques de eucaliptos y de otras floraciones.

Población

La ocupación humana en Ancash, tanto en la costa como en los Andes, tiene una antigüedad superior a 10,000 años, como lo han probado los descubrimiento arqueológicos. En la cueva del Guitarrero, cerca del Callejón de Huaylas, se han encontrado los vestigios más antiguos de cultivo —frejol y pallar— de toda América, que se remontan a 8,000 o 7,000 años a.C. La cultura Chavín representa el capítulo de mayor esplendor; se extendió hasta Ayacucho por el sur y Piura por el norte.

Según el último censo, la población urbana del departamento de Ancash es del 70 por ciento, y la rural del 30 por ciento. El analfabetismo afecta al 21 por ciento de la población mayor de 15 años.

La ciudad con mayor población es Chimbote, con 267,979 habitantes, dato que muestra el elevado índice de afluencia de población rural hacia las ciudades durante la segunda mitad del siglo XX en 1941 sólo tenía 4,243 habitantes. Otras ciudades de importancia son Huaraz, con 69,158 habitantes, Casma, Huarmey, Caraz, Recuay, Pomabamba, Huari, Sihuas, Corongo y Cabana.

El departamento se divide en 20 provincias y 166 distritos. Las provincias son Aija, capital Aija; Antonio Raimondi, capital Llamellín; Asunción, capital Chacas; Bolognesi, capital Chiquián; Carhuaz, capital Carhuaz; Carlos Fermín Fitzcarrald, capital San Luis; Casma, capital Casma; Corongo, capital Corongo; Huaraz, capital Huaraz; Huari, capital Huari; Huarmey, capital Huarmey; Huaylas, capital Caraz; Mariscal Luzuriaga, capital Piscobamba; Ocros, capital Ocros; Pallasca, capital Cabana; Pomabamba, capital Pomabamba; Recuay, capital Recuay; Santa, capital Chimbote; Sihuas, capital Sihuas; y Yungay, capital Yungay.

Turismo

La afluencia de turistas representa un recurso de importancia para este departamento, debido a la existencia de aguas termales en Chancos y Monterrey, al norte de Huaraz. Hay también paisajes de gran belleza, con hermosas lagunas al pie de los glaciares. La cordillera Blanca, con sus nevados, atrae todos los años a numerosos andinistas. Otros escenarios naturales de gran magnetismo son el Callejón de Huaylas, Callejón de Conchucos, Cañón del Pato y Parque del Huascarán, donde pueden apreciarse rodales de Puya Raimondi. Existen además restos arqueológicos, como los de Chavín de Huantar, en el flanco sudoriental de la cordillera Blanca, y Sechín, en la costa, al este de la ciudad de Casma.

En el curso superior del río Santa se practica el canotaje y otros deportes de aventura, en tanto que en los ríos y lagos andinos se halla extendida la pesca deportiva de truchas. En el Parque Huascarán se organizan caminatas. Huaraz, por su parte, cuenta con buena infraestructura hotelera y gastronómica.

Medio ambiente

Existen problemas de contaminación por la actividad minera en el río Santa. Por otra parte, en los puertos de Chimbote y Coishco, las aguas oceánicas del litoral y el aire se hallan contaminados por la evacuación de desperdicios marinos y humos realizada desde las fábricas de harina de pescado. La siderúrgica de Chimbote contamina asimismo la atmósfera de la ciudad con los humos que expele. En fin, las aguas servidas de las ciudades del Callejón de Huaylas se vierten al río Santa sin tratamiento previo.

Apurímac

Este departamento se encuentra ubicado al sudeste de los Andes Centrales. Limita al norte y este con el departamento de Cusco, al norte y oeste con Ayacucho y al sur con los departamentos de Arequipa y Ayacucho.

Fue creado por Ley del 28 de abril de 1873. Su superficie abarca 20,865.57 km² y su población proyectada al 2000 es de 425,366 habitantes, dividida en un 35 por ciento de población urbana y un 65 por ciento en las zonas rurales.

La densidad de población es de 20 habitantes por km². La capital del departamento es la ciudad de Abancay, con una población estimada de 50,500 habitantes. Fue fundada en el año 1574 por el visitador Ruiz Estrada, bajo el nombre de Santiago de Abancay. El territorio es predominantemente andino, y al norte existen pequeñas áreas de ceja de selva.

Granja de cuyes en la ciudad de Abancay. El cuy es la base de la comida típica de la región.

Clima e hidrografía

El clima es templado cálido en los valles septentrionales que forman los ríos Apurímac, Pampas y Pachachaca, y en la ceja de selva. Es templado hasta altitudes de 3,000 m, y templado frío, con fenómenos de heladas, en altitudes superiores a 3,000 m. En altitudes superiores a 4,000 m el clima se vuelve frío, así como en los glaciares, como es el caso del nevado de Ampay, a 5,228 m sobre el nivel del mar. Las temperaturas extremas varían sensiblemente entre el día y la noche, y entre zonas de sol y de sombra, características que se incrementan con la altitud, igual que la sequedad atmosférica. Las lluvias se concentran en el verano austral. El territorio departamental está cruzado por numerosos ríos, con lechos encajonados que tienen fuerte pendiente y que afluyen por la margen izquierda del río Apurímac, que en su curso superior se llama río Santo Tomás, y marca el límite con el departamento del Cusco. Los ríos más importantes son el Pampas y sus afluentes Chumbao, Huancaray y Huillaripa; el río Pachachaca, que drena el territorio de sur a norte, con gran número de afluentes, siendo los principales el Antabamba, Tapiche, Matará; el Vilcabamba, que también recorre el territorio de sur a norte y recibe las aguas del Chuquibambilla, Jahuinlla, Mollebamba y otros cursos fluviales de menor importancia. Todos son ríos con lechos de fuerte pendiente, que corren por valles profundos y estrechos formando impresionantes pongos o «valles en garganta».

En las punas existen lagunas de origen glaciar, como la de Pacucha, la más importante de todas, al noreste de Andahuaylas. Otras lagunas de estas características son Antacocha, Suiticocha, Lliullita y Huacullo.

Territorio

El territorio de Apurímac es muy accidentado debido a la existencia de «cañones» o valles en garganta formados por los ríos. Vertientes abruptas enmarcan estos «cañones» fluviales. En las partes más elevadas se encuentran las punas con extensas pampas onduladas, y los nevados con sus valles en auge glaciar.

En la ceja de selva la topografía es accidentada, con valles estrechos y profundos. Numerosas laderas o vertientes están recubiertas por gruesas capas de arcilla que, al ablandarse en las épocas de lluvias, ocasionan fenómenos de solifluxión. Éste es el origen de los derrumbes que en ocasiones se traducen en víctimas humanas y en la destrucción de viviendas y caminos.

Recursos principales

En los ríos y lagunas hay abundancia de truchas, pez introducido con gran éxito en la región andina. La fauna terrestre está constituida por venados, patos, huallata, huash hua o ganso andino, cóndor y vicuña, especies que habitan principalmente en las punas. En la ceja de selva, además del tapir o la sachavaca, existen variedad de simios.

La flora es variada, con predominio de gramíneas en las punas, bosques de galería en los fondos de valle, a orillas de los ríos; bosques tropicales con persistente nubosidad en la ceja de selva y laderas o vertientes semidesérticas enmarcando los profundos cañones. La silvicultura es actividad importante que prospera en áreas en las que la reforestación de vertientes ha dado lugar a importantes bosques de eucaliptus, que figuran entre los más relevantes del país. También se verifica una incipiente reforestación, con plantas autóctonas tales como el quinuar, que crece en las punas.

Los recursos mineros son abundantes: existen yacimientos de cobre, hierro, plomo, zinc, oro y plata. Las denominadas bambas, al noreste del departamento, constituyen las áreas mineralizadas más importantes.

Apurímac

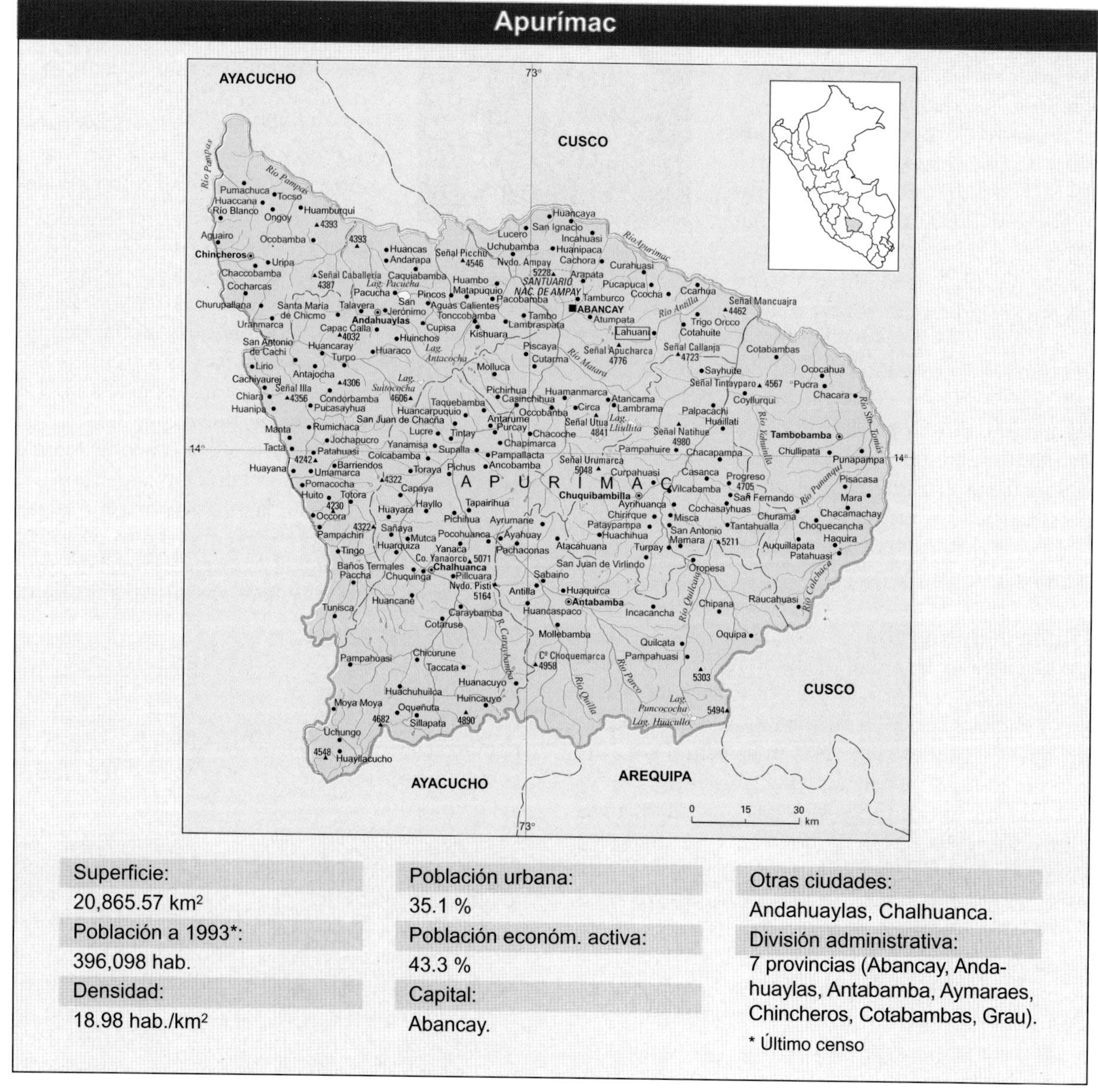

Superficie:
20,865.57 km²
Población a 1993*:
396,098 hab.
Densidad:
18.98 hab./km²

Población urbana:
35.1 %
Población económ. activa:
43.3 %
Capital:
Abancay.

Otras ciudades:
Andahuaylas, Chalhuanca.
División administrativa:
7 provincias (Abancay, Andahuaylas, Antabamba, Aymaraes, Chincheros, Cotabambas, Grau).

* Último censo

Panorámica de la ciudad de Abancay, en la que se aprecia sus bosques de eucaliptos y capulíes, las plantaciones de duraznos y los paisajes escénicos con lagunas.

Agricultura y ganadería

Los suelos son fértiles en las terrazas fluviales de los fondos de valle. En las vertientes o laderas, la erosión causada por la escorrentía de las aguas pluviales, ya sean dispersas o concentradas, y por el constante uso agrícola desde hace largo tiempo, han empobrecido notoriamente los suelos. A pesar de ello, las terrazas y andenes construidos en las vertientes en épocas prehispánicas se siguen utilizando parcialmente para actividades agrícolas.

En general, predomina la agricultura de secano. Se cultivan pequeñas parcelas familiares, en las que se siembran papa, maíz, cebada, quinua, frutales, alfalfa y anís, este último en el distrito de Curahuasi. La excepción son los cultivos tradicionales de caña de azúcar para aguardiente y chancaca, que ocupan áreas en el fondo de los valles del Apurímac, Pampas y Pachachaca.

En las punas se halla bastante desarrollada la ganadería extensiva. Se crían vacunos, ovinos, llamas y alpacas. La crianza del cuy se halla muy extendida tanto entre la población rural como entre sectores de la urbana.

Población

En el valle de Andahuaylas, los pobladores de la cultura Muyu-Moqo, que habitó este área hacia 1800-1500 a.C., habían ya desarrollado la orfebrería; en efecto, fueron los primeros indígenas del territorio peruanos que conocieron y utilizaron el oro. Con posterioridad, se establecieron en este territorio las culturas Casahuirca y luego los Huari. Ambas alcanzaron un notorio desarrollo, pues fueron agricultores y pastores de zonas altoandinas, donde instalaron pequeños centros poblados. Más tarde, fueron los chancas quienes ocuparon este espacio y se enfrentaron a los incas,

El monolito de granito tallado de Sayhuite, magnífico testimonio del arte ritual de los incas de 2.30 m de alto y 11m de diámetro, es uno de los atractivos turísticos de Apurímac.

cuando éstos comenzaron su expansión hacia el norte del Cusco. Los valerosos chancas fueron finalmente vencidos, iniciándose de esta forma la ocupación inca. Ésta alcanzaría un gran desarrollo, como lo prueban las ruinas de Choquequirao, tan imponentes como las de Machu Picchu y la piedra tallada de Sayhuite, cerca a Curahuasi.

El último censo proporcionó un resultado de 396,098 habitantes, que, a finales de la década de 1990, da una cifra de 417,280 habitantes. De esta cantidad, sólo el 35 por ciento vive en las ciudades. Entre los mayores de 15 años el analfabetismo alcanza un índice elevado, del 37 por ciento.

División política

El departamento de Apurímac se divide en siete provincias y ochenta distritos; las provinvias son Abancay, capital Abancay; Andahuaylas, capital Andahuaylas; Antabamba, capital Antabamba; Aymaraes, capital Chalhuanca; Cotabambas, capital Tambobamba; Chincheros, capital Chincheros y Grau, capital Chuquibambilla.

Las principales ciudades de este departamento se encuentran enclavadas a notable altura. Abancay, la capital departamental, está a 2,378 m sobre el nivel del mar; Andahuaylas, a 2,899 m; Chalhuanca, a 2,888 m; Chincheros, a 2,772 m y Chuquibambilla, a 3,320 m.

Evolución de la población

Población	
1940	280,213
1961	303,648
1972	321,104
1981	342,964
1993	396,098
2000 (p)	425,366

Vías de comunicación

Existen carreteras que conectan el departamento la costa, vía Chalhuanca-Puquio-Nazca. Por el norte, vía Ayacucho y Cañete, y por Huancayo-La Oroya y Lima. Por el sur la carretera llega hasta Bolivia, pasando por Cusco y Puno. Hay un campo de aterrizaje en Andahuaylas.

Actividad industrial y turismo

Las principales industrias se basan en la producción de aguardiente y chancaca de caña de azúcar. También se elaboran productos lácteos, envasado de miel de abejas, aguas gaseosas y licor de «hidromiel» en Talavera, cerca de Andahuaylas.

En lo que respecta a los atractivos turísticos, existen ruinas arqueológicas preincas e incas, como las del Cóndor, las de Choquequirao y Sayhuite; ésta es una piedra tallada. Los paisajes más imponentes se pueden observar en los profundos cañones del Apurímac y sus afluentes, los bosques de eucaliptos que recubren vertientes y las lagunas con abundancia de truchas en las punas, destacando la de Pacucha, cerca de Andahuaylas. Hay que mencionar además los glaciares del nevado de Ampay y el Santuario Nacional de Ampay, declarado «zona protegida» para preservar la belleza de sus paisajes, así como por su flora y fauna. Atractivo es también el puente de calicanto sobre el río Apurímac, así como los baños termales de Conoc, en la provincia de Abancay, y los de Talavera, en la provincia de Andahuaylas. En esta misma provincia, otro de los reclamos turísticos es la iglesia colonial de Cocharcas, en el distrito del mismo nombre.

Arequipa

Este departamento está ubicado al sudoeste del territorio peruano. Sus costas están bañadas por el Mar de Grau, y abarca además territorios andinos con numerosos volcanes. Limita por el norte con los departamentos de Apurímac y Cusco; por el este con Puno y por el sudeste con Moquegua; por el sur y sudoeste, con el Mar de Grau, y por el oeste con los departamentos de Ica y Ayacucho.

El volcán Misti. A sus faldas se encuentra la ciudad de Arequipa, la segunda en importancia del país.

Fue creado por el Reglamento de Elecciones del 26 de abril de 1822. Su capital es la ciudad de Arequipa, con una población de 636,000 habitantes estimada al año 1998. Esta localidad posee un centro urbano prehispánico, y su fundación como ciudad española se remonta al 15 de agosto de 1540. La extensión superficial del departamento es de 63,345.23 km^2, y la población total, estimada al 2000, asciende a 1'072,957 habitantes, con una densidad de 16 habitantes por km^2.

Su espacio oceánico corresponde al Mar de Grau o Pacífico Peruano, que se extiende hasta las 200 millas mar adentro. La costa es una franja angosta delimitada al este por acantilados de hasta 1,000 m sobre el nivel del mar. Su territorio andino es accidentado, en tanto que las mesetas son bajas y de altitudes medias, de 1,000 a 2,500 m sobre el nivel del mar, como La Joya, Siguas y Majes, al oeste. Al este hay mesetas o punas de alta montaña, de 3,000 a 4,000 m de altura, como la denominada Pampa de Arrieros.

Existen además numerosos conos volcánicos, cubiertos por glaciares permanentes o esporádicos: Misti, Chachani, Pichu Pichu, Ampato, Coropuma, Solimana, Mismi y Sabancaya, este último en actividad desde 1985; forman parte de los Andes occidentales del sur, es decir de la denominada cordillera Volcánica. El Misti y otros volcanes emiten constantes fumarolas, como una suerte de aviso de su permanente amenaza.

Las mesetas altas y medias han sido erosionadas por los ríos que van al Mar de Grau, formando imponentes cañones, como los del Colca y Cotahuasi, considerados entre los más profundos del planeta, pues alcanzan más de 3,000 m de profundidad.

Clima

En la costa el clima es templado con atmósfera húmeda. Superada la cota de los 1,000 m, el clima varía de templado cálido a templado, templado frío y frío de montañas tropicales, a medida que aumenta la altitud, con notorias variaciones de temperatura entre sol y sombra y entre el día y la noche.

En la estación de Imata, en las punas de Pampas-Colca, a 4,405 m sobre el nivel del mar, en el invierno de 1961 se registró una temperatura mínima de 25 °C bajo cero. En las altas punas son frecuentes las precipitaciones de nieve, sobre todo en los meses de julio y agosto, y a veces alcanzan tal intensidad que causan estragos en las crías de vicuñas, alpacas, llamas y ovejas. Las lluvias se concentran en la región andina, durante los meses del verano austral. En la costa, en invierno, son frecuentes las lluvias denominadas «lloviznas» o «garúas», con gotas muy pequeñas y neblinas densas a nivel de tierra, fenómeno climático conocido como «camanchaca».

Hidrografía

El Mar de Grau frente a las costas de Arequipa tiene aguas con temperaturas relativamente fres-

El cañón del Colca se encuentra en la provincia de Caylloma, en la parte andina de Arequipa. Tiene más de 100 km de largo y en su punto más profundo alcanza los 3,400 m.

Los líquenes, que forman paisajes tan singulares como el de la fotografía, crecen en las alturas de Arequipa, a más de 4,500 m de altitud, donde predominan las precipitaciones sólidas.

cas, originadas por el afloramiento de aguas profundas que alimenta la corriente Peruana.

Al norte del departamento, en la cordillera de Chila, nevado de Mismi, a 5,597 m sobre el nivel del mar y a 15°30'49" latitud sur y 71°40'36" latitud oeste, tiene sus orígenes el río Amazonas, el más largo y caudaloso del planeta. En sus nacientes se llama Carhuasanta, para adoptar luego, sucesivamente, los nombres de Santo Tomás, Apurímac, Ene, Tambo, Ucayali y, en fin, Amazonas.

La cordillera de Chila es divisoria continental de aguas. Los ríos que desembocan en el Mar de Grau son Acari y Yauca, con nacientes al sur del departamento de Ayacucho. El Ocoña, uno de los más importantes de la costa peruana, en su curso alto se llama Cotahuasi. También son ríos importantes el Colca, que después de formar profundos cañones y cambiar su denominación por Majes, vierte sus aguas al Pacífico con el nombre de Camaná; y el Quilca, que se denomina como tal desde la confluencia de los ríos Sihuas y Vítor; este último se llama Chili cuando pasa por Arequipa. En fin, hay que mencionar el río Tambo, que originándose en el departamento de Moquegua desemboca en el litoral arequipeño.

Flora y fauna

En la costa y pampas desérticas de altitudes medias, la flora es muy escasa. La excepción son los oasis, en los que prospera la agricultura, y la vegetación existente en los pantanos del litoral marino en Mejía, al sur de Mollendo. En la región interandina hay reducidos bosques de galerías en los fondos de valle. En las punas, vegetación de gramíneas con predominio del ichu, cactáceas, arbustos aislados y pequeños rodales de Puya Raimondi.

En lo que hace a la fauna, la importante biomasa marina ha favorecido la pesca industrial y artesanal. Por otra parte, hay abundancia de aves guaneras y lobos marinos en las islas y puntas del litoral. En las punas andinas se cría la vicuña, apreciado camélido sudamericano; hay además vizcachas, venados, patos, águilas, el majestuoso cóndor y el suri o avestruz americano. En los cursos superiores de los ríos de la costa y en las lagunas interandinas abundan camarones y truchas.

Minería, agricultura y ganadería

En el departamento de Arequipa existen numerosos centros de extracción minera. Cerro Verde es un importante yacimiento de cobre en explotación. También hay minas de oro, plata, plomo, zinc, hierro y carbón. Hay fuentes termo-minerales

Arequipa

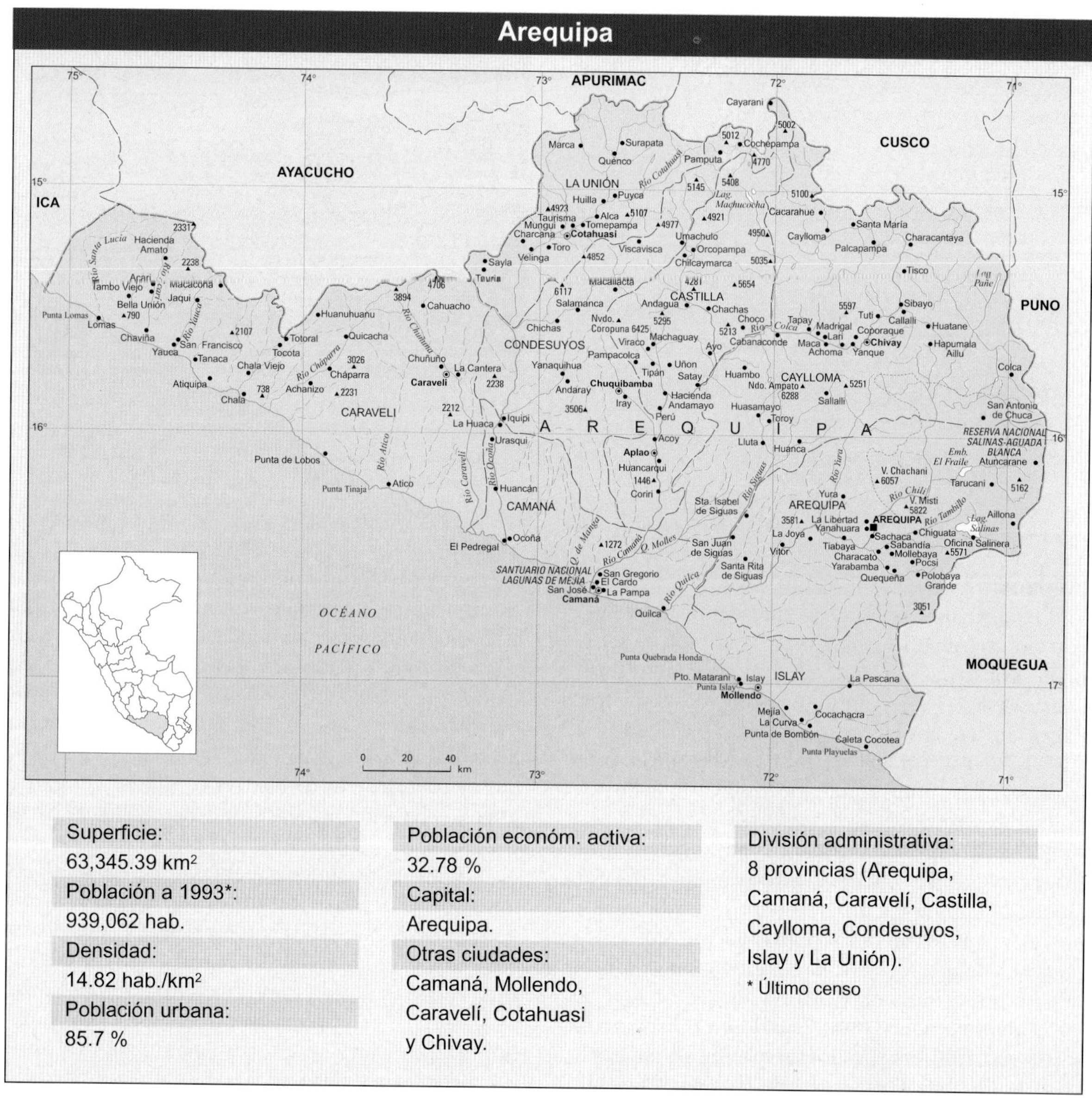

Superficie:	Población económ. activa:	División administrativa:
63,345.39 km²	32.78 %	8 provincias (Arequipa, Camaná, Caravelí, Castilla, Caylloma, Condesuyos, Islay y La Unión).
Población a 1993*:	Capital:	* Último censo
939,062 hab.	Arequipa.	
Densidad:	Otras ciudades:	
14.82 hab./km²	Camaná, Mollendo, Caravelí, Cotahuasi y Chivay.	
Población urbana:		
85.7 %		

con aguas radioactivas, ferruginosas, bicarbonatadas y cloruradas-sulfatadas: Yura, Jesús y Socosani son las más conocidas. El agua de Socosani se comercializa en Lima y en gran parte del país.

La escasez de suelo fértil ha obligado a los pobladores de estas tierras, desde épocas prehispánicas, a construir andenes en los que la agricultura prospera aun en nuestros días. En ellos se produce maíz, papa, trigo, cebada, alfalfa, habas, etcétera. Los oasis costaneros, que forman los ríos antes de dar sus aguas al Mar de Grau, tienen suelos fértiles que se cultivan en forma intensiva. En ellos, los principales cultivos son arroz, caña de azúcar, vid y olivo.

En la campiña de Arequipa hay frutales, ajos, cebolla, maíz, papa y trigo. La irrigación de las Pampas de Majes, viejo anhelo arequipeño, es ya una realidad, lo cual permite a los propietarios de la zona hacer florecer el desierto con frutales y otras especies. La ganadería intensiva de vacunos está muy desarrollada en los valles de la costa y en los interandinos de altitudes medias. En las punas se da una ganadería extensiva de alpacas y llamas y, en menor escala, de vacunos y ovinos.

La pesca marítima provee a la industria de harina y aceite de pescado, así como al consumo directo. Los principales puertos de desembarque son Mollendo, Matarani, Chala, Limas y Quilca.

Evolución de la población

Población 150,000 300,000 450,000 600,000 850,000 1'000,000 1'150,000 1'300,000

Año	Población
1940	270,996
1961	407,163
1972	561,338
1981	738,482
1993	939,062
2000 (p)	1'072,957

La industria textil es uno de los motores de la economía arequipeña. La calidad de los hilados de auquénido realizados en este departamento es reconocida desde épocas de la Colonia.

Población

Los antiguos pobladores que ocuparon el territorio arequipeño pertenecían a la cultura Chirajón; construyeron andenes para la agricultura, canales para riego y numerosos núcleos urbanos. Por otra parte, los Huari ocuparon la parte norte y Tiahuanaco, al sur del río Sihuas. Más tarde, este territorio fue conquistado por los incas e incorporado al Tahuantinsuyo.

La población departamental era, según el último censo, de 939,062, dividida en un 85.7 por ciento de habitantes urbanos y un 14.3 por ciento en las zonas rurales. El analfabetismo entre los mayores de quince años se mantiene en una tasa del 7.6 por ciento.

El departamento está dividido en 8 provincias y 108 distritos. Las provincias son Arequipa, capital Arequipa; Camaná, capital Camaná; Caravelí, capital Caravelí; Castilla, capital Aplao; Caylloma, capital Chivay; Condesuyos, capital Chuquibamba; Islay, capital Mollendo; y La Unión, capital Cotahuasi.

Desarrollo industrial y turismo

La ciudad de Arequipa, capital departamental, constituye uno de los centros industriales de mayor importancia el país.

Cuenta con un Parque Industrial, con fábricas de textiles, curtiembres y artículos de cuero. Existen además fábricas de cerveza, de leche evaporada y productos lácteos, de cemento, embotelladoras de agua mineral, elaboración de dulces, etcétera. Este departamento es asimismo uno de los centros turísticos peruanos con mayor afluencia de viajeros nacionales y extranjeros. Arequipa es conocida como la «ciudad blanca», debido a las construcciones con roca volcánica denominada «sillar», que tiene color blanco; hay iglesias, casonas coloniales y conventos, entre los que destaca por su especial belleza el de Santa Catalina. También es digna de apreciarse la campiña y el paisaje con relieves volcánicos que presentan el Misti y Chachani.

Los antiguos andenes para cultivo en áreas rurales, los jeroglíficos de Toro Muerto, los profundos cañones del Colca y Cotahuasi, y las iglesias coloniales del Valle del Colca son otros importantes atractivos turísticos de Arequipa. En las zonas andinas, las fiestas populares suelen nuclear a una importante cantidad de gente. En cuanto al litoral, predomina el atractivo de la naturaleza: la presencia de aves migratorias y nativas en los pantanos de Mejía atraen a los viajeros interesados por las bellezas del reino animal.

La ciudad de Arequipa tiene buena infraestructura hotelera y restaurantes que sirven comidas típicas. Cuenta con aeropuerto internacional y campos de aterrizaje en Atico y Camaná. Por tierra, la carretera Panamericana, totalmente pavimentada la pone en contacto con toda la línea de costa. Carreteras afirmadas cruzan los Andes para llegar a las provincias interiores, así como a las ciudades de Juliaca, Cusco y Puno. Un ferrocarril con itinerarios nocturnos y diurnos parte desde la costa y, tras pasar por Arequipa, llega a Juliaca, Puno y Cusco.

Ayacucho

Está ubicado en la región central y sur de los Andes, con sectores de ceja de selva y selva alta en las cuencas de los ríos Apurímac y Mantaro. Delimita al norte con el departamento de Junín, al este con Cusco y Apurímac, al sur con Arequipa y al oeste con Ica y Huancavelica. Fue creado por el Reglamento de elecciones del 26 de abril de 1822 bajo el nombre de Huamanga; por Decreto del 15 de febrero de 1825 se cambió su denominación por la de Ayacucho.

Plaza de Armas de la ciudad de Ayacucho; en quechua este nombre significa «rincón de muertos».

La capital es la ciudad de Ayacucho, fundada el 9 de enero de 1539 bajo el nombre de San Juan de la Frontera de Huamanga. Actualmente la población capitalina estimada es de 122,000 habitantes. La extensión superficial alcanza 43,814.8 km^2 y la población departamental estimada es de 521,156 habitantes, con una densidad de 11.89 habitantes por km^2.

Políticamente está dividida en 11 provincias y 109 distritos: Huamanga, capital Ayacucho; Cangallo, capital Cangallo; Víctor Fajardo, capital Huancapi; Huanca Sancos, capital Huanca Sancos; Huanta, capital Huanta; La Mar, capital San Miguel; Lucanas, capital Puquio; Parinacochas, capital Coracora; Paucar del Sara-Sara, capital Pausa; Sucre, capital Querobamba; y Vilcas Huamán, capital Vilcas Huamán.

El territorio es accidentado en la vertiente del Pacífico, igual que en la ceja de selva y en el este, donde los ríos Apurímac, Pampas y Mantaro forman valles en garganta, denominados «cañones». En las punas o altas mesetas andinas, el relieve presenta pampas onduladas. En el sur, el nevado de Sara-Sara domina las punas. La erosión producida por los numerosos ríos y quebradas que drenan el territorio ha dado origen a multitud de valles con quebradas secas, que sólo llevan agua en épocas de lluvias, y cárcavas excavadas en suelos arcillosos. Éstas son producto de la deforestación de cuencas.

El clima varía de templado cálido a templado y templado frío de montaña tropical en las yungas, quechuas y punas andinas. Es frío glaciar en el nevado de Sara-Sara, y tropical en los valles del Apurímac y Mantaro. Las precipitaciones estacionales se concentran durante el verano austral. En la zona andina las variaciones de temperatura entre el día y la noche, y entre el sol y la sombra se incrementan con la altitud, igual que la sequedad atmosférica.

Hidrografía

Los principales ríos que drenan el territorio departamental de Ayacucho forman parte del Sistema Hidrográfico del Amazonas, y pertenecen a las cuencas de los ríos Apurímac, Pampas y Mantaro. En la vertiente occidental, es decir en la cuenca del Mar de Grau o Pacífico Peruano, se encuentran numerosas quebradas secas y ríos con gran variación estacional en el volumen de sus aguas. Los principales son el Laramate, que da sus aguas al Mar de Grau bajo el nombre de río Grande; San José, que luego se denomina río Acarí; Lampalla que en la costa se llama río Yauca, y el Huanca-Huanca, afluente del río Ocoña. También debe ser mencionada la laguna de Parinacochas, que se encuentra a 3,273 m sobre el nivel del mar, y otro conjunto de lagunas que desaguan en la vertiente del Pacífico, tales como la Yaurihuirí (a 4,378 m de altitud), la Islacocha (a 4,400 m) y la Pucacocha (a 4,900 m).

Ayacucho

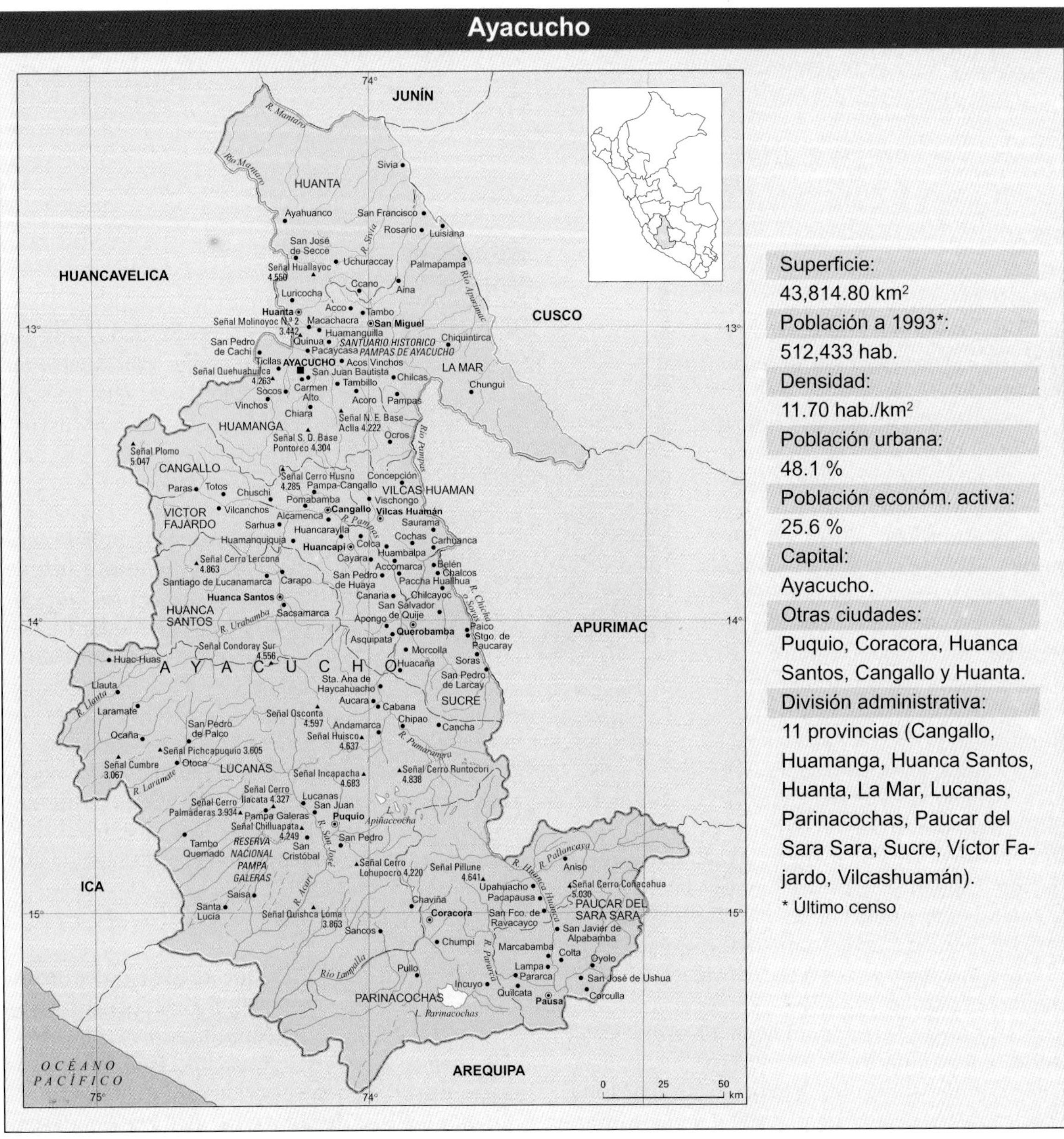

Superficie:
43,814.80 km²

Población a 1993*:
512,433 hab.

Densidad:
11.70 hab./km²

Población urbana:
48.1 %

Población económ. activa:
25.6 %

Capital:
Ayacucho.

Otras ciudades:
Puquio, Coracora, Huanca Santos, Cangallo y Huanta.

División administrativa:
11 provincias (Cangallo, Huamanga, Huanca Santos, Huanta, La Mar, Lucanas, Parinacochas, Paucar del Sara Sara, Sucre, Víctor Fajardo, Vilcashuamán).

* Último censo

Flora y fauna

Vegetación escasa en la vertiente occidental. Gramíneas en las punas. Bosques nubosos en la ceja de selva de las cuencas del Apurímac y Mantaro, y bosque tropical en los fondos de valle de los ríos antes mencionados. Estos bosques han sido deforestados intensamente en los últimos años para sembríos de coca, cultivo ilegal que, además, acelera la erosión de los suelos.

La fauna es variada. En la carretera Nazca-Puquio, en las punas de Pampa Galeras, que goza del estatuto de Reserva Nacional, está la mayor concentración de vicuñas (*Auchenia vicunna*), camélido sudamericano presente en el Perú y, en general, en los Andes de América del Sur. La vicuña está representada en el escudo nacional, como símbolo de la rica y variada fauna peruana. Su caza está prohibida. En los últimos tiempos, las comunidades campesinas que cuidan las manadas silvestres realizan los «chacos», práctica que consiste en formar grandes círculos humanos en torno a las manadas, para orientarlas hacia los corrales, donde son trasquiladas para luego devolverlas a la libertad. Su lana, muy fina, es muy apreciada

Catedral de Ayacucho, de origen colonial. Por las más de cuarenta iglesias que datan de la época de la Conquista española Ayacucho es llamada «ciudad de las iglesias».

Reserva Nacional de vicuñas de Pampas Galeras. El departamento de Ayacucho cuenta además con el Santuario Nacional de Titancayocc, en el que abundan la puya Raimondi.

por la industria textil y alcanza altos precios. Se reproducen en cautiverio, como se comprueba en Lima, en el Parque de las Leyendas.

Entre las aves andinas, las más representativas son el cóndor, que habita en las altas cumbres, y las parihuanas, garzas con plumas rojas que abundan en la laguna de Parinacochas. En los bosques nubosos y tropicales hay variedad de aves y mamíferos (tigres, monos, sajino, picuro, etc.). Por otra parte, los ríos Apurímac, Pampas y Mantaro son abundantes en peces.

Explotación minera, agricultura y ganadería

La minería se ha recuperado tras la pacificación del departamento, que se vio sometida a la presencia del grupo subversivo Sendero Luminoso. Existen minas de cobre, plomo, zinc, oro, plata, molibdeno, manganeso y sal gema.

La agricultura es actividad importante en los Andes y la selva. Se cultiva café, cacao, maíz, coca y frutales en los valles amazónicos. En los Andes predominan la papa, maíz, cebada, trigo, alfalfa y tuna. Hay 212,122 hectáreas de superficie agrícola, de las cuales 114,000 son de secano.

La ganadería es significativa en las punas, principalmente al sur del departamento. En forma extensiva se crían vacunos, ovinos y camélidos sudamericanos —llamas y alpacas—, aprovechando los pastos naturales de estas zonas. La explotación forestal se realiza en los bosques nubosos de la ceja de selva y en los de selva alta.

Población

Hay evidencias arqueológicas de la presencia del hombre en esta región desde hace más de doce mil años, como por ejemplo los restos humanos encontrados y estudiados en las cuevas de Pikimachay, que figuran entre los más antiguos del país. En este ámbito territorial se consolidó la cultura Paracas, muy vinculada a la cultura Ica. Los templos de Chulpas y de Wichquena son los más importantes de esta época. Con posterioridad se desarrolló en este territorio la cultura Huarpa, con gran incremento de la población, que surge en la época de los mochicas en el norte y los tiahuanaco en el sur.

Sin embargo, el mayor apogeo cultural y poblacional corresponde a la cultura Huari, en el siglo VII a.C., que formó el primer imperio andino. Éste abarcó desde los territorios actuales de Cajamarca y Lambayeque al norte, hasta Cusco y Arequipa por el sur, teniendo como capital la ciudad de Huari, a 25 km de la ciudad de Ayacucho. Al declinar el imperio Huari quedaron comunidades de pastores y agricultores alto andinos, que habitaban poblados fortificados en la cumbre de cerros, y que son conocidos con el nombre genérico de Chancas, al norte, y Rucanas y Soras al sur. Concluyen estas culturas en el siglo XV d.C. con la conquista cusqueña y su incorporación al Imperio Inca, que estableció su centro administrativo en Vilcashuamán, en el valle del río Pampas.

Según proyecciones efectuadas recientemente, el 50.2 por ciento de la población de este departamento vive en zonas urbanas, en tanto que el índice de analfabetismo entre los mayores de quince años alcanza el 27.4 por ciento de los habitantes de Ayacucho.

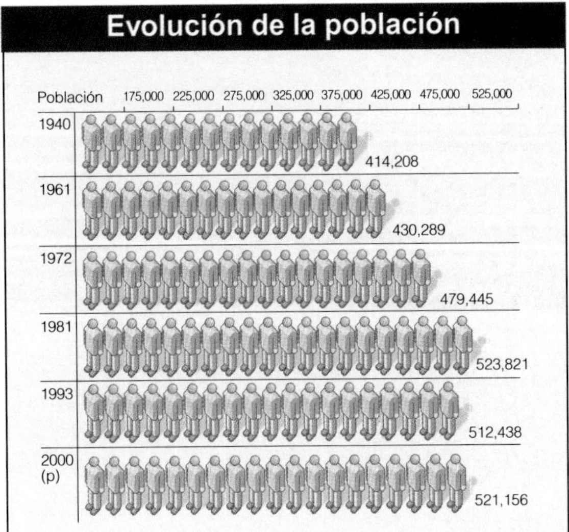

Mercado dominical en la zona de Quinua. La perdurabilidad del trueque de productos agrícolas y la exclusividad del idioma quechua actúan como atractivo turístico de este departamento.

Las principales ciudades, además de Ayacucho, son Huanta, San Miguel, Puquio, Coracora, Cangallo y Vilcashuamán.

Principales recursos

Los productos artesanales representan una de las principales fuentes de ingreso del país. Existen más de 700 establecimientos dedicados a este tipo de producción. Son también muy típicos de Ayacucho los tejidos de alpaca, los retablos y el tallado en piedra de Huamanga, que se caracteriza por su transparencia; se producen además objetos de cerámica, de plata y de cuero.

Vías de comunicación

Ayacucho cuenta con un aeropuerto que la conecta diariamente con Lima. También hay campos de aterrizaje en Palmapampa, Luisiana y Sicra, en el valle del Apurímac.

La carretera de Los Libertadores, completamente asfaltada, parte de la Panamericana y llega hasta Ayacucho, uniendo esta localidad con la línea de costa. Por otra parte, la carretera Longitudinal Andina la conecta por el norte con las ciudades de Huancavelica, Huancayo y La Oroya. Desde esta ciudad parte una ruta hacia Lima, y otra hacia el este, que pasa por Cerro de Pasco, Huánuco, Tingo María y llega a Pucallpa, mientras un ramal continúa hasta San Martín por el valle del Huallaga.

Por el sur, cruzando Abancay, Cusco y Puno, llega hasta la frontera con Bolivia. Desde la ciudad de Ayacucho hay carretera al rico valle del Apurímac. Otra carretera importante es la que iniciándose en la Panamericana, al sur de la ciudad de Nazca, pasa por Pampa Galeras, llega a Puquio y continúa por Chalhuanca, Abancay, Cusco y Puno. Al este de Puquio se desvía un ramal hacia el sur que llega a Coracora.

En cuanto a las vías fluviales, el Apurímac es navegable en pequeñas embarcaciones, aguas abajo de Palmapampa.

Atractivos turísticos

El turismo se ha incrementado de forma progresiva desde que el departamento ha sido pacificado. Huamanga es el principal centro turístico; su atractivo reside en las hermosas iglesias coloniales, la festividad de Semana Santa, las artesanías y la bonanza de su clima. A poca distancia de la capital departamental está la Pampa de la Quinua, donde el 9 de diciembre de 1824 se libró la célebre batalla de Ayacucho, en la que las tropas realistas fueron definitivamente derrotadas por las fuerzas patrióticas al mando del general Antonio José de Sucre. Otros atractivos son las ruinas incas y de culturas anteriores.

El medio ambiente

El principal problema ambiental es la deforestación de los bosques con el fin de establecer plantaciones ilegales de coca, así como los químicos que se utilizan para elaborar pasta básica de cocaína, que después son vertidos al suelo y a los cursos de agua, con la consiguiente contaminación. En la región andina, la deforestación se viene realizando desde antiguo, lo cual ha acelerado la erosión de suelos y la formación de cárcavas.

Cajamarca

Este departamento está ubicado al norte del territorio peruano. Su superficie es eminentemente andina, con regiones de yungas, quechuas y jalcas; en las provincias de San Ignacio y Jaén hay bosques de ceja de selva y selva alta. Limita con la República del Ecuador por el norte, con los departamentos de Amazonas y La Libertad por el este; con este último también por el sur y el sudoeste, en tanto que sus otros límites occidentales lo separan de los departamentos de Piura y Lambayeque.

Paisaje típico de Cajamarca, pleno de verdor, en donde abunda el llamado «gallito de las rocas».

Este departamento fue creado por Decreto del 11 de febrero de 1855. Su capital es la localidad prehispánica de Cajamarca, a la que la Corona española, por Real Cédula del 19 de diciembre de 1802, le otorgó el título de «ciudad». La población capitalina, estimada a 1998, es de 105,412 habitantes.

El departamento de Cajamarca abarca una superficie de 33,247.77 km^2, y la población total estimada al 2000 es de 1'411,936 habitantes, con una densidad de 42.47 habitantes por km^2.

Clima

Es clima es tropical con altas temperaturas durante todo el año en el profundo valle del Marañón, y en áreas de las provincias de San Ignacio y Jaén. En cambio es templado cálido en las yungas marítimas, templado en las altitudes medias —como es el caso de la ciudad de Cajamarca— y templado frío en las jalcas. La sequedad atmosférica se agudiza con la altitud.

Las precipitaciones se concentran en el verano, pero no siempre son abundantes. En la vertiente del Pacífico, cuando se produce el fenómeno El Niño, las lluvias adquieren mayor intensidad. En cambio, se producen prolongadas sequías cuando las precipitaciones son escasas en la zona andina y la ceja de selva. En la provincia de Jaén existen zonas semiáridas, en las vertientes orientales, al este del paso de Porculla y en el valle del Chamaya.

Hidrografía

Los ríos que drenan el territorio de Cajamarca pertenecen a la cuenca del Mar de Grau o Pacífico Peruano, y a la del Amazonas. Los primeros tienen corto recorrido y grandes variaciones de caudal a lo largo del año. Antes de dar sus aguas al Pacífico, atraviesan la costa en territorios de los departamentos de Lambayeque y La Libertad. De éstos, los principales son Chancay, La Leche, Zaña y Chilete. Este último alimenta la represa de Gallito Ciego.

En el sur, el río Chicama hace de límite con La Libertad. Los ríos de la vertiente oriental pertenecen al Sistema Hidrográfico del Amazonas. El principal es el río Marañón, que corre por un profundo cañón de más de 2,000 m de profundidad, recibiendo por su margen izquierda, y de sur a norte, las aguas del Chusgón —que hace de límite con La Libertad en su parte sudoriental— Cajamarca o Crisnejas (tal como pasa a denominarse tras su confluencia con el Condebamba), Las Yangas, Llaucano, Chamaya y Canchis, que sirve de límite con el Ecuador y es afluente del Chinchipe, río este último que da sus aguas al Marañón.

Morfología

El territorio es accidentado. Los principales rasgos morfológicos son la cordillera Occidental al oeste y el profundo cañón formado por el río Marañón al este. Al norte, debe mencionarse el

Plaza principal de Cajamarca. Allí se inició la caída del Imperio Inca, con la captura de Atahualpa; asimismo, en enero de 1821 se juró allí la Independencia del Perú.

sector sur de la cordillera del Cóndor. Al noreste existe un relieve que forma la divisoria de aguas del Chinchipe con el Comaina. Al este y noreste de la ciudad de Cajamarca, y a más de 3,000 m sobre el nivel del mar, hay extensas jalcas, tal como se denomina a las mesetas andinas poco accidentadas.

Las mayores elevaciones del territorio departamental son el cerro Rumi-Rumi a 4,496 m sobre el nivel del mar; el cerro Collotán y Tandayoc con 4,187 y 4,156 m sobre el nivel del mar respectivamente; y, al oeste de Cutervo, el cerro Mishahuanya, con 4,118 m sobre el nivel del mar. Al noroeste, en la provincia de San Ignacio y en los límites con Piura, en la cuenca del Tabacones, afluente del Chinchipe, hay cinco cumbres que sobrepasan los 3,500 m de altitud. Además, se alternan en el territorio los valles interandinos y vertientes con declives variados.

Flora y fauna

La vegetación varía desde las laderas desérticas al este de Olmos y semidesérticas al sudeste del departamento, hasta las forestas tropicales de la provincia de San Ignacio, donde predominan los bosques de romerillo (*Podocarpus sp*). En las jalcas o punas hay predominio de gramíneas, en los que prospera una ganadería extensiva. En la provincia de Cutervo hay bosques subtropicales y, en el fondo de algunos valles, bosques de galería. Se vienen realizando esfuerzos para reforestar vertientes andinas, y ya hay más de 25,000 hectáreas sembradas con pinos (*Pinusradiata*) y eucaliptus.

También la fauna es variada. Hay venados, patos y otras aves en las jalcas; y osos y sajinos en los bosques tropicales. Por otra parte, en el curso superior de los ríos se ha introducido con éxito la trucha. En el Marañón hay bagres, cascas y otras especies, aunque no en abundancia.

Actividad minera

Esta actividad ha crecido notablemente en los últimos años, destacando el yacimiento aurífero de Yanacocha, cercano a la ciudad de Cajamarca. Este yacimiento está considerado como el más rentable del mundo; en efecto, su producción lo ubica ya entre los cinco primeros del planeta. Existen además minas polimetálicas, como Michiquillay y La Granja. La explotación de mediana y pequeña minería extrae cobre, plata, zinc y plomo.

Agricultura, ganadería y explotación forestal

En los fondos de valle los suelos poseen gran fertilidad; están irrigados y permiten el desarrollo de una importante actividad agrícola, así como de

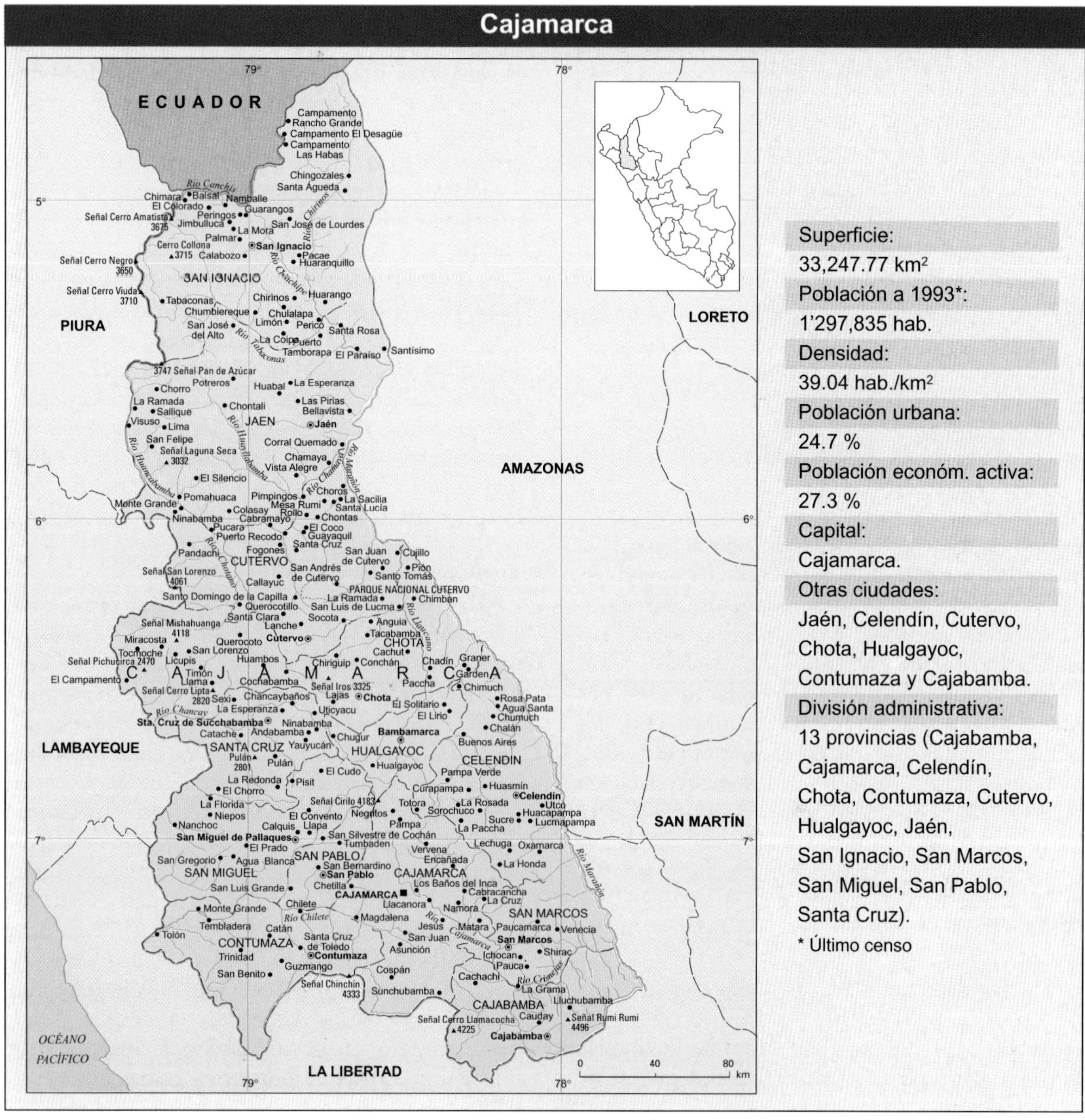

ganadería intensiva. En cuanto a las jalcas, se cultiva sobre todo papa, aprovechando las lluvias estacionales. Se practica la agricultura de secano en las vertientes o laderas andinas; estos terrenos, sometidos a fuerte erosión, permiten sólo unos rendimientos muy bajos. Los principales cultivos son café, cacao, arroz, papa, maíz, cebada, alverjas, hortalizas y frutales.

La ganadería vacuna es actividad intensiva en los fondos de valle y extensiva en las jalcas. Ello hace que este departamento sea un importante productor de leche fresca y de productos lácteos, tales como queso, mantequilla y manjarblanco. En menor escala se cría ganado ovino, y en los últimos años se ha iniciado la cría de alpacas, camélido sudamericano que se adapta bien a las jalcas.

En Sunchubamba, en la provincia de Contumaza, existe un coto para la caza de venados, patos, osos, etcétera. En cuanto a la explotación forestal, se concentra en la provincia de San Ignacio, en los bosques de romerillo.

Población

En épocas prehispánicas estos terrenos fueron habitados por cazadores y recolectores, convertidos luego en agricultores y ceramistas, y más tar-

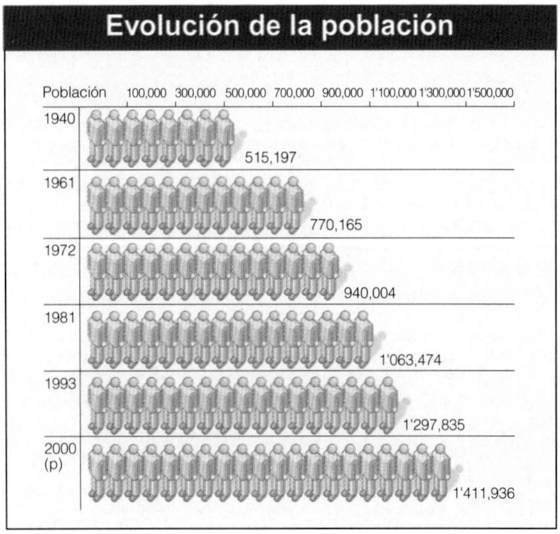

Evolución de la población

Población 100,000 300,000 500,000 700,000 900,000 1'100,000 1'300,000 1'500,000

Año	Población
1940	515,197
1961	770,165
1972	940,004
1981	1'063,474
1993	1'297,835
2000 (p)	1'411,936

de en criadores de camélidos. Dieron lugar a la cultura Cajamarca; a la llegada de los españoles, esta población se hallaba incorporada al Imperio Inca, con un importante centro urbano en la actual capital de departamento.

Este departamento ocupa, por cantidad de habitantes, el cuarto lugar a nivel nacional. Pero debemos lamentar que una parte de esta población, en determinadas provincias de Cajamarca, vive en situación de pobreza extrema. El analfabetismo, según datos del último censo, es del 27.2 por ciento entre la población mayor de quince años, y en la actualidad se calcula en torno al 24 por ciento. El número de habitantes del departamento es de 1'343,501.

La tasa de crecimiento promedio anual entre los censos de 1981-93 fue del 1.7 por ciento. La población es predominantemente rural, siendo las ciudades principales Cajamarca, Jaén, Chota, Cutervo, Celendín y Cajabamba.

División política

El territorio del departamento de Cajamarca se halla dividido en trece provincias, que a su vez se distribuyen en 127 distritos. Las provincias son Cajamarca, capital Cajamarca; San Ignacio, capital San Ignacio; Jaén, capital Jaén; Cutervo, capital Cutervo; Chota, capital Chota; Santa Cruz, capital Santa Cruz de Succhubamba; Hualgayoc, capital Bambamarca; Celendín, capital Celendín; San Miguel, capital San Miguel de Pallaques; San Pablo, capital San Pablo; Contumaza, capital Contumaza; San Marcos, capital San Marcos; y Cajabamba, capital Cajabamba.

Industrias y vías de comunicación

Las industrias principales son las derivadas de la ganadería. En cuanto a las artesanías, son famosos los espejos cajamarquinos. También son tradicionales la orfebrería, sobre todo en plata, y los artículos de cerámica.

Existe un aeropuerto en la ciudad de Cajamarca, así como una pista de aterrizaje en Jaén, aunque ésta es poco utilizada. En cuanto a las carreteras, comunican la ciudad de Cajamarca con la costa, a través de Trujillo y Chiclayo. Otra carretera comunica con Chachapoyas, pasando por Celendín y cruzando el Marañón en el puente Balsas. Existen además carreteras departamentales que unen todas las capitales provinciales. Es importante sobre todo la carretera Longitudinal que llega a Jaén y San Ignacio tras empalmar con la vía asfaltada Olmos-Marañón.

Turismo

Hay diversidad de paisajes, aguas termales y ruinas arqueológicas. En la ciudad de Cajamarca pueden visitarse los templos coloniales y el Cuarto del Rescate, así denominado porque allí se reunió el oro pagado por los incas como precio del rescate del Inca Atahualpa; a poca distancia se hallan los baños termales del Inca.

La celebración del carnaval es una ocasión festiva que congrega a turistas tanto nacionales como extranjeros. Deben mencionarse además las ruinas de Pacopampa, en Chota; Cuntur Huasi en San Pablo; Oxamarca en Celendín; y el canal megalítico de Cumbemayo. El Parque Nacional de Cutervo y el gran cañón del río Marañón suelen asimismo formar parte de los recorridos turísticos por este departamento. En la ciudad de Cajamarca existe buena infraestructura hotelera y gastronómica.

Medio ambiente

La escasez de agua potable en las principales ciudades es uno de los grandes problemas medioambientales de Cajamarca. Además faltan las denominadas «lagunas de oxidación» para tratar las aguas servidas en la ciudad de Cajamarca y las capitales de provincia. Es permanente, además, el arrojo de basuras urbanas a la vera de carreteras y caminos. Peligro de contaminación por la explotación minera. Por otra parte, la importante actividad minera posee, como elemento negativo, la amenaza que puede significar en el futuro para las condiciones del medio ambiente si no se toman los recaudos del caso.

Provincia Constitucional del Callao

No se trata propiamente de un departamento, sino de una Provincia Constitucional, con una única provincia y 6 distritos. Se encuentra a orillas del Mar de Grau y al oeste de Lima, ciudad a la que está unida urbanísticamente. Limita, con el departamento de Lima por el norte, este y sudeste, y con el Mar de Grau por el sur y el oeste.

Vista de una plaza en el balneario de La Punta; al fondo, las islas de San Lorenzo y El Frontón.

Fue fundada por Decreto del 20 de agosto de 1836, bajo el nombre de Provincia Litoral del Callao y Bellavista. Por Ley del 22 de abril de 1857 se le otorgó el estatuto, único en el país, de Provincia Constitucional. Su capital es la ciudad portuaria del Callao, antiguo puerto de pescadores, y la superficie total alcanza tan sólo 146.98 km^2.

La fundación española de la ciudad de Callao se remonta al 6 de mayo de 1537, fecha en que el Cabildo de Lima mandó «hedificar e fazer un Tambo en el puerto de esta ciudad». Mucho más tarde, por Real Cédula de 1671 se le otorgó, el título de ciudad. Se estima que la actual población capitalina de 736,243 habitantes.

Comprende una zona continental y otra insular, ya que las islas de San Lorenzo, El Frontón y Cavinzas pertenecen a esta provincia, y su superficie se cuenta dentro del total del Callao. En su parte continental,el Callao forma un único conglomerado urbano, desde Ventanilla hasta La Perla, por lo que la población de la provincia prácticamente coincide con la de la ciudad. Al este y al norte del distrito de Ventanilla hay cerros con altitudes que no sobrepasan los 500 m sobre el nivel del mar, que interrumpen esta continuidad urbana. La densidad de población alcanza la cifra de 4,405.80 habitantes por km^2, en tanto que el índice de analfabetismo entre los mayores de 15 años es del 2.9 por ciento, la más baja del país.

De forma concomitante con todo ello, la población urbana es el 99.8 por ciento, dejando un muy exiguo margen de habitantes rurales, que viven en los pocos campos agrícolas que aún subsisten. En cuanto a la división político-administrativa, tiene seis distritos urbanos: Callao, Bellavista, Carmen de la Legua Reynoso, La Perla, La Punta y Ventanilla.

El espacio físico

Ocupa la llanura encerrada por los ríos Rímac y Chillón, con suave pendiente de este a oeste. Posee extensas playas al norte de su litoral y, al sur, acantilados que el mar modela en antiguas terrazas. Al noreste, en el distrito de Ventanilla, se dan relieves rocosos de poca altitud. Las islas de San Lorenzo y El Frontón tienen grandes acantilados. El clima es templado, con alta humedad atmosférica y nubosidad durante el invierno. Las lluvias son escasas y con garúas o lloviznas con gotas finas, debido a la condensación de las nubes estratos que cubren el cielo en los meses de invierno.

Hidrografía

En el distrito del Callao, el Mar de Grau es de aguas tranquilas, y en la bahía del mismo nombre se ha construido el puerto marítimo más moderno e importante del país. Dos ríos, el Rímac y el Chillón, desaguan en el mar. El primero cruza la ciudad de Lima, y su caudal, altamente contaminado debido a los vertidos de esta urbe, desemboca en el Mar de Grau al norte del terminal marítimo. El Chillón lo hace al norte del distrito del Callao, en el límite con el distrito de Ventanilla.

Flora y fauna

Hay aves guaneras en la isla San Lorenzo, así como lobos marinos en las cuevas que se han formado al pie de acantilados. El Mar de Grau posee abundancia y variedad de peces.

En lo que hace a la flora, las pocas áreas no urbanizadas son utilizadas como tierras agrícolas, excepto en Ventanilla, donde son desérticas.

Historia y población

El espacio *chalaco*, tal como se les suele llamar a los pobladores del Callao, fue habitado por pescadores desde épocas prehispánicas. Como puerto principal del territorio peruano, desde la época colonial, el Callao ha sido escenario de numerosos hechos históricos. De allí partieron, en 1567, Álvaro de Mendaña y Pedro Sarmiento de Gamboa, con rumbo a Oceanía, en las naves *Los Reyes*

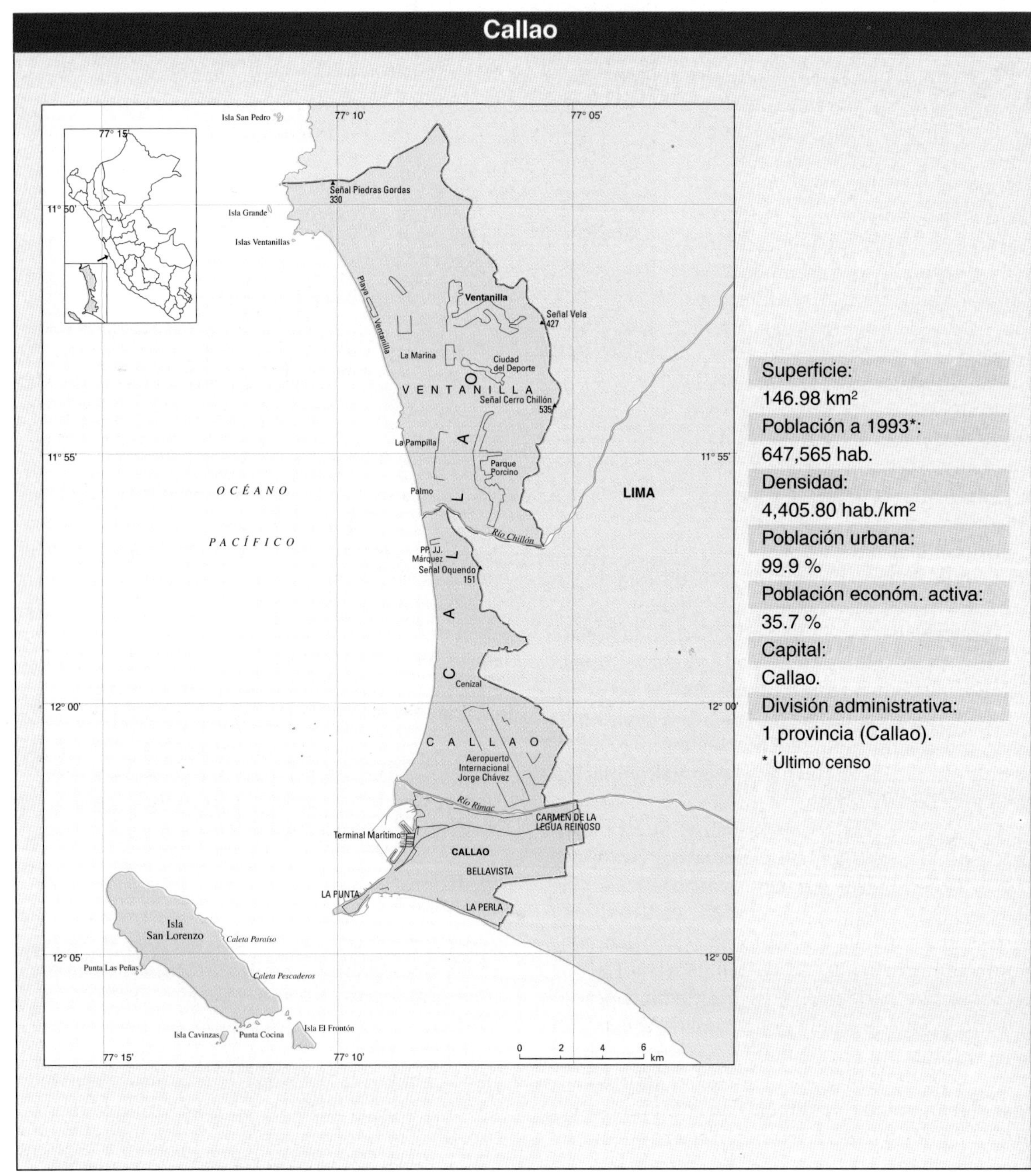

Superficie:
146.98 km²

Población a 1993*:
647,565 hab.

Densidad:
4,405.80 hab./km²

Población urbana:
99.9 %

Población económ. activa:
35.7 %

Capital:
Callao.

División administrativa:
1 provincia (Callao).

* Último censo

El Callao es el principal puerto del Perú, por el que se transita un porcentaje importante de la actividad comercial entre los países asiáticos y los del Pacífico Sur.

y *Todos los Santos*. Descubrieron las islas Salomón y las Marshall, regresando al Callao en 1569.

En 1590, otra expedición marítima que partió del Callao descubrió las Islas Galápagos. El 25 de octubre de 1856 partió de este puerto, para realizar un viaje alrededor del mundo, la fragata *Amazonas*, que regresó, cumplida su misión, el 24 de mayo de 1858. Del Callao también partió el almirante Miguel Grau Seminario —muerto durante la famosa batalla de Angamos, en el curso de la guerra con Chile—, hoy venerado como «caballero de los mares», comandando el legendario *Huáscar*.

Ya convertida en ciudad portuaria, se pobló rápidamente, pero el 28 de octubre de 1746 un terremoto ocasionó un devastador tsunami, con olas de gran altura que destruyó la ciudad. Murió la casi totalidad de los 5,000 habitantes que por entonces tenía Callao, salvándose sólo unos 200, según estima el historiador Eusebio Llano y Zapata.

Otros sismos que causaron daños en el Callao fueron los producidos en 1609, cuando el mar salió de sus límites; en 1665, un maremoto destruyó las murallas del Callao. En 1687 otro maremoto ocasionó una inundación en la que perecieron cerca de 100 personas. Además, este puerto sufrió en repetidas ocasiones el acoso de piratas, como ocurrió en 1642, cuando el holandés Jacobo Heremita Clerk puso sitio al Callao; finalmente fue rechazado.

Industria y comercio

El Servicio Nacional de la Marina, SIMA, tiene en este territorio sus astilleros, tanto para construcción como para mantenimiento de barcos de la Marina de Guerra del Perú; también se realizan en ellos trabajos para particulares. Existe además una de las más importantes fábricas de cerveza del país, la refinería de La Pampilla, astilleros de embarcaciones para la pesca, fábrica de llantas y de calzado, fundiciones, etcétera. La pesca es actividad importante y existe una zona de amarre de pesqueros al norte del terminal marítimo. En las aguas oceánicas que bordean la isla San Lorenzo, en el sector oriental, se explota con éxito la recolección de conchas de abanico.

Sala del Museo Naval del Callao dedicada a la memoria del almirante piurano Miguel Grau Seminario, héroe de la batalla de Angamos, durante la Guerra del Pacífico.

La actividad comercial es intensa en esta provincia; las agencias de aduana realizan una agitada labor.

Agricultura y vías de comunicación

La agricultura se practica en pequeñas parcelas que utilizan aguas de los ríos Rímac y Chillón. En cuanto a las comunicaciones, el Aeropuerto Internacional Jorge Chávez es el más importante del país y, por su ubicación, es lugar de tránsito de líneas aéreas que tienen como destino final La Paz, Río de Janeiro, San Pablo, Buenos Aires, Asunción y Santiago de Chile. De su sección nacional parten vuelos que cubren el territorio peruano, con destinos diarios a las principales ciudades.

El puerto marítimo del Callao concentra un gran porcentaje de la importación y exportación nacional. El ferrocarril Central, que llega a Cerro de Pasco y Huancayo, se inicia en El Callao. En cuanto a la comunicación vial, hay avenidas que articulan el Callao con Lima.

Turismo y medio ambiente

En el Callao puede visitarse, además del puerto, el Museo Naval y el Castillo Real Felipe, y realizar paseos por la bahía del Callao y el balneario La Punta. Son famosos los restaurantes que ofrecen diversos platos elaborados con pescado «recién sacado del mar».

En lo que respecta a los problemas medioambientales, las aguas oceánicas del puerto están contaminadas. También hay problemas de polución en la desembocadura de los ríos Rímac y Chillón, debido a los desechos urbanos.

Cusco

Este departamento lleva el nombre de la ciudad que fuera capital del Imperio Inca. Está ubicado en los Andes del sur y limita con los departamentos de Ucayali, por el norte; Madre de Dios y Puno por el este; Arequipa por el sur y Apurímac, Ayacucho y Junín por el oeste. Fue creado por el Reglamento de Elecciones del 26 de abril de 1822.

Tumbas incaicas ubicadas en las alturas del valle Urubamba, en el departamento del Cusco.

Su capital es la ciudad del Cusco, que según el Inca Garcilaso de la Vega significa «ombligo», y cuya historia se remonta a épocas remotas. Sobre este particular, el historiador peruano Alberto Tauro del Pino dice que la presencia de pobladores en la actual Cusco se remonta «a tiempo inmemorial» y que Manco Cápac la convirtió en la capital de su imperio. El Cusco se convirtió así en el nudo de todos los caminos del Imperio Inca, en la época en que éste alcanzó su máximo apogeo.

A 3,399 m de altitud, la ciudad goza durante todo el año de un clima templado de montaña tropical. Las temperaturas máximas absolutas llegan a los 26 °C y las mínimas descienden, durante el invierno, hasta -4 °C. La temperatura media anual es cercana a los 10 °C.

Provincias y distritos

Pizarro llegó al Cusco en 1533 y fundó la ciudad española el 23 de marzo de 1534. En la actualidad, esta ciudad goza de los estatutos de Capital Arqueológica de América del Sur, Patrimonio Cultural de la Humanidad y Capital Histórica del Perú. La extensión superficial de este departamento es de 71,891.97 km^2, con una población estimada de 1'103,536, y con una densidad de 15.30 habitantes por km^2. Políticamente está dividido en 13 provincias: Cusco, capital Cusco; Acomayo, capital Acomayo; Anta, capital Anta; Calca, capital Calca; Canas, capital Yanaoca; Canchis, capital Sicuani; Chumbivilcas, capital Santo Tomás; Espinar, capital Yauri (Espinar); La Convención, capital Quillabamba; Paruro, capital Paruro; Paucartambo, capital Paucartambo; Quispicanchis, capital Urcos; y Urubamba, capital Urubamba. Tiene 107 distritos.

Territorio y clima

Abarca Andes y selva. Su variada topografía ofrece notables contrastes. Altas montañas con glaciares, como el Salcantay, con 6,271 m sobre el nivel del mar, y el Vilcanota, que culmina en el nevado de Auzangate, con 6,364 m de altitud. En ambas existen otros nevados que rebasan los 6,000 m. En el centro y sur del departamento existen extensas punas y altas mesetas andinas. También hay amplios valles, como el denominado Valle Sagrado, formado por el río Urubamba al norte de la ciudad del Cusco.

El clima es tropical en la parte norte del departamento, como en la provincia de La Convención, donde se alcanzan altas temperaturas y la humedad es elevada durante todo el año; las precipitaciones son abundantes en el verano austral. En los bosques de ceja de selva el clima es templado cálido y húmedo. En cambio es templado con atmósfera seca en altitudes medias de los Andes, por encima de los 2,000 m. Finalmente, es templado frío en las punas o altas mesetas andinas, por encima de 4,000 m sobre el nivel del mar, y frío en la muy alta montaña andina, que corresponde a las cumbres perpetuamente cubiertas de hielo y nieve.

En el paisaje cusqueño se combina la montaña con los altiplanos y mesetas de relieve suave, y con profundos valles y cañones, como el de Pisac, que aparece en la fotografía.

Hidrografía

Los principales ríos que drenan el territorio cusqueño pertenecen a la cuenca del río Urubamba, llamado Vilcanota en su curso superior, que constituye el eje principal del sistema; su mayor afluente es el Paucartambo. También son importantes la cuenca del Apurímac, al oeste, y del Marcapata (afluente del Madre de Dios) al este.

Todos estos ríos y sus afluentes forman en algunos tramos de su curso unos profundos cañones fluviales, siendo los más importantes el denominado Pongo de Mainique y los cañones de Machu Picchu, formados ambos por el Urubamba.

Flora y fauna

La flora es tropical en la selva alta y baja, con gramíneas en las punas. Existen bosques de galería al fondo de los valles interandinos y bosque tropical nuboso, con abundancia de orquídeas en la ceja de selva.

En cuanto a la fauna, en las altas mesetas andinas hay manadas de vicuñas, roedores como el cuy y vizcachas; entre las aves, además de la abundancia de perdices, destacan el cóndor y el águila. En los ríos y lagunas está presente el ganso andino o «huallpa», y variedad de patos. También se encuentran truchas y pejerreyes, dos especies no nativas. El suche, especie autóctona en peligro de extinción, tiene cierta presencia en este departamento. En la selva se da una amplia variedad de mamíferos, aves, reptiles y mariposas, así como abundancia de peces en los ríos de esta región.

Población

Se trata de una región poblada desde tiempos muy antiguos; la arqueología ha demostrado que antes de los Incas, que representaron el mayor apogeo de la civilización precolombina en estas tierras, existieron las culturas Marcavalle —con aldeas, ganadería de auquénidos y agricultura—, Chamepata, Huari y Kilke. El último censo arrojó el dato de que el 51 por ciento de la población departamental es rural. El analfabetismo en personas mayores de 15 años es del 21 por ciento, en tanto que la tasa de crecimiento promedio anual en la segunda mitad de la década de 1990 es de 1.2 por ciento. Un 39 por ciento de la población es menor de 15 años. Las principales ciudades, además de la capital, son Urubamba, Quillabamba, Acomayo, Urcos, Paucartambo y Sicuani.

Recursos económicos

Grandes depósitos de gas se hallan en el Camisea. El departamento de Cusco posee además minas de cobre tales como las de Tintaya, Atalaya y Katanga, que se hallan en explotación activa. Marcapata es sede de placeres auríferos, y existen diversas áreas mineralizadas con plomo, zinc, hierro, uranio, carbón y sal.

En lo que respecta al suelo, sus características varían según el clima y la altitud. Las tierras fértiles se concentran principalmente en el valle del Urubamba, con el 82 por ciento de los suelos cultivados, y en el valle del Apurímac, con el 17 por ciento. La agricultura es actividad importante, con más de 125,000 hectáreas cultivadas. Estos cultivos se dividen según las regiones, que determinan las condiciones de suelo y clima; así, se produce papa, maíz, cebada, trigo, olluco y quinua, en la zona andina; en tanto que en el valle templado del Urubamba, en el sector del Valle Sagrado, se cultiva maíz blanco, muy apreciado por su sabor y el tamaño de sus granos. También se da una buena variedad de frutales, como manzanas, peras, cítricos y fresas. En los valles tropicales se dan bien el cacao, café, coca y cítricos.

La ganadería es actividad extensiva en las amplias punas cubiertas con gramíneas. Se crían llamas, alpacas, vacunos, ovinos y porcinos. En fin, la explotación forestal es actividad importante en los bosques tropicales.

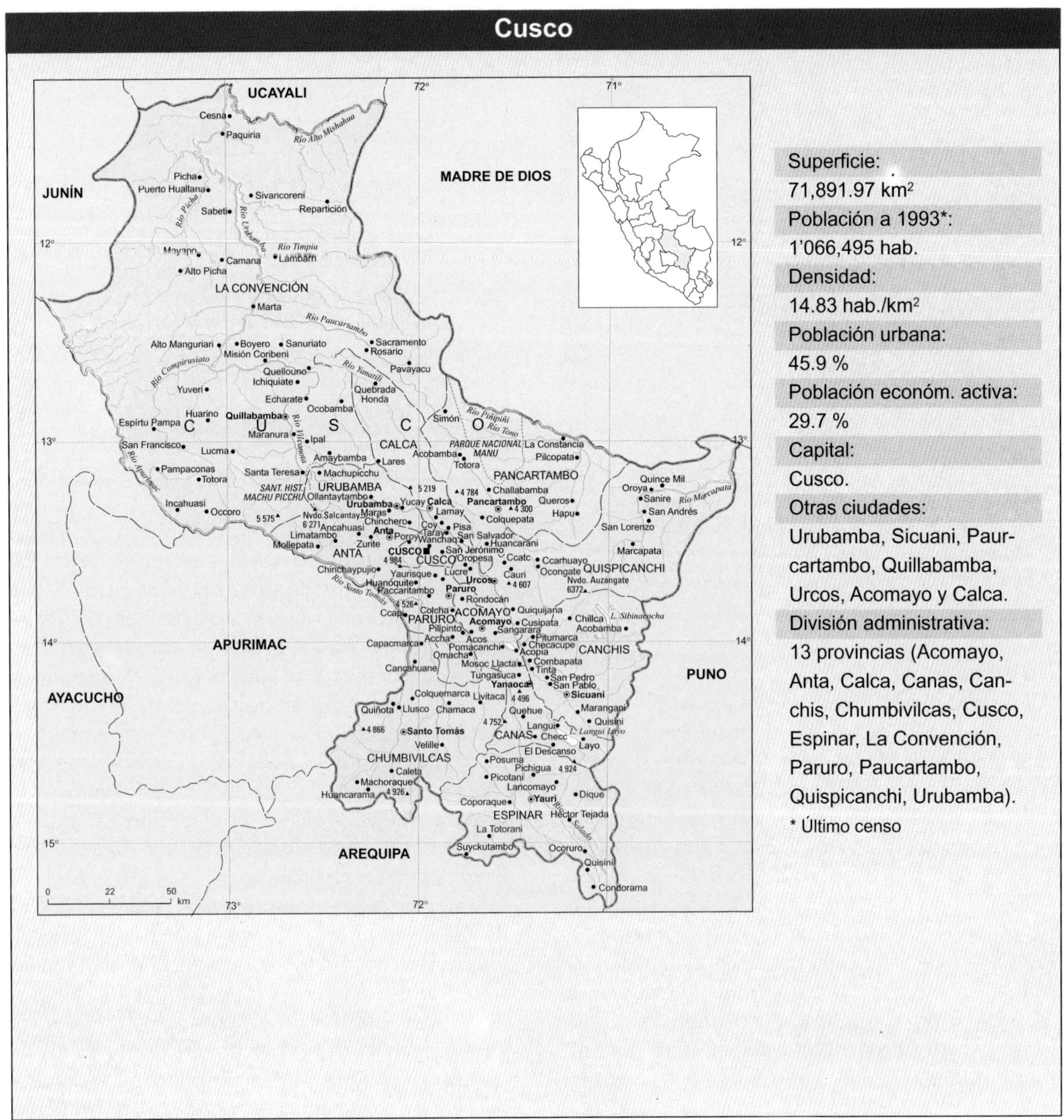

Actividad industrial

Hay fábrica de cerveza, muy apreciada por su calidad, y de aguas gaseosas. La artesanía posee un gran arraigo en esta región, destacando los famosos «niños manuelitos», los santos con cuellos largos y las imágenes humanas estilizadas; se producen variedad de productos a partir de tejidos de lana de alpaca y carnero, como ponchos, chompas y «chullos» multicolores. La orfebrería en plata también tiene un destacado desarrollo.

En el sector alimentario destacan los productos lácteos —queso y mantequilla— y la elaboración de pasta de cacao. También hay fábricas de materiales para la construcción, sobre todo tejas y ladrillos.

Medio ambiente

A pesar de que existen disposiciones preventivas, se producen con frecuencia incendios forestales en sectores de ceja de selva y en las punas. La explotación selectiva de bosques tropicales y la deforestación realizada para abrir nuevas áreas a la agricultura son asimismo fuente de considerables problemas ecológicos.

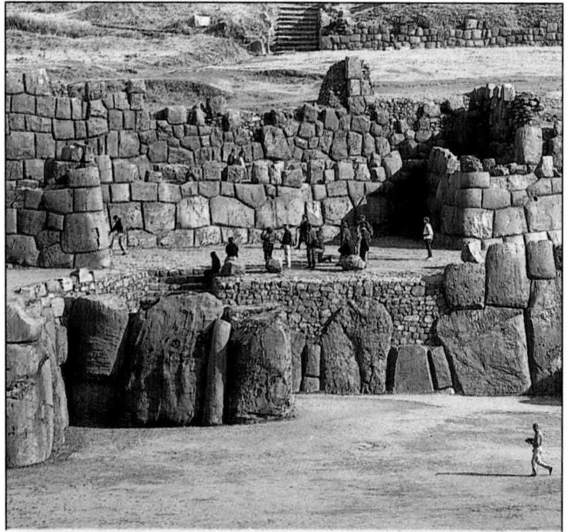

El territorio cusqueño fue cuna de las culturas Marcavalle, Chambepata, Huari, Killke y, finalmente, del Imperio Inca. A la cultura Killke se remontan las ruinas Sacsayhuamán (en la foto).

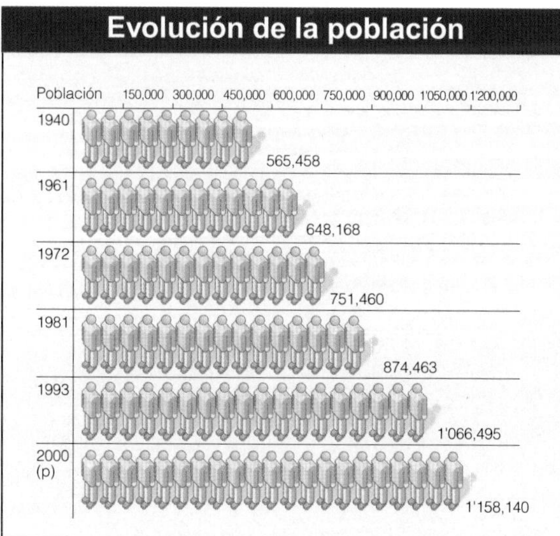

Turismo

El turismo es el recurso económico más importante del Cusco; miles de turistas nacionales y extranjeros llegan anualmente a la capital departamental, atraídos por la belleza de esta ciudad edificada sobre los restos de cultura inca, que sorprenden y maravillan a cada paso. Conventos, iglesias y casonas se han construido sobre esos muros.

Los altares, magistralmente tallados, igual que los púlpitos y cuadros de la escuela cusqueña, adornan conventos e iglesias. Dominando la ciudad se encuentran las extraordinarias ruinas de Sacsayhuaman, con muros de grandes piedras pulidas, y en sus alrededores pueden apreciarse diversas ruinas incas. A pocas horas del Cusco, el hermoso Valle Sagrado, con su campiña agrícola, sigue utilizando los andenes incas. El circuito puede ampliarse hasta ciudades como Pisac, Yucay, Urubamba y Ollantaytambo; ésta conserva aún las estrechas calles de la época incaica y, sobre todo, la famosa y bella fortaleza. Construida con enormes rocas perfectamente pulidas y emplazada en la parte alta de una colina, es una de las visitas más apreciadas por los turistas.

El Machu Picchu

Ya a mayor distancia de la ciudad del Cusco se encuentra uno de los emplazamientos más famosos del país: las famosas ruinas de la ciudadela inca de Machu Picchu, construida sobre una colina rodeada de hermosos paisajes de ceja de selva. Para llegar allí se puede tomar el ferrocarril, o bien se puede hacer el viaje a pie, siguiendo los llamados Caminos del Inca, para lo que se necesitan tres o cuatro días. Este itinerario atraviesa bellos y variados paisajes, y permite apreciar numerosos vestigios de cultura incaica. Quienes deciden quedarse más de una jornada en la ciudadela de Machu Picchu, para recorrerla y admirarla en toda su riqueza, suelen alojarse en el pintoresco pueblo Los Baños, a poca distancia de las ruinas y con buenos hoteles y restaurantes.

Integrando las extraordinarias ruinas de la ciudadela de Machu Picchu se encuentra el cerro de Huaynapicchu, hermoso mirador que domina las ruinas y los paisajes de su entorno, entre los que destacan los estrechos cañones que forma el río Urubamba y los bosques cubiertos por neblina de la ceja de selva. Otras ruinas incas son los andenes de Moray, construidos en hondonadas circulares con profundidad superior a los 40 m.

El turista tiene además otras citas obligadas en el pueblo de Chincheros, en la ruta a Moray, y en Andahuaylillas, que posee una pequeña iglesia, cubierta en su interior con pinturas coloniales, por lo que se la conoce como «la Capilla Sixtina de Andahuaylillas». Cada uno de los lugares mencionados puede visitarse en excursiones de un día.

El Cusco posee, en general, una buena infraestructura hotelera y gastronómica. En Yucay, una pequeña población del Valle Sagrado, hay un acogedor hotel, lo mismo que ocurre en el núcleo urbano de Urubamba.

Huancavelica

Está ubicada en los Andes centrales del territorio nacional. Limita con los departamentos de Junín al norte, Ayacucho al este, Lima e Ica al oeste, y Ayacucho e Ica al sur. El nombre del departamento viene del quechua Huanca-Huillca, que significa «ídolo de piedra». Fue creado el 26 de abril de 1822 y abarca una superficie de 22,131.47 km². Su población, estimada al 2000, es de 429,643 habitantes. La capital es la ciudad de Huancavelica, creada el 5 de agosto de 1572 bajo el nombre de Villa Rica de Oropesa. La población capitalina, según últimas proyecciones, es de 35,305 habitantes.

Típica vegetación lacustre que ornamenta las partes altas del altiplano huancaveliqueño.

Políticamente está dividida en 7 provincias y 93 distritos. Sus provincias son Huancavelica, capital Huancavelica; Acobamba, capital Acobamba; Angaraes, capital Lircay; Castrovirreyna, capital Castrovirreyna; Churcampa, capital Churcampa; Huaytará, capital Huaytará, y Tayacaja, capital Pampas.

El territorio departamental es accidentado, con valles profundos y altas mesetas o punas andinas. Existe gran número de quebradas secas, que se vuelven activas en época de lluvias, algunas como lavas torrenciales o *llocllas* y otras como riachuelos transitorios. Al norte, el rasgo morfológico más importante es el imponente cañón formado por el río Mantaro. Al oeste y sudeste hay numerosos ríos y quebradas, que forman una densa red; algunas de estas quebradas tienen agua de forma permanente y otras permanecen secas durante gran parte del año. En la zona central y sur hay punas con pocos accidentes, desde las que emergen nevados como el Altar, Antarazo, Citac y Huamarazo, entre otros.

El suelo es de tipo desértico al sudoeste, con fuerte erosión producida por la escorrentía superficial concentrada de las aguas. En las zonas altoandinas hay andosoles húmicos y litosoles, que se utilizan para la agricultura; al norte, predominan los combisoles eútricos, cálcicos y dístricos. En los fondos de valle existen suelos aluviales de gran fertilidad.

Hidrografía

Los principales ríos que drenan el territorio de este departamento, y que corren hacia la cuenca del Pacífico, son: San Juan, Huaytará, Ica y Río Grande. Los de la vertiente oriental forman parte del sistema hidrográfico del Amazonas o cuenca del Atlántico, y son mucho mayores que los que van al Pacífico, en cuanto al volumen y persistencia de su caudal. Participa de este sistema el río Mantaro, que dentro de este departamento forma dos grandes curvas, que se han aprovechado para instalar la Central Hidroeléctrica del Mantaro, la mayor del país. Sus principales afluentes en Huancavelica son los ríos Vilca, Ichu, Lircay y Huanchuy.

La cuenca del Mantaro drena la parte central y norte del departamento. Al sudeste, destaca el río Pampas, con orígenes en las lagunas de Orcococha y Choclococha, que son las mayores del departamento. Otras lagunas son San Francisco, Pacococha, Agnococha y Caracocha. Al norte y noroeste de la ciudad de Huancavelica, existen además numerosas lagunas pequeñas.

Clima

La climatología del departamento de Huancavelica presenta una variedad de ambientes de montaña tropical, cuya distribución depende de la altitud. De esta forma, el clima es templado cálido en los valles profundos, como es el caso del Mantaro; templado en altitudes medias, sobre todo en las zonas con baja humedad atmosférica; templado frío en las altas mesetas o punas andinas, con sensibles diferencias de temperatura entre el día (cuando el termómetro puede alcanzar e incluso superar los 20 °C) y la noche (en que se producen temperaturas bajo cero durante todas las estaciones del año, a partir de los 4,000 m de altitud, y con heladas ocasionales desde los 3,000 m sobre el nivel del mar).

Las precipitaciones, concentradas durante el verano, son mayores en la vertiente oriental, determinadas por las masas de aire de circulación amazónica.

Flora y fauna

La vegetación es escasa, con predominio de gramíneas en las punas y bosques tropicales en el sector más septentrional. La fauna avícola es abundante en lagunas existentes en las punas. En el bosque tropical hay fauna de mamíferos y aves, y variedad de insectos.

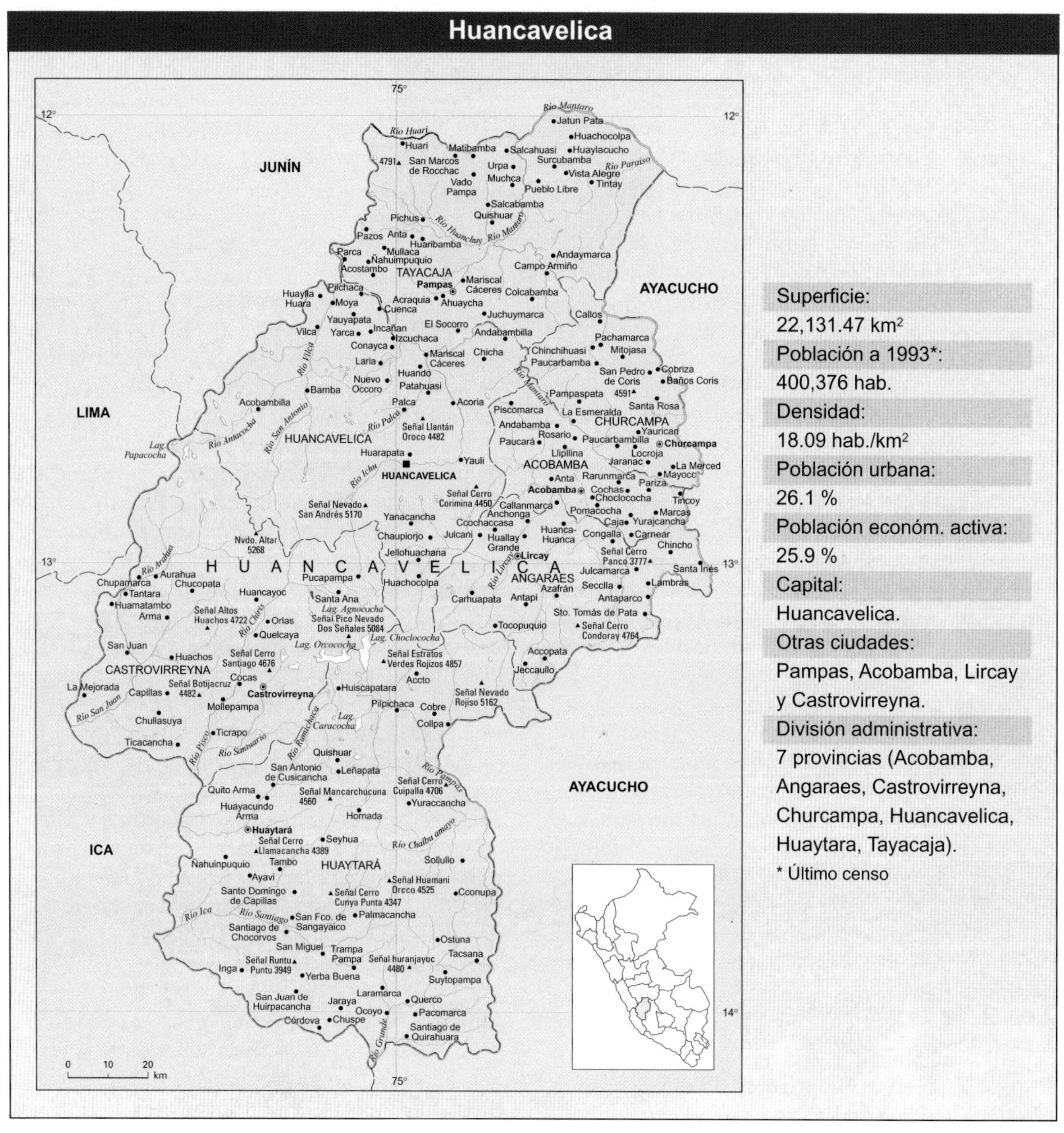

Superficie:
22,131.47 km²

Población a 1993*:
400,376 hab.

Densidad:
18.09 hab./km²

Población urbana:
26.1 %

Población económ. activa:
25.9 %

Capital:
Huancavelica.

Otras ciudades:
Pampas, Acobamba, Lircay y Castrovirreyna.

División administrativa:
7 provincias (Acobamba, Angaraes, Castrovirreyna, Churcampa, Huancavelica, Huaytara, Tayacaja).

* Último censo

En la meseta de Castrovirreyna, dentro de las depresiones de la Cadena Occidental andina, existen lagunas ricas en truchas, como la de Choclococha, que aparece en la foto.

Recursos económicos

Es un departamento con tradición minera. Ya durante la Colonia se inició la explotación del mercurio, que alcanzó importante auge y que aún continúa en la mina Santa Bárbara. Además, grandes, medianos y pequeños mineros extraen oro, plata, plomo, cobre, zinc y uranio. Los principales centros mineros, además de Santa Bárbara, son Pilpichaca, San Genaro, Caudalosa, Huachocolpa, Santa Ana, Julcani, Cobriza y Heraldos Negros.

Agricultura y ganadería

La agricultura es actividad importante en Huancavelica. Se cultiva papa, trigo, cebada, quinua, olluco, maíz y frejol, en altitudes medias con climas templados y en las punas templado-frías. En los fondos de valles con climas tropicales y templado cálido se cultiva caña de azúcar, café y frutales, principalmente cítricos, palta, papaya y plátano. En los últimos años, aunque en forma reducida y en parcelas de reducida superficie, se han descubierto cultivos ilegales de coca.

La ganadería es extensiva en las punas. Se crían camélidos sudamericanos —alpaca y llama—, vacunos, ovinos y caprinos. La población rural cría porcinos y cuyes para consumo familiar y para su venta en las ferias.

En cuanto a la actividad forestal, se limita a los bosques tropicales, donde no alcanza un gran auge. La caza es actividad frecuente en las punas y forestas del trópico. La pesca se realiza sobre todo para consumo doméstico, en lagunas y ríos alto andinos, donde se extraen truchas. En el río Mantaro la pesca es más diversificada.

Actividades industriales y extractivas

La principal actividad del departamento es la minería. Además hay productos lácteos tales como queso y mantequilla; también se produce artesanía, platería cerámica y tejidos de lana de al-

Catedral de la ciudad de Huancavelica. El desarrollo de esta ciudad, que se fundó como Villa Rica de Oropesa, estuvo ligado a la explotación del azogue en la mina Santa Bárbara.

paca, llama y ovinos. En los fondos de valle se elabora aguardiente y chancaca de caña de azúcar.

Población

Desde tiempos muy lejanos, cazadores, pastores y mineros ocuparon el territorio de este departamento, asentándose sobre todo en las punas. Eran los proveedores de obsidiana de pueblos antiguos y, más tarde, explotaron minas de plata y de otros minerales. Surgió luego en este territorio la cultura Huancavelica y, más tarde, la cultura Huarpa; ambas fueron incorporadas al Imperio Huari, que a su vez fue absorbido por los Chancas, que fueron conquistados por los Incas, pasando a formar parte del Tahuantinsuyo.

Evolución de la población

Año	Población
1940	265,557
1961	315,730
1972	346,892
1981	361,548
1993	400,376
2000 (p)	429,643

Las principales ciudades, además de la capital, son Pampas, Castrovirreyna, Acobamba y Lircay.

La población rural alcanza el 74 por ciento del total, en tanto que el índice de población analfabeta entre los mayores de 15 años era del 44.2 por ciento en 1981, disminuyó al 34.1 por ciento en el último censo y se estima que en la actualidad ronda el 29.6 por ciento.

Vías de comunicación

La carretera Longitudinal Andina lo conecta por el norte con Huancayo y con la carretera Central Lima-Tingo María-Pucallpa-Tarapoto-Yurimaguas. La carretera Los Libertadores, que parte de Pisco y se bifurca (el ramal norte llega a Huancavelica, y el sur a Ayacucho) comunica a este departamento con la carretera Panamericana, que pasa por la costa. Carreteras secundarias unen los centros mineros con Ica, Pisco y Chincha. Por otra parte, una vía férrea de trocha angosta une la ciudad de Huancavelica con Huancayo; éste es popularmente conocido como el «tren macho, que sale cuando quiere y llega cuando puede».

Turismo y medio ambiente

Huancavelica, ciudad de estirpe colonial, tiene atractivos turísticos poco difundidos y promocionados hasta el momento. Si se viaja desde Huancayo, la ruta por el valle del Mantaro tiene importantes atractivos naturales.

En cuanto al medio ambiente, la actividad minera crea problemas ambientales por la acumulación de relaves, que son vertidos tanto en lagunas como en cursos de agua.

Huánuco

Vista de la ciudad de Huánuco, que se levanta en un valle a más de 1,900 m de altura.

Este departamento se ubica en la parte central del país. Comprende territorios andinos, de ceja de selva, selva alta y selva baja. Limita con los departamentos de La Libertad, San Martín y Ucayali, al norte; Loreto, Ucayali y Pasco al este, y con este último también al sur; y con Ancash y Lima al oeste. Fue creado por ley del 24 de enero de 1869 y tiene una superficie de 36,938.08 km^2; la población, estimada al 2000, es de 776,726 habitantes. La capital, Huánuco, fue fundada el 15 de agosto de 1539 bajo el nombre de León de los Caballeros de Huánuco. La población capitalina, según estimaciones recientes, es de 147,667 habitantes, con una densidad de 19 hab/km^2.

Tiene 11 provincias y 74 distritos. Las provincias son Huánuco, capital Huánuco; Ambo, capital Ambo; Dos de Mayo, capital La Unión; Huacaybamba, capital Huacaybamba; Huamalíes, capital Llata; Leoncio Prado, capital Tingo María; Marañón, capital Huacrachuco; Pachitea, capital Panao; Puerto Inca, capital Puerto Inca; Lauricocha, capital Jesús; y Yarowilca, capital Chavinillo.

El relieve

Este departamento se caracteriza por una morfología muy accidentada. Al noroeste destaca el profundo cañón formado por el río Marañón y, en la parte central, el valle del Huallaga, que se amplía entre las ciudades de Ambo, Huánuco y El Valle, que constituye el sector más poblado del departamento.

Al este del pueblo de El Valle, desde Puente Rancho, el río Huallaga forma un profundo y estrecho cañón, que concluye en la ciudad de Tingo María. Allí el valle, ya en selva alta, se ensancha y da origen a un área agrícola de gran importancia, que continúa hasta ingresar el territorio del departamento de San Martín.

En el sector oriental destaca el relieve denominado Sira, en la margen derecha del Pachitea, río que también tiene amplio valle, tropical y muy poblado. En la parte central y occidental hay extensas punas andinas, con relieves ondulados por la existencia de antiguas morrenas y valles de auge glaciar, cuya morfología se plasmó en la era en que estas áreas estaban cubiertas por el hielo.

Hidrografía

El territorio de Huánuco está drenado por tres grandes ríos y sus afluentes: el Marañón al oeste; el Huallaga en la zona central, y el Pachitea al este. El primero, que corre por un profundo cañón fluvial, marca el límite noroeste y lo separa del departamento de Ancash. Sus aguas no son navegables. El Huallaga, tras formar un imponente cañón al cruzar el relieve de Carpish, comienza a ser navegable en balsas y pequeñas embarcaciones con motores fuera de borda, a partir de Tingo María. Sus afluentes más importantes son, por la margen izquierda, los ríos Monzón, Magdalena y Huámuco, y por la margen derecha, el Tulumayo y Aucayacu. El Pachitea, afluente del Ucayali, en estiaje es navegable en pequeñas embarcaciones, en tanto que en período de creciente se puede navegar con embarcaciones a vapor de hasta cuatro pies de calado.

Clima y vegetación

El clima es tropical, cálido y húmedo, en selva alta y baja; templado cálido, con alta humedad atmosférica y nubosidad constante, en la ceja de

Vista general de la ciudad de Tingo María; se aprecia al fondo el conjunto de montañas que parecen formar la figura de una mujer recostada, denominada «la bella durmiente».

El desarrollo agrícola y el fuerte crecimiento del cultivo ilegal de coca han tenido consecuencias irreparables en el proceso de deforestación del departamento de Huánuco.

selva; y templado de montaña tropical, con atmósfera seca en las altitudes medias, comprendidas entre los 2,000 y 3,500 m de altitud. Los 3,000 m sobre el nivel del mar constituyen el piso climático a partir del cual se inician las heladas.

Por otra parte, el clima es templado frío en las punas o altas mesetas andinas, con sequedad atmosférica y fuertes variaciones térmicas entre el día y la noche, cuando la temperatura desciende por debajo de 0 °C en altitudes superiores a los 4,000 m sobre el nivel del mar. En fin, es frío de alta montaña tropical en los nevados, con temperaturas nocturnas siempre negativas, que pueden descender hasta cotas por debajo de los -20 °C; sólo en días soleados y despejados los termómetros registran temperaturas superiores a 0 °C, e incluso entonces durante cortos períodos de tiempo. Las lluvias son estacionales, tanto en las zonas de selva como en las interandinas, y caen durante el verano austral.

La vegetación del departamento es variada, con predominio de gramíneas en las punas, bosques nubosos en la ceja de selva y bosques tropicales en la selva alta y baja.

La deforestación y sus consecuencias

La variedad de suelos, en relación con la topografía, el clima y la altitud, han determinado una diversidad de cultivos. Los valles de Huánuco, Tingo María y Pachitea poseen los suelos fértiles y, por lo tanto, de mayor productividad.

Los bosques tropicales, heterogéneos y con abundancia de maderas finas en épocas pasadas, han sido intensa y desmesuradamente explotados, con la consiguiente depredación. Madereros y agricultores, que cultivan en vertientes, sobre todo los que se dedican al cultivo de coca, han contribuido al presente estado de deforestación. Ésta, a su vez, ha determinado que la rica fauna del pasado —sachavacas, tigres como el otorongo, venados, ronsocos, sajinos, huanganas y picuros; y aves como guacamayos, variedad de loros, paujiles, perdices y pavas— haya disminuido en forma peligrosa y esté en peligro de extinción. Algo semejante ocurre con la fauna fluvial, sobre todo en el río Huallaga y sus afluentes, que han perdido buena parte de su abundancia y variedad de especies, otrora proverbial.

Minería, agricultura y ganadería

Existen yacimientos de cobre, plomo, zinc, plata y manganeso. En el río Pachitea y Huallaga hay lavaderos de oro. En cuanto a los centros mineros, los principales son los de Queropalca, Huallanca, Huanzalá, Churubamba y Sachahuaca.

Huánuco

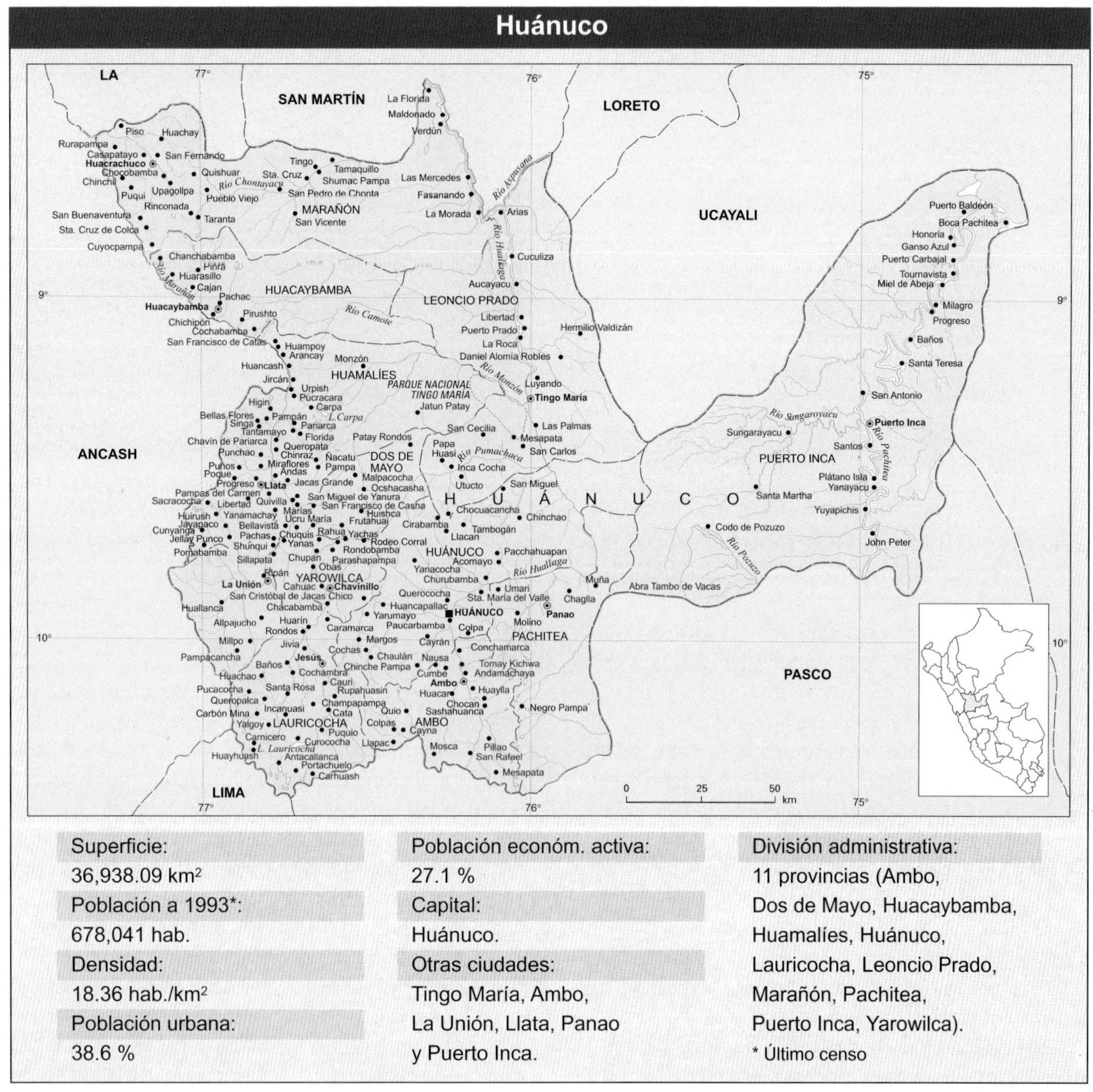

Superficie:	Población económ. activa:	División administrativa:
36,938.09 km²	27.1 %	11 provincias (Ambo, Dos de Mayo, Huacaybamba, Huamalíes, Huánuco, Lauricocha, Leoncio Prado, Marañón, Pachitea, Puerto Inca, Yarowilca).
Población a 1993*:	Capital:	
678,041 hab.	Huánuco.	
Densidad:	Otras ciudades:	
18.36 hab./km²	Tingo María, Ambo, La Unión, Llata, Panao y Puerto Inca.	
Población urbana:		
38.6 %		* Último censo

La agricultura es actividad importante en Huánuco, con una producción variada de acuerdo con el clima y la altitud. En las punas bajas y laderas altoandinas se produce papa, olluco, maíz, trigo, cebada, habas, quinua y arrachaca. En los valles templados interandinos, caña de azúcar, frutales, hortalizas y alfalfa; y en la selva alta y baja se cultiva caña de azúcar, café, cacao, plátano, yuca y frutales (palto, papaya, cítricos, etc).

En las tres últimas décadas, en las vertientes de la ceja de selva, por debajo de los 2,000 m de altitud de la selva alta y en los relieves que hacen la transición entre la selva alta y baja, se ha intensificado el cultivo ilegal de coca para fines ilícitos, originando además una masiva deforestación de laderas o vertientes, con la consiguiente repercusión en el medio ambiente. En las vertientes y terrazas elevadas del relieve denominado cordillera Azul hay plantaciones de té, del que se industrializan las hojas tiernas. La ganadería en las punas está desarrollada de forma extensiva. Se crían vacunos, ovejas, alpacas y llamas. En los poblados rurales se crían también porcinos y cuyes.

Pesca y actividad industrial

En los ríos y lagunas interandinas se pescan truchas para consumo familiar; sólo una pequeña proporción se vende a terceras personas y propie-

Evolución de la población

Año	Población
1940	271,764
1961	349,049
1972	426,628
1981	498,532
1993	678,041
2000 (p)	776,726

tarios de restaurantes. En la selva la pesca es más variada, y más abundante en el río Pachitea que en el Huallaga.

La industria se concentra sobre todo en las actividades derivadas de la ganadería vacuna, como la elaboración de queso y mantequilla. En Tingo María existe una fábrica para procesar cacao. En el valle de Huánuco se elabora además aguardiente y chancaca de caña de azúcar. Hay fábricas de aguas gaseosas en las principales ciudades.

Población

Hace miles de años el hombre estaba ya presente en territorio huanuqueño. Los grupos de cazadores, que habitaron las cuevas de Lauricocha y dejaron testimonio de un fino arte rupestre, tienen una antigüedad de más o menos 9,500 años. Asimismo, cerca de la ciudad de Huánuco, en Kotosh, existieron templos precerámicos de la cultura Mito. Uno de ellos es el famoso templo conocido como el de las «manos cruzadas».

La cerámica llamada Wayra Sirka (del 1,800 a.C. aproximadamente) es de las más antiguas de América. Con posterioridad se desarrolló asimismo la cultura Higueras, que sería finalmente dominada por los Incas e incorporada a su imperio; la capital inca de este territorio estaba situada en Huánuco Pampa.

Las principales ciudades además de la capital, son: Tingo María, Ambo, Panao, Llata, La Unión, Huancabamba. El analfabetismo entre los mayores de 15 años es, según el último censo, de 24.7 por ciento; en tanto que la población urbana es del 41 por ciento y la rural 59 por ciento.

Plantaciones de té como la que aparece en esta ilustración cubren extensas áreas de la vertiente occidental de la cordillera Azul, divisoria de aguas del Huallaga y el Ucayali.

Turismo

El atractivo turístico de este departamento reside en sus importantes restos arqueológicos, como los llamados «rascacielos de Tantamayo», con edificios de varios pisos, la localidad de Huánuco Viejo y las «manos cruzadas» de Kotosh. Asimismo posee paisajes naturales de gran belleza, sobre todo en la zona de Tingo María.

El valle de Huánuco disfruta de un clima apacible, que permite visitarlo durante todo el año. La ciudad de Huánuco tiene, además, sus famosos templos. El pintoresco pueblo de Tomayquichua, cerca a Huánuco, merece asimismo una visita. En fin, en la ciudad de Tingo María puede visitarse la cueva «de las lechuzas». A pesar de que existe una buena infraestructura hotelera en Huánuco y Tingo María, el potencial turístico huanuqueño no está aún suficientemente explotado.

Problemas ecológicos

El principal problema en este sentido es la deforestación de las forestas tropicales debido al cultivo de coca, que ocasiona erosión de suelos, disminución de los recursos hídricos y crecientes extraordinarias de los ríos. La elaboración de pasta básica de cocaína, para la que se utilizan productos químicos, ha originado también contaminación de los suelos y de aguas superficiales y subterráneas. Estas alteraciones ecológicas son particularmente graves en la cuenca del río Huallaga.

Ica

Las aves zarcillas forman parte de la fauna típica del territorio del Parque Nacional de Paracas.

Se ubica en la parte central de la costa peruana. Limita al norte con el departamento de Lima; al este con Huancavelica y Ayacucho; al sur con Arequipa y al oeste con el océano Pacífico. Fue creado por Decreto del 30 de enero de 1866 y tiene una superficie de 21,327.83 km². Su capital, la ciudad de Ica, en el valle del mismo nombre, fue creada en 1563 bajo el nombre de Villa Valverde; fue trasladada a su ubicación actual en 1569. En 1640 se le dio el nombre de San Jerónimo de Ica. La población de esta ciudad, según estimaciones recientes, es de 180,735 habitantes, con una densidad de 28 hab./km².

Está dividida en 5 provincias y 43 distritos. Las provincias son Ica; Chincha Alta; Nazca; Palpa y Pisco. Las capitales correspondientes tienen el mismo nombre que su respectiva provincia.

El Mar de Grau que baña sus costas, influido por la corriente Peruana y enriquecido por el afloramiento de aguas, tiene una abundante y variada biomasa, una de las más ricas del litoral peruano. Las islas Chincha, Ballestas, Sangayán e Independencia albergan miles de aves guaneras y lobos marinos.

Territorio

El litoral norte es prácticamente rectilíneo, con playas y acantilados. Algo más al sur de Pisco se encuentra la península de Paracas, la más importante del litoral peruano, que en su parte norte dibuja la bahía del mismo nombre. Más al sur se encuentran las bahías de La Independencia y San Nicolás, donde está el puerto de este nombre, a través del cual se exporta el hierro de las minas de Marcona. A lo largo del litoral alternan bellas playas con hermosos e imponentes acantilados. La costa desértica, con suaves ondulaciones, es poco accidentada y está salpicada de oasis formados por los ríos San Juan o Chincha, Pisco, Ica y Río Grande. El mayor desierto es el de Ica, que se extiende desde el mar hasta los contrafuertes andinos. Localizado entre los ríos Pisco y Nazca, la acción del viento Paracas, brisa marina de gran intensidad, ha formado numerosas dunas de tipo «barjanes» o en media luna, aisladas y formando grupos o «familias», fijas y en movimiento. Algunas de las primeras están cubiertas por árboles de huarango que crecen por entre la duna. Al este hay estribaciones andinas, con numerosas quebradas secas que llevan agua excepcionalmente.

Clima

Es templado y desértico, con alta humedad en el litoral, que disminuye hacia el interior. Las precipitaciones son escasas, casi siempre por debajo de los 15 mm anuales, excepto en los años en que se producen fenómenos El Niño extraordinarios. En esos casos excepcionales las lluvias hacen renacer la actividad de las quebradas secas, originando corrientes torrenciales, denominadas «llapanas», que llegan al mar o bien se pierden en el desierto.

Las temperaturas máximas absolutas llegan a 32.3°C en Ica y a 27.4°C en Pisco. Las mínimas absolutas a 9.8°C en Ica y 12.6°C en Pisco. La insolación es alta en los desiertos de Pisco, Ica y Nazca. En la zona de Pisco y Paracas hay intensas brisas marinas, que se convierten en ocasiones en el denominado «viento Paracas», que llega hasta la ciudad de Ica. En el sector andino de este departamento los climas son los propios de altitudes

Ica

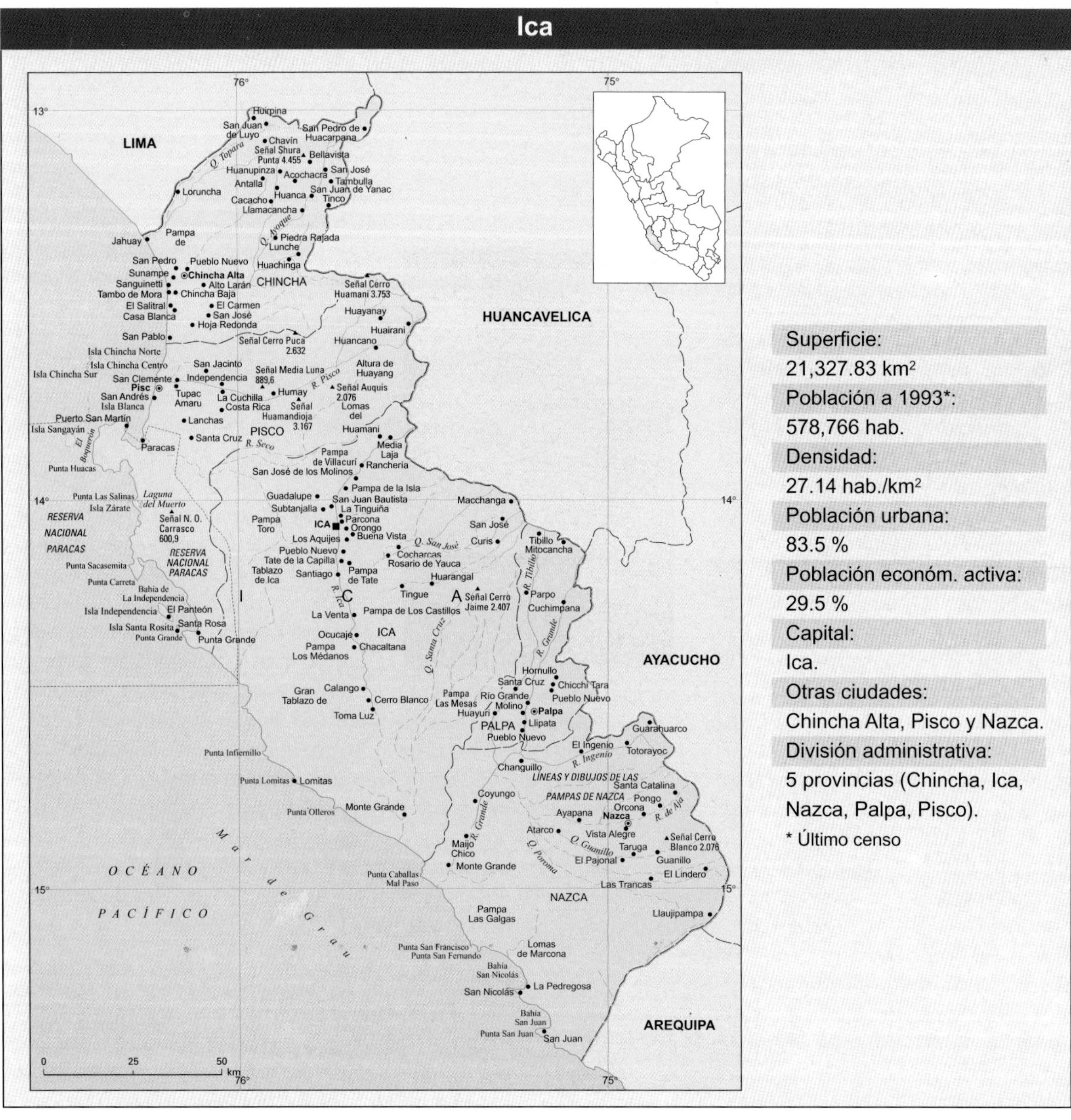

Superficie:
21,327.83 km²

Población a 1993*:
578,766 hab.

Densidad:
27.14 hab./km²

Población urbana:
83.5 %

Población económ. activa:
29.5 %

Capital:
Ica.

Otras ciudades:
Chincha Alta, Pisco y Nazca.

División administrativa:
5 provincias (Chincha, Ica, Nazca, Palpa, Pisco).

* Último censo

tropicales, que van desde el templado cálido hasta el templado frío de las punas.

Hidrografía

Los ríos que cruzan el territorio departamental de Ica varían notoriamente su caudal a lo largo del año. Algunos, como el Ica, Grande y San Juan, sólo llevan agua hasta el mar durante el verano o cuando llueve en sus cuencas de recolección. El resto del año sólo tienen agua en su curso superior o interandino. El río Pisco es el único que desagua en el mar durante todo el año. Para incrementar el agua de los ríos Ica y Pisco, que en sus oasis costaneros tienen importantes áreas agrícolas, se han represado lagunas en las altas punas andinas, de forma de derivarlas a la costa cuando hay escasez de agua. En el caso del río Ica, son las aguas de la laguna de Choclococha, en las punas del departamento de Huancavelica, las que se derivan hacia el Pacífico. En este mismo valle, las aguas del Ica son derivadas al canal de La Achirana, que fue mandado construir por el Inca Pachacútec, y que continúa prestando invalorable servicio a los agricultores.

Existen aguas subterráneas en todos los oasis costaneros y en áreas desérticas. En el caso del va-

El departamento de Ica posee extensos desiertos, como las Pampas de Lancha y las Pampas de Villacurí, en los que la fuerza del «viento Paracas» forma enormes dunas.

lle de Ica, la explotación de la napa freática ha sido tan intensa que ésta ha disminuido considerablemente. Esto ha hecho que las numerosas lagunas que existían en la ciudad y alrededores, y que se alimentaban de aguas subterráneas, se hayan secado hace ya años; la mayor y más profunda de estas lagunas, la hermosa Huacachina, sigue lamentablemente el mismo proceso. Es por ello que el municipio de Ica, que tiene en esta laguna un paseo y balneario muy apreciados, hace esfuerzos para conservar Huacachina, en torno a la que existe una importante infraestructura hotelera en medio de grandes dunas. El problema del agua es crítico en este departamento, afectando las ciudades y los cultivos de vid y otros frutales, además del algodón, espárragos, etcétera. En Nazca, los antiguos peruanos captaron las aguas subterráneas por medio de complicadas galerías, para uso agrícola.

Flora y fauna

La vegetación natural es escasa. Los bosques de huarango que existieron en el pasado han sido convertidos en campos agrícolas o bien fueron talados para construcciones y carbón. En las vertientes predominan las cactáceas.

La fauna marina es abundante, y hay gran número de aves marinas, que anidan en las islas y puntas del litoral (guanay, piquero, gaviota, pelícano, golondrina del mar, etc.). El cóndor y las hermosas parihuanas descienden desde los Andes en busca de alimento. En las islas y litorales hay fuerte presencia de lobos marinos, que forman grupos de cientos y hasta miles de animales. La biomasa marina es en general abundante y variada, lo que ha favorecido la pesca industrial y para consumo humano.

Minería, agricultura y ganadería

El mineral de hierro que se explota en Marcona, al sur del departamento, es el recurso minero más importante de este departamento. Además, en los contrafuertes andinos hay minas de oro, plata y cobre. Los suelos de los oasis o valles costaneros del desierto, formados por ríos extrazonales, son de gran fertilidad, lo que ha favorecido el desarrollo de una agricultura diversificada y que arroja óptimos rendimientos. En los valles de Chincha, Pisco, Ica y Río Grande se cultivan variedad de frutales, con predominio de la vid, olivos, mangos, pecanas, sandías, melones, manzanas, naranjas y dátiles. Además se produce espárrago, algodón, papa, maíz, tomate, frejol y pallares. Esta producción se destina en parte al mercado nacional, y el resto se exporta.

La uva se destina a la elaboración de vinos y piscos; éste es un aromático alcohol de uva originario del valle de Pisco, muy apreciado tanto a nivel nacional como internacional. En cuanto a la ganadería, se practica la cría intensiva de vacunos con pastos cultivados.

Pesca y actividad industrial

La pesca es actividad importante, gracias a la riqueza del litoral marítimo del departamento. Se han instalado fábricas de harina y aceite de pescado, basadas principalmente en la anchoveta. Desde 1983 se viene realizando una intensa extracción de las denominadas conchas de abanico en «bancos» naturales y centros de acuicultura. También es importante la actividad pesquera destinada al consumo de pescado fresco.

En lo que hace a la industria, la actividad principal es la vitivinícola, centrada en la elaboración de vinos y piscos.

Población

Los restos arqueológicos en los valles de Nazca, Ica, Pisco y Chincha demuestran que la presencia humana en este territorio tiene miles de años de antigüedad. Los primitivos pobladores fueron artesanos que alcanzaron un importante desarrollo en alfarería y textiles. Ejemplo de ello son los huacos polícromos de Nazca y los bellos mantos de Paracas, elaborados con finos hilos de algodón y lana. Se sucedieron más tarde las culturas Paracas, Ica, Nazca, Huari, Chincha e Inca. Los chinchanos fueron grandes navegantes y los iqueños, eximios agricultores.

Sus principales ciudades, además de la capital: Chincha, Pisco y Nazca. La población es eminentemente urbana (85%). La población analfabeta

Evolución de la población

Población: 100,000 200,000 300,000 400,000 500,000 600,000 700,000 800,000

Año	Población
1940	144,547
1961	261,126
1972	373,338
1981	446,902
1993	578,766
2000 (p)	649,330

Campesinos iqueños trabajando en la recolección de la uva que se dedicará a destilar pisco. *Este aguardiente de uva de origen peruano es la base del famoso cóctel pisco sour.*

entre los mayores de 15 años es del 5.8 por ciento, una de las más bajas del país.

Turismo

La afluencia de turistas es creciente en los últimos años. La cercanía con respecto a Lima y los genuinos atractivos del departamento son los factores preponderantes en ese incremento. Se pueden visitar las famosas líneas y acueductos de Nazca; el canal de La Achirana y la hermosa laguna de Huacachina, en la ciudad de Ica; así como los museos de Ica, Nazca y Paracas. También merecen una visita las islas de Sangallán y Ballestas, y observar en el recorrido, en un acantilado de la península de Paracas, una figura denominada candelabro. Los atardeceres en el desierto tienen un encanto particular, y las bodegas de vino de Ica y Chincha ofrecen visitas guiadas al turista. Ica, Paracas, Nazca y Pisco cuentan, por otra parte, con una buena infraestructura hotelera.

Problemas medioambientales

Las fábricas de harina de pescado en la bahía de Pisco contaminan las aguas marinas litorales; ya han causado, en más de una ocasión, mortandad de peces. Con sus humos contaminan la atmósfera. Se han dictado normas para controlar los efectos negativos que causan estas fábricas y el gobierno ha impuesto plazos para su cumplimiento.

Junín

Se ubica en la parte central del país y comprende zonas andinas y de selva. Limita al norte con los departamentos de Pasco y Ucayali; con este último y con Cusco, al este; con Cusco, Ayacucho y Huancavelica al sur; y con Lima al oeste. En el Reglamento Provisional del 12 de febrero de 1821 aparece con el nombre de Tarma y por Decreto del 13 de setiembre de 1825 pasa a denominarse departamento de Junín. Su capital, la ciudad de Huancayo, existe desde el siglo XVIII y fue declarada «incontrastable Ciudad» por Decreto del 12 de mayo de 1822. Ubicada en el valle del río Mantaro, la población capitalina, según últimos datos, es de 299,645 habitantes.

Hasta la década de 1980, La Oroya centralizó la fundición y refinación de plata, zinc y plomo.

La extensión superficial del departamento es de 44,409.67 km^2 y su población departamental estimada al 2000 asciende a 1'190,489, con una densidad de 26.81 habitantes por km^2.

El departamento de Junín está dividido en 9 provincias y 123 distritos. Las provincias son Huancayo, capital Huancayo; Concepción, capital Concepción; Chanchamayo, capital La Merced; Jauja, capital Jauja; Junín, capital Junín; Chupaca, capital Chupaca; Satipo, capital Satipo; Tarma, capital Tarma y Yauli, capital La Oroya.

Morfología

La morfología de este departamento es muy variada. El límite occidental está ocupado por la cordillera andina, con cumbres nevadas. Al este de este relieve se encuentra la gran meseta o puna andina de Junín, llamada también Bombón, con suaves ondulaciones, que tiene su mayor depresión en la cubeta lacustre del lago Junín o Chinchaicocha.

En el borde oriental de la puna se encuentra la ceja de selva, con relieves muy accidentados, con valles estrechos y profundos, y vertientes o laderas con fuerte pendiente. El territorio departamental continúa por el piedemonte andino, conformado por la selva alta, con valles estrechos y de gran longitud, enmarcados por colinas de altitud variada. En el sector sudoeste se encuentra el valle interandino del río Mantaro, la zona más densamente poblada del departamento.

Los valles más importantes en la selva alta son los formados por los ríos Tulumayo, Perené, Satipo, Pangoa, Ene y Tambo; estos dos últimos son denominaciones locales del curso del Ucayali-Apurímac.

Clima

El clima varía según la altitud. El frío es intenso en las cumbres nevadas, con temperaturas que descienden hasta -25 °C; excepcionalmente, en días despejados, el termómetro puede subir hasta 0 °C, originando la licuefacción superficial del hielo, que sin embargo vuelve a congelarse enseguida. En las altas punas y zonas periglaciares, el clima es templado frío, con temperaturas nocturnas siempre negativas. En las altitudes medias el clima es templado de montañas tropicales, con variaciones térmicas pronunciadas entre el día y la noche e incluso entre mañanas y tardes. Es templado cálido en los bosques nubosos de ceja de selva, con calor durante el día, refrescando mucho en las noches. En la selva alta y baja el clima es tropical, cálido, húmedo y lluvioso. Las precipitaciones se concentran en el verano austral; sobrepasan los 1,500 mm anuales en la selva y son menores en la alta montaña andina.

Panorámica de la plaza de Armas de Huancayo, en la que puede apreciarse la hermosa catedral. El ordenamiento urbano ha permanecido prácticamente inalterado desde la época colonial.

Las plantaciones de quinua y cebada son la principal actividad agrícola del centro del Perú, favorecida por la fertilidad del suelo y el abundante recurso de aguas de riego.

Hidrografía

El territorio está drenado por las cuencas formadas por los ríos Mantaro, al oeste y sur; Perené, con sus formadores y afluentes, al norte; y al este los ríos Ene y Tambo. Al norte de la meseta de Junín se encuentra el lago del mismo nombre, también llamado Chinchaicocha, de los Reyes o Bombón, segundo en importancia entre los lagos andinos por su superficie, después del Titicaca. Ha sido declarado reserva nacional, con el fin de preservar la rica fauna y flora que alberga.

También son importantes la laguna de Paca, cerca a la ciudad de Jauja y a 3,369 m sobre el nivel del mar, y el lago Marcapomacocha, cuyas aguas represadas son transvasadas a la cuenca del Pacífico para incrementar el agua potable de la ciudad de Lima. Al pie de los nevados hay lagunas de origen glaciar que se alimentan con los deshielos.

Fauna y flora

La fauna y la flora es variada. En los Andes hay vicuñas, venados, vizcachas y cuy silvestre, entre otras especies. También hay variedad de aves, siendo el cóndor el más representativo. Otras viven en lagos, lagunas y áreas pantanosas, como el ganso andino, huallata o huashua, y variedad de patos. En los bosques tropicales hay abundancia y variedad de mamíferos, reptiles, aves e insectos. Las especies con mayor presencia son el tapir o sachavaca, sajino, huangana, ronsoco y venado; entre las aves, el paujil, trompetero y pava del monte, entre otras.

En los ríos, lagos y lagunas andinas la trucha, introducida hace ya muchos años, tiene fuerte presencia. La piscicultura es actividad con largo arraigo en el valle del Mantaro. En Concepción, ciudad cerca de Huancayo, existe desde hace varias décadas un centro de piscicultura para reproducción y crianza de truchas.

En los ríos de la selva hay abundancia y variedad de especies —zúngaros, doncellas, sábalos, bocachicos, carachamas, etcétera—, que se capturan principalmente para consumo de pescado fresco; en efecto, constituyen una de las bases de la alimentación del poblador amazónico.

Agricultura y ganadería

La agricultura tiene importante desarrollo, con una producción en función del agua, el clima y la altitud. En la región andina, el valle del Mantaro, en el sector comprendido entre Jauja-Huancayo y el límite con el departamento de Huancavelica, tiene cultivos variados, siendo los principales los de papa, maíz, hortalizas, cebada, trigo, quinua, maca y olluco. En el valle de Tarma, con sus sembríos de flores que cubren los fondos de valle con-

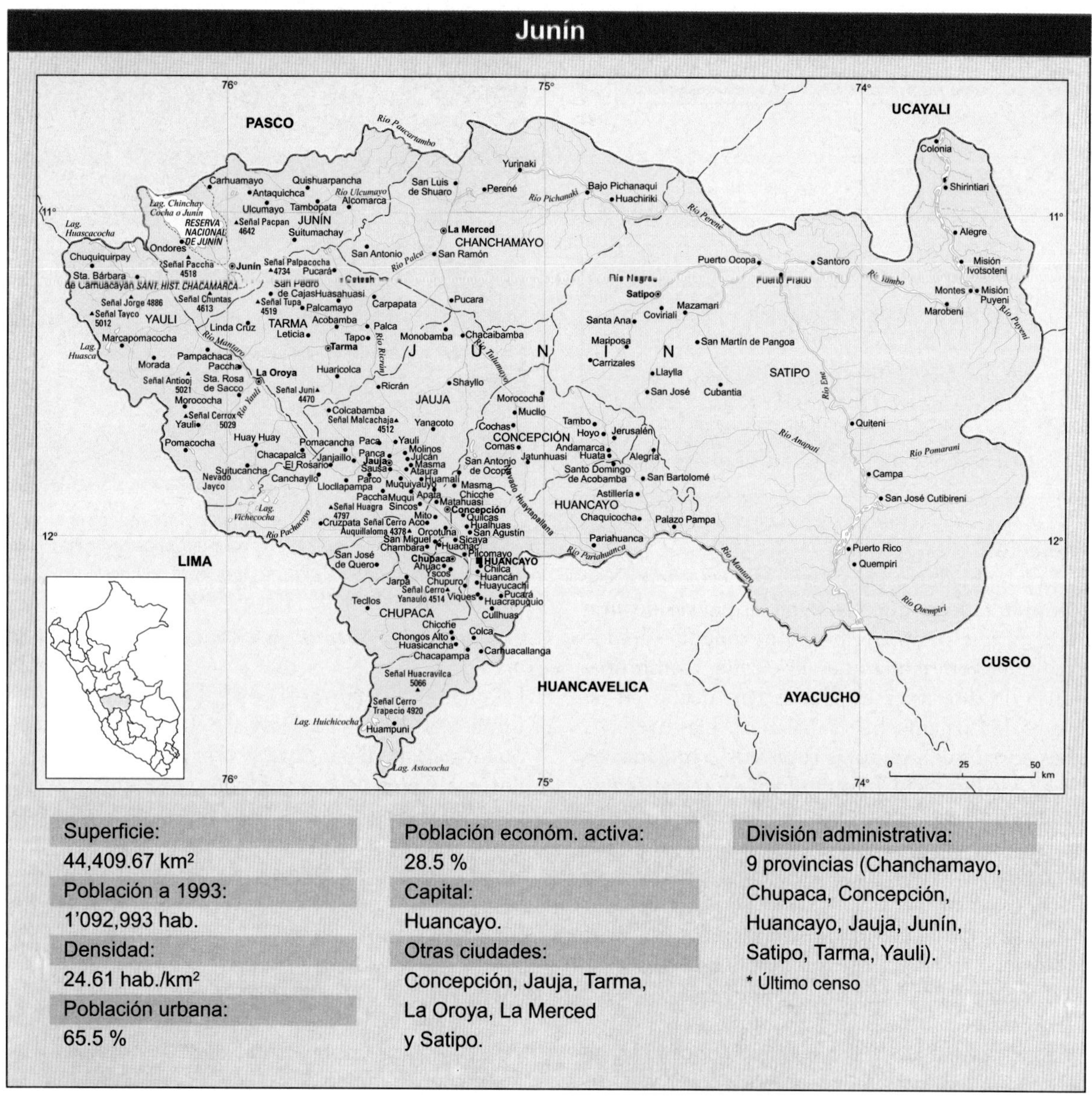

virtiéndolos en jardines multicolores, y en las vertientes, se cultiva papa y maíz. Ambos valles proveen al mercado de Lima Metropolitana.

En la selva, en los valles de San Ramón, La Merced y Satipo, los cultivos de café y de frutales han alcanzado un notable desarrollo. Se cosecha palta, naranja, limón, mandarina, papaya, plátano, yuca, maíz y arroz, que abastecen también a Lima Metropolitana. La ganadería intensiva está muy desarrollada en las punas andinas. Se crían camélidos americanos (alpacas y llamas), vacunos y ovinos. En el valle del Mantaro hay ganadería extensiva de vacunos. En la selva con pastos cultivados, hay una incipiente ganadería de vacunos.

Actividad industrial

La Oroya, ciudad a orillas del Mantaro, es el principal centro industrial. Allí se encuentra la más antigua refinería de extraídos de los departamentos de Pasco y Junín. La industria de derivados lácteos tiene arraigo en el valle del Mantaro y en los poblados de la meseta de Junín. En cuanto a las artesanías, tiene importancia económica y turística: de justa fama gozan los tejidos de lana de alpaca y oveja, la platería, los mates burilados y la cerámica, elementos que se comercializan en las ferias dominicales de Huancayo. Gozan asimismo de prestigio los tejidos de San Pedro de Cajas, población al norte de la ciudad de Tarma.

Evolución de la población

Año	Población
1940	381,343
1961	546,662
1972	720,457
1981	896,962
1993	1'092,993
2000 (p)	1'190,489

Población 150,000 300,000 450,000 600,000 750,000 900,000 1'050,000 1'200,000

Típica feria dominical huancaína, en la que se comercian los principales productos tradicionalmente elaborados por las comunidades campesinas de la región central del territorio peruano.

Población

Los pobladores primitivos de este territorio fueron cazadores que vivían en las cuevas de altas punas, y que permanecieron por milenios debido a la abundante fauna que allí existía. Comprobaciones de esta larga estadía se han hecho en las cuevas de Pachamachay, Panalanca, Telarmachay y otros abrigos con pinturas rupestres estudiadas en los alrededores del lago Junín o Chinchaicocha. Posteriormente, cuando ya los pobladores eran agricultores y ganaderos, prosperó la cultura Huari, con incremento de la población y construcción de centros administrativos como Huari-Huilka. A ésta le sucedió la cultura Huanka, época en que la población creció y surgieron numerosos poblados en los valles y punas. Su apogeo concluyó con la conquista Inca, en el siglo XV.

En la actualidad la población se concentra y alcanza alta densidad en los valles de los ríos Mantaro, Tarma, Tulumayo, Perené y Satipo. En los dos últimos, igual que en los del Ene y Tambo, habitan poblaciones nativas que mantienen con gran celo parte de las costumbres y tradiciones ancestrales. Las ciudades importantes, en el sector andino, son Huancayo, La Oroya, Jauja, Concepción y Junín; en la Amazonia, La Merced, San Ramón y Satipo.

La población es mayoritariamente urbana (65.2%) y el analfabetismo entre los mayores de quince años es del 13 por ciento, ligeramente superior al promedio nacional.

Vías de comunicación

Existen campos de aterrizaje en Jauja, San Ramón, Satipo, Quiteni, Puerto Rico y Quempiri. En cuanto al ferrocarril central, sale del Callao y Lima, y al llegar a La Oroya se divide en un ramal que va hasta Huancayo y otro que se dirige al norte, a Cerro de Pasco. Huancayo y Huancavelica están unidas por una línea férrea de trocha angosta, por la que circula el llamado «Tren Macho». La carretera central cruza su territorio con desvíos a Jauja-Huancayo y a Tarma-San Ramón, La Merced y Satipo.

Turismo y medio ambiente

Los atractivos de este departamento son el valle del Mantaro, con la colorida feria dominical de Huancayo; el Convento de Ocopa, la laguna de Paca, y Jauja. La ciudad de Tarma, con su florida campiña cubierta de flores multicolores; los bosques de eucaliptos y la carretera a San Ramón y La Merced, que cruza el imponente cañón formado por el río Palca. Todas estas carreteras están pavimentadas y en buen estado. En Huancayo, Tarma, San Ramón y La Merced existe una buena infraestructura hotelera y restaurantes que ofrecen comidas típicas, como la «pachamanca», una de las más tradicionales de la zona andina.

Como principal preocupación medioambiental puede mencionarse la contaminación por parte de los relaves y refinerías de minerales de La Oroya, que afectan a la atmósfera y los suelos, y sobre todo a las aguas del río Mantaro.

La Libertad

Vista de uno de los muros de la ciudad de barro de Chanchán, de la cultura Chimú.

Se ubica en la parte noroccidental del Perú, sobre el litoral marítimo, y su territorio comprende también zonas andinas. Limita al oeste con el océano Pacífico o Mar de Grau; al norte, con los departamentos de Lambayeque, Cajamarca y Amazonas; al este con San Martín; y al sur con Huánuco y Ancash. Su creación se remonta al Reglamento Provisional del 12 de febrero de 1821, cuando recibió el nombre de Trujillo, cambiado luego por el de La Libertad, mediante Decreto del 9 de marzo de 1825.

La capital departamental es la ciudad de Trujillo, fundada el 5 de marzo de 1535; por Real Cédula del 23 de noviembre de 1537 se le otorgó el título de ciudad. Es una hermosa urbe que conserva aún sus casonas coloniales. La población de la urbe, según últimas estimaciones es de 574,507 habitantes. La superficie del departamento es de 25,569.67 km^2 y la población estimada, de 1'415,512 habitantes, con una densidad de 55 hab./km^2.

Tiene 12 provincias y 82 distritos. Las provincias son Trujillo, capital Trujillo; Ascope, capital Ascope; Bolívar, capital Bolívar; Chepén, capital Chepén; Julcán, capital Julcán; Otuzco, capital Otuzco; Pacasmayo, capital San Pedro de Lloc; Pataz, capital Tayabamba; Sánchez Carrión, capital Huamachuco; Santiago de Chuco, capital Santiago de Chuco; Gran Chimú, capital Cascas; y Virú, capital Virú.

Clima

El clima es templado y desértico, con alta humedad atmosférica en la costa. Las lluvias son escasas, con cotas ubicadas entre 0 y 50 mm anuales, salvo cuando hay fenómeno extraordinario El Niño. La temperatura media anual varía entre 18 y 20 °C.

En los Andes hay climas de altitud con atmósfera cada vez más seca según aumenta la altura sobre el nivel del mar, con variaciones térmicas entre el día y la noche, que también se agudizan con la altitud: va de templado cálido en los valles yungas a templado en las altitudes medias y templado frío en altitudes superiores a 4,000 m. En el profundo cañón del río Marañón el clima es cálido, húmedo y malsano. Las precipitaciones se concentran durante el verano.

Hidrografía

Los ríos de este departamento se dividen entre los que pertenecen a la cuenca del Pacífico y los del Atlántico. De los primeros, de corto recorrido y grandes variaciones de caudal a lo largo del año, tan sólo se aprovecha un porcentaje de su masa anual; el resto se pierde en el mar.

Los principales ríos de la vertiente del Pacífico son el Jequetepeque, con orígenes en el departamento de Cajamarca, cuyas aguas han sido represadas en el reservorio de Gallito Ciego; el río Chicama, con importante cuenca andina de cerca de 6,000 km^2; el Moche, que desemboca al sur de Trujillo; el Virú, el Chao y el Santa, que sirve de límite con el departamento de Ancash y es uno de los ríos de la costa de mayor caudal a lo largo del año. Del Santa se toman las aguas para la irrigación Chao-Virú, gracias a la cual se han incorporado nuevas tierras a la agricultura. En la vertiente del Atlántico, el río Marañón, con gran caudal durante el año, corre de sur a norte formando un profundo valle. Sus principales afluentes son, por su margen derecha, el río Cajas, y el Chusgón por la izquierda.

En la costa se explotan aguas subterráneas y existen 1,357 pozos registrados; 1,142 de ellos son tubulares, de los cuales 1,046 están en actividad y 215 a tajo abierto. Sólo irrigan aproximadamente unas 10,000 hectáreas.

Morfología, flora y fauna

El territorio es poco accidentado en la costa, con relieves aislados que sobrepasan los 1,500 m de altitud, como es el caso de los cerros El Niño y Gasñape. Las vertientes andinas han sido erosionadas por los cursos de agua, formándose estrechos y profundos valles que determinan un relieve accidentado. Al este se encuentra el profundo cañón formado por el río Marañón. En altitudes superiores a los 3,000 y 3,500 m se encuentran punas con relieves poco accidentados.

En cuanto a la vegetación, encontramos en la costa hierbas halófitas y tillandsias, y montes ribereños a orillas de los ríos. En las vertientes andinas predominan las cactáceas y matorrales. La formación de «lomas» se inicia desde Trujillo y llega hasta el sur de la costa. En las punas hay abundancia de gramíneas, y en el fondo del valle del Marañón, algunos bosques de galería.

La fauna es variada. En el Mar de Grau hay aves marinas y abundancia de peces. En la costa, en cambio, la fauna es escasa, predominando las

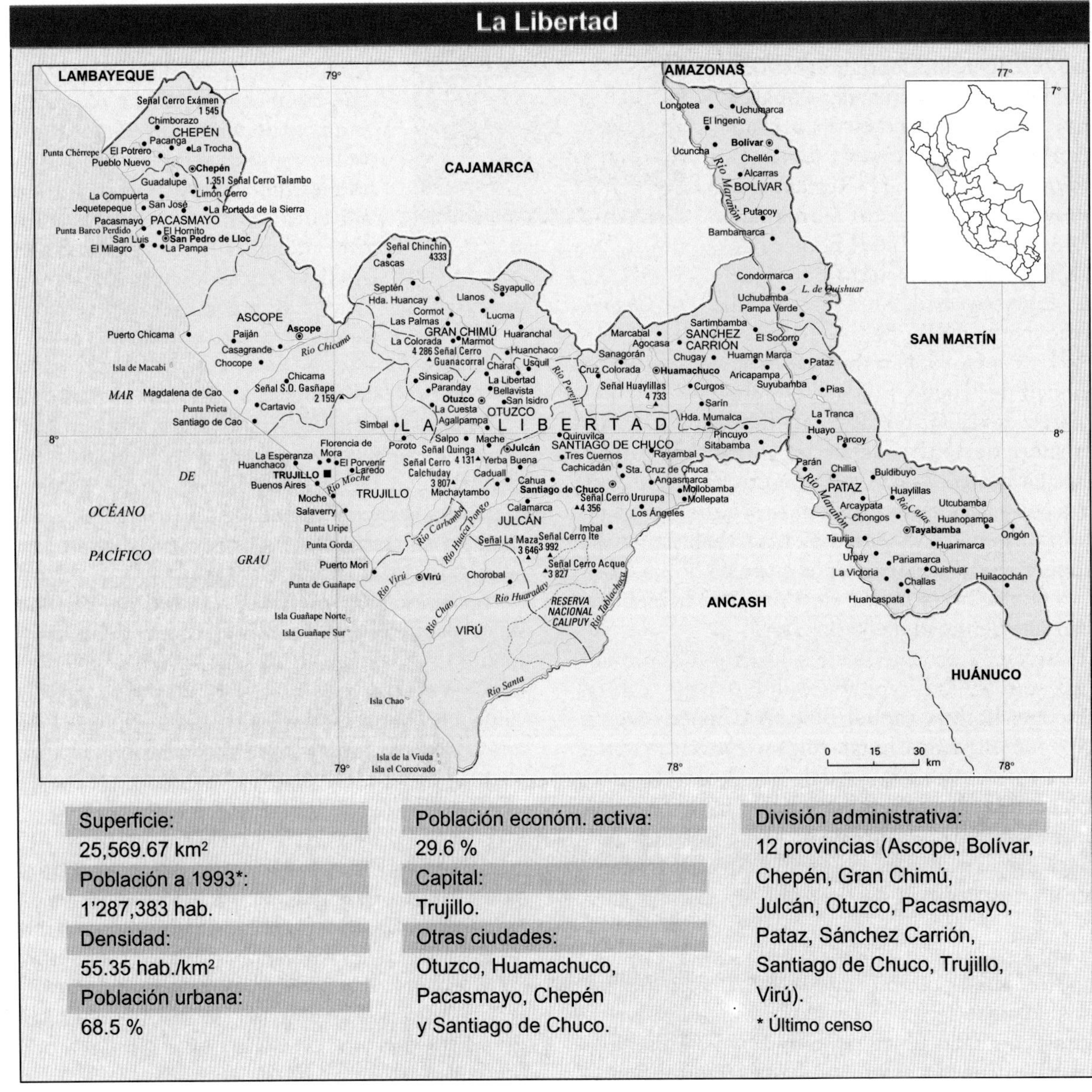

Superficie:	Población económ. activa:	División administrativa:
25,569.67 km²	29.6 %	12 provincias (Ascope, Bolívar, Chepén, Gran Chimú, Julcán, Otuzco, Pacasmayo, Pataz, Sánchez Carrión, Santiago de Chuco, Trujillo, Virú).
Población a 1993*:	Capital:	* Último censo
1'287,383 hab.	Trujillo.	
Densidad:	Otras ciudades:	
55.35 hab./km²	Otuzco, Huamachuco, Pacasmayo, Chepén y Santiago de Chuco.	
Población urbana:		
68.5 %		

aves. En la provincia de Santiago de Chuco, en las punas de Calipuy, se halla la Reserva Nacional Santuario de Calipuy. Esta Reserva se dedica a la conservación del guanaco, camélido sudamericano en peligro de extinción en el Perú, y también a preservar los rodales de puya raimondi, planta con hermosa inflorescencia y cuya presencia es cada vez más escasa.

Suelos y explotación minera

En todos los valles de la costa los suelos poseen gran potencial agrícola y son cultivados mediante riego desde hace siglos. En los Andes, en cambio, los suelos son pobres en las vertientes erosionadas, aunque en las punas hay suelos apropiados para la agricultura.

En lo que respecta a la minería, se calcula que existen alrededor de 900,000 hectáreas potencialmente ricas en oro, plata, zinc, tungsteno, antimonio, baritina, calizas, etcétera. Hay carbón (antracita) en el Alto Chicama. Los principales centros mineros son Pataz, Parcoy, Sayapullo, Quiruvilca, Algamarca, Pasto Bueno, Tamboras y Chuvilca.

Agricultura y ganadería

La superficie agrícola cultivable es de aproximadamente 31,8000 hectáreas, de las cuales 144,500 están bajo riego, en la costa, y 173,000 con cultivos de secano en los Andes. En la costa se cultiva espárrago, caña de azúcar (luego refinada para azúcar), frutales —limón, manzana, piña, vid, etcétera—, sorgo, maíz y arroz. En la zona andina hay presencia de papa, maíz, trigo, cebada y frutales. En el valle del Marañón, caña de azúcar (para la elaboración de aguardiente de caña) y chancaca. La irrigación Chavimochic, que utiliza aguas procedentes del río Santa, ha conseguido incrementar notablemente el área cultivada bajo riego en la costa.

La ganadería es extensiva en las punas, donde se crían ovinos, vacunos y, en los últimos años, alpacas en la Reserva de Calipuy. En la costa se practica la ganadería de vacunos, aunque es poco significativa.

Pesca y actividad industrial

En el Mar de Grau, la pesca es actividad ancestral. Se siguen utilizando los denominados «caballitos de totora», tipo de embarcación prehispánica, arraigada sobre todo en el puerto de Huanchaco. Se pesca para consumo humano directo y en menor porcentaje para la industria. Los puertos de desembarque son Pacasmayo, Chicama, Salaverry, Artesanal y Huanchaco. La pesca en los ríos no tiene mayor significado comercial, pues se realiza principalmente para consumo propio.

La Huaca de la Luna, en el centro arqueológico Moche, cerca de Lambayeque. Como las de los mayas, las grandes construcciones de la cultura Moche tenían fines esencialmente religiosos.

En Trujillo existe un parque industrial desde hace algunos años. Las principales industrias se dedican a la elaboración de productos alimenticios, papel, muebles, calzado, bebidas e imprenta editorial.

Población

Desde hace aproximadamente 10,000 años, cazadores y pescadores, identificados como Paijanenses, habitaban este territorio. En el período comprendido entre el 2,000 y el 1,500 a.C. los agricultores y marisqueadores comenzaron a utilizar sistemas de riego y construyeron templos.

La cultura Cupisnique, iniciada en el precerámico, es representativa del más alto desarrollo alcanzado por el Formativo trujillano. En cuanto a la cultura Moche, que se dasarrolló a partir del siglo VII d.C., tuvo su centro más importante en la localización actual de la ciudad del mismo nombre. Vestigios importantes de esta cultura son las Huacas del Sol y la Luna, así como la denominada de Los Reyes. La conquista Huari interrumpe la cultura Moche. A partir del siglo XI, alcanza gran desarrollo la cultura Chimú, que tuvo como capital a Chanchán, considerada la ciudad de barro más grande que existió en el continente antes de la Conquista.

En la pesca artesanal de la costa norte del Perú se continúan utilizando las tradicionales embarcaciones conocidas como «caballitos de totora», que se remontan a la cultura Chimú.

En la actualidad, las principales ciudades de este departamento, que es el tercero más poblado de Perú, después de Lima y Piura, son: Trujillo, que por su población es la tercera a nivel nacional, Pacasmayo, Chepén, San Pedro de Lloc y Ascope, en la costa; y en los Andes: Otuzco, Santiago de Chuco, Huamachuco y Tayabamba.

La población es mayoritariamente urbana (66.8%). El índice de analfabetismo entre los mayores de 15 años es del 11 por ciento.

Vías de comunicación

La ciudad de Trujillo cuenta con un aeropuerto, con itinerarios de las principales compañías aéreas que operan en el país. Hay pequeños campos de aterrizaje en Pacasmayo y cerca a las minas de Parcoy. Sus puertos marítimos son Chicama, Salaverry y Pacasmayo.

La región andina se articula con carreteras que van hasta Cajamarca. De Trujillo sale una carretera que llega a las ciudades de Otuzco, Huamachuco y Tayabamba, continuando hasta Huacrachuco, en el departamento de Huánuco. Un ramal de esta ruta va a Santiago de Chuco y los asientos mineros localizados en la provincia del mismo nombre.

Turismo y medio ambiente

La ciudad de Trujillo, con sus iglesias y casonas coloniales, es uno de los atractivos fundamentales del departamento La Libertad. Hay además balnearios tales como Huanchaco, ruinas preincas, y festivales como el de la Primavera. También se realizan celebraciones religiosas, que constituyen un atractivo añadido para la ciudad de Trujillo. La ciudad arqueológica de Chanchán, con hermosas pinturas y frisos que aún adornan sus paredes, su sistema de captación de aguas subterráneas y sus estrechas calles, no tiene símil a nivel nacional ni continental. Las huacas del Sol y de la Luna, y la del Dragón, son asimismo muy visitadas por los turistas. En cuanto a las ruinas, las más relevantes son las de Pakatnamú, en Guadalupe, y las de Marcahuamachuco y Huiracocha Pampa en la provincia de Sánchez Carrión. Merecen conocerse también los «caballitos de Totora», rústicas y esbeltas embarcaciones utilizadas por los pescadores de Huanchaco.

Los problemas en el medio ambiente vienen determinados por la actividad minera, cuyos relaves contaminan los cursos de agua andinos. Por otra parte, las ciudades principales depositan sus basuras a la vera de carreteras y caminos, contaminando el suelo y la atmósfera en las áreas donde se dan las mayores acumulaciones.

Cultura

En la ciudad de Trujillo existen dos universidades, una de ellas nacional, que figura entre las más antiguas del país. De reciente creación es, en cambio, la Universidad Privada en San Pedro de Lloc. La ciudad de Trujillo posee una orquesta sinfónica estable.

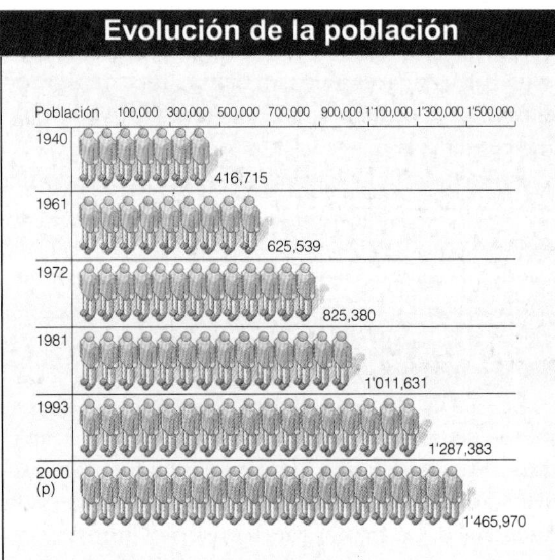

Lambayeque

Vista de la Carretera Panamericana Norte, que une los departamentos de Lambayeque y Piura.

Está ubicado en la costa norte del Perú, con litoral marino y pequeñas áreas andinas. Limita con los departamentos de Piura, al norte; Cajamarca, al este; La Libertad y el Mar de Grau, al sur; y Mar de Grau al oeste. Fue creado por Ley del 1 de diciembre de 1874.

Su capital es la ciudad de Chiclayo, fundada en 1720 por el cacique de Saña, llamado Collique, en el lugar donde había existido la fortaleza del Cacique Cuito. Es por su población la cuarta ciudad peruana, después de Lima Metropolitana, Arequipa y Trujillo; según últimas estimaciones tiene 468,000 habitantes. La superficie departamental alcanza los 14,231.30 km^2 y la población total, según últimos datos, es de 1'050,280 habitantes, con una tasa de crecimiento anual del 2.5 por ciento y una densidad de población de 71 hab./km^2.

Está dividida en 3 provincias y 33 distritos. Las provincias son Chiclayo, capital Chiclayo; Ferreñafe, capital Ferreñafe, y Lambayeque, capital Lambayeque. En su mayor parte, el relieve es costanero con pocos accidentes. Hay predominio de pampas, que alcanzan su mayor extensión al norte de Chiclayo —Olmos, Palo Grueso, La Mariposa, Mórrope, etcétera— y al sur de esta ciudad, como las de Reque, Cayaltí, Ucupe, etcétera. Emergiendo de las llanuras costaneras, aislados, existen «montes islas», como es el caso de los cerros Pumpurre (1,212 m), Cabezón (1,040 m), Terpón (952 m), Mirador (401 m), Cerro Azul (856 m), Reque (584 m), Puntería (570 m), etc. Al noreste del territorio departamental hay un sector andino donde se ubica la divisoria continental de aguas, que culmina en el Cerro La Mina, cuya cumbre se halla a 3,837 m de altitud.

Clima

El clima es templado y desértico, con atmósfera húmeda y escasas precipitaciones en la costa. Esto se altera en los años en que se produce fenómeno El Niño extraordinario, como sucedió en 1925, 1982-1983 y 1998, cuando las abundantes precipitaciones de verano sobrepasaron los 2,000 mm. En tales casos los daños son severos tanto en áreas urbanas como rurales. Las crecientes extraordinarias de los ríos y la reactivación de las quebradas secas provocan el desplazamiento de grandes volúmenes de agua cargada con arena, arcilla y limo, que erosionan intensamente sus lechos e inundan los valles y desiertos costaneros, causando destrucción de cultivos, carreteras, puentes y canales de irrigación. En la ciudad de Chiclayo las temperaturas máximas llegan a 31 °C y las mínimas a 14.7 °C.

En los sectores andinos hay climas de montaña tropical, que de acuerdo a la altitud son templado y templado frío, con sequedad de la atmósfera y diferencias térmicas entre el día y la noche, que se agudizan a medida que crece la altitud. Las precipitaciones de verano en la costa vienen a veces determinadas por masas de aire de origen amazónico, que en ocasiones sobrepasan la cordillera andina y llegan hasta Chiclayo. Las sequías o escasez estacional de lluvias andinas repercuten negativamente en los volúmenes de agua que transportan los ríos, que a su vez dejan sentir sus efectos negativos en la agricultura.

Hidrografía

Con la excepción de la quebrada de Tocras, que da sus aguas al río Huancabamba, vertiente atlántica, todos los demás ríos que recorren el de-

Iglesia y la plaza principal de Chiclayo, capital de Lambayeque. Junto con Piura y Trujillo, la ciudad de Chiclayo centraliza la actividad económica agrícola del norte peruano.

partamento pertenecen a la cuenca del Pacífico. El mayor de todos es el río Chancay, con orígenes en los Andes de Cajamarca. Al ingresar a la costa y después de corto recorrido se divide en dos brazos denominados río Lambayeque, el del norte, y Reque, el del sur. Del primero de ellos nace un antiguo canal prehispánico, denominado canal de Taymi, aunque por el volumen de agua que lleva también se le suele denominar a veces río Taymi. En el valle de Chancay se ha construido la represa de Tinajones, y cerca de Chiclayo están los Reservorios, que proveen de agua a la ciudad de Chiclayo.

Al sur del departamento está el río Saña, cuyas aguas, en época de estiaje, no llegan al mar. Al norte de Chiclayo hay ríos endorreicos, es decir que no desagotan en el mar y sólo tienen agua en sus cursos superiores; tales son el río La Leche, que confluye con el Motupe; y, más al norte, los llamados ríos Olmos y Ñaupe.

Aguas subterráneas

En toda la costa, incluyendo las zonas desérticas, existen aguas subterráneas que afloran en pequeños «pozos» naturales y artificiales de poca profundidad, denominados norias, que sirven como abrevaderos para ganado y mantienen reducidas áreas agrícolas. Existen pozos tubulares cuya agua sirve para fines urbanos, agrícolas e incluso industriales, como es el caso del agua utilizada por una una fábrica de cerveza de esa área. En la zona de Chiclayo existen más de 500 pozos de agua, muchos de los cuales permanecen sin uso, a pesar de poseer instalaciones para bombeo.

En las inmediaciones de la ciudad de Chiclayo, la napa freática está a poca profundidad, llegando a aflorar cuando hay abundancia de lluvias. Los antiguos pobladores de Lambayeque realizaron grandes obras hidráulicas y construyeron sistemas de riego que volvieron productivas extensas áreas del desierto.

Flora y fauna

La vegetación es escasa en las zonas desérticas. Al norte de la ciudad de Chiclayo existen aún bosques de algarrobo, como los de Batán Grande y Laquipampa, Poma y quebrada de Jaguay. Sería necesario emprender políticas más enérgicas para evitar su depredación, cuyo principal destino es la elaboración de carbón. En la zona de Olmos hay bosques de algarrobo con soto herbáceo de gramíneas y plantas herbáceas.

La fauna terrestre es poco significativa debido, justamente, a la destrucción de los bosques. La pava aliblanca es el ave más representativo de este territorio. Se trata de una especie que se había dado por extinguida, pero fueron encontrados algunos ejemplares en Olmos y en la actualidad se reproduce en cautiverio.

Suelos y recursos marinos

En la costa, valles del Chancay, Lambayeque, Reque y Saña hay ricos suelos aluviales donde prospera la actividad agrícola, igual que en los valles de los ríos Motupe y La Leche. Los suelos de Olmos son muy fértiles pero carecen aún de los imprescindibles sistemas de irrigación.

La pesca en el Mar de Grau es abundante y variada, sobre todo destinada al consumo fresco. Los principales puertos de desembarque son Pimentel, Eten, Santa Rosa y San José. Las fuertes brisas marinas, que soplan durante todo el año, podrían aprovecharse, mediante la construcción de una

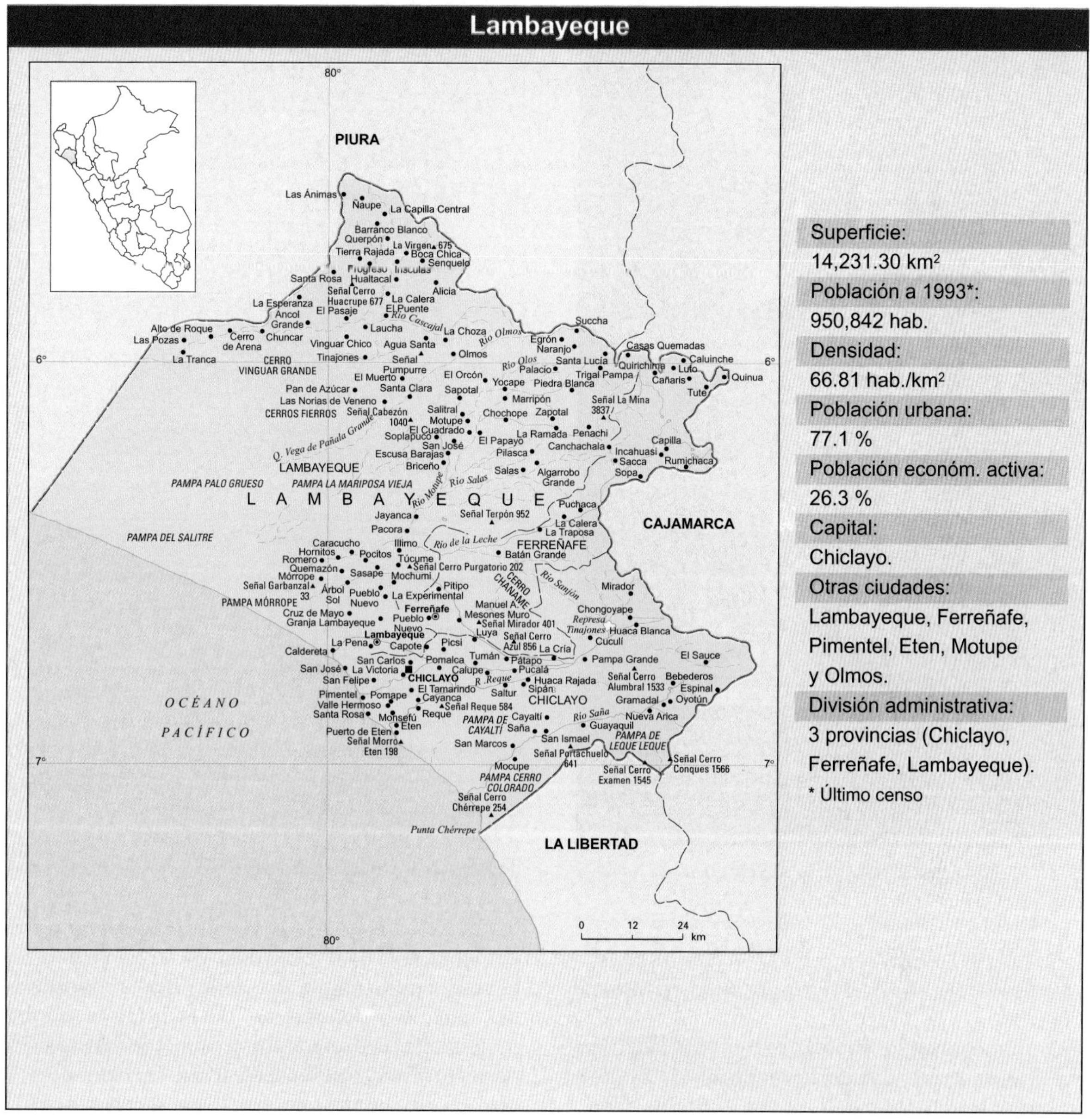

moderna infraestructura de molinos de viento, para la extracción de agua del subsuelo y para la generación de energía eléctrica.

Agricultura y ganadería

La agricultura es actividad importante; se realiza en campos con riego. El principal cultivo es la caña de azúcar, y existen importantes ingenios azucareros en áreas inmediatas a Chiclayo. Otro cultivo importante es el arroz y, en menor medida, maíz, maracuyá, ciruelo y otros frutales. En el sector andino hay papa, cebada y maíz. Para incrementar el rendimiento del sector agrícola se están llevando a cabo diversas obras para la irrigación de hasta 80,000 hectáreas en las pampas de Olmos, con aguas del río Huancabamba, tranvasadas de la vertiente oriental. La ganadería es poco significativa, con caprinos y vacunos en la costa. En la zona andina hay ovinos y vacunos.

Industrias y vías de comunicación

Hay fábricas de cerveza que utiliza aguas freáticas, así como las fábricas de bebidas gaseosas. También se elaboran dulces, entre los que destacan los «quincones» elaborados en la ciudad de Lambayeque. Chiclayo cuenta con un aeropuerto

El descubrimiento de la denominada tumba del Señor de Sipán, debido al arqueólogo peruano Walter Alva, ha sido determinante en el impulso del turismo del departamento.

Evolución de la población

Población	
1940	199,660
1961	353,657
1972	533,266
1981	708,820
1993	950,842
2000 (p)	1'093,050

Escala: 50,000 200,000 350,000 500,000 650,000 800,000 950,000 1'100,000

que se integra en los itinerarios de todas las líneas aéreas nacionales. El puerto marítimo de Eten se utiliza para comercio de cabotaje e internacional. La carretera Panamericana comunica toda la costa, en tanto que la carretera Olmos-Marañón comunica con la selva y la carretera Chiclayo-Cajamarca con la región andina.

Población

Hay vestigios de presencia humana en el territorio de este departamento con miles de años de antigüedad. Aquellos pobladores primitivos fueron eximios agricultores y orfebres. Allí prosperaron las culturas de Cupisnique, Moche y Sicán. Éstas han legado no sólo sus eficientes sistemas de riego, sino también numerosas huacas piramidales, en las que los arqueólogos han encontrado tumbas con ornamentación de oro, que asombraron al mundo. Posteriormente, llegaron los Wari y finalmente la cultura Chimú, antes de ser incorporadas al Imperio Inca.

Las principales ciudades son Lambayeque, Eten, Pimentel, Ferreñafe y Motupe. La población es mayoritariamente urbana (77.3%), en tanto que el índice de analfabetismo entre los mayores de quince años es del 11 por ciento.

Turismo y medio ambiente

Existen ruinas antiguas, como las de Sipán, donde se ha encontrado la tumba del denominado Señor de Sipán; este hallazgo arqueológico está considerado como uno de los más importantes del siglo XX, por tratarse de la primera tumba perteneciente a esa cultura que fue hallada en perfecto estado de conservación, incluyendo todos sus ornamentos en oro. Las pirámides de Túcume, las ruinas de Zaña, el Museo Brünning y el Museo del sitio de Túcume completan la oferta cultural de Lambayeque. Las zonas de reserva son Bosques de Poma, Batán Grande, Laquipampa y Jaguay-Quebrada Mugo Mugo. Los balnearios principales son los de Eten y Pimentel.

El principal problema medioambiental es la falta de agua potable para la totalidad de pobladores de las principales ciudades. Debiera mejorarse además el tratamiento de las aguas residuales. También se producen depósitos de basura sobre la superficie, que contaminan los suelos y la atmósfera; también la playa de San José se halla contaminada.

Lima

Palacio colonial Torre Tagle, sede de la Cancillería del Ministerio de Relaciones Exteriores de Perú.

El departamento de Lima se halla ubicado en la parte centro-occidental del territorio peruano. Su espacio comprende el Mar de Grau, la costa y la vertiente occidental andina. Creado por decreto del 4 de agosto de 1821, limita al oeste con el Mar de Grau o Pacífico Peruano; al norte con el departamento de Ancash; con Huánuco al noreste; Pasco y Junín al este; e Ica y el Mar de Grau al sur.

Su capital es la ciudad de Lima, fundada a orillas del río Rímac el 18 de enero de 1535. Capital del Perú, centraliza las actividades culturales, económicas, comerciales y políticas del país. Junto a la ciudad del Callao, forma un gran centro urbano denominado Lima Metropolitana, con una población estimada a finales de la década de 1990 de 7'037,837 habitantes, que concentra el 56 por ciento de la población urbana nacional y el 28.4 por ciento de la república. La densidad de población es de 199 hab./km^2.

La extensión superficial del departamento es de 34,801.59 km^2. La población total estimada al 2000 es de 7'475,487 habitantes, que representa el 29 por ciento del total del país. Políticamente está dividido en 10 provincias y 171 distritos, a saber: Lima, capital Lima; Barranca, capital Barranca; Cajatambo, capital Cajatambo; Canta, capital Canta; Cañete, capital San Vicente de Cañete; Huaura, capital Huacho; Huaral, capital Huaral; Huarochirí, capital Matucana; Oyón, capital Oyón; y Yauyos, capital Yauyos.

Clima

En la costa el clima es variado, templado y desértico, con alta humedad atmosférica, lluvias escasas y mal distribuidas. Temperaturas medias anuales de 18 °C, con máximas que en verano llegan a 30 °C —y excepcionalmente a más, en los años con fenómeno El Niño—, y mínimas en invierno de 12 °C (que, en raras ocasiones, bajan hasta los 11 °C). En la región andina hay variedad de climas de montañas tropicales: templado cálido en los fondos de valle del piso inferior andino; templado, en altitudes medias; templado frío en las punas o altas mesetas andinas y frío en las cumbres nevadas.

Las aguas superficiales del Mar de Grau, frente a las costas de Lima, influidas por la corriente Peruana, tienen temperaturas medias anuales de 18° a 19°C, que resultan inferiores con respecto a las que le corresponderían de acuerdo con su latitud. En años con Niños extraordinarios las lluvias en la región andina son abundantes. La morfología litoral, igual que la de la costa, es poco accidentada. En el litoral, las bahías de Huacho, Callao y Chorrillos son los accidentes más importantes, y en el Mar de Grau, la isla Pachacamac.

Territorio

En cuanto a la morfología, en la costa hay predominio de pampas desérticas, enmarcadas por colinas y en muchos casos interrumpidas por oasis formados por ríos que llevan agua todo el año. Son los valles costaneros, donde están asentadas ciudades y prospera una agricultura en base a riego. Los accidentes más importantes son las colinas aisladas o formando sistemas, las quebradas secas, terrazas fluviales y marinas, y relieves ondulados, así como acantilados litorales. El sector andino es accidentado. En los pisos bajos, vertientes con densa red de thalwegs; en altitudes medias y superiores, profundos y estrechos «cañones» fluvia-

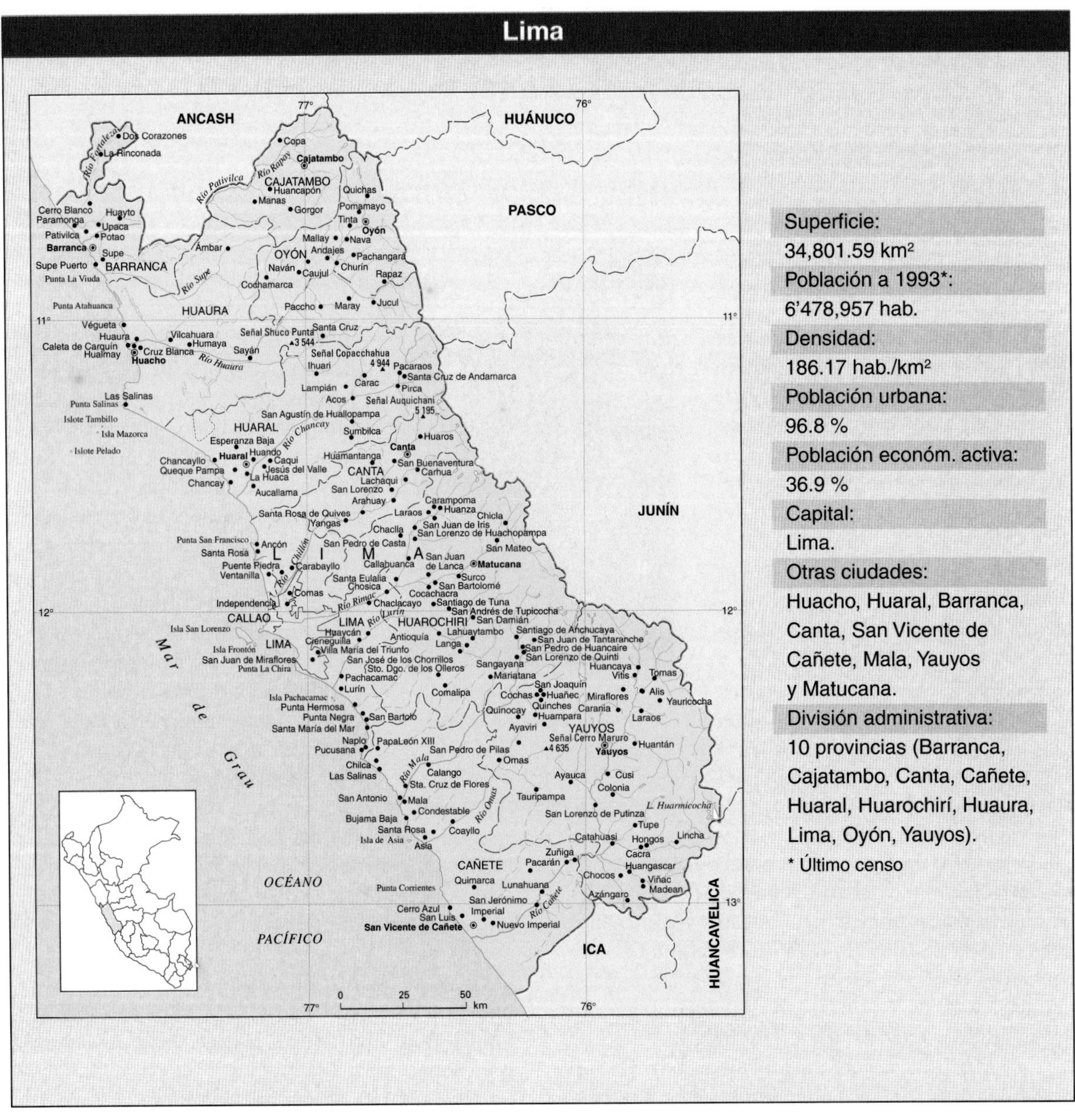

les formados por los ríos Huaura, Chillón, Rímac y Cañete. Conocidos son los del Infiernillo, modelados por el río Rímac a partir de los 1,000 m de altitud, y que pueden observarse en toda su magnitud viajando por carretera o en tren. En las punas, formas suaves y valles en auge glaciar.

Hidrografía

Todos los ríos que drenan su territorio pertenecen a la cuenca del Pacífico. Tienen corto recorrido, lechos con fuerte pendiente y gran variación del volumen de sus aguas. Los principales son, de norte a sur, Fortaleza, Pativilca, Supe, Huaura, Chancay, Chillón, Rímac, Lurín, Mala y Cañete. En sus riberas y cerca al mar están las principales ciudades del departamento. Fenómeno morfológico importante son los numerosos «huaycos» o cuencas torrenciales que en época de lluvias —sobre todo cuando hay Niños extraordinarios—, funcionan llevando lavas torrenciales, denominadas «llocllas», de gran poder destructivo.

Flora y fauna

La flora es muy escasa en las zonas desérticas. En los valles en cambio, hay plantas cultivadas. Hay presencia de bosques de galería en el fondo

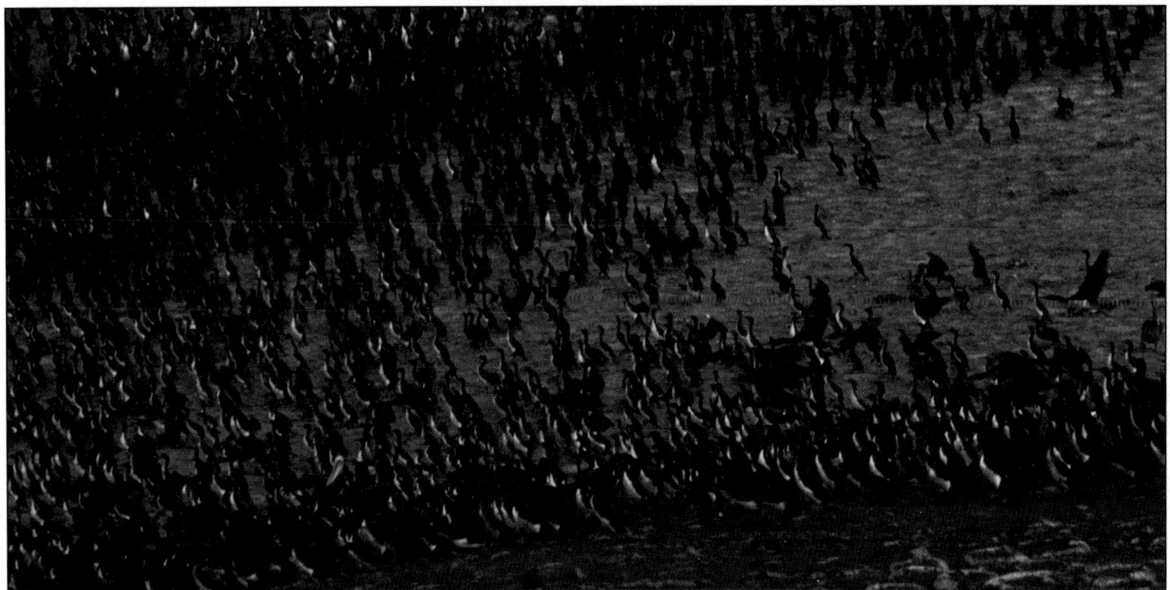

A pesar de los cambios ecológicos sufridos por la costa central, las aves guaneras siguen siendo la primera especie en la fauna de las islas La Vieja, Frontón y San Lorenzo.

de los valles andinos, y en las punas hay predominio de gramíneas. El Mar de Grau frente a las costas limeñas es muy rico, destacando las zonas de Pucusana, Bahía de Chorrillos y Huacho, etcétera. Se pesca anchoveta para la industria de harina y aceite de pescado, y variedad de peces para su consumo fresco. En las islas y puntas del litoral hay gran variedad de especies de aves marinas, como el guanay (principal productor de guano de las islas), piquero, gaviota, pelícanos, pingüinos, etcétera. Conviviendo con estas aves hay millares de lobos marinos.

Suelos y minería y otras actividades

En los oasis de la costa hay suelos de gran fertilidad que son cultivados desde épocas lejanas. El departamento posee unas 180,000 hectáreas con suelos agrícolas, concentrados en la costa. En la región andina la erosión de vertientes ha empobrecido los suelos, que siguen sembrándose, aunque con rendimientos bajos.

La minería es una actividad importante. En la costa, las calizas de Lima, que son usadas como materia prima en las fábricas de cemento; las salinas en Huacho, arenas y gravas para construcciones. En la zona andina, minas de plata, plomo, zinc, cobre, oro, bauxita y mármol, etcétera.

Se practica la agricultura intensiva en la costa; donde en suelos con riego se cultiva algodón, maíz, vid, olivo y otros frutales (manzano, mango, cítricos, «plátano de isla» y «seda», etc.), papa, cebada, flores y verduras. La producción tiene como mercado principal la ciudad de Lima, aunque algunas fruta, tales como uva, mango y melón, también se exportan.

Ganadería, pesca e industria

Se practica ganadería intensiva en la costa, con pastos cultivados y alimentos balanceados, y extensiva en las punas con pastos naturales. También en la costa, hay ganado vacuno para leche fresca y productos lácteos. En la zona andina, los ganaderos producen principalmente quesos. Además de vacunos, en las punas hay ovejas, llamas y alpacas. En lo que hace a la pesca, la abundante y variada biomasa marina favorece la pesca industrial y para consumo humano directo. La anchoveta es la principal especie que se usa para elaboración de harina, aceite y conservas. Para consumo humano directo los principales puertos de desembarque para Lima son Pisco, Pucusana, Callao y Huacho.

En fin, la actividad industrial tiene en Lima el principal centro del país. Se trata de industrias que abarcan gran diversidad de actividades, como alimentarias, de bebidas, textiles, calzado, prendas de vestir, muebles, papel, imprenta y editoriales, química, caucho, plásticos, metálicos, loza y porcelana, vidrio, maquinaria no eléctrica y eléctrica, transportes, refinería de petróleo y zinc, prendas de vestir, etcétera.

Población

La presencia de cazadores, marisqueros y, más tarde, agricultores, se remonta a miles de años antes de nuestra era, como lo demuestran los restos encontrados en Lurín, Chivateros (en el valle del Chillón), Ancón, Chancay, Supe y Lima, entre otros. La cultura Lima, desarrollada en los valles centrales desde Chancay hasta Lurín, ha dejado construcciones religiosas como el Santuario de Pachacamac, al sur de Lima. Con posterioridad se produce la conquista Huari, con su centro principal en Cajamarquilla. Surgen luego nuevas culturas como la de Chancay, con importantes centros urbanos y producción textil. Finalmente, y en el siglo XV, son los Incas quienes dominan y ocupan lugares tan importantes como Pachacamac.

Actualmente, la población se concentra mayoritariamente en los oasis costaneros y las ciudades se expanden en detrimento de áreas agrícolas de gran productividad. Las principales ciudades, además de Lima, son, en la costa, Huacho, Huaral, Barranca, San Vicente de Cañete, Chancay; en la zona andina: Canta, Matucana, Yauyos, Cajatambo.

El notable incremento de la población —entre 1940 y 1961 el número de habitantes pasó de cerca de 849,171 a más de 2'093,435, es decir que aumentó casi en un 250 por ciento— se debe a la gran corriente migratoria hacia la capital del país. Lima se extiende horizontalmente, en urbanizaciones que ocupan antiguas áreas agrícolas y zonas desérticas, como arenales y cerros periféricos.

Evolución de la población

Población	1.0 mill. 2.0 mill. 3.0 mill. 4.0 mill. 5.0 mill. 6.0 mill. 7.0 mill. 8.0 mill.
1940	849,171
1961	2'093,425
1972	3'594,787
1981	3'993,032
1993	6'478,957
2000 (p)	7'475,407

Además de su litoral marítimo y sus museos, Lima cuenta con una importante oferta de zonas arqueológicas que datan de época precolombina, como la Huaca de Puruchuco.

Vías de comunicación

La carretera Panamericana conecta Lima con toda la costa. La carretera de penetración más importante es la central, que atraviesa todo el territorio de oeste a este y llega hasta Tingo María y Pucallpa, y además tiene ramales que van a Huancayo y a la selva central. Hay carreteras departamentales que llegan a todas las capitales provinciales de la zona andina. Hay también carreteras que van a Huaraz y Callejón de Huaylas y a Huancayo. Lima utiliza el aeropuerto internacional y el puerto del Callao.

Turismo y medio ambiente

Además de las ruinas arqueológicas de Pachacamac, Cajamarquilla, Cantamarca y Puruchuco, la ciudad de Lima tiene numerosos puntos de atracción, como sus iglesias y casonas coloniales, museos —de la Nación, Magdalena, Amano, Museo de Oro—, el palacio de Torre Tagle, el convento de San Francisco, la Casona de San Marcos, etcétera. Hay aguas termales en Churín, y balnearios con hermosas playas. Los restaurantes ofrecen tanto comidas típicas, denominadas criollas, «chifas», como platos internacionales. La vida nocturna es intensa, incluyendo teatro, temporada de ópera, «peñas criollas» y cafés. Existe muy buena infraestructura hotelera.

El principal problema ecológico de Lima está representado por la contaminación de los ríos Rímac y Chillón, y las océanicas litorales, debido principalmente a las aguas servidas que se vierten al río y al mar sin tratamiento previo.

Loreto

En las orillas del río Nanay los indígenas continúan practicando la pesca artesanal.

Departamento y Región a la vez, su territorio ocupa la selva baja o llano amazónico y está al norte y noreste del país. Es el departamento de mayor extensión territorial y el de mayor cantidad de fronteras internacionales; limita con tres países sudamericanos: al noroeste con Ecuador; al norte y noreste con Colombia y al este con Brasil. Limita además con los departamentos de Ucayali, al sur; y con éste, Amazonas, San Martín y Huánuco, al oeste. Como departamento fue creado por Decreto del 7 de enero de 1861 bajo el nombre de Departamento Marítimo Militar de Loreto y por Decreto del 7 de febrero de 1866 su nombre se ha abreviado en Loreto. Como Región, fue creada por Ley n° 24,794 del 3 de marzo de 1988, bajo el nombre de Región Amazonas y, posteriormente, por otra Ley, se le cambió su denominación por la de Región Loreto.

La capital de Loreto es la ciudad de Iquitos, a orillas del Amazonas, fundada el 5 de enero de 1864 y oficializada por Ley n° 14,702 del 14 de noviembre de 1963. La población capitalina, según últimas proyecciones, es de 316,930 habitantes. Su extensión es de 368,851.95 km^2, que representa el 29 por ciento del territorio nacional, es decir, poco menos de la tercera parte del país. La población total del departamento, proyectada al 2000, es de 880,471 habitantes, con una densidad muy reducida, de tan sólo 2.39 hab./km^2. Políticamente está dividido en seis provincias y 47 distritos. Las provincias son Maynas, capital Iquitos,; Alto Amazonas, capital Yurimaguas; Loreto, capital Nauta; Mariscal Ramón Castilla, capital Caballococha; Requena, capital Requena; y Ucayali, capital Contamana.

Clima y morfología

Clima tropical, cálido, húmedo y lluvioso. Las temperaturas son altas durante todo el año y durante las 24 horas del día. Las medias anuales superan por lo general los 25°C, con máximas absolutas que llegan a 40°C. Las mínimas absolutas varían de 18 a 11°C. Estas últimas durante los llamados «fríos de San Juan», «friajes» o «surazos». Las precipitaciones anuales sobrepasan los 3,000 mm, y caen concentradas durante el verano.

El relieve es poco accidentado. Hay extensas llanuras con ondulaciones de gran radio, con cumbres convexas y elevadas que forman colinas rematadas en cimas redondeadas y de poca altura, en zonas no inundables. Oponiéndose a este modelado hay llanuras pantanosas, que se cubren de agua durante las crecientes de los ríos. Se denominan «aguajales», «tahuampales» o «renacales», de acuerdo al tipo de vegetación predominante. Al este del río Ucayali se hallan los relieves de Contamana, divisoria de aguas con el río Yavarí. Otros rasgos morfológicos son los lechos meándricos de los cursos de agua y las extensas playas, denominadas «barriales» o «barrizales», que se forman a orillas de los ríos en épocas de vaciante.

Hidrografía

Por el territorio de este departamento discurren numerosos ríos, en su mayoría navegables en vapor. Forman parte del Sistema Hidrográfico del Amazonas y de la cuenca Atlántica. El principal, y eje de toda la hidrografía, es el Amazonas, que a lo largo de su recorrido en territorio peruano —a partir de su naciente en el nevado del Mismi, a 5,597 m sobre el nivel del mar y a 15°30'49" y 71°40'36"—, se denomina, sucesivamente, que-

Antiguo puerto de Belén, en Iquitos. La dificultad para la construcción y mantenimiento de las carreteras hace del transporte fluvial la principal vía de comunicación en Loreto.

brada de Carhuasanta, Apurímac, Ene, Tambo, Ucayali y Amazonas, después de recibir las aguas del río Marañón por su margen izquierda.

El Amazonas, con 6,762 km de longitud hasta su desembocadura, es el río más largo y caudaloso del planeta. Los principales afluentes del Amazonas-Ucayali en el departamento de Loreto son, por su margen derecha, los ríos Tapiche, Manití, Orosa y Yavari; este último hace de frontera entre los estados de Perú y Brasil. Por la margen izquierda, los afluentes del Amazonas son los ríos Pisqui, Cushabatay, Pacaya, Marañón, Nanay, Napo, Ampiyacu y Atacuari. El mayor es el río Marañón, que forma una gran subcuenca con afluentes importantes como el Huallaga, Samiria, Aipena y Cahuapanas, por su margen derecha, y los ríos Morona, Pastaza y Tigre, por la izquierda.

El Napo tiene una importante cuenca, conformada por sus afluentes Mazán y Curaray, por la margen derecha, y por la izquierda el Tamboryacu. Debe mencionarse además el río Putumayo, que marca el límite entre Perú y Colombia, y confluye con el Amazonas en territorio de Brasil; hay además numerosos lagos y lagunas de origen fluvial. El mayor de todos es el lago Rimachi, en la margen derecha del río Pastaza. Cerca de Iquitos se halla la laguna de Quistococha. Las lagunas a orillas del río Pacaya, y otras muchas, son conocidas regionalmente como «cochas» o «tipishcas».

Flora

La flora, con su variada y exuberante vegetación, es rica en especies maderables de gran valor, como la caoba o aguano (*Swietenia macrophylla*), cedro (*Cedrela odorata*) y tornillo (*Cedreliuga catenaeformis*). También hay riqueza de plantas medicinales, tales como el ojé (*Ficus anthelmintica*) y uña de gato (*Uncaria tomentosa* y *Uncaria guayanense*); industriales, como el caucho blanco (*Sapium marmieri*), caucho negro (*Castilla ulei*), shiringa (*Hevea brasiliensi*) y leche caspi (*Corina sp.*). También hay presenica de lupuna, hermoso árbol a partir del cual se elabora triplay, y que se halla en peligro de extinción.

Existe asimismo una gran variedad de palmeras, siendo la mayor y más abundante el aguaje (*Mauritia flexuosa*), cuyo fruto es comestible; el pijuayo (*Bactris gasipaea*), que se cultiva para elaboración de la conserva «palmito»; el camu camu (*Myociaria dubia*), cuyo fruto es comestible y posee un alto contenido de vitamina C, que supera largamente a la naranja y el limón y está siendo cultivado. Además, variedad de plantas trepadoras, acuáticas, orquídeas, ornamentales, etcétera.

Fauna

La fauna es igualmente abundante y variada. En los ríos, lagos, lagunas o «tipishcas» hay abundancia y variedad de peces, siendo el mayor de ellos el paiche (*Arapaima gigas*), que alcanza más de 2 m de longitud y cuya carne es muy delicada. También están presentes dos variedades de piraña, la paña blanca (*Serrasalmus rhomibeus*) y la paña roja (*Serrasalmus nattereri*), el boquichico (*Prochilodus nigricans*), la palometa (*Mylossoma durriventris*), carachama (*Chaetostomus sp.*) y una importante variedad de bagres, siendo los de mayor tamaño el zúngaro, el dorado, el saltón y la doncella.

Se han establecido vedas para la pesca del paiche, a fin de preservar su existencia. La fauna terrestre es igualmente abundante en mamíferos, aves, reptiles, mariposas y toda clase de insectos. Como ejemplos, podemos mencionar el tigre otorongo; el ronsoco, que es el roedor más grande del mundo; el sajino; la huangana; el tapir o sachavaca; el lobo de río; los venados, etcétera. Entre las

Loreto

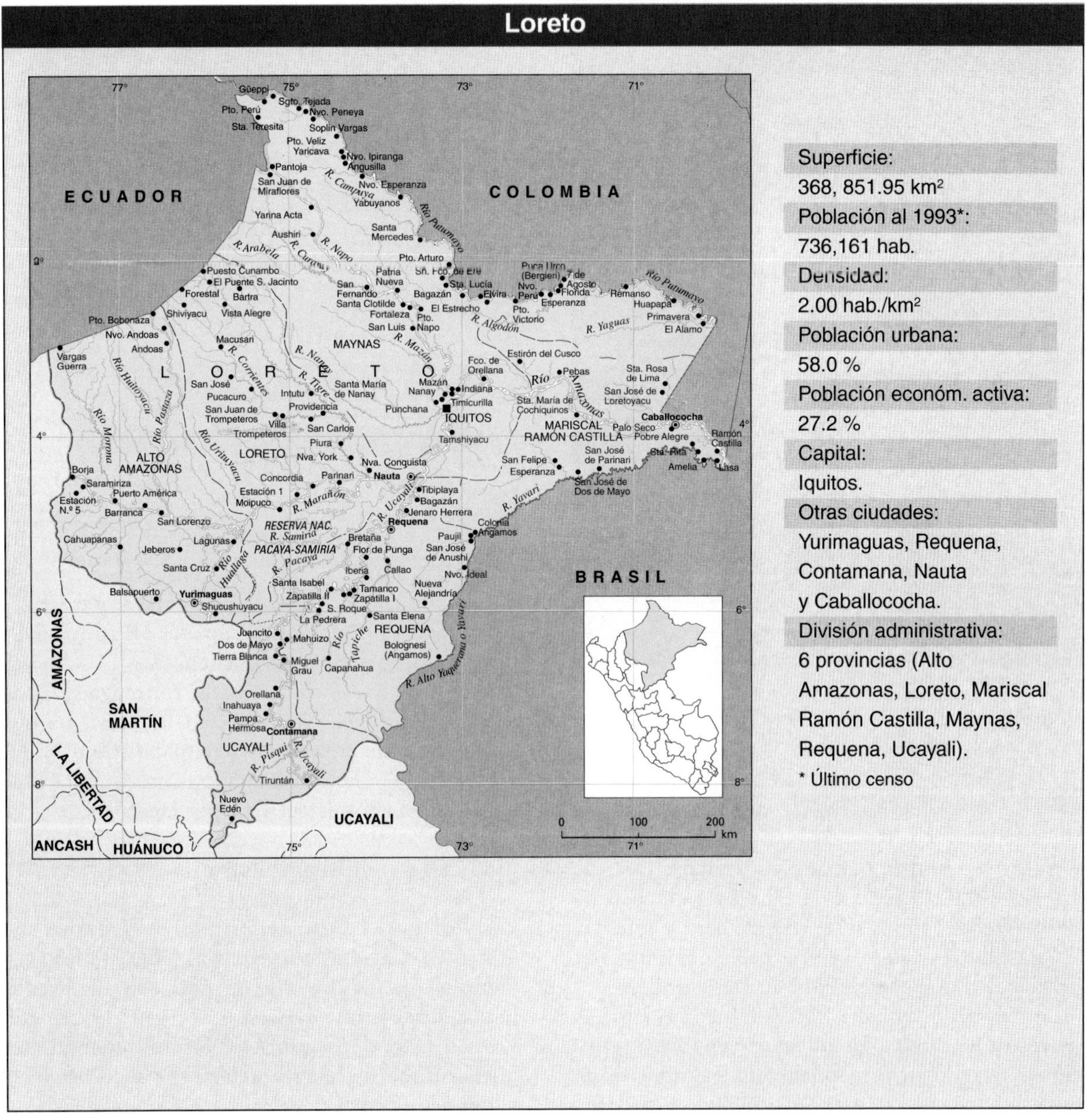

aves, el paujil, la perdiz, la pava del monte, los trompeteros y gran variedad de guacamayos y loros, entre otras especies. También es notable la presencia de charapa o tortuga de río, y de motelo o tortuga de tierra. Las serpientes con mayor presencia son la boa, chushupe y loro machacuy. Variedad de mariposas y otros insectos.

Esta abundante y variada fauna determina una intensa actividad cazadora, por lo que es necesario establecer normativas que eviten el exterminio de algunas especies, sobre todo de aquellas apreciadas por sus pieles o para ser comercializadas como mascotas. Esta normativa debería contemplar la permisión de pesca y caza para la alimentación de los indígenas.

Recursos

La explotación de petróleo es la principal actividad minera de este departamento. De menor importancia es la extracción de arcillas y arenas.

En cuanto a la agricultura, se cultiva en terrazas altas y bajas, y en los «barrizales» o «barriales» que se forman a orillas de los grandes ríos en época de vaciante; se desarrolla allí una agricultura por capilaridad, así denominada pues las plantas toman el agua que se filtra desde los ríos. En las

La artesanía, una de las principales actividades económicas de los pueblos originarios de Loreto, se ha visto desarrollada en los últimos años por el incremento del turismo ecológico.

terrazas se siembra plátano, yuca, maíz, caña de azúcar, frutales, pastos para ganadería extensiva y últimamente camu camu, uña de gato y pijuayo. En pastos cultivados, se cría ganado vacuno, en pequeñas propiedades denominadas «fundos».

En el sector industrial predominan las fábricas de «palmito» cultivando pijuayo, y en forma tradicional talando principalmente la palmera «huasai», que está extinguida en muchas áreas. Hay además aserraderos y fábricas de triplay. Hay fábricas de tejas y ladrillos, aguas gaseosas y embarcaciones. La artesanía se basa en la utilización de materiales de origen vegetal.

Vías de comunicación

La principal es la fluvial y los puertos más importantes son Iquitos (río Amazonas), Yurimaguas (río Huallaga), Nauta (río Marañón) y Requena y Contamana (río Ucayali). Una carretera llega a Yurimaguas como un ramal de la carretera Marginal de la selva. Iquitos posee aeropuerto internacional. También en Yurimaguas existe un aeropuerto, aunque de menor importancia.

Evolución de la población

Población: 125,000 250,000 375,000 400,000 525,000 650,000 775,000 900,000

Año	Población
1940	294,317
1961	321,117
1972	409,772
1981	516,371
1993	736,161
2000 (p)	880,471

La población

En el territorio departamental de Loreto existen poblaciones nativas agrupadas en tribus. Habitan a orillas de los ríos y «cochas».

Las principales ciudades son Yurimaguas, Contamana, Requena, Nauta y Caballococha. La población es mayoritariamente urbana (60.9%), en tanto que el índice de analfabetismo entre los mayores de 15 años es del 10.8 por ciento.

Turismo y medio ambiente

Los paisajes de forestas, ríos, y lagunas, y la navegación por el curso del Amazonas-Ucayali y sus afluentes y lagunas que cruzan la Reserva Pacaya-Samiria —la más extensa del país, con una flora y fauna abundante y variada—, son grandes atractivos de este departamento. Iquitos cuenta con buena infraestructura hotelera, y ofrece también albergues a orillas de ríos.

El principal problema medioambiental es la deforestación selectiva que compromete a un creciente número de especies, a medida que se agotan otras. La extracción de huevos de «charapa», depositados en arenas a orillas de los ríos, y la pesca ilegal de paiche en las zonas de reserva y en períodos de veda, están originando una disminución constante y muy peligrosa de estas especies. La caza indiscriminada, así como la extracción de peces ornamentales; la explotación irracional de plantas medicinales, como uña de gato, sangre de grado, chuchuhuashi y otras cortezas son problemas ecológicos que están demandando políticas más activas y de mayor eficacia.

Madre de Dios

Este departamento amazónico se localiza al sudeste del territorio nacional. Limita al norte con el departamento de Ucayali y la República del Brasil; al este, con la República de Bolivia; al sur con los departamentos de Cusco y Puno, y al oeste con Cusco y Ucayali. Fue creado por Ley nº 1,792 del 26 de diciembre de 1912. Abarca una superficie de 85,182.63 km^2, que lo convierte en el tercer departamento peruano en extensión, después de Loreto y Ucayali.

La papaya es una de las frutas características del departamento de Madre de Dios.

La población de este departamento, estimada al 2000, es de 84,413 habitantes (lo que representa un 0.3% del total nacional), con una densidad de población que no llega a un habitante por kilómetro cuadrado. La capital del departamento es la ciudad de Puerto Maldonado, en la confluencia de los ríos Madre de Dios y Tambopata. Su población estimada es de 42,196 habitantes. Su creación data del 10 de junio de 1902, fecha en que se estableció una guarnición. Tiene 3 provincias y 10 distritos: Tambopata, capital Puerto Maldonado; Manu, capital Manu; y Tahuamanu, capital Iñapari.

En la selva alta y baja, el relieve es poco accidentado, con terrazas fluviales y lechos divagantes de ríos que forman meandros. Al sudoeste, en las nacientes del río Madre Dios y en ceja de selva, relieve accidentado con «cañones» fluviales profundos y estrechos y, al oeste, colinas bajas, donde se localiza el denominado istmo de Fitzcarrald. Al sudeste, colinas de poca altitud que son contrafuertes de la cordillera de Carabaya.

El clima es tropical, con precipitaciones superiores a 2,600 mm en Puerto Maldonado, concentradas en los meses de verano. Las temperaturas máximas absolutas son de hasta de 39 °C, con mínimas absolutas de 7 °C cuando llegan masas de aire del frente antártico, conocidas regionalmente como «fríos de San Juan», «surazos» y «friajes». La humedad atmosférica media anual es del 76 por ciento, en tanto que la temperatura media anual es de 26.3°C.

Hidrografía

El territorio está cruzado por una densa red hidrográfica que tiene como eje el río Madre de Dios, el mayor de todos, y conocido desde épocas pasadas con los nombres de Amaru Mayo o río Serpiente, Manú-Tali y Padre Río. Sus principales afluentes son, por la margen izquierda, los ríos Piñi-Piñi (en el límite con el Cusco), Manu, Amigos y Las Piedras. Por la margen derecha tenemos el Carbón (que marca el límite con Cusco), el Colorado o Arenas, el Inambari, el Tambopata y el Heath, que sirve de límite al Perú con Bolivia. Al noreste, el Tahuamanu y el Manuripe, que le dan sus aguas en territorio de la República de Bolivia. También hay que mencionar a los ríos Lobo, Blanco y Azul.

Más al norte, en la frontera con Brasil, el Chandles, un afluente del Purús. El río Madre de Dios es navegable en pequeñas embarcaciones a vapor, desde su confluencia con el Manu. Existen numerosas lagunas de origen fluvial en el Manu y Madre de Dios, siendo las principales la de Cashu-cocha, en el Manu, y Valencia, en el Madre de Dios, cerca a la frontera con Bolivia.

Flora

La vegetación predominante es la de bosque húmedo tropical, con árboles que sobrepasan los 50 m de altura y llegan a tener más de 3 m de diámetro. Es el bosque que cubre un alto porcentaje de la superficie del Parque Nacional del Manu, caracterizada por su extraordinaria biodiversidad. Las principales especies son el cético (*Cecropia spp.*); tangarana (*triplaris*); requia (*guarea*); ojé (*ficus spp.*); lupina (*Cerba sp*); cedro (*Cedrela ss.*); aguano masha (*Cedreluya catenaeformus*); castaño (*Bertholletia excelsa*), etcétera. Al sudoeste, en la ceja de selva, hay bosques nubosos. Al norte del río de Las Piedras, existe un bosque seco tropical por la existencia de varios meses con precipitaciones inferiores a los 55 mm. La fauna es variada y abundante, tanto terrestre como acuática; destaca la biodiversidad en el Parque Nacional del Manu. Igual sucede con el Parque Nacional Bahuaja-Sonene. En los ríos y lagunas, abundancia de peces: zúngaro, doncella, gamitana, sábalo y bocachico.

Suelos y minería

Según el Informe de la FAO y del Ministerio de Agricultura del Perú, presentado en Roma en 1964, las asociaciones edáficas más importantes son las siguientes: Asociación Playa, Asociación Inunda, Asociación Concepción, Asociación Madre de Dios y Asociación Ipara (con valor agrícola limitado) y asociación Heath.

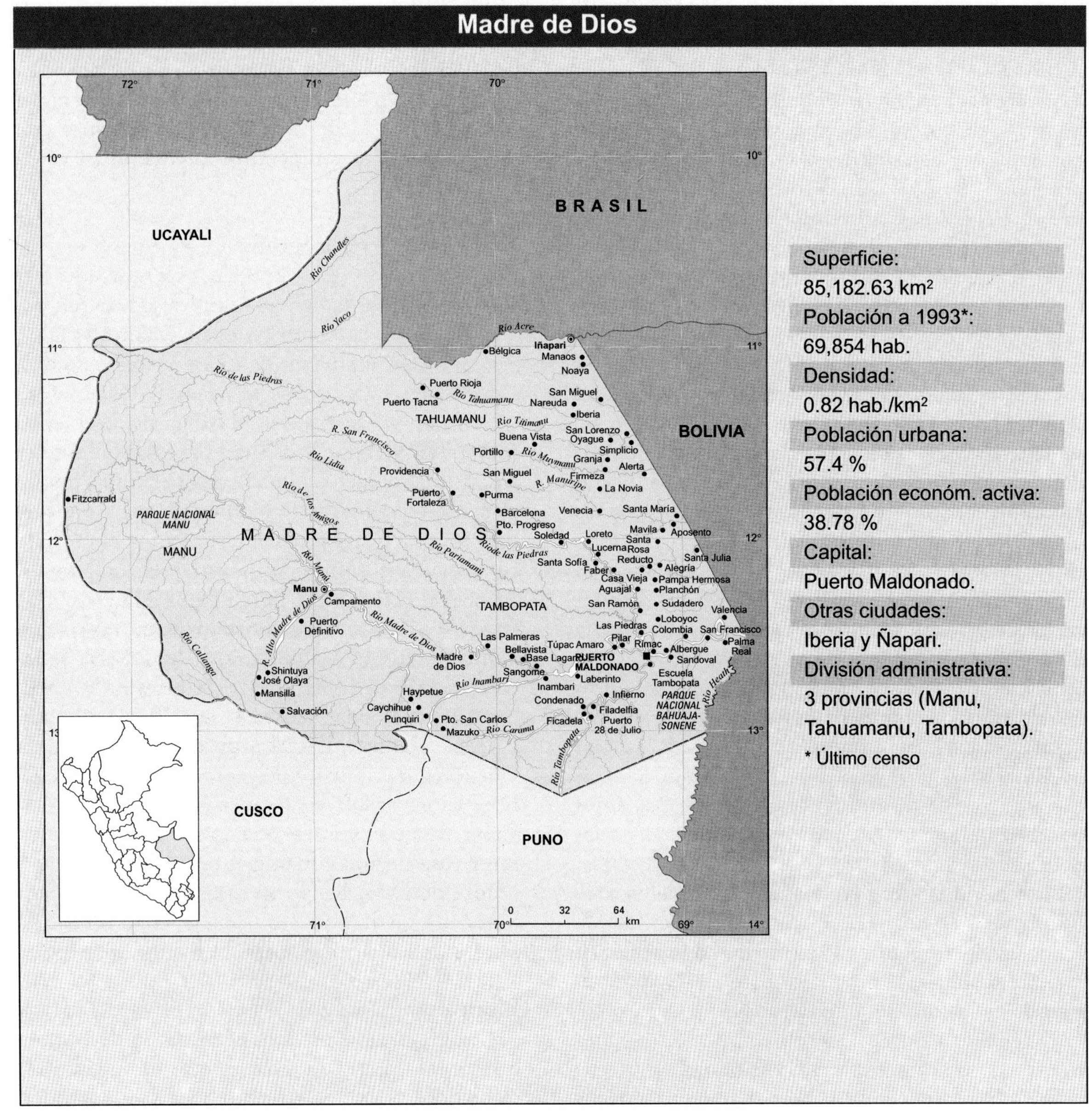

La estación fluvial de Puerto Maldonado, capital del departamento de Madre de Dios, es el principal acceso para los visitantes del Parque Nacional del Manu.

Existen ricos placeres auríferos a orillas de los ríos Madre de Dios y Tambopata, que son explotados desde hace muchos años, empleando métodos tradicionales y modernos. En ambos casos se utiliza mercurio para extraer el oro de las arenas y, al hacerlo, parte de este mineral es arrojado al río y origina una importante contaminación. Madre de Dios es el departamento con mayor producción de oro, proveniente de los «lavaderos». En 1995 alcanzó su máxima cota nacional, al ocupar el tercer lugar, con 9,600 kg de contenido fino.

Población

Los pobladores originarios ocuparon el departamento desde hace miles de años. Durante el incanato, Inca Roca, primero, y después Túpac Inca Yupanqui, llegaron a la parte superior de la cuenca del río Madre de Dios, en los límites actuales con Cusco, e incorporaron estas áreas al Imperio Inca. En 1566, Juan Álvarez de Maldonado, natural de San Martín, llegó al Cusco, luego de surcar los ríos Ucayali y Urubamba. Desde esta ciudad partió hacia Madre de Dios. Navegó por el Piñi-Piñi y el Madre de Dios, y falleció en el Madeira, ahogado en el «malpaso» conocido como Calderón del Diablo.

La expedición con los sobrevivientes continuó al mando del hijo de Álvarez de Maldonado; cumplió el recorrido hasta el Amazonas y, navegando aguas arriba por este río, el Marañón y el Huallaga, regresaron a San Martín. En 1893, Fermín Fitzcarrald, cauchero natural de Ancash, descubrió y cruzó el varadero de Fitzcarrald, conocido en la actualidad como istmo de Fitzcarrald.

Actualmente es el departamento con menor población del país, pero por sus recursos presenta extraordinarias posibilidades para su poblamiento y desarrollo. La principal ciudad, además de Puerto Maldonado, es Iñapari. La población analfabeta mayor de quince años, al momento del último censo, era del 8 por ciento. La población urbana es el 54.2 por ciento y la rural el 45.8 por ciento.

Con la pacificación del país a partir de 1992, la afluencia de turistas, sobre todo extranjeros, se ha convertido en una de las principales fuentes de ingresos del departamento de Madre de Dios.

Recursos económicos

La explotación de oro en lavaderos es la principal actividad. El poblado de Laberinto, cerca a Puerto Maldonado y a orillas del Madre de Dios, es el centro del comercio de oro. La agricultura es actividad poco desarrollada por falta de vías de comunicación y mercados cercanos. La producción es para consumo local y departamental.

Se cultiva plátano, yuca, maíz y frutales. En pastos cultivados se cría principalmente ganado vacuno para consumo local. La principal actividad forestal es la recolección del fruto llamado castaña del Brasil, planta abundante en el departamento. También es preponderante la extracción de látex de shiringa o jebe fino. La explotación forestal es aún incipiente, en buena medida debido a la falta de una buena vía de acceso por tierra. La caza y la pesca sólo se practican para consumo familiar y local.

Vías de comunicación

En Puerto Maldonado existe un aeropuerto al que llegan vuelos diarios que salen de Lima y hacen escala en Cusco. Hay también un campo de aterrizaje en Iberia. Una carretera une Puerto Maldonado con Cusco, vía que en época de lluvias se vuelve fangosa y ofrece dificultades para el tránsito de vehículos.

La navegación fluvial permite la comunicación de Puerto Maldonado con los poblados ribereños.

Turismo y medio ambiente

El turismo es una actividad importante. El Parque Nacional del Manu, el más grande de su categoría, atrae a científicos y turistas del Perú y el extranjero, gracias a la riqueza de su flora y fauna, así como por los impresionante paisajes que pueden observarse durante la navegación fluvial, y en las «cochas» o lagunas. Los «colpares» son lugares donde cientos de guacamayos acuden, según la opinión de los indígenas, a «purgarse» con las ingestión de las arcillas del lugar. El Parque Nacional Bahuaja-Sonene, que abarca las cuencas de los ríos Heath y Tambopata, posee el atractivo de su biodiversidad.

El problema principal del medio ambiente en este territorio es la contaminación de los cauces fluviales por parte del mercurio y las arcillas derivados de los lavaderos de oro.

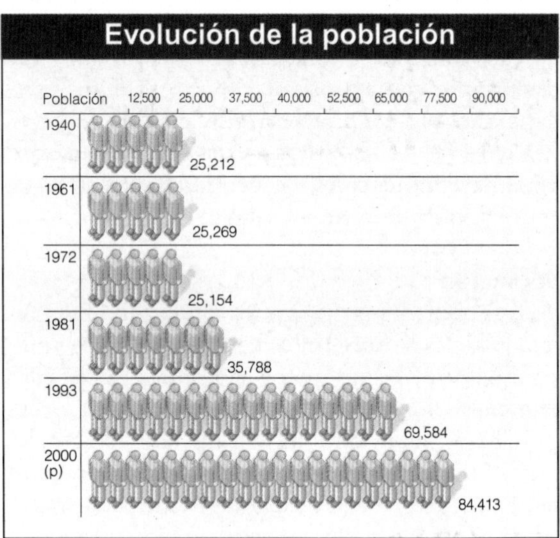

Moquegua

Típico paisaje de algarrobales en el valle del río Osmore, en la costa sur del Perú.

Este departamento está localizado al sur del territorio nacional. Sus costas están bañadas por el Mar de Grau y su espacio continental comprende zonas costeras y andinas. Limita con los departamentos de Puno al norte; Tacna al este, Arequipa al oeste y al sur con Tacna y el Mar de Grau. Fue creado por ley nº 8,230 del 3 de abril de 1936. La ciudad de Moquegua, a 1,410 m sobre el nivel del mar, fue creada en 1926 con el nombre de Santa Catalina de Guadalcázar del Valle de Moquegua. Su población estimada es de 46,756 habitantes, con una densidad de 9 hab./km^2. La superficie del departamento es de 15,733.97 km^2 y el número de habitantes, estimada al 2000, es de 147,377. Tiene 3 provincias y 20 distritos: Mariscal Nieto, capital Moquegua; General Sánchez Cerro, capital Omate; e Ilo, capital Ilo.

El clima es variado, siendo templado y húmedo en la costa. En las regiones interandinas, a medida que crece la altitud, se suceden climas de montaña tropical templado, templado frío y frío en las altas punas. También la humedad disminuye con la altitud. En las cumbres nevadas, glaciar con temperaturas constantemente bajo cero, salvo en días soleados y sin nubes. Las precipitaciones, normalmente escasas, se incrementan en años excepcionales cuando lluvias copiosas se producen como consecuencia de Niños intensos.

Los techos a dos aguas, típicos de Moquegua, son propios de la zona, debido a las fuertes lluvias que han caído desde épocas remotas en estas tierras.

También la topografía del territorio es variada. A corta distancia del mar y, paralelo al litoral, se encuentra un antiguo relieve denominado cordillera de la Costa, con altitudes que no llegan a superar los 1,000 m. Al este de este relieve hay pampas pedregosas y «glacis» atravesados por gran número de quebradas secas. Más al este encontramos el accidentado relieve andino. El cañón del río Tambo y los de sus afluentes son los rasgos morfológicos más importantes. Otros accidentes dignos de mención son el volcán Omate o Quinistaquilla, al norte de la ciudad de Omate, que explosionó el 15 de febrero de 1500, causando estragos en el territorio de Moquegua. Las cenizas llegaron hasta la ciudad de Arequipa y comarcas vecinas, oscureciéndolas por varios días. Otros volcanes son el Tiscani, Inchollo, Arundane y Humajalso.

Hidrografía

El Mar de Grau, influido por la corriente Peruana, con aguas templadas (15-16 °C), concentra abundante y variada biomasa, donde la anchoveta es el pez más abundante. Los ríos pertenecen a la cuenca del Pacífico. El mayor es el Tambo, que con sus afluentes drena un alto porcentaje de su territorio.

El río Osmore o Moquegua, actualmente, gracias a la represa de Pasto Grande, lleva un pequeño caudal hasta el mar. Las lagunas más importantes, en las mesetas o punas, son las de Anachaya, en las nacientes del río Colaraque-Vizcachas, afluente del Tambo, y la de Jucumarini, en los orígenes del río Ichuña, también de la cuenca del Tambo.

Flora y fauna

La flora es escasa a nivel departamental. En la costa y vertientes andinas, hay plantas en zonas desérticas con predominio de cactáceas. En los

La importancia del puerto de Ilo se extiende a los departamentos de Moquegua y Tacna, que lo utilizan para la exportación de minerales e importación de bienes de capital, respectivamente.

fondos de valle, reducidas áreas con vegetación ribereña y, en las punas, gramíneas como el «ichu».

En cuanto a la fauna, el Mar de Grau es rico en especies, lo que favorece la pesca industrial y para consumo directo. En el sector costeño de los ríos, abunda el camarón y en las partes andinas, truchas, bagres y pejerreyes. En las altas mesetas o punas, variedad de aves en las zonas pantanosas y lagunas. Grupos de vicuñas y el «suri» o avestruz de las punas.

Extracción minera y agricultura

La minería es el principal recurso del departamento. Cuajone, importante centro minero a tajo abierto que explota cobre, es el representante esencial de la gran minería. Además se halla arraigada la pequeña minería, con gran número de yacimientos que explotan cobre, plomo, plata y yeso. Sobre todo en la provincia de Ilo, la actividad minera constituye una importante fuente de trabajo para los habitantes de la región. Los suelos para uso agrícola son escasos; se localizan en los fondos de valle y en vertientes con poca inclinación.

Población

En épocas pasadas el poblamiento de este territorio estuvo muy vinculado con los habitantes del altiplano. Los primeros asentamientos humanos en la costa y piso inferior andino fueron de cazadores de guanaco que bajaban a las lomas costaneras; vivían en cuevas, donde han dejado muestras de arte rupestre.

La cultura Tiahuanaco, que floreció en la meseta del Titicaca, extendió su influencia hasta las costas de Moquegua. En la localidad de Omo, cerca a la ciudad de Moquegua, existen ruinas de un templo que reproduce el modelo tiahuanaquense. Surgieron después culturas locales, destacando la de Chiribaya, por su bella alfarería polícroma, te-

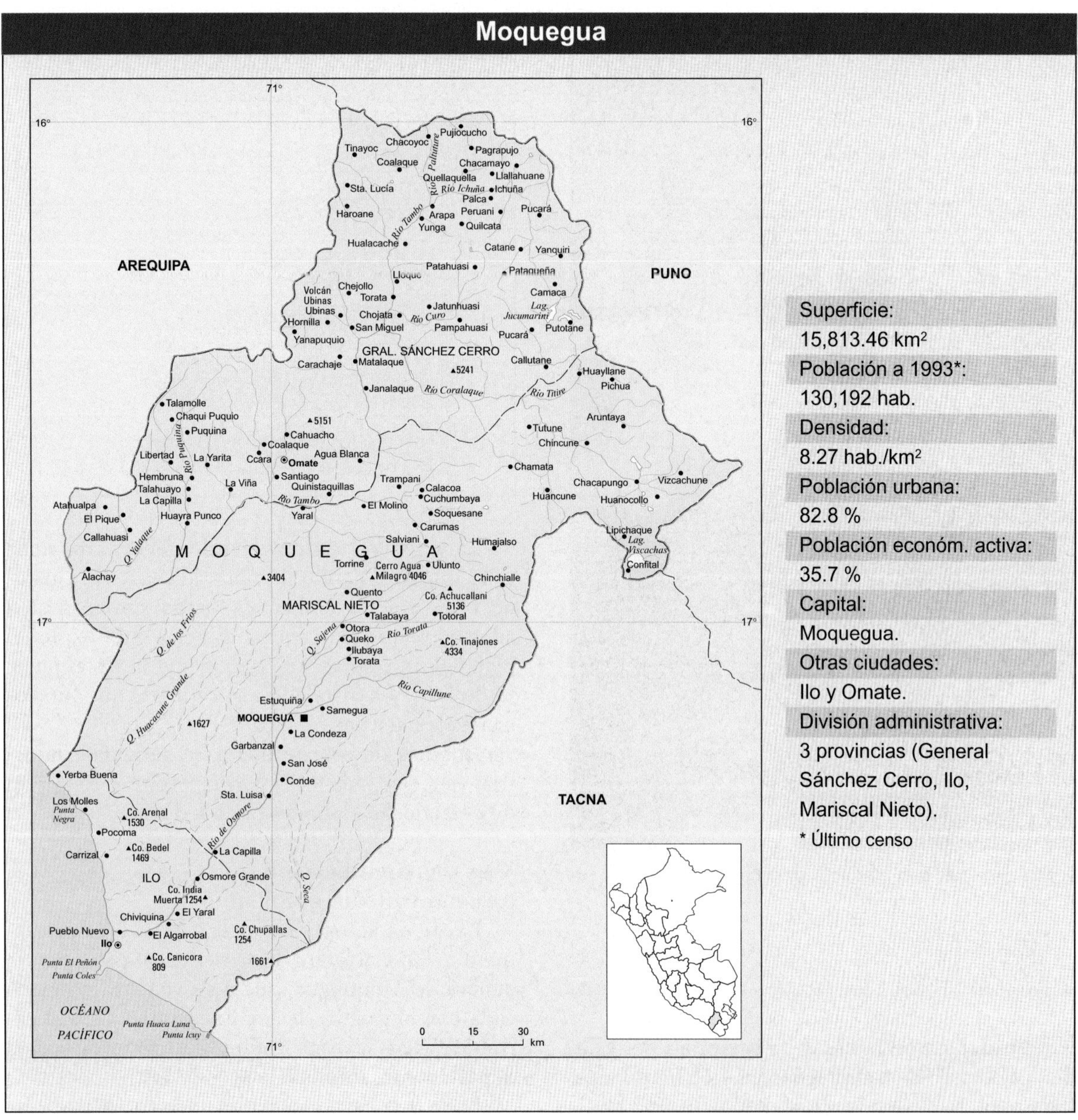

Superficie:
15,813.46 km²
Población a 1993*:
130,192 hab.
Densidad:
8.27 hab./km²
Población urbana:
82.8 %
Población económ. activa:
35.7 %
Capital:
Moquegua.
Otras ciudades:
Ilo y Omate.
División administrativa:
3 provincias (General Sánchez Cerro, Ilo, Mariscal Nieto).
* Último censo

las y trabajos en madera. De esa época son los andenes, canales de riego y pueblos fortificados. Durante la Colonia, el Cacique de Chucuito aún poseía tierras agrícolas en los Andes y costa de Moquegua.

En 53 años, la población departamental creció en cerca de un 400 por ciento. En la actualidad, la población urbana es mayoritaria (68.4%). La población analfabeta entre los mayores de 15 años era del 8.8 por ciento en el momento del último censo, con una tendencia a reducirse (se calcula que en 1998 esa tasa es del 7.7%). Las principales ciudades, además de Moquegua son: Ilo, puerto marino, industrial y comercial, con fábricas de harina y conservas de pescado y una refinería de cobre, cuyos humos según los agricultores del área, resultan nocivos para sus cultivos, afectando sobre todo las plantaciones de olivos; y Omate, ciudad andina que sufrió en el pasado los efectos de la erupción del volcán del mismo nombre.

Actividades económicas

La escacez de agua impide un mayor desarrollo agrícola. Los cultivos de secano predominan en la zona andina, donde se cosecha papa, maíz, cebada, habas, quinua, etcétera. En la costa, olivo,

Los grupos de aves marítimas, sobre todo pelicanos y cormoranes, que habitan a lo largo de todo el litoral sur, forman parte del paisaje que se puede apreciar en las costas de Moquegua.

vid y frutales. Son famosas las aceitunas del valle de Ilo. El pisco de Moquegua, igual que sus vinos, fue producto de exportación en el siglo XIX. La filoxera que atacó los viñedos hizo disminuir considerablemente este cultivo.

En cuanto a la ganadería, se trata de una actividad que se practica en forma extensiva en las punas, donde abundan las gramíneas, e intensiva de ganado lechero en la costa. Según el censo agropecuario de 1995, la población de ovinos fue de 4,000; 36,000 vacunos; 4,8500 alpacas; 33,400 llamas; 10,700 caprinos y 51,000 porcinos.

Por lo que respecta a la pesca marítima industrial, está orientada a la elaboración de harina y aceite de pescado, y a la elaboración de conservas. Sólo un pequeño porcentaje se comercializa fresco para el consumo de la población.

Evolución de la población

Población: 20,000 40,000 60,000 80,000 100,000 120,000 140,000 160,000

Año	Población
1940	35,709
1961	53,260
1972	78,012
1981	103,283
1993	130,192
2000 (p)	147,377

La actividad de mayor relevancia económica es la minería, siendo la mina de cobre de Cuajone, a tajo abierto, la de mayor producción. Existen además pequeños centros mineros que explotan plata, plomo, bórax, sílice, ónix y yeso. En el puerto de Ilo se ha instalado una refinería que funciona desde hace varios años.

Además de esta refinería, la actividad industrial está centrada en la harina, aceite y conservas de pescado. Se elaboran pisco y dulces.

Vías de comunicación, turismo y medio ambiente

Existe un aeropuerto en la capital del departamento. La Carretera Panamericana pasa por la ciudad de Moquegua, que a su vez está comunicada con el puerto de Ilo. Existe además una carretera hacia la zona andina que conecta con el departamento de Puno.

En lo que hace a la explotación turística de este departamento, la ciudad de Moquegua, que conserva todavía casonas coloniales con hermosos portones, posee además el atractivo de su clima templado y seco. Cerca de esta ciudad se halla el cerro Baúl, que guarda restos arqueológicos. El puerto de Ilo y los campos con olivos y vid son igualmente atractivos turísticos.

Entre los problemas medioambientales del territorio, el principal es la escasez de agua, tanto en los Andes como en la costa. Por otra parte la refinería de Ilo, cuyos vertidos carecen de los filtros necesarios para retener los gases tóxicos, origina una polución que se manifiesta en el área urbana y las zonas rurales.

Pasco

Variedad de orquídea de la ceja de selva, como los valles de Chanchamayo, Satipo y Oxapampa.

Al este de la cordillera Occidental, en la parte central del territorio, el departamento de Pasco abarca altas vertientes, mesetas o punas y cumbres nevadas, así como ceja de selva, selva alta y baja. Limita con los departamentos de Huánuco al norte; Ucayali al este; Junín al sur y Lima al oeste. Fue creado por Ley nº 10,030 del 27 de noviembre de 1944. Su capital es la ciudad de Cerro de Pasco, a 4,338 m sobre el nivel del mar; tiene una población de 62,000 habitantes, según últimos datos.

La superficie departamental es de 25,319.59 km^2 y la cantidad de habitantes del departamento es de 247,872 habitantes, estimada al 2000, con una densidad de 9.79 hab./km^2. En cuanto a la división político-administrativa, posee tres provincias con 28 distritos en total. Pasco, capital Cerro de Pasco; Daniel Alcides Carrión, capital Yanahuanca; y Oxapampa, capital Oxapampa.

Al oeste, en el límite con el departamento de Lima, hay vertientes abruptas que corresponden al flanco oriental de la cordillera Occidental. Al este hay altas punas o mesetas, con relieve poco accidentado, ligeras ondulaciones por la existencia de antiguas morrenas y valles de origen glaciar. Al concluir las mesetas andinas en su borde oriental, surge la ceja de selva con relieve muy accidentado por la existencia de profundos y estrechos cañones fluviales, con vertientes abruptas.

Emergiendo de la selva alta existen los relieves de Yanachaga al norte y noreste de la ciudad de Oxapampa, al este del río Palcazu, los relieves de San Matías y San Carlos. El Gran Pajonal se encuentra en la parte sudoriental del departamento. Valles con mayor amplitud en la selva alta y llanuras onduladas con relieves aislados de poca altura en forma de cúpulas o «medias naranjas» en la selva baja.

El clima es frío y seco en las altas cumbres y punas, a más de 4,000 m sobre el nivel del mar, con temperaturas negativas durante las noches y todo el año, que alternan con días soleados que pueden sobrepasar los 15 °C.

Se producen precipitaciones sólidas en forma de nieve, que a veces coinciden con lluvias frías. El clima es templado cálido en la ceja de selva, con temperaturas superiores a 20 °C durante el día y menores a 15 °C durante las noches; las nubosidad es constante, con lluvias meteóricas y ocultas, que dan como resultado una alta humedad atmosférica. En la selva alta y baja, el clima es tropical, con temperaturas superiores a 30 °C durante el día, descendiendo sensiblemente en las noches en la selva alta, pero sin mayores variaciones en la selva baja. Las precipitaciones se concentran durante el verano austral en todo el territorio andino y forestas tropicales.

Flora y fauna

Hay gramíneas y pequeños rodales de quinuales en las punas, con bosques tropicales nubosos durante todo el año, donde crecen árboles con gran cantidad y variedad de plantas epífitas, con troncos y ramas cubiertas por musgo y líquenes en la ceja de selva. En la selva alta y baja hay vegetación tropical con variedad de árboles, arbustos, palmeras, lianas y criptógamas, que crecen en un ambiente sombrío. En cuanto a la fauna, hay vicuñas, venados, cuyes y gran variedad de aves en la región andina. En los bosques tropicales hay mamíferos y reptiles en abundancia.

Pasco

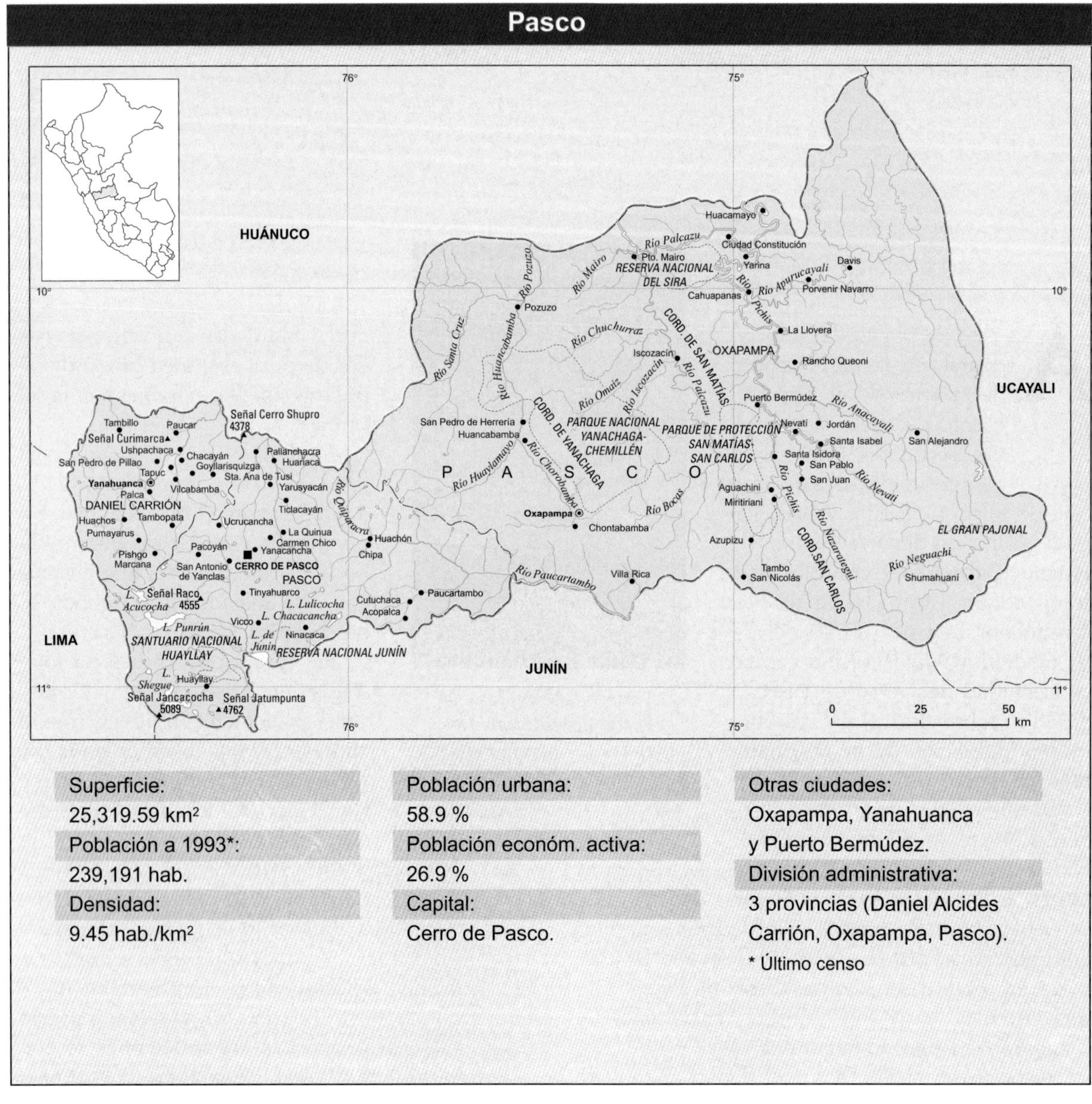

Superficie:	Población urbana:	Otras ciudades:
25,319.59 km²	58.9 %	Oxapampa, Yanahuanca
Población a 1993*:	Población económ. activa:	y Puerto Bermúdez.
239,191 hab.	26.9 %	División administrativa:
Densidad:	Capital:	3 provincias (Daniel Alcides
9.45 hab./km²	Cerro de Pasco.	Carrión, Oxapampa, Pasco).
		* Último censo

Hidrografía y recursos naturales

Los ríos que drenan el territorio de Pasco forman parte del sistema hidrográfico del Amazonas y pertenecen a las cuencas del Huallaga y Ucayali. El Huallaga está al oeste del territorio, en tanto que hacia el este está el Paucartambo, que hace de límite con Junín en un sector de su recorrido. El Huancabamba-Pozuzo es un afluente del Palcazu por la margen izquierda. El Palcazu y el Pichis forman al confluir el Pachitea, que a su vez es afluente del Ucayali.

Todos los ríos de la cuenca del Ucayali son navegables en pequeñas embarcaciones y en los sectores de selva alta y baja, exceptuando el Pachitea, que lo es en pequeñas embarcaciones a vapor. En la zona andina se halla el lago Junín o Bombón, una parte del cual se halla en el departamento de Junín; también hay que mencionar las lagunas de Acococha y Huarancocha.

En la zona andina hay minerales y pastos naturales. En la ceja de selva hay árboles maderables y variedad de orquídeas. En cuanto a la selva alta y baja, hay abundancia de árboles de madera fina, tales como caoba, cedro, ishpingo, etcétera, y también abundantes especies animales. La ceja de selva ofrece potencial de energía hidroeléctrica. Los suelos son aptos para la agricultura en Amazonia, sobre todo en selva alta y baja.

Además de los valles de la costa, los contingentes de inmigrantes llegados al país prefirieron las zonas de selva y ceja de selva. En la foto, descendientes de tiroleses en la ciudad de Oxapampa.

Durante la primera mitad del siglo XX, la ciudad de Cerro de Pasco se vio impulsada por el desarrollo de la minería, con importantes inversiones en infraestructura de servicios.

Población

Los primitivos pobladores del espacio andino de este departamento, hace miles de años, fueron cazadores, que más tarde se convirtieron en agricultores y ganaderos. Vestigios de este poblamiento remoto son las ruinas de Punta Marca, cerca de Cerro de Pasco, con imponentes edificaciones de piedra y canales de regadío. También se mantienen las ruinas de Yarus, Huancho y Bambamarca. A la llegada de los españoles el territorio formaba parte del Imperio Inca.

Las principales ciudades de Pasco, además de Cerro de Pasco, son Oxapampa, en la selva, y Yanahuanca en los Andes. La población es mayoritariamente urbana (56.4%). El índice de analfabetismo entre los mayores de 15 años es del 15 por ciento, por encima del promedio nacional.

Actividades económicas

La principal actividad es la minería, que se localiza en el área de Cerro de Pasco, donde se explotan minas desde la época colonial. Junto a la gran mineria (Centromin Perú), existe la mediana (Atacocha, Milpo, El Brocal Huarón, etc.) y la pequeña minería (Vinchos, Huampar, San Gregorio, etc.). Se explota cobre, plomo, zinc, plata, oro, tungsteno, etcétera.

La agricultura a nivel departamental es también actividad importante. Se cultiva papa, maíz, cebada, habas, maca, etcétera, en la zona andina; en la selva se cultiva arroz, maíz, café, cacao, plátano, yuca, frejol, soya y frutales. En los últimos años el cultivo ilegal de coca ha originado no sólo deforestación de colinas, sino también graves problemas ecológicos.

La ganadería es del tipo extensivo en las punas, aprovechando los pastos naturales, con predominio del ganado ovino (70,3000 cabezas, según los últimos datos registrados); alpacas (19,000 cabezas); llamas (32,200 cabezas) y vacunos (92,500 cabezas), incluyendo los que se crían con pastos cultivados en la selva. También se crían porcinos (42,000 cabezas).

La actividad forestal es importante en los bosques tropicales, existiendo áreas que han sido deforestadas para la agricultura y los pastos. Las forestas también han sido explotadas selectivamente para extraer maderas finas, que en muchas zonas han sido casi extinguidas. La pesca se practica en lagos, lagunas y ríos interandinos; se pescan truchas y, en la selva, variedad de peces, zúngaro, doncella, bocachico, sábalo, etcétera.

En lo que hace a la actividad manufacturera, predomina la artesanía en base a lana de alpaca, ovinos y llama. También se elaboran productos lácteos; en la selva, en fin, hay algunos aserraderos.

Unidad minera en Cerro de Pasco. Debido a la composición del terreno, el tajo abierto es el principal sistema de explotación utilizado en la extracción de mineral del departamento.

Vías de comunicación

La carretera central atraviesa el territorio de Pasco; pasa por Cerro de Pasco y continúa a Huánuco-Tingo María, donde se divide para continuar hacia Pucallpa, al este, y a Tarapoto-Yurimaguas, por el norte. Esta última se denomina carretera Marginal; en conexión con un sector de la carretera Federico Basadre, que va a Pucallpa, llega hasta San Alejandro, de donde, a su vez, parte un ramal hacia el sur. Ésta atraviesa por el oeste el territorio de Pasco, y después de cruzar el río Palcazu llega a Puerto Bermúdez y continúa hasta La Merced y San Ramón. También hay una carretera que parte de Lima y pasa por Canta y el paso de La Viuda, llegando a Cerro de Pasco.

En la selva se halla la cuenca del río Pichis, con un gran número de campos de aterrizaje, siendo el más importante y de mayor antigüedad el de Puerto Bermúdez. En el valle del río Palcazu también se han construido pequeños campos de aterrizaje. La navegación fluvial en pequeñas embarcaciones con motores fuera de borda es un medio de transporte muy utilizado en los ríos Palcazu y Pichis, y en algunos de sus afluentes. En el Pachitea hay embarcaciones mayores, inclusive pequeños vapores.

Turismo y medio ambiente

En la zona andina, es interesante visitar las ruinas prehispánicas de Punta Marca, Yarus Huancho, Bambamarca, Tagma, Huarantambo, el Cerro de la Bruja Machay y el Bosque de Piedras de Huayllay. Se practica la pesca deportiva en lagunas donde abunda la trucha. Además hay baños termales en Villo, Chinche y Rabi, en el distrito de Yanahuanca, donde también pueden observarse restos del Camino del Inca.

Cerca de Pallanchacra están las caleras de Huayllay y Conoc. En la selva, se practica la navegación por los ríos que cruzan hermosos paisajes de bosque tropical. La cueva de Tunqui está ubicada en el distrito de Chontabamba. Otros centros de atracción son el Parque Nacional Yanachaga-Chemillén, la Reserva Nacional del Sira y el Bosque de Protección San Matías-San Carlos.

En lo que hace al medio ambiente, debe señalarse que el sector del lago Junín, en territorio de Pasco, está contaminado con relaves. Igual sucede con una pequeña laguna en la ciudad de Cerro de Pasco y con los ríos Huallaga y sus afluentes, que son contaminados con relaves de las minas. En la selva, la deforestación para extraer madera ha modificado los ecosistemas de bosques tropicales. La agricultura en vertientes acelera fenómenos de erosión; últimamente el cultivo de coca y los químicos que se usan para elaborar pasta básica de cocaína contaminan aguas fluviales y suelos.

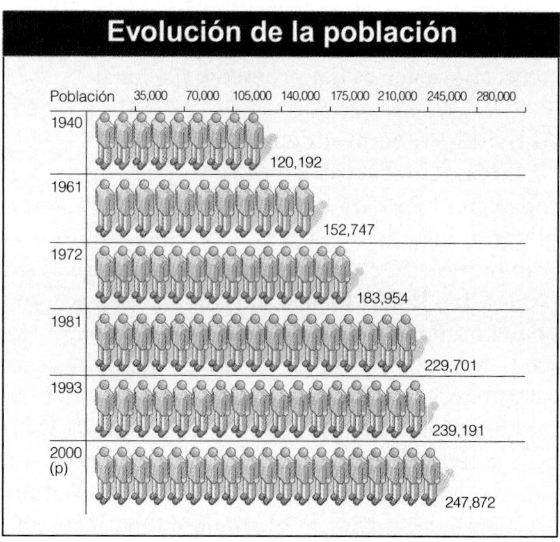

Piura

Este departamento se ubica al noroeste del territorio nacional. Limita al norte con el departamento de Tumbes y la República del Ecuador; al este con Ecuador y el departamento de Cajamarca; al sur con Lambayeque y al oeste con el Mar de Grau. Fue creado por Ley del 30 de marzo de 1861, y su capital, la ciudad de Piura, fue fundada el 29 setiembre de 1532, siendo trasladada a su ubicación actual el 20 de septiembre de 1538.

Estatua ubicada en la Plaza de Armas de Piura, reconstruida tras El Niño extraordinario de 1983.

La extensión superficial es de 35,892.49 km y su población, estimada al 2000, es de 1'545,761 habitantes, con una densidad de 43.07 hab./km^2. La población capitalina, que en el último censo era de 277,964, según últimos datos es de 306,058 habitantes. A la vez que departamento, Piura es actualmente una región.

El territorio de este departamento abarca el Mar de Grau, la costa y los Andes. El clima es subtropical en la costa, con medias anuales de 20 °C y superiores a veces. En los Andes, el clima es templado-cálido, templado y templado frío, según la altitud. Las precipitaciones se concentran en el verano y sufren grandes variaciones en la costa; mientras en Talara las precipitaciones son prácticamente nulas, pueden recogerse hasta 4,000 mm durante el fenómeno El Niño extraordinario, como sucedió en los años 1983 y 1998. En los Andes hay lluvias en verano, existiendo años de sequías con precipitaciones escasas, insuficientes para la agricultura. También se producen heladas nocturnas en los Andes, en altitudes superiores a 3,000 m sobre el nivel del mar.

Lor ríos que cruzan el territorio pertenecen a las cuencas del Pacífico y a la del Atlántico. Entre los primeros, el Chira es el más importante y aprovechando su caudal se ha construido la represa de Poechos, con una capacidad de mil millones de metros cúbicos, que sirven para irrigar tierras en los valles de Chira y bajo Piura. De su afluente, el río Quiroz, se desvían aguas para la represa de San Lorenzo, con capacidad de 258'000,000 de m^3 para irrigar el valle de Piura.

El río Piura, que pasa por la ciudad del mismo nombre, sólo lleva agua hasta el mar durante el verano, cuando caen abundantes lluvias en su cuenca. Existen numerosas quebradas secas, que durante Niños extraordinarios funcionan con grandes volúmenes de agua, que inundan el desierto costanero, los campos agrícolas, y los centros urbanos y rurales, causando grandes pérdidas materiales. El río Huancabamba es el más importante del Sistema Hidrográfico del Amazonas, en la cuenca del Atlántico.

En la costa, al norte del desierto de Sechura, está la laguna Ramón, y en la vertiente oriental de los Andes se halla el lago de Shimbe y el conjunto de lagunas denominadas Las Huaringas, en la cuenca del río Quiroz.

Morfología

En el litoral, Punta Balcones marca el punto más occidental del Perú. En dirección al sur se encuentra la bahía de Paita, donde está el puerto del mismo nombre, y la de Sechura, que es la más amplia del litoral peruano.

La costa del departamento de Piura es poco accidentada, con predominio de llanuras desérticas como la de Sechura, la más extensa de la costa, y los «tablazos» o pampas como las de Brea y Pariñas. Al norte del Chira se encuentra el relieve

Barcas de pesca en Paita. Además del importante tráfico derivado de la actividad pesquera, Paita es uno de los principales puertos ubicados en el norte del litoral peruano.

denominado Cerros de Amotape. En la vertiente andina del Pacífico hay profundos cañones fluviales formados por los ríos Piura y Quiroz. También el río Huancabamba ha formado un relieve semejante. En la vertiente oriental hay jalcas poco accidentadas y, al noreste, en el límite con Cajamarca, está la alta montaña, con cumbres de 4,000 m sobre el nivel del mar.

Suelos, flora y fauna

En los desiertos predominan los ardisoles desérticos, con bajo contenido de humus. En cambio, los suelos de origen aluvional son fértiles y aptos para la agricultura en los valles de la costa. En las vertientes andinas, los suelos, afectados por la erosión, son poco profundos. A mayor altitud los suelos son volcánicos y morrénicos. Hay 186,500 hectáreas de suelos agrícolas, de las cuales 148,307 (o sea, el 79.5%) son irrigadas.

La vegetación es variada. En la desembocadura del río Piura existe un pequeño bosque de manglares. La flora es lógicamente escasa en los desiertos, con plantas aisladas de algarrobo y zapotes. También hay presencia de bosque seco, con predominio de algarrobo, guayacán y hualtaco. En las cuencas y vertientes del Piura y Quiroz, hay bosques nubosos con árboles de «quinuales». Existen gramíneas en las jalcas, y en la cuenca alta del Huancabamba y nacientes del Quiroz, al sudeste de Ayabaca, hay bosques nubosos con abundancia de epífitas.

En cuanto a la fauna, el Mar de Grau, con especies variadas y abundantes, favorece la pesca para consumo humano e industrial, además de la deportiva. Los bosques secos están habitados por venados, reptiles y aves. En el coto de Angolo se han registrado 17 especies de mamíferos, 150 aves, trece especies de reptiles y diez de peces. En las jalcas y bosques nubosos hay venados, osos y aves, éstas en las zonas pantanosas y lagunas.

Minería

Las investigaciones que se han llevado a cabo en la zona del complejo de Bayóvar revelan unas reservas de fosfatos estimadas en 549'970,100 toneladas; los depósitos de salmueras alcanzan a 1'143'000,000 toneladas, y los de azufre llegan al millón de toneladas, con un 32.6 por ciento de ley de azufre.

Tambo Grande es un centro minero polimetálico, con unas reservas estimadas en unos siete millones de toneladas de pirita y metales básicos, con predominio de cobre y, en menor porcentaje, de plomo y zinc. En la carretera a Huancabamba se encuentra la mina Turmalina, de cobre y zinc, inexplotada en la actualidad.

Existen además yacimientos de bentonita, baritina, uranio y sal. Hay guano en la isla Foca y Punta Bayóvar. Yacimientos aún no evaluados son los de La Huaca (cobre), Tambo Grande (hierro) y Sondor (arcillas). El petróleo, explotado desde 1863, tiene reservas probadas de 15'188,100 barriles en Pariñas y de 61'619,000 barriles en el zócalo continental. Las reservas de gas, que también se encuentran en Pariñas, son del orden de los 549'400,000 pies cúbicos.

En cuanto a los recursos potenciales, los hidroeléctricos se estiman en unos 45,005 kilovatios (entre los ríos Culqui, Curumuy, Poechos, Yuscay, Sicate, Huancabamba y Frías). Se estima además que las reservas de gas podrían generar más de 200,000 megavatios.

Población

Se sucedieron en este marco geográfico diversas culturas, como la Vicus, que elaboraba cerámica de gran plasticidad; la cultura Piura y luego los Tallanes, hasta que fueron conquistados por los Incas.

En la actualidad, es el departamento con mayor población después de Lima. Sus principales ciudades son Sullana (con 161,000 habitantes), Chulucanas, Paita, Sechura, Huancabamba y Aya-

Piura

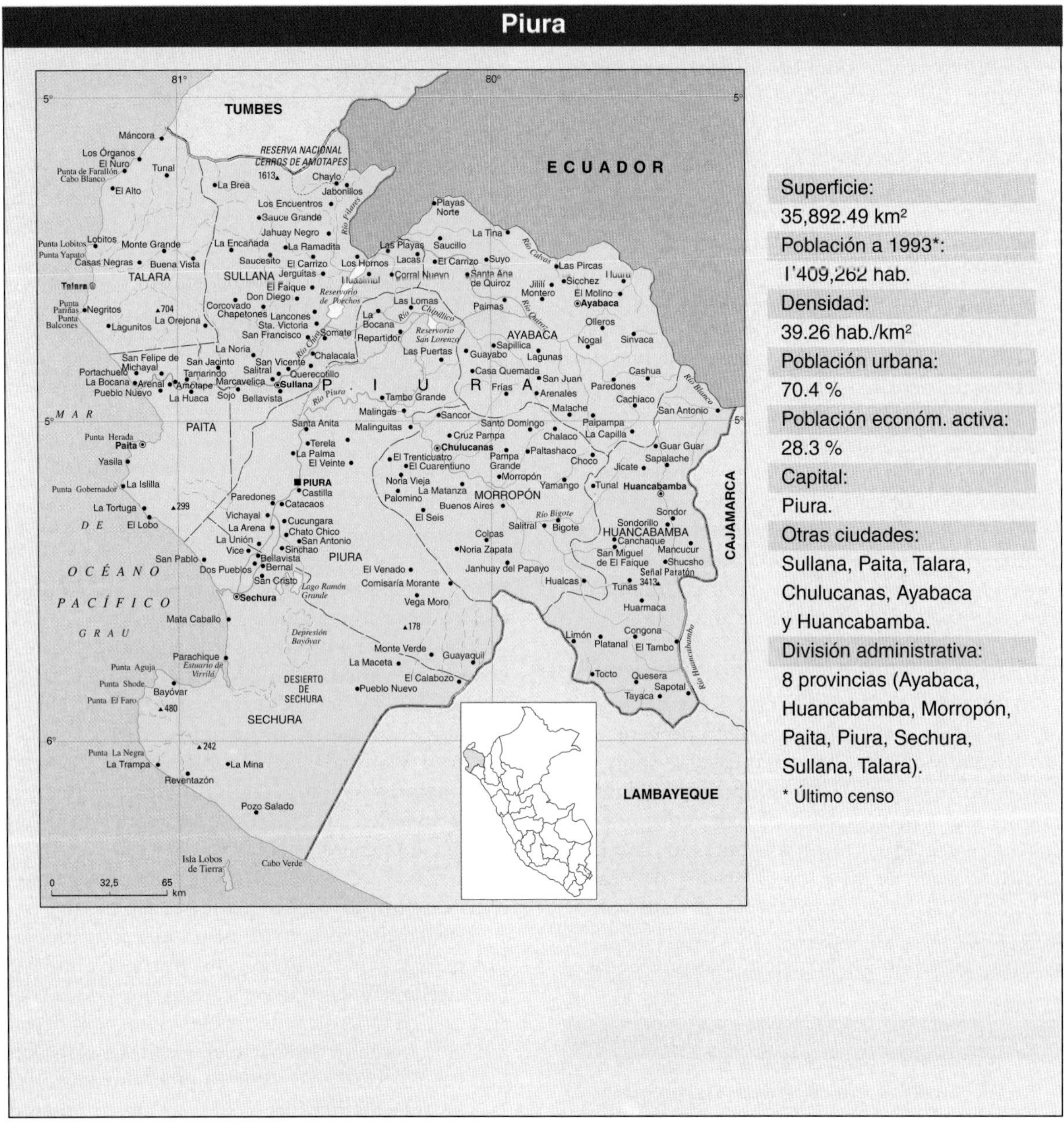

Superficie:
35,892.49 km²

Población a 1993*:
1'409,262 hab.

Densidad:
39.26 hab./km²

Población urbana:
70.4 %

Población económ. activa:
28.3 %

Capital:
Piura.

Otras ciudades:
Sullana, Paita, Talara, Chulucanas, Ayabaca y Huancabamba.

División administrativa:
8 provincias (Ayabaca, Huancabamba, Morropón, Paita, Piura, Sechura, Sullana, Talara).

* Último censo

baca. La población urbana representa el 70.4 por ciento y la rural el 29.6 por ciento. La población analfabeta mayor de 15 años de edad era del 16.3 por ciento según el último censo y del 14.3 por ciento en recientes estimaciones.

La superficie departamental está dividida en ocho provincias y 64 distritos. Las provincias son Piura, capital Piura; Ayabaca, capital Ayabaca; Huancabamba, capital Huancabamba; Morropón, capital Chulucanas; Paita, capital Paita; Sechura, capital Sechura; Sullana, capital Sullana; y Talara, capital Talara.

Actividades económicas

La agricultura se practica en la costa, donde se cultiva arroz, algodón, marigol, espárrago, maíz y frutales (limón, mango y plátano). En la región andina se produce sobre todo papa, maíz, cebada y frutales (chirimoya y granadilla) en los valles templados.

En cuanto a la ganadería, Piura es el mayor productor de ganado caprino, con 385,000 cabezas concentradas en la costa (lo que representa el 19% del total nacional). En la zona andina hay ganado vacuno y ovino en las jalcas.

Piura produce, además, el 28 por ciento del pescado consumido en el mercado nacional, tanto en producto fresco como en salado y seco salado. Los principales puertos de desembarque son Paita, Parachique, Talara, Cabo Blanco y Máncora. La pesca para harina, aceite de pescado y conservas enlatadas se desembarca por Paita, Parachique y Bayóvar, donde están emplazadas las fábricas. Las principales especies son anchoveta, sardina, jurel, caballa y merluza.

Estas actividades derivadas de la pesca representan la producción industrial más importante del departamento. En Talara existe además una refinería de petróleo. En cuanto a las artesanías, hay filigrana de plata y oro en Catacaos, y cerámica muy fina en Chulucanas.

Debe mencionarse además la elaboración de «algarrobina», extraída del fruto del algarrobo y que es materia prima para el cóctel peruano así denominado. Por último, hay fábricas de aceite de limón; en los últimos tiempos, la apicultura ha ido tomando auge en los bosques de algarrobo.

La calidad de los materiales naturales, el cuidado de los acabados y la originalidad en los estilos de sus productos han hecho de Catacaos la capital artesanal del norte peruano.

Turismo

La explotación turística está poco desarrollada, a pesar de que el departamento no carece de atractivos, como las hermosas playas sobre un mar subtropical, con altas temperaturas durante todo el año. Los manglares de San Pedro pueden contemplarse en la desembocadura del Piura. Es asimismo digno de mención el estuario de Virilá y la laguna Ramón, en Sechura, con abundancia de aves. En el coto El Angolo se practica la caza deportiva, así como en las jalcas, bosques secos y bosques nubosos andinos. La represa de Poechos es otro lugar frecuentado por los turistas.

Las sabanas y bosques secos, y los bosques nubosos con variedad de orquídeas, forman parte importante de las bellezas naturales de Piura. Además, hay ruinas arqueológicas en Huancabamba y Ayabaca, y las «Huaringas», con sus «médicos naturistas» y sus lagunas andinas. Se pueden visitar también los talleres de artesanía en Catacaos y Chulucanas, entre otros.

Vías de comunicación y medio ambiente

Existen dos aeropuertos: en Piura, con itinerarios diarios, y el de Talara, con frecuencia menor. La carretera Panamericana sigue la línea de la costa. Las carreteras de penetración a los Andes llegan a Huancabamba y Ayabaca. Hay carreteras locales que van a Sechura, Bayóvar, Paita y Morropón.

Los puertos marítimos de este departamento se ubican en Bayóvar, para la exportación de petróleo; Paita centraliza el tráfico comercial y pesquero; en fin, Talara se dedica al embarque y desembarque de petróleo y gas.

En cuanto al medio ambiente, el principal problema es cierta escasez de agua potable en Piura y ciudades litorales y andinas. Por otra parte, las fábricas de harina, aceite y conservas de pescado causan polución marítima y atmosférica. También es problemática la acumulación de basuras urbanas a la vera de carreteras y caminos, o arrojadas a los ríos. Cuando se producen Niños extraordinarios, las inundaciones suelen ser severas.

Evolución de la población

Población: 200,000 400,000 600,000 800,000 1'000,000 1'200,000 1'400,000 1'600,000

Año	Población
1940	431,487
1961	692,414
1972	888,006
1981	1'155,682
1993	1'409,262
2000 (p)	1'545,761

Puno

Este departamento se encuentra ubicado en la parte sudoriental del territorio nacional. Limita al este y sudeste con la República de Bolivia; al norte con el departamento de Madre de Dios; al sur con Tacna; al sudoeste con Moquegua; y al oeste con Arequipa y Cusco.

Fue creado por el Reglamento de Elecciones del 26 de abril de 1822. La capital departamental es la ciudad de Puno, fundada por los españoles el 4 de noviembre de 1668, bajo el nombre de San Carlos de Puno, en honor a Carlos II, por entonces rey de España. Su población estimada es de 102,000 habitantes. Es también la capital de la región de Puno.

Vista de la ciudad de Puno, con las majestuosas aguas del lago Titicaca en primer plano.

Abarca una superficie de 71,999.00 km^2 y su población, estimada al 2000, es de 1'199,400 habitantes, con una densidad de 16.66 hab./km^2. Política y administrativamente está dividido en 13 provincias y 108 distritos. Las provincias son: Puno, capital Puno; Azángaro, capital Azángaro; Carabaya, capital Macusani; Chucuito, capital Juli; El Collao, capital Ilave; Huancané, capital Huancané; Lampa, capital Lampa; Melgar, capital Ayaviri; Moho, capital Moho; San Antonio de Putina, capital Putina; San Román, capital Juliaca; Sandia, capital Sandia, y Yunguyo, capital Yunguyo.

Territorio e hidrografía

La alta meseta del Collao o Titicaca posee un relieve poco accidentado. Al oeste y sudoeste se encuentra la cordillera Occidental-volcánica, y al este el relieve de Carabaya. El lago Titicaca, una parte de cuya superficie abarca territorio boliviano, ocupa la parte más baja de la meseta. Al norte, destacan las cuencas de los ríos Inambari y Tambopata. Hay cumbres nevadas al norte del Titicaca y al oeste del departamento.

El lago Titicaca

El Titicaca colecta las aguas de su cuenca endorreica, y resulta navegable en embarcaciones a vapor. El nivel medio de sus aguas es de 3,808 m sobre el nivel del mar. Su espejo de agua tiene una superficie de 8,300 km^2. Es de origen tectónico, ligado con la orogenia andina, y su formación se remonta al miocénico. Formaba parte de un antiguo gran lago miocénico al que I. Bowman denominó «lago Ballivian», que abarca territorios actuales de Perú y Bolivia. Su mayor profundidad es de 284 m, al sudeste de la isla Soto. Es de agua dulce y su temperatura promedio anual en superficie es de 10 °C.

Los principales afluentes del Titicaca son de poca longitud y en su recorrido atraviesan la alta meseta andina. Sus lechos tienen riberas bajas, por lo que en época de precipitaciones intensas las aguas inundan extensas áreas. Los principales ríos que afluyen al Titicaca son Huancané, Azángaro, Ayaviri, Coata, Cabanillas, Ilave, Huenque, Ramis y Suches; este último, en un segmento de su recorrido, sirve de límite entre Perú y Bolivia. En grandes áreas, al norte y noroeste, hay abundancia de totora, planta acuática que los pobladores utilizan como alimento y para fabricar sus «islas flotantes» y embarcaciones «caballitos de totora».

Existen en Puno, además, otras lagunas de menor importancia, como Arapa, Lagunillas, Orurillo, Umayo, Lovoscota y Parinacota. Por otra parte, el norte del territorio departamental es drenado por los ríos amazónicos que desembocan en el Madre de Dios: Inambari, con sus afluentes San

Gabán, Ayapata, Coasa y Uscayo; el Tambopata, con su afluente Candamo, y el Heath, que limita Perú con Bolivia. En la meseta existen aguas subterráneas a poca profundidad.

Clima

En la región andina el clima es templado frío en la meseta y frío-glaciar en las cumbres nevadas. Las precipitaciones estacionales presentan años de sequía o escasez de lluvias, como ocurrió en 1982-83. Pero en otros años, las lluvias son tan abundantes que las crecientes inundan extensos campos agrícolas y de pastoreo, como ocurrió por ejemplo en 1984 y 1986. Las heladas, debidas al descenso brusco de temperatura durante las noches, después de días casi siempre soleados, también afectan a los cultivos. Sólo se salvan de esta situación los campos agrícolas que se hallan ubicados a orillas del lago Titicaca, gracias a que reciben la beneficiosa influencia térmica de ese gran espejo de agua.

Al norte, el clima varía de acuerdo con la altitud desde el templado y templado cálido, hasta el tropical. Las precipitaciones, influidas por la circulación amazónica, son estacionales, abundantes y más regulares que en el sur.

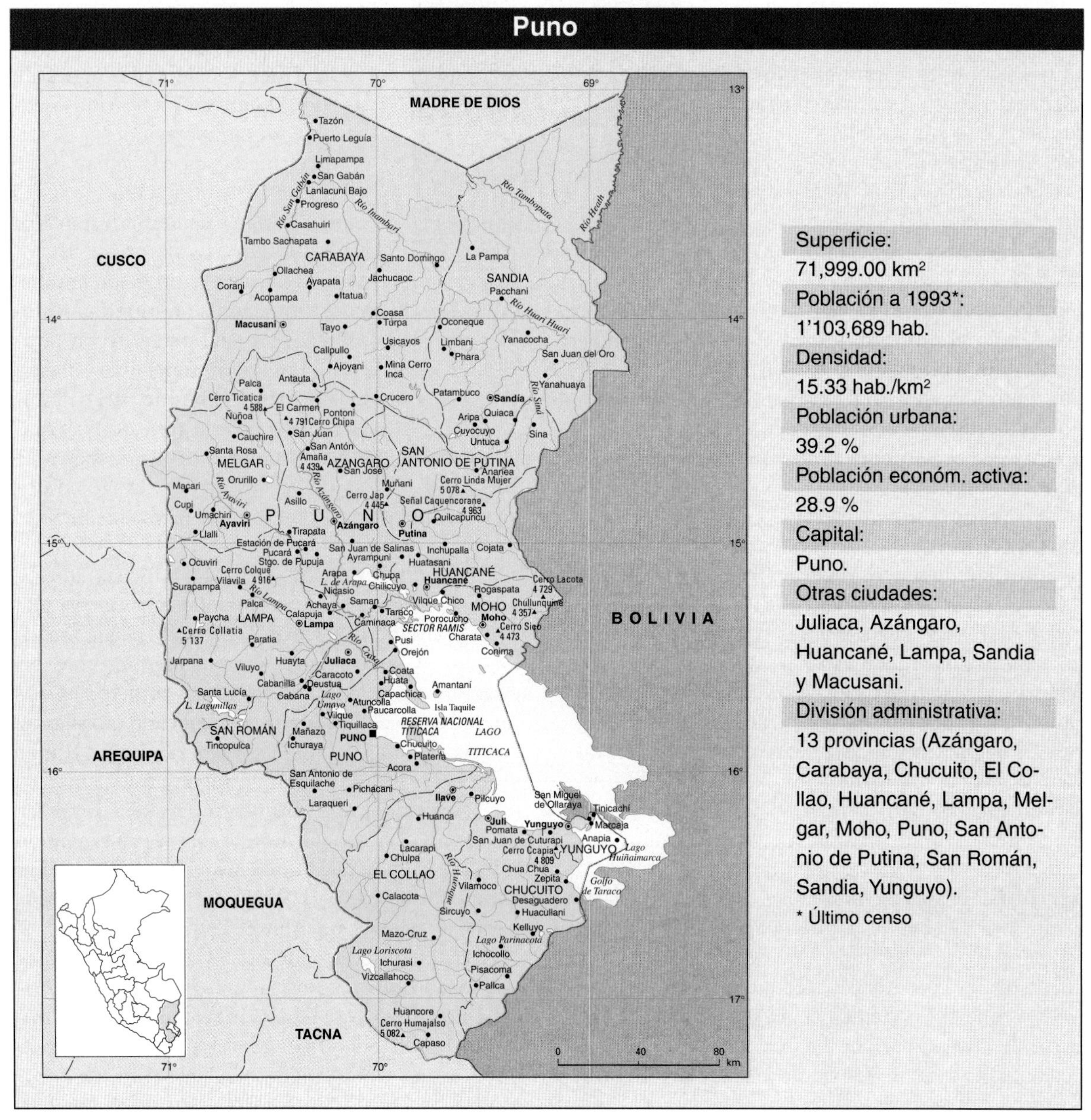

Superficie:
71,999.00 km²

Población a 1993*:
1'103,689 hab.

Densidad:
15.33 hab./km²

Población urbana:
39.2 %

Población económ. activa:
28.9 %

Capital:
Puno.

Otras ciudades:
Juliaca, Azángaro, Huancané, Lampa, Sandia y Macusani.

División administrativa:
13 provincias (Azángaro, Carabaya, Chucuito, El Collao, Huancané, Lampa, Melgar, Moho, Puno, San Antonio de Putina, San Román, Sandia, Yunguyo).

* Último censo

Los indígenas de origen aymara del lago Titicaca siguen haciendo de la totora el principal material para la construcción de islas, casas y embarcaciones, como las que se ven en la foto.

Recursos naturales

La actividad minera se basa en la extracción de plata, plomo, cobre, zinc, oro y estaño, explotados por pequeñas y medianas empresas. También existe uranio en Huaquisa, provincia de Carabaya. Los pastos naturales en las punas o mesetas han favorecido la ganadería extensiva desde épocas pre-hispánicas.

Los ríos amazónicos tienen un importante potencial de energía hidroeléctrica. Actualmente se construye una central de tales características para aprovechar el caudal del río San Gabán, afluente del Inambari. La energía solar es otro recurso de gran importancia, debido a la intensidad sostenida de la luz solar a lo largo de todo el año. Existen ya instalaciones de paneles solares para generar energía en la isla Taquile, así como «islas flotantes» en Uros, Mazo Cruz, Desaguadero y pequeños poblados a orillas del Titicaca. La energía eólica es asimismo otro recurso con posibilidades en este departamento.

Población

La presencia humana es muy antigua en este territorio. Se sucedieron las culturas Pucará, Qalayu y, hacia los siglos III y IV d.C., la cultura Tiahuanaco, que finaliza cuando surgen reinos independientes como los Collas, Lupacas, Pacajes y Omasuya. Todos ellos son aymaras, menos los Collas. Finalmente los Incas incorporaron a su imperio a los pobladores de Puno.

Las principales ciudades, además de Puno, son Juliaca, la mayor del departamento, con 175,000 habitantes, según estimaciones recientes. Las principales ciudades, además de Puno, son Azángaro, Huancané, Ayaviri, Macusani, Yunguyo. En la frontera con Bolivia se halla Desaguadero, importante por sus transacciones comerciales.

Actividades económicas

La minería es explotada por empresas medianas y pequeñas; Minsur, S. A., y Beregulla son las más importantes, aunque existen más de 200 firmas en total. Hay en todo el departamento 19 plantas concentradoras, y existen lavaderos de oro en los ríos Inambari, Tambopata y sus afluentes. Hay una fábrica de cemento, artesanía y bebidas gaseosas. La actividad industrial se concentra en Juliaca.

El sector agropecuario es el que mayor desarrollo tiene en el departamento de Puno. En la zona andina, se cultiva papa, cebada, quinua, olluco, oca, habas, etcétera. En la selva alta, café, frutales, plátano, yuca y, en los últimos años, cultivos ilegales de coca.

La conservación de tradiciones culturales nativas, muchas de las cuales se remontan a la época precolombina, han hecho que Puno se conozca como la capital nacional del folclore.

La ganadería es asimismo actividad importante. En los amplios campos cubiertos de gramíneas prospera, desde épocas prehispánicas, una ganadería extensiva, de camélidos sudamericanos. En la actualidad hay 1'608,000 alpacas y 323,000 llamas; también hay ovinos (3'469,060 cabezas); vacunos (545,500) y porcinos (84,000). Los tres últimos tuvieron que adaptarse a la altitud.

Pesca y producción artesanal

En el lago Titicaca, en las lagunas alto andinas y en los ríos que cruzan la meseta del Collao o Titicaca se pescan truchas y pejerreyes. Hace años se establecieron allí fábricas de conservas de truchas, pero su actividad cayó poco después en decadencia debido a la pronunciada disminución del producto. Actualmente existen «vedas» que permiten mantener una biomasa más o menos constante, y la pesca es sólo artesanal y deportiva.

La producción artesanal es la más preponderante en el sector de las manufacturas. Se confeccionan telas, ponchos, chompas, chullos, bufandas y toda clse de prendas, con lana de alpaca, ovinos y llamas. En cerámica, son famosos los «toritos de Pucará». Hay también platería y peletería.

Turismo

Puno es la «capital folclórica» de América. Se ejecutan allí numerosas danzas tradicionales, para las que se utiliza una no menos variada indumentaria, con vivos colores y bordados, y máscaras con representaciones varias. El lago Titicaca ofrece el atractivo de las «islas flotantes», donde habitan los descendientes de los uros; es un archipiélago de unas cuarenta islas. De la época colonial quedan hermosos templos en Puno, Ilave, Juli, Pomata, Huancané, etcétera. La Reserva Nacional, en el sector Puno y el sector Ramis, son dos áreas naturales protegidas. Los hermosos paisajes del Titicaca y las lagunas menores, así como los nevados, son recursos para el turismo. En Puno y Juliaca existe buena infraestructura hotelera.

Vías de comunicación y medio ambiente

Existe un aeropuerto en Juliaca. En cuanto al ferrocarril, une Puno y Juliaca con Arequipa y Cusco. La carretera longitudinal andina que ingresa al Perú desde Bolivia por Desaguadero, pasa por Puno y Juliaca, alcanza el Cusco y prosigue hacia el norte. Puno está unido también por carretera con Arequipa y Tacna. Existen carreteras afirmadas que llegan a todas las capitales provinciales, y numerosos distritos. Del puerto de Puno, en el Titicaca, parten barcos hacia el puerto boliviano de Huaqui.

En lo que hace al medio ambiente, el más serio problema es la contaminación del lago Titicaca en la bahía de Puno. Existe un proyecto para descontaminar las aguas de esta bahía, que contaría con el apoyo de instituciones extranjeras.

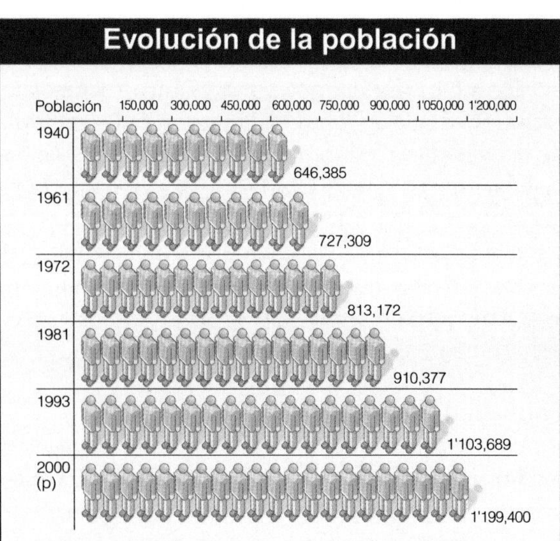

San Martín

Este departamento, que es a la vez Región, se ubica en la parte septentrional y central del espacio nacional. Limita con los siguientes departamentos: Loreto, al norte y este; Huánuco, al sur; La Libertad y Amazonas, al oeste. Fue creado por ley nº 201 del 4 de setiembre de 1906, y abarca una superficie de 51,253.31 km². La población departamental, estimada al 2000, es de 743,667 habitantes, con una densidad de 14.23 hab./km².

Vista de la Plaza de Armas de Moyobamba, capital del departamento de San Martín.

La capital del departamento es Moyobamba, la ciudad más antigua de la Amazonia, llamada «la metrópoli de Maynas» por Ricardo Cavero Egúsquiza. Se fundó en 1539 bajo el nombre de Santiago de los Valles de Moyobamba. En los archivos de la ciudad se encontró la Real Cédula del 15 de julio de 1802, expedida por Carlos IV, que establecía los derechos del Virreinato del Perú sobre los territorios de Maynas y Quijos. La población estimada de la ciudad es de 30,000 habitantes.

El departamento de San Martín, que lleva este nombre en homenaje al libertador de Argentina y Perú don José de San Martín, está dividido en diez provincias con 77 distritos: Moyobamba, capital Moyobamba; Bellavista, capital Bellavista; El Dorado, capital San José de Sisa; Huallaga, capital Saposoa; Lamas, capital Lamas; Mariscal Cáceres, capital Juanjui; Picota, capital Picota; Rioja, capital Rioja; San Martín, capital Tarapoto; y Tocache, capital Tocache.

El clima

El clima predominante es cálido y húmedo, con lluvias concentradas de diciembre a marzo. Es templado cálido en los bosques nubosos que cubren las altas vertientes de la cuenca occidental del río Huallaga, y en la cordillera Azul, divisoria de aguas del Huallaga con el Ucayali. Las condiciones más tropicales se dan en el sector noreste, con medias anuales de 26 °C y máximas de 38 °C en las ciudades de Tarapoto y Juanjui. En Moyobamba, la media anual es de 23 °C, con máximas de 34 °C y mínimas de hasta 10 °C. Una anomalía climática de este territorio son los denominados «fríos de San Juan», «friajes» o «surazos», originados por masas de aire frío provenientes del frente antártico. Las precipitaciones anuales superan los 2,000 mm, excepto en el área de Tarapoto y Juanjui, donde normalmente no sobrepasan los 1,500 mm al año.

Hidrografía y morfología

El río Huallaga es el eje hidrográfico del departamento. Forma un rico valle con suelos fértiles, que se bifurca a lo largo de sus afluentes, los ríos Aspusana, Uchiza, Biabo, Ponaza y Chipurana, por su margen derecha; y Chontayacu, Tocache, Mishollo, Huayabamba, Saposoa, Sisa y Mayo, por la margen izquierda. El Huallaga es navegable en embarcaciones con motores fuera de borda en todo su recorrido sanmartinense; aguas abajo del Pongo de Aguirre pueden navegar vapores de hasta cuatro pies de calado.

Las zonas morfológicas en las que se divide este territorio son: la occidental, con sus altas vertientes de ceja de selva, es muy accidentada, con profundos y estrechos cañones. Los fondos de valle, formados por el Huallaga y sus principales afluentes, con terrazas escalonadas y sistemas de colinas bajas; allí prospera la actividad agropecuaria y están instaladas las ciudades. Al sudeste y es-

El puente sobre el río Tocache pertenece al sistema vial que comunica la selva peruana, conocido también como Carretera Marginal. Fue construido durante el gobierno de Belaúnde Terry.

te existe la llamada «cordillera Azul», con altitudes que no superan los 3,000 m en el sudeste y son menores en el norte. Por allí cruza el río Huallaga, entre Tocache y Juanjui, en los pongos Cajón de Sión y Cayumba; más al norte, entre Shapaja y Chazuta, se halla el pongo Baquero; en fin, en el límite con Loreto está el denominado Pongo de Aguirre. Una bella laguna de origen tectónico es la de Sauce, en la margen derecha del Huallaga y cerca de Tarapoto.

Flora y fauna

La vegetación es de bosques nubosos en la ceja de selva, con árboles retorcidos y abundancia de epífitas. La zona de Moyobamba es renombrada por la variedad y belleza de sus orquídeas, en tanto que los fondos de valle y colinas de selva alta muestran variedad de árboles de maderas finas y medicinales. Sin embargo, los bosques sanmartinenses han sido deforestados en grandes áreas, ocasionando problemas hídricos de importancia. Una variedad de helecho, denominado shapumba, cubre suelos muy ácidos en parte de esas extensas zonas deforestadas.

La fauna terrestre, aunque no tan abundante como en el pasado, es importante proveedora de proteínas al poblador, sobre todo en las zonas rurales. La biomasa fluvial ha sido igualmente muy depredada. En el lago Sauce se ha introducido con éxito el paiche, de la selva baja, y la tilapia, pez africano. Los suelos de los fondos de valles de este departamento son los más fértiles de la Amazonia peruana.

Población

A orillas del Huallaga y de sus principales afluentes se asentaron tribus en épocas prehispánicas. El Inca Garcilaso, en sus *Comentarios Reales*, refiere que Túpac Yupanqui conquistó y sometió al dominio inca a los pobladores que habitaban en el área de Moyobamba, conocida entonces como Muyupampa.

San Martín

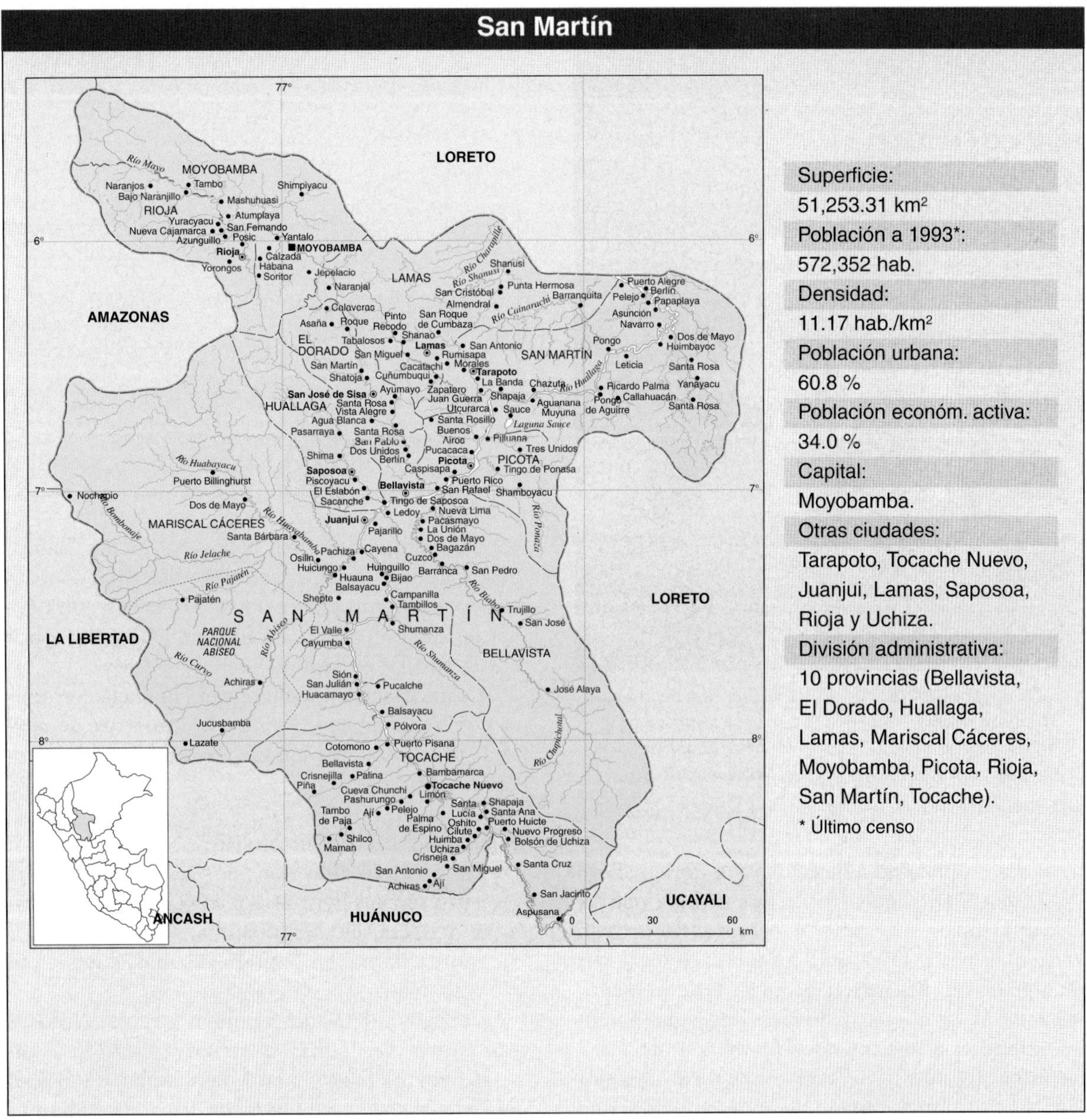

Superficie:
51,253.31 km²

Población a 1993*:
572,352 hab.

Densidad:
11.17 hab./km²

Población urbana:
60.8 %

Población económ. activa:
34.0 %

Capital:
Moyobamba.

Otras ciudades:
Tarapoto, Tocache Nuevo, Juanjui, Lamas, Saposoa, Rioja y Uchiza.

División administrativa:
10 provincias (Bellavista, El Dorado, Huallaga, Lamas, Mariscal Cáceres, Moyobamba, Picota, Rioja, San Martín, Tocache).

* Último censo

La población actual es el resultado de migraciones de todo el territorio peruano, predominando los procedentes de la región andina. En las últimas décadas, tras la construcción de la carretera Marginal, y sobre todo a partir de 1970, atraídas por el cultivo ilegal de coca, las migraciones se incrementaron. Tarapoto es la ciudad más grande y dinámica del departamento. Su población estimada es de 102,000 habitantes. Otras ciudades importantes son Tocache, Rioja, Lamas, Juanjui, Saposoa. En cuanto al índice de analfabetismo entre los mayores de quince años para este departamento, es del 12 por ciento.

Actividades económicas

Se explotan minas de sal gema, y también hay lavaderos de oro en el Huallaga. Es probable que también haya petróleo, aún inexplotado. La agricultura es la principal actividad económica. Se cultiva arroz, maíz, café, algodón, plátano, yuca, tabaco, caña de azúcar, palma aceitera, cítricos y pihuayo, del que se obtiene el palmito.

El cultivo de coca, tradicional en el área de Uchiza y Tocache, por las conexiones ancestrales con el área andina, fue legal hasta la década de 1960, y estaba controlado por el Estado. A partir de la década siguiente, los narcotraficantes ex-

La navegabilidad del río Huallaga permite canalizar por vía fluvial la intensa actividad forestal de San Martín, asentada en la cantidad y calidad de la madera del departamento.

tranjeros empezaron a llegar al valle del Huallaga y a incentivar los cultivos ilícitos de esta planta, de cuyas hojas se extrae la cocaína. Se ocupan vertientes hasta los 1,800 m sobre el nivel del mar, gracias a una migración masiva de pobladores andinos. La coca se cultiva en pequeñas parcelas, inferiores a una hectárea (el 52%) y de 1 a 2 hectáreas (el 42%), según estudios realizados por CEDRO, una organización no gubernamental que promueve la sustitución de la coca por cultivos alternativos.

La ganadería prácticamente se limita a la cría de vacunos y porcinos con pastos cultivados. En cuanto a la actividad industrial, la principal es el pilado de arroz. Hay una pequeña fábrica de harina de plátano en Tarapoto, y se elabora aguardiente de caña y chancaca. En Rioja y Moyobamba, se realizan sombreros de «paja toquilla». Aserraderos y fábricas de agua gaseosa.

Vías de comunicación

Existe un aeropuerto en Tarapoto y Rioja. Además hay campos de aterrizaje en Uchiza, Tocache, Juanjui, Saposoa, Bellavista, Picota, Sauce, Sisa y Agua Blanca. La carretera Marginal conecta el departamento por el norte con la carretera Panamericana, llegando a Chiclayo y Trujillo; y por el sur, con Tingo María, Huánuco y Lima.

Evolución de la población

Año	Población
1940	120,913
1961	170,456
1972	233,865
1981	331,692
1993	572,352
2000 (p)	743,667

La navegación fluvial por el Huallaga comunica con Yurimaguas e Iquitos. Los puertos, de norte a sur, son Puerto Huicte, Tocache, Juanjui, Bellavista, Shapaja.

Turismo y medio ambiente

La principal atracción turística de este departamento son sus hermosos paisajes, como las cataratas del Jera, en Moyobamba; Aguashiyacu, en Tarapoto; Shima, en Saposoa, y otras varias en el Huayabamba.

La laguna de Sauce también ofrece hermosos panoramas. En Lamas es atractiva la celebración de la Semana Santa, y en Moyobamba, en el mes de junio, se celebra la Semana Turística. Tarapoto tiene excelente infraestructura hotelera, al igual que Moyobamba.

El principal problema ambiental es la deforestación de vertientes, incrementada a partir de 1970 con el cultivo ilegal de coca. Debe mencionarse además la contaminación de los suelos y cursos de agua por los químicos que se utilizan para la elaboración de pasta básica de cocaína. Las aguas servidas de las ciudades que se arrojan a los ríos; el uso de dinamita y cube o barbasco para la pesca; y los desechos sólidos de las ciudades que se acumulan a la vera de caminos o son arrojados a los ríos son otros tantos problemas que afectan al medio ambiente.

Tacna

Es el departamento más meridional del territorio peruano. Su espacio, delimitado al oeste por el Mar de Grau, comprende además sectores costaneros y andinos. Limita con los departamentos de Moquegua, al noroeste y norte; Puno y la república de Bolivia al noreste; la república de Chile al este y sur; y el Mar de Grau al oeste. Fue creado por Decreto del 25 de junio de 1865 bajo el nombre de Moquegua y exactamente diez años más tarde, por Ley del 25 de junio de 1875, pasó a denominarse Tacna.

Vista de la catedral de Tacna, ubicada en la parte central de la ciudad, capital del departamento.

Este departamento abarca un territorio de 16,075.89 km^2 y tiene 277,190 habitantes según la estimación al 2000, con una densidad de 17.24 hab./km^2. Su capital es la ciudad de Tacna, a la que en 1882 se le otorgó el título de Ciudad Heroica. Fue fundada el 22 de enero de 1540, en la ubicación del antiguo pueblo de Tacama. La población estimada de esta ciudad es de 211,000 habitantes.

Políticamente el departamento está dividido en cuatro provincias y 26 distritos: Tacna, capital Tacna; Candarave, capital Candarave; Jorge Basadre, capital Locumba; y Tarata, capital Tarata.

Territorio

El litoral marino es prácticamente rectilíneo, con pequeños accidentes en su parte septentrional. En la costa, poco accidentada, predominan pampas desérticas como las de Hospicio, La Yarada, La Cruz Verde, Los Cerrillos, El Abra, Totoral, Cajunani y otras, desecadas por numerosas quebradas secas. Paralelo y cercano al litoral se halla el relieve denominado cordillera Costanera; su elevación máxima es de 950 m sobre el nivel del mar, en el cerro Morrito. Esta cordillera establece el límite entre las pampas y la costa, y en su sector de piedemonte andino forma extensos «glacis».

El sector andino, en cambio, es muy accidentado, con presencia de numerosos valles. También hay conos volcánicos en sus sectores norte y noreste, como el Tutupaca, Yucamani, Totoral, Chuquicamanta, Cóndor Pico y los nevados Huatire, Concave, Antajave, El Fraile, etcétera, que en conjunto forman lo que se denomina cordillera Occidental volcánica. Al noreste, hay relieves conocidos con el nombre de cordillera de Barroso. A más de 3,000 m de altitud se dan las punas, de poca superficie y escasamente accidentadas.

Hidrografía

El agua continental constituye el problema más crítico del departamento de Tacna. El mayor porcentaje de su espacio está drenado por cursos de agua que pertenecen a la cuenca del Pacífico. Sin embargo, en su sector noreste, hay pequeños ríos que dan sus aguas a la cuenca endorreica del Titicaca. Los que desembocan en el Mar de Grau son cursos con poco volumen de agua, siendo el mayor de ellos el Locumba, nombre que toma al confluir los ríos Salado y Cinto. Este último es desaguadero de la laguna Aricota, que a su vez recibe las aguas de los ríos Callazas y Calientes.

Las descargas medias mensuales del Locumba, en el período 1963-93, alcanzaron un máximo de 3.68 m^3 por segundo y mínimas de 1.91 m^3 por segundo. El río Sama, con cuenca menor, tuvo en el mismo período una descarga media mensual máxima de 7.68 m^3 por segundo y mínimas de 0.38 m^3 por segundo. En cuanto al río Caplina, que pasa por la ciudad de Tacna, sus aguas llegan al mar sólo en época de crecientes, producidas por las lluvias que caen en la región andina. Su descarga máxima mensual es de 2.19 m^3 por segundo y mínima de 0.62 m^3 por segundo. Hay aguas subterráneas que se explotan con pozos a «tajo» abierto y pozos «tubulares», que requieren de bombas más potentes para extraer el agua. En las altas punas o mesetas andinas existen las siguientes lagunas: Suches, Vilacota y Blanca; esta última es internacional, pues abarca territorios del Perú y Chile, perteneciendo la mayor superficie al Perú.

Clima

El clima es templado con alta humedad atmosférica en zonas inmediatas al litoral marino; a medida que nos alejamos del mar la temperatura y la humedad se reducen progresivamente. La ciudad de Tacna, en el piedemonte andino y a 562 m sobre el nivel del mar, tiene una temperatura media anual de 18 °C, con máximas que pueden superar los 28 °C y mínimas de 8.1 °C. En la región andina, de acuerdo con la altitud, el clima pasa de templado a templado frío y frío en las cumbres nevadas. La aridez andina es predominante en las vertientes y mesetas, zonas donde la sequedad at-

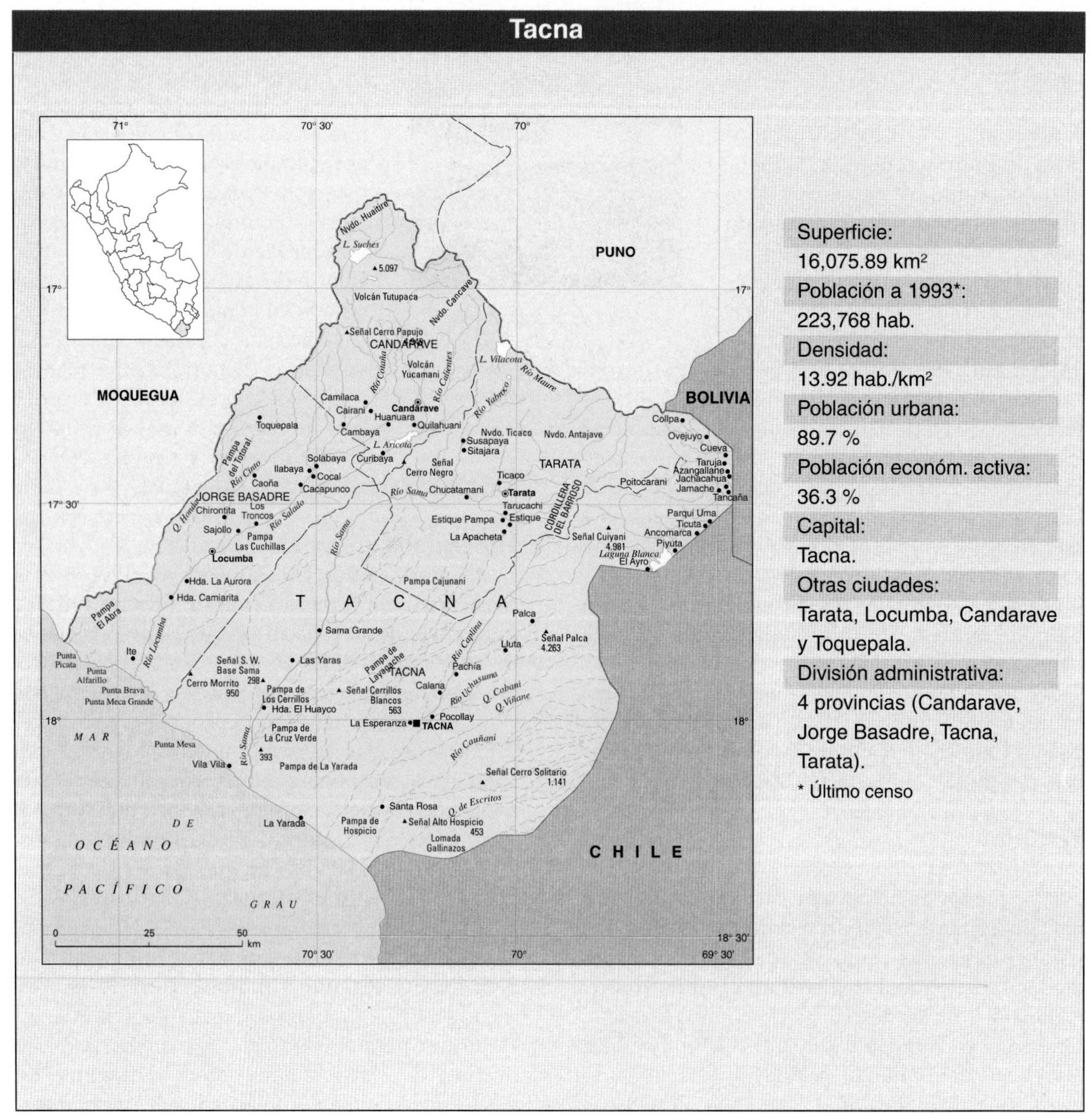

Pileta ubicada en el Plaza de Armas de Tacna, ciudad llamada «heroica» por la tenaz resistencia de su población durante la ocupación chilena en la Guerra del Pacífico.

mosférica es alta, así como las diferencias de temperaturas entre el día y la noche, las mañanas y tardes con el mediodía, y entre el sol y sombra. Las precipitaciones son escasas: en la ciudad de Tacna no llegan a los 100 mm anuales. Existen sin embargo años excepcionales, en que las lluvias pueden sobrepasar esa cota.

Recursos naturales

Los minerales constituyen el mayor recurso del departamento. En su territorio se explotan principalmente minas de cobre, aunque hay también plomo, zinc, hierro, oro, plata y uranio. El Mar de Grau, como todo el Pacífico Peruano, tiene abundante y variada biomasa. Las aguas de Aricota, que fue represada hace ya varias décadas, mueven los generadores de una central hidroeléctrica que da energía a la ciudad de Tacna.

Población

Los primitivos pobladores del territorio fueron aymaras, luego incorporados al Imperio Inca. En lo que hace a la población actual, los censos muestran que el número de habitantes ha crecido en más de un 50 por ciento entre 1981 y el último censo. Ello se debe principalmente al flujo migratorio desde el departamento de Puno, afectado por una grave sequía, originada por el fenómeno El Niño extraordinario, que se dejó sentir sobre todo en los años 1982-1983 y 1998.

La inmigración se vio atraída por la actividad comercial que prosperó en la ciudad de Tacna; turistas de todo el país llegaban a esta ciudad para adquirir variedad de productos importados y libres de impuestos, gracias a que se trataba de una zona franca.

El 89.7 por ciento de la población actual del departamento es urbana, concentrada mayoritariamente en la ciudad de Tacna. Otras ciudades dignas de mención, aunque de mucha menor importancia que la capital departamental, son Locumba, en la costa, y Candarave y Tarata en la región andina. La población analfabeta mayor de quince años es del 7 por ciento, es decir que está por debajo del promedio nacional.

Gracias a la morfología de su terreno, Tacna cuenta con una importante presencia de auquénidos sudamericanos, a los que se utiliza sobre todo como animales de carga.

Actividades económicas

La principal actividad es la minería. La mina de Toquepala, una de las más grandes del país, fue la primera que comenzó a explotarse a tajo abierto. Su principal producción es el cobre; sin embargo, esta importante producción minera no ha influido en el desarrollo departamental.

La producción de cobre extraída en Toquepala va a la refinería construida en el puerto moqueguano de Ilo. Por otra parte, junto a esta gran producción minera hay una serie de centros de menor importancia, entre los que puede mencionarse Puife, Aurora y Santa Rosa, entre otros. La agricultura, en los oasis costaneros, es una actividad tradicional, que se realiza utilizando principalmente aguas subterráneas. Desde épocas pasadas se cultiva olivo, vid y frutales. Las cosechas de olivo se transforman en aceite y aceitunas de extraordinaria calidad; las uvas se destinan a la producción de pisco y vinos muy apreciados. En áreas menores se cultivan frutales, hortalizas y alfalfa. Por su parte, en la zona andina hay agricultura de secano, que permite cosechar papa, maíz, cebada y habas.

Ganadería y pesca

Esta actividad se practica de manera extensiva en las punas, aprovechando los pastos naturales. Según el último censo agropecuario, en el departamento existen unos 40,000 ovinos; 33,000 alpacas; 32,000 vacunos; 23,000 porcinos; 17,000 ovinos y 8,500 vacunos para producción de leche.

En el Mar de Grau, la pesca es actividad artesanal, para consumo directo. En lagunas y ríos andinos se pescan truchas, que prosperan en sus aguas transparentes y frías.

Actividad industrial

La industria se basa sobre todo en la producción de aceite de olivo, de excelente calidad; su producción, en alto porcentaje, se exporta al exterior. En los últimos años se han creado industrias de ensamblado y envasado de licores.

En Tacna existe un aeropuerto al que llegan diariamente aviones de todas las líneas nacionales; además hay un pequeño campo de aterrizaje en Toquepala. La carretera Panamericana une Tacna con toda la costa peruana. Además hay una carretera de penetración hacia la meseta del Titicaca y a Bolivia. Hay también un ferrocarril internacional que une Tacna con Arica. En el litoral sólo hay pequeñas caletas para desembarque de pescado.

Turismo

El turismo llegó a tener un gran auge cuando en Tacna existía un dinámico comercio que se beneficiaba de un régimen tributario especial. En la actualidad, la ciudad de Tacna continúa ofreciendo atractivos como la catedral y la hermosa pila en su plaza principal, además de la campiña, con cultivos de olivo, vid y frutales, y los sabrosos platos típicos que sirven sus restaurantes.

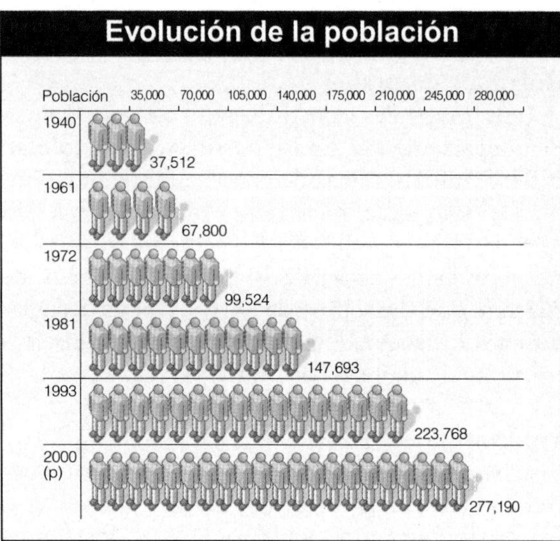

Tumbes

Este departamento abarca el extremo septentrional de la costa peruana. Departamento fronterizo, limita al norte, sudoeste y oeste con el Mar de Grau; al noreste y este con la República del Ecuador; y al sudeste y sur con el departamento de Piura. Fue creado por Ley Nº 9,667 de fecha 25 de noviembre de 1942. Su capital, la ciudad de Tumbes, en la margen derecha del río del mismo nombre y a pocos kilómetros del litoral marino, es de origen prehispánico; una antigua leyenda atribuye su fundación a Quitambe, hijo de un cacique llamado Tumbi. Tumbes fue, por otra parte, la primera población en la que Pizarro y sus compañeros tomaron contacto con pobladores del Imperio Incaico.

Árbol de ceibo (Bombax sp.), *en el hermoso Parque Nacional de Cerros de Amotape.*

La población de la ciudad es de 85,609 habitantes, en tanto que la extensión superficial del departamento es de 4,669.20 km², con una densidad de 37 hab./km². La población departamental, estimada al 2000, es de 193,840 habitantes. Políticamente, Tumbes se halla dividido en tres provincias: Tumbes, capital Tumbes; Contralmirante Villar, capital Zorritos; y Zarumilla, capital Zarumilla. Tiene 12 distritos.

El territorio de Tumbes es poco accidentado y permite distinguir cinco zonas morfológicas: en el litoral, el delta formado por los ríos Tumbes y Zarumilla, atravesado por canales delimitados por manglares denominados esteros; al sudoeste y sur, antiguas terrazas fuertemente disectadas por profundos lechos de numerosas quebradas; colinas de poca altitud, resultado de la erosión diferencial; y en el este y sudeste, los relieves de Amotape, que culminan en el cerro El Barco, a 1,530 m sobre el nivel del mar.

El clima subtropical de Tumbes hace de transición entre el tropical de sus zonas limítrofes con el Ecuador y el desértico que se inicia al sur, en la provincia de Contralmirante Villar, entre el litoral marino y los Amotapes. Las precipitaciones, concentradas durante el verano austral, varían considerablemente de años que podemos llamar normales a otros en que se producen fenómenos El Niño extraordinarios, como los ocurridos en 1983 y 1998, años en que se recogieron hasta 4,000 mm, caídos a lo largo de seis meses, de noviembre a abril. En otras ocasiones esas precipitaciones han sido aún más concentradas, como en 1925, en que las precipitaciones también alcanzaron cotas semejantes, pero en sólo tres meses.

En estas ocasiones, El Niño causó crecientes extraordinarias de los ríos Tumbes y Zarumilla, inundando las ciudades del mismo nombre y extensas zonas rurales. Las numerosas quebradas secas que atraviesan el desierto también se activaron con grandes volúmenes de agua y «lavas torrenciales» o «llocllas», inundando extensas zonas del desierto, que reverdeció por pocos años. Las temperaturas son relativamente altas a lo largo de todo el año, con máximas superiores a 30 °C, que son mayores cuando hay Niños extraordinarios, cuando pueden llegar a 40 °C. Las mínimas descienden hasta 15 °C en el mes de julio. La humedad atmosférica es alta y la media relativa varía entre el 70 por ciento y el 80 por ciento.

Hidrografía

Los principales ríos son el Tumbes, que tiene sus orígenes en territorio del Ecuador. Es de régimen tropical y navegable en pequeñas embarca-

Los esteros bordeados por frondosos manglares caracterizan toda la extensión del delta del río Tumbes. El Tumbes, que nace en Ecuador, es el único río navegable de la costa norte.

ciones hasta los rápidos conocidos con el nombre de Salto del Tigre, donde concluye el Pongo de Zapallal. En su desembocadura forma un delta atravesado por canales delimitados por manglares, y que se conocen como «esteros». El río Zarumilla, que marca el límite internacional con el Ecuador, sólo lleva agua durante todo el año en su curso superior; solamente en verano, cuando las precipitaciones son abundantes, llega a desaguar en el mar.

En el litoral de Tumbes, el Mar de Grau o Pacífico Peruano no se ve infuido por la corriente Peruana, de modo que sus aguas tienen temperaturas subtropicales durante todo el año.

Flora y fauna

La flora es variada, con bosques de manglares (*Rhizophora mangle*) en el delta del Tumbes y sabanas abiertas al norte del mismo río. Hay bosques de algarrobos que todavía persisten en su margen izquierda, bosque subtropical en algunos sectores de la frontera internacional con el Ecuador y bosque seco en los Amotapes. Existen normativas legales que prohíben la explotación de los diversos tipos de vegetación existente en el departamento. Cuando se producen Niños extraordinarios, con abundantes precipitaciones, hay importante regeneración natural, con predominio de algarrobos.

La fauna es variada y abundante en el Mar de Grau. En la zona de manglares abundan los crustáceos y moluscos, destacando la denominada «concha negra». El pez espada y el mero son los más representativos de la fauna marina de esta zona. Hay también riqueza de langostas y langostinos.

En el río Tumbes existe la especie conocida como cocodrilo de Tumbes, que se halla actualmente en peligro de extinción.

En el subsuelo hay depósitos de gas y de sal. También existen fuentes termo-minerales en los lugares denominados Hervidero y Mal Paso.

Agricultura, ganadería y acuicultura

La actividad agrícola se concentra principalmente en el valle del río Tumbes, donde se cultiva plátano, arroz, maíz, frejol y frutales. En cuanto a la ganadería, es poco significativa. Se cría principalmente ganado caprino.

Por otra parte, desde la década de 1970 se practica el cultivo de langostinos en la zona de los manglares y áreas litorales, existiendo en la actualidad alrededor de 4,000 hectáreas de «pozas» para esta actividad. El aspecto negativo de este cultivo es que su desarrollo causó la destrucción de una buena parte de los manglares, por lo que los bosques fueron declarados «Santuario Nacional». En los últimos tiempos han surgido algunos proyectos para reforestar y recuperar alrededor de mil hectáreas de los bosques de manglares destruidos.

La extracción de larvas de langostinos en el litoral marino es una actividad en la que se emplean cerca de 10,000 personas, desde el norte de Zorritos hasta los manglares. Es una ocupación que está depredando la biomasa, pues «larveros» realizan su actividad sin ningún control.

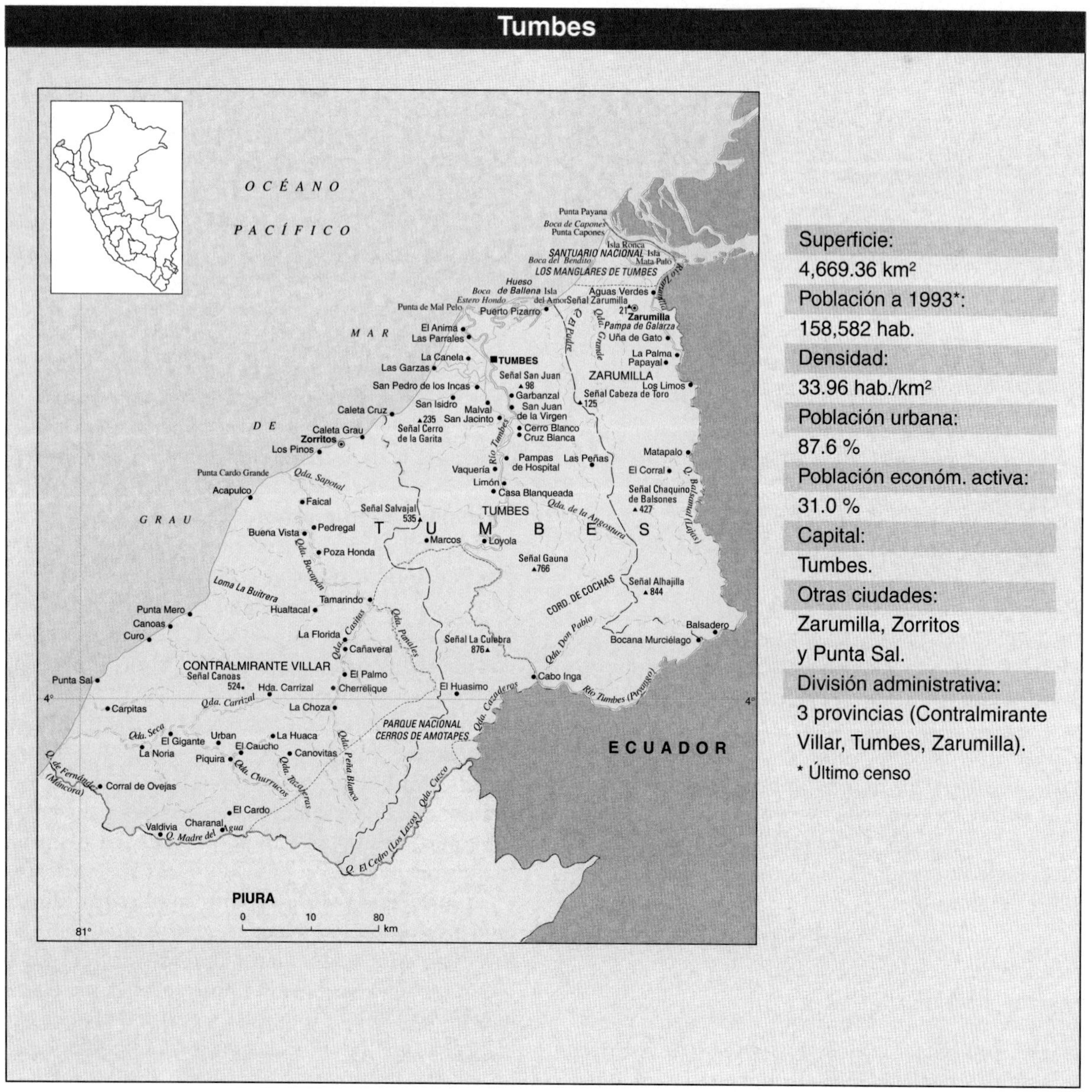

Las colonias de pelicanos, atraídos por la riqueza ictiológica y la actividad pesquera de este departamento, son habituales en las caletas y playas del litoral tumbesino.

Pesca y actividad comercial

La pesca es actividad importante en los manglares y otras áreas marinas, destinándose al consumo directo en el departamento; algunas especies son comercializadas en las principales ciudades de la costa, como es el caso de las «conchas negras» y los langostinos. La producción de langostinos en «pozas» se destina en su mayor parte a la exportación. En cuanto al comercio, destaca el intercambio diario de productos con la república del Ecuador.

Población

La población de Tumbes es mayoritariamente urbana, siendo las principales ciudades, además de la capital departamental, el puerto de Zorritos y la ciudad de Zarumilla. La población analfabeta, según el último censo, mayor de 15 años es relativamente baja, del 6 por ciento. La tasa de crecimiento anual es del 2.8 por ciento.

Evolución de la población

Población	25,000 50,000 75,000 100,000 125,000 150,000 175,000 200,000
1940	26,473
1961	57,378
1972	79,348
1981	108,064
1993	158,582
2000 (p)	193,840

Vías de comunicación

La carretera Panamericana conecta Tumbes con el Ecuador, con toda la costa peruana y, a partir de esta ruta, con todo el país.

En la ciudad de Tumbes hay un aeropuerto con vuelos diarios desde y hacia Lima, con escalas en Piura y Chiclayo. Zorritos es puerto marítimo y concentra gran número de pescadores artesanales.

Turismo y medio ambiente

Los manglares de Tumbes y sus playas, bañadas por un mar tropical y sereno durante todo el año, conforman el principal interés turístico de este departamento. Su situación fronteriza, la pesca deportiva en el Mar de Grau y el río Tumbes, el desierto con «paisajes lunares» y la actitud cordial de sus pobladores son otros tantos atractivos para el turismo.

En Tumbes y en los balnearios a orillas del mar, como Punta Sal, existen hoteles y hostales, así como restaurantes donde se pueden degustar exquisitos platos con pescado y frutos de mar.

El principal problema ambiental es la destrucción pasada de los manglares, a los que ahora se intenta recuperar mediante la reforestación. También hay deforestación del bosque seco que cubre el relieve de los Amotapes. En época de Niños extraordinarios, las inundaciones y precipitaciones abundantes crean problemas ambientales.

Ucayali

Se localiza en la parte central y oriental del espacio nacional. Fue creado como departamento por Ley nº 23,099 del 18 de junio de 1980, y como región por Ley nº 24,945 de fecha 24 de noviembre de 1988. Limita al norte con el departamento de Loreto y la república de Brasil, con la que también limita por el este; al sur, con los departamentos de Madre de Dios, Cusco y Junín; por el oeste, con los departamentos de Pasco y Huánuco. Su capital es la ciudad de Pucallpa, en la margen izquierda del río Ucayali, fundada en 1840 como centro misional franciscano. La población capitalina, según estimaciones recientes, es de 214,000 habitantes.

Las balsas, canoas con peque-peques, *son el principal medio de transporte fluvial de Ucayali.*

Tiene una superficie de 102,410.55 km^2. Su población, estimada al 2000, es de 424,409 habitantes, con una densidad de 14.14 hab./km^2. Está dividido en 4 provincias y 14 distritos: Coronel Portillo, capital Pucallpa; Atalaya, capital Atalaya; Padre Abad, capital Aguaytía; y Purus, capital La Esperanza.

Territorio

En su mayor parte, el territorio es poco accidentado. Hay altas terrazas con suaves ondulaciones y amplias llanuras inundables, que se convierten en zonas pantanosas, denominadas «aguajales», «renacales», «tahuampales», etcétera. Al noroeste, en los límites con el departamento de Huánuco, se encuentra la llamada cordillera Azul, muy accidentada y con altitudes que sobrepasan los 3,000 m. Su rasgo morfológico más destacado es el Boquerón del Padre Abad, cañón fluvial que ofrece uno de los paisajes más hermosos de la ceja de selva y del país en general.

Al sudoeste está el relieve denominado cordillera del Sira —con cumbres que sobrepasan los 1,000 m—, y que es divisoria de aguas del río Ucayali con el Pachitea y el Pichis. Al este, los relieves de Contamana, con altitudes que no sobrepasan los 500 m sobre el nivel del mar, exceptuando el Pico Banderas, a la altura de Pucallpa, que culmina a 788 m de altitud. Extensas playas denominadas «barriales» o «barrizales» se forman a orillas del Ucayali, en los sectores convexos de los meandros que divagan y al abandonar sus lechos originan las numerosas «cochas» o «tipishcas», que son lagunas de origen fluvial. Por este fenómeno, el río Ucayali se aleja de Pucallpa y la ciudad de Contamana sufre los efectos de la erosión de las riberas.

Clima

En los relieves montañosos hay zonas de ceja de selva, templado y templado frío, con alta humedad. En las zonas de llanuras, tropical con altas temperaturas y humedad atmosférica, y abundantes precipitaciones concentradas en la estación de verano. En la ciudad de Pucallpa, las temperaturas máximas absolutas llegan a 42 °C y las mínimas a 9.7 °C, éstas cuando se producen los «fríos de San Juan», o «friajes». En Yuracyaco, cerca a la población de Aguaytía, se han medido precipitaciones que sobrepasan los 8,000 mm anuales. En el resto del departamento son siempre mayores a 1,500 mm al año.

Hidrografía

El río Ucayali, que tiene nacientes en el nevado de Mismi, en la cordillera de Chila, al norte del departamento de Arequipa y bajo el nombre de

Carhuasanta, se denomina sucesivamente Apurímac, Ene, Tambo, Ucayali y, después de confluir con el Marañón, se llama río Amazonas. El Ucayali, eje de la hidrografía departamental, y sus afluentes, tienen lechos meándricos.

Los principales afluentes del Ucayali, en el departamento de su nombre, por la margen izquierda son el Pachitea y el Aguaytía, navegables en pequeñas embarcaciones a vapor. Por la margen derecha, los afluentes son los ríos Urubamba, navegable en pequeñas embarcaciones, hasta el Pongo de Mainique; Shesha, Tamaya, Abujao, Utiquenea y Callería, navegables en pequeñas embarcaciones. Hay además numerosas lagunas, «tipishcas» o «cochas», siendo las más conocidas y mayores las de Yarinacocha, en la ciudad de Pucallpa; e Inuria y Chioa, en el Tamaya.

Flora

Vegetación tropical con variedad de árboles con madera fina, como el aguano o caoba, cedro, mohena, estoraque, huacapú, ishpingo, lagarto caspi, marupa, lupuna, copaiba, etcétera. Existen también palmáceas, aguaje o mariche, huincungo, ungurahui y chambira, éste de frutos comestibles; huasai, chonta, yarina, etcétera. Árboles con frutos comestibles son el camu-camu, ubillas, caimito, variedad de «shimbillos», que son pacaes o

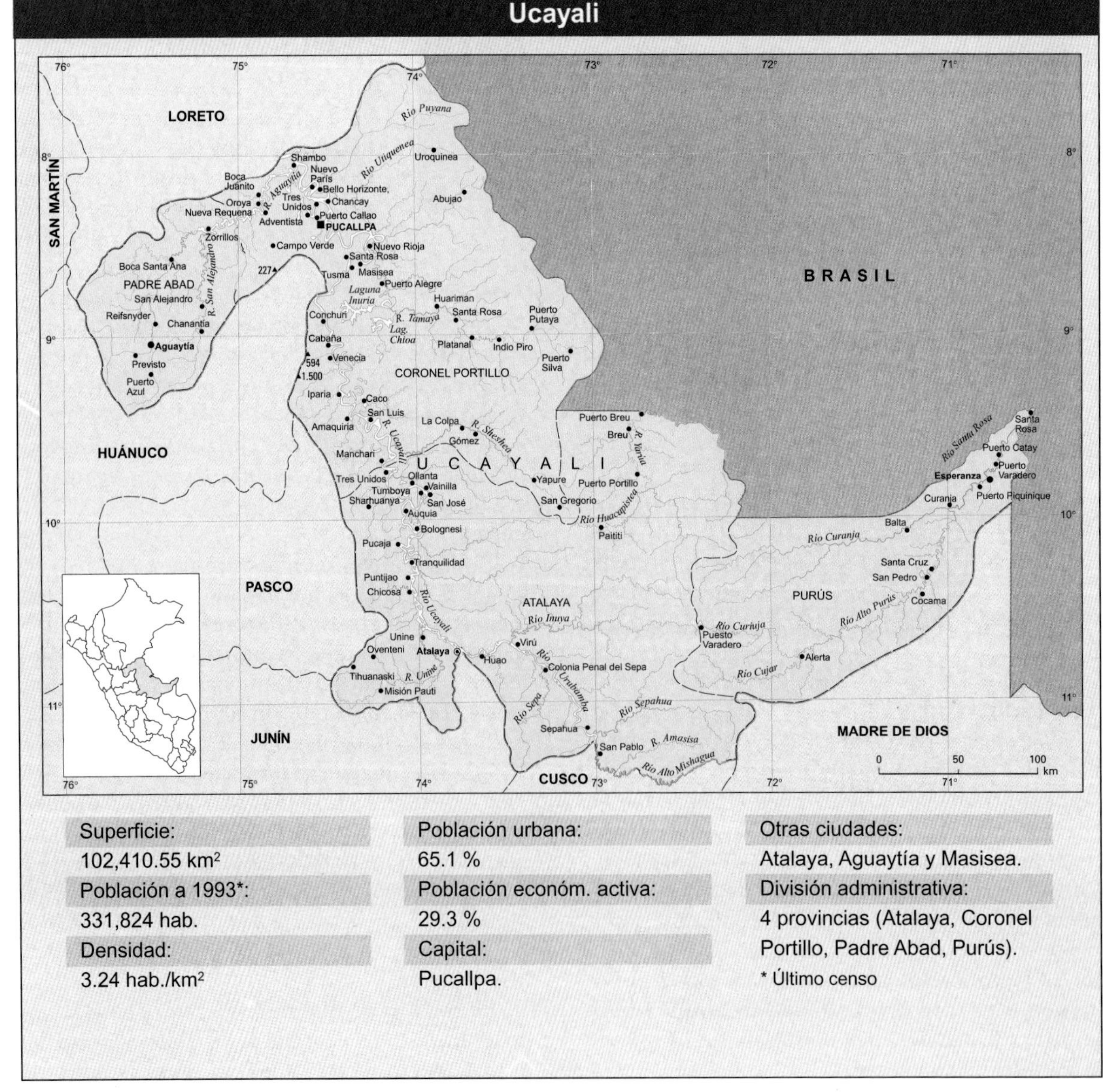

Superficie:	Población urbana:	Otras ciudades:
102,410.55 km²	65.1 %	Atalaya, Aguaytía y Masisea.
Población a 1993*:	Población económ. activa:	División administrativa:
331,824 hab.	29.3 %	4 provincias (Atalaya, Coronel Portillo, Padre Abad, Purús).
Densidad:	Capital:	* Último censo
3.24 hab./km²	Pucallpa.	

Espectacular puesta de sol en la hermosa laguna de Yarinacocha. Ésta sólo es navegable en las piraguas, pequeñas embarcaciones a motor tradicionales de la zona.

«huabas» silvestres. Hay también plantas medicinales, como el ajo-sacha, uña de gato, ayahuasca, sangre de grado, lancetilla, paico, etcétera.

Fauna

La fauna es abundante y variada. Su riqueza en peces, tanto para alimentación como ornamentales, es grande. El paiche es el mayor de todos los peces de la zona, y resulta muy apreciado por su sabrosa y nutritiva carne; en peligro de extinción, está protegido en los ríos y lagunas.

Otros peces de gran consumo son el dorado, zúngaro, doncella, gamitana, paco, acarahuasu, boquichico, corvina, sábalo, palometa, paña blanca y roja, etcétera. También hay que mencionar dos mamíferos: la denominada «vaca marina», que está en extinción y su captura se halla prohibida; y el «bufeo» o delfín fluvial. En cuanto a los quelonios, predomina la «charapa» y taricaya, que viven a orillas de los ríos y se hallan en peligro de extinción, debido a que sus huevos depositados en las playas son recolectados y comercializados.

Entre los mamíferos los más importantes son la sachavaca o tapir americano, el ronsoco —el roedor más grande del mundo—; tigre otorongo, tigrillo, venado, oso hormiguero, picuro o majás, huangana, sajino, etcétera. También hay presencia de primates, como el maquisapa, leoncillo, fraile, coto mono, pichico, etcétera. En cuanto a las aves, hay huacamayos, loros, patos, tucán, paujil, pava, shansho, camunguy, perdiz y trompetero, entre otros. Ofidios y víboras no venenosas presentes en este territorio son la sacha mama o boa, y afaningas. En cambio, son venenosas la chushupe, jergón, naca-naca, cascabel, aguaje machacuy, loro machacuy, etcétera. La variedad de los insectos es impresionante.

Actividades económicas

La explotación forestal, que es selectiva, origina que la caoba, cedro, ishpingo y lopuna, entre otras especies, sean cada vez más escasos y se encuentren en zonas más alejadas de los ríos y los centros poblados. En igual situación se hallan las plantas medicinales, como la uña de gato.

Existen proyectos de reforestación de plantas maderables, frutales, medicinales e industriales. La pesca es actividad artesanal y se consume pescado fresco, salado o seco. En lo que hace a la agricultura, se practica a orillas de los ríos, en los barrizales donde se siembra principalmente arroz,

Cerámica típica de los indígenas shipibos de Ucayali. Este tipo de tinaja es utilizado para el almacenamiento y fermentación del licor de yuca, denominado masato *por los indígenas.*

Evolución de la población

Población	
1940	27,024
1961	90.223
1972	130,030
1981	178,135
1993	331,824
2000 (p)	424,409

y plantas de rápida cosecha. En las terrazas bajas y medias se cultiva plátano, yuca, maíz, frejol, pijuayo, uña de gato —que también crece en las altas terrazas y colinas—, y últimamente camu-camu, cuyo fruto posee una alta concentración de vitamina C, superior a la de cualquier cítrico. La ganadería con pastos cultivados es importante en zonas aledañas a la ciudad de Pucallpa.

En esta ciudad hay aserraderos y plantas laminadoras, desde hace ya varias décadas. Hay presencia de gas en la cuenca del río Aguaytía, que se transportarán por un gasoducto hasta Pucallpa para generar energía eléctrica. También existen proyectos para comercializarlo fuera del departamento.

Otras industrias de este departamento son la fábrica de cerveza San Juan, ensambladoras de máquinas de coser, refrigeradoras y neveras. También hay fábricas de ladrillos y tejas, que se favorecen de los ricos depósitos de arcillas y arenas. En Pucallpa hay una refinería de petróleo, en el que se obtienen los siguientes derivados: gasolina base, kerosene, diesel nº 2 y residual nº 6. Esta refinería utiliza petróleo de Maquía (Contamana) y Ganso Azul (Puerto Inca). En exploraciones petroleras, se han localizado estructuras que ofrecen buenas perspectivas.

Población

Hay vestigios de población ancestral, y actualmente habitan este territorio, entre otras, las siguientes etnias: Cashinaua, Amahuaca, Conibo, Campa, Shipibo, Culina, Piro y Cashivo.

En el rápido crecimiento de la población de Ucayali ha sido determinante la apertura de la carretera Lima-Huánuco-Tingo María-Pucallpa, inaugurada a principios de la década del 40. La población, eminentemente urbana, se concentra en la ciudad de Pucallpa. La población analfabeta mayor de 15 años es el 9.6 por ciento. Las ciudades más importantes, además de la capital, son Aguaytía y Atalaya.

Vías de comunicación, turismo y medio ambiente

En Pucallpa existe un aeropuerto que funciona las 24 horas, y más de 20 campos de aterrizaje. Otras vías de comunicación son la carretera a Lima y la vía fluvial. Los atractivos principales son el Boquerón del Padre Abad, la laguna de Yarinacocha, la navegación por el Ucayali y las aldeas de indígenas. En cuanto a los problemas ambientales, el principal es la deforestación de los bosques tropicales para agricultura y ganadería y para proveer a los aserraderos y laminadoras.

Las provincias de Perú

Provincia	*Capital*	*Departamento*
Abancay	Abancay	Apurímac
Acobamba	Acobamba	Huancavelica
Acomayo	Acomayo	Cusco
Aija	Aija	Ancash
Alto Amazonas	Yurimaguas	Loreto
Ambo	Ambo	Huánuco
Andahuaylas	Andahuaylas	Apurímac
Angaraes	Lircay	Huancavelica
Anta	Anta	Cusco
Antabamba	Antabamba	Apurímac
Antonio Raimondi	Llamellín	Ancash
Arequipa	Arequipa	Arequipa
Ascope	Ascope	La Libertad
Asunción	Chacas	Ancash
Atalaya	Atalaya	Ucayali
Ayabaca	Ayabaca	Piura
Aymaraes	Chalhuanca	Apurímac
Azángaro	Azángaro	Puno
Bagua	Bagua	Amazonas
Barranca	Barranca	Lima
Bellavista	Bellavista	San Martín
Bolívar	Bolívar	La Libertad
Bolognesi	Chiquián	Ancash
Bongará	Jumbilla	Amazonas
Cajabamba	Cajabamba	Cajamarca
Cajamarca	Cajamarca	Cajamarca
Cajatambo	Cajatambo	Lima
Calca	Calca	Cusco
Callao (Prov. Const.)	Callao	Callao (Prov. Const.)
Camaná	Camaná	Arequipa
Canas	Yanaoca	Cusco
Canchis	Sicuani	Cusco
Candarave	Candarave	Tacna
Cangallo	Cangallo	Ayacucho
Canta	Canta	Lima
Cañete	San Vicente de Cañete	Lima
Carabaya	Macusani	Puno
Caravelí	Caravelí	Arequipa
Carhuaz	Carhuaz	Ancash
Carlos Fermín Fitzcarrald	San Luís	Ancash
Casma	Casma	Ancash
Castilla	Aplao	Arequipa
Castrovirreyna	Castrovirreyna	Huancavelica
Caylloma	Chivay	Arequipa
Celendín	Celendín	Cajamarca
Concepción	Concepción	Junín
Condesuyos	Chuquibamba	Arequipa
Condorcanqui	Santa María de Nieva	Amazonas
Contralmirante Villar	Zorritos	Tumbes
Contumaza	Contumaza	Cajamarca
Coronel Portillo	Pucallpa	Ucayali
Corongo	Corongo	Ancash
Cotabambas	Tambobamba	Apurimac
Cutervo	Cutervo	Cajamarca
Cusco	Cusco	Cusco
Chachapoyas	Chachapoyas	Amazonas
Chanchamayo	La Merced	Junín
Chepén	Chepén	La Libertad
Chiclayo	Chiclayo	Lambayeque
Chincha	Chincha Alta	Ica
Chincheros	Chincheros	Apurimac
Chota	Chota	Cajamarca
Chucuito	Juli	Puno
Chumbivilcas	Santo Tomás	Cusco
Churcampa	Churcampa	Huancavelica
Daniel Carrión	Yanahuanca	Pasco
Dos de Mayo	La Unión	Huánuco
Espinar	Yauri	Cusco
Ferreñafe	Ferreñafe	Lambayeque
General Sánchez Cerro	Omate	Moquegua
Grau	Chuquibambilla	Apurimac
Huacaybamba	Huacaybamba	Huánuco
Hualgayoc	Bambamarca	Cajamarca
Huallaga	Saposoa	San Martín
Huamalíes	Llata	Huánuco
Huamanga	Ayacucho	Ayacucho
Huanca Sancos	Huanca Sancos	Ayacucho
Huancabamba	Huancabamba	Huánuco
Huancané	Huancané	Puno
Huancavelica	Huancavelica	Huancavelica
Huancayo	Huancayo	Junín
Huanta	Huanta	Ayacucho
Huánuco	Huánuco	Huánuco
Huaral	Huaral	Lima
Huaraz	Huaraz	Ancash
Huari	Huari	Ancash
Huarmey	Huarmey	Ancash
Huarochirí	Matucana	Lima
Huaura	Huacho	Lima
Huaylas	Caraz	Ancash
Huaytará	Huaytará	Huancavelica
Ica	Ica	Ica
Ilo	Ilo	Moquegua

Las provincias de Perú

Provincia	Capital	Departamento
Islay	Mollendo	Arequipa
Jaén	Jaén	Cajamarca
Jauja	Jauja	Junín
Jorge Basadre	Locumba	Tacna
Junín	Junín	Junín
La Convención	Quillabamba	Cusco
La Mar	San Miguel	Ayacucho
La Unión	Cotahuasi	Arequipa
Lamas	Lamas	San Martín
Lambayeque	Lambayeque	Lambayeque
Lampa	Lampa	Puno
Leoncio Prado	Tingo María	Huánuco
Lima	Lima	Lima
Loreto	Nauta	Loreto
Lucanas	Puqio	Ayacucho
Luya	Lamud	Amazonas
Manu	Manu	Madre de Dios
Marañón	Huacrachuco	Huánuco
Mariscal Cáceres	Juanjui	San Martín
Mariscal Luzuriaga	Piscobamba	Ancash
Mariscal Nieto	Moquegua	Moquegua
Mariscal Ramón Castilla	Caballococha	Loreto
Maynas	Iquitos	Loreto
Melgar	Ayaviri	Puno
Morropón	Chulucanas	Piura
Moyobamba	Moyobamba	San Martín
Nazca	Nazca	Ica
Otuzco	Otuzco	La Libertad
Oxapampa	Oxapampa	Pasco
Oyón	Oyón	Lima
Pacasmayo	San Pedro del Lloc	La Libertad
Pachitea	Panao	Huánuco
Padre Abad	Aguaytia	Ucayali
Paita	Paita	Piura
Pallasca	Cabana	Ancash
Palpa	Palpa	Ica
Parinacochas	Coracora	Ayacucho
Paruro	Paruro	Cusco
Pasco	Cerro de Pasco	Pasco
Pataz	Tayabamba	La Libertad
Paucar del Sara Sara	Pausa	Ayacucho
Paucartambo	Paucartambo	Cusco
Picota	Picota	San Martín
Pisco	Pisco	Ica
Piura	Piura	Piura
Pomabamba	Pomabamba	Ancash
Puerto Inca	Puerto Inca	Huánuco
Puno	Puno	Puno
Purús	Esperanza	Ucayali
Quispicanchi	Urcos	Cusco
Recuay	Recuay	Ancash
Requena	Requena	Loreto
Rioja	Rioja	San Martín
Rodríguez de Mendoza	Mendoza	Amazonas
San Ignacio	San Ignacio	Cajamarca
San Marcos	San Marcos	Cajamarca
San Martín	Tarapoto	San Martín
San Miguel	San Miguel de Pallaques	Cajamarca
San Pablo	San Pablo	Cajamarca
San Román	Juliaca	Puno
Sánchez Carrión	Huamachuco	La Libertad
Sandia	Sandia	Puno
Santa	Chimbote	Ancash
Santa Cruz	Santa Cruz de Succhabamba	Cajamarca
Santiago de Chuco	Santiago de Chuco	La Libertad
Satipo	Satipo	Junín
Sihuas	Sihuas	Ancash
Sucre	Querobamba	Ayacucho
Sullana	Sullana	Piura
Tacna	Tacna	Tacna
Tahuamanu	Iñapari	Madre de Dios
Talara	Talara	Piura
Tambopata	Puerto Maldonado	Madre de Dios
Tarata	Tarata	Tacna
Tarma	Tarma	Junín
Tayacaja	Pampas	Huanvelica
Tocache	Tocache Nuevo	San Martín
Trujillo	Trujillo	La Libertad
Tumbes	Tumbes	Tumbes
Ucayali	Contamana	Ucayali
Urubamba	Urubamba	Cusco
Utcubamba	Bagua Grande	Amazonas
Víctor Fajardo	Huancapi	Ayacucho
Vilcas Huaman	Vilcas Huaman	Ayacucho
Yauli	La Oroya	Junín
Yauyos	Yauyos	Lima
Yungay	Yungay	Ancash
Yunguyo	Yunguyo	Puno
Zarumilla	Zarumilla	Tumbes

Flora y fauna

Variedad de la flora peruana

Formaciones vegetales del Perú

Fauna del litoral

Fauna de la selva

Maleza desértica montana a 3,600 m de altitud, en el departamento de Tacna. El territorio comprendido entre 3,500 y 4,000 m se caracteriza por presentar una vegetación menos densa que la de los niveles inferiores.

Variedad de la flora peruana

Cualquiera que sea el territorio que se estudie, la flora estará en estrecha relación con factores tales como el clima, el suelo, la hidrografía, la topografía y la altitud. Como en el caso de Perú estos elementos varían considerablemente a lo largo y ancho del país, es comprensible que la vegetación alcance asimismo una muy amplia variedad. Es muy escasa, e incluso inexistente, en numerosas áreas del desierto costero y en las cumbres nevadas, exuberante en la Amazonia y el sector más septentrional del departamento de Tumbes, y en las punas hay vastas áreas cubiertas por gramíneas.

El manglar es una formación halófita que se da en el extremo septentrional de la costa peruana.

En la vertiente occidental andina se encuentran bosques reducidos y aislados que sobreviven a la acción devastadora del hombre, alternando con extensas zonas donde sólo crecen cactus, hierbas y gramíneas estacionales. En la vertiente oriental, el límite superior de los bosques tropicales, que son continuación de la foresta amazónica, sobrepasa los 3,500 m. Árboles y arbustos forman montes de perenne verde, aunque con grandes claros que han sido talados para la actividad agropecuaria.

Sobre la vegetación andina, el botánico, geógrafo y naturalista alemán August Weberbauer expresó en su ya clásico *El mundo vegetal de los Andes peruanos* (1911): «los Andes Peruanos exhiben un cuadro variadísimo en la distribución altitudinal de su vegetación» y «la distribución horizontal está determinada casi enteramente por la humedad». Por su parte, Joseph A. Tossi señala que la flora peruana es muy rica y que existen 35 de las 100 formaciones vegetales que hay en el mundo según la clasificación de L. Holdridge.

Flora de la costa

En su sector más septentrional, en la desembocadura de los ríos Tumbes y Zarumilla, los bosques de manglares crecen a orillas del mar y en el amplio delta del Tumbes. En otros sectores de la costa norte existen bosques secos, en los que predomina el algarrobo. En los años con fuertes precipitaciones, producidas por fenómenos El Niño extraordinarios, crecen gran número de gramíneas y algarrobos en los estratos inferiores de los bosques.

En el sector central y sur, la vegetación es muy escasa en las zonas desérticas. En cambio, en los valles u oasis costeros es más abundante y perdura a lo largo de todo el año. En las lomas se desarrolla una vegetación estacional favorecida por las neblinas de invierno, que cubre los relieves costeros y los sectores de las llanuras adyacentes. Se observan también algarrobos aislados o formando pequeños bosques en las zonas desérticas y en los valles. En el desierto de Pisco-Ica, los algarrobos crecen entre las dunas, recubriéndolas con sus ramas y formando reducidos bosques. Éstos, empero, van desapareciendo por la acción de los pobladores, con lo que muchas de estas dunas verdes presentan en la actualidad un color negruzco debido a la calcinación de las ramas que las recubren.

Comunidades de plantas

Ramón Ferreyra distingue en la costa peruana dos grandes formaciones: la primera de algarrobal y sapotal, que se encuentra en la costa septentrional, y la segunda es la formación de lomas desde la latitud 8° hasta los 18° de latitud sur.

Según el estudio de Ferreyra, la formación «algarrobal + sapotal», que se extiende desde Trujillo

Flor de lomas en zona costera. La vegetación de lomas se caracteriza por la supervivencia de especies cuyas semillas resisten las condiciones más severas y adversas del medio ambiente.

hasta Ecuador, tiene un manto verde de estructura predominante leñosa; grandes extensiones de este territorio están ocupadas por el algarrobo y el sapote, confiriéndole el aspecto de un bosque ralo, que se hace más denso y vigoroso hacia la parte continental. Muchos elementos propios del oriente se han incorporado al algarrobal, probablemente a través del abra de Porculla; por otra parte, en el mismo algarrobal se pueden admitir varias subformaciones, como el chaparral, el ceibal y el manglar.

Los principales árboles y arbustos de la costa norte son: algarrobo (*Prosopis limensis*), palo verde (*Cercidium praecox*), faique (*Acacia macracantha*), huarango (*Acacia huarango*), uña de gato (*Piptadenia flava*), hualtaco (*Loxopterygium huasango*), guayacán (*Tecoma sp.*) y palo blanco (*Celtis iguanea*). Mención especial merece el manglar, vegetación muy resistente a la salinidad que está constituida principalmente por árboles con raíces aéreas colgantes, formando un estrato denso, cerrado e intrincado.

Formación de lomas

En la costa central y sur, entre Trujillo y Tacna, aparecen las comunidades vegetales de las lomas. Su ubicación en altitud y su distancia del mar varían de un lugar a otro. Las lomas del sur tienen un límite superior que sobrepasa los 1,000 m, por ejemplo en Atiquipa, Sama y Mollendo. En la costa central, el límite alcanza aproximadamente los 700 m, como ocurre en Lachay, Atocongo y Lurín, en el departamento de Lima. En el norte, las lomas de Casma, Lupín y Trujillo tienen un límite superior comprendido entre los 800 y 900 m sobre el nivel del mar. Hay lomas que llegan hasta el litoral, como las de Atico, Chala y Camaná, y otras se alejan más de 50 km hacia el interior, como las de Locumba y Sama. Las lomas de Lachay, al norte de Lima, distan unos 20 km del mar.

Dos estratos de vegetación

En el trabajo citado, Ramón Ferreyra señala que «según el porte de sus individuos, la vegetación de las lomas puede reducirse a dos estratos: a) estrato herbáceo + arbustivo; b) estrato herbáceo + arbustivo + arbóreo + cactáceas». El primer grupo, de hierbas anuales y perennes, incluye las lomas de Tacna, Sama, Ilo, Camaná, Ocoña, San Nicolás y Jaguay. El segundo grupo distingue dos pisos de vegetación, constituido el inferior por hierbas y arbustos, y el superior, por árboles y arbolillos que habitan las laderas y cumbres de las lomas. En este último grupo menciona las lomas de Mollendo, Chala, Atiquipa, Quilmaná, Lurín y Lachay, entre otras. La presencia de algunos relictos forestales revela que en tiempos pretéritos hubo bosques de algarrobo (*Prosopis limensis*), lúcumo (*Lucuma obovata*), boliche (*Sapindus saponaria*), huarango (*Acacia macracantha*), taro (*Caesalpinia tinctoria*), chirimoya (*Anona chirimolia*), palillo (*Capparis prisca*), higuerón (*Ficus sp.*) y mito (*Carica candicans*).

Deforestación indiscriminada de algarrobo y huarango

La explotación irracional e intensiva de algarrobo y huarango para la construcción y, sobre todo, para su transformación en carbón, ha disminuido considerablemente la extensión y densidad de los bosques de Piura, Tumbes y Lambayeque, favoreciendo el avance del desierto. A pesar de la prohibición de la tala existe asimismo una explotación de hualtaco, guayacán, palo blanco, bálsamo y otras especies, con fines industriales.

El amancay (*Hymenocallis amancaes*), el tomate silvestre (*Solanum sp.*) y la azucena del Inca (*Alstroemeria pelegrina*) son plantas que se desarrollan en las lomas. Entre los arbustos puede citarse el heliotropo (*Heliotropium peruvianum*) y, entre los árboles, el mito (*Carica candicans*).

A partir de 1930, en las lomas de Lachay, al norte de Lima, se inició un experimento de reforestación que dio como resultado un bosque de eucaliptos, algunos de cuyos ejemplares sobrepasan los 14 m de altura.

Octavio Velarde, notable fitogeógrafo y botánico fallecido prematuramente, realizó al sur de Ancash y en las lomas de Lupín (en la cuenca del río Fortaleza) importantes estudios de la flora de dichas áreas. La grama salada (*Distichlis spicata*), que crece en la costa, a orillas de lagunas y en zonas donde la napa acuífera es poco profunda, detiene las arenas y forma pequeñas dunas del tipo «sebkas». En la zona Pisco-Paracas, una gramínea del género *sporobulus* retiene entre sus hojas partículas salinas, granos de arena y limo, formando manojos de hojas que se inclinan en la dirección del viento y presentan figuras parecidas a grandes batracios, de donde proviene el nombre de la región, Pampa de los sapos.

La caña brava (*Gynerium sagittatum*), los carrizos (*Phragmites comunis* y *Arundo donax*) y el pájaro bobo (*Tessaria integrifolia*) son especies representativas de las riberas fluviales. El cardo de Huaca (*Tillandsia sp.*) es planta típica de zonas rocosas, arenosas o cubiertas de polvo. La datilera (*Phoenix dactylifera*) es una palmera no autóctona que crece actualmente en el desierto de Pisco-Ica.

En la fotografía, planta de tomate arbustivo en el departamento de Ica, al sudoeste del país. El tomate arbustivo es una especie silvestre típica de zonas desérticas cercanas al litoral.

Flora de los Andes

La flora andina varía con la altitud y también según las vertientes. En el sector más septentrional de la vertiente occidental —en el departamento de Piura—, la vegetación abundante provendría de la selva. Ése es el punto de vista de Weberbauer, según el cual en el norte de Perú la flora que vive en los niveles superiores del oriente (ceja de montaña) se extiende hasta las vertientes occidentales de los Andes.

En la parte central y sur, los pisos más bajos integran la zona árida de la costa, que se amplía en el sector meridional. Estas áreas desérticas, que llegan hasta los 2,000 m de altitud, están casi desprovistas de vegetación y sólo crecen en ellas algunas gramíneas, de muy corto ciclo de vida, alternando con hierbas, cactus columnares y otras especies. En el fondo de los valles con ríos perennes se describen pequeños bosques de galería constituidos por molles, sauces, álamos, huarangos, pájaro bobo y carrizo, entre otras especies de menor presencia. En los conos de deyección torrencial hay vegetación herbácea y arbustiva.

En los pisos más altos de la vertiente andina occidental, la vegetación es más rica. Se encuentran gramíneas —que en la época de lluvias recubren de verdor las vertientes—, cactus y hierbas perennes, así como árboles pequeños, arbustos y subarbustos con supervivencia de bosques de quishuar (*Polylepis sp.*), que crecen hasta altitudes superiores a los 4,000 m sobre el nivel del mar (lloqui o asta de venado, *Kageneckia lanceolata*). Se trata de bosques localizados en zonas abrigadas y generalmente poco accesibles.

Punas y mesetas

En las punas o altas mesetas andinas, la vegetación está constituida principalmente por gramíneas; predominan el ichu y la chiligua (*Stipa festuca, Calamagrostis*), y también perduran restos de los antiguos bosques de quinual y quishuar (*Polylepis incana* y *Buddleia incana*) en el fondo y las laderas de los pequeños valles, donde se dan las condiciones microclimáticas para su crecimiento.

En las mesetas del sur de Ancash, en las alturas de las cordilleras Blanca y Negra, y en las vertientes orientales de los departamentos de Ayacucho y Apurímac crecen asociaciones de puya raimondi o *Pourretia gigantea*. Es la planta bromeliácea más grande que se conoce y constituye, según Weberbauer, uno de los fenómenos más admirables de la vegetación andina. Tiene tronco simple, erguido y coronado por un penacho de numerosas hojas angostas y espinodentadas; mide 4 m de alto en el estado adulto, y se prolonga, finalmente, en una inflorescencia alargada y cónica que mide hasta 6 m, con inclusión de su pie escamoso. Esta bromeliácea produce un enorme número de flores de color blanco verdoso que aparecen a finales de la estación seca.

En las vertientes orientales de la ceja de selva, la vegetación es abundante y casi continua de sur a norte, hasta niveles superiores a 3,500 m sobre el nivel del mar, siempre que las condiciones sean favorables. La vegetación natural tiene variadas especies; los árboles, de ramas torcidas y cubiertas con epífitas y orquidáceas, son tan numerosos que sus copas se entrelazan. Los troncos y las ramas están cubiertos de musgos y líquenes.

Según Weberbauer, en esta vertiente, con exclusión de las punas, se distinguen dos pisos: el inferior, que culmina entre los 1,800 y 2,000 m, y el superior, que finaliza hacia 3,400 y 3,600 en el norte, y alcanza hasta los 3,900 m en el centro y en el sur.

Los factores bioclimáticos y edáficos determinan la flora en la selva subtropical, la cual se divide en los estratos herbáceo, arbustivo y arbóreo. En la foto, detalle de un ejemplar de bombonaje.

Vegetación de altura

Por encima de los 5,000 m sólo se encuentran musgos, líquenes y algunas fanerógamas. Entre estas últimas pueden citarse la yareta o yarita (*yarita*), que crece hasta los 5,200 m de altura, la yaretilla (*Azorella sp.*), el chunchuhuatia (*Gentiana scarltinostriota*) y otras especies que, por el rigor del clima y la gran altitud, poseen tallos contraídos y ramaje denso que les otorgan un aspecto semejante a almohadillas.

El piso subtropical

El biólogo Ramón Ferreyra expresa que este piso posee una vegetación exuberante de arbustos y árboles de ramificación cupuliforme, que conviven con lianas, hierbas sufructicosas y comunidades epífitas del más diverso colorido. Entre los elementos más conspicuos y característicos, Ferreyra señala el huicungo (*Astrocaryum huicungo*), el bombonaje (*Carludovica palmata*), el laurel (*Myrica pubescens*), el aliso (*Alnus jorullensis*) y el bambú (*Chusquea scandens*).

La selva baja y las grandes llanuras amazónicas

La selva baja es el dominio de la vegetación tropical, con su enorme variedad de especies. Pre-

El aguaje forma parte de la vegetación de bosque húmedo tropical, que ocupa 241,500 km² en Perú. Se caracteriza por un superestrato de árboles que superan los 15 m de altura.

senta tres estratos: uno superior, formado por grandes árboles que al unir sus ramas y su follaje originan una cobertura vegetal continua, por donde sólo pasan algunos rayos del sol; un estrato medio, constituido por arbustos y palmeras que se han adaptado a la sombra; y un estrato inferior de hierbas, gramíneas y diversas criptógamas, que crecen siempre en un ambiente sombrío. Las lianas, en su búsqueda de luz solar, trepan por toda clase de troncos y ramas.

Se alternan formaciones de bosque subtropical húmedo y muy húmedo, así como bosque pluvial subtropical y bosque tropical húmedo y muy húmedo, con presencia también de bosque seco tropical, de acuerdo a las variaciones climáticas y de relieve. En cuanto a los bosques vírgenes, sólo se encuentran en algunos sectores aislados. Cerca de los centros poblados y a lo largo de los ríos predomina la vegetación secundaria, conocida con el nombre de «purmas». Se trata de antiguos campos de cultivo, abandonados debido a la agricultura itinerante que se practica en la selva. En los bosques primarios hay árboles industriales como el caucho y la caoba, junto a otros que dan frutos alimenticios. Existe también una gran variedad de palmeras, algunas con frutos comestibles. Grandes extensiones de terrenos inundables o pantanosos poseen vegetación, con predominio de palmeras, entre las que destaca el aguaje (*Mauritia flexuosa*), cuyos frutos comestibles son muy apreciados por los pobladores de la Amazonia.

Principales especies de las selvas alta y baja

A orillas de los ríos se encuentra con gran frecuencia la caña brava (*Gynerium sagittatum*), que llega a alcanzar más de 6 m de longitud, y el cetico (*Cecropia tessmanii, Cecropia ferreyrae*), que se utiliza como materia prima para la elaboración de papel. El ojé (*Ficus anthelmintica*) es un árbol de grandes proporciones, del que se extrae un látex blanco y lechoso, que los pobladores utilizan como sustancia medicinal. El palo de balsa (*Ochroma lagopus, Ochroma piscatoria*) posee una madera muy suave y liviana, que se emplea para construir balsas, en tanto que el shimbillo (*Inga sp.*), del que existen numerosas especies, tiene frutos comestibles.

El águano o caoba (*Swietenia macrophylla*) es árbol de fina madera, muy utilizada en ebanistería, lo mismo que el cedro colorado (*Cedrela odorata*); por la explotación intensiva, ambos requerirían labores de reforestación. El tornillo (*Cedrelinga catenaeformis*) es árbol gigante de madera parecida al cedro. El chontaquiro (*Pithecolobium sp.*) posee madera muy dura y resistente, mientras que la huimba (*Ceiba pentranda*) es de madera suave y da frutas de largas fibras sedosas y brillantes.

Maderas aprovechables

La lupuna (*Trichilia tocacheana*), árbol de gran tamaño, es uno de los de mayor envergadura que existen en la selva. La madera de la mohena amarilla (*Chuba pucherminor*) se emplea en carpintería. La quinilla (*Manilkara bidentata*), de madera rojiza y muy dura, tiene frutos comestibles, en tanto el palo de rosa (*Aniba roseadora*) fue intensamente explotado para la extracción de su aceite, que se utiliza en perfumería. Otras especies de la selva son el ishpingo (*Ambruna cearensis*), la manchinga (*Brosimun uleanum*), el mashonaste (*Clarisia sp.*), el puca-quiro (*Sickingia tinctoria*) y el pashaco (*Schizolobium amazonicum*), de madera muy dura y fibrosa.

El piso mesotérmico (2,500-3,000 m) del valle del Mantaro posee características ecológicas propias de bosque seco montano bajo subtropical; el cedro es una de sus especies emblemáticas.

La shiringa, árbol de la familia de las euforbiáceas, es una especie muy valorada por los taladores, debido a sus potencialidades de explotación industrial. Crece en zonas de clima trópical.

La bolaina (*Guazuma crivita*), árbol que posee tronco largo y recto, es de rápido crecimiento; su madera, ligera y resistente, se utiliza para la construcción de viviendas rurales. La capirona (*Calycophyllum spruceanum*), de tronco brillante, tiene madera muy dura.

Cauchos y palmeras

La amasisa (*Erythrina poeppigiana*) exhibe hermosas flores rojas y amarillas que la cubren por completo. En el tronco de la tangarana (*Triplaris caracasana*) se observan pequeños agujeros en los que habitan hormigas rojas, muy belicosas. El atadijo (*Trema micrantha*) es de corteza muy flexible y resistente, en tanto la catahua (*Hura crepitaus*), árbol frondoso y con espinas, tiene un látex lechoso y tóxico. Del chuchuhuasi (*Heisteria pallida*) se utilizan la corteza y las raíces, las cuales, maceradas en alcohol, dan la bebida que se conoce con el mismo nombre de la planta. El frondoso renaco (*Ficus globrata, Ficus sp.*), de raíces aéreas y en zancos, forma bosques oscuros e intrincados.

De la shiringa (*Hevea brasilensi*) se extrae el jebe fino. Otras especies son el caucho blanco (*Sapium marmieri*), el caucho negro (*Castilla ulei*) y la leche caspi (*Couma sp.*), cuyo látex lechoso se utiliza para la elaboración del chicle.

Entre las palmeras cabe citar el aguaje (*Mauritia flexuosa*), la pona (*Iriartea sp.*) y el pijuayo (*Guilielma gasipaes*). De las plantas pequeñas de esta última se extrae la materia prima para la elaboración de palmitos, conserva vegetal que se dedica tanto al consumo interno como a la exportación. El huicungo (*Astrocaryum huicungo*) posee troncos, ramas y frutos espinosos, en tanto la shapaja (*Scheelea cephalotes*) es una palmera robusta y de grandes hojas, que da frutos comestibles, al igual que el ungurahui (*Jessenia weberbaueri*), cuyo fruto es rico en aceite. Maduro y seco, el fruto de la yarina (*Phytelephas macrocarpa*) se conoce como «marfil vegetal» por su color y dureza. En fin, muy parecido a las palmeras es el bombonaje (*Carludovica palmata*), que sin embargo pertenece a la familia de las cyclantáceas.

Lianas y otras especies

La flora de la región se completa con lianas, tales como el tamushi o tamshi (*Carludovica sp.*), de gran longitud, muy resistentes y flexibles; en la selva se les da utilizaciones diversas. A éstas se suman la zarzaparrilla (*Smilax sp.*), que se caracteriza por sus grandes espinas curvas; la habilla (*Hura crepitaus*), que da frutos con semillas redondas y duras; el ayahuasca (*Banisteriopsis caapi*), planta alucinógena tradicionalmente usada por la población autóctona; el ampihuasca (*Chondodentron tomentosum*), y la sacha papa (*Dioscorea trifidia*), cuya raíz es comestible.

Formaciones vegetales del Perú

En su obra *Zonas de Vida Natural en el Perú,* Joseph A. Tossi Jr. sostiene que, desde el punto de vista ecológico, éste «es uno de los países más variados y complicados del mundo» y que en él «se encuentra una heterogeneidad fisiográfica y biológica casi increíble». De las cien formaciones vegetales universales, en Perú se han localizado treinta y cinco, distribuidas en siete pisos altitudinales y ocho provincias de humedad. Las formaciones vegetales son las siguientes.

Ejemplar de Browningia candelaria, *especie típica de la vegetación del desierto montano bajo.*

Desiertos y malezas

El desierto subtropical es una formación típica de la costa, que se extiende desde El Alto, al norte de Piura, hasta la frontera con Chile. Posee grandes zonas que carecen de plantas con raíces. Hay también áreas con restringida vegetación herbácea o subarbustiva, que crece en suelos arenosos, y gramíneas que soportan elevada salinidad.

El desierto tropical se localiza al sur y sudeste de Piura, y ocupa un área reducida. Tossi considera que se trata quizá de la única representación en América del Sur de una formación que es, en general, muy poco frecuente en todo el mundo. La escasa vegetación, presente sólo en el fondo de algunas quebradas secas, está constituida por pequeños árboles (*Capparis spp.*) y arbustos dispersos de tipo muy xerofítico.

En cuanto al desierto montano bajo, localizado al sur del paralelo 15°, se extiende hasta la frontera con Chile. No es continuo y se encuentran formaciones separadas entre sí por los grandes cañones de algunos ríos del sur peruano. La vegetación es muy exigua y sólo en el fondo de algunas quebradas crecen arbustos xerofíticos.

El desierto montano, ubicado en una franja muy angosta y cerca de la frontera con Chile, está a unos 3,500 m de altitud y ocupa un área restringida que no llega a los 300 km^2. La vegetación es muy pobre.

Malezas y chaparrales

La maleza desértica tropical se encuentra al norte del paralelo 6° de latitud sur hasta la frontera con Ecuador. La vegetación está compuesta de numerosos arbustos grandes y árboles pequeños dispersos y a veces en manchas. Las especies más comunes son el zapote (*Capparis spp.*) y el algarrobo (*Prosopis juliflora*); ambos tienen sistemas radiculares muy profundos, que les permiten aprovechar el agua del subsuelo. Se observa también una cobertura rala de hierbas anuales, con predominio de gramíneas. Éstas se desarrollan rápidamente cuando se producen las lluvias estacionales, sobre todo durante fenómenos de El Niño extraordinarios, como los de 1925, 1983 y 1998.

La maleza desértica subtropical se extiende entre los 7 y 15° de latitud sur, ocupando los pisos bajos de la vertiente occidental andina. La vegetación está constituida por árboles de raíces profundas y madera muy dura, tales como acacia macracantha o caesalpinia, entre otros. También existen cactáceas de hasta cuatro metros de altura.

En cuanto a la maleza desértica montana baja, ésta se halla situada entre los 10 y 12° de latitud sur. Esta formación ocupa franjas estrechas en altitudes donde se registran bajas temperaturas nocturnas. Entre la vegetación existente puede citarse el aliso (*Alnus jorullensis*), el molle (*Schinus molle*) y la achupalla (*Puya spp.* y *Pitcairnia spp.*).

Las gramíneas son la vegetación característica de la estepa altoandina. Los cambios drásticos de temperatura dificultan el desarrollo de otro tipo de flora. La imagen pertenece al Paso de Tichio.

El chaparral bajo y chaparral alto montano bajo comprende las lomas de la costa en las que la vegetación crece gracias a la persistencia de nubes y neblinas, que cubren la zona durante el invierno.

En fin, la maleza desértica montana se encuentra al sur del paralelo 10° y en altitudes superiores a los 3,000 m. Las plantas que predominan son la chilhua (*Franseria fruticosa Phil*), la tola (*Lepidophyllum quadrangulare, Meyeu benth*) y las hierbas perennes.

El bosque espinoso

El bosque espinoso tropical se localiza al norte del paralelo 7° de latitud sur, tanto en la costa como en el valle del Marañón y sus afluentes Utcubamba y Chinchipe. En la costa y en la zona de Bagua la formación se vuelve sabana o bosque muy seco. Existen árboles, arbustos y cactáceas columnares. Entre los primeros pueden citarse el guayacán, el hualtaco, el zapote, el faique y el huarango. El bosque espinoso subtropical se encuentra en la costa norte, en los cerros de Amotape, y, más al sur, en altitudes que pueden llegar a alcanzar hasta los 1,200 m. La vegetación está constituida por hualtaco, guayacán y palo santo (*Bursera graveolens*), entre otros.

En cuanto a la estepa espinosa montana baja, se localiza en altitudes comprendidas entre los 2,100 y 3,100 m, en terrenos de ladera con marcada inclinación, cubiertos de suelos litosólicos y pedregosos. La vegetación está constituida por árboles pequeños, y arbustos y subarbustos con una tupida cubierta de hierbas perennes, incluyendo gramíneas que forman manojos.

La estepa montana es una formación que se ubica entre los 3,000 y 3,500 m sobre el nivel del mar, y su vegetación predominante es la estepa o graminal, que contiene arbustos muy dispersos.

Sabanas o bosques secos

La sabana o bosque muy seco tropical es una formación localizada en la costa norte y también en los valles del Chamaya, Chinchipe, Utcubamba y en algunos sectores del Mantaro y Apurímac. La vegetación está constituida por el ceibo (*Bombax sp.*), el pretino (*Cavanillesia platanifolia*), el guayacán y el palo de vaca (*Alseis geyersii*).

La sabana o bosque seco subtropical se localiza principalmente al norte del paralelo 7° de latitud sur, en el valle del Marañón y sus afluentes, y, en forma más restringida, en los valles del Huallaga, Mantaro, Tulumayo, Apurímac y Urubamba.

En cuanto a la sabana o bosque seco montano bajo, es formación típica de los grandes valles interandinos entre la frontera con Ecuador y los 14° de latitud sur. La vegetación primaria es muy escasa y ha sido reemplazada por cultivos. Entre las especies que ahora se observan pueden citarse la retama (*Spartina junceum*) —arbusto de la región mediterránea muy extendido en el país—, el sauce, el molle y el aliso.

Praderas y tundras

La pradera o bosque húmedo montano se extiende desde la frontera con Bolivia hasta la zona de Cajamarca, ocupando altos valles y mesetas. Es zona de pastos naturales, pero también se encuentran el saúco (*Sambucus peruviana*) y el aliso (*Alnus jorullensis*).

Las formaciones nivales —maleza desértica subalpina y tundra húmeda alpina— se encuentran en los pisos superiores andinos, donde sólo prospera una ganadería extensiva favorecida por la presencia de pastos naturales y algunas plantas, como la yareta (*Azorella spp.*).

El páramo húmedo subalpino y la tundra muy húmeda alpina corresponden a las zonas altoandinas con precipitaciones anuales de entre 250 y 500 mm. La vegetación que predomina es de gramíneas, llamadas por Weberbauer pajonal de puna. Se encuentran también pequeños montes de quiñua (*Polylepis spp.*).

El páramo muy húmedo subalpino y la tundra pluvial son formaciones, también altoandinas, en las que predominan las gramíneas y otras hierbas erguidas y siempre verdes, algunas de las cuales alcanzan e incluso superan los 2 m de altura. En ciertas zonas hay matas de arbustos que crecen asimismo hasta 2 m. Los montes de *Polylepis sp.* y *Gynoxys oleifolia*, que alcanzan 8 m de altura, son ahora muy escasos. En la tundra pluvial abundan las hierbas arrosetadas y las de porte almohadillado, siempre verdes o un poco amarillentas durante el período seco.

Bosque montano

La formación pluvial subalpina se localiza en reducidas áreas altoandinas de la vertiente oriental, expuestas a las masas de aire saturadas que llegan de las selvas húmedas de la ceja de selva. La vegetación, densa y compleja, está constituida por un tupido pajonal siempre verde, con especies que forman manojos, plantas herbáceas y espesas matas de carrizo enano (*Chusquea spicata* o quizás *Ch. depauperata*), que se alternan con montes abiertos y cerrados de pequeños árboles como *Polylepis* o *Gynoxis*.

La yareta crece por encima de los 4,000 m. En la cordillera Occidental del sur del Perú puede cubrir grandes áreas rocosas, donde la única actividad económica es la ganadería extensiva.

El bosque muy húmedo montano se ubica en la vertiente oriental y se caracteriza por su tupida e impenetrable cobertura de monte siempre verde. De gran importancia desde el punto de vista hidrológico y forestal, es una zona con temperaturas nocturnas relativamente bajas, abundancia de neblinas y exceso de humedad; la atmósfera y el suelo están saturados de humedad todo el año.

Las precipitaciones, de 1,000 a 2,000 mm anuales, son sobre todo de origen orográfico. Es probable que un apreciable porcentaje de humedad resulte de lluvias ocultas, producto de la condensación directa de las neblinas sobre la vegetación. Los ecólogos han denominado a esta formación «bosque nublado». La vegetación está constituida por carrizo (*Chusquea apicata*), gramíneas siempre verdes, altas y enmarañadas hierbas y puyas (*Puya sp.*), que penetran en formaciones localizadas en altitudes superiores, pequeños árboles como *Podocarpus*, *Rapanea*, *Vallea*, *Clusia*, helechos arbóreos, etcétera. Entre los árboles predominan el ulcumano (*Podocarpus utilior*), el pino rojo (*Podocarpus oleofolius*) y el carapacho (*Weinmannia spp.*).

La palmera de altura forma parte de la vegetación típica de la zona de bosque húmedo montano bajo. Su extraordinaria estatura es uno de los símbolos de la flora tropical peruana.

Bosque pluvial, húmedo y muy húmedo

El bosque pluvial montano se localiza en fajas dispersas y reducidas de los Andes centrales y relieves andinos que penetran en la selva. Reemplaza al bosque muy húmedo en las zonas donde las precipitaciones sobrepasan los 2,000 mm anuales. La vegetación está constituida por carrizos y helechos arbórcos.

En cuanto al bosque húmedo montano bajo, es una formación localizada al norte del paralelo 7° de latitud sur. Su área más importante se encuentra al este del río Marañón, en altitudes de 2,000 a 3,000 m. Abarca las zonas de Chachapoyas, Mendoza, Jumbilla, Cutervo, Chota y Celendín. Componen la vegetación especies de carapacho (*Weinmannia spp.*), moenas (*Ocotea spp.*, *Nectandra spp.*), pinos (*Podocarpus spp.*), helechos arbóreos, carrizos, palmeras de altura (*Ceroxylon spp.* y *Geoveraniego*), alisos (*Alnus jorullensis*), entre otras.

El bosque muy húmedo montano bajo se ubica en las vertientes orientales andinas que están plenamente expuestas a las masas de aire cálido y húmedo provenientes del llano amazónico. Ocupa una faja de altitud comprendida entre 1,600 y 1,900 m, pero alcanza hasta los 2,800 m cuando se dan condiciones favorables de clima y topografía. La vegetación, abundante, consta de un estrato superior, con árboles que alcanzan alturas de hasta 25 o 30 m e incluso llegan a los 40 m; un estrato intermedio, con árboles de 12 y 19 m; y un estrato arbóreo inferior, muy tupido pero con altura irregular. Entre las plantas típicas se pueden mencionar el ulcumano (*Podocarpus utilior*), el cetico (*Cecropia spp.*) y la moena.

En fin, el bosque pluvial montano bajo ocupa un área muy reducida en las vertientes orientales andinas y es una formación poco estudiada, porque se encuentra en zonas de topografía abrupta y de difícil acceso. Se observan árboles delgados, recubiertos con epífitas y con gran abundancia de orquídeas en sus ramas.

Bosque subtropical y tropical

El bosque húmedo subtropical se localiza en el flanco oriental andino, entre los 600-800 m y los 1,900-2,000 m de altitud. La vegetación, abundante, presenta árboles de gran tamaño, como el nogal (*Junglans neotropical*), el nogal amarillo (*Tabebiua sp* o *Cybistax sp.*), el cedro de montaña (*Cedrela fissilis*), el asta de venado (*Cordia sp.*), el palo de sangre (*Brosimum sp.*) y el qui-

Orquídea de bosque nublado en el valle de Chanchamayo, en Pasco. Entre los 700 y 1,000 m los cerros están cubiertos de un manto perennifolio de epífitos, como orquídeas y bromeliáceas.

llabordón (*Aspidosperma spp.*). La selva virgen posee tres estratos: el superior, compuesto por árboles que tienen hasta 2 m de diámetro, alcanza una altura de unos 30 m, llegando excepcionalmente a 35 m y más; el estrato medio cuenta con árboles más delgados y pequeños, cuyas copas llegan a 10 y 20 m, y el estrato bajo lo componen escasas hierbas y arbustos que crecen con dificultad, debido a la competencia radicular y a la sombra. Existen también palmeras y vistosos helechos arbóreos.

El bosque muy húmedo subtropical ocupa las zonas inferiores de la vertiente oriental andina, donde las precipitaciones anuales oscilan entre 2,000 y 4,200 mm. La vegetación, exuberante, se distribuye en cuatro estratos arbóreos, con niveles superiores respectivos de 37, 27, 17 y 10 m, aproximadamente. Las principales especies son: tornillo (*Cedrilinga cateneformis*), tulpay (*Clarisia racemosa*), palta moena (*Persea raimondi*), chamisa (*Sloanea spp.*), cumala (*Virola spp.*), cedro de montaña (*Cedrela fisilis*), caoba de altura (*Swietenia* o *guarea*), quillabordón (*Aspidosperma spp.*), estoraque, etcétera.

El bosque pluvial subtropical, localizado en áreas de difícil acceso, está poco estudiado y su valor principal consiste en ser fuente hídrica y protector contra la erosión.

Las formaciones tropicales

El bosque muy húmedo tropical ha sido estudiado en la zona llamada Pampa del Sacramento, en el área de los ríos Aguaytía, Yurac-Yacu y San Alejandro; ocupa llanuras comprendidas entre 200 y 500 m de altitud. La vegetación en su estado virgen es la más alta, tupida y compleja del trópico. Esta exuberancia es resultado de la humedad y las temperaturas ambientales, ambas siempre elevadas.

Esta zona se caracteriza además por la existencia de árboles gigantescos, que alcanzan hasta 60 m de altura. Muchos de ellos exhiben inmensas raíces laminares fulcreas, conocidas con el nombre de «aletas»; pueden tener hasta 5 m de diámetro en el tronco y alturas de 45 m. Es un bosque con poca vegetación arbustiva y herbácea, debido sobre todo a la oscuridad y a la competencia de los apretados sistemas radiculares de los ár-

Las denominadas raíces laminares o aéreas son propias de zonas húmedas y ponen en evidencia un alto nivel de precipitaciones. Su singular aspecto atrae a turistas y científicos.

El cedro posee una de las maderas más apreciadas del bosque tropical, por lo que los bosques ricos en esta especie suelen ser víctimas de una tala ávida e indiscriminada.

boles. El bosque virgen puede dividirse en cuatro estratos: el superior alcanza casi los 60 m y los restantes 33, 21 y 14 m respectivamente.

En cuanto al bosque seco tropical, ocupa amplias llanuras y fértiles valles aluviales de la Amazonia peruana. Es zona apropiada para desarrollar una agricultura tropical de características técnicas y científicas a fin de evitar el rápido empobrecimiento de los suelos. Las plantas más representativas son: huicungo (*Astrocaryum huicungo*), shapaja (*Scheelea cephalotes*), yarina (*Phytelaphas sp.*), aguaje (*Mauritia flexuosa*), caoba o aguano (*Swietenia spp.*), cedro (*Cedrela spp.*), requia (*Guarea sp.*), capirona (*Calycophylum sp.* y *Capirona spp.*), lagarto caspi (*Calophyllum sp.*), el estoraque (*Myroxylon balsmum*) y el huito (*Genipa americana*), etcétera.

En fin, el bosque húmedo tropical es la formación más extensa y ocupa la amplia llanura amazónica. Con selvas vírgenes y mayormente deshabitada, sus escasos pobladores ocupan y explotan sólo las riberas fluviales. Entre las especies más comunes pueden mencionarse el cedro (*Cedrela odorata*), el ojé (*Ficus antihelminthica*), la marona o ipa (*Guadua spp.*) y una gran variedad de palmeras. Entre éstas destaca el aguaje (*Mauritia flexuosa*), palmera hidrofítica que cubre grandes extensiones de la selva baja, así como gran cantidad de plantas trepadoras y bejucos, la lupuma (*Ceiba sp.*), el zapote y zapotillo (*Matisia spp.* y *Quararibea sp.*), la sacha-uva (*Didymonpanas sp.*), el árbol del ajo (*Corda alliadora*), el chontaquiro (*Qualea sp.* o *Vochysia sp.*), la catahua (*Hura crepitans*), el rifari o shapana (*Terminalia sp.*), el pashaco (*Macrolobium* o *Vouapa sp.*), el castaño (*Bertholletia excelsa*) y el cacao silvestre (*Theobroma spp.*).

El bosque primario de esta formación constituye la máxima expresión del clima tropical húmedo y se estima que en cualquier localización conviven cien o más especies arbóreas por hectárea.

Fauna del litoral

La fauna del Perú es variada y abundante en todo el territorio nacional, a excepción de las zonas áridas tanto de la costa como de la vertiente occidental andina. Existen disposiciones legales para preservar y defender la subsistencia de las especies marinas, fluviales y lacustres, aunque en la práctica se producen numerosas violaciones de estas leyes.

El guanay es, junto al piquero, el camanay y el pelícano o alcatraz, una de las aves guaneras más numerosas.

Especies del Pacífico

La presencia de las aguas templadas de la corriente Peruana determina unas condiciones inmejorables para el desarrollo de una abundante y variada fauna ictiológica, a lo ancho de las 200 millas del Mar de Grau. Según el oceanógrafo germano Erwin Schweigger, el número de especies clasificadas como habitantes del litoral peruano se eleva a cerca de 800. En la costa, la ornitóloga María Emilia Köepchke, por su parte, enumeró unas 350, en tanto que Chirichigno da una cifra de 450. En cualquier caso, de este elevado número de especies, sólo entre un 10 y un 15 por ciento se utiliza de forma permanente para la industria o el consumo directo. Ante la imposibilidad de describir todas las especies, sólo se hará referencia a las que revisten mayor importancia desde el punto de vista de su aprovechamiento humano.

Captura y protección de la anchoveta

Existen períodos de veda para proteger la anchoveta, debido a que su biomasa sufre notables variaciones por exceso de pesca o por fenómenos extraordinarios El Niño, como ocurrió en 1983 y 1998. En 1947, Schweigger calculaba que la población total de anchoveta podría llegar a veinte millones de toneladas métricas. Se trata de un volumen muy considerable, pero si se tiene en cuenta el progresivo ritmo de su captura se deduce que el ciclo biológico de esta especie no está del todo fuera de peligro.

La pesca de la anchoveta se realiza exclusivamente para la elaboración industrial de harina de pescado, obteniéndose en la actualidad tan sólo el aceite como subproducto. Sin embargo, su elevado valor alimenticio hace que forme parte de la alimentación diaria del poblador peruano, mediante formas de conservación adecuadas hasta llegar al consumidor. Existen indicios de que en épocas pasadas la anchoveta formaba parte de la dieta diaria de los habitantes del litoral.

Bonito, lorna, caballa

El bonito (*Sarda sarda chilensis* y *Sarda velox*) tiene un perfil fusiforme; el ejemplar de mayor tamaño pescado en Perú —el 13 de diciembre de 1956– media 93 cm y pesaba 9.4 kg. El consumo de este pescado se encuentra muy arraigado en el país; es una especie presente en todo el Mar de Grau comprendido entre las islas Lobos de Tierra y Morro de Sama. Su pesca es abundante durante todo el año. Se consume principalmente fresco, aunque salado y seco se comercializa en la región andina.

La lorna (*Sciaena deliciosa*) alcanza hasta 35 cm de largo y 300 g de peso. La caballa (*Pneumatophorus peruanus*) está presente entre las islas Lobos de Tierra y las de Chincha. La corvina (*Sciaena gilberti*), pez de carne blanca muy apreciada, alcanza dimensiones que sobrepasan los 50 cm de largo. Vive cerca de las playas arenosas, donde hay abundancia de muy-muy, pequeño crustáceo del que se alimenta. El róbalo (*Sciaena

La ballena azul es uno de los mamíferos más espectaculares que habitan temporalmente las aguas del Mar de Grau. Un ejemplar de esta especie puede pesar hasta 150 toneladas.

wieneri y *S. starksi*) es parecido a la corvina y se pesca con preferencia frente a la desembocadura del río Santa.

La cojinova (*Neptomenus crassus*) abunda en la zona central y sur del Mar de Grau, en tanto el lenguado (*Paralechthys adspersus*), que vive en fondos arenosos, se pesca en todo el litoral. Su carne es muy apreciada. La liza (género *mugil*) se presenta cerca de la costa y es común encontrarla en lagunas litorales de la costa central y norte.

Barrilete, pejerrey, pez espada

El barrilete (*Katsuwonus pelamis*) se encuentra principalmente en la costa norte, zona donde existen condiciones climáticas tropicales. El machete (*Ethmidium chilcae*) se usa en la industria. El pejerrey (*Austromenidia regia*), de carne blanca y muy sabrosa, tiene forma alargada y puede alcanzar hasta 30 cm de largo. Se encuentra desde las islas Lobos de Tierra hasta la frontera con Chile; las mayores concentraciones se han observado en la zona de Pisco y Paracas. El coco (*Paralonchurus peruanus*) posee carne blanca muy sabrosa.

El pez espada (*Xiphias gladius*) se caracteriza por tener la mandíbula superior en forma de una daga larga y plana. Llega a alcanzar longitudes superiores a los 5 m. El toyo o tollo (géneros *mustelus* y *scoliodon*), pez sin escamas, vive cerca del fondo del mar. El atún (*Thunnus magropterus*) es de gran importancia comercial y generalmente se halla alejado de la costa. La distribución geográfica del mero comprende la zona septentrional del Mar de Grau; pertenece al género *Alphestes* (fam. *Serranidae*).

Otros peces que se utilizan en la alimentación son la pintadilla (*Chellodactylus variegatus*), el pámpano fino (*Trachinotus rhodopus*), el congrio (*Brotulaclarkae hubbs*), el tramboyo o trambollo (*Hypsoblennius robustus*) y el peje sapo. Existen además varios tipos de rayas, que viven principalmente en los fondos arenosos.

Moluscos, cefalópodos, crustáceos

Hay también gran variedad de moluscos, entre ellos el choro (*Aulacomya atra*), de gran consumo en la costa peruana, y la concha de abanico (*Pecten purpuratus*), muy apreciada por los gastrónomos; su área de distribución abarca todo el litoral peruano. Se encuentra a menudo formando grandes bancos, que son explotados hasta su extinción. Cabe citar asimismo la concha negra, cuya área geográfica se localiza al norte del departamento de Tumbes, en los esteros y manglares. Muy populares en la zona sur del país, las machas viven en fondos arenosos y cerca de la línea litoral.

También los cefalópodos se pescan en abundancia, como el calamar grande (*Ommastrphes gigas*), al que denominan jibia en la costa central y norte, y pota en el sur de Perú. Se han capturado ejemplares que sobrepasaron los 2 m de longitud. El pulpo (*Polypus fontaineaus*) vive a lo largo de toda la costa peruana.

Los crustáceos más característicos de Perú son el langostino, que habita sobre todo en la costa norte; el cangrejo peludo (*Cancer polydon*), que lo hace cerca de la costa y en fondos fangosos, y el muy-muy (*Hippa analoga*), que abunda en las playas del litoral.

En cuanto a los cetáceos que pueblan el Pacífico peruano, pertenecen a tres especies. La ballena azul (*Balenoptera musculos*), mamífero marino de cuerpo fusiforme y piel sin escamas, mide hasta 30 m de largo; el cachalote o ballena de esperma (*Physeter catodon*), de menores dimensiones, llega a tener 20 m de longitud y abunda más que la ballena azul; y los bufeos (*Delphinus delphis*), que viven en grupos que saltan constantemente en la superficie. No son comestibles, pero constituyen un atractivo añadido al paisaje marino frente a las costas.

Los lobos marinos (*Otaria flavescens*), en fin, son carnívoros adaptados a la vida acuática. El macho adulto llega a medir 3 m desde el hocico hasta el extremo de la cola. Las hembras son más pequeñas. Viven al pie de los acantilados rocosos y en cuevas al nivel del mar. Se los observa en las islas de Chincha y San Lorenzo.

Variedad de aves

En todas las islas del Pacífico y en numerosas puntas que avanzan hacia el mar anidan y pernoctan millones de aves marinas, que durante el día se desplazan en grandes bandadas a lo largo del litoral. Las condiciones climáticas de la costa central y sur, donde las lluvias son muy escasas, permiten la acumulación de deyecciones y restos de aves, que constituyen el renombrado guano de las islas, abono natural de extraordinaria riqueza.

El guanay (*Phalacrocorax bougainvillii*) pertenece al orden pelecaniformes. Se encuentra a lo largo de la costa peruana, especialmente entre las islas Lobos de Tierra en el norte hasta la isla Mocha, en Chile. Anida en las islas y en algunas puntas del litoral. Los nidos, muy ricos en nitrógeno, son montículos de guano de isla. El guanay es de color negro a excepción de la parte ventral del cuerpo y la garganta, que son blancas. Su alimento principal es la anchoveta. Es el mayor productor de guano de isla y existen disposiciones legales que lo protegen.

El pelícano o alcatraz tiene su hábitat en zonas del litoral, cerca de los bancos de anchoveta, especie que constituye su principal sustento. Esta ave guanera alcanza 1,8 m de envergadura.

El alcatraz y otras especies de la costa

El alcatraz (*Pelicanus occidentalis thagus*), orden pelecaniformes, es uno de los pelícanos más grandes del mundo. Vive a lo largo de la costa, en la zona influida por la corriente Peruana. Cabeza y cuello son de color blanco y el resto del cuerpo de color grisáceo. Es el tercer productor de guano de isla. En cuanto al piquero (*Sula variegata*), familia *Sulidae*, orden pelecaniformes, es un ave muy bella. Su color es blanco, exceptuando las alas y el dorso. Sus polluelos parecen capullos de algodón y constituyen un espectáculo extraordinario en las islas guaneras. Para pescar detiene su vuelo y se lanza en picada desde alturas superiores a los diez-veinte metros. Anida y pernocta principalmente en lugares escarpados. Por su producción de guano de isla ocupa el segundo lugar, después del guanay. El pájaro niño o pájaro bobo (*Spheniscus humboldti*), orden esfenisciformes, se encuentra en la costa, desde las islas Lobos de Tierra hasta la frontera con Chile.

Otras aves de la costa son el patillo o cuervo del mar (*Phalacrocorax olivacens*, orden pelecaniformes), la gaviota gris (*Larus modestus*, orden caradriformes), el zarcillo (*Larostema inca*, orden caradriformes) y la chuita (*Phalacrocorax gaimar-*

La iguana con cresta es un reptil típico de las lomas de la costa central y del sur, en los departamentos de Lima, Ica y Tacna. Convive con los venados y con diferentes tipos de ardilla.

di, orden pelecaniformes). El cuculí (*Zenaida asiática meloda*), la tortolita de pico amarillo (*Eupelia cruziana*), las garzas que viven en los manglares y a orillas de los ríos y la lechuza de los arenales (*Speotytu cunicularia*) también forman parte de la fauna costera.

Zorro y crustáceos de agua dulce

En las áreas de manglares y bosques de la costa septentrional, la fauna es más abundante que en la costa central y sur, donde la aridez sólo se interrumpe en los oasis que forman los ríos. El zorro gris (*Canis sechurae*), de menor tamaño que el zorro de los Andes, sale de su madriguera durante las noches; la ardilla de los algarrobales (*Sciurus stramineus*) vive en la costa norte, hábitat que comparte con los venados —que sólo excepcionalmente habitan algunas lomas de la costa central y sur— y con la iguana con cresta o pacaso (*Iguana iguana*).

En los ríos de la costa central y sur de Lima hay camarones de río (*Cryphips caementarius*), crustáceos muy apreciados por su exquisito sabor. Se han establecido períodos de veda para su pesca, debido a que el número de ejemplares ha disminuido considerablemente en todos los ríos, e incluso han desaparecido en algunos, como el Rímac por ejemplo. Se encuentra también en ciertas lagunas litorales.

Fauna de la región andina

Es necesario distinguir las vertientes orientales de las occidentales, y ambas de las punas, en donde la presencia de pastos naturales permite la subsistencia de una fauna importante. En las punas occidentales y orientales interandinas habita la llama (*Lama glama*), a la que los españoles denominaron «oveja americana», un camélido americano domesticado desde los tiempos de los antiguos pobladores de las punas andinas. Es un animal esbelto que habita en Perú y Bolivia, desde la meseta boliviana hasta los departamentos peruanos de Ancash y Huánuco. Los españoles encontraron llamas en Cajamarca, departamento donde ya casi no existen. El guanaco (*Lama guanicoe*) es otro auquénido que habita en las punas peruanas en estado salvaje.

El guanaco habita en la zona baja de la serranía esteparia (1,400-1,600 a 2,600 m de altitud sobre el nivel del mar). Este animal comparte hábitat con la llama y se encuentra en estado silvestre.

Los camélidos latinoamericanos

La alpaca (*Lama glama pacos*), camélido domesticado, habita en las punas peruanobolivianas. Es muy apreciado por su lana abundante, larga y suave. La vicuña (*Vicugna vicugna*), camélido salvaje, es muy esbelto y de gran belleza. Su fina y sedosa lana es una de las de mayor calidad en el mercado mundial. Está protegida por leyes para salvaguardar su subsistencia, pero la extensión de las punas peruanobolivianas, donde habita en altitudes superiores a los 4,000 m, favorece el incumplimiento de esas normativas legales.

Los cazadores furtivos, que se valen de toda clase de métodos, matan vicuñas para aprovechar la lana, que venden de contrabando. La inescrupulosidad de estos transgresores de la ley ha lle-

La vicuña, camélido de pelo lanoso, es una de las especies típicas de la puna. Se caracteriza por su adaptación al frío, a la escasez de oxígeno, a los pastos duros y al terreno pedregoso.

gado a extremos tales como el de envenenar el agua que beben las vicuñas. A pesar de ello, los esfuerzos por proteger a este camélido han redundado en un aumento del número de individuos de la especie.

La fina lana de vicuña sirvió en épocas pasadas para elaborar hermosos mantos y ponchos, que constituyen ahora piezas raras que se cotizan a altos precios. Los ponchos de vicuña son aditamentos de gran lujo, que lucen en las ocasiones más señaladas algunos jinetes andinos. Se trata, por lo general, de piezas heredadas a lo largo de varias generaciones, que se cuidan con gran celo.

Del venado gris al cóndor

El venado gris de los Andes (*Cdocoileus peruvianus*) vive en la alta montaña hasta los 4,500 m de altitud. Los ejemplares machos poseen cuernos ramificados. La taruca (*Hippocamelus antisesis*), con orejas grandes y cuernos con dos ramas, es más robusta que el venado. Vive en las altas punas, en altitudes superiores a los 4,000 m. El oso de anteojos (*Ursus ornatus*) habita en los bosques andinos. De color negro, llega a alcanzar 1.50 m de largo.

La vizcacha (*Lagidium peruvianum*), roedor de color gris y larga cola, tiene un tamaño superior al de un conejo doméstico. Excava madrigueras en las rocas. La chinchilla (*Chinchilla intermedia*) es

La parihuana se alimenta de crustáceos, como el Artemia jelskii, *que vive en las orillas de las lagunas de agua salada. Esta especie habita en zonas cercanas al litoral marítimo y lagunas andinas.*

una especie casi extinguida en Perú a causa de la caza continua y sin control con el objeto de aprovechar su fina piel, muy cotizada. Vive en zonas rocosas y en altitudes superiores a los 4,000 m. El cuy salvaje (*Cavia cobaya*), de color gris, forma colonias en las punas. Se reproduce en cautiverio, desde épocas prehispánicas, en todas las casas rurales y muchas urbanas. Es una importante fuente de proteínas para el poblador andino.

El cóndor (*Vultur gryphus*), ave emblemática de los Andes, desciende hasta la costa en busca de alimento. Con las alas extendidas, el macho puede sobrepasar los 2 m de envergadura. La guashua o guallata (*Chloephaga melanoptera*) es un ganso de las punas de Perú y otros países andinos. En cuanto a la parihuana (*Phoenicopterus ruber chilensis*), se trata de un ave que tiene su hábitat a orillas de lagos y lagunas de los Andes centrales y del sur. Descienden a la costa en la zona de Paracas, Huacho y Nazca. Son de color rosado y forman colonias numerosas.

La perdiz y el suri

La perdiz sudamericana (*Nothoprocta pentlandii custaleti*) habita en los montes bajos de los Andes. Por su parte, el suri (*Pterocnemia pennata*) vive en la meseta del Collao, a más de 4,000 m. Esta especie de avestruz, de patas altas y alas atrofiadas de hasta 1.50 m de alto, se halla en peligro de extinción. La caza sin control causa una considerable disminución en el número de estas hermosas aves. El macho emite potentes graznidos. En cuanto al gallito de las rocas (*Rupicola peruviana*), llamado también tunqui rojo, es una hermosa ave de vistoso color anaranjado con cola negra.

Fauna de la selva

La región selvática de Perú concentra una fauna terrestre, fluvial y lacustre de gran variedad y abundancia. Muchas especies de la selva alta se desplazan por los bosques que cubren la ceja de selva hasta altitudes que sobrepasan los 2,500 m. No se han hecho aún estudios continuados para establecer las migraciones de los animales que viven en la Amazonia peruana; sin embargo, la experiencia muestra que muchas especies de mamíferos y aves tienen un hábitat muy extenso y que se trasladan constantemente, sea por inundaciones en la selva baja, por las estaciones de sequía o de lluvias, a la búsqueda de alimentos o simplemente para alejarse de la persecución implacable del hombre.

La sachavaca es el mamífero más grande de la selva baja; comparte hábitat con el sajino, el jaguar y el puma.

La caza y la pesca en la región de bosques orientales es indiscriminada y está prácticamente fuera de todo control. Las especies que poseen piel valiosa son cazadas de forma masiva y algunas se encuentran en peligro de extinción. Como ejemplos pueden citarse el lagarto negro, los sajinos y las huanganas, el lobo de río y el tigre, entre otras. Algo semejante ocurre con los peces, tanto los de valor alimenticio como los ornamentales.

Animales característicos de la selva

La sachavaca, danta o tapir americano (*Tapirus terrestris*), único pterodáctilo de la América del Sur, vive en la selva alta y baja. Se adapta fácilmente a la vida en cautividad y, domesticado, se lo utiliza para mover pequeños trapiches que muelen caña de azúcar. Su piel es gruesa. Cuando está en peligro corre en línea recta abriendo caminos en el sotobosque. En el día duerme y sólo en las noches sale en busca de alimentos.

El sajino o chancho salvaje (*Pecari tajacu*) es un artiodáctilo de la familia tayasuidos. Su piel, muy apreciada, se exporta al extranjero y su carne, fresca o seca, tiene gran aceptación. Es como un cerdo mediano y en el lomo tiene una glándula que exhala un olor desagradable que delata su presencia. Se ha iniciado su domesticación.

La huangana o chancho salvaje (*Tayasu pecari*), otro artiodáctilo de la familia tayasuidos, es muy parecido al sajino, del que se diferencia por su mayor tamaño y por su color negro sin manchas blancas. Es gregario y vive en grandes manadas. En el lomo posee una glándula que exhala un olor desagradable, que persiste en la selva por muchas horas e incluso de un día a otro. Se alimenta de todo lo que encuentra: frutos, raíces, lombrices e insectos; el poblador de la selva sabe que por donde pasaron las huanganas no quedan insectos ni víboras y se puede transitar con seguridad. Su cuero alcanza precios altos, ligeramente inferiores al del sajino. Se caza durante todo el año, sin discriminación ninguna de sexo o edad.

Venados, roedores, tigres

El venado rojo (*Mazama rufa*), mamífero del orden artiodáctilos, familia cérvidos, como su nombre lo indica es de color rojo, con pequeñas manchas blancas. Muy esbelto y veloz, vive generalmente en las purmas o zonas con vegetación secundaria y cerca de los campos de cultivo. El ronsoco (*Hydrochoeris hydrochoeris*), conocido también con el nombre de capibara, es el roedor más grande que existe en el planeta. Habita en la selva alta y baja. Gran nadador y buceador, vive a orillas de los ríos, y cuando se ve perseguido o

El ronsoco es un mamífero acuático y roedor, que habita en zonas de selva alta y baja; en la baja comparte hábitat con el mapache, cuica de aguas, lobo de río, bufeo colorado, bufeo plomo y vaca marina.

El shihui u oso hormiguero vive en distintas biorregiones del bosque tropical; se alimenta de especies de hormigas tales como coquis o cortahojas, y convive con el sajino y el ocelote.

presiente el peligro, se mete en el agua buceando inmediatamente. Es dócil a la domesticación. De color marrón, es muy robusto y alcanza el tamaño de un cerdo grande. Vive en pequeños grupos y generalmente sale en busca de alimentos en las noches. Ingresa a menudo en las chacras o campos de cultivo localizados a orillas de los ríos causando destrozos. El añuje o agutí (*Dasyprocta paraguayensis, Dasyprocta variegata*), roedor mediano de color pardo rojizo, es muy vivaz y escurridizo. Corre a saltos y para comer se sienta sobre sus patas traseras. Vive en los huecos de los troncos de árboles caídos o en agujeros excavados en el suelo.

Tigre americano y tigrillo

El otorongo o tigre americano (*Panthera onca*) es un felino que pertenece al orden de los carnívoros. Habita la selva peruana y vive solo o en pareja. Rara vez ataca al hombre y generalmente huye ante su presencia. Su piel alcanza alto precio.

El tigrillo (*Leopardus pardalis*), carnívoro de menores dimensiones, se parece a un gato grande. El pelejo, yonca o perezoso de tres dedos (*Bradypus tridactylus*) pertenece al orden de los xenartros. Vive en los árboles y durante el día duerme colgado de gruesas ramas. La ardilla de los bosques (*Sciurus variabilis*), orden roedores, es pequeña pero muy vivaz. Se alimenta de frutos y se desplaza con igual rapidez en la tierra que por los troncos y las ramas de los árboles.

Armadillo, picuro y achuni

La carachupa o armadillo (*Dasypus novemcinctus*) pertenece al orden de los xenartros. Tiene un caparazón protector. Vive en agujeros que excava en el suelo; su carne es sabrosa y tierna. El picuro majas, paca o M. samaño, roedor de unos 30 cm de altura y 60 o 70 cm de largo, es de color pardo grisáceo, con líneas blancas entrecortadas que corren a los lados de su cuerpo. Cuando es perseguido se lanza al agua y bucea de inmediato. Su carne es muy sabrosa y delicada, motivo por el cual se lo persigue y caza por todos los medios. Hay asimismo una gran variedad de conejos silvestres que viven en las purmas y en las chacras. El achuni (*Nasua solitaria*) es un pequeño prociónido con cabeza parecida a la de un osito. De color gris, luce anillos claros en la cola.

Del oso hormiguero a la nutria

El oso hormiguero u oso de bandera es conocido en la selva con el nombre de «shihui» (*Myrmecophaga tridactyla*); pertenece al orden de los xenartros o edentados. De andar lento, se alimenta de hormigas, a las que caza introduciendo en los hormigueros su larga y delgada lengua. El motelo o tortuga terrestre (*Testudo tabulata*) llega a tener más de 50 cm de longitud. Su carne es muy apreciada. Con frecuencia se lo encuentra debajo de árboles con frutos comestibles, por ejemplo el sacha-zapote. Habita las selvas alta y baja. La charapa vive en los arenales de las orillas de los ríos de

Diversidad de monos en la selva

Existe una gran variedad de monos, del orden primates. De diversos tamaños, se domestican fácilmente. Viven en manadas, que en ocasiones sobrepasan el centenar de ejemplares. Los más pequeños son los leoncitos, de color negro y cabeza redonda, cubierta por larga melena, que sólo deja ver sus vivaces ojos. Se los caza de forma intensiva utilizando trampas rudimentarias pero efectivas. El frailecillo o saimiri (*Saimiris sciureus*), ligeramente más grande que el anterior, es de color gris amarillento. El capuchino (*Cebus apella*) es de color pardo oscuro y tiene pelos blancos en la piel de la cabeza y del cuello. Leoncitos, capuchinos y frailecillos requieren urgente protección.

La maquisapa o mono araña (*Ateles paniscus*) es un mono grande de color negro oscuro, que llega a tener noventa centímetros de altura. Se domestica fácilmente. Los monos barrigudos (*Lagothrix olivaceus*) son de menor tamaño y muestran una gran protuberancia abdominal. Los cotomonos o monos aulladores (*Alouatta seniculus*), de color marrón claro, delatan su presencia por sus potentes gritos.

El frailecillo pertenece al grupo de primates conocido como «enemigos de los nidos», por su costumbre de robar huevos, pichones o nidos enteros.

la selva baja. Es un quelonio que pasa parte de su vida nadando en los ríos. En época de reproducción, sale a las playas para desovar en las noches, y deposita sus huevos en huecos que excava y luego recubre con arena.

La nutria o lobo grande de río (*Nutria platensis*) vive en los ríos de la selva y su piel, muy fina, es altamente apreciada. La vaca marina o manatí (*Trichechus inunguis*), familia triquéquidos, del orden sirenios, se encuentra en ríos y cochas de la selva baja.

Lagartos y víboras

El lagarto negro (*Caiman niger*) es un saurio de grandes dimensiones, que vive a orillas de los ríos, lagos y lagunas de la selva baja. El challua lagarto o lagarto blanco (*Caiman sclerops*), de menores dimensiones que el anterior, habita en la selva baja y también la alta. La boa anaconda (*Eunectes murinus*) es el mayor de todos los reptiles; se conocen ejemplares que alcanzan 9 m de largo y 0.60 de diámetro. Vive en la selva baja y sólo excepcionalmente se encuentra algún ejemplar en la selva alta. La afaninga, de piel negra, amarilla y roja, habita cerca de las viviendas rurales. Se alimenta de las aves y sus huevos.

El loro-machacuy (*Corallus caminus*) es una víbora muy venenosa de color verde que habita en el ramaje de las plantas. El venenoso jergón, víbora pequeña de color pardo, se confunde con la hojarasca que recubre el suelo. La shushupe (*Lachesis muta*) es una víbora muy venenosa, que llega a medir más de 2 m de largo. El aguaje machacuy, en fin, es una víbora de color rojo oscuro, que habita en los aguajales.

Aves de la selva

Existe gran variedad de aves que pueblan la selva. Unas se distinguen por sus bellos y variados colores, otras por sus delicados cantos, algunas por la facilidad con que aprenden y repiten palabras y otras por su tamaño. Algunas de las más conocidas son el guacamayo o papagayo de dos colores (*Ara arauna, Ara militares*, orden psitaciformes), el papagayo o guacamayo de tres colores (*Ara chloptera*) y el papagayo o guacamayo de cuatro colores (*Ara macao*).

La lora verde (*Amazona festiva*, orden psitaciformes) vive generalmente en parejas y a veces en grupos más numerosos. Se domestica con gran facilidad y aprende a «hablar». Los pihuichos o periquitos (*Psilopsiagon aurifrons*, orden psitaciformes) son semejantes a los guacamayos y los loros pero de menor tamaño. Su plumaje es verde amarillo y viven formando grupos numerosos. El paujil (*Mitu mitu*, orden galliformes) es de color negro brillante y alcanza el tamaño de un pavo. Vive en parejas. La pucacunga (*Penelope sp.*, orden galliformes) es parecida a una gallina pequeña de cuello desnudo y rojo.

La pava de monte y el trompetero

Del tamaño de una gallina mediana, con cola ancha y larga, la pava de monte luce plumas en el cuello. Al volar emite un ruido característico parecido a un leve traqueteo. El manacaracu (*Ortalis cutata*) pertenece al orden de los galliformes. Su distribución geográfica abarca la selva baja, alta y ceja de selva, llegando hasta los 3,000 m en los bosques que recubren las vertientes orientales. El trompetero (*Psophia leucoptera*) es la única grulla de la Amazonia. Vive generalmente en el suelo y sólo vuela cortas distancias. La pinsha o tucán grande (*Ramphastos sp.*) pertenece al orden de los piciformes. Su largo pico y sus vistosos colores hacen de esta ave un ejemplar muy admirado. El carpisho o carpintero (*Ceopblocus lineatus*), ave con pico corto pero muy resistente, horada troncos y ramas para hacer su nido. Pertenece al orden de los piciformes.

Pájaros cantores

El martín pescador camaronero (*Chloroceryle amazona*), orden de los coraciformes, vive a orillas de los ríos. Se ha establecido la presencia del guacharo o lechuza de las cuevas (*Steatornis sp.*, familia podárgidos) en las cuevas de Tingo María, Cutervo y Tocache, pero seguramente habita también en otras de la selva alta. Es un ave que sólo existe en Perú, Colombia y Venezuela. El ayay mama es una pequeña lechuza de canto lúgubre. Se la escucha generalmente en las noches de luna. El paucar o chihuaco (*Ostinops decumanus*), ave de color amarillo y negro, construye con hierbas grandes nidos en forma de bolsas alargadas que cuelgan de las ramas; en ocasiones, estos nidos recubren por entero los árboles. Vive en grupo.

El flautero es un ave pequeña, cuyo hermoso canto ha sido comparado con los sones de una flauta. Sin embargo, silencia de inmediato sus bellos trinos en cuanto percibe cualquier clase de ruido en las cercanías. El sui-sui o violinista es ave de color azul, que anida incluso en los techos de las viviendas, en las purmas y chacras.

Los manglares de Tumbes son uno de los hábitats de la garza blanca chica (en la foto) y de la garza blanca grande, así como de la garza azul, el maschaco y el ibis blanco.

Existe una gran variedad de garzas que se diferencian por tamaño y color. Las hay pequeñas y otras que sobrepasan el metro de alto. Unas son blancas, otras rosadas y también existen subespecies de color pardo con puntos negros. Las principales son la garza blanca grande (*Casmerodius albus egretta*, familia ardeidas, orden ciconiformes); la garza blanca chica (*Leucophoyx thula thula*, orden ciconiformes), que se encuentra a orillas de los ríos, en playas y cascajales, y la puma garza o garza nocturna (orden ciconiformes), que emite gritos parecidos al rugido del tigre.

La chicua es ave de color amarillo oscuro, vuela emitiendo gritos de «chi-cua» que, tradicionalmente, son considerados como de mal augurio. El shansho, del tamaño de una gallina, es un ave de cresta roja que vive a orillas de ríos y lagunas.

Insectos, moluscos y batracios

Entre los insectos hay una gran variedad de hormigas, siendo las de mayor tamaño la isula (*Paraponera clavata*), el citaraco, el curuhuinse, el puca-curo y el ischimi.

Hay también diversidad de avispas, algunas de las cuales construyen hermosos nidos. Las más conocidas son la huairanga, de color negro, que hace su nido en los techos de las casas, y la campana avispa, que debe su nombre al hecho de que su nido semeja una campana. Asimismo hay gran variedad de mariposas, con una enorme diversidad de colores y matices. En épocas de sequía forman

El paiche (en la imagen) forma parte de la dieta diaria de los habitantes de la selva. La Amazonia peruana cuenta con 800 especies de peces de agua dulce, muchas de ellas de gran valor económico.

colectividades a orillas de ríos y lagunas.

Entre los moluscos hay un caracol que puede medir hasta 20 cm de largo y es comestible: es el congompe (*Strophocheilus popelairianus*). El batracio de mayor tamaño es el hualo (*Bufo marinus*), sapo gigante de la selva. Existen otros pequeños y de colores variados, algunos de ellos venenosos.

Peces de agua dulce

La selva alberga gran variedad de peces de agua dulce. El paiche (*Arapaima gigas, Vastres gigas, Sudis gigas*) vive en los ríos y lagunas de la selva baja. Puede alcanzar hasta 4 m de largo y 200 kg de peso; su cuerpo está recubierto por grandes escamas. Es un pez de respiración branquial y puede también aprovechar el oxígeno del aire, motivo por el cual sale a respirar a la superficie cada cierto tiempo. Se pesca con arpones y anzuelos.

El dorado, el zúngaro, el saltón, la doncella y la cahuara son grandes bagres que llegan a superar los 2 m de largo. Carecen de escamas y su carne es muy sabrosa. El bocachico es pez abundante en ríos y lagunas de la selva. El sábalo, muy sabroso pero escaso, habita en ríos de la selva alta y baja. La gamitana puede alcanzar hasta los 80 cm de longitud. En cuanto al tucunare, pez típico de la selva baja valorado por su sabrosa carne, ha sido introducido en lagunas artificiales.

Especies voraces

Las pañas o pirañas son de gran voracidad, aunque no sobrepasan los 30 cm de largo. Unas son de color plateado (paña blanca, *Serrasalmes rhombeus*) y otras tienen el vientre rojo, por lo que se las llama puca pañas (*Serrasalmus spilopleura*).

La palometa (*Mylossoma sp.*) es parecida a la paña aunque de mayor tamaño. La liza, con listas negras y blancas, llega a sobrepasar los 50 cm de longitud. El canero (*Vandelia cirrhosa, V. plaizal, V. sanguinea*), alargado y de poco grosor, tiene el cuerpo recubierto por una viscosidad desagradable al tacto. Es muy peligroso debido a la tendencia que tiene de penetrar por la uretra del hombre o el orificio vaginal de la mujer. Su hábitat son los ríos y las lagunas de la selva baja. También hay varias especies de carachama o shitari (*Canthopomus sp.*), que se diferencian por su tamaño y forma.

Medio ambiente y ecología

Los fenómenos atmosféricos
y sus consecuencias

El medio ambiente.
Atmósfera y suelos

La deforestación
de los bosques

La ley de Áreas Naturales
Protegidas

El Santuario Histórico de Machu Picchu, en el valle del Urubamba, departamento de Cusco, ofrece una buena muestra de la variedad excepcional de la flora peruana.

Los fenómenos atmosféricos y sus consecuencias

El espacio territorial peruano reúne grandes contrastes, con la consecuente biodiversidad. Comprende el Mar de Grau, un área continental de costa desértica, el relieve andino, con sus diversos pisos de altitud, y la Amazonia. A través de estos sectores, la variedad de paisajes y ecosistemas es sorprendente. Perú se encuentra, por ello, entre los cinco países del mundo con mayor diversidad biológica. En su territorio existen entre cuarenta y cincuenta mil especies de flora, de las cuales sólo se han descripto hasta ahora unas veinte mil.

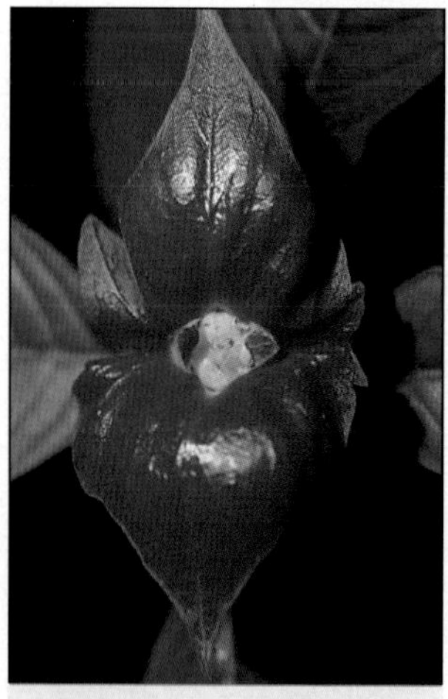

Flor «labios ardientes» (Labias laryensis), *en la Reserva Nacional del Manu (Madre de Dios).*

Gran diversidad de flora y fauna

La fauna no es menos variada: se conocen 362 especies de mamíferos, 1,703 de aves, 296 de reptiles, 235 de anfibios, alrededor de 1,800 de peces marinos y casi 1,000 peces de ríos y lagos. La Resolución Ministerial nº 01082-90-AG habla de 170 especies de fauna silvestre amenazadas y en peligro: 24 en vías de extinción, 66 en situación vulnerable, 26 en situación rara y 54 en situación indeterminada.

Por su parte, el biólogo Víctor Pulido Capurro, en *El Libro Rojo de la fauna silvestre del Perú*, da cifras algo diversas: considera que hay 162 especies de fauna silvestre amenazadas y en peligro: 19 en vías de extinción, 34 en situación vulnerable, 44 en situación rara y 65 en situación indeterminada, pertenecientes a 51 especies de mamíferos, 67 de aves, 21 de reptiles y 23 de anfibios.

Los ámbitos urbanos, el litoral marino, los oasis y desiertos costeros, así como las zonas subtropicales —como es el caso de la ciudad de Tumbes—, el fondo de los estrechos valles andinos, las laderas o vertientes con pendiente variada, los valles y las punas altoandinas, los empinados relieves de la ceja de selva, las terrazas altas y bajas, y las colinas de la selva alta y la selva baja, el borde de lagunas y las orillas de los ríos, presentan en su conjunto una variedad de condiciones ecológicas y, consecuentemente, de problemas ambientales. Las ciudades enclavadas en el litoral marino, que viven a expensas de la biodiversidad oceánica, están expuestas a los riesgos determinados por maretazos y tsunamis, en tanto la costa norte está expuesta a las lluvias torrenciales que tienen lugar durante los fenómenos El Niño extraordinarios.

Escasez de agua potable

Los pobladores de algunas concentraciones urbanas y rurales del Perú se ven obligados a proveerse con agua potable traída desde distancias variadas. En una situación extrema en tal sentido se encuentra Ayabaca, capital de la provincia homónima, en el departamento de Piura, que sólo tiene agua una hora al día, y con potabilidad no garantizada. Otros ejemplos, afortunadamente menos drásticos, son los de las ciudades de Paita y Talara en el norte.

La mayoría de los centros poblados situados en los oasis o valles costeros, que ocupan cada vez mayores extensiones de áreas agrícolas productivas, tienen deficiencias en la provisión de agua potable durante el invierno austral, cuando las precipitaciones en la región andina son muy escasas o inexistentes. Esto acarrea como consecuencia la disminución del caudal de los ríos que atraviesan la costa, de forma que no pueden satisfacer las necesidades de la población de los centros urbanos instalados en sus valles costeros. En la Ama-

Campesinos junto a un pozo de agua subterránea en el desierto de Sullana, departamento de Piura. En la costa se suceden periodos de extrema aridez con otros de inundaciones.

zonia, ciudades como Iquitos, Pucallpa y Moyobamba, entre otras, sufren escasez de agua potable: el servicio no cubre los requerimientos de toda la población, y en algunos casos se producen restricciones. Este problema ambiental parece un contrasentido en una región con grandes ríos. El caso de Pucallpa es un ejemplo típico: el agua para la ciudad era bombeada desde una balsa instalada en el Ucayali, que hasta hace algunos años delimitaba la urbe. Pero la divagancia del río con lecho meándrico ocasionó su alejamiento, y dejó el antiguo lecho convertido en una gran playa. Sin embargo, en el ámbito de la urbe, la existencia de abundante agua subterránea, con algunos pozos operativos construidos cuando Pucallpa no era la gran población actual y los que se han excavado últimamente, han paliado esta situación.

Problemas en la región costera

Un alto porcentaje de personas que habitan los barrios marginales de Lima metropolitana y otras ciudades intermedias de la costa como Ica, Trujillo, Chiclayo y Piura, sin olvidar centros urbanos de menor envergadura, utilizan agua que compran a camiones tanques, y cuya procedencia no siempre es fiable. Luego, estos pobladores depositan y guardan el agua en cilindros que en ocasiones no cumplen los requisitos básicos para tal fin, al tiempo que el uso constante de recipientes para extraerla aumenta aún el riesgo de deteriorar su calidad. Algunos municipios cuentan con grandes camiones tanques para proveer de agua potable a sectores de su jurisdicción en los que no existe todavía red de distribución.

Los centros urbanos menores generalmente se proveen con agua de ríos, riachuelos y, a veces, *puquios* o afloramientos de aguas subterráneas, no siempre exentos de contaminación.

Las sequías andinas

Muchas ciudades ribereñas sufren los efectos de la erosión, como sucede en Iquitos, Contamana, Requena, Juanjui y otras, mientras que las inundaciones producidas por crecientes estacionales y extraordinarias de los ríos anegan ciudades ribereñas como Bellavista, en San Martín; sectores de Tingo María, en el departamento de Huánuco; o Contamana y Caballococha, en el departamento de Loreto.

Los núcleos urbanos que gozan del privilegio del agua sólo reciben este vital elemento en forma normal durante algunos meses al año; el problema se agudiza, además, cuando se producen sequías andinas. Ejemplos de esta situación son las ciudades de Ica e incluso Lima metropolitana, que sufren desabastecimiento de agua potable cuando las lluvias estacionales de la región andina son demasiado escasas como para mantener el caudal de las lagunas que proveen de agua al Rímac y su afluente Santa Eulalia. Las lagunas no logran almacenar suficientes volúmenes para compensar el escaso caudal de estos ríos, que son la principal fuente de agua potable para la capital peruana. Ésta se provee además de aguas subterráneas, que se extraen de la extensa llanura aluvial sobre la que se asienta. También sufren desabastecimiento de agua potable durante el largo período de sequía andina ciudades como Chiclayo, Trujillo y Piura, que compensan los déficits construyendo pozos para extraer aguas subterráneas.

Inundaciones por El Niño extraordinario

Muchas de las ciudades costeras del norte y centro del país están en permanente peligro de sufrir inundaciones producidas por crecientes extraordinarias de los ríos que anegan las urbes emplazadas en sus orillas, y por la súbita actividad de las quebradas en años con abundantes precipitaciones, que tienen su origen en Niños excepcionales. Los desbordes de canales de riego y la intensidad de las lluvias convierten calles y avenidas en verdaderos ríos, que causan graves daños en las infraestructuras urbanas. Es el caso de las ciudades

Carentes de los servicios públicos básicos en sus domicilios, los habitantes de la sierra se han ido estableciendo en las riberas de los ríos, con los peligros que ello acarrea.

de Tumbes, Piura, Trujillo, Chiclayo, Ica y otras menores, las cuales sufrieron pérdidas notorias durante El Niño extraordinario de 1997-1998. Al sobrepasar las defensas construidas, el río Tumbes cubrió con sus aguas importantes sectores ribereños de la ciudad, y otras áreas urbanas alejadas de esta corriente sufrieron los efectos de la entrada en actividad de las quebradas secas, convertidas transitoriamente en auténticos ríos, con impresionantes volúmenes de agua que transportaban abundantes cantidades de arenas, arcillas y limos.

Crecida del Piura y actividad de las «lloclIas»

En el caso de la antigua y bella ciudad de Piura, el río del mismo nombre, que normalmente tiene su curso seco durante la mayor parte del año cuando atraviesa el desierto costero, al producirse El Niño excepcional de 1998 llevó más de 2,400 m^3 por segundo, ocasionando la inundación de extensos sectores de la ciudad y de centros urbanos menores de su valle. Las ciudades de Trujillo y Chiclayo, importantes urbes de la costa peruana, también sufrieron anegamientos destructivos por el efecto de El Niño de 1997-1998. La ciudad de Ica, al sur de Lima, padeció igualmente las consecuencias de una creciente extraordinaria e inusual del río homónimo. Durante el verano austral, dicho río en pocas ocasiones lleva agua hasta el mar, pues su cauce permanece seco en la costa; pero con ocasión del Niño de 1997-1998, las aguas ingresaron a la ciudad, anegaron extensos sectores urbanos y causaron destrucción de viviendas y graves deterioros en la infraestructura urbana, incluyendo la red de agua potable y alcantarillado. Lima metropolitana sufrió, por su parte, los efectos de la actividad de la quebrada Huaycoloro, donde se originó una *lloclla* o lava torrencial que afectó a un pequeño sector al este de la ciudad. También otras poblaciones menores, en la costa norte del país, han padecido las consecuencias de las crecientes de ríos y las precipitaciones provocadas por El Niño de 1998. Algunos de estos pequeños núcleos urbanos quedaron destruidos total o parcialmente.

Carencias en las construcciones

Otro aspecto ambiental que tiene consecuencias graves en ciudades y áreas rurales son las viviendas y edificios construidos con techos horizontales y circundados por muros para evitar accidentes. Es el resultado de un desconocimiento de la geografía física de un país con diversos ecosistemas y grandes contrastes, y de la existencia de un mito geográfico muy generalizado —que se puede resumir en el lema «en la costa no llueve»—, producto de la misma ignorancia de la rea-

Expansión urbana y catástrofes naturales

Sin duda, las catástrofes naturales son casi siempre imprevisibles, sobre todo cuando se trata de los devastadores Niños extraordinarios que azotan la geografía peruana de tanto en tanto. Sin embargo, sus consecuencias podrían ser atemperadas y a veces evitadas si se aplicaran determinadas políticas de prevención, sobre todo en lo que hace a la desbordada y caótica expansión de las grandes urbes.

Las autoridades municipales permiten en muchas ocasiones el emplazamiento de urbanizaciones en áreas de alto riesgo, como lechos mayores de los ríos, cauces de quebradas secas, zonas bajas con alto riesgo de verse afectadas por el desborde de ríos y la entrada en actividad de quebradas o *huaycos*, conos de deyección de torrentes e incluso áreas ubicadas al pie de vertientes.

lidad geográfica del país. Basándose en esta idea, los pobladores de la costa creen innecesarios los techos inclinados y debidamente impermeabilizados, así como la construcción de viviendas a un nivel superior al de las calles, avenidas y plazas, como de hecho se hacía en épocas pasadas, cuando los pobladores conocían mejor los fenómenos ordinarios y extraordinarios que tenían lugar en sus espacios geográficos.

Por ejemplo, los edificios del centro de la ciudad de Piura están construidos sobre bases de hasta medio metro de altura sobre el nivel de las calles, por las cuales las aguas pueden correr sin causar daños. En cambio, en las modernas urbanizaciones se construye al nivel de las calles o a pocos centímetros de altura, con lo que el riesgo de inundación se dispara. Los problemas fueron aún más catastróficos en ciudades menores, urbanizaciones populares y viviendas rurales cuyas casas tienen techos de cañas de guayaquil recubiertas con barro y, en muchos casos, están construidas íntegramente con esteras, cartones y otros materiales que se descomponen rápidamente con la humedad.

La rápida expansión de las ciudades resultó en ocasiones agresiva para el medio ambiente.

Ámbitos rurales de la costa

El mito de que «en la costa no llueve» es también el responsable de que se produzcan inundaciones a lo largo del litoral. Al construirse la Panamericana y algunas rutas secundarias se rellenaron las numerosas quebradas secas existentes con el fin de elevar la plataforma de las carreteras, o bien se disminuyó su ancho para hacer pequeños puentes con poca luz, o se instalaron alcantarillas con grandes tubos metálicos de diámetro variable, que en épocas de El Niño extraordinarios constituyen verdaderos cuellos de botella. Éstos originan el embalse de las aguas que corren por lechos de quebradas o ríos normalmente secos y provocan inundaciones y destrucción de rutas e infraestructuras.

En los ámbitos rurales de la costa, los problemas ecológicos son variados: inundaciones de campos agrícolas con destrucción de tierras y cultivos; salinización de suelos con aptitud agrícola, como sucede principalmente en los departamentos de La Libertad, Lambayeque y Piura; plagas que afectan los sembríos; falta de agua potable y de otros servicios indispensables para los habitantes rurales que viven en forma dispersa o concentrados en pequeñas aldeas.

Las inundaciones y copiosas lluvias originan también la formación de pantanos, charcos de agua y lagunas de magnitud variada, con la consiguiente aparición de insectos que son transmisores de enfermedades como el paludismo. Otro factor contaminante son los desperdicios sólidos que son arrojados sin control al suelo y a las aguas oceánicas y fluviales.

El medio ambiente. Atmósfera y suelos

En ciudades como Lima, la contaminación atmosférica es producto del parque automotor, aunque en algunos distritos urbanos el humo de fábricas y a veces la acumulación de basuras son elementos nada desdeñables. La ciudad de Chimbote es otro caso de contaminación atmosférica producida por los humos emanados de la industria siderúrgica y las fábricas de harina de pescado. Igual sucede al sur del puerto de Pisco y en el puerto de Coishco, al norte de Chimbote, donde las fábricas de harina de pescado contaminan las aguas litorales del Mar de Grau con los residuos líquidos que producen, mientras que los espesos humos que emiten enrarecen la atmósfera. Los humos oscurecen a veces un corto trecho de la carretera de Pisco a Paracas. En La Oroya, departamento de Junín, desde hace décadas la refinería contamina la atmósfera con los gases que evacua.

Las refinerías de minerales, como ésta de La Oroya, son una de las fuentes de contaminación atmosférica.

Riesgos del hacinamiento

El hacinamiento humano de los barrios marginales de Lima metropolitana y de ciudades intermedias como Arequipa, Piura, Trujillo, Chimbote, Chiclayo e Ica, entre otras, constituye igualmente un problema ecológico de importancia. En estas ciudades y aun en otras de igual o menor número de pobladores, los residuos sólidos o basuras que se generan diariamente son arrojados a la vera de carreteras, caminos y cursos de agua, e incluso al mar, contaminando los suelos, la atmósfera, los ríos y las aguas oceánicas litorales.

Un caso particular es el de la ciudad de Cerro de Pasco, departamento de Pasco, que debió ser cambiada de emplazamiento debido al riesgo que significaban las numerosas galerías subterráneas construidas bajo ella para explotar las antiguas minas homónimas.

El alcantarillado normalmente no abarca todo el perímetro de las ciudades peruanas y en algunas la antigüedad del mismo ocasiona obstrucciones que derivan en problemas ambientales. Un alto porcentaje de las poblaciones marginales establecidas en zonas periféricas de las ciudades capitales de departamento carecen de los servicios básicos, mientras que las viviendas, de construcción rústica, resultan también fuente de dificultades ambientales.

Ríos y laderas

Las ciudades situadas a las orillas de los ríos contaminan las aguas fluviales, las cuales acaban siendo receptoras de los efluentes líquidos que se vierten sin ningún tratamiento. Igual ocurre con los centros urbanos ribereños de lagos, siendo el caso extremo la contaminación de las aguas del Titicaca en la bahía de Puno, producto de la evacuación al lago de las aguas servidas de la ciudad sin ningún procesamiento previo. Sin embargo, existen en la actualidad importantes proyectos para la descontaminación del lago y el control de estos vertidos.

Otro problema ambiental que se repite en la gran mayoría de las ciudades costeras y andinas es el uso de aguas servidas no tratadas para regar campos agrícolas. Ello contamina cultivos de tallo corto, como las hortalizas, y afecta la salud de quienes consumen esas verduras y manejan las aguas contaminadas.

Las ciudades andinas que se han establecido en laderas tienen problemas derivados de los deslizamientos cuando ocupan vertientes con suelos arcillosos. Por su parte, aquellos núcleos urbanos

Iglúes instalados cerca de la antigua ciudad de Yungay, departamento de Ancash, donde se albergaron los damnificados por el terremoto y posterior aluvión de mayo de 1970.

emplazados en los fondos de valles están expuestos a inundaciones por crecientes excepcionales de los ríos, por aluviones que se producen a causa del desborde de lagunas altoandinas o bien por los que se originan por embalse de ríos debido a derrumbes o lavas torrenciales. También los glaciares andinos han ocasionado desastres, como la destrucción de las ciudades de Yungay y Ranrahirca, en el Callejón de Huaylas, valle del río Santa, a causa de alud-aluviones provocados por el desprendimiento de grandes volúmenes de hielo desde la cumbre norte de las cornisas del glaciar Huascarán. La destrucción de un sector de la ciudad de Urubamba, en el Cusco, se debió al desprendimiento masivo de hielo desde el nevado Chicón.

Las llocllas o lavas torrenciales que se producen cuando caen lluvias intensas en las cuencas de recolección de los *huaycos* o quebradas son igualmente fenómenos que influyen sobre el equilibrio ecológico.

Las áreas rurales en los Andes

En las áreas rurales andinas se agudizan e incrementan los problemas ambientales descriptos para las ciudades: falta de servicios de agua y alcantarillado, contaminación del suelo y de cursos de agua por deyecciones de pobladores y ganado, uso de aguas contaminadas para el riego, plagas que afectan los cultivos cuando hay lluvias excesivas, sequías que ocasionan daños irreversibles en los sembríos, nevadas y caída de granizo y heladas que afectan a los cultivos causando pérdidas en las cosechas, etcétera. Enfermedades transmitidas por insectos como el paludismo constituyen problemas ambientales en los ecosistemas de selva alta y baja, y costa norte.

Contaminación de aguas

El Mar de Grau está contaminado en áreas que coinciden con los emplazamientos de las ciudades litorales o cercanas a la costa. Los problemas ambientales los producen las aguas servidas de las ciudades, que se vierten al mar sin ningún tratamiento, ya sea de forma directa o a través de los cursos fluviales. Ejemplos de esto son las aguas litorales de la desembocadura del Tumbes, río que al pasar por la ciudad homónima recibe los desagües de este importante centro urbano. El resultado es que la población de moluscos y crustáceos de las zonas oceánicas litorales puede ver deteriorada su calidad para el consumo humano y causar problemas de salud en quienes se alimenten con ellos. A fin de solucionar el problema, las autori-

Además de la contaminación de sus playas por los vertidos de las fábricas de harina de pescado, Ilo (en la fotografía) se ve muy afectada por los gases tóxicos de la industria minera.

dades tienen proyectos para el tratamiento de las aguas servidas antes de ser vertidas al río Tumbes.

Las aguas litorales del Mar de Grau, a la altura de las ciudades de Zorritos, Talara, Paita y otros centros urbanos portuarios —como San José, Santa Rosa, Chicama, Huanchaco, Samanco, Huarmey, Supe, Chancay, Ancón, Ventanilla, Pisco, San Andrés, Marcona, Quilca, Matarani e Ilo, entre otros—, están contaminadas por los desagües urbanos. Los gobiernos locales buscan solucionar los problemas que afectan a la calidad de las aguas oceánicas, pues en muchos casos resultan contaminados balnearios muy visitados durante el verano. Pero, para encontrar una salida viable a esta situación, las administraciones locales deben enfrentarse a dificultades tecnológicas y presupuestarias no siempre a su alcance.

Vertidos portuarios

Chimbote, importante ciudad portuaria con más de 300,000 habitantes, también vierte al mar sus aguas servidas, contaminando la hermosa bahía donde se localiza. Otras ciudades costeras que, sin ser litorales, contaminan el Mar de Grau son Piura, Chiclayo y Trujillo. Por su número de habitantes, estas aglomeraciones originan importantes volúmenes de efluentes líquidos, vertidos sin tratamiento alguno que aminore o elimine los elementos nocivos para la salud.

Contaminación de la costa de Lima

Caso especial es el volumen de aguas servidas que se originan en Lima metropolitana y se vierten al mar sin ningún tratamiento, causando la contaminación de las aguas por decenas de kilómetros, desde el norte del emisor de Chilca. El mar recibe además aportes de otros desagües en las costas de Magdalena, Callao y Ventanilla, zonas donde están las playas más frecuentadas del litoral de Lima metropolitana.
Por otra parte, hay especies marinas que viven en las áreas en las que se vierten las aguas servidas y que, por falta de control, son lugares en los que se practica la pesca artesanal. Existe desde hace años un proyecto para tratar las aguas servidas de Lima metropolitana mediante la construcción de lagunas de oxidación y utilizarlas luego para regar extensas áreas, ahora desérticas, situadas al sur de la capital.

El explosivo crecimiento de la capital y el consiguiente déficit en el suministro de los servicios son causa de graves problemas sanitarios de Lima metropolitana.

Las industrias de harina y aceite de pescado también contaminan el Mar Peruano. El caso de Pisco, por ejemplo, ha provocado modificaciones en la ecología marina, con serios daños para la biomasa en el litoral de San Andrés. En caletas de pescadores donde se evisceran pescados para su salazón se producen deterioros ecológicos en las aguas litorales.

Residuos urbanos también van a parar al mar, así como desmontes, o sea materiales constituidos

Proyectos de descontaminación fluvial

Para paliar la contaminación de los ríos debida a la actividad minera existen varios proyectos en vías de ejecución. Uno de los más importantes, según información oficial del Ministerio de Energía y Minas es la descontaminación de la cuenca del Mantaro, en una extensión de 3,7 millones de hectáreas. Pero seguramente los Proyectos de mayor relevancia son el EMTAL y el Proyecto de Desarrollo Sostenible-PRODES, que realizan el diagnóstico del grado de contaminación atribuible a la actividad minera, y analizan alternativas para los problemas que se presentan en las cuencas de los siguientes ríos: el Moche (280,000 hectáreas), que comprende 28 lagunas y los ríos Virú, Motil, Chota, Otuzco, Sinsicap, Chanchacap; el Llaucano (241,000 hectáreas), que comprende 53 lagunas y la línea de cumbres hasta la confluencia con el Marañón, los ríos Cutervo, Pomangón y afluentes; el Parcoy Llacuabamba (112,000 hectáreas), que engloba los ríos Pías, Yuracyacu, Mush Mush, Molinetes, y las quebradas Castilla de Retamas, Castilla de Llacuabamba y Ventanas; el Rímac (370,000 hectáreas), que comprende 191 lagunas, y los ríos Santa Eulalia, Blanco, Shecras y quebrada Jicamarca; la cuenca alta del Huallaga (192,000 hectáreas), que comprende 504 lagunas, aguas arriba del río Magdalena hasta la línea de cumbres, incluyendo los ríos Magdalena, Monzón, Higueras, Huertas, Tingo, Apuzana, Valdizán, Caracol y Panao; la zona de Madre de Dios (10 millones de hectáreas), que comprende el río homónimo y las subcuencas de Punquiri, Colorado, Huepetuhe, Caychive, Inambari, Malinowsky y Tambopata.

Relaves de la Compañía Minera Cerro Verde, en Arequipa. A pesar de las nuevas leyes para proteger el medio ambiente, el impacto ecológico de la minería sigue siendo grave.

por fragmentos rocosos, arcillas y toda clase de desperdicios que se acumulan en el litoral, donde las olas extraen los elementos más finos que dan a las aguas ese color terroso que se observa, por ejemplo, en algunas áreas frente a las costas de Magdalena y La Perla.

Relaves de minas y otros contaminantes

Los ríos que cruzan la costa tienen diferente grado y origen de contaminación. En Piura, los desagües van al lecho del río homónimo, que durante meses permanece seco. Las aguas del río Jequetepeque están contaminadas con los relaves mineros que recibe en su curso superior. El río Moche está fuertemente contaminado con los relaves de las minas que se explotan en su cuenca andina, hecho que origina problemas para el uso doméstico y agrícola de sus aguas. Deben mencionarse, empero, los importantes proyectos que se hallan en marcha para limpiar las aguas de éste y otros cursos fluviales.

El río Rímac, principal proveedor del agua potable que se consume en Lima metropolitana, llega a la costa con una fuerte contaminación producida por los relaves mineros de su curso interandino, y en todo su recorrido por los desagües de las ciudades que atraviesa: San Mateo, Matucana, Chosica, Chaclacayo. En otras zonas, los residuos del uso abusivo de pesticidas y fertilizantes químicos que emplean algunos agricultores son fuente de contaminación de los ríos que

Huaraz, departamento de Ancash. Ubicada a más de 3,000 m de altura, en el Callejón de Huaylas, a orillas del río Santa, no es ajena a los problemas de polución típicos de las ciudades andinas.

cruzan la costa y sirven para irrigar extensos campos agrícolas.

En época de lluvias, cuando los huaycos entran en actividad, se originan llocllas o lavas torrenciales cargadas con un alto porcentaje de arcillas, limo, arena y basuras de toda índole. SEDAPAL, la entidad proveedora de agua potable de Lima, debe en estos casos tomar medidas extremas para asegurar la calidad y potabilidad del agua que consumen los más de siete millones de habitantes de la urbe. Cuando el río atraviesa la ciudad, aguas abajo de La Atarjea, lugar de donde se toman las aguas del Rímac para ser tratadas mediante procesos de potabilización, el «río hablador», como se lo conoce, resulta contaminado por residuos industriales, aguas servidas y las basuras arrojadas y acumuladas en sus orillas.

Las ciudades andinas

Los ríos andinos pertenecientes a las dos grandes cuencas que drenan aguas del territorio peruano (la del Pacífico y las que conforman el sistema hidrográfico del Amazonas, que pertenecen a la cuenca del Atlántico) no escapan a los problemas de contaminación provocados por los relaves mineros, los desagües de las ciudades, la erosión de los suelos y las basuras que se originan en los centros urbanos. Mención particular merecen las deyecciones humanas y animales que, depositadas en los campos, son arrastradas por las lluvias a la corriente superficial y transportadas hacia los cursos de agua que corren por el fondo de los valles.

Todas las ciudades andinas vierten sus desagües y residuos sólidos a los cursos de agua que las atraviesan o pasan por sus proximidades. Ejemplo de ello es el río Mantaro, contaminado por las minas que se explotan en sus nacientes; además, al pasar por La Oroya, se suman a su contaminación las aguas usadas en la refinería de la ciudad, que luego se vuelcan al Mantaro. Aguas abajo, aún se agregan los desagües de otras ciudades.

Igual ocurre con el sector noroeste del lago Chinchaycocha, Junín o de Los Reyes, contaminado con relaves de minas que se explotan en el departamento de Pasco; estos relaves se arrojan a un afluente del lago que, a su vez, a través de un efluente, vierte sus aguas al río Mantaro.

Matar para pescar

Importante y difundido problema ecológico es la pesca tradicional con la raíz del cube o barbasco, de alto poder contaminante, que luego de macerada es diluida en los ríos para que en su recorrido mate peces grandes y pequeños. Cuando se disuelve el cube en las lagunas o cochas con aguas estancadas, la mortandad de peces abarca toda la tipishca, cocha o laguna, y dura varios días. En los últimos años se ha introducido el uso criminal de productos químicos como el aldrin para pescar en ríos pequeños y lagunas, creando problemas ecológicos de graves consecuencias, pues la acción contaminante de esta clase de productos tiene larga duración. La ley establece severas penas para quienes usan estos métodos para la pesca; sin embargo, la extensión territorial de la Amazonia y los cientos de pequeños ríos, riachuelos y lagunas dificultan un control estricto para hacer cumplir las normas legales existentes.

Proyectos de limpieza de aguas

Existen disposiciones legales, estudios y proyectos para mejorar la calidad de las aguas del Mantaro y del lago Junín. En el primer caso, hay un proyecto para trasvasar parte de sus aguas al río Rímac, a fin de aumentar el volumen requerido para dotar de agua potable a los millones de habitantes de Lima metropolitana, número que se incrementa constantemente mientras los recursos hídricos son cada vez más deficitarios. Tal déficit se verifica sobre todo en años con escasez de precipitaciones o cuando las sequías afectan a la alta montaña andina, allí donde se han construido represas para trasvasar las aguas de la laguna Marcapomacocha —incrementadas con las de otras lagunas cercanas de la cuenca del Mantaro— a la cuenca del río Santa Eulalia, afluente del Rímac. Las aguas del río Mantaro se emplean también para irrigar los productivos campos agrícolas de su valle alto andino, aguas abajo de La Oroya, donde se concentra una importante población urbana y rural.

Un problema que afecta a la gran mayoría de cursos de agua que drenan la región andina, sobre todo a los de menor volumen, es la contaminación producida por las deyecciones humanas y del ganado, por basuras e inclusive por el uso de dinamita y productos tóxicos para la pesca. En la Amazonia, la contaminación de las aguas fluviales es producto también de las aguas servidas que se vierten a los ríos que cruzan o corren próximos a las ciudades.

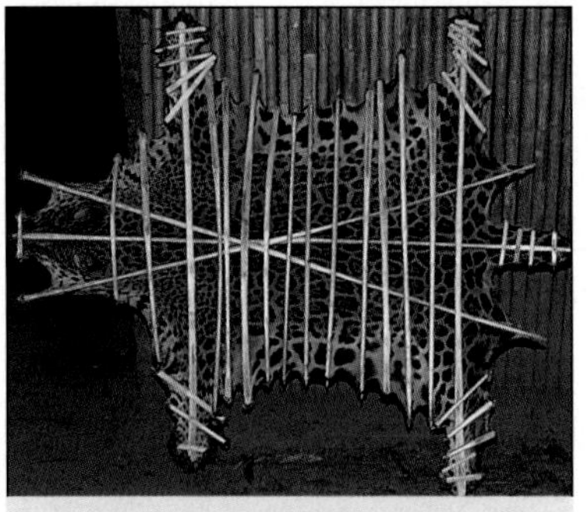

Piel de jaguar (Panthera onca). *A pesar de ser el Manu una reserva natural, la caza ilegal de especies salvajes no ha cesado.*

La caza indiscriminada

Problemas ecológicos son también la caza indiscriminada de algunas especies para obtener sus pieles, de alto costo; la pesca masiva de peces ornamentales; la caza de primates —sobre todo los más pequeños— para la exportación: leoncitos (*Cebuella pygmaea*), frailecito, pichico o mono ardilla, del que hay dos subespecies (*Samiri boliviensis peruviensis* y *S.b. boliviensis*); la caza de aves como los guacamayos azul amarillo (*Ara ararauna*), guacamayo verde (*Ara militaris militaris*), guacamayo rojo (*Ara macao*), guacamayo rojo y verde (*Ara chloroptera*), guacamayo de frente *castaña (Ara severa castaneifrons*) y guacamayo verde de cabeza celeste (*Ara couloni*); variedad de loros y paujil carunculado, entre otros. La extracción de huevos que las charapas depositan en las playas, que se forman en épocas de vaciantes de los ríos, así como la pesca de paiche en épocas de veda, producen deterioros en los ecosistemas terrestres, fluviales y lacustres, constituyendo problemas ecológicos importantes que pueden tornarse irreversibles.

La deforestación de los bosques

La deforestación constituye un grave problema ecológico a escala nacional. En la costa norte, la tala de algarrobos para convertirlos en carbón, la cual se realiza incluso en áreas protegidas de los bosques secos, se practica a pesar de la prohibición establecida en los bosques naturales de Tumbes, Piura, Lambayeque y La Libertad.

Queñual (Polylepis sp), *especie típica de los Andes, como ésta del departamento de Cusco.*

Tala ilegal del algarrobo

Las autoridades forestales y los pobladores de estos departamentos han expresado su preocupación por la tala ilegal del algarrobo, pues de continuar hará disminuir considerablemente el área de bosques, modificando los ecosistemas y el medio ambiente en una zona donde la deforestación contribuye inevitablemente al incremento del desierto. Para recuperar los bosques ya deteriorados o extinguidos, por Decreto Supremo nº 011-97-PCM, se declaró a 1997 como el «Año de la reforestación de cien millones de árboles» a escala nacional. Ya sea de forma directa o como apoyo a municipios, comunidades y campesinos, los organismos estatales cumplieron con este dispositivo legal. Además, las universidades del norte del país, como la de Piura, han comenzado por reforestar sus campus con algarrobos, para extender luego esta actividad a zonas rurales. De esta forma se pretende estimular y dar asistencia técnica a los agricultores, a fin de hacerlos participar en la recuperación del ecosistema de los bosques secos.

Reforestación natural y artificial

Las lluvias torrenciales que humedecieron e inundaron los suelos del norte del país durante El Niño extraordinario de 1983 y el de 1998 favorecieron la germinación de millones de semillas de algarrobo y plantas de otras especies, que crecieron mezcladas con abundantes gramíneas y otras hierbas, cubriendo los campos desérticos. Estas áreas, convertidas en extensos pastizales con abundancia de pequeñas plantas de algarrobo y de otras especies del bosque seco, lamentablemente quedaron convertidas en zonas de pastoreo de una ganadería extensiva que se alimentó con las gramíneas y las tiernas hojas de la naciente vegetación arbórea.

Sin embargo, en 1983 esta invasión de vacunos y caprinos no impidió el repoblamiento de los bosques secos. Ésta alcanzó mayor éxito en Tumbes, debido al menor número de ganado que pastó en su territorio. En 1998, la reforestación natural en el desierto de Sechura fue importante.

Pero no sólo brotan plantas de algarrobo por acción de la naturaleza, pues como se ha dicho la universidad de Piura ha comenzado reforestando sus campus para establecer luego viveros de algarrobos: con la participación de los campesinos se sembraron decenas de hectáreas. La universidad privada de Piura ha preparado en sus laboratorios semillas de algarrobo envueltas en una masa fértil, que en 1998 ha dispersado por el suelo y desde el aire con la certeza de que germinará un gran porcentaje. Dio inicio así a una nueva y moderna tecnología de reforestación.

Desaparición de bosques en las punas

Se espera también que tras El Niño de 1998 los desiertos se cubran de gramíneas, pequeñas plantas de algarrobo y otras especies propias del bosque seco, pero sería deseable que no se repitiera la invasión de ganadería extensiva que pastorea

La apertura de caminos en la Amazonia ha causado una deforestación indiscriminada de los bosques, como se aprecia en esta foto tomada cerca de Iquitos.

sin control, sino que más bien se aliente y se realice una ganadería estabulada. La alimentación podría efectuarse con pastos segados, seleccionándolos entre los compuestos por variedades de gramíneas, permitiendo de esta forma la reforestación natural.

En la región andina, la deforestación ha hecho desaparecer muchas áreas de los antiguos bosques de queñoa (*Polylepis sp.*) y quishuar (*Buddleia sp.*) que crecían en las jalcas y punas, así como en las cuencas superiores de los ríos que pertenecen a las vertientes del Pacífico. Los pastores suelen prender fuego a los rodales de puya raimondi que crecen en las punas, porque en ocasiones sus ovejas quedan atrapadas entre las hojas de estas plantas, que tienen bordes muy espinosos.

Proyectos en las provincias andinas

La deforestación afecta también a los bosques nubosos de las provincias andinas de Piura, Ayabaca y Huancabamba. Con la orientación y el apoyo de ingenieros forestales del Ministerio de Agricultura y de Organizaciones No Gubernamentales (ONG), las autoridades municipales tienen proyectos de reforestación para recuperar y formar bosques con árboles frutales propios de la región. Se busca de esta forma contrarrestar la deforestación que se ha producido en los interfluvios y valles altoandinos, así como sus secuelas ambientales y ecológicas, mediante la reforestación con plantas oriundas, como queñoa y quishuar, y también con algunas especies importadas, como eucaliptos y pinos.

Explotación irracional de la tierra

La deforestación en el relieve andino ha originado serios problemas ecológicos y ambientales tales como la erosión de suelos y la desaparición de numerosos riachuelos, que ahora sólo llevan agua cuando se producen lluvias intensas en sus cuencas deforestadas. En la Amazonia, la deforestación, producida principalmente en la ceja de selva, selva alta y en los relieves de transición entre la selva alta y la selva baja, ha ocasionado graves problemas morfológicos e hidrográficos, con impactos negativos sobre la ecología.

En general, puede decirse que la deforestación se debe a la agricultura migrante que se practica en la zona, al cultivo intensivo de coca que se extendió a las vertientes desde 1970, a la explotación selectiva de plantas para la maderería y a las industrias medicinales, de ornamentación, etcétera.

En la ceja de selva, la topografía es accidentada por la presencia de valles estrechos y profundos y laderas con fuerte pendiente. En estos valles se han construido carreteras que tienen como destino la selva alta y baja, lo cual ha favorecido la instalación de agricultores andinos, cultivadores tradicionales de vertientes o laderas a lo largo de las rutas. Allí se han instalado y establecido sus campos agrícolas o chacras, deforestando zonas críticas y no apropiadas para la agricultura, pues, debido a sus fuertes pendientes, los cultivos sólo tienen rentabilidad económica durante uno o dos años, con la única excepción de los de coca, de duración mayor.

Después de ese plazo, estos campos se abandonan para buscar nuevas áreas que deforestar, cuyos árboles se mantienen en un equilibrio inestable por la pendiente y la calidad de los suelos donde desarrollan sus raíces. También se deforesta para explotar maderas y plantas ornamentales, como las orquídeas, que crecen sobre los árboles y en el suelo.

La reforestación en los bosques andinos

Uno de los departamentos andinos con mayor área reforestada es el de Cajamarca, con 37,200 hectáreas recuperadas; el ingeniero Pablo Sánchez es uno de los pioneros en el impulso de esta actividad, promoviendo la forestación con variedades de pinos, principalmente. En el departamento de La Libertad existen 11,000 hectáreas reforestadas. En el de Ancash hay 32,780 hectáreas con bosques de eucaliptos y, en menor medida, de pinos, que se concentran en particular en el valle andino del Santa, denominado Callejón de Huaylas, y en menor proporción al este de la cordillera Blanca, en el sector llamado Callejón de Conchucos. En el departamento de Junín, con 37,200 hectáreas reforestadas, el valle del Mantaro concentra la mayor área sembrada, principalmente con variedades de eucaliptos. En el departamento de Ayacucho el área reforestada es de 11,272 hectáreas y en Huancavelica de 10,100 hectáreas, predominando en ambos casos los bosques de eucaliptos. Los departamentos con mayor área reforestada son Cusco (64,601 hectáreas) y Apurímac (34,300 hectáreas), en los cuales, como en los casos anteriores, predominan los eucaliptos. En el departamento de Puno hay 17,500 hectáreas reforestadas. Todas estas cifras han sido tomadas del *Compendio estadístico 1995-1996* del Instituto Nacional de Estadísticas e Informática.

Deforestación selectiva en la selva alta

En la selva alta, la explotación forestal selectiva de maderas preciadas avanzó por falta de normas y control estricto, de forma paralela, por lo demás, al progreso de la construcción de carreteras y la instalación de aserraderos. Esta práctica acabó con ecosistemas equilibrados desde hace siglos, y que seguramente tardarán muchos años en restablecerse por regeneración natural, y ello siempre y cuando se cumplan las normas vigentes para la explotación maderera.

También hubo deforestación selectiva en los años en que para extraer el caucho se talaban árboles o se les hacían profundas incisiones en los troncos. Para esta operación se utilizaba una pequeña hacha denominada mashadín; el látex que brotaba era recogido en unos pequeños recipientes de lata, con forma de vasos, llamados tishelinas. El corte favorecía la penetración de termitas, hongos y otras plagas, que causaban la muerte del árbol o la formación de protuberancias en el tronco que imposibilitaban su explotación futura.

Otra deforestación selectiva fue la del árbol de la quina o cascarilla: se talaba el árbol entero para quitar y comercializar la corteza. A menor escala, aunque la creciente demanda determina su incremento, se desarrolla asimismo la deforestación selectiva de los árboles de chuchuhuasi, cuya corteza se utiliza con fines medicinales y para hacer macerados con aguardiente.

La explotación del árbol «sangre de drago», del que se utiliza para fines medicinales el látex rojo —parecido a la sangre— de la corteza, es cada vez mayor. También se han expoliado variedades de orquídeas que crecen sobre troncos y ramas, así como otras flores silvestres y helechos que se desarrollan en el suelo. En la actualidad existen pequeñas áreas cultivadas con «sangre de drago» y jardines donde se cultivan orquídeas, flores nativas y helechos.

Plantaciones de maíz en la ladera del cerro Marcapata. Al igual que otras áreas de selva alta, la deforestación de terrenos para cultivo ha dañado la ecología del área.

Depredación maderera en la selva alta y baja

La deforestación masiva de bosques que crecen en laderas o vertientes con fuerte declive se realiza con el fin de disponer de tierras para el cultivo ilegal de coca, que de forma intensiva se practica desde la década de 1970. Dado que se trata de una práctica ilegal, las parcelas taladas suelen ser pequeñas, de menos de una hectárea; pero, aisladas o continuas, en conjunto suponen miles de hectáreas deforestadas.

El cultivo de maíz en laderas ha causado, por su parte, la deforestación de importantes áreas de la selva alta. No se considera la tala de bosques en los fondos de valle, donde la fertilidad de los suelos es apropiada para una agricultura intensiva.

En la selva baja, la deforestación selectiva para extraer madera es práctica antigua, intensa e ininterrumpida en la Amazonia. La extensa red hidrográfica que recorre este territorio favorece la explotación y el transporte de los troncos extraídos a lo largo de los ríos principales: Amazonas-Ucayali, Marañón, Napo, Yavari, sus afluentes y subafluentes. Especies como caoba, cedro, tornillo, ish-

La explotación de los recursos extractivos del Perú se traduce a veces en graves daños al sistema ecológico, como la deforestación de la Amazonia.

pingo, lupuna y otros grandes árboles, hábitat natural de aves, primates y miles de insectos —como se comprobó por los estudios realizados en el Parque Nacional del Manu—, ya no existen en muchas zonas. Los «madereros», tal como se denomina a quienes talan los árboles para luego conducirlos hasta los aserraderos y fábricas de tripley, se internan cada vez en forestas más profundas.

Lupuna, uña de gato y «chambira»

Los hermosos y erguidos árboles de lupuna (*Ceiba sp.*), que formaban parte del paisaje de la orilla de ríos, destacando por su altura al punto de servir como referencia para la navegación fluvial, ya no existen, víctimas del hacha y, más recientemente, de la expeditiva motosierra. Es muy raro encontrar alguna hectárea reforestada con estas especies, cuyo número de ejemplares disminuye de forma constante. Después de la explotación del caucho, en las décadas de 1950 y 1960 se taló de forma masiva una variedad de mohena denominada «palo de rosa» (*Aniba roseaodora*) para la extracción de su aceite, que se exportaba para perfumería. En las últimas décadas del siglo XX otra explotación forestal selectiva es la que afecta a la palmera huasai, para la industria de palmitos instalada en Iquitos. Las plantas adultas de esta palmera han quedado ya prácticamente extinguidas en las zonas cercanas a dicha ciudad.

De deforestación selectiva puede hablarse también respecto a la cosecha de frutos del aguaje, que en muchos casos requiere talar la palmera cuya variedad continúa siendo abundante en la selva baja, pero debe preverse el riesgo ecológico que presupone su explotación irracional. En los últimos años, cuando se difundieron a escala nacional e internacional las bondades medicinales de la uña de gato —ya conocidas por los pobladores nativos, quienes a su vez las transmitieron a los habitantes rurales y urbanos—, la gran demanda en el país y en el extranjero desencadenó una explotación masiva e irracional, que puede conducir a su extinción en las forestas naturales. Universidades, organizaciones públicas y privadas han iniciado, aunque tardíamente, programas para cultivar esta planta.

Palmeras como la «chambira», con tronco cubierto de largas y delgadas espinas, se talan para extraerles el cogollo, que es la hoja por nacer. Luego, las hojas son convertidas en una resistente fibra que se usa para elaborar hamacas y bolsas de todo tipo, llamadas *shicras* en San Martín, cuya particularidad consiste en que se ensanchan a medida que se llenan, debido a la elasticidad de sus pequeñas mallas.

La ley de Áreas Naturales Protegidas

De acuerdo con el Código del Medio Ambiente y Recursos Naturales, Decreto Legislativo nº 613 promulgado en septiembre de 1990, «es obligación del Estado proteger muestras representativas de los diversos tipos de ecosistemas naturales existentes en el territorio nacional a través de un sistema de áreas protegidas».

El 30 de junio de 1997, el Congreso de la República aprobó la Ley de Áreas Naturales Protegidas, nº 26,834, cuyo texto transcribimos a continuación.

Excursionistas en una caminata por el Valle Sagrado de los Incas, departamento de Cusco.

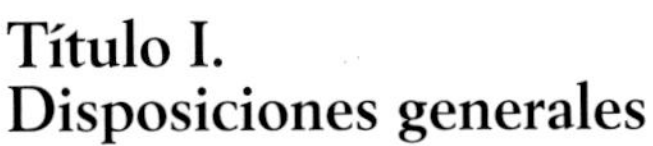

Título I. Disposiciones generales

Artículo 1. La presente Ley norma los aspectos relacionados con la gestión de las Áreas Naturales Protegidas y su conservación de conformidad con el Artículo 68 de la Constitución Política del Perú.

Las Áreas Naturales Protegidas son los espacios continentales y/o marinos del territorio nacional, expresamente reconocidos y declarados como tales, incluyendo sus categorías y zonificaciones, para conservar la diversidad biológica y demás valores asociados de interés cultural, paisajístico y científico, así como por su contribución al desarrollo sostenible del país.

Las Áreas Naturales Protegidas constituyen patrimonio de la Nación. Su condición natural debe ser mantenida a perpetuidad pudiendo permitirse el uso regulado del área y el aprovechamiento de recursos, o determinarse la restricción de los usos directos.

Artículo 2. La protección de las áreas a que se refiere el artículo anterior tiene como objetivos: a) Asegurar la continuidad de los procesos ecológicos y evolutivos, dentro de áreas suficientemente extensas y representativas de cada una de las unidades ecológicas del país. b) Mantener muestras de los distintos tipos de comunidad natural, paisajes y formas fisiográficas, en especial de aquellos que representan la diversidad única y distintiva del país. c) Evitar la extinción de especies de flora y fauna silvestre, en especial aquellas de distribución restringida o amenazadas. d) Evitar la pérdida de la diversidad genética. e) Mantener y manejar los recursos de la flora silvestre, de modo que aseguren una producción estable y sostenible. f) Mantener y manejar los recursos de la fauna silvestre, incluidos los recursos hidrobiológicos, para la producción de alimentos y como base de actividades económicas, incluyendo las recreativas y deportivas. g) Mantener la base de recursos, incluyendo los genéticos, que permitan desarrollar opciones para mejorar los sistemas productivos, encontrar adaptaciones frente a eventuales cambios climáticos perniciosos y servir de sustento para investigaciones científicas, tecnológicas e industriales. h) Mantener y manejar las condiciones funcionales de las cuencas hidrográficas de modo que se aseguren la captación, flujo y calidad del agua, y se controle la erosión y sedimentación. i) Proporcionar medios y oportunidades para actividades educativas, así como para el desarrollo de la investigación científica. j) Proporcionar oportunidades para el monitoreo del estado del medio ambiente. k) Proporcionar oportunidades para la recreación y el esparcimiento al aire libre, así como para un desarrollo turístico basado en las características naturales y culturales del país. l) Mantener el entorno natural de los recursos culturales, arqueológicos e históricos ubicados en su interior. m) Restaurar ecosistemas deteriorados. n) Conservar la identidad natural y cultural asociada existente en dichas áreas.

Áreas de propiedad pública

Artículo 3. Las Áreas Naturales Protegidas, con excepción de las áreas de Conservación Privada, se establecen con carácter definitivo. La reducción física o modificación legal de las áreas del Sistema Nacional de Áreas Naturales Protegidas (SINANPE) sólo podrá ser aprobada por Ley.

Las Áreas Naturales Protegidas pueden ser: a) Las de administración nacional, que conforman el Sistema Nacional de Áreas Naturales Protegidas (SINANPE); b) Las de administración regional, denominadas áreas de conservación regional; c) Las áreas de conservación privadas.

Artículo 4. Las Áreas Naturales Protegidas, con excepción de las áreas de conservación privadas, son de dominio público y no podrán ser adjudicadas en propiedad a los particulares. Cuando se declaren Áreas Naturales Protegidas que incluyan predios de propiedad privada, se podrá determinar las restricciones al uso de la propiedad del predio y, en su caso, se establecerán las medidas compensatorias correspondientes. La administración del Área Natural Protegida promoverá la suscripción de acuerdos con los titulares de derechos en las áreas, para asegurar que el ejercicio de sus derechos sea compatible con los objetivos del área.

Artículo 5. El ejercicio de la propiedad y de los demás derechos reales adquiridos con anterioridad al establecimiento de un Área Natural Protegida debe hacerse en armonía con los objetivos y fines para los cuales éstas fueron creadas. El Estado evaluará en cada caso la necesidad de imponer otras limitaciones al ejercicio de dichos derechos. Cualquier transferencia de derechos a terceros por parte de un poblador de un Área Natural Protegida deberá ser previamente notificada a la Jefatura del área. En caso de transferencia del derecho de propiedad, el Estado podrá ejercer el derecho de retracto conforme al Código Civil.

Título II. De la gestión del sistema

Artículo 6. Las Áreas Naturales Protegidas a que se refiere el Artículo 22 de la presente Ley conforman en su conjunto el Sistema Nacional de Áreas Naturales Protegidas por el Estado (SINANPE), a cuya gestión se integran las instituciones públicas del Gobierno Central, Gobiernos

Reserva Nacional del Titicaca, en las provincias de Puno y Huancané. En sus 36,180 hectáreas esta Reserva alberga el 35 por ciento de los nativos quechuas y aymaras del país.

Descentralizados de nivel Regional y Municipalidades, instituciones privadas y las poblaciones locales que actúan, intervienen o participan, directa o indirectamente en la gestión y desarrollo de estas áreas.

Artículo 7. La creación de Áreas Naturales Protegidas del SINANPE y de las áreas de Conservación Regional se realiza por Decreto Supremo, aprobado en Consejo de Ministros, refrendado por el ministro de Agricultura, salvo la creación de áreas de protección de ecosistemas marinos o que incluyan aguas continentales donde sea posible el aprovechamiento de recursos hidrobiológicos, en cuyo caso también lo refrenda el ministro de Pesquería.

Por Resolución Ministerial se reconocen las áreas de Conservación Privada y se establecen las Zonas Reservadas a que se refieren los Artículos 12 y 13 de esta Ley respectivamente.

Artículo 8. El Instituto Nacional de Recursos Naturales (INRENA) del Sector Agrario, creado por Decreto Ley nº 25,902, constituye el ente rector del SINANPE y supervisa la gestión de las Áreas Naturales Protegidas que no forman parte de este Sistema.

Integrantes del Consejo de Coordinación

Artículo 9. El ente rector cuenta en su gestión con el apoyo de un Consejo de Coordinación del SINANPE, en tanto instancia de coordinación, concertación e información, que promueve la adecuada planificación y manejo de las áreas que

Funciones del Instituto Nacional de Recursos Naturales

El artículo 8 de la ley de Áreas Naturales Protegidas establece que:
Sin perjuicio de las funciones asignadas en su Ley de creación, corresponde al INRENA:
a) Definir la política nacional para el desarrollo de las Áreas Naturales Protegidas. b) Proponer la normatividad requerida para la gestión y desarrollo de las Áreas Naturales Protegidas. c) Aprobar las normas administrativas necesarias para la gestión y el desarrollo de las Áreas Naturales Protegidas. d) Conducir la gestión de las áreas protegidas de carácter nacional, sea de forma directa o a través de terceros, bajo las modalidades que establece la legislación. e) Llevar el Registro y Catastro oficiales de las Áreas Naturales Protegidas y promover su inscripción en los registros correspondientes. f) Proponer al Ministerio de Agricultura el Plan Director, para su aprobación mediante Decreto Supremo, previa opinión del Consejo de Coordinación del SINANPE. g) Aprobar los Planes Maestros de las Áreas Naturales Protegidas. h) Velar por el cumplimiento de la normatividad vigente, los planes aprobados y los contratos y convenios que se suscriban.
i) Supervisar y monitorear las actividades que se realicen en las Áreas Naturales Protegidas y sus zonas de amortiguamiento. j) Dictar las sanciones administrativas que correspondan en caso de infracciones. k) Promover la coordinación interinstitucional entre las instituciones públicas del Gobierno Central, Gobiernos Descentralizados de Nivel Regional y Gobiernos Locales que actúan, intervienen o participan, directa o indirectamente, en la gestión y desarrollo de las Áreas Naturales Protegidas. l) Promover la participación de la sociedad civil, y en especial de las poblaciones locales, en la gestión y el desarrollo de las áreas protegidas. m) Nombrar un Jefe para cada Área Natural Protegida de carácter nacional y establecer sus funciones. n) Proponer a la instancia correspondiente la tramitación ante UNESCO para la declaración e inscripción de Sitios de Patrimonio Mundial y el reconocimiento de Reservas de la Biosfera.

componen el SINANPE. El Consejo se reunirá regularmente tres veces por año, o de manera extraordinaria cuando así se requiera. Está integrado por un representante de cada una de las siguientes entidades: a) Instituto Nacional de Recursos Naturales (INRENA), quien lo presidirá; b) Consejo Nacional del Ambiente (CONAM); c) Dirección Nacional de Turismo del Ministerio de Industria, Turismo, Integración y Negociaciones Comerciales Internacionales; d) Gobiernos Descentralizados de nivel regional; e) Instituto de Investigaciones de la Amazonia Peruana (IIAP); f) Los Comités de Gestión de las Áreas Naturales Protegidas (ANP) a que se hace referencia en la presente Ley; g) Las universidades públicas y privadas; h) Las Organizaciones No Gubernamentales con trabajos de significativa importancia y trascendencia en Áreas Naturales Protegidas; i) Organizaciones empresariales privadas.

Artículo 10. En los casos de asuntos que versen sobre áreas con presencia de poblaciones campesinas y nativas, recursos arqueológicos o sobre la autorización o aprovechamiento de recursos hidrobiológicos o mineroenergéticos, puede participar en el Consejo un representante de las direcciones especializadas de los siguientes Ministerios: a) Ministerio de Promoción de la Mujer y el Desarrollo Humano; b) Ministerio de Educación; c) Ministerio de Pesquería; d) Ministerio de Energía y Minas.

El establecimiento de Zonas Reservadas

Artículo 11. Los Gobiernos Descentralizados de nivel regional podrán gestionar, ante el ente rector a que se refiere la presente Ley, la tramitación de la creación de un área de Conservación Regional en su jurisdicción, de acuerdo a lo dispuesto en el Artículo 7 de la presente Ley. Las Áreas de Conservación Regional se conformarán sobre áreas que teniendo una importancia ecológica significativa, no califican para ser declaradas como áreas del Sistema Nacional. En todo caso, la Autoridad Nacional podrá incorporar al SINANPE aquellas áreas regionales que posean una importancia o trascendencia nacional.

Artículo 12. Los predios de propiedad privada podrán, a iniciativa de su propietario, ser reconocidos por el Estado, en toda o parte de su extensión, como Áreas de Conservación Privada, siempre y cuando cumplan con los requisitos físicos y técnicos que ameriten su reconocimiento. A las Áreas de Conservación Privada les son de aplicación, en cuanto sea posible, las disposiciones contenidas en la presente Ley.

Artículo 13. El Ministerio de Agricultura podrá establecer Zonas Reservadas en aquellas áreas que, reuniendo las condiciones para ser consideradas como Áreas Naturales Protegidas, requieren la realización de estudios complementarios para determinar, entre otras, la extensión y categoría que les corresponderá como tales.

Las Zonas Reservadas forman parte del SINANPE, y por lo tanto quedan sujetas a las disposiciones que corresponden a las Áreas Naturales Protegidas de acuerdo a la presente Ley y sus reglamentos, con excepción de lo dispuesto en el Artículo 3.

Funciones de los Comités de Gestión

Artículo 14. Cada Área Natural Protegida tiene un Jefe de área, designado por el INRENA para las Áreas Naturales Protegidas de carácter nacional, o por los Gobiernos Descentralizados de nivel regional en caso de Áreas de Conservación Regional. La gestión de las Áreas de Conservación Privada se sujeta a su respectivo plan maestro.

Artículo 15. Cada Área Natural Protegida, excepto las Áreas de Conservación Privada, contará con el apoyo de un Comité de Gestión integrado por representantes del Sector Público y Privado que a nivel local tengan interés o injerencia en el área protegida, aprobado por el INRENA o los gobiernos regionales, según sea el caso.

Artículo 16. Los Comités de Gestión son competentes para: a) Proponer las políticas de desarrollo y planes del ANP para su aprobación por la Autoridad Nacional Competente dentro del marco de la política nacional sobre Áreas Naturales Protegidas; b) Velar por el buen funcionamiento del área, la ejecución de los planes aprobados y el cumplimiento de la normativa vigente; c) Proponer medidas que armonicen el uso de los recursos con los objetivos de conservación del Área Natural Protegida; d) Supervisar y controlar el cumplimiento de los contratos y/o convenios relacionados con la administración y manejo del área; e) Facilitar la coordinación intersectorial para apoyar la gestión de la administración del ANP; f) Proponer iniciativas para la captación de recursos financieros.

Troncos de madera noble en el Parque Nacional del Manu. Con la ley de Áreas Naturales Protegidas de 1997, el Estado se vuelve garante de la protección de las especies de este Parque.

Participación del sector privado

Artículo 17. El Estado reconoce y promueve la participación privada en la gestión de las áreas Naturales Protegidas. Para ello se podrán suscribir u otorgar, sea por el INRENA o por las autoridades competentes a nivel nacional, regional o municipal, según sea el caso: a) Contratos de Administración del área; b) Concesiones para la prestación de servicios económicos dentro del área; c) Contratos para el aprovechamiento de recursos del sector; d) Convenios para la ejecución de proyectos o programas de investigación y/o conservación; e) Autorizaciones y permisos para el desarrollo de actividades menores; f) Otras modalidades que se establezcan en la legislación.

El otorgamiento de derechos a particulares obliga a éstos a cumplir con las políticas, planes y normas que la Autoridad Nacional Competente determine para las áreas protegidas.

Título III. De los instrumentos de manejo

Artículo 18. Las Áreas Naturales Protegidas y el SINANPE contarán con documentos de planificación de carácter general y específicos por tipo de recurso y actividad, aprobados por el INRENA con participación de los sectores competentes correspondientes.

Los planes, una vez aprobados por la Autoridad Nacional Competente, constituyen normas de observancia obligatoria para cualquier actividad que se desarrolle dentro de las áreas.

Artículo 19. Los lineamientos de política y planeación estratégica de las Áreas Naturales Protegidas en su conjunto serán definidos en un do-

Una expedición científica atraviesa un río amazónico, dentro de uno de los programas de investigación que se realizan en las zonas reservadas a la protección de especies autóctonas del Perú.

cumento denominado «Plan Director de las Áreas Naturales Protegidas». El Plan Director será elaborado y revisado bajo un amplio proceso participativo y deberá contener, cuando menos, el marco conceptual para la constitución y operación a largo plazo de las áreas Naturales Protegidas del SINANPE, Áreas de Conservación Regionales y Áreas de Conservación Privadas, así como analizar los tipos de hábitat del Sistema y las medidas para conservar y completar la cobertura ecológica requerida.

Artículo 20. La Autoridad Nacional aprobará un Plan Maestro para cada Área Natural Protegida. El Plan Maestro constituye el documento de planificación de más alto nivel con que cuenta un área Natural Protegida. Serán elaborados bajo procesos participativos, revisados cada cinco años y definirán, por lo menos: a) La zonificación, estrategias y políticas generales para la gestión del área; b) La organización, objetivos, planes específicos requeridos y programas de manejo; c) Los marcos de cooperación, coordinación y participación relacionados al área y sus zonas de amortiguamiento.

Áreas de uso directo e indirecto

Artículo 21. De acuerdo a la naturaleza y objetivos de cada Área Natural Protegida se asignará una categoría que determine su condición legal, finalidad y usos permitidos. Las Áreas Naturales Protegidas contemplan una gradualidad de opciones que incluyen: a) Áreas de uso indirecto. Son aquellas que permiten la investigación científica no manipulativa, la recreación y el turismo en zonas apropiadamente designadas y manejadas para ello. En estas áreas no se permite la extracción de recursos naturales, así como modificaciones y transformaciones del ambiente natural. Son áreas de uso indirecto los Parques Nacionales, Santuarios Nacionales y los Santuarios Históricos. b) Áreas de uso directo. Son aquellas que permiten el aprovechamiento o extracción de recursos, prioritariamente por las poblaciones locales, en aquellas zonas y lugares y para aquellos recursos definidos por el plan de manejo del área. Otros usos y actividades que se desarrollen deberán ser compatibles con los objetivos del área. Son Áreas de uso directo las Reservas Nacionales, Reservas Paisajísticas, Refugios de Vida Silvestre, Reservas Comunales, Bosques de Protección, Cotos de Caza y áreas de Conservación Regionales.

Categorías de las áreas protegidas

Artículo 22. Son categorías del Sistema Nacional de Áreas Naturales Protegidas: a) Parques Nacionales: áreas que constituyen muestras representativas de la diversidad natural del país y de sus grandes unidades ecológicas. En ellas se protege con carácter intangible la integridad ecológica de uno o más ecosistemas, las asociaciones de la flora y fauna silvestre y los procesos sucesionales y evolutivos, así como otras características paisajísticas y culturales que resulten asociadas. b) Santuarios Nacionales: áreas donde se protege con carácter intangible el hábitat de una especie o una comunidad de la flora y fauna, así como las formaciones naturales de interés científico y paisajístico. c) Santuarios Históricos: áreas que protegen con carácter de intangible espacios que contienen valores naturales relevantes y constituyen el entorno de sitios de especial significación nacional por contener muestras del patrimonio monumental y arqueológico o por ser lugares donde se desarrollaron hechos sobresalientes de la historia del país. d) Reservas Paisajísticas: áreas donde se protegen ambientes cuya integridad geográfica muestra una armoniosa relación entre el hombre y la naturaleza, albergando importantes valores naturales, estéticos y culturales. e) Refugios de Vida Silvestre: áreas que requieren intervención activa con fines de manejo para garantizar el mantenimiento de los hábitats, así como para satisfacer las necesidades particulares de determinadas especies, como sitios de reproducción y otros sitios críticos para recuperar o mantener las poblaciones de tales especies. f) Reservas Nacionales: áreas destinadas a la conservación de la diversidad biológica y la utilización sostenible de los recursos de flora y fauna silvestre, acuática o terrestre. En ellas se permite el aprovechamiento comercial de los recursos naturales bajo planes de manejo, aprobados, supervisados y controlados por la Autoridad Nacional Competente. g) Reservas Comunales: áreas destinadas a la conservación de la flora y fauna silvestre en beneficio de las poblaciones rurales vecinas. El uso y comercialización de recursos se hará bajo planes de manejo, aprobados y supervisados por la autoridad y conducidos por los mismos beneficiarios. Pueden ser establecidas sobre suelos de capacidad de uso mayor agrícola, pecuario, forestal o de protección y sobre humedales. h) Bosques de Protección: áreas que se establezcan con el objeto de garantizar la protección de las cuencas altas o colectoras, las riberas de los ríos y de otros cursos de agua y, en general, para proteger contra la erosión a las tierras frágiles que así lo requieran. En ellas se permite el uso de recursos y el desarrollo de aquellas actividades que no pongan en riesgo la cobertura vegetal del área. i) Cotos de Caza: áreas destinadas al aprovechamiento de la fauna silvestre a través de la práctica regulada de la caza deportiva.

Zonificación de las áreas

Artículo 23. Independientemente de la categoría asignada, cada área deberá ser zonificada de acuerdo a sus requerimientos y objetivos, pudiendo tener zonas de protección estricta y acceso limitado cuando así se requiera.

Las Áreas Naturales Protegidas pueden contar con:

a) Zona de Protección Estricta (PE): Aquellos espacios donde los ecosistemas han sido poco o nada intervenidos, o incluyen lugares con especies o ecosistemas únicos, raros o frágiles, los que, para mantener sus valores, requieren estar libres de la influencia de factores ajenos a los procesos naturales mismos, debiendo mantenerse las características y calidad del ambiente original.

En estas Zonas sólo se permiten actividades propias del manejo del área y de monitoreo del ambiente, y excepcionalmente, la investigación científica.

b) Zona Silvestre (S): Zonas que han sufrido poca o nula intervención humana y en las que predomina el carácter silvestre, pero que son menos vulnerables que las Áreas incluidas en la Zona de Protección Estricta. En estas zonas es posible, además de las actividades de administración y control, la investigación científica, educación y la recreación sin infraestructura permanente ni vehículos motorizados.

Mariposa de la especie Heliconius sp. *La Reserva Nacional de la Biosfera del Manu fue creada en 1977 mediante la unión del Parque Nacional y la Zona Reservada del Manu.*

c) Zona de Uso Turístico y Recreativo (T): Espacios que tienen rasgos paisajísticos atractivos para los visitantes y que, por su naturaleza, permiten un uso recreativo compatible con los objetivos del área. En estas zonas se permite el desarrollo de actividades educativas y de investigación, así como infraestructura de servicios necesarios para el acceso, estadía y disfrute de los visitantes, incluyendo rutas de acceso carrozables, albergues y uso de vehículos motorizados.

d) Zona de Aprovechamiento Directo (AD): Espacios previstos para llevar a cabo la utilización directa de flora o fauna silvestre, incluyendo la pesca, en las categorías de manejo que contemplan tales usos y según las condiciones especificadas para cada ANP. Se permiten actividades para la educación, investigación y recreación. Las Zonas de Aprovechamiento Directo sólo podrán ser establecidas en áreas clasificadas como de uso directo, de acuerdo al Art. 21 de la presente Ley.

e) Zona de Uso Especial (UE): Espacios ocupados por asentamientos humanos preexistentes al establecimiento del Área Natural Protegida, o en los que por situaciones especiales ocurre algún tipo de uso agrícola, pecuario, agrosilvopastoril u otras actividades que implican la transformación del ecosistema original.

f) Zona de Recuperación (REC): Zona transitoria, aplicable a ámbitos que por causas naturales o intervención humana han sufrido daños importantes y requieren un manejo especial para recuperar su calidad y estabilidad ambiental, y asignarle la zonificación que corresponde a su naturaleza.

g) Zona Histórico-Cultural (HC): Define ámbitos que cuentan con valores históricos o arqueológicos importantes y cuyo manejo debe orientarse a su mantenimiento, integrándolos al entorno natural. Es posible implementar facilidades de interpretación para los visitantes y población local. Se promoverán en dichas áreas la investigación, las actividades educativas y el uso recreativo en relación a sus valores culturales.

El Plan Maestro

Artículo 24. La infraestructura y facilidades necesarias para la administración del Área Natural Protegida podrán ubicarse en cualquiera de las zonas señaladas con excepción de las Zonas de Protección Estricta y las Zonas Silvestres. La habilitación de infraestructura, centros de interpretación y, eventualmente, otros servicios para visitantes buscará un equilibrio entre los requerimientos de la administración y el impacto mínimo en la calidad natural del área.

Artículo 25. Son Zonas de Amortiguamiento aquellas zonas adyacentes a las Áreas Naturales Protegidas del Sistema que por su naturaleza y ubicación requieren un tratamiento especial para garantizar la conservación del Área Protegida. El Plan Maestro de cada área definirá la extensión que corresponda a su Zona de Amortiguamiento. Las actividades que se realicen en las Zonas de Amortiguamiento no deben poner en riesgo el cumplimiento de los fines del Área Natural Protegida.

Artículo 26. El incumplimiento del Plan Maestro en las áreas de Conservación Privada determina la pérdida del reconocimiento otorgado al predio. El Estado promoverá un régimen de incentivos a fin de favorecer el establecimiento y la protección de las áreas de Conservación Privada.

Título IV. Utilización de las Áreas Naturales Protegidas

Artículo 27. El aprovechamiento de recursos naturales en Áreas Naturales Protegidas sólo podrá ser autorizado si resulta compatible con la categoría, la zonificación asignada y el Plan Maestro del área. El aprovechamiento de recursos no debe perjudicar el cumplimiento de los fines para los cuales se ha establecido el área.

Artículo 28. Las solicitudes para aprovechar recursos naturales al interior de las Áreas Naturales Protegidas del SINANPE y de las áreas de Conservación Regionales se tramitarán ante la autoridad sectorial competente y sólo podrán ser resueltas favorablemente si se cumplen las condiciones del artículo anterior. La autorización otorgada requiere la opinión previa favorable de la autoridad del SINANPE.

Artículo 29. El Estado reconoce la importancia de las Áreas Naturales Protegidas para el desarrollo de actividades de investigación científica básica y aplicada, así como para la educación, el turismo y la recreación en la naturaleza. Estas actividades sólo serán autorizadas si su desarrollo no afecta los objetivos primarios de conservación del área en la cual se lleven a cabo y se respete la zonificación y condiciones establecidas en el Plan Maestro del área.

Artículo 30. El desarrollo de actividades recreativas y turísticas deberá realizarse sobre la base de los correspondientes planes y reglamentos de uso turístico y recreativo, así como del Plan Maestro del Área Natural Protegida.

Artículo 31. La administración del Área Protegida dará una atención prioritaria a asegurar los usos tradicionales y los sistemas de vida de las comunidades nativas y campesinas ancestrales que habitan las Áreas Naturales Protegidas y su entorno, respetando su libre determinación en la medida que dichos usos resulten compatibles con los fines de las mismas. El Estado promueve la participación de dichas comunidades en el establecimiento y la consecución de los fines y objetivos de las Áreas Naturales Protegidas.

Mujer aymara realizando labores cotidianas en una isla en el lago Titicaca, en el departamento de Puno.

Áreas naturales protegidas por el Estado

El Sistema Nacional de Áreas Naturales Protegidas por el Estado (SINANPE) está constituido por: ocho Parques Nacionales, ocho Reservas Nacionales, siete Santuarios Nacionales, tres Santuarios Históricos, diez Zonas Reservadas, dos Cotos de Caza, una Reserva Comunal, cuatro Bosques Nacionales y siete Bosques de Protección, los mismos que se especifican en el siguiente cuadro:

Áreas Naturales Protegidas	*Fecha de creación*	*Superficie (en hectáreas)*	*Provincias*	*Departamentos*
Parques Nacionales				
Cutervo	20.09.1961	2,500	Cutervo	Cajamarca
Tingo María	14.05.1965	18,000	Leoncio Prado	Huánuco
Manu	29.05.1973	1'532,806	Manu, Paucartambo	Madre de Dios
Huascarán	01.07.1975	340,000	Huaylas, Yungay, Carhuaz, Huaraz, Recuay, Bolognesi, Pomabamba, Huari, Mariscal Luzuriaga, Asunción	Ancash
Cerros de Amotape	22.07.1975	91,300	Tumbes, Contral Mirante Villar, Sullana	Tumbes/Piura
Río Abiseo	11.08.1983	274,520	Mariscal Cáceres	San Martin
Yanachaga-Chemillén	29.08.1986	122,000	Oxapampa	Pasco
Bahuaja-Sonene	17.07.1996	537,053.25	Tambopata, Sandia	Madre de Dios, Puno
Reservas Nacionales				
Pampa Galeras Bárbara D'Achille	18.05.1967	6,500	Lucanas	Ayacucho
Junín	07.08.1974	53,000	Junín, Pasco	Junín, Pasco
Paracas	25.09.1975	335,000*	Pisco	Ica
Lachay	21.06.1977	5,070	Huaral	Lima
Pacaya Samiria	04.02.1982	2'080,000	Loreto, Requena, Ucayali, Alto Amazonas	Loreto
Salinas y Aguada Blanca	09.08.1979	366,936	Arequipa, Caylloma General Sánchez Cerro	Arequipa, Moquegua
Calipuy	08.01.1981	64,000	Santiago de Chuco	La Libertad
Titicaca	31.10.1978	36,180	Puno, Huancané	Puno
Santuarios Nacionales				
Huayllay	07.08.1974	6,815	Pasco	Pasco
Calipuy	08.01.1981	4,500	Santiago de Chuco	La Libertad
Pampas del Heath	16.06.1983	102,109	Tambopata	Madre de Dios
Lagunas de Mejía	24.02.1984	690.6	Islay	Arequipa
Ampay	23.07.1987	363.5	Abancay	Apurímac
Manglares de Tumbes	02.03.1988	2,972	Zarumilla	Tumbes
Tabacones Namballe	20.05.1988	29,500	San Ignacio	Cajamarca
Santuarios Históricos				
Chacramarca	07.08.1974	2,500	Junín	Junín
Pampa de Ayacucho	14.08.1980	300	Huamanga	Ayacucho
Machu Picchu	08.01.1981	32,592	Urubamba	Cusco

Áreas naturales protegidas por el Estado

Áreas Naturales Protegidas	*Fecha de creación*	*Superfície (en hectáreas)*	*Provincias*	*Departamentos*
Zonas Reservadas				
Manu	26.06.1980	257,000	Manu, Paucartambo	Madre de Dios
Laquipampa	05.10.1982	11,346.90	Lambayeque	Lambayeque
Aymara-Lupala	01.03.1996	3,000	Yunguyo, Chucuito	Puno
Gueppi	07.04.1997	625,971	Maynas	Loreto
Apurímac	28.04.1988	1'669,200	Satipo, Convención	Junín, Cusco
Pantanos de Villa	29.05.1989	396	Lima, Distrito de Chorrillos	Lima
Tambopata-Candamo	26.01.1990	1'478,942.45	Tambopata, Carabaya, Sandia	Madre de Dios, Puno
Batán Grande	16.10.1991	13,400	Ferreñafe	Lambayeque
Tumbes	28.09.1994	75,102	Tumbes, Zarumilla	Tumbes
Algarrobal El Moro	13.01.1995	320.69	Chepén	La Libertad
Cotos de Caza				
Sunchubamba	22.04.1977	59,735	Cajamarca	Cajamarca
El Angolo	01.07.1975	65,000	Sullana, Talara	Piura
Reservas Comunales				
Yanesha	28.04.1988	34,744.7	Oxapampa	Pasco
Bosques Nacionales				
Pastaza-Morona-Marañón	09.10.1963	375,000	Alto Amazonas	Loreto
Mariscal Cáceres	09.10.1963	337,000	Mariscal Cáceres	San Martín
Biabo Cordillera Azul	09.10.1963	2'0845,000	Ucayali, San Martín, Padre Abad, Mariscal Cáceres	Loreto, San Martín Ucayali
Alexander von Humboldt	06.08.1981	469,744.65	Coronel Portillo, Pachitea	Ucayali, Huánuco
Bosques de Protección				
Aledaño Bocatoma C.N.I.	19.05.1980	18.11	Cañete	Lima
Puquio Santa Rosa	02.09.1982	72.50	Trujillo	La Libertad
Pui Pui	31.01.1985	60,000	Chanchamayo, Jauja	Junín
San Matías-San Carlos	20.03.1987	145,818	Oxapampa	Pasco
Alto Mayo	23.07.1987	182,000	Rioja, Moyobamba	San Martín
Pagaibamba	19.06.1987	2,078.38	Chota	Cajamarca

* 117,406 de hectáreas continental y 217,594 de hectáreas Mar de Grau.

Nota: El Parque Nacional del Manu y la Zona Reservada del Manu forman la Reserva de Biosfera del Manu, reconocida como tal por la UNESCO en 1977, y como Patrimonio Natural de la Humanidad en 1987.
Fuente: Ministerio de Agricultura - Instituto Nacional de Recursos Naturales - INRENA

La población

El poblamiento prehispánico

Evolución demográfica
durante la Colonia
y la República

Evolución demográfica
contemporánea

Estructura sociodemográfica

Caracterización económica
de la población

Redistribución espacial
de la población

A pesar de los casi cuatro siglos de la Colonia, y de las escasas políticas de desarrollo nativo, el Perú continúa siendo un país de una profunda riqueza étnica, que se ha acentuado con las últimas migraciones de europeos y asiáticos.

El poblamiento prehispánico

Las más antiguas huellas del poblamiento en el territorio del actual Perú se remontan a varios miles de años y se localizan principalmente en los sectores andinos. En efecto, los arqueólogos datan entre 12,000 y 9,500 años de antigüedad los restos encontrados en Huanta, Piquimachay, Toquepala y Lauricocha.

Los primeros pobladores

Los primeros pobladores fueron cazadores y recolectores. Agrupados en reducidos clanes familiares, se adaptaron al medio andino, en el que, tras la última glaciación (aproximadamente 9500 años a.C.) había abundante flora y fauna a consecuencia de la modificación de las condiciones del clima, que era más cálido y húmedo que el actual. Para sus faenas de caza y recolecta utilizaban instrumentos líticos, fabricados con técnicas muy elementales, tales como chancadores, raspadores, hachas de mano y puntas de flecha. En este contexto, es muy improbable que la densidad de cazadores entre los milenios XII y VII a.C. fuera mayor a 10 habitantes por cada 100 km^2.

A partir del 7000 a.C. aproximadamente, y en coincidencia con el final de la última gran transgresión marina, comienzan a multiplicarse los lugares de asentamiento en la región costera, sobre todo en las lomas. Se han encontrado allí restos de moluscos, conchas marinas, lobos de mar, calabaza y frejol, en lugares como Lachay, Chilca, Ocoña y Mollendo. Pero el hallazgo de las citadas plantas en estos sitios no prueba que aquellos pobladores hayan desarrollado actividades agrícolas, ya que puede haberse tratado de especies silvestres que colonizaron las tierras aluvionales e inundables de las márgenes de los ríos.

Al no disponer de animales de tiro, los incas utilizaban aperos de madera tales como el bastón de cavar.

Hacia la sedentarización

Existen evidencias firmes de que no se produjo un brusco pasaje de un modo de vida nómada a uno de tipo sedentario. Es cierto que el hombre cazador y recolector era nómada, pero en ocasiones se establecía en un lugar y vivía en él durante un tiempo más o menos prolongado. En la cueva de Guitarrero, al sur de Yungay (en el departamento de Ancash), se han hallado pruebas de que los grupos humanos pasaban allí una parte del año, la época en que la recolección abundaba y era más sencilla; en otros momentos, estos cazadores se desplazaban a pisos andinos más altos en busca de caza.

Hacia el año 6000 a.C. el clima en el área andina se volvió más seco y caluroso. Ello provocó una reducción en la vegetación que servía de alimento a los animales de caza, y acarreó la desaparición de los equinos y la notable disminución de camélidos y cérvidos. Es probable también que en esta época se pasara de una caza generalizada de camélidos a otra especializada, que se iniciara el control de las manadas y, consecuentemente, se dieran los primeros pasos hacia la definitiva domesticación de la llama.

En esa misma época aparece la horticultura, como una actividad preagrícola, con cultivos de frejol y de ciertas variedades de un maíz muy primitivo. Estos cultivos se realizaban en estrecha dependencia de los fenómenos naturales, tales como las crecidas de los ríos, que inundaban o aportaban humedad a las riberas bajas. Los arqueólogos ubican también en este período las primeras «domesticaciones» de plantas silvestres, con el objetivo de aprovechar sus frutos para la alimentación.

En la zona andina, las técnicas de explotación agrícola se han mantenido casi inalteradas a lo largo de los siglos. En la foto, un campesino remueve la tierra antes de plantar papas.

Primeros agricultores

En los pisos andinos, los progresos en la sedentarización están asociados a la explotación de tubérculos (papa, oca y olluco), en torno al 3000 a.C. La quínua y cierto maíz primitivo, entre otros productos agrícolas, empezaron a cultivarse en el piso templado por debajo de la puna, mientras que en los pisos más abrigados se consumía frejol y tomate y, probablemente, se inició la recolección de la coca.

En el período comprendido entre el primer y el segundo milenio antes de nuestra era, se difundieron los principales rasgos de los sistemas agrícolas que otorgarían sustento a las sociedades andinas hasta el momento de la Conquista española. No sólo se trató de la puesta a punto de una variada serie de cultivos, sino también de labores tales como el acondicionamiento de terrazas de cultivo sobre las vertientes en los distintos pisos andinos, los denominados «andenes», aunque aún de manera primitiva. Esta práctica indica una elevada capacidad de organización para el trabajo en medios naturales climática y topográficamente complejos. Es probable que ya por entonces se hayan desarrollado técnicas para una mejor administración del agua y de las materias orgánicas.

Progresos en los cultivos

En las altas mesetas o punas, los rebaños de llamas se volvieron más numerosos y comenzó a practicarse la esquila, el hilado y el tejido de su fibra. Se empezó a utilizar también la fibra de algunas variedades de algodón nativo en los pisos tibios y cálidos.

El utillaje agrícola era aún rudimentario: consistía en un palo o bastón de cavar, al que posteriormente se añadió la *taclla*, herramienta que permitía remover el suelo, con el fin de oxigenarlo para obtener una mejor cosecha. Asimismo, la cerámica hizo progresos notorios y se difundió por todo el espacio andino.

Es evidente que estos logros en las técnicas de producción agrícola posibilitaron una mejor satisfacción de las necesidades alimentarias de una población básicamente sedentaria, pero de cuyo número y dinámica demográfica no existe posibilidad de ofrecer estimaciones con un mínimo sustento científico.

Las culturas superiores

Las culturas que florecieron en los Andes a partir aproximadamente del siglo X a.C. disponían de una amplia gama de cultivos, de técnicas agrícolas eficientes —como la andenería y la irrigación— y de una organización centrada en el *ayllu* como unidad social básica. A partir de esos elementos pusieron en práctica una estrategia espacial orientada a obtener la mayor autonomía económica mediante el dominio de tierras situadas en diferentes pisos altitudinales. Esta práctica, que los arqueólogos e historiadores denominan «control vertical de pisos ecológicos», permitió la complementariedad y redistribución de la producción en base a los intercambios.

Uno de los casos mejor estudiados es el de los Lupaka, una confederación aymara del altiplano. Contando con unas veinte mil unidades familiares, este pueblo, que habitaba las punas situadas al occidente del lago Titicaca, controlaba también los pisos inferiores a ambos lados del relieve andino. En los oasis de Moquegua, en los valles formados por los ríos que drenan el flanco occidental andino, cultivaban maíz, maní, algodón y ají, mientras que la coca y, probablemente, los frutos tropicales los obtenían en los pisos cálidos de la vertiente oriental. Las técnicas de deshidratación de tubérculos (chuño) y carne (charqui), así como la explotación de la llama como animal de carga, multiplicaron las opciones para concretar los desplazamientos y potenciaron los intercambios y la reciprocidad. En ese contexto, la movilidad geográfica de la población habría ido en aumento.

La expansión inca

La expansión de la cultura incaica, que tuvo lugar a comienzos del siglo XV de nuestra era, a partir de los valles del Cusco, acarreó la puesta en práctica de una clara política en materia demográfica. Los incas poseían normas y patrones sobre el comportamiento familiar, que regulaban elementos tales como la edad del matrimonio y el régimen sucesorio. A fin de asegurar la propagación de los elementos culturales, así como el control de los territorios conquistados, se procedió además a efectuar movilizaciones selectivas de población, los denominados «mitimaes». Por otra parte, mediante el sistema de *quipus*, el Estado inca llevó un estricto registro del movimiento de la población, a la que se dividía en diversas categorías de edad.

Los andenes

Admírase Cobo a cada paso de la obra prodigiosa de los antiguos peruanos que allanaban las tierras, agrias y dobladas, para poderlas regar, arar y cultivar más cómodamente, haciendo uso de su gran invento de las terrazas agrícolas o andenes (pata), gracias al cual aprovecharon de la superficie de los cerros para cultivarlos en muchos casos hasta la misma cumbre, por altos y empinados que fueran. Estas terrazas tenían muros de contención de uno y dos estados de alto y estaban hechos de piedra seca, en algunos labradas con mucho primor y tal curiosidad que se ajustaban unas con otras con toda exactitud.

Luis E. Valcárcel, *Historia del Perú Antiguo*

Un recién nacido descansa confortablemente en su cuna o quirau. *Después, en cuanto empezaban a caminar, los niños incas acompañaban a sus madres en la labor diaria.*

En vísperas de la Conquista

¿A cuánto ascendía la población del Imperio de los incas en el momento de la Conquista española? Los investigadores han barajado numerosas cifras, que van de los 3 millones a los 37 millones de habitantes. Esta enorme variación refleja percepciones muy diversas del ritmo de reproducción de una población sedentaria, que vivía esencialmente de la agricultura.

Por ello es necesario tener una idea precisa acerca de las posibilidades que ofrecían los medios técnicos de que disponía la agricultura en la sociedad incaica. La construcción de andenes en las vertientes andinas o de canales de irrigación en los valles costeños, así como el desarrollo de herramientas tales como la *chaquitaclla*, más que de logros técnicos avanzados hablan de una capacidad de organización y de una obstinada voluntad. Son características de un pueblo que debía enfrentarse al reto de la escasez y de la caprichosa distribución del agua y el suelo, los dos recursos agrícolas fundamentales.

Esta especie de lucha cuerpo a cuerpo entre la población y el medio natural impulsó a los incas a mantener un estricto equilibrio demográfico, único medio a su alcance para evitar hambrunas o epidemias. Como corolario, y en coincidencia con las posiciones más equilibradas y mejor documentadas sobre este tema, se estima que la población del incario en el momento de mayor auge demográfico debió de fluctuar entre los 6 y los 10 millones de habitantes.

Evolución demográfica durante la Colonia y la República

La Conquista española tuvo una enorme repercusión en la disminución de los contingentes demográficos del país. Ello se debió, por un lado, a los enfrentamientos directos entre colonizadores e indígenas y, por otro, a la desarticulación de las formas de organización política, social y económica que regían hasta entonces, a la transculturación que propició en la población nativa y a las epidemias desencadenadas por los virus de la gripe, la viruela y la rubéola, contra los que la población indígena carecía de toda inmunidad.

El ceramio muestra la actividad de la mujer incaica. Tiene un bebé en brazos, pero no descuida otras labores.

Guerra y enfermedades

Más tarde, las formas de trabajo servil introducidas por la Corona española, rayanas con la esclavitud (mediante instituciones como la mita, la encomienda y los obrajes), contribuyeron a agudizar durante buena parte del período colonial la disminución de la población indígena.

Como resultado estricto del hecho militar de la Conquista, ciertos valles de la costa perdieron hasta nueve de cada diez habitantes, mientras que en la sierra las pérdidas fueron desiguales, fluctuando entre uno y dos tercios de la población. El cronista Pedro Cieza de León, al registrar esta situación demográfica, estima la magnitud de las pérdidas de población en diversos lugares: para las tres parcialidades de Jauja señala que éstas llegaban al 66 por ciento, mientras que para Chincha calculaba que las guerras provocaron la desaparición del 80 por ciento de los efectivos masculinos.

El desarraigo

El descenso demográfico significó una importante escasez de la mano de obra disponible, situación que planteó serios problemas para el trabajo de la tierra en los primeros tiempos de la administración colonial. En respuesta a ello, el virrey Francisco de Toledo dispuso una gigantesca redistribución obligatoria de la población indígena, a través de las ordenanzas promulgadas a mediados de la década de 1570. Tales ordenanzas establecieron las reducciones, esto es, el agrupamiento de la población indígena dispersa para fines de catequización y de tributación.

Las reducciones tenían, además, el propósito de desarraigar a las poblaciones, introduciendo una ruptura con sus tradiciones, al tiempo que se desarticulaban los patrones andinos de ocupación del suelo. A esta movilidad geográfica forzada se unía la obligación de los indígenas de pagar tributos, en parte en dinero. Ello los movía a buscar trabajos remunerados fuera de su lugar de origen, sobre todo en las zonas en las que las oportunidades de conseguir empleos eran escasas. Muchas veces, estos desplazamientos a larga distancia y por períodos prolongados se convertían en verdaderos «viajes sin retorno» y consolidaban el desarraigo de importantes contingentes de población indígena.

Perfil multiétnico

Los diversos censos coloniales evidencian una disminución drástica de la población indígena durante buena parte de este período: de 1'100,000 en 1561 pasó a 785,000 en 1628 y a 350,000 en 1754, alcanzando hacia esa fecha su nivel más bajo. El recuento de población de 1795, por el contrario, indica una tendencia a la recuperación de la población indígena, que sumó por entonces 609,000 personas.

Hacia finales del siglo XVIII Perú era un país que ya había sentado las bases multiétnicas que caracterizan su demografía contemporánea: los españoles —entre peninsulares y criollos— representaban el 12.6 por ciento de la población, en tanto que los negros —traídos como esclavos para suplir la mano de obra nativa, escasa en las haciendas costeras— llegaban al 3.7 por ciento. La población total alcanzaba en 1791, año del último censo colonial, 1'076,000 habitantes.

El período republicano

Las primeras décadas de vida republicana no fueron propicias para un mejor conocimiento de la realidad demográfica nacional con respecto al período precedente. Ello se debe a que el caos político y económico que vivió el país en aquellos años conspiró contra la posibilidad de organizar y realizar censos de población. En 1836 se efectuó un primer recuento, pero no fue sino hasta 1850, durante el gobierno del mariscal Ramón Castilla, cuando los extraordinarios ingresos fiscales generados por la exportación del guano de las islas hicieron posible la organización de un segundo censo de la población del país.

Los censos generales

Tanto la fiabilidad de los resultados de estos censos como la concomitante posibilidad de establecer correlaciones a partir de las cifras que ofre-

Brusco descenso de la población indígena

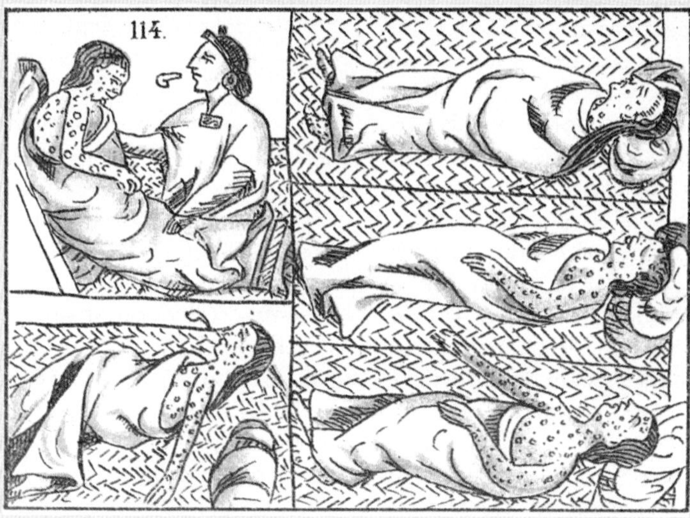

El proceso que finaliza hacia 1550 puede ser caracterizado como la fase de un verdadero derrumbe de la población indígena. En relación con las cifras registradas en el último *quipu* inca, es probable que la despoblación fuera del 50 al 66 por ciento, como sugieren Molina «el almagrista» y fray Domingo de Santo Tomás. En segundo lugar [...] el examen de las fuentes andinas conocidas no avala la tesis que promedia últimamente entre los historiadores, o sea que las epidemias importadas por los europeos serían la causa fundamental del derrumbe demográfico. Para los observadores directos [...] la destrucción demográfica obedeció a la codicia y a las guerras desatadas por los españoles entre 1530 y 1550. Todas las referencias de estos observadores pueden ser agrupadas bajo un rótulo: *un estado de guerra permanente*, que abarca no sólo las pérdidas ocasionadas sino también las producidas por infinidad de ataques punitivos, las propias luchas entre los grupos étnicos, la destrucción de los sistemas agrícolas hidráulicos, la plaga del hambre, la plaga de la tasa de crecimiento de mortalidad por enfermedades endémicas, etcétera.

Carlos Sempat,
Población y mano de obra en América Latina

Censos generales de población durante el siglo XIX	
Año de censo	***Población***
1836	1´373,736
1850	2´001,123
1862	2´487,916
1876	2´699,105

Fuente: Instituto Nacional de Estadística e Informática.

cen constituyen problemas no resueltos. Ello se debe a la diferente metodología utilizada —los censos de 1836 y de 1850 se basaron en los registros de tributación— y a los cambios operados en la demarcación territorial del Perú en la transición de la Colonia a la República. A pesar de todo, a partir de las cifras de que se dispone podría establecerse que la población peruana creció en el período 1836-1850 a una tasa anual promedio del 2.7 por ciento; entre 1850 y 1862 al 1.8 por ciento y entre 1862 y 1876 al 0.6 por ciento de promedio anual.

Al margen de la dudosa exactitud de las cifras presentadas, lo cierto es que estos censos reflejan un crecimiento demográfico moderado, como resultado de un crecimiento vegetativo, ya que no hubo durante este período importantes contingentes poblacionales llegados desde el extranjero: por ejemplo, el arribo de *coolíes* chinos, a partir de 1849, para emplearse como braceros en las haciendas costeras, significó un proceso prolongado en el tiempo y globalmente poco significativo. En el censo de 1876, esta población de origen asiático representaba sólo el 1.9 por ciento del total de habitantes.

El período de transición

Salvo en los años extremos que enmarcan este período, que va de 1876 a 1940, no se dispone de censos generales de población, de modo que la caracterización de la evolución demográfica del Perú a lo largo de estos 64 años permanece casi desconocida. Ello no impide valorar la importancia de diversos hechos, como la migración japonesa iniciada en 1899, que a lo largo de unas cinco décadas representó la llegada de varias decenas de miles de inmigrantes procedentes, en su mayor parte, de las islas australes del archipiélago nipón. Estos inmigrantes al principio se dedicaron mayoritariamente al trabajo asalariado en las haciendas,

En la época de la Colonia Perú sentó las bases multiétnicas que caracterizarían su demografía contemporánea. En la imagen, las «tapadas» limeñas, el estilo propio creado por las mestizas.

para desempeñarse poco después como pequeños empresarios agrícolas y pasar luego a la actividad comercial en las ciudades costeras.

Fuerte crecimiento demográfico absoluto

De los 2'699,105 habitantes de 1876, Perú pasó a contar en 1940 con un número de 6'673,111, cifra que incluye la población omitida, pero no la selvática no censada; estudios posteriores han demostrado que esta última fue ampliamente sobreestimada. Esta cifra representa un incremento absoluto cercano a los 4'000,000 de habitantes, y una tasa de crecimiento anual promedio del 1.4 por ciento. Pero, como es evidente, al tratarse de un período tan prolongado, dicha tasa no contribuye a arrojar luz acerca de la verdadera evolución demográfica de Perú.

Tal evolución ha debido sin duda seguir una tendencia creciente progresivamente acentuada, como consecuencia del avance en los transportes y las comunicaciones registrado a partir de la década de 1920. Por entonces, con la Ley de Conscripción Vial de 1921, se dio un gran impulso a la construcción de carreteras; en 1927, además, se instaló la primera emisora radiofónica comercial. El proceso migratorio campo-ciudad empezó así a cobrar fuerza, reflejándose en el rápido crecimiento de las ciudades, en particular de Lima.

Evolución demográfica contemporánea

A partir de 1940 se vienen realizando censos con cierta regularidad al inicio de cada década, con excepción de la de 1950. Esos datos permiten obtener un conocimiento más preciso de la evolución demográfica de Perú durante la segunda mitad del siglo XX.

La explosión demográfica y la migración del campo a la ciudad se dejaron sentir sobre todo en Lima.

Crecimiento y migración interna

El rasgo más visible de la evolución demográfica contemporánea del Perú es la elevación sustancial de la tasa de crecimiento poblacional que, bajo las características de una auténtica explosión demográfica, sólo empezó a atenuarse en la década de 1980. Otra característica importante es la migración del campo a la ciudad; dentro de un cuadro de intensa movilidad geográfica de la población, este proceso llevó a que, hacia 1972, el 27 por ciento de la población del país residiera en una provincia distinta de la nativa.

Como resultado de esta dinámica, la geografía de la población se vio sustancialmente modificada: mientras que en 1940 el 65 por ciento de los habitantes de Perú vivía en la región andina, en 1993 sólo lo hacía el 35.7 por ciento. Paralelamente, la población urbana ha pasado de representar el 35,4 por ciento en 1940 a alcanzar el 70,1 por ciento del total en 1993. A lo que debe añadirse que la población peruana es cada vez más joven: hacia 1997, el grupo de edad de 0 a 19 años abarcaba al 45.7 por ciento de la población total del país, caracterizando la vigencia de un régimen demográfico joven, con todas las ventajas y retos que ello impone al futuro de la nación.

Tendencia a la moderación

Como ha sucedido también en otros países en vías de desarrollo, el crecimiento acelerado de la población hasta la década de 1970 responde a una notable reducción de la tasa de mortalidad, en particular la infantil, como consecuencia del desarrollo y expansión de los servicios sanitarios. En tanto que la natalidad, cuya dinámica está asociada a factores socioculturales y actitudes psico-

Población censada y tasa de crecimiento intercensal

Año de censo	*Total*	*Tasa de crecimiento intercensal (en %)*
1940	6´207,967	—
1961	9´906,746	2.2
1972	13´538,208	2.9
1981	17´005,210	2.5
1993*	22´048,356	2.2

Fuente: Instituto Nacional de Estadística e Informática — * Último censo

El número de hijos que tiene cada mujer a lo largo de su vida fértil ha descendido notablemente en el Perú, bajando de 7 hijos a mediados del siglo XX a menos de 3 en la actualidad.

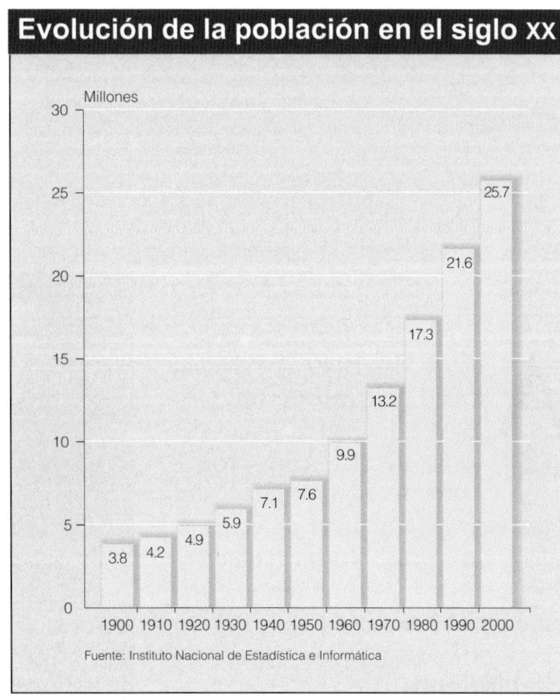

lógicas más arraigadas, mantuvo durante este período un ritmo elevado. Pero los datos disponibles acerca de las décadas de 1980 y 1990 demuestran una atenuación de este ritmo de crecimiento, evidenciando con su consistente disminución —en 1997 el crecimiento demográfico fue del 1.8%— que Perú atraviesa por una fase de transición demográfica. Esto permite prever que a largo plazo, y como resultado de la vigencia prolongada en el tiempo de tasas moderada de natalidad y baja de mortalidad, el país alcanzará su madurez y estabilidad poblacional, según un comportamiento que es similar al de las sociedades más desarrolladas.

Natalidad y fecundidad

El análisis de la natalidad puede efectuarse a través de dos indicadores: la tasa global de fecundidad y la tasa bruta de natalidad. La tasa global de fecundidad (TGF) es el número de hijos que, en promedio, tiene cada mujer durante su vida fértil. En Perú esa tasa fue de 7 hijos en el período de 1950 a 1965, empezando en tal fecha a decrecer hasta alcanzar, a mediados de la década de 1980, un promedio de 4.6 hijos.

En 1998, la TGF era de 2,9 hijos por mujer, siendo 3,0 la tasa estimada para la segunda mitad de la década de 1990. Como es de esperar, la TGF varía notablemente según el nivel educativo de las madres, el tipo de trabajo que realizan, el lugar de residencia, el nivel de los ingresos familiares y la edad del matrimonio. Los departamentos más urbanizados, cuya población femenina tiene un nivel de alfabetismo más elevado y en los que muchas mujeres trabajan en actividades remuneradas, muestran una TGF por debajo del promedio nacional. Así, las estimaciones para el período 1995-2000 indican, para la provincia constitucional de Callao, una TGF de 2.0; para Lima, Moquegua y Tacna, 2.1; para Arequipa, 2.,4; Ica, 2.6; Lambayeque, 2.7; Tumbes, 2.8; y para La Libertad, 2.9 hijos por mujer. En cambio, los departamentos predominantemente rurales, cuya población femenina está afectada por altas tasas de analfabetismo y realiza sobre todo tareas domésticas o agrícolas, muestran unas TGF elevadas: Huancavelica, 5.4; Apurímac, 5.0; Loreto y Amazonas, 4.5; Ayacucho y Huánuco, 4.4 hijos por mujer para el período 1995-2000.

Familia numerosa en Puerto Maldonado. La importancia de la minería aurífera ha convertido a Puerto Maldonado en la ciudad con mayor tasa de crecimiento poblacional en los últimos años.

Tasa bruta de natalidad

La tasa bruta de natalidad (TBN) se obtiene de dividir el número de nacimientos vivos ocurridos en un área y en un período determinado (por lo general un año) entre la población total de dicha área, expresando el resultado por cada mil habitantes. En Perú, la TBN alcanzó su punto más elevado a principios de la década de 1950, período durante el cual nacieron anualmente, en promedio, 47 niños por cada mil habitantes. Esta cifra ha decrecido progresivamente, situándose en 35.0 por mil hacia 1986 y en 24.9 por mil en la estimación realizada para el quinquenio 1995-2000. El comportamiento de la natalidad también está asociado a los factores mencionados en el caso de la tasa global de fecundidad, siendo los departamentos con más baja TBN para el período 1995-2000 los siguientes: Moquegua, 18.1 por mil; Callao, 18.3; Lima, 19.3; Tacna, 20.4; Arequipa, 21.1; e Ica, 22.5. Los departamentos con alta TBN para el mismo período son seis, a saber: Loreto, 36.7 por mil; Huancavelica, 36.2; Huánuco, 32.7; Amazonas, 32.4; Ucayali, 31.7; y Apurímac, 30.9.

Razones del decrecimiento

¿A qué se debe la tendencia decreciente de la natalidad en Perú? La respuesta no es simple y remite a la consideración de diversos factores. En el pasado primaba entre la población una actitud favorable a la natalidad, pues se consideraba el nacimiento de un niño como un evento muy deseable; por entonces, la constitución de una familia numerosa otorgaba prestigio social. Por otra parte, el costo de la crianza del niño era relativamente bajo, debido al escaso desarrollo del sistema educativo y a la poca competitividad del sistema económico; y, sobre todo en el medio rural, el niño se incorporaba tempranamente al mundo del trabajo, colaborando en las faenas agrícolas. En la actualidad, esa percepción ha sufrido una modificación sustancial: la crianza de un hijo requiere una inversión más alta en materia de salud, educación y recreación. Sólo tras un largo período de formación el vástago puede incorporarse a una sociedad cada vez más competitiva en condiciones de activo laboral adecuadamente calificado.

Los programas de higiene y control de la natalidad promovidos por el gobierno y las ONG han divulgado el criterio de «paternidad responsable» en todos los estratos de la sociedad peruana.

Es el costo de formación del individuo, es decir, el valor que hay que invertir en la formación de un niño desde que nace hasta que llegue a ser un productor, lo que explica fundamentalmente la reducción de la tasa de natalidad, y en este sentido Perú ha seguido la tendencia general de los países occidentales.

Tasa bruta de mortalidad

El significado y las características de la evolución de la mortalidad se pueden comprender mejor a través de la revisión de tres indicadores demográficos: tasa bruta de mortalidad, tasa de mortalidad infantil y esperanza de vida al nacer.

La tasa bruta de mortalidad (TBM) representa la frecuencia con que suceden las defunciones en una población. Se calcula dividiendo el número de defunciones ocurridas en un área y en un período determinado (por lo general un año) entre la población estimada para ese mismo período en la misma área, resultado que se expresa por mil habitantes.

En el Perú contemporáneo, una de las causas esenciales del crecimiento poblacional ha sido la reducción sustancial de la mortalidad. A inicios de la década de 1950, la tasa bruta de mortalidad era de 21.6 por mil; a mediados de la década de 1980 alcanzaba el 11.7, mientras que en 1998 era del 6.4, igual que la estimada para el período 1995-2000. De este modo, la reducción de la mortalidad ha avanzado a un ritmo muy veloz, pues casi duplica el de la natalidad en el mismo período. Ello se debe sobre todo a las mejores condiciones sanitarias, debido al desarrollo de la infraestructura de salud —postas médicas, hospitales—, la introducción de programas sanitarios —campañas de vacunación masiva y de atención primaria— y los progresos en el saneamiento a través de la construcción de sistemas de agua potable y alcantarillado, que constituyen un aporte importante para la erradicación de las enfermedades infecciosas de tipo epidémico, como el cólera y el tifus.

Efecto de la urbanización

En el cuadro de evolución positiva de la TBM ha tenido gran importancia la rápida urbanización de la población peruana: en las ciudades es más fácil implantar la infraestructura y los servicios de salud que a largo plazo se traducen en una reducción de la tasa de mortalidad. En el orden departamental, en efecto, puede apreciarse una relación

Recién nacido con su madre en la ciudad de Carhuaz, departamento de Ancash. Pese a que la mortalidad infantil ha descendido abruptamente, en los estratos sociales más bajos sigue siendo elevada.

inversa entre el grado de urbanización y el de mortalidad, siendo que a una mayor proporción de población urbana corresponde una tasa bruta de mortalidad más baja.

En algunos departamentos influye asimismo el hecho de que la población sea predominantemente joven. Así, los departamentos con más baja TBM para el período 1995-2000 son: Callao, 3.6 por mil; Lima, 4.1; Tacna, 4.3; Tumbes, 5.2; Ica y San Martín, 5.3; Madre de Dios, 5.4; Moquegua, 5.5; La Libertad, 5.7; Arequipa y Lambayeque, 5.8. En el otro extremo, los departamentos con mayor población rural y que, a consecuencia de los intensos movimientos migratorios, han perdido parte importante de su población joven, muestran una TBM más elevada: Huancavelica, 13.0 por mil; Puno, 11.1; Ayacucho, 10.7; Cusco, 10.6; Apurímac, 10.5.

Hogares, fecundidad y mortalidad infantil

Áreas	Total	No pobres	Pobres	En la miseria
País				
Hogares	4'762,119	46.1%	30.6%	23.3%
Población	21'801,654	43.2%	28.5%	28.3%
TGF	3.4	2.2	4.6	5.5
TMI	58.3	36.7	66.5	68.9
Urbana				
Hogares	3'336,221	60.8%	25.9%	13.3%
Población	15'242,089	57.6%	26.3%	16.1%
TGF	2.8	2.2	3.8	4.7
TMI	39.9	28.0	46.9	50.9
Rural				
Hogares	1'426,558	11.8%	41.5%	46.7%
Población	6'559,565	9.9%	33.2%	56.9%
TGF	5.4	3.8	5.6	6.2
TMI	82.7	79.0	83.0	79.7

TGF: Tasa Global de Fecundidad **TMI:** Tasa de Mortalidad Infantil
Fuente: INEI

Tasa de mortalidad infantil

La tasa de mortalidad infantil (TMI) se refiere a la mortalidad de los niños menores de un año de edad y se calcula dividiendo esas defunciones entre el número de nacidos vivos en el curso de un año, expresando el resultado por mil. Perú ha logrado progresos significativos en la reducción de la mortalidad infantil. No obstante, ésta continúa siendo elevada en comparación con los países más desarrollados. Se ha reducido la TMI de 159.0 por mil en 1950 a 91.0 en 1986 y 44.1 en 1998, siendo la TMI estimada para el período 1995-2000 de 45.0 por mil. Sin embargo, la mortalidad infantil sigue siendo elevada en los estratos sociales más bajos. Enfocado desde una perspectiva geográfica, los departamentos con más alta TMI son los andinos predominantemente rurales, así como los amazónicos. En esta zona, las características climáticas —elevadas temperaturas a lo largo de todo el año— sumadas a la carencia de infraestructura de saneamiento —sobre todo, la escasez de agua potable— favorecen la propagación de enfermedades infecciosas y, particularmente, las

Entre la población rural peruana la esperanza de vida es notoriamente inferior a la de los departamentos con mayor índice de urbanización. Arriba una anciana del valle del Colca (Arequipa).

La esperanza de vida al nacer es un claro exponente del grado de bienestar existente. En Perú la expectativa de vida ha pasado de los 43 años a mediados del siglo XX a los más de 68 actualmente.

afecciones estomacales infantiles. De este modo, los departamentos con más alta TMI son: Huancavelica, 86.0 por mil; Cusco, 73.0; Puno, 71.0; Apurímac y Ayacucho, 67.0; Loreto, 56.0; Huánuco, 55.0; Ucayali, 53.0; y Amazonas, 52.0.

Esperanza de vida

La esperanza de vida al nacer es un indicador demográfico que establece el número medio de años que espera vivir un recién nacido si las condiciones de mortalidad existentes a la fecha de su nacimiento persistieran durante toda la vida. De esta forma, la esperanza de vida al nacer refleja el nivel de bienestar general de que disfruta la población de un área determinada: si es elevado, se traducirá en la expectativa de un número de años de vida mayor que el correspondiente a otra población con un nivel de bienestar menor.

En Perú la esperanza de vida al nacer ha tenido una evolución positiva, pasando de 43 años a mediados de la década de 1950, a 61 a mediados de la década de 1980. En 1998 la esperanza de vida al nacer fue de 68.5 años y de 68.3 como promedio estimado para el quinquenio 1995-2000. Como en el caso de los otros indicadores analizados, la esperanza de vida al nacer se presenta más favorable para los departamentos con mayor índice de urbanización, mientras que es más baja en los departamentos andinos, en los que la poblaciòn es predominantemente rural. De esta forma, frente al Callao, con 78 años como esperanza de vida al nacer y Lima con 76.8 años, Ica con 73, Tacna con 72.8, Moquegua con 72.5 y Arequipa con 71.9 años, la población de los departamentos de Huancavelica, Cusco, Puno, Apurímac y Ayacucho tiene una esperanza de vida al nacer mucho menos, de 56.8, 60.2, 60.6, 61.8 y 61.9 años respectivamente.

Cabe señalar, por último, que la esperanza de vida al nacer es mayor para las mujeres que para los hombres, existiendo en 1998 una ventaja de casi 4 años para las mujeres (71.3 años contra 66.3).

Estructura sociodemográfica

La reducción de la tasa de natalidad y el incremento de la esperanza de vida caracterizan al Perú de hoy.

Perú es un país de población predominantemente joven, situación que refleja la brecha que desde la década de 1950 ha introducido el hecho de mantener durante años tasas de natalidad elevadas, mientras que las de mortalidad se han reducido drásticamente. Sin embargo, conforme el crecimiento demográfico tiende a moderarse, la participación de los grupos de edad joven en el total de la población del país va disminuyendo. Mientras que a mediados de la década de 1980 la población comprendida en el grupo de edad de 0 a 14 años representaba el 40.5 por ciento del total, en 1998 ese grupo alcanzaba al 33.6 por ciento, lo cual suponía alrededor de unas 8'533,000 personas.

Composición de la población por edad

A mediados de la década de 1990, los departamentos con participación más amplia de población joven expresada en porcentaje sobre el total de habitantes eran Huancavelica (46.8%), Apurímac (45.3%), Amazonas (44.2%) y Loreto (44.0%). Por el contrario, los departamentos con los menores porcentajes de población joven eran Callao (28.5%), Lima (29.3%), Tacna (30.9%), Moquegua (31.2%) y Arequipa (31.4%).

El hecho de mantener una amplia proporción de población joven plantea un enorme reto para el país en su conjunto, ya que obliga a destinar muchos recursos para la adecuada formación física, moral e intelectual de estos jóvenes, a fin de que cuando se incorporen al grupo de población adulta estén capacitados para contribuir con su esfuerzo al desarrollo del país. Por esa razón, los recursos destinados prioritariamente a la niñez y a la juventud deben ser considerados como una inversión.

Un segundo grupo de población lo constituyen las personas comprendidas entre 15 y 64 años de edad, que forman la fuerza potencial de trabajo. Hay que deducir de él a todos aquellos que por razones como el estudio o la naturaleza de su actividad predominante —las amas de casa, por ejemplo— no forman parte de la fuerza laboral real. A mediados de la década de 1980, la población comprendida en este grupo de edad alcanzaba el 56.0 por ciento de la población total; a finales de los años noventa, como consecuencia de la atenuación del ritmo de crecimiento demográfico, este grupo alcanzó el 61.4 por ciento, es decir, alrededor de 15'118,000 personas.

El tercer grupo de edad, que abarca a quienes tienen de 65 años en adelante, tiene escaso peso relativo, llegando a representar a mediados de la década de 1980 el 3.6 por ciento del total, mientras que a finales de la década siguiente se acercó al 5.0 por ciento. Estas cifras muestran una tendencia creciente por las mismas razones anotadas para el grupo de edad precedente. En cifras absolutas, este grupo congrega a 1'147,000 personas.

Composición de la población por sexo

Estudiar la población de Perú según su composición por sexo implica considerar el análisis del índice de masculinidad, el cual hacia finales de los noventa era de 98.6. Esto significa que existe ese número de varones por cada 100 mujeres, situación que no hace sino confirmar que la esperanza de vida al nacer es para las mujeres sensiblemente superior que para los hombres. El comportamiento del índice de masculinidad pue-

Fiesta aymara en la zona andina. Las costumbres milenarias de los pueblos aymaras y quechuas se han mantenido inalterables en los departamentos de Apurímac, Ayacucho y Puno, entre otros.

Población de Perú y América Latina

País	Población
Bolivia	7.6
Guatemala	9.9
Ecuador	11.7
Chile	14.5
Venezuela	22.3
Perú	25.6
Argentina	34.7
Colombia	38.0
México	94.8
Brasil	160.5

Fuente: INEI. En millones de habitantes

de ser analizado por departamentos y según grupos de edad. En cuanto a los primeros, aquellos que tienen los índices de masculinidad más elevados son Madre de Dios (124.2), San Martín (113.1) y Loreto (105.8). En líneas generales, éstos son los departamentos que han atraído un importante volumen de población migrante, por las oportunidades de empleo que ofrecen en actividades tales como la explotación forestal, pesquera o minera, rubros de ocupación en los que la participación de la mujer es baja.

En lo que respecta a la composición de la población por sexo y según grupos de edad, a finales del siglo XX la distribución era muy sugerente: mientras que en el grupo de edad de 0 a 14 años el índice de masculinidad era del 103.2, en el grupo de 15 a 64 fue de sólo 97.0 y se reducía a 84.4 en el grupo de edad de 65 años o más. Ello significa que en Perú se confirma también la regla biológica, ampliamente difundida, según la cual las mujeres tienden a vivir más años que los hombres, por lo que su presencia es más numerosa en los grupos de edades más avanzadas.

Composición de la población por estado civil

La situación conyugal o estado civil de la población tiene importancia en varios aspectos. En el plano estrictamente demográfico, una alta tasa de nupcialidad puede favorecer tasas de natalidad mayores, dependiendo también de la edad del matrimonio. En el orden social, el estado civil de las personas puede reflejar ciertas tendencias relacionadas con la introducción de determinados elementos de los más recientes cambios de hábitos propios de las sociedades occidentales modernas, como la emancipación económica de la mujer, la mayor libertad en los comportamientos sexuales o la menor adhesión a los principios religiosos tradicionales.

En Perú, de los 15'483,790 de personas mayores de 12 años registrados por el último censo de población, el 41.9 por ciento se declararon solteros, el 34.8 por ciento casados, el 16.1 por ciento convivientes, el 4.0 por ciento viudos y el 2.1 por ciento separados o divorciados, mientras que un 1.1 por ciento no especificó su situación conyugal. Si se comparan estas cifras con las del censo de 1981 destaca el incremento de la población conviviente o bien separada o divorciada, que eran del 12 por ciento y 1 por ciento, respectivamente. Esto supone que la informalización de la situación conyugal, al igual que la ruptura del vínculo matrimonial, ha experimentado un incremento significativo a lo largo de este periodo intercensal.

La emancipación económica de la mujer, una de las características de las sociedades contemporáneas, también se ha dejado sentir en el Perú. En la foto, un hombre con su hija en Piura.

Caracterización cultural

Perú es un país heterogéneo desde el punto de vista cultural. La temprana fusión del tronco indígena con el español produjo no sólo un mestizaje racial sino también cultural, proceso luego enriquecido con el aporte africano y asiático. El resultado es una síntesis que se expresa a través de la diversidad de elementos culturales tales como el idioma, las costumbres, el nivel de educación y la fe religiosa.

En épocas recientes se han evidenciado progresos en algunos indicadores culturales fundamentales, tales como el grado de alfabetización, mientras que por otra parte la libertad de cultos religiosos, que la Constitución del Estado garantiza, sumada a la activa labor de las instituciones que organizan la vida religiosa de las distintas confesiones, han contribuido también notablemente a la modificación del complejo cuadro de la cultura peruana.

La población según el idioma o dialecto materno

Los resultados del último censo permiten establecer que el 80.3 por ciento de la población del país tiene el castellano como su idioma materno; el 16.5 por ciento el quechua; el 3.0 por ciento otra lengua nativa y el 0.2 por ciento un idioma extranjero. Hay que tener en cuenta que en Perú, además del español, son lenguas oficiales el quechua y el aymara.

El quechua, la antigua lengua de los incas, fue un elemento esencial en la propagación de la cultura incaica por una amplia área de los Andes tropicales antes de la Conquista española, y mantuvo su predominio en la región andina peruana hasta época muy reciente. En la actualidad es la lengua materna de una sexta parte de la población total del país, aunque en el medio rural esa proporción alcanza al 32.3 por ciento de la población.

Alumnos en el patio de una escuela en Iquitos. Las leyes de obligatoriedad y gratuidad de la enseñanza han incrementado la alfabetización a partir de mediados del siglo XX.

Estas cifras demuestran el rápido retroceso del quechua frente al castellano, y constituyen una evidencia de la transculturación de la población nativa y de la decadencia de los valores de la sociedad tradicional. En algunos departamentos andinos predominantemente rurales, en los que la modernización de los parámetros sociales ha tenido menor incidencia, el quechua sigue siendo la lengua materna dominante. Así, en Apurímac el índice es del 77.0 por ciento; en Ayacucho, 71.1; en Huancavelica, 67.0; en Cusco, 63.7.

Otras lenguas nativas tienen una presencia mucho más localizada: el aymara se habla en el altiplano de Puno, departamento en donde el 33.0 por ciento de la población tiene este idioma como lengua materna. Las lenguas amazónicas constituyen la lengua materna de una proporción menor de población de algunos departamentos de la selva: 11.7 por ciento en Amazonas y 10.3 por ciento en Ucayali, entre las más representativas.

La población según el nivel educativo

En este punto es importante realizar una primera observación en torno a la evolución del nivel de alfabetización. A partir de 1940 se constata un continuo decrecimiento en la tasa de analfabetismo. Así, mientras que en 1940 el 57.6 por ciento de la población de 15 años y más no sabía leer ni escribir, en 1961 ese porcentaje fue del 38.9 por ciento; en 1972, del 27.5 por ciento; en 1981, del 18.1 por ciento y en 1993 del 12.8 por ciento. En 1998 el porcentaje se situó en el 7.7 y en el año 2000 en el 7.1 por ciento. Pero la importancia de esta progresión no oculta algunos elementos que es necesario valorar: en primer lugar, el analfabetismo entre las mujeres es proporcionalmente más del doble que entre los hombres (18.3% contra 7.1%); por otra parte, el analfabetismo en el medio rural aún mantiene niveles importantes: 29.8 por ciento; en este contexto, el grupo más desfavorecido es el de las mujeres campesinas, pues la tasa de analfabetismo todavía alcanzaba en el último censo al 42.9 por ciento de este segmento de la población.

Importante mejoría

El nivel de educación de la población peruana ha logrado mejoras importantes en las últimas décadas; entre 1972 y 1993 la población de 15 años y más que declaró no tener nivel alguno de estudios bajó, en términos relativos, del 27.0 por ciento al 8.1 por ciento, mientras que la tasa de escolaridad pasó del 58.2 por ciento al 74.4 (74,8% en 1995). En ese período, la población de 15 años y más también elevó su nivel educativo, ya que mientras el 48.0 por ciento de ese segmento poblacional no tenía más que algún año de educación primaria en 1972, éste se redujo al 31.8 por ciento en el último censo. Paralelamente, el porcentaje de población con algún año de educación secundaria pasó del 20.7 por ciento en 1972 al 33.9 por ciento. En 1995, la población escolar llegó a 7'788,600 alumnos y se incrementa de año en año a una tasa promedio del 2.7 por ciento, lo que significa que en el año 2000 los alumnos matriculados rondan los 8.5 millones.

La educación superior también muestra progresos significativos. La población de 15 años y más con algún año de estudios superiores pasó del 4.5 por ciento en 1972 al 24.5 en el último censo. El total de alumnos matriculados en el sistema universitario era de 368,452 (380,000 en 1996) mientras que en 1972 alcanzaba a 132,188. Ello significa que el total casi se triplicó en apenas dos décadas. Consideración aparte merece la numerosa población que se capacita en institutos superiores tecnológicos —la denominada educación superior no universitaria—, lo que refleja no sólo el peso del segmento de población joven en la estructura demográfica del país, sino además la extendida conciencia acerca de la importancia de los estudios en la lucha por el ingreso al mercado del trabajo.

Fachada de la Universidad Nacional de Trujillo, en el departamento de la Libertad. La educación superior ha logrado importantes avances en la últimas décadas, triplicando el número de alumnos.

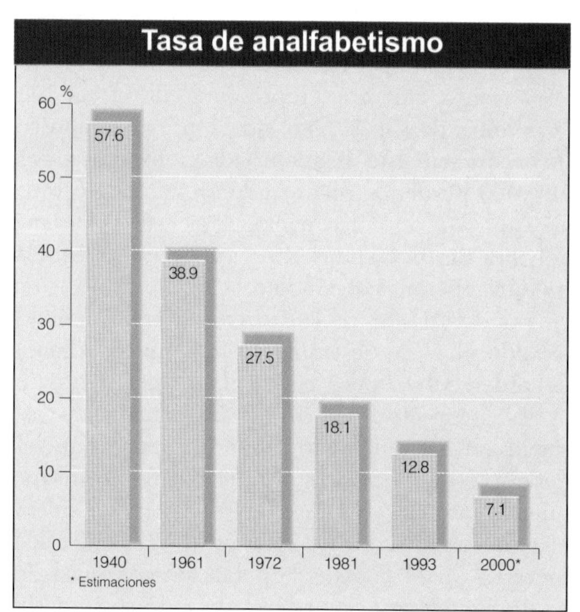

Población y cultos religiosos

En el marco de las tradiciones culturales heredadas de España, la religión católica es abrumadoramente mayoritaria, profesada por el 88.9 por ciento de la población según el último censo. El 9.7 por ciento declaró pertenecer a otra confesión y el 0.3 por ciento no respondió. Entre la población que declaró profesar una fe distinta de la católica destacan los grupos evangelistas, que congregan al 7.2 por ciento del total. Es interesante observar que la fe católica predomina por encima del promedio nacional en la mayor parte de los departamentos costeros, en tanto que los grupos evangelistas tienen una presencia mayor al promedio nacional en los departamentos amazónicos o con parte importante de sus territorios en esta región natural: el 16.3 por ciento en Amazonas; el 15.5 en Huánuco; el 15.4 en Ucayali, Pasco y Huancavelica; y el 12.0 en San Martín.

Caracterización económica de la población

La población económicamente activa (PEA) es el segmento de la población que desarrolla actividades orientadas a producir bienes o servicios o que, no haciéndolo, presiona sobre el mercado laboral en búsqueda de un empleo.

Empleado petrolero de un campamento cercano a la ciudad de Talara, en el departamento de Piura.

Rasgos propios del Perú

En países de economía insuficientemente desarrollada, como Perú, no es del todo acertado aplicar el criterio internacional de considerar como PEA a la población comprendida entre 15 y 64 años de edad. Esto se debe a que muchos niños se ven en la necesidad de trabajar, tanto para ayudar a la economía familiar como para sostenerse a sí mismos; mientras que, en el otro extremo, lo mismo ocurre con parte de la población anciana o con una edad superior a los 64 años.

Por esa razón, los censos de población en Perú incluyen información sobre la PEA que asume ambos criterios: el de aceptación general, promovido por organismos internacionales competentes en población y en materia laboral; y el más ajustado a la realidad nacional, que implica registrar la condición de actividad de las personas censadas —dividiéndolas en «económicamente activa» y «económicamente no activa»— a partir de los 6 años de edad.

En Perú, la tasa de actividad —que representa el porcentaje de población económicamente activa de 15 años y más respecto de la población total— ha ido en constante incremento: mientras que en 1972 era del 26.8 por ciento, en 1981 fue del 29.2 y en el último censo del 31.4, situación que refleja la transición de una estructura poblacional extremadamente joven en décadas pasadas a otra más madura. Según la tasa de actividad para el año censal, integraban la PEA 7'109,527 personas, el 37,0 por ciento de las cuales se encontraba en Lima y en la Provincia Constitucional del Callao. En 1998 la formaban 7'366,100 personas y en el año 2000 la cifra ascendía a 7'513,422. En cuanto a la participación de la mujer en el mercado laboral, puede afirmarse que ha tenido un constante incremento, ya que de constituir el 27.2 por ciento de la PEA en 1970, pasó a representar el 30.0 por ciento en 1980 y el 34,7 por ciento en 1995. A finales del siglo XX, todos los indicadores reflejan que las mujeres desempeñan cada vez más un papel activo en el proceso económico del país.

Desempleo, subempleo y empleo infantil

En el período intercensal 1981-1993 la población económicamente activa aumentó un 37.0 por ciento, lo que representa un total de 1'919,867 personas. Esto indica que cada año se incorporan a este segmento de población unos 160,000 peruanos, planteando un verdadero reto al sistema económico nacional; si éste se desenvolviera de forma más eficaz, debería posibilitar mejores opciones de empleo.

Las debilidades de la situación se reflejan en el elevado nivel de desempleo y subempleo urbano, del orden del 9.2 por ciento y el 46.5 por ciento de la PEA, respectivamente. El análisis de algunas variables de este fenómeno demuestra además que el desempleo femenino es significativamente mayor que el masculino (11.1% contra 8.0%), que afecta con mayor fuerza a los jóvenes (17.7% entre los menores de 24 años), a la población con nivel de educación superior no universitaria ni secundaria

Niña llevando un balde de agua en Chiclayo, Lambayeque. El trabajo infantil redunda en una alta tasa de deserción escolar, que en algunas zonas agrícolas llega al 40 por ciento.

(11.4% y 10.4%, respectivamente) y a quienes viven en la región costera sur, costera centro y sierra centro (12.1%, 11.6% y 10.1%, respectivamente).

Por último, es importante señalar la importancia del trabajo infantil en Perú. Conforme al último censo, eran económicamente activos 175,022 niños comprendidos entre 6 y 14 años de edad, lo que indica una tasa de actividad del 3.6 por ciento en este segmento de la población; en 1981 este índice fue del 2.6 por ciento y en 1992 del 3.0. Estas cifras reflejan no sólo lo agudo de las necesidades económicas en los segmentos pobres de la población sino también la alta desprotección del menor; muchos de estos niños trabajan en condiciones de verdadera explotación en labores que exceden, en mucho, su capacidad física, recibiendo salarios muy por debajo del que perciben los adultos por tareas similares.

La PEA por ramas de actividad

La actividad económica de la población de un determinado país se suele analizar a partir de su división en tres ramas clásicas: sector primario (agricultura, minería, pesca, caza, silvicultura); sector secundario (industria manufacturera) y sector terciario (comercio, enseñanza, administración pública, defensa, salud, banca, finanzas y otros servicios). Sobre estos parámetros, la ubicación sectorial de la población económicamente activa del Perú ha mostrado una evolución dinámica en época reciente.

Si se descuenta la población que se desempeña en actividades no especificadas o aquella que forma parte de la PEA pero que se encuentra a la búsqueda de su primer empleo, mientras que en 1972 el 42.3 por ciento de la PEA pertenecía al sector primario, en 1981 solamente participaba de éste el 38.2 por ciento y en el último censo el

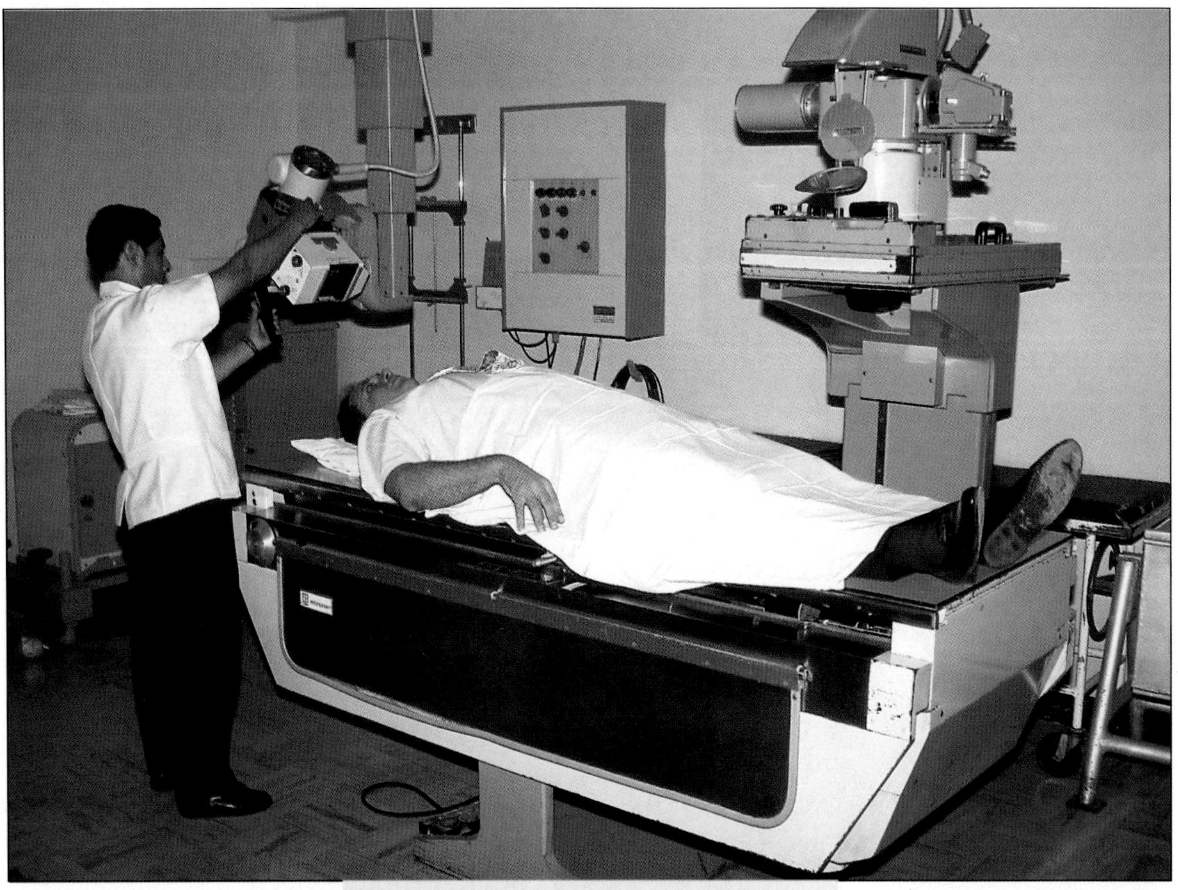

Trabajador del sector terciario. La política económica reciente ha impulsado el crecimiento de la economía llamada de «servicios», por su bajo riesgo y rápida rentabilidad.

28.7 por ciento. El sector secundario o industrias de transformación mantiene un grado de participación más o menos estable, con un 11.4 por ciento de la PEA, lo que revela la poca importancia de esta actividad como generadora de empleo. Por último, la amplia gama de actividades terciarias congrega a un sector cada vez mayor de la PEA: del 38.2 por ciento en 1972 pasó al 42.3 por ciento en 1981 y al 48.8 por ciento en el último censo. Como parte del sector terciario destaca el comercio, ya que, por sí solo, emplea al 17.0 por ciento del total de la población económicamente activa.

Caída del sector primario

Una apreciación en conjunto de la forma en que evoluciona la distribución de la PEA en Perú permite comprobar la participación cada vez menor de las actividades primarias, particularmente de la agricultura, como generadoras de empleo. En la década de 1960 estas actividades empleaban a la mitad de la PEA (51.9% en 1961), mientras que en los años noventa apenas superaban la cuarta parte del total, situación que sin duda es una consecuencia combinada de la despoblación del campo y de la crisis del sector agrario.

En el otro extremo se sitúa la creciente importancia cuantitativa del sector terciario o de servicios, que en el último censo ya congregaba a casi la mitad de la población activa. A diferencia de lo que sucede en los países de economía desarrollada, en los cuales la gran participación del sector servicios en el empleo es sinónimo de eficiencia y de altos estándares de vida, en Perú es más bien el reflejo de la situación de recesión que durante un prolongado período ha afectado a la economía nacional. Ante la insalvable imposibilidad del sistema económico de ofrecer empleo adecuado a toda la PEA, parte importante de ella se ve obligada a generar su propia actividad en áreas tales como servicios personales y comercio ambulatorio. Se

Niños que trabajan de 6 a 14 años, según departamentos

Departamentos	Población de 6 a 14 años	Niños que trabajan Absoluto	Niños que trabajan Porcentaje
Amazonas	86,614	5,392	6.2
Ancash	221,950	7,227	3.3
Apurimac	97,597	3,249	3.3
Arequipa	184,677	5,587	3.0
Ayacucho	122,360	5,500	4.5
Cajamarca	323,671	21,034	6.5
P.C. del Callao	115,564	2,463	2.1
Cusco	246,681	13,298	5.4
Huancavelica	102,656	5,416	5.3
Huanuco	170,329	10,511	6.2
Ica	120,249	2,113	1.8
Junin	252,289	8,463	3.4
La Libertad	274,405	11,425	4.2
Lambayeque	205,313	5,810	2.8
Lima	1'163,447	22,562	1.9
Loreto	176,745	6,793	3.8
Madre de Dios	14,237	487	3.4
Moquegua	25,526	713	2.8
Pasco	56,469	2,281	4.0
Piura	332,858	12,602	3.8
Puno	254,650	9,334	3.7
San Martín	129,360	7,709	6.0
Tacna	43,295	1,557	3.6
Tumbes	34,836	1,354	3.9
Ucayali	78,364	2,142	2.7
Lima Metropolitana	1'130,906	21,466	1.9
TOTAL	4'834,142	175,022	3,6

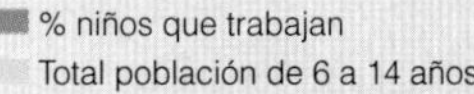

Fuente: INEI

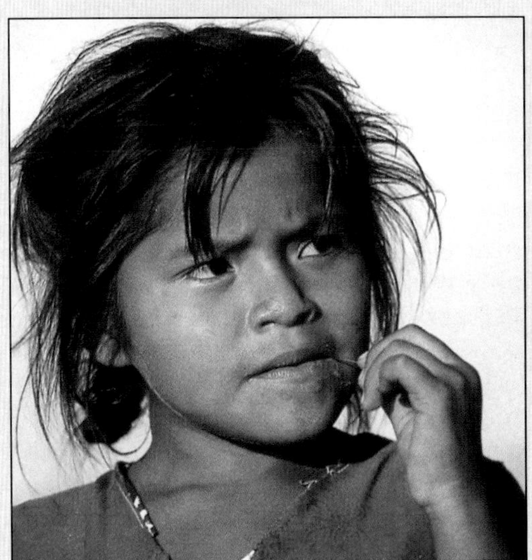

El incremento del comercio ambulante en las grandes ciudades de la costa se relaciona con la migración rural debida a la crisis del agro y al fenómeno terrorista.

trata de una especie de «sector terciario refugio», con baja productividad, hipertrofiado y al mismo tiempo sobredimensionado con respecto al nivel de demanda de servicios provenientes de las otras ramas de la economía.

La PEA según las categorías ocupacionales

La categoría de ocupación es un indicador importante del perfil de la población desde el punto de vista económico, y se puede relacionar fácilmente con algunas características sociales y culturales propias del país.

En una primera aproximación, para mediados de los años noventa el 44.1 por ciento de la PEA de 15 años y más era asalariada, sector básicamente constituido por obreros y empleados; el 33.2 por ciento eran trabajadores independientes; el 9.2 por ciento eran trabajadores familiares no remunerados; el 3.4 por ciento, trabajadores del hogar; y el 2.4 por ciento, empleadores o patronos.

En esta distribución es importante destacar la amplia proporción de trabajadores independientes, aspecto relacionado con el marcado predominio del sector de servicios y con la forma en que se genera buena parte del empleo en esa rama económica, dentro del denominado «autoempleo».

Si se vincula la categoría de la ocupación con el nivel de educación recibida en cada caso, se observa que el 91.0 por ciento de los obreros tiene un nivel educativo que oscila entre el analfabetismo y la educación secundaria; por otra parte, el 65.3 por ciento de los empleados tiene algún nivel de educación superior. En función del sexo, las categorías de ocupación predominante varían entre hombres y mujeres: mientras que entre los hombres dominan las categorías de trabajador independiente (36.5%) y obrero (25.1%), entre las mujeres las categorías más representadas son las de empleada (31.2%) y trabajadora independiente (25,4%).

Redistribución espacial de la población

La intensidad de los movimientos migratorios constituye uno de los factores claves para poder comprender la demografía contemporánea de Perú, en la medida en que estos movimientos explican los cambios recientes en la distribución de la población sobre el espacio nacional.

Más allá de las respuestas que frecuentemente ofrecen los migrantes censados o encuestados, las causas últimas de las migraciones estriban en el desigual nivel de desarrollo entre sus áreas de origen y aquellas que escogen como destino. Este proceso se ha visto facilitado por el progreso de las redes de transportes y comunicaciones, que en Perú cobraron notorio auge en la segunda mitad del siglo XX.

Vista de la plaza mayor de la ciudad de Ayacucho, capital del departamento del mismo nombre.

Las corrientes migratorias

En 1972, el 18.4 por ciento de la población del país era migrante departamental de toda la vida. Este concepto alude a los cambios de residencia de un departamento a otro o de una provincia a otra, ocurridos hasta el momento del empadronamiento; de modo que una persona censada en un lugar diferente al de su nacimiento será considerada migrante de toda la vida. En 1981 esa participación subió al 20.0 por ciento y en el último censo fue aún ligeramente mayor: 20.6 por ciento. Ello significa que 4'534,545 personas habitaban en un departamento distinto al de su nacimiento. La tendencia siguió acentuándose en la última década del siglo XX.

Sin embargo, el proceso migratorio es muy variado en cuanto al aporte específico de los distintos departamentos del país. Los departamentos que tienen saldos migratorios positivos, expresados en la tasa neta de migración, son: Tacna (17.6%), Madre de Dios (18.8%), Tumbes (17.6%), Lima y Callao (11.7%), Moquegua (12.0%), Arequipa (11.5%), Ucayali (11.0%), San Martín (7.3%) y La Libertad (2.7%). Ello significa que el principal destino de los migrantes siguen siendo los departamentos en los que se localizan grandes ciudades (Lima y Callao, Arequipa y La Libertad); las áreas costeras que cuentan con una economía más dinámica sobre la base del comercio fronterizo, la minería y proyectos agrícolas y agroindustriales (Tacna, Moquegua, Tumbes); y, por último, algunos departamentos amazónicos relativamente bien articulados con el resto del país y que están en condiciones de acoger los excedentes demográficos de las regiones andinas sobrepobladas (básicamente, Madre de Dios, Ucayali y San Martín).

Tasas de migración negativas

En contraposición con lo anterior, los departamentos andinos, en especial los del sur, son predominantemente expulsores de población y, en esa medida, cuentan con altas tasas netas de migración negativas. En algunos de estos departamentos esta tendencia se ha acentuado en las últimas décadas del siglo XX como consecuencia del fenómeno terrorista, que asoló esas regiones rurales, ya de por sí económicamente deprimidas. Algunos de estos departamentos y sus respectivas tasas netas de migración son: Huancavelica (-24.5%), Ayacucho (-29.5%), Pasco (-20.8%), Ancash (-10.8%) y Puno (-10.6%).

En los departamentos andinos, especialmente los sureños, se registra un fuerte movimiento migratorio hacia las grandes ciudades. En la imagen, la carretera de Huaraz, en Ancash.

Las más importantes corrientes migratorias entre 1988 y el último censo son aquellas que tienen como destino Lima y Callao; allí llegaron 602,426 personas en el citado período, procedentes en un 32 por ciento de los departamentos colindantes, principalmente de Junín (92,500) y Ancash (66,800), que junto con Ayacucho (47,100) —que no es limítrofe—, fueron gravemente afectados por la violencia terrorista. En el sur, los desplazamientos de población hacia Arequipa tuvieron como principales pilares a Puno (25,700) y Cusco (18,500), mientras que en el norte destacan las corrientes migratorias que los departamentos de Lambayeque y La Libertad recibieron de Cajamarca (23,400 y 20,900 personas, respectivamente) y de Lima-Callao (14,600 y 21,000 personas).

Composición urbana y rural

En la segunda mitad del siglo XX Perú ha pasado de ser un país predominantemente rural a otro fundamentalmente urbano.

Ello significa que a finales de la década de 1990, más de las dos terceras partes de la población del país vive en ciudades, mientras que en la década de 1940 dicha proporción apenas superaba la tercera parte. En los últimos cincuenta años la población urbana creció 6 veces, mientras que la población nacional, en conjunto, lo hizo algo menos de 3 veces y la rural apenas creció 0,6 veces. Como es obvio, el principal motivo histórico de este dinámico crecimiento de la urbanización ha sido la corriente migratoria en el sentido campo-ciudad; pero en los años noventa debe hablarse más bien de un crecimiento interno de carácter autosostenido.

Por el volumen de la población urbana destacan los departamentos de Lima, Piura, La Libertad, Arequipa, Lambayeque, Junín y Ancash. En cambio, en función de la intensidad del crecimiento urbano sobresalen los departamentos de Ucayali, Ica, Loreto y Piura, que casi duplican su participación relativa en el total de la población urbana del país.

A pesar del desarrollo de las carreteras de penetración, los principales pueblos de la Amazonia reciben sus insumos y servicios por vía fluvial. En la foto, La Ollada, en Pucallpa.

Cabe señalar, por último, que la creciente urbanización se concentra en un número relativamente pequeño de ciudades: Lima metropolitana y otras 32 ciudades concentran el 71.6 por ciento del total de la población urbana del país; por su parte, Lima representa el 28.2 por ciento de la población total del país y el 40.9 por ciento de su población urbana. Estas cifras evidencian el fenómeno de macrocefalia que a partir de la década de 1940 ha caracterizado al sistema urbano del Perú.

Distribución por regiones naturales

Desde el punto de vista de la clásica división del territorio del país en tres regiones naturales, la distribución de la población se ha visto modificada sustancialmente. Mientras que en 1940 prácticamente dos tercios de la población peruana vivía en la sierra (65.0%), en los años noventa esa región sólo retenía algo más del tercio de los habitantes del país (35.7%). En cambio, la costa pasó de albergar el 28.3 por ciento de los habitantes en 1940 al 52.2 por ciento en la década de los noventa. Esta transferencia de recursos humanos se enmarca dentro del proceso migratorio interno, que generó una amplia concentración de población en la zona de la costa —dentro del denominado proceso de litoralización— y un rápido crecimiento de los núcleos urbanos.

Crecimiento de la selva y de la costa

Por su parte la selva, que en 1940 sólo contaba con el 6.7 por ciento de la población nacional, cinco décadas después ostentaba el 12.1 del total; en otras palabras, había casi duplicado su participación a nivel estatal, en parte como consecuencia de las migraciones con origen en el sector de la sierra. Sin embargo, más que a las ciudades amazónicas, estas corrientes migratorias se desplazan a los focos de colonización que han sido habilitados en las zonas de selva alta y baja, a partir de la construcción de las denominadas «carreteras de penetración».

Política de población en Perú

En 1964 el gobierno creó el Centro de Estudios de Población y Desarrollo (CEPD), movido por la inquietud que causaban entonces el rápido crecimiento de la población, las intensas corrientes migratorias y el proceso acelerado de urbanización, constatado por el Censo de Población de 1961. El CEPD realizó varios estudios y programas experimentales de atención materno-infantil y de planificación familiar. Entre 1968 y 1974, las acciones en materia de población fueron interrumpidas. El gobierno suspendió toda actividad vinculada a la planificación familiar por considerar que la verdadera fuente de los problemas eran la pobreza y la distribución de la riqueza.
En la Conferencia Mundial de Población de 1974, celebrada en Bucarest, el gobierno peruano reconoció la existencia de un problema poblacional, aunque eran visibles las discrepancias en cuanto a la forma de afrontarlo.
En 1976 se emitieron los «Lineamientos de Política Nacional de Población» (Decreto Supremo 625-76-SA), vigentes hasta la promulgación de la Ley de Política Nacional de Población. Estos lineamientos presentan una comprensión del problema poblacional ligados a los del desarrollo. En 1980 se creó el Consejo Nacional de Población (CONAPO) como una institución pública de carácter multisectorial, con el fin de promover, coordinar y regir las actividades de población.

Ley de Población

El 6 de julio de 1985 fue promulgada la Ley de Política Nacional de Población (Decreto Legislativo 346) cuyos objetivos eran los siguientes:

1. Promover una equilibrada y armónica relación entre el crecimiento, la estructura y la distribución territorial de la población y el desarrollo económico y social, teniendo en cuenta que la economía está al servicio del hombre.
2. Promover y asegurar la decisión libre, informada y responsable de las personas y las parejas sobre el número y espaciamiento de los nacimientos, proporcionando para ello los servicios educativos y de salud para contribuir a la estabilidad y solidaridad familiar y mejorar la calidad de vida.
3. Lograr una reducción significativa de la morbimortalidad, especialmente entre la madre y el niño, mejorando los niveles de salud y de vida de la población.
4. Alcanzar una mejor distribución de la población en el territorio en concordancia con el uso adecuado de los recursos, el desarrollo regional y la seguridad nacional.

La Constitución Política de 1993 reconoce que «la política nacional de población tiene como objetivo difundir y promover la paternidad y maternidad responsables. Reconoce el derecho de las familias y las personas a decidir. En tal sentido el Estado asegura los programas de educación y de información adecuados y el acceso a los medios que no afecten la vida o la salud.» La Ley de Política Nacional de Población fue modificada por la Ley 26,530 del 8 de septiembre de 1995, en lo referente a los métodos de planificación familiar.

Panorámica de la localidad andina Los Alisos. Existen importantes programas gubernamentales para incentivar el repoblamiento andino y la reactivación de las labores agrícolas.

En el marco de este proceso, la tasa de crecimiento demográfico por región natural en la segunda mitad del siglo XX muestra a las regiones de la costa y la selva como las de crecimiento más dinámico, con un promedio anual del 3.6 por ciento. La sierra, en cambio, con una tasa del 1.3 por ciento, crece casi a la tercera parte del ritmo de las otras dos regiones vecinas, si bien en términos absolutos siempre evidencia un aumento de población, la cual ha pasado de poco más de 4 millones en 1940 a cerca de 8 millones de habitantes en los años noventa.

Densidad de población variada

Como corolario de la distribución espacial, cabe señalar que la densidad de población de 17.6 habitantes/km^2 en 1993 —estimada en 19,3 habitantes/km^2 para 1998— es un promedio nacional que no se acerca al de ninguna de las regiones naturales del país. En éstas la densidad fue de 85.0 habitantes/km^2 en la costa, 20.1 habitantes/km^2 en la sierra y 3.5 habitantes/km^2 en la selva. En síntesis, Perú se presenta como un archipiélago de poblamiento cuya manifestación repite aproximadamente la presencia de los recursos agrícolas: donde éstos son ricos y abundantes, la densidad puede llegar a superar los 100 habitantes/km^2 —en los valles costeros, en los sectores litorales del lago Titicaca o el valle del Mantaro—, mientras que en el árido desierto costero, en los sectores semiáridos y agrestes de la sierra y en la mayor parte del bosque amazónico la densidad de población se aproxima a cero.

Tendencias demográficas

A partir de la década de 1940, Perú inició una etapa de transición demográfica caracterizada, al comienzo, por la reducción de una alta mortalidad y el mantenimiento de elevadas tasas de natalidad. Más adelante, y sobre todo desde la década de 1970, la natalidad empezó a disminuir, en tanto que la tasa de mortalidad se reducía aún más. En los últimos años de la década de 1990 la transición demográfica parece acercarse a su punto final, que se distingue por un decrecimiento moderado de la mortalidad, la cual ha alcanzado niveles muy bajos, mientras que la natalidad sigue disminuyendo rápidamente, con lo que la tasa de crecimiento vegetativo es cada vez más moderada.

Esta etapa transicional, caracterizada además por una intensa movilidad geográfica de la población, ha trastocado la demografía peruana: en los últimos años, Perú se presenta como un país predominantemente joven, fuertemente urbanizado

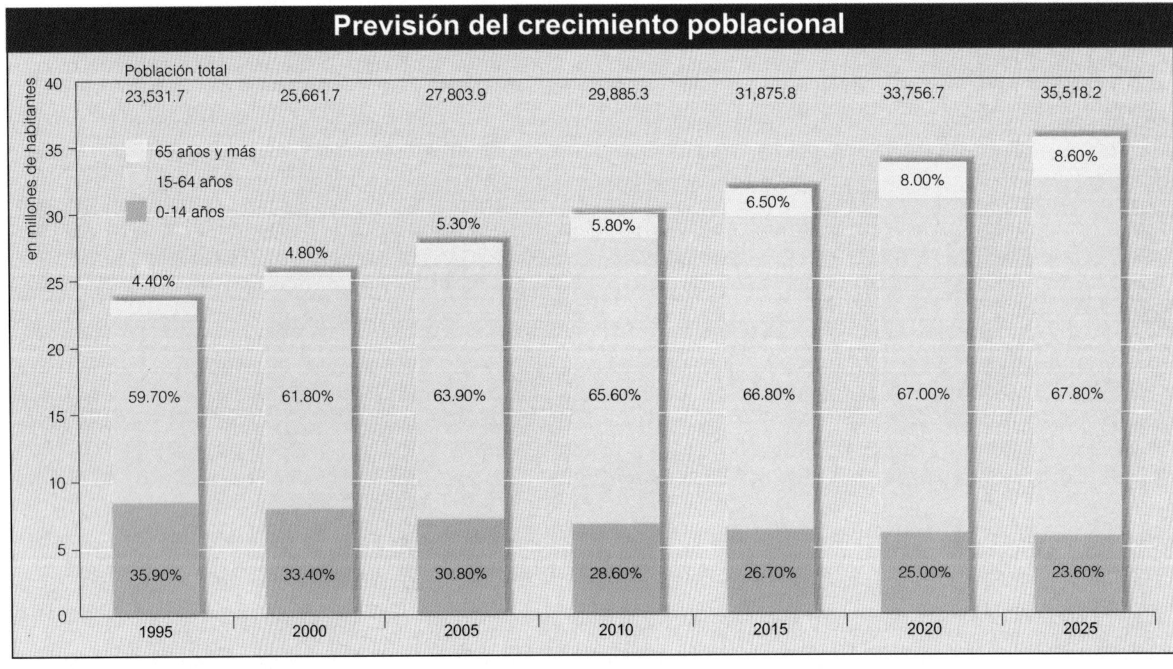

y con una población principalmente costera, características que plantean enormes retos a la sociedad. Se imponen desafíos tales como el de brindar servicios educativos y sanitarios a una población que, entre 0 y 14 años de edad, representa más de un tercio de la población total (34,4%); ofrecer opciones de empleo y calificación a los más de 160,000 jóvenes que cada año pasan a incrementar el grupo de población económicamente activa; evitar el despoblamiento de la sierra y la cada vez más acentuada reducción de su importancia económica, y eliminar el analfabetismo entre la población adulta en el medio rural.

Previsiones de futuro

En muchos aspectos, las tendencias demográficas esbozadas pueden valorarse positivamente, en función de los desafíos de futuro de la sociedad peruana. Conforme a las previsiones del Instituto Nacional de Estadística e Informática (INEI), en el año 2000 Perú tendrá una tasa de crecimiento vegetativo de 1.74 por ciento anual, que en el año 2010 se reducirá aun, al 1.38 por ciento. Ello significa el término de la etapa transicional y el ingreso en un período demográfico evolucionado, en el que tanto las tasas de natalidad como las de mortalidad serán bajas y, consecuentemente, el crecimiento de la población resultará moderado.

La Política Nacional de Población, que finalmente parece haber pasado del enunciado a los hechos, apoya así la consolidación de estas tendencias.

Como resultado de las variables esbozadas, la población peruana será de unos 25'661,690 habitantes en el año 2000 y de 29'885,340 en el 2010. Ello significa un recorte drástico con respecto a las estimaciones elaboradas en la década de 1970, que consideraban que hacia el año 2000 el país rondaría los 30 millones de habitantes. Así como a mediados del siglo XX la demografía peruana empezó a dar un vuelco completo, que alcanzó su momento culminante en la década de 1960, cuando el país vivió una verdadera explosión demográfica, a finales de la década de 1990 Perú atraviesa una etapa de reacomodamiento y estabilización, que lo lleva a afrontar el futuro con mejores perspectivas.

Las ciudades

El proceso de urbanización

Del período republicano a la ciudad moderna

El sistema urbano nacional

Lima Metropolitana

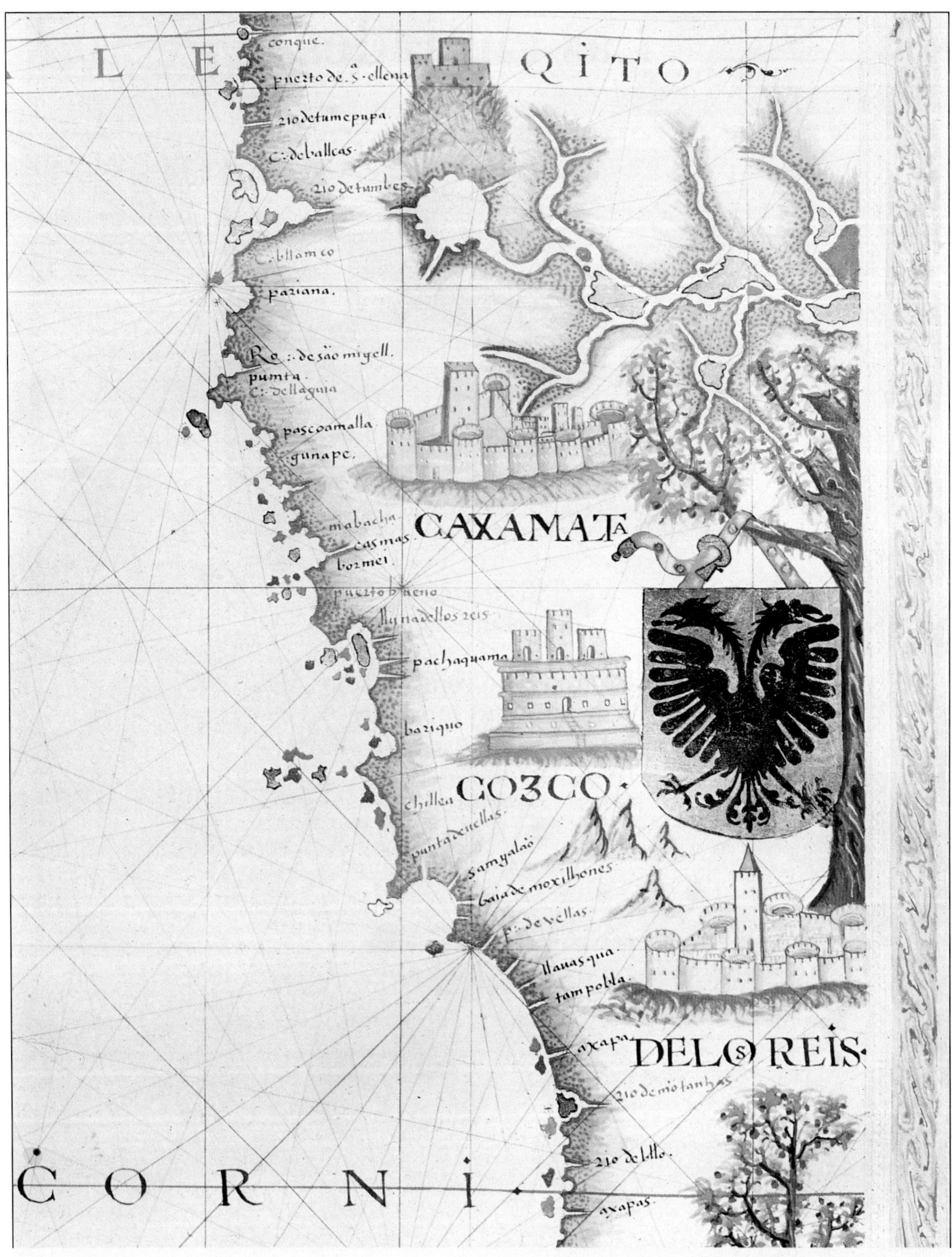

Mapa del siglo XVI que muestra los asentamientos coloniales. En función de factores geográficos y demográficos, éstos tuvieron carácter urbano o rural. Fue en las ciudades donde la cultura nativa quedó más rápidamente sometida por la europea.

El proceso de urbanización

Pocos países del Nuevo Mundo cuentan con ciudades tan antiguas como las peruanas. Pero antes de emprender un recorrido por la historia urbana del Perú debemos aportar una definición del concepto de ciudad. En primer término, una ciudad es una gran concentración humana, más o menos ordenada, que ocupa un emplazamiento, se organiza siguiendo un plano y genera un determinado paisaje urbano. Una ciudad también se caracteriza por su contenido social, en el sentido de que gran parte de su población se dedica a «actividades urbanas», distintas de las agrícolas y extractivas. Por último, la ciudad ejerce su influencia sobre un entorno más o menos extendido, es decir, asume roles y funciones urbanas que reflejan una vocación organizadora del espacio circundante.

Pisac fue una de las ciudades incaicas que formaron parte del sistema urbano cusqueño.

Progresivamente las culturas superiores del antiguo Perú alcanzaron un mayor desarrollo, unas formas más evolucionadas de organización política y un control territorial más vasto. En ese contexto, la ciudad aparece como una lógica respuesta a la exigencia de consolidar tales logros, así como una expresión de la necesidad de alianzas de las que quedan huellas en la fisonomía de los barrios, distribuidos según los diferentes ayllus. Es el caso del Cusco, la capital del Imperio Incaico, que cumplió una función política, administrativa y religiosa, esta última muy importante, como que su fundación está rodeada de un halo mítico: el germen del núcleo urbano fue el cerro Huanacauri, lugar donde se hundió la barreta de oro de la leyenda y donde se construyó después el templo del Coricancha.

La ciudad prehispánica

El instinto gregario, esencial en el ser humano, explica la vigencia de las organizaciones sociales andinas primitivas, conocidas como *ayllus*, las que en sus luchas por el control de territorios o de los recursos agrícolas se enfrentaban en guerras organizadas desde las *pucaras*. Éstas eran fortalezas construidas en lugares estratégicos, generalmente en las altas cumbres.

Sin embargo, antes del advenimiento de los grandes reinos e imperios, el patrón de asentamiento era disperso, con poblados pequeños a partir de los cuales se organizaba la ocupación productiva de los diversos ecosistemas, conectados entre sí por una red de caminos peatonales que hacían posible la complementariedad y la reciprocidad, dos conceptos esenciales en las organizaciones sociales andinas prehispánicas.

Magnificencia del Cusco

En el Cusco tenía su sede la casta gobernante. Esta ciudad —según la descripción del cronista Pedro Sancho—, «por ser la principal de todas donde tenían su residencia todos los señores, es tan grande y tan hermosa que sería digna de verse aun en España y toda llena de palacios de señores porque en ella no vive gente pobre y cada señor labra en ella su casa y así mismo todos los caciques aunque estos no habitaban en ella de continuo». Las calles del Cusco estaban sembradas de adoratorios cuidados por particulares, mientras que numerosos símbolos religiosos en sus fuentes, pozos y paredes acentuaban su carácter sagrado.

Pero el Cusco era, principalmente, el corazón del Imperio, el punto central a partir del cual nacían en las cuatro direcciones las regiones político-geográficas (los cuatro *suyos*). Allí estaban ade-

Vista de las ruinas del palacio Tschudi (siglos XI-XIII), en Chanchán, capital del reino Chimú. Las casas eran de adobe y los muros estaban decorados con figuras geométricas.

más (según Garcilaso) la universidad, donde la nobleza recibía la formación necesaria para las altas funciones de gobierno; el centro de acopio y distribución de los tributos; el principal mercado de productos; el punto de partida y de llegada de todos los caminos; y el centro de comunicaciones de donde salían y llegaban los chasquis, con órdenes y mensajes, frutos del trópico y pescado fresco del mar.

Tipos de concentración urbana

Construida enteramente en piedra granítica, el Cusco, junto con las demás ciudades andinas del Perú prehispánico —Huánuco Viejo, Cajamarca, Huamachuco, Vilcashuamán— contrastaba enormemente con las ciudades costeras que, como Chanchán o Pachacamac, estaban íntegramente construidas en barro. Éstas reflejaban, tanto en el material utilizado como en el estilo de construcción, una adecuación absoluta a los materiales naturales más abundantes y a las condiciones climáticas imperantes.

Por otra parte, algunas ciudades prehispánicas alcanzaron tamaños de población y de extensión superficial respetables, aun para épocas más recientes de efervescencia urbana. En el caso del Cusco, documentos de los primeros momentos de la Conquista señalan que la capital del Imperio Incaico tendría unos 40,000 vecinos y un total de 200,000 habitantes aproximadamente, en tanto que para Chanchán, capital del reino Chimú en el actual departamento de La Libertad, se ha calculado un área de 20 km^2 y una población superior a los 100,000 habitantes.

Finalmente, un mérito que vale la pena rescatar de la ciudad prehispánica es la capacidad que transmiten sus diseñadores y habitantes para amalgamar armoniosamente los elementos del medio natural con las necesidades de su crecimiento y expansión. En efecto, en la sierra, las ciudades se construyeron en laderas rocosas, como fue el caso del Cusco u Ollantaytambo. En la costa, por su parte, los asentamientos urbanos se desarrollaron fuera de los terrenos irrigados, en las márgenes de los valles o en las colinas intercaladas dentro de ellos, como Chanchán, Pachacamac y Chincha. Ello dio lugar a una ocupación racional del espacio, que aseguraba el óptimo aprovechamiento de los recursos por parte de las sociedades agrícolas que habitaron estas tierras.

La ciudad colonial

La Conquista española introdujo una ruptura definitiva con la organización política, social y económica que le antecedió en el territorio actual del Perú. Inicialmente, las huestes conquistadoras

Lima, fundada en 1535. La ciudad colonial hispanoamericana responde al modelo de cuadrícula, con un trazado de calles ortogonal nucleado en torno a la plaza mayor.

dieron prioridad al hecho militar, tanto por la voluntad de incorporar los nuevos territorios a la Corona española y sus habitantes a la fe cristiana, cuanto por el interés de obtener los mayores beneficios económicos de tan singular gesta.

Conforme los conquistadores se fueron posesionando del territorio, procedieron a la fundación de villas y ciudades, a la repartición de encomiendas y al reagrupamiento de la población indígena en las denominadas «reducciones».

Es por ello que el nacimiento de las primeras ciudades españolas en el Perú está asociado al episodio de la Conquista y a las necesidades originadas a partir de ella. En 1531, Pizarro fundó en la costa norte San Miguel de Tangarará (Piura), como un punto de apoyo y de reserva a la penetración que a continuación se iniciaría a lo largo del sector cordillerano. Al año siguiente, el emplazamiento de esta ciudad fue trasladado a un sector entre los valles de Chira y Piura, abundantes en agua y muy aptos para la agricultura. En 1532, la Cajamarca incaica, donde el Inca Atahualpa fue hecho prisionero y ejecutado, fue entregada en encomienda a uno de los conquistadores. De modo que, sin que mediara fundación española, esta localidad se convirtió en el foco de irradiación de la cultura hispana en los territorios de la sierra norte del Perú.

Las fundaciones

En 1533, durante el viaje realizado por los conquistadores de Cajamarca al Cusco, Pizarro decidió la fundación de la ciudad de Jauja, en el valle del Mantaro, preocupado por la distancia cada vez mayor que lo separaba de San Miguel, y haciéndose eco de las noticias sobre ricas provincias que existirían en los alrededores. Allí apostó 80 hombres a caballo y 100 peones.

En marzo de 1534, el Cusco español fue fundado sobre los cimientos de la imponente ciudad imperial, procediendo los conquistadores a construir sus viviendas sobre las ruinas de palacios, fortalezas y templos. Regresando a la costa, en 1535 Diego de Almagro fundó, por encargo de Pizarro, la ciudad de Trujillo, cerca del mar, de un río y de los restos de la ciudad de Chanchán.

En cuanto a la fundación de Lima, ocurrió el 18 de enero de 1535 como respuesta inmediata a los reclamos de los pobladores de Jauja, que se quejaban de la distancia con respecto a la costa, la falta de agua, de leña y de madera, las difíciles comunicaciones, la hostilidad del clima y la imposibilidad de criar animales.

Los comisionados partieron en dirección a la costa en busca de un nuevo asentamiento, y encontraron cerca de Pachacamac una comarca «con muy buena agua e leña e tierra para sementeras e

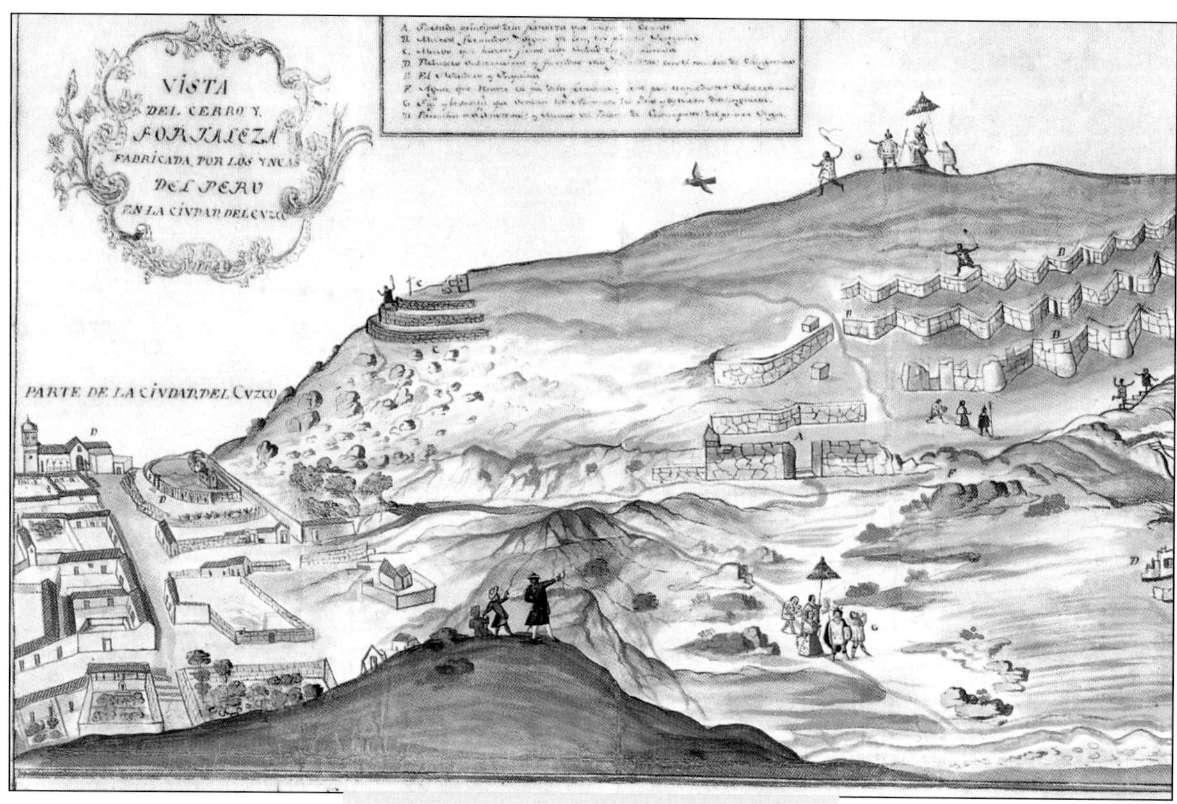

La ilustración, de 1778, es una «vista del cerro y fortaleza fabricada por los yncas del Perú en la ciudad del Cuzco», según su autor, el sargento mayor Ramón de Arechaga y Calvo.

cerca del puerto de la mar e asyento ayroso y claro y desconbrado que a razón parecía ser sano».

En el acta de fundación de Lima se lee que Pizarro «determino de fenecer e hacer e fundar el dicho pueblo, el cual mandaba e mando que se llame desde agora para cyempre jamas la cibdad de los Reyes, la cual hize e poblo en nombre de la Santísima Trinidad». Muy pronto, en 1537, el Cabildo de Lima concedió licencia a un tal Diego Ruiz para instalar un tambo en el Callao, donde descargar las mercaderías que llegaran a estas tierras. Con ello, Lima concretó tempranamente su acceso al tráfico marítimo a través de un puerto.

El traslado de la capital

Son varios los motivos, todos ellos más poderosos que los argumentos de los primeros pobladores españoles de Jauja, que explican el traslado de la capital del Perú. Desde el punto de vista estratégico, era necesario escoger una posición que dominara todo el territorio del derrotado Imperio, contando con una penetración fácil al sector cordillerano, acceso al mar y abundancia de recursos agrícolas, requisitos que el valle del Rímac cumplía con creces. Con posterioridad a estas primeras ciudades, se fundaron otras que posibilitaron un mejor control territorial de las regiones recientemente incorporadas al dominio español. En 1540 se fundó Arequipa, emplazada en un valle próspero, que nació como un centro intermedio entre el Cusco, el mar y las regiones mineras de Charcas. Hacia el oriente, Chachapoyas, fundada en 1538 como ciudad de frontera, refleja un incremento de la capacidad logística y operativa de los españoles, que les permitió alejarse cada vez más de sus centros de aprovisionamiento iniciales, para buscar nuevas riquezas en los territorios del oriente. Lo mismo puede decirse de León de Huánuco, fundada en 1539 con el fin de dar encomiendas a varios españoles postergados en los repartos anteriores, especialmente los que participaron en la expedición de Chile.

Planos y reglamentos

Algunas ciudades se fundaron como puntos intermedios entre dos localidades preexistentes que, en función de las posibilidades del transporte de la época, quedaban muy distantes entre sí. Es el caso de Huamanga (Ayacucho), fundada asi mismo en 1539 no sólo para resolver la necesidad de un lugar intermedio entre Cusco y Lima, sino también para reprimir el levantamiento de Manco Inca, quien en 1536 había puesto cerco a la Ciudad de los Reyes.

Estas ciudades españolas se fundaron cumpliendo ciertos trámites y disposiciones emanados de la metrópoli. Así, había que trazar un plano, que establecía el sitio y la forma de la ciudad, siempre dividida en manzanas (llamadas islas o cuadras) dispuestas en forma de damero, con calles que se encontraban perpendicularmente (plano ortogonal); cada manzana se dividía en cuatro partes o solares. Además debían definirse alrededor de la ciudad ciertos terrenos inalienables, lo que se denominaba «el ejido». Estos espacios se destinaban al uso público, sobre todo al recreo de los pobladores, y servían al mismo tiempo como reserva para la futura expansión de la ciudad. En el momento de la fundación se redactaba un acta, se ponía la ciudad bajo la advocación de un santo, se instalaba el cabildo y, con el tiempo, se solicitaban al Rey de España los títulos de «noble», «leal» u otro análogo con su respectivo escudo de armas.

Aislamiento y recursos mal explotados

En cuanto al papel de las ciudades coloniales, debe señalarse que la dificultad para concretar comunicaciones efectivas y fluidas sobre un territorio muy accidentado, con la carencia de medios de transporte y la generalizada escasez de excedentes agrícolas o pecuarios propios de la época —limitaciones sumadas a la obligación de comerciar con la metrópoli española— quitaron estímulo a la consolidación de núcleos urbanos importantes. De esta forma, se dio lugar al surgimiento de enclaves centrados en una actividad económica concreta, generalmente la minería, ocupando áreas que se intercalaban con vastos espacios vacíos o débilmente poblados.

Cuando Lima asumió la categoría de capital, el Cusco limitó su importancia al orden regional. El grabado es del siglo XVI.

Este modelo económico y de administración territorial redundó en un pobre acondicionamiento del espacio, proceso éste que favoreció el aislamiento de amplias regiones y la consolidación de la función administrativa de las ciudades, en desmedro de otras atribuciones que las pudieron proyectar como polos animadores de la economía colonial. Un ejemplo típico es el de la minería argentífera de Potosí, actividad que permitió el florecimiento de una ciudad que ya contaba con 150,000 habitantes en 1611, y que sin embargo no fue capaz de consolidar un espacio regional. Y ello a pesar de tener a su favor los factores dinamizadores que suponían las demandas directas de la actividad minera (leña y azogue), de la numerosa población dedicada a su explotación (alimentos y productos textiles) y de las necesidades de transporte para el traslado del producto a puerto, en ruta hacia la metrópoli (caminos y medios de transporte eficientes).

Núcleos principales

Ciudades importantes durante el período colonial fueron Cajamarca, Huamanga, Huánuco, Huancavelica y Arequipa, en la región andina; Trujillo y Lima, en la región costera. Fueron los principales mercados y destacaron como centros de mestizaje y de asentamiento de los grupos dominantes y sus instituciones políticas y sociales. Sin embargo, el incremento de la población fue lento. En el caso de Lima, de 37,000 habitantes en 1700 la ciudad pasó a 62,910 en 1792, reflejando un modesto crecimiento, que no parecía anunciar el comportamiento demográfico ocurrido en época contemporánea.

Del período republicano a la ciudad moderna

El advenimiento de la República, en la segunda década del siglo XIX, tuvo como uno de sus resultados inmediatos la declinación económica de diversas regiones, proceso que también prolongó el estancamiento de las ciudades, tanto las andinas como las costeras. Todo ello fue consecuencia del triunfo de las ideas favorables a la manumisión del esclavo y a la abolición del tributo indígena, así como de la inestabilidad política que sucedió a aquel acontecimiento histórico.

Como Manaos en Brasil, Iquitos se orientó al abastecimiento de bienes y servicios, y a la exportación de caucho.

Crecimiento de los puertos

Sin embargo, progresivamente el empuje de la economía mercantil liderada por Inglaterra, estimuló el ingreso de la naciente economía peruana en el esquema de la «división internacional del trabajo». Como otras regiones del continente, Perú ocupó el lugar de proveedora de materias primas para los países industrializados. Las mercancías con mayor relevancia en este sentido fueron el algodón, los minerales metálicos y, posteriormente, el guano y el salitre. Este período, que se prolongó hasta bien entrado el siglo XX, correspondió al «ciclo especulativo», basado en estrategias a corto plazo, que buscaban la máxima obtención de beneficios según evolucionaran los mercados de ultramar.

La apertura económica al exterior y el progresivo desarrollo de medios de transporte de mayor competitividad —el ferrocarril, principalmente— favorecieron la consolidación de un esquema de organización territorial que giraba en torno a las haciendas algodoneras y azucareras, como también las explotaciones mineras. Dentro del cuadro, las ciudades costeras y principalmente las portuarias —o aquellas con fácil acceso a los puertos— empezaron a crecer rápidamente y a ganar cierta presencia económica. Mientras tanto, las haciendas siguieron desarrollándose como enclaves agrícolas con características de economías cerradas.

De la Amazonia a las haciendas costeras

En las últimas décadas del siglo XIX se iniciaron algunas acciones de colonización en la Amazonia, produciéndose con la explotación del caucho o *shiringa* la primera articulación extractivo-mercantil de la región con los mercados nacional e internacional. Este proceso fue determinante para la consolidación de la presencia peruana en la vasta región amazónica. Ello permitió el florecimiento transitorio de algunas ciudades que, como Iquitos, llegó a contar con 12,500 habitantes hacia 1913; mientras que ciudades de abolengo fundadas en los albores de la presencia española en el Perú, tales como Trujillo, Arequipa, Cajamarca y Ayacucho, tenían hacia la misma época entre 20,000 y 30,000 habitantes. Para entonces, Lima continuaba siendo el centro del poder y de las actividades comerciales, llegando a contar ese año con 130,000 habitantes.

Durante los primeros años del siglo XX se reforzó el modelo económico orientado a la exportación de materias primas tales como algodón, azúcar, petróleo, cobre y hierro, consolidándose los enclaves agroindustriales, mineros y petroleros, directamente ligados a la economía internacional, liderada ya por Estados Unidos. La formación de tales enclaves, ubicados principalmente en la costa central y norte y en la sierra central, condicionó los patrones de asentamiento de la población hacia los nuevos centros de actividad económica regional.

Vista de la ciudad de Lima a mediados del siglo XIX. *La urbe fue avanzando sobre los huertos, convirtiendo en manzanas de vivienda las tierras de explotación agrícola.*

En las haciendas costeras como Casa Grande, Laredo, Cayaltí, Cartavio o Tumán, el sistema de «enganche» fijó a la población rural en estos conglomerados de cierta magnitud. A pesar de la vigencia del modelo de enclave económico, para la provisión de algunos servicios las haciendas caían en la órbita de influencia de ciudades como Trujillo o Chiclayo que, progresivamente, empezaron a ganar peso demográfico y económico.

Auge de la minería y decadencia del caucho

En la sierra central, los intereses de las grandes empresas mineras chocaron con los de las comunidades campesinas, conflicto que trajo como consecuencia la proletarización del campesino, en tanto éste se convirtió en obrero minero, al tiempo que las grandes empresas se apropiaban de las tierras comunales.

El auge minero y metalúrgico estimuló el desarrollo de concentraciones urbanas tales como Cerro de Pasco y La Oroya. Este proceso se vio favorecido por la construcción del Ferrocarril Central, cuyo trazado llegó hasta La Oroya a inicios del siglo XX, y que también activó la economía agrícola del valle del Mantaro y el crecimiento de su capital, la ciudad de Huancayo.

En la Amazonia, a continuación del ocaso de la explotación del caucho, que tuvo lugar a principios de la década de 1920, la economía se vinculó a los mercados del exterior sobre la base de la explotación de maderas finas, pieles de animales y otros productos de la región. Pero la gran limitación para el crecimiento poblacional de las ciudades fue la falta de articulación vial con el resto del país, principalmente con las áreas serranas, donde se concentraba buena parte de la población. En efecto, en cuanto estas dificultades de comunicación comenzaron a solventarse, las ciudades serranas empezaron a desprenderse de sus excedentes demográficos, al tiempo que, a través del accidentado territorio, servían de intermediarios entre la Amazonia y la región costera y portuaria del litoral.

Población urbana

Hacia 1940 el Perú contaba con una población urbana del 35 por ciento del total del país. De ella, el 14.8 por ciento vivía en diez ciudades de más de 20,000 habitantes. Presentadas en orden decreciente de acuerdo a su tamaño poblacional,

Panorama actual de la ciudad del Cusco. Se calcula que la llamada «capital arqueológica de América» tiene una antigüedad superior a los tres mil años, desde la cultura Marcavalle.

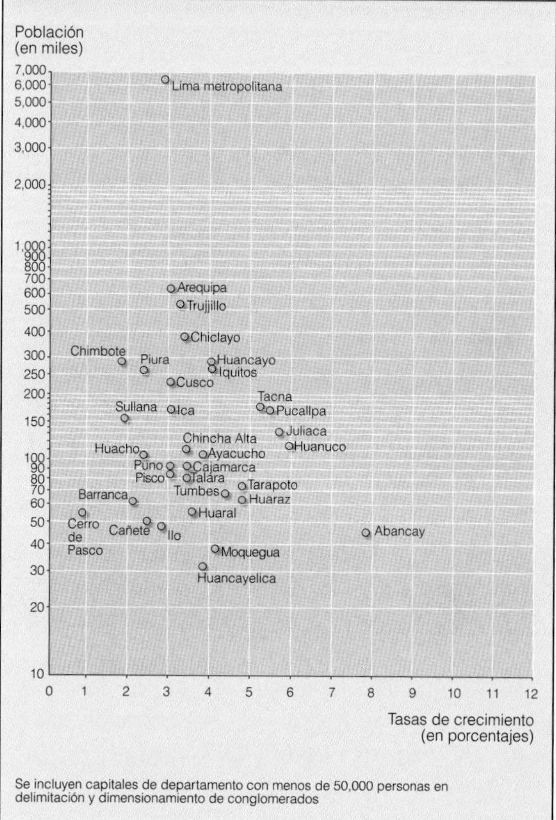

eran las siguientes: Lima-Callao (601,796 habitantes), Arequipa (80,947), Cusco (40,657), Trujillo (36,958), Chiclayo (31,539), Iquitos (31,829), Piura (27,919), Huancayo (26,729), Sullana (21,159) e Ica (20,896).

La urbanización contemporánea

A partir de la década de 1940, dos procesos empezaron a favorecer el desarrollo de nuevas ciudades y el crecimiento explosivo de algunas de las ya existentes. En primer lugar, los programas de construcción de carreteras que, al articular la región costera con las áreas de colonización en las selvas alta y baja, hicieron posible la valorización de nuevas regiones dotadas de importantes recursos agrícolas, forestales, mineros y energéticos, que contribuían a reforzar el modelo económico «hacia afuera» ya existente.

Por otra parte, al permitir la articulación entre las áreas tradicionales y las de «economía moderna», las vías de comunicación favorecieron el desencadenamiento de un vasto proceso migratorio

Plaza de armas de Pisac, en el departamento del Cusco. Pisac es uno de los pocos centros urbanos andinos cercanos a una capital donde aún se practica el trueque.

desde el campo hacia las ciudades, que determinó el explosivo crecimiento de los núcleos urbanos de la costa, principalmente entre las décadas de 1940 y 1970. Por su parte, la construcción de la carretera panamericana, concluida en la década de 1940, y que articula longitudinalmente los más de 50 oasis costeros, afianzó la litoralización de la economía del país y favoreció su alta concentración en la capital.

Flujos de inmigración interna

Como resultado del proceso de concentración poblacional en la capital del país, el eje urbano Lima-Callao, que en 1940 contaba con el 9.7 por ciento de la población nacional, en 1961 concentraba ya al 17.7 por ciento, y en 1972 al 24.4 por ciento. En el período intercensal 1961-1972 creció a una tasa promedio anual de 5.5 por ciento, la más alta de toda su historia. Reflejo del centralismo imperante, la concentración industrial en el área de Lima Metropolitana alcanzó en 1972 el 72.9 por ciento de los establecimientos industriales del país, el 65 por ciento del valor bruto de la producción y el 78 por ciento de las remuneraciones del sector.

En años recientes, los rasgos del crecimiento urbano en el Perú se han modificado, como consecuencia de la evolución poblacional característica del país. En esencia, el Perú se encuentra en una etapa de plena transición demográfica, en el marco de la cual se vienen consolidando índices moderados de natalidad y mortalidad, mientras que la migración interna ha atenuado su ritmo.

En la situación actual, las ciudades crecen a ritmo más lento que en las décadas inmediatamente anteriores, reflejo de lo cual es la tasa de crecimiento promedio anual de Lima Metropolitana, que fue del 2.7 por ciento para el período 1981-1993, cifra que representa la mitad de la correspondiente a la década 1961-1970.

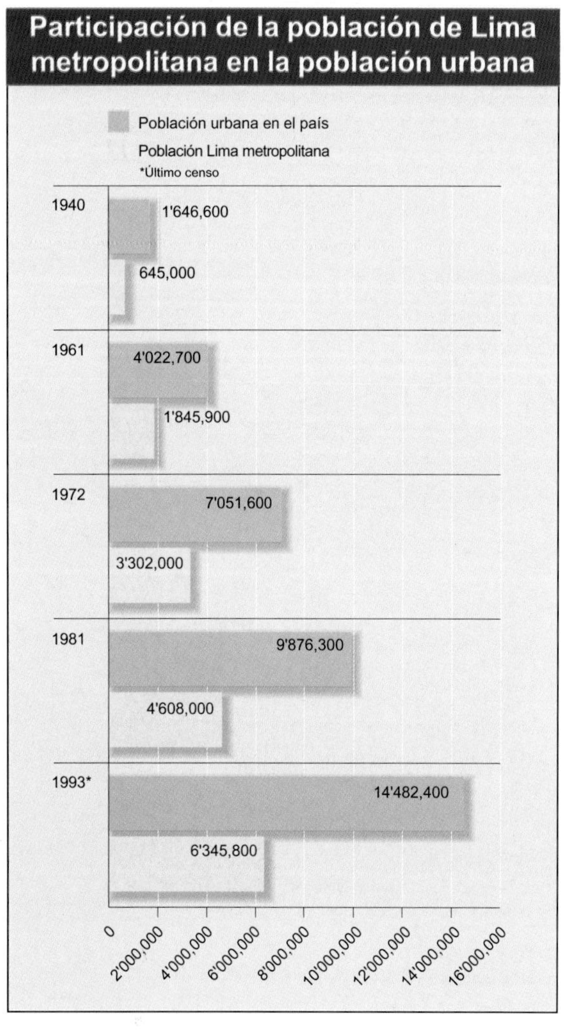

En la segunda mitad del siglo XX *la población urbana aumentó seis veces. Lima absorbió buena parte de la inmigración rural, dando lugar a paupérrimos barrios periféricos, como Carabayllo.*

Crecimiento de las ciudades

El desmesurado crecimiento de las ciudades que ha caracterizado al país en la época contemporánea determina que el Perú tenga al presente una población urbana del 70.1 por ciento del total, de acuerdo con los datos arrojados por el último censo.

Lamentablemente, ese proceso no ha ido acompañado de una ocupación racional del territorio ni ha favorecido el desarrollo de las regiones interiores. Antes bien, ha conllevado a la aglomeración de la población en unas pocas ciudades, la mayor parte costeras, en un proceso paralelo al creciente despoblamiento de las áreas rurales. Por otra parte, este fenómeno se vio estimulado, durante la década de 1980 y principios de la de 1990, ya no por la explosión de las expectativas de la población campesina, sino por efecto de la guerra subversiva de que el país fue escenario.

No puede negarse que la rápida urbanización de la población nacional conlleva algunos elementos positivos, tales como la consolidación de las economías a escala apropiadas para la inversión productiva y una mayor facilidad para el acceso a los servicios sociales. Frente a ello, y como contrapartida, se han acarreado graves problemas de oferta de empleo, servicios y equipamiento, al mismo tiempo que un deterioro del conjunto del ambiente habitado.

En este contexto, las respuestas de los organismos de gobierno nacional, regional o local han sido pobres e insuficientes. Ello se refleja sobre todo en la carencia de políticas territoriales y de desarrollo regional que orienten el crecimiento urbano, entre otros propósitos, hacia una ocupación más racional del territorio, que procure el incremento del bienestar de la población a costos razonables.

El sistema urbano nacional

En cualquier país moderno, el sistema de entramado urbano tiene una importancia fundamental, no sólo por su calidad funcional, en el sentido de que concentra las actividades secundarias y terciarias, sino también porque constituye el armazón o «esqueleto» del territorio nacional.

Balcón colonial en la plaza de armas de Trujillo, ciudad fundada por orden de Pizarro en marzo de 1535.

Las tres generaciones

El sistema urbano del Perú ha nacido de la asociación de dos generaciones de ciudades: la que podríamos denominar generación andina, de ciudades dedicadas sobre todo a labores administrativas; y la generación costeña, de los centros urbanos ligados a las plantaciones agroindustriales y al comercio de ultramar. El desarrollo de esta última, vinculado a los diferentes ciclos especulativos, se inició en la segunda mitad del siglo XIX. A ellas se viene sumando, en épocas más recientes, una tercera generación de ciudades: las que ofrecen soporte al proceso de colonización en los territorios amazónicos de selva alta y selva baja, cada vez más accesibles desde la región costera y desde los tradicionales focos de poblamiento andino, en función del progreso de las redes de transporte.

La jerarquía de las ciudades

Todo sistema de ciudades se encuentra jerarquizado a partir de un centro impulsor y directivo, que extiende su influencia, superponiéndola a la de otros centros secundarios, en los ámbitos regional, nacional o internacional.

En el caso particular del Perú, puede decirse que el sistema urbano se encuentra imperfectamente jerarquizado. La preponderancia de Lima, que ya era notoria en 1940, se ha ido reforzando, al punto de que en la fecha del último censo acogía al 45 por ciento de la población urbana del país que vivía en conglomerados de 2,000 habitantes o más. Al mismo tiempo, la ausencia de ciudades de segundo rango introduce un desequilibrio en la jerarquía urbana. Arequipa, la segunda ciudad del país, albergaba en esas fechas una décima parte de la población de Lima Metropolitana. Ello vulnera abiertamente una regla básica del urbanismo, la de «rango-tamaño», según la cual la segunda ciudad de un sistema urbano equilibrado debería contar con alrededor de la mitad de población de la primera.

Perú había mostrado una estructura de conglomerados urbanos bastante equilibrada en los primeros rangos por tamaño, que ha ido aumentando con el transcurso de los años: hasta 50,000 personas en 1961; hasta 100,000 personas en 1972; hasta 250,000 en 1981; y hasta 300,000 en 1993. A partir de esos tamaños, la estructura urbana empieza a desequilibrarse con la presencia de escasas ciudades y una alta concentración de población en términos relativos.

El desequilibrio jerárquico de la red urbana del Perú se define en términos de oposición de regiones geográficas: la costa es largamente la región natural más urbanizada. Ya en 1970, las cinco primeras ciudades del Perú estaban situadas en la región costera —contando Arequipa, que a pesar de no estar ubicada en el litoral cumple funciones típicas de ciudad costera—, tendencia que continuaba siendo dominante en el último censo, fecha para el cual el 72 por ciento de la población urbana del país vivía en dicha región.

Ordenamiento de las ciudades de 20,000 personas y más, según rango de tamaño poblacional

Rango de conglomerados por tamaño	Nº	1961 Nom. del conglom.	Poblac.	Nº	1972 Nom. del conglom.	Poblac.	Nº	1981 Nom. del conglom.	Poblac.	Nº	1993* Nom. del conglom.	Poblac.
1'000 000 y más	1	Lima	1'750,579	1	Lima	3'288,209	1	Lima M.	4'523,994	1	Lima M.	6'345,856
500,000 - 999,999										2	Arequipa	629,064
										3	Trujillo	537,458
250,000 - 499,999				2	Arequipa	306,125	2	Arequipa	442,876	4	Chiclayo	393,418
							3	Trujillo	364,414	5	Chimbote	291,408
							4	Chiclayo	263,249	6	Huancayo	279,836
										7	Iquitos	274,759
										8	Piura	272,231
										9	Cusco	255,568
100,000 - 249,999	2	Arequipa	163,693	3	Trujillo	240,322	5	Chimbote	231,597	10	Tacna	174,336
	3	Trujillo	102,327	4	Chiclayo	177,321	6	Piura	202,107	11	Pucallpa	172,286
				5	Chimbote	174,167	7	Cusco	177,623	12	Ica	161,501
				6	Huancayo	126,754	8	Huancayo	171,834	13	Sullana	149,147
				7	Piura	126,010	9	Iquitos	169,131	14	Juliaca	142,576
				8	Cusco	121,464	10	Sullana	116,995	15	Huánuco	118,814
				9	Iquitos	110,242	11	Ica	112,506	16	Chincha Alta	112,161
										17	Ayacucho	105,918
										18	Huacho	104,345
50,000 - 99,999	4	Chiclayo	90,380	10	Ica	84,877	12	Tacna	94,089	19	Cajamarca	92,447
	5	Cusco	79,857	11	Pucallpa	60,547	13	Pucallpa	90,653	20	Puno	91,467
	6	Piura	72,096	12	Sullana	59,858	14	Huancho	79,402	21	Pisco	34,895
	7	Chimbote	66,307	13	Tacna	56,540	15	Chincha Alta	74,804	22	Talara	32,228
	8	Huancayo	64,153	14	Huacho	52,530	16	Juliaca	72,568	23	Tarapoto	77,783
	9	Iquitos	67,777				17	Ayacucho	66,704	24	Tumbes	72,616
							18	Puno	64,292	25	Huaraz	57,538
							19	Cajamarca	60,238	26	Barranca	51,138
							20	Pisco	59,449	27	Huaral	54,442
							21	Huánuco	59,309	28	C. de Pasco	54,148
							22	Talara	54,304	29	San V. de Cañete	52,128
*Último censo										30	Ilo	50,183

Tipología de ciudades

Las ciudades peruanas presentan una gran diversidad, no sólo en cuanto al emplazamiento que ocupan, al plano sobre el que se desarrollan o a la arquitectura de sus barrios, sino principalmente en lo que hace a sus roles funcionales, es decir, a la actividad o actividades predominantes. Éstas no van dirigidas al consumo de sus propios habitantes sino que reflejan el ejercicio de un tutelaje respecto de una región más o menos extendida.

La metrópoli nacional

Lima Metropolitana constituye la metrópoli nacional, cabeza del sistema urbano del país, con una población estimada de 7,227,509 habitantes. Las ventajas naturales de su emplazamiento han sido particularmente favorables para el desarrollo espacial de una aglomeración que hoy muestra forma aproximada de triángulo equilátero de 60 km por lado, que ha sobrepasado los límites del río Chillón, al norte, y del río Lurín, al sur, teniendo los contrafuertes andinos como límite al este y el océano Pacífico como límite al oeste.

Lima es la sede de los poderes administrativo, político, financiero y comercial del país. Es también escenario de la mayor concentración de actividades industriales y de consumo de los ingresos monetarios, todo lo cual tipifica una macrocefalia urbana de difícil comparación incluso en países del área latinoamericana. Asociada al puerto del Callao, Lima actúa, además, como «bisagra» entre el espacio internacional y el espacio nacional, rol favorecido adicionalmente por su ubicación geográfica central sobre el litoral del océano Pacífico.

Metrópolis regionales

Frente a la metrópoli nacional representada por Lima, es difícil reconocer la existencia de verdaderas metrópolis regionales en el sistema urbano peruano. Las funciones de esas metrópolis regionales —tal como sucede con las existentes en otros países, particularmente los de Europa Occidental— son las de distribuir capitales propios, organizar las actividades regionales, poseer redes comerciales completas, actuar como centros culturales y universitarios y absorber los excedentes de mano de obra del campo, entre otras diversas atribuciones.

En el Perú, el excesivo centralismo limeño, particularmente en el plano político, ha quitado tradicionalmente el estímulo para la consolidación de ciudades que pudieran cubrir ese papel de urbes importantes en el interior del país. Sin embargo, en años recientes, dos ciudades —Trujillo en el norte y Arequipa en el sur— se han ido consolidando por fin como auténticas metrópolis regionales. Ello se debe al impulso de ciertos desarrollos industriales, a la diversificación y el crecimiento de los servicios, y a su favorable emplazamiento, tanto con respecto a un vasto espacio interior con el cual progresivamente mejoran las condiciones de articulación, como con otras áreas costeras a través de la carretera panamericana. Se suma a ello la proximidad y fácil conexión con un puerto marítimo: Matarani en el caso de Arequipa y Salaverry en el de Trujillo.

Vista de la ciudad de Arequipa, con el volcán Misti al fondo. Según el último censo, Arequipa ha sido el destino del 5.2 por ciento del total del flujo de inmigración interna.

Arequipa, bien comunicada

Esta ciudad, cuya población se estima en 720,000 habitantes, posee características semejantes a las de Lima, pero a escala del espacio regional surperuano. Emplazada en un exiguo valle de la vertiente oeste de la cordillera Occidental andina, a 2,335 m sobre el nivel del mar, al pie del volcán Misti y a 1,030 km de Lima, Arequipa ha basado su desarrollo, más que en los recursos agrícolas locales, escasos en el área, en el temprano despliegue de su vocación articuladora de espacios complementarios. Con ese propósito, el Ferrocarril del Sur, que conecta hacia el oeste a la Ciudad Blanca con el puerto de Matarani y hacia el este con los valles del Cusco y la región ganadera y minera del altiplano de Puno, ha favorecido el desarrollo de las funciones comercial, industrial y financiera, con un rango de autonomía respecto de Lima que no es comparable con el de ninguna otra ciudad del país.

Relativa bonanza económica y buena articulación con vastas áreas rurales deprimidas del sur andino convirtieron a Arequipa, desde la década de 1960 hasta hoy en día, en destino de una migración constante. Ésta se ha visto impulsada, adicionalmente, por una cadena ininterrumpida de desastres naturales (sequías e inundaciones, sobre todo) que afectan a las áreas rurales, y por la descomposición de los sistemas agrarios locales.

Trujillo

Trujillo, con una población estimada de 625,000 habitantes, se ubica a 570 km al norte de la capital del país y a 5 km del océano Pacífico. En el pasado colonial, y en los primeros años de la República, la ciudad de Trujillo fue el centro regional para los valles costeños del departamento de La Libertad y la salida al mar para las áreas andinas del interior.

Iquitos centraliza el movimiento comercial del departamento de Loreto, con el 67.52% del total de establecimientos, de los cuales el 64% corresponden al ramo automotor y el 12% a la hostelería.

Durante el auge de la economía mercantil, y particularmente a lo largo de la primera mitad del siglo XX, el rol comercial de Trujillo decayó con la expansión de las haciendas azucareras del valle de Chicama y el funcionamiento del puerto del mismo nombre. A partir de la década de 1960, la ubicación privilegiada de Trujillo respecto de la red vial del norte del Perú, la importancia de su función cultural —con la profusión de centros de educación superior, entre ellos tres universidades— y la decadencia de las haciendas azucareras —como resultado de la reforma agraria dispuesta por el gobierno en 1969— crearon las condiciones para que la «Ciudad de la Primavera» recobrara su vigor. Trujillo ha ido afianzando sus funciones comercial e industrial en clara competencia con Chiclayo y Chimbote.

Ciudades intermedias

Se incluyen en esta definición a las ciudades que constituyen un intermedio real entre las metrópolis y las pequeñas ciudades cuya influencia se ejerce sobre una periferia poco extendida o poco poblada. Los matices son numerosos en este tipo de ciudades y, para algunas de ellas, la función regional es más o menos completa según como se ubican en el espacio nacional y con relación a las metrópolis ya caracterizadas.

Esa función depende también del dinamismo mayor o menor de los espacios periféricos, de la diversificación de sus actividades y del peso demográfico que representan. Puede tipificarse como ciudades intermedias a buena parte de las capitales de los departamentos del país, así como otras ciudades que reúnen algunas de las características que acaban de señalarse. En función de sus roles y atribuciones dominantes, se distinguen tres tipos de núcleos urbanos: ciudades mercado, ciudades históricas y ciudades puertos.

Ciudades mercado

Se ubican por lo general en la zona de contacto entre regiones claramente diferenciadas, en el corazón de áreas densamente pobladas o que constituyen escala o encrucijada sobre importantes ejes viales. Sus actividades se multiplican con la proliferación de los servicios desarrollados en relación a un gran movimiento de personas y mercancías, sin que ello niegue la posibilidad de que sean receptoras de algunas implantaciones industriales. Entre éstas pueden mencionarse a Chiclayo, Huancayo, Juliaca e Iquitos.

Chiclayo, con 460,000 habitantes, es una localidad sin el abolengo de las antiguas ciudades fundadas por los conquistadores españoles en el siglo XVI. Su importancia como centro de servicios para las actividades de las haciendas azucareras de los valles de la costa norte del Perú (La Leche, Chancay, Saña) recién empezó a hacerse notoria a finales del siglo XIX, reemplazando en ese rol a la ciudad de Lambayeque. Ubicada a 770 km al norte de la capital del país, Chiclayo tiende a consolidarse como la metrópoli de la región noroccidental del Perú. Se beneficia para ello de su buena articulación con los valles andinos de Cajamarca y con vastas áreas de selva alta de los departamentos de Amazonas y San Martín, factores decisivos para entender el dinamismo que han alcanzado en Chiclayo las actividades comerciales y financieras, y de servicios a la población.

Panorámica de la plaza de armas de Chiclayo, capital del departamento de Lambayeque. El nombre de la ciudad significa, en lengua mochica, «lugar donde hay ramas verdes».

Huancayo y Juliaca

Con 335,000 habitantes, Huancayo es la capital de la sierra central del Perú. Ubicada al sur del valle del Mantaro, el valle interandino más importante del país, Huancayo se benefició tempranamente de su conexión con Lima y el puerto del Callao a través del Ferrocarril Central, zona donde encuentra mercado para la cuantiosa y diversificada oferta de productos agrícolas del valle. Además, Huancayo es un importante centro intermediador, que hace de nexo entre las regiones andinas deprimidas de los departamentos de Huancavelica y Ayacucho, y el resto del país.

Gracias a su buena ubicación, Huancayo ha podido diversificar su economía de servicios y desarrollar algunos rubros de la pequeña industria —confecciones, calzado, alimentos—, aunque su proximidad con respecto a la capital del país vaya en contra de una mayor autonomía funcional de la ciudad de los huancas.

En cuanto a Juliaca, cuenta con 180,000 habitantes. Su consolidación como ciudad mercado se debe sobre todo a su ubicación sobre una encrucijada vial y ferroviaria que articula tráficos entre espacios complementarios, andinos, costeros y de selva alta (valles del Tambopata e Inambari). En definitiva, Juliaca es la capital económica del altiplano peruano, y destaca por su rol comercial en relación a la producción ganadera del altiplano y de productos agrícolas altoandinos y tropicales. Ofrece, además, servicios diversificados a toda la región altiplánica, hasta la frontera con Bolivia.

Iquitos

Con cerca de 330,000 habitantes, la ciudad de Iquitos pasó de simple apostadero naval a mediados del siglo XIX a convertirse súbitamente en la gran metrópoli de la Amazonia peruana. Este papel, sin embargo, está mediatizado por la secular falta de atención a sus requerimientos prioritarios y, en particular, a la necesidad de comunicaciones más fluidas con el vasto espacio amazónico y con el resto del territorio nacional. En la actualidad, las comunicaciones están limitadas a las vías fluvial y aérea, poco eficaz la primera y demasiado onerosa la segunda. Falta todavía, por lo tanto, un eficaz entramado vial.

Aunque la existencia de la ciudad de Cajamarca es anterior a la Conquista, su aspecto actual presenta numerosas viviendas de aspecto hispánico, construidas a principios del siglo XX.

Iquitos, ciudad tropical ubicada sobre la ribera izquierda del río Amazonas, dista más de 1,500 km de Lima. En el pasado esta ciudad conoció un efímero esplendor vinculado a la explotación del caucho, que concluyó de manera poco menos que abrupta a poco de iniciado el siglo XX. En época más reciente, alcanzó una relativa bonanza en la década de 1970, con el inicio de la explotación de yacimientos petroleros en el llano amazónico.

Sin embargo, en tanto subsistan las limitaciones para las comunicaciones con el resto del país e incluso con su propia región, Iquitos seguirá dependiendo de los ciclos especulativos relacionados con la explotación de las materias primas. Ello retrasa la consolidación de su vocación regional, que de otra forma podría proyectar su influencia sobre parte de la Amazonia brasileña, colombiana y ecuatoriana.

Ciudades históricas y ciudades puerto

Pertenecen a este grupo un conjunto de ciudades de antigua fundación, cuya función administrativa regional ha sido heredada de un pasado colonial prestigioso. Estas ciudades se ubican en zonas deprimidas económicamente o están rodeadas por un espacio rural ocupado por la comunidad campesina, en el que las prácticas económicas y sociales y el aislamiento no han propiciado en absoluto su modernización. Este tipo de ciudades abundan en la región andina peruana, pudiendo mencionarse como ejemplos a Cajamarca, Ayacucho, Cusco y Puno.

Las ciudades puerto son las que asocian a las actividades ligadas a la explotación de los recursos marinos y a su transformación —en harina y aceite de pescado, sobre todo— algunas industrias de base, tales como las vinculadas a las actividades siderúrgicas y la metalúrgicas. Eventualmente, estos núcleos urbanos cumplen ciertas funciones de administración regional; ejemplos de este tipo son localidades como Chimbote e Ilo.

Centros urbanos locales

Bajo esta denominación se incluye a la mayor parte de las ciudades ubicadas en la base de la jerarquía urbana, que son consideradas como tales ya sea porque disponen de una población suficiente para ser censada como urbana o porque constituyen la cabeza de unidades administrativas, generalmente menores a la departamental. Como parte de estas ciudades podemos distinguir dos subtipos: por un lado, los grandes centros rurales, cuyo comercio y servicios reflejan la dinámica cambiante del espacio periférico. Tal es el caso de Celendín o Cajabamba, en Cajamarca; Huamachuco, en La Libertad; Huanta, en Ayacucho; Andahuaylas, en Apurímac; Sicuani y Quillabamba, en el Cusco; Ayaviri e Ilave, en Puno.

Por otro lado, tenemos los denominados centros seudourbanos, categoría que agrupa a los campamentos mineros y las aglomeraciones agroindustriales resultantes del desarrollo de las haciendas azucareras o algodoneras. Estos centros pueden reunir una importante masa de población y disponer de un equipamiento elemental, pero su evolución casi siempre está en dependencia con la coyuntura externa y, en todo caso, con relación a variables ajenas a ellas. Representativas de este último subtipo son, entre los centros mineros, Quiruvilca, en La Libertad; Raura, en Huánuco; Atacocha y Milpo, en Pasco; Casapalca, en Lima; Morococha, en Junín; San Juan de Marcona, en Ica; Cerro Verde, en Arequipa; Cuajone, en Moquegua; y Toquepala, en Tacna.

Entre los centros relacionados con las plantaciones agroindustriales pueden mencionarse a Cayaltí, Tumán, Pomalca y Pucalá, en Lambayeque; Casa Grande, Cartavio y Santiago de Cao, en La Libertad; San Jacinto, en Ancash; y Paramonga, en Lima.

Tras una merma de su población en los años ochenta y parte de los noventa, Ayacucho ha vuelto a ser una ciudad pujante, comercial y turística.

Ciudades pioneras

Debemos identificar, en fin, un tipo adicional de centro urbano: aquel que, gracias al impulso de ciertas iniciativas emanadas del Estado —carreteras, redes eléctricas, etcétera— se vienen consolidando en los frentes pioneros. Denominamos así a aquellas regiones que hasta pocas décadas atrás se encontraban virtualmente despobladas, pero que rápidamente están siendo colonizadas e integradas a la economía del país sobre la base de la explotación de sus recursos naturales (forestales, mineros y energéticos), el desarrollo de ciertos cultivos de tipo industrial y de pan llevar (café, maíz, arroz, cacao, frutales) y la práctica de la ganadería extensiva.

A medida que estas ciudades han ido surgiendo en las regiones de las selvas alta y baja, su proliferación y crecimiento viene provocando una leve tendencia hacia la continentalización del poblamiento, aunque todavía como débil contrapeso a la litoralización dominante en el Perú desde mediados del siglo XX. Esta situación se refleja en el hecho de que algunas de ellas tienen las tasas de crecimiento demográfico más altas del último período intercensal (1981-1993). Ejemplo de ciudades pioneras en el Perú son Bagua y Bagua Grande, en Amazonas; Tarapoto, Juanjui, Tocache, Uchiza y Nueva Cajamarca, en San Martín; Tingo María y Aucayacu, en Huánuco; Oxapampa y Villa Rica, en Pasco; La Merced-San Ramón, Satipo y Pichanaqui, en Junín; San Miguel, en Ayacucho; y Puerto Maldonado, en Madre de Dios.

Lima Metropolitana

Lima Metropolitana, capital del Perú, además de constituir la cabeza del sistema urbano del país, es un caso representativo del tipo ciudad metropolitana latinoamericana. Este tipo de urbe se caracteriza por concentrar gran parte de la población urbana del país y por una alta tasa de crecimiento. Tales fenómenos no son intrínsecamente negativos, pero pueden convertirse en tales en la medida en que propician un desarrollo espacialmente desequilibrado y en tanto demandan una parte cada vez mayor de los recursos del país. Esos recursos se vuelven imprescindibles para atender las necesidades ocasionadas por el gigantismo urbano, tales como el sistema de transporte masivo, la provisión de agua y energía o la eliminación de basuras.

Balcón típico de Barrios Altos en el Cercado de Lima, próximo a la plaza mayor de la ciudad.

Las etapas del crecimiento

Hasta la segunda mitad del siglo XIX, Lima creció al abrigo de un muro fortificado de 10 kilómetros de perímetro. Al cuadrilátero diseñado en el momento fundacional se añadieron al este los Barrios Altos, pero cuando en 1869 se destruyó la muralla, tras dos siglos de existencia, la superficie de la urbe apenas superaba las 400 hectáreas, sólo el doble respecto de la ciudad fundada por Pizarro.

Por aquellos tiempos, el Callao, a 12 kilómetros al oeste, era una ciudad portuaria pequeña y con una existencia autónoma, aunque el primer ferrocarril de América del Sur se encargó de unirlo a Lima en 1851. Todo el abanico aluvial del río Rímac era un magnífico oasis en el que las haciendas se dedicaban, sobre todo, al cultivo del algodón.

A fines del siglo XIX aparecieron al sur de Lima nuevos focos de crecimiento, vinculados a los balnearios de Magdalena, Miraflores, Barranco y Chorrillos, donde aún pueden observarse las residencias veraniegas de la burguesía de la época. Estos balnearios, comunicados con la ciudad antigua mediante dos líneas de tranvías —sobre las actuales avenidas Brasil y Vía Expresa (Paseo de la República)—, polarizaron casi exclusivamente el crecimiento de la aglomeración hasta finales de la década de 1930.

Desborde del triángulo limeño

Entre las dos líneas de tranvías y hacia ambos lados de las avenidas Salaverry y Arequipa, las familias de la oligarquía lotearon sus haciendas e iniciaron rentables operaciones inmobiliarias, con el fin de acondicionar urbanizaciones destinadas a las clases altas, como San Isidro y Miraflores. Paralelamente, el Callao, siempre netamente diferenciado de la aglomeración de Lima, desarrolló su suburbio residencial en la península de La Punta.

Hasta cerca de mediados de la década de 1950, la ciudad creció esencialmente hacia el interior del triángulo Lima-Chorrillos-La Punta, en función de los tres polos que constituyen el antiguo núcleo histórico: Lima, Miraflores y el Callao. Pero el importante flujo migratorio que recibió la capital a partir de aquellos años hizo que la progresiva urbanización del espacio desbordara ampliamente el triángulo citado. Este desborde tuvo lugar primero hacia el oeste y sur, en dirección al mar, e inmediatamente después hacia el norte, el este y el sudeste. Los ramales norte y sur de la Carretera Panamericana y la Carretera Central, así como las carreteras de menor importancia hacia Canta, San Juan de Lurigancho, La Molina y Atocongo, jugaron el rol de ejes directrices en ese crecimiento.

El barrio colonial de Lima exhibe esquinas como la de la fotografía, en las que la arquitectura se convierte en un atractivo registro de las diversas etapas en la vida de la ciudad.

Las zonas residenciales

Al tiempo que la ciudad desbordaba su perímetro tradicional, se generalizó la construcción de viviendas individuales, de uno o dos pisos, que han dado a Lima ese perfil urbano de ciudad baja, «devoradora de espacio», que de las 1,020 hectáreas de superficie bruta en 1920 ha pasado a 68,770 en la segunda mitad de los años noventa.

Progresivamente, y como expresión de las diferencias sociales y económicas propias de un país en vías de desarrollo, se han hecho patentes dos tipos absolutamente distintos de ocupación del espacio urbano. Por un lado se da el crecimiento clásico, bajo el marco legal del urbanismo, a cargo, principalmente, de empresas inmobiliarias que en pocos años multiplicaron la construcción de las urbanizaciones destinadas a las clases alta y media.

En la década de 1960 y la primera mitad de la de 1970, los terrenos antes destinados al cultivo del algodón cedieron lugar a un terreno despejado y habilitado para la construcción, generalmente dominado por un reservorio elevado de agua. Esta forma de extensión de la ciudad afectó fundamentalmente a dos áreas: ante todo, el distrito de San Miguel, donde acababa el primer espacio de crecimiento de la aglomeración, en una zona valorizada tanto por la presencia de nuevos campus universitarios, las instalaciones de la Feria del Pacífico, y también como por la proximidad del aeropuerto de Lima-Callao, situado inmediatamente al norte del río Rímac.

El otro sector está comprendido entre la avenida República de Panamá —antiguo límite oriental de la aglomeración urbana— y las colinas desérticas de La Molina; en éste se desarrollaron, desde la década de 1960, urbanizaciones para una clientela con ingresos generalmente más elevados que los de aquellos que habitan en la zona anterior. A partir de la década de 1970 se aprecia un sensible desplazamiento de las viviendas residenciales para clases altas aún más al este, en busca de zonas menos húmedas.

Puente de Los Suspiros, en el distrito limeño de Barranco. Las construcciones coloniales de su entorno y la cercanía al mar lo han vuelto escenario frecuente en las obras de poetas y novelistas.

La urbanización espontánea

A la modalidad de crecimiento urbano residencial y llevada a cabo en cumplimiento de las normativas legales, se opone el fenómeno de la urbanización espontánea y de autoconstrucción. Estos barrios espontáneos —denominados inicialmente «barriadas» y, a partir de la década de 1970, «pueblos jóvenes»— han sido el resultado de invasiones clandestinas, generalmente nocturnas, de terrenos tanto de propiedad pública como privada. Debe advertirse, en cualquier caso, que la mayor parte de esos terrenos eran completamente improductivos dentro del sistema económico vigente, ya que, desechados para la agricultura, no habían sido cotizados por las empresas inmobiliarias. Esto se debió a los costosos acondicionamientos que tales terrenos hubieran necesitado, además de que el entorno no resultaba atractivo, por la proximidad de ejes industriales, las vertientes rocosas áridas o las pampas desérticas.

Algunos de los primeros espacios ocupados por esta implantación urbana se ubicaban a las mismas puertas de la Lima histórica: en las laderas de los escarpados cerros San Cristóbal, San Cosme y El Agustino. Pero a partir de la década de 1960 los terrenos invadidos se alejan cada vez más del centro de Lima; generalmente se ubican en las pampas desérticas situadas al pie de los contrafuertes andinos y que se constituyeron en verdaderas ciudades satélites, evolucionadas más tarde a distritos autónomos. De esta forma, a lo largo de la carretera a Canta, al norte de Lima, convertida ahora en la avenida Tupac Amaru, y a lo largo de más de 20 km, se suceden los pueblos jóvenes —hoy convertidos ya en distritos— de Independencia, Comas y Carabayllo; hacia el sur, a lo largo de la carretera de Atocongo y la antigua Panamericana Sur, los de Villa María del Triunfo y Villa El Salvador, por no citar sino los más importantes.

Barrios de la aglomeración

En el antiguo damero, corazón de la ciudad, la función residencial ha declinado constantemente desde la década de 1940. En los años sesenta, el «centro» se llenó de edificios de oficinas y de establecimientos comerciales, convirtiéndose en una auténtica *city*, siempre colapsada en las horas punta debido a la estrechez de las calles. Sin embargo, la crisis social y la recesión económica que afectó al país a partir de la década de 1970 no de-

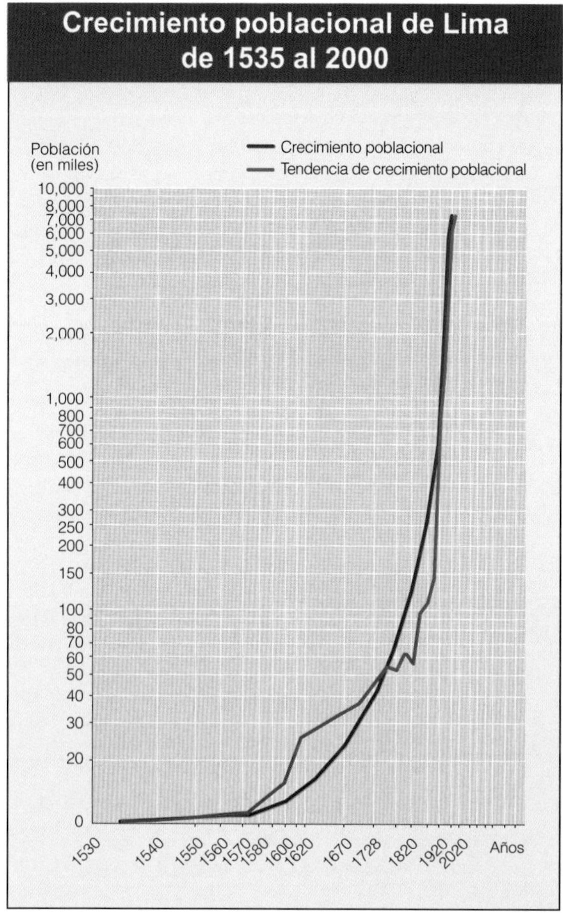

El cerro San Cristóbal fue uno de los primeros escenarios de la «apropiación de hecho» de terrenos por parte de migrantes llegados a la ciudad provenientes de zonas rurales.

jó de repercutir sobre la fisonomía del centro histórico. Las casonas y edificios fueron tugurizados por migrantes y población de bajos recursos, mientras que las calles y avenidas fueron ganadas por comerciantes ambulantes. Esa situación provocó la rápida desvalorización de este espacio urbano, que sólo en la segunda mitad de la década de 1990, tras más de dos decenios de deterioro, ha emprendido un proceso de recuperación.

Alrededor de ese centro funcional se constituyó un anillo casi continuo de barrios con alta densidad de ocupación del suelo, formado por los distritos de Rímac, Lima-Barrios Altos, La Victoria y Breña. En ellos, las construcciones son en su mayor parte anteriores a la Segunda Guerra Mundial, con el plano en cuadrícula como estructura dominante. El tejido urbano, muy heterogéneo y globalmente degradado, refleja las funciones múltiples que cumplen estos barrios: residencia en edificios multifamiliares para gente de escasos recursos, generando las más fuertes densidades de viviendas por hectárea de la aglomeración; comercio al por menor a lo largo de las avenidas más transitadas; pequeña industria y artesanía, con predominio de los talleres de pocos empleados; complementariamente, ausencia de áreas verdes, que refuerzan la impresión de saturación. Similar paisaje urbano se vuelve a encontrar en los sectores antiguos del Callao y Surquillo.

Los barrios residenciales

Más allá del primer anillo de crecimiento, que hemos descrito hasta aquí, se da, en dirección al mar, la función residencial, que domina abiertamente en barrios de desarrollo más reciente. Las construcciones, posteriores a la década de 1930, constituyen un tejido urbano globalmente más desahogado, aunque presentan numerosos matices.

Los tipos de residencia y las densidades reflejan la extracción social de los habitantes, y son lo suficientemente notorios como para oponer claramente, por un lado, los distritos de Lince, Jesús María, Pueblo Libre y Magdalena, así como una parte de Miraflores y Barranco; y, por el otro, el

El crecimiento de Lima hizo que balnearios tradicionales, como Miraflores, se convirtieran en distritos urbanos. Al principio fue habitado por la clase alta proveniente del Cercado.

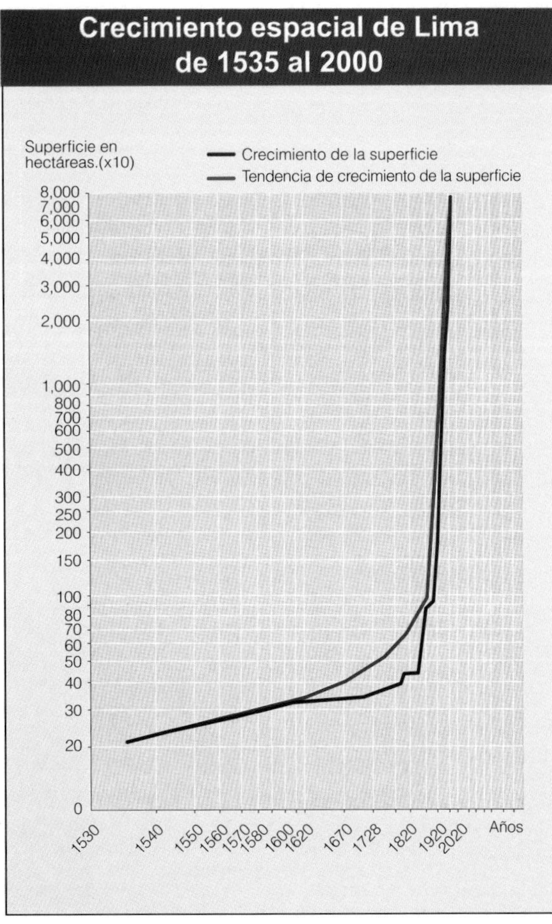

conjunto de barrios limitados por las avenidas Javier Prado, al norte, Salaverry, al oeste, y las colinas de La Molina al este (distritos de San Isidro, San Borja, barrios nuevos de Surquillo y Miraflores, Santiago de Surco y La Molina).

En el primer grupo, las clases medias se encuentran ampliamente representadas y la alternancia de viviendas individuales con pequeños edificios multifamiliares determina densidades cercanas al promedio de la aglomeración. El segundo grupo reúne los denominados «barrios elegantes», con densidades por debajo de 30 viviendas por hectárea, y donde la vivienda unifamiliar, dotada de un jardín, es ampliamente dominante. Allí los espacios verdes son abundantes y, en las urbanizaciones más recientes, se abandona progresiva y casi sistemáticamente el plano ortogonal.

Los «pueblos jóvenes»

Los «pueblos jóvenes» constituyen un último tipo de barrio donde también domina la función residencial, aunque acogen a las clases más pobres de la aglomeración. Sin embargo, el hecho de que en ellos existan casi exclusivamente viviendas individuales —siguiendo un modelo de ocupación del suelo muy arraigado en la mentalidad del poblador limeño— determina densidades siempre inferiores a 80 viviendas por hectárea y a menudo menos, como en los barrios residenciales. Por otra parte, estos barrios tienen una evolución ligada al grado de seguridad residencial: originados como invasiones clandestinas, el signo inicial de la ocupación es la precaria vivienda de esteras. Pero apenas los organismos públicos o de gobierno local empiezan a reconocer la propiedad del terreno ocupado y a instalar los servicios básicos, las viviendas precarias se reemplazan por otras de ladrillo y cemento.

Finalmente, ciertos sectores de la aglomeración, bien enlazados por las avenidas y vías rápidas, han atraído implantaciones industriales importantes. Una de las más antiguas y consolidadas de estas zonas es la que se extiende al costado de la línea del Ferrocarril Central, teniendo como eje

El extraordinario crecimiento de la ciudad de Lima plantea desafíos acuciantes, en aspectos como el de la contaminación atmosférica y el desborde de todo ordenamiento urbanístico.

la Avenida Argentina, entre el centro antiguo de la ciudad y el puerto del Callao. Una segunda zona industrial se extiende hacia el norte del puerto y también a lo largo de la Carretera Panamericana Norte, más allá del río Chillón, mientras que una tercera, más limitada en espacio, se desarrolla a lo largo de la Carretera Central, que articula Lima con la Sierra Central.

Problemas de Lima Metropolitana

Una ciudad que, como Lima, a partir de 1930 ha crecido 16 veces en población y 34 en superficie, plantea necesariamente la obligación de hacer frente a un conjunto de problemas concomitantes a tal circunstancia.

En lo que hace a la utilización del suelo urbano, Lima Metropolitana ocupa 68,770 hectáreas, de las cuales el 73 por ciento corresponden al uso residencial, determinando una densidad poblacional neta de 130 habitantes por hectárea.

La modalidad de crecimiento horizontal de la ciudad ha sido determinante para la casi desaparición de los terrenos agrícolas en el valle del río Rímac y la afectación de extensiones cada vez mayores en los valles, menos importantes en cuanto a superficie, del Chillón y Lurín. En conjunto, de las 36,261 hectáreas de los valles de Lima Metropolitana existentes en 1920, a mediados de los años noventa sólo quedaban 14,747 hectáreas destinadas a uso agrícola, determinando una pérdida aproximada equivalente al 60 por ciento de la totalidad de la superficie en ese lapso de tiempo.

Como consecuencia de esta situación, la provisión de productos alimenticios para la enorme población limeña viene siendo efectuada desde regiones cada vez más distantes, tales como el valle del Mantaro; los valles costeros de Chancay, Huaral y Cañete; o los valles de la selva central, principalmente el del Chanchamayo-Perené.

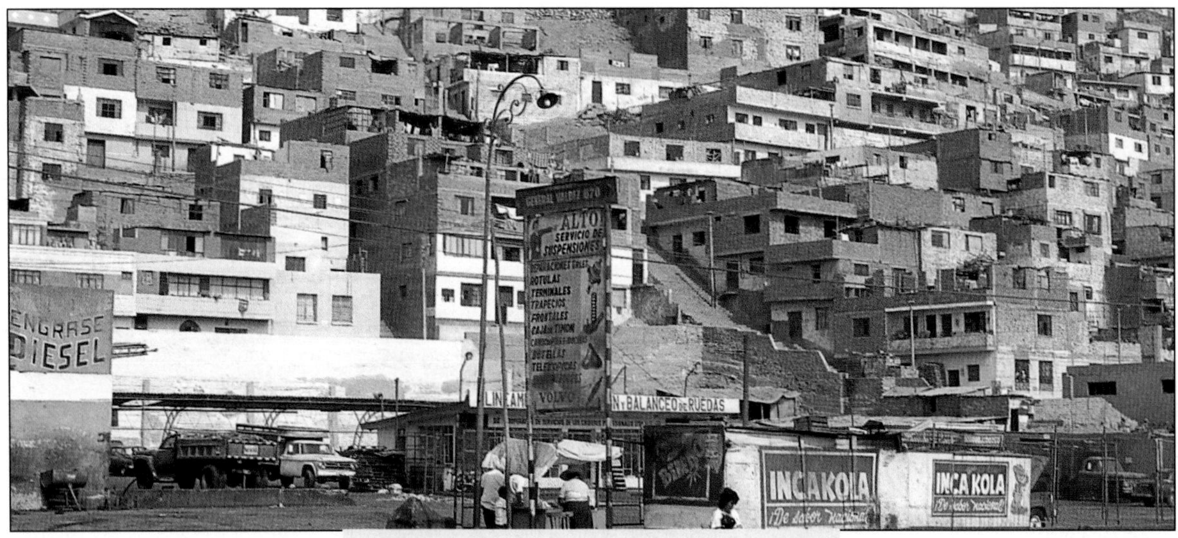

La enorme población limeña se ve afectada por una serie de carencias. Más de un tercio de las viviendas están faltas de agua corriente y una quinta parte no recibe electricidad.

Insuficiencia de suministros

En lo relativo a la provisión de agua potable, casi el 18 por ciento de las viviendas (según datos del último censo) no cuenta con servicios de agua potable conectados a la red de servicios públicos. La demanda bruta de la población es de 24,29 m^3/seg, mientras que la oferta global alcanza a 23,13 m^3/seg, déficit que debe cubrirse mediante el aprovisionamiento con camiones cisterna. Además de su elevado costo, perjudica a la población de más bajos ingresos, que es aquella que no cuenta con servicio domiciliario.

Se estima que en la actualidad el déficit se ha incrementado a 2,72 m^3/seg, en tanto que de no atenderse a la solución de este problema, el déficit bordeará los 6,52 m^3/seg en el año 2005.

En materia de energía eléctrica, los déficits registrados están estrechamente vinculados a factores naturales o estacionales, como las sequías, pero también a la gran recesión económica que ha vivido el país y que impidió, en el pasado reciente, ejecutar los proyectos energéticos necesarios. Cabe precisar, en este sentido, que la región Lima-Callao consume más del doble de la energía eléctrica que produce, y que para satisfacer la demanda habrá necesidad de cuadruplicar la producción entre 1993 y el año 2015.

Áreas agrícolas intangibles

Además de los álgidos problemas que afectan a la aglomeración limeña, y que hemos reseñado hasta aquí, debe tenerse en cuenta que, según las previsiones, Lima Metropolitana contará con una población de unos 8'291,000 habitantes en el año 2005. Parte de las posibilidades de mejora de la calidad de vida de esta población está relacionada con el mantenimiento de áreas extraurbanas, que requieren especial protección.

Entre estas áreas extraurbanas se encuentran las agrícolas intangibles, que se distribuyen en la zona norte (distrito de Carabayllo) y en la zona sur: distritos de Lurín y Pachacamac; las áreas de recreación pública metropolitana, que incluyen el eje de la Costa Verde, donde se localizarán actividades de tipo turístico-cultural; y las áreas de reserva ecológica, localizadas en los pantanos de Villa del distrito de Chorrillos y en Lurín.

Actividades económicas primarias

Evolución de la economía nacional

La actividad agrícola

Ganadería y pesca

Panorámica de una plantación de arroz en la costa norte, en el departamento de Piura.
El puesto de principal productor de arroz del Perú lo ocupa Piura, con más del 15 por ciento del total nacional.

Evolución de la economía nacional

En el período anterior a la Conquista española, las actividades agropecuarias y pesqueras tenían ya un amplio desarrollo en el territorio actual de Perú. En efecto, se han encontrado abundantes huellas que demuestran claramente la antigüedad de las actividades agropecuarias. Los primitivos pobladores de la zona andina supieron poner en práctica las más variadas técnicas hidráulicas con fines de irrigación, tanto en la costa como en la sierra. Fue asimismo en suelo peruano donde se desarrollaron plantas, frutas y especies únicas en el mundo, algunas de ellas como resultado de diversos experimentos genéticos, testimonio de la gran destreza que alcanzaron estos pobladores en el ámbito de la agricultura.

Jarrón incaico en el que se representan viviendas, cría de llamas y actividades agrícolas.

La economía agrícola prehispánica

Los notorios desarrollos tempranos en la agricultura practicada por los pobladores andinos no fueron obra de la casualidad: el territorio de Perú contiene 84 de los 104 ecosistemas y 28 de las 32 categorías de clima clasificadas para todo el planeta. Esas condiciones excepcionales, que difícilmente se repiten en otra zona del globo, permiten practicar la agricultura de las más variadas especies a lo largo de todo el año. A estas ventajas se sumaba el tradicional conocimiento andino sobre el manejo del germoplasma.

En ese contexto, no es extraño que en el Perú existan unas mil variedades de papa, frente a las veinte variedades comerciales conocidas en el mundo, o que el hombre andino haya practicado el cultivo de especies tan diversas como papa, olluco, mashua, oca, tomate, ají, frejol, pallares, yuca, camote, algodón y tabaco. También cultivó especies como la *kiwicha* y la quinua, cuyo alto contenido en proteínas vegetales hizo que fueran adoptadas por la NASA en sus programas de nutrición espacial.

Ganadería y pesca

La ganadería se desarrolló para proveer al hombre andino de dos tipos de llamas domesticadas: una que le serviría de alimento y otra para el transporte de carga. La cría de alpacas y vicuñas, en cambio, tenía como fin la utilización de su lana en la producción de textiles, tanto utilitarios como decorativos. Los habitantes de los Andes, además, domesticaron el cuy, y desarrollaron actividades pesqueras, como prueban los yacimientos de Chilca y los antiguos ceramios y textiles preincas, en especial los de las culturas Moche y Chimú, que utilizaron ya los «caballitos de totora», tradicionales embarcaciones de pesca.

Culturas diversas, desafíos comunes

El área andina es un concepto geográfico-cultural que abarca una gran diversidad étnica y lingüística. Sin embargo, posee rasgos culturales comunes, derivados en parte, justamente, de la necesidad de enfrentarse a problemas similares a la hora de desarrollar la agricultura y la ganadería.

Debe tenerse en cuenta que el área cordillerana fue escenario de la sucesiva interrelación étnica y cultural de las tres grandes federaciones panandinas —Chavín (en el período formativo), Tiawanaku (en el período intermedio) y Tahuantinsuyo—, así como la de las culturas regionales que siguieron a la disolución de dichas federaciones hasta la consolidación de las nuevas coaliciones. Es un espacio que comprende el macizo cordillerano y sus piedemontes naturales: la costa,

La escenificación de las actividades agrícolas y ganaderas en los vestigios de arte inca permite deducir la creencia en un vínculo divinizado entre el hombre, los animales y la tierra.

ubicada al occidente de los Andes, y la selva alta, que se ubica en el lado oriental.

La visión integrada de esta área es un aspecto fundamental, que no debe perderse de vista. Para sobrevivir en esta compleja geografía —que va desde la chala, al nivel del mar, hasta la janca, por encima de los 6,000 m de altura, descendiendo a la rupa-rupa, de 400 a 1,000 m, en la vertiente oriental— era preciso que el hombre andino utilizara al máximo la mayor cantidad de pisos ecológicos a su disposición. Para ello, la agricultura y la ganadería debieron desarrollarse de manera conjunta y complementaria. Esta peculiar cosmovisión de la actividad agropecuaria ha sido designada por John Murra como «el control vertical de un máximo de pisos ecológicos en la economía de las sociedades andinas».

Explotación por pisos

Al pie de las nieves de las cumbres andinas se practica el pastoreo de llamas y alpacas. Más abajo se cultiva la papa amarga, junto a las labores de pastoreo de las especies nativas durante todo el año, en zonas pequeñas, con rotación espacial y estacional. A continuación se sitúa el piso dedicado a la papa dulce, la oca, el olluco, la mashua y la quinua, que se cultivan en la modalidad de barbecho sectorial, es decir, que las áreas bajo cultivo van rotando año a año.

Los terrenos utilizados para la agricultura a lo largo de un determinado número de años se dejan descansar por un período mayor al de uso. Poco más abajo se ubican los pequeños poblados o aldeas; al pie del centro poblado se hallan las chacras «de sembrar todo el tiempo»; en un nivel inferior está el piso del maíz. Si la aldea se encuentra cerca de un piso cálido, se cultivan yuca y frutales.

Como puede deducirse, la característica principal de esta forma de cultivo y ganadería integrados es su notoria dispersión. Los ámbitos agrarios a disposición de la aldea son pequeños, aunque muy numerosos. La suma de varias de estas unidades da lugar a una región étnica multicuenca, que alberga una gran variabilidad de climas, sue-

La primera agricultura del mundo

En el Perú se ha domesticado a la papa, el olluco, la mashua, la oca, el tomate, el ají, el frejol, los pallares, la yuca, el camote, el algodón, el tabaco, la llama, la alpaca y el cuy. Frente al trabajo de domesticación de plantas y animales, a los modernos trabajos de «mejoramiento genético» de estas especies les corresponde una categorización de segundo orden. Cualquier «Revolución Verde» actual no es más que un pálido reflejo de la revolución que significó la creación de la agricultura, y esta revolución se dio primeramente en el Perú.
La agricultura más antigua que conoce la arqueología en el presente es la peruana, que data de hace 8,000 años. Le siguen en antigüedad la del Cercano Oriente, con 7,000 años, la de México, con 6,500 años, la de India, con 6,000 años, y la de China, con 5,500 años.

Eduardo Grillo,
La ecología y la economía

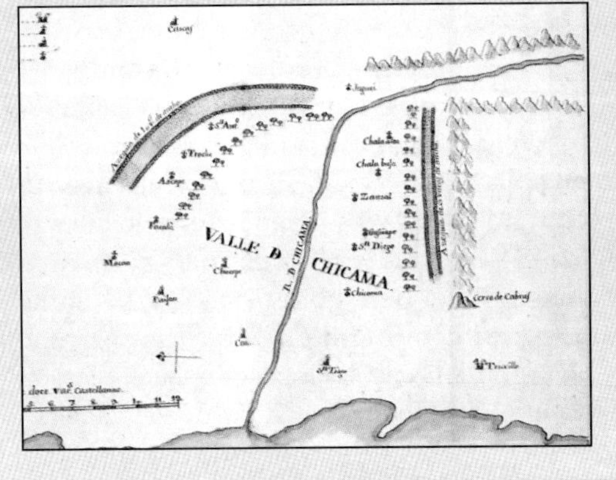

los y fuentes de agua, los cuales posibilitan la crianza de diversas plantas y animales para la subsistencia de las comunidades allí establecidas.

La economía minera colonial

Durante la Colonia, a la flora y fauna nativas se fueron sumando progresivamente las especies europeas, y en particular un producto procedente de Filipinas, el arroz, cuya producción y consumo adquirió gran popularidad en la costa peruana. En el período colonial, la agricultura y la ganadería irían decreciendo poco a poco, con muy raras excepciones, hasta llegar al predominio de las actividades extensivas y la concentración de la propiedad en manos de criollos y peninsulares. Este último hecho, sumado al despoblamiento indígena, dio lugar a la proliferación de la ganadería y la depredación de los bosques y rodales de especies nativas. Situación que, por otra parte, iba en la dirección opuesta de los *ayllus* indígenas, que hacían un uso más intensivo de las tierras de cultivo, así como de los demás recursos agrícolas.

En el momento de la Independencia del Perú, la organización económica legada por la Colonia abarcaba un territorio muy superior al de las actuales fronteras del país. Su núcleo operativo principal se hallaba en las minas de plata de Potosí —de *potocchi*, «el que estalla»—, descubiertas por el indio Diego Huallpa el 21 de abril de 1545. Estaban ubicadas al pie del cerro Rico, en la antigua Audiencia de Charcas, en el Alto Perú, actualmente Bolivia.

Cargadores indios de mineral en el Perú colonial. Los españoles recurrieron a los sistemas de la mita, los obrajes y la encomienda para surtirse de mano de obra continua y gratuita.

Potosí, capital de la plata

Durante la Colonia, la producción argentífera se expandió rápidamente, hasta constituirse en la principal exportación del sur andino. En consecuencia, el centro urbano de Potosí, eje de esa explotación, experimentó un notorio crecimiento, llegando a alcanzar los 120,000 habitantes a mediados del siglo XVII, lo que la convirtió en la ciudad más populosa de la América española.

Vestir y alimentar a una población de mineros tan numerosa obligó a reorganizar la producción agropecuaria y el intercambio comercial de la zona. Cada área del sur andino tuvo que especializar su producción, asociando su nombre al de algún producto característico. Así ocurrió con el pan de azúcar, típico de los cálidos valles serranos de Abancay, y con otros elementos como las bayetas de lana producidas en el Cusco, los productos de panllevar, los aguardientes y los vinos fabricados en Moquegua y Arequipa, mercancías que eran transportadas a lomo de mula hacia Potosí.

Similar situación se manifestaba para la extracción de la plata: precisaba ser abastecida con los insumos necesarios para mantener activa la explotación de los yacimientos mineros, principalmente el azogue o mercurio. Éste era transportado sobre todo desde la mina la Descubridora o Santa Bárbara, descubierta por el indio Navicopa, en Huancavelica, en 1566. De esa manera, innumerables recuas de mulas hacían el tránsito hacia la villa de Potosí, conduciendo el azogue; la misma ruta seguían los indios mitayos, obligados a trabajar en el centro minero. Este trabajo obligatorio correspondía al pago del tributo, y pese a su

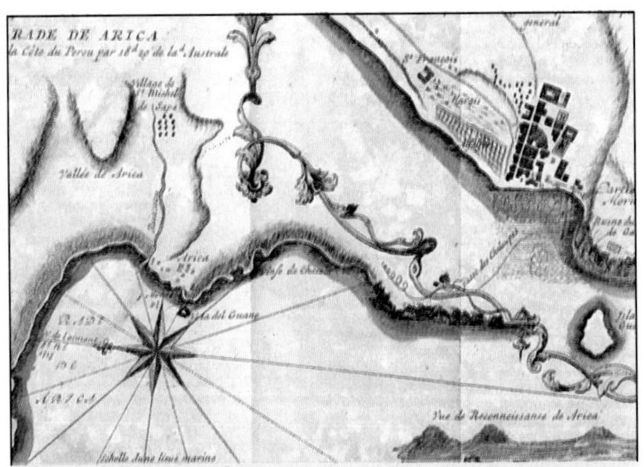

Plano de 1717 de Rada de Arica, en el Virreinato del Perú, actualmente en territorio chileno.

La prosperidad de los puertos dependía de lo accesible que resultaran a las zonas mineras.

teórica índole temporal, frecuentemente concluía con la muerte en cautiverio del indio. Según las crónicas de la época, de cada contingente de 7,000 indios que llegaba a trabajar a la mina, únicamente 2,000 volvían a sus reducciones de origen.

Decadencia y despoblamiento

A comienzos del siglo XIX, entre 1815 y 1820, la producción de plata de Potosí entró en crisis debido al agotamiento de las vetas. El inicio de las guerras de la Independencia contribuyó a profundizar el dislocamiento del intercambio mercantil, situación que tuvo su reflejo en la antigua villa de Potosí, que vio reducida su población a unos escasos 16,000 habitantes. Lentamente, los antiguos vínculos comerciales languidecieron; la producción de bayetas de lana, por ejemplo, disminuyó gradualmente, casi hasta desaparecer.

Los espacios económicos en el tránsito hacia la República

La Independencia significó el fin del proteccionismo comercial practicado por España; los puertos se abrieron a las importaciones textiles de Gran Bretaña, que inundaron el mercado, desplazando a las prendas de lana de producción nacional.

Las importaciones crecieron, hasta el punto de que la confección de bayetas de lana dejó de practicarse, lo que dio lugar a una reestructuración de las actividades productivas. A partir de 1834, las lanas dejaron de tejerse y se destinaron principalmente a la exportación a Gran Bretaña, por intermedio de casas comerciales extranjeras establecidas en Arequipa. El acopio de lanas para exportación se expandió de manera considerable: hacia la década de 1840 existían cuatro casas comerciales —dos inglesas, una alemana y una francesa—, cuyos propietarios se integraron en la elite de la sociedad arequipeña.

El nuevo papel asignado a la ciudad de Arequipa se consolidó gracias al puerto de Islay, que inició sus actividades en 1829. Hasta ese momento, el puerto peruano de Arica había sido la principal puerta de acceso del comercio internacional y de cabotaje hacia el circuito comercial generado en el sur andino. Al fundarse la República del Perú, estos puertos se constituyeron en los dos contactos más importantes del sur andino con el comercio local y mundial. Las principales exportaciones de los primeros años de la República estuvieron constituidas por quinina, cobre, plata, oro, chinchilla y lanas. Sin embargo, poco después, a partir de la década de 1860, las lanas constituirían el principal producto de exportación.

Auge de la exportación lanera

Después de la Primera Guerra Mundial, la exportación de lanas de camélidos producida por la ganadería indígena alcanzó su apogeo. La lana de alpaca y vicuña, proveniente de haciendas o de

La organización de la mita

El sistema establecido por el virrey Toledo, y que nunca se cambió formalmente, determinó la sujeción de 16 provincias al modelo de Potosí. Ello significaba que un séptimo de la población tributaria asistiría al cerro y minas cada año «por sus turnos», trabajando un tercio de este contingente cada semana. De esta manera, cada mitayo trabajaba cuatro meses al año. Conforme fue disminuyendo el contingente de mitayos, los «capitanes» o jefes étnicos responsables de las provincias, y sus capitanes menores, se vieron obligados a reemplazar al mitayo por un indio libre o minga; más tarde se formalizó el pago de 7 pesos por semana para cada indio libre que reemplazara un mitayo.

Jeffrey Cole, *The Potosí Mita under Habsburg Administration. The Seventeenth Century*

Plano de los canales de riego de las aguas derivadas del río Rimac en 1774, en el que se aprecia el pueblo de La Magdalena y sus campos agrícolas.

comunidades de indígenas, era adquirida por los «rematistas» en las ferias organizadas tradicionalmente por las comunidades de indígenas. La feria más conocida e importante se realizaba en Vilque, una pequeña localidad de algunos cientos de habitantes en el departamento de Puno. Sin embargo, en los quince días que duraba la feria la población flotante podía alcanzar entre 10,000 y 20,000 personas. Esta feria sobrevivió hasta finales del siglo XIX, siendo desplazada después por la de Juliaca.

Conforme aumentó el comercio, la lana obtenida en las ferias resultó insuficiente. Surgieron entonces los «rescatistas», pequeños comerciantes mestizos que dependían de las grandes casas comerciales arequipeñas, quienes compraban directamente la lana a las comunidades indígenas.

En diciembre de 1870 concluyeron las obras correspondientes al ferrocarril Mollendo-Arequipa; seis años más tarde entró en operaciones el tramo Arequipa-Juliaca. A partir de entonces, el ferrocarril reafirmó definitivamente la preeminencia de Arequipa en el sur andino, relegando a un segundo plano a las antiguas rutas, en especial la de Majes-Caylloma-Cusco y la de Puno-Moquegua. El nuevo espacio comercial, la reestructuración productiva consiguiente y la hegemonía comercial de Arequipa en dicho territorio terminaron de consolidarse a finales del siglo XIX.

Agricultura en los valles costeños

Se conformaron dos grandes zonas interrelacionadas: de un lado el sector moderno de la economía regional del sur andino, cuya estructura comercial giraba en torno a la ciudad de Arequipa, y los puertos de Arica e Islay (hasta la guerra con Chile; luego pasó a los puertos de Islay y Mollendo). Por otro lado, estaba el sector económico tradicional, estructurado a partir de las actividades agropecuarias, conducidas por los gamonales y los ayllus andinos, con fines de autoabastecimiento y mínima capacidad para generar excedentes.

En contraste con el sur andino se hallaba la costa norcentral, es decir, el espacio geográfico comprendido por los valles costeños ubicados entre Piura e Ica. Éstos estaban ligados a sus *hinterland* serranos y sus respectivas zonas de influencia, e intercomunicados entre sí a partir de Lima, gracias al comercio marítimo de cabotaje.

Desde la época prehispánica, los valles de la costa norcentral habían desarrollado al máximo sus posibilidades en la agricultura y la ganadería locales. Sus asombrosas obras de irrigación y sus variadas técnicas de cultivo les habían ganado una merecida fama. Durante la Colonia, esta zona sufrió una súbita caída demográfica, producto de las enfermedades traídas por los europeos y de los procesos de reducciones y traslados de poblacio-

El dibujo, del siglo XVIII, muestra un grupo de campesinos peruanos en plena labor agrícola. *En las reducciones se reclutaban trabajadores para las grandes haciendas costeñas.*

nes enteras con fines de control militar. Las órdenes religiosas jugaron un papel muy importante en la organización económica de los valles y en su vinculación con Lima, ciudad donde se hallaban ubicadas sus sedes.

Producción de los valles

Los valles más cercanos a Lima, situados entre Nazca y el río Santa, eran los principales abastecedores de productos de origen agropecuario, constituyéndose en el granero de la capital. Desde el siglo XVII, los valles del Santa, Huaura, Barranca y Chancay (al norte de Lima) enviaban a ésta harina, trigo, maíz y —en menor cantidad— azúcar. El valle de Casma aportaba cordobanes, cecina, leña y carbón. Los valles sureños de Chincha y Cañete remitían trigo y maíz, mientras que de Ica, Nazca y Pisco llegaban el vino y el famoso aguardiente que años después sería conocido con el nombre de su principal puerto de embarque, Pisco. Todos los valles citados enviaban a Lima frejoles, garbanzos, pallares, quinua y miel de caña.

Los valles con cultivos más especializados se hallaban a mayor distancia de la capital. Los de Lambayeque, Zaña y Jequetepeque, con producciones muy vinculadas entre sí, exportaban azúcar, trigo, cordobanes, cueros para suelas, badanas y jabón, tanto a Lima como a la feria de Portobelo, en Panamá. Por su parte, los valles de Chicama y Santa Catalina, alrededor de Trujillo, comerciaban con trigo, harinas y azúcar.

Apogeo y decadencia de los puertos

Debido a la abundancia natural de maderas en sus proximidades, durante la época colonial la importante ciudad y puerto de Guayaquil fue sede de los astilleros donde se construían las naves destinadas a la Armada real o al comercio de cabotaje. También salía de allí el abastecimiento de maderas para la ciudad de Lima, entroncada por vínculos familiares con las más distinguidas familias guayaquileñas. Esta vinculación social y económica organizada en torno al área de influencia comercial de la ciudad puerto —uno de los tres grandes puertos coloniales de los que disponía el Virreinato del Perú, junto con los del Callao y Arica— se perdió a partir del plebiscito ordenado por el libertador Simón Bolívar, poco antes de arribar a Lima. En esa ocasión se decidió que Guayaquil pasaría a formar parte de la Gran Colombia.

La preeminencia del gremio de comerciantes de Lima, organizados en el poderoso Tribunal del Consulado, decayó notablemente en el Pacífico Sur con el final del predominio marítimo del Callao. Había sido éste el primer puerto de arribo de las mercaderías conducidas por las flotas de galeones españoles durante los primeros tiempos de la Colonia; pero, a partir de 1740, al establecerse la nueva ruta atlántica, se convirtió en el puerto final de intercambio entre España y las colonias de América del Sur. En ese contexto, Valparaíso pasó a ser el primer puerto de contacto con el Pacífico Sur y floreció de manera espectacular. Esta pérdida para el Callao quedó en parte compensada por el notable aumento de las importaciones europeas.

De Valparaíso al Callao

Al consolidarse la nueva ruta, los contactos entre Valparaíso y el Callao se hicieron más frecuentes, dando lugar a sólidas relaciones mercantiles

Indígenas en una explotación azucarera, en un grabado del siglo XVIII. Junto a los minerales, la caña de azúcar y el algodón eran actividades muy lucrativas en el Perú colonial.

entre ambos. Lima importaba trigo, tasajo, vinos, cobre, jarcia y almendras de Chile; en retorno, los astutos comerciantes limeños vendían chancaca y azúcar. Hacia 1789, casi a finales del período colonial, las importaciones de trigo chileno ascendían a cerca de 275,000 pesos, mientras que las exportaciones de azúcar bordeaban los 250,000 pesos; estas cifras reflejan una especialización acorde con las ventajas comparativas de cada país.

La especialización en el ámbito de la agricultura favoreció a los valles cercanos a Lima; en cambio, tuvo efectos devastadores sobre los valles del norte. El trigo y el azúcar producidos en los valles de Lambayeque, Zaña, Jequetepeque, Chicama y Santa Catalina fueron desplazados del próspero mercado limeño y entraron en un vertiginoso declive económico.

La buena situación alcanzada por los comerciantes limeños les permitió financiar la por entonces postrada minería de plata de la sierra central; se logró así duplicar la producción de este valioso mineral entre 1750 y 1791. De esa manera, en ese año, tres décadas antes de la Independencia, la Casa de Moneda de Lima había acuñado ya 400,000 marcos de plata.

Merma en el comercio de azúcar

Los negocios más importantes de Lima —la producción y exportación de azúcar, las importaciones de mercaderías europeas y la producción de plata— entraron en crisis poco antes de la guerra de la Independencia, y se agravaron con ésta. El ingreso del azúcar peruano a Bolivia, Chile y Argentina se dificultó, tanto por el inicio de las operaciones militares y el estado de guerra vigente como por la fuerte competencia ejercida por los productores de azúcar brasileños. Cuando el ejército libertador arribó a Perú, en 1819, las grandes plantaciones azucareras se vieron doblemente afectadas, ya que por un lado se redujo el mercado interno y, por el otro, el patrimonio de éste mermó, a causa de las requisas de dinero y alimentos, y del reclutamiento de esclavos, principal fuente de mano de obra. Por estas razones, durante los primeros años de la República la industria azucarera vio reducida su producción, su patrimonio y sus ventas.

En abierto contraste con las vicisitudes del comercio peruano, Valparaíso llegó a transformarse en el puerto más floreciente de las costas occidentales de América. Para impulsar la reciente prosperidad de Valparaíso, en 1827 el gobierno chileno propuso a Perú un tratado de alianza, comercio y navegación, que el presidente José de La Mar rechazó por considerarlo no equitativo.

Consecuencias económicas de la Confederación Perú-Boliviana

Chile se convirtió en el cuartel general de los enemigos de la Confederación, el mejor aliado que tuvieron éstos fue el ministro Portales; los peruanos que acometieron esta empresa no vieron, o no quisieron ver, que ella iba encaminada no contra Santa Cruz sino contra el Perú. El más elemental amor a la patria los debió hacer desistir, pero la ambición y un mal entendido nacionalismo no les permitió descubrir las verdaderas intenciones de Portales, que no eran otras sino impedir el engrandecimiento de nuestra nación; el odio de este político contra el Perú era antiguo, databa desde el tiempo en que Chile, merced a un tratado oneroso para el Perú, negociaba con ventaja con nuestro país, importando trigo y exportando azúcar principalmente. La casa comercial que Portales abrió en el Callao creció rápidamente y sus utilidades eran muchas. Toda esta prosperidad se vino al suelo cuando Orbegoso decidió suspender los efectos del tratado de comercio que Salaverry había aprobado; Portales hubo de retirarse y juró vengarse. Habiendo llegado a las altas esferas del poder, estaba resuelto desde 1831 a hacer la guerra al Perú y aconsejaba al gobierno no disolver batallón alguno.

Rubén Vargas Ugarte,
Historia General del Perú

La Confederación Peruano-Boliviana

En el contexto de una desorganización generalizada, característico de los inicios de la República, el país enfrentó un audaz e infortunado experimento político y comercial: la Confederación Peruano-Boliviana (1836-1839). El objetivo estratégico de ésta era establecer un pálido contrapeso formal al agresivo expansionismo chileno, tanto en el comercio marítimo con Europa como en relación al salitre.

El presidente Andrés de Santa Cruz promulgó diversas disposiciones legales en favor del comercio marítimo nacional y el desarrollo del sur peruano: estableció una tarifa promocional que favorecía a los barcos mercantes que llegaran a Perú sin hacer escala en Chile, declaró Arica puerto franco y estableció un impuesto del 4 por ciento a la exportación de salitre, que se destinó al desarrollo de Tarapacá. Santa Cruz suscribió asimismo un contrato por dos años, a partir del 1 de enero de 1837, con la empresa británica Wheelright, para la navegación a lo largo de la costa de Perú de dos barcos de vapor de 300 toneladas; el tratado concedía a dicha empresa privilegios para su comercio con Lima. Así se abrió la puerta a la navegación de vapor directa desde los puertos de Perú a los de Europa.

Estas medidas disgustaron al gobierno chileno, que organizó en represalia una operación militar. La batalla decisiva para la suerte de la Confederación se libró en Yungay el 20 de enero de 1839 y se saldó con la derrota de Santa Cruz. Poco después, el 15 de agosto de ese mismo año, el Congreso de Huancayo declaró nulos los tratados celebrados durante la Confederación, formalizando así la hegemonía comercial de Valparaíso.

La era del guano

Al finalizar aquel infortunado año de 1839, la economía peruana encontró un alivio al descubrirse en el Viejo Mundo las propiedades fertilizantes del guano de las islas, es decir del excremento desecado de las aves marinas del litoral peruano. El éxito del nuevo fertilizante natural en los gastados suelos de cultivo europeos permitió al Perú acceder a un flujo monetario y a un tráfico marítimo impresionantes.

Durante las cuatro décadas que van de 1839 a 1879, el guano se convirtió en el principal producto de exportación, la base de los ingresos fiscales, la fuente de la bonanza del comercio importador y de los propietarios agrícolas del sector moderno

Algodonal en el valle del Río Santa, departamento de Ancash. Tras la guerra de la Independencia, el algodón jugó un papel muy importante en el comercio exterior de la República.

de la economía, así como en el principal estímulo para la construcción de ferrocarriles; fue entonces cuando se instalaron los primeros bancos comerciales en el país.

Otro producto que recobró gran interés en esos años fue el salitre, materia prima muy apreciada en Europa, por constituir un insumo importante para la fabricación de pólvora. Los yacimientos se hallaban ubicados en el departamento peruano de Tarapacá y en los territorios del litoral boliviano. Al principio, su explotación alcanzaba modestas proporciones; en la medida en que estaba destinado a la exportación a Europa, y dada la cercanía de Valparaíso, la mayoría de las transacciones se realizaba en dicho puerto, circunstancia que permitió suponer en Europa que el salitre era de origen chileno.

Desarrollo del salitre

Como ya se ha señalado, en la época de la Confederación, Santa Cruz había establecido un impuesto del 4 por ciento a la exportación del salitre para financiar el desarrollo de Tarapacá. Sin embargo, en compensación por el apoyo militar de Chile a la campaña contra la Confederación, el gobierno de Agustín Gamarra suprimió dicho impuesto. A partir de entonces, el gobierno peruano se olvidó de la zona y del producto. El vacío de poder fue cubierto por Chile, país que fomentaba su producción y transporte. Entre 1850 y 1880, la producción salitrera aumentó notablemente, en especial a partir del terremoto de Tarapacá de 1868 y de la guerra franco-prusiana de 1870, sucesos que contribuyeron a elevar el precio del salitre.

Cuando el Estado peruano volvió sus ojos a Tarapacá, en 1873, lo hizo como último recurso para evitar la debacle de las finanzas públicas. Buscando aumentar los ingresos fiscales, el presidente Manuel Pardo decidió establecer un impuesto a la exportación del salitre. Los bancos de Lima formaron una compañía para adquirir dicho producto y exportarlo a Europa; sin embargo, como los grandes productores salitreros se negaron a cumplir la ley, en 1875 el gobierno peruano ordenó la expropiación de las 161 oficinas encarga-

Sectores productivos en los primeros años de la República

En 1876 el Perú tenía 2'699,106 habitantes, de los cuales 629,921 (el 23.34%) derivaban sus ingresos de una actividad agraria. Labradores (122,054), agricultores (496,782), cascarilleros (1,503) y jornaleros (70,246) representaban los subgrupos más importantes. La actividad ganadera no contaba sino con 57,595 personas (2.13%). A manera de comparación, la extracción del guano estaba en manos de aproximadamente 1,000 trabajadores.

La minería, hasta fines de siglo, albergaba poca mano de obra, debido al tipo de extracción vigente (partido o ración). Se trata de una fuerza laboral fluctuante. Un sondeo realizado en 1875 mostró que en Cerro de Pasco, el centro minero más importante, sólo 87 minas estaban siendo explotadas. Recién con la sistemática explotación de minerales, promovida por la inserción de capital norteamericano, en 1905 se registra un continuado aumento de la población laboral en la industria minera (de 9,651 en 1905 a 28,137 en 1930). Si bien hubo una producción de plata no despreciable (alrededor de 180,000 marcos anuales entre 1830 y 1898) será también a partir de comienzos del siglo XX que se incremente sustantivamente la producción tanto del cobre como la plata. Parafraseando a José Deustua, la minería se movía entre la aventura, la renta y la economía natural.

Christine Hnefeldt, *Viejos y nuevos temas de la historia económica del siglo XX*

das de su explotación, medida que no perseguía establecer una industria, como hubiera sido deseable, sino más bien utilizar esa riqueza para contratar nuevos empréstitos.

Azúcar y algodón

La bonanza que trajo consigo el guano también se proyectó a la agricultura costeña, en especial a la de exportación, a través de las transferencias que realizó el Estado peruano a los particulares entre 1845 y 1854, y que alcanzó una suma de 15,5 millones de soles. Por otra parte, mediante los créditos contraídos directamente por los hacendados con las modalidades de habilitación, mutuo y préstamo comercial simple, se financió cerca del 40 por ciento de las necesidades de los azucareros durante las décadas de 1860 y 1870. Gracias al guano, la economía moderna de la costa norcentral se monetarizó en grado sumo, distanciándose de la economía del sur andino.

La industria azucarera peruana recibió un impulso notable con el incremento de la demanda europea. Los cambios en la dieta de la población de dicho continente favorecieron un incremento en el consumo del azúcar, estimulando la producción nacional, la cual pudo expandirse, al igual que las exportaciones, gracias a la abundante disponibilidad de crédito interno. Debido a estos factores, la producción se incrementó de 5,111 toneladas en 1866 a las 83,497 toneladas registradas en 1879.

En esos años, la producción y las exportaciones de algodón recibieron un impulso fortuito con motivo de la guerra civil norteamericana. La escasez creada por ésta, conocida como la *cotton famine* (la hambruna de algodón), favoreció la exportación del producto nacional, que en 1872 alcanzó las 5,638 toneladas. De allí en adelante permaneció entre las 2,000 y 3,000 toneladas anuales, incluyendo los años de la guerra con Chile.

Desabastecimiento en Lima

La expansión de la producción de azúcar y algodón, ocurrida entre 1860 y 1880, determinó la disminución progresiva de las áreas de cultivo de panllevar y pastos para la cría de ganado vacuno. Entre 1840 y 1860, parte de las áreas dedicadas a la producción de cultivos para el mercado interno en los valles ubicados inmediatamente al norte de la ciudad de Lima, desde Carabayllo hasta el Santa, se destinaron a la producción de azúcar. El área ocupada por este cultivo creció, modificando de manera definitiva el paisaje agrícola. Para 1860, los cañaverales ya eran parte indisoluble de la producción agrícola de dichos valles; sin embargo, como su adaptación fue progresiva, no afectaron significativamente la producción de los demás cultivos y, por ende, no perjudicaron el abastecimiento de Lima.

No ocurrió lo mismo con el algodón. El *boom* de este producto tuvo distintas características: en sólo cinco años, entre 1867 y 1872, la exportación de algodón creció de manera significativa, en un 270 por ciento. Además, a diferencia del azúcar, su cultivo no presentaba mayores complicaciones, no exigía complejos requerimientos técnicos ni había que esperar mucho tiempo para su cosecha. Cualquier agricultor, pequeño o mediano, podía abandonar de la noche a la mañana el cultivo de yuca, maíz, legumbres, camote o pasto, para dedicarse al algodón. Por tales razones, la expansión de esta planta se realizó desplazando violentamente a los cultivos destinados al abastecimiento de Lima. Por primera vez en su historia, la ciudad de Lima veía peligrar su abastecimiento alimentario.

Importaciones de ganado y harina

La escasez que sufría Lima pudo haber sido cubierta con la producción del ubérrimo valle del Mantaro, ubicado en la sierra central, cerca de la capital; pero no ocurrió así, lo cual da una clara idea de la difícil comunicación terrestre de esa región con Lima, así como de la falta de previsión de la clase empresarial y los dirigentes políticos. Para solucionar el desabastecimiento, se recurrió a los valles del norte grande y a sus respectivas cuencas altoandinas, utilizando para el transporte, con preferencia, la vía marítima.

El desabastecimiento de Lima puso en evidencia una nueva faceta del problema. El aumento en los ingresos monetarios que el guano aportó a la capital había modificado de modo sustancial los hábitos alimentarios de sus habitantes en un plazo de tan sólo quince años. En 1854 no existía mucha diferencia entre la comida de los esclavos y la de los habitantes urbanos, con excepción del estrato de ingresos elevados, cuya dieta consistía fundamentalmente en menestras. En cambio, hacia 1869 la carne de vacuno, por ejemplo, se había convertido en componente irreemplazable del consumo familiar promedio de Lima.

El abastecimiento de la capital debió cubrirse con ganado procedente de Ecuador y Argentina; en este contexto, en la década de 1860 llegaron a importarse entre 8,000 y 9,000 cabezas de ganado anuales. Una situación semejante ocurrió con el aprovisionamiento de combustible y harina de trigo. El súbito aumento en la demanda de estos productos de primera necesidad convirtió en negocios altamente rentables su comercialización y distribución. Esta situación repercutió sobre todo en la importación de harina de trigo, cuyo aprovisionamiento estaba por entonces en manos de unos pocos molinos, que se repartían el negocio.

Grabado de 1850 que representa a un campesino de los alrededores del valle de Lima.

Las penosas condiciones laborales de los nativos no mejoraron tras la Independencia.

Agotamiento del negocio guanero

El auge del guano trajo consigo una bonanza que modificó radicalmente la estructura productiva del agro nacional, favoreciendo especialmente a los valles de la costa norcentral, y alteró asimismo la estructura de consumo de la capital. De la misma manera, cuando el ciclo del guano concluyó debido al efecto simultáneo del agotamiento de los yacimientos guaneros y a la aparición de fertilizantes sintéticos, poco antes de la guerra con Chile, la economía local —pública y privada— se

Sistema artesanal de extracción de guano, cerca de Chincha, departamento de Ica. El guano representó para el Perú una riqueza insospechada, que arrojó pingües dividendos.

resintió gravemente. En la medida en que las actividades económicas se organizaron en función del guano, la desaparición de este producto desarticuló todo el ordenamiento anterior. La guerra con Chile, con su secuela de destrucción ocasionada por la ocupación militar y las campañas de rapiña organizadas por la expedición de Patricio Lynch sobre los valles de la costa norte, fueron factores que agravaron aún más la situación.

El segundo ciclo exportador

La situación económica del país tras la guerra con Chile era dramática. Agotadas las reservas de guano y perdido el salitre, que quedó en manos de Chile, había que reconstruir por completo la economía nacional y encontrar nuevos productos que permitieran sostener un nuevo ciclo exportador. Durante la posguerra se estructuró lentamente un nuevo conjunto de productos principales, que serían la base para el resurgimiento del sector exportador. A partir de 1890, este nuevo sector se expandió de manera sostenida, hasta la Primera Guerra Mundial. En contraste con el resto de los países de América Latina, y a diferencia de lo ocurrido en la historia económica reciente, el sector exportador peruano creció sin interrupción, hasta la gran crisis mundial de 1929, sobre la base de siete productos: azúcar, algodón, lanas, cobre, plata, caucho y petróleo.

Una vez superada la segunda crisis del sector exportador, éste se reconstruyó rápidamente a partir de la Segunda Guerra Mundial, en especial durante las primeras décadas de la posguerra, sostenido por minerales como cobre, plata, plomo, zinc y hierro. Además se exportaban petróleo y productos agropecuarios como azúcar, algodón, harina de pescado y, en menor medida, lanas y café.

La actividad agrícola

En la actualidad, el valor de la producción agrícola está conformado, en su mayor parte, por cultivos introducidos en la época de la Colonia; el 60 por ciento de estos cultivos, aproximadamente, se genera en los valles costeños formados por los ríos que descienden por el flanco occidental andino. Entre tales cultivos, los más importantes son arroz, caña de azúcar y algodón, así como productos de panllevar, cada vez más solicitados por una población urbana que se encuentra en constante crecimiento.

Los árboles de plátano son una especie típica de los valles de selva alta del departamento de Loreto.

Agricultura costera y andina

La importancia creciente de la agricultura costera se ha visto reforzada en años recientes por las significativas obras de irrigación realizadas en esta zona. A ello debe sumarse el clima subtropical, con temperaturas estables a lo largo de todo el año, así como la posición geográfica privilegiada de los valles respecto de los grandes mercados urbanos y de los puertos de exportación.

En líneas generales, la agricultura costera experimenta una transformación cualitativa, con productos que se orientan cada vez más a satisfacer la demanda interna de alimentos, mientras que los productos agrícolas tradicionales de exportación —como azúcar o algodón— son reemplazados por otros de alta cotización en el mercado internacional, como marigold, frutos tropicales y espárrago.

En la región andina, por el contrario, la agricultura se practica con muchas limitaciones, debido sobre todo a su dependencia estricta del régimen de lluvias, la carencia de recursos técnicos (mecanización y fertilizantes), la fragmentación de la propiedad (minifundio) y la sobreutilización y deterioro de los suelos, procesos éstos favorecidos por las inadecuadas prácticas tradicionales y las pronunciadas pendientes. La agricultura andina se desarrolla principalmente en los fondos de valle y las vertientes de pisos templados, entre los 2,000 y 3,500 m sobre el nivel del mar, siendo sus productos más representativos la papa, el trigo y las variedades de maíz amarillo duro y amiláceo.

Aislamiento de la Amazonia

El gran aislamiento que todavía afecta a buena parte de la Amazonia, asociado a la rápida acidificación de los suelos típicos del trópico húmedo, determina la poca importancia de la agricultura en la economía regional. Los procesos de colonización espontánea producidos a lo largo de los principales cursos fluviales o de las «carreteras de penetración» —en este último caso como resultado de la migración de campesinos andinos sin tierra— han ocasionado en algunos sectores graves deterioros ambientales, a consecuencia de la tala indiscriminada de la foresta tropical para la práctica de la ganadería o de la agricultura itinerante, con productos como plátano, frejol, yuca y arroz.

La producción agrícola comercial: arroz y algodón

Entre los cultivos comerciales más importantes del país deben mencionarse los siguientes: arroz, algodón, caña de azúcar, café, papa, maíz, trigo, cebada, espárrago y mango.

En lo que hace al arroz, la superficie sembrada de esta gramínea ha presentado una tendencia marcadamente descendente, aunque con algunas recuperaciones. En 1983, la producción de arroz cáscara fue de 799,032 toneladas, aumentando a

Trabajador en la cosecha de algodón, en el departamento de Ica. En los últimos años se ha reducido la superficie dedicada al algodón, así como el rendimiento por hectárea.

1'188,800 toneladas en 1987. De ahí en adelante disminuyó, alcanzando las 949,971 toneladas en 1993, pero repuntó en los últimos años, sobrepasando las 1'400,000 toneladas. La mayor producción de arroz se concentra en cinco departamentos: Piura, Lambayeque, La Libertad, Arequipa y San Martín, que producen el 73 por ciento del total nacional.

La producción de algodón en rama, producto destinado en gran parte a la exportación, tuvo por su parte un comportamiento irregular. Entre 1983 y 1986 aumentó de 105,725 toneladas a 303,345. Luego disminuyó por dos años consecutivos, para volver a aumentar a 321,466 toneladas en 1989. A partir de ahí descendió sostenidamente hasta alcanzar las 86,486 toneladas en 1993 y sobrepasar las 145,000 toneladas en los últimos años. Los principales productores de algodón se encuentran en los departamentos de Piura e Ica, concentrando el 65 por ciento de la producción nacional. Las variedades más importantes son tangüis, pima, supima, cerro y áspero. Las exportaciones de algodón han seguido un ritmo irregular, más o menos similar a la producción local, disminuyendo significativamente. Este fenómeno se explica sobre todo por el auge de hilados y confecciones en detrimento de la materia prima. Las exportaciones de algodón alcanzaron los 37 millones de dólares en 1983, llegaron a 51 millones en 1985 y luego descendieron al nivel mínimo de 4.5 millones de dólares anuales en la década de los noventa. Aparte de la bellota de algodón, la pepa se usa para la producción de aceite crudo y margarinas.

La superficie cultivada de caña de azúcar se ha ido recuperando en los últimos años. Los departamentos de Lambayeque y La Libertad aportan el 79 por ciento de la producción nacional.

Caña de azúcar, café y papa

Uno de los cultivos distintivos de los valles de la costa norcentral ha sido la caña de azúcar, el más importante de la agricultura costeña debido al tamaño y la tecnificación de las plantaciones azucareras. Después de la reforma agraria de 1969, estas plantaciones pasaron a ser administradas por cooperativas de producción, pero luego de varios años de operación bajo esta modalidad, la producción azucarera y las exportaciones disminuyeron de manera significativa. Entre 1985 y 1993, la producción de caña de azúcar descendió progresivamente de 7.3 millones a 4.3 millones de toneladas. En cambio, en los últimos años se recuperó hasta sobrepasar los 6 millones.

La producción de café en Perú ha mostrado una disminución del 17 por ciento entre 1980 y 1990. A mediados de los años noventa llegó a las 96,500 toneladas y posteriormente superó las 110,000 toneladas. Las plantaciones de café se hallan localizadas en las provincias de Tarma y Satipo, en Junín; en Oxapampa, Pasco; La Convención, Cusco; y Jaén y San Ignacio, en Cajamarca. Su cultivo corre por cuenta de cooperativas, comités, comunidades campesinas, productores in-

En la imagen, campos de maíz y trigo en Pisac, departamento de Cusco. En la serranía peruana se continúa sembrando los cultivos tradicionales.

dividuales y asociaciones; el grano se emplea en la producción de café torrado para consumo nacional —en polvo y envasado— y también se exporta.

En cuanto a la papa, en Perú existen más de doscientas especies silvestres y mil variedades. Entre las más conocidas pueden citarse las denominadas revolución, perricholi, yungay, molinera, tomasa, andina, mantaro, amarilla, huayro y casablanca. La producción de papa aumentó en un 17.6 por ciento entre 1983 y 1988, pasando de 1'199,700 toneladas a 2'107,800. A partir de ahí descendió sostenidamente hasta alcanzar las 997,500 toneladas en 1992, lo que representó una importante caída (52.6%). Sin embargo, se recuperó luego, sobrepasando los 2 millones de toneladas en la actualidad.

Los principales productores de papa son los departamentos de Cusco, Junín, Huánuco, Cajamarca, Lima y La Libertad. Pero como el cultivo de la papa está muy difundido en todo el país, estos seis departamentos producen en conjunto menos de la mitad del total nacional (45.6%).

Producción de maíz, trigo y cebada

En Perú se cultivan numerosas variedades de maíz, entre las que destacan el amiláceo, morado, reventón, chala y maíz choclo, destinados principalmente al consumo humano. En cambio, el maíz amarillo duro se usa con preferencia como insumo para la producción avícola.

En términos de toneladas métricas producidas, la variedad más importante es el maíz amarillo duro, que se cultiva en la costa y la selva. La producción de esta variedad se expandió notablemente entre 1983 y 1989, pasando de 434,605 toneladas a 785,277 toneladas, pero disminuyó en un 50 por ciento durante los tres años siguientes; se recuperó en 1993, cuando alcanzó las 596,626 toneladas, y en los últimos años noventa sobrepasó las 600,000 toneladas. El grueso de la producción se sitúa en los departamentos de La Libertad, Lambayeque, Lima, Piura, Ancash, San Martín y Loreto.

Las variedades más importantes de maíz para consumo humano son el maíz amiláceo y el choclo. La producción del amiláceo, que se cultiva

Cultivo de trigo en el valle Sagrado de los Incas, en el Cusco. El trigo apenas se consume en la costa, mientras que en las zonas andinas se cuenta entre los principales alimentos.

fundamentalmente en la sierra, en 1983 alcanzó las 191,040 toneladas, incrementándose de una forma paulatina hasta alcanzar las 263,255 toneladas en 1988. A partir de ahí la tendencia ha sido decreciente: en 1993 alcanzó las 188,206 toneladas, un nivel inferior incluso al de 1983. A mediados de la década de 1990 se había recuperado algo, llegando a las 227,000 toneladas, para caer posteriormente a las 221,600 toneladas. El grueso de la producción de maíz amiláceo se concentra en siete departamentos: Cusco, Apurímac, Cajamarca, Piura, Junín, Arequipa y Ancash.

El maíz choclo se cultiva tanto en la costa como en la sierra. Su producción mostró un aumento sostenido entre 1983 y 1988. En esos años pasó de 117,833 toneladas a 185,518 toneladas. A partir de ahí descendió hasta las 148,994 toneladas de 1991, pero a lo largo de la década se recuperó hasta sobrepasar las 200,000 toneladas. El grueso de la producción de esta variedad (42%) se halla en Ancash, Lima, Cajamarca y Junín.

Otro importante cultivo peruano es el trigo blando, que se emplea para consumo humano directo, mientras que el duro se utiliza para la producción de harinas. En 1983, el cultivo del trigo ocupó una extensión de 84,805 hectáreas de terreno cultivable, en tanto que su producción alcanzó las 83,720 toneladas. A partir de entonces la producción se expandió hasta 1989, cuando alcanzó las 159,305 toneladas. En el período 1990-1993 la producción de trigo disminuyó hasta alcanzar las 108,126 toneladas en el último año de ese período. Para finales de los años noventa, la producción se había recuperado, sobrepasando las 120,000 toneladas. El trigo es un cultivo muy extendido en el país, distribuyéndose en diez departamentos: La Libertad, Ancash, Arequipa, Cajamarca, Junín, Cusco, Ayacucho, Huancavelica, Huánuco y Piura.

La cebada es asimismo un cultivo de cierta importancia, con una superficie superior a las 80,000 hectáreas. Este cereal se usa para consumo humano y para la alimentación de cerdos y caballos; en la industria cervecera la cebada se emplea en la preparación de la malta. La producción nacional de este cereal ronda anualmente las 140,000 toneladas.

De las tres especies de maíz cultivadas, el amiláceo es el único que ha registrado una reducción productiva en los últimos años, principalmente en las zonas de Piura, Cusco y Cajamarca.

Tubérculos de oca. En los últimos años la producción de oca ha mantenido un crecimiento constante. El consumo de dicho tubérculo se circunscribe principalmente al área andina.

Espárrago y mango

Dentro de los cultivos más promisorios para el futuro de la costa se halla el espárrago, en los campos de los departamentos de Piura, Lambayeque, La Libertad, Ancash, Lima e Ica. La mayor parte de la producción se dedica a la exportación. Entre 1982 y 1992, la superficie ocupada por este cultivo ascendió vertiginosamente, pasando de 2,361 hectáreas a 12,865, mientras que en ese mismo período la producción se incrementó de 8,292 a 73,878 toneladas. Esta notable expansión ha continuado en los últimos años, alcanzando las 150,000 toneladas. Se concentra sobre todo en La Libertad, departamento que representa el 60 por ciento de la superficie cosechada y el 72 por ciento de la producción total.

Un cultivo frutícola que ha recuperado su pasada importancia es el mango, producto cuya exportación se ha incrementado sostenidamente a partir de 1983. Aunque la superficie cosechada no ha aumentado de forma notoria, la producción se ha incrementado notablemente hasta rondar las 130,000 toneladas en los últimos años.

La agricultura andina

Es importante recordar que buena parte de los alimentos que se consumen en las ciudades peruanas se producen en la sierra, en especial en las pequeñas propiedades agrícolas. Esta actividad se realiza en algunos casos mediante técnicas modernas y, en otros aún se efectúa apelando a las prácticas y los utensilios tradicionales de origen prehispánico, desarrollados por las culturas y etnias andinas, tanto en el terreno agropecuario como en el hidráulico.

A diferencia de los suelos con potencial agrícola ubicados en la costa y la selva, en la sierra peruana la tierra en uso agrícola actual es superior a la tierra de uso agrícola potencial. Como el propósito del campesino andino consiste en obtener alimentos para el abastecimiento de su propia familia y no para la actividad comercial, la superficie cultivada es en realidad superior a la que reconoce el organismo oficial peruano encargado de evaluar recursos naturales y el potencial máximo de suelos agrícolas en los Andes.

Pero el desvelamiento de este error no ha cambiado la actitud de la burocracia estatal para con los agricultores andinos. Por el contrario, dadas las pobres características de los suelos elegidos para realizar sus cultivos, así como la precariedad de los recursos a su alcance, el hombre andino obtiene una baja productividad por hectárea, hecho que ha sido utilizado para estigmatizar su creatividad y laboriosidad, y que ha alimentado una escasa receptividad a las propuestas locales para construir las bases del desarrollo para el nuevo milenio.

Aserradero en la ciudad de Pucallpa, departamento de Ucayali. En los últimos años, la balanza comercial forestal peruana ha sido deficitaria en un 20 por ciento.

Papa y trigo

En la actualidad, en los Andes peruanos los principales cultivos continúan siendo la papa blanca y amarilla, papas amargas, maíz, haba, cebolla, cebada y trigo de consumo directo. Se produce además una gran variedad de productos autóctonos consumidos por la población andina, como el amaranto o *kiwicha*, quinua, *kañihua*, *tarwi*, oca, olluco, *mashwa*, pallar, frejol, yacón, maca, pepino dulce, chirimoya, saúco, capulí, tumbo, yuca y batata o camote.

El potencial forestal

El Perú tiene registrada una superficie forestal de 73,551,800 hectáreas; el 94 por ciento de ese total se ubica en la Amazonia, el 4 por ciento en la región andina y el 2 por ciento restante en la región costera.

La mayor parte de los bosques de la Amazonia, al igual que los andinos, son de características heterogéneas; ello significa que poseen una gran diversidad de especies por hectárea, y constituyen el 98 por ciento y el 92 por ciento respectivamente de la totalidad de la superficie forestal de la Amazonia y los Andes.

Si se observa la situación desde una perspectiva de futuro, es fácil ver que la región andina posee un potencial forestal muy importante; el 67 por ciento de su superficie tiene aptitud forestal. Estas grandes posibilidades han llevado a algunos estudiosos a lanzar la iniciativa de reforestar los Andes para propiciar el desarrollo de nuevas áreas de cultivo y de zonas ganaderas. A ello se suman, dentro de los nuevos enfoques de la agrosilvicultura, los objetivos de contener la erosión, reducir el deslizamiento de tierras y *huaycos* y proveer de madera y leña a los habitantes de dicha región. Estas técnicas son particularmente útiles para combatir la erosión de los suelos de cultivo, problema que afecta de manera especial a la región andina, que concentra el 73 por ciento de los suelos erosionados del país.

La explotación del caucho

Mientras la economía norcosteña se expandía, la selva fue testigo de un período de prosperidad, aportado por el caucho, entre 1880 y 1920. Fue un fenómeno más bien aislado dentro del desarrollo general de la economía nacional.

La explotación del caucho fue obra de audaces aventureros, que osaron internarse en la selva amazónica hacia finales del siglo XIX. Uno de los más pintorescos y conocidos caucheros fue el ancashino Carlos Fermín Fitzcarrald, quien llegaría a ganarse el sobrenombre de «el rey del caucho» por la intensa actividad que desarrolló entre los años de 1885 y 1900.

Tras el impulso y el camino abierto por los aventureros solitarios arribaron las grandes compañías explotadoras del caucho. Contaban ya para ello con el amparo de una ley de 1898, promulgada por el gobierno constitucional de Nicolás de Piérola, que puede considerarse el intento más serio por regular la extracción del caucho. Gracias a esa ley llegaron a la selva peruana la firma estadounidense Inca Rubber Company y la Peruvian Amazon Company, controlada ésta por capitales mixtos británicos y del peruano Julio César Arana. La presencia de estas compañías constituyó un perjuicio para la selva y sus habitantes aborígenes, que fueron perseguidos y prácticamente esclavizados para mantener la extracción del preciado producto.

Rápida decadencia

La presencia en la Amazonia de las compañías dedicadas a la explotación del caucho no se prolongó largo tiempo, debido a los cambios que se verificaron en el escenario internacional. A comienzos del siglo XX, la producción más importante se trasladó a países del Lejano Oriente, donde las grandes plantaciones, con mejores técnicas productivas y costos inferiores, se abocaron a la explotación y la exportación del caucho a niveles tan destacados que hicieron inviable su obtención en la selva peruana.

A fines de la década de 1910, las grandes compañías habían partido. Sólo quedaron algunas compañías caucheras familiares, como los Khan, los Israel, los hermanos Arana y Luis Morey, las cuales continuaron la explotación durante unos años más, hasta el gran colapso de 1920-1921.

Estos tres estadios en la explotación del caucho se reflejan en las estadísticas de exportación de que disponemos. Las primeras exportaciones empezaron en la década de 1880 y aumentaron rápidamente a principios del siglo XX, alcanzando su mayor volumen en 1912, año en el que se exportaron 3,200 toneladas. Pero a finales de esa década la explotación cauchera prácticamente había desaparecido.

Efímero apogeo de Iquitos

La ciudad de Iquitos se vio muy favorecida por el auge del caucho. Hasta entonces no era más que una pequeña aldea de pescadores y un puesto naval avanzado de Perú en la Amazonia: en 1851 contaba con 200 habitantes; en 1910 su población había aumentado a 20,000 personas.

Durante la Primera Guerra Mundial, la demanda de caucho aumentó vertiginosamente, con la consiguiente expansión del negocio en la zona de Iquitos. Pero la conclusión de la contienda europea puso simultáneo fin a la gran aventura del caucho, y junto con ella a las posibilidades de desarrollo autónomo de la selva. Iquitos acusó el declive económico: en 1930 su población se había reducido a 15,000 habitantes.

Árbol de shiringa, también conocido como «árbol de caucho», en el departamento de Madre de Dios.

Ganadería y pesca

En el Perú, la ganadería nunca ha destacado como una actividad económica de primer rango; representa en promedio sólo un 30 por ciento del valor de la producción agropecuaria. Se practica principalmente en el piso altoandino, situado en torno a los 4,000 m de altitud, lo que habitualmente se denomina «puna». Los departamentos serranos con mayor vocación ganadera son los de Cajamarca, Puno, Arequipa, Cusco, Junín y Ancash. En la región amazónica destacan los valles ganaderos de Jaén, Bagua, Huallaga Central, Satipo, Oxapampa y las zonas de San Jorge y Ucayali.

Ganado vacuno pastando totora cerca de la ribera del lago Titicaca, en el departamento de Puno.

Puna y valles costeños

Desde el punto de vista biogeográfico, la puna constituye una peniplanicie fría, cubierta por gramíneas, capaz de permitir una precaria ganadería extensiva de vacunos, ovinos y camélidos sudamericanos (llamas y alpacas). Por su parte, la ganadería lechera de bovinos se desarrolla en algunos valles costeños próximos a los mercados urbanos —como Cañete y Jequetepeque— y en los valles andinos templados de los departamentos de Cajamarca y Arequipa. La producción, no obstante, es insuficiente, a tal punto que los productos lácteos constituyen uno de los más importantes rubros alimenticios de importación.

Incrementos recientes

La población pecuaria de las nueve especies principales, con excepción de los ovinos, vacunos y cuyes, aumentó ligeramente en la última década. El incremento más notable, que influyó de manera negativa sobre sus más cercanos competidores, ocurrió con las aves, en especial pollos y pavos. La población de aves aumentó en un 25 por ciento, pasando de 49,8 millones a 62,2 millones. Los caprinos se incrementaron en un 13 por ciento (de 1.5 millones a 1.7 millones), en tanto que los porcinos lo hicieron en un 9 por ciento, de 2.2 millones a 2.4 millones. Las alpacas lo hicieron un 8 por ciento, de 2.4 millones a 2.6 millones. El número de llamas también creció, en un 2.8 por ciento (de 1.04 millones de ejemplares a 1.07 millones).

Un caso singular fue el de las vicuñas; gracias a las medidas de protección lanzadas por el Estado y las entidades conservacionistas, su población empezó a recuperarse, habiéndose logrado un incremento del 17 por ciento, lo que significa que de 87,392 unidades se pasó a 102,545.

En los últimos años la población de ovinos se mantuvo relativamente estable, pasando de 12.7 millones en 1985 a más de 13 millones en la actualidad. En cambio, vacunos y cuyes permanecieron prácticamente estancados, con una disminución imperceptible. La población de vacunos pasó de 4.11 millones a 4.56 millones, mientras que la de cuyes lo hizo de 18.26 millones a 18.25 millones.

La producción en cifras

A mediados de la década de los noventa, la producción de aves había alcanzado los 64,1 millones de unidades; los ovinos, 12,6 millones de cabezas; los porcinos, 2,4 millones; los vacunos, 4,5 millones; las alpacas, 2,8 millones; los caprinos, 2 millones, mientras que las llamas llegaron al millón de cabezas. No se puede dejar de mencionar la población de equinos. En la actualidad exis-

En los últimos años, la población de llamas creció de manera sostenida, principalmente en los departamentos de Puno, Ayacucho, Cusco y Huancavelica.

ten 655,000 caballos, 490,000 asnos y 220,000 mulas. De esa población, las más renombradas variedades han sido el caballo de paso peruano y el caballo morochuco.

La pesca marítima, fluvial y lacustre

La pesca marítima en la costa peruana representa una de las principales actividades extractivas renovables de la economía nacional. Gracias a la proverbial riqueza del Mar de Grau, Perú figura entre las cinco potencias pesqueras más importantes del mundo, junto a Japón, Rusia, China y Estados Unidos.

La extracción pesquera alimenta dos grandes actividades económicas: el consumo humano directo y la fabricación de harina de pescado y aceites. El primero arrojó una cifra de 687,000 toneladas en el año 1994, y en la actualidad sobrepasa las 700,000 toneladas.

La actividad pesquera se subclasifica en cuatro rubros: seco-salado, conservas, fresco y congelado. En términos de toneladas métricas extraídas, los rubros más importantes fueron el pescado fresco y el congelado. En la actualidad, el pescado fresco supera las 260,000 toneladas, mientras que el volumen del pescado congelado ronda la cifra de 220,000 toneladas.

La extracción pesquera para la fabricación de harina de pescado ronda los 10 millones de toneladas. La harina de pescado de anchoveta, el rubro más importante, representa alrededor del 80 por ciento de dicho total. El resto está representado por la harina de pescado fabricada a partir de otras especies.

Por orden decreciente, las plantas donde se obtiene harina de pescado se localizan en los departamentos de Ancash (44), Lima (14), Piura (11), Ica (7) y La Libertad (1).

Variedades de peces y mariscos

En el mar peruano se pescan veinte variedades principales de peces y siete de mariscos. Entre los primeros, los más importantes en términos de toneladas de extracción son los siguientes: anchove-

El caballo de paso peruano

La equina fue la primera especie introducida por los españoles; era el único medio de transporte. La adaptación de los primeros caballos en la costa y la sierra peruanas dieron origen al caballo de paso y al morochuco respectivamente.
En Argentina aparece el caballo argentino o de las pampas; en Venezuela y en Colombia, el de los llanos.
El caballo peruano de paso fue útil en las faenas de campo y sobre la arena, sobre todo en la costa norte del país para largas jornadas de viaje. Su andar peculiar le permite cubrir grandes distancias sin maltratar al jinete. Avanza de forma lateral o con paso llano, desplazándose suavemente. Se trata, en realidad, de un refinado producto de selección controlada a través del tiempo en un ambiente geográfico determinado.
Hoy se exportan ejemplares a Estados Unidos y Centro América, donde son muy cotizados.

Ecología y desarrollo sustentable,
Almanaque ambiental

ta, sardina, jurel, caballa, bonito, cojinova, corvina, lenguado, lisa, merluza y toyo. Entre los mariscos destacan la almeja, el calamar, las conchas de abanico, los choros y la macha.

La pesca en lagos y ríos únicamente se destina a satisfacer las necesidades de consumo humano directo. En los ríos de la costa la pesca se ha extinguido por razones de contaminación ambiental; en cambio, en los ríos de la sierra la explotación pesquera se concentra en la trucha. Ello es debido a los criaderos que se han instalado para estimular la expansión de esta especie. En las aguas de los ríos selváticos se pescan, entre otras especies, paiche, boquichicos, carachamas, zúngaros, palometas y tortugas. En el lago Titicaca se pescan bagre, pejerrey y carachi.

Minería e industria

La minería peruana a través de los siglos

Situación actual de la minería: recursos y explotación

Desarrollo del sector industrial

Recursos energéticos

Indígenas mezclando mineral de plata en Potosí, en un grabado de 1758. Las minas de Potosí fueron uno de los principales centros de acuñación de monedas de la América española.

La minería peruana a través de los siglos

La minería tiene en Perú una larga tradición. El hombre andino explotó desde épocas remotas los yacimientos de oro, plata, cobre, estaño y platino a escala artesanal, y utilizó estos metales para realizar sus conocidos utensilios y obras de arte. Tal fue el caso de las culturas Chavín, Vicús, Paracas, Nazca, Mochica y Tiahuanaco. Sin embargo, a diferencia de Europa y Asia, en el Perú prehispánico los metales preciosos no se emplearon como moneda, rol que cumplieron sobre todo la coca y la concha *spondylus*.

Panorámica del complejo minero estatal de Morococha, a 4,560 m de altitud, en la sierra central del Perú.

Impulso tras la Conquista

Con el arribo de los españoles, la minería de los metales preciosos tomó un impulso inusitado. Del gran potencial minero de Perú, la principal mina de plata que se explotó inicialmente fue la de Potosí, que se encontraba al pie del cerro Rico, a 4,060 m sobre el nivel del mar, en el territorio de la antigua Audiencia de Charcas, en el Alto Perú, hoy Bolivia. Para apoyar el tratamiento del mineral se utilizó el azogue de las minas de Huancavelica, descubiertas en 1566 por el indio Navicopa, en especial de la mina de Santa Bárbara, también llamada Descubridora, desde donde se lo transportaba hasta Potosí.

En segundo lugar de importancia se ubicaban las también famosas minas de Cerro de Pasco, en la sierra central de Perú, descubiertas en 1630 por el indio Huari Capcha en la Hacienda Paria. Pero las técnicas obsoletas que se aplicaron en la explotación de esta mina causaron su rápida decadencia. Complejos problemas de drenaje impedían la explotación de los niveles más profundos, y los mejores yacimientos de óxido de plata, susceptibles de ser tratados por medio del tradicional método de la amalgama con mercurio, se iban agotando, mientras que los yacimientos de sulfuros no podían explotarse por falta de la tecnología adecuada. Finalmente, en 1816 las tropas realistas destruyeron por completo las instalaciones, debido a que la extracción de metales era en general la fuente principal de ingresos económicos para los independentistas.

A finales del período colonial, según las memorias y los documentos de la época, la actividad minera comprendía 784 minas de plata y oro —de las cuales 728 estaban en plena actividad y 69 no poseían lavaderos—, cuatro minas de azogue, cuatro de cobre y doce de plomo. Se estima que las minas de Potosí rindieron, entre 1545 y 1803, una suma total de 1'095'500,000 de pesos, equivalente a 227.1 millones de libras esterlinas de principios del siglo XIX.

Explotación de la plata

La explotación de la plata se reanudó tras la Guerra del Pacífico, impulsada en esta ocasión por la remonetarización de la economía moderna, que implicaba, en el ámbito nacional, el abandono del papel moneda y la implantación del sol de plata, lo cual elevó considerablemente la rentabilidad de dicho mineral.

En 1880 se descubrieron nuevos depósitos, que estimularon la expansión de la minería de plata de Casapalca; la mina más célebre de aquel tiempo fue la de Aguas Calientes, de la que era propietario Ricardo Bentín. A mediados de la década de 1890 se realizaron importantes descubrimientos en Morococha, así como en la sierra central, cerca de donde se realizaban por entonces las obras del ferrocarril.

La incansable actividad de los mineros peruanos y extranjeros en las minas de Casapalca, Morococha y Yauli, en la sierra central, tanto como en las de Quiruvilca, Hualgayoc, Ancash, Castrovirreyna y Cailloma, hizo que la producción de plata creciera sostenidamente durante las dos últimas décadas del siglo XIX.

La tecnología minera mejoró en esos años gracias al desarrollo de la fundición para tratar el plomo y la plata, y a la introducción del denominado proceso de patera de lixiviación en el centro minero de Hualgayoc, en Cajamarca. Hacia 1898, Hualgayoc contaba con cuatro fundiciones y nueve plantas de lixiviación. Cerca de Cerro de Pasco se amplió y reequipó la fundición de Huamanrauca durante las décadas de 1880 y 1890. Por su parte, J. Backus y J. H. Johnston establecieron una refinería en Casapalca, en la sierra de Lima. De esta manera, hacia 1897 existían en Perú trece plantas de lixiviación, trece fundiciones y 17 molinos de amalgamamiento, incluyendo dos compañías dedicadas a explotar el oro, y otras seis instalaciones diversas. Buena parte de este negocio estaba en manos de empresarios peruanos; en cuanto a las compañías extranjeras, destacaban Las Maravillas British Silver Co. y las estadounidenses Inca Gold Mining Co. y Caylloma Silver Mining Co.

Brusca caída

En 1892 el precio internacional de la plata sufrió una brusca caída, lo que ocasionó una notoria desaceleración en la expansión del sector. El gobierno de Nicólas de Piérola suspendió la acuñación de monedas de plata, y en 1897 decidió la clausura de la Casa de Moneda de Cerro de Pasco, adoptando paulatinamente el oro como el nuevo patrón monetario. La unidad monetaria del sol de

La tradición minera de Perú

Los trabajos sobre metal dieron fama al Perú en el mundo, desde inicios de la Conquista española. Es así que entre 1527 y 1528 ofrecía ya una importante lista de objetos de oro y plata. En 1535 el cronista Pedro Sánchez podía iniciar la recolección superficial del mineral, y hasta relató la existencia de socavones estrechos.

La metalurgia prehispánica alcanzó gran renombre desde el momento del rescate de Atahualpa. La mayor fama y desarrollo la tuvo la costa norte (Mochica), cuyas piezas cubren los museos del mundo. Las piezas de metales preciosos eran empleadas como ofrendas u ornamentos funerarios de las autoridades (*curacas*) o del Inca. La fundición se hacía en las *guayras*, que eran hornos pequeños de terracota. Los orfebres de la costa peruana se distribuyeron en tiempos del Tahuantinsuyo por diversos lugares, quizá como *mitmaccumas*, generalizando sus técnicas. Han alcanzado fama las técnicas de laminación, martillado y fundido de metales; se emplearon también moldes abiertos y bivalvos para obtener superficies en relieve; los andinos emplearon moldes de arcilla, modelados previamente en cera. Las técnicas de trabajo del metal han adquirido gran fama, recientemente ampliada con los descubrimientos arqueológicos de Lambayeque (Sipán, Sicán, etc.).

Franklin Pease, *Minería*

Plano de las minas de Huancavelica, firmado el 9 de enero de 1790 por Pedro de Tagle. La riqueza de Potosí se potenció con el descubrimiento del azogue de Huamanga y Huancavelica, en el siglo XVI.

Una línea de ferrocarril une desde principios del siglo XX el puerto del Callao con las localidades de la sierra centrales de La Oroya, Cerro de Pasco y Huancayo.

plata fue cambiada por la libra de oro, aunque no fue sino hasta el 14 de diciembre de 1901 cuando el gobierno de Eduardo López de Romaña adoptó definitivamente el patrón oro. A partir de entonces, y hasta 1915, la producción de plata se mantuvo en niveles mucho más bajos de los que había alcanzado anteriormente.

Recuperación del oro

Entre 1890 y 1900 la exportación de oro aumentó considerablemente, pasando de 208 kg a 1,633 kg. Este rápido crecimiento demuestra de manera inequívoca el auge que alcanzó el oro a raíz de la caída del precio de la plata. El desarrollo de nuevas técnicas para su explotación y el descubrimiento de nuevos depósitos dieron origen a una rápida aunque modesta recuperación de la minería de oro. Las minas más importantes fueron las de Santo Domingo, en Carabaya, Puno, descubierta en 1890, y la de Cochasay, en Apurímac. Asimismo volvieron a la actividad los placeres de Aporoma y San Antonio de Poto. El notorio éxito de estas explotaciones, sobre todo la de Santo Domingo, unido al aumento del precio del oro, estimularon la formación de sindicatos de capitalistas limeños y mineros nacionales para los denuncios de minas de oro. Pero desde principios de la década de 1890, cuando el precio del oro comenzó a disminuir, el interés de los mineros se desplazó al cobre. Esta tendencia se vio impulsada, a partir de 1893, por la llegada del ferrocarril a La Oroya, ciudad ubicada a 130 km de Cerro de Pasco. A mediados de 1897, George Steel organizó el primer sindicato para instalar una fundición en Cerro de Pasco; al año siguiente ya funcionaban cinco plantas y otras dos se estaban construyendo.

Cobre y vanadio

La promesa de un próspero futuro en la minería del cobre de Cerro de Pasco atrajo la atención de inversores estadounidenses, tales como James Ali Haggin y Alfredo W. Mc Cune. Nucleados en torno a la Cerro de Pasco Mining Co., adquirieron en 1901, con un capital de 10 millones de dólares, el 70 por ciento de las minas de cobre de la zona. Poco después la empresa pasó a operar en Morococha; hacia mediados de la década de 1940 adquirió asimismo las minas de Casapalca.

Unidad minera estatal de Casapalca, en la sierra central. La caída de los niveles de reserva de mineral y el aumento de los costos de explotación han mermado la producción.

En cuanto a la explotación del vanadio, descubierto en la década de 1910, también fue pionera una compañía estadounidense. Por su parte, la empresa Anaconda asumió el control de los yacimientos de cobre de Cerro Verde, en el sur, entre 1916 y 1920, mientras que la American Smelting and Refining Co. tomó el control de las minas de cobre, plata y oro del departamento de La Libertad. Hacia 1930 las compañías extranjeras terminaron por controlar también las refinerías de metales.

Entre 1903 y 1905 la minería nacional se basaba en la producción de cobre, plata, oro y plomo. Cerro de Pasco recibió un importante estímulo en 1904, con la llegada del ferrocarril hasta la misma zona minera, acontecimiento al que siguió la instalación de la gran refinería de Tinyahuarco, en 1906. A comienzos de ese año, además, se concluyó el túnel de drenaje de agua, instrumento vital para la explotación de los niveles inferiores de la mina. Merced a estas obras, la producción de cobre alcanzó las 12,000 toneladas en 1905, gracias sobre todo a la producción de Morococha. Aunque este incremento se vio favorecido por una recuperación de los precios internacionales del metal, ello no impidió que ese mismo año la mina fuera vendida al grupo Haggin.

La mina productora de vanadio Ragra, cuya propiedad era reclamada en 1905 por Eulogio Fernandini, pasó sin embargo a manos de la American Vanadium Co. de Pittsburgh. Cuando estalló la Primera Guerra Mundial, ésta fue la principal fuente abastecedora de dicho metal; en 1919, en fin, Ragra fue adquirida por la Vanadium Corporation.

Las compañías estadounidenses

En 1916 la Compañía Anaconda se aseguró una participación en los depósitos de cobre de Cerro Verde, cerca de Arequipa, y en 1920 la adquirió definitivamente. Al año siguiente la American Smelting and Refining (ASARCO) obtuvo una participación en las minas de cobre de Quiruvilca, departamento de La Libertad. Mientras tanto, ASARCO había arrendado las minas de plata cerca de Millhuachaqui, obteniendo una participación en la mina La Guardia, pionera en la introducción de un concentrador por flotación.

En 1919 Ricardo Bentín vendió su mina de Aguas Calientes a la Cerro de Pasco Mining Co. y, en 1927, sus yacimientos de cobre de Yauricocha. Como durante el período 1894-1930 las empresas extranjeras no descubrieron ninguna mina nueva, el notable incremento de la producción se basó en la explotación de las minas descubiertas por los peruanos.

La producción minera creció de un nivel, medido en números índices, de 42.8 en 1905 a 100 en 1915 y a 150.3 en 1930. En 1925 comenzó a explotarse el zinc. Entre 1929 y 1932 la crisis financiera mundial causó fuertes problemas en el sector minero peruano, llevándolo casi al colapso, especialmente en el sector de la pequeña y mediana minería.

Plomo, zinc y oro

Entre 1930 y 1948 las exportaciones mineras volvieron a recuperarse, estimulando la producción local. En 1930, la Junta de Gobierno presidida por Luis M. Sánchez Cerro dictó sucesivos decretos leyes con el propósito de promover la actividad minera. En esos años el desarrollo más notorio fue la progresiva transformación de la Cerro de Pasco, que de compañía minera pasó a ser empresa de fundición de minerales provistos por otras estaciones de extracción. En 1942 Cerro de Pasco representaba el 25 por ciento de la producción minera, en tanto que un 63 por ciento de la producción era procesada en la importante fundición de La Oroya.

Durante los años treinta resurgió el interés por la extracción de oro; la producción ascendió a 3,010 kg en 1933. En 1941, el año de mayor producción, se obtuvieron 8,9 toneladas de oro fino. Para la década de 1950 la producción se había estabilizado entre 4 y 5 toneladas anuales. El principal motivo del estancamiento de la producción fue el congelamiento del precio internacional en 35 dólares por onza troy y la fijación de la tasa de cambio sol-dólar en 6.50 soles.

Durante este período destacó el fuerte impulso de la producción y exportación de plomo y zinc. Su mayor crecimiento se verificó entre 1932 y 1946, cuando su producción, medida en números índices, pasó de 45 en 1932 a 605 en 1944.

Tajo abierto en la mina de Cerro de Pasco. Debido a su eficacia, se trata del sistema de extracción más extendido en la gran minería moderna para la explotación del cobre.

Incidencia de la Ley de Minería

Un cambio fundamental en la minería tuvo lugar a partir del golpe de Estado de 1948, y sobre todo tras la promulgación de la Ley de Minería (1950) por parte del gobierno del general Manuel Odría. Esta ley modificó el sistema impositivo del sector, ya que los impuestos a la exportación fueron reemplazados por tasas sobre los ingresos netos, lo cual favoreció a la industria, en detrimento de la recaudación fiscal. Otro factor que benefició al sector minero fue el aligeramiento de los controles de divisas que tuvo lugar a partir del año 1948. Estas disposiciones, además del auge de los precios, que se extendió hasta 1957, permitieron la expansión del sector, en particular los del plomo y el zinc.

Instalación petrolera en Talara, al norte del Perú. El primer pozo petrolero de Sudamérica fue descubierto cerca de esta zona, en Zorritos (Piura), el 2 de noviembre de 1863.

Entre los grandes proyectos mineros de esos años, el más importante fue el de Toquepala, explotado por la Southern Perú Copper Corporation, empresa constituida en 1952; la extracción en estos ricos yacimientos de cobre se inició en 1960. Cabe mencionar asimismo el proyecto de Marcona para la producción de mineral de hierro, cuyo contrato de explotación con la Marcona Mining Co. se suscribió en 1952. Mientras tanto, la Cerro de Pasco Corporation inició a finales de la década de 1950 la explotación a tajo abierto en Cerro de Pasco. Todo ello significa que los principales productos mineros del período 1948-1974 fueron el cobre, la plata, el plomo, el zinc, el hierro y el oro.

Expropiaciones en los años setenta

Con el gobierno militar surgido en 1968, las concesiones mineras antaño otorgadas a las empresas transnacionales fueron transferidas a Minero Perú, empresa estatal a la que se le encomendó la explotación de los yacimientos, los proyectos de refinación y la exportación de minerales. Las expropiaciones más notables afectaron a la Cerro de Pasco Corporation, en 1974, y a la Marcona Mining Company, en 1975.

Breve historia del petróleo

Las actividades petroleras en Perú comenzaron en una fecha tan temprana como 1863. Las cuatro primeras décadas fueron de una expansión firme aunque lenta, mientras que entre la última década del siglo XIX y la primera del XX el crecimiento resultó más dinámico. Con la única excepción del diminuto campo de Pirín, en Puno, el grueso de la explotación petrolera se localizaba en la costa norte. Los yacimientos más importantes fueron, en primer término, el de Negritos, ubicado en los terrenos de la hacienda Brea, y Pariñas, tradicional zona productora de brea, desde los tiempos de la Colonia. En 1889 estos yacimientos pasaron a manos de una empresa británica, la London and Pacific Petroleum. Poco más al norte, entraron en actividad los yacimientos de Lobitos, descubiertos en 1901 por otra empresa británica, constituida bajo el nombre de Lobitos Oilfield. Un tercer campo, un poco más al norte, era el de Zorritos, explotado a partir de la década de 1860 y controlado, a partir de 1883, por un conocido comerciante del Callao, Faustino Piaggio. Más adelante, en la década de 1940, se descubrió el depósito de Los Órganos, así como los del zócalo continental.

La explotación comercial disminuyó en los primeros años del siglo XX a causa de los bajos precios internacionales y de las pequeñas dimensiones del mercado nacional. Sin embargo, cuando el ferrocarril central y la Compañía Peruana de Vapores sustituyeron el carbón por el petróleo, la consiguiente demanda estimuló la producción.

Fuente de ingresos públicos

A partir de 1908 y hasta 1915 la actividad petrolera se recuperó y emprendió una etapa de exportación a gran escala, promovida por el incremento sostenido de los precios internacionales. Cuando la Standard Oil entró en conflicto con los gobiernos de turno por los derechos de propiedad de los yacimientos de petróleo, la empresa temió una expropiación, lo que originó la disminución de su producción entre 1915 y 1921-1922. Ese último año se firmó un acuerdo referente a los campos de la Brea y Pariñas, y se promulgó una nueva ley del petróleo. Esto favoreció un aumento en la producción, al punto de que, a partir de 1924, se convirtió en el principal producto de exportación de la economía peruana.

En 1930 el petróleo representaba el 30 por ciento de las exportaciones totales de Perú, justo en la década en que la producción de crudo alcanzó su máximo nivel. En cambio, en la década siguiente, la de 1940, la extracción descendió un 19 por ciento, estabilizándose en 13,6 millones de barriles anuales.

En 1941, ante la inminencia del vencimiento de los veinte años de congelamiento de los impuestos a la exportación del petróleo otorgados a la International Petroleum Company en 1922, el gobierno de Manuel Prado y Ugarteche impulsó una nueva normativa legal. La nueva ley permitió que los ingresos tributarios por exportación aumentaran del 12 por ciento de 1941 al 26 por ciento al año siguiente. Fue así como la participación de los impuestos aportados por el petróleo a los ingresos del Estado se elevó del 11 al 16 por ciento en un año.

En 1969 la explotación petrolera de las costas de Piura pasó de la International Petroleum Company a Petroperú, S. A.

El Departamento de Petróleo

Un cambio importante en el modelo de explotación del petróleo tuvo lugar en 1934, cuando el gobierno de Óscar R. Benavides creó el Departamento de Petróleo, encargado de administrar la explotación estatal de este hidrocarburo. La actividad del Departamento convirtió al Estado peruano en el cuarto productor de petróleo en 1938, y en el dueño de una refinería de dicho producto en 1940. En 1946 el Departamento fue objeto de una importante reforma, pasando a llamarse Empresa Petrolera Fiscal (EPF).

El hecho más importante acaecido en el sector durante la década de 1950 fue la promulgación de la nueva Ley de Petróleo (marzo de 1952). Al amparo de esta legislación, en 1959 ingresó en el mercado la compañía Belco, convirtiéndose en la principal empresa explotadora de petróleo en el zócalo continental. En 1957 se descubrieron en la selva los campos petrolíferos de Maquía. La Mobil, por su parte, descubrió los ricos yacimientos de gas natural de Aguaytía a mediados de 1961. Durante la década de 1960 numerosas empresas extranjeras fueron atraídas a la explotación del petróleo en la selva, destacando la Occidental Petroleum Company.

Pero el período de expansión abierto por las leyes de 1952 llegó a su fin con el gobierno militar de 1968; el 9 de octubre de ese año se decidió la expropiación de la International Petroleum Company y se ocuparon militarmente los campos petrolíferos de Brea y Pariñas. Lo esencial de la industria petrolera pasó a manos de la compañía estatal Petroperú, S. A., que aparece como la última modificación que ha sufrido EPF.

Situación actual de la minería: recursos y explotación

Los recursos mineros se dividen en metálicos y no metálicos. Los primeros, que comprenden los elementos o sustancias minerales de propiedades y usos metálicos, son los más importantes, en la medida en que representan más del 98 por ciento de la producción de la industria minera del país.

Carretera que une Arequipa con la unidad cuprífera de la Compañía Minera Cerro Verde.

Riqueza del territorio

La singular mineralización que presenta el territorio nacional, especialmente a lo largo de la cordillera andina, puede explicarse a grandes rasgos en función de la teoría de la tectónica de placas. Tal teoría se sustenta en la dinámica de las placas que conforman el sustrato de la corteza terrestre, una de cuyas manifestaciones más importantes la constituye precisamente el levantamiento de los Andes, incluidos los diferentes episodios orogénicos y magmático-metalogénicos que lo acompañaron, que tuvieron lugar durante los períodos geológicos del Cretácico superior y el Terciario.

En lo que hace a su riqueza mineralógica, el territorio nacional es de filiación polimetálica; ello significa que se pueden reconocer en él hasta cuarenta tipos de metales, de los cuales se explotan 16. Cerca del 99 por ciento del volumen de la explotación corresponde al cobre, la plata, el zinc, el hierro y el oro, que se consideran minerales principales, mientras que el uno por ciento restante es patrimonio de los denominados minerales secundarios (molibdeno, bismuto, estaño, tungsteno y antimonio, principalmente).

En los últimos años se ha producido una intensificación y dinamización de los trabajos de exploración minera, favorecidos por las medidas promocionales adoptadas por el Estado. Las investigaciones emprendidas corroboran que las principales reservas se localizan en las áreas o en los yacimientos más conocidos y accesibles, o de mayor producción. Pero queda aún mucho por explorar, sobre todo en la vertiente oriental, en la faja subandina y en lugares muy apartados de la serranía, donde podrían hallarse otras importantes reservas.

Se puede señalar, sin embargo, que antes de la actual etapa de dinamismo de la actividad minera, iniciada en 1991, las reservas probadas y probables garantizaban para todos los metales una explotación por varias décadas e, incluso, por más de doscientos años, como en el caso del hierro, el molibdeno y el manganeso.

En la actualidad existen 18.6 millones de hectáreas dedicadas a actividades mineras, explotadas entre los 35,378 derechos vigentes. Esta extensión representa cerca del 47 por ciento del total de superficie con potencial en minería.

Los minerales no metálicos

A diferencia de los metálicos, los recursos mineros no metálicos generan una actividad de poca importancia económica, cuya participación en el valor de la producción minera nacional casi nunca ha superado el dos por ciento, lo que sin embargo contrasta con el significativo potencial que poseen. Entre los principales depósitos potenciales pueden citarse los materiales calcáreos, de gran distribución en los Andes y áreas subordinadas; los silíceos, fosfatos y diatomitas de Bayóvar, en Piura; las puzolanas de Ayacucho; los travertinos de Huancavelica; los boratos de Arequipa; el azufre de Tacna y Moquegua, y los refractarios de la sierra central.

Detonación en una mina aurífera de Calpa. El aumento de las inversiones registrado en las empresas productoras de oro ha redundado en un importante incremento de la productividad.

Claves de la producción

Durante la década de 1980 se diseñó el modelo de explotación de los principales recursos mineros metálicos a cargo de empresas estatales. Pero a partir del programa de estabilización y reformas estructurales iniciado en los años 1990-1991, este modelo sufrió una transformación significativa a causa del cambio de orientación económica impuesto por el nuevo gobierno de Alberto Fujimori. Tal política promueve la inversión privada y reduce la participación del Estado en la gestión empresarial, por lo que se puso en marcha la privatización de las principales empresas del sector, abriéndose la explotación de los recursos mineros y petroleros a las firmas nacionales e internacionales.

Este proceso se inició en 1992 y ha tenido un impacto muy importante en la industria minera, atrayendo el interés de numerosas empresas, no sólo para intervenir en la subasta de las minas sino también para explorar el territorio y para intervenir en *joint ventures*, las denominadas «inversiones de riesgo compartido», junto a empresas ya establecidas. A mediados de la década de 1990 el valor de las transacciones realizadas alcanzó una cifra cercana a los 778 millones de dólares, mientras que los proyectos de inversión asociados rozaban los 1,900 millones de dólares. Según las estimaciones del Ministerio de Energía y Minas, se espera que en el año 2005 las inversiones directas en el sector sean del orden de los 10,000 millones de dólares.

Los metales más exportados

En los últimos años de la década de 1990 el sector minero-metálico ha experimentado un crecimiento significativo, gracias al importante flujo de inversiones orientado al desarrollo de los grandes proyectos. La promulgación de la Ley de Minería de 1991 representó un estímulo de gran importancia; a finales de los años noventa, por ejemplo, el subsector minero representaba el 8.9 por ciento del producto bruto interno (PBI). En los últimos años, el relativo aumento de la producción de dicho sector se explica por el crecimiento en la producción del oro, el cobre y la plata, y por la recuperación de los precios internacionales de los metales básicos (cobre, plomo, zinc y estaño). A mediados de la década de 1990 el ritmo de crecimiento de la producción declinó ligeramente debido a la contracción de los precios internacionales; sin embargo, posteriormente

El proceso de lixiviación es muy utilizado en la actualidad en las explotaciones cupríferas, por su bajo costo, escaso impacto ambiental y la alta ley de cobre del producto final.

la producción de este sector aumentó por la puesta en marcha de importantes proyectos. De esta manera la producción de oro se incrementó en 18.5 por ciento, la de zinc en 14 por ciento, la de plata en 5.5 por ciento, la de cobre en 4 por ciento, y la de plomo y estaño en 3.5 por ciento.

En esas mismas fechas las exportaciones mineras superaron los 2,600 millones de dólares, valor que representaba el 45 por ciento del total de las exportaciones peruanas. En términos de la importancia actual de los productos mineros según su participación en las exportaciones, destaca en primer lugar el cobre, que representa el 39.6 por ciento del total de productos mineros exportados. En segundo lugar se ubica el oro, que representa el 21.8 por ciento; luego el zinc, con el 15.1 por ciento; y le siguen el plomo, con el 10.9 por ciento; la plata, con el 4.5 por ciento, el estaño (4.1%) y el hierro (3.1%).

Principales explotadores del cobre

El cobre ha mostrado una recuperación significativa a partir de mediados de los años noventa, llegando la producción a 448,000 toneladas. Gracias a este volumen de producción, Perú está considerado el séptimo productor mundial de este metal. Por orden de importancia, en la actualidad las principales empresas productoras de cobre en Perú son Southern, Tintaya, Centromín, Cerro Verde, Pativilca, Condestable, Raura, Nor Perú, Atacocha, Sayapullo, Huarón y Yauli, que produjeron, en conjunto, el 98 por ciento del total.

Extracción de oro, zinc y plata

Tras un período poco productivo, la actividad aurífera ha repuntado a partir de 1993. El flujo de nuevas inversiones permitió que la producción de oro aumentara de 20,179 kg en 1990 a 75,168 kg a finales de la década, lo que ha representado un incremento del 272.5 por ciento. Entre las principales empresas productoras de oro se encuentran Yanacocha, Retamas, Poderosa, Horizonte, Orcopampa, Magma, Tintaya, Calpa, Arcata, Shila del Sur y Centromín, que representan en conjunto el 56 por ciento del total producido.

En cuanto al zinc, a lo largo de la década de 1990 su producción se incrementó más de un 20 por ciento. La producción de este metal pasó de 598,193 toneladas a 735,477 en siete años. La producción de plomo aumentó en un 13 por cien-

Yanacocha, la mina de oro ubicada en Cajamarca, ha sido calificada como «la más rentable del mundo» por su bajo costo de producción. Produce alrededor de 70 toneladas anuales.

to, pasando de las 209,722 toneladas a principios de la década de 1990 a las 238,307 toneladas a finales de la misma. Gracias a estos niveles de producción, Perú está considerado el segundo productor mundial de zinc y el cuarto de plomo, con el 8.5 por ciento y el 8.7 por ciento de la producción mundial, respectivamente. Por orden de importancia, las empresas productoras de estos dos metales son: Centromín, Simsa, Perubar, Milpo, Santa Luisa, Raura, El Brocal, Atacocha, Chungar y Nor Perú. En la actualidad, la producción de zinc se ha incrementado significativamente, sobre todo por la puesta en marcha del proyecto Iscaycruz, en la sierra de Lima.

Distinto es el panorama de la producción de plata, cuya producción en términos prácticos permaneció estancada. A pesar de ello, Perú se ubica como el segundo productor mundial, después de México, en lo referente a este apreciado metal. El 60 por ciento de la producción lo concentran cinco empresas: Centromín, Buenaventura, Arcata, Milpo y Orcopampa.

Hierro y estaño

La producción de hierro en los yacimientos de Marcona, ubicados 400 km al sur de Lima, aumentó en el primer lustro de los años noventa de 2'181,321 toneladas largas a 2'919,182, lo que representa un incremento del 33.8 por ciento. Sin embargo, debido a un programa de reparación de hornos de la planta de molienda, emprendido por la nueva empresa propietaria, la Shougang-Hierro Perú, la producción sufrió una merma superior al 10 por ciento de un año a otro. La casa matriz, con sede en China, requirió a la filial peruana que reorientara su producción hacia los pellets.

De manera similar a lo que sucede con el hierro, la producción de estaño se encuentra en manos de una única empresa, la Minsur. La producción del metal aumentó notablemente, pasando de 4,812 toneladas a 25,000 toneladas en cinco años. Este incremento tuvo como factor motivador el deseo de la empresa de optimizar las operaciones de la fundición de estaño de su propiedad, ubicada en Pisco.

El impacto social y económico de la minería

Además de su impacto global sobre la economía nacional, la minería peruana también se caracteriza por promover una dinámica de desarro-

Repercusión de la minería en la economía nacional

La minería en el Perú presenta algunos rasgos particulares que merecen ser destacados. En primer lugar, en el país se explotan y procesan un variado número de metales entre los que destacan nítidamente seis: el cobre, la plata, el zinc, el plomo, el oro y el hierro. En segundo lugar, dadas las características específicas del proceso productivo minero peruano, deben ser incluidas como parte del sector no sólo las etapas de extracción y concentración, sino también las de fundición y refinación, procesos —estos últimos— que son considerados como actividades industriales por la mayoría de clasificaciones internacionales. Cabe destacar que tales clasificaciones internacionales están referidas a la realidad de los países industrializados, los cuales importan concentrados de mineral para someterlos a procesos de fundición y refinación en sus propias plantas. En el Perú (...) los procesos de fundición y refinación constituyen la etapa final de la producción minera y, en muchos casos, es muy difícil separar las diferentes actividades productivas. Por todo ello, ha sido necesario redefinir al sector minero (...) y considerar las etapas de procesamiento como parte de él, para luego pasar a recalcular su importancia económica.
El sector minero redefinido ha generado en los últimos años alrededor del 8 por ciento del PBI nacional.

Instituto de Estudios Económicos Mineros, *La importancia económica de la minería en el Perú*

A lo largo del río Inambari, cerca de Puerto Maldonado, se encuentran lavaderos de oro en cuyo proceso de extracción se utiliza el mercurio, material altamente contaminante.

llo en las diferentes regiones en las que opera. En la medida en que se vayan concretando los grandes proyectos de inversión en curso, esta contribución será aún mucho más importante y se sumará a los recursos que actualmente se transfieren a las regiones, por vía del canon minero y el derecho de vigencia, relacionado éste con las concesiones mineras. En total, el valor bruto de la producción minera en Perú es de aproximadamente 3,000 millones de dólares. El valor agregado a la producción minera —es decir, todos aquellos recursos dirigidos a pagar la mano de obra, intereses, impuestos, depreciación, utilidades, servicios varios, etcétera—, y que debe ser considerado como uno de los motores de la economía a nivel nacional y local, constituye alrededor del 60 por ciento del valor bruto de su producción, lo que equivale a 1,800 millones de dólares.

Los empleos directos del sector minero se estiman en alrededor de 58,000 puestos de trabajo. Se trata de una cifra relativamente baja, pero los nuevos proyectos así como las ampliaciones previstas, que demandan trabajos de construcción y montaje y servicios permanentes de diversa índole, han implicado la creación de 164,000 puestos de trabajo indirecto. Ello significa que en total, entre empleos directos e indirectos, la minería absorbe a más de 220,000 trabajadores. Si se considera que de cada trabajador depende un número medio cercano a las cuatro personas, existen entonces cerca de un millón de personas en Perú que viven de la minería.

Distribución de los gastos relacionados con la minería

Concepto de gasto	*Porcentaje*	*Millones de dólares*
Mano de obra	21.8	654
Insumos	43.1	1,293
Intereses	17.8	534
Impuestos a la renta	4.1	123
Impuestos indirectos	5.7	171
Utilidades	7.5	225

Situación del minero peruano: vivienda, salud y educación

Se estima que el volumen de salarios de los trabajadores de la minería asciende a un total de 654 millones de dólares al año. Ello significa que el promedio de remuneraciones del trabajador del sector es superior al de cualquier trabajador de los otros sectores económicos. Por otra parte, la minería ofrece a sus trabajadores beneficios adicionales en ámbitos diversos como salud, seguro de vida, educación, vivienda, recreación, alimentación y transporte, muchos de los cuales constituyen obligación del empleador en el marco de la legislación vigente.

Las empresas mineras apoyan la educación mediante diversos programas. Uno de ellos consiste en el establecimiento de centros escolares de educación gratuita en los campamentos. Se estima que a estas escuelas asisten aproximadamente 90,000 alumnos, quienes cuentan con el apoyo de 4,000 maestros y 2,400 aulas. Numerosas empresas capacitan además a sus trabajadores a través de programas de entrenamiento en el área en la que trabajan, o mediante becas de estudio en centros técnicos especializados.

En muchos campamentos mineros las empresas han tomado la iniciativa de construir viviendas para los trabajadores con las comodidades indispensables y el goce de los beneficios de alumbrado, servicio de agua y saneamiento ambiental. Algunas de estas empresas han preferido ubicar a sus trabajadores en las poblaciones más cercanas, ofreciéndoles apoyo técnico y financiero a fin de que construyan sus propias viviendas y puedan vivir en ellas con sus familias. Ello contribuye a generar mayor movimiento económico en la región aledaña a la instalación minera. El número de viviendas familiares relacionadas con el sector de la minería se estima en una cifra cercana a 45,000 unidades. Otro de los aspectos importantes de la proyección social del sector minero es la cobertura sanitaria con que estan protegidos los trabajadores y sus familias, mediante la instalación de servicios médicos en sus unidades operativas y el seguimiento de programas de riesgo y salud profesional. En esta materia la minería cuenta actualmente con 1,500 camas de hospital, 285 médicos y otros novecientos profesionales de la medicina.

Complejo habitacional de las minas de la Oroya, de la compañía estatal Minero Perú. Junto con Toquepala y Cuajone, son los más importantes complejos mineros del país.

Debe tenerse en cuenta, sin embargo, que en los últimos años la tendencia de las compañías mineras es a fomentar un sistema de turnos por el cual el minero trabaja varios días seguidos y luego disfruta de una determinada cantidad de días de franco. Ello permite que la familia del trabajador permanezca en la ciudad más cercana, en tanto que solamente el minero se desplaza al centro de trabajo. De esta forma, tanto los servicios de salud como los de educación ya no son exclusivos para las familias relacionadas a la minería, sino que se comparten con el resto de la población del núcleo urbano.

La infraestructura

La minería también realiza importantes contribuciones en cuanto a la generación de infraestructura. Una característica de la actividad es el aporte en generación de energía eléctrica y su distribución no sólo en los lugares en donde realiza sus operaciones sino además en las localidades cercanas.

Debe tenerse presente que para realizar sus operaciones productivas la industria minera consume gran cantidad de energía eléctrica, sobre todo en los procesos de concentración, fundición y refinación: el consumo de energía del sector ronda los 3,200 gigavatios/hora. Para obtener energía la empresa minera tiene dos alternativas. Si en las proximidades de la zona en la que se encuentra la mina pasa una red de tendido eléctrico con suficiente potencia, simplemente se abona a ella; de lo contrario, la central minera debe autogenerarla con grupos electrógenos o por medio de la construcción de centrales hidroeléctricas. En el último período las empresas mineras consumieron como promedio 2,550 gigavatios/hora de energía autoproducida y 650 gigavatios/hora de energía proveniente de la red nacional.

Las operaciones relacionadas con la minería necesitan asimismo caminos de acceso, pues en la mayoría de los casos se desarrollan en lugares alejados e inhóspitos. Por ello las empresas tienen que construir y mantener carreteras que actúan además como instrumentos de desarrollo al permitir la integración de centros poblados distantes de las principales ciudades.

Hasta mediados de la década de 1990 la minería peruana había impulsado el desarrollo de una infraestructura que abarcaba 130 km de carreteras asfaltadas, 1,600 km de carreteras afirmadas, 950 km de trochas y 428 km de vías férreas, además de la construcción de dos puertos.

Inversión extranjera en minería en el Perú

Inversionista	*País*	*Empresa receptora*
Southern Perú Limited	Estados Unidos	Southern Perú
Global BHP Cooper Ltd.	Reino Unido	BHP Tintaya, S. A.
Shougang Corporation	China	Shougang Hierro Perú, S. A.
BHP Copper Inc.	Estados Unidos	BHP Tintaya, S. A.
Cominco Ltd.	Canadá	Sociedad Minera Refineria de zinc de Cajamarquilla y Cominco, S. R. L.
Cambior International Inc.	Reino Unido	Sociedad Minera La Granja
MMC Bermuda Limited	Reino Unido	Cía. Minera Antamina, S. A.
Ral Cayman Inc.	Reino Unido	Cía. Minera Antamina, S. A.
Pan American Silver (Barbados) Corp.	Chile	Corporación Minera Nor Perú, S. A.

Las inversiones en este sector fueron especialmente favorecidas por la pacificación del país, por la Ley de Promoción de Inversiones en el Sector Minero (D. Ley 708), y por el alto potencial minero del Perú, que cuenta con el 16 por ciento de las reservas mundiales de plata, el 15 por ciento de cobre y el 7 por ciento de zinc. Sin embargo, siendo el nivel de explotación de los recursos minerales no concordante con la importancia de sus reservas, este sector sigue siendo atractivo para inversionistas tanto nacionales como extranjeros. La minería ha captado un significativo flujo de inversiones principalmente por la venta y concesión de grandes depósitos mineros. A la fecha presenta un *stock* total de inversión de 1257.35 millones de dólares (16.71% de la IER total). El desarrollo del proyecto de Antamina (cobre y zinc) en el departamento de Ancash, genera una inversión aproximada de 2,000 millones destinados al desarrollo de un proyecto integral que incluye una planta concentradora de óxidos, vías de comunicación y puerto de embarque.

Mina de Yanacocha, en Cajamarca. La Compañía Minera Yanacocha es una de las más importantes joint ventures *auríferas entre inversionistas nacionales y extranjeros.*

Relaves de Cerro Verde. Según el Código de Minería, el valor promedio anual máximo de relaves mineros para sólidos suspendidos es de 25 mg/l, de 0.2 mg/l para cobre, y de 1 mg/l para cianuro.

El impacto ambiental

Debe hacerse mención, en fin, al impacto ambiental de la actividad minera. La recuperación de la parte valiosa del mineral a partir de la mena extraída del yacimiento implica la realización de procesos de concentración, fundición y refinación. Para ello se utilizan reactivos químicos y otros insumos altamente contaminantes, que generan, como subproducto, escorias y gases tóxicos. Si a ello se agrega el hecho de que muchos yacimientos mineros se ubican en los sectores más altos de las vertientes andinas, en alturas que con frecuencia superan los 4,000 m sobre el nivel del mar, es fácil comprender los efectos contaminantes que la actividad minero-metalúrgica puede ocasionar sobre los suelos, los espejos de agua (lagunas y ríos) y la atmósfera, si no respeta la estricta normativa ambiental.

Mediante el Decreto Legislativo 613 el Estado peruano promulgó, en 1990, el Código del Medio Ambiente, que establece un marco institucional para la revisión y corrección del impacto ambiental. Bajo este nuevo marco de legislación se han dictado los reglamentos específicos para las distintas actividades. El reglamento sobre protección del medio ambiente del sector de energía y minas fue promulgado por Decreto Supremo n.° 016-93-EM del 28 de abril de 1993. En él se establece que el titular de una concesión minero-metalúrgica es responsable de controlar las emisiones, los vertidos y la disposición de desechos que se produzcan como resultado de los procesos efectuados en sus instalaciones.

Esta normativa legal establece, por lo tanto, que la empresa minera es responsable de impedir los vertidos de aquellos elementos o sustancias cuyas concentraciones sobrepasen los niveles máximos permisibles establecidos, y que por lo tanto puedan tener efectos adversos sobre el medio ambiente. Para ello el titular de la concesión minera debe presentar al Ministerio de Energía y Minas un estudio que contemple los posibles impactos ambientales en el correspondiente proyecto de inversión. Una vez aprobado este documento, los titulares de la operación minera suscriben un contrato con el ministerio en el que se fija el plazo de vigencia para la adecuación ambiental, el programa de monitoreo y los niveles permisibles de los efluentes a la fecha de la firma del contrato, los cuales no estarán sujetos a modificación durante la vigencia del mismo.

Instrumentos de prevención

El Plan referencial de minería para el año 2005 se fija como objetivo la reducción en un 90 por ciento de las emisiones gaseosas y partículas a la atmósfera y en un 95 por ciento de la emisión de metales pesados disueltos en efluentes líquidos. Además, se prevé realizar estudios de factibilidad técnico-económica para reparar los daños ya causados al medio ambiente en las áreas históricamente más afectadas.

Desarrollo del sector industrial

Conde José Alberto Larco, primer presidente del Banco Italiano, entre 1889 y 1899.

Las primeras actividades industriales se remontan al período anterior a la Guerra del Pacífico. A grandes rasgos, puede decirse que los inmigrantes alemanes habían incursionado en la producción de cerveza, los italianos en las pastas y los británicos en molinos de trigo y trabajos de ingeniería. La creación del Banco Italiano en 1889 estableció las bases financieras para el ulterior desarrollo de la actividad industrial de esta comunidad de inmigrantes en el sector de la alimentación. También existía una producción artesanal de cigarros, cueros, muebles, camisas y alimentos, en manos nacionales mayormente.

El período de expansión

En la década de 1890 la industria peruana inició un ciclo expansivo, gracias al aumento en la producción de cerveza, velas, jabón, cigarrillos, zapatos, camisas, muebles, vinos y textiles, en especial los de algodón. Hacia 1901 existían además dos fábricas de fósforos.

Pero la expansión más importante correspondió a la industria textil del algodón. En la década de 1890 sólo existía una empresa de este ramo, ubicada en Vitarte, cerca de Lima, que estaba en manos de capitalistas británicos. Entre 1892 y 1902 se establecieron nuevas fábricas con capitales nacionales, gracias a las cuales la producción anual de telas de algodón se situó en ocho millones de yardas.

Entre 1890 y 1902 la expansión había dado lugar a la creación de 264 firmas industriales. De éstas, 83 se dedicaban a la exportación de azúcar, cocaína y aceite; 32 procesaban productos de extracción rural —aceite de semilla de algodón y molinos de arroz, principalmente— y 8 se concentraban en actividades de fundición. De este total, 149 podían ser catalogadas como manufactureras urbanas.

Proteccionismo episódico

Hacia 1905 existían ya 173 firmas manufactureras urbanas, esto es, 24 más que en 1902. A éstas había que añadir las empresas de servicios públicos: usinas de generación eléctrica, gas, cuatro compañías de tranvías, plantas de agua potable y compañías administradoras de los muelles portuarios. Pero el estímulo otorgado a la producción industrial por la tasa de cambio y los aranceles se perdió progresivamente en las tres primeras décadas del siglo XX, creándose un clima progresivamente favorable a las importaciones en desmedro de la industria nacional.

Tras el *crack* de 1929, la industria peruana recuperó parte del proteccionismo del que había gozado. En el caso de la industria textil, esta tendencia fue aún más marcada, con el fin de afrontar la competencia que representaban los productos textiles japoneses a partir de 1934. Pero el proteccionismo industrial volvió a decaer a lo largo de la década de 1940. La interrupción de las importaciones procedentes de Europa y Estados Unidos durante la Segunda Guerra Mundial resultó favorable a las grandes economías de América Latina, como Argentina y Brasil, que colocaron sus exportaciones de manufacturas en países como Perú.

El modelo de sustitución de importaciones

Hacia la década de 1930 los países de América Latina esbozaban diversos proyectos tendentes a aumentar su producción industrial, siguien-

La industria manufacturera hacia 1890

Tan floreciente parecía ya en 1890 el estado de la industria nacional que, después de haber solicitado y obtenido la creación de la Dirección General de Industrias, el ministro de Hacienda juzgó oportuno pedir al Congreso la creación de un Ministerio de Fomento, la que, sin embargo, se produjo sólo en 1896.

A pesar de lo antedicho, creemos que por los años de 1888 e inmediatamente siguientes no pudiera hablarse de una verdadera industria sino más bien de una actividad artesanal que, en algunos contados casos, había alcanzado cierto desarrollo.

En Lima, Arturo Field y Cía. se dedicaban ya a la fabricación a vapor de «galletas superiores», mientras que en el Callao existía desde 1863 la Fábrica de Cerveza Aloise Kieffer & Co. (hoy Cía. Nacional de Cerveza Callao) a la cual debía seguir, en 1889, la Backhus & Johnston Brewery Co. Ltd., constituida en Londres en el año mencionado.

Gianfranco Bardella, *Setenta y cinco años de vida económica del Perú*

Sede del Banco Industrial del Perú en Arequipa. La política proteccionista de los años setenta y ochenta impulsó el crecimiento de la banca de fomento, luego caída en desgracia.

do, por lo general, el ejemplo de Alemania. Este país había optado por incentivar la industria nacional, mediante un fuerte plan proteccionista. El éxito del modelo germano fue un estímulo para los países latinoamericanos, muchos de los cuales decidieron elevar sus aranceles y tipos de cambio, devaluando sus monedas con respecto al dólar. Ello tendía a encarecer los bienes de consumo industriales importados, de modo que las preferencias de los consumidores se inclinaran por los nacionales. A este proceso se lo denominó «modelo de industrialización por sustitución de importaciones».

En Perú, este modelo comenzó a ponerse en práctica con los gobiernos de Óscar R. Benavides (1933-1939) y Manuel Prado (1939-1945). En 1936 se creó el Banco Industrial, se promulgó la Ley 9,140 de Fomento Industrial (1940) y se estableció la Corporación del Santa (1943), ente cuyo fin era la construcción de una central hidroeléctrica en el Cañón del Pato y una siderúrgica que estimulara el desarrollo de los yacimientos de hierro de Marcona. En 1934, Benavides creó la Dirección de Petróleo, con el fin de fomentar la producción estatal del hidrocarburo. En 1946, bajo el mandato de José Luis Bustamante, se fundaron los Establecimientos Petroleros Fiscales (EPF), en el marco de una legislación promulgada en 1939.

Impulsos menguantes

Gracias a esta tímida acción estatal la industria liviana se incrementó considerablemente. Las industrias de mayor desarrollo fueron la textil, del calzado, los jabones, los productos farmacéuticos, sombreros y pinturas, aunque debe señalarse que el crecimiento de estos rubros en Perú resultó inferior al de industrias similares en otros países de la región. No obstante, hacia 1950 la industria se había convertido en la segunda actividad económica nacional, después de la agricultura. Ese año la producción industrial peruana representaba el 18 por ciento del PBI; cinco años más tarde la industria se convertiría en la principal actividad productiva del país.

Durante el gobierno de Velasco Alvarado se adoptaron medidas proteccionistas y se potenció la industria básica. En la imagen, fábrica de laminados de aluminio en Lima-Callao.

Durante la Segunda Guerra Mundial, bajo el gobierno de Manuel Prado, la industria peruana recibió un nuevo impulso, y aparecieron nuevos sectores, como los de neumáticos, artículos de tocador, leche condensada y algunos productos químicos básicos.

Sin embargo, esta tendencia empezó a perder impulso a partir del golpe de Estado del general Manuel A. Odría, cuyo gobierno eliminó la protección a la sustitución industrial, con la finalidad de favorecer el desarrollo de los sectores extractivos clásicos. Las actividades del Banco Industrial se restringieron y su importancia en la concesión de créditos decayó de manera continuada hasta 1955. En la segunda mitad de la década de 1950, el sector recibió un impulso adicional gracias a la expansión de dos empresas exportadoras extranjeras que decidieron iniciar actividades industriales en territorio peruano. Por acción de estas firmas, la Grace y la Cerro de Pasco, se fortalecieron los sectores químico, del papel, maquinaria, textiles, pinturas, fertilizantes, explosivos y ladrillos refractarios. En 1955 se estableció otra firma, la B. F. Goodrich, dedicada a la producción de llantas. En estos años, y debido al fuerte impulso del proceso de urbanización, otra industria en expansión constante fue la de cemento.

El proteccionismo de Manuel Prado

Durante la segunda presidencia de Manuel Prado (1956-1962) el proceso de industrialización conoció en Perú un nuevo estímulo, entre otras medidas gracias a la promulgación de la ley n.° 13,270 de Promoción Industrial, que estableció un nuevo modelo de sustitución de importaciones en Perú.

Entre las medidas a las que se recurrió para proteger la industria nacional merecen señalarse el incremento de los aranceles de aduanas y las medidas administrativas tales como las prohibiciones de importación para determinados productos, la obligatoriedad de licencia previa, el registro para importadores y el control de divisas.

Para complementar estas medidas de fomento industrial, en 1960 el gobierno de Prado suscribió

Fábrica de harina y aceite de pescado en Coishco, Ancash. Como el oro en la Colonia, y el guano y el caucho a inicios de la República, la harina de pescado generó una bonanza sólo temporal.

la adhesión del país a la Asociación Latinoamericana de Libre Comercio —más conocida por sus siglas, ALALC—; implementó un proyecto piloto de reforma agraria en Cusco (1962-1963) y creó el Instituto Nacional de Planificación.

En general, los rasgos más destacables de los doce años comprendidos entre 1956 y 1968 fueron el notable crecimiento de la industria y el sector financiero nacionales, el paulatino control de la inversión extranjera sobre la banca y la industria locales, el impulso de grandes proyectos industriales a cargo del Estado —como la refinería de La Pampilla, el astillero naval del SIMA, la ampliación de la siderúrgica de Chimbote y dos plantas de cemento construidas en Arequipa y Cusco— y la expansión que vivieron las exportaciones de harina de pescado, en acelerado proceso de industrialización. La situación anterior favoreció la ampliación de la franja de clase media dentro de la sociedad peruana, al tiempo que trajo aparejado un cierto estancamiento en el sector agrícola.

El gobierno de Velasco Alvarado

El gobierno militar que Velasco Alvarado asumió en 1968 también optó por la promoción de la industria y la modernización del país, pero, a diferencia de la política desarrollada por Odría, lo hizo de una manera vertical, no democrática. En esencia, se limitó a llevar a niveles extremos las medidas de promoción industrial implementadas en las décadas anteriores.

Durante este período se llevó a cabo una expropiación a gran escala de empresas privadas, dando lugar a un enorme sector de empresas estatales. Este sesgo estatista tuvo sus raíces en la prédica de la Comisión Económica para América Latina (CEPAL), que promulgaba la necesidad de acelerar el crecimiento de la riqueza nacional, dentro de un marco de consenso político favorable al papel del Estado en la esfera productiva y en la ausencia de liderazgo por parte de los industriales particulares. El símbolo de las nuevas tendencias fue la nueva Ley de Industrias promulgada por el Decreto Ley n.° 18,350, dispositivo legal que otorgaba facilidades a la importación de maquinaria y equipos para

La producción textil arequipeña es en la actualidad una de las más modernas de Sudamérica. El proceso de industrialización de Arequipa se inició en los años sesenta.

el fomento de la producción industrial, a la vez que restringía por diversos medios la importación de productos industriales de consumo. Esta ley estableció y potenció asimismo a las entidades financieras estatales de fomento a la industria y a la banca asociada.

Durante el gobierno militar de Velasco Alvarado se creó además una institución que no fue del agrado del empresariado industrial peruano: la Comunidad Industrial. Sería, de hecho, una fuente importante de conflicto con el gobierno. En el mismo sentido actuaron la reforma agraria y la estatización de los medios de comunicación. Estas medidas opacaron el significado de las iniciativas de fomento, dando lugar a una disminución en el ahorro nacional y en la inversión privada, en especial en la que provenía de capitales extranjeros.

En fin, la última modificación importante del marco legal para la actividad industrial tuvo lugar en mayo de 1982, durante el segundo gobierno de Fernando Belaúnde, cuando se aprobó la ley n.° 23,407, llamada Ley General de Industrias, con el objeto de «promover la generación y el incremento de la riqueza sobre la base del trabajo, la inversión, la producción y la productividad en la industria manufacturera».

La producción industrial

La industria manufacturera llegó a representar en 1975 el 25 por ciento del producto bruto interno (PBI), la participación más importante en la historia de este sector en el agregado productivo nacional. A partir de entonces, disminuyó ligeramente, hasta estabilizarse en la década de 1990 en el 22 por ciento, situación que puede explicarse en el contexto de la aguda recesión que afecta a la economía peruana desde finales de la década de 1980. A ello deben sumarse las medidas tales como la liberación de las importaciones y la supresión de los subsidios. En la actualidad existen sectores que aún no han logrado recuperar los niveles de producción que habían alcanzado en la década de 1980. Paralelamente la industria peruana despliega un sostenido esfuerzo por ganar participación en el mercado internacional, impulsando los rubros para los cuales el país posee ventajas competitivas, como la agroindustria, las confecciones de algodón y las conservas de pescado.

Comparando el valor de la producción industrial de 1987, año en que se obtuvo algo más de un billón de soles constantes, con los años siguientes, hasta 1995, puede apreciarse que la producción industrial fue reduciéndose de manera progresiva.

Con excepción de los productos pesqueros y agropecuarios, las exportaciones industriales anuales sobrepasan los 680 millones de dólares, cifra que representa el 16.4 por ciento del total de exportaciones. Los sectores de exportación más importantes son la joyería de oro y plata, las maderas y pieles, el sector siderometalúrgico, los minerales no metálicos y los productos textiles y confecciones.

En una revisión por ramas industriales, las más importantes por el valor de producción resultaron la alimentaria, que representó el 29.4 por ciento del valor de producción del sector industrial; la industria metálica básica, con el 17.5 por ciento del sector; la industria textil y de cuero, con el

12.8 por ciento, y la química, con el 12.1 por ciento. Como puede apreciarse, los cuatro sectores representan por sí solos el 71.8 por ciento de la producción industrial. Por otro lado, también tienen importancia la fabricación de productos no metálicos, con el 6.9 por ciento; la fabricación de productos metálicos, con el 5.9 por ciento y la industria del papel, con el 5.1 por ciento.

Entre 1970 y finales de siglo sólo cinco ramas industriales se expandieron, entre ellas la industria de la madera y el mueble, la industria química, la fabricación de productos no metálicos y la industria metálica básica. Las que se contrajeron fueron la industria alimentaria, la de textiles y cuero y la industria del papel. Por último, cabe indicar que la producción de manufacturas diversas se mantuvo estancada.

Entre las actividades más dinámicas del sector industrial destacan los objetos de loza y porcelana, los productos de plástico, artículos mineros no metálicos, la industria del hierro y el acero, la metálica simple, los productos químicos diversos, las bebidas y la maquinaria no eléctrica.

Características del entramado industrial

La mayoría de las actividades industriales se guían, en cuanto a su localización, por dos factores: presencia o cercanía de demandantes para sus productos; y, por otra parte, disponibilidad de infraestructura y servicios que le permitan producir a costos competitivos (energía eléctrica y agua, redes de transporte y comunicaciones, servicios bancarios, cadenas de distribución, etcétera).

El centralismo de Lima

En Perú, el papel centralista de Lima no sólo se expresa en los campos político, social y cultural, sino también —y principalmente— en la actividad económica. De ello resulta que la industria localizada en el área metropolitana Lima-el Callao —y, en los últimos años, en algunos puntos próximos a esta área, como Huacho, Paramonga, Cañete y Pisco— tiene un peso preponderante con relación a la industria distribuida en el resto del territorio nacional. En torno al 70 por ciento del total de los establecimientos industriales del país se encuentran en el área metropolitana y sus alrededores.

A esta situación no es ajeno el hecho de que Lima concentra aproximadamente la tercera parte de la población total del país, ofreciendo un gran mercado de consumo para la producción industrial. Además, la capital dispone de una alta concentración de infraestructuras y servicios, que permite a las industrias allí radicadas trabajar con unos costos de producción muchos más competitivos que los de las regiones del interior.

Una característica de la industria peruana durante las últimas décadas es el gran incremento de la pequeña empresa y la microempresa industrial, expresión simultánea de una serie de problemas que afectan a la economía en su conjunto, como escasez de capital y tecnología, recesión del mercado, con la consiguiente obligación de reducir los costos fijos y, sobre todo, la falta de empleo productivo.

Las manufacturas familiares

La microempresa manufacturera consiste por lo general en una unidad de producción unipersonal que emplea a dos o tres familiares, sin remuneración o con un salario muy bajo, que opera en pequeña escala y en base a recursos propios, obteniendo un nivel de ingresos muy modestos.

En Lima metropolitana, alrededor del 80 por ciento de las empresas manufactureras del sector de la microempresa producen bienes de consumo, con preferencia prendas de vestir, muebles y accesorios de madera, y alimentos preparados.

La carretera de Lima a La Oroya es un emblema del centralismo limeño en la economía nacional.

Recursos energéticos

El potencial hidráulico del país para generar energía eléctrica se ha aprovechado tan sólo en un —discreto— 5 por ciento, debido fundamentalmente a la distancia entre la ubicación de las fuentes (en la vertiente oriental andina) y los mercados más importantes, que son las ciudades costeras.

Por otra parte, la producción de hidrocarburos se encuentra relativamente estancada en los últimos tiempos, de modo que no alcanza a cubrir la demanda nacional. A este respecto es evidente que, a pesar de la alta inversión y del prolongado período de maduración que demandan los proyectos de esta naturaleza, Perú deberá considerar en los próximos años una utilización más intensiva de los recursos hidroenergéticos si no quiere seguir dependiendo de la importación de crudo. Tal importación alcanza un valor cercano a los 600 millones de dólares, alrededor del 10 por ciento del total de las importaciones peruanas. Por otra parte, será decisivo utilizar las reservas de gas del campo de Camisea, en la selva del departamento de Cusco, que tienen un potencial de 11 billones de pies cúbicos de gas y 725 millones de barriles de líquido, cifra esta última que representa casi dos veces el total de las reservas probadas de petróleo.

Una serie de problemas financieros han afectado la explotación de nuevos yacimientos petrolíferos.

Insuficiencia de la capacidad eléctrica

El marco legal en materia de electricidad viene dado por el Decreto Ley n.° 25,844, conocida como Ley de Concesiones Eléctricas, que establece el marco normativo para la generación, transmisión y distribución de fluido eléctrico; además, fija las tarifas y precios, y regula los derechos y obligaciones de las empresas, así como sus relaciones comerciales con los consumidores.

La potencia eléctrica instalada alcanza los 4,874 megavatios. De éstos, 3,006 correspondían a fuentes hidráulicas y 1,868 a fuentes térmicas. Por otra parte, el 61 por ciento del consumo correspondió al servicio público, y el resto a las actividades productivas, principalmente las empresas mineras. En la actualidad la potencia instalada total alcanza 5,050 megavatios, de los cuales el 49 por ciento corresponde a generación hidráulica y el 51 por ciento a generación térmica.

Pero la capacidad eléctrica instalada resulta insuficiente, ya que sólo atiende las necesidades del 68 por ciento de la población, con un promedio de sólo 0,21 kilovatios de potencia eléctrica instalada por habitante. En un país como Perú, en el que la población y la actividad económica se encuentran ampliamente distribuidas a lo largo y ancho del territorio nacional, la construcción de sistemas interconectados se presenta como un instrumento esencial para la satisfacción a largo plazo de la demanda de energía eléctrica. En este sentido, Perú ha avanzado en la construcción de dos sistemas. Uno es el eje centro-norte, que tiene como principal fuente de generación las centrales hidroeléctricas del Mantaro y Restitución (1,008 megavatios en total), y cubre la demanda de parte de la sierra central y de la costa, incluyendo Lima metropolitana, entre los departamentos de Ica, por el sur, y Piura, por el norte. El segundo, correspondiente a la región sur, es el sistema interconectado que integra los departamentos de Cusco, Puno, Arequipa, Moquegua y Tacna, a través de líneas de transmisión

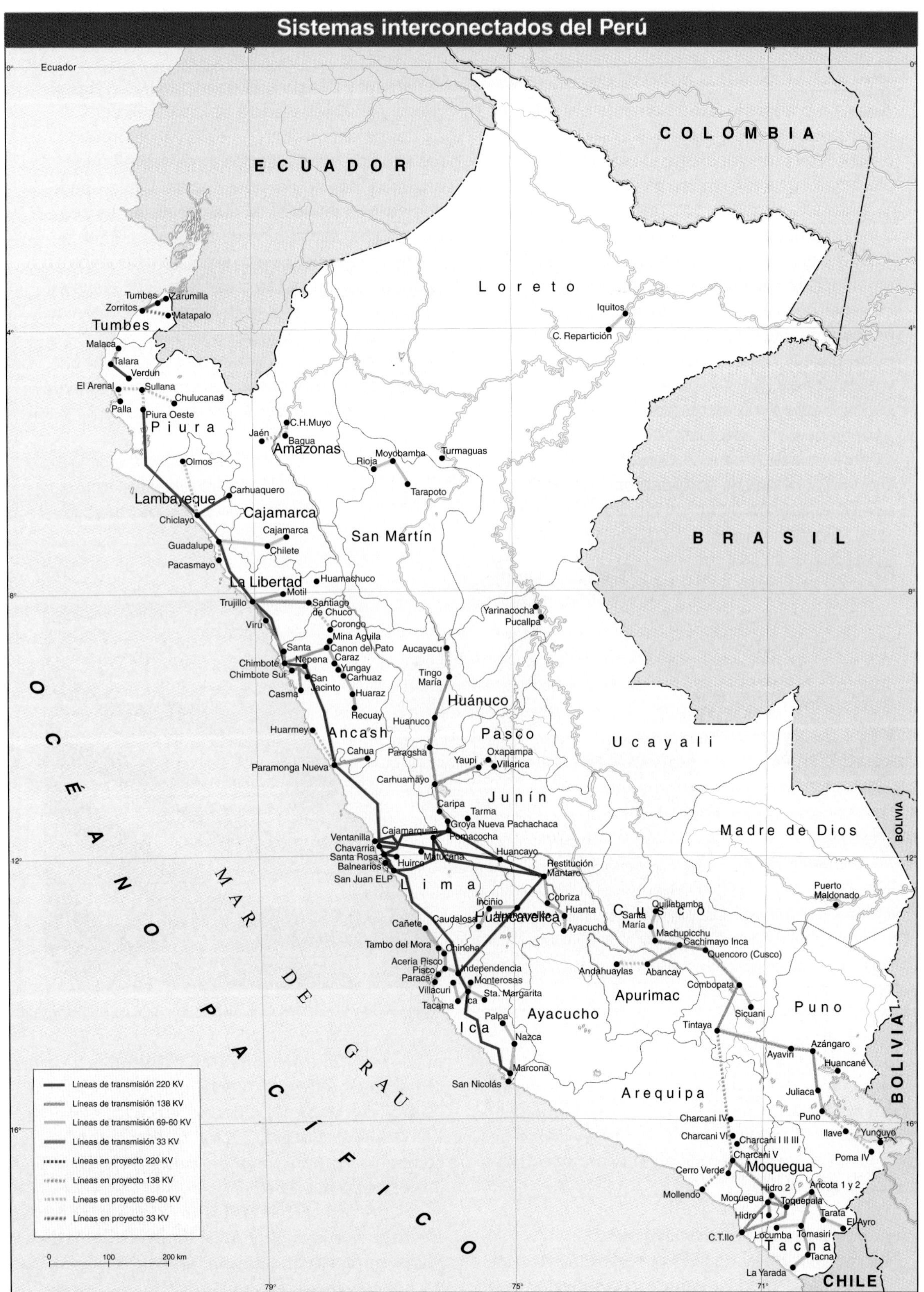
Sistemas interconectados del Perú
ECUADOR
COLOMBIA
BRASIL
BOLIVIA
CHILE
OCÉANO PACÍFICO
MAR DE GRAU
Loreto
Tumbes
Piura
Amazonas
Lambayeque
Cajamarca
San Martín
La Libertad
Ancash
Huánuco
Pasco
Ucayali
Junín
Lima
Huancavelica
Madre de Dios
Cusco
Apurimac
Ayacucho
Ica
Puno
Arequipa
Moquegua
Tacna
Líneas de transmisión 220 KV
Líneas de transmisión 138 KV
Líneas de transmisión 69-60 KV
Líneas de transmisión 33 KV
Líneas en proyecto 220 KV
Líneas en proyecto 138 KV
Líneas en proyecto 69-60 KV
Líneas en proyecto 33 KV
0 100 200 km

Cinco procesos básicos para una política de reestructuración industrial

El primero es el proceso de la reestructuración productiva. No solamente me refiero a la reestructuración aislada sino al complejo productivo correspondiente, desde las etapas primarias hasta las etapas de consumo.

Y reestructurar quiere decir ordenar. El segundo (...) es el proceso de regionalización. Aquí queda implicada la adecuada ocupación y potencialización del espacio nacional.

El tercer proceso, importantísimo, que parte de los anteriores, es el desarrollo industrial, es decir, el sector secundario que liga al primario y al terciario (...) y que debe, al mismo tiempo, condicionarlos y sustentarlos. Estos procesos deben encararse debidamente en la próxima década y necesariamente se debe tener éxito. De no resolverlos, la sociedad peruana que aún no encuentra su actual identidad, se verá seriamente incapacitada para viabilizar el progreso y la supervivencia de sus habitantes.

La cuarta dimensión (...) es en el desarrollo tecnológico. Hoy estamos inmersos en una segunda tecnología industrial en donde aparecen nuevos materiales, nuevos sistemas de producción, sustitución de materias primas, y donde la cibernética y el proceso telemático de información empiezan a ser decisivos y sustanciales. Es necesario modernizar con contenido.

Y la quinta dimensión importante está ligada a los servicios institucionales de la infraestructura, servicios productivos y sociales que apoyen efectivamente a la producción.

Jorge Arturo Portocarrero,
Reestructuración industrial, la palabra de los trabajadores

de 138 kilovoltios. Por otra parte está prevista la construcción de la línea de transmisión entre Mantaro (Junín) y Socabaya (Arequipa), que permitirá la total integración de la red eléctrica de todo el país, a excepción de algunos puntos aislados de la Amazonia.

Preponderancia de las hidroeléctricas

La producción actual de energía eléctrica en Perú tiene dos grandes fuentes: las centrales térmicas y las hidroeléctricas. Esta última es la más importante y llegó a representar más del 80 por ciento del total de energía eléctrica generada. Electroperú, Edegel, Egasa y Etevensa son las compañías productoras de energía eléctrica más importantes del país.

Es previsible que en los próximos años la red eléctrica peruana se amplíe y diversifique, tanto por la amplia demanda aún insatisfecha como por los grandes proyectos mineros en curso de ejecu-

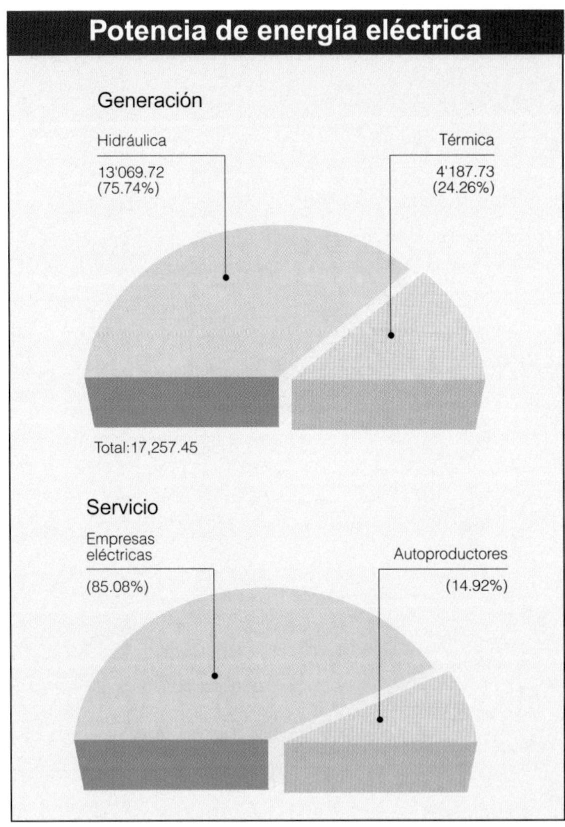

ción. Éstos necesitarán de grandes cantidades de energía eléctrica, bajo el marco de la legislación promocional ya dictada en la materia. De concretarse esos proyectos, y según estimaciones gubernamentales, en el año 2000 el coeficiente de electrificación nacional llegará al 75 por ciento de la población del país.

Las reservas de petróleo

El potencial de reservas de petróleo —contando las ya probadas, las probables y las sólo posibles— se localiza en las zonas de producción del noroeste del país (en la costa y el zócalo) y en la cuenca amazónica, que comprende la selva norte y la selva central. El potencial total estimado para las áreas de producción actual es del orden de los 4,400 millones de barriles. De esta cifra, 390.4 millones corresponden a reservas probadas, 371 a reservas probables y 3,679.2 a reservas posibles.

En cuanto a la distribución territorial de las mismas, la Amazonia aparece como la zona más importante, dado que representa el 60 por ciento de las reservas probadas, el 52.5 por ciento de las probables y el 79.6 por ciento de las posibles. El origen de la cuenca del noroeste se remonta a finales del período Cretáceo y alcanzó su mayor desarrollo durante el Terciario. Las rocas que constituyen allí el reservorio de hidrocarburos son de areniscas típicas de ambientes de sedimentación de plataforma. Ello significa que su estructura ha sufrido una intensa fracturación en fallas. Este hecho favorece, y en algunos casos dificulta, la labor de extracción del petróleo. En esta cuenca se localiza el área de producción de la costa y el zócalo o plataforma continental.

Plataformas petrolíferas en el zócalo, en la cuenca del noroeste. Las reservas de petróleo crudo de la plataforma continental representan el 20 por ciento de las reservas probadas.

Yacimientos de petróleo y gas

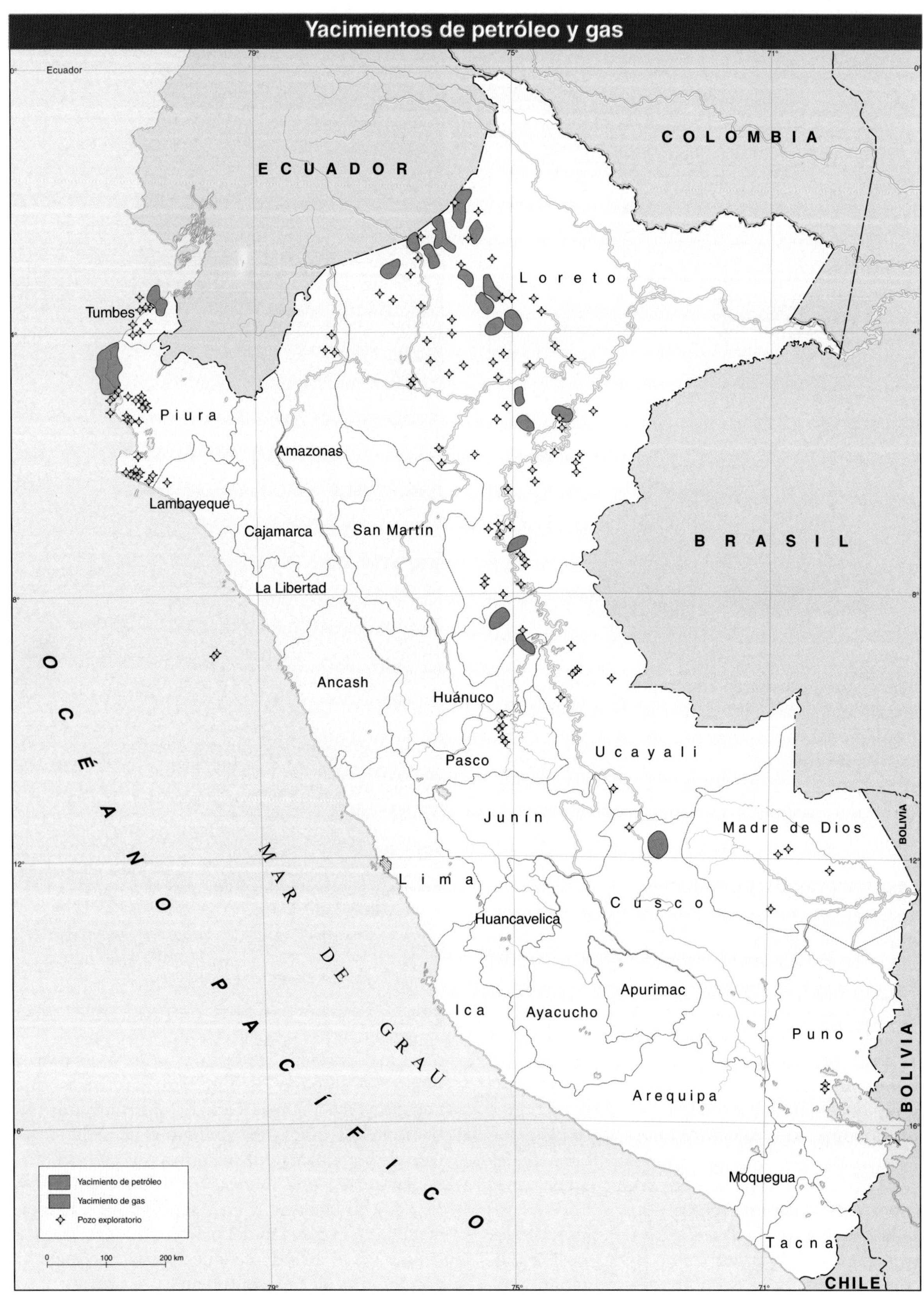

Campo petrolífero en Piura. La cuenca de Talara ha obtenido una producción acumulada de 1,300 millones de barriles a lo largo de cien años de explotación.

En cuanto a la cuenca amazónica, comprende la región oriental de Perú, a partir de los contrafuertes orientales de la cordillera de los Andes y la llanura amazónica peruana. Las rocas que constituyen el reservorio petrolífero pertenecen al Cretáceo y han sufrido un moderado proceso tectónico.

Del volumen de petróleo producido en Perú en los últimos años, el 65 por ciento se produjo en la Amazonia, el 18.6 por ciento en la costa y el 16 por ciento restante en el zócalo continental. El nivel de producción actual, alrededor de 43 millones de barriles, contrasta con el de épocas anteriores y, sobre todo, pone en evidencia una caída sostenida de la extracción de crudo en las tres zonas geográficas.

En el país operan varias empresas en el rubro, entre ellas la estatal Petroperú, Petrotech, Oxibridas y Occidental. Las firmas de mayor actividad son Occidental, con el 43 por ciento, y Petroperú, con el 32.7 por ciento del total. La producción de derivados de petróleo ronda los 21 millones de barriles. Las refinerías de La Pampilla y Talara son las más importantes.

La producción de gas

El total de gas licuefacto producido en Perú, según los últimos datos, se acerca a la cifra de 1'900,000 barriles, correspondiéndole a la refinería de Talara, en la costa norte, el 72 por ciento, mientras que el 28 por ciento restante se obtiene en La Pampilla, cerca de Lima. El escaso avance logrado por Perú en el desarrollo de sus recursos hidroenergéticos, así como la escasez de las reservas de hidrocarburos, han llevado al gobierno a la determinación de interesar al capital privado en la explotación de los depósitos de gas natural.

En cuanto a la reserva de gas de Camisea, la más importante del país, la empresa Shell, asociada con la Mobil, firmaron en mayo de 1996 un contrato de licencia con el Estado para la explotación de hidrocarburos en esa zona, de acuerdo

Complejo habitacional del campo petrolero de Talara. Por Decreto ley 17,753, desde el 24 de julio de 1969 pertenece a la Empresa Petróleos del Perú (Petroperú, S. A.).

a lo dispuesto por la Ley n.º 26,221 o Ley Orgánica de Hidrocarburos. Sin embargo, en el mes de julio de 1998 este consorcio decidió abandonar el proyecto, de modo que las reservas de Camisea quedaron nuevamente sin visos de explotación.

Los estudios actualizados demuestran que el volumen de gas existente corresponde aproximadamente a unos 2,000 millones de barriles equivalentes de petróleo; asimismo, se cree posible obtener productos líquidos en un volumen aproximado de 500 a 600 millones de barriles. Por lo tanto, el volumen total de hidrocarburos en el subsuelo de Camisea sería de unos 2,500 millones de barriles equivalentes de petróleo, es decir, casi siete veces las reservas de petróleo con las que el país cuenta en la actualidad. En conjunto, el monto de inversión necesario para la explotación y el aprovechamiento del gas de Camisea, incluyendo el aprovechamiento *in situ*, la construcción de un gasoducto y un poliducto, la generación de energía eléctrica, el transporte del gas a Lima y otras actividades, bordea los 3,300 millones de dólares. El proyecto había sido diseñado para su desarrollo en dos etapas, destacando dentro de la primera la construcción de una central térmica que suministraría la energía eléctrica necesaria para la región sur y el sistema interconectado del Mantaro, que alimenta a la gran Lima y a la región costera.

Es indudable que el aprovechamiento de los hidrocarburos de los yacimientos de Camisea son determinantes para configurar una nueva realidad que sea capaz de impulsar al país a abordar los desafíos de los próximos años.

Infraestructura y servicios

Transportes, comunicaciones
y sistema bancario

Los servicios de salud
y educación

Atractivos turísticos
del territorio nacional

Itinerarios y recorridos

Desde su descubrimiento, Machu Picchu se convirtió en el símbolo de la vida y del esplendor prehispánico de los Andes, y en uno de los mayores atractivos turísticos del Perú.

Transportes, comunicaciones y sistema bancario

Estudiar las infraestructuras y los servicios implica abordar un conjunto sumamente diversificado y complejo de cuestiones. El denominador común de ese amplio espectro de actividades sería la contribución que ellas aportan al mejor desenvolvimiento de los sectores económicos que producen bienes tangibles, como agricultura, pesca, minería o industria. Por otro lado, los servicios se asocian también a la administración del bienestar material que han alcanzado las sociedades más evolucionadas del planeta, cuya población demanda prestaciones cada vez mayores y más especializadas en materia de finanzas, seguros, educación, cultura, salud y recreación, entre otras.

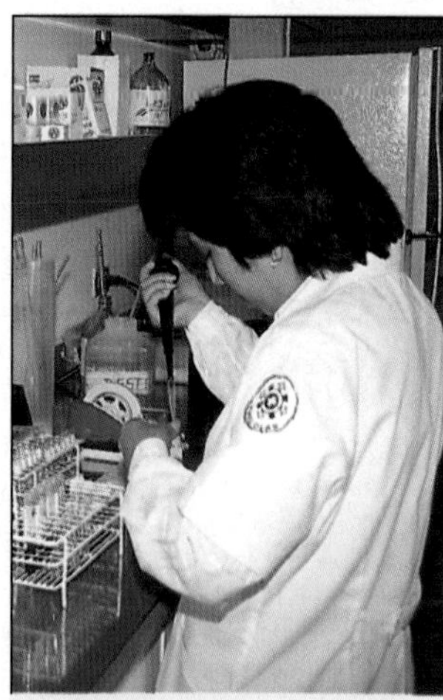

El sector terciario congrega en Perú alrededor de la mitad de la población económicamente activa.

Si se analiza la economía peruana en cuanto al reparto sectorial del empleo, los servicios resultan predominantes, ya que allí confluye alrededor de la mitad de la población económicamente activa (PEA), que aporta el 45 por ciento del Producto Bruto Interno (PBI). Sin embargo, a diferencia de los países de mayor grado de desarrollo económico, parte de esa PEA está ocupada en el denominado sector «terciario refugio», que cobija en particular a la mano de obra joven y de escasa calificación de las grandes ciudades. Se trata de un segmento de población que, ante la recesión de la economía, genera su propio empleo en actividades de escasa productividad —tales como el comercio informal y los servicios personales. En ese sentido, uno de los más difíciles retos actuales y futuros del país es resolver el problema del empleo, es decir, la generación de nuevos puestos de trabajo productivo para una PEA que se incrementa en cerca de 200,000 personas al año.

Situación de las comunicaciones

La extrema diversidad topográfica y climática del territorio peruano ha estimulado la dispersión de la población y las actividades productivas en el territorio nacional. Tal situación ha favorecido la configuración de «archipiélagos» demográficos y económicos cuya eficiente articulación constituye uno de los principales desafíos para la integración definitiva del país.

La importancia de cada medio de transporte ha ido modificándose a lo largo del tiempo, en función de las necesidades de articulación entre las distintas regiones y de las prioridades de vinculación con el extranjero. En la época prehispánica, los caminos integraban el vasto territorio del Tahuantinsuyo, aunque respondiendo entonces a fines militares y administrativos antes que a factores económicos. Ya en la Colonia, la comunicación vial se articuló en función de un concepto geopolítico y, de modo complementario, de habilitación de rutas para la extracción de las riquezas mineras que se enviaban a la metrópoli. Pero en ningún caso se construyeron caminos con el propósito de llevar desarrollo a las regiones interiores.

Embarcaciones y puertos

El transporte marítimo, predominante durante gran parte de la vida republicana del país, tanto para el tráfico de cabotaje como para el comercio exterior, en la actualidad conserva su importancia sólo en esta última actividad. El litoral peruano no es pródigo en puertos marítimos naturales; sin embargo, los terminales de Paita, Salaverry, Chimbote, el Callao, Puerto San Martín, Matarani e Ilo sirven con eficacia a sus respectivas áreas de in-

Puerto del Callao. Desde la época colonial, el Callao es el principal puerto marítimo del Perú, a través del cual se canaliza la parte sustancial de su comercio internacional.

fluencia. Algunos de ellos se han consolidado como polos de desarrollo, al instalarse en su entorno plantas procesadoras de pescado —tales son los casos de Paita, Chimbote y el Callao—, instalaciones siderúrgicas y metalúrgicas —Chimbote e Ilo— y algunas otras industrias básicas o intermedias. Según datos proporcionados por la Empresa Nacional de Puertos (ENAPU, S. A.), a finales de los años noventa los puertos peruanos llegaron a movilizar 13'658,000 toneladas métricas de mercancías al año. De esa cantidad global, el 71 por ciento se hizo a través del puerto del Callao, 7 por ciento se hizo por Matarani, 6 por ciento por Paita, 5 por ciento por San Martín, 5 por ciento por Salaverry, 4 por ciento por Chimbote, 1 por ciento por Ilo, y 1 por ciento por otros puertos.

El parque acuático, según la Dirección General de Transporte Acuático, está compuesto en la actualidad de 468 naves, lo cual representa una disminución del 27.6 por ciento respecto a 1990, cuando alcanzó las 647 unidades. De ese número total de unidades, 35 operan en el mar, 342 en las vías fluviales y 91 en las vías lacustres. En esta retracción del parque acuático, y particularmente del que atañe a embarcaciones marítimas, ha incidido la eliminación de la reserva de carga a favor de los barcos de bandera nacional, así como la matrícula de embarcaciones de armadores peruanos bajo las llamadas «banderas de conveniencia».

Los caminos durante el incanato

Los más importantes caminos utilizados por los incas eran el de Pasco a Chile o Camino de la Sierra y el de Tumbes hasta el Reyno de Chile o Camino de los Llanos. Estos caminos se comunicaban entre sí por numerosas vías transversales; eran la verdadera fuerza de los incas, y permitieron a sus gobernantes formar un estado verdadero, centralizador y conquistador. Los caminos también funcionaron como un poder geopolítico, que fue utilizado muy estratégicamente por los Conquistadores, pues éstos cambiaron el punto central o estrella de donde partían hacia los cuatro puntos cardinales, es decir, el Cusco. Como dice Antonio de Herrera «salen, desde el tiempo de los Ingas, de la plaza de esta ciudad, cuatro caminos para las cuatro partes del mundo, al Norte, para los llanos, al Poniente, para la mar, al Sur para Chile y el cuarto al Oriente». La rosa de los vientos florecía desde el corazón del Imperio.

Nicole Bernex,
Las carreteras como motores del desarrollo

Transporte terrestre

El transporte terrestre enfrenta el reto permanente de articular espacios vitales para el desarrollo del país con una eficiente relación distancia-tiempo y peso-precio. Esta necesidad, que fue viable en la región costera gracias a su topografía casi plana, permitió la temprana articulación longitudinal del país. Ese proceso tuvo lugar en la década de 1920, durante el mandato del presidente Augusto B. Leguía, con la sanción de la Ley de Conscripción Vial. El eje principal de la red vial es la carretera Panamericana, que se concluyó en 1941. Entre Tumbes, en la frontera con Ecuador, y Tacna, sobre la frontera con Chile, la Panamericana abarca una extensión de 2,700 km.

Por el contrario, el accidentado y empinado terreno, así como las duras condiciones climáticas de la región andina, hacen sumamente difícil la construcción y el mantenimiento de carreteras, sobre todo en los tramos que se desarrollan en altitudes culminantes. Por ejemplo, la carretera Central, que conecta la capital del país con el importante departamento agrícola y minero de Junín y, a través de éste, con la ciudad de Pucallpa

Carretera Panamericana, cerca de Chala, Arequipa. En los 2,700 km que recorre la Panamericana en Perú, se movilizan anualmente unos 30 millones de pasajeros.

en la Amazonia peruana, asciende desde el nivel del mar hasta 4,814 m, para alcanzar el paso de Ticlio en sólo 130 km de recorrido. En esta última región, el eje vial más importante es el tramo peruano de la carretera Bolivariana Marginal de la Selva, proyecto iniciado en la década de 1960 por el presidente Fernando Belaúnde Terry, pero aún inconcluso.

La ampliación de la red nacional de carreteras ha progresado a un ritmo moderado. Según la Dirección General de Caminos, la longitud total de la red vial peruana alcanza en la actualidad los 73,766 km, de los cuales sólo el 11.6 por ciento se encuentra asfaltado.

Parque automotor y articulación ferroviaria

Según la Dirección General de Circulación Terrestre, el parque automotor peruano alcanza en la actualidad las 936,501 unidades, lo cual representa un incremento del 50 por ciento respecto a las 623,947 unidades existentes a comienzos de la década de 1990. El crecimiento más importante se debió a las modificaciones en las leyes y reglamentos vigentes que permitieron la importación de vehículos usados. El 73 por ciento del parque automotor está constituido por automóviles, *station wagon* y camionetas *pick up*; los camiones y los ómnibus representan el 14 por ciento. Otra característica destacada del parque automotor es la excesiva concentración en el departamento de Lima, donde se halla el 68 por ciento del total de vehículos. La mayor parte del 32 por ciento restante se distribuye entre los departamentos de Arequipa, La Libertad, Lambayeque, Piura, Junín e Ica.

En cuanto a la red ferroviaria, los 1,992 km de vías existentes en la actualidad, según datos aportados por la Empresa Nacional de Ferrocarriles (ENAFER, S. A.), reflejan una disminución de la importancia de este medio de transporte. Básicamente, la articulación ferroviaria actual del Perú está compuesta por dos sistemas: el de la región central, que une Lima con los Andes y, en particular, con el rico valle del Mantaro y la zona minera de Cerro de Pasco; y el de la región sur, que integra el puerto de Matarani y la capital regional, Arequipa, con los valles y la ciudad de Cusco, y con la zona altiplánica hasta las ciudades de Juliaca y Puno, esta última a orillas del lago Titicaca. A pesar de su poca extensión esta red tiene una configuración más equilibrada que la de carreteras, la cual posee una estructura radial a partir de la capital del país, contribuyendo a reforzar el centralismo político y económico limeño.

Avión de AeroPerú. El incremento del turismo y el desarrollo de la actividad económica han generado un importante aumento en el parque aéreo nacional.

Aviones y telecomunicaciones

El transporte aéreo se ha revelado como un medio decisivo para romper el aislamiento de vastas regiones interiores —tanto andinas como amazónicas— que antes dependían del camino de herradura o bien del transporte fluvial, oneroso y lento. Pero la infraestructura de terminales aéreos, así como las características del parque de aeronaves, necesita de mejoras sustanciales para ofrecer en el futuro un servicio confiable y a precios accesibles. Según la Dirección General de Transporte Aéreo, dicho medio transporta anualmente a más de 4 millones de pasajeros y más de cien mil toneladas de carga, de los cuales el 60 por ciento y el 35 por ciento respectivamente se hacen en vuelos nacionales.

Las comunicaciones, y en particular las telecomunicaciones, han evidenciado un rápido y marcado crecimiento en los últimos años, aspecto que resulta especialmente importante para la integración de un país en el que la naturaleza impone severos obstáculos. En materia de radiodifusión, existen ya 1,425 estaciones, mientras que se registran 561 estaciones transmisoras de televisión y 3,148 servicios de radioaficionados. Sin embargo, el crecimiento más significativo ha tenido lugar en el campo de la telefonía: a mediados de la década de 1990 se contaba con 1'309,908 líneas telefónicas, lo que equivalía a una relación de 5.57 líneas por cada 100 habitantes; mientras que tan sólo dos años antes existían 642,677 líneas telefónicas, lo que daba una relación de 2.9 líneas por cada 100 habitantes. Ello significa que en tan breve tiempo el país ha duplicado prácticamente la existencia de líneas telefónicas, dando un paso decisivo para el desarrollo y la integración nacional.

El comercio exterior

Una de las actividades económicas más importantes desde los inicios de la República ha sido el comercio exterior. Difícilmente podría haber sido de otra manera, dado que de la expansión de las exportaciones nacionales depende el ingreso de divisas extranjeras usadas como moneda internacional, y de éstas la posibilidad de importar los productos que necesita el país para el consumo y la producción internas.

Tras un largo período de estancamiento, entre 1986 y 1992 las exportaciones peruanas se incre-

La producción minera ocupa actualmente el primer lugar de las exportaciones del país. La extracción de oro alcanza las 90 toneladas métricas. En la foto, mina de oro en Cajamarca.

Centro comercial en Lima. La apertura económica y la política de créditos de la banca incrementaron las importaciones y dispararon el consumo de productos extranjeros.

mentaron de 2,576 millones a 3,661 millones de dólares; sin embargo, al año siguiente descendieron un 6 por ciento, a 3,344 millones de dólares, debido a las medidas de ajuste económico adoptadas por el gobierno. En 1995 y 1996 volvieron a recuperarse, llegando a 5,589 y 5,898 millones, respectivamente. Según el Ministerio de Economía y Finanzas (MEF), en la actualidad las exportaciones sobrepasan los 6,000 millones de dólares.

Expresadas en millones de dólares, las exportaciones más importantes son las del sector minero, seguidas de los productos pesqueros y los agrícolas. Las exportaciones de cobre, por su parte, alcanzan 1,200 millones de dólares; el oro, 463 millones; el zinc, 325 millones; el plomo, 258 millones; la plata refinada, 109 millones; el hierro, 100 millones, y el estaño, 81 millones de dólares. Las exportaciones de productos pesqueros alcanzan la cifra de 785 millones de dólares. El algodón y el azúcar llegan a los 24 y 30 millones de dólares, respectivamente, confirmando que ya no constituyen un rubro destacado de exportación como lo fueron hasta las décadas de 1970 y 1980; mientras tanto, el café alcanzó 286 millones como valor de exportación. Según el Banco Central de Reserva del Perú (BCRP), en la actualidad las exportaciones tradicionales mineras alcanzan los 2,717 millones; el petróleo y derivados, los 376 millones; los productos agrícolas, 471 millones, y los pesqueros 1,125 millones.

Composición de las importaciones

Las importaciones permanecieron prácticamente estancadas en el quinquenio 1986-1990, fluctuando entre 2,287 millones de dólares en 1989 y 3,218 millones en 1987. En cambio, a partir de 1991 se incrementaron de forma notoria y sostenida hasta alcanzar 7,754 y 7,886 millones de dólares en 1995 y 1996, respectivamente. Según el BCRP en la actualidad las importaciones totales del país alcanzan los 8,552 millones de dólares.

Conforme su uso o destino económico, las importaciones se agrupan en cuatro rubros: bienes de consumo, insumos, bienes de capital (equipos y maquinarias) y otros bienes. De acuerdo con esta clasificación, las principales importaciones peruanas corresponden a los insumos (combustibles y lubricantes, y materias primas para la agricultura y la industria). Las importaciones de estos productos ascienden a 3,436 millones de dólares, cifra que representa el 40 por ciento de las importaciones totales.

En segundo lugar se ubican los bienes de capital (maquinaria para la agricultura e industria, así como equipos de transporte) con 2,814 millones de dólares, cifra que representa el 33 por ciento del total importado. En tercer lugar se encuentran los productos de consumo (bienes no duraderos y duraderos), que con 1,909 millones de dólares significan el 22 por ciento del total. En síntesis, no obstante los esfuerzos que el gobierno y los acto-

Tienda de electrodomésticos en Iquitos. Junto con el incremento en las importaciones de productos manufacturados, los ingresos aduaneros crecieron de manera considerable.

res económicos vienen desplegando para incrementar, diversificar e incorporar mayor valor agregado a la oferta exportadora del país, las principales exportaciones continúan siendo, como antaño, materias primas, mientras que se importan bienes intermedios y productos manufacturados. La balanza comercial se muestra deficitaria desde 1993, con 680 millones de dólares negativos. Según cifras aportadas por el Banco Central de Reserva del Perú, el déficit de la balanza comercial del país supera los 1,600 millones de dólares.

Banca y finanzas

La historia financiera de la República se inició con el Banco Auxiliar de Emisión de Papel Moneda, creado mediante un decreto fechado el 14 de diciembre de 1821. La situación de las finanzas públicas era en ese momento tan crítica que diez días después de crearse el Banco hubo de convocarse el Cabildo de Lima, con el fin de constituir una hipoteca de quinientos mil pesos, como respaldo a sus actividades.

Entre 1825 y 1860 se presentaron diversos proyectos para la creación de nuevos bancos, de tipo tanto público como privado, pero no tuvieron acogida alguna. No fue sino hasta 1862 cuando las rápidas fortunas obtenidas con la exportación del guano, así como la consolidación de la deuda interna de 1850, permitieron la aparición de las primeras entidades financieras: el de la Providencia el citado año, el Banco del Perú y los Bancos de Londres, México y Sud América al año siguiente. En 1889, ya concluido el ciclo del guano, se estableció el Banco Italiano —Banco de Crédito en la actualidad—, institución dedicada en sus orígenes a brindar apoyo financiero a la comunidad italiana residente en Perú; ese mismo año también abrió sus puertas el Banco Internacional del Perú.

A principios del siglo XX el sistema bancario continuó su expansión sobre la base del interés demostrado por la banca internacional: en 1903 se instaló el Banco Alemán Transatlántico y en 1916 el Mercantile Bank of America. En ese momento la característica del entramado financiero nacional era la ausencia de un ente central encargado de organizar y proteger el sistema bancario y monetario, y la estabilidad del tipo de cambio. En 1905 las entidades bancarias se coligaron para fundar la Caja de Depósitos y Consignaciones.

Acuñación del sol de oro

Mediante la ley 4,500, promulgada el 9 de marzo de 1922, el gobierno decidió la creación del Banco Central de Reserva del Perú. Su capital social sería de 2 millones de libras peruanas, dividido en 200,000 acciones de 10 libras cada una. Cien mil acciones serían de la clase A, que debían ser suscriptas por los bancos accionistas, mientras que las restantes, de clase B, serían suscriptas por el público. El banco tendría el privilegio exclusivo de emitir billetes respaldados por oro físico, dólares y libras esterlinas, por un monto no menor al 50 por ciento del valor de los billetes en circulación.

En enero de 1931 llegó a Perú la Misión Kemmerer, así denominada por estar al mando de la misma Edwin Kemmerer, quien se había ganado el apodo de «médico monetario internacional». El gobierno había encargado a este grupo de especialistas la remodelación del sector bancario, monetario y fiscal. Después de cuatro meses de estudios, en abril del mismo año, la misión propuso un texto para la reestructuración del Banco Central de Reserva del Perú, entidad que habría de servir de fundamento para el mantenimiento de la estabilidad monetaria. La propuesta fue aprobada oficialmente mediante el decreto ley n.° 7,137. Con ello se inició la era moderna del papel moneda y del nuevo sistema bancario, basado en una moneda de reciente acuñación: el sol de oro.

Sede principal del Banco de Crédito del Perú en el distrito de La Molina, de la ciudad de Lima. El edificio fue proyectado por el arquitecto Bernardo Ford Brescia.

Creación de fondos de crédito

Más tarde, en los años sesenta, con Fernando Belaúnde Terry en el poder, se estatalizó la Caja de Depósitos y Consignaciones, que en ese momento era una entidad privada a cargo de la recaudación de los impuestos internos, poniendo fin a 58 años de actividad ininterrumpida de este organismo. Al momento de la expropiación, los accionistas de la Caja de Depósitos y Consignaciones eran los diez bancos más importantes de Lima: Crédito, Popular, Internacional, Wiese, Comercial, Continental, Gibson, de Lima, Unión y Progreso. Tres años después, el gobierno transformó la antigua Caja en Banco de la Nación, el cual debía administrar los depósitos de las entidades del Estado.

Durante el gobierno militar instaurado en 1968 con el general Juan Velasco Alvarado al frente, se crearon las primeras sucursales del Banco Central, establecidas sucesivamente en Piura, Arequipa, Cusco, Iquitos y Trujillo. Por estos años se consolidó la estructura del sistema bancario en general y se determinó la creación de la Corporación Financiera de Desarrollo (COFIDE), según decreto ley n.° 18,807 del 18 de marzo de 1971. Esta nueva entidad estaba dedicada al desarrollo del financiamiento a mediano y largo plazo.

Por otra parte, se crearon fondos especiales de crédito al sector privado, tales como el FRAI (Fondo de Redescuento Agro Industrial), FONCAP (Fondo de Bienes de Capital), FIRE (Fondo de Inversiones Regionales) y FONEX (Fondo de Exportaciones). El FRAI y el FONCAP nacieron en 1979, mientras que el FIRE y el FONEX lo hicieron al año siguiente.

El intento de estatización

La Ley 24,064 del 11 de enero de 1985, a finales del segundo gobierno de Fernando Belaúnde, estableció el inti como la nueva unidad monetaria del país. Sin embargo, debido a que la inflación fue ese año del orden del 158.3 por ciento mientras la devaluación llegaba al 220 por ciento, la nueva moneda nacional nació con severas limitaciones. Más tarde, cuando se ordenó la

Sede del Banco Continental en Trujillo. La banca fue uno de los primeros sectores de inversión de capital extranjero. Parte del Banco Continental fue comprado por inversores españoles.

impresión de los nuevos billetes, se tuvo que improvisar una moneda provisional: los cheques circulares de gerencia.

El hecho más destacado de la década de 1980 fue el sonado intento de estatización de la banca por parte del gobierno aprista. El 28 de julio de 1987, en su discurso anual en el Congreso, el entonces presidente de la República, Alan García Peréz, anunció la nacionalización y estatización de las entidades bancarias, financieras y de seguros nacionales, excluyéndose a las sucursales de la banca extranjera. Pero el proyecto estatista acabaría por abortar debido a las resoluciones cautelares que los banqueros obtuvieron del poder judicial, y por la amplia corriente de opinión contraria a esta intervención.

Por esos mismos años, el país soportó una inflación de índices inéditos. El producto bruto interno (PBI) se contrajo severamente, alcanzando una tasa negativa de –8.3 por ciento, mientras la inflación anual alcanzaba en 1987 el 1,722.3 por

Billete de 500 intis con la imagen de Túpac Amaru II, emitido durante el gobierno de Alan García, en épocas de hiperinflación. El inti fue reemplazado por el nuevo sol en 1990.

ciento. La economía nacional se hallaba en una fase *sui generis* de inflación con recesión, también llamada estanflación. La política puesta en práctica en 1989 dio como resultado una agudización de esa estanflación. El PBI volvió a decrecer, esta vez en –10,4 por ciento, mientras la inflación alcanzaba un nuevo récord: 2,776.3 por ciento.

Cuando por fin se pudo controlar la hiperinflación, hubo que reemplazar el anterior signo monetario por uno nuevo. La Ley 25,295, del 31 de diciembre de 1990, estableció el nuevo sol como flamante signo monetario nacional; su equivalencia fue fijada en un millón de intis, estableciéndose su uso obligatorio como unidad de cuenta a partir del 1 de julio de 1991.

Crisis del sistema financiero

En el marco de la crisis económico-financiera que vivió el país por aquellos años, el coeficiente de monetización —que mide la proporción entre la liquidez total y el PBI— se había reducido, en 1990, a un 5.2 por ciento, un porcentaje muy pequeño, sobre todo si se lo compara con el 15.7 por ciento de 1985. Del mismo modo, el crédito otorgado por el sistema financiero al sector privado en 1990 se había reducido a 1,512 millones de dólares, una reducción del 60.2 por ciento con respecto a los 3,800 millones de dólares prestados en 1981. Factores determinantes para la reducción de la actividad financiera fueron la hiperinflación, la recesión y la existencia de tasas reales de interés —es decir, la tasa de interés nominal menos la tasa de la inflación— de signo negativo;

por ejemplo, en 1988 la tasa activa en términos reales para colocaciones de hasta 360 días había sido del –87 por ciento.

La cartera atrasada o pesada de la banca comercial —es decir, la deuda que los tomadores de préstamos mantenían con los bancos prestatarios— era asimismo significativamente elevada. En junio de 1990 la cartera pesada representaba el 20 por ciento de las colocaciones brutas. Los bancos estatales de fomento, por su parte, vieron agudizarse su débil situación financiera. Su patrimonio mostró una disminución real del 77 por ciento entre 1985 y 1990. Las entidades más afectadas fueron las que se dedicaban sobre todo a la financiación a mediano y largo plazo, toda vez que la hiperinflación contribuyó a la concentración del capital en productos financieros y operaciones a corto plazo.

La hiperinflación de finales de los años ochenta se caracterizó por el traspaso de los ahorros a moneda extranjera, la huida de capitales y las tasas negativas de inversión en activos fijos.

Las nuevas leyes bancarias

Las primeras medidas de la reforma financiera se adoptaron en agosto de 1990 y consistieron en la eliminación de los coeficientes de cartera y los créditos subsidiados a la banca estatal de fomento y al sector público. En abril de 1991 se promulgó la Ley de bancos, decreto legislativo n.° 637; establecía un sistema de banca múltiple, que reemplazaba al esquema de banca comercial de corto plazo y de operaciones limitadas vigente antes de la reforma.

En noviembre de 1991 se promulgó la Ley del mercado de valores, mediante el decreto legislativo n.° 755. Esta ley tenía como objeto el dar garantías de transparencia y solvencia al mercado de títulos, así como de reforzar las funciones de regulación y control a cargo de la Comisión Nacional Supervisora de Empresas y Valores (CONASEV). Se privatizó asimismo la Bolsa de Valores y se reguló la Oferta Pública de Acciones (OPA), la reserva de información y los requisitos mínimos para la constitución y operación de las Sociedades de Agentes de Bolsa (SAB). En fin, se estableció el marco legal para la creación de nuevas instituciones en el mercado financiero peruano, tales como las empresas clasificadoras de riesgo y las sociedades administradoras de fondos mutuos de inversión.

Estas medidas se complementaron con las nuevas leyes orgánicas para el Banco Central de Reserva del Perú y la Superintendencia de Banca y Seguros (SBS). La nueva Ley orgánica del Banco Central se promulgó en 1992 y sirvió para consolidar las reformas respecto al papel fundamental de esta entidad —el de preservar la estabilidad monetaria—, dotándolo para ello de funciones y protecciones específicas.

Como la anterior, la nueva Ley orgánica de la Superintendencia de Banca y Seguros, promulgada también en 1992, fortaleció su función de supervisión; con ese objeto, la Superintendencia estableció que los créditos deben dividirse en comerciales, de consumo e hipotecarios, y su evaluación debe efectuarse de acuerdo con el nivel de recuperación esperada.

Comportamiento oscilante

El comportamiento de las colocaciones bancarias refleja objetivamente los períodos de recesión o de dinamismo que afectan a la economía nacional. Así, en 1990, cuando la situación económico-financiera del país llegó a su punto más crítico, las colocaciones del sistema bancario se ubicaban en los 260'829,000 de soles (expresadas en soles constantes de agosto de 1990); en cambio, en 1995, cuando la mayor parte de los factores de la crisis ya habían sido superados, tales colocaciones alcanzaron 1'527,000 de nuevos soles, es decir, casi 6 veces más que en 1990. A mediados de los años noventa, los sectores económicos con mayor demanda de financiamiento fueron la industria (30.4%) y el comercio (22.2%), lo cual no hace sino reflejar una tendencia muy afirmada en el Perú: la industria y el comercio reciben anualmente, en conjunto, entre el 50 y el 60 por ciento de las colocaciones bancarias totales.

Los servicios de salud y educación

En el Perú contemporáneo, los servicios de salud no han merecido una atención prioritaria del Estado, lo que ha acarreado negativas consecuencias sociales, como la elevada tasa de mortalidad infantil y de morbilidad, entre otras. Si bien ha mejorado en los últimos años, la situación todavía es crítica en las áreas rurales más apartadas.

Si la ubicación de los hospitales en el territorio nacional revela ya la aguda irregularidad existente en este terreno, es todavía más crítica la distribución geográfica de los profesionales de la salud. A mediados de los años noventa, el departamento de Lima más la provincia constitucional del Callao contaban con 14,629 profesionales médicos, lo que significa el 59 por ciento del total de 24,708 médicos existentes en Perú. En Piura, Lambayeque, La Libertad, Junín e Ica se desempeñaban 4,256 médicos, que representan el 17 por ciento del total nacional de estos profesionales. En conjunto, en los seis departamentos mencionados se concentra el 76 por ciento del total nacional de médicos. En el otro extremo, los departamentos de Apurímac y Huancavelica sólo disponen de 119 y 115 médicos, respectivamente.

Con el mayor acceso de los niños a la educación primaria han disminuido las tasas de analfabetismo.

La educación

Según la Constitución Política, la educación primaria en Perú es obligatoria, mientras que la secundaria es voluntaria. En tal sentido, una de las prioridades nacionales ha sido la de satisfacer la necesidad de educación básica a cargo del Estado. A diferencia de otros países en desarrollo, la educación en Perú no se halla en situación crítica, gracias a las inversiones en infraestructura realizadas en los últimos lustros. De esta forma, la mayor parte de la población infantil y adolescente accede a los servicios de educación primaria y se-

Irregular distribución de los hospitales

Según el censo sanitario realizado por el Ministerio de Salud (MINSA), existen en el Perú 7,306 establecimientos de salud, de los cuales 472 son hospitales, 1,849 son centros de salud y 4,868 puestos de salud. La distribución de los hospitales en el territorio nacional demuestra que la mayoría de ellos se encuentran en el área que comprende el departamento de Lima y el Callao (157 hospitales, cifra que representa el 33.2 por ciento del total nacional). Siguen en orden de importancia La Libertad, con 33 hospitales; Junín, con 29; Lambayeque, con 28; y Piura y Ancash, con 24 hospitales cada uno. Es decir, que en los cinco departamentos ubicados en la costa norcentral o en la sierra cercana a Lima se dispone de 138 hospitales, que representan el 29 por ciento del total nacional. La suma de ambos subtotales demuestra que en seis departamentos se concentra el 61 por ciento del total de la planta hospitalaria nacional.

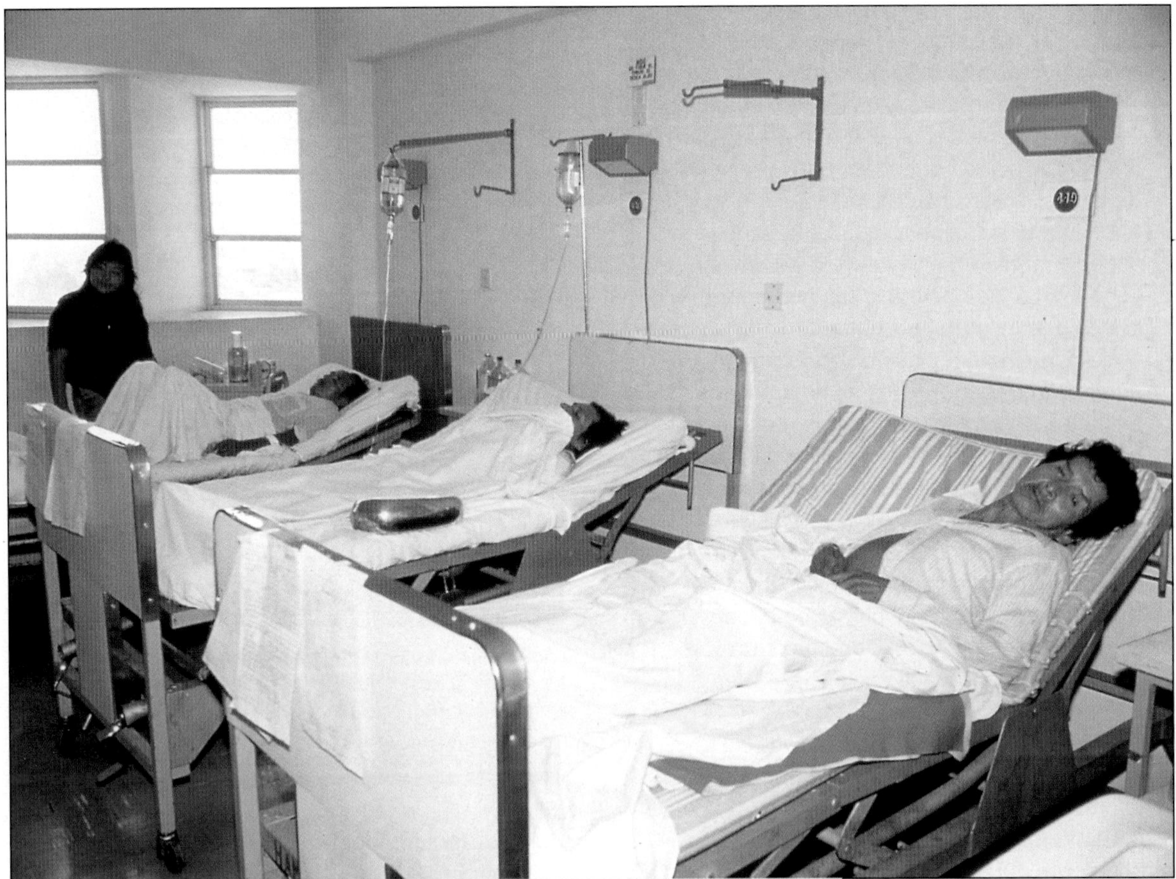

Enfermos de cólera durante la epidemia registrada en 1991. El contagio se vio favorecido por la alta densidad poblacional en las ciudades costeras y las malas condiciones sanitarias.

cundaria, con el consiguiente descenso de los índices de analfabetismo.

En la actualidad, los problemas principales de la educación nacional están relacionados sobre todo con la desigual distribución geográfica de la educación pública. Esta situación favorece a las ciudades de la costa en detrimento de los ámbitos rurales y de la Amazonia, donde las instituciones privadas prácticamente no existen y donde la educación estatal está muy por debajo de los niveles deseables. Esta desigualdad de las opciones educativas de los habitantes urbanos y rurales constituye un problema de no poca relevancia, pues, además de dificultar la ya de por sí compleja alfabetización de la población campesina, es otro de los factores que estimulan la permanente migración de familias en dirección a las ciudades.

Los nuevos desafíos

Gracias al aporte conjunto de los sectores público y privado, a mediados de los años noventa el 96 por ciento de los niños entre 6 y 11 años de edad —lo que equivale a 3'163,432 alumnos— asistió a las escuelas a recibir educación primaria. De la misma manera, el 90 por ciento de los adolescentes cuyas edades se encuentran entre 12 y 16 años —es decir, 2'371,014 alumnos— asistieron a algún establecimiento educativo a recibir educación secundaria.

Estas cifras confirman la impresión general de que la cobertura de la educación pública no constituye un problema esencial del sector. Éste reside más bien en el deterioro de la calidad del servicio educativo recibido en las escuelas estatales, y se manifiesta en la inasistencia, la deserción escolar y la repetición de los grados cursados; además, el tipo de formación que se brinda y las habilidades que se desarrollan poseen un marcado sesgo «prourbano-antirrural».

La pobreza influye en la calidad de la enseñanza. La inasistencia a clases es notoriamente mayor entre los niños pertenecientes al 20 por ciento

Lineamientos de una nueva política educativa

Carlos Parodi Trece, en *Economía de las políticas sociales*, propone los siguientes puntos como esenciales para el diseño de una nueva política educativa:

1. La introducción de cargos al usuario, especialmente en el nivel de la educación superior. La idea es que cada uno pague lo que pueda, y no necesariamente lo que deba pagar. Las becas no son excluyentes, pues se entregarían a los estudiantes más brillantes de las familias pobres; es decir, una beca sería un premio y no un subsidio. Este esquema promueve la eficiencia y la equidad.
2. La creación de un mercado de créditos educativos, particularmente para la educación superior, atando el préstamo al pago de un porcentaje de los ingresos futuros. Igualmente, se logra la eficiencia y la equidad en forma simultánea.
3. El incentivo a la provisión privada de la educación en todos los niveles, liberando así recursos al sector público.
4. El ahorro generado por las medidas anteriores debe ser usado para expandir y mejorar aquellas partes del sistema educativo que son más rentables. En la mayoría de los casos, se trata de la educación primaria.

Niñas escolares en Iquitos. En la actualidad el nivel cultural de la población ha alcanzado progresos significativos gracias a un descenso notorio del analfabetismo urbano y rural.

más pobre de la población. Conforme aumenta la edad de los educandos, el número de sus inasistencias también crece, creando un serio problema de ausentismo. De esa manera, la educación que reciben sufre un grave deterioro, que dificulta el cumplimiento de los objetivos establecidos para cada ciclo.

La calidad de la educación recibida también depende de la ubicación geográfica de la población. A grandes rasgos puede señalarse que la población rural y la de la Amazonia depende casi totalmente de la educación pública, dada la ausencia de escuelas privadas y parroquiales en dichas zonas. A manera de ejemplo puede hacerse referencia a la zona rural de la selva, donde la educación primaria alcanza el último lugar, en el orden nacional, en términos de cobertura. En ella el 14 por ciento de los niños entre 6 y 12 años no asiste a la escuela primaria, situación que contrasta marcadamente con la costa urbana, donde esa cifra no sobrepasa el 2 por ciento.

La problemática educativa del Perú actual, por lo tanto, no es ajena a la realidad global del país, y es dentro de ese marco como deben abordarse las respuestas a un aspecto crucial para el desarrollo nacional y el bienestar individual.

Atractivos turísticos del territorio nacional

Perú es un país dotado de un enorme potencial turístico. La diversidad geográfica y ecológica del territorio nacional, así como el rico legado cultural precolombino y colonial, lo convierten en un país dotado de una gran cantidad de atractivos turísticos naturales y culturales, del que aún no han sido explotadas sus verdaderas posibilidades. Factores tales como la carencia de eficientes políticas promocionales, las limitaciones de la infraestructura turística y la inseguridad que introdujo en el pasado reciente la acción de grupos terroristas fueron determinantes en el repliegue del turismo receptivo.

Machu Picchu muestra el clásico estilo inca en sus paredes labradas y sus puertas trapezoidales.

Ese cúmulo de circunstancias produjo que en las décadas de 1980 y 1990 el ingreso de turistas a Perú haya sido muy irregular. Sin embargo, en abierto contraste con ese comportamiento, en años recientes el número de turistas arribados al país creció de 200,000 en 1992 a cerca de 700,000 en 1996; para la actualidad el ente oficial ha fijado la cifra de arribos en 900,000.

Los turistas que visitan el país provienen sobre todo de Estados Unidos (21.5%), Chile (15.2%), Argentina (4.9%), Bolivia (4.2%) y Alemania, España y Francia (4.8%, 4.3% y 4.1% respectivamente). Los ingresos derivados del turismo han crecido sostenidamente desde 1992; dicho año este sector generó divisas por 188 millones de dólares. A partir de entonces los ingresos del rubro han aumentado hasta alcanzar los 725 millones de dólares en la actualidad, lo que significa un incremento porcentual del 385.6 por ciento. Este avance es signo de la importancia creciente del sector. En el presente, con el apoyo conjunto de los organismos especializados del gobierno y de los operadores privados, se está tratando de promover el ecoturismo, campo promisorio gracias a la gran biodiversidad y a la riqueza de escenarios naturales de que está dotado el territorio peruano.

Principales enclaves

El territorio peruano presenta gran variedad de paisajes naturales y su biodiversidad es reconocida en todo el planeta. Tanto el Mar de Grau, la costa, los Andes y la selva fueron ocupados y poblados desde hace milenios, y sus pobladores han dejado manifestaciones que son motivo de admiración tanto para la población nacional como para los visitantes extranjeros. Por otra parte, existen numerosos ejemplos de paisajes naturales con bellezas escénicas y huellas de sus pobladores.

Departamentos de Tumbes, Piura y Lambayeque

Al norte, en el litoral del departamento de Tumbes, el Santuario Nacional Manglares de Tumbes alberga una gran variedad de aves y está surcado por los canales denominados esteros. Un paisaje muy semejante, aunque con una superficie mucho más reducida, se observa en la desembocadura de los ríos Chira y Piura; en este último se encuentran los Manglares de San Pedro. Al sur de la ciudad de Tumbes y al norte del departamento de Piura hay playas marítimas que se utilizan como balnearios, a los que concurren los visitantes todo el año, gracias al buen tiempo y a su mar subtropical de aguas tranquilas, excepto en zonas donde se producen fuertes oleajes, que atraen en cambio a los surfistas. Los más conocidos balnearios de estas playas son Punta Sal, Cabo Blanco y Máncora, entre otros. Por esta zona discurre

En Piura, las artesanías tienen arraigo desde tiempos inmemoriales. En la actualidad, las cerámicas de Chulucanas constituyen uno de los atractivos turísticos del departamento.

el río Tumbes, único curso de agua navegable de la costa peruana.

En el desierto de Sechura, las lagunas de Ramón y el estuario de Virilá muestran abundancia y variedad de aves autóctonas y migratorias. Cerca de la ciudad de Sullana, la represa de Poechos, con pequeños islotes, playas y bosques de algarrobos, ofrece condiciones para la práctica de deportes acuáticos. Pueden agregarse a los puntos ya señalados el Parque Nacional Cerros de Amotape, el coto de caza El Angolo, al norte de Sullana, y la zona reservada de los bosques subtropicales de Tumbes.

En la ciudad de Piura vale la pena visitar la catedral y la casa donde nació el almirante Miguel Grau; en Sechura, la iglesia del centro urbano. Mención aparte merecen las artesanías de Chulucanas, con sus bellas cerámicas, y Catacaos, con su orfebrería con filigrana en oro y plata. En la zona andina, la laguna de Shimbe y otras menores forman un conjunto denominado Las Huaringas, donde los «brujos» realizan curaciones con plantas, abluciones y ritos. Restos arqueológicos se aprecian cerca de las ciudades de Huancabamba y Ayabaca. La festividad del Señor Cautivo rinde culto a un Cristo que atrae a millares de fieles, cuya imagen se guarda en la catedral de Ayabaca.

En el departamento de Lambayeque destacan la ciudad de Chiclayo y sus balnearios cercanos: Pimentel, Eten, Santa Rosa y San José. También son importantes las ruinas preincaicas de Huaca Rajada y las tumbas reales del Señor de Sipán y del Señor de Sicán, a unos 30 km al este de Chiclayo. La tumba del Señor de Sipán es considerada el mayor descubrimiento arqueológico reciente en el Perú, no sólo por sus adornos de oro y piedras preciosas, sino por ser la primera tumba preinca que se encuentra intacta.

Al norte de Chiclayo hay numerosas huacas, en los valles de los ríos La Leche y Motupe. En la ciudad de Lambayeque, el Museo Brünning guarda valiosos objetos de cerámica y orfebrería en oro. En la localidad de Olmos puede visitarse el zoocriadero D'Achille, donde habita la pava de ala blanca (*Penelope albipennis*) que, tenida por extinta en todo el mundo, fue redescubierta en esta zona en 1997. En fin, al sudeste de Chiclayo se alzaba la ciudad colonial de Saña, que fue destruida por un aluvión.

La fortaleza de Kuélap

La Fortaleza de Kuélap, ubicada en el departamento de Amazonas, abarca aproximadamente 450 hectáreas. En ella pueden observarse terrazas de cultivo, asentamientos, accesos de control, almacenes y plazas públicas. Está situada en el caserío del mismo nombre, a 35 km de Chachapoyas, en el distrito del Tingo, provincia de Luya; se halla a 3,000 m sobre el nivel del mar, en una zona limítrofe entre los Andes y la ceja de selva.
La fortaleza está conformada por más de 450 estructuras, distribuidas en diversos niveles de formas variadas (rectangulares, cuadrangulares y circulares). Dichas estructuras, asociadas entre sí, tuvieron funciones ceremoniales, administrativas, de defensa y de vivienda. Según las crónicas, el lugar estuvo ocupado hasta 1532, cuando Diego Alvarado redujo a la población a las zonas más bajas. Pedro Cieza de León anota en sus crónicas que «los Chachapoyas eran indios blancos, cuya hermozura era digna de soberanos, cuyos ojos eran azules, y los cuales eran más blancos que los mismos españoles».

Embarcación turística navegando por el Amazonas. La travesía del río más largo de América se ha convertido en el destino de numerosos visitantes, a pesar de la dureza del trayecto.

Departamentos de Cajamarca y Amazonas

En Cajamarca fue capturado y muerto por los españoles el Inca Atahualpa. En esta ciudad existen numerosos templos coloniales y se conserva el «cuarto del rescate» que, según los cronistas, fue llenado con oro y plata. Su denominación deriva del hecho de que fue atesorado con riquezas provenientes de todo el Imperio Incaico, con el fin de pagar el rescate y salvar la vida de Atahualpa.

A poca distancia de esta ciudad existen asombrosas ruinas preincaicas tales como el canal Cumbemayo, excavado en la roca, o las tumbas de Ventanillas de Otuzco. Al este, y a corta distancia de Cajamarca, los Baños del Inca poseen aguas termomedicinales, muy apreciadas por sus virtudes curativas. El Parque Nacional de Cutervo, en la provincia homónima, contiene una cueva habitada por *huacharos*, pequeña lechuza en peligro de extinción. En San Ignacio, localidad cercana a Cutervo, pueden observarse pinturas rupestres.

En cuanto al departamento de Amazonas, paisajes de gran belleza pueden contemplarse en la denominada Región de los Pongos, imponentes valles en garganta modelados por el río Marañón. Los más espectaculares son los de Rentema y Manseriche. En el río Comaina, afluente del Cenepa, existen pequeños pongos formados por este río y sus afluentes.

Al sur del departamento y al sudoeste de la ciudad de Chachapoyas, capital del mismo, pueden visitarse las hermosas y monumentales ruinas de Kuélap, en la cuenca alta del río Utcubamba.

Departamento de La Libertad

En el departamento de La Libertad, cerca de la ciudad de Trujillo, se hallan las ruinas de la antigua Chanchán; construida con adobes, se la considera la ciudad de barro más grande del mundo. Otros testimonios arqueológicos son las huacas del Sol y la Luna. Otros emplazamientos que merecen ser visitados son Pocatuanú o Pakatnamú, ciudad chimú del valle del Jequetepeque; Huaca Prieta, en la desembocadura del Chicama; el complejo arqueológico El Brujo; el Cerro Colorado, y muchos otros centros arqueológicos preincaicos. Una gran fiesta religiosa —la festividad de la Virgen de La Puerta— se celebra en la ciudad de Otuzco, situada a unos 100 km al este de Trujillo, en zona andina.

En la ciudad de Trujillo, denominada ahora la «ciudad de la eterna primavera», se conservan casonas y conventos de típica arquitectura colonial.

El dragón, resto arqueológico de la cultura Chimú en La Libertad, está decorado con figuras antropomorfas. En el museo del sitio se exhiben tallas y cerámicas extraídas de la zona.

Balneario de Pucusana, situado al sur de Lima. Las hermosas playas al norte y sur de la ciudad forman parte de los atractivos turísticos de la capital nacional.

En ellas se realizan espectáculos que gozan de fama y prestigio internacional, dentro de los festivales de la Primavera y la Marinera, o como parte de las celebraciones ligadas a los concursos de caballo de paso. En el puerto de Huanchaco, los pescadores artesanales siguen usando sus ancestrales «caballitos de totora». En este territorio existen dos reservas naturales: la Reserva Nacional de Calipuy y el Santuario Nacional de Calipuy.

Departamento de Ancash

En cuanto al departamento de Ancash, sus mayores atractivos turísticos se localizan en la zona andina. Por sus numerosos nevados, el Callejón de Huaylas, valle interandino formado por el río Santa y delimitado al este por la cordillera Blanca (la cordillera tropical más alta del mundo, con 27 nevados que superan los 6,000 m sobre el nivel del mar), atrae a escaladores de todo el mundo. Por otra parte, las lagunas al pie de los glaciares son ricas en truchas, lo que posibilita la práctica de la pesca deportiva.

El Parque Nacional Huascarán permite recrearse en los hermosos paisajes de la cordillera Blanca. Puede practicarse canotaje en el río Santa, sector del Callejón de Huaylas, y contemplarse el imponente Cañón del Pato, valle en garganta formado por el río Santa, al norte de la ciudad de Caraz. En cuanto al litoral marino, son atractivos turísticos la bahía y el puerto de Chimbote, así como la bahía de Samanco y el balneario de Tortugas. Son célebres además los restos arqueológicos de Sechín, cerca de la ciudad de Casma, y el templo de Chavín de Huantar, en la cuenca del río Mosna, afluente del Marañón. En la Cueva del Guitarrero, cerca del Callejón de Huaylas, se han encontrado los más antiguos vestigios de cultivo de América: frijoles y pallares datados entre los años 8000 y 7000 a.C.

Departamento de Lima

La ciudad de Lima, consagrada desde el 13 de diciembre de 1991 como Patrimonio Cultural de la Humanidad por la Organización de las Naciones Unidas para la Educación, la Ciencia y la Cultura (UNESCO), conserva numerosas casonas coloniales. Entre ellas destacan el Palacio de Torre Tagle, sede del Ministerio de Relaciones Exteriores, y la llamada Casa de Pilatos, además de conventos como el de San Francisco e iglesias como la catedral, San Pedro, la Merced y Santo Domingo, entre otras. Los museos que exponen la diversidad arqueológica y artística de los antiguos peruanos son el Museo de la Nación, Museo de la Magdalena y Museo de Oro, entre otros. Las ruinas arqueológicas próximas a la capital, como el Santuario de Pachacamac, la ciudad de Cajamarquilla o el palacio de Puruchuco son tan dignas de visita como los balnearios marítimos cercanos a la ciudad.

En el Callao atraen al turista el fuerte del Real Felipe y el Museo Naval. En la zona andina destaca el Cañón del Infiernillo, sobre el cual se han construido impresionantes puentes por donde co-

Práctica de canotaje en el río Cañete, cerca de Lima. Los deportes de aventura se han convertido en las principales actividades turísticas de fin de semana.

rre el ferrocarril Central, que luego de remontar los Andes cruza la cordillera a más de 4,800 m de altitud. Al norte de Lima, las lomas de Lachay proponen un oasis de verdor en el desierto, producido por las neblinas de invierno y favorecido por las lluvias en épocas de El Niño extraordinarios. Al sur, en fin, se encuentra el río Cañete, a 137 km de la capital; a 300 m sobre el nivel del mar, es uno de los enclaves preferidos de los aficionados al canotaje.

La ciudad de Lima tiene una vida cultural intensa: teatros, exposiciones de arte, conciertos sinfónicos. De la vida nocturna se puede disfrutar en las discotecas, los salones de baile y las peñas criollas. Numerosos restaurantes sirven cocina autóctona e internacional.

Departamento de Ica

Situada al sur de Lima, la capital departamental es la bella ciudad de Ica, castigada por devastadoras inundaciones a finales de enero y principios de febrero de 1998, por efecto de las abundantes precipitaciones que originaron crecientes excepcionales del río Ica. En esta ciudad se pueden visitar el Santuario del Señor de Luren, el Museo Arqueológico, el oasis que forma la laguna de Huacachina y las haciendas productoras de pisco.

Al sur se encuentran las famosas líneas y dibujos de Nazca. Importantes son también las galerías subterráneas de Nazca, construcciones prehispánicas que recogen filtraciones de agua, que los antiguos habitantes luego canalizaban para regar sus campos agrícolas. Al norte se sitúan el balneario de Paracas y las islas San Gallán, donde pueden observarse millares de variedades de aves y lobos marinos y, durante el viaje, el «candelabro», figura construida por los antiguos pobladores de la región en una ladera desértica frente al mar.

En la bahía de Paracas habitan las parihuanas, aves con vistosos colores rojos en las alas, separadas por plumas blancas, colores que, según la tradición, inspiraron al Libertador José de San Martín para crear la bandera nacional. Hay un Museo de Sitio con restos extraídos del cementerio de Paracas, en el cual se han encontrado bellos y coloridos mantos elaborados en lana y algodón. Otros puntos de interés son Tambo Colorado, en Pisco, que pertenece a la cultura Inca, y la Reserva Nacional de Paracas, en donde las aves y los lobos marinos pueden ser apreciados de cerca, sobre todo en las famosas Islas Ballestas, a donde se llega partiendo de la Bahía de Paracas, a 260 km al sur de Lima.

Agencia de viajes en Arequipa. Además de la inconfundible atmósfera de su capital departamental, Arequipa cuenta con hermosos paisajes, como por ejemplo Cayma y Yanahuara.

Departamento de Arequipa

En el departamento de Arequipa numerosos paisajes de interés turístico se hallan en el litoral marino: los balnearios de Mejía, Mollendo e Islay, y las lagunas litorales de Mejía, con aves autóctonas y migratorias que llegan estacionalmente. En la región andina destacan los cañones formados por los ríos Colca y Cotahuasi —conocido éste durante la Colonia como el corregimiento de Collahuas—, que se cuentan entre los más profundos del mundo. El cañón del río Colca es considerado magnífico enclave para la práctica del canotaje por parte de los aficionados al turismo de aventura.

Los nevados, que en su gran mayoría son conos volcánicos, constituyen hermosos paisajes, que destacan sobre las altas punas. En la cuenca superior del río Colca, pequeños conos volcánicos forman el denominado valle de los Volcanes, en donde fue hallada la «momia Juanita». Los volcanes que dominan por entero el paisaje arequipeño también son campo de aventura para los andinistas: el Misti (5,825 m), el Chachani (6,075 m) y el Ampato (6,310 m).

En las punas pastan rebaños de vicuñas, que pueden observarse desde la carretera o el tren. Al nordeste de la ciudad de Arequipa se creó la Reserva Nacional Salinas Aguada Blanca, con el fin de preservar la rica fauna (taruca, vicuña y parihuanas) y la flora del lugar. La campiña de Arequipa es una de las más bellas del territorio nacional andino. En las pampas de Toro Mocho hay petroglifos con variedad de pinturas.

Arequipa capital es conocida como la «ciudad blanca», debido al color blanco del sillar, piedra volcánica que abunda en esa zona, con la que fueron construidos sus templos, como el de La Compañía. Conventos como el de Santa Catalina y palacios como el de Huasacache —también conocido como la Mansión del Fundador— merecen asimismo una visita. La peculiar fisonomía de estos edificios, iniciadores del celebrado barroco andino, es producto del espíritu de sus pobladores desde su fundación en 1540.

El puente de Eiffel y las fiestas populares

La arquitectura arequipeña está representada por el estilo colonial del monasterio de Santa Catalina (1579) y del templo de Santa Marta (1582), por el arte mestizo de los monasterios de Santa Rosa (1747) y Santa Teresa (1710), por la mixtura del romántico tardío con el mestizo con influencia mudéjar del complejo de San Francisco Iglesia, por el barroco andino del templo de la Compañía de Jesús (1654), el convento (s. XVI) y el templo de San Agustín. La catedral de Arequipa, según José García Bryce, fue «el principal monumento religioso que se erigió en el Perú del siglo XIX».

Un papel de primer orden en la atmósfera del lugar desempeñan las casonas coloniales construidas entre los siglos XVII y XVIII, como las casas Tristán del Pozo, Irribery, Goyeneche, de la Moneda, Mendiburo, del Moral y de los Pastor. Estos edificios se caracterizan por la ornamentación de sus fachadas, con grandes ventanas con rejas artísticas sobresalientes de hierro forjado. Además destacan los puentes arequipeños, como el Puente de Fierro, que fue diseñado por el ingeniero francés Gustave Eiffel, el celebérrimo autor de la torre de París que lleva su nombre. Se construyó en 1882 para el tránsito del ferrocarril del Cusco.

La Reserva Nacional de Paracas alberga una imponente fauna, compuesta por más de 150 especies de aves, 300 de peces y 2 de tortugas, además de especies protegidas como las ballenas.

Tiene 488 m de luz y hasta 1889 dio al país la satisfacción de contar con el puente más largo del mundo.

En el departamento de Arequipa se suceden a lo largo del año numerosas fiestas populares, generalmente ligadas a las conmemoraciones religiosas. Las principales son el aniversario de la fundación de Mollendo y los Reyes Magos en Tiabaya; la Fiesta de la Candelaria en Chapi, Characato, Chiguata y Cayma, el 2 de febrero; el miércoles de ceniza en Arequipa y Acequia Alta, en febrero; la Semana Santa en Arequipa y todos los distritos, en abril; la peregrinación al Santuario de la Virgen de Chapi, el 1 de mayo; las fiestas populares por San Isidro Labrador en Sachaca, el 15 de mayo; la fiesta de San Juan, en Yanahuara, el 24 de junio; la fiesta de la Virgen del Carmen, en Carmen Alto, Yura, Tingo Grande y Congata, el 16 de julio; el aniversario de Arequipa, el 15 de agosto; el día de los muertos, el 2 de noviembre, y la Fiesta de la Inmaculada, el 8 de diciembre, en Yura, Characato, y Huaranguillo.

El barroco andino

En Cusco hay superposiciones heroicas y silencios graves en sus monumentos; en Lima la humildad del material hace de su arquitectura algo ficticio en su lujo y melancólico en su fiesta; si vamos para Bolivia, Ecuador o México encontramos riqueza exuberante, aislamiento de arquitectura hispana o exaltaciones líricas de piedra hasta lo trágico. Pero la naturalidad absoluta, la arquitectura que nace del acuerdo perfecto entre la forma que llega y el espíritu que la recibe, la tiene Arequipa en sus monumentos, donde la idea española se expresa con alegría y lenguaje indígena. El historiador Alejandro Málaga apunta: «En su aspecto decorativo, la arquitectura arequipeña se aparta más que ninguna otra región de América de las formas y estilos europeos conocidos, para acercarse a las formas y estilos aborígenes.»

Departamentos de Moquegua, Tacna y Puno

En las nacientes del río Tambo hay lagunas de origen glaciar que concentran una gran variedad de aves. La ciudad de Moquegua, capital departamental, conserva muchas construcciones de la época colonial. El cerro Baúl, que domina esta urbe, tiene restos arqueológicos. En áreas rurales inmediatas crecen viñedos y olivares.

Muelle de la isla de Taquile, en el lago Titicaca. A la belleza natural del lago se agrega el atractivo de la conservación de las más antiguas tradiciones autóctonas, como el trueque.

Taller de los hermanos Mendívil, en San Blas, Cusco. La influencia del arte colonial y la tradición indígena se combinan en las artesanías propias de ciudades como Cusco y Ayacucho.

En el territorio andino del departamento de Tacna destacan los conos volcánicos, que caracterizan el paisaje de la alta montaña. En la ciudad de Tacna, la catedral, una fuente de agua y un gran arco forman un precioso conjunto. En la costa existen plantaciones de olivos, viñedos y frutales. Los restaurantes permiten degustar la comida típica del departamento.

En cuanto a Puno, hay que hacer referencia, como principal característica y mayor atractivo turístico, al paisaje lacustre del Titicaca, con una superficie de 36,180 hectáreas. El Titicaca es el lago navegable más alto del mundo; viajando en pequeñas embarcaciones, desde el puerto de la ciudad de Puno, se llega a las renombradas islas flotantes, construidas con totora y habitadas por descendientes de los uros, población casi extinguida. Los «caballitos de totora» que estos pobladores construyen sirven no sólo para la navegación sino también para la caza, la pesca y la extracción de la totora. Los extensos totorales ofrecen una variada fauna avícola.

Al norte del lago se alzan los nevados de la cordillera de Carabaya. Las islas lacustres de Amantani, Taquile y Soto constituyen destinos muy apreciados por los turistas. Existen barcos de bandera peruana que parten del puerto de Puno y llegan a Huaqui, en Bolivia. Cerca de la ciudad de Puno se encuentran las Chulpas de Sillustani, a orillas del lago Umayo. Los templos de Pucará, próximos a esta población, son restos arqueológicos preincaicos.

Capital folclórica de América

La ciudad de Puno, así como Ilave, Juli, Pomata y Yunguyo, conservan ricas iglesias coloniales. Puno está considerada la capital folclórica de América, por la cantidad y variedad de danzas que ejecutan los bailarines con sus vistosas máscaras y vestidos. La fiesta de la Candelaria, en el mes de febrero, reúne a numerosos grupos folclóricos, que bailan incansablemente a pesar de la altitud (3,827 m). La artesanía es una actividad importante en la región: se producen tejidos de lana de alpaca, llama y ovinos, así como artículos de plata y tallas en piedra, que pueden adquirirse en los mercados de todas las ciudades del departamento. Son famosos los toritos de Pucará realizados en cerámica. En fin, la Reserva Nacional Titicaca, en sus sectores de Puno y Ramis, constituye otro atractivo turístico.

Departamento del Cusco

El departamento del Cusco es el gran centro turístico de Perú. La ciudad colonial del Cusco, capital arqueológica de América y Patrimonio de la Humanidad, posee la catedral, hermosos conventos, templos y casonas coloniales, edificados muchos de ellos sobre muros incas, construidos con piedras talladas y pulidas, excelentemente ensambladas. Miles de turistas nacionales y extranjeros admiran cada año estas bellezas.

Los artesanos que venden textiles, cerámica, orfebrería, mates burilados y artículos de cuero se concentran en la plaza principal, avenidas y calles.

Turismo de aventura en el Cusco

Uno de los destinos preferidos para el turismo de aventura en el Cusco es la cordillera de Vilcabamba. Ubicada entre los ríos Urubamba y Apurímac, la cordillera de Vilcabamba, con una extensión de 100 km, forma bellos paisaje con sus altos nevados, de más de 5,000 m sobre el nivel del mar; son escenario propicios para los montañistas, que pueden ascender hasta el nevado más alto, el Salcantay, con 6,271 m sobre el nivel del mar. Los andinistas pueden ascender además a los diversos picos nevados, encontrando por el camino diversas zonas arqueológicas de gran belleza, como Vitcos, Rosaspata y Vilcabamba. La mejor temporada para escalar las montañas es de abril a octubre. Otro de los destinos es el río Urubamba, que discurre su mayor porción por el Valle Sagrado de los Incas. También desde Calca a Urubamba los rápidos presentan excelentes condiciones para la práctica del canotaje, siendo la mejor temporada de abril a noviembre. Finalmente, el circuito más popular son los Caminos del Inca. Es el sueño de muchos deportistas de aventura llegar hasta Machu Picchu recorriendo el Camino del Inca, que parte de Korihuayrachina, muy cerca del poblado de Chilca. Desde allí se inicia una caminata de tres días, durante los cuales se asciende hasta 4,200 m sobre el nivel del mar y se recorren una serie de edificaciones incas a través del camino señalizado. Al llegar a la Puerta del Sol, desde donde se tiene la primera vista del Machu Picchu, el caminante siente que todo el esfuerzo realizado valía la pena.

Turistas en Sacsayhuamán, al norte del Cusco. Allí se realiza el Inti Raymi, festival anual donde es tradicional la escenificación del ritual incaico de culto al dios Sol o Inti.

Famosas en Perú y el mundo son las figuras elaboradas con arcilla por la familia Mendívil. De ellas dice Francisco Stastny, en su libro *Las Artes Populares del Perú*: «De esas tradiciones surgieron unos hábiles artistas populares perfectamente adaptados a la nueva demanda: Hilario Mendívil y su esposa Georgina. Con materiales efímeros y dúctiles: papel, anilina, purpurina, cola, han construido un mundo de fantásticas figuras religiosas. Totalmente eclécticos en su gusto, que combinan las elegancias manieristas (casi caricatulares, con los larguísimos cuellos de sus figuras) con los dorados y las volutas barrocas, los Mendívil dan una versión popular y teatral de la gran tradición de arte religioso virreinal.»

Otros artesanos famosos son las familias Olave y Folana, y el notable retablero ayacuchano Joaquín López Antay. Al norte de la ciudad, se alza la fortaleza de Sacsayhuamán, con muros de grandes piedras perfectamente ensambladas.

Machu Picchu

Machu Picchu, la impresionante ciudadela inca localizada en la cumbre del cerro homónimo, está enmarcada por extraordinarios paisajes de ceja de selva, y delimitada por el imponente cañón formado por el río Urubamba, el cual corre bordeando este cerro. Otro sitio arqueológico son las ruinas de Ollantaytambo, que se encuentran junto a la población del mismo nombre. Se trata de una fortaleza inca construida con grandes piedras talladas y pequeñas habitaciones al borde del abismo.

Niño en las afueras de Huamanga, en el departamento de Ayacucho. Huamanga cuenta con 33 templos de la época colonial, y sus fiestas de Semana Santa atraen a numerosos visitantes.

Joyas de la región son asimismo las ruinas de Pisac y los andenes de Moray. A Andahuaylillas, pequeña iglesia colonial en la localidad del mismo nombre, al sur del Cusco, se la conoce como «la Capilla Sixtina» del Perú, pues en su interior paredes y techos están cubiertos con bellos cuadros y dibujos realizados por pintores indios.

Turismo de aventura es el viaje a Machu Picchu por los Caminos del Inca, en un recorrido que dura de dos a cuatro días y a lo largo del cual se observan ruinas incaicas, variedad de plantas y especímenes de la fauna. El canotaje se practica en el río Urubamba, en el sector denominado Valle Sagrado.

Departamentos de Apurímac y Ayacucho

En el departamento de Apurímac destacan los profundos cañones interandinos y de ceja de selva, formados por el río homónimo, así como la hermosa laguna de Pacucha y el nevado de Ampay, al norte de la ciudad de Abancay. Numerosos vistantes han estimado que las ruinas arqueológicas de Choquequirao no son menos imponentes que las de Machu Picchu.

Las ciudades de Abancay y Andahuaylas ofrecen atractivos turísticos, igual que la población de Chincheros o la piedra de Sayhuite o Concacha, en la carretera de Abancay. El turismo de aventura propone navegar por los ríos Pampas y Apurímac, o viajar a la laguna de Pacucha y al Santuario Nacional de Ampay.

En el departamento de Ayacucho los paisajes escénicos se sitúan en la laguna de Parinacochas y en las punas del sur, donde abundan patos y parihuanas. Ruinas arqueológicas preincaicas se hallan en Chupas y Wichaquena, e incaicas en Vilcashuamán, construcción ordenada por el Inca Pachacutec en el valle del río Pampas. Al norte, y a poca distancia de la ciudad de Ayacucho, las pampas de la Quinua constituyen en la actualidad un Santuario Histórico Nacional. Allí se consolidó la Independencia de Perú, al ser derrotadas las tropas realistas. Al sudoeste del departamento se encuentra la Reserva Nacional Pampa Galeras, donde pastan miles de vicuñas.

La ciudad colonial de Ayacucho conserva actualmente 33 templos coloniales, entre los que destacan las tres naves de sobria arquitectura de la catedral (1612), la particular fachada con triple arquería románica de la iglesia de Santo Domingo (1548), así como los templos de San Francisco de Paula (1713), la Compañía de Jesús (1605), San Francisco de Asís (1552), Santa Clara (1568), San Juan de Dios (1555) y Santa Teresa (1703), entre otras. También deben mencionarse las casonas coloniales, como la del Cabildo (1741), y construcciones como la Plaza de Armas y la Universidad San Cristóbal (1677).

Artesanía, fiestas y comidas típicas

La artesanía ayacuchana es una de las más reconocidas en el Perú. Sus centros artesanales son clara muestra de una tradición milenaria, representada en sus diferentes tipos de cerámica, textiles y tallas en piedra de Huamanga, caracterizada por su transparencia, además de sus vistosos retablos y artículos de plata. Además, Ayacucho ofrece cada año una de las celebraciones de Semana Santa más importantes del Perú, en la que, desde el viernes de dolor hasta el domingo de resurrección, destacan sus procesiones, las fiestas místicas, las ferias comerciales y las cabalgatas por las calles con caballo de paso.

Entre la comida típica ayacuchana sobresale el chorizo, el mondongo, el patachi (caldo de trigo con tocino), la puca picante (prepaparado de papas, chancho y ají colorado), el adobo ayacuchano, la kanka (carnero con ají colorado) y los chicharrones. Entre los dulces más conocidos figuran los onquendos, yemas, pajaritos, suspiros, empanadas, cocadas, alfajores y biscotelas.

Departamentos de Huancavelica y Junín

En el departamento de Huancavelica se localizan las ruinas preincaicas de Atun Wayllay o Churcampa. La ciudad de Huancavelica conserva templos y casonas coloniales de intacta belleza. El denominado «tren macho», que «sale cuando quiere y llega cuando puede», comunica la ciudad de Huancavelica con Huancayo.

En el departamento de Junín existe una gran variedad de paisajes: desde el lago Junín o Chinchaycocha, cerca de la ciudad de Junín, y la laguna de Paca, cerca de Jauja, al nevado de Ticlio, en la carretera a Lima, y el de Huaytapallana, al nordeste de Huancayo, sin pasar por alto el colorido valle de Tarma, cultivado con flores. Otros puntos de interés son el cañón que forma el río Palca en la ceja de selva y los bosques tropicales de selva alta y baja, surcados por los ríos Perené, Pangoa, Ene y Tambo. La Reserva Nacional Junín abarca el lago del mismo nombre. Ruinas arqueológicas del departamento son las de Tunan Marca, Qotuqotu y Patan-qotu, entre otras. La ciudad de Huancayo y algunas poblaciones cercanas celebran ferias dominicales, donde se exponen y venden artesanías diversas: tejidos de lana de alpaca, llama y oveja, objetos de plata, mates burilados y cerámica.

Concepción es centro de piscicultura para la reproducción y crianza de truchas. Cerca de Huancayo, el convento colonial de Ocopa guarda en su biblioteca valiosos documentos escritos por los sacerdotes franciscanos. En Tarma, las calles se cubren con alfombras de flores para el paso de procesiones en Semana Santa.

Departamentos de Pasco y Huánuco

En la zona andina del departamento de Pasco pueden observarse atractivos paisajes tales como el llamado Bosque de piedras y los nevados de la cordillera de la Viuda o las lagunas de Punrún, Huarancocha y Sheque. Aguas termales hay en

Vista de la Cueva de las Lechuzas, en el Parque Nacional de Tingo María, Huánuco. Con la pacificación de la zona, Tingo María ha vuelto a conseguir un flujo sostenido de visitantes.

Villo, Chuche, Rabí, Calera y Conoc. Las zonas protegidas de los Andes constituyen el Santuario Nacional Huayllay y la Reserva Nacional Junín, en tanto que en la Amazonia se encuentran el Parque Nacional Yanachaga-Chemillén, el Bosque de Protección San Matías-San Carlos y la Reserva Nacional del Sira, todos con valiosos y variados especímenes de flora y fauna. En la ciudad de Cerro de Pasco se erige la casa donde nació Daniel Alcides Carrión, mártir de la medicina peruana.

En el departamento de Huánuco merece visitarse el valle del Huallaga, entre las ciudades de Ambo y Huánuco. En su sector de bosques amazónicos se encuentra el Parque Nacional Tingo María, donde está la Cueva de las Lechuzas, habitada por huacharos. Los cañones del Huallaga y del Chinchao están formados por estos ríos y por el bosque nuboso de Carpish.

Hotel de Moyobamba, en San Martín. La «ciudad de las orquídeas» cuenta con las cataratas del Gera y las de Lahuarpía, los baños termales de San Mateo y los sulfurosos de Oromina.

Restos arqueológicos existen en Kotosh (el llamado templo de las manos cruzadas), cerca de la ciudad de Huánuco; Tantamayo —con sus grandes edificios llamados «rascacielos», ya que son construcciones de varios pisos— y en la ciudadela denominada Huánuco Viejo. Las cuevas de Lauricocha muestran un fino arte rupestre. La ciudad de Huánuco, con su clima perennemente primaveral, depara al visitante la belleza de sus calles rectilíneas y sus templos coloniales, el puente de «calicanto» y sus fiestas religiosas, con sus danzantes «negritos».

El turismo de aventura, en fin, ofrece posibilidades de canotaje en el río Huallaga, entre Ambo y puente Rancho, en el sector andino, y aguas abajo del puente Cayumba, hasta la desembocadura del Huallaga.

Departamento de San Martín

En el departamento de San Martín destacan los hermosos paisajes de bosques tropicales y los cañones fluviales que forma el río Huallaga, enmarcados por acantilados en los que los árboles parecen desafiar la ley de la gravedad. Hay asimismo admirables cataratas, como las del río Jera (cerca de Moyobamba), las de Aguashiyacu (en las proximidades de Tarapoto), las del río Huayabamba (cerca a Juanjui) y las del río Shima, a poca distancia de Saposoa. A la laguna de Sauce se la conoce también por el nombre paródico de «laguna azul», porque sus aguas tienen un color verdoso.

Por su abundante flora y fauna tropical, el Parque Nacional Río Abiseo, que se encuentra en la cuenca del río Huayabamba, es frecuentado por científicos y turistas que gustan de la aventura. La ciudad de Moyobamba, llamada la «metrópoli de Maynas», es la más antigua urbe de la región amazónica peruana. En la última semana de junio se celebra la Semana Turística, que aúna actividades folclóricas y gastronómicas. La ciudad de Tarapoto es una dinámica urbe comercial, que brinda facilidades para visitar lugares turísticos de su entorno y de la provincia de la que es capital. La ciudad de Lamas, construida en la cumbre de un relieve de diferentes niveles, posee una importante población que, según la tradición, desciende de los valerosos chancas andinos.

Reserva Nacional de Pacaya Samiria, ubicada en Loreto, en la confluencia de los ríos Marañón y Ucayali. Con una extensión de 2'080,000 hectáreas, es la reserva más grande del Perú.

Departamento de Loreto

En el departamento de Loreto señorean los paisajes de bosques tropicales cruzados por ríos de cursos sinuosos: allí el Amazonas-Ucayali es el monarca de los ríos. Hacia él confluyen los grandes afluentes: Marañón, Napo y Yavari, navegables en vapor durante todo el año. Los subafluentes, o sea los ríos tributarios de sus afluentes (Huallaga, Pastaza, Tigre, Morona) también son navegables. Los ríos amazónicos de menor importancia ofrecen paisajes tropicales de extraordinaria belleza. Ejemplo de ello es el Pacaya, afluente del Ucayali, y sus numerosos lagos, que reflejan la vegetación ribereña; asimismo hay que mencionar los ríos Samiria, afluente del Marañón, el Nanay, así como el Momón, cerca de la ciudad de Iquitos.

Las numerosas lagunas de origen fluvial, denominadas regionalmente *cochas* o *tipishcas*, son enclaves de singular belleza, en los que se practica además la pesca deportiva. Los amaneceres y atardeceres amazónicos, con cielos que van combinando sus tonalidades rojas, amarillas y naranja, son espectáculos inolvidables para cualquiera que los haya presenciado alguna vez. La Reserva Nacional Pacaya Samiria, que abarca las cuencas de los ríos Ucayali y Marañón, conserva flora y fauna abundantes y variadas.

Iquitos, la mayor urbe de la Amazonia peruana, a orillas del Amazonas, es una bella metrópoli que aún conserva edificaciones de la época del auge del caucho. Yurimaguas y Contamana, a orillas del Huallaga y del Ucayali, respectivamente, son ciudades que también poseen atractivos turísticos.

Departamento de Ucayali

En el departamento de Ucayali se encuentra el Boquerón del Padre Abad, imponente cañón fluvial formado por el río Yuracyacu, con paisajes de gran belleza. Por el fondo del cañón pasa la carretera a Pucallpa y los acantilados rocosos que enmarcan este valle en garganta, así como las pendientes, poseen abundante vegetación arbórea, favorecida por la humedad que proporcionan los cientos de pequeñas cascadas que caen rebotando entre las rocas. Al concluir el Boquerón se puede contemplar una hermosa cascada denominada Velo de la Virgen. Orquídeas y plantas ornamen-

El Parque Nacional del Manu

El Parque Nacional del Manu, ubicado en el departamento de Madre de Dios, es una de las zonas naturales más importantes del mundo. Forma parte de la Reserva de la Biosfera del Manu, que incluye la Zona Reservada y la Zona Cultural, las cuales cubren un área de 1´881,200 hectáreas, y posee la mayor diversidad biológica del mundo, con casi 1,200 especies de aves, 4,000 especies de plantas y flores, y diversas especies de mamíferos. El clima es netamente tropical, cálido y húmedo, con una temperatura promedio de 28 °C. Las lluvias son más fuertes de diciembre a marzo; el resto del año son esporádicas.

tales crecen al pie de los escarpados rocosos y a orillas del Yuracyacu. Al este, y en la misma carretera, se alza el puente sobre el río Aguaytía, el más largo de Perú.

Numerosas tipishcas o cochas —lagunas de origen fluvial— son atractivas por su flora y fauna, al igual que los villorrios de nativos que ocupan sus orillas. La ciudad de Pucallpa, puerto a orillas del río Ucayali, con su activo comercio, es punto de partida para excursiones terrestres, fluviales y lacustres. En la gran playa frente a Pucallpa, que se forma en vaciantes del Ucayali, ha prosperado un barrio de los denominados «anfibios», ya que sus miles de habitantes viven en casas construidas sobre balsas flotantes. Con aguas bajas, las casas quedan sobre la playa, en tanto que en época de crecientes flotan sujetadas a estacas que se hunden en las arenas.

Departamento de Madre de Dios

En el departamento de Madre de Dios, cubierto con bosques tropicales y atravesado por numerosos ríos, los atractivos turísticos son la biodiversidad y los paisajes que pueden observarse navegando por sus aguas. El Parque Nacional del Manu, que abarca las cuencas del río Manu y Alto Madre de Dios, es una de las pocas áreas con bosques amazónicos que conservan su biodiversidad. Resaltan las riberas arcillosas del Manu, a las que llegan centenares de guacamayos en busca de los minerales que contienen estos suelos. En las cochas o tipishcas, las nutrias conviven con una gran variedad de aves y peces. Otra reserva natural es el Santuario Nacional Pampas del Heath, en la cuenca del río Heath. En cuanto al Parque Nacional Bahuaja-Sonene, comprende las cuencas del Heath y del Tambopata.

Itinerarios y recorridos

La ciudad de Lima, que cuenta con el aeropuerto internacional Jorge Chávez, concentra la mayor cantidad de llegadas y partidas de los turistas extranjeros que visitan Perú. En cualquier caso, también los turistas nacionales, muchas veces, deben pasar por la capital para visitar los centros turísticos del país. Los turistas nacionales que habitan los departamentos de la costa y Andes del norte llegan a Lima por vía terrestre o aérea, para seguir viaje a Cusco, Puno, Tacna, Arequipa, Ica, Ayacucho, Huancayo, Tarma y la selva central: Tingo María, Pucallpa, Iquitos y Madre de Dios.

Tramo en zona desértica de la carretera Panamericana Sur, en el departamento de Moquegua.

Los que viven en los departamentos de la costa sur y Andes del centro y sur deben pasar por Lima para visitar los centros turísticos de Tumbes, Piura, Lambayeque, Amazonas, Cajamarca, La Libertad, Ancash, Junín, Pasco, Huánuco, San Martín, Loreto y Ucayali. Los pobladores de Junín, Pasco y Huánuco deben pasar necesariamente por Lima para viajar el norte y a la costa sur de Perú.

Para visitar Huancavelica, Ayacucho, Apurímac, Cusco y Puno puede tomarse la carretera que parte de La Oroya y recorre los departamentos anteriormente mencionados. Se accede a Arequipa por medio de un ramal de esta ruta. Desde esta ciudad se llega a Tacna y se regresa por Ica y Nazca hasta Lima.

Los habitantes de San Martín, Ucayali y la provincia loretana de Alto Amazonas tienen la alternativa de llegar a Lima por vía aérea o por carretera. De San Martín parten dos rutas hacia Lima. Por el norte discurre la carretera Marginal y luego la de Olmos-Marañón, que conectan con la costa norte, pasando por los departamentos de Amazonas y Cajamarca. Por el sur se emplea la carretera Marginal y luego la carretera Central, que permiten llegar a Lima pasando por Tocache, Tingo María, Huánuco, Cerro de Pasco y La Oroya.

De Lima a todo el Perú

Los extranjeros pueden viajar desde Lima, por vía aérea o terrestre, a todo el país. Para ir a Iquitos se utiliza además la vía fluvial, desde Pucallpa y Yurimaguas. Las líneas aéreas cuentan con itinerarios diarios de Lima a todas las capitales departamentales, a excepción de Huaraz y Chachapoyas, adonde llegan aviones en vuelos especiales. Huancayo, Cerro de Pasco, Huancavelica y Abancay no tienen aeropuerto, pero sí carretera con servicio diario de ómnibus. Hay un aeropuerto cerca a Andahuaylas (Abancay) y desde esta ciudad se puede continuar viaje por carretera. La carretera Panamericana recorre toda la costa peruana y continúa por Ecuador y Chile; es una ruta asfaltada por la que circulan día y noche ómnibus que salen y llegan a Lima, en todas las direcciones y a toda hora.

La carretera Central de Lima a Tingo María llega hasta Pucallpa. En la zona andina tiene desvíos a Huancayo y la selva central. A Tumbes y Piura hay vuelos diarios de las líneas aéreas regulares. Desde Tumbes, se pueden visitar los manglares y el río homónimo; por otra parte, en un viaje de una hora o poco más se accede a balnearios tales como Punta Sal, donde existe buena infraestructura turística. De la ciudad de Piura, que está provista de excelentes hoteles, bares y restaurantes, por la carretera Panamericana y en un viaje de no más de dos horas se llega a Cabo Blanco y Máncora, y a Sullana y el reservorio de Poechos en alrededor de cuatro horas.

Hotel de Turistas de Trujillo, en la Plaza de Armas. Los festivales, las ruinas preincaicas y la arquitectura colonial forman parte de los grandes atractivos de la ciudad.

A Chiclayo y Trujillo

Viajando por carretera afirmada desde Piura y después de unas seis horas de recorrido se llega a las ciudades andinas de Huancabamba y Ayabaca. De la primera se puede seguir viaje a las Huaringas. La visita a los centros artesanales de Chulucanas y Catacaos requiere un día. También en un día se puede visitar Sechura, el estuario de Virilá y la laguna Ramón Grande.

El viaje aéreo de Lima a Trujillo y Chiclayo no lleva más de una hora. Hay varios vuelos diarios que conectan estas ciudades. La frecuencia de los ómnibus es muy alta, incluyendo las noches —el viaje a estas urbes no requiere más de 10 horas—. Chiclayo y Trujillo cuentan con excelente infraestructura hotelera y restaurantes; las agencias de turismo ofrecen visitas a la ciudad y a otros lugares de interés.

Partiendo de Chiclayo, en un solo día se visitan la antigua ciudad de Saña, la tumba del Señor de Sipán y Huaca Rajada, en un viaje que dura cerca de cuatro horas. La tarde se puede aprovechar para visitar las ruinas arqueológicas de Túcume, Mochumi e Illimo. La ciudad de Lambayeque, con su Museo Arqueológico de Brünning y los balnearios de Pimentel, Santa Rosa y Eten, se visita en un solo día.

Otros circuitos extradepartamentales

Desde Chiclayo, por la carretera asfaltada Olmos-Marañón, en un viaje de no más de ocho horas, se accede a las ciudades cajamarquinas de Jaén y San Ignacio. Luego se continúa por la misma ruta, que antes de Bagua se divide: un ramal sigue el valle del Marañón y continúa hasta Imacita, por los pongos que forma este río; desde allí, navegando por el Marañón, se llega a la antigua ciudad de Santa María de Nieva y al pongo de Manseriche. El otro ramal, la carretera Marginal de la selva, llega al departamento de San Martín.

Desde el centro poblado de Pedro Ruiz Gallo, quienes desean visitar las ruinas de Kuélap siguen la ruta que va a Chachapoyas. Si se continúa de Chachapoyas por carretera se accede a la histórica

Distrito de Miraflores, en Lima. Miraflores cuenta con diferentes atractivos históricos, como el museo Amano, la casa museo Ricardo Palma, el palacio municipal y la huaca Pucllana.

ciudad de Cajamarca, uno de los centros poblados más antiguos del Perú, que conserva numerosos vestigios de las culturas preincaicas que habitaron el lugar.

Existen vuelos diarios de Cajamarca a Lima. Por carretera se arriba a Trujillo o a Chiclayo. Este circuito turístico permite visitar el Parque Nacional de Cutervo. Para llegar a los centros turísticos del departamento de Ancash la principal vía es la terrestre, haciendo uso de los servicios de ómnibus que, con itinerarios diurnos y nocturnos, parten a diferentes horas hacia Chimbote (en la costa) y el Callejón de Huaylas (en la zona andina). En la costa, a poca distancia de Casma, se encuentran las ruinas de Sechín. En el Callejón de Huaylas, Huaraz tiene buena infraestructura hotelera y oficinas de turismo que ofrecen sus servicios con guías para visitar las ruinas arqueológicas, practicar el andinismo, el canotaje y los circuitos a pie por el Callejón de Huaylas. Otras opciones son el turismo de aventura, con variadas rutas para conocer el Parque Nacional Huascarán, apreciando los paisajes de las lagunas altoandinas, los rodales de Puya Raimondi, la fauna de las punas, las aldeas, etcétera.

Lima, Ica, Nazca, Huancayo

Lima cuenta con una excelente infraestructura hotelera. En el mes de octubre se celebran corridas de toros y la procesión del Señor de los Milagros. Las oficinas de turismo, además de facilitar viajes a todo Perú, tienen programas de visitas a la ciudad y a las ruinas arqueológicas. Asimismo ofrecen programas por vía aérea para sobrevolar las líneas de Nazca y la Reserva de Paracas.

Por carretera, con ómnibus que salen a toda hora, se llega al balneario de Paracas, en un viaje de dos a tres horas. De allí, en cómodas embarcaciones, parten excursiones a las islas productoras de guano, que albergan a millares de aves y lobos marinos.

A la ciudad de Ica se arriba en tres horas; allí se ofrecen visitas a los centros productores del famoso pisco peruano y la posibilidad de llegar a

Ticlio, en la sierra del departamento de Lima, está considerado como el paso ferroviario ubicado a mayor altitud del mundo entero. Se halla a 4,818 m sobre el nivel del mar.

Monumento ubicado en el limeño Paseo de la República, a pocos metros del hotel Sheraton y del Palacio de Justicia, en el acceso a la zona histórica de la capital peruana.

Nazca —en dos horas más de viaje—, donde también existe un servicio de contratación de avionetas para sobrevolar las líneas de Nazca. Hay servicios de ómnibus con salidas a toda hora.

Para visitar Huancayo, el valle del Mantaro, Tarma y la selva central, en el departamento de Junín, se viaja por la carretera Central que atraviesa la cordillera Occidental por el paso de Ticlio, a 4,818 m sobre el nivel del mar. La ruta asfaltada tiene ramales a Huancayo y a la selva central, pasando por Tarma. Siguiendo la carretera Central se pasa por Cerro de Pasco, Huánuco y Tingo María, y en esta ciudad se puede optar por dos rutas: hacia Pucallpa, cruzando el relieve denominado cordillera Azul —a no más de 2,000 m de altitud— para visitar el Boquerón del Padre Abad, las pampas de Sacramento, el puente sobre el Aguaytía y los pueblos de San Alejandro y Neshuya. La otra dirección discurre por el valle del río Huallaga, por la carretera Marginal, pasando por Tocache, Pizana, Campanilla, Juanjuí, Tarapoto, Moyobamba y Rioja, y continúa hasta Chiclayo y Lima. De Tarapoto parte un ramal de esta carretera que llega hasta Yurimaguas, puerto a orillas del Huallaga, desde donde se puede continuar por vía fluvial hasta Iquitos, navegando por los ríos Marañón y Amazonas.

Las rutas del Cusco

A Huancavelica se llega fundamentalmente a través de dos rutas: Lima-Huancayo-Huancavelica y Lima-Cañete-Huancavelica, en un viaje que no supera las doce horas. Se puede acceder a Ayacucho por vía aérea en vuelos diarios de unos cuarenta minutos. Por tierra, la ruta más utilizada es la Panamericana hasta Cañete y luego la llamada carretera de Los Libertadores hasta Ayacucho, en un viaje que dura en total entre diez y doce horas. Modernos ómnibus salen de Lima a diferentes horas.

En cuanto al Cusco, desde Lima puede accederse por vía aérea, pues hay múltiples vuelos que parten desde primeras horas de la mañana. Por vía terrestre hay tres opciones. La primera es a través de la carretera Panamericana hasta Cañe-

El viaje en tren de Cusco a Machu Picchu es inolvidable: los cambios de altura, el ritmo lento y el majestuoso paisaje lo convierten en una experiencia única.

te y luego la vía de Los Libertadores hasta Ayacucho; en esta ciudad se toma la carretera Longitudinal Andina, pasando por las ciudades de Andahuaylas y Abancay. La carretera continúa hasta Puno y Desaguadero, en el límite con Bolivia. También se puede tomar la Panamericana hasta Nazca; pasando esta ciudad se sigue una carretera que cruza la Reserva de Pampa Galeras, donde pueden verse manadas de vicuñas. Se llega luego a la ciudad ayacuchana de Puquio y se continúa hasta alcanzar la carretera Longitudinal Andina, y por ésta hasta Cusco.

La tercera opción, en fin, es tomar la carretera Central hasta La Oroya y, en esta ciudad, la Longitudinal Andina que pasa por Ayacucho y llega al Cusco. También se puede viajar por la Panamericana hasta Arequipa y desde esta ciudad proseguir hasta Cusco por tren o carretera. En el Cusco hay agencias de turismo que ofrecen visitas a la ciudad, a Sacsayhuamán y al Valle Sagrado, recorriendo Pisac, Yucay y Ollantaytambo.

A Machu Picchu, Puno, Arequipa y Tacna

A Machu Picchu se puede viajar por vía férrea, ya sea en el autovagón que llega hasta la estación de Machu Picchu o en el tren de itinerario que pasa por esta estación. Existe también un servicio de helicópteros que salen del Cusco y permiten apreciar desde el aire la ciudadela inca y sus alrededores. Quienes desean hacer turismo de aventura pueden llegar a Machu Picchu siguiendo el Camino Inca, en un viaje que toma entre tres y cuatro días. En cuanto a Madre de Dios, se accede por vía aérea con escala en Cusco. Si se accede por vía terrestre, a partir de Cusco se sigue la carretera que pasa por Marcapata y Quince Mil. Partiendo de Cusco se puede visitar el Parque Nacional del Manu, utilizando los servicios de agencias de turismo.

Para viajar a la ciudad de Puno, en el departamento homónimo, hay vuelos diarios desde Lima a Juliaca, directos o con escala en Arequipa. Desde Juliaca se continúa por carretera hasta Puno;

El Colca

A finales de los años veinte, los aviadores Robert Shippee y George Johnson, mientras realizaban un levantamiento aerofotográfico, encontraron un aislado valle del que, aunque poblado, apenas se tenían noticias.
Por ello fue bautizado como «el desconocido Valle de los Incas»; con el fin de realizar expediciones a la zona se construyó un aeropuerto en el pueblo de Lari. Tras las primeras mediciones se confirmó que el Colca era el cañón más profundo del mundo. Este acontecimiento causó revuelo entre la comunidad científica de Estados Unidos, sobre todo a partir de la publicación de un artículo sobre el cañón por parte de la famosa revista *National Geographic*, en enero de 1934. Ello despertó asimismo un interés inusitado entre los investigadores peruanos, que gradualmente fueron descubriendo sus impresionantes características. Parte de esos descubrimientos revelaban hechos tales como el origen más remoto del río Amazonas, que se ubica en el Mismi, pico de la cordillera del Chila, sobre el Colca. Por otra parte, se abría la posibilidad de observar y estudiar en su hábitat a una de las aves más emblemáticas de los Andes, el cóndor, además de las 20 especies de cactus y 170 aves que fueron descritas. En cuanto a la historia geológica del cañón, se encontraron en él prácticamente todas las capas o estratos que existen en la Tierra desde las épocas más remotas de su formación. En el aspecto antropológico, destaca el alto grado de desarrollo de la ingeniería agrícola aplicada por los collahuas, etnia de origen tiahuanaco que se asentó en el valle del Colca y desarrolló eficaces sistemas de irrigación y conservación de suelos, mediante la construcción de extensos canales y de más de 6,000 hectáreas de andenes.
Mediante la rotación de los diferentes cultivos, los collahuas conservan la fertilidad de los suelos y controlan plagas y enfermedades.
Por otra parte, el intercambio de productos con otros pisos ecológicos permitió a los nativos mejorar su dieta alimenticia, además de mantenerse en contacto con otras poblaciones.
En fin, se comprobó que en el Colca se habían desarrollado sistemas de domesticación y crianza de camélidos sudamericanos, como la llama y la alpaca.

La mezcla de aventura con turismo cultural y ecológico hacen de los caminos del Inca uno de los más grandes y solicitados atractivos para los visitantes extranjeros.

desde esta localidad se pueden visitar las islas flotantes del lago Titicaca en pequeñas embarcaciones que realizan ese recorrido. Por vía terrestre se accede a Puno mediante las carreteras que unen Cusco con Moquegua y Tacna.

Arequipa, Tacna y los departamentos amazónicos

Existen vuelos diarios a la ciudad de Arequipa de todas las líneas que operan en el país, empleando poco más de una hora. Los aviones continúan vuelo hasta Tacna o hasta Juliaca. En Arequipa existen oficinas de turismo que ofrecen visitas a la ciudad así como viajes al cañón y valle del Colca, a los petroglifos de Toro Muerto, a Majes y a los balnearios del Mar de Grau. En fin, para ir a Tacna se cuenta con vuelos diarios y para Moquegua

Perfil del turista extranjero

Según una encuesta realizada por Promperú a 1,750 turistas y operadores turísticos, los mayores contingentes de visitantes extranjeros provienen de Sudamérica (37%), Europa (26%) y Estados Unidos (26%). La permanencia promedio en el Perú es de 13 días y el monto promedio gastado, sin incluir pasajes, es de 1,684 dólares. En general, la mayoria de los turistas latinoamericanos reside en la capital de su país de origen, a diferencia de los que vienen de Estados Unidos y Europa. En Chile, la principal ciudad de origen es Santiago (78%). En el caso de Estados Unidos, la mayor proporción de turistas proviene de California (16%), Florida (16%) y Nueva York (4.9%), mientras que los turistas alemanes proceden de Munich (23%), Berlín (17%) y Frankfurt (11%). Los españoles provienen de Madrid (34.9%) y Barcelona (17.5%) en su mayoría.

Del total de turistas, el segmento económico abarca el 28 por ciento, el tolerante el 29 por ciento (su principal preocupación es que los atractivos turísticos estén bien mantenidos y poco congestionados) y el exigente el 43 por ciento (busca alojamiento y comida en establecimientos de tres, cuatro y cinco estrellas o su equivalente en tenedores).

El incremento de turistas extranjeros ha determinado la ampliación de la oferta y la mejora en la calidad de los servicios, con la consecuente repercusión en los niveles de empleo del sector.

con vuelos especiales. La carretera Panamericana es la vía más usada, servida por ómnibus modernos que ofrecen al viajero todas las comodidades.

A los departamentos amazónicos de Loreto, San Martín y Ucayali hay vuelos diarios que llegan a los aeropuertos de Iquitos, Tarapoto, Rioja y Pucallpa. De estas tres últimas ciudades parten aviones pequeños a los campos de aterrizaje que existen en cada uno de los departamentos mencionados. La vía fluvial es muy utilizada para visitar las numerosas poblaciones ribereñas del Amazonas-Ucayali así como de su afluente, el río Marañón. En Iquitos se ofrecen viajes por vía fluvial para visitar la Reserva Nacional Pacaya Samiria y centros turísticos situados en las orillas de afluentes y subafluentes del Amazonas-Ucayali.

Infraestructura de servicio

Además de Lima, que cuenta con una amplia infraestructura hotelera y excelentes restaurantes, otras ciudades del país que están bien preparadas para el turismo son Cusco, Arequipa, Trujillo, Chiclayo, Piura, Cajamarca, Huaraz, Huancayo, Ayacucho, Puno, Iquitos, Pucallpa, Tarapoto, Moyobamba, Huánuco, Tingo María, Tacna, Moquegua, Tarma, San Ramón, La Merced, Puerto Maldonado, Ica, Pisco-Paracas y Nazca. En todas estas ciudades existen oficinas donde los viajeros pueden obtener información y presentar sus quejas y sugerencias.

El Perú precolombino

Orígenes del hombre americano

Periodificación

Período inicial

Horizonte temprano

Período intermedio temprano

Horizonte medio

Período intermedio tardío

Horizonte tardío

HIS

Tumi *de oro, cuchillo ceremonial que presumiblemente representa al dios chimú Naimlap. Procede de la costa septentrional de Perú. El* tumi *era una imagen omnipresente en la religión de los pueblos precolombinos.*

Orígenes del hombre americano

El problema de la antigüedad del hombre peruano forma parte de otro enigma aún no zanjado por la ciencia historiográfica: el origen del hombre americano. Esta vieja cuestión, secuela de la triunfal aventura llevada a cabo por Cristóbal Colón en 1492, surgió en el alba de la invasión europea, y en los siglos XVI y XVII dio pábulo a un sinfín de polémicas preñadas de candor y fantasía.

Carátula de la edición salmantina de 1547 de la Crónica de Indias *de Gonzalo Fernández de Oviedo y Valdés.*

Primeras soluciones al enigma

Para dar razón de grupos humanos tan ajenos a su experiencia ordinaria como los del Nuevo Mundo, poseedores de rasgos físicos, creencias y costumbres extrañas, el escritor europeo del siglo XVI echó mano de semejanzas ilusorias, de autoridades grecolatinas e incluso de pasajes de la Biblia que fueron interpretados al antojo.

En 1512, una bula del papa Julio II admitió que los «indios occidentales» eran de la progenie de Adán. Se buscaban sus orígenes en algún pueblo histórico: cartagineses o fenicios, carios, griegos, troyanos, romanos, hebreos (una de las diez tribus perdidas de Israel), tártaros, escandinavos, frisios, germanos, moros, chinos o ingleses. Hubo quien los emparentó con una viejísima cepa de colonos españoles, como el cronista Gonzalo Fernández de Oviedo (1535), que, hilando muy fino sobre los títulos de posesión colonial, afirmó que tres milenios antes el rey español Hespero señoreó el Nuevo Mundo y que, por legítima causa, en tiempos de la Conquista «con derecho tan antiquísimo (...) volvió Dios este señorío a España, al cabo de tantos años».

Erudición y fantasía

Propios de una época que exaltó el saber memorístico y el dogma, los «fundamentos» o pruebas que hacían el gasto son pirotecnia verbal que se disuelve en ingenio y sofisma. Topónimos alterados y voces nativas chispeando en malabares lingüísticos, rasgos de cultura pareados a capricho y analogías engañosas dieron motivo a conjeturas fantásticas, que pasaban por teoría de buena ley. Algunos eruditos acudieron a los diálogos *Timeo* y *Critias* de Platón para invocar la Atlántida, la tierra mítica que se había hundido en el mar unos once mil años antes. El tema fascina a los amantes de lo esotérico. Uno de ellos, Sarmiento de Gamboa, dedujo, en su *Historia índica* (1572), que el Ulises homérico «de isla en isla vino a dar a la tierra de Yucatán» y que los peruanos eran atlánticos del linaje de los «primeros mesopotamios o caldeos pobladores del mundo».

Los judíos

Otros cronistas y eruditos, siguiendo la huella de Arias Montano (1569), buscaron en el *Génesis* bíblico al fundador epónimo de la estirpe americana. El prolífico Miguel Cabello Balboa, en su *Miscelánea antártica* (1586), quiso dar fecha exacta y afirmó que indios «del linaje y propagación de Yectán» habrían llegado a América en 1159 a.C. Por su parte, el dominico Gregorio García (1560-1627), en su *Origen de los indios del Nuevo Mundo* (1607), en pro de la tesis hebrea y junto a otras piezas persuasivas, afirmaba que ambos pueblos, judíos y americanos, eran «como todo el mundo lo sabe, narigudos y mentirosos».

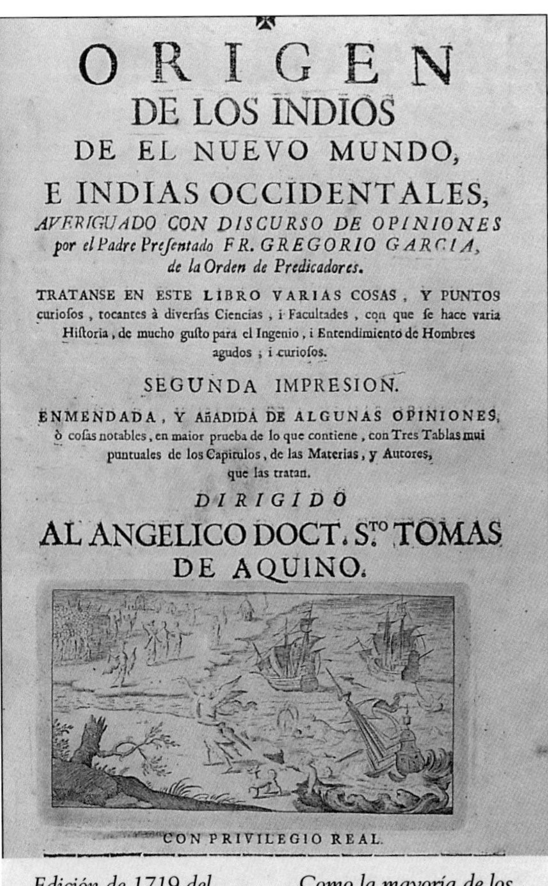

ORIGEN
DE LOS INDIOS
DE EL NUEVO MUNDO,
E INDIAS OCCIDENTALES,
AVERIGUADO CON DISCURSO DE OPINIONES
por el Padre Presentado FR. GREGORIO GARCIA,
de la Orden de Predicadores.

TRATANSE EN ESTE LIBRO VARIAS COSAS, Y PUNTOS curiosos, tocantes à diversas Ciencias, i Facultades, con que se hace varia Historia, de mucho gusto para el Ingenio, i Entendimiento de Hombres agudos; i curiosos.

SEGUNDA IMPRESION.

ENMENDADA, Y AñADIDA DE ALGUNAS OPINIONES, ò cosas notables, en maior prueba de lo que contiene, con Tres Tablas mui puntuales de los Capitulos, de las Materias, y Autores, que las tratan.

DIRIGIDO
AL ANGELICO DOCT. S.TO TOMAS
DE AQUINO.

CON PRIVILEGIO REAL.

Edición de 1719 del Origen de los Indios del Nuevo Mundo, *del dominico Gregorio García. Como la mayoría de los cronistas, defendía la tesis del origen externo del hombre americano.*

El Ofir

También hubo ofiritas entusiastas. En sus *Memorias antiguas* (hacia 1630) el clérigo Fernando de Montesinos, alucinado opinante que, olvidando a Vespucio, intuía bajo el nombre de América la presencia oculta de la Virgen María (*Hamerica* derivaría de *Hæc Maria*), se aplicó a demostrar que el país de las riquezas de leyenda, Perú o Pirú (o Phiro, en su enigmático anagrama), no era otra cosa que el Ofir bíblico de Salomón y de la reina de Saba.

El Paraíso en América

Criticar estos frutos de la escolástica es anécdota y anacronismo. El saber de una época es, a los ojos de otra, testimonio de maneras distintas de pensar. Cristóbal Colón supuso que el Edén estaba en la costa de Venezuela, lo que implicaba que la humanidad descendía del Adán americano.

Orígenes fantásticos del hombre americano

Hacia 1630, Antonio Vázquez de Espinosa, en su *Compendio y descripción de las Indias Occidentales*, y tras hondas vacilaciones, optó por la tribu hebrea de Isacar como la cuna originaria de la población americana. En esa línea argumental, en una singular combinación de fantasía e insulto, al comentar la profecía de Jacob (Génesis, 49) sobre el versículo «Isacar, asinus fortis (...)» escribía el docto carmelita: «Llamóle asno fuerte porque, así como los asnos llevan la carga y muchas veces palos, sin volverse contra los que los cargan y maltratan, así los Indios son como asnos fuertes (...) y aun llevan palos, coces o bofetadas sin que se vuelvan contra los que los maltratan (...).»

Y el converso Antonio de León Pinelo, cultísimo autor de *El Paraíso en el Nuevo Mundo* (1650), y cuyo abuelo fue quemado vivo por la Inquisición en Lisboa, dedicó muchos años y 1,668 páginas a demostrar —con la misma fe con que aseveraba que el fruto prohibido fue la granadilla peruana o que el arca de Noé, de 28,125 toneladas, se había construido cerca de Lima— que el Paraíso, «lugar corpóreo, real y verdadero», estuvo en la selva amazónica.

Últimos ecos

A finales del siglo XVII, la cuestión del origen había perdido parte de su encanto. Apenas sedujo a algún epígono, como el sevillano Diego Andrés Rocha, oidor de la audiencia limeña y autor del curioso *Tratado único y singular del origen de los indios occidentales* (1681). Pasó revista a las hipótesis en juego para refutarlas con paciencia ejemplar y, con citas rebuscadas de ciento cincuenta autores que ya nadie recuerda ni lee, formuló sus conclusiones: tras el Diluvio Universal, poblaron el Nuevo Mundo españoles del linaje de Tubal, nieto del patriarca Noé; después arribaron otros pueblos israelitas y, por fin, gentes que provenían de la Tartaria Mayor, «sin que se pueda poner duda en ello».

Así el doctor Rocha cerraba una tesis peregrina y a la vez un capítulo de ciencia-ficción. La in-

Una forma sepulcral precolombina fue la de acomodar a los difuntos en nichos excavados en las rocas. En la imagen, las «ventanillas» de Otuzco (Cajamarca).

teligencia no se gastaría más en una gimnasia barroca, presa de un laberinto sin escape. Exhausto a fuerza de repeticiones y glosas, el asunto perdió interés y cayó en el olvido. El siglo XX volvió a sacarlo a flote para replantearlo en el nivel de las hipótesis científicas.

El jesuita Acosta, precursor

Tiempo de trastornos y cambios profundos, en medio del fanatismo y la credulidad, el siglo XVI europeo se vio sacudido por las luchas religiosas de la Reforma y lastrado por la noción medieval de que la fuente del saber brotaba de la Iglesia y de la autoridad, antes que de la experiencia. Mas el *Atlas* (1544) de Sebastian Munster colocaba un estrecho entre Asia y América, que el cosmógrafo Zaltieri bautizó como «estrecho de Anián». Con tal premisa, en su *Historia natural y moral del Nuevo Mundo* (1590), el jesuita José de Acosta, rechazando ofires, atlánticos («se me hace muy difícil de creer... todo aquel cuento de la isla Atlántida») y judíos («conjeturas muy livianas»), sugirió que tanto las gentes como los animales de América procedían en realidad de Asia.

El autoctonismo

Hacia 1880, esto es, veinte años después del nacimiento de la geología con Charles Lyell y de la prehistoria con las «piedras del rayo» o hachas líticas de edad «diluvial» de Boucher de Perthes, de la «selección natural» de Darwin y el hallazgo por Fühlrott del cráneo de Neanderthal, crecía la idea evolutiva del hombre surgido en el cuaternario. Ese año, Florentino Ameghino (1854-1911), un joven paleontólogo argentino de Luján (provincia de Buenos Aires), lanzó una teoría discrepante. A lo largo de los dos tomos de su *Antigüedad del hombre en el Plata* argumentó que la cuna de la humanidad fue la pampa argentina y dijo haber hallado en terrazas terciarias del Mioceno restos fósiles del denominado *Protohomo pampaeus*, pretendido antecesor del *Homo sapiens*. El hombre cuaternario del Viejo Mundo debía, pues, ceder honores al hombre terciario.

Durante tres décadas, y hasta su muerte en 1911, el brioso argentino reveló nuevos hallazgos y estudios de gabinete. Que era algo más que un aficionado lo prueba su colección de seis mil fósiles de fauna extinta. Sin embargo, en su teoría del hombre pampeano se descubrieron graves errores de identificación anatómica y de datación geológica, como suponer terciarios unos utensilios de piedra que juzgó anteriores a los eolitos de Eurasia y que eran del Holoceno o Reciente. Se desestimó la edad de los depósitos pampeanos y la cualidad prehumana de los fósiles alegados, como un hueso atlas de Punta Hermosa que resultó moderno. Y se recusaron lucubraciones como la de los cuatro «puentes intercontinentales», las cuatro fases del desarrollo del lenguaje, los cuatro antecesores del *Homo sapiens* o los «cuatro infinitos». En conclusión, se desechó la hipótesis autoctonista en virtud de los avances científicos y, también, de los implacables análisis de la escuela norteamericana de Alec Hrdlicka.

«Descubrimientos» de América anteriores a Colón

Las teorías acerca de los «descubrimientos» de América anteriores a los viajes de Colón son variadas. Se ha sugerido una remota llegada de pescadores vascos. Y hasta no hace muchos años estuvo de moda entre algunos científicos la hipótesis de migrantes japoneses de la cultura neolítica Jomón, o período de la cerámica cordada de la isla de Kyûshû, que hace cinco mil años habrían introducido la cerámica en el Nuevo Mundo, la de Valdivia, en la cuenca del río Guayas (Ecuador). En cuanto a los desembarcos vikingos en América del Norte, éstos serían mucho más recientes —en torno al 1000 d.C.— y no guardan relación con el origen de la población americana.

Aloctonismo

En sus obras *Skeletal Remains* (1907) y *Early Man in America* (1912), entre otras, el antropólogo checo-estadounidense Alec Hrdlicka (1864-1943) revisó todo informe y material conocidos, demoliendo cualquier indicio adverso a la tesis asiática; afirmó que hace doce milenios, gentes de un tronco paleomongoloide de nivel paleolítico, procedentes de Asia, llegaron por el estrecho de Bering y, desde Alaska, se desplazaron hacia el sur, poblando el continente hasta Tierra del Fuego. Hrdlicka se convirtió en adalid de la teoría inmigracionista, que hacia la década de 1920 campeaba, sin rival serio, en el mundo de la ciencia.

Hipótesis oceánicas

La idea ganó amplitud gracias a novedosas sugerencias. El etnólogo francés Paul Rivet (*Les Malayo-Polynésiens en Amérique*, 1926) alegó viajes transpacíficos y contactos con poblaciones melanesias y malayo-polinésicas. Augusto Mendes Corrêa, antropólogo portugués sin mucha fe en la tesis asiática («un prejuicio geográfico»), supuso una migración de bandas australo-tasmánidas, que habrían cruzado el mar por la Antártida hasta la Patagonia. De esta forma se postulaban oleadas de migración posteriores y por rutas distintas al paso de Bering.

Otras hipótesis

Se ha hablado de influencias asiáticas tardías que ayudaron a formar las altas culturas de América. Heine-Geldern creyó en una oleada china, seguida por otra indochina que habría llegado a Perú en el siglo V a.C. Más reciente es la hipótesis de una llegada de pescadores africanos que hace unos quince mil años habrían alcanzado la boca del Amazonas y, en avance paulatino, irradiaron su influencia por la cuenca oriental amazónica, incluido el Perú. En esta línea, los estudios de Donald Lathrap en la selva revitalizan algunas ideas de Julio C. Tello sobre el ancestro amazónico de la civilización andina.

Según Alec Hrdlicka, durante la glaciación de Wisconsin (cerca del 15000 a.C.), grupos de la etnia protomongoloide cruzaron el estrecho de Bering (en la foto) con rumbo a América.

El comparatismo etnográfico

La teoría de las migraciones adicionales —a la que suele denominarse polirracial— corrige la obsesión monogenista que sostuvo en un comienzo la teoría asiática. Confronta rasgos somáticos que estudian la antropología física y la biotipología, explora similitudes lingüísticas y saca a la luz semejanza de rasgos de cultura. Esta línea, acicate para la etnología comparada (cuyos principales representantes son Nordenskjöld, Montandon, Imbelloni, Heine-Geldern, Laviosa, Ekholm), no fija límites claros entre paralelismo convergente o invención autónoma y dependencia genética o invención derivada. Se trata de una posición impulsada por la tendencia a hallar en Europa, Egipto, China, India o Japón la raíz lejana de todo elemento de cultura surgido en el curso de la lenta y natural evolución de las civilizaciones americanas.

Cronología

En todo caso, hay consenso sobre el origen asiático y el ingreso por el estrecho de Bering y las islas Aleutianas, pero a la hora de fechar el evento se acaba la unanimidad. Fuera del alcance de tipología y estratigrafía, que brindan fechas relativas u órdenes de sucesión, hoy se obtienen fechas absolutas con técnicas y métodos recientes, sofisticados y de alto costo: examen de larvas o sedimentos de agua estacionales, producto de la fusión de los glaciares, ferromagnetismo remanente, polinología o análisis estadístico del polen, termoluminiscencia, estudio de osamentas por su composición en flúor, nivel de hidratación de la obsidiana, dendrocronología (anillos del crecimiento anual de los árboles), análisis de suelos, Carbono 14, Uranio-Torio, Potasio-Argón 40, etcétera.

Fechas cambiantes

El resultado es un cúmulo de fechas discordantes, que un nuevo examen puede modificar. Los 25,000 años atribuidos a la gruta Sandía, en Nuevo México, se han ido reduciendo paulatinamente, hasta fijarse en no más de 13,000. Los 23,800 de Tule Springs, en Nevada, subieron a 29,000, y hoy están entre 13,000 y 11,000, según la fuente. Y los cálculos de MacNeish en la cueva de Piquimachay, en Ayacucho, que le daban una antigüedad de 20,000 años, se han reducido a la mitad.

Como en la prehistoria de Eurasia, más de una vez en la americana se concedió valor de prueba a restos líticos y osamenta de fauna extinta sin aso-

Disputada edad del hombre americano

Hay estimaciones de 30,000 años de antigüedad para la isla de Santa Rosa, California; de 25,000 a 32,000 para Piaui, Brasil; de 35,000 para Tlapacoya, en México, y El Bosque, en Nicaragua; de 38,000 para Lewis-ville, Texas; de 43,000 para American Falls (Idaho); y de 81,000 para Yukon y Old Crow, Alaska. Se reputa en 80,000 a 125,000 años la edad de restos exhumados en Calicó Hill, en el desierto de Mohave, California. Y para este último sitio hay un insólito fechado de 200,000 años, que muy raros autores aceptan. Cautivan al público hallazgos tan llamativos y cifras altas como para figurar en el libro Guiness. O como si la arqueología fuese una dama con la poco femenina pretensión de aumentarse la edad. Los expertos se curan en salud y acogen las cifras con cautela.

La técnica de larvas estacionales permite reconstruir los retrocesos y avances glaciares.

Fue de mucha importancia en la sustentación de la teoría del paso por el estrecho de Bering.

ciación demostrada con el hombre. Y se juzgó artefactos lo que eran geofactos, es decir, obras de la naturaleza sin intervención humana.

Fechados más antiguos

Las fechas más altas tocan a los yacimientos de América del Norte. Pero, aparte los hallazgos clásicos de Folsom, Sandía Cave y Yuma en Estados Unidos, o los de América del Sur, como Lagoa Santa (Brasil), Pailli-Aiké y cueva Fell (Chile) o Punin (Ecuador), en las últimas décadas se han obtenido nuevas dataciones, a veces aleatorias o corregidas después.

Glaciaciones

El ingreso por el paso de Bering y la cadena de las islas Aleutianas sólo estuvo expedito en algún momento favorable de la última glaciación. Una glaciación es un fenómeno geofísico marcado por el enfriamiento de la corteza terrestre y la formación de glaciares debida al avance de los hielos sobre el terreno continental. Hubo cuatro glaciaciones y tres períodos interglaciares en los dos millones de años que duró el Pleistoceno, el primero de los dos períodos de la era cuaternaria. En el segundo, el Holoceno o Reciente, que empezó a finales de la última glaciación, hace 10,000 años, se inició el retroceso de los hielos hacia los polos por cambios drásticos del clima, que desde entonces hasta el presente tendió a ser más benigno. Que no ha sido total el retroceso lo dicen los actuales mantos de hielo en la Antártida o Groenlandia.

Beringia

Wisconsin, cuarta época glacial en América, es homóloga y coetánea a Würm, final de las cuatro glaciaciones alpinas en Europa. Duró desde hace 70,000 hasta hace 10,000 años, y Cardich la ha llamado Lauricocha en Perú. En la fase de frío más intenso, el casquete helado de América del Norte alcanzó 4,2 km de espesor y el nivel del mar estuvo más de 120 m por debajo del actual. Así, durante una o más coyunturas benignas de Wisconsin la bajada en el nivel del mar hizo que las tierras de Bering emergiesen, formando un corredor o faja de tierra a modo de istmo que unía Asia y América por el extremo norte. A tal puente se le denomina Beringia, surgido en dos o tres ocasiones propicias y por períodos cortos. A través de él pasaron mamíferos herbívoros (antílope saiga, caribú, bisonte fósil, almizclero, mamut) que huían del rigor climático y buscaban alimento, el cual hallaron en las praderas del territorio que hoy constituye Estados Unidos. En pos de aquellos animales pasó también, por necesidad vital, el hombre cazador.

Fechas cortas y largas

La «escuela corta», de la que forman parte B. Meggers, C. Evans, Rick, Bryan, Owen, Haynes y Cardich, ubica el hecho en el denominado Wisconsin terminal, en fechas que rebasan por poco los doce milenios supuestos por Hrdlicka. La «escuela larga», por su parte, por ejemplo Bosch, Ibarra, Schobinger, MacNeish, Simpson y Krieger, sitúan el ingreso en Wisconsin inicial o medio, y proponen cifras que bordean o pasan los 50,000 años. Hace unas décadas la escuela de Oswaldo Menghin redondeó en cien milenios el inicio de la ocupación humana del continente americano. Un caso límite es el citado registro de 200,000 años que, aunque producto del método del uranio-torio, ha tropezado con una resistencia generalizada.

Balance de la cuestión

Ya quedó excluida la tesis autoctonista, de valor histórico. En términos generales, podría concluirse que los primeros pobladores de América, ya de la especie *Homo sapiens*, eran bandas paleolíticas de cazadores-recolectores de Asia, que cruzaron el estrecho de Bering hace unos 30,000 o 35,000 años, quizás en más de una oleada migratoria. Los recientes estudios de lingüística comparada y antropología física sugieren tres oleadas de inmigrantes genéticamente distintos. Una de ellas habría llegado hasta Mesoamérica, y con el paso del tiempo se desgajó en grupos que alcanzaron Sudamérica y los Andes, en tanto que otros continuaban el avance hacia el sur.

Nivel de los inmigrantes

El nivel de desarrollo de los inmigrantes puede definirse según un listado de sus carencias. No conocían el arco, la flecha, la red ni el anzuelo; no sabían labrar la tierra ni domesticar animales ni plantas. Ignoraban además la metalurgia y la arquitectura, la cerámica y la textilería, no tenían morada estable y su refugio eran cuevas y abrigos naturales. Al dejar las tierras asiáticas, aquellas bandas paleolíticas se dispersaron en el nuevo medio y perdieron contacto, en un aislamiento geográfico que crecía con el tiempo. Tras una milenaria evolución, maduraron las altas culturas, proceso que por su índole autónoma es, sin duda, una creación americana.

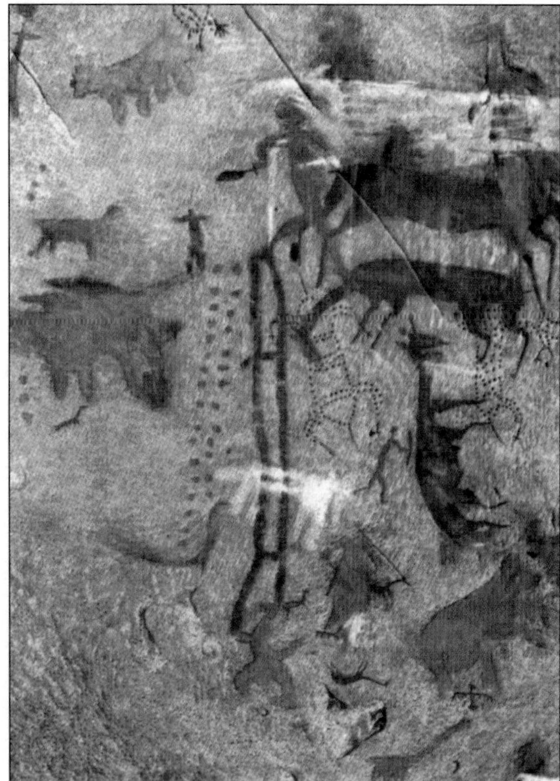

Pinturas rupestres de Toquepala, en el departamento de Tacna. Las imágenes fueron descubiertas por Emilio González y estudiadas después por el científico Jorge C. Muelle.

La antigüedad del poblador peruano

Las fechas muy altas en Perú son dudosas, como los 21,795 años que en 1972 dieron Ossa y Moseley a restos óseos del abrigo de Quirihuac y La Cumbre, en el valle de Moche (departamento de La Libertad) o los 23,000 que en 1970 calculó MacNeish para artefactos de Pacaicasa, en Ayacucho.

En 1977, Ramiro Matos Mendieta resumió la cuestión en estos términos: «La antigüedad del hombre para esta parte de los Andes tropicales no debe exagerarse por encima de la prudencia, es decir, de los 14,000 años. Cualquier otra especulación sería discordante con los datos.»

Estas fechas pertenecen al peldaño inicial de la prehistoria andina, etapa de caza-recolecta muy anterior a las culturas Chavín, Paracas, Tiahuanaco, Moche, Nazca, Chimú e Inca. Los fechados, obtenidos en la segunda mitad del siglo XX, eran impensables antes de 1945, esto es, cuando finalizó la Segunda Guerra Mundial. La incidencia no es fortuita y vale la pena rozar el punto.

La ciencia en la posguerra

Son tremendas las innovaciones de la ciencia y la tecnología que afectan a cada sector del vivir cotidiano. Fisión del átomo y energía atómica, cuerpos radiactivos e isótopos, elementos transuránicos en la Tabla periódica, código genético, antibióticos y trasplante de órganos, televisión y plásticos, vuelo supersónico y motor a reacción, transbordador, satélites y sondas espaciales, biogeografía submarina, clones y trasplante neuronal, bioquímica molecular, conciencia ecológica, robots e informática, PC e Internet, son *items* de un listado que el lector puede aumentar a gusto.

Es posible que en 1945 se haya abierto un nuevo capítulo en la historia del hombre. Por sobre conflictos ideológicos y problemas sociales que el siglo XXI ha de resolver, la ciencia aplicada impulsa una remodelación de nuestros modos de

Datación de los sitios andinos

En lo que hace a la datación de los sitios de antigua población andina, se puede hablar de cierta convergencia en las estimaciones más importantes: 11,500 años para Chivateros (departamento de Lima); 10,250 para esqueletos de Paiján (La Libertad); 9,850 para la cueva Pachamachay (Junín); 9,700 para Guitarrero (Ancash); 9,600 para la cueva L-2 de Lauricocha (Huánuco); 9,600 para las pinturas rupestres de Toquepala (Tacna), y 9,500 para Siches (Piura).

Tumbas de Lauricocha, en Huánuco, a 2,065 m de altitud. Se descubrieron once tumbas, con ofrendas de comida, instrumentos de piedra y colorantes.

Máscara funeraria hallada en Lambayeque, departamento donde se han encontrado gran cantidad de ornamentos en oro y plata que acompañaban a los difuntos en las tumbas regias.

vivir que recuerda la que sufrió Europa en el siglo XVI. Con la diferencia de que hoy, por su magnitud y veloz difusión, los cambios son saltos de calidad y tienden a ser universales porque se dan, por vez primera en la historia humana, en el horizonte planetario de un tiempo mundial real.

La arqueología peruana hasta 1945

También la arqueología peruana acusa un giro radical. Es fácil distinguir métodos y categorías de análisis vigentes antes y después de 1945. La cerámica, material de base en los días de Uhle y Tello, divide honores con puntas de proyectil, raederas, hachas de mano y toscos artefactos líticos. En vez de los viejos estimados cronológicos, que parecían opciones de buen cubero, se cuenta con fechados cuya exactitud pasma. En fin, antes de 1945, examen de estratos y comparación de tipos de cerámica; después de 1945, estratigrafía y tipología más datación radiométrica. Lo cual amplía la escala temporal y remonta a muchos milenios el campo de estudio.

De los cronistas a los hallazgos del siglo XIX

Faltos de arqueología, hasta finales del siglo XIX hablar del Perú antiguo era sinónimo de «Incas». Lo justificaba el hallazgo de crónicas inéditas sobre ellos y el encuentro con el conquistador, escritas por españoles en los siglos XVI y XVII. Al gastado conjunto se añadió un caudal de obras y documentos coloniales que hoy son básicos. El escueto catálogo de crónicas se amplió de modo inusitado con textos que volaron de los archivos a las prensas, como los hallazgos del sabio historiador y naturalista español Marcos Jiménez de la Espada (1831-1898), príncipe de los americanistas y descubridor de crónica tras crónica. Con tal renovación de fuentes, se editaron en España y América vastas colecciones de documentos inéditos.

Historia incaica en las crónicas

Las crónicas aportan datos sobre el hombre andino y descripciones —a ratos fantaseadas— del extinguido gobierno de los incas, como era dable reconstruirlo a partir de los cantares laudatorios que guardaba la nobleza cusqueña. Esta versión prestigial y mítica exaltó a la casta gobernante, que la difundió cual manto unificador, tal como privilegió el quechua y el culto solar sobre las tradiciones locales de las etnias sometidas: los incas esparcían la luz de la civilización a rústicos y bárbaros. Para el cronista español, lo preinca, todo lo que precedió a la sociedad cuya ruina atestiguaba, fue visto como una confusa época de salvajismo, y «behetría», y de ella sólo quedaban «cuentos y fábulas» (Acosta), mezclados en «una ensalada graciosa» (Sarmiento), suerte de manojo desconcertado de leyendas pueriles y vagas que era imposible desentrañar.

Valor de las crónicas

Las crónicas son valiosas fuentes histórico-literarias. Hasta hace poco se las juzgaba historias fidedignas y de primera mano para el estudio del antiguo Perú, lo que alentó el hábito impune de tomarlas al pie de la letra y, a menudo, como textos sagrados. La verdad es que forman un abanico de testimonios discordantes, que pueden apoyar —y apoyan— tesis opuestas y elucubraciones peregrinas sobre cualquier punto de la materia incaica. Son útiles a la etnografía datos sobre costumbres andinas, comidas, vestidos, flora y fauna, y todo cuanto fue materia de observación directa. Pero no ocurre así con los relatos sobre el pasado incaico. Incapaz de dar fe sobre lo ya inexistente, el cronista español trasmutó los cantares dinásticos en una narración lineal de sucesos políticos y militares al estilo europeo, dotándolos de una cronología artificial. La refundición obligó al cronista a conjeturar, inferir e inventar cosas con entera libertad, inaugurando una tradición y un método que están lejos de haberse agotado.

Los cronistas en su tiempo

Muchas de las crónicas fueron publicadas y se conocieron en su propio tiempo, como la *Relación* de Francisco de Xerez, secretario de Pizarro; el *Anónimo sevillano* de 1534 (¿Cristóbal de Mena?); la *Historia general de las Indias y el Nuevo Mundo* (1552) de Francisco López de Gómara, capellán de Cortés; la primera parte de la *Crónica general del Perú* de Cieza de León (1553); la *Historia del descubrimiento y conquista de la provincia del Perú* (1555) de Agustín de Zárate; la *Historia del Perú* (1571) de Diego Fernández; *Repúblicas de Indias* (1575) del agustino Román, en realidad textos plagiados a Bartolomé de las Casas; la *Historia natural y moral de las Indias* (1590) del jesuita José de Acosta; en fin, las *Décadas* (1615) del cronista oficial Antonio de Herrera. Por otra parte, no se puede dejar de mencionar a los leidísimos *Comentarios reales* del clérigo cusqueño Garcilaso de la Vega, vertidos a casi todas las lenguas europeas, y que desde 1609 y hasta mediados del siglo XX lo convierten en el más traído y llevado de los autores americanos antiguos, fuente de casi todos los lugares comunes de la historiografía andina.

Cronistas ya conocidos a principios del siglo XX

Entre las crónicas descubiertas o publicadas por entero a lo largo del siglo XIX se encuentran algunas que fueron muy leídas a partir de entonces, y que constituyeron una importante base de información para la historiografía andina. La bibliografía que circulaba a principios del siglo XX era copiosa. Entre otros títulos, destacan *El señorío de los Incas* de Pedro Cieza de León (publicado en 1871); la *Suma y narración* de Juan Díez de Betanzos; la *Historia general y natural de las Indias* de Gonzalo Fernández de Oviedo (publicadas entre 1851 y 1855); las diversas *Relaciones* escritas por Pascual de Andagoya, Pedro Pizarro, el sochantre Molina y los agustinos; la porción peruana de la *Apologética* de Las Casas; *la Relación del origen* de Hernando de Santillán; los textos del jurista Polo de Ondegardo; las *Informaciones* del virrey Toledo; la *Historia del Perú* del jesuita Anello Oliva; los *Ritos y fábulas* de Cristóbal de Molina; *las Relaciones Geográficas de Indias*, la *Miscelánea antártica* del clérigo Cabello Balboa (incompleta y vertida al francés); las *Relaciones* del jesuita anónimo (probablemente Luis López) y de Titu Cusi (en traducción inglesa); la *Relación de antigüedades* del indio Pachacuti; parte de las *Memorias antiguas* del clérigo Fernando de Montesinos, y la ciclópea *Historia del Nuevo Mundo* perteneciente al jesuita Bernabé Cobo.

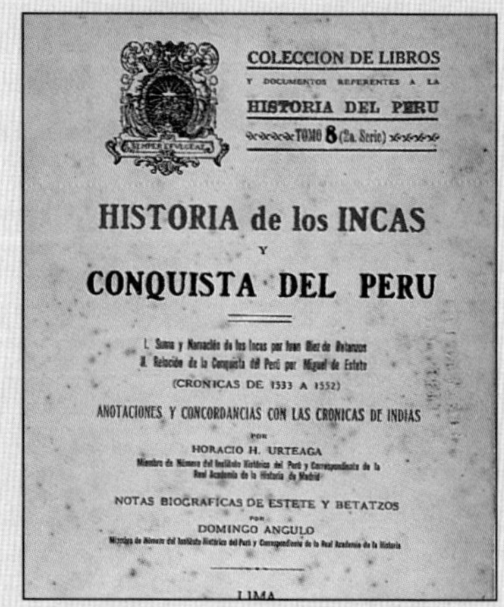
COLECCION DE LIBROS
Y DOCUMENTOS REFERENTES A LA
HISTORIA DEL PERU
TOMO 8 (2a. Serie)

HISTORIA de los INCAS
Y
CONQUISTA DEL PERU

I. Suma y Narración de los Incas por Juan Diez de Betanzos
II. Relación de la Conquista del Perú por Miguel de Estete
(CRONICAS DE 1533 A 1552)

ANOTACIONES Y CONCORDANCIAS CON LAS CRONICAS DE INDIAS
POR
HORACIO H. URTEAGA

NOTAS BIOGRAFICAS DE ESTETE Y BETATZOS
POR
DOMINGO ANGULO

LIMA

Portada de una de las primeras ediciones europeas de la crónica Suma y narración de los Incas, *de Juan Díez de Betanzos.*

Confiabilidad

La lectura de las crónicas depara el goce estético que va de la mano con la vieja prosa castellana. Pero su contenido histórico tiende a ser repetitivo, indirecto e inseguro. Nacida de una apetencia ideológica por justificar la invasión, carga la crónica con acusados prejuicios de época, se tiñe de una visión peyorativa del aborigen y su cultura, se deja llevar por falsas analogías, tuerce la información y la adecua a plantillas religiosas y políticas de la España de entonces. Pecados veniales, cómo no, reflejo de improntas culturales del siglo. Pero lo grave es que el cronista combina y confunde la realidad con la conjetura y la invención.

Dijo Diderot que tanto riesgo hay en no creer nada como en creerlo todo. Así, es pueril creer todo lo que dicen. Hay que reemplazar la lectura crédula por una muy crítica que, con rigor cronológico, detecte las glosas y distorsiones, en guardia contra subjetivismos y sesgos de autor y lector que acechan donde menos se piensa. No muy bien con las crónicas, mucho peor sin ellas. Cordial y ambiguo legado, en que no es fácil espigar el buen trigo y decidir si merece crédito un testimonio «de vista» (como jura el cronista a cada paso, incluso cuando copia sin rubor o glosa a un autor precedente) o si, como ocurre a menudo, nos hallamos ante un libre vuelo de la fantasía.

Los viajeros del siglo XIX

El naturalista alemán Alexander von Humboldt, en *Vues des Cordilleres et Monuments des Peuples Indigènes de l'Amérique* (1814), narró su viaje por las ex colonias españolas y trazó un panorama de las culturas precolombinas. Aunque México lo sedujo más, en Perú juzgó que, salvo Tiahuanaco, todo vestigio arqueológico era incaico. Pero emitió opiniones lúcidas y marcó un derrotero que, al elevar el rango de estudio de las antigüedades, propiciaría el nacimiento de la americanística como disciplina autónoma. En el curso del siglo XIX ahondaron la trocha viajeros inquisitivos que, hollando serranías y arenales, junto a su curiosidad y dotes de observación portaban una libreta de notas, un compás, una cinta de medir.

Alexander von Humboldt, naturalista y geógrafo alemán. Obtuvo en 1799 permiso real para visitar América; exploró Venezuela, Cuba, Colombia, Ecuador, Perú y México.

La mirada oblicua de los viajeros

Entre estos autores destacan el italiano Antonio Raimondi (*El Perú*, 1874); el estadounidense Ephraim George Squier (*Perú. Incidents of Travel and Exploration in the Land of the Incas*, 1877); el francés Charles Wiener *(Pérou et Bolivie*, 1880); el suizo Johann Jakob von Tschudi (*Contribuciones*, 1891; en 1851, y al alimón con el arequipeño Mariano de Rivero y Ustáriz, editó además *Antigüedades peruanas*); el médico alemán Ernst W. Middendorf (*El Perú*, 1893-95) y el británico Sir Clements R. Markham (*A History of Perú*, 1893).

Sus logros y limitaciones

Nada fue ajeno a su inquietud. Eran extranjeros que escribían para extranjeros, de ahí el color local en sus apuntes y notas costumbristas, o la ironía de sus juicios sobre política limeña y otros temas del Perú que descubrían y divulgaban. Algunos rebasaron la órbita del viajero turista e hicieron labor ejemplar: obra lingüística de Ernst W. Middendorf; indagaciones sobre literatura nativa de Clements Robert Markham; excavaciones de Adolph Bandelier o Reiss. O el inventario de la geografía, fauna y flora, al que dedicó su vida Antonio Raimondi.

En el simpático estilo de anticuarios errantes, esos viajeros se aplicaron a describir, medir e ilustrar con planos, croquis y dibujos o fotografías las ruinas y piezas de arte cerámico, textil o metalúrgico, que volaron a museos y colecciones extranjeras. A menudo toparon con vestigios arqueológicos preincas, sin embargo atraían su interés los complejos más obvios, como los restos arquitectónicos de Cusco, Tiahuanaco, Pachacamac o Chanchán.

Yacimiento precerámico de Huaca Prieta. Los hallazgos de Junius Bird en este yacimiento dieron pie a un nuevo capítulo en la arqueología del hombre andino.

De la bibliografía dejada por los viajeros cabe destacar el estudio *Die Ruinenstätten von Tiahuanaco* (1892), en el que Alphons Stübel y Max Uhle identificaron por primera vez un estilo preinca, Tiahuanaco. Markham, en un divulgado compendio escrito ya en su vejez *(The Incas of Peru,* 1910), admitió la existencia de un «imperio megalítico» anterior a los incas.

Sin embargo, los viajeros, víctimas de cierta miopía histórica, apenas si entendieron lo arcaico, vinculándolo siempre con los incas. Así el andariego Middendorf, pese a su descripción del templo de Chavín y a haber intuido su peculiar importancia, afirmó que sus pobladores fueron diezmados por los ejércitos incaicos, que en realidad vivieron más de mil años después.

Un libro resumen

De 1879 es la *Historia de la civilización peruana*, del médico español Sebastián Lorente (1813-1884), fundador de los colegios Guadalupe y Santa Isabel. Aparte la denuncia, hizo política de partido y en la revolución de 1854 fue asesor del general Castilla. Decano de Letras en San Marcos (1867), creó la cátedra de Historia de la civilización peruana. Su libro acoge datos de la antropología física y la sociología y, muy de paso, alude a curacazgos preincas cuyos restos ve en Pachacamac, Cuélap, Tiahuanaco y Chanchán. No fija secuencias detalladas, sino que divide al antiguo Perú en dos fases: «civilización primitiva» o «dominación de los *curacas*», e «imperio de los incas». Y toda su historia versa sobre los Incas.

Uhle, Tello: la arqueología científica

Con el alemán Friedrich Max Uhle (1856-1944) y con el huarochirano Julio César Tello (1880-1947) la arqueología peruana se hace adulta. Ellos colman la primera mitad del siglo XX. Disímiles en carácter, campeones de teorías rivales, dieron nuevo tono a la disciplina. Su labor de campo, hallazgo e identificación de muchas culturas y copiosa producción bibliográfica ampliaron el conocimiento del pasado y crearon escuela. Uhle, que se inició como lingüista, trabajó con el maduro Stübel en Tiahuanaco y se decantó finalmente por la arqueología. Tello, por su parte, se formó como médico en San Marcos. En 1911, cuando Hiram Bingham daba a conocer al mundo Machu Picchu, Tello exploró la costa central con el veterano Alec

Restos del templo de Pachacámac, perteneciente a la cultura Lima. Este complejo arquitectónico así como los del Cusco y Chanchán atrajo el interés de los viajeros del siglo XIX.

Hrdlicka, experiencia que lo alentó a definir una temprana vocación.

Uhle hizo arqueología de sitio y estratigrafía vertical, y dedicó largo tiempo al estudio de sus hallazgos y colecciones, que Alfred Kroeber y sus discípulos analizaron luego en California. Tello hizo estratigrafía horizontal, excavó por doquier, se abocó a incrementar los museos de Perú y al morir dejó inédita una mole de notas y estudios inacabados. Pero ambos cerraron el ciclo de la exploración *amateur*, teñida de un algo de exótico y de placer turístico dominical; al convertir la arqueología en apasionada profesión de fe, abrieron camino al científico social de tiempo completo.

Teorías enfrentadas

Uhle y Tello sostuvieron tesis opuestas acerca del origen de las altas culturas. Para Uhle, que en Pachacamac estrenó el método estratigráfico en América, los más antiguos peruanos eran pescadores primitivos y su salto al nivel de las altas culturas (proto-Nazca, proto-Chimú) no resultó de evolución endógena sino de influencias mesoamericanas. Asimiladas éstas, las culturas «mayoides» habrían irradiado su influjo sobre los pueblos serranos, menos avanzados.

En contraste, Tello, que en 1939 dio forma final a sus teorías en *Origen y desarrollo de las civilizaciones prehistóricas andinas*, postuló el carácter autónomo del proceso andino a partir de un foco amazónico arahuaco: su expresión más antigua fue Chavín, matriz del desarrollo. Las culturas de la costa, algo parásitas y desvaídas, derivaban de ese arcaico centro difusor.

Ambos arqueólogos usaron los métodos de su tiempo: cateo, estratigrafía, excavación en trinchera, tipología o estudio de la evolución de la forma y seriación por cambio estilístico. Sus fechados no pasaban de hábiles tanteos, y ninguno se atrevió a exceder los 3,000 años (1000 a.C.). No los alcanzó la renovación de técnicas de prospección y datación que se impondría algunos años después. Uhle murió en 1944, justo cuando Anderson y Libby creaban el método del Carbono 14. Tello murió en 1947, cuando los hallazgos precerámicos de Junius Bird en Huaca Prieta abrían un capítulo inédito en la historia de los Andes. Un año después su mejor discípulo, Manuel Toribio Mejía Xesspe, publicó una breve reseña sobre el histórico hallazgo de Bird. Era una crítica somera y casi desafiante. Y, en cierto modo, la despedida de la escuela clásica.

Periodificación

Modelos inespecíficos

Seriaciones calcadas de la prehistoria de Eurasia (protopaleolítico, paleolítico inferior, medio, superior, epipaleolítico, etc.) no han derivado en una secuencia idónea y específica para los Andes. Y para las etapas de formación y desarrollo de las culturas no han servido gran cosa rótulos y conceptos difusionistas, como los de la vieja escuela alemana de los Círculos de cultura, de Fritz Grœbner y Wilhelm Schmidt.

Cerámica de la cultura Moche, del período intermedio temprano, contemporáneo de Gallinazo.

Áreas culturales

La noción, tomada de la antropología, sirvió en el pasado para delimitar las grandes zonas de las viejas culturas americanas.

En 1926 Wissler señaló cinco zonas en Sudamérica, coincidentes con espacios ecológicos: 1. Chibcha (Panamá, Colombia), 2. Antillas (Caribe, costa venezolana), 3. Inca, 4. del Huanaco (Patagonia), 5. Amazonia. En 1947 Julian Steward las redujo a cuatro: Circumcaribe, Andina, Marginal y Amazónica. En 1948 Bennett añadió el factor temporal y planteó «áreas de cotradición» en sentido geográfico transversal, que compartieron rasgos de cultura a través del espacio y el tiempo. Vinculó valles costeños a hoyas interandinas en once áreas de cotradición y seis fases. En 1970 Lumbreras, en una tentativa de fusionar los conceptos de área cultural y área arqueológica, dividió el ámbito andino en seis áreas de «integración económico-social»: 1. Extremo norte (*circum* Caribe), 2. Andes septentrionales, 3. Andes centrales, 4. Andes centro sur (*circum* Titicaca), 5. Andes meridionales y 6. Extremo sur.

La escuela norteamericana ha echado a rodar voces técnicas para unificar la terminología continental. Pero al margen de tan buenos propósitos, proliferan etiquetas distintas que aluden a conceptos análogos. Vocablos como «experimental», «floreciente», «cultistas», «incipiente», «fusión», encierran una carga subjetiva y confundirán al lector que pase de un autor al siguiente. Y al no iniciado poca cosa le dirán marbetes algo misteriosos como «blanco-sobre-rojo», «poscocción», «pintura negativa» o «interlocking».

Periodificaciones

Éstas difieren mucho entre sí, según atiendan a rasgos culturales, a horizontes, a estilos, a fases evolutivas, etcétera. He aquí algunas periodificaciones usadas por notables arqueólogos. William Duncan Strong (1948): 1. preagrícola, 2. desarrollo, 3. formativo, 4. floreciente, 5. fusional, 6. imperial. Wendell C. Bennett (1953): 1. precerámicos, 2. cultistas, 3. experimentadores, 4. maestros artesanos, 5. expansionistas, 6. constructores de ciudades, 7. imperialistas. Donald Collier (1955): 1. agrícola incipiente, 2. formativo, 3. floreciente regional, 4. expansivo militarista. J. Alden Mason (1964): 1. incipiente, 2. desarrollo (formativo, cultista y experimental), 3. floreciente, 4. climático (expansión, urbanista e imperialista). Luis G. Lumbreras (1983): 1. lítico, 2. arcaico, 3. formativo, 4. desarrollos regionales, 5. Huari, 6. estados regionales, 7.Tahuantinsuyo. Ángel Sanz Tapia (1987): 1. formativo, 2. clásico, 3. posclásico. Federico Kauffmann (1990): 1. etapas de caza-recolección, 2. etapas I-II de agricultura inicial, 3. etapas de alta cultura (II-A formativo, II-B florecimientos regionales, II-C horizonte medio, II-D confederaciones tribales, II-E Tahuantinsuyo). Daniel Morales (1993): 1. lítico, 2. mesolítico, 3. formativo, 4. estados teocráticos, 5. sociedades ur-

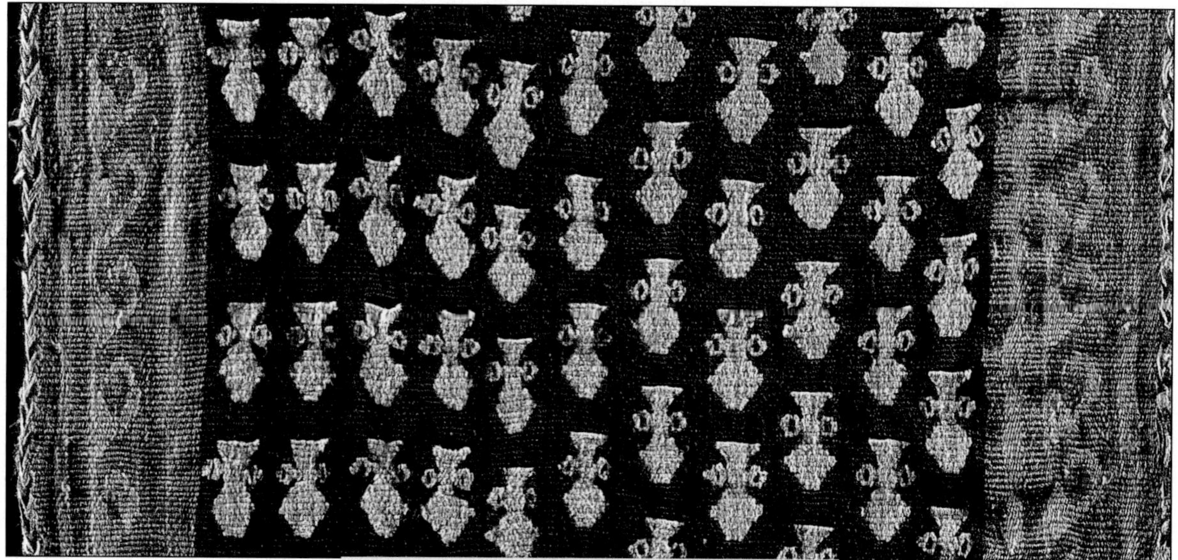

Con la cultura Chancay el arte textil alcanzó gran destreza. Esta etapa cultural se desarrolló desde el Horizonte medio hasta la llegada de los conquistadores españoles.

banas, 6. segundo regionalismo, 7. Incas.

Desde una óptica distinta y original y en un libro muy rico en sugerencias, *El desarrollo político en las sociedades de la civilización andina* (1997), el historiador y antropólogo Fernando Silva Santisteban formula seis fases o tipos de organización sucesivos: 1. sociedades igualitarias o segmentarias, 2. sociedades de jefatura, 3. estados prístinos, 4. estados expansivos, 5. imperios regionales, 6. imperio universal andino.

Duplicaciones

La pluralidad confunde, si nombres diversos aluden a ideas afines o traslapan cronologías. Sin tocar fechas elásticas, que varían en cada autor, según el arqueólogo elegido la cultura Moche (proto-Chimú de Uhle, Múchik de Tello) pertenecerá a la fase maestros artesanos, a la floreciente, a los estados expansivos, a los multirregionales, al intermedio temprano, a las culturas artesanales, al desarrollo regional, al período clásico. Pero ¿es riqueza denotativa poner muchos nombres a la misma persona? La navaja de Occam pide no multiplicar entes a capricho, más aquí el número de culturas crece sin límite y ya pasa con holgura el centenar. El sustento teórico suele ser un topónimo, un yacimiento, un estilo local de cerámica. Cada disciplina acuña su argot en pos de exactitud, anhelo de toda ciencia. Pero si en vez de ello suscita ambigüedad, tal vez su repertorio léxico haya crecido con desmesura....

¿Evolución unilineal?

No es malo que cada autor maneje su propia pauta. Ordenar los hechos en sucesión temporal es condición del saber histórico. Cada quien aduce razones y la ciencia avanza cuando contrasta los enfoques y formula nuevos puntos de vista. Pero toda secuencia implica una teoría del desarrollo bastante más uniforme y regular de lo que son los hechos sociales y sugiere cambios sincrónicos que abarcaron toda el área andina. Y esto es justamente lo que niegan los datos de campo, que más bien informan de una variedad de opciones para el poblador andino y sacan a la luz desfases regionales, progreso en un lugar, en otro estancamiento, si no involución.

Evolución multilineal y diacronía

La revolución neolítica fue consecuencia de la agricultura intensiva que permitió la producción en escala, con su cortejo de cambios sociales. El paso de la predación a la producción de excedentes liberó energías para formar altas culturas. De modo alternativo, pueblos de la costa (mariscadores) dieron el salto gracias a la riqueza marina. Así los conchales de Paloma (Lima) hallados por Engel, revelan variedad de recursos terrestres y marinos con alto porcentaje de mariscos, que hicieron posible un sedentarismo anterior a la agricultura. Y sugiere Rick en 1983 que la abundancia de recursos de caza (vicuñas) en la región altoandina dio lugar a un escalón de cazadores-sedentarios.

Aparición de la cerámica, metalurgia o plantas domésticas, jerarquización social o construcción de templos y ciudades, no fueron eventos sincrónicos y cada fecha conocida atañe sólo a un yacimiento. Hoy se tiende a relegar la búsqueda de un «centro originario» para cada rasgo cultural y se refuerza la hipótesis realista de que muchas invenciones se dieron más de una vez en los Andes, en diversos sitios y de un modo autónomo y diacrónico.

Horizontes y períodos

La secuencia de John H. Rowe, maestro peruanista y jefe de la escuela californiana, alterna horizontes y períodos. El concepto de horizonte designa una época en que una cultura tiende a ocupar una vasta porción territorial. La expansión, basada en un poder o prestigio central de índole política o religiosa, difunde patrones uniformes de cultura, visibles en la esfera del arte cerámico, textil, metalúrgico. Y cada período alude a una época en que, disuelto el vínculo del horizonte anterior, surgen culturas locales que evolucionan en el marco geográfico de una autarquía regional.

Tabla de Rowe

Uhle, Kroeber, Willey, Tello, usaron «período» y «horizonte» con valor laxo. Rowe usa la contemporaneidad de eventos —no su derivación genética—, postula fechas de inicio y fin en cada etapa y su carta cronológica de los Andes, válida al margen de cualquier teoría del desarrollo, permite variar datos o insertar nuevos. Hecha hace 40 años y con ajustes del propio maestro —anteposición de la fase precerámica— su pragmatismo sobrevive a una intensa labor de campo y modas teóricas.

La marcha hacia la unidad

Largas épocas de variación regional alternan con otras más cortas de fusión o unidad. La curva histórica del control del espacio parte del dominio del contorno inmediato (caza-recolecta), sube al mediano espacio regional con ensayos de integración en escala (Chavín, Huari) y culmina en la vasta unidad política del Estado Inca. Pero cabe una lectura diferente. Según Luis E. Valcárcel la geografía del Perú lo predestinó «al aislamiento y la clausura ... Era un inmenso compartimiento cerrado por límites infranqueables». Es posible, sin caer en determinismos, ir más lejos y decir que la fisura, la rivalidad y el aislamiento en el interior del ámbito peruano han sido más pertinaces y duraderos que los ensayos históricos de unidad.

Geografía de contrastes

El Perú exhibe disparidades y contrastes que han hecho difícil la ocupación humana y arduo el avance civilizador. A la faja desértica costera la salpican, aislados por tablazos, pequeños valles que riegan unos cuantos ríos que bajan de los Andes. La cordillera, con sus tremendas moles, deja por encima de los 2,500 o 3,000 m la mayor parte de la sierra habitable y son contados los valles extensos y ricos, en las hoyas de Cajamarca, Callejón de Huaylas, Urubamba, Huánuco, Mantaro. En el sudeste la meseta del Collao, en la cuenca

Los períodos según J. J. Rowe

La siguiente tabla es una simplificación de la división en períodos debida a John J. Rowe, con ejemplos y con fechas redondeadas por aproximación:

Desde 10000 a.C.	Período inicial
	1. Desde 10000 a.C. Lítico (caza-recolecta)
	2. Desde 7000 a.C. Comienzo de la agricultura
	3. Desde 1800 a.C. Aparición de la cerámica
Desde 800 a.C.	Horizonte temprano (Chavín, Paracas, Vicús, Pucara)
200 d.C. a 700	Período intermedio temprano (Moche, Nazca, Lima)
700 a 1000 d. C.	Horizonte medio (Tiahuanaco-Huari)
1000 a 1450	Período intermedio tardío (Chimú, Chincha)
1450 a 1532	Horizonte tardío (Incas)

Restos de la ciudad de barro de Chanchán, capital Chimú. Su desarrollo abarcó entre cinco y seis siglos. Su extensión aproximada es de 1'417,715 m².

lacustre del Titicaca, es región frígida, a 4,000 m de altitud, con baja presión atmosférica y oscilaciones térmicas muy marcadas. Y la selva oriental siempre cobijó grupos autónomos, poco densos, aislados y estancos en una economía de predación y subsistencia.

Las regiones

La clásica división en tres regiones nace con los cronistas, que vieron tres «diferencias de tierras» o «tiras» dispuestas en franjas longitudinales: llanos o costa, sierras y antis o montaña. La terna Costa-Sierra-Selva no refleja la diversidad ecológica del Perú, pero hasta hoy continúa siendo muy popular.

En el siglo XX geógrafos como Karl Troll (1931) y naturalistas como el botánico August Weberbauer (1936) distinguieron pisos altitudinales y nichos ecológicos y, en ensayo muy difundido, Pulgar Vidal (1941) planteó ocho regiones «naturales». En recientes años Antonio Brack Egg (1986) ha considerado once ecorregiones peruanas: 1. mar frío de la corriente Peruana, 2. mar tropical, 3. desierto del Pacífico, 4. bosque seco ecuatorial, 5. bosque tropical del Pacífico, 6. serranía esteparia, 7. puna, 8. páramo, 9. selva alta o yunga, 10. selva baja o bosque tropical amazónico, 11. sabana de palmeras.

Diversidad y unidad

En el Perú se dan 84 zonas de vida o ecológicas del centenar que hay en el mundo. Con amplitud de opciones y formas de acceso a los recursos, la biodiversidad estimuló de modo positivo los desarrollos regionales, pero fue una barrera hostil para el logro de la unidad.

El Estado Inca impuso cohesión política a una sociedad multiétnica pero no forjó una nación. De ahí el triunfo de la hueste española, más político que militar, que manipuló viejos rencores y antagonismos étnicos enfrentando a unos pueblos contra otros. En el Perú parecen haber sido más persistentes los factores de desagregación que los que invitan a la unidad nacional.

Período inicial

Lítico o Caza-recolección (desde 10000 a.C.)

Los vestigios más remotos son de pueblos de caza-recolecta. No existe prueba de cazadores de megafauna coetáneos de animales extintos: perezoso gigante (*Megatherium*), pequeño caballo americano, mastodonte, armadillo gigante (gliptodonte), paleollama (antecesor de los camélidos andinos), tigre colmillos de sable (*Smilodon*). Tal fauna desapareció alrededor del año 9000 a.C. y fue reemplazada por la actual. Según las regiones, los animales de presa eran camélidos (llama, huanaco, vicuña), cérvidos (venado), roedores (vizcacha, cuy), suri (ñandú), zarigüeyas, perdices, lacértidos. Todo ellos, fuentes de proteínas en una dieta complementada por recolección de semillas, raíces y plantas silvestres.

Los restos arqueológicos de Guitarrero (Ancash) permitieron datar la domesticación de frejoles.

Los cazadores-recolectores elaboraron herramientas de piedra con técnicas de presión y percusión: chancadores, puntas de proyectil, tajadores, hachas de hueso, raspadores, raederas, más tarde arpón y red. Vivían en bandas autosuficientes, de unos 25 miembros emparentados, con igual acceso a los recursos. Ocupaban zonas propicias para la caza y se protegían del frío y de las lluvias en reparos y cuevas. No hubo trashumancia errátil cuyo único afán fuese obtener comida. Por la observación empírica del animal y de sus circuitos habituales adaptó el hombre su propio ciclo anuo de vivienda temporal y nomadismo, y sus campamentos más antiguos eran estacionales. Tuvo el cazador arcaico ideas mágico-religiosas, ritos de cacería y entierro y expresiones de arte, y existen indicios del uso de hierbas curativas. Hay sitios en la costa y la sierra, entre 2,000 y 4,000 m. En la costa: Cupisnique, Chivateros, Ocoña, Tres Ventanas, Casma, Ancón, etcétera. En la sierra: Guitarrero, Toquepala, Pachamachay (machay= cueva), Telarmachay, Pacaicasa y muchos más.

Pacaicasa, Chivateros y Guitarrero

Los restos del complejo, en especial en Piquimachay (Ayacucho) a 2,700 m, se creyeron muy antiguos a raíz de los hallazgos de Mac Neish de puntas óseas y láminas de piedra, utensilios del tipo «indiferenciado» —apto para diversos fines: cortar, romper, etc.—, en aparente asociación con perezosos gigantes, machairodos, mastodontes. Coetáneo de esa fauna, el hombre tendría 23,000 años. Pero esto se ha cuestionado mucho. En la última fase de ocupación (fase Huanta, en Jaihuamachay), de 10,000 años, no hay restos de animales ya extinguidos, mas sí de venados y camélidos.

Chivateros se encuentra en la boca del Chillón (Lima). En 1967, su descubridor Edward Lanning planteó seis fases, de las que Zona Roja y Chivateros I-II eran las más viejas. Asignó 11,500 años al estrato más antiguo, cazadores cuya dieta básica era la recolecta de plantas silvestres, pues antes de la desertificación la flora costeña era muy variada. Por la riqueza de artefactos de piedra, que pasan de cien mil, juzgó el sitio como el taller lítico más antiguo en los Andes.

Guitarrero, estudiado por Thomas Lynch en 1969-1971, está al sur de Yungay (Ancash), a 2,580 m de altura, y su edad se estima en 9700 años. La presencia de tubérculos y otros restos vegetales deja inferir que se trata de cazadores de camélidos y cérvidos que, al parecer, ya iniciaban un proceso de domesticación de plantas (ají, olluco). El caso de mayor interés es el del frejol (*Pha-*

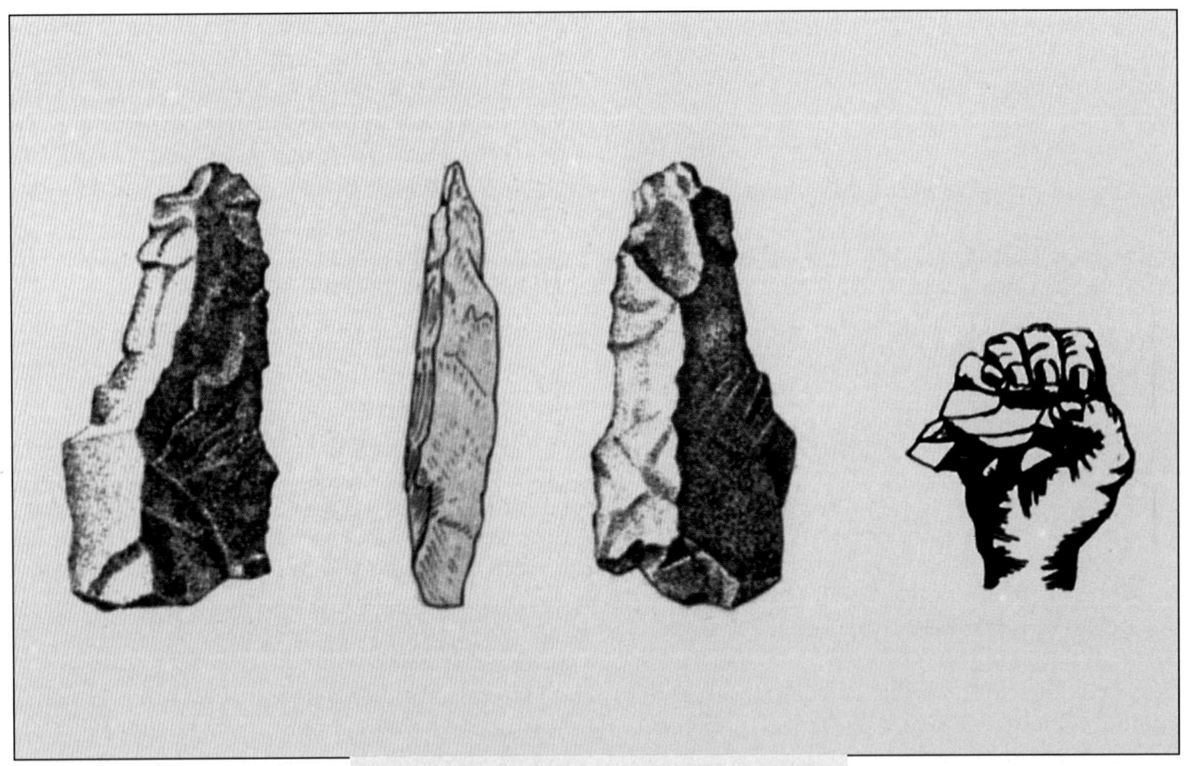

Armas líticas de Chivateros, el taller más antiguo de los Andes. Sus artífices fueron cazadores-recolectores que cambiaban de residencia según las estaciones.

seolus vulgaris), que hasta hoy es el más antiguo del continente.

Paiján, Lauricocha y Toquepala

Paiján, al norte de Trujillo (La Libertad), contenía los restos humanos más viejos del Perú, con 10,250 años: esqueletos de una mujer y un joven. Éste, dolicocéfalo y de 1.68 m de estatura. Hay puntas de proyectil de 15 cm, que según Claude Chauchat servían para alancear peces. La dieta básica era marina: anchoveta, corvina, lorna, moluscos, crustáceos, además de lacértidos como cañán (*Dycrodon heterolepsis*), roedores y pequeñas aves. Paiján y Chivateros son exponentes de una común tradición de caza-recolecta que se extendió en la franja costeña desde Chiclayo hasta el norte del departamento de Ica.

Augusto Cardich halló el sitio de Lauricocha en 1958. El conjunto de cuevas, a más de 4,000 m (Huánuco), fue hace unos 9,600 años morada de cazadores-recolectores. Doce tumbas exhumadas contenían cadáveres incompletos de hombres de estatura promedio de 1.62 m, dolicocéfalos. Revelan patrones funerarios, un posible sacrificio infantil, pintura ritual en ocre, amarillo y rojo y ofrendas mortuorias de turquesas, cuentecillas óseas y valvas de Pecten. También hay muestras de arte pictórico rupestre.

En Toquepala, la Cueva del Diablo, ubicada en 1961 por Miomir Bojovich y explorada por González García en 1963, está a unos 2,700 m de altura (Tacna). El estrato más antiguo tiene 9,600 años y el yacimiento es famoso por sus pinturas. En ocho paneles hay unas cincuenta figuras pequeñas, entre 5 y 10 cm, de cazadores y huanacos, por lo común en color rojo. Tal como la de Eurasia, esta pintura rupestre sirvió para rituales de magia propiciatoria de la caza. Opina Daniel Morales que, además de tales fines, estos dibujos simbólicos expresan la concepción del mundo dentro de los principios de oposición.

Comienzos de la agricultura (desde 7000 a.C.)

Pasar de trashumancia a sedentarismo, de predación (caza-recolecta-pesca) a producción de excedentes, comportó los cambios socioculturales de la revolución neolítica (Gordon Childe) o agropecuaria. Más que de una revolución puede hablarse de una dinámica lenta, de efectos revolu-

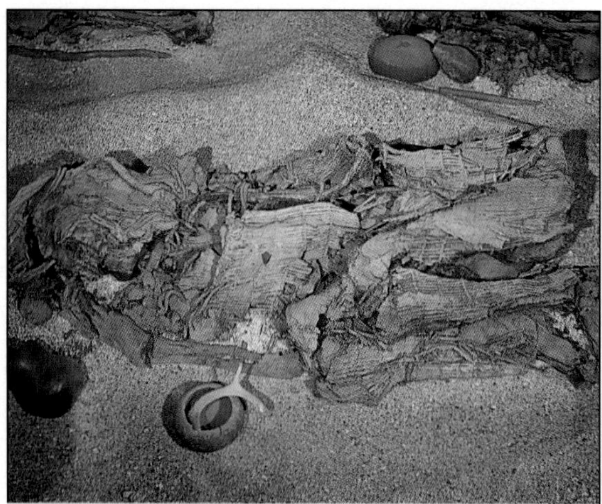

Restos arqueológicos del hombre de Santo Domingo, que data del 8000 a.C. Pertenece al museo Julio C. Tello, ubicado en el sitio de la Reserva Nacional de Paracas, en Ica.

cionarios. Tal eclosión se dio en cuatro lugares del mundo: Sudeste Asiático, Mesoamérica, Cercano Oriente y el Perú. Domesticar plantas y animales llevó al sedentarismo, con invención de técnicas agrícolas, construcción de viviendas, mejoras artísticas, paso de la comunidad igualitaria a una sociedad clasista con un aparato ideológico teocrático, «especialistas» para roles dados y centralización del poder. Los cambios ocurrieron en fase geoclimática propicia (el *optimum climaticum*, hace 7,500 a 4,500 años). El retroceso glaciar mejoró el clima, con alza de la temperatura y aumento de lluvias en el litoral. Tal benignidad favoreció en la sierra altoandina pastos y animales herbívoros, recursos marinos en la costa y animales en las lomas temporarias de vegetación por la humedad invernal. Según Dollfus (1981), en lo esencial ya no ha cambiado el clima.

Se distinguen dos etapas: horticultores (7000-5000 a.C) y agricultura incipiente (5000-3000 a.C.). La agricultura, en un inicio subsidiaria de la caza-recolecta, toma la primacía económica de un modo gradual, merced a la domesticación de plantas y la mejora de técnicas de irrigación.

Un proceso descentralizado

Una planta en un yacimiento muy antiguo no prueba que sea el centro originario. El frejol de Guitarrero es el más viejo de América, pero quizás el maíz se originó en Mesoamérica y en los Andes. La papa, con registro tardío en la sierra, se domesticó en la cuenca del lago Titicaca. La quinua más antigua es del norte de Chile, el maní parece de origen selvático, la yuca quizá llegó de Venezuela, Colombia o la Amazonia, o fue tal vez producto local. El proceso en Sudamérica fue descentralizado, con casos de domesticación independiente o paralela en distintas regiones.

Domesticación de animales

Los estudios de Lavallée (1995) en Telarmachay, Junín, indican que por 6000-5000 a.C. se inició la domesticación de camélidos. El hallazgo de corrales sugiere animales en cautiverio, un paso a la domesticación. El perro (*Canis ingœ*), presente hacia 3000 a.C. en Uchcomachay, Junín, debe ser un logro originado en América del Norte. Sobre el cuy (*Cavia cobaya*), Morales sugiere dos centros autónomos, Tequendama en Colombia y Ayacucho.

Sitios principales

La mayoría de yacimientos están en la costa: Huaca Prieta y Huaca Negra (dep. Lambayeque), Las Haldas, Huarmey (La Libertad), Áspero, En-

Estimación de la antigüedad de los vegetales en los Andes

En la sierra: 8000 a.C.: calabaza o mate (*Lagenaria siceraria*), ají (*Capsicum frutescens, C. annuum*), olluco (*Ullucus tuberosus*), camote (*Ipomua batatas*), frejol (*Phaseolus vulgaris*), lúcuma (*Pouteria lucuma*). 6000 a.C.: pallar (*Phaseolus lunatus*), zapallo (*Cucurbita moschata, C. ficifolia*), quinua (*Chenopodium quinoa*), maíz (*Zea mayz*; según Lynch; Smith en cambio habla de 4000 a.C.). 3000 a.C.: papa (*Solanum tuberosum*). En la costa: 6000 a.C. a 4000 a.C.: calabaza, yuca (*Manihot esculenta*), guayaba (*Psidium guajava*). 4000 a.C. a 2500 a.C.: pacae (*Inga feuillei*), guanábana (*Annona muricata*), palta (*Persea americana*), olluco, camote, guayaba, yuca, maní (*Arachis hypogua*), papa, achira (*Canna edulis*), zapallo, ciruela (*Bunchosia*), arracacha (*Aracacia xanthorrhiza*), algodón (*Gossypium barbadense*), lenteja (*Lens culinaris*), oca (*Oxalis tuberosa*).

canto, Arenal, Asia, Chilca, Otuma, Cabeza Larga, Culebras, Lurín, Ancón, (Lima).

Chilca, descubierta por Federico Engel, es una aldea con ocupación continua por más de un milenio, desde 4000 a.C. Vivían de la recolección de frutos y raíces silvestres y recursos marinos, con agricultura inicial, sin algodón ni maíz. Tuvieron prácticas fúnebres y quizá culto rudimentario a los muertos.

En 1961 Engel halló la aldea Paracas en Santo Domingo (Ica), que juzgó el poblado más viejo de la costa. Su edad se reputa en 8000 años. Sus pobladores vivían en pequeñas chozas, en grupos de cincuenta miembros, con economía mixta: pesca, recolecta, agricultura inicial. Hay restos de semillas y raíces silvestres y también de frejol, calabaza, pallar, yuca, guayaba y quizá conocieron la coca. Hallazgo singular es la «flauta de Santo Domingo», el instrumento musical más antiguo en el mundo.

En la tablada de Lurín (Lima) Josefina Ramos descubrió osamentas humanas junto a viviendas de piedra y barro. El conchal revela superposición de culturas, pero los estratos más antiguos parecen vestigios de mariscadores precerámicos que vivieron hace unos 7000 años.

Huaca Prieta es un hallazgo de Junius Bird (1947) a orillas del Chicama (La Libertad), que reveló la existencia de una etapa precerámica. El sitio, de 4500 años y escalón al sedentarismo pleno, lo habitó gente de economía mixta que combinó recursos pesqueros con horticultura inicial. Tenían red y flotadores de calabazas (lagenaria) y cultivos incipientes: lenteja, lúcuma, frejol, pallar, ají, calabaza, guayaba. Vivían en moradas hechas con piedras pequeñas y argamasa de barro. En su textilería hay diseños geométricos con figuras de pez, cóndor, felino y serpiente, que inician una tradición decorativa que recogió la cultura Chavín e impregnó la totalidad del arte andino posterior.

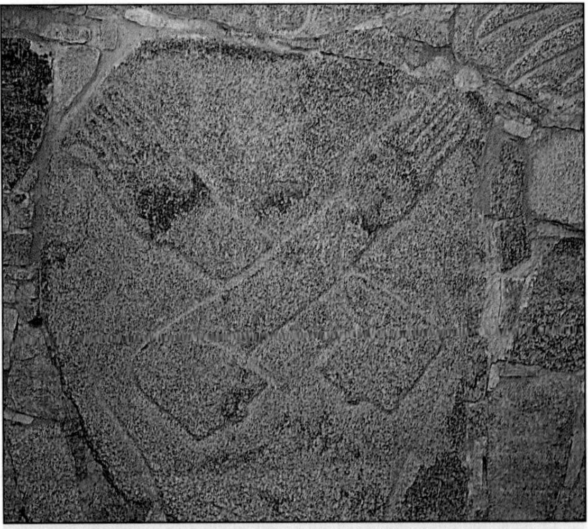

«Manos cruzadas» de Kotosh, importante descubrimiento investigado por Julio C. Tello en 1935, a raíz de la fragmentaria recogida por J. Pulgar Vidal el año anterior.

El sitio de Kotosh, descubierto en el alto Huallaga (Huánuco) por el equipo de Seichi Izumi y Toshihiko Sono, revela diversas fases. La más vieja, Kotosh-Mito, de 4000 años, es de un pueblo precerámico que conoció la agricultura y la arquitectura. El complejo encierra el santuario más antiguo de los Andes, un templo de piedra y paredes enlucidas. En un nicho interior se halló un relieve de «manos cruzadas» esculpidas en barro. Quizá se cultivó el maíz, a juzgar por el diseño decorativo de una mazorca en cerámica.

Aparición de la cerámica en los Andes

Las muestras más viejas (1800 a.C.) no indican una fase primitiva y apuntan a una tradición anterior. Si la selva es la cuna, no hay evidencia arqueológica. Otros creen que llegó como producto elaborado y proponen centros con alfarería más antigua: Minas (2720 a.C.) en Brasil; Valdivia (3150 a.C.) y San Pedro (3300 a.C.) en Ecuador; Monsú y Puerto Hormiga (3800 a.C.) en Colombia. Las fechas más altas son 2140 a.C. para hallazgos de Lynch en Huaylas y 1800 a.C. para la fase Huairajirca de Kotosh.

Antigüedad de la cerámica

Según Duccio Bonavía, en Perú «las fechas para la primera cerámica no concuerdan y hasta ahora no parecen ni siquiera tener una secuencia lógica». El autor ofrece algunas estimaciones: para la costa extremo norte, 1500 a.C.; costa norte, 1600 a.C.; costa central, 1500 a.C.; costa sur, 1300 a.C.; sierra norte, 1200 a.C.; Callejón de Huaylas, 1500 a.C.; Huánuco, 1800 a.C.; sierra central, 1700 a.C.; Cusco, 1100 a.C.; selva oriental, 1500 a.C.

Horizonte temprano (Formativo medio y superior)

Formativo no es sinónimo de horizonte. Con carga subjetiva, alude al proceso de formación de los componentes básicos de una alta cultura. Tiene tres fases: inferior o inicial (pre-Chavín), media (Chavín) y superior o final (pos-Chavín). La primera antecede al Horizonte temprano, que incluye la segunda y la tercera. Así, el Formativo inferior viene a ser la última etapa del Período inicial. Hecha esta salvedad, es mejor incluir las tres fases en el Horizonte temprano, para captar mejor la unidad Chavín en términos de concepto y de cultura.

Monolito grabado en el templo de Sechín, también conocido como Huaca del Indio Bravo.

Formativo inferior (desde 1800 a.C.)

Hacia 1800 a.C. había pueblos de economía mixta, algunos con cerámica y textilería. La clase sacerdotal detentaba poder y prestigio. Los sitios más viejos son un puente entre los agricultores incipientes y los constructores de grandes templos: Curayacu, Ancón, Hacha. En la sierra sur hay aldeas con pequeños centros ceremoniales: Chanapata, Marcavalle y Pacallamoco (Cusco), Caluyo (Puno), Huancarani (Bolivia). En el norte hay centros grandes, como Negritos (Piura), Pacopampa (Cajamarca), Curayacu (Lima), Acarí (Arequipa) y Sechín.

Tello descubrió Sechín en 1937, al sudeste de Casma (Ancash), en la confluencia Casma-Sechín. En el grupo Sechín Bajo hay estelas con figuras humanas seccionadas y cabezas cortadas. El complejo Sechín Alto, rectangular y de 2 km de largo, ocupa un área de 70,000 m^2 y alcanza 40 m de alto. Al templo central, de adobe, piedras canteadas y argamasa de barro, lo circundan paredes de 50 m de largo en cuyo exterior hay monolitos con figuras incisas de un desfile de guerreros, cabezas decapitadas, miembros, vísceras, torsos e indicios de prácticas rituales, como sacrificios humanos y cabeza-trofeo. Aunque se ignora la relación entre Sechín y Chavín y entre las tradiciones pre-Chavín del norte y del sur, todo hace creer que Chavín fue una síntesis cultural que, condensando los aportes del Formativo inferior, les dio forma estable y los difundió en un área más o menos panandina.

Formativo medio o Chavín (desde 800 a.C.)

Los progresos cristalizan en una síntesis de propagación casi panandina, con «todos los elementos básicos de la alta cultura peruana» (Kauffmann). Tal el logro de Chavín, que irradió influencias por el norte hasta el Ecuador y por el sur hasta Ica y Ayacucho. Las ruinas de Chavín de Huántar dan nombre a esta cultura, que Tello creyó de cuna selvática, y Larco, originaria de la costa central. En realidad, Chavín absorbió tradiciones costeñas y aportes de la selva, en una fusión creativa que marcó huella en los Andes.

Una religión expansiva

El rasgo sobresaliente es el tinte religioso que impregna el arte de Chavín. La sociedad teocrática expresó su mundo de creencias en un repertorio de figuras y símbolos que duró hasta el tiempo de los incas. El fenómeno expansivo fue de índole religiosa, más que política. Las secuencias no son claras, pero hay centros ceremoniales que acusan su influjo, como Cuntur Huasi, Pacopampa (Cajamarca), Puncuri, Cerro Blanco, Mojeque (Ancash), La Florida, Garagay (Lima) y Chupas (Ayacucho).

Escalinata sur de la fachada del templo tardío de Chavín de Huantar. Es un conjunto arquitectónico integrado por diversos edificios, que rodean un canchón largo y hundido de 48 m².

Cronología

Se le atribuyó duración de un milenio, desde 1400 a.C. Pero Burger, en 1984, con fechados de Carbono 14 que no rebasan el año 800 a.C. para la ocupación inicial del Templo, duda de una temprana influencia Chavín y piensa que la difusión de patrones ideológicos e iconográficos fue tardía, no antes de 400 a.C. También Moseley en 1992 sugiere un reexamen del rol que desempeñaron Sechín-Chavín. En 1993, Morales refirió que «Chavín, como horizonte, fue un momento efímero dentro de las marcadas tradiciones regionales».

La sociedad

Asociados a los avances tecnológicos en agricultura, canales de regadío, cultivo de maíz, papa, quinua, yuca, recursos marinos, camélidos y cuyes, se produjo un aumento de población y hubo economía excedentaria. La producción masiva y la construcción de viviendas y centros ceremoniales exigieron organizar el trabajo y especializar funciones. La sociedad se articuló en tres segmentos: una elite de sacerdotes, con el control religioso-político; sectores de artesanos y especialistas; y el segmento de campesinos, pastores y pescadores.

El Templo

El Templo de Chavín de Huántar, en la confluencia de los ríos Huachecsa-Mosna (provincia de Huari, Ancash) y a 3,177 m, posee varios niveles de galerías y cuartos interconectados. Sobre el Templo Antiguo, con forma de herradura y paredes de piedras grandes y chicas que alternan en hiladas, se construyó el Templo Nuevo. El conjunto central El Castillo ocupa un área de 5,000 m², tiene varios pisos, un pórtico de acceso con monolitos, carece de ventanas y posee aeroductos para la ventilación.

Las artes

La metalurgia incluyó oro de río y cobre. Chongoyape reveló piezas de oro laminado para adornos, como narigueras, sortijas (el oro más antiguo es de Andahuaylas, de unos 3500 años). La cerámica, sin molde ni torno, alcanzó nivel notable. El «huaco» típico es monocromo, negro o rojo, globoide, base plana y en la porción superior un asa que semeja un estribo. La decoración incisa sugiere que la arcilla se modeló imitando el trabajo en piedra. También hay piezas policromas con pintura fugitiva o poscocción. Aunque la textile-

Cabeza clava de la cultura Chavín. Las expresiones más destacadas de Chavín se inscriben en la esfera de lo sagrado, con templos y recintos ceremoniales, y una compleja iconografía.

ría usa material corruptible y de difícil preservación, el tejido, mejor que la piedra, fue vehículo idóneo para difundir el culto. Hay en Carhua (Ica) y Supe paños pintados con diseños y motivos Chavín.

La lítica

Se usó la piedra en la confección de utensilios (ollas, morteros) y piezas ceremoniales (obeliscos, cornisas, estelas, cabezas-clavas), con una compleja iconografía de personajes míticos con atributos mixtos de hombres y animales: aves, felino, serpiente, mono, murciélago, caimán, peces.

Las cabezas clavas, tridimensionales, decoraban edificios encajadas en las paredes. Con sus expresiones simiescas o cadavéricas, colmillos curvos y relieves de serpientes, son imágenes plásticas de la cabeza-trofeo.

El lanzón de granito, de la galería subterránea del Templo Antiguo, está esculpido en bajorrelieve. Mide 5.5 m y muestra un personaje que combina atributos humano-felínicos: dedos terminados en garras, atuendo de collar, aretes, túnica, cinturón, cabellos serpentiformes. Su ambigua expresión facial le ha valido los encontrados nombres de «Dios sonriente» y de «Dios irritado». Es posible que haya sido un oráculo temido y de mucho prestigio.

La estela Raimondi, descubierta en el siglo XIX por el naturalista italiano Antonio Raimondi, es de la fase Templo Nuevo. La piedra de diorita mide 1.98 por 0.75 m y muestra en planorrelieve un dios antropomorfo con rasgos zoomorfos. Erecto y visto de frente, sostiene en cada brazo una vara o báculo y luce un elaboradísimo tocado con cabellos que irradian en forma de serpientes. Los cuatro miembros rematan en garras y la boca entreabierta deja ver cuatro colmillos curvos. A esta figura del panteón Chavín aluden los arqueólogos como «dios del báculo».

El obelisco Tello, también de granito, es de la fase más antigua, mide 2.52 m y en sus cuatro caras ostenta un complejo diseño de aire surrealista. Se dice que representa un dios masculino y otro femenino. En la composición hay fragmentos de motivos humanos, animales y vegetales imbrica-

Lanzón de granito, elemento característico del arte Chavín. Otro hallazgo importante fue la denominada Estela Raimondi, cuya estructura se repite en la Portada del Sol de Tiahuanaco.

dos en una suerte de *Guernica* andino: garras, colmillos, manos, plumas, serpientes, ave, pez, calabaza, yuca, pimiento. Algunos ven un felino selvático, otros un felino volador, otros un caimán mítico, donador de cultígenos.

El friso de falcónidas (mal llamado «estela de los cóndores»), presunto dintel o cornisa, tiene 5 m y ocho figuras de aves. Con buenas razones sugiere Kauffmann que la estela pudo estar «colocada en el frontispicio a manera de friso». Perdida en el aluvión de 1945, se halló algunos años después en el río, fatalmente desgastada por la erosión.

Formativo superior (desde 200 a.C)

La extinción de Chavín, por causas ignoradas, dejó paso a desarrollos locales que retuvieron avances tecnológicos y temas Chavín. Es notorio en las culturas de la costa norte: (Vicús, Salinar, Gallinazo) y surcentral (Paracas Cavernas). En la sierra sur florece Pucara, quizá fruto de tradiciones sureñas y de vínculos más claros con las posteriores de Tiahuanaco y Huari que con las precedentes de Chavín. A esta etapa se la ve como transición —concepto muy subjetivo— entre el horizonte Chavín y el Período intermedio temprano.

El descubridor de la cultura Paracas, Julio C. Tello, examina, en el laboratorio del museo, un fardo funerario encontrado en el desierto de Paracas, departamento de Ica.

Paracas

En 1925 descubrió Tello, en una desértica península del departamento de Ica, cementerios con rico ajuar funerario. Señaló fases Cavernas y Necrópolis, la primera en Cerro Colorado, con tumbas colectivas o familiares (una con 55 cadáveres), en forma de botellones subterráneos a modo de «cavernas». Necrópolis, en la ladera de un cerro, contenía fardos funerarios sepultados en criptas cavadas en la piedra y cubiertas de arena. Tello marcó nítidas diferencias en cerámica y textilería, pero también rasgos comunes o afines como trepanación del cráneo y momificación del cadáver.

El fardo funerario de Necrópolis es un bulto piramidal de sucesivas capas de ropas y telas que envuelven el cadáver, momificado y en posición sedente en una canasta de bordes bajos, ataviado con adornos corporales (tocado, collar, brazalete, plaquitas de oro) y provisto de un vistoso ajuar funerario (abanico de plumas, cuchillos de obsidiana o hueso, armas como honda o porra, adminículos de madera y hueso para hilar y tejer, un plato de barro con ofrendas de maíz, camote, yuca, etc.).

La cerámica de Cavernas, incisa, monocroma en vasijas color naranja o crema, o policroma y naturalista en amarillo, verde, blanco, rojo, azul, ocre, pardo, usa pintura fugitiva o poscocción, con pigmentos de resina vegetal espesos y aplicados como emplasto luego de cocer la arcilla. Rectilíneo y estilizado, el diseño usa motivos felínicos. La cerámica Necrópolis, por lo común monocroma y menos vistosa, fija la pintura precocción e

Tejido Necrópolis de la cultura Paracas. La cultura Nazca se relaciona con el horizonte temprano a través de Paracas Cavernas; Paracas Necrópolis es contemporánea de la etapa Nazca.

incluye la técnica negativa. Las vasijas tienen pared delgada y ornamentación escasa.

La textilería es el arte distintivo. Los fardos contienen piezas burdas y finas: uno tenía 300 m^2 de tela de algodón. Abunda en Cavernas el algodón en tejidos de gasa, telas dobles y tapicería en colores celeste, amarillo, blanco, negro y diseños de felino, serpiente y motivos Chavín. Los tejidos Necrópolis, más elaborados, con mayor uso de lana de camélido, incluyen prendas de uso común y suntuarias: túnicas, bolsas, turbantes, cinturones y fajas, faldas, «mantos» bordados, famosos por su colorido y su técnica. Son piezas de 2.5 por 1 m, con siete colores básicos y ciento noventa matices. Bordados en lana, los dibujos geométricos y los temas mitológicos de la decoración son felinos, reptiles, aves, peces y figuras antropomorfas, en series dispuestas en forma artística de refinada belleza y siguiendo un patrón de diseño.

La deformacion artificial de la cabeza, rasgo usual en el antiguo Perú, se aplicaba prensando la cabeza del niño con tablillas o un almohadillado de algodón o sogas atadas en torno al cráneo. La incidencia en Paracas es alta; en Cavernas, del tipo cuneiforme: aplanamiento occipital y elongación oblicua del frontal; en Necrópolis, del tipo alargado o cilíndrico, que da nombre al sitio Cabeza Larga. La deformación se conoció en Lauricocha y subsistió en la sierra sur y el Collao hasta la época incaica. La trepanación del cráneo afecta mas o menos a un 40 por ciento de los cadáveres. El instrumental quirúrgico incluye cuchillos de obsidiana, agujas, raspadores, pinzas, hilos y vendas de algodón y uso de coca como anestésico. Hay evidencias de regeneración ósea pero, lo mismo que ocurrió en otras partes del mundo, la trepanación mezcla el componente médico y el ritual mágico-religioso.

Las fases de Chavín

Las primeras etapas de Paracas se insertan en el Formativo medio, las últimas en el final. Dorothy Menzel, Lawrence Dawson y J. Rowe fijan diez fases para el estilo: Ocucaje I a X. Fases I-VIII, con influencia Chavín, equivalen a Cavernas (700-200 a.C.) y son de un pueblo agrícola y guerrero, que ocupó la cuenca del Ica, con sitios fortificados como Tajahuana y centros ceremoniales como Callango, con quince templos en un kilómetro. Las fases IX-X corresponden a Necrópolis (200 a.C. a 300 d.C.), de gente que vivió en la cuenca del Pisco y el Topará. Aunque tenues, sus vínculos apuntan al polo sureño de Pucara y Tiahuanaco.

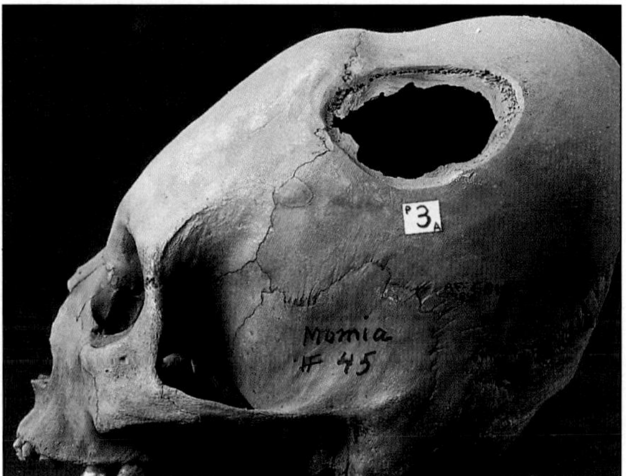

Detalle de un cráneo trepanado de la cultura Paracas, en su período conocido como Caverna. Los paracas utilizaron la chicha y la coca como anestésicos principales para estas operaciones.

Esta cerámica de la cultura Vicús es una miniatura que representa un cerdo silvestre. En la actualidad forma parte de la colección del Museo Antropológico de Lima.

Vicús

Poco se sabe de Vicús. Por 1960 en el sitio-tipo (hacienda Pabur, Piura), los huaqueros arrasaron cementerios destruyendo 2,000 tumbas. En 1963 Matos Mendieta identificó la cultura. Estudió diez tipos de sepulcros ya sin cadáveres, pero cerámica y metalurgia permiten inferir el contexto social. El área incluye las provincias de Huancabamba, Morropón y Ayabaca y se distinguen la fase Vicús-Vicús, auge local de raíz chavinoide y posibles influencias de Ecuador y Colombia, y la fase Vicús-Moche, ya bajo dominio Moche. La cerámica, blanquirroja o monocroma o con pintura negativa, es rica en formas escultóricas humanas y animales: mono, felino manchado, ciervo, loro, pato, búho. El típico «silbador», con orificios para que circule el aire, produce sonido silbante. Abunda un personaje desnudo, de cabeza bilobada y ojos rasgados, sexo visible, con adornos, corona o algún arma. Es curioso que este motivo aparezca en sitios tan alejados de Piura como San Juan Pata en Jauja, Huachipa, tablada de Lurín, Marcavalle o Paracas. En metalurgia se trabajó plata, oro, cobre y tumbaga, para armas de guerra y adornos: máscaras, orejeras, brazaletes, pectorales, etcétera.

Salinar y Gallinazo

Ubicadas en la costa, Salinar y Gallinazo son eslabón entre Chavín y Moche. En 1944 Larco Hoyle halló un cementerio con 228 tumbas en Pampa Jagüey (La Libertad) y en los valles de Chicama y Virú identificó la cultura Salinar por su cerámica decorada con bandas o puntos blancos sobre fondo rojo. En Cerro Arena había viviendas de piedra. A ésta siguió la cultura Gallinazo, a la que Larco llamó Virú. Se expandió hasta los valles de Lambayeque y La Leche (Lambayeque) por el norte y Nepeña y Casma (Ancash) por el sur. En fase III el patrón poblacional indica prosperidad, con acuíferos de técnica avanzada. Gallinazo, la capital, tuvo 30,000 cuartos en un área de 5 km^2. Su arquitectura habla de una sociedad clasista: enormes fortalezas y templos, residencias aisladas y medianas para jefes y nobles, pequeñas viviendas para el común. En el siglo III d.C. la sociedad Moche conquistó la región. Se sabe el final y se ignoran los inicios, pero hay quien los halla en la cultura Vicús.

Pucara

Floreció en ambas márgenes del Titicaca. Debe su nombre al sitio-tipo (Lampa, Puno), a 3,950 m. Su economía se basó en pastoreo de camélidos, pesca lacustre y recursos vegetales de altura, tubérculos como papa y olluco. La arquitectura monumental, rústica y en piedra, incluye casas, columnas, plataformas, pirámides. La cerámica, policroma e incisa, exhibe figuras míticas o realistas de cabeza-trofeo, aves, felinos, llamas. Iguales temas usa la escultura y es conspicuo un personaje con una cabeza-trofeo en las manos. Evoca la estatuaria colombiana de San Agustín y la tradición del *ñácac* o *pishtaco* (degollador) que subsiste en el folclore andino.

Período intermedio temprano (200 d.C. a 900 d.C.)

Extinta la influencia Chavín surgen sociedades regionales. Debido al aumento de población, a los avances agronómicos, zootécnicos y en la industria de guerra, sube el nivel de vida y se ganan tierras por conquista o habilitación. Son culturas eficientes y jerarquizadas, que tienen arquitectura masiva en adobe y piedra, con obras públicas, fortalezas y templos, y progreso artesanal en tejido, metales y cerámica. La alfarería Moche y Nazca alcanza cotas de excelencia artística que no se repetirán. Entre estas culturas están Huaylas-Recuay-Santa, Lima, Huaru, Huarpa. El período concluye con la expansión de Huari-Tiahuanaco.

Representación de un guerrero en un huaco policromado de la cultura Moche.

Moche

La cultura Moche (200 a 700 d.C.) surgió en los valles costeños de Chicama y Moche y en su fase expansiva abarcó los de Jequetepeque, Virú, Chao, hasta Piura por el norte y por el sur los de Santa, Nepeña, hasta Huarmey. Por el nombre de un idioma local ya extinguido suele llamársele Mochica, pero no hay prueba alguna de que su gente lo hablase. Moche fue una sociedad teocrático-militar, despótica, con una fuerte desigualdad entre las elites y la masa campesina. El dominio de técnicas agronómicas, por ejemplo los canales de regadío como el de La Cumbre, de 110 km, o el uso de guano de islas como abono, la hizo próspera y aumentó su población a 250,000 habitantes, si bien no pasaban de 10,000 los centros urbanos (Galindo, Moche, Pampa Grande), núcleos político-administrativos que concentraban los palacios, templos, riquezas y casas señoriales de los jefes militares y sacerdotes y de los funcionarios y artesanos a su servicio.

La Huaca del Sol y la Huaca de la Luna, en la capital sagrada Moche, eran centros del poder político-religioso. En la primera, sobre un área de 230 por 135 m y 50 m de altura, se usaron unos 143 millones de adobes. La segunda, de 80 por 60 m y una altura de 21 m, con cementerios adyacentes, aparte de su función de centro de decisiones, quizá sirvió al culto a los muertos.

De la cerámica, de alta calidad y uso de moldes, proviene la información básica. Son típicos los cerámicos dobles con pico y asa-puente, las vasijas globoides de base plana y gollete estribo, platos, vasos campanulados, ollas, tostadores o cancheros. Hay cinco fases, con auge en la tercera y cuarta. En la quinta fase, decadente, la decoración es excesiva y barroca. La cerámica es figurativa, escultórica y pictográfica o mixta, con dos colores básicos: blanco y rojo. Se le ha llamado «diccionario ilustrado», por ser un inventario gráfico de la sociedad Moche. La cerámica escultórica es naturalista. Las figulinas reproducen con notable verismo especies de fauna y flora, instrumentos de música, figuras humanas que reflejan ocupación y rango, escenas sexuales y cotidianas, mutilaciones, enfermedades. Los huaco-retratos son cabezas plásticas de guerreros o de nobles, con expresiones morales y rasgos psicológicos captados con maestría y finura. La cerámica pictórica registra escenas religiosas, militares y del diario vivir: batallas, prisioneros, sacrificios, artesanías. Abundan las imágenes fantásticas de seres antropomorfos provistos de atributos de dioses, animales o plantas. Christopher Donnan piensa que el arte alfarero fue un vehículo de comunicación simbólica y que los ceramistas plasmaron en su iconografía una veintena de historias o temas,

Detalle del relieve policromado del Dios del Agua, que aparece en el patio de la Huaca de la Luna, en el valle de Moche. Se supone que allí se realizaban los sacrificios humanos.

Vista aérea de las líneas de Nazca, conjunto de figuras zoomorfas y de trazos rectilíneos; al igual que el sistema de ceques del Cusco, servían para calcular mediciones astronómicas.

con motivos y personajes que se repiten a manera de componentes de una saga cultural.

La pintura mural complementa la imaginería con escenas mitológicas y actividades cotidianas, como se ve en las figuras de Pañamarca y Nepeña o la curiosa «Rebelión de las cosas» de la Huaca de la Luna, en que utensilios caseros y armas persiguen a los hombres, variante del tema etnográfico de «el mundo al revés» y, en especial, del concepto catastrofista del *pachacuti* andino.

Se dice que Moche tuvo escritura pictográfica en pallares pintados con círculos, bandas, puntos. Hay vasijas con diseño de seres alados que portan bolsitas con pallares, presunta raíz del *chasqui* o correo incaico. Mas nadie ha logrado dar sentido a tal «escritura» y es más verosímil que los pallares pintados aludan a un antiguo juego andino, la *apaitalla*.

En 1987 un hallazgo casual de huaqueros en Huaca Rajada, Sipán (Lambayeque), reveló un yacimiento excepcional. Walter Alva exhumó una tumba intacta, con el ajuar espléndido de un joven noble o régulo que vivió en el siglo II o III d.C., hoy apodado Señor de Sipán. En su sarcófago de madera y cobre había insignias y variados adornos de turquesa, cobre, plata y oro, bastón de mando, pectorales, pulseras, cuentas, narigueras, orejeras. También había ofrendas de comida y bebida y 212 vasijas decoradas con escenas de guerra y míticas. En la cámara funeraria yacían ocho cadáveres de sirvientes y mujeres, con los pies mutilados. La compañía funeral o necropompa, usual en muchas antiguas culturas del planeta, existió en los Andes y éste no es el primer caso sino el más llamativo. Salvo en la zona norte del país de los incas, donde subsistían tribus recién incorporadas al Estado, cuando se produjo la invasión europea ya se había extinguido la necropompa. Dice un testimonio indio del siglo XVII que el nombre quechua de la práctica fue *catiichi*.

Nazca

La cultura Nazca (200-700 d.C.) floreció en la costa sur en la cuenca del río Grande (Ica). Llegó por el norte a Chincha y por el sur hasta Lomas, en Acarí. Que fue un pueblo teocrático-militar, lo dicen la abundancia de armas en las tumbas, la existencia de fortificaciones y la costumbre de la cabeza-trofeo. La diferencia de ajuar funerario indica, también, una sociedad jerarquizada. El centro político-religioso fue Cahuachi, una ciudadela de adobes con un templo piramidal de 20 m de alto y un palacio que debió ser mansión del régulo. Cerca se ubica la Estaquería, raro conjunto de estacas de algarrobo (*Prosopis juliflora*) hincadas a

Cerámica Nazca. La alfarería nazquense posee gran variedad de formas, colores y temas de dibujo, de reconocida belleza. Las aves y las serpientes son los motivos más comunes.

En Chauchilla, Ica, fue hallado este cementerio con tumbas y momias en buen estado de conservación, que permitió profundizar en la investigación de la cultura Nazca.

dos metros una de otra y dispuestas en doce filas de veinte. Se le ha llamado «Stonehenge de madera», mas se ignora su finalidad: tal vez sirvió para actos rituales o reuniones comunitarias. Con los años han ido desapareciendo las estacas y en 1980 apenas quedaban unas pocas.

La tecnología hidráulica fue una respuesta al desafío del desierto. La escasez de agua, una constante en la historia andina, obligó a la guerra de conquista para ganar tierras y a la construcción de canales subterráneos y a cielo abierto, acuíferos hechos de laja con paredes de piedra canteada, y reservorios o jagüeyes alimentados por galerías filtrantes del subsuelo.

Los geoglifos o «líneas de Nazca», hallados por Mejía Xesspe en 1927 y estudiados por Paul Kosok y María Reiche, están en las pampas de Ingenio, Nazca, Palpa, Socos, en un área de 350 km^2 y muestran enormes figuras que se aprecian mejor desde el aire. Así, el Lagarto mide 180 m y el Pelícano y el Cóndor 135 m. Se cree que sirvieron para observaciones astronómicas útiles al conocimiento del régimen pluvial y de solsticios y equinoccios, a modo de un gigantesco calendario agrícola. Otros suponen fines mágicos, en danzas o procesiones y Morrison sugiere que tenían relación con el culto a los antepasados. La tradición de macroglifos no es exclusiva de Nazca y en la costa hay una veintena de lugares con dibujos y líneas geométricas.

La cerámica es el arte más logrado. Hay botellas y cántaros globoides con dos picos cilíndricos y asa-puente, vasos, ollas, platos. La escultórica es simple, con figuras de hombres, animales, plantas. La pictórica, con unos doce colores básicos y rica gama de matices, es de gran belleza. La decoración incluye especies de fauna y flora, escenas agrícolas o guerreras, atributos fito-zoomorfos, diseños geométricos y monstruos míticos. Escasea la figura humana, salvo la cabeza-trofeo. En una secuencia de nueve fases, la I (Cahuachi) es monocroma, con pintura poscocción e influencia Paracas. En las fases V-VI, a que pertenece Estaquería, aumenta la frecuencia de la cabeza-trofeo, el diseño se alambica y se llena de volutas —estilo que Tello llamó Chanca. Los motivos se tornan más sencillos en las últimas fases, VIII y IX.

Tiahuanaco

El ámbito de Tiahuanaco (200-1000 d.C.) fue la altiplanicie peruano-boliviana, en ambas orillas del lago Titicaca. El sitio epónimo está en Bolivia, cerca de la frontera con el Perú, a 15 km al sudes-

Detalle arquitectónico de la cultura Tiahuanaco, la primera que introdujo las construcciones en piedra labrada, con un tipo muy especial de talla realizada sobre la misma piedra.

te del lago y a 4,000 m sobre el nivel del mar. De sus cinco fases, las fases I-II son desarrollo local que avanzó hasta la costa sur (Arequipa, Moquegua y Tacna) y norte de Chile (Arica, Tarapacá) y no deben confundirse con la época posterior de Tiahuanaco-Huari, de expansión panandina. El sitio, en un área de 350 km^2, es un núcleo urbano de gigantescas construcciones y monolitos, rodeado de restos de viviendas. Se cree que tuvo entre 5,000 y 10,000 habitantes en la fase I y que dobló la cifra en el Horizonte medio. Pudo ser un centro urbano (Ponce, Parsons) o religioso (Bennett, Hardoy, Mason) o ambas cosas. Nadie sabe qué función cumplía cada unidad de edificación.

La arquitectura es ciclópea, con bloques de piedra ensamblados —uno pesa 131 toneladas—, con los sillares trabados entre sí por grapas de metal. Hay seis complejos de edificios y se ignora su secuencia cronológica, pero se supone que la mayor parte son de la fase regional. Ponce Sanginés sugiere que existió una arquitectura en adobe, desaparecida por razones climáticas. El complejo principal es Calasasaya (piedra parada), plataforma de 130 por 135 m rodeada por una muralla de la cual quedan pilares de piedra. Ahí está la Portada del Sol y al sur la fortaleza Acapana, pirámide trunca de 200 m y 15 m de altura, cerca de cuya terraza basal había restos humanos, posibles víctimas de sacrificios. Frente a Calasasaya hay un templete hundido de 18 por 25 m, con el monolito Bennett. En sus paredes hay cabezas clavas de forma rectangular, que evocan las del templo de Chavín. De las terrazas de Pumapuncu (puerta del puma), pirámide de dos plataformas superpuestas, sobreviven ruinas consistentes en grandes bloques de piedra tallada.

La escultura fue arte ancilar, al servicio de la arquitectura En las fases II-IV produjo estatuas de un solo bloque, figuras mitológicas de forma humana, de pie, las manos en el pecho y vestiduras incisas. Los monolitos parecen copiar un patrón textil y quizás estaban pintados de colores. Descubierto por Wendell C. Bennett en 1933, el monolito Bennett es la escultura andina de mayor tamaño y peso, con 7.3 m de alto y 17 toneladas. Es una figura humana o divina, con un *quero* en una mano y un cetro o báculo en la otra.

La Portada del Sol, que los cronistas no vieron y fue descripta por primera vez por el viajero francés Alcide d'Orbigny en 1869, es un bloque de piedra de 3 m de alto por 3.75 m de ancho y debe ser uno de los objetos arqueológicos más fotografiados del planeta. Su forma evoca un *trilithon* evolucionado, de una sola pieza. En su sección media inferior tiene un vano a modo de puerta, la parte superior está trabajada en alto y plano-relieve y en la central hay un personaje ricamente ataviado. De la cabeza parten 19 prolongaciones que rematan en círculos o cabecitas de felino, de la cintura y codos penden cabezas-trofeo y en cada brazo lleva un cetro o báculo que

La Portada del Sol de Tiahuanaco fue tallada de un único bloque de piedra que fue transportado desde una cantera situada a kilómetros de distancia, quizás sobre troncos.

termina en una cabeza de falcónida. Se le asocia con el «dios de los báculos» de la estela Raimondi y quizás es el mismo dios en un avatar sureño. Algunos piensan que es una deidad solar —ya d'Orbigny vio «alegorías religiosas del sol y del cóndor, su mensajero». Otros la creen imagen de Huiracocha, presunto dios máximo del panteón andino. Ambos supuestos académicos son rivales de igual peso y han de seguir enfrentados durante mucho tiempo más.

En la cerámica, de colores vistosos, predomina el anaranjado, aunque es usual la combinación rojo-blanco-negro, que Tello llamaba «tricolor». Los motivos son seres humanos, diseños geométricos y de animales: falcónidas, felinos, serpientes, camélidos. Forma típica es el quero, o vaso ceremonial: su base angosta, paredes curvas y boca ancha le dan aspecto de campana invertida. Es posible que haya inspirado los artísticos queros de madera de los incas.

En metalurgia trabajaron el oro, la plata y el cobre, por lo común en el labrado de adornos, de objetos ceremoniales y suntuarios y de armas. En Tiahuanaco se descubrió el bronce, una aleación de cobre y estaño.

A diferencia de Moche, Nazca y otras culturas regionales, la sociedad agropastoral del altiplano no se extinguió en el Horizonte medio. Se fusionó con Huari en su época expansiva y, por lo mismo, parece haber sido la tradición cultural más continua y de más larga duración en el antiguo Perú.

Las culturas menores

La cultura Huarpa cubrió parte de Ayacucho y Huancavelica y, por el norte, abarcó hasta Junín. En su capital, Ñahuin Puquio, se hallaron cisternas para acumular agua de lluvia. En cuanto a Conchopata, revela influencias Nazca-Tiahuanaco. De Recuay o Santa, aparte de su cerámica, se conoce poco. Su influencia llegó hasta Vicús y el valle del río Santa. Tópicos de su escultura son los monolitos de Aija. La cultura Lima —o proto-Lima (según Uhle), Cajamarquilla, Pachacamac (en la denominación de Tello), Nievería (Kroeber) o Maranga (Gayton)— ocupó los valles de Chancay a Lurín (departamento de Lima).
Sitios tópicos de ella son Playa Grande, en Ancón, y Cerro Culebras, Trinidad y Pachacamac, en los valles de Chillón, Chancay y Lurín. La cerámica más antigua es tosca, en blanco y negro sobre rojo. Muy propio del estilo Lima es un motivo geométrico de peces entrelazados (*interlocking*), común en cestería, cerámica, tejidos y frisos como el de Cerro Trinidad. En la ciudad de Lima subsisten hasta hoy las huacas Pucllana y Maranga o Aramburú, entre otras.

Horizonte medio (Huari-Tiahuanaco)

Nuevo ensayo de unificación panandina

Uhle, Posnansky o Tello creían en una difusión collavina y no les haría felices ver que desde 1960 se llame Huari lo que ellos llamaban Tiahuanaco. En 1948 Larco sugirió dos polos: en el norte Huari y Tiahuanaco en el sur. Muchos (Schaedel, Rowe, Willey, Isbell, Lumbreras) creen en la expansión militar del «Imperio Huari», que abarcó de Lambayeque y Cajamarca en el norte hasta Cusco, Arequipa, Moquegua en el sur. Otros (Ruiz, Bueno, Torero, Shady, Morales) niegan la presencia Huari en la costa norte y en el Cusco y la realidad misma de tal «imperio». Y nada más volátil que las fechas alegadas de inicio, auge y fin de la expansión Huari.

Poncho de lana de estilo Huari, del valle costero de Nazca, característico por su dibujo geométrico.

Coexistieron tres esferas de influencia: Tiahuanaco en el sur, Pachacamac en la costa central y Huari, con centro en Ayacucho. Los contactos, por conquista o difusión de patrones religiosos, explican los rasgos comunes de estilo junto a las diferencias locales. Se piensa que la sociedad Huari asumió y propagó el complejo cúltico de Tiahuanaco asociado con la deidad de la Portada. Por tal sincretismo se llama también a esta época Horizonte Huari-Tiahuanaco.

Huari

La cultura Huari es fruto de la convergencia Nazca-Tiahuanaco sobre Huarpa, cultura local. Sociedad militar y despótica, el modelo urbanista que difundió en los Andes revela diferencias entre elites y masa, en ubicación y calidad de las viviendas, tipo de sepultura y condición del ajuar funerario. La capital Huari, al noroeste de Ayacucho, «la ciudad aborigen más grande de Sudamérica» (Bonavía), tuvo 80,000 habitantes y una planificación notable, con templos y casas de nobles y funcionarios, y parcelas o barrios populares, con muros de hasta 12 m, edificios, algunos de tres pisos, patios abiertos, terrazas, galerías, corredores, cámaras y red de distribución de agua con acueductos y canales subterráneos. Lumbreras señala cuatro fases (800-1200 d.C.): I. Expansión hasta Chancay y Huaylas. II. Expansión por la costa norte (Huiñaque, Atarco, Pachacamac). III. Auge territorial, hasta Lambayeque y Cajamarca por el norte, Sihuas y Sicuani por el sur. IV. Decadencia y fin de la unidad imperial.

La cerámica combina elementos de los estilos: Cajamarca, Tiahuanaco, Nazca, Pachacamac. Son comunes los vasos tipo quero, los cerámicos globoides y las vasijas gigantes o urnas. Los diseños aluden a temas míticos, con felinos, serpientes y cráneos humanos y en las primeras fases abundan motivos de raíz Nazca y el dios de la Portada de Tiahuanaco. Pero son muy escasas las representaciones de armas y de escenas militares, lo que no calza nada bien con una sociedad «imperial» a la que se atribuyen tantas guerras de conquista.

La escultura, en tufo volcánico, es de influencia Tiahuanaco y presenta temas religiosos y figuras humanas, a veces por parejas de macho-hembra. Hay miniaturas escultóricas en sodalita y piedras semipreciosas.

En textilería, diseños de personajes míticos, cabezas humanas, felinos y cóndores llevan la impronta Tiahuanaco. Hay tejidos de tapicería de

Templo principal de Willcahuaín (en Huaraz, Ancash), de la cultura Huari tardía, en torno al siglo XII. *El Imperio Huari poseyó un estado altamente burocratizado.*

colores vivos, decorados con la reiteración armónica de un solo motivo central.

El fin de Huari

Lumbreras dice que la «homogeneización de los patrones de vida peruanos a partir del modelo warino» fue cuño del esquema societario que perfeccionaron los incas. El patrón urbanista que remplazó el centro ceremonial por la ciudad civil, la red de caminos para movilizar tropas, la difusión de la lengua quechua y del culto oficial en las etnias sometidas, la construcción de silos en provincias y aun la invención de *quipus*, serían logros de esta cultura. Otros arqueólogos, como Morales y Shady, cuestionan, si no la existencia del «imperio» Huari aquellos asertos que, en algún caso, parecen más fundados en un pasaje de algún cronista que en una evidencia arqueológica.

Se ignora por qué decayó Huari. Por el año 1000 se hunde la capital en una depresión económica y una despoblación acelerada. Se dice que en la crisis las etnias dominadas iniciaron luchas de liberación, o que ocurrieron conflictos entre los pastores de altura y los agricultores de tierras bajas, o que la causa fue la invasión de los Yaro, fundadores de la dinastía Yarovilca que menciona el cronista indio Guaman Poma (1615). En suma, al final del primer milenio se despueblan los centros urbanos y Huari pierde el control de los territorios sometidos, en los que surgirán nuevos ensayos de desarrollo regional.

Período intermedio tardío (1000/1100-1450)

Rota la unidad política, las etnias recaen en atomización y, encerradas en áreas arcifinias, remozan sus raíces regionales. La escasez de agua y tierra, que la creciente población agudiza, lleva a colisiones entre vecinos en un «estado de guerra generalizado», según Morales, hasta la expansión Inca en el siglo XV. Salvo modelos de tipo estatal —Chimú, Chincha—, pululan señoríos en luchas y alianzas intermitentes. Espinoza, en 1973 señaló 120 señoríos y Rowe identificó 16 grupos en el Collao. Crece la industria de la guerra a costa de la involución de técnicas y artes, en una condición fluida que concluye con la dominación Inca que, *mutatis mutandis*, evoca los «reinos combatientes» que preceden al establecimiento de la dinastía de Han en Oriente, en el siglo II a.C.

Músico instrumentista plasmado en cerámica Chimú, cuyo color más habitual es el negro.

A la etapa de desarrollo local sigue otra expansiva y de sociedades complejas, con división clasista y poder centralizado, condiciones políticas que más tarde hacen más fácil su absorción por la cultura panandina incaica.

Chimú

La cultura Chimú abarcó los valles de Chicama, Moche, Virú, Chao. En su apogeo llegó a Tumbes por el norte y por el sur a Carabaillo (Lima). Roger Ravines distingue dos centros: Chimú norte y Chimú sur. El foco norteño —valles La Leche, Lambayeque, Saña, Jequetepeque, Reque– arraiga en una cultura poco estudiada que coexistió con Moche y al caer Huari recobró autonomía hasta su absorción por Chimú. Es la cultura Lambayeque o Sicán, de tecnología agronómica notable, canales de regadío, arquitectura con grandes pirámides, cerámica con técnica de paleteado y metalurgia de calidad. Se conoce una lista de doce gobernantes desde el legendario fundador Naimlap, que llegó por mar con flota y séquito poderosos. El foco sureño no llegó al nivel artístico del norte, pero creó un modelo societario fuerte y centralista con una dinastía de diez régulos, desde el mítico Tacainamu, que rigieron el estado más extenso y poderoso de los Andes hasta su conquista por los incas.

En el complejo monumental Chanchán, la ciudad de barro más grande del mundo, de un millón de metros cuadrados, hay once ciudadelas con nombres ilustres: Rivero, Squier, Tschudi, Uhle y Tello, entre otros. Tiene calles y caminos, pirámides, cementerios, plataformas sacrificiales, jardines. Los muros, de hasta 9 m, tenían decoraciones en relieve, con motivos geométricos y de aves y peces. En el sector de «audiencias» había almacenes para guardar tributos agrícolas. La «zona popular», con moradas para artesanos, albergó 30,000 habitantes. De menor jerarquía eran Puncurí Alto, Chiquitoy Viejo, Paramonga. En Pacatnamú un prestigioso oráculo competía con el de Pachacámac.

La organización social, jerarquizada y piramidal, distinguió cuatro clases: la nobleza dirigente, los sacerdotes y artesanos, la masa campesina y la mano de obra cuasi esclava, compuesta por sirvientes y prisioneros de guerra.

La metalurgia es la más avanzada del Antiguo Perú. La orfebrería, que usó técnicas como fundición, repujado, soldadura, martillado, plateado, es rica en adornos, cuchillos rituales, máscaras con incrustaciones de piedras preciosas. En Batán Grande, yacimiento muy rico.y arrasado por huaqueros,

Detalle de bajo relieve con figuras zoomorfas de los muros de la ciudadela Tshudi, en Chanchán. La edificación de Chanchán fue sucesiva, en relación con los diversos soberanos Chimú.

entre muchas joyas se halló un famoso tumi de oro, pretendida imagen del mítico Naimlap. Los orífices de Lambayeque, autores de esa producción selecta, fueron llevados a la capital como artesanos. Igual política iban a seguir más tarde los incas, que trasladaron al Cusco a los orfebres de la cultura Chimú.

La cerámica, si bien conoció técnicas mejoradas que incluyen el modelado y el uso de molde, no llega a la altura de la que siglos antes produjo la cultura Moche. Es escultórica y representa personajes, plantas, peces, aves y motivos míticos. Mantiene el asa-puente y el asa-estribo y, aunque no es raro el uso del rojo, el color más común es el negro, brillante o mate.

Chincha

Floreció en el área de las culturas Paracas y Nazca, en los valles de Chincha, Ica, Pisco, Nazca (Ica). La capital política fue Chincha y son escasos los vestigios hallados fuera de ella. Sitios importantes son San Pedro, Lurinchincha y el grupo monumental de Tambo de Mora, en el cual está la huaca Centinela, complejo piramidal de 400,000 m^2, con templos, calles, caminos, terrazas, patios, viviendas. Los muros tienen diseños geométricos y zoomorfos en alto y bajo relieve, que evocan en algo los de Chanchán La cerámica es policroma, con ornamentación blanquinegra sobre rojo. Hay cántaros globoides, vasos de cuello alto, platos, jarras, etcétera, a menudo con base redondeada y no plana. No hay asa-puente, rasgo típico de Nazca . El diseño, geométrico y zoomorfo como en la decoración mural, luce inspirado en un patrón textil. En metalurgia se desarrolló la orfebrería de plata para adornos y fines suntuarios y se trabajó el cobre con propósitos comerciales o de trueque. La talla en madera alcanzó gran calidad artística, en vigas funerarias que rematan en máscaras pintadas y en palas o «remos», que podrían ser más bien artefactos ceremoniales de labranza.

¿Sociedad de comerciantes?

Se enfatiza mucho la actividad comercial de Chincha, modelo único en los Andes, con alto número de mercaderes. Se dice que tuvo una red de «comercio internacional» y que su flota de 100,000 balsas llegaba por el norte hasta la costa ecuatoriana y por el sur hasta Chile.

En los Andes operó un tejido de contactos que permitía trocar bienes de consumo y suntuarios entre etnias distantes y hubo un comercio de cabotaje. En 1526, frente a Guayaquil, el piloto Bartolomé Ruiz capturó una balsa «tumbesina», rica en piezas de arte y metal precioso destinadas al trueque. En las tumbas el arte plumario atestigua «rescates» con la selva y abundan el *mullu* o concha molida y los adornos hechos con agujas de *Spondylus*, molusco de aguas ecuatoriales. El poder del régulo de Chincha lo muestra el hecho de que en la sorpresa de Cajamarca de 1532 también iba, como Atahualpa, conducido en andas. Y antes de la Conquista, al capitular Pizarro en Valladolid con la reina Juana en 1529, al conocer ya la fama de Chincha la incluyó en su gobernación.

Pero resulta hiperbólico decir que Chincha vivió de la pesca y el comercio. El apoyo textual, en un asunto que escapó a las crónicas, se limita a dos pasajes que manan de una sola fuente dominica: un *Aviso* anónimo y la *Descripción de las Indias,* de 1609, de Reginaldo de Lizárraga, que afirma que Chincha en 1532 contaba con 30,000 tributarios —«ahora no hay 600», dice— dedicados a tres oficios: 10,000 labradores, 10,000 pescadores, 10,000 mercaderes. El *Aviso* repite que sólo quedan 600 de los 30,000, que incluían 12,000 labradores, 6,000 mercaderes y 10,000 pescadores. Y añade que «sólo ellos en este reino trataban con moneda, porque entre ellos compraban y vendían con cobre lo que habían de comer y vestir». Pero la información es tardía, solitaria y no hay fuente anterior que aluda para nada a pescadores ni mercaderes, a pesar de la minuciosa *Relación de Chincha* escrita sesenta años antes también por dominicos.

Mucho cabría decir sobre la inventiva y credulidad de Lizárraga y sus juicios que bordean la andaluzada. Da fe de milagros edificantes, pueblos regidos por mujeres *capullanas,* la guerra de Arauco en que «se halló indio que se cortó un pedazo de muslo y se lo comió asado» o la cruel enfermedad de ojos de que nadie escapa en Piura: «apenas vi en aquella ciudad hombre que no fuese tuerto». Lo del comercio de Chincha parece glosa de un pasaje en que al amparo de la información dominica recalca Cieza de León, en 1553, la tesis lascasiana de la despoblación aborigen, como secuela de la Conquista. Esto ilustra el riesgo de ver en cada crónica un *vademecum* servicial y creer todo lo que cuentan los relatores españoles.

La cultura Chincha floreció en la costa sur, antes habitada por los Paracas. En 1927, T. Mejía Xesspe y Julio C. Tello hallaron valiosos tejidos policromados, como este manto funerario.

Distribución de los señoríos lacustres

Los señoríos lacustres estaban distribuidos en dos grandes regiones, Orcosuyo y Omasuyo, al oeste y al este del lago respectivamente. En 1978 Thérèse Bouysse-Cassagne los clasificó de la siguiente manera: Señorío de Orcosuyo: Canchis, Cana, Colla, Lupaca, Pacaje, Caranga, Quilca y Caracara. Señorío de Omasuyo: Canchis, Cana, Colla, Pacaje, Sora, Charca, Chuy y Chincha.

Los señoríos lacustres

Coetáneos de las culturas de Chancay y Chimú, entre otras, conquistadas en el siglo XV por los incas, en la región del Titicaca y la altiplanicie peruano-boliviana hubo señoríos o «reinos» Aymara que corrieron igual destino. Se han identificado 16 señoríos, más que por evidencia arqueológica por fuentes documentales y etnohistóricas y por estudios lingüísticos, lo que hace más fácil hablar del conjunto que de cada grupo. Los principales eran Puquina, Uro y Aymara, pero se ignoran sus interrelaciones y algunos piensan que los Puquina crearon la cultura Tiahuanaco y los Aymara la destruyeron.

El área geográfica cubrió la zona del Titicaca y la meseta del Collao, a 4,000 m de altura. Su influjo alcanzó la costa sur (Arequipa, Moquegua, Tacna) y norchilena (Antofagasta), por el norte y el esta la selva de Bolivia y por el sur el noroeste argentino. Comprendía dos macrorregiones, Orcosuyo y Omasuyo, al oeste y al este del lago. En 1585 el cronista Capoche opinó que los collavinos «se dividían en dos bandos que llamaron Urcusuyu y Umasuyu, que quiere decir gente que habita en los altos de los cerros que tienen este nombre urcu y los Umasuyus en lo bajo y llano, riberas de las aguas, que en esta lengua llaman uma ...».

Chulpa *o construcción funeraria en Sillustani, en el altiplano de Puno, posiblemente construida por el reino de los Lupaca, quienes practicaron además la agricultura y la ganadería.*

El modelo político fue autocrático, quizá con poder dual, organización militar férrea y pueblos en sitios altos, defendidos por fortificaciones y reparos, en sucesión de guerras y alianzas. Los más poderosos fueron Colla y Lupaca con sus capitales Hatuncolla y Chucuito, y se dice que en 1532 los Lupaca contaban cien mil hombres. Pero el sustento arqueológico del «reino Lupaca» es casi nulo. Y el documental, parvo y ambiguo.

La economía es un ejemplo de adecuacion exitosa al medio. Explotaron los recursos hidrobiológicos del lago y se adaptaron a los rigores de la puna con cultivos de altura y pastoralismo. El pastoreo de camélidos, en zona generosa en gramíneas de forraje, fue el más avanzado y rico de los Andes y hubo dueños de 50,000 cabezas. El ganado garantizó la producción estable de carne y lana para la confección de prendas de vestir y sogas; se usó la llama como animal de carga y transporte de bienes, su cuero en correaje y sandalias y su estiércol como fertilizante y combustible sucedáneo de la leña, escasa en la puna. La agricultura contó con canales de riego, campos elevados o camellones e islas artificiales en el Titicaca y se centró en cultivos de altura como la papa (se conocieron 200 variedades) y otros tubérculos. John Murra ha estudiado el sistema aymara del control vertical de pisos altitudinales, con «archipiélagos» o colonias ecológicas en sitios distantes, que permitían complementar los recursos locales con los de otros pisos climáticos.

Otra respuesta aymara a las condiciones de sequedad y frío extremos y la amenaza de sequías periódicas fue inventar técnicas de deshidratación para procesar y guardar alimentos en forma de harinas resecas y galletas Se aplicaron a la papa (*chuño, moraya*), carne de llama (*charqui*), oca, frutas y aun alimentos cocidos. También el pescado en salazón fue parte de la dieta.

En arquitectura es típica la *chulpa* funeraria, torreón de adobe o piedra cilíndrico o cuadrangular de hasta 12 m de alto, con una entrada de acceso a flor de tierra. Este tipo de sepulcro siguió en uso hasta la invasión española. En Sillustani, a 20 km del lago, se ubican las chulpas que exploró Bandelier en 1905. Algunas contenían hasta veinte cadáveres de sexos y edades diferentes y es verosímil que fuesen mausoleos de familia reservados a nobles y jefes.

Mediado el siglo XV los señoríos lacustres integraban una federación Colla, poderosa militarmente, mas no hasta el punto de impedir que el altiplano sucumbiese ante los ejércitos incaicos.

El horizonte tardío: los incas

El desarrollo autónomo culmina con el Estado Inca, que en el momento de la Conquista era el más poderoso y mejor organizado del continente.

Crónicas. Nuevas fuentes

La masa informativa reposa en crónicas. Las fuentes arqueológicas, etnográficas, linguïsticas, son subsidiarias de aquéllas.

Hace poco tomó la posta otro tipo de testimonios coloniales: informes, cartas, juicios, memoriales, visitas. Se les juzga papeles «fríos», sin sesgo politico, mas ¿es la objetividad virtud de la burocracia oficial en algún país del planeta? Virar con alborozo de crónicas a visitas puede ser un traslado de credulidades, cambiar el santo sin mudar la capilla. Con todo, fuentes nuevas revitalizan el campo con problemas nuevos. De gran valor son las Visitas, inspecciones de funcionarios españoles encargados de inventariar los recursos y mano de obra disponible y fijar los tributos de la masa india.

Son famosas la de Huánuco, de Íñigo Ortiz de Zúñiga (1562), de Chucuito, de Diez de San Miguel (1567) y la del virrey Francisco de Toledo (1570-1575). Desde un mirador regional dejan percibir la heterogénea sociedad Inca, su composiciòn étnica, los patrones de poblamiento, sus vínculos con el poder politico central, etcétera.

Estatuailla de oro inca. Las figuras de hombres y animales eran enterradas como ofrendas religiosas.

Nuevos estudios

La investigación andinófila ha gozado un *boom* reciente y una lista de estudios ocuparía largas páginas. Pero cabe por lo menos aludir a los de Pierre Duviols, Lorenzo Huertas o Luis Millones sobre religión, de Tom Zuidema sobre parentesco y sociedad política, Manuel Burga sobre la utopía andina, John Murra sobre formaciones económicas, Nathan Wachtel sobre destructuracion, Waldemar Espinosa sobre grupos étnicos, Torero, Cerrón Palomino, Itiers o Szeminski sobre linguïstica andina, etcétera.

Muchos tópicos suscitan discusiones y los puntos de acuerdo tienen más de verosimilitud que de certeza. Reconstruir la historia de un pueblo ágrafo implica una alta dosis de conjetura. Y aquí conjetura de segundo grado, pues las crónicas ya eran intentos de reconstrucción hechos por hombres de otro siglo. Con todo, sobre las líneas maestras

Las crónicas «nuevas»

Al elenco clásico de las crónicas los historiadores del siglo XX añadieron fuentes poco conocidas o subestimadas hasta entonces, como la *Historia Índica* de Sarmiento de Gamboa, la *Apologética historia sumaria* de Bartolomé de las Casas, la *Noticia del Perú* atribuida a Miguel de Estete, la *Historia general del Perú* del mercedario Martín de Murúa, el códice ilustrado *Nueva crónica y buen gobierno* del indio Guaman Poma de Ayala y el *Compendio y descripción de las Indias occidentales* del carmelita Antonio Vázquez de Espinosa

El Inca Manco Cápac, primer monarca de la dinastía Huari, constituye el arquetipo que dio origen a la forma de vida de los incas y fue repetido por todos los gobernantes del Cusco.

hay cierto consenso que permite bocetar un sumario de la historia y carácter de la sociedad Inca.

Etapas de la historia Inca

Una tradición de inveterada persistencia fijó una sucesión canónica de dos dinastías reales hasta el año 1532.

A la primera, denominada Hurin Cusco (Cusco bajo), corresponden: Manco Cápac, Sinchi Roca, Lloque Yupanqui, Maita Cápac y Cápac Yupanqui. A la segunda, llamada Hanan Cusco (Cusco alto), corresponden: Inca Roca, Yáhuar Huácac, Huiracocha, Pachacuti, Topa Yupanqui, Huayna Cápac, Huáscar y Atahualpa.

Los primeros cronistas no atinaron con una lista coherente. Por 1550, al tanteo, se inició un catálogo de reyes (*capaccuna*) que abarcase cuatro o cinco siglos de gobierno Inca. Pero éste sólo tenía un siglo de vida y hoy nadie da valor literal a la capaccuna, ecléctico fruto de tradiciones disímiles, que un autor moderno ve como una red simbólica de estructuras rituales y sociopolíticas.

Es común distinguir dos etapas: Incas legendarios que no salieron del Cusco (1200-1438) e Incas históricos desde Pachacuti, con la creación del Estado y la expansión panandina (1438-1532). El año 1438 es de Cabello Balboa (el cronista que puso fecha al poblamiento de América).

Secuencias un poco más sofisticadas distinguen: 1. época curacal, 2. confederación cuzqueñá, 3. época imperial y 4. decadencia. Por fin, algunos incluyen una última fase «neo-Inca», «Inca colonial» o «Incas de Vilcabamba» (1532-1572), ya bajo dominio español.

De los orígenes a la formación del Estado (1200-1438)

Entre los mitos de origen salvados por las crónicas, los más conocidos son el de la pareja fundadora y el éxodo de los cuatro hermanos Ayar.

El mito de la pareja fundadora supone que, para aliviar la condición humana, el dios sol ordenó a sus hijos Manco Cápac y Mama Ocllo, surgidos en el lago Titicaca, correr el mundo tentando tierras con un cayado o barreta de oro y poblar el

Clásicos de los estudios sobre el Perú antiguo

En la copiosa bibliografía sobre el Perú antiguo se consideran superados los autores anteriores a 1950. Sin embargo, algunos de ellos, elevados ya a la categoría de clásicos, siguen siendo indispensables para el estudioso. Entre estos «supervivientes» se cuentan el alemán Heinrich Cunow (*Die soziale Verfassung des Inkareiches*, 1896), los sajones Clements Markham (*The Incas of Perú*, 1910), Ricardo Latcham (*Los Incas, sus orígenes y sus «ayllus»*, 1927) y Philip Ainsworth Means (*Ancient Civilizations of the Andes*, 1931), el francés Louis Baudin (*L'Empire socialiste des Inka*, 1928), los peruanos Tello *(La civilización de los Inkas*, 1937), Riva Agüero (*Civilización tradicional*, 1937) y Valcárcel (*Historia de la cultura antigua*, 1943-49). Un trabajo juvenil de John H. Rowe (*The Inca Culture at the Time of the Spanish Conquest*, 1946) todavía soporta una lectura crítica. Por fin, el mayor esfuerzo de síntesis es aún la monumental *Historia del Nuevo Mundo*, escrita hacia 1650 por el jesuita Bernabé Cobo.

sitio en que se hundiese, civilizar a las gentes y formar una nación. La pareja solar viajó al norte, se instaló en el valle del Cusco y, cumpliendo la misión divina, enseñó a los salvajes la agricultura, la ganadería, los oficios, las artes.

Familiar a los escolares del Perú, el mito escapó a todos los cronistas salvo al tardío Garcilaso. Pese a la opinión difundida, no hay datos originales sobre los incas en los *Comentarios*, que son exactamente eso: comentarios y glosas libérrimas de siete crónicas, en especial la perdida *Historia Indica* (*ca.* 1578) del jesuita chachapoyano Blas Valera, primer historiador mestizo. La Compañía de Jesús cedió al cusqueño el manuscrito, que no apareció más. Valera vivió en el Collao y quizá recogió una versión del mito lacustre, de cuya difusión prehispánica no hay la menor huella y del que sólo queda la recreación literaria del novelador Garcilaso. Eso hace ímprobo un análisis que intente separar la porción legendaria y la histórica y nadie es capaz de discernir hasta qué punto se trata de una creación espuria, pseudoandina.

Más valioso, recogido en crónicas del siglo XVI y de cabal textura andina, es el mito de las cuatro parejas hermanas salidas de un cerro de tres ventanas en Pacaritambo o Tampotoco (Paruro, Cusco) El éxodo de los Ayar (Cachi, Auca, Uchi, Manco) en busca de tierras hasta llegar al Cusco menta topónimos, dadores de bienes (Cachi=sal, Uchu=ají), la *napa* o llama blanca incaica y pleitos entre hermanos que alegorizan rivalidades étnicas. Dos de ellos se petrifican, en el marco de una tradición panandina de litomorfosis. Al margen del relato, los motivos y personajes recurren en muchos pasajes de las crónicas tocantes a ídolos, fiestas y rituales incaicos.

Los incas en el Cusco

Hacia el año 1200 había en los Andes etnias y señoríos en un estado de guerra generalizado. Al llegar al Cusco los incas vencieron a los regnícolas Hualla, Poque, Lare y a migrantes Tambo, Mara, Alcahuiza, disputando el poder con guerras y alianzas en precario equilibrio de fuerzas. La «fase provincial» o «confederación cusqueña», de los nebulosos reyes Hurin, duró más de dos siglos y su correlato arqueológico es el estilo llamado Quilque, cuya cerámica aún rezuma influencia Huari. A mediados del siglo XV un grupo étnico con igual aspiración hegemónica, los Chanca, desempeñó un rol vital en la ruptura del balance político del sur andino.

La «Genealogía de los reyes incas», de autor anónimo, inserta bajo el retrato de Atahualpa la leyenda: «Atahualpa Inca XIII, espurio y usurpador del Imperio y último emperador».

Los Chanca

De los Chanca sólo se sabe lo que cuentan las crónicas. Algunos ven el sitio-tipo en Taparacay (Ayacucho) y la cerámica de Arcalla como característica, para otros no hay asociación arqueológica convincente. Pero ocurre igual con la mayoría de antiguas etnias. Los incas, como los babilonios y asirios, movían grupos humanos cambiando el asiento de pueblos que sólo es posible identificar a través de papeles coloniales. La sociedad guerrera Chanca, de habla aymara y con poder dual, formó una federación extendida entre los ríos Pampas-Apurímac (Ayacucho, Apurímac, Huancavelica). Como su fuerza rivalizaba con la de los incas, mucho tiempo pugnaron por la supremacía en la región y fue inevitable un desenlace, que ocurrió cuando las tropas Chanca llegaron en son de guerra hasta las puertas del Cusco.

Los purun aucas

La historia cuenta que el débil y timorato rey Huiracocha huyó dejando desamparado el Cusco. Su hijo Yupanqui, alentado por una aparición divina, reagrupó las fuerzas y en Carmenca venció a los invasores. Un nuevo éxito militar en Yahuarpampa (pampa de sangre) selló el triunfo definitivo.

Yupanqui ofreció su triunfo militar al Inca Huiracocha; éste no lo aceptó, por lo que se impuso como sucesor con el nombre de Pachacuti Inca Yupanqui, inaugurando una nueva dinastía.

Se inserta aquí el mito de los *purun auca*, piedras que en el fragor de la batalla se mudan en soldados y tras la victoria tornan a volverse piedras. El mito quizá alude a «piedras erguidas», como el folclore de Irlanda ve en los menhires a soldados paganos que petrificó San Patricio. O los *Souldaret san Cornély* de la tradición bretona, las piedras en que trasformó San Cornelio a sus enemigos. El pasaje en que el anciano sacerdote cusqueño dispone las piedras simulando tropas, «les pone adargas y morriones con porras para que pareciesen, desde lejos, como soldados» y el joven Inca las apremia y «se levantan como personas más diestras y pelean con gran ferocidad», tiene sabor épico y aire de cantar celebratorio. Entre los *huacas* o adoratorios del Cusco había muchas piedras purun auca, que recibían dones y sacrificios.

La guerra Chanca fue un hito crucial. Aliados con los Quechua y con ayuda de los Cana y Canche, el triunfo Inca sobre sus mas calificados rivales hizo añicos el balance de fuerzas y precipitó la expansion territorial. Yupanqui asumió el poder y se nombró *Pachacuti* —no Pachacútec—, voz quechua que alude a una noción cosmológica andina, la renovación cíclica del mundo por destrucciones y creaciones sucesivas, cambios epocales o «soles» cuya crisis terminal era un *pachacuti*. Un cambio tardío del fecundo Garcilaso trocó el sustantivo «cambio del mundo» en el participio activo *pachacútec*, hechizo onomástico que de modo rutinario se vierte por «el que cambia el mundo».

De Pachacuti a la invasión europea (1438-1532)

Pachacuti y su hijo Túpac Yupanqui son los creadores del Estado Inca, lo mismo de su organización social que de su carrera militar expansionista.

La expansión

Tras vencer a los Chanca, la campaña contra los Colla y la marcha al oeste hacia Arequipa hicieron de los incas la primera fuerza del sur andino y tornaron incontenible su desborde. Siguió la anexión del área central, los valles costeños de Chincha y Pachacamac y la región serrana del valle del Mantaro. El avance arrollador hacia el norte ganó Cajamarca y Chachapoyas, y Túpac Inca conquistó el poderoso señorío de Chimú. Más tarde llevó sus ejércitos hasta Quito, en Ecuador, y por el sur hasta el río Maule, en Chile. Su hijo Huayna Cápac, nacido en Tomebamba (Cuenca, Ecuador), afianzó el dominio en el norte hasta alcanzar la frontera Chibcha, pero debió sofocar

Estudios accesibles sobre el Perú antiguo

Además de los estudios muy específicos, de interés erudito y académico, existe una bibliografía sobre el Perú antiguo que resulta accesible al lector medio. Entre estas obras podemos citar *Les Incas* de Alfred Métraux (1961), *Visión histórica* de Pablo Macera (1968), *Les Incas* de Henri Favre (1972), *Historia del Tahuantinsuyo* de María Rostworowski (1988), *El Incario* de Federico Kauffmann (1990) y *Los Incas* de Franklin Pease (1991).

Puca Pucara, en el departamento del Cusco. Las construcciones incaicas se caracterizan por emplear piedras labradas y pulidas con precisión artesanal.

continuas rebeliones étnicas en varios puntos del enorme territorio.

Como fúnebre avanzadilla del invasor europeo, antes que él llegó a los Andes una epidemia de viruelas que causó una terrible mortandad, segando la vida de Huayna y de su heredero nominal Ninan Cuyuchi (1525). Sus hijos Huáscar y Atahualpa se enzarzaron en una guerra sin cuartel, que estaba a punto de culminar con la victoria del quiteño Atahualpa cuando irrumpieron, como desde el aire, Pizarro y sus huestes en el Perú de los incas.

Lejanos los días en que Jijón y Caamaño (1919) esbozó por primera vez la hipótesis de la expansión violenta; tras los análisis de Rowe (1946) y de Rostworowski (1953) hay total acuerdo sobre esta secuencia de las guerras incaicas y la expansión «súbita», y su apoyo en las crónicas es consensual. En su contra sólo militaba la narración de Garcilaso sobre la expansión «gradual». Según ella, a partir del epónimo Manco, de modo pacífico y persuasivo y con recurso a las armas sólo *in extremis*, cada rey anexó su cuota de nuevas tierras hasta alcanzar el vasto territorio que llegaron a regir. Riva Agüero (1937) fue el inútil campeón de la excéntrica y solitaria tesis del literato cusqueño, cuyo estilo galano ha hecho con frecuencia pasar por historia los vuelos de su cálida imaginación. La hazaña expansionista, que en sólo dos generaciones forjó la mayor unidad política de América, recuerda otras análogas de la historia: la del Imperio Nuevo en Egipto con Tutmoses III el Grande, la asiria de Tiglatfalasar III y Sargón II, la macedónica de Filipo II y Alejandro Magno, la mogola de Gengis Kan, la tártara de Timur Leng, etcétera.

¿Estado o Imperio?

¿Estado de etnias regionales? ¿Imperio compuesto de Estados? Durante siglos se usó la simple connotación «Incas» y es anacrónico ubicar en viejos textos voces como «república», «imperio», «nación», «patria», «país», cuyo sentido era muy distinto al actual. En su *Historia de la conquista*, de 1847, William Prescott usó como locuciones intercambiables «civilización peruana», «imperio del Perú» e «imperio de los incas» —frase esta última que difundieron Lorente en el Perú (*Historia Antigua*, 1860) y Wiener en Europa *(Essai des Institutions ... de l'Empire des Incas*, 1874). Es cómodo remontar al pasado conceptos y vocablos del día y era lógico echar mano a la idea de Imperio, vigente en la escena mundial: el imperio francés de Napoleón III, el alemán de Guillermo I, el británico de Victoria, el ruso de Alejandro II, el otomano en vías de extinción, el japonés de Mutsuhito, el austrohúngaro de Francisco José, el chino de la dinastía Tsing que duró hasta 1912, etcétera.

Estado Inca, Imperio Inca son fórmulas de libre opción y cabe escoger, sin más, una cualquiera de ellas. Justificarla, en cambio, implica someter los conceptos a un penoso escrutinio que, si no lo conduce un especialista, será una discusión trivial en torno a materias de lana caprina.

El territorio

En su apogeo el territorio inca abarcó Ecuador, Perú y Bolivia, norte y centro de Chile y noroeste de Argentina. Por el norte llegó al Mayo, afluente del Patía a 2° latitud norte en Pasto, en la frontera colombo-ecuatoriana. Por el sur llegó al Biobío en Chile, por el sudeste a las provincias de Jujuy, Salta, Tucumán, Catamarca, La Rioja, San Juan y norte de Mendoza, a 32° de latitud sur. Por el este llegó a los contrafuertes de la cordillera Oriental: la selva tropical, húmeda, poblada de tribus salvajes, constituyó una barrera climática que frenó la penetración en la Amazonia.

En 1900, Max Uhle distinguió entre tierras de dominio efectivo y zonas de influencia. El primer concepto arroja cifras cortas, pues alude a regiones plenamente incorporadas, y omite «espacios nominales, inútiles», arenales, manglares, punas, salares, desiertos —medición harto original. En cuanto a las zonas de influencia, la vaguedad conceptual ha extendido a veces la presencia Inca hasta Bogotá por el norte y la Patagonia por el sur. Una estimación razonable es 2 millones de km^2 , con una máxima longitud de 4,000 km lineales de norte a sur.

La población

Aún más rica es la gama de cifras de población al final del gobierno de Huayna Cápac, muerto alrededor de 1525. Véase los cálculos de diversas autoridades, en orden ascendente y expresados en millones de habitantes:

3' Alfred Kroeber, 3'5 Angel Rosenblatt, 4' Ricardo Cappa, 3' a 6' George Kubler, 4' Wendell Bennett, 6' John Rowe, Edward Lanning, 7' Concolorcorvo, 10' a 12' George Squier, Sebastián Lorente, Larrabure y Unánue, César. A. Ugarte, Louis Baudin, José C. Mariátegui, Ricardo Latcham, Julio C. Tello, 13' a 15' Luis E. Valcárcel, Paul Rivet, O. Sapper., 20' Vicente Fidel López, 32' Philip Ainsworth Means, 45' Francisco Loayza.

Estudios recientes como los de Noble Cook, de 1981, inducen a estimar la población en no menos de 15 millones de habitantes.

Extensión territorial del Imperio Inca

Las estimaciones que se han hecho acerca del área abarcada por el Imperio Inca incluyen cifras muy divergentes. García Rosell habló de 4 millones de km^2; Roberto Levillier dio un número ajeno a los redondeos (1,738,710 km^2), pero que no por ello debemos suponer más cercano a la realidad. Por su parte, Alfred Métraux estimó la superficie de dominio de los incas en 611,420 km^2.

El Tahuantinsuyo

Se dice que la voz Tahuantinsuyo, hoy trillada y popular, designaba los «cuatro suyos» o «partes del mundo» en que los incas dividían su universo político. Pese a su arraigo en la historia estandar, no parece voz andina sino traducción *ad hoc*, forjada por el jesuita Valera a los cincuenta años de la invasión. Ausente en la crónica temprana, irrumpe en 1589 en la *Historia* del jesuita Acosta y Garcilaso la copia en sus *Comentarios* (1609), canal literario de la pedagogía política de la Compañia de Jesús. De ahí en adelante, infinitas reiteraciones erigen la voz Tahuantinsuyo en el inevitable topónimo, pretendida suma de las cuatro partes del mundo o suyos: Chinchaisuyo, Collasuyo, Contisuyo, Antisuyo.

Los cuatro suyos

En la crónica temprana el lexema *suyo* no designa territorio o área. En los lexicones quechua de Holguín y aymara de Bertorio figura en compuestos como radical para agrupar gentes, exento de matiz geográfico. Connota direccionalidad y su traducción no es «provincia» ni «parte», sino «orientación», «sector» o «rumbo». *Suyo* tiene acepción territorial sólo en el hechizo *Tahuantinsuyo*, impuesto por la fuerza convincente que ganan las cosas muy repetidas. Al enumerar los cuatro suyos clásicos y por inconsciente rutina se silencia los otros suyos que rompen la fórmula cuaterna: Colisuyo, Omasuyo, Urcosuyo, Opatarisuyo, Manarisuyo, Hanansuyo, Hurinsuyo, Manosuyo, etcétera.

Tampoco la frase «cuatro partes del mundo» es privativa de los Andes. Es locución familiar del siglo XVI europeo, que arraiga en abundantes alusiones bíblicas a cuatro «confines», «rincones», «vientos», «esquinas» o «partes» del mundo y se la usa en forma literal y conspicua tanto en la crónica mexicana (Durán, Sahagún, Tezozómoc), como en escritos teológicos del tiempo (Las Casas, Acosta, fray Luis de León) o en el teatro español del siglo de Oro (Lope o Tirso).

Ruinas de Tambo Colorado (Ica). Los incas levantaron este gran centro administrativo en tiempos en que penetraban en la costa sur, en la segunda mitad del siglo XV.

La mejor vislumbre es la de Cieza de León que en 1553 distinguió con nitidez loable, de un lado, los cuatro caminos que partían del Cusco hacia las cuatro direcciones cardinales y, de otro, las innúmeras provincias a que conducían. Y concluyó: «Como en España los antiguos hacían división de toda ella por las provincias, así estos indios, para contar lo que había en tierra tan grande lo entendían por sus caminos» (por sus direcciones o rumbos).

El huamani

No fue el suyo la unidad político-administrativa del Estado. Lo fue el *huamani* (*mamani*, en aymara). Dice el cronista Santillán «guaman que quiere decir provincia» y el indio Guaman Poma «guamanin quiere decir una provincia». Cronistas hay que, hipnotizados por la obsesión decimal, precisan en 40,000 hombres la población de un huamani Hubo cerca de un centenar y sobre esas bases etnogeográficas los españoles delinearon los corregimientos, germen de las futuras provincias del Perú republicano.

Aparte de la burocracia de funcionarios que por delegación real ejercían poder o vigilaban el cumplimiento de las leyes (contadores, cobradores de tributos, jueces, inspectores, visitadores, etc.), las crónicas aluden a instituciones de gobierno central o Consejos de asesoría y ejecución, auxiliares del Inca. Aunque es verosímil que los hubiera, hablar de su estructura y funciones es entrar en el país de la fantasía. Los Consejos de las crónicas, variados y disímiles, tienen poco aire de realidad y lucen criaturas de papel inspiradas, por remedo analógico, en los Consejos Reales de la España del siglo XVI.

El Cusco

Fue la capital político-administrativa, residencia del Inca y de la alta nobleza y de *mitimaes*. Llegó a tener cien mil habitantes, en su mayor parte provincianos. Era símbolo del Estado y el universo, punto de fusión de los mundos sacro y profano, según la arcaica noción que los historiadores de las religiones llaman «centro del mundo» o «simbolismo del centro».

Dicen dos cronistas indios que su primitivo nombre fue Acamama. Pero en un trillado pasaje afirma Garcilaso que en el idioma «particular» de los incas *cusco* significaba «ombligo del mundo». El escritor, aparte de su fabulosa lengua «secreta», toma al pie de la letra una metáfora del humanis-

La calle de la Piedra de los Doce Ángulos, en el Cusco. La capital del Imperio Inca se convirtió en la ciudad más grandiosa de la América precolombina.

ta Valera, a quien sí le era familiar la noción judeocristiana de ciudad sacra y epónima, centro universal y eterno. Tal el *gerizim* samaritano, el *omphalós* griego, el *umbilicus* romano, el templo de Jerusalen construido sobre «el ombligo de la tierra», o el nâhbi u «ombligo del mundo» de la India védica. No es, pues, insólito que a la ciudad de México el dominico Durán la llame también «ombligo del mundo». De entre un centenar de cronistas, repiten la ficticia igualdad cusco=ombligo sólo aquellos que tuvieron acceso a los papeles inéditos del jesuita Valera: Garcilaso, Montesinos y el jesuita Oliva.

La sacra ciudad concentró poder y prestigio. En ella se hicieron obras de ingeniería hidráulica canalizando los ríos Huatanay y Tulumayo, se desecó un pantano y se construyeron riquísimos templos, edificios y palacios reales hechos con enormes bloques de piedra maciza de ensamble perfecto. Los vestigios arquitectónicos de su antiguo esplendor suscitan la admiración de los incontables turistas que visitan la «capital arqueológica de América».

Organización social

El Estado implantó un modelo rígido y estamental que en lo sustantivo distinguió nobleza y masa, con muy pocas oportunidades de ascenso vertical. La elite gozaba de exención tributaria y de prerrogativas como cargos estatales, poligamia permitida, ropas suntuarias, uso de joyas y adornos de metal precioso, gentes del común adscritas a su servicio, etcétera. En la cúspide de la pirámide estaban el Inca, rey absoluto y de carácter divino, y su familia: su mujer principal, *coya* o reina, y sus hijos, *auquis* y *ñustas*. Cada Inca formaba un nuevo ayllu real o *panaca* y, al morir, gozaban sus descendientes de mil privilegios, custodiaban de modo ritual su momia embalsamada y usufructuaban las riquezas materiales que había poseído el difunto. Seguía la nobleza cusqueña de los «orejones», que en teoría provenían de los fundadores del Cusco salidos de Pacaritambo y a quienes se encomendaban cargos de autoridad. Seguía la nobleza secundaria o provinciana, con los *curacas* de las tierras sometidas. Al final se contaba la nobleza de privilegio, condición adquirida por merced del Inca y servicios de excepción.

La base de la pirámide la formaba el pueblo campesino. La vida diaria del *hatun runa* u hombre común estaba regulada por la autoridad étnica y, a través de ella, por la severa administración estatal. En igual plano figuraban los *mitimaes*. El último escalón era de *yanacuna*, gente de servicio adscrita a un particular o institución —un curaca, un palacio, un templo— de un modo que tendió a convertirse en permanente y hereditario.

La impregnación decimal de los incas

Es posible que los cronistas, tan dados a romanizar los usos andinos, por analogía con las decurias y centurias del mundo clásico, hayan forzado sus cálculos al sistema decimal, que constituía su matriz aritmética. En este sentido, no es sorprendente que también en México la crónica española (por ejemplo, la del dominico Durán) mencione grupos de población azteca organizados en múltiplos de diez. En el mejor caso un semejante registro demográfico debe mirarse más como un ideal que como una realidad. Tal como escribió Bram, la clasificación decimal inca no debe entenderse «literalmente, sino sólo como un esquema convenientemente aproximado».

Los edificios incas son tan imponentes como bellos. Los incas tallaron en la roca viva algunas de sus obras de arte más importantes, como esta pequeña gruta situada en Machu Picchu.

Muy loado es el ordenamiento decimal para contar la población, organizarla en rígidos grupos de 5, 10, 100, 1,000 o 5,000 individuos y disponer de ella con la seguridad que daba una periódica estadística censal. Pero quizá los cronistas, tan dados a romanizar los usos andinos, por analogía con las decurias y centurias del mundo clásico hayan hiperbolizado las cosas. No es raro que también en México la crónica española del dominico Durán mencione grupos de población Azteca organizados según el principio decimal. En el mejor caso un semejante registro demográfico, que bien quisiera alcanzar la informática de estos días, debe mirarse más como un ideal que como una realidad. La clasificación decimal inca no debe entenderse «literalmente, sino sólo como un esquema convenientemente aproximado» (Bram, 1941).

Mitimaes

La conquista militar impuso cohesión político-administrativa a los grupos étnicos. Con el sistema de mitimaes (plural castellanizado de la voz quechua *mitmac*) los incas movieron pueblos a capricho, trasladando gentes leales a las áreas recién ganadas y desterrando en masa a levantiscos y rebeldes hacia zonas más seguras. El mapa poblacional de los Andes fue, por ello, movedizo y cambiante y en muchos casos resulta imposible precisar la residencia original de una etnia.

El ayllu

La célula social andina fue la comunidad agropastoral *ayllu* (*hatha*, en aymara), grupo de familias enlazadas por parentesco real o ficticio con un fundador epónimo y creencia en un origen común o *pacarina* (cerro, laguna, peña, manantial, cueva, río). Bajo la jefatura del *curaca* —que los españoles llamaron *cacique*, voz del taíno antillano— explotaban de modo conjunto la *marca* o tierra en que vivían, pastos, ganados, recursos de agua, con iguales deberes y derechos. Periódicamente se distribuía a cada familia una porción de tierra en usufructo, el *tupu*, medida variable que dependía de factores como la calidad del suelo, la cantidad de tierra disponible, los recursos de riego y abono. Las tierras comunales, trabajadas por todos los miembros, beneficiaban a éstos y también al curaca y a los *huacas* o dioses locales.

El ayllu fue una unidad social y territorial no estratificada y autosuficiente, dividida en mitades

Puente típico de la época incaica, según un grabado de Charles Weiner de 1880. El puente cruzaba el río Urubamba, en el valle del mismo nombre, actual departamento del Cusco.

Canales para la purificación de la chicha, en la localidad de Kenko, Cusco. La chicha, licor a base de maíz, junto con la coca, era utilizada en fiestas y ceremonias rituales por la elite inca.

(*hanan-hurin*) cuya función no ha sido aclarada. Esta partición binaria en grupos, exógamos en su origen, es un rasgo arcaico de vasta difusión en Sudamérica, verificada entre los Arahuaca, Bororo, Cañari, Mundurucú, Ges, Chibcha, Uro-chipaya, Tupián y muchos más. Ayllus afines integraban etnias mayores, compartiendo lengua, usos y creencias. Como un ejemplo de estas consolidaciones étnicas, se estima que el «reino» Lupaca del altiplano se dividía en siete unidades, la mayor de las cuales, Juli, reunía 27 ayllus. Con la formación del Estado Inca el ayllu, basado en el colectivismo y la actividad productiva solidaria, sin sufrir cambios esenciales fue ajustado al dominio cusqueño por funcionarios reales que recogían los tributos y regulaban las relaciones de subordinación con el poder central. El ayllu, tras su remodelación española, sobrevive hasta hoy y por ello echan luz sobre el tiempo antiguo las modalidades de trabajo grupal subsistentes en la sierra: *aini, minga, huaqui, mita, faina*, «república», etcétera.

El curaca

El Estado articuló etnias («naciones», dicen los cronistas) regidas por *curacas*, jefes étnicos que gozaban de prestigio y de autoridad. En tanto clase, los absorbió el engranaje estatal y funcionaron a modo de una correa de transmisión del poder. El Inca gobernó a través del curaca. Esto devino un rasgo típico en la estructura de poder y los propios españoles, adecuándolo con violencia a los objetivos de la nueva dominación, prolongaron la vida del sistema curacal. Así, usaron la mediación de dóciles «caciques y principales» para el control laboral y tributario del indígena.

Organización económica

El modelo societario de los incas se apoyó en los ayllus y las etnias. Los incas adaptaron, a escala, su economía colectivista. Dado que los miembros del ayllu reconocían su identidad grupal en un curaca y un *huaca* o deidad mayor, el Estado reemplazó al curaca por el Inca y al dios local por el Sol. Se dividieron tierras y ganados en tres porciones —del Inca, de la religión estatal y local y del común— y se exigió a cada etnia un tributo en especies propias de la zona y en fuerza de trabajo. Al modo de acciones de interés colectivo en el ayllu, el Estado usó el servicio personal para trabajos y obligaciones públicas como puentes, caminos, *tampus*, acuíferos, andenes, canales, palacios, templos, fortalezas, levas militares, correos, etcétera. Fijado con precisión, el tributo atendía a las posibilidades de cada zona y, variable como era de región a región, es seguro que nunca llegó a ser tan gravoso como los servicios personales y la *mita* abusiva que, so capa de mantener usos consuetudinarios, impusieron los españoles al indio.

El reordenamiento económico fue una respuesta exitosa, según Kauffmann, a «la naturaleza andina, con sus limitadas tierras de cultivo y una población en aumento desproporcionado para su

El Estado Inca usó una avanzada tecnología para ganar tierras cultivables y se valió del servicio personal para construir andenes y terrazas en las laderas de los cerros, como en Pisac.

Escena de caza de guanacos en un quero del Museo de la Universidad de Cusco. Asegurado el poder inca, su cerámica y textiles alcanzaron nuevas cúspides de perfección técnica.

medio». Los incas, herederos de la experiencia secular de los Andes, se valieron de una avanzada tecnología agraria e hidráulica para ganar tierras arables. Construyeron camellones y *cochas*, andenes y terracerías en laderas de cerros, hicieron acueductos y canales de riego colosales, excavaron en zonas desérticas de la costa hoyas o jagüeyes, usaron abonos y fertilizantes como estiércol y guano y regularon los ciclos agrícolas ajustándolos a las observaciones astronómicas. El cronista indio Guaman Poma consigna un detallado calendario agrícola-religioso con notas muy precisas para la siembra y cosecha en cada mes del año.

En materia de domesticación de plantas los cultígenos incluían especies tradicionales como algodón o coca —planta sagrada entre los incas, de uso ceremonial y consumo reservado a las elites—, comestibles como maíz, papa, camote, maní, frejol, ají, calabaza, yuca, pallar, achira, caigua, tomate, etcétera, cultivos de altura como oca, quinua y olluco, frutas como pacae, tumbo, granadilla, chirimoya, guanábana, lúcuma, pepino, zapote y otras.

La ganadería fue, por cierto, de camélidos. La dieta cotidiana incluyía el cuy doméstico, tradicional fuente básica de proteínas en los Andes.

Reciprocidad y redistribución

Hay cierto abuso terminológico desde los valiosos estudios pioneros de John V. Murra sobre las formaciones económicas incas, que han prohijado una literatura copiosa y de valor desigual. Murra se inspiró en una obra sobre economía de mercado *(The Great Transformation*, 1944) en la que Karl Polanyi resumió, en un capítulo breve y algo impreciso, viejas ideas de Thurnwald y Malinowski sobre la economía natural. Para precisar conceptos, conviene acudir a las formulaciones originales.

En *Crime and Custom in Savage Society* (1926), el antropólogo polaco-inglés Bronislaw Malinowski definió el «principio de reciprocidad» como una una regla básica entre los melanesios de Trobriand, según la cual «los actos económicos pertenecen a una cadena de dones y contradones que a la larga se equilibran, beneficiando a ambos lados por igual». Asimismo ilustró la noción en *Argonauts of the Western Pacific* (1930): «La totalidad de la vida tribal está permeada por un constante dar y tomar...» Y en *Economics in Primitive*

Entre los incas, el oro tenía un valor ceremonial y se identificaba con el sol, deidad que exigía ofrendas de este metal precioso. Se supone que la orfebrería inca estuvo en manos de chimúes.

Communities (1932) el alemán Richard Thurnwald resumía: «Dar hoy será recompensado con recibir mañana. Esto es resultado del principio de reciprocidad, que está presente en toda relación en la vida primitiva». Por esos mismos años, en igual onda, el jurista alemán Hans Kelsen veía el origen histórico del Derecho en la noción arcaica y universal de «retribución», concebida a modo de un complejo juego social de actos recíprocos (infracción-pena).

Estos autores caminaban por la ruta abierta en una monografía sobre el sacrificio ritual por los franceses Henri Hubert y Marcel Mauss (1902-1903). Este último amplió la tesis en su *Essai sur le don* (1923): toda sociedad es un tejido de acciones recíprocas y quien da algo espera recibir algo. Según sexo, edad y status, cada individuo ajusta su conducta a las expectativas sociales y espera que los demás hagan lo mismo. Dar y recibir, como dos caras de una medalla, conforman «el principio de reciprocidad, clave para entender los fenómenos de interacción *en cualquier sociedad*». Más tarde el antropólogo francés Claude Lévy-Strauss enfatizó la idea capital de Mauss, esto es, que tal principio de reciprocidad es inherente al hombre en cuanto ser social, una «estructura fundamental del espíritu humano» que se sustenta en una relación «dialéctica entre el yo y los otros» (Lévy-Strauss, 1949).

El «principio de distribución» fue enunciado por Thurnwald (1932), quien distinguió las formas tribales, simples e igualitarias, de las formas propias de sociedades complejas y despóticas: «La función distributiva aumenta al crecer el poder político ... El jefe recibe los dones del campesino, ahora convertidos en tributos, y los distribuye entre sus funcionarios, en especial entre aquellos vinculados a su corte». Thurnwald vio que en estos casos la autoridad requería depósitos y graneros para almacenar los bienes antes de repartirlos (serían *tampus* y *collcas* en el modelo inca) y concluyó que así ocurría en todos los Estados arcaicos («antigua China, imperio de los incas, reinos de la India, Egipto, Babilonia»), en que los bienes se distribuían «a funcionarios, guerreros y clases ociosas, esto es, a sectores no productivos de la población». Se ve que Thurnwald alude a una práctica que con más propiedad debe llamarse redistribución desigual.

Jarrón del tipo aríbalo, cuya decoración geométrica presenta elementos vegetales y animales muy estilizados. La cerámica inca no superó el nivel estético alcanzado por la Moche y Nazca.

En resumen, «redistribución» y «reciprocidad» son categorías de análisis etnológico de aplicación universal y es absurdo convertirlas, como algunos hacen, en peculiares y exclusivas del modelo andino. Y en error conceptual incurren los que, con ingenuo entusiasmo, del almacenamiento de bie-

Fortaleza de Sacsayhuamán. Obra monumental inca, tuvo como principales arquitectos a Huallpa Rimachi Inca Apu, Inca Maricanchi, Acahuana Inca y Calla Cunchuy.

nes y su «redistribución desigual» derivan la imagen artificiosa y ahistórica de un Estado próvido y paternalista, que preveía las necesidades de los pueblos para atenderlas en su momento justo. Curiosa paradoja, que llega a imaginar un justiciero Estado del Bienestar que habría logrado, en pleno corazón de una teocracia guerrera y clasista, conjugar sabiamente el control regimentado y «decimal» de cada individuo con la felicidad y el bienestar universales.

Las artes

Así como la antigua Roma no llegó a los niveles artísticos de los griegos y los aztecas no lograron superar a los mayas en el plano estético, el arte inca es opaco si se le compara con el de épocas anteriores. Su cerámica no puede competir con las excelencias de Moche y de Nazca, ni su textilería con la de Paracas, ni su orfebrería con la de Lambayeque y de Chimú. Con todo, la alfarería Inca —el estilo que los arqueólogos llaman «Inca imperial»— exhibe vasijas, platos decorados, cancheros y recipientes de varias formas, funcionales y distintivos. En los cántaros, como una norma, la boca superior presenta el labio o reborde expandido. El cerámico tipo, por excelencia, es el aríbalo, así llamado porque su forma recuerda algo la del aceitero griego de ese nombre. Tiene forma esférica, la base cónica, el cuello cilíndrico y alargado y dos asas laterales. Lo decoran motivos geométricos y de colores y su tamaño varía entre unos pocos centímetros y 1.5 m de altura.

La textilería usó técnicas y materiales de las culturas previas y produjo tejidos de uso masivo (*ahuasca*) y de uso suntuario (*cumpi, tocapu*), éste último con predilección por la tapicería, que nunca llega al primor estético de los antiguos tapices y bordados de la costa sur central.

La orfebrería siguió patrones preincas y tras la conquista de Chimú se llevaron al Cusco artesanos expertos en trabajar el metal precioso. Planchas laminadas (700 revestían el templo solar del Cusco) y artísticos objetos de oro y plata, que abarrotaban palacios y templos e incluían figuras humanas, plantas y animales imitados al vivo, fueron ávidamente saqueados por los conquistadores, que los fundieron sin escrúpulo para enviar el quinto real a España y cobrar su partija. En los museos y colecciones actuales la mayoría de las piezas de oro proviene de culturas anteriores a los incas.

Machu Picchu es la más célebre obra legada por los incas. La ciudadela estaba reservada a la familia directa del Inca, sus principales princesas y los súbditos destinados a su servicio.

Es típico el *quero* (voz que significa madera), vaso ceremonial de libación, de madera, usado por pares, con decoración incisa y motivos geométricos. Buena parte de los ejemplares conocidos procede del Cusco y hay también de la época hispánica temprana, policromos, con pintura resinosa, escenas realistas y estilizadas y temas de influencia europea. El quero inca es un desarrollo artístico neto en comparación con el quero de piedra del altiplano.

La arquitectura

Los incas fueron grandes constructores y en menos de un siglo produjeron una notable arquitectura, que por su magnitud demandó ingentes cantidades de mano de obra. Usaron adobe y piedra y con ésta hicieron obras portentosas. Dispersas en el área andina y sobre todo en la región del Cusco, las ruinas monumentales dan fe del alto desarrollo de la arquitectura civil y militar: templos, palacios, fortalezas, tumbas, terrazas, torres, acuíferos, reservorios, caminos. Son afamadas las construcciones del Cusco, Huánuco Viejo, Vilcas Huaman, etcétera, y las ruinas como las fortalezas de Sacsayhuamán y Ollantaytambo o la deslumbrante ciudadela de Machu Picchu que dio a conocer al mundo Hiram Bingham en 1911.

La arquitectura es masiva y plástica, sencilla más bien que ornamental, con formas típicas como el trapecio y el rectángulo, predominio de líneas horizontales y adaptación funcional al terreno. A la vista de las ruinas líticas del Cusco, el viajero alemán Humboldt acuñó la clásica fórmula que define la arquitectura de los incas: sencillez, solidez y simetría.

Carácter del dominio Inca

Su rasgo distintivo está en haber combinado el imperio de las armas con la tolerancia de las peculiaridades regionales.

El Estado, teocracia absoluta, junto a los tributos y levas forzosas, usó caminos troncales y ramales (en un tejido vial muy extenso) y puentes para desplazar tropas, *pucaras* o fortalezas, *tampus* y *collcas* o graneros para acumular reservas en una red logística, *chasquis* o correos mensajeros para agilizar comunicaciones, etcétera. Y procuró di-

Centralismo político y tolerancia regional

Un caso muy elocuente acerca de cómo los incas supieron combinar un férreo dominio centralista con la concesión de una buena cuota de autonomía regional lo constituyen los pueblos costeros del Guayas. A pesar de hallarse bajo dominio inca, los pueblos de la sierra ecuatoriana gozaron de autonomía y, a cambio de tributos («parias», al decir de un cronista temprano), prosiguieron las actividades comerciales de los *mindalaes* hasta el momento mismo de la invasión europea. Subsistían incluso rivalidades étnicas y aun conflictos bélicos, como aquellos entre Puná y Tumbes, que atestiguaron los españoles, pese a que ambos pueblos eran regidos por «un inga del Cusco como gobernador».

En un sector de Machu Picchu se erige un bloque granítico irregular conocido como Intihuanta, elemento astronómico que se supone relacionado con la medición del tiempo.

fundir el quechua y el culto solar en los Andes, además de otras medidas que aspiraban a la unificación.

Pero la eficacia de la *Realpolitik* de los incas fue fruto de una ingeniosa adaptación a las diversidades regionales. Pese al férreo dominio material, que no consintió rebeldías, se creó un gobierno permisivo y matizado que eliminaba a los jefes díscolos pero mantenía en el poder a las elites locales que mostraban fidelidad, elevándolas al rango de nobleza provinciana. Así sucedió en los casos de Chimú o Chincha, cuyos curacas disfrutaban de privilegios, uso de andas, servidumbre, ropas suntuarias y joyas. Sus hijos eran llevados a la capital para criarse en la tradición cusqueña y los dioses mayores de cada etnia se incorporaban al Panteón estatal. Nada de eso ocurría con los pueblos de menor desarrollo, como los limítrofes de Arauco en el sur, los chirihuana en el sudoeste, los pasto en el extremo norte o los selvícolas de la frontera oriental.

Informan los primeros cronistas que los invasores, pasando la costa sur del Ecuador y la isla Puná, llegaron a Tumbes y Piura. A cada paso aluden a caciques pero no al Inca. Mezclan antropónimos y topónimos (por ejemplo, cacique Lachira y Amotape), mas coinciden en que sólo después de fundar San Miguel se enteró Pizarro en Caxas de que existía un jefe supremo, Atahualpa. Lo dicen los cronistas más tempranos, Francisco de Jerez, secretario de Pizarro o Cristóbal de Mena, vueltos a España con su parte del botín de Cajamarca y autores de crónicas impresas en Sevilla en 1534. Escribe Mena: «Allí tuvieron noticia de un gran señor llamado Atabalipa». Se echa de ver cuán diluido era en la costa norte el poder real, al punto de no llegar a noticia de Pizarro sino bastante tiempo después de pisar tierras del Inca.

Así, lejos de una plantilla única, los modos del gobierno variaban según los recursos y el nivel de organización del pueblo sometido. El Estado, que cooptó elites para explotar al máximo cada área anexada, entibió la dureza del yugo con espacios de autonomía y permisividad regional. Esta tolerancia es muy visible en dos rasgos que la historia estándar llama medidas «imperialistas» de unificación forzada: la imposición del quechua y la del culto solar.

Difusión del quechua

En lo que toca a la voluntad de unificación lingüística, su alcance fue menor de lo que suele afirmarse. El idioma quechua fue el del poder y el modelo cusqueño una lengua cortesana que se

Templo del Coricancha. Según las crónicas, las paredes del templo estaban guarnecidas de oro y pendían del techo cristales por los que se filtraba la luz solar.

propagó con éxito entre elites y autoridades. Pero los incas dejaron que los pueblos sometidos siguieran usando no sólo los dialectos sino sus lenguas regionales: aymara, uro, puquina, mochica, quignam, sec o lengua pescadora, etcétera. Hacia 1532 el mapa lingüístico de los Andes era variopinto. Si en la fase inicial de la invasión los españoles echaron mano de trujamanes indios que manejaban el idioma local y el del Inca, las necesidades del conquistador y el catequista dieron enorme impulso a la difusión del quechua y al extender su uso en los siglos XVI y XVII contribuyeron a la extinción paulatina de las lenguas regionales.

El culto solar

Es erróneo creer que los incas hicieron del culto al sol una religión panandina y excluyente. Reputados como hijos del sol, impusieron su primacía sobre toda deidad provinciana. El culto oficial y las ceremonias y festividades giraban en torno al dios sol, deidad tutelar. Se asignó para su servicio gentes, chacras y ganados, además de suntuosos templos o *coricanchas* (el más rico fue el del Cusco, con paredes recubiertas de planchas de oro y plata que arrasaron los invasores). A su lado coexistieron cultos naturalistas, por ejemplo la tríada rayo-relámpago-trueno o la madre tierra, y se toleraron los cultos de masa, los *huacas* o deidades de provincias, incluso reforzando su prestigio como en el caso del dios Pachacamac y su oráculo en la costa central.

Que los incas no hicieron la «guerra santa» ni se abocaron a suprimir cultos lo prueban las campañas de persecución de las creencias andinas que el fanatismo español llevó a cabo en los siglos XVI y XVII. La relación del visitador Cristóbal de Albornoz, por ejemplo, es un inventario de huacas y dioses regionales cuya veneración, a ocultas, arreciaba en época del virrey Toledo. Y el libro del jesuita José de Arriaga, *La extirpación de la idolatría en el Pirú* (1621), revela cuán persistentes eran ceremonias y ritos que echaban raíz en un mundo de creencias diuturno. Los catequistas lucharon contra los «hechiceros» o sacerdotes indios y las encubiertas deidades y liturgias provincianas que subsistían tenaces, como la veneración al trueno, quizás el dios más antiguo y conspicuo en el Antiguo Perú, la cuna mítica de cada etnia o *pacarina*, las siete Cabrillas, el lucero Venus o los huacas y *apus* que moraban en cerros y cumbres nevadas. Pero a esos «extirpadores» no les inquietó nada el

Templo del Sol, en el Cusco. Según el padre Las Casas, contaba con dos grandes portadas y con ornamentaciones de oro que contenían figuras de llamas y otras alegorías del dios Sol.

decantado culto solar, porque jamás caló en la masa andina.

Mundo de creencias

El panteón Inca, junto a los dioses del poder —el sol, el Inca— incorporó a los regionales. Hubo dioses públicos y domésticos o familiares. El Cusco impuso sus dioses sin combatir los ajenos y la religión oficial coexistió con la de las masas, centrada en cultos naturalistas comunes a los Andes, por ejemplo *Illapa* (trueno-rayo-relámpago), *Pachamama* (madre Tierra), *Cuichi* (arco iris) o *Mamacocha* (el mar). El culto oficial a los antepasados divinizó los cuerpos embalsamados de los reyes y los rodeó de permanente cuidado ritualístico, pero hubo también un manismo popular que veneraba los *mallquis* o ancestros étnicos, reales o míticos. Toda divinidad era vista como un ser concreto y los sacrificios y ritos mezclaban elementos de latría con actos de magia coercitiva, según la fórmula universal *do ut des*.

Idea más amplia de todo esto la da una relación de huacas del Cusco, que a mediados del siglo XVII preservó el jesuita Bernabé Cobo. Describe unos 350 «adoratorios» dispuestos en *ceques* o líneas sacras, que partían del Cusco hacia las cuatro direcciones cardinales.

Los cronistas asimilaron los cultos andinos al modelo católico, grave distorsión que hoy la crítica empieza a reexaminar. Por ejemplo, la cosmología Inca de los tres mundos —el de arriba, éste y el de abajo—, remedo de la terna cielo-tierra-infierno. O la creencia en un supremo Hacedor, incorpóreo y eterno. No se aviene con el pensamiento andino, tan asido a lo concreto, ese abstracto Huiracocha (o Con, Pachacamac o cualquier otro) que sólo existió en la mente de los catequistas, que confundieron cultos latréuticos y mágicos, agüeros y supersticiones y condenaron en bloque el panteón andino como producto de excecrables errores inducidos por el Enemigo del hombre.

El sacerdocio fue muy jerarquizado y los cargos altos eran confiados a miembros de la realeza. Las fiestas se regían por un calendario agrícola-religioso, con celebraciones para cada mes: era la más solemne el *capac raimi* de Diciembre. La materia sacrificial incluía numerosos frutos de la tierra, conchas molidas o *mullu*, licor de maíz, llamas, cuyes y, de modo excepcional, niños ofrecidos por sus padres para ser enterrados vivos, por parejas de varón-hembra, en la ceremonia lustral de la *capac hucha*.

Figurilla inca envuelta en un tejido que sugiere un rango social elevado, posiblemente el de emperador. Los soberanos incas eran los mediadores supremos entre los dioses y los hombres.

Comparar *acllas* o vírgenes del sol con vestales romanas es lugar común en crónicas y en manuales de divulgación y quizá los españoles tomaran la parte por el todo. El verbo *acllani* (*acllata*, en aymara) es «escoger» y parece aludir a una curiosa institución estatal que escogía y segregaba niños de ambos sexos destinados a funciones de servicio. Cúlticas, sí, pero también matrimoniales, concubinato, tareas textiles y domésticas, oficios castrenses y especializados. La presunta igualdad *aclla*=virgen, como punta de iceberg, connota sólo una pequeña porción semántica (claro, la más llamativa) de un mecanismo aún no estudiado, que incluyó *yanacuna* y que, por periódicas levas, aseguraba el contingente humano que requerían las tareas de servicio.

La noción panandina de huaca (*huilca* en aymara, *coac* en puquina, *alec* en mochica, *huini* en pescadora) subyace al sistema de creencias. Afín a los conceptos bien conocidos en la etnología comparada del *mana* melanésico, el *manitou* algonquino, el *orenda* iroqués, entre otros, huaca alude a una fuerza virtual o energía de esencia impersonal que baña el universo y se manifiesta en cratofanías a través de un fenómeno, una persona o un objeto de aspecto insólito. El español no podía captar la concepción andina de lo sobrenatural y tradujo la voz huaca por «ídolo» o «adoratorio». Pasó más tarde a designar las tumbas que, en montículos artificiales, ocultaban tesoros por descubrir, mutación semántica que perdura hasta la época actual.

Tópicos erróneos o discutibles

Como algunos ya aludidos, en las crónicas hay muchos casos de deformación involuntaria y ambigüedad, que sólo una lectura crítica de los viejos textos puede enmendar. Pese al rigor de los expertos, más de un error o presunción dudosa se ha instalado, a fuerza de repetición machacona, en textos de escuela, manuales al uso e historias de divulgación. Vale la pena mostrar, muy al paso, unos pocos ejemplos.

Se dice que Inca Roca fundó escuelas para nobles en el Cusco, La *Yacha Huaci* (así escribe Garcilaso, el único autor que habla de esto) era regida por «sabios *amautas*». Pero su descripción es, a todas luces, a la española: se enseñaba «poesía, música, filosofía y astrología», Pachacuti dictaba lecciones y a menudo los reyes Incas rondaban los postigos para escuchar las clases, etcétera. A esta peregrina invención del cusqueño sólo le acompaña aquella de Montesinos, otro clérigo imaginativo, que afirma que en el Perú se conoció la escritura, que había libros escritos en hojas de plátano y que ¡dos mil años antes de los incas existió una Universidad en el Cusco!

Otro tópico discutible es el correinado. Algunos opinan que el poder fue dual y, en todo caso, el infante correinaba para aprender el arte del gobierno. Nunca tolera igual el Poder absoluto y toda la crónica habla de un rey único, incontestado, el *Sapa Inca*. Sólo apoya aquella tesis especulativa un pasaje, parco y ambiguo en exceso, de un cronista que escribió a distancia y que jamás pisó el Perú.

También controvertible es la noción de *quipus* históricos. Rasgo original de la cultura Inca es el quipu, manojo de cuerdas anudadas que, a modo de ábaco, registraba números y cantidades con gran precisión. Fue un instrumento de suma utilidad para llevar cuenta de personas, productos de la tierra, tributos, ropas, animales, etcétera. Los

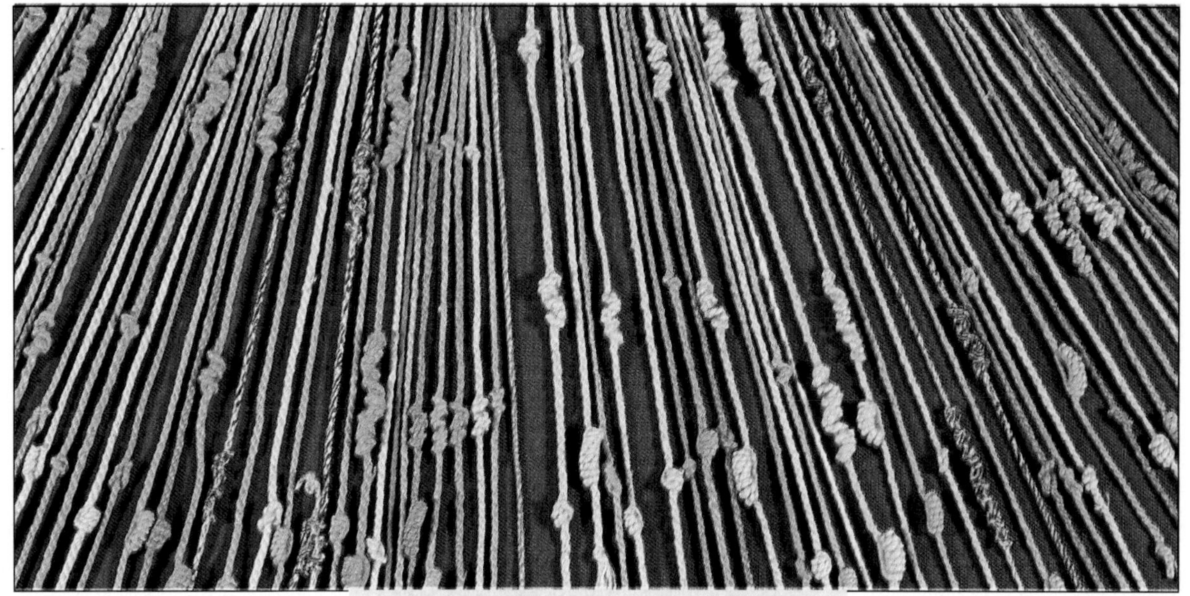

Quipu *en quechua y* chino *en aymara son términos que se refieren a unos cordones anudados, utilizados por los incas para llevar la contabilidad doméstica.*

cronistas loan su eficacia y exactitud y en museos y colecciones de arte son una realidad visible, ya estudiada por expertos. Pero hay quienes suponen que hubo, además, otros «quipus históricos» que contenían una narración cronológica de los hechos pasados, como una suerte de escritura en embrión. Nada serio respalda la creencia. En esto sigue en pie, incólume, uno de los pocos aciertos de Garcilaso: «El ñudo dice el número, mas no la palabra».

En cuanto a la trilogía moral, raro es el autor moderno que no echa su cuarto a espadas sobre una famosa terna, compendio de la moral Inca: *Ama súa, ama llulla, ama quella* (No robar, no mentir, no ser ocioso). Pero la fórmula, por desgracia, no aparece en ningún cronista conocido. La acuñó a mediados del siglo XIX el historiador y novelista italiano Cesare Cantú: «Su moral se reducía a tres prohibiciones: no robar, no estar ociosos y no mentir». Figura en su *Storia Univerzale* de 1844, muy traducida y reeditada y quizá la obra histórica más leída en el siglo XIX. Años después, en 1878, la fantasía de Gavino Pacheco Zegarra, un lingüista cusqueño que escribía en francés para franceses, la vertió al quechua y fingió que aún se conservaba en los pueblos surandinos como un saludo cotidiano. Así, las modernas exégesis sobre el contenido ético de la frase famosa y sus implicancias filosófico-políticas nada tienen que ver con la moral de los incas y reposan en una compendiosa sentencia del milanés Cantú y en una palmaria falsedad del imaginativo Zegarra, más propia de un *métèque* anheloso de brillar en París.

En cuanto a la presunta decadencia de los incas, esta idea no se encuentra en las crónicas. A ningún cronista se le ocurrió ver el triunfo español como una victoria sobre un pueblo en decadencia. Para los más lúcidos un azar de fortuna, que decretó la Providencia, hizo que la invasión coincidiera con la guerra de Huáscar y Atahualpa y, sin ello, las cosas hubieran sido otras. Creer que los incas habían entrado en decadencia es un supuesto moderno, harto subjetivo, que se basa en indicios baladíes y de valor probatorio escaso o nulo. Otro lugar es el propio para su examen. Mas, conjetura por conjetura, igual da suponer que, sin la invasión y tras la guerra civil, el Estado pujante de los incas se habría fortalecido y, una vez más, habría ganado impulso para continuar un desarrollo sostenido. Lujos de la ucronía histórica estos de soñar el pasado con tan inútil libertad. Porque en la vida de los pueblos, como en la de los individuos, no cuenta ni pesa lo que pudo haber ocurrido sino lo que en verdad ocurrió.

Reflexión final

Si bien mucho se sabe sobre los incas, quizás es más lo que queda por saber. Mas no vendrá ayuda de incaísmos a ultranza, presunciones sin

Los incas dejaron muestras de su maestría en la técnicas de ingeniería. Las carreteras incluían vertiginosas escaleras y senderos en las caras de riscos cortados en la roca viva.

base o fantasías inútiles, que oscurecen las cosas en vez de iluminarlas.

La historia nunca es un Tribunal. Pero no hay historiador que se exima, aquí o allá, de aprobar o censurar hombres y hechos del ayer. Durante cuatrocientos años todo juicio de valor sobre los incas osciló entre dos polos: utopía-tiranía. Un abuso léxico y factores ajenos a la historiografía les impusieron hasta hace poco los motes de indigenismo e hispanismo, modo maniqueo y popular de poner las cosas en blanco y negro, desdeñando los matices que colorean toda realidad. Sea como fuere, en el siglo XVI hubo dos ópticas inconciliables. En un extremo, la visión idílica de los incas y su sociedad feliz, que imaginó el alma generosa del fraile dominico Bartolomé de las Casas y que difundió el cusqueño Garcilaso, cuya prosa elegante no desentona junto a la novelística del Siglo de Oro español. Y, en el extremo opuesto, la lectura mezquina y sombría que prohijaron Toledo y sus acólitos, al pintar la extinta sociedad Inca como el gobierno más cruento y tiránico que cupiera concebirse.

A principios del siglo XX el sociólogo Mariano H. Cornejo celebró, en un arranque lírico, que los incas supieran juntar piedras para hacer fortalezas y soldar tribus para formar imperios. Es cierto que la arqueología desveló la riqueza de «tribus» preincas como Paracas, Nazca o Moche, cuya excelencia artística no se repitió en los Andes. Pero recalcar que nada inventaron los incas, que imitaban sin crear, que sus modelos se acuñaron en época anterior o que su rol fue de herederos tardíos, es echar agua al vino. Su mejor hazaña cultural fue, justamente, acoger tradiciones regionales de curso inveterado y fundirlas en un crisol de síntesis. Los incas son cosecha madura de siembras muy antiguas, última flor de un proceso milenario cuyo avance y desarrollo autónomo segó, de modo irreversible y trágico, la invasión en 1532.

Como otras grandes civilizaciones del pasado, la de los incas rompe las barreras del tiempo y la geografía. Su modelo social no es tela cortada a la medida de chauvinismos de aldea. En la historia del hombre, vasta memoria colectiva que entre fulgor y sombra de la aventura humana cuenta la eterna lucha de los pueblos contra la naturaleza y el tiempo fugitivo, la luz que en su hora irradiaron los incas, más que una gloria cusqueña y parroquial, más que pretérita ufanía de los Andes peruanos, es patrimonio de la humanidad.

El período colonial

División interna
en el Tahuantinsuyo

La llegada de los españoles

La situación tras
la Conquista

Organización política, social,
económica y religiosa del
virreinato

De las reformas borbónicas
a la antesala
de la Independencia

Durante la Colonia, la forja constituyó una de las actividades artesanales más importantes. La ilustración pertenece al Libro del Obispado de Trujillo *de Martínez Compañón.*

División interna en el Tahuantinsuyo

A poco de estudiar la Conquista española de América surge inevitablemente este interrogante: ¿Cómo fue posible que un grupo de españoles hiciera prisionero a Atahualpa y conquistara el Tahuantinsuyo, con sus cerca de nueve millones de habitantes y sus dos millones de kilómetros cuadrados de extensión? Como en cualquier fenómeno histórico de importancia, varias causas se combinaron para dar ese resultado.

La presencia de la caballería española en el territorio peruano fue permanente durante la Colonia.

Alianza contra los incas

La causa principal de la caída del Tahuantinsuyo fue, sin duda, la división existente en su seno. En efecto, a la llegada de los españoles, los incas, con menos de cien años de desarrollo efectivo en la región de los Andes, iban en camino de lograr una sólida unificación. Pero todo indica que algunos *ayllus* se encontraban descontentos con el dominio del Cusco e intentaron establecer con los españoles recién llegados lazos de reciprocidad y redistribución, que eran los pilares de la organización social y económica andina, y aliarse con ellos en contra de la supremacía inca.

Es por este motivo por lo que miles de indígenas proporcionaron a los conquistadores víveres, ganado y cargadores, como una muestra de su disposición a iniciar los lazos de parentesco. Ejemplo de ello es la actitud de los chachapoyas, cañaris o huancas. Aunque Pizarro y su hueste no entendieran el verdadero sentido de aquellos regalos, supieron aprovechar la situación en su favor.

Existen también razones secundarias. Quizá la más importante sea la buena red de caminos propia del Tahuantinsuyo, que facilitó la penetración de los españoles. La superioridad militar de los conquistadores funcionó como factor sorpresa, aunque los indígenas fueran mucho más numerosos. La pólvora tuvo un poder más desconcertante que destructor. El caballo fue otro elemento que contribuyó a la Conquista; en la toma de Cajamarca muchos indios murieron pisados por los equinos.

La tesis providencialista

En las crónicas aparecen otras razones que explicarían la facilidad con que los españoles derrotaron a los indígenas, pero la investigación histórica actual ya no las considera como fuentes dignas de confianza. En las crónicas se menciona la ayuda de Dios en favor de los invasores. Dios habría decidido que los españoles pusiesen fin al gobierno dictatorial de las dinastías incas. A esta tesis se la suele llamar providencialista. Asimismo se ha mencionado la ayuda de la Virgen y del apóstol Santiago, quienes se habrían presentado en plena batalla para contribuir a la victoria de los conquistadores. Otra de las razones señaladas con insistencia, y a todas luces falsa, ha sido la pretendida superioridad racial y cultural de los españoles.

El enfrentamiento entre Huáscar y Atahualpa

La rivalidad entre Huáscar y Atahualpa aparece como un hecho esencial a la hora de estudiar las divisiones que estallaron en el seno del Tahuantinsuyo. Las noticias de este suceso han llegado hasta nuestros días gracias a los cronistas españoles o de los propios soldados, que desde el principio relataron los hechos de la Conquista. Luego de la toma de Cajamarca, los españoles pretendieron dominar y ocupar el nuevo territorio y, paralelamente, procuraron dejar señaladas

Huáscar Inca, sucesor de Huayna Cápac, debió afrontar las conspiraciones de su hermano Cusi Atauchi y las de los «albaceas», que permitieron la presencia en Quito del awki Atahualpa.

para la posteridad las diversas hazañas de las que fueron partícipes. Pronto sentirían la necesidad de explicar su entorno, de hurgar en el pasado de la civilización andina, y entonces aparecerán las historias de los incas.

Cuando los españoles llegaron a tierras de dominio inca, en 1532, encontraron el Tahuantinsuyo en pleno conflicto sucesorio. Los conquistadores interpretaron como una guerra civil la lucha por el trono real entre dos hijos del último gobernante. Huayna Cápac, padre de Huáscar (1491-1532) y Atahualpa (1500-1533), habría muerto entre 1525 y 1527 por una extraña enfermedad, muy probablemente la viruela, que asoló los Andes hacia 1524. Los cronistas coinciden en señalar que este Inca falleció sin dejar claramente establecida su sucesión. En 1529 estalló una cruenta y sangrienta guerra entre Huáscar y Atahualpa, los aspirantes al trono.

Según los cronistas, Huáscar era el legítimo heredero, pues representaba al Cusco, mientras que Atahualpa se encontraba en Quito y representaba en todo caso al creciente poder militar del reino inca. De hecho, muerto Huayna Cápac, Huáscar fue elevado al poder, mientras que Atahualpa, en señal de protesta por esa decisión, optó por quedarse en Quito y no partir hacia el Cusco para acompañar a la momia de su padre y rendir pleitesía a su hermano, el nuevo gobernante.

Derrota del hijo legítimo

Al principio del choque, Huáscar ganó territorio, obteniendo indiscutibles victorias sobre las fuerzas de Atahualpa, como la de Tumipampa. Sin embargo, poco a poco, las fuerzas de Atahualpa, dirigidas por aguerridos generales como Rumiñahui, Calcuchimac y Quisquis, lograron dar vuelta a la situación y volcarla a su favor en las batallas de Cusipampa, Cochaguaylla, Bombón, Yanamarca y Angoyacu. La batalla definitiva fue la de Cotapampa, que se saldó con la aplastante derrota de Huáscar, que fue tomado prisionero.

Debe decirse, sin embargo, que esta guerra civil fue más allá de la mera escaramuza por el conflicto sucesorio. Éste surgió, por lo demás, debido a que Huayna Cápac dividió el Imperio entre sus dos hijos en lugar de dejar claramente designado un único sucesor, lo cual abocó a los hermanos a la guerra por el trono unificado.

Por otra parte, la lucha enfrentaba al heredero legítimo, hijo del Inca con la Coya (Huáscar) y al ilegítimo, hijo de una princesa quiteña (Atahualpa). Se ha dicho, en fin, que la guerra civil fue el resultado de conflictos aflorados en el interior de las propias *panacas* o linajes incas, algunas de las cuales apoyaban al tradicional poder cusqueño, en tanto que las otras habrían estado a favor del creciente poder desarrollado en Quito.

En cualquier caso, estas versiones consideran a las crónicas como fuente totalmente confiable; pero en la actualidad una nueva corriente dentro de la disciplina histórica, la denominada etnohistoria, cuestiona esta visión.

Las causas de la caída del Tahuantinsuyo
Causas principales
1. El Tahuantinsuyo no fue un estado totalmente unificado.
2. El conflicto entre Huáscar y Atahualpa.
Causas secundarias
1. La red de caminos.
2. La pólvora europea.
3. La presencia de los caballos.
No son causas (causas falsas)
1. La tesis providencialista.
2. La ayuda divina.
3. La superioridad racial y cultural de los españoles.

La corriente etnohistórica

La etnohistoria es una tendencia que desde la década de 1960, dentro del campo de los estudios históricos, ha puesto en tela de juicio la visión de la Conquista de América que los cronistas divulgaron. Las crónicas no siempre fueron fieles a la realidad que describían, en parte por falta de instrumentos metodológicos para ello. Los cronistas se enfrentaron a un mundo radicalmente distinto del que conocían; así pues, en el intento de hacer comprensible lo que vieron por sus propios ojos o les fue relatado por terceros, lo transformaron y adecuaron a sus patrones occidentales. De este modo, en la mayoría de los casos las crónicas no proporcionan al historiador de hoy día datos certeros o informaciones del todo fiables, sino que más bien ofrecen opiniones, puntos de vista o interpretaciones de las cosas vistas u oídas.

A partir de esta posición crítica, la etnohistoria ha tratado de reconstruir la historia de los pueblos andinos. Tiene como ardua tarea la de leer entre líneas las crónicas y fuentes tradicionales acerca del Tahuantinsuyo, para reconocer en cuáles de estas informaciones hay un origen propiamente andino y en cuáles se ha filtrado la visión occidental. Esta nueva corriente histórica aspira, por lo tanto, a poner en evidencia las diferentes nociones europeas que se utilizaron para explicar la historia de los Andes y propone, de acuerdo a la información que se encuentra en las propias crónicas, enfocar la cuestión desde el otro punto de vista, el de los habitantes de las regiones andinas a la llegada de los conquistadores.

La cosmovisión dual andina

Según los etnohistoriadores, la cosmovisión andina es dual y su división primera estaría conformada por las nociones de Hanan y Hurin. Estos dos conceptos son opuestos, pero la oposición no es dicotómica; es decir, no supone una exclusión; por el contrario, Hanan y Hurin son nociones opuestas y complementarias a la vez. Así entendía el mundo el poblador andino. Por lo tanto, Hanan no puede existir sin Hurin, y viceversa. Es algo semejante a lo que sucede con los conceptos de arriba y abajo: la noción «arriba» es opuesta pero a la vez complementaria de la noción «abajo». La una no puede existir sin la otra: si no existiese algo a lo que llamáramos «arriba» tampoco existiría algo a lo que podríamos llamar «abajo». La primera de estas nociones estaría asociada a Hanan, la segunda a Hurin.

Pintura inca sobre madera en la que se representa el sistema de desplazamiento de andas, uno de los privilegios de que gozaban los grandes señores del Imperio Inca.

Si la cosmovisión andina se basaba en estos principios dualistas, es deducible que la organización social propia de esta cosmovisión haya seguido una división semejante. Los cronistas dijeron que el ayllu mismo se dividía en Hanan y Hurin. Sólo que ellos asociaron esta división con lugares geográficos específicos, cuando en realidad se refería a principios que dividían todo lo existente, no necesariamente en lugares espaciales concretos. En esa medida puede aplicarse igual división al campo político. Dentro de un ayllu existiría un *curaca* Hanan y un *curaca* Hurin. Los propios cronistas advirtieron la existencia de dos gobernantes, pero no la entendieron en su total dimensión y creyeron que el curaca gobernaba con una segunda persona, su *yanapaque*. Sin embargo, éste no habría sido un subordinado, sino que cada uno de estos curacas habría representado a una de las mitades de su ayllu.

Los conflictos sucesorios

La misma situación puede extenderse al gobierno del Inca: habría habido un Inca Hanan y otro Hurin. Es significativo, en este sentido, que

Detalle de un retrato de Atahualpa publicado en Madrid en 1773, en el libro Observaciones astronómicas y físicas en los reinos del Perú *de Jorge Juan y Antonio de Ulloa.*

los cronistas coincidan en señalar que a la muerte de cada Inca siempre se desencadenaban conflictos entre sus herederos. Ello probablemente se debió a una guerra ritual luego de la cual se determinaba cuál Inca era Hanan y cuál Hurin. Es decir, la cuestión consistía en dilucidar cuál era la función que iba a desempeñar cada uno de los Incas en conflicto y no cuál de los dos sería el gobernante único. Al parecer, para iniciar este conflicto sucesorio bastaba con que muriese uno de los dos Incas gobernantes, el que se asociaba a Hanan o el que se asociaba a Hurin, dado que uno no podía existir sin el otro. Es decir, el gobernante sobreviviente dejaba de existir en cuanto Inca, lo que no implicaba necesariamente su muerte física o natural.

Desde el punto de vista etnohistórico, el enfrentamiento entre Huáscar y Atahualpa debería entenderse como la guerra ritual que siempre se desencadenaba tras la muerte de uno de los dos Incas gobernantes. Es decir que, según esta tesis, Huáscar y Atahualpa luchaban no por un problema de herencia sino continuando una antigua tradición andina. No se habría tratado, por lo tanto, de una guerra que pueda explicarse por una situación coyuntural, sino de un enfrentamiento que está estructuralmente inmerso en la sociedad andina, y que se repetía cada vez que uno de los Incas gobernantes fallecía.

Interrogantes y concepciones

Lo expuesto hasta aquí revela el esfuerzo de los representantes de la escuela etnohistórica para arrojar una nueva luz sobre los datos aportados por las crónicas. Es decir, por desglosar la información contenida en esos documentos históricos de la interpretación que de la misma hacían sus autores.

Aceptar la interpretación etnohistórica del enfrentamiento entre Huáscar y Atahualpa supondría, por tanto, aceptar que el poder político del Tahuantinsuyo fue dual, lo cual, además de ser difícil de comprender desde el punto de vista de las estructuras de poder occidentales, trae consigo una serie de interrogantes que la actual investigación aún no ha logrado responder de un modo totalmente satisfactorio. ¿La dualidad se expresaba en una diarquía o en un correinado? ¿Cuáles eran las funciones específicas del Inca Hanan y cuáles las del Inca Hurin? ¿Existía algún tipo de preeminencia o subordinación entre ellos? De no existir subordinación o preeminencia, ¿qué sentido tenía la guerra ritual? Como es evidente, en las distintas respuestas que se puedan dar a estos interrogantes se esbozarán otras tantas concepciones de la cultura andina precolombina.

Una evaluación de ambas interpretaciones permite deducir, por otra parte, que el enfrentamiento entre Huáscar y Atahualpa no debe entenderse como la lucha entre el hijo legítimo y el ilegítimo por el poder real, dado que en los Andes no existían los patrones de legitimidad o bastardía propios de la España del momento.

Además, al considerar los españoles a Atahualpa el hijo ilegítimo, prontamente lo identificaron como un gobernante tiránico, que incluso mandó matar a su propio hermano. Así, en el fondo, justificaban su propia Conquista, ya que según la mentalidad europea de la época era lícito destronar a aquel gobernante que hubiese usurpado el poder. Siempre en relación, además, con la ayuda de Dios, dado que por entonces se creía que el dominio real tenía un origen finalmente divino. Dios habría mandado a los españoles para liberar a los pobladores andinos de un gobierno ilegítimo y para que los conquistadores los acercasen a la verdadera religión.

Enfrentamiento entre Huáscar y Atahualpa

La visión de los cronistas

1. Fue una guerra civil.
2. Lucharon el hijo legítimo (Huáscar) contra el hijo ilegítimo (Atahualpa).
3. Fue un enfrentamiento entre Cusco y Quito, dos centros de poder paralelos y en conflicto.

La visión de la etnohistoria

1. Los cronistas no entendieron en su totalidad la información que recibieron.
2. Los cronistas interpretaron al modo europeo —y, por lo tanto, distorsionaron su sentido— los mitos o ritos propios de la cultura andina.
3. El enfrentamiento entre Huáscar y Atahualpa fue una guerra ritual, que se repetía siempre tras la muerte del Inca gobernante.

Tras la batalla de Cotapampa, las tropas de Huáscar quedaron aniquiladas y Atahualpa se proclamó vencedor de la guerra entre ambos hermanos.

División interna y debilidad externa

Desde el punto de vista etnohistórico, tampoco sería aceptable que Huayna Cápac hubiese dividido su Imperio en dos. Eso representaría un hecho ciertamente común en la historia de Occidente, donde el gobernante podía dividir el reino entre sus hijos. Los casos más conocidos son el de Teodosio, quien repartió el Imperio Romano entre sus hijos Honorio y Arcadio; o el del Imperio Carolingio, que terminó repartido entre Carlos el Calvo, Luis el Germánico y Lotario. Pero en el Tahuantinsuyo esta determinación no hubiera sido posible, ya que no se trataba de una propiedad territorial sino de un mundo sagrado y, por lo tanto, indivisible.

En cualquier caso, ya se adhiera a la visión de los cronistas o a la etnohistórica, debe reconocerse que la división del Imperio favoreció notablemente la invasión española. En efecto, el Tahuantinsuyo se encontraba dividido en dos bandos enfrentados, fuera por guerra sucesoria o ritual. Y esta situación fue aprovechada en 1532 por Francisco Pizarro y su hueste para conquistar este territorio en nombre de la Corona de España.

La llegada de los españoles

En un principio, la Conquista se realizó como una especie de empresa• privada. La conquista de Perú, en particular, partió de la iniciativa personal de Pizarro y sus hombres, quienes reclutaron a la tropa y consiguieron la forma de financiar la expedición. Luego, la Corona intervino para afianzar sus intereses a través de la Capitulación de Toledo. Con estas expediciones, en 1529, la Corona española pretendía imponer su dominio en un nuevo y extenso territorio, en tanto que muchos de los conquistadores vinieron a «hacer la América», es decir, a hacer fortuna y obtener prestigio social.

Pizarro a bordo de su nave rumbo a la conquista del Perú, en enero de 1531; el grabado es de 1880.

Pizarro y sus hombres

En términos generales, puede decirse que los primeros conquistadores, aquellos que acompañaron a Colón, no eran soldados «profesionales» sino ex presidiarios y ex cruzados, segundones y desheredados, hidalgos pobres y villanos. Los ex cruzados habían participado en la Reconquista española y estaban entrenados en la lucha contra los que consideraban infieles.

Segundones y desheredados llegaron en busca de fortuna, ya que, a causa de la ley del mayorazgo imperante en España, el hijo mayor heredaba enteramente el título y el patrimonio paterno. Los hidalgos pobres pertenecían a la baja nobleza y, por tanto, estaban acostumbrados a la guerra, y eran capaces de participar en las más arriesgadas empresas con tal de superar su situación de pobreza. Los villanos, habitantes de las ciudades o villas, buscaban la hidalguía y el reconocimiento social.

En la hueste de Pizarro la conformación del grupo era, empero, algo particular. Allí casi no había ex presidiarios ni tampoco antiguos cruzados. Hubo, por el contrario, varios vecinos ya establecidos en las Indias. El propio Pizarro había logrado consolidar una respetable posición en Panamá antes de la conquista de Perú. Sin embargo, en aquella soldadesca abundaron los que buscaban fortuna y prestigio social, dado que en la mayoría de los casos carecían por completo de ambas cosas.

Los españoles en Tierra Firme

Hasta 1508 los españoles llegados a América sólo habían conquistado territorios insulares. Ese año, Alonso de Ojeda y Diego de Nicuesa llegaron por primera vez a tierras continentales. El rey concedió a Ojeda la gobernación de Nueva Andalucía —así llamaron a los territorios de las actuales Colombia y Venezuela—, mientras que a Nicuesa le otorgó la gobernación de Veragua, territorio ocupado por los actuales países de Panamá y Costa Rica. Poco más tarde, en 1509, los españoles erigieron el fortín de San Sebastián, primer asiento en Tierra Firme, y al año siguiente fundaron Nuestra Señora de la Antigua, primera ciudad continental, de la que fue alcalde Vasco Núñez de Balboa.

Núñez de Balboa organizó varias expediciones en busca de oro, y en una de ellas llegó a tierras del cacique Comagre; allí los lugareños regalaron a los españoles diversas piezas del metal precioso. Los conquistadores se maravillaron y fue entonces cuando Panquiaco, hijo del cacique Comagre, les advirtió que más al sur existía un inmenso mar y un gran reino rico en oro. Balboa no dudó un momento acerca de la veracidad de la historia y partió hacia aquel destino; luego de lidiar con selvas, culebras, caimanes y nubes de mosquitos, el

25 de setiembre de 1513 atravesó el istmo de Panamá y descubrió el océano Pacífico, aunque Mar del Sur fue el nombre con el que entonces lo bautizaron.

De Birú a Perú

A partir del descubrimiento del Mar del Sur creció la fama de aquel enorme y rico reino. Muchas travesías fracasaron en su búsqueda hasta que, desde Panamá, que había sido fundada el 15 de agosto de 1519, Pascual de Andagoya llegó en 1522 a los dominios del cacique Birú, donde logró recolectar alguna cantidad de oro. A su regreso, él y sus expedicionarios hablaban maravillas de las tierras de «Pirú»: así era como pronunciaban el nombre del cacique gobernante —Birú— de esos territorios.

Una de las teorías acerca del nombre de Perú sostiene que de Birú, nombre de un cacique, los españoles pasaron a Pirú, que para ellos designaba un territorio al que imaginaban rico en metales preciosos; de Pirú a Perú quedaba un solo paso en la consolidación definitiva del nombre de este país. De manera que el nombre del país es mestizo, ni español ni indígena.

Los tres socios de la conquista de Perú

Pascual de Andagoya enfermó y no pudo continuar con su empresa, por lo que aquellas tierras quedaron libres y propicias para ser conquistadas por algún otro capitán español, dispuesto a empeñar su vida en busca del paso a la posteridad. Así fue como Francisco Pizarro, que había escuchado del propio Panquiaco la noticia de la existencia del imperio austral, decidió organizar la que sería la empresa descubridora.

Los tres socios de la conquista de Perú serían Francisco Pizarro —el que llevó la iniciativa—, Diego de Almagro y Hernando de Luque, todos ellos vecinos de Panamá. Francisco Pizarro nació en la ciudad española de Trujillo de Extremadura hacia 1478. Había participado en varias expediciones colonizadoras, pero siempre como subordinado. Pensó entonces que ya era hora de dirigir la suya propia y convocó a su amigo, el capitán Diego de Almagro, natural de Almagro, en La Mancha, y a Hernando de Luque, sacerdote y maestrescuela de la Iglesia Mayor de Panamá. Los tres conquistadores acordaron verbalmente ser socios y, según algunas versiones de la época, solemnizaron el acuerdo al estilo medieval, es decir, comulgando de la misma hostia.

Soldados españoles en el templo del Cusco. Según los cronistas, entre mayo y junio de 1532 Huáscar recibió las primeras noticias de la presencia de extranjeros en la costa norte del Imperio.

A partir de entonces, los objetivos quedaron claros y se dividieron las funciones a realizar: por su experiencia en este tipo de empresas, Pizarro sería el jefe de la expedición; Almagro el proveedor, es decir, el reclutador de la tropa, dado su conocimiento de la soldadesca indiana; Luque, en fin, sería el proveedor o financista, encargado de conseguir el dinero para cubrir los gastos.

Los viajes de Pizarro

El primer viaje de Pizarro se inició en Panamá el 13 de septiembre de 1524 en el barco *Santiago*: lo abordaron aproximadamente 112 españoles, varios indígenas de Nicaragua y algunos perros de guerra. La expedición se internó en el recién descubierto Mar del Sur y tocó como primer punto de desembarco el puerto de Piñas, lugar inhóspito donde sólo encontraron montañas y árboles. Días más tarde prosiguieron la navegación y avistaron el primer poblado; Pizarro, entonces, descendió con sus hombres, pero los naturales habían abandonado el lugar, llevándose consigo todo vestigio de alimento, de ahí que los españoles bautizaran a este segundo punto como Puerto del Hambre.

El último punto de desembarco fue el Fortín del Cacique de las Piedras. Como el lugar se hallaba también despoblado, los conquistadores durmieron allí esa noche, pero fueron sorprendidos por los naturales, con quienes sostuvieron una cruenta lucha. Cerca de veinte soldados fueron heridos gravemente, incluido el propio Pizarro, de modo que decidieron retirarse a la nave y se alejaron de la costa para retroceder a la playa de Chochama y esperar a Almagro. Por su parte, Almagro había salido de Panamá con hombres de refuerzo y, buscando a su compañero, llegó al Fortín del Cacique de las Piedras, donde sostuvo batallas con los indígenas. Fue en aquel combate cuando, herido por una flecha, perdió un ojo. En venganza, los españoles incendiaron el fortín, de ahí el nombre que dieron al lugar: Pueblo Quemado. Finalmente, Pizarro y Almagro se reencontraron en Chochama, desde donde regresaron a Panamá.

El segundo viaje

En octubre de 1526 Pizarro y sus hombres volvieron a embarcarse, llegaron a Chochama, e hicieron un primer desembarco en el río San Juan. Caminaron territorio adentro, pero el enfrentamiento con los lugareños los hizo retroceder. Mientras tanto, Bartolomé Ruiz, que había sido mandado por Pizarro a recorrer el océano Pacífico, cruzó por primera vez la línea ecuatorial y regresó con la noticia de haber hallado una balsa en la costa ecuatoriana de Manabí con varios indígenas, quizá mercaderes, de los cuales capturó a tres, que fueron bautizados como Francisco, Fernando y Felipe. Los españoles, debido a la juventud de los indígenas, y no sin cierta intención burlesca, comenzaron a denominarlos Francisquillo, Fernandillo y Felipillo.

Francisco Pizarro

En Trujillo, una ciudad de piedra en tierras de Extremadura, nació Francisco Pizarro, futuro conquistador del Perú. Su nacimiento ocurrió en 1478, viniendo a este mundo como un hijo bastardo de don Gonzalo Pizarro (...) y de Francisca González, mujer de origen labrador. Por el lado paterno, el niño era de los nobles Pizarro de Extremadura, vale decir, pertenecía a un linaje hidalgo; por el materno, en cambio, procedía de una familia humilde y buena que vivía de su trabajo. Lo cierto fue que, a pesar de sus parientes paternos, el niño creció labrador. Los campos de Trujillo lo vieron guardando ganado, segando el trigo y guiando carretas. Es verdad que alguna vez lo reconoció su abuelo paterno, pero esto de poco le sirvió. Creciendo en medio de la ignorancia y la rutina, casi nada es lo que se sabe de su etapa juvenil. La leyenda apunta que en estos años fue Pizarro porquerizo. En todo caso el muchacho trabajaba, y lo hacía para ganarse el pan. Mas la leyenda concluirá diciendo que perdió los cerdos y que asustado el porquerizo no se atrevió a regresar donde su amo. Entonces el mozuelo decidió fugarse y juntándose a unos caminantes que marchaban a Sevilla, se fue con ellos a esa ciudad. De Sevilla pasó a Italia y allí fue soldado del Gran Capitán. Pero terminó la guerra contra los franceses y tuvo que volver a España. Ya no era un labrador, era un soldado, pero un soldado en tiempo de paz. Y como la paz era mala compañera del soldado, por falta de guerra en Europa tuvo que pasar a las Indias. Allá abundaba la guerra, también la gloria y el oro.

José Antonio del Busto Duthurburu, *Historia del Perú*

Escudo de armas del «descubridor y conquistador» Francisco Pizarro. Aparece inserto en un privilegio de armas concedido por sus servicios a la Corona el 13 de noviembre de 1529.

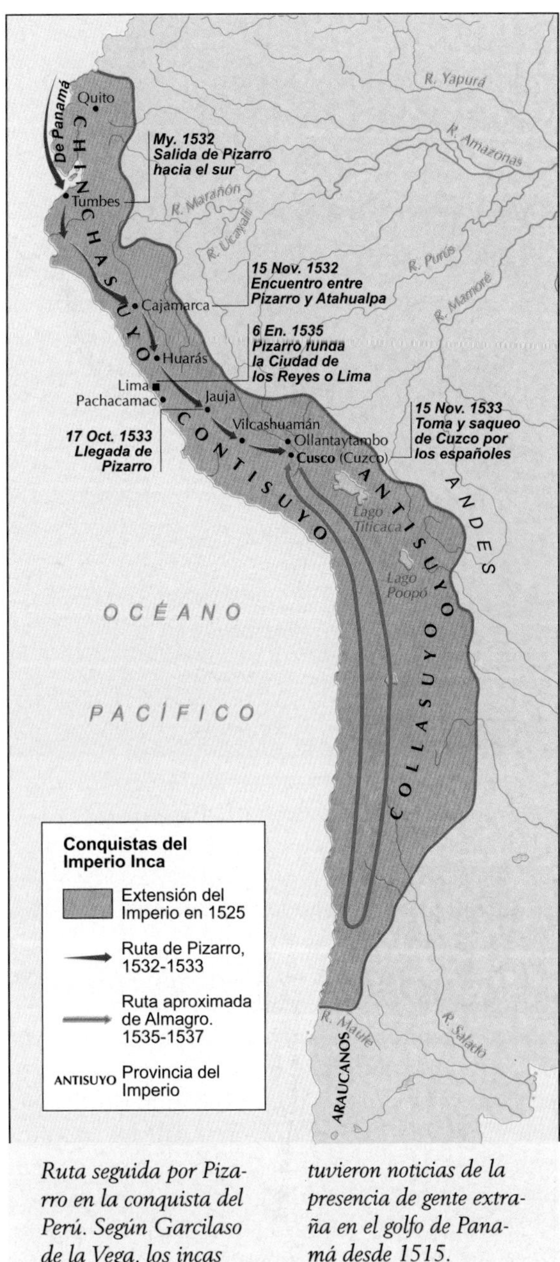

Ruta seguida por Pizarro en la conquista del Perú. Según Garcilaso de la Vega, los incas tuvieron noticias de la presencia de gente extraña en el golfo de Panamá desde 1515.

Aquel navío y los prisioneros terminaron por confirmar la existencia del Tahuantinsuyo, animando a los conquistadores a seguir adelante. Pizarro ordenó continuar por mar hasta la bahía San Mateo y de ahí a pie por la región de Barbacoas y Tacames, para terminar en el río Santiago, lugar en el cual los soldados, nuevamente desanimados por las constantes luchas con los naturales, pidieron el regreso definitivo a Panamá. Pizarro decidió retroceder, pero no hacia aquella ciudad, sino hasta la isla del Gallo.

Desde allí, Pizarro envió a Almagro de vuelta a Panamá, en busca de refuerzos. Fue en una de las naves que lo acompañaban donde, en el interior de un ovillo de algodón destinado a la esposa del gobernador, se encontró una denuncia escrita que contenía la siguiente copla: «Ah Señor Gobernador,/ miradlo bien por entero:/ allí va el recogedor/ y acá queda el carnicero.» Enterado el gobernador de Panamá, Pedro de los Ríos, envió dos barcos a recoger a los expedicionarios al mando del capitán Tafur.

La llegada a Tumbes

Cuando Tafur comunicó a Pizarro las órdenes del gobernador, el caudillo extremeño desenfundó su espada, trazó una línea en la arena y les dijo a los expedicionarios que quienes quisieran irse y regresar a su vida anterior podían hacerlo en ese preciso instante, pero los que optaran por quedarse debían cruzar la línea en busca del imperio austral. Fueron trece los que se atrevieron a cruzar aquella línea, decidiéndose por la incertidumbre de semejante aventura. Por eso la historia recuerda como los Trece de la Fama a aquellos hombres que siguieron a Pizarro en busca de fortuna, poder y celebridad.

El grabado ilustra el juramento de fidelidad de Francisco Pizarro y Diego de Almagro para la conquista del Perú. El tercer «socio» de la empresa fue el canónigo Hernando de Luque.

Tomada esta decisión, Tafur llevó a los intrépidos a la isla Gorgona, donde había agua y alimentos. Permanecieron allí unos seis meses; en marzo de 1528 regresó el piloto Bartolomé Ruiz y fue convencido por Pizarro para seguir explorando: así llegaron a la isla de Santa Clara y, a continuación, a Tumbes, en donde por primera vez un *apu*, u orejón del Imperio, dialogó con el jefe de los exploradores. Allí los atónitos españoles se encontraron con fortalezas y templos, en una ciudad verdaderamente importante, a la que bautizaron como Nueva Valencia. Siguieron navegando hacia el sur, recorrieron las costas del reino Chimú y llegaron hasta el río Santa, emprendiendo el regreso después hacia Panamá. El Tahuantinsuyo había sido, al fin, localizado. Era, en consecuencia, hora de regresar.

La Capitulación de Toledo

Pizarro regresó a Panamá con algunos naturales, diversos productos de la tierra y variados objetos de oro que servirían para testimoniar su hallazgo. Pero tropezó con la inesperada oposición del gobernador, Pedro de los Ríos, por lo cual los tres socios decidieron que Pizarro viajase a España para negociar directamente con el rey. Allí, luego de algunos inconvenientes, el 26 de julio de 1529 consiguió firmar la Capitulación de Toledo. Este documento otorgaba a Pizarro el título de gobernador, adelantado, capitán general y alguacil mayor; a Almagro, el de alcaide de la fortaleza de Tumbes; a Luque, el de obispo de esa localidad y protector de los indios; y a los «Trece de la Fama», el de hidalgos para los que no lo eran y el de caballeros de la Espuela Dorada para los que ya gozaban de hidalguía.

Luego de suscrito el acuerdo, Pizarro regresó a su tierra natal, Trujillo de Extremadura, donde reclutó tropa para conformar una nueva soldadesca, y enroló en la expedición a sus tres hermanos paternos —Hernando, Juan y Gonzalo Pizarro—, y a su hermano materno, Martín de Alcántara. En enero de 1530 partieron rumbo a Panamá, donde Pizarro debería enfrentarse con el descontento de Almagro, puesto que éste aspiraba al cargo de adelantado y creía que Pizarro se había apropiado de los cargos más importantes. Luque intervino y Pizarro explicó que ese cargo se lo habían dado a él debido a que no lo otorgaban separado del de gobernador. Limadas las asperezas, los tres se de-

Encuentro entre el Inca Atahualpa y Francisco Pizarro. Según distintas fuentes, Atahualpa entró a la plaza de Cajamarca con la arrogancia del nuevo señor del Tahuantinsuyo.

dicaron a preparar el que sería el último viaje, al que se unirían otros capitanes experimentados, como Hernando de Soto y Sebastián Benalcázar.

El tercer viaje de Pizarro

El 20 de enero de 1531 partieron de Panamá con aproximadamente 180 hombres y 37 caballos. Desembarcaron unos 15 días después en la bahía de San Mateo, prosiguieron por tierra hasta Atacames y el pueblo del curaca llamado Coaque. Allí permanecieron hasta mediados de septiembre, atacada parte de la expedición por el mal de la verruga; luego continuaron a Puerto Viejo y, por invitación de Tomalá, a la isla de Puná. Finalmente, en abril de 1532 llegaron a Tumbes, no sin antes haber sostenido continuados y serios enfrentamientos con los naturales.

La expedición prosiguió hacia el sur y el 15 de julio de 1532, en Tangarará, fundaron San Miguel de Piura, la primera ciudad española en Perú. Ya establecidos, los conquistadores decidieron marchar en busca del gobernante del fabuloso reino. El 15 de noviembre de 1532 llegaron a Cajamarca y enviaron una embajada a entrevistarse con Atahualpa, quien mandó decir a Pizarro que al día siguiente iría a verlo. La tarde del 16 de noviembre de 1532, hizo una impresionante aparición en la plaza de Cajamarca: iba majestuoso en sus andas de oro y acompañado de innumerables indígenas, entre *yanas* y *mitmas*. Se le acercó fray Vicente de Valverde junto con Felipillo, quien como pudo le tradujo el requerimiento que el sacerdote recitó en latín. El requerimiento era una fórmula legal inspirada en el Génesis bíblico, en la que se declaraba la existencia de un solo Dios y la primacía del rey español. Lo que se pretendía era que los gobernantes invadidos se sometieran pacíficamente a la autoridad del rey de España. Atahualpa no entendió. Como tampoco comprendió el significado que adquiría el hecho de que le alcanzaran una Biblia (o un breviario); por eso después de estudiarla e intentar infructuosamente abrirla, la tiró al suelo, lo que fue interpretado por los españoles como una ofensa imperdonable y una declaración indudable de guerra. Este hecho puede ser tomado como emblema de las muchas incomprensiones, interesadas o no, en que los españoles incurrieron con respecto a los andinos.

Los viajes de Pizarro
El primer viaje (1524-1525)
Panamá-Puerto de Piñas-Puerto del Hambre-Pueblo Quemado (Fortín del Cacique de las Piedras).
El segundo viaje (1526-1527)
Chochama-Río San Juan (Bartolomé Ruiz cruza por primera vez la línea ecuatorial) —Bahía San Mateo-Barbacoas y Tacames—río Santiago-Isla del Gallo (incidente de los Trece de la Fama)-Isla Gorgona-Isla Santa Clara—Tumbes.
Los «Trece del Gallo»
Gonzalo Martín de Trujillo
Cristóbal de Peralta
Pedro de Candia
Domingo Soria Luce
Nicolás de Ribera
Francisco de Cuéllar
Alonso de Molina
Juan de la Torre
Pedro Alcón
García de Jerez
Antón Carrión
Alonso Briceño
Martín de Paz
El tercer viaje (1530-1532)
Panamá-Bahía de San Mateo-Tacames-Coaque-Puerto Viejo-Isla de Puná-Tumbes-San Miguel de Tangarará (primera ciudad española fundada en el Perú).

Grabado que representa la prisión del Inca Atahualpa en Cajamarca, que terminaría con su ejecución el 26 de julio de 1533. Los incas comenzaron a llamar viracochas *a los españoles.*

El apresamiento de Atahualpa

La caballería y la infantería, luego del aviso de Valverde, se lanzaron sobre los naturales y los tomaron de sorpresa. Los caballos, el efecto de la pólvora y el sonido de los arcabuces los desconcertaron; una gran masa de indígenas trató de huir. En las idas y venidas se derrumbaron los muros de la plaza, y muchos indígenas murieron aplastados por las paredes o pisados por los equinos. Todo terminó con los españoles triunfadores y con Atahualpa prisionero. A cambio de su libertad, el Inca ofreció un rescate: llenar un cuarto de oro y plata, pero no lo cumplió totalmente; por eso, y porque los españoles temían que pudiese rearmarse, lo llevaron a juicio. A pesar de la oposición de Pizarro, fue condenado en una sola noche. Los cargos fueron los de traidor, regicida, fratricida, inmoral y hereje contumaz.

Los tres primeros cargos hacían alusión a la interpretación que los españoles dieron a la guerra entre Huáscar y Atahualpa. Éste habría sido un gobernante ilegítimo que no sólo le había arrebatado el poder a su hermano, el legítimo Inca, sino que además lo habría mandado matar. Los dos últimos cargos tenían que ver con las distintas formas de entender las costumbres y religión de ambas culturas; pero todos servían para justificar la Conquista. De esta forma, los conquistadores estarían liberando a un pueblo de un rey ilegítimo y además los acercarían a la única y verdadera religión. Así fue como empezó a crearse una versión de la historia de los Incas.

El conquistador y el evangelizador

La Conquista fue una empresa militar y económica, pero también religiosa. No puede dudar-

Pintura francesa de 1820 que muestra a Chilimaza, cacique de Tumbes, ofreciendo una joven india a Alonso de Molina, soldado de Pizarro y uno de los Trece de la Fama.

se de la impronta de este aspecto en el ánimo de los conquistadores. Cuando en sus escritos se lee que uno de sus objetivos era ganar almas para Dios no debe entenderse tal declaración como una mera justificación para saqueos y latrocinios, sino como una creencia genuina. Cierto es que se cometieron múltiples abusos en la responsabilidad de evangelizar a los indígenas, pero quienes llevaron adelante esa empresa creían verdaderamente que tal era su obligación. Al principio la labor evangelizadora no estuvo sometida apenas a control alguno, pues tanto la Corona como la Iglesia tenían una débil presencia. Esta función evangelizadora recaería luego en los miembros del clero secular y de las órdenes religiosas, que fueron llegando a América progresivamente.

Los primeros conquistadores creían que la guerra y la evangelización eran aspectos complementarios de una misma causa, tal como lo había sido durante la Reconquista. Lo importante era ganar nuevos súbditos para la Corona y nuevas almas para Dios, aunque para eso hubiese que dar batalla. Lo cual, como es sabido, fue el origen de un sinnúmero de desmanes.

Descubrimiento, invasión, conquista, encuentro

Los historiadores, según diversas ópticas, han calificado la llegada de los españoles a América, y a Perú en particular, de formas muy distintas, desde las posiciones más críticas a las más benevolentes. Lo cierto es que la comprensión del hecho histórico en su total dimensión exige entenderlo como un *descubrimiento* que significó una *invasión* de las civilizaciones establecidas en esas tierras, para lo cual medió una *conquista,* y que tuvo como resultado final un *encuentro*. Si se escoge uno solo de estos conceptos, se corre el riesgo de perder de vista el profundo significado que este acontecimiento adquirió en la historia. Si en el presente texto, en algunas ocasiones, se utiliza sólo uno de los términos, se hace con la intención de facilitar la lectura, pero teniendo siempre en cuenta que no se puede aceptar una interpretación unilateral para un hecho histórico de tal dimensión y complejidad.

La llegada de los españoles a América fue, en principio, un *descubrimiento* por ambas partes, además del sentido de descubrimiento del nuevo continente cuando lo que en realidad se buscaba era una ruta hacia el Oriente. Pero fue además una *invasión*, puesto que se ingresó de forma violenta en un territorio habitado por civilizaciones preexistentes. Fue una *conquista* que se materializó en luchas y batallas, y también en los movimientos de resistencia indígena; las guerras fueron, luego de un largo período, exitosas para los españoles, y a partir de ahí empezaron las campañas (militares en muchos casos) de colonización. Finalmente, también puede calificarse como *encuentro*, porque después de la invasión violenta, y durante el período colonial, se dio un intercambio de culturas y una hibridación de ambas. El mestizaje no debe ser entendido sólo en un sentido biológico, sino que debe referirse también al complejo fenómeno del nacimiento de una cultura nueva, en la que se fusionaron elementos de las civilizaciones preexistentes, mediante ese proceso arquetípico que los historiadores llaman sincretismo o aculturación.

La situación tras la Conquista

La Conquista fue llevada a cabo por soldados no profesionales. Tras el primer impacto violento, se inició el encuentro entre dos culturas, aunque la española impuso sus patrones a la indígena. Esta fusión significó el punto de partida que lleva a la actual identidad cultural peruana.

Expedición de Pizarro por el territorio andino en su tercer viaje de descubrimiento y primero de conquista.

La crisis demográfica

La crisis demográfica tras la Conquista alude a la brusca caída numérica de la población indígena desde el contacto con los españoles hasta mediados del siglo XVII, cuando empieza a notarse una paulatina recuperación. Las causas son muchas y variadas, pero la más importante está constituida por las enfermedades y epidemias que diezmaron a la población nativa. Viruela, sarampión, rubéola, varicela, escarlatina, sarna, paperas, tifus, cólera, malaria, difteria y hasta la misma gripe terminaron con la vida de miles de indígenas, debido a que su organismo no tenía defensas contra esas enfermedades, desconocidas hasta entonces en América.

Otra de las causas de la caída en picado del número de pobladores indígenas fueron las guerras, empezando por la propia guerra intestina de los linajes incaicos y terminando por la de resistencia contra la penetración española. En fin, el trabajo forzado y la explotación colonial durante los primeros tiempos de la Conquista fueron factores que contribuyeron a la caída demográfica. También afectó considerablemente en este aspecto la llamada desestructuración ecológica, debida a la adopción de nuevos hábitos de consumo y cambio de dieta, desgaste del suelo, aparición de nuevas especies animales y vegetales, y una nueva distribución del territorio.

Los movimientos de resistencia indígena

El *Taqui Onkoy* —que se puede traducir como el «baile (o canto) de la enfermedad»— fue un movimiento de resistencia pasiva, puesto que no se enfrentó militarmente a los conquistadores, y de resistencia religiosa, ya que se propuso rechazar la imposición de la cultura española. En 1560 el clérigo Cristóbal de Albornoz supo de su existencia; poco después se expandió por Ayacucho, Huancavelica y Apurímac. Este movimiento adoptó un carácter mesiánico, aunque no directamente vinculado al Inca. Postulaba, más bien, que los dioses andinos —las *huacas*— se encontraban molestos por el olvido y por haber sido reemplazados por el dios cristiano. Este movimiento profetizó, además, que los españoles serían derrotados y se retornaría al culto a las divinidades andinas.

De Manco Inca a Túpac Amaru

Otro movimiento de resistencia fue el de Vilcabamba. Éste sí fue una resistencia activa, que se inició con la rebelión y dura guerra de los hombres liderados por Manco Inca como respuesta a la Conquista española; también se los conoció como barbudos o suncasapas, y duró más de dos años. Comenzó con el sitio del Cusco, el 13 de mayo de 1536, día en que la ciudad amaneció rodeada —según las fuentes de la época— de unos cien mil guerreros andinos, que llegaron incluso a tomar la fortaleza de Sacsayhuamán. A finales de agosto de ese año se produjo el cerco de Lima, comandado por el capitán Kizu Yupanqui, que se prolongó durante dos semanas. Después, los rebeldes se atrincheraron en el refugio de Vilcabamba, en los Andes, desde donde realizaron di-

Fragmento de un mural del mexicano Diego Rivera, en el que se representa simbólicamente el duro régimen de explotación al que fueron sometidos los indígenas durante la Colonia.

En su categoría de población vencida, los runas andinos, llamados «indios» por sus nuevos amos, fueron declarados vasallos del rey de España y prácticamente reducidos a esclavitud.

versos ataques a los españoles. Pero allí mismo fueron sorprendidos por éstos, y Manco Inca fue asesinado en los primeros meses de 1545.

Una vez ajusticiados los asesinos, tomó el poder Sayri Túpac. Pero éste acabó por declararse vasallo del rey español, gracias a las gestiones del virrey Andrés Hurtado de Mendoza, marqués de Cañete. Esta acción disgustó a su hermano Titu Cusi Yupanqui, quien volvió a impulsar la guerra contra los españoles utilizando la estrategia de las emboscadas; pero poco después el Inca murió víctima de una fiebre. Su sucesor, Túpac Amaru I, continuó ejerciendo la oposición abierta a los españoles, pero las tropas del quinto virrey del Perú, Francisco de Toledo, terminaron por derrotarlo y apresarlo a finales de julio de 1572. Este Inca fue condenado a muerte y ejecutado en la Plaza Mayor del Cusco el 22 o el 23 de septiembre de 1572. Dicha ejecución marcó el fin de los movimientos de resistencia indígena.

El fracaso del movimiento de los incas de Vilcabamba se debió probablemente a su situación de aislamiento, que les impidió participar del complejo sistema de reciprocidad y redistribución característicos de la sociedad andina, pilar de su organización económica y del poder político. Por otra parte, los españoles contaban con el apoyo de millares de guerreros indígenas, que estaban en contra de la autoridad imperial. En esas circunstancias, el mantenimiento de la resistencia se hizo prontamente insostenible.

Primeras ciudades de la era colonial

Una vez conquistadas las nuevas tierras, los españoles se esforzaron por asentarse en ellas, es decir, por fundar ciudades al estilo europeo, como medio de consolidar el proceso colonizador. La ciudad indiana fue proyectada con el sentido funcional de permitir una buena defensa; por lo tanto, debía estar ubicada en sitios estratégicos, que a su vez facilitaran las nuevas empresas de conquista. El modelo más próximo fueron las ciudades fundadas en la península Ibérica en tiempos de los Reyes Católicos, durante las últimas campañas contra los árabes de Granada: es decir, centros urbanos que eran ante todo asentamientos militares. A ello se debe el que la ciudad americana tuviera forma de damero, con las calles cortadas en ángulo recto y convergiendo en un centro principal, la Plaza Mayor, luego Plaza de Armas.

Alrededor de la Plaza Mayor se consignaban espacios para que fueran ocupados por el palacio

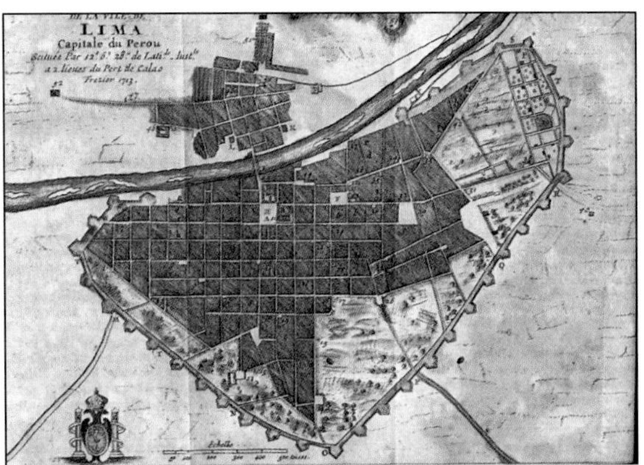

Plano de Lima en 1713, en el que la ciudad aparece como un valle a orillas del Rímac con acceso al mar y comunicada con las minas de la sierra central y las rutas comerciales.

del gobernador —ya fuera éste virrey, capitán general o corregidor—, la catedral o iglesia principal y el cabildo. Luego se repartían los solares entre los fundadores, siguiendo un orden estricto: los más cercanos a la plaza correspondían a los vecinos principales.

La fundación de Lima

Lima, como la mayoría de las ciudades indianas, siguió este modelo desde su fundación el 18 de enero de 1535. Se la escogió como capital de la nueva gobernación —luego virreinato— por el benigno clima que en ese entonces la caracterizaba y por contar en sus proximidades con un gran puerto, el Callao. La Ciudad de los Reyes —como se la denominó— se convirtió en el centro económico y administrativo más importante de la América del Sur durante la etapa colonial.

Mediante la fundación de ciudades, los españoles buscaban consolidar su presencia en el territorio americano y cumplir con los objetivos de defensa y expansión, a la vez que iban imponiendo sus valores culturales a la población nativa. Sin embargo, los primeros años del asentamiento colonial en Perú fueron en verdad inciertos. Hubo diversos enfrentamientos entre españoles e indígenas, e incluso entre los mismos españoles. Habían transcurrido muy pocos años luego del cerco de Cusco y Lima, efectuado por las tropas de Manco Inca, cuando se iniciaron las guerras civiles entre los conquistadores.

Francisco Pizarro y Diego de Almagro, que habían sido socios en las primeras incursiones en territorio peruano, acabaron enfrentándose al no poder llegar a un acuerdo respecto de los límites de sus gobernaciones. Fueron varias las batallas y el resultado final se saldó con la muerte de ambos caudillos. Pero ni siquiera las muertes de Pizarro y Almagro trajeron estabilidad a la Colonia recién fundada, porque casi de inmediato ocurrieron las rebeliones de los encomenderos y la resistencia indígena. Sólo una vez superadas ambas situaciones daría comienzo el asentamiento más firme de la Corona española, al que contribuiría decididamente la llegada del virrey Francisco de Toledo.

Fundación de las principales ciudades coloniales

San Miguel de Tangarará (Piura):
15 de julio de 1532
Cusco:
23 de marzo de 1534
Jauja:
25 de abril de 1534
Lima:
18 de enero de 1535
Trujillo:
5 de marzo de 1535
San Juan de la Frontera de Huamanga (Ayacucho):
9 de enero de 1539
León de los Caballeros de Huánuco:
15 de agosto de 1539
Arequipa:
15 de agosto de 1541

El sistema de las encomiendas y las Leyes Nuevas

La encomienda o repartimiento quedó establecida en Perú prácticamente desde el inicio de la era colonial, entre 1534 y 1536. Se trataba de un privilegio que el rey de España concedía a los conquistadores como retribución por su labor en la gesta. Por medio de esta concesión, los conquistadores recibían un número de indígenas, según los curacazgos, que debían pagarle una renta en tributo, que no establecía tasas ni medidas y podía ser cobrada en dinero o especies. Además, los encomenderos tenían derecho a gozar del trabajo de sus encomendados, es decir, de su servicio personal. Como contrapartida a estos derechos, el encomendero se comprometía a evangelizar a los indígenas que quedaban a su cargo y conservar un buen trato para con ellos, objetivos que no siempre cumplieron cabalmente.

La encomienda se convirtió en la institución colonial más importante durante el siglo XVI, ya que representó la principal fuente de ingresos de sus beneficiarios, al permitir la extracción de diversos productos que luego se comercializaban en las ciudades o en los centros mineros.

Por otra parte, el servicio personal de los indígenas daba a los españoles una mano de obra gratuita para sus actividades económicas. La encomienda, en fin, fue la base del poder y prestigio social de los peninsulares en Perú. Debe subrayarse, empero, que si bien las ventajas de la encomienda fueron enormes, nunca incluyeron la propiedad de la tierra de los indios encomendados. Las haciendas fueron un fenómeno posterior y no necesariamente vinculado a la encomienda.

La encomienda dotó a los primeros conquistadores de una gran cuota de poder, a pesar de los pocos años de su ejercicio irrestricto. La Corona quiso entonces intervenir para afianzar más sólidamente su autoridad, y también para velar por la conservación y el crecimiento de la población nativa, influida en esto último por la prédica de fray Bartolomé de las Casas (1474-1566), tenaz defensor de los derechos de los indígenas en América y crítico virulento de los encomenderos. Por estas dos razones, el 20 de noviembre de 1542 la monarquía española promulgó las denominadas Leyes Nuevas.

Esta normativa legal estaba compuesta por 39 ordenanzas, que establecían una nueva organización de la América española. Importa destacar la ordenanza que creaba el Virreinato del Perú, con el que se ponía fin al poder de los primeros conquistadores, quienes eran sustituidos por funcionarios nombrados directamente por la Corona. Asimismo se creó la Audiencia de Lima, en un inicio conformada también sólo por funcionarios peninsulares, que sería el tribunal de justicia del nuevo virreinato. También se declaró a los indígenas libres y vasallos de la Corona, y se despojó de sus encomiendas a aquellos españoles que manifiestamente hubiesen maltratado a sus hombres.

En 1502, fray Bartolomé de las Casas se embarcó hacia América, donde luchó por los derechos de los indios. Escribió las Memorias sobre la Reformación de las Indias.

Estas disposiciones significaron un duro golpe contra el poder político y social de los encomenderos; pero además las Leyes Nuevas atacaron la base de su poder económico, pues se reglamentó que el tributo debía ser cobrado mediante matrículas, tras una estricta tasación, prohibiéndose el trabajo forzado de los indígenas. Finalmente, se suprimió toda posibilidad de que las encomiendas fuesen perpetuas; al morir el titular, debían pasar a manos de la Corona, aunque en algunas regiones y casos se siguió permitiendo extenderlas a los sucesores legales, hasta tres o cuatro generaciones.

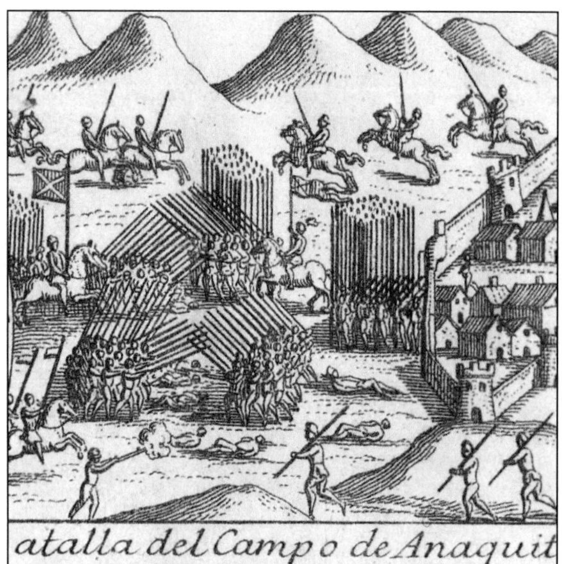

En el campo de Añaquito (actualmente Ecuador) se enfrentaron en 1546 el virrey Blasco Núñez de Vela y Gonzalo Pizarro, en la tercera guerra civil del Perú. El grabado es de 1726.

A Pedro de la Gasca se le encargó sofocar la rebelión de los hermanos Pizarro y de los incas de Vilcabamba. La ilustración es de la Nueva crónica y buen gobierno *de Poma de Ayala.*

Medidas de esta naturaleza no fueron bien recibidas en el Virreinato del Perú, descontento que estuvo en la base de las denominadas rebeliones de los encomenderos.

Las rebeliones de los encomenderos

Uno de estos levantamientos fue dirigido por Gonzalo Pizarro (1544-1548), uno de los hermanos de Francisco, quien llegó en el último viaje, aquel que precedió a la invasión de Tahuantinsuyo. Gonzalo Pizarro no aceptaba que, tras las fatigas y sufrimientos que había significado la empresa de la Conquista, la Corona pretendiera arrebatarle lo que, según creía, le correspondía en legítimo derecho. A tal punto llegó la oposición que Gonzalo Pizarro y sus aliados asesinaron a Blasco Núñez de Vela, el primer virrey de Perú, que había sido enviado por la Corona con el expreso cometido de aplicar las Leyes Nuevas. Sólo en 1548, el obispo Pedro de la Gasca, especialmente enviado para poner fin a la sublevación, logró sofocar a los levantados.

De todo ello se concluye que la aplicación de las Leyes Nuevas agudizó la inestabilidad política del flamante virreinato. Sin embargo, una vez sofocadas las rebeliones que generó, la monarquía española quedó más sólidamente establecida. El poder que habían acaparado los principales jefes de la Conquista resultó muy limitado, afirmándose en su lugar la autoridad de la Corona.

Las «Ordenanzas» del virrey Toledo

El 30 de noviembre de 1569 hizo su entrada a Lima el quinto virrey del Perú, don Francisco de Toledo. La Corona lo había elegido como el político adecuado para regir los destinos de un virreinato en formación, todavía no consolidado del todo, cuya recaudación no era aún la que se esperaba y cuya estabilidad se había visto sacudida por la resistencia de Vilcabamba. El nombramiento del virrey Toledo se inscribía dentro de la política peninsular de poner orden en las situaciones caóticas, que dificultaban el ejercicio pleno de su dominio sobre este territorio. Por este mismo afán controlador, junto con el virrey Toledo arribó a tierras del Perú la Inquisición o Tribunal del Santo Oficio.

La encomienda colonial y las Leyes Nuevas

Las encomiendas fueron confirmadas por el rey con carácter vitalicio y extendidas al sucesor legal del beneficiario hasta por tres o cuatro vidas o generaciones, pero su perpetuidad hereditaria no se aceptó nunca (...). Se mantuvo el tributo de los indios, pero declarándolo un impuesto debido al monarca, que éste cedía como merced y recompensa a los encomenderos, en vez de convertirse en un derecho de señores y de vasallos. Los oficiales reales, cada vez más numerosos en la Colonia, se eligieron entre burócratas profesionales, enviados desde España, sustituidos con frecuencia y ascendidos en función de su obediencia al monarca y lealtad a su política, para evitar así que pudieran hacer causa común con los encomenderos. Sin embargo, la Corona se equivocó al juzgar que la situación estaba madura para dar el golpe de gracia a las encomiendas en 1542, con la promulgación de las llamadas Leyes Nuevas. Los titulares de encomiendas se sintieron arbitraria e injustamente privados de un derecho legítimo. Un clamor general de protesta se alzó en todas las Indias, una seria conspiración fue descubierta en España, y una abierta rebelión estalló en el Perú (...). La encomienda sobrevivió, en algunas regiones por largo tiempo, pero como una institución meramente económica: la encomienda de servicio, en que los indios pagaron el tributo en especie y en trabajo forzoso, terminaría por ser sustituida por la encomienda de tributo, en la cual éste es perceptible en metálico, sin que el encomendero tenga contacto con los indios ni autoridad sobre ellos.

Guillermo Céspedes del Castillo,
América hispánica

Una de las primeras preocupaciones de Toledo fue la de conocer las necesidades del virreinato que iba a regentar, por lo cual realizó su célebre visita a la sierra. Pasó por Jauja y Huamanga, deteniéndose en el Cusco, para luego seguir hasta Potosí. A lo largo de ese recorrido recogió la información que le serviría luego para redactar sus *Ordenanzas*. En ellas estableció la tasa del tributo indígena, que debía ser pagado por todos los hombres de entre los 18 y los 50 años, y cuya cuota dependería de cada curacazgo. Además, organizó la mita colonial, entendida como el trabajo obligatorio, principalmente en las minas y obrajes, que los indígenas debían cumplir anualmente. Asimismo prohibió de modo definitivo el servicio personal de los indios.

Las reducciones y sus consecuencias

Una de las iniciativas más importantes de Francisco de Toledo al poco de asumir como virrey de España en Perú fue el establecimiento de las reducciones. Éstas eran pueblos habitados por indígenas con la intención de reunir (o «reducir», de ahí el término) a la masa indígena en el menor número de concentraciones nativas. Al tener concentrada la población natural en lugares específicos y preestablecidos se hacía más fácil el aprovechamiento de su fuerza laboral, así como el cobro de tributos, el adoctrinamiento y la catequesis. Estos pueblos se construyeron siguiendo los patrones de asentamiento hispánicos, con iglesias incluidas, para acostumbrar a la población nativa a los usos y costumbres españoles.

Las reducciones pretendieron ejercer un mayor control sobre los indígenas y acelerar el proceso de imposición de la cultura española. La designación de Toledo, y en especial la implementación de esta medida, muestran claramente los objetivos de la Corona española: afianzar su autoridad y velar por los naturales. Ciertamente, lo primero lo consiguió, no en vano se recuerda a Toledo como el verdadero organizador del virreinato; fue él quien sofocó el brote rebelde de Vilcabamba y quien ordenó la ejecución de Túpac Amaru I. Pero respecto a lo segundo, si bien Toledo logró un mayor control sobre los indígenas, en muchos casos los privó de su hábitat natural por la reubicación territorial.

Las reducciones concentraron indígenas sin respetar la organización social andina, lo que implicó además una cierta desestructuración ecológica, dado que se modificaron los hábitos de consumo, variaron las especies animales y vegetales, y se dificultó el acceso a productos de diversos pisos ecológicos. La reducción colonial no coincidió con el ayllu prehispánico, más bien fue el inicio de su desestructuración. Por ello la comunidad indígena de la época de la República no desciende del ayllu sino de las reducciones fundadas por el virrey Toledo, las cuales continuaron en la etapa colonial.

Organización política, social, económica y religiosa del virreinato

El gobierno del virreinato peruano no era sólo asunto de los funcionarios coloniales, dado que las orientaciones generales o leyes específicas venían muchas veces desde la península Ibérica. De ahí que, junto a las instituciones locales, sea necesario estudiar las instancias metropolitanas, de las cuales emanaban normativas aplicables en las colonias americanas.

Agustín de Jáuregui y Aldecoa, trigésimo tercer virrey del Perú. Combatió la rebelión de Túpac Amaru II.

Instituciones metropolitanas: la monarquía absoluta

En una monarquía absoluta, como era la española, el rey representaba la máxima autoridad en todos los aspectos. Era quien finalmente decidía el nombramiento de los principales cargos en la Península y en las Indias. Era el jefe absoluto de todos los súbditos del reino y el dueño de los territorios coloniales; no estaba obligado a dar explicaciones de sus actos, ya que esta forma de gobierno se asentaba en la idea de que el poder real venía de Dios, y sólo a él debía rendirle cuentas. El tratamiento indicado para el monarca era el de Su Majestad. Su poder era hereditario, y en la sucesión tenía preferencia el hijo mayor frente al menor y el varón antes que la mujer.

Durante el período en que Perú fue virreinato hubo dos dinastías reales que gobernaron los destinos de España y de sus colonias: la Casa de los Austrias (Habsburgo), que, en un principio, ejerció un control muy rígido, aunque más tarde perdió un tanto su autoridad sobre las colonias de ultramar; y la Casa de los Borbones, de origen francés, que gobernó a partir del siglo XVIII, tras su victoria en la Guerra de Sucesión española, y cuya política exterior se orientó hacia el intento de recuperar el férreo control sobre los territorios de las Indias.

El Real y Supremo Consejo de Indias

Este organismo fue creado en 1524 con el fin de aconsejar o asesorar al rey en todo lo referido al gobierno de las colonias americanas. El Consejo de Indias tenía atribuciones políticas, legislativas y judiciales. En lo político, era el ente encargado de presentar al rey, para que Su Majestad finalmente decidiera, los nombres de los candidatos a virreyes, gobernadores, oidores, corregidores y demás altos funcionarios. En lo legislativo, elaboraba las leyes para las colonias, naciendo así las conocidas Leyes de Indias, que no siempre se aplicaban en todo su alcance por lo alejado de las tierras americanas; de ahí el famoso dicho «La ley se acata pero no se cumple». En lo judicial, fue el más alto tribunal de justicia para las colonias en lo civil y penal, siendo sus sentencias inapelables y sólo revisables por el rey, quien de considerarlo pertinente podía variarlas.

En cuanto a la Casa de Contratación de Sevilla, fue creada en 1503 con el fin de vigilar el monopolio comercial que las colonias debían mantener con España. Se le encargaba reglamentar el comercio y la navegación entre la Península y las Indias, pero cumplió también funciones de factoría, aduana, tribunal y escuela náutica. Como factoría, activó la compra y venta de mercaderías; como aduana, gravaba el tráfico de dichas mercancías. Fue tribunal porque resolvió los litigios entre comerciantes o marinos, y como escuela se encargó de adiestrar a los maestres, pilotos y marineros. Organizó además las flotas, generalmente de cien o más embarcaciones, que acompañaban el viaje de los navíos que llevaban al Nuevo Mundo los productos a comerciar.

Instituciones locales: el virrey

El virrey era el representante más directo del rey en sus colonias, por lo que fue la máxima autoridad a nivel local. El cargo duraba cuatro o seis años, dependiendo de la legislación vigente, aunque quedaba en potestad del monarca la posibilidad de renovar el plazo. Al final de su mandato, los virreyes debían presentar una *Memoria* de su gobierno y se les abría un proceso, el denominado Juicio de Residencia, en el que el súbdito tenía derecho a denunciar cualquier agravio recibido por parte del virrey saliente. Tres eran las atribuciones principales que reunía este cargo: gobernador, capitán general y presidente de la audiencia.

Como gobernador, le competían al virrey atribuciones políticas tales como la dirección del gobierno del virreinato, el fomento de las colonizaciones, las fundaciones de nuevas ciudades de españoles y el levantamiento del censo virreinal. Como capitán general, le estaba encomendado el mando militar supremo; tenía que ocuparse de que se respetasen los límites y las fronteras virreinales, por lo cual, si fuese el caso, debía promover la construcción de fuertes de defensa, castillos o presidios. Como presidente de la audiencia, en fin, el virrey presidía las sesiones del tribunal; no administraba justicia, pero resolvía los litigios jurisdiccionales que existiesen entre las audiencias que estaban bajo su mando. Por otra parte, era responsabilidad del virrey la ejecución de las Leyes de Indias o, en caso de no considerarlas convenientes, el elevar al monarca una petición para autorizar su no cumplimiento.

Competencias económicas y religiosas

Además de sus atribuciones como gobernador, capitán general y presidente de la audiencia, los virreyes tenían otras dos responsabilidades no menos importantes: debían atender tanto los asuntos económicos como los eclesiásticos. En lo referente a la economía, sus principales funciones eran aumentar los ingresos del tesoro, estimular el comercio y reprimir el contrabando. En cuanto a lo religioso, ejercían en nombre del rey el patronato, en calidad de vicepatrones, y debían vigilar la labor de los obispos y arzobispos, así como contribuir a la edificación de iglesias, conventos y monasterios.

Juramento del nuevo virrey

En la Lima colonial, la llegada de un nuevo virrey era un acontecimiento de enorme solemnidad. El cabildo tomaba juramento al nuevo mandatario en las afueras de la capital y le entregaba las llaves de la ciudad y el bastón de mando. Tras el juramento se procedía a la entrada pública del virrey. Se realizaba ésta con un suntuoso desfile, en el cual participaban, según un orden de precedencias, los reales colegios, el tribunal del consulado, la universidad, el cabildo y la real audiencia. Detrás de ésta, a caballo y bajo palio, se situaba el nuevo virrey. Cerraban el desfile los nobles y caballeros de Lima.

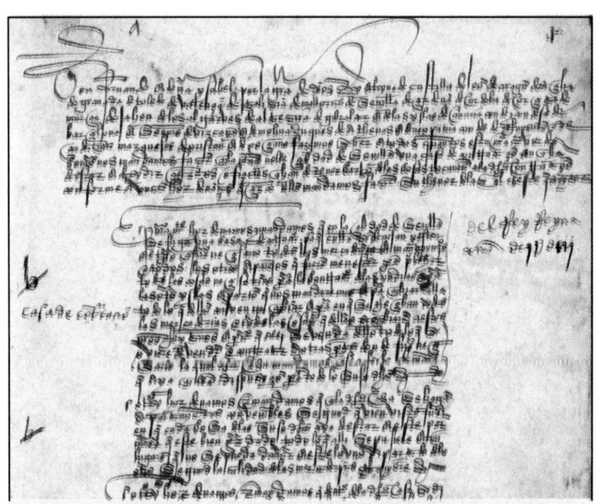

Real Provisión de los Reyes Católicos ordenando establecer en la ciudad de Sevilla una Casa de Contratación y promulgando las Ordenanzas por las que habría de regirse.

A lo largo del recorrido, el nuevo gobernante recibía saludos y aplausos desde los balcones de las casas. Durante varios días continuaban las celebraciones con variados certámenes, concursos literarios y corridas de toros. Poco tiempo después de su llegada, el virrey era recibido en un acto académico por la Real y Pontificia Universidad de San Marcos. Allí el catedrático designado pronunciaba un elogio al nuevo gobernante, que tomaba cuerpo en lo que por entonces se denominaba oración panegírica, pieza retórica compuesta por frases de admiración y cortesía.

En total, cuarenta virreyes gobernaron en Perú. Blasco Núñez de Vela fue el primero de ellos, mientras que José de la Serna fue el que cerró la larga lista. El virreinato peruano fue el bastión principal del poderío español en América del Sur. Lo demuestra el hecho de que, durante los siglos XVI y XVII, el traslado de un virrey de México a Lima era entendido como una promoción dentro de la carrera burocrática.

Reyes y virreyes durante la etapa colonial

Dinastía Habsburgo

Carlos I (1517-1556)

1. Blasco Núñez de Vela (1544-1546)
2. Antonio de Mendoza (1551-1552)
3. Andrés Hurtado de Mendoza, marqués de Cañete (1556-1561)

Felipe II (1556-1598)

4. Diego López de Zúñiga, conde de Nieva (1561-1564)
5. Francisco de Toledo (1569-1581)
6. Martín Enríquez de Almansa (1581-1583)
7. Fernando de Torres y Portugal, conde de Villar Don Pardo (1586-1589)
8. García Hurtado de Mendoza, marqués de Cañete (1589-1596)
9. Luis de Velasco, marqués de Salinas (1596-1604)

Felipe III (1598-1621)

10. Gaspar de Zúñiga y Acevedo, conde de Monterrey (1604-1606)
11. Juan de Mendoza y Luna, marqués de Montesclaros (1607-1615)
12. Francisco de Borja y Aragón, príncipe de Esquilache (1615-1621)

Felipe IV (1621-1665)

13. Diego Fernández de Córdoba, marqués de Guadalcázar (1622-1629)
14. Luis Jerónimo de Cabrera y Bobadilla, conde de Chinchón (1629-1639)
15. Pedro de Toledo y Leiva, marqués de Mancera (1639-1648)
16. García Sarmiento de Sotomayor, conde de Salvatierra (1648-1655)
17. Luis Enríquez de Guzmán, conde de Alba de Liste (1655-1661)
18. Diego Benavides y de la Cueva, conde de Santisteban (1661-1666)

Carlos II (1665-1700)

19. Pedro Fernández de Castro, conde de Lemos (1667-1672)
20. Baltasar de la Cueva Enríquez, conde de Castellar (1674-1678)
21. Melchor de Liñán y Cisneros, arzobispo de Lima (1678-1681)
22. Melchor de Navarra y Rocaful, duque de la Palata (1681-1689)
23. Melchor de Portocarrero y Laso de la Vega, conde de la Moncloa (1689-1705)

Dinastía Borbón

Felipe V (1700-1746)

24. Manuel de Oms y Santa Pau de Semanat, marqués de Castel Dos Rius (1707-1710)
25. Diego Ladrón de Guevara, arzobispo de Quito (1710-1716)
26. Cármine Nicolás Caraccioli, príncipe de Santo Buono (1716-1720)
27. Diego Morcillo Rubio de Auñón, arzobispo de Charcas (1720-1724)
28. José de Armendáriz, marqués de Castelfuerte (1724-1736)
29. José Antonio de Mendoza Caamaño y Sotomayor, marqués de Villagarcía (1736-1745)

Fernando VI (1746-1759)

30. José Antonio Manso de Velasco, conde de Superunda (1745-1761)

Carlos III (1759-1788)

31. Manuel de Amat y Junient (1761-1776)
32. Manuel Guirior (1776-1780)
33. Agustín de Jáuregui y Aldecoa (1780-1784)
34. Teodoro de Croix, caballero de Croix (1784-1790)

Carlos IV (1788-1808)

35. Francisco Gil de Taboada y Lemos (1790-1796)
36. Ambrosio de O'Higgins, marqués de Osorno (1796-1801)
37. Gabriel de Avilés, marqués de Avilés (1801-1806)

Fernando VII (1808-1833)

38. Fernando de Abascal, marqués de la Concordia (1806-1816)
39. Joaquín de la Pezuela y Sánchez, marqués de Viluma (1816-1821)
40. José de la Serna, conde de los Andes (1821-1824)

La real audiencia y el cabildo

La real audiencia era el máximo tribunal de justicia de la organización colonial; sus fallos sólo eran apelables mediante el Consejo de Indias. Además, en ausencia del virrey, la real audiencia se hacía cargo del virreinato. Era vigilada desde la metrópoli, desde donde se enviaban funcionarios, los llamados visitadores, para que informaran sobre la administración de justicia.

La real audiencia limeña estuvo integrada por un presidente, diversos oidores —como se llamaba a los jueces que «oían» a los litigantes— y un fiscal, encargado de defender los intereses de la Corona. Para agilizar el trámite de la justicia, en 1563 se crearon las audiencias menores de Quito y Charcas, y en 1787 la del Cusco, como consecuencia de la rebelión de José Gabriel Condorcanqui, Túpac Amaru II.

En cuanto al cabildo o ayuntamiento, se encargaba del gobierno de la ciudad. Estaba conformado por dos alcaldes y varios regidores. Los primeros permanecían en el cargo un año y podían ser reelegidos; los segundos servían varios años y podían convertirse en vitalicios. El cabildo tenía por función conservar la seguridad, el ornato y la higiene de la ciudad, así como la organización de las grandes festividades. Las sesiones del cabildo se efectuaban, por lo general, a puerta cerrada, pero si se trataba de un asunto de mucha importancia para el vecindario se lo convocaba en pleno: era el denominado cabildo abierto.

Un nuevo cargo: el corregidor

El primer corregimiento de Indias en el Perú fue establecido en Chucuito en 1552, pero la implantación general del cargo en el Virreinato del Perú tuvo lugar en 1565. El corregidor era el gobernador y la mayor autoridad de una provincia, y por lo tanto ejercía en ella el gobierno político, el mando militar, la administración de justicia y la cobranza del tributo. La duración del cargo oscilaba entre los tres y cinco años, según lo nombrara el virrey o el monarca, respectivamente.

Con la creación del cargo de corregidor, la Corona quiso concentrar en un solo funcionario una gran cuota de poder, a fin de arrinconar aún más a los encomenderos y dar una mayor fluidez en el trato con los naturales, quienes podrían tener un acceso más directo a la justicia. Pero la realidad se alejó mucho de este proyecto inicial. Poco a poco, el corregidor se fue convirtiendo en el símbolo más rechazado de la explotación colonial. Ello se

Andrés Hurtado de Mendoza, marqués de Cañete, tercer virrey del Perú. Tomó duras medidas represivas contra los encomenderos tras la rebelión de Hernández Girón.

debió a que la recaudación del tributo asfixiaba a los naturales, que se veían obligados a pagar una tasa mayor a la establecida, dinero que quedaba en manos de los intermediarios entre el contribuyente y la Hacienda Real.

Además, los corregidores utilizaban en su beneficio la fuerza de trabajo de la población andina, hecho éste que no favorecía precisamente su aceptación entre esta comunidad.

Por otra parte, el corregidor incursionaba en el comercio y practicaba el sistema de repartos, que consistía en la distribución forzosa de mercaderías. Es decir que los indígenas se veían obligados a comprar los diversos productos que el corregidor comerciaba, aunque no les fuesen de utilidad. La Corona estaba al tanto de la situación; sin embargo, no hizo mucho al respecto, y menos aún a partir del siglo XVII, cuando se empezó a practicar la política de vender algunos cargos públicos a fin de aumentar los ingresos de la Hacienda Real; en este contexto, el puesto de corregidor era uno de los más apetecidos.

Nobles incas en el Perú colonial. Los descendientes de las panacas incaicas conformaban la aristocracia indígena, y fueron reconocidos por España como «hijosdalgos» de Castilla.

Calesa de Manuel de Amat y Junient, trigésimo primer virrey del Perú, actualmente expuesta en el Palacio de Torre Tagle, sede de la cancillería del Perú, en Lima.

Una institución en venta

La venta de un puesto tan significativo como el de corregidor desvirtuó el sentido inicial del cargo, porque los que lo compraban buscaban, ante todo, rentabilizar su inversión de una forma mucho más expeditiva y amplia que mediante el sueldo a cobrar. En el siglo XVIII esta práctica adquirió formas muy pronunciadas. Por ejemplo, para poder tomar posesión de su cargo el corregidor de Chancay debía pagar cerca de 60,000 pesos, pero tan sólo recibiría como sueldo 1,200 pesos anuales. Ello significaba en la práctica una invitación a que el corregidor utilizara en su servicio personal a los pobladores indígenas y los obligaba a comprarle sus productos, como forma de sacar partido a un cargo por el que había desembolsado semejante suma. Esta situación explica por qué buena parte de las sublevaciones indígenas se iniciaron con ataques a los corregidores, que a veces llegaron incluso al asesinato.

Finalmente, en 1784 se crearon las intendencias, con el fin de sustituir a los corregidores. Esta medida se tomó a raíz de la rebelión de Túpac Amaru II y de la evidente degradación en la que había caído el ejercicio de aquel cargo. Los intendentes tuvieron más obligaciones y menos privilegios, eran vigilados desde Lima y debían rendir cuentas por sus actos de gobierno. En el virreinato peruano hubo ocho intendencias: Lima, Tarma, Cusco, Huancavelica, Huamanga, Arequipa, Trujillo y Puno.

El «curaca» o cacique

En tiempos del Tahuantinsuyo, los *curacas* eran los señores de cada *ayllu*. Eran originarios del propio ayllu; por lo general, no eran nombrados por el Inca, a excepción de los llamados curacas yana.

Con el advenimiento de la Colonia, la situación cambió. En un inicio se denominó caciques a los curacas, adoptando el nombre antillano, y su autoridad era reconocida por el rey de España, como descendientes de los antiguos señores. Para ello debían presentar documentos que acreditaran su condición, y una vez reconocidos contaban con privilegios como los de no pagar tasas ni prestar servicios personales, vestirse como españoles y recibir educación en alguna de las escuelas especiales que se erigieron para ellos. En época virreinal, el curaca se encargaba de organizar la *mita* minera y de recaudar el tributo de los indígenas de su jurisdicción, que estaba bajo autoridad del corregidor. Su mando estaba subordinado al de las autoridades coloniales, de modo que los curacas actuaban como mediadores entre las comunidades andina y española.

Sistemas complementarios de estratificación social	
El sistema de dos repúblicas	
Según las Leyes Nuevas de 1542,	República de españoles
cada república tenía sus propios deberes y derechos.	República de indios
El sistema de castas	
Clasificación según la raza. La sociedad se dividía	Peninsulares: españoles venidos de España
en estamentos y era casi imposible la movilidad social.	Criollos: hijos de españoles nacidos en América
	Mestizos: hijos de blancos e indios
	Negros: esclavos
	- ladino: habla español
	- bozal: no habla español
	Otras castas (mezcla entre diversas razas):
	- mulatos: hijos de negros y blancos
	- zambos: hijos de negros e indios
	Indios
El sistema de clases sociales	
Clasificación de acuerdo a los recursos económicos.	Aristocracia:
Es posible la movilidad social: el que se enriquece	- Nobles
puede pasar a un grupo más elevado.	- Comerciantes
	- Funcionarios
	- Curacas enriquecidos e indios nobles
	Plebe (gente que vive de su trabajo):
	- Artesanos
	- Mercaderes
	- Indios
	- Esclavos

La sociedad colonial

Siempre resulta difícil ofrecer una división exacta de la sociedad que se desarrolló durante el Virreinato del Perú, por el hecho de que se regía por criterios de clasificación variados y heterogéneos. Pueden encontrarse hasta tres sistemas de estratificación social complementarios, confluyentes e incluso paralelos. En primer lugar, estaría el sistema de las dos repúblicas: la de los españoles y la de los indios, que se origina con las Leyes Nuevas de 1542. De acuerdo con esta división, la población de cada una de las repúblicas tenía sus propios deberes y derechos, y no debían mezclarse entre sí. En la primera estaban agrupados los peninsulares (es decir, los españoles residentes en el virreinato) y los criollos (hijos de los peninsulares nacidos en tierras americanas), mientras que la segunda agrupaba a todos los indígenas, sin distinción entre los diversos grupos étnicos.

Aunque esta división estaba consignada en la legislación española, pronto dejó de reflejar la realidad por la casi inmediata e importante irrupción del mestizaje. Por eso la sociedad colonial comienza a estratificarse como un sistema en el que las personas se clasifican según su raza. En este caso el origen y el color de la piel eran los principales criterios de clasificación. Los peninsulares estarían a la cabeza, luego vendrían los criollos y después los mestizos, hijos de españoles e indígenas. Detrás se ubicaban las «castas», tal como se llamó a las diversas otras mezclas, por ejemplo zambos y mulatos. Luego vendrían los esclavos negros, a quienes se denominaba «ladinos» si sabían hablar español y «bozales» en caso de que desconocieran el idioma castellano. Por último, los indígenas.

Un margen de movilidad social

Una comunidad estratificada según el origen o la raza impide toda clase de movilidad social. Cuando una sociedad se encuentra dividida según castas o estamentos, resulta casi imposible que un individuo o grupo de individuos se mueva en sentido ascendente o descendente en el interior del conjunto social. Sin embargo, en el Perú colonial

Ilustración del Libro del Obispado de Trujillo, *de Baltasar Jaime Martínez Compañón.*

En la explotación agrícola del área andina los nativos fueron sometidos a un duro régimen.

La imagen representa a autoridades eclesiásticas coloniales y feligreses españoles, así como criollos e indios, atentos al paso de una procesión religiosa, en la Plaza de Armas del Cusco.

existía un cierto margen para este tipo de promoción entre clases. Ello se debía a que otro de los sistemas de estratificación que regían la vida del virreinato era el de la clasificación de los individuos según sus recursos económicos.

En este sentido habría habido dos grandes categorías: la aristocracia y la plebe, cada una con varias subdivisiones. En el primer estrato podían encontrar su lugar comerciantes adinerados pero sin título nobiliario o también curacas con un gran poder económico, a pesar de su condición de indígenas o mestizos. En el segundo estrato podían hallarse españoles peninsulares que vivían de su trabajo como sastres o artesanos. Este sistema privilegiaba la posesión de recursos económicos: quien se enriquecía podía pasar de un grupo a otro más elevado, más allá de su origen o filiación étnica. La sociedad del siglo XVIII es un buen ejemplo de la necesidad de utilizar este criterio de clasificación, que ya podía apreciarse en la segunda mitad del siglo XVII.

En el siglo XVIII los comerciantes, aunque no todos ellos eran nobles, se agregan al estrato social dominante, compuesto desde los siglos XVI y XVII por ricos mineros, hacendados y cabildantes que poseían títulos de Castilla. La del siglo XVIII es una sociedad no tanto de «blasones» como de «doblones». Además de los comerciantes hay que agregar, dentro de este estrato, a los burócratas, funcionarios públicos que la Corona enviaba a las Indias. Los arzobispos y obispos eran también integrantes de este sector privilegiado.

Puede decirse que durante el siglo XVIII la clase media estaba constituida por los profesionales universitarios, los mercaderes de menor cuantía, los pequeños propietarios, los empleados públicos de categorías inferiores, el bajo clero, los maestros artesanos y algunos mestizos europeizados. La clase menos privilegiada, en ese siglo, la seguían constituyendo los otros mestizos, las castas, los esclavos negros y la población indígena. Pero conviene hacer una precisión dentro de la población indígena, puesto que existían los indios nobles o curacas que tenían un estatus distinto de los demás; algunos de ellos poseían títulos nobiliarios reconocidos por la Corona, y contaban con una importante capacidad económica.

Aunque el dinero fue adquiriendo una creciente importancia en cuanto criterio de clasificación social, no debe ser visto como el valor único, si se desea entender en su total dimensión a la sociedad virreinal, inclusive durante el siglo XVIII. Aquélla fue una sociedad compleja en la que se entremezclaron paralelamente diversos sistemas de estratificación social.

La situación de los criollos

Al estudiar la sociedad colonial debe resaltarse la importancia de los criollos, quienes al menos desde la segunda mitad del siglo XVII se empeñaron en ocupar los puestos más relevantes dentro de la sociedad y la burocracia coloniales; por ese motivo, sobre todo en el siglo XVIII, se enfrentaron a los burócratas peninsulares enviados por la Corona con el objeto de despojar a los criollos de toda autoridad y capacidad de control. Sin embargo, durante el siglo XVIII se puede encontrar a criollos como cabildantes, inquisidores u oidores de la audiencia.

El mestizaje fue un elemento muy presente en la sociedad colonial. Este mestizaje biológico fue paralelo a una mezcla de las culturas, eso que los especialistas llaman sincretismo o aculturación. De esta vida en común y de la fusión nace una cultura nueva, distinta, inicio de lo que sería después la identidad peruana.

Ilustración del Libro del Obispado de Trujillo. *La prohibición del uso de mano de obra indígena para el trabajo doméstico generó un creciente comercio de esclavos africanos.*

El modelo económico

El modelo económico que aplicó España en sus colonias puede resumirse en tres conceptos: mercantilismo, exclusivismo e intervencionismo. Fue mercantilista porque se creía que la riqueza de una nación estaba en proporción directa con sus reservas de metales preciosos. Ésta es la razón por la que, durante la etapa colonial, se brindó una atención preferente a la minería. El exclusivismo tiene que ver con el monopolio comercial, en rigor del cual las colonias americanas sólo podían comerciar con España. Sin embargo, en este aspecto el sistema no fue tan rígido como se concibió, o como hasta hace pocos años se pensó. Tuvo sus salidas, una de las cuales fue el contrabando. Fue intervencionista, ya que España regulaba todas las actividades económicas, industriales o mercantiles, para lo cual se sirvió de la Casa de Contratación de Sevilla.

En lo que hace al territorio peruano, sin lugar a dudas fue la minería la actividad económica más importante. La explotación minera en Perú se remonta al siglo XVI; los centros productivos, situados en la sierra, funcionaban a semejanza de una empresa local, absorbiendo fuerza de trabajo por intermedio de la mita. Desde los inicios de la Colonia, la minería fue una actividad apoyada y estimulada por el Estado español. Este recurso representó el principal sector económico e incluso el eje de articulación con los otros sectores, como las haciendas u obrajes.

La minería y el descontrol fiscal

Los ingresos provenientes de la producción minera estaban gravados por el «quinto real», es decir, que una quinta parte de lo producido era retenida por la Hacienda Real. Potosí, que comenzó a ser explotado en 1578, fue el centro minero más importante del virreinato peruano. La producción potosina alcanzó su máximo nivel a finales del siglo XVI: tanto en 1589 como en 1598 el «quinto real» ascendió al millón y medio de pesos. Sin embargo, a partir de 1629 la producción empezó a declinar, al punto de que 1649 fue el último año en el que el mencionado tributo al-

Detalle de la producción de brea de mineral en Amotape; este material se utilizaba en la construcción de techos y pisos de casas, así como en el aparejamiento de las vías en socavones.

canzó el millón de pesos. En el siglo XVIII la situación no mejoró y se siguió manteniendo la curva descendente. La cifra más baja se produjo en 1738, cuando el fisco sólo logró recaudar 181,000 pesos. En la década de 1750, y en especial en la de 1780, se produjo una gradual recuperación en la recaudación de la Hacienda Real, fenómeno debido a la aplicación de las reformas borbónicas.

Si bien el descenso de los ingresos reales que se advierte a partir de la segunda mitad del siglo XVII se debió en parte a una merma en la producción minera, ésta no parece haber sido la causa más importante. La razón principal estaría en la deficiente recaudación de lo producido. Es decir, que la Corona no lograba controlar y vigilar con eficiencia la producción real y, en consecuencia, recaudaba una cantidad menor a la que hubiera correspondido según las leyes vigentes. La aplicación de las reformas borbónicas se dirigiría justamente al intento de revertir esta situación desfavorable para las arcas imperiales.

Principales impuestos coloniales

Tributo indígena

Impuesto a los indios en cuanto vasallos del rey. Podía ser cobrado en dinero o especies. El monto era definido por tasas (listas para cada comunidad). Primero fue cobrado por los encomenderos, luego por los corregidores y finalmente por los intendentes. Todos contaron con la ayuda de los *curacas* locales.

Quinto Real

La Corona, a través del virrey, recibía la quinta parte de todo botín de guerra, o la quinta parte de la producción de metales preciosos.

Gabelas

Impuestos cobrados por los servicios del cabildo.

Almojarifazgo

Impuesto del 5 por ciento sobre las mercaderías traídas al Perú o sacadas por los mercaderes.

Alcabala

Impuesto que se pagaba a la Corona en toda transacción comercial (compra/venta). Era del 2 por ciento del valor de la mercadería; luego fue del 4 por ciento y finalmente del 6 por ciento.

Avería

Pago por utilizar los puertos.

Diezmos y primicias

Impuestos pagados a la Iglesia. En el caso de los españoles, era del 10 por ciento sobre su producción agrícola y ganadera. En el caso de los indios, era del 5 por ciento.

Producción textil, agricultura y comercio

La producción textil fue otra de las actividades económicas importantes de la Colonia; se llevó a cabo a través de los obrajes. Al igual que las minas, los obrajes estaban ubicados básicamente en la sierra, organizados como empresas y talleres textiles, con una cantidad de trabajadores que oscilaba entre 150 y 500, y también obtenían su fuerza de trabajo gracias a la mita.

En cuanto a la agricultura, la importancia que adquirió durante la Colonia todavía es objeto de discusión entre los historiadores. Ciertamente hubo muchas haciendas productivas que fueron ori-

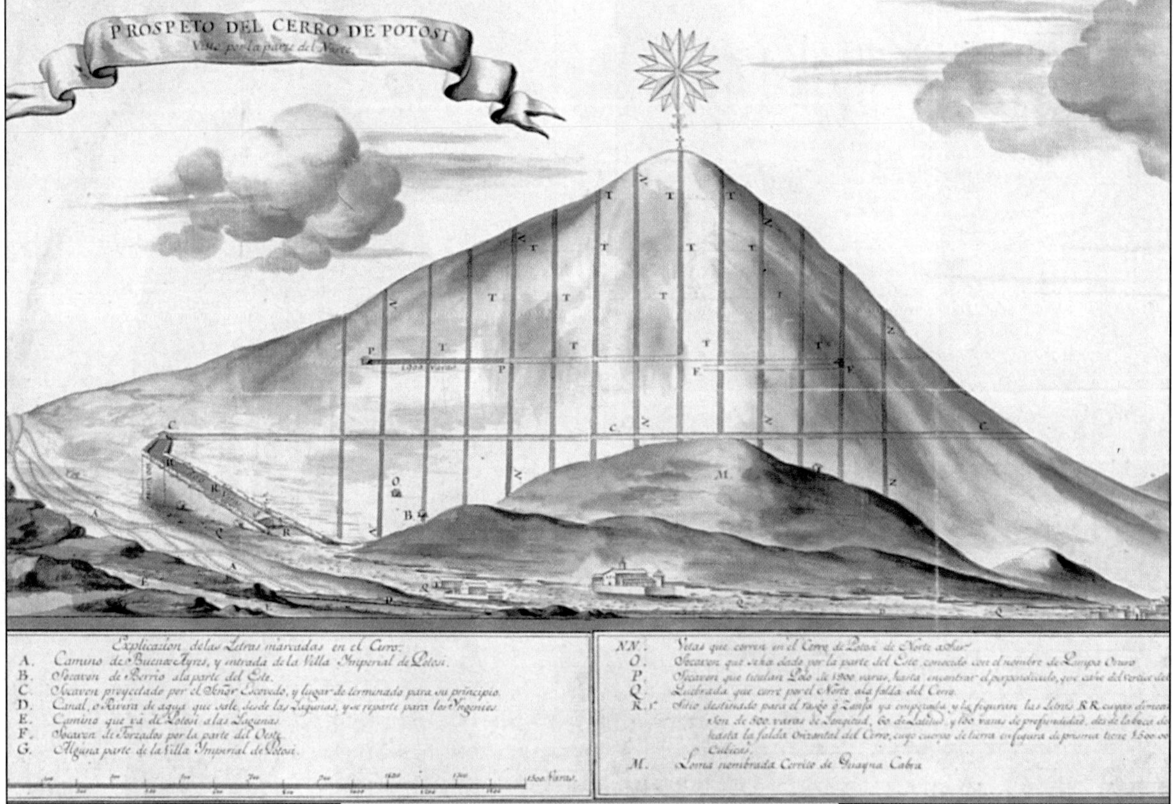

Plano del cerro de Potosí con sus vetas y socavones. En él trabajaban doce horas diarias, en el descuajo de cuarzo aurífero y de metales argentíferos, siete mil indios mitayos.

gen o causa de la formación de importantes fortunas. Pero, sin duda, más allá de su rentabilidad, la importancia de poseer tierras en el Perú colonial radicaba en el prestigio social que conllevaba. En el siglo XVIII muchos comerciantes compraban haciendas aun cuando la explotación implementada no era rentable. Por lo demás, de la producción de las haciendas se debía pagar el diezmo a la Iglesia.

La actividad comercial fue una vía importante de enriquecimiento, sobre todo a partir de la segunda mitad del siglo XVII y particularmente durante el siglo XVIII. Esta actividad proporcionó a la Hacienda Real una buena cantidad de ingresos a través de diversos impuestos coloniales, como la alcabala (tasa que debía pagarse por toda transacción comercial) o el almojarifazgo (impuesto que abonaban todas las mercaderías exportadas o importadas en el Perú). En este sentido, debe hacerse referencia al tribunal del consulado, institución que nucleaba a los grandes comerciantes y que se encargaba de fijar los precios de las mercaderías importadas. Fue una institución privada que contó con el reconocimiento y beneplácito de la Corona. En muchas ocasiones, este tribunal prestaba dinero a la Corona, sobre todo cuando ésta precisaba solventar sus frecuentes situaciones de iliquidez.

La Iglesia durante la Colonia: las órdenes

Gracias al denominado Regio Patronato, concesión papal que pretendía contribuir a una evangelización más rápida y eficiente, el rey de España estaba autorizado a proponer (en la práctica, muchas veces lo designaba directamente) a las máximas autoridades eclesiásticas. El monarca transfirió este derecho al virrey, de ahí que el virrey actuara como vicepatrono.

En el Perú colonial, la vida religiosa estuvo dominada por las diversas órdenes que actuaron en el país. Los dominicos fueron los primeros en llegar, en el tercer viaje (1531) de Francisco Pizarro; uno de ellos fue fray Vicente de Valverde, quien realizó el famoso gesto de alcanzarle una Biblia a Atahualpa.

La mita de mujeres y de niños de entre diez y once años constituía la mano de obra indígena utilizada por los sacerdotes y religiosos para su servicio doméstico particular.

El poder de la Iglesia quedó evidenciado en la división política del Perú, llamada «demarcación eclesiástica», pues se inició en 1609 con la creación de la diócesis de Huamanga.

Luego llegaron los franciscanos (1532) y poco después los mercedarios (1533). Años más tarde, desembarcaron los agustinos (1551) y, por último, los jesuitas (1568), quienes se dedicaron desde un principio a la enseñanza y las misiones.

La Iglesia estaba organizaba en arzobispados, obispados y curatos. Al principio del Virreinato del Perú sólo hubo un arzobispado, el de Lima. Por regla general, el arzobispo provenía de la metrópoli. El primer arzobispo fue el dominico fray Jerónimo de Loayza, y el segundo, Santo Toribio de Mogrovejo, quien pasaría a la historia como el auténtico organizador de la estructura de la Iglesia católica en Perú.

Más tarde, la diócesis de Charcas también fue elevada a la categoría de arzobispado, perdiendo Lima su exclusividad en ese apartado. Sin embargo, los obispados eran aún más numerosos: Cusco, Arequipa, Trujillo y Huamanga. Aunque muchos obispos eran peninsulares, esta dignidad eclesiástica también fue ocupada por criollos. Los curatos o parroquias constituían la administración eclesiástica local, y lo usual era que cada pueblo tuviera una parroquia, mientras que las ciudades contaban con varias en su circunscripción.

La misión, entre el templo, la escuela y el fortín

La evangelización adquirió gran importancia durante todo el período colonial a través de diversas campañas, como las de catequesis, bautizos masivos o extirpación de idolatrías. Esta última consistía en enviar sacerdotes a recoger información sobre los cultos indígenas y destruir los ídolos que todavía sobreviviesen, o edificar iglesias sobre los antiguos templos de adoración inca. La extirpación de idolatrías se inició en el siglo XVII y estuvo a cargo de la Iglesia.

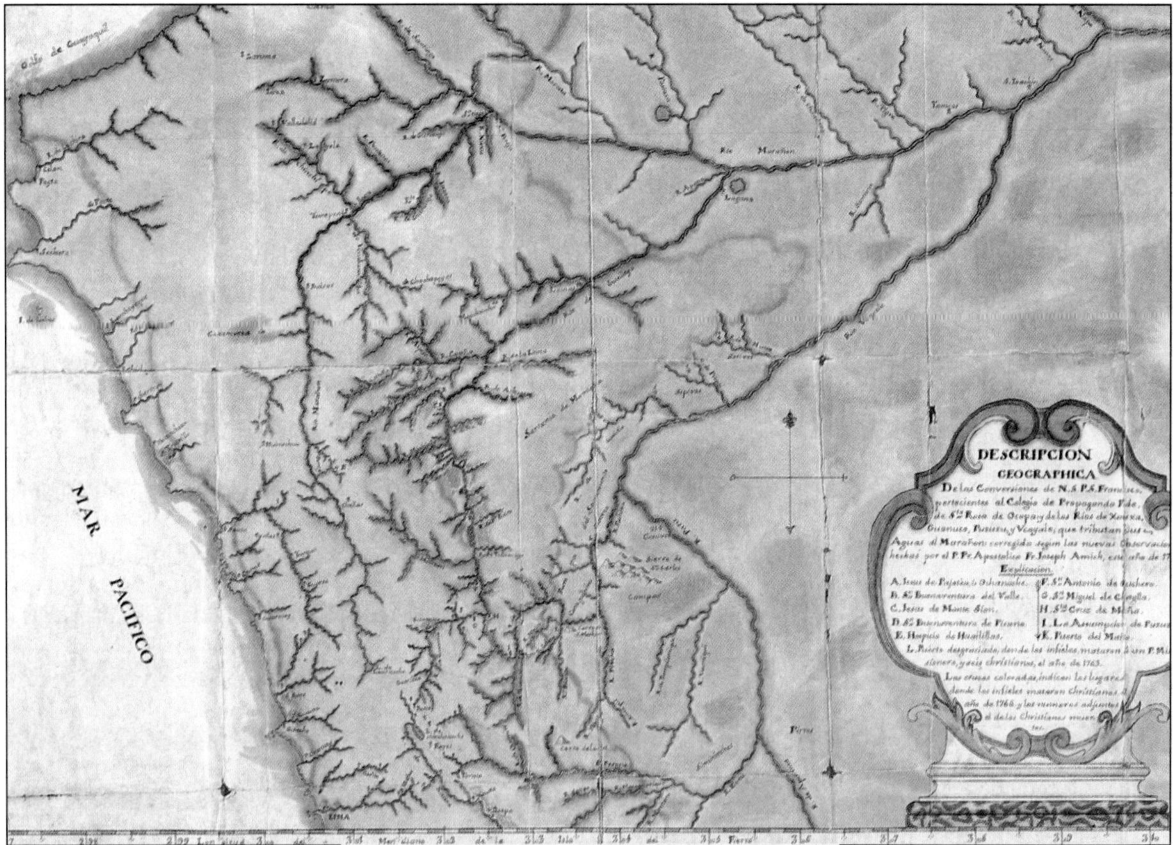

Las cruces rojas marcadas en el plano representan los misioneros del Colegio de la Propaganda Fide de Santa Rosa de Ocopa muertos a manos de los indios durante sus intentos de evangelización.

Las misiones tuvieron como finalidad primordial la evangelización de los pueblos más alejados, para lo cual las órdenes religiosas enviaban a un grupo de sacerdotes que adoctrinaban a los indígenas del lugar. Además, las misiones fueron, por lo general, comunidades agropecuarias, con una rígida organización y disciplina. Su labor permitió desarrollar un buen conocimiento de la geografía y la zoología de las zonas en las que se extendieron, así como el estudio de las lenguas y las costumbres de las comunidades indígenas con las que trabajaron. En las misiones, el clero desplegó su mayor celo y energía. Dentro de él, las órdenes franciscana y jesuita fueron las más dedicadas a la labor misional.

La organización institucional de las misiones copiaba la de una ciudad española, con la diferencia de que todos los cargos eran ocupados por los regentes de la orden religiosa. Esta organización, que podría hacer pensar en la misión como una institución férreamente restringida a lo religioso, no debe hacernos olvidar que su función última era civilizar la frontera salvaje. Ello significa que, además de su función evangelizadora, la misión desarrolló un importante papel en los terrenos militar y político, ya que el Estado español las utilizó como bastiones para rechazar y defender las fronteras, imponer la cultura del conquistador a la población nativa y abrir camino a ulteriores ocupaciones. En otras palabras, la misión fue un instrumento de expansión y defensa de los límites del Imperio hispánico. De ahí que fueran impulsadas política y económicamente por el Estado.

La Inquisición en Perú

La Inquisición o Tribunal del Santo Oficio se creó en España en 1478 por autorización pontificia, pero desde su fundación dependió del Estado y funcionó como una institución estatal. Sus propósitos principales eran salvaguardar la unidad de la fe (por lo que perseguía al judaísmo, la hechicería y la brujería) y controlar la conducta moral de la población. Pero, en la realidad, la Inquisición

Hipólito Unanue, que sería más tarde prócer de la Independencia, fue profesor en San Marcos desde 1789. Además fue fundador de la Sociedad Académica de Amantes del País.

fue un arma política que el Estado monárquico utilizó, entre otras cosas, para homogeneizar las creencias de sus súbditos. Por ello perseguía a los herejes y sancionaba a quienes se alejaban de las normas morales promulgadas por la Iglesia. Esta misma estructura y organización inquisitorial fue la que se trasladó a América.

El Tribunal del Santo Oficio fue establecido en el Perú por el virrey Francisco de Toledo en el año 1570, con el objeto de encargarse de los españoles, criollos, mestizos y negros; la población indígena estaba fuera de su jurisdicción. En el Perú, y en América en general, funcionó como tribunal de sanción moral, es decir, que llevó a cabo muchos más procesos por adulterio o bigamia que por alguna forma de herejía.

Educación bajo la Colonia: la Universidad de San Marcos

Todos los niveles de la educación estaban en manos de la Iglesia. Sin lugar a dudas, la universidad más importante durante la época virreinal fue la Real y Pontificia Universidad de San Marcos, fundada por orden real en 1551; el 25 de abril, día del evangelista San Marcos, era el señalado para el comienzo oficial del ciclo lectivo. En un principio funcionó bajo la dependencia de la orden dominica, siendo su rector natural el prior de esa orden. Tras la llegada del virrey Toledo, la situación cambió. A partir de entonces se alternarían en el rectorado un eclesiástico y un laico, que permanecían en el cargo durante un año.

Los grados académicos que confería San Marcos eran los de bachiller, licenciado, maestro y doctor. Su estructura universitaria comprendía las cinco clásicas facultades virreinales: Cánones, Leyes, Teología, Artes y Medicina. De las diversas cátedras pueden mencionarse prima de leyes, prima de teología, gramática, Biblia, filosofía, matemáticas (desde mediados del siglo XVII), anatomía (desde el siglo XVIII) y el estudio de la lengua quechua, asignatura cuya finalidad era preparar a los doctrineros para evangelizar a la población indígena en su propio lenguaje. En San Marcos predominó una educación teológica y jurídica; la filosofía que se enseñaba era la escolástica y el estudio del latín era imprescindible.

Universidades, colegios mayores y escuelas de caciques

Otras universidades importantes del período virreinal, que aún hoy permanecen activas, fueron la de San Cristóbal de Huamanga, fundada en 1677, y la de San Antonio Abad del Cusco, inaugurada en 1692. La educación universitaria tenía una suerte de antesala en los colegios mayores. Desde el siglo XVI las más importantes de estas instituciones fueron el Colegio de San Felipe y San Marcos, el de San Martín (el único en el que se impartía la enseñanza de las ciencias físicas) y el seminario de Santo Toribio.

En 1767 la Compañía de Jesús fue expulsada del territorio español, incluido el virreinato peruano. Poco después, por orden del rey Carlos III, se fundó el Real Convictorio de San Carlos, para cubrir el importante vacío dejado en la educación por la retirada de los jesuitas.

Cabe mencionar, en fin, los colegios de caciques, centros de estudio cuya enseñanza oscilaba entre la elemental y la superior. A ellos asistían los hijos de indígenas nobles con derecho a sucesión; se les enseñaba a leer, se les iniciaba en el estudio de la religión y se les brindaban elementos de aritmética, gramática y retórica.

De las reformas borbónicas a la antesala de la Independencia

Con el reinado de Felipe V, que se extendió de 1700 a 1746, con una breve interrupción en el año 1724, se instauró en España una nueva dinastía, la borbónica. En lo que hace a la política colonial española, los Borbones buscaron revertir la situación instaurada desde el último tercio del siglo XVII, cuando la Corona había prácticamente perdido el control de sus provincias ultramarinas, en las que se estaba desarrollando una suerte de autonomía local, con sus consiguientes consecuencias en el terreno económico y en el político.

Retrato del rey Carlos III de Borbón. Óleo sobre lienzo de Anton Raphael Mengs, de 1762.

Los objetivos de Carlos III

Hacia finales del siglo XVII la América española parecía regirse por aquel dicho de que la ley se acata pero no se cumple. Por ello, cuando los Borbones llegaron al poder intentaron cambiar radicalmente tal situación. El cambio de dinastía implicó una transformación en la concepción política: se buscó un mayor control, una supervisión eficiente, una vigilancia constante de todas las actividades importantes que tuvieran que ver con las colonias. Como es evidente, se pretendía incidir sobre el poder que los criollos habían conquistado para devolverlo a la Corona; sin embargo, la política borbónica no consiguió detener este proceso.

Iniciadas por Felipe V, las reformas alcanzarían su mayor énfasis en América a partir del reinado de Carlos III, que se extendió de 1759 a 1788. Sus objetivos básicos eran el de centralizar la administración colonial y acabar con la corrupción, ordenar la economía para hacerla más redituable y eficiente y defender las fronteras del Imperio español de la amenaza de otras potencias.

Las iniciativas políticas y económicas

Un aspecto importante de las iniciativas borbónicas fue el establecimiento de una nueva división política y territorial en la América española. Fue así como se crearon los virreinatos de Nueva Granada (1717) y el Río de la Plata (1776); el Alto Perú y Puno pasaron a depender del gobierno de Buenos Aires, aunque Puno retornó posteriormente, en 1796, a la jurisdicción del Virreinato del Perú. Además, en el año 1742 se estableció la Capitanía General de Venezuela. Y en 1787, como consecuencia de la rebelión de Túpac Amaru II, se creó la Audiencia del Cusco.

En lo que respecta a las reformas económicas, su puesta en marcha tuvo lugar a lo largo de todo el siglo XVIII. En 1713, tras finalizar la Guerra de Sucesión, se otorgó el «Navío de Permiso», por el cual España permitía a Inglaterra establecer transacciones comerciales con las colonias americanas por una cantidad de hasta 500 toneladas de mercancías al año. En 1735 se otorgó a ese mismo país otra concesión, el «Navío de Registro»: Inglaterra podía cargar mercadería en España y venderla luego en los puertos americanos autorizados a condición de registrar el tipo y cantidad de mercaderías llevadas al Nuevo Mundo.

En 1778 se promulgó el decreto de Libre Comercio, por el cual se abrían puertos libres en España y América para el tráfico directo dentro del Imperio español. Es decir, que el monopolio comercial continuaba: las Indias únicamente podían comerciar con España, pero se ampliaba el número de puertos autorizados: 13 en España y 22 en América. Esta última medida implicó la eliminación del monopolio comercial que tenía el puerto

REGLAMENTO
Y
ARANCELES REALES
PARA
EL COMERCIO LIBRE
DE ESPAÑA
A
INDIAS
de 12. de Octubre de 1778.

MADRID.

EN LA IMPRENTA DE PEDRO MARIN.

Entre las más importantes reformas borbónicas figuran la fundación del Virreinato del Río de la Plata, en 1776, y la aprobación del Reglamento de Libre Comercio en 1778.

del Callao en América del Sur. Sin embargo, los mercaderes del virreinato peruano encontraron nuevas estrategias, tales como la comercialización de productos no tradicionales y la trata de esclavos, como forma de responder al serio daño que supuso para sus negocios la pérdida de la hegemonía en materia portuaria.

Las reformas fiscales y administrativas

Con el fin de aumentar los ingresos de la Hacienda Real, en la década de 1750 se aumentó la alcabala del 2 al 4 por ciento y se legalizó el reparto forzoso de mercaderías que efectuaban los corregidores, para de ese modo poder cobrar la alcabala también sobre esos productos. En 1776 se aumentó nuevamente dicho impuesto, del 4 al 6 por ciento, y se establecieron aduanas interiores en los trayectos comerciales, por lo que los mercaderes debían pagar tasas en cada una de estas aduanas. En este contexto, en el año 1784 se dio la ya mencionada eliminación de los corregimientos y la creación de las intendencias.

La rebelión de Túpac Amaru II

José Gabriel Condorcanqui, Túpac Amaru II, era descendiente de una familia indígena noble del Cusco. Era curaca de Pampamarca, Surimana y Tungasuca, y disfrutaba de una consolidada situación económica, producto de sus actividades como arriero.

Al llegar a Lima el visitador Areche, representante del ministro Gálvez y ejecutor de las nuevas medidas borbónicas, se inició un sistemático aumento de los impuestos de alcabala, junto con un reajuste de los impuestos aduaneros en el sur del Perú, lo que produciría grandes dificultades comerciales. Por ejemplo, para ir de Arequipa a Cusco había que pasar por territorio del Virreinato del Río de la Plata, porque Puno pertenecía a esa jurisdicción, y ello comportaba el pago de impuestos aduaneros.

Por otra parte, una vez legalizado el reparto forzoso de mercaderías, se intentó regular legalmente esta abusiva práctica comercial, restringiéndola a un tope que no podía ser excedido. No obstante, el corregidor Arriaga, encargado de los curacazgos de Túpac Amaru II, había sobrepasado con creces dicho límite.

Las reformas borbónicas
Reformas políticas
- Creación del Virreinato de Nueva Granada (1717)
- Creación del Virreinato del Río de la Plata (1776)
- Creación de la Capitanía General de Venezuela (1742)
- Creación de la Audiencia de Cusco (1787)
Reformas económicas
- Navío de permiso (1713)
- Navío de registro (1735)
- Decreto de libre comercio (1778)
Reformas fiscales
- Aumento del impuesto de alcabala del 2 por ciento al 4 por ciento (década de 1750).
- Aumento del impuesto del alcabala del 4 por ciento al 6 por ciento (1776).
- Establecimiento de aduanas interiores
Reformas administrativas
- Implantación de las Intendencias (1784)

Escena previa al ajusticiamiento de los nueve aliados de Túpac Amaru II, en la plaza de armas del Cusco, el 17 de mayo de 1781. Antes de matarlos les cortaron la lengua.

Derrota y ejecución

Las dureza de algunas de las medidas determinadas por las reformas borbónicas y las cargas económicas que ellas implicaron para la población natural, así como los insistentes abusos de los corregidores, fueron el motor de la sublevación de Túpac Amaru II.

El alzamiento se inició el 10 de noviembre de 1780, con la ejecución del corregidor Arriaga; había sido apresado en Tinta y fue ajusticiado en la plaza de Tungasuca. Poco después, los indígenas derrotaron al ejército español en la batalla de Sangarará, el 18 de noviembre de ese mismo año. Entonces, el propio visitador José Antonio de Areche decidió encabezar el ejército, que volvió a enfrentarse con Túpac Amaru II en la batalla de Checacupe, el 6 de abril de 1781; esta vez, las tropas realistas aplastaron a los sublevados, poniendo fin al movimiento. El 18 de mayo de 1781 Túpac Amaru II fue ejecutado junto con su esposa, Micaela Bastidas, por orden del visitador Areche. En 1787, en parte como consecuencia de la rebelión, se creó la Audiencia de Cusco y se implantó el sistema de intendencias; ello propició que en el año 1796 Puno se reincorporara al virreinato peruano, al convertirse en una intendencia. Entre otras medidas de carácter represivo, fue prohibida la lectura de las obras del Inca Garcilaso de la Vega.

La sublevación de Túpac Amaru II marcó el fin de un ciclo de rebeliones indígenas anticoloniales que caracterizó al siglo XVIII. Casi todos los alzamientos se iniciaron con el asesinato de un corregidor y tuvieron un fuerte contenido antifiscal. Durante mucho tiempo se ha afirmado que Túpac Amaru II representó el inicio de la Independencia del Perú. Hoy posiblemente no se pueda ser tan enfático, puesto que se debe tener en cuenta que en el proceso de Independencia intervinieron otros factores, como la conciencia de los criollos acerca de sus derechos de autogobierno. En cualquier caso, es innegable que esta rebelión tuvo un carácter plural, ya que en sus filas confluyeron indígenas, mestizos, criollos e incluso españoles, una integración que fue un paso importante para el logro de la futura Emancipación.

Alegoría de Túpac Amaru II, del pintor Díaz Mori. Según José Baquíjano y Carrillo, Túpac Amaru fue el líder de la última insurrección de «puro elemento indio» de América.

El principio del fin de la Colonia

Los movimientos rebeldes ocurridos a finales del siglo XVIII, en particular el de Túpac Amaru II, manifestaron con claridad las tensiones existentes dentro de la sociedad colonial y vislumbraron la posibilidad de un orden alternativo; aunque, por otra parte, crearon temores y suspicacias en diversos sectores, sobre todo entre los criollos, respecto a una eventual ruptura con España.

El Virreinato del Perú poseía ya un movimiento intelectual que empezaba a plantear la necesidad de reformar la sociedad y la cultura colonial, en función de los avances europeos, sin que ello necesariamente significara que estuvieran a favor de la ruptura política con España. Esta renovación se dio particularmente en los polos culturales de la capital (Universidad de San Marcos, Real Convictorio de San Carlos y Sociedad de Amantes del País), donde personalidades como Pablo de Olavide, José Baquíjano y Carrillo (conde de Vista Florida), Toribio Rodríguez de Mendoza e Hipólito Unanue, encumbrados funcionarios de la Corona, intentaron renovar la enseñanza y los estudios sobre la realidad del país.

En este sentido, el *Mercurio Peruano*, uno de los primeros periódicos del virreinato, fundado en 1791, es particularmente significativo. Todos sus redactores, pertenecientes a la Sociedad de Amantes del País, intentaron ofrecer una «idea general del Perú», basada en el sentimiento de arraigo en la tierra natal, exactamente aquello que el criollo poseía a diferencia del español peninsular. Aunque todavía no se proclame claramente, está allí en germen la idea de que los nacidos en territorio peruano deben tener ciertos derechos sobre el gobierno de su propio país.

Las Juntas de Gobierno

Entre los años 1809 y 1811 los grupos liberales de América del Sur, principalmente conformados por criollos, organizaron Juntas de Gobierno análogas a las de España, donde éstas habían sido creadas para resistir la invasión napoleónica. Las juntas de Chuquisaca (1809), La Paz (1809), Quito (1809), Caracas (1810), Buenos Aires (1810), Santa Fe de Bogotá (1810) y Santiago de Chile (1810) muestran la forma en que el movimiento se generalizaba por América del Sur. Al igual que las españolas, las juntas americanas proclamaron gobernar en nombre de Fernando VII (depuesto por el invasor francés), pero en realidad se constituyeron en gobiernos alternativos a las autoridades coloniales. Sólo en el Virreinato del Perú no se formaron juntas, ya que su fuerza militar era la más importante de Sudamérica. Fue por ello por lo que el virrey Fernando de Abascal no sólo se empeñó en impedirlo sino que además envió tropas que derrocaron a las juntas de Chuquisaca, La Paz, Quito y Santiago de Chile. Las demás continuaron luchando por la Independencia, mientras el Virreinato del Perú se convertía en el centro de la represión antipatriota.

Sin embargo, entre 1811 y 1814 el virreinato peruano fue escenario de diversos movimientos rebeldes. En 1811 se produjo la rebelión de Tacna, bajo la dirección de Francisco de Zela y del cacique Ara, en combinación con las tropas de Castelli, una expedición que había partido de Buenos Aires para colaborar con la Independencia de Perú. En 1812 los curacas de Huánuco y el regidor Crespo y Castillo organizaron otra importante re-

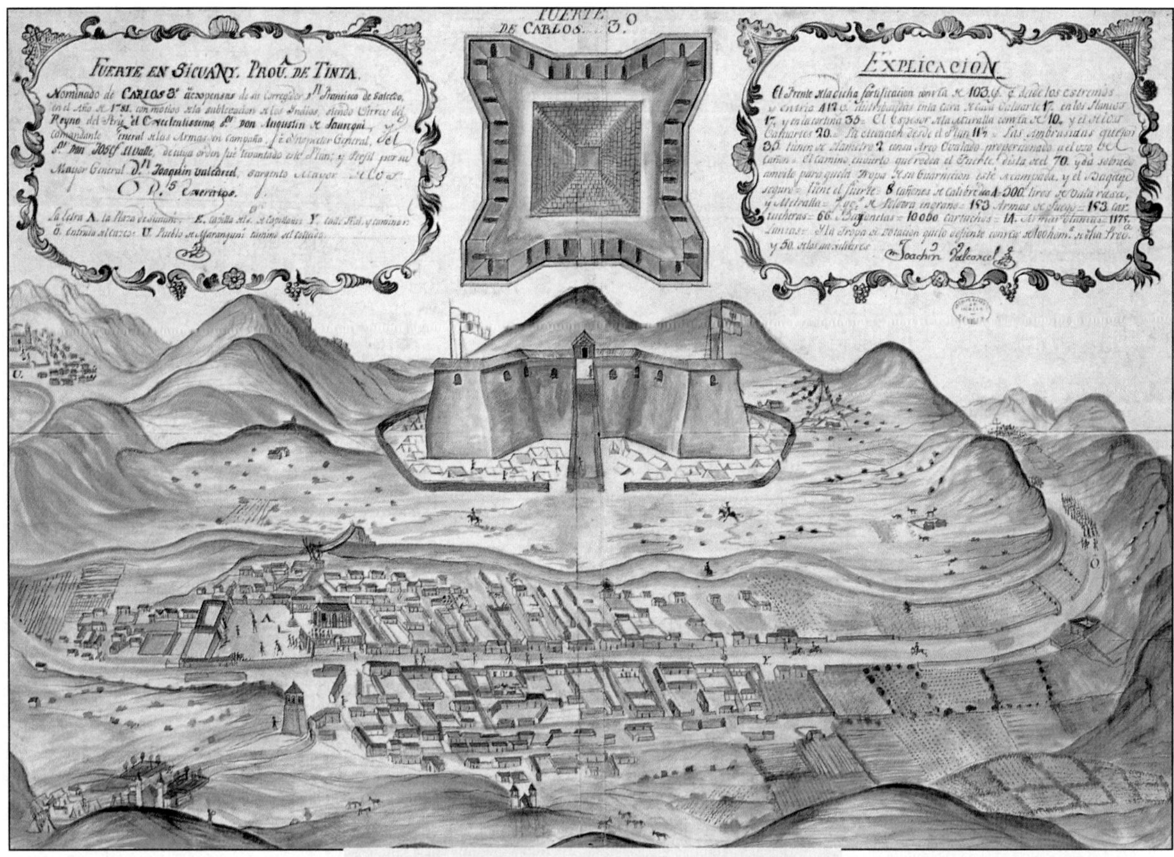

Fuerte de Sicuany, en la provincia de Tinta. Su construcción formó parte de las medidas adoptadas tras la rebelión de Arequipa en 1780, en contra de las decisiones del visitador Areche.

belión. En 1813 Tacna se alzó otra vez bajo la dirección del francés Enrique Paillardelli y el alcalde Manuel Calderón de la Barca, quienes buscaron el apoyo de Manuel Belgrano, líder de la segunda expedición de los revolucionarios argentinos.

El levantamiento del Cusco

La rebelión del Cusco, la más importante sublevación patriota del siglo XIX, se extendió por el eje Cusco-Puno-Arequipa entre 1814 y 1815. Los hermanos José, Vicente y Mariano Angulo, y el curaca Mateo G. Pumacahua, fueron sus principales líderes; este último asumió la presidencia gubernativa tras deponer los sublevados al presidente, regente y oidores de la real audiencia, en agosto de 1814.

Constituida esta junta de gobierno —en la que además de Pumacahua estaban el coronel Domingo Luis Astete y el teniente coronel Juan T. Moscoso—, los liberales plantearon la posibilidad de establecer un imperio bajo símbolos del incario, con capital en el Cusco. Este movimiento llegó a tomar las plazas de La Paz, Puno y Arequipa, pero finalmente fueron derrotados en la batalla de Umachiri, el 11 de marzo de 1815. En el mismo campo de batalla fueron fusilados varios líderes revolucionarios, entre ellos el poeta Mariano Melgar. Tres días más tarde, Pumacahua fue apresado en Sicuani; sometido a juicio sumario, fue ahorcado y posteriormente descuartizado el 17 de marzo de 1815.

La violenta represión ejercida por las tropas realistas consiguió mantener el Perú por algunos años al margen del movimiento emancipador del resto de América: habría que esperar a San Martín y Bolívar para consolidar la Independencia. Sin embargo, hubo intentos, activos o pasivos, en esa dirección, aunque no todos desde un principio hubiesen apostado por ella. La Independencia fue un proceso de lenta maduración, que germinó hacia finales del siglo XVIII y no alcanzó su pleno desarrollo hasta 1821 y 1824. Más allá de los avatares de la lucha contra los ejércitos españoles, sin

Los antecedentes de la Independencia

Cuál es el punto inicial de la Independencia? ¿Cuáles son sus antecedentes? En este sentido, reiteramos que la Independencia se inicia en la segunda mitad del siglo XVIII. Es verdad que no todos los pueblos americanos del siglo XVIII ofrecen expresiones de lucha objetiva o muestran hechos concretos cercanos a la Emancipación. No obstante, el contexto social y algunas grandes ideas y vivencias indican que el ambiente de la segunda mitad de esa centuria es un factor integrante en la lucha por la formación de los nuevos Estados. Sin embargo, la presencia de un movimiento rebelde no implica necesariamente una manifestación precursora de la Independencia. La sola insubordinación, la sola actitud de rebeldía, no es testimonio que se acerque a la Emancipación. Ella está presente cuando todo ese conjunto de actitudes de protesta que quieren transformar las cosas se muestra vinculado con la afirmación de lo americano, con la defensa del mayor derecho a «lo propio». Por otro lado, no se separa de España un mundo idéntico al peninsular, ni tampoco cada uno de los mundos prehispánicos que los españoles hallaron en la hora del Descubrimiento y la Conquista. Se separa del Imperio español una realidad nueva, mezclada, que es fruto de la colonización.

José Agustín de la Puente Candamo,
La Independencia del Perú

duda, esa lentitud se debió a que, entre los protagonistas de ese proceso, se dieron marchas y contramarchas, convicciones decididas y dudas angustiantes.

Transición entre dos mundos

Los hombres que protagonizaron la transición del virreinato a la Independencia se habían formado en los valores culturales y políticos de la Colonia, y se veían obligados, por lo tanto, a crear una nueva ideología en la que legitimar y asentar su acción. En el caso de una sociedad tan heterogénea como la peruana, con distintas líneas de fuerza convergiendo y divergiendo en una escena política compleja, es comprensible que el proceso de Emancipación haya necesitado de un período de maduración prolongado.

El Perú en el siglo XIX

El Perú de 1821 a 1827

Afirmación y crisis de Perú
como entidad independiente

La era del guano

El Partido Civil

La guerra con Chile

Grandes campañas emancipadoras en América del Sur

El Perú de 1821 a 1827

Entre 1821 y 1845 Perú conoció uno de los períodos más convulsos y amenazadores en su existencia como entidad política organizada autónomamente. Si la Independencia de España había probado ser una empresa difícil de conseguir y conservar, la fragmentación del país durante ese primer cuarto del siglo XIX constituyó una amenaza siempre presente dentro de las fronteras de lo posible y de lo cotidiano. Guerras externas e internas, golpes de Estado, bandidaje, falta de autoridad central fueron los componentes permanentes de una tumultuosa vida política que convivía con una vida social aparentemente despreocupada de su matriz colonial.

Partida de Valparaíso de la expedición libertadora del Perú (1820). Óleo de Antonio A. Abel.

Dicho en otros términos, dentro del edificio social republicano, la masa indígena, que constituía la gran mayoría del país, continuó durante todo el siglo XIX sometida a un régimen servil, de suerte que no sintió el tránsito de la Colonia a la República. Aunque sería quizá más justo decir que se resintió del cambio, puesto que en no pocos aspectos su situación se tornó en verdad más difícil.

De otro lado, con respecto a los estratos altos, no hay que olvidar que hasta antes de 1821 la mayor parte de la elite criolla había optado por la fidelidad a España. De este modo, la caída del virrey José de la Serna creó un vacío de poder que fue cubierto ya no por un cuerpo político proveniente de las filas de la elite sino por los caudillos militares.

Guerra y gobierno devinieron entonces las dos actividades fundamentales e interdependientes que tiñeron las primeras décadas posteriores al advenimiento de la República. Para los caudillos militares que habían luchado por el nacimiento de la misma, su papel no podía reducirse al de

Las etapas del militarismo

La etapa de gobiernos militares de la República en el siglo XIX puede dividirse en tres períodos. En el primero (1827-1841) intervienen motivos de orden geográfico-político, como la extensión y los límites del territorio peruano, formado sobre la base del antiguo Virreinato del Perú. Con la caída de la Confederación Peruano-Boliviana y, de otro lado, tras la batalla de Ingavi, en la que Perú sale derrotado en sus intentos de dominar Bolivia, concluye este período, durante el cual afloró la rivalidad entre Santa Cruz y Gamarra, sobre todo a partir de 1829. El segundo período se caracteriza por la preponderancia de la figura de Ramón Castilla y su rivalidad con Manuel Ignacio Vivanco, la prosperidad económica gracias al auge del guano y la agudización de la lucha entre conservadores y liberales (1841-1862). En el tercer período, que abarca de 1862 a 1868, el predominio militarista pasa por una etapa de decadencia, coincidente con los primeros síntomas del malestar financiero, con el conflicto con España y la amenaza del monarquismo imperialista europeo en la América hispánica.

Jura de la Independencia del Perú, el sábado 28 de julio de 1821, en la Plaza de Armas de Lima, por el general José de San Martín, que fuera Protector del Perú hasta el 20 de septiembre de ese año.

meros guerreros. Se sintieron destinados también a dirigir los destinos del país. Lo imprevisible, lo coyuntural, se convirtió entonces en la única norma que mereció ser acatada por partisanos y detractores. Veintinueve gobernantes se sucedieron así en los primeros veintitrés años de vida independiente.

Entretanto, la elite económica local aprendía a ocultar sin pudores su indolencia institucional detrás de un no muy convincente desdén por lo político. En el fondo, temía más el descontento de indios, pardos o negros, que los riesgos impredecibles de una vida política donde era muy difícil distinguir los ámbitos de la ley de los de la espada.

En estos convulsos años pueden distinguirse dos momentos bastante diferenciados: el primero, de 1821 a 1827, constituye la etapa de Independencia con respecto a España, en la que existe una gravitante influencia de los países vecinos; el segundo, de 1827 a 1845, es el de afirmación y crisis de Perú como entidad independiente.

La Emancipación

Hoy es imposible ignorar que la Emancipación fue un complejo y largo proceso que, luego de la derrota de Túpac Amaru y Mateo Pumacahua, significó el silenciamiento de los movimientos indígenas que aspiraban a transformar la totalidad de la sociedad, y que consolidó, en cambio, los movimientos criollos, más urbanos y elitistas, enemistados en mayor grado con la organización política colonial que con su estructura social.

Tanto en su vertiente criolla como en su corriente indígena, en la Emancipación no faltaron intentos genuinos —y frustrados— de liberar a Perú de la dominación española, recurriendo a sus propios recursos, a sus propios hombres. Pero sería la espada del sur del continente, primero, y la del norte, después, las que en lo fundamental de-

Boceto para la Batalla de Junín. *Óleo de Martín Tovar Tovar. El éxito de las tropas libertadoras frente a las huestes españolas de Canterac contribuyó al de la campaña de emancipación.*

finieron nuestras relaciones con España y los recién devenidos países vecinos.

La expedición libertadora del Sur

El general José de San Martín organizó en Chile un ejército destinado a enfrentarse a las tropas españolas en el Perú. En septiembre de 1820 desembarcaron varios miles de soldados (principalmente chilenos y argentinos) en Paracas, y se dirigieron lentamente hacia Lima.

Meses más tarde, el 6 de julio de 1821, las tropas realistas abandonaban una Lima prácticamente aislada, asediada por las tropas expedicionarias y montoneras locales, que impedían el suministro de provisiones provenientes del centro del país o de los valles próximos a la capital. El pánico cundió entre la elite capitalina al abandonar sus cuarteles los soldados realistas. Se temía tanto una asonada popular como el ingreso de las temibles montoneras a la ciudad.

Seis días después, el 12 de julio de 1821, San Martín entraba a la ciudad de Lima y el 28 de ese mismo mes proclamaba la Independencia del Perú. Para los que se alegraron con el nuevo orden de cosas, era difícil imaginar que apenas si comenzaba un largo y complejo proceso que demandaría largos años de luchas, sacrificios, victorias y frustraciones. Cuando el 3 de agosto de 1821 San Martín se establecía en el Palacio de los Virreyes y era nombrado Protector del Perú, la mayor parte del territorio estaba todavía en manos de los ejércitos realistas.

Un año después, el ilustre general argentino abandonaba, apesadumbrado y para siempre, las costas del Perú. En los pocos meses que San Martín permaneció en el país se suscitaron una serie de circunstancias adversas a él y de veloz ocurrencia. Por ejemplo, su estrategia militar, que no resultó fructífera y fue tildada en muchos casos de pasiva. El jefe de la Armada, Lord Cochrane, de-

José de la Riva Agüero fue el primer presidente del Perú, proclamado primero por el ejército y seguidamente por el Congreso. Se enfrentó a Bolívar cuando éste llegó a Perú.

El proyecto monárquico de San Martín

El 2 de junio de 1821 el virrey La Serna y el general San Martín se reunieron en la hacienda Punchauca, en el valle de Chillón. San Martín despliega entonces sus ideas monárquicas; su propuesta consiste en la formación de una regencia, de la que La Serna sería Presidente, y que estaría, además, integrada por un vocal nombrado por él mismo y otro nombrado por San Martín. En fin, que se unifiquen los dos ejércitos y se declare la Independencia. Una vez conseguidos esos objetivos, San Martín en persona viajaría a Madrid para solicitar de las Cortes que escogieran a un infante de España, un príncipe Borbón, como rey del Perú.

Enrique Chirinos Soto, *Historia de la República*

sertó junto con su flota, quitándole a los rebeldes el dominio del mar. Hay que recordar que las inclinaciones monárquicas de San Martín generaron no pocos enconos entre quienes, supuestamente, estaban de su lado, contribuyendo, sin lugar a dudas, a minar su autoridad.

En estas difíciles circunstancias, San Martín decidió embarcarse a Guayaquil en busca del apoyo de Simón Bolívar. Corría el mes de julio de 1822. El encuentro entre los dos libertadores fue aparentemente infructuoso ya que, San Martín, desanimado, regresó a Lima a entregar el mando ante el Congreso Constituyente del Perú instalado en esa ciudad el 20 de septiembre de 1822. La dimisión puso punto final al influjo libertario proveniente del Sur.

El golpe de Riva Agüero

El Congreso Constituyente nombró una Junta Gubernativa conformada por José de La Mar, Felipe Antonio Alvarado y Manuel Salazar y Baquíjano, conde de Vista Florida. El 16 de noviembre de 1822, la Junta, de definida orientación republicana, aprobó las bases de la Constitución Política del Perú, que sería promulgada el 12 de noviembre del año siguiente. Esta Junta esperaba enfrentar con sus propios medios al poder realista, atrincherado en el centro y norte del sur andino, para lo cual envió una expedición militar que desembarcó en Moquegua, pero fue infelizmente derrotada al poco tiempo.

Como reacción a este revés, el 27 de febrero de 1823 el ejército dio el primer golpe de Estado del Perú republicano. Bajo presión, al Congreso no le cupo sino elegir al favorito de las bayonetas, el general José de la Riva Agüero, como primer presidente de la República.

Al poco tiempo, el flamante mandatario emprendió una segunda campaña militar bajo el mando del general Andrés de Santa Cruz. El fracaso de este nuevo esfuerzo volvió a remecer el precario marco institucional y político peruano. Las tropas realistas tomaron Lima; el Congreso y el propio Riva Agüero se refugiaron en los castillos del Callao.

No obstante la delicada situación militar y política, Riva Agüero y el Congreso se distanciaron. El primero se retiró a Trujillo, ordenando la disolución del Congreso. Pero los miembros del Congreso, a su vez, desconocieron al presidente y nombraron en su reemplazo al marqués de Torre Tagle. La sombra del fracaso militar y los riesgos de una tambaleante institucionalidad política hi-

Boceto para la Batalla de Ayacucho, *óleo de Martín Tovar y Tovar. Este episodio bélico, en la Pampa de la Quinua (1824), resultó decisivo para la definitiva liberación de los pueblos americanos.*

cieron su parte para allanar el camino al Libertador del norte. Era la hora de Bolívar.

La expedición libertadora del Norte

Las fronteras del poder efectivo del naciente Estado republicano eran no sólo reducidas, sino política y militarmente imprecisas. El ejército realista ocupaba buena parte del territorio, sobre todo los Andes centrales, el sur y el Alto Perú. Por otra parte, en las filas patriotas no se había logrado una exitosa estrategia militar. En tales circunstancias, el Congreso Constituyente prácticamente se vio obligado a llamar a Bolívar.

El distinguido militar venezolano llegó al Callao el 1 de septiembre de 1823. Nombrado jefe de todos los ejércitos patriotas, Bolívar se vio inmerso en la vorágine de la situación interna, tensa y peligrosa. Tuvo que doblegar la rebeldía de Riva Agüero, quien le amenazaba desde el norte, y debió enfrentarse, duramente, a los avatares de una hacienda pública en quiebra e incapaz de sufragar los gastos mínimos de un ejército en campaña.

Los ejércitos realistas se sentían fuertes y tomaron el Callao y Lima. Bolívar se vio obligado a retirarse al norte, a Pativilca, para reorganizar su ejército. Entretanto, Torre Tagle, acusado de negociar con los españoles, era destituido por el Congreso, que adjudicó a Bolívar el título de dictador del Perú. Era el poder total.

Con mano férrea y experimentada, Simón Bolívar organizó una fuerza militar capaz de reiniciar la guerra. Su primer objetivo era hacer frente a las fuerzas realistas del general José Canterac en la sierra central. El 6 de agosto de 1824 ambos ejércitos se encontraron en las pampas de Junín. Sin disparar un solo tiro, y a fuerza de arma blanca, se impusieron las tropas patriotas. La retirada de Canterac no se detuvo hasta el Cusco, donde unió lo que quedaba de sus tropas con las del todavía virrey del Perú, José de la Serna.

En octubre de 1824 La Serna y su ejército salieron de Cusco a hacer frente al ejército patriota. El 9 de diciembre los dos contingentes se enfren-

Este cuadro de Daniel Hernández (Pinacoteca Banco Central de Reserva del Perú) recoge el momento de la capitulación del ejército realista tras su derrota en Ayacucho.

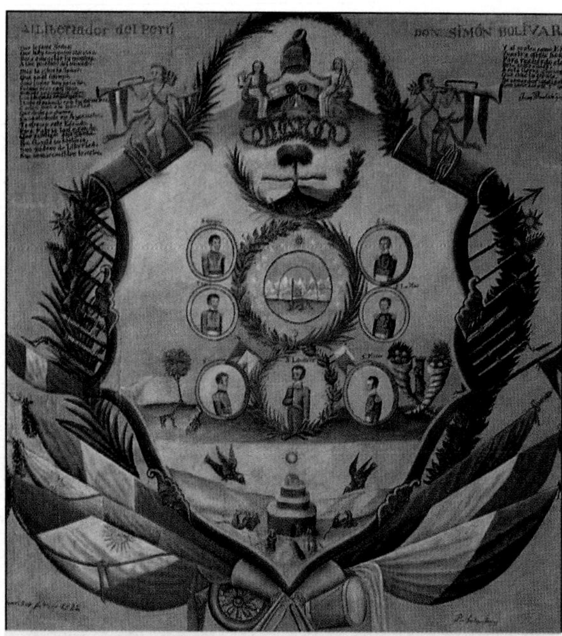

Pintura realizada en 1825 en homenaje «al libertador del Perú, Simón Bolívar», quien completó la Independencia del Perú y consolidó la de toda América del Sur.

taron en la Pampa de la Quinua (Ayacucho). Como Bolívar se encontraba en Lima, el general Antonio José de Sucre tomó el mando de las tropas. El virrey La Serna iba a la cabeza de nueve mil soldados, entre los cuales apenas más del 5 por ciento eran peninsulares y el resto indígenas del sur de los Andes.

La victoria sonrió a los rebeldes, firmándose la Capitulación de Ayacucho el 9 de diciembre. Los realistas entregaron el territorio ocupado, que no incluía el Alto Perú, todavía en poder del general Pedro Antonio Olañeta.

En el Callao, otro general se negaba a acatar los términos firmados en Ayacucho: el brigadier José Ramón Rodil. Sólo capitularía después de un prolongado asedio, el 22 de enero de 1826. Entretanto, en el Alto Perú desaparecía el último baluarte significativo de la resistencia realista. El general Olañeta murió a manos de sus propios soldados. Era el final de la presencia hispana en los Andes.

La Constitución vitalicia

Después de la batalla de Ayacucho, Simón Bolívar continuó gobernando el país durante más de dos años. En febrero de 1825 el Congreso había acordado prorrogarle la Dictadura y un mes más tarde el mismo Congreso acordó disolverse.

Por otro lado, en el plano externo, bajo el influjo del libertador venezolano, el Alto Perú buscó autonomizarse del Perú, adoptando el nombre de Bolivia. Bolívar preparó para esta nueva república su famosa Constitución vitalicia en virtud de la cual, y tal como su nombre lo indica, él ejercía la primera magistratura del Estado de por vida. Una vez fue aprobada en territorio boliviano, el siguiente paso fue imponer una Constitución similar en el Perú.

Pronto Bolívar se convirtió en el primer presidente vitalicio de ambas repúblicas. El proyecto de la Confederación de los Andes, su acariciado sueño, estaba en marcha. Sin embargo, la difícil situación interna de la Gran Colombia, parte fundamental de dicho proyecto, contribuyó a frustrar el esquema. El 23 de setiembre de 1826 Bolívar abandonó el Perú, dejando una guarnición de colombianos que al poco tiempo se rebelaron y pidieron volver a su patria. El 27 de enero de 1827 un cabildo abierto en la capital puso punto final a la Constitución vitalicia. Este destacado acontecimiento político significaba el fin del influjo de Bolívar en el Perú.

Afirmación y crisis de Perú como entidad independiente

Con la retirada de las tropas colombianas se inició una de las etapas más caóticas en el Perú republicano. Frente a la ausencia de una contraparte civil organizada, los militares victoriosos exigieron, sin regateos, el derecho de manejar el país. Entre 1827 y 1872 —año en que fue elegido el primer presidente civil— gobernó el Perú una oleada interminable de caudillos militares.

Con Bolívar lejos de Lima, se instaló un nuevo Congreso Constituyente que eligiría al nuevo presidente de la República, el mariscal José de la Mar.

Antonio José de Sucre, lugarteniente de Bolívar, en un óleo pintado en 1924 por Arturo Michelena.

El militarismo y la determinación de las fronteras

El delicado y dramático tema de definir las fronteras trajo consigo una serie de acontecimientos que convulsionaron la precaria estructura política de la República. En particular, las tensiones con Bolivia y la Gran Colombia, las cuales desempeñaron un papel gravitante en los años siguientes.

La intranquilidad interna que sufría Bolivia debido a la la presencia bolivariana sirvió de pretexto al Prefecto del Cusco y curtido caudillo Agustín Gamarra para invadir el territorio de la vecina nación. Este país altiplánico estaba siendo gobernado por el general Sucre.

Gamarra venció a Sucre, obligándole a abandonar Bolivia y partir hacia la Gran Colombia, donde se reuniría con Bolívar. Éste estaba resentido con el Perú, país al que le reclamaba las zonas de Tumbes, Jaén y Maynas.

El 3 de julio de 1828, el que una vez fuera su presidente vitalicio le declaró la guerra al Perú. La flota naval peruana tomó Guayaquil y su ejército penetró en Colombia. Pero los avatares bélicos quitaron su ventaja inicial a los peruanos y les obligaron a firmar el 28 de febrero de 1829 el Convenio de Girón, por el cual se retiraban de

Las tensiones internas y externas del Perú republicano

Junto a las hondas y desgarradoras tensiones internas —derivadas de las diferencias en la condición social y en el nivel de vida de la población, de los contrastes geográficos, de la inestabilidad política y de la supervivencia de unas estructuras coloniales—, las tensiones externas no eran menos complejas de resolver. Las relaciones con los países vecinos demandaban una atención permanente, un esfuerzo que en muchas ocasiones llegó al sacrificio de importantes recursos económicos y de numerosas vidas humanas. Así como los meridianos y los paralelos determinan la ubicación de los lugares geográficos, la interpretación de la historia republicana de Perú no puede hacerse cabalmente si no se toman en cuenta las tensiones externas y las tensiones internas que la han caracterizado de modo pertinaz.

Jorge Basadre, *Perú, problema y posibilidad*

José de la Mar, elegido presidente del Perú por el Congreso Constituyente de 1827, que había sido convocado por el presidente del Consejo de Gobierno, Andrés de Santa Cruz.

Por el tratado de 1829 el presidente Agustín Gamarra puso fin a la guerra con Colombia, estableciendo que los límites fronterizos del Perú serían los del antiguo virreinato.

Guayaquil y, en general, del territorio grancolombiano. Estos hechos dieron pie a que los generales Agustín Gamarra y Gutiérrez de la Fuente se alzaran contra el presidente La Mar, forzando su deportación. Comenzaba pues la era de Gamarra.

Perú y Bolivia: dos lecturas de una unión

Entre 1829 y 1841 un tema internacional gravitó profundamente en el devenir político de la nueva república: la relación con Bolivia. La unidad histórica y geográfica de ambos países era una realidad que no podían ignorar los líderes de los dos lados de la frontera, sólo que cada uno enfatizaba la primacía de su propio país. Así, para Gamarra, Bolivia era parte vital del sur peruano. Y el presidente boliviano, Andrés de Santa Cruz, miraba tal unión desde una óptica más favorable para su patria, buscando incluso por momentos segregar el sur andino para incorporarlo a Bolivia.

En 1829, Gamarra fue elegido presidente del Perú. Durante los próximos doce años su presencia en el escenario político peruano se volvería gravitante, bien desde el poder, bien desde la oposición militar. Gobernando autoritariamente, tuvo que capear durante su estadía en el palacio de gobierno innumerables intentonas golpistas, que lo obligaron a estar siempre en campaña.

El 19 de diciembre de 1833 Gamarra concluyó su agitado mandato y fue elegido presidente de la República el general Luis José Orbegozo. Pero la paz no duró mucho tiempo. El 22 de febrero de 1835 se sublevó el general Felipe Santiago Salaverry. Orbegozo en ese momento se encontraba en Arequipa y buscó el apoyo militar del presidente de Bolivia, Andrés de Santa Cruz. Era la oportunidad que estaba aguardando el astuto general boliviano, quien penetró en el Perú y derrotó primero a Gamarra, que le había salido al frente el 13 de agosto de 1835. El 7 de febrero de año siguiente venció a Salaverry en la batalla de Socabaya, y le hizo fusilar en la plaza de armas de Arequipa.

Bandera de la Confederación Peruano-Boliviana. La alianza entre ambos Estados nació del Pacto de Tacna, en 1836, y tocó a su fin tras la batalla de Yungay, el 20 de enero de 1839.

El almirante chileno Manuel Blanco Encalada, jefe de la primera expedición restauradora al Perú durante la Guerra del Pacífico, desembarcó en Islay el 12 de octubre de 1837.

Dueño del escenario, Santa Cruz empezó a dar los pasos necesarios para conformar la Confederación entre los dos países tal como él la concebía. Convocó al Congreso de Sicuani para constituir el Estado Sur-Peruano —compuesto por los territorios de Ayacucho, Arequipa, Cusco, Puno, Tacna—, al Congreso de Huaura para el Estado Nor-Peruano —del que formaban parte La Libertad, Lima, Huaylas, Maynas, Junín— y al Congreso de Tarapacarí, donde los diputados de Bolivia acordaron integrarse a la Confederación.

El 28 de octubre de 1836 Santa Cruz convocaba al Congreso de los tres Estados en la ciudad de Tacna. El Pacto de Tacna —resultado de esa reunión— designó a a Santa Cruz Protector de la Confederación por un período de diez años.

Chile y la Confederación

Para Chile, durante el siglo XIX, casi siempre los momentos cruciales del Perú han sido motivo de preocupación y de interés para, de alguna forma, involucrarse en ellos. La Confederación Peruano-Boliviana fue, en ese sentido, una circunstancia histórico-política clave. El gobierno de Santiago de Chile, consciente de que la Confederación era un proceso que fortalecía a largo plazo la unidad histórica de Perú y Bolivia, hizo lo imposible por socavar el proyecto y destruirlo. Chile contaba con el apoyo de peruanos a los que incomodaba la primacía boliviana o incluso hasta el color oscuro de la piel del Protector de la Confederación.

El 26 de diciembre de 1836 Chile declaró la guerra a la Confederación. La Argentina de Juan Manuel Rosas siguió sus pasos declarándose en conflicto con el Perú unos meses más tarde, el 9 de mayo de 1837. Para cumplir su cometido, Chile envió dos expediciones. La primera, el 15 de septiembre de 1837, al mando de Manuel Blanco Encalada, acabó en fracaso. La segunda, el 19 de julio de 1838, al mando de Manuel Bulnes logró movilizar a 5,500 soldados que desembarcaron en Ancón y derrotaron a Orbegozo en las afueras de Lima. Agustín Gamarra fue nuevamente proclamado presidente del Perú.

El 20 de enero de 1839, las tropas de Santa Cruz se enfrentaron al ejército de Chile, pero fue derrotado en la batalla de Yungay. Chile había alcanzado, finalmente, su propósito de acabar con la Confederación.

Batalla de Ingavi, el 18 de noviembre de 1845. Así como el proyecto de la Confederación no pudo ejecutarlo Santa Cruz desde Bolivia, tampoco pudo concretarlo Gamarra desde Perú.

Perú-Bolivia: otra vez, pero desde la otra orilla
Liquidada la Confederación, Agustín Gamarra pasó a convertirse en presidente provisional del Perú. Un Congreso Constituyente convocado por él mismo lo eligió presidente constitucional.

Dueño del poder, Gamarra retornó a su viejo sueño: incorporar Bolivia al Perú. No le fue difícil encontrar pretextos para invadir el país vecino; finalmente, el 15 de octubre de 1841, La Paz fue ocupada por tropas peruanas.

Pero los bolivianos reaccionaron con rapidez y contundencia: Gamarra fue derrotado y muerto en acción el 18 de noviembre, en la batalla de Ingavi. El 7 de junio de 1842 ambos países firmaron el Tratado de Paz de Puno, sin cesiones territoriales para ninguna de las partes. El segundo proyecto de unión también había muerto.

Consecuencias internacionales de la Confederación Peruano-Boliviana

Durante la primera mitad del siglo XIX, el Perú criollo debió tomar decisiones acerca de la distribución del poder político, tanto dentro de su territorio como dentro del nuevo contexto geopolítico sudamericano, para el cual no valían ya los arreglos del sistema español. Era necesario decidir cuál sería el nuevo centro hegemónico o alternativamente montar, cuidadosamente, el pluralismo de un equilibrio de poderes. Fracasada la gran confederación de Bolívar —que incluía a Colombia, Venezuela, Ecuador, Perú y Bolivia—, había quedado abierta la posibilidad de un eje Perú-Bolivia que significara la adaptación al siglo XIX del antiguo modelo incaico y austríaco, interrumpido primero por las reformas borbónicas (es decir, por la creación del Virreinato de Buenos Aires) y después por la Independencia de Bolivia. Pero ese eje resultaba inaceptable para los demás países sudamericanos. Aunque la unión Perú-Bolivia implicaba principalmente el control de los Andes centrales y el Pacífico Sur, traía consigo otras derivaciones: interrumpir la expansión brasileña en la Amazonia, neutralizar la influencia argentina en la cuenca del Plata y marginar o controlar a Chile. Era, en definitiva, la aparición de un poder cuasi imperial. Argentina y Chile comprendieron bien estos peligros y se vieron obligados a defender, como suyos, nada menos que los planes españoles del siglo XVIII, que restaban importancia a los países andinos.

Pablo Macera, *Visión histórica del Perú*

La economía de 1821 a 1840

En contraste con las economías de otros países de América Latina que conocieron un período de expansión hacia afuera tras lograr la Independencia, en el Perú la demanda de productos para el mercado internacional resultó bastante limitada, al menos hasta 1840, año del inicio del *boom* guanero. En ello influyeron los quince años de guerra ininterrumpida que arruinaron la economía.

La minería, sustentada principalmente en la producción de plata, había sido asfixiada por el desabastecimiento de mercurio, así como por la destrucción y el aniego frecuente de los yacimientos debido al torbellino militar de la época. Otro tanto ocurría con las otrora florecientes plantaciones costeñas. La imposición de cupos en dinero, víveres y forrajes por parte de los ejércitos en

Una panorámica novecentista de la capital estatal y de sus habitantes. Esta Vista de Lima con damas y caballeros paseando por el río Rímac *pertenece a Johann Moritz Rugendas.*

Exportaciones del Perú en el período 1833-1840 (en libras esterlinas)

Libras esterlinas

Salitre · Cobre · Lanas · Algodón · Corteza · Cueros Pieles

1833: 16,630 · 570 · 19,857 · 672 · 8,089

1834: 36,481 · 6,718 · 62,908 · 1,140 · 101 · 16,549

1835: 57,895 · 35,436 · 28,290 · 3,515 · 4,975 · 12,865

1836: 45,507 · 37,253 · 19,146 · 166 · 23,143 · 17,016

1837: 122,535 · 74,675 · 37,146 · 190 · 16,314 · 6,542

1838: 62,196 · 89,859 · 34,537 · 3,365 · 3,430

1839: 63,592 · 83,833 · 6792 · 16,373 · 42,758 · 3,572

1840: 135,328 · 108,044 · 971 · 3,537 · 30,608 · 3,708

campaña —fueran patriotas o realistas— constituyó otro pesado fardo que gravitaría sobre los propietarios en general.

El comercio capitalino, antaño orgulloso bastión de las clases altas coloniales, sufría el impacto de las reformas del siglo XVIII, el surgimiento de nuevos ejes marítimos como el Río de la Plata y Valparaíso, y las desventajas de un costo de transporte marítimo alto, consecuencia de la relativa lejanía peruana respecto del Atlántico.

En las primeras décadas republicanas las exportaciones consistieron fundamentalmente en corteza de quinina, cueros, pieles, lanas, oro, plata y materias colorantes; en suma, productos de origen principalmente andino, cuyo mercado fundamental era Europa, y en particular Inglaterra y Francia.

En resumen, puede decirse que las primeras dos décadas de la República fueron bastante duras para el país, que las guerras destruyeron su infraestructura productiva más importante —incluyendo haciendas, minas, obrajes, etc.—, que los cupos militares afectaron tanto a propietarios urbanos como rurales y que la penuria económica asoló al cuerpo social del país, especialmente a los sectores más desfavorecidos.

Pobreza fiscal

Otro tanto ocurrió con la situación del erario fiscal. El Estado debió sustentar sus gastos básicamente en dos ingresos: el tributo indígena y los derechos de aduanas.

San Martín había suprimido el tributo colonial en 1821, pero las angustias económicas del fisco llevaron a su restablecimiento en agosto de 1826 bajo el nombre de «contribución indígena». Este nuevo gravamen perduró hasta 1854, año en que fue abolido por Ramón Castilla a la sombra de la prosperidad del guano.

El hecho de que en esos momentos difíciles el Estado republicano reposara todavía en los hombros de los más pobres, los de la población indígena, llevó al ministro Juan Crisóstomo Torrico a expresar en su *Memoria* presentada ante el Con-

Hacienda costeña en el siglo XIX. Hasta los años del auge de la explotación guanera, los productos agrícolas constituyeron una buena parte de las exportaciones del Perú.

greso de la República en 1851, una verdad que nos exime de mayores comentarios: «Hay una clase en el país sobre la que pesa generalmente el gravamen establecido para subvenir a los gastos del Estado; pero hay otra que goza el privilegio de no contribuir a pesar de que en su inteligencia y en las ventajas de su posición encuentra más facilidades y recursos para trabajar con provecho», según cita Jorge Basadre en *La multitud, la ciudad y el campo*.

Pero en tanto los ingresos fiscales tendían a debilitarse por la penuria económica del país, los gastos de la administración pública se incrementaban en razón de que el aparato de Estado había pasado a convertirse en botín de presa para las facciones militares en pugna. El crédito externo e interno fue el expediente fácil para paliar una sed de recursos nunca satisfecha.

El primer préstamo del Estado fue comprometido por José de San Martín en el año 1822 para sufragar los gastos de la Independencia. Obtuvo de la casa Tomás Kinder un empréstito por 1'200,000 libras esterlinas. El segundo, decidido por Bolívar, apenas si logró conseguir un tercio de lo propuesto. Para 1826, la deuda externa pasaba de 1'800,000 libras esterlinas. Pronto, el Estado

El trabajo indígena en los obrajes

El trabajo de los obrajes empieza antes que aclare el día, a cuya hora acude cada indio a la pieza que le corresponde según el ejercicio, y en ella se le reparten las tareas que le pertenecen y luego que se concluye esta diligencia, cierra la puerta el maestro del obraje, y los deja encarcelados. A medio día se abre la puerta para que entren las mujeres a darles la pobre y reducida ración de alimento (...). Cuando la oscuridad de la noche no les permite trabajar, entra el maestro del obraje a recoger las tareas: aquellos que no han podido concluir, sin oír excusas y razones, son castigados con tanta crueldad que es inexplicable, y aquellos hombres impíos descargan sobre los miserables indios azotes a cientos (...), y para conclusión del castigo los dejan encerrados en las mismas piezas por prisión. Y aunque toda la casa lo es, hay un lugar determinado con cormas o cepos para castigarlos más indignamente (...). Durante el día hacen varias visitas en cada pieza el maestro del obraje, su ayudante y el mayordomo: y el indio que se ha descuidado en algo es inmediatamente castigado (...) y prosigue después su trabajo hasta que es hora de dar de mano, y entonces se suele repetir el castigo.

Jorge Juan y Antonio de Ulloa, *Noticias secretas de América* (1826)

El general Ramón Castilla se impuso en la batalla de El Carmen Alto, en Arequipa, a las tropas de Manuel Ignacio Vivanco. (Pintura del Museo Nacional de Historia, Lima.)

se declaraba insolvente para pagar las 50,000 libras semestrales de intereses. Otro tanto ocurría con la enorme deuda interna originada por los requerimientos de los ejércitos en armas, pensiones no pagadas, pago a servidores públicos, préstamos voluntarios y forzosos al Estado.

Los acreedores externos e internos hubieron de esperar un buen tiempo hasta que el *boom* guanero les dio finalmente la oportunidad de recuperar el valor de sus títulos. Pero esa ya es otra historia.

La anarquía: 1842-1849

A la muerte de Gamarra, el Perú atravesó una etapa de caos político realmente dramática. Las pugnas por el poder entre las facciones militares se tornaron más enconadas y violentas que nunca. La mera relación de algunos de los personajes más conocidos de esa época da idea de lo frágil del ordenamiento institucional de ese momento: así puede citarse a Manuel Meléndez, presidente del Consejo de Gobierno, encargado del mando en 1840, 1841-1842 y 1844-1845; el general Juan Crisóstomo Torrico: vicepresidente del Consejo y encargado del mando en 1842; el general Juan Francisco Vidal, segundo vicepresidente del Consejo, encargado del mando en 1842-1843; el doctor Julio Figuerola, vicepresidente del Consejo, encargado del mando en 1843; el general Manuel Ignacio de Vivanco, supremo director en 1843; Manuel Domingo Nieto, presidente de la Junta de Gobierno en el Sur, en 1843-1844; Domingo Elías, prefecto y encargado del mando Norte entre 1843 y 1844.

El control del poder en la mayoría de los casos apenas si duraba meses, cuando no semanas. Uno de los gobiernos que dejó huella en el Perú de esos años fue el del general Manuel Ignacio de Vivanco, quien impuso un tipo de gobierno denominado «el Directorio», famoso por aglutinar tendencias conservadoras. Contra él se rebelaron los militares Ramón Castilla y Domingo Nieto, terminando por imponerse el primero.

En ese contexto de precariedad institucional, el entorno internacional continuó siendo difícil para el Perú, sobre todo en lo que se refiere a sus relaciones con Bolivia y Ecuador.

Exportaciones peruanas en los años 1838-1839

Artículos	*Valor en 1838*		*Valor en 1839*	
	Dólares	***Libras***	***Dólares***	***Libras***
Cascarilla	164,370	32,874	50,327	10,065
Oro, plata	6'542,062	1'308,412	6'554,141	1'310,828
Cuero chinchilla	10,968	2,193	11,016	2,203
Cobre (barrilla)	108,857	21,731	91,079	18,218
Cobre (barras)	—	—	14,637	2,927
Algodón	360,213	72,043	371,300	74,360
Cueros de vaca	18,213	3,642	6,859	1,371
Cuernos	—	—	320	64
Pieles de foca	—	—	556	111
Salitre	259,220	51,814	299,152	59,830
Azúcar	52,150	10,430	52,150	10,430
Estaño	78,312	15,662	61,867	12,375
Lana vicuña	—	—	752	150
Lana oveja	325,602	70,520	252,032	50,506
Alpaca	144,820	22,965	397,650	79,530
Total	**8'061,593**	**1'612,318**	**8'164,349**	**1'632,869**

Foto: Martín Chambi

La era del guano

Entre 1845 y 1869 el Perú vivió una de las épocas más prometedoras de lo que hasta ese momento había sido su vida republicana. Súbitamente la penuria fiscal, característica de las primeras décadas republicanas, fue reemplazada por generosos ingresos y la consolidación de grupos económicos dueños de una apreciable fortuna.

Grabado que representa el transporte del guano hacia los puertos desde donde se exportaba a Europa.

Las cifras del comercio externo del país muestran un notable incremento, así como el crecimiento del consumo suntuario que, aunque selectivo, transformó el estilo de vida de ciertos estratos de la población. Un nuevo espíritu nacía tras las dos primeras y frugales décadas de la vida republicana.

Perú había ingresado en la era del guano, fertilizante depositado naturalmente a lo largo de la costa en islas y peñones por la acción excretora de las aves del litoral. Conocido desde la época prehispánica, su uso en la agricultura continuó durante la Colonia, aunque en reducida escala.

La Revolución Industrial europea había creado las condiciones para el posicionamiento de este producto. Europa, en plena transformación industrial, requería que sus tierras fueran más productivas. El guano peruano fue «descubierto económicamente» y se convirtió en un medio eficaz para aumentar la productividad de las tierras que, debido al crecimiento de las zonas dedicadas al pastoreo, debían producir más alimentos y así proveer a una creciente población urbana y proletarizada.

De otro lado, Perú tenía el monopolio casi total de este producto, ya que en ninguna parte del mundo se daban las condiciones propicias para su explotación. Salvo un caso excepcional y breve en África, todas las exploraciones encaminadas a hallar una fuente alternativa a la peruana fracasaron.

El primer contrato guanero fue firmado en el año 1841, durante el gobierno del general Gamarra, por el ministro de Hacienda, Ramón Castilla, y el presidente de la Cámara de Comercio de Lima, Francisco Quiroz. Era el comienzo de un ciclo que duraría más de tres décadas y que se cerraría trágicamente con la Guerra del Pacífico, iniciada en 1879.

Estimación del guano importado a Gran Bretaña entre 1844 y 1850 (en toneladas)

	1844	*1845*	*1846*	*1847*	*1848*	*1849*	*1850*
África	76,898	207,.679	5,309	1,146	950	2,345	2,953
Chile	9,743	11,656	10,340	10,574	6,029	4,311	6,224
Perú	16,475	14,101	22,410	57,762	61,055	73,567	95,083
Patagonia	—	—	38,181	10,223	—	1,945	5,587
Total	**104,251**	**283,300**	**89,203**	**82,392**	**71,414**	**83,438**	**116,925**

Caracterización del mariscal Castilla

Ramón Castilla no era una persona imaginativa, pero vivía de realidades. Tenía un innato talento práctico y un espíritu penetrante. Era un hombre rudo y tosco; sus maneras ciertamente distaban de ser elegantes. Su amigo el mariscal Nieto decía que Castilla era «terco y de indomable carácter»; a veces dio muestras de magnanimidad y liberalidad, pero en la dictadura fue implacable con sus enemigos, a los que aplastó sin piedad y no sin rasgos de mezquina política, debido sobre todo a las difíciles circunstancias que tuvo que afrontar en el poder. Tenía en su haber dos cosas importantes: la una, conocer a la perfección el territorio peruano y el de las vecinas repúblicas; y la otra, haber tratado a casi todos los caudillos políticos de la época, de ahí que nadie le aventajase en la conducción del gobierno. Durante su gobierno comenzó la era del progreso en el Perú. Murió el 30 de mayo de 1867, intentando reemprender una campaña política para reconquistar el poder.

A. Valcárcel, *Historia general del Perú*

Museo Nacional de Historia, Lima

Desde el punto de vista político, fue un período fundamental en el desarrollo peruano. El caudillismo militar perdió fuerza por obra de los propios militares y la elite exportadora —el grupo más beneficiado con el *boom* guanero— decidió jugarse las cartas de la institucionalidad política.

En 1872 fue elegido el primer presidente civil de la historia de la República, Manuel Pardo y Lavalle. Previamente, lo más granado de esta elite había optado por organizarse políticamente, dando a luz el Partido Civil. La secuencia de los gobernantes de la época da un claro indicio de lo tardío de esta preocupación por el poder que tuvo la elite.

Como tónica general, el mandato de todos los presidentes era relativamente corto, destacando en ese sentido el primero, el del mariscal Ramón Castilla, el jefe de Estado que gobernó más tiempo el país durante el siglo XIX. Castilla se preocupó por sentar las bases de la institucionalidad del Estado. El desorden fiscal había impedido cumplir con el mandato constitucional de confeccionar el Presupuesto de la República.

En 1845, Castilla ordenó realizar el primer presupuesto del Perú republicano. Hasta ese momento, los egresos más importantes del país habían estado destinados a los gastos militares, dado el permanente estado de guerra —interna y externa— que vivía la República. De otro lado, los ingresos habían tenido dos fuentes fundamentales: las contribuciones de los indígenas y los impuestos de aduanas. A partir del auge del guano, como es de suponer, esta tendencia cambió, convirtiéndose su exportación en la primera fuente de ingresos del Estado.

La venta libre del guano

La comercialización del guano fue sometida principalmente a tres modalidades: la venta libre, el sistema de consignaciones y el monopolio.

Presupuestos de la República 1865-1868 (en pesos)

Año	Ingresos	Egresos
1865	14,216,000	13,360,000
1866	14,110,000	13,544,197
1867	14,030,000	13,544,200
1868	14,600,000	20,500,000

Peonada de hombres trabajando en la extracción del guano en una de las islas de Chincha, departamento de Ica, en el sur del litoral peruano.

El primer contrato bajo la modalidad de venta libre fue el celebrado entre el Estado peruano y Francisco de Quiroz. Sin embargo, a pesar de ser éste un empresario peruano —«uno de los poquísimos empresarios nativos del país que conocía los procedimientos europeos del comercio y las finanzas», en palabras de Jonathan Levin—, él mismo pronto comprendió que la magnitud de la empresa requería de capital, tecnología y personal de un nivel que rebasaba las disponibilidades de los grupos empresariales locales. Por lo tanto, para iniciar la explotación y tratar con el gobierno —propietario de los depósitos—, Quiroz no vaciló en aliarse con la firma Joseph William Myers Company, con sede en Liverpool, de la que obtuvo apoyo financiero y comercial.

Este contrato apenas si duró alrededor de un año (aun cuando su licencia o concesión fijaba seis) en razón de que el nivel de precios fue tan alto que el Consejo de Estado decidió cancelarlo en noviembre de 1841. En efecto, la tonelada de guano había llegado a cotizarse en más de 25 libras esterlinas. Al momento de rescindirse el contrato, Quiroz y su grupo habían obtenido 88,000 libras, de las cuales el Estado apenas percibió menos del 10 por ciento (8,000 libras) ¡aún faltando 5 años para que expirase el contrato!

Quiroz y Myers aceptaron que el gobierno abriese una nueva licitación, que fue adjudicada al mismo Quiroz. En diciembre de 1841 se firmó el segundo contrato guanero. El nuevo acuerdo estipulaba que las dos terceras partes de los ingresos le corresponderían al Estado. Dadas las dimensiones de la nueva actividad, la premura del Estado peruano por recibir su parte de los ingresos guaneros antes que los contratistas lo hubieran colocado en el mercado, esta vez las propias condiciones prácticamante abrieron el camino a la participación de nuevos capitales europeos: «Asociados con Quiroz estaban en el nuevo con-

Empréstitos o adelantos de fondos de particulares al Estado a cuenta del guano			
Año	*Habilitadores*	*Suma (en miles de soles)*	*Costo (en miles de soles)*
1847	Miguel Montané	700	70
1848	Gibbs y Montané	24	2.4
1849	Agustín Lequerica	30	3
—	Gibbs y Cía.	20	8
1850	R. Sutler	384	36
—	R. Gibbs y Montané	384	75
—	Alsop y Cía.	800	80
1861	Lescaut y Cía.	1,350	125
1861	Lescaut y Cía.	6,000	300
1866	Lescaut y Cía.	1,200	118
1867	Lescaut y Cía.	500	50
1868	Consignación de Bélgica	1,000	100
—	Consignación de Gran Bretaña	3,000	150
—	Witt Schult	1,750	12,5
—	Consignación de Holanda	125	12,5
—	Consignación de Italia	175	17,7
—	Thomas Lachambre	3,500	350
—	Valdeavellano & Cía.	10,000	1,200
1869	Valdeavellano & Cía.	5,750	550
—	Valdeavellano & Cía.	4,000	200
—	Valdeavellano & Cía.	2,000	200
—	Valdeavellano & Cía.	812	75

trato Aquiles Alier y su socio agente era la ampliada casa Myers-Bland Company», según Levin.

Entretanto, Inglaterra aguardaba su hora. A los tenedores de bonos ingleses se les presentó al fin la posibilidad de resarcirse de la deuda gestada en los primeros años de la República y cuyo pago había sido suspendido desde 1825 debido a la precaria situación económica de Perú. El gobierno británico presionó entonces para que parte de este ingreso se destinara a pagar la deuda externa. Lo consiguió en el papel, aunque en la práctica muy poco llegó a los bolsillos de los acreedores ingleses.

El 19 de febrero de 1842, el segundo contrato guanero fue reemplazado por uno nuevo; en él figuran asociados Quiroz-Alliers y dos nuevas firmas: Puimirol, Poumaroux y Cía. (Francia), y Gibs-Crawnley (Inglaterra). Esta vez, además, los acreedores externos se cuidaron de precisar muy bien las condiciones que aseguraran más eficazmente el pago de sus postergadas deudas.

El sistema de consignaciones

A partir de 1847, el Estado peruano decidió cambiar de sistema de comercialización, adoptando el de consignación. Este sistema implicaba que, conservando el gobierno la propiedad del abono, los consignatarios actuaban por cuenta de aquél como mandatarios a comisión. En calidad de tales, recibían el guano de las islas, se encargaban de su transporte y colocación, y corrían con los gastos que demandaba dicha comercialización, proporcionando, además, las sumas de dinero que por adelantado requería el gobierno peruano. A su vez, el contratista cobraba un porcentaje de comisión sobre las ventas brutas —mayores votos, mayor ganancia— y otro sobre las ventas netas —mayores volúmenes y no mayor precio por tonelada—, aparte, claro está, de los intereses correspondientes al dinero facilitado al Estado.

En la práctica, el grupo pionero Quiroz-Allier fue excluido del negocio guanero, de suerte que, según expone Jorge Basadre en *Historia de la Re-*

Augusto Dreyfus, empresario francés residente en Lima, recibió en «monopolio» el encargo de proveer a una Hacienda pública con poca o casi nula posibilidad de crédito externo.

pública del Perú, «entre 1847 y 1850 quedó claramente definido que, con la excepción de las negociaciones efectuadas por la Casa Montané, el nombre que era sinónimo de los consignatarios era la Casa Gibbs. En Londres funcionaba Antonio Gibbs e Hijos, y en Lima Guillermo Gibbs y Cía.»

A finales de 1868 el Perú debía a los consignatarios 15'648,000 soles. ¿Quiénes eran estos acreedores? Hay que tener presente que ya a partir de 1862-1863, los comerciantes locales lograron manejar la parte más sustantiva del paquete de contratos guaneros. A lo largo de estos años, la hacienda pública no sólo no recibió la mejor tajada de los pingües ingresos producidos por el fertilizante sino que, en razón de su ilimitada sed de recursos, terminó siendo asfixiada por los mismos contratistas. Convertidos en voraces acreedores suyos, montaron un magnífico negocio otorgando créditos al Estado a elevado interés y, claro está, con la garantía del fertilizante.

El monopolio

Hacia finales de la década de 1860 un acontecimiento agitó vivamente el escenario político de la época. Por decisión del presidente José Balta y de su ministro de Hacienda, Nicolás de Piérola, se suprimió el sistema de consignaciones, se adoptó el sistema de monopolio y se entregó el control a

José Balta inició su gobierno el 2 de agosto de 1868. Debió enfrentar la penuria de la caja fiscal; fomentó las obras públicas y rechazó el cuartelazo de los coroneles Gutiérrez, en 1872.

Augusto Dreyfus. Era la hora de aquellos grupos locales que habían quedado marginados del festín guanero y que esperaban que ahora, por la vía estatal, se redistribuyeran los excedentes que quedaban en el país.

Como era previsible, la reaccción de los contratistas guaneros no fue pasiva ante el proyecto Balta-Piérola. Pedro Dávalos y Lissón escribe al respecto en su obra *La primera centuria*: «...Nunca antes la clase adinerada del país, que era aquella a la que pertenecían los consignatarios, interpuso para combatir el contrato Dreyfus un esfuerzo más desesperado, ni nunca tampoco la prensa toda, con clamorosa y extendida propaganda, la magistratura con su alta y augusta autonomía y hasta la misma Comisión Permanente del Cuerpo Legislativo, obraran con mayor diligencia, ni conmovieron en forma hasta entonces desconocida los cimientos del edificio social y económico».

Enrique Meiggs, nacido en 1811 en Estados Unidos, fue el ingeniero que tuvo a su cargo la construcción de la red ferroviaria del Perú, catalogada como la más alta del mundo.

En Ticlio el ferrocarril se eleva por encima de los 5,000 m de altitud sobre el nivel del mar, atraviesa 61 puentes con una extensión total de 1,832 m, y 65 túneles, con 9,140 m.

Finalmente, en agosto de 1869, el gobierno pactó definitivamente con Dreyfus, firmándose el contrato del mismo nombre. Por éste, la firma beneficiada compraba al Estado dos millones de toneladas de guano para colocarlas en exclusividad en todos los mercados, excepto el de Estados Unidos. Dreyfus, asimismo, iría sustituyendo a los consignatarios conforme fueran expirando sus respectivos contratos. A cuenta del guano a extraer, Dreyfus adelantaría dos mensualidades de un millón de soles cada una, después de las cuales se obligaba a proporcionar al gobierno peruano cuotas mensuales de 700,000 soles hasta mayo de 1871. Del mismo modo, la casa monopolizadora se comprometía a tomar a su cargo el servicio de la deuda externa, casi cinco millones de soles.

El señuelo ferroviario

El proyecto ferroviario obró de señuelo en un país empobrecido. Según Dávalos y Lissón, «Como la fiebre ferrocarrilera enardecía ánimos y la mayoría de las gentes esperaba de las obras públicas una era de prosperidad, nadie luchaba por Dreyfus o por los consignatarios, sino a favor de la lluvia de oro que debía traer al Perú la venta de dos millones de toneladas de guano».

Con los millones de libras esterlinas conseguidos a través de los préstamos (en los años 1869, 1870, 1872) con el respaldo del guano, José Balta, triunfante aristócrata provinciano, emprendió la política ferrocarrilera más ambiciosa de la historia del país y el primer gran intento de lograr su integración. Dos eran los trazos más importantes: el de Mollendo a Cusco y el de Lima a Cerro de Pasco. Enrique Meiggs, un pintoresco aventurero americano, fue el encargado de plasmar estos proyectos con el doble mérito de tender las vías férreas más altas y más caras del mundo.

Pronto se generó una densa selva de empleados y funcionarios civiles y militares. Entre éstos y los contratistas de los proyectos gubernamentales se dilapidó el ingreso guanero. Sin éste no eran posibles los ferrocarriles, y sin los ferrocarriles no se legitimaba el proyecto. La solución se encontró hipotecando las futuras producciones de guano, expediente mediante el cual se contrataron los más extraordinarios empréstitos de la República.

Obreros en la Estación de Desamparados del ferrocarril central a la sierra, en el distrito del Rímac, en Lima. La foto es de los últimos años del siglo XIX.

Balance de una era

La explotación de guano produjo una riqueza que bien pudo haber cambiado la historia del Perú. Si estimamos el total del fertilizante exportado en unas 10 millones de toneladas métricas (con un precio promedio de 10 libras esterlinas) se puede pensar en una cifra cercana a los 100 millones de libras.

Por desgracia, esos millones en su mayor parte se despilfarraron, tanto por culpa del Estado como por la alegre irresponsabilidad con que los propietarios locales se involucraron en el negocio exportador. Al destinar buena parte de los ingresos a un consumo suntuario e improductivo, sobre todo de productos importados, se dejaron de lado las inversiones en infraestructuras y los proyectos de futuro. Dávalos y Lissón anota que Lima en 1859, con aproximadamente el 5 por ciento de la población nacional, efectuaba el 63 por ciento de las importaciones del Perú.

Shane Hunt ha calculado que más de la mitad de todos los ingresos producidos por el guano se dedicaron a expandir la burocracia civil y militar. Un 12 por ciento fue destinado a transferencias de pago a peruanos y un 20 por ciento a la construcción de ferrocarriles.

Sin lugar a dudas, este último rubro constituyó el gasto productivo más importante como fruto del ingreso guanero. En Perú prendió el entusiasmo por el desarrollo, por el impacto positivo de este sistema de transporte en la salud económica de la nación.

Dada la ausencia de proyectos de envergadura que transformaran o modernizaran las bases productivas del país, se esperaba que el ferrocarril cumpliera un cometido casi mítico, conectando de manera prácticamente automática las riquezas del Perú con el mercado mundial. Se suponía que el tren traería un bienestar sin precedentes para el país y en particular para los lugares cercanos a los caminos de hierro.

Bajo esa inspiración se construyó el ferrocarril de Lima-Callao, que fue inaugurado en 1851 como segundo en Sudamérica; el de Tacna-Arica; el de Lima-Chorrillos; el Ferrocarril del Sur y el Ferrocarril Central, entre otros. Los especialistas han discutido sobre las bondades de estas costosas construcciones ferroviarias. Orientados a conectar los centros productores de materias primas con los puertos de embarque, los ferrocarriles acentuaron aún más el patrón agroexportador peruano. Tal vez hubiera sido aconsejable conectar los centros de producción entre sí. Pero cualquiera sea la perspectiva que se adopte, lo cierto es que los ferrocarriles constituyeron prácticamente el único rubro sustantivo hacia el que se canalizaron los ingentes recursos guaneros.

El primer circuito bancario

Gracias a los extraordinarios ingresos de que disponían los comerciantes locales, no tardaron en involucrarse en los circuitos financieros necesarios para el manejo y desarrollo de las exportaciones.

Se crearon así las primeras instituciones bancarias republicanas. Allí se encuentran, entroncados, el capital comercial y el capital financiero. Eran bancos que, a diferencia de los actuales, cumplían sólo funciones específicas de emisión y descuento, y en los cuales los nuevos ricos aparecían muchas veces vinculados a firmas extranjeras. Estas firmas actuaban como centros a partir de los cuales se financiaba y controlaba no sólo el circuito guanero, sino el comercio exterior.

Entre 1862 1869 se crearon el Banco de la Providencia, el Banco del Perú, el Banco de Lima, el Banco de Crédito Hipotecario, el Banco de Londres y Sud-América y la Caja de Ahorros de Lima.

Influjo guanero en otras actividades económicas

Una vez que este grupo comerciante y financiero impuso su sello económico a partir de la riqueza guanera, se crearon las condiciones para que, por lo menos, parte de esos recursos se orientasen hacia otras actividades, expandiendo la base productiva del país.

¿Hacia la industria? Difícil. El exiguo mercado interno no había sido alterado por el *boom*. La gran mayoría del país vivía aún dentro de las fronteras de la economía colonial, parroquial y de autosubsistencia, la misma que los herederos de la República se cuidaban de no alterar. De otro lado, los beneficios del guano habían ido a parar a manos de un reducido grupo que de por sí no alteraba la rígida estructura de demanda interna. La sofisticada satisfacción de sus necesidades sólo podía cubrirse a través de la importación suntuaria, por lo que se cerraba así el único mercado posible a una industria potencial.

La construcción de los ferrocarriles y la minería quedaron asociados al nombre de dinámicos empresarios extranjeros, como Jacobo (con bastón) y Henry Backus (de pie, con sombrero).

El sector productivo más beneficiado con los flujos de capital provenientes del guano fue el de la agricultura costeña, la cual se financió de forma indirecta, a través del flamante circuito bancario. En ese desarrollo influiría una coyuntura extraordinariamente favorable que despertó el entusiasmo de muchos hombres de aquel momento. A diferencia de los años de falencia que conoció la República en sus primeras décadas, en aquel momento la disponibilidad de recursos de capital, junto a una coyuntura internacional favorable —marcada por la crisis política cubana y la guerra civil americana que elevaron los precios del mercado internacional del azúcar y del algodón—, crearon las condiciones propicias para la expansión del azúcar y el algodón.

Auge del algodón y el azúcar

Las cantidades exportadas de algodón cobraron a partir de 1865 un extraordinario aumento, generado por la demanda del mercado inglés afectado por la Guerra de Secesión norteamericana.

Otro tanto ocurriría con el azúcar. Exceptuando la industria misma del guano, probablemente el campo más importante de inversión para los ahorros acumulados a expensas de los ingresos producidos por este producto, fue, sin embargo, la industria azucarera peruana la que disfrutó de un período de mayor prosperidad entre 1861 y 1875.

La de la costa ya había florecido durante la época colonial española, cultivada por esclavos africanos, pero después de la Independencia declinó debido a la escasez de trabajadores y por haberse creado el mercado chileno a consecuencia de un elevado impuesto.

La industria azucarera recobró cierta importancia tras la iniciación de embarques a los mercados europeos por Gibbs Company durante el decenio de 1830, pero hasta que se reanudó el comercio de coolíes chinos en 1861 y se movilizó el capital derivado del guano por obra de los nuevos bancos —después de 1862— no se entró en una nueva era de ampliación.

«Los propietarios de los campos azucareros convirtieron sus haciendas en grandes ingenios según fueron obteniendo los coolíes chinos que necesitaban y todo el equipo básico para la instalación de fábrica con el crédito otorgado por los nuevos bancos hipotecarios al 8 por ciento de interés anual, pagadero en 20 años», escribe Carlos Camprubí Alcázar en su *Historia de los bancos en el Perú*. Poco a poco, las haciendas de la costa que se hallaban dedicadas a los cultivos de consumo local se empezaron a transformar en plantaciones azucareras.

El azúcar fue uno de los motores de la economía peruana a partir de 1860. La fotografía, de finales del siglo XIX, muestra un flamante trapiche mecánico en un ingenio del norte del país.

El guano y la deuda

La construcción de ferrocarriles había otorgado la ocasión de acentuar el nunca satisfecho apetito de los gobiernos de obtener más y mayores préstamos, hipotecando los recursos guaneros presentes y futuros.

En verdad, el tema de los préstamos en estos años constituye una de las páginas más negras en la historia nacional. El 1'816,000 libras esterlinas de deuda externa —concertada con Londres en 1822 y 1824 para sufragar las guerras de la Independencia— se había transformado para 1848 en 3'736,000 libras. Ante las presiones de Londres por la renovación del pago de la deuda, con la hipoteca del guano Perú se embarcó alegremente en nuevos y abultados préstamos hasta alcanzar un lugar de privilegio entre los deudores mundiales de Inglaterra.

Así en 1872, según Jonathan Levin, «la deuda exterior del Perú ascendía a más de 35'000,000 de libras esterlinas, y el pago anual (que era de unos 2'700,000 libras) absorbió por completo los ingresos que obtenía el gobierno por ventas de guano. Para sufragar los gastos interiores del país, que ascendían a 17'000,000 de soles, sólo había 8'600,000 soles procedentes de otros ingresos gubernamentales aparte del guano, y de ellos 6'213,000 se cobraban por derechos de aduana. El guano, sin duda, se había convertido en ferrocarriles, pero los gastos interiores se habían transformado en un gran déficit prespuestario que precipitó otra crisis en el erario».

En suma, cuando el espejismo guanero se disipó, el Perú no sólo no había aprovechado de manera cabal los ingentes recursos que le produjo sino que, irónicamente, quedó arrastrando un acumulado de deudas que comprometieron los exiguos recursos de un Estado que, finalmente, se declaró en bancarrota. Colapsada la economía guanera, se desplomó el circuito bancario, mientras otro tanto ocurría, como en cadena, con la mayor parte de las escasas actividades productivas existentes.

Importaciones del Perú (1820-1860)	
1820	8'079,000
1852	9'382,650
1857	13'756,648
1859	15'319,222
1860	15'428,305

El Partido Civil

En 1871 el grupo económico más encumbrado del país, el guanero-exportador, buscó organizarse políticamente por primera vez. Sin una ideología claramente definida, pero con la voluntad de poner fin al militarismo, se organizó en el llamado Partido Civil. Descollaba en el seno de este grupo Manuel Pardo y Lavalle, uno de los hombres más cultivados de aquel entonces. Pardo se presentó como candidato a la presidencia de la República en las elecciones de 1872, imponiéndose a otros dos candidatos, también civiles, Antonio Arenas y Manuel Toribio Ureta.

Manuel Pardo, primer presidente civil, buscó superar la crisis financiera con el monopolio del salitre.

Emilio Romero Padilla anota en *Historia económica del Perú*: «El 24 de abril de 1871 se realizó en Lima una asamblea de doscientas personas de la flor y nata de la aristocracia de la sangre, del dinero y del talento, la cual proclamó la candidatura de Manuel Pardo a la presidencia de la República. Esa reunión de ciudadanos no se llamó aún Partido Civil, sino Club de la Independencia Electoral».

Pronto se estableció una organización de bases amplias: se crearon juntas departamentales, seccionales y parroquiales, y comités de barrios. Para cambiar el poder *de facto* por una denominación de *iure*, el civilismo no vaciló en salir a las calles y plazas. Según Romero, las inteligencias más destacadas, los «más grandes oradores de la época, José Simeón Tejada, Ramón Ribeyro, Lorenzo García, Luis Felipe Villarán y otros, lanzaron su aristocrático academicismo a las plazuelas, en busca de masa para su ideal político. (...) Indudablemente, era algo inusitado este acercamiento material y espiritual de la elite intelectual del Perú a las masas populares. Constituía una verdadera novedad en las prácticas políticas el que se hallaran en una asamblea popular los hombres que explicaban en la universidad la organización del Estado y los principios sobre los cuales se fundamentan y consolidan las democracias».

El 6 de agosto de 1871, tuvo lugar en Lima la más grande movilización de masas hasta el momento vista. De doce a catorce mil personas desfilaron por las calles de la capital. Ese día los grupos propietarios, de brazo con los gremios artesanos, con sus maestros y jefes de levita y capa, en camino hacia la plaza de Acho, pusieron en marcha «el primer movimiento cívico nacional». Antes los candidatos y caudillos de turno nucleaban en torno suyo pequeños grupos que unían su fortuna a la suerte de éstos. Si se desplazaban algunos cientos de personas, lo hacían con fines electoralistas o de golpe de Estado. Esta movilización civilista, en cambio, era la de una masa convencida de su «cohesión y poderío», o, como apunta Romero: «...no eran las turbas que estallaban en explosiones de incultura y que se exhibían en los momentos preeleccionarios de otros días. Era la primera gran procesión cívica que se celebraba en el Perú».

El primer gobierno civil: Manuel Pardo

Pronto el civilismo consiguió controlar toda la maquinaria del Estado para imprimirle a sus funciones el contenido acorde a su proyecto. Carlos Miró Quesada, en su obra *Autopsia de los partidos políticos*, afirma que «el Partido Civil se hallaba firmemente cimentado en las instituciones de la República. Los Consejos Departamentales eran civilistas, los Consejos Provinciales también; las Cortes Superiores de Justicia estaban integradas por elementos del mismo partido. Igual cosa ocurría con muchos catedráticos universitarios de Lima, Arequipa y Cusco; los socios de la Beneficencia Pública pertenecían a este Partido; altos funcionarios, ministros, diplomáticos de las tiendas políticas de Manuel Pardo. Se había formado en el Perú, por primera vez, una "elite" civil».

Elegido primer presidente civil de la República, Manuel Pardo, fundador de todo un linaje civilista, encontró el erario público comprometido por el pago de la deuda, y las medidas especiales que tomó no fueron suficientes para restablecer la salud económica del país. En suma, la dinámica interna había generado condiciones desfavorables que le resultaron difíciles de controlar. En tales circunstancias adversas, el civilismo estableció el monopolio estatal del salitre, otro fertilizante con muchísimo futuro y capaz de competir con el guano. El salitre se explotaba en el sur del país, en los territorios entonces colindantes con Bolivia.

El monopolio estatal era probablemente una medida inoportuna e incongruente para quienes se consideraban seguidores de una filosofía económica liberal y propugnaban un Estado distanciado del manejo concreto de los negocios. Se trataba de una medida delicada, si consideramos que buena parte de la explotación estaba en manos de ciudadanos de Chile o de Gran Bretaña. El camino hacia la confrontación con los intereses coaligados de esas dos naciones se había abierto.

Los esclavos y los coolíes chinos

Durante la Colonia, la población aborigen costera peruana fue prácticamente diezmada. Para cubrir en parte esta carencia hubo que traer mano de obra esclava de procedencia africana desde los inicios del sistema colonial. La mayor parte de estos contingentes esclavos se orientó a las ciudades y los grandes latifundios de la costa.

A poco de proclamarse la Independencia, en agosto de 1821, San Martín declaró libres a los hijos de las esclavas nacidos a partir del 28 de julio de ese año y a los esclavos adultos que se enrolaran en el ejército. Naturalmente, la medida no fue del agrado de los propietarios de esclavos, quienes pugnaron contra tales dispositivos. Poco a poco, se aprobaron nuevas regulaciones, que en la práctica significaron la reimposición de la esclavitud en el Perú. Será recién hacia 1854 cuando Ramón Castilla, por motivos de clientelaje político y en unos momentos en que encabezaba una revuelta contra el presidente José Rufino Echenique, dispondrá la abolición de la esclavitud en el país.

Los coolíes, inmigrantes chinos, fueron sometidos a un régimen cercano a la esclavitud. Trabajaron en actividades diversas: explotaciones agrícolas (azúcar), tendido de la red ferroviaria, etc.

Al producirse el *boom* guanero y la recuperación de la agricultura costera, se apeló a la mano de obra china para el trabajo en las plantaciones, la construcción de ferrocarriles y la explotación de las islas guaneras. Hasta 1874 se contabilizaron alrededor de 100,000 inmigrantes, de los cuales 10,000 murieron en alta mar debido a las penosas condiciones en las que eran reclutados y transportados desde Asia a las costas peruanas, en barcos que demoraban meses en llegar a su destino.

Aun cuando en teoría constituían una fuerza de trabajo contratada libremente, los coolíes trabajaban bajo condiciones muy severas y con salarios miserables. Tuvieron poco impacto sobre la economía mercantil de entonces, pero fueron la fuerza de trabajo que activó buena parte de la economía mercantil dinamizada por el *boom* guanero: las plantaciones azucareras, el desarrollo de los ferrocarriles, la explotación de las islas del litoral.

Exportación del salitre entre 1830 y 1869 (en quintales)	
1830 a 1839	1'095,537
1840 a 1849	3'679,951
1850 a 1859	8'898,993
1860 a 1869	19'589,390

La guerra con Chile

La guerra con Chile constituye una de las páginas más dramáticas de la historia del Perú republicano. Comenzó el 5 de abril de 1879 y concluyó el 20 de octubre de 1883, cuatro años después.

Las consecuencias de ese enfrentamiento marcaron por muchas décadas el rumbo histórico de los tres países involucrados: Bolivia, Perú y Chile. Para el primero, la guerra significó la pérdida de su litoral; para el Perú, la mutilación territorial y una feroz postración económica; para Chile, el inicio de una prosperidad general basada en la riqueza adquirida por vía militar, la base del Chile contemporáneo.

El almirante Miguel Grau, uno de los grandes héroes peruanos de la guerra con Chile.

Antecedentes del conflicto

Durante siglos, la zona del desierto de Atacama había estado prácticamente deshabitada, sin ningún atractivo económico como para atraer una posible población. Pero súbitamente, con el surgimiento de la riqueza del salitre, esta abandonada región adquirió una inusitada importancia. Emergió entonces el problema limítrofe entre Bolivia y Chile. Para Bolivia su territorio llegaba hasta el paralelo 25; Chile, por su parte, reconocía territorio boliviano sólo hasta el paralelo 23.

Para resolver el contencioso, el 10 de agosto de 1866 el presidente boliviano Mariano Melgarejo había firmado un tratado en Chile por el cual este país reconocía como frontera con Bolivia el paralelo 24, a la vez que se concedía a los chilenos una serie de ventajas económicas en la zona salitrera. Con posterioridad, en 1872 y 1874, ambos estados firmaron sendos tratados que aparentemente solucionaban el problema fronterizo.

El 14 de febrero de 1878 el gobierno de Bolivia estableció un impuesto de 10 centavos por cada quintal de salitre que se exportara por Antofagasta, contraviniendo así el acuerdo vigente entre las dos naciones, ya que según lo estipulado Bolivia renunciaba a decretar nuevos gravámenes a las explotaciones chilenas en los 25 años siguientes.

Un año después, el 14 de febrero de 1879 la armada de Chile invadió territorio boliviano y tomó el puerto de Antofagasta. El Perú, que en 1873 había firmado con Bolivia un tratado secreto de defensa mutua, trató por todos los medios de alcanzar una salida pacífica a la crisis producida por la ocupación chilena. Pero Bolivia, abruptamente, quebró las negociaciones y el 14 de marzo declaró la guerra a Chile.

El gobierno de Chile, conocedor del pacto defensivo entre Perú y Bolivia, solicitó a Lima que se declarara neutral. Perú se encontró entonces enfrentado a la trágica situación de hacer frente a su compromiso con Bolivia o verse atrapado en una posible alianza entre Chile y Bolivia en su contra.

Perú entró a la guerra en condiciones muy desfavorables. A su fragmentación política y a la desarticulación de su territorio se les unía el lamentable abandono social de la mayor parte de la población, marginada por su condición aborigen y empobrecida durante el período republicano. En el Perú oficial, a la bonanza y el derroche sucedió la crisis: el Estado se había declarado en 1876 en bancarrota y buena parte de los negocios emprendidos naufragaron. En Bolivia, las cosas no iban mejor que en el Perú, tanto en términos de inestabilidad política como en términos de fragmentación social y penuria económica.

En cambio, Chile, organizado políticamente y articulado fácilmente por el mar, se había prepa-

El navío Huáscar *en combate contra los buques chilenos* Cochrane *y* Blanco Encalada. *Cada uno de éstos pesaba 3,650 toneladas y disponía de un blindaje de nueve pulgadas.*

rado en el plano militar durante años para una lucha que tenía, para sus cuadros directivos, un signo inevitable.

Desarrollo de la guerra

El primer gran escenario del conflicto fue el mar, el único medio a través del cual podían desplazarse los ejércitos. Chile contaba con una escuadra superior en tonelaje, blindaje y armamento que la del Perú. La flota de Bolivia era inexistente.

Durante seis meses el monitor *Huáscar,* al mando del almirante Miguel Grau, impidió el desembarco de las tropas chilenas en el territorio peruano, pero, finalmente, el 8 de octubre de 1879, fue hundido en el combate naval de Angamos. Chile quedó dueño del mar.

El paso siguiente de la gente de Chile fue tomar la rica zona salitrera peruana de Tarapacá. Más tarde vendría la campaña de Tacna, donde se libraron las famosas batallas del Alto de la Alianza y de Arica. La primera significó la última oportunidad en que combatieron las tropas bolivianas, las cuales se retiraron definitivamente del conflicto.

Por último tuvo lugar la campaña de Lima, con la consecuente toma de la capital por parte del ejército chileno tras las batallas de San Juan, el 13 de enero de 1881, y de Miraflores el día 15 del mismo mes. Gobernaba en ese momento Nicolás de Piérola, quien había depuesto al general Mariano Ignacio Prado el 23 de diciembre de 1879, nombrándose dictador.

Los chilenos se negaron a tratar con Piérola y prácticamente impusieron a Francisco García Calderón como presidente. Pero García Calderón se negó a cualquier cesión territorial, por lo que fue desterrado a Chile.

Entretanto, en la sierra central peruana había comenzado la resistencia guerrillera contra el ejército invasor. Durante dos años y medio, las huestes dirigidas por el coronel Andrés Avelino Cáceres —que llegaron a sumar 5,000 hombres— no dieron tregua al ejército chileno, oponiéndole frecuentes y cruentos combates. Finalmente, el 10 de julio de 1883, el contingente cacerino, exhausto y sin parque alguno, fue derrotado en Huamachuco.

Desde comienzos de 1883 Chile había encontrado en la figura del general Miguel Iglesias al líder peruano que se avenía a aceptar un tratado de paz firmado bajo sus condiciones. Se preparó así un tratado de paz de catorce artículos que consagraba la mutilación territorial del Perú y le imponía una serie de condiciones, sólo aceptables bajo el sable del ejército invasor. Conocido como el Tratado de Ancón, fue suscrito en Lima el 30 de octubre de 1883. Una Asamblea Constituyente lo ratificó el 28 de marzo de 1884.

Antofagasta aparece invadida por el ejército chileno, en 1880. Este puerto natural tuvo un papel determinante como base de las fuerzas chilenas en la Guerra del Pacífico.

Cinco meses más tarde abandonaban el Perú los últimos contingentes chilenos que permanecían en el territorio. La pesadilla había terminado.

Perú tras la Guerra del Pacífico

La época del auge guanero propició en Perú un ciclo exportador sin precedentes, que fue desaprovechado por la elite. El guano constituyó así la oportunidad perdida en el camino de lograr un proceso de crecimiento duradero y autosostenido. Hacia 1876, el Estado se encontraba en bancarrota, la economía guanera estaba arruinada, y quebrada la estructura financiera del país.

El salitre no sólo no fue usado como sustituto del guano sino como la causa que encendió el infausto conflicto militar con Chile y que significó la mutilación territorial del país, la destrucción de la infraestructura desarrollada previamente y la virtual ruina de sus circuitos económicos más dinámicos. El ejército de ocupación destruyó todo lo que pudo y se llevó cuanto quiso, incluyendo libros y archivos de la Biblioteca Nacional. Amén de que en el camino de esos largos años de infortunio, sacrificaron su vida miles de peruanos.

El empobrecimiento general de la población nos la grafica Clavero en el cuadro de la página siguiente. Pero la guerra con Chile, además de su coste en riquezas y en vidas humanas, tuvo otro impacto esencial, al mostrar lo que Perú no era y había tenido la ilusión de ser: un país integrado, moderno, con un marco institucional básico, con una economía mercantil dinámica. Todo eso era

Andrés Avelino Cáceres, comandante de la campaña de la Breña, tuvo un papel destacado en la guerra con Chile y llegó a la presidencia en 1886. Sería depuesto por Nicolás de Piérola.

aún una promesa. Los recursos provenientes del guano habían ahondado las enormes diferencias sociales con que había nacido la República. La constatación de la fragmentación social, política y física del país llevó a los sectores más lúcidos a preguntarse, tras la guerra, qué era el Perú, qué rumbo debía tomar, qué pasos debía dar para resurgir de los escombros dejados por la hecatombe.

Por supuesto que para la mayor parte de los responsables del fracaso del período anterior, la elite local, el esquema del desarrollo futuro del país no debía alejarse mucho del modelo anterior: explotar sus recursos naturales y atraer capitales de fuera para poner en marcha otra vez la economía exportadora.

El 3 de junio de 1886 el general Andrés Avelino Cáceres, el héroe de la resistencia contra Chile, fue proclamado presidente de la República. Cáceres orientó sus esfuerzos a recuperar la confianza internacional para atraer inversión extranjera y lograr préstamos destinados al sector público. Además, retiró de circulación el papel moneda depreciado y puso en marcha las negociaciones con los acreedores extranjeros de la deuda no pagada en la década de 1870.

Se firmó así en 1888 el célebre contrato Grace, por el que, en palabras de Jorge Basadre, «El gobierno del Perú quedaba relevado por el Comité de Tenedores de Bonos, plena, absoluta e irrevocablemente, de toda responsabilidad por los empréstitos de 1869, 1870 y 1872, sin que en adelante pudiera renacer contra el Perú dicha responsabilidad ni en todo ni en parte por ninguna causa ni motivo. Los Tenedores de Bonos recibieron por 66 años los ferrocarriles del Estado, a saber: de Mollendo a Arequipa; de Arequipa a Puno; de Juliaca a Santa Rosa; de Pisco a Ica; del Callao a Chincha; de Lima a Ancón; de Chimbote a Suchiman; de Pacasmayo a Yonan y Guadalupe; de Salaverry a Trujillo y Ascope; de Paita a Piura. Varias cláusulas señalaron los detalles relacionados con esta entrega y con la explotación y administración de las vías férreas mencionadas, incluyendo las tarifas. Los elementos necesarios para la construcción y conservación de los ferrocarriles, así como los materiales para la explotación del guano debían ser introducidos en el Perú libres de derechos fiscales. Los Tenedores de Bonos se obligaron a: a) construir y terminar dentro de dos años la sección ferroviaria de Santa Rosa a Maranganí; b) tender, dentro de los dos años siguientes, la línea de Maranganí a Sicuani, debiendo pagar multa si no lo hacían o si se demoraban; c) construir y terminar dentro de seis años 160 km de ferrocarril en alguna o algunas de las direcciones que se especificó; d) reparar y poner en buen estado de servicio dentro de dos años todos los ferrocarriles que recibían. El gobierno del Perú cedió a los Tenedores de Bonos todos los derechos contra los poseedores presentes o pasados de los ferrocarriles y contra los constructores de éstos; y los Tenedores, a su vez, asumieron la responsabilidad por cualquiera de las reclamaciones que los expresados poseedores o constructores tuvieran. Otras concesiones que el Perú hizo por el término del contrato fueron las siguientes: la libre navegación en el lago Titicaca aunque las naves debían llevar bandera peruana y ser mandadas por individuos de la marina nacional; la propiedad de los vapores de propiedad fiscal que navegaban en ese lago; y el uso del agua de Arequipa a Mollendo para las necesidades de la línea. Mayor significación pareció tener la cesión del guano existente en el territorio nacional hasta la cantidad de tres millones de toneladas, así como del sobrante que resultara del 50 por ciento del guano de las islas de Lobos después de ser cubierta la deuda a Chile proveniente de las obligaciones contraídas y los adelantos recibidos por la administración Iglesias.

William Grace fue el artífice del conocido Contrato Grace, por el cual el Perú se resarció de su deuda y pudo emprender la reconstrucción nacional tras la Guerra del Pacífico.

Empobrecimiento general de la población

	1870	*1894*
Millonarios	18	—
Ricos	11,587	1,275
Acomodados	22,148	2,000
Mendigos	—	500,000
Obreros	1'236,000	345,000
Total	**1'269,753**	**848,725**

¿Para qué se fundó la República?

El Perú moderno (...) debe a la época prehistórica la base territorial y parte de la población; de la época hispánica provienen también la base territorial, otra parte de la población y el contacto con la cultura de Occidente; y la época de la Emancipación aporta el sentido de la independencia y de la soberanía. Mas en esta última etapa, madura asimismo un elemento psicológico sutil, que puede ser llamado *la promesa*. El sentido de la independencia y de la soberanía no surge bruscamente. Dentro de una concepción estática de la historia el período de tiempo comprendido entre 1532 y 1821 se llama Colonia. Para una concepción dinámica de la historia, dicha época fue la de la formación de una sociedad nueva, por un proceso en el cual aparecieron como factores descollantes la penetración de los elementos occidentales en estos países, la absorción de elementos de origen americano hecha por Occidente, el mestizaje, el criollismo y la definición de una conciencia autonomista. Los americanos se lanzaron a la osada aventura de la Independencia no sólo en nombre de reivindicaciones humanas menudas: obtención de puestos públicos, ruptura del monopolio económico, etc. Hubo en ellos también algo así como una angustia metafísica que se resolvió en la esperanza de que, viviendo libres, cumplirían su destino colectivo. Nada más lejos del elemento psicológico llamado *la promesa* que la barata retórica electoral periódica y comúnmente usada. Se trata de algo colocado en un plano distinto de pasajeras banderías.

Jorge Basadre, *La promesa de la vida peruana*

Además, el gobierno del Perú se comprometió a pagar al Comité de Tenedores treinta y tres anualidades de 80,000 libras esterlinas cada una; correspondiendo a éste entregar 50,000 al ponerse en vigencia el contrato y 190,000 libras en diecinueve mensualidades de 10,000 libras. El comité debía formar y constituir en Londres una compañía que los subrogara de todos los derechos y obligaciones determinados en el contrato; la mitad, por lo menos, de los empleados en la explotación de los ferrocarriles, debían ser peruanos, las diferencias en cuanto al cumplimiento del contrato pertenecían a la jurisdicción de los Tribunales de la República».

Los sacrificios que este arreglo impuso al Perú no rindieron los frutos que de él se esperaban. El capital inglés que había apoyado a Chile durante la guerra continuó dirigiéndose a ese país y muy poco hacia el Perú. Los capitales ingleses se convirtieron en propietarios de las explotaciones salitreras de Tarapacá y de los despojos que quedaron luego de la guerra. Todo ello bajo el paraguas de la hija del contrato Grace, la Peruvian Corporation, la empresa más poderosa de la época. Durante la década siguiente, el país no contó con la inyección de recursos que se supuso vendrían luego del arreglo pactado con sus acreedores. El Perú, sin apoyo externo, tuvo que ponerse a andar con sus propios medios. Lentamente, la actividad minera, agrícola e incluso algunas actividades manufactureras buscaron volver al ritmo anterior a la guerra. Pero no sería sino a comienzos del siglo xx cuando, con la presencia del capital americano, la economía exportadora alcanzó cierto impulso que hizo olvidar las penurias del pasado. Otra vez se creó la ilusión de un futuro promisorio basado en el esquema exportador de materias primas.

El Perú de la primera mitad del siglo XX

La República Civilista

Crisis económica y conflicto social. La caída del civilismo

El oncenio de Leguía

Las nuevas corrientes ideológicas y la transición oligárquica

Foto de Martín Chambi de una fiesta en la Hacienda Angostura, Cusco, en 1929. Las seculares relaciones sociales y laborales empezaban a sufrir definitivas transformaciones.

La República Civilista

A finales del siglo XIX, Perú comenzó el más profundo proceso de modernización económica y política de su historia republicana. Lentamente pero con firmeza, aunque a diferentes ritmos según las zonas del país, se habían ido configurando formas productivas modernas, vinculadas en particular a la economía exportadora.

Pero estos procesos de modernización no necesariamente entraban en conflicto con las formas productivas anteriores, vale decir feudales o campesinas. Otro tanto ocurría con la formación de estructuras estatales más definidas que se empezaron a gestar por aquel entonces y no supusieron la desaparición de los sistemas tradicionales privados (no públicos) de ejercicio del poder.

Manuel Candamo, primer presidente civilista, murió ocho meses después de asumir el poder.

Puede decirse, por lo tanto, que durante las primeras décadas del siglo XX se observa un cierto *continuum* político-ideológico del mundo señorial del siglo anterior, lo cual se expresará en un Estado embrionario de carácter excluyente y también en el cuasi monopolio que tenían las clases propietarias sobre los mecanismos de acceso a los aparatos estatales.

De este modo, el paternalismo y las relaciones de dependencia personal fueron las formas de relación social que muy lentamente y con grandes dificultades se fueron desenraizando de la esfera de lo político hasta dar paso a una relación más universal y mercantil entre la elite y los demás grupos sociales. Pero, al mismo tiempo, el Estado que así se va configurando —el «Estado oligárquico» que mencionan los especialistas— será el embrión del Estado moderno que, como proyecto, atravesará toda la historia política peruana del siglo XX. En otras palabras, al igual que la economía mercantil, el desarrollo de lo político tomó en Perú una forma de desarrollo muy compleja: se extendió por el país sin modificar necesariamente las estructuras previas, las cuales llegaron a robustecerse en muchas regiones.

De suerte entonces que el Estado que se empezó a constituir durante las primeras décadas del siglo XX fue de fisonomía transicional. Se trataba de un Estado débilmente autonomizado de la elite capitalina, un Estado que tan sólo paulatina y fragmentadamente daba cabida a estructuras de mediación política dotadas de cierta autonomía y eficacia.

Es por eso por lo que, para examinar el complejo cuadro político de aquellos años, conviene dividir este período en dos momentos: la República Civilista o aristocrática (1895-1919), y la quiebra del orden oligárquico y la profundización de la autonomización estatal (1919-1930).

Los primeros tiempos de la República Civilista

El período denominado la República Civilista se extendió desde 1895 hasta 1919. En casi 25 años de preeminencia indiscutible, el grupo exportador no estuvo exento de rupturas internas. La simple enumeración de los hombres en el poder durante este período muestra una continuidad que distaba mucho de ser sólida:

Los presidentes de la República Civilista fueron los siguientes: Nicolás de Piérola (1895-1899), Eduardo López de Romaña (1899-1903), Manuel Candamo (1903-1904), José Pardo (1904-1908), Augusto B. Leguía (1908-1912), Guillermo Billinghurst (1912-1914) y nuevamente José Pardo (1915- 1919).

En el primer cuarto del siglo xx se agudizaron las tensiones sociales en Perú. La foto, de Martín Chambi, muestra a un grupo de campesinos acusados en un juzgado de Cusco, en 1929.

De todas estas administraciones solamente dos pueden considerarse de legítima vigencia civilista: los dos mandatos de José Pardo y Barreda. Los períodos de Nicolás de Piérola y de López de Romaña sólo significaron la antesala del civilismo.

El 8 de septiembre de 1903, Manuel Candamo, hombre prominente de las filas civilistas, asumió el poder. Pero, desafortunadamente, el recién nombrado presidente moriría en Arequipa meses más tarde, el 7 de mayo de 1904. El civilismo se tambaleó, presa de enconadas rivalidades, hasta que finalmente se impuso José Pardo, hijo de Manuel Pardo, el fundador del primer civilismo.

En relación a las rupturas producidas en el interior de la República Civilista, se puede señalar brevemente que la primera ocurrió cuando un miembro menor de la clientela civilista, Augusto B. Leguía, tomó el poder (1908-1912) gracias al padrinazgo de José Pardo. Durante la administración de éste (1904-1908), Leguía había sido ministro de Hacienda. Sin embargo, cuando Leguía asumió la presidencia en 1908, manifestó una voluntad desafiante, y suficiente capacidad para gobernar independientemente del grupo civilista.

La segunda escisión de la República Civilista se produjo entre 1912 y 1914, y se inició con el acceso al palacio de gobierno del presidente Billinghurst, el 24 de septiembre de 1912. Proveniente del ámbito de los negocios, Billinghurst imprimió un sello más moderno al manejo de lo político. Durante su gestión se produjeron, en modo creciente, frecuentes y concurridas movilizaciones de los sectores populares y la clase media, lo cual amenazaba los estrechos límites de la República Civilista. Finalmente, en 1914, el civilismo se impacientó y decidió derrocarlo.

Poder y oligarquía

El desarrollo mercantil tornó cada vez más variada la composición de la elite exportadora. La presencia de nuevos grupos, sin embargo, no significó fracturas en la orientación del patrón de desarrollo del país (lo que hoy llamaríamos un «modelo exportador»). Compartían una adhesión profunda a los cánones del liberalismo económi-

Nicolás de Piérola entró por la fuerza en Lima, en marzo de 1895. Poco después llegaría a la presidencia del país por segunda vez. (Pintura del Museo Nacional de Historia, Lima.)

co, nacido en el mundo desarrollado, industrializado y pujante. En este sentido, los que lideraban el Partido Civil no diferían en gran medida de los que conducían el Partido Demócrata de Piérola, e incluso de los que pertenecían a los cuadros de Andrés A. Cáceres.

Tal perspectiva no desagradaba a los sectores empresariales de Estados Unidos y Gran Bretaña interesados en Perú. En lo posible la apoyaron y se beneficiaron con ella.

En suma, el Estado que se constituyó después de la Guerra del Salitre encontró un cómodo sustento en las doctrinas liberales. Pero mientras el liberalismo acuñado en Europa se sustentaba en el desarrollo de un cuerpo social compuesto por trabajadores libres, en Perú sus contingentes sociales más numerosos se hallaban sujetos a formas tradicionales de trabajo (servidumbre, autoconsumo, etc.). Por esa razón, el escenario liberal peruano se agotaba en los umbrales restringidos de un espacio social y físico reducido, al cual historiadores como Jorge Basadre denominaron el «Perú oficial», en tanto que los procesos reales de la gran mayoría del país discurrían en el denominado «Perú profundo».

La historia política peruana del siglo XX será entonces la de un largo y complejo proceso a través del cual se irán ampliando las inicialmente estrechas fronteras del Estado, incorporándose nuevos sectores sociales y redefiniendo constantemente su legitimidad.

Sin embargo, estos cambios no fueron ni liderados ni tolerados por la elite. La mayoría de veces, se hicieron *a pesar* de ella. Esto explica la poca continuidad de los grupos de poder en lo económico y político del Perú republicano, su poca flexibilidad y corta visión de futuro.

Bases institucionales del modelo exportador: se definen las reglas de juego

Hasta antes de 1895, el Estado peruano carecía de muchos de los rasgos básicos que caracterizan lo que hoy podría denominarse un Estado centralizado. Los mecanismos sobre los cuales los ministros de Hacienda y Fomento podían elaborar políticas económicas resultaban débiles y fragmentarios en exceso. La hacienda pública era un caos, y el gobierno prácticamente no tenía control sobre sus partidas de ingresos y egresos. La presencia efectiva del Estado en gran parte del territorio era en verdad minúscula.

El reto esencial fue cómo dar los primeros pasos en torno a un poder central, organizado, enarbolando al mismo tiempo la bandera del liberalismo y del modelo exportador de materias primas como eje de la economía.

A diferencia de su primer gobierno, de corte dictatorial, el segundo mandato de Nicolás de Piérola (en la imagen) sentó las bases de la estabilidad democrática que perduró hasta 1919.

Nicolás de Piérola fue el primer presidente que encaminó sistemáticamente al país por ese rumbo. Para ello puso en marcha transformaciones institucionales destinadas a adecuar el Estado a las nuevas necesidades de la economía exportadora. Sin pertenecer al círculo civilista, este ardiente fundador del Partido Demócrata se convirtió, sin quererlo, en el forjador de la así llamada República Civilista. Una de sus primeras y más delicadas decisiones fue la adopción del patrón oro.

Política fiscal de Nicolás de Piérola

Tres fueron los componentes básicos de la política fiscal puesta en marcha por Piérola: la reforma de los sistemas tributario y de recaudación de impuestos, y una serie de modificaciones en la administración estatal.

En cuanto al primer punto, en diciembre de 1895 la Cámara de Comercio de Lima, a través de Resolución Suprema, recibió el encargo de elaborar una propuesta para la formación de una compañía anónima recaudadora de impuestos que fue creada poco después, en enero de 1896. De allí en adelante, esta compañía sufriría una serie de modificaciones.

La adopción del patrón oro

Hacía más de 50 años que la mayor parte del mundo había adoptado ya este sistema. En aquel momento, sólo China e India —además del Perú— empleaban la plata como signo monetario. Esto implicaba que en nuestro país las empresas extranjeras, que prácticamente tenían controlada la mayor parte del comercio exterior, percibieran por sus exportaciones libras esterlinas —vale decir oro—, en tanto que internamente los ingresos disponibles se traducían en plata depreciada o moneda de papel.
Como escribía Payan (1892): «Los que se sienten menos mal en este empobrecimiento general son los productores de artículos exportables, porque aunque venden sus mercancías a bajo precio, las cambian por oro y pagan a sus brazos auxiliares con plata depreciada.» (Camprubí, 1957).
A pesar de que las fluctuaciones originadas por la vigencia del régimen de plata eran muy grandes y creaban en general un clima de carestía e incertidumbre, sobre todo para los sectores urbanos, los diversos proyectos para modificar el patrón habían fracasado.
En abril de 1897 la cotización había descendido hasta 21 peniques. Piérola, ante el fundado temor de que una nueva baja de la plata nos trajera honda perturbación económica, decidió suprimir la fabricación de moneda de plata. Sin embargo, la puesta en vigencia del nuevo sistema hubo de ser progresiva. «En primer lugar, el patrón de oro se hizo obligatorio sólo para las oficinas de gobierno y, gradualmente, se fue extendiendo a todas las actividades del comercio nacional.» (Romero, 1962). Y aunque el Congreso le dio valor legal en 1901, persistía la resistencia de los bancos e instituciones extranjeras para aceptar dicho sistema.

En 1896 se creó el Ministerio de Fomento y, por la misma época, se fundaron tres organismos gremiales de papel gravitante en la historia económica peruana: la Sociedad Nacional de Agricultura, la Sociedad Nacional de Minería y la Sociedad Nacional de Industrias.

En la imagen, el presidente José Pardo y Barreda, quien dispuso la gratuidad y obligatoriedad de la instrucción primaria. Construyó 1,700 escuelas para 70,000 nuevos alumnos.

Este edificio, sede de la Sociedad de Ingenieros, fue construido en los últimos años del siglo XIX. Es, por tanto, un emblema del impulso modernizador que vivía el Perú por entonces.

Un problema importante a resolver era el incremento del gasto público y el logro de su financiamiento. En otras palabras, la adecuación del Estado a los nuevos requerimientos trajo consigo un lógico incremento de sus gastos. El problema ahora era de dónde obtener recursos para solventarlos. Hasta antes de la Guerra del Pacífico el guano había sido el gran sostén del gasto público; pero tras el conflicto, el Estado tendría otro sustento: los ingresos por concepto de aduanas.

Piérola suprimió la contribución personal de los indios, al tiempo que incrementaba —mejorando los sistemas de recaudación tributaria— lo que ingresaba por impuestos. En ese sentido, la tónica proteccionista de esos años tiene que ver más con una preocupación tributaria que con una auténtica estrategia de desarrollo interno.

Los aranceles aduaneros comenzaron a perder peso lentamente, a medida que la producción mercantil se diversificaba y ampliaba, incrementándose en cambio las contribuciones por otros rubros. En esta nueva coyuntura se dieron los pasos iniciales para la transformación de las bases institucionales del Estado, adecuándolas al nuevo flujo y naturaleza de las actividades mercantiles y productivas en marcha. Naturalmente que ello implicó modificaciones sustantivas del orden jurídico.

Pronto el gobierno promulgó un nuevo Código de Minería y derogó las viejas Ordenanzas de Minería, que, con mínimos cambios, se mantenían vigentes desde 1786. Junto a estas disposiciones se organizó por primera vez la estadística minera, creándose asimismo el Cuerpo de Ingenieros de Minas y de Aguas, organismo que suministraría el personal técnico calificado.

En cuanto a la actividad comercial, había estado legislada por el Código de 1853, versión local de un código español. En 1902 se promulgó un nuevo Código de Comercio, adaptado en gran medida del Código Español de 1886, y en el que también se encuentran influencias de los códigos italiano y argentino. Asimismo la actividad bancaria fue regulada con nuevos dispositivos, dictándose normas más ágiles y adecuadas a los requerimientos de la banca moderna.

El primer gobierno de José Pardo

El 24 de septiembre de 1904 asumió la presidencia José Pardo, hijo del fundador del Partido Civil. Para lograr su cometido, el joven presidente debió disputar el poder con los segmentos más tradicionales dentro del partido. Una vez en el pa-

El grabado, de 1894, representa el paso por la quebrada de Visecas, a 4,776 m sobre el nivel del mar, del ferrocarril que unía el puerto del Callao con La Oroya.

lacio de gobierno, y sin apartarse de las premisas doctrinarias de su grupo madre, buscó imprimir un espíritu dinámico a su gestión. Por otro lado, el proceso de expansión mercantil que vivía el país desde comienzos del siglo XX había ido alterando la fisonomía social de la capital y de aquellos lugares donde empezaban a concentrarse trabajadores, de suerte que nuevas prédicas y formas organizativas empezaban a tornarse familiares.

Durante el gobierno de Pardo se desarrolló en Perú el movimiento anarquista bajo la influencia de la Federación de Panaderos. La jornada de las ocho horas pasó a ser una reivindicación muy frecuente entre los estibadores del Callao, los tranviarios y otros sectores de trabajadores.

Por otra parte, la educación era una de las mayores preocupaciones de Pardo: estatizar la educación municipal a fin de hacerla más eficiente, crear la Escuela Normal de Varones y una multitud de escuelas fiscales que incrementarían la cobertura de educación primaria, principalmente en el ámbito urbano; también creó la Escuela Nacional de Artes y Oficios (que hoy se llama Politécnico José Pardo) y el Museo Nacional de Historia.

Los ferrocarriles de La Oroya-Huancayo y Sicuani-Cusco fueron dos terminales de particular resonancia en el mundo andino del centro y sur del país, respectivamente. El primero devolvió a Huancayo el eje mercantil del centro de Perú y el segundo rompió el aislamiento del Cusco al integrarlo, por fin, en un circuito de transporte que comenzaba en el océano Pacífico (Mollendo).

Durante esos años, las relaciones con los países vecinos fueron ciertamente difíciles, en particular con Ecuador, Bolivia y Chile; en el primer caso, por el inveterado problema fronterizo entre ambos países, y en el segundo, por la firma del Tratado de Paz entre Bolivia y Chile de 1904, observado por Perú al afectar a sus intereses.

La primera administración de Augusto Leguía

Durante el gobierno siguiente, presidido por Augusto B. Leguía entre 1908 y 1912, las tensiones de Perú con sus vecinos se agravaron, llegando a situar al país al borde de la guerra con Ecuador y Bolivia. La situación llegó incluso al enfrenta-

Una imagen de Lima a principios del siglo XX, época en que el país vivía un proceso de desarrollo mercantil cuyas consecuencias modificaron el tejido social de la capital.

miento armado con Colombia, en la región fronteriza del Caquetá.

Leguía fue un gobernante muy sensible a los problemas fronterizos del país, de ahí que durante sus dos gobiernos buscara resolverlos. En su primera gestión firmó con Bolivia el denominado Tratado Polo-Bustamante, en 1909, y el Protocolo del 30 de marzo de 1911. Con Brasil firmó el Tratado Velarde-Río Branco, en septiembre de 1909; con respecto a Colombia, intervino militarmente en la margen derecha del río Caquetá, que había sido tomada por tropas colombianas. El contingente peruano que expulsó a los colombianos fue comandado por el general Óscar R. Benavides; esta campaña fue uno de los primeros peldaños que llevarían a este militar hacia una notoria vida política. Más adelante, durante su segundo mandato, Leguía buscaría resolver los problemas pendientes con Chile y Colombia.

Sin pertenecer estrictamente a la elite civilista, de algún modo Augusto B. Leguía había sido prohijado por algunos de sus miembros, como el presidente José Pardo, de quien había sido ministro de Hacienda en su primer mandato presidencial.

Leales y opositores al presidente Leguía

Una vez en el poder, sin embargo, las relaciones de Leguía con sus antiguos mentores no fueron fáciles, por lo menos con el grupo que en el Parlamento devino opositor a su gobierno. El fuerte carácter del presidente despertaba tanto poderosas lealtades como oposiciones encendidas, provenientes sobre todo del Partido Demócrata, liderado por el viejo caudillo Nicolás de Piérola. Un grupo de esa filiación llegó incluso a capturar al presidente, paseándolo como rehén por Lima, aunque sin lograr que firmara su renuncia; Leguía sería rescatado horas más tarde por tropas de la guarnición de la capital.

En el aspecto económico, el caucho se consolidó por aquellos años como uno de los productos nacionales más importantes, ocupando cerca de un 22 por ciento del total de las exportaciones. Por otro lado, préstamos y obras públicas fueron los dos rasgos que, aunque tímidamente, esbozarían el sello característico de Leguía en el uso de los recursos del país, y que llegarían a su máxima expresión durante su segundo gobierno. A pesar de algunas medidas, como la ley de accidentes de trabajo, destinadas a mejorar la situación de los obreros, el clima social no dejaba de estar agitado, con frecuentes paros y huelgas que conmocionaban la capital y ciertas zonas del interior.

En ese contexto, en 1912 se planteó la sucesión presidencial. Ni el leguiísmo ni el civilismo independiente, distanciado de los círculos tradicionales civilistas, contaban con un candidato propio. No lograron aliarse con otros grupos.

El presidente peruano Augusto B. Leguía en su primer mandato (1908-1912). Durante su gestión las tensiones fronterizas se reavivaron, llegándose a las armas con Colombia.

El ascenso de Billinghurst

La situación tampoco era fácil en las canteras cercanas al núcleo tradicional del civilismo. Su candidato, Antero Aspíllaga (terrateniente cuya familia poseía, entre otras, la hacienda Cayaltí), era un hombre que, sin muchas dificultades, hubiera logrado imponerse en 1903, 1904 y aun en 1908, pero que se enfrentaba esta vez a un proyecto político hundido en sus propias contradicciones. Este contexto propició la emergencia de un candidato de «nuevo cuño»: Guillermo Billinghurst (1851-1915), un comerciante ariqueño que fue enviado muy joven a Argentina, patria de su padre, donde estudió ingeniería. Más tarde ingresó en el mundo de los negocios, concretamente de las explotaciones salitreras de la región sur.

El hecho que Billinghurst surgiera apoyado por los sectores populares urbanos no era un fenómeno nuevo en la historia política peruana. Casi dos décadas antes, en una gran movilización popular, Nicolás de Piérola había logrado derrotar, tras una dura lucha armada, nada menos que al héroe de la Guerra del Pacífico, el mariscal Andrés A. Cáceres. Pero esta vez se trataba de un contexto socioeconómico muy distinto: la nueva dinámica mercantil iniciada a finales del siglo XIX había comenzado a transformar no sólo parte del paisaje agrario —principalmente el costeño— sino también la fisonomía de la capital.

Con habilidad, Billinghurst consiguió el apoyo significativo de los núcleos urbanos afectados por ese desarrollo mercantil que demandaban mejores condiciones de trabajo y la disminución de las jornadas laborales, que habitualmente sobrepasaban las doce y hasta las quince horas diarias. Tanto para la oligarquía civilista, empapada de una visión señorial de las relaciones sociales, como para buena parte de los representantes del capital extranjero, prestar oídos a tales demandas era preocupante.

Un desafío al civilismo

En realidad, Billinghurst era un político sagaz y demagógico que, a diferencia del excluyente grupo civilista, favorecía un tipo de relación más amplia entre los grupos propietarios y los trabajadores. Incluso entre estos últimos surgieron grupos que no tardaron en cobijarse, aunque transitoriamente, bajo el amparo de este acaudalado comerciante, cuya actitud política le granjearía no pocos conflictos con su grupo de pertenencia social.

Sustentado en el descontento popular, la presión de los grupos medios, y la escisión y la crisis de los tradicionales partidos políticos, Billinghurst realizó una electrizante campaña política basada en un típico despliegue populista: la mentira operativa del consumo.

Al grito de «pan grande» de a cinco centavos si ganaba Billinghurst, y «pan chico» de a dos reales si triunfaba Aspíllaga, el 19 de mayo de 1912 una importante movilización para aquel entonces (de unos 20 000 manifestantes) hizo tambalear toda la estructura civilista. «Nuestra carta fundamental —expresó en aquella oportunidad Billinghurst— consagra con más o menos lasitud el derecho de sufragio; pero una dolorosa experiencia nos ha demostrado que en la práctica ese derecho no existe. Y por raro que parezca, el problema de la representación parlamentaria, que en otras partes se contrae a dar cabida a las minorías, entre nosotros consiste en que se respetan los derechos y las representaciones de las mayorías».

Elevada conflictividad social

Elegido en tan delicado contexto, su gobierno apenas duraría 16 meses. En este breve lapso, el aristocratizante y tradicional grupo capitalino se

La prensa de la época ironiza sobre el alto nivel de conflictos sociales, expresados en huelgas y manifestaciones populares, que estallaron durante la presidencia de Guillermo Billinghurst.

Guillermo Billinghurst, acaudalado salitrero de Tarapacá, formado a la sombra de Piérola, combatió en la Guerra del Pacífico y representó, en política, el más encarnizado anticivilismo.

mantuvo inquieto. Y no era porque las medidas que postulaba Billinghurst tuvieran un corte radical; era sobre todo por el clima de agitación popular generado. Ello sucedía en parte porque Billinghurst había obtenido apoyo popular al dar voz a reivindicaciones que, una vez en el poder, fue conminado a cumplir. De esta suerte no sorprende que pronto las expectativas populares hacia el palacio de gobierno se tornaran más intensas, mediante la amenaza de huelgas y movilizaciones. El nuevo presidente se encontró atrapado entre las demandas populares y la oposición solapada o frontal del bloque civilista. Planteó diversas reformas a la legislación laboral, acortando la jornada de trabajo en ciertos sectores como el de los trabajadores portuarios, incrementó las remuneraciones en algunos casos y quiso —«sacrilegio de sacrilegios»— modificar el amañado sistema electoral que manipulaba el civilismo.

En el estrecho mundo mercantil de entonces, la gestión de Billinghurst despertó celos encendidos y desconfianza. «Toda la clase trabajadora está ahora en estado de insatisfacción», señalaba el representante de la Peruvian Corporation, quien advertía, premonitoriamente, que ello podía ser sólo el preludio de una situación más conflictiva.

Al comenzar 1913 una gigantesca huelga dejó la ciudad de Lima prácticamente paralizada. El 4 de enero la Unión de Jornaleros de la Compañía Naviera y la Empresa Muelle y Dársena del Callao empezaron el paro, reivindicando la jornada de ocho horas; en pocos días se les sumaron metalúrgicos, molineros, tipógrafos, panaderos, trabajadores del gas y de las bebidas. César Lévano, en *La verdadera historia de la jornada de las ocho horas* (1967) escribe: «El paro se extendió tan avallasadoramente que el presidente Billinghurst, atemorizado, puso a Lima en estado de sitio. En la ciudad otrora conventual el "cierrapuertas" volvía a funcionar; pero era un cierrapuertas de fondo nuevo. En las vías principales mandaban los huelguistas. Sobre el adoquinado limense los cascos de los caballos de los soldados resonaban como disparos secos.» En ese contexto, los trabajadores del Muelle y Dársena del Callao consiguieron la jornada de ocho horas. Fue un primer paso mirado

Bajo el gobierno de Guillermo Billinghurst, las tensiones sociales culminaron en una gran jornada de huelga en Lima, en enero de 1913, en reivindicación de la jornada de ocho horas.

muy de cerca por otros contingentes de trabajadores, quienes querían también esas condiciones.

Éstas y otras medidas (como el reglamento de huelgas, el salario mínimo para los obreros, su interés por los campesinos indígenas, etc.) colmaron la paciencia de la elite tradicional. El caso del militar Teodomiro Gutiérrez Cuevas, posteriormente conocido como *Rumimaqui*, es harto ilustrador de esta situación. Enviado por Billinghurst como emisario personal para estudiar la situación de los campesinos en el sur andino, Gutiérrez Cuevas fue acusado tanto por la prensa capitalina como por el Parlamento de apoyar, incitar y sublevar «nuevamente indios contra blancos».

Los temores y enconos se agudizaron. Desde el Legislativo diversos grupos arreciaron su oposición al gobierno, tildándolo de demagógico y personalista. Billinghurst planeó cerrar el Congreso y convocar un plebiscito para resolver diversas reformas constitucionales. La tensión llegó hasta tal punto que el gobierno llegó a barajar la posibilidad de «armar al pueblo» con el material del arsenal de Santa Catalina («procedimiento que el mismo pueblo me sugería, pero que yo no me atrevía a adoptar, temeroso de las consecuencias imprevistas que podían surgir» declaró el presidente Billinghurst, citado por Jorge Basadre).

Entonces entró nuevamente en escena el ejército como actor político. Durante la administración civilista, el estamento castrense había delimitado claramente su papel institucional y técnico, subordinado al poder civil. Pero la nueva coyuntura había tentado a la elite a apoyarse nuevamente en el poder militar.

La restauración civilista

El 4 de febrero de 1914 Billinghurst fue depuesto, oficiando como jefe de la revuelta militar el coronel Óscar R. Benavides. Entre los oficiales adheridos a la conspiración se encontraba el teniente Luis M. Sánchez Cerro. Ambos militares quedarían profundamente ligados al derrotero político peruano en los años siguientes: serían los hombres fuertes del nuevo gobierno, cuando el cauce político volviera a discurrir por los meandros dictados por la elite capitalina.

Crisis económica y conflicto social. La caída del civilismo

Durante las dos décadas y media que se mantuvo la presencia civilista directa en el manejo de la cosa pública, se juzgó que el mejor indicador de la situación económica lo constituía la disposición de un saldo favorable en la balanza comercial. No era ajena a esta perspectiva la circunstancia de que los recursos del gobierno fueran fuertemente dependientes del comercio exterior, particularmente de las importaciones.

Fachada del desaparecido Banco del Perú y Londres, ubicado en el casco histórico de la ciudad de Lima.

Límites de la política económica civilista

Este simple hecho da un claro indicio de las características básicas del modelo vigente. Dadas las diminutas perspectivas del Perú oficial, es decir, de la República Civilista, los montos del gasto público eran bastante pequeños.

El tímido gasto fiscal (12.7 millones de soles en 1900; 26.8 en 1910; y 65.9 en 1919) se encontraba asociado a un régimen tributario que trataba en lo posible de no afectar a los exportadores. En otras palabras, los exportadores en el poder se cuidaron mucho de que la fuente de riqueza mercantil más importante en el Perú de entonces, la exportación, no se viera afectada por los requerimientos del Estado que ellos habían empezado a organizar, de suerte que hasta 1915 las actividades agrícolas y mineras orientadas hacia el mercado mundial estuvieron libres de impuestos. Y si a ello se suma el hecho de que los impuestos a la renta, la propiedad inmueble y la utilidad fiscal no pasaron nunca del 6 por ciento, pueden suponerse las bases financieras sobre las que se sustentó el gobierno en esos años.

Hasta 1915, el ingreso estatal proveniente de las importaciones representó cerca del 50 por ciento del presupuesto total. Esta estructura tributaria llevó a la economía fiscal a atravesar por situaciones críticas. Tan sólo en períodos de bonanza exportadora los ingresos públicos superaban cierto nivel, por lo demás magro. Para cubrir sus déficits el gobierno debió recurrir al crédito local y extranjero, evitando las sumas abultadas. Un ejemplo es el préstamo otorgado por los bancos del Perú y Londres, el Alemán, el Popular y el Internacional, que totalizó unas 665,000 libras esterlinas.

Caída de la recaudación aduanera: 1914-1915 (en soles)

Mes	*1914*	*1915*	*Disminución*
Enero	510,509	220,756	289,753
Febrero	462,982	152,151	310,831
Marzo	569,992	226,373	343,619
Abril	595,857	246,351	349,506
Mayo	468,470	177,340	291,130
Junio	474,646	208,441	266,205
Total	**3'082,456**	**1'231,412**	**1'851,044**

Crecimiento de la deuda

Mientras las dimensiones del Estado se fueron constriñendo a las reducidas fronteras de la República Civilista, el gasto y la deuda pública se mantuvieron dentro de márgenes controlables. Los rubros de defensa y administración pública eran los que absorbían la mayor parte del presupuesto.

Pero, en la medida en que la base social se fue ampliando, los grupos sociales que se incorporaban al sistema productivo en condiciones muy duras, presionaron por mejores remuneraciones, protección por accidentes de trabajo, servicios públicos, etcétera. El gasto y la deuda pública se incrementaron necesariamente. En 1913, esta deuda ascendía a 60 millones de soles; tres años más tarde totalizaba 86 millones, volumen inusitado para la época, aunque aún nada comparable a lo que vendría con el gobierno de Leguía.

A partir de la Primera Guerra Mundial se abrió un cambio importante, pues el conflicto bélico influyó sobre la forma de inserción de la economía peruana en el mundo.

Transformaciones en la estructura social

Durante el primer cuarto del siglo XX, la expansión mercantil peruana había producido un cambio profundo en el cuadro social. De un lado, ciudades como Lima sufrieron procesos de crecimiento demográfico de magnitudes desconocidas hasta entonces en la historia de la República. De otro lado, el cuerpo social mismo se hizo más complejo, tanto por la diversificación de los grupos propietarios como por el surgimiento de nuevos sectores sociales ligados a un abanico más amplio de actividades.

Los cambios demográficos de la capital fueron considerables. En 1891 la población limeña era de 104,000 habitantes. En el año 1908 había subido a 140,000 personas, y a 173,000 en 1920. Diez años más tarde, la población había dado un gran salto hasta 276,000. Resulta muy interesante contrastar el período de 1891-1908 con el de 1908-1920. En el primer caso, el promedio anual de crecimiento demográfico fue del 1.8 por ciento, mientras en el segundo se llegó a alcanzar el 4.3 por ciento.

Nivel y composición del gasto público en el período 1900-1919

Años	*Defensa externa e interna (%)*	*Admin. pública general (%)*	*Promoción social (%)*	*Promoción económica (%)*	*Total miles de S/.*
1900	49.86	36.28	10.29	3.57	12,730
1901	47.29	40.76	9.30	2.08	14,417
1902	51.44	32.09	11.48	4.99	13,566
1903	50.33	34.68	10.57	4.42	14,789
1904	45.81	37.90	9.63	6.66	18,850
1905	44.09	36.10	10.22	9.59	20,895
1906	41.04	33.05	15.85	10.06	24,442
1907	41.59	32.20	17.24	8.98	27,226
1908	40.05	34.97	16.14	8.83	29,902
1909	42.15	33.30	15.71	8.84	27,475
1910	42.67	35.00	16.21	6.12	26,853
1911	39.79	37.51	16.08	6.63	29,562
1912	42.87	36.86	14.29	5.98	36,314
1913	40.87	37.78	14.49	6.86	45,420
1914	41.75	38.29	14.93	5.03	37,853
1915	42.85	36.77	15.27	5.11	32,336
1916	36.13	43.12	15.85	4.90	33,967
1917	35.97	42.06	15.66	6.31	44,245
1918	33.16	44.01	15.51	7.32	55,040
1919	31.78	42.46	14.81	10.95	65,998

El auge de la actividad industrial y comercial en las ciudades de la costa repercutió directamente en la estructura social del Perú, iniciando el prolongado proceso de migración interna.

Tras el golpe de Estado del 4 de julio de 1919, Augusto B. Leguía convocó a elecciones para la Asamblea Nacional, que el 18 de enero de 1920 promulgaría una nueva Constitución.

Las cifras sugieren niveles crecientes de población migrante. Pero ¿de dónde provenían aquellas familias en busca de mejores condiciones de vida? Es posible que hasta 1920 la migración andina fuera relativamente débil. En ese caso sería verosímil la hipótesis de que la población de la ciudad fuera originaria de la misma costa, afectada ya por la penetración mercantil: artesanos, comerciantes, pequeños propietarios agrícolas. Habría que incluir, junto al grupo de migrantes costeños, a los estudiantes provincianos enviados por sus familias para cursar estudios superiores a la capital.

Ya se ha señalado la forma en que el cuerpo social ligado a la economía exportadora se fue haciendo cada vez más denso. Ello significaba que, del lado de los sectores populares, el proletariado se iba tornando a su vez más numeroso y diferenciado. Hacia finales de la segunda década del siglo XX, los trabajadores asalariados habían conseguido un pequeño pero significativo nivel de organización. Pero no eran sólo los grupos populares los que se habían complejizado, adquiriendo una nueva magnitud en la estructura mercantil exportadora de Perú. En aquel momento se sentía además la presencia gravitante y creciente de los sectores de la clase media, que emergían a la vida política con un nuevo mensaje y renovada fuerza. Con el desarrollo de la producción agroextractiva también se habían expandido una serie de actividades ligadas a ella, como la banca, los seguros y el transporte. Estas actividades se concentraban principalmente en Lima y alguna ciudad de provincias, complejizando el tejido social. El surgimiento de nuevos grupos de clase media o la diversificación mayor de los sectores propietarios eran indicios de esos cambios.

Sin embargo, el crecimiento de los estratos medios tenía una profunda limitación: el escaso espacio político existente dentro de los límites de la República Civilista. Al respecto escribe Howard Karno en *Augusto B. Leguia: The Olygarchy and the Modernization of Peru: 1870-1930*: «El conservadurismo económico de la oligarquía inhibió la expansión burocrática y proyectos de gran envergadura. En consecuencia, un número creciente de profesionales, estudiantes, funcionarios y trabajadores de cuello blanco hallaron límites a sus posibilidades».

La reforma universitaria de 1919 permitió el acceso a la enseñanza superior de sectores sociales más amplios, rompiendo con el elitismo civilista. En la foto, Universidad de Cusco.

Cuando, hacia 1918, el período presidencial de José Pardo iba tocando a su fin, estos grupos hallaron en Augusto B. Leguía a la figura ideal para sucederle. Leguía era un hábil hombre de negocios que rechazaba las prácticas administrativas del civilismo. Su estrategia descansaba en las promesas a los grupos medios, en las que incluía todo lo que la República Civilista les había negado.

También en palabras de H. Karno: «Frustrados en sus ambiciones, se volvieron a Leguía y a sus promesas de una sociedad más vital y equitativa. Su programa de obras públicas, aumento de escolaridad y expansión militar prometía beneficios para todos. Y a la pregunta de quién gobernaría tal Estado modernizado sólo existía una respuesta: la clase media».

La cuestión universitaria

Una de las mayores manifestaciones de descontento entre los grupos de clase media residía en su demanda de transformar la naturaleza y organización de la universidad. Empezaron a presionar por una universidad que permitiera el acceso de estratos sociales más amplios y que, al mismo tiempo, fuera capaz de operar con mecanismos eficaces de promoción social.

Esta perspectiva entraba en conflicto con la visión elitista y cerrada que el civilismo tenía de la universidad. Los estudiantes se adhirieron, cada vez más esperanzados, a Leguía, llegando incluso a darle el título honorario de Maestro de la Juventud. Esta insatisfacción de los grupos medios se tornaba peligrosa para el civilismo, pero por otra razón: era el momento en que se incrementaba la movilización de los sectores populares. Los destacamentos de trabajadores habían ido ganando niveles de organización y experiencia; en muchos de ellos, la prédica anarcosindicalista había cobrado influencia. Hacia finales de la década de 1910 se daban conflictos que resultarían decisivos para el devenir de la República Civilista: la lucha por la jornada de las ocho horas en pro del mejoramiento de las condiciones de vida.

La jornada de ocho horas

El movimiento de trabajadores alcanzó sus niveles más agresivos durante diciembre de 1918. Los principales protagonistas fueron los obreros textiles de las fábricas El Inca y Vitarte, pertenecientes a la Casa Grace. De esta manera se creó un comité de huelga formado principalmente por trabajadores textiles que pronto empezó a incluir a trabajadores de otras industrias. «Este comité básicamente demandaba dos cosas: las ocho horas de trabajo diario y un incremento del 50 por ciento en sus salarios, para así compensar la reducción de sus horas de trabajo. A eso apuntaban las comisiones de trabajadores textiles y no textiles de Lima», según H. Karno.

Al principio, los trabajadores textiles que formaban parte de otras fábricas sólo expresaron su solidaridad, pero hacia finales de ese mes se incorporaron a la huelga los obreros de La Victoria, San Jacinto, El Progreso y La Unión. Muy pronto el comité de lucha se amplió hasta permitir el ingreso de otros grupos (trabajadores portuarios, choferes, etc.). Los trabajadores de otras fábricas se unieron a la huelga, y a comienzos de enero de 1919 el movimiento no cesaba de crecer, incorporando, entre otros grupos de trabajadores, a los panaderos, al tiempo que se adherían también los estudiantes universitarios. El comité organizador

El golpe de Estado de Leguía

«De acuerdo con la costumbre usual, los resultados oficiales, aún incompletos, son publicados luego de que el Congreso, sesionando en el día de Fiestas Patrias, 28 de Julio, haya considerado peticiones no formales, que siempre son de gran número, y haya proclamado al Presidente Electo. Los seguidores del señor Leguía declararon inmediatamente haber obtenido más del 80 por ciento de los votos contados y ciertamente, de acuerdo con los cuadros publicados en Lima y Callao, su partido había logrado una victoria aplastante. El señor Aspíllaga se contentó con la afirmación, más modesta, de que los resultados estaban aún por confirmar. El público discutía ansiosamente lo que el Presidente y el Congreso debían hacer, siendo la opinión general que, si fueran lo suficientemente fuertes, deberían declarar la elección nula».

Mr. Manners to Earl de Curzon, *Peru, Annual Report 1919.*

Sede limeña de la Casa Grace. Esta firma fue pionera en las inversiones extranjeras en Perú. Varias de sus industrias se vieron conmovidas por las huelgas obreras de la década de 1910.

conformaba un espectro social amplio, que incluía choferes, obreros portuarios, zapateros, entre otros colectivos.

La huelga de 1919

El 13 de enero de 1919 el comité decretó una huelga general que se convirtió en uno de los hitos esenciales en la conformación del proletariado peruano contemporáneo. El aspecto más dramático de la huelga tuvo como escenario las regiones mineras de los Andes. Frente a la actitud agresiva de los trabajadores, el gobierno envió tropas que hicieron fuego, hiriendo y segando la vida a varios de ellos. Mientras tanto, en Lima se sucedían una serie de reuniones entre miembros del gobierno, propietarios de fábricas y representantes de los sindicatos, sin que se alcanzara ningún acuerdo.

La noche del 15 de enero, el gobierno hizo público un decreto que colocaba la ciudad bajo control militar por 24 horas; al mismo tiempo, otro dispositivo legal establecía la jornada de trabajo de ocho horas diarias, con la obligación de zanjar las disputas laborales por arbitraje. Se dieron asimismo ciertas especificaciones con relación a las posibilidades efectivas de aplicar esta normativa. Como resultado de la acción del gobierno, los sindicatos pusieron fin a la huelga y los trabajadores regresaron a sus puestos de trabajo.

La caída del civilismo

Las elecciones presidenciales se fijaron para mayo de 1919. En ese contexto, el civilismo no se hallaba en las mejores condiciones para afrontarla, tanto por sus divisiones internas como por el vivo sentimiento antioligárquico que se respiraba en el país.

Uno de los factores que más sorprende de esta disposición antioligárquica fue el papel desempeñado por ciertos sectores del capital internacional. En efecto, no se puede dejar de mencionar la actitud adoptada por la Peruvian Corporation, algunos bancos americanos y también ciertas industrias constructoras de armas, que apoyaron económicamente a Leguía en su enfrentamiento con el poderoso grupo civilista.

El 4 de julio, antes de que se hicieran públicos los resultados oficiales de la contienda electoral, Leguía, seguro de su triunfo y desconfiando de la reacción civilista, dio un golpe de Estado, mandó detener al entonces presidente Pardo y lo obligó a marchar al exilio. Con ello pensaba adelantarse a cualquier maniobra del civilismo encaminada a no reconocer su presunta victoria en las urnas.

El oncenio de Leguía

El «Gigante del Pacífico»; «Uno de los más grandes hombres que el mundo jamás ha producido»; «Un hombre comparable sólo a César, Napoleón y Richelieu», fueron algunos de los vivos elogios con los que la figura de Augusto B. Leguía fue ensalzada durante su segundo —y último— período en el palacio de gobierno, que duró once años.

En realidad, las frases arriba escritas tendrían poca significación si, como de costumbre, provinieran de los áulicos criollos de turno, esos que pululan siempre alrededor de los hombres que detentan el poder. Pero no. Esta vez los elogios provenían del representante oficial de una de las mayores potencias de la Tierra: Estados Unidos. ¿Fue acaso un arrebato personal del embajador estadounidense en Lima? Es dudoso, porque este tipo de juicios se repetirían con diversas variantes en no pocas ocasiones.

Y, por su hubiera alguna duda, también el representante diplomático que lo sucedió en el cargo no vaciló en formular, a propósito del presidente Leguía, adjetivos todavía más sonoros: «Al Perú le fueron necesarios tener un Bolívar y un San Martín para asegurar su libertad y hacer descansar los fundamentos de su grandeza nacional; pero le fue tanto más necesario tener un Leguía para construir la estructura de la nación. Hoy los ojos del mundo están puestos sobre este país. El gran progreso que ha hecho en los pasados diez años se debe a vuestro genio y habilidad. Nadie puede tomar un crédito que sólo a Usted pertenece. En los años que vienen, cuando se escriba la historia del Perú, vuestro nombre se inscribirá con letras de oro junto a los nombres de los grandes libertadores.»

Vista de Lima a principios de la década de 1920. Se aprecian la Plaza de Acho y las torres de la catedral.

La trayectoria de Leguía

No años, sino tan sólo meses después de que estas frases fueran pronunciadas, Leguía fallecería en la cárcel de Lima, doblegado por la traición de muchos de los que hasta la víspera lo habían vitoreado en las calles, los «ayayeros» que alguna vez se habían disputado por arrastrar su carruaje, los seguidores que lo promovieron a la condición de Prócer de la República, Creador de la Nación Peruana y, por acto soberano del Congreso, declarado *par* de San Martín, Gamarra y los grandes de la patria.

¿Quién fue, qué hizo este hombre a quien el rey Jorge de Inglaterra condecoró con la Gran Cruz de la Orden del Imperio Británico, Japón con la Orden del Crisantemo, una de sus más altas dignidades, y el gobierno de Noruega con una distinción que, con muy pocas excepciones, reservaba sólo a los reyes europeos, la llamada Orden de Saint Olav en su grado más alto? Cuba, Venezuela, Polonia y Siam fueron otras de las tierras que impusieron medallas en el pecho del gran político peruano.

Augusto B. Leguía provenía de una familia terrateniente provinciana venida a menos; era nieto de uno de los firmantes del Acta de Independencia. Había estudiado en un colegio inglés en Valparaíso (Chile); más tarde ingresó en el mundo de los negocios, como empleado de empresas de seguros y de diversas firmas, la mayoría de ellas extranjeras, tales como la francesa Prevost y la New York Life Insurance. Viajó a Londres como representante de la Testamentaria Swayne, empresa de la familia de su esposa, una rica heredera. Entró en tratos con la casa Lockett, en torno a la creación de la British Sugar, importante firma propietaria de ingenios azucareros en Cañete y Nepeña.

El presidente Leguía, cuarto por la izquierda, en una recepción en el Palacio de Gobierno. Sin opositor real, el 12 de octubre de 1924 fue designado para un segundo mandato.

Si bien Leguía no pertenecía, por origen familiar, a los rangos más altos del grupo aristocratizante capitalino, era un hombre astuto y calculador que había sabido ganarse la confianza inicial de los banqueros, comerciantes, hacendados y profesores universitarios, es decir, de la elite civilista. Incorporado a la «clientela» de esta minoría, Manuel Candamo y José Pardo lo nombraron ministro de Hacienda, cargo en el que hizo méritos suficientes para convertirse en la carta presidenciable del grupo hegemónico con el que había unido su suerte.

Sin embargo, desde su primer gobierno (1908-1912), Leguía se manifestó como elemento disonante del proyecto político civilista. Concluido su primer mandato, en septiembre de 1912, supo esperar su nueva oportunidad para retornar apoteósicamente, en febrero de 1919, en un momento en que el fracaso de la fracción civilista había creado un notorio vacío de poder.

En su conversión de amigo —léase socio menor— a rival del grupo civilista, Leguía actuó con la sagaz y pragmática percepción de que el proyecto político civilista era incapaz de sobrevivir bajo las nuevas condiciones sociales por las que atravesaba el país.

Detrás de Leguía se aglutinaron los diversos estamentos sociales que tenían cuentas que saldar con los cerrados y privilegiados predios de la oligarquía. Aunque este grupo no fue cuestionado en lo que a su poder económico se refiere, sí fue políticamente desplazado por los nuevos actores que irrumpieron en el conmocionado escenario del poder.

Patria Nueva y Constitución de 1920

Naturalmente, este tránsito no fue fácil para el civilismo. Muchos se resistieron, conspirando y esperando agazapados la ocasión propicia. Pero para Leguía la mejor cura era la que se hace en salud, así que no le faltarían pretextos para deportar, encarcelar y silenciar.

Los primeros años del gobierno de Leguía fueron de una gran fluidez política. De un lado debía atender las demandas antioligárquicas y antigamonales provenientes de los sectores medios emergentes, su principal base de apoyo, y de las clases populares urbanas y rurales. Pero también debía escuchar las exigencias del capital extranjero, el cual tenía gran interés en afianzar sus estrategias operativas en Perú. Pronto el padre de la Patria Nueva debió atenerse a aquello que él sabía

Comparación del crecimiento de grupos ocupacionales en Lima y el Callao			
Profesión	***1920***	***1931***	***Incremento en %***
Técnicos en teléfonos y telégrafos	358	654	82.77
Comerciantes en general	18,596	30,986	66.6
Administradores públicos	975	6,285	544.6
Abogados	491	908	84.9
Médicos especialistas	1,131	2,828	150.1
Ingenieros, arquitectos	687	995	44.8
Publicistas y escritores	165	359	117.5
Artistas	862	1,421	65.0
Contadores	492	1,237	151.4
Financieros	1,001	3,477	247.6
Estudiantes	10,052	20,122	100.1

desde siempre: es imposible contentar a todos, salvo con pequeñas concesiones demagógicas. Pero, mientras los problemas cruciales seguían sin resolverse, la caldera social continuaba en amenazadora ebullición.

Leguía pasó entonces de la ficción demo-liberal del pequeño Estado civilista a la imposición de una dictadura personal, prácticamente omnímoda. Robusteció el Estado con miembros de la clase media, ávidos por ingresar a las planillas del fisco. Naturalmente no todos podían tener cabida en el barco institucional del Estado. Leguía amplió entonces otra frontera muy prometedora: la de las clases propietarias. Con viejos y nuevos componentes, estos grupos extendieron sin demasiado escrúpulo su número y riqueza, a la sombra, claro está, de los recursos del Estado. Después de todo, para Leguía el resultado justificaba los medios: crear una clase más mercantil, más dinámica, más moderna que la vieja oligarquía civilista.

El oncenio: balance de un proyecto político

Durante el oncenio de Leguía, las estructuras económicas básicas, que se habían diseñado en las dos primeras décadas de hegemonía civilista, permanecieron en lo fundamental inalteradas. Tanto la economía mercantil como la andina mantuvieron su dinámica anterior, y la lógica de relación existente entre ambas sobrevivió.

Pero es en el ámbito de lo político donde el leguiísmo significó el punto de partida de una profunda transformación política que tardaría varias décadas en cristalizar y que consistiría en conseguir una cierta autonomización del Estado respecto de las clases propietarias. Con Leguía se desarrollaron estructuras de mediación política basadas en una incorporación masiva de las clases medias al aparato del Estado.

Naturalmente, esto iba contra el esquema oligárquico en lo que se refiere al manejo político del país. La oposición oligárquica al leguiísmo fue desde el primer momento tenaz, aunque se reveló incapaz de convertirse en una verdadera amenaza para el astuto inquilino de la Casa de Pizarro.

El leguiísmo y el sistema internacional

Dar un papel protagónico al Estado implicaba, en términos concretos, dotarlo de mayores recursos, es decir, incrementar el gasto público a niveles jamás imaginados hasta aquel momento en la República. En efecto, el presupuesto se disparó entre

Mina de la compañía Backus y Johnston. Durante el oncenio las exportaciones alcanzaron un máximo anual de 30 millones de libras. La balanza comercial fue siempre positiva.

los años 1919 y 1929. Naturalmente el pago de nuevas planillas constituía uno de los componentes más importantes.

Si se recuerda la angosta frontera de los ingresos fiscales durante el civilismo, se verá que el gran problema que tuvo que resolver Leguía fue el de solventar la expansión del gasto público. Hacerlo con recursos internos había significado de alguna manera incidir sobre los que más recursos tenían: los exportadores. Y Leguía, a fin de cuentas, fue tímido (o, al menos, generoso con sus ex socios). Los nuevos impuestos que impuso a la economía exportadora distaron de ser suficientes para lo que el fisco necesitaba, aun cuando la oligarquía jamás le perdonó que se hubiera atrevido a hacerlo.

La verdad es que Leguía pudo prescindir de los recursos internos gracias a que le tocó vivir una circunstancia internacional favorable: el exceso de capitales en el sistema internacional. Durante la década de 1920, la banca estadounidense se convirtió en la caja chica de varias dictaduras de América Latina que vivían el espejismo de una bonanza fiscal alimentada por la administración norteamericana. Perú no fue una excepción, sino más bien uno de los mejores ejemplos.

Principales recursos del Estado

Las fuentes de ingreso del erario público provenían, en primer lugar, de la actividad agroextractiva (de las minas de la Cerro de Pasco Cooper Corporation, el petróleo de la International Petroleum Company y la Peruvian Oilfield Corporation, y el azúcar de la Hacienda Paramonga, perteneciente a la Casa Grace); en segundo lugar, del sector de transportes y obras públicas (con firmas como Callao Construction Works, Frigorífico

Durante el oncenio se realizaron inversiones en obras públicas, por lo general adjudicadas a compañías estadounidenses. En la foto, estación del ferrocarril de Tacna a Arica.

Nacional y Peruvian Portland Cement); y, en fin, de los préstamos financieros, que sumaron 50 millones de dólares en 1927 y 25 millones al año siguiente.

Como es fácil observar en los cuadros estadísticos, la mayor parte de los capitales que llegaron durante la década de 1920 fueron especulativos, orientados a la compra y venta de valores, acciones y *stocks*. Este intenso flujo de recursos externos se vio acompañado de un complejo cuadro de corrupción administrativa, tanto dentro como fuera de las fronteras del país.

En suma, durante estos once años de gobierno los más de 100 millones de dólares que recibió el Estado leguiísta de manos estadounidenses se emplearon libremente en ampliar la maquinaria del Estado, al objeto de dar mayor cabida a la clientela política del presidente y de llevar adelante una vasta gama de obras públicas. En ese sentido, la Foundation Company fue una de las empresas de inversores que mayor beneficio obtuvo, ya que le fueron adjudicadas buena parte de las obras de transformación de Lima emprendidas por el régimen. No es una casualidad, en este contexto, que en 1929 el representante diplomático inglés en Lima escribiera a su gobierno: «La Foundation Company ha enseñado al presidente Leguía cómo prestarse plata y él lo está haciendo ahora muy bien y rápidamente. Los norteamericanos lo iniciaron en esta práctica y tendrán que sostenerlo en ella largo tiempo.»

La Foundation Company y la deuda

Durante la década de 1920, la Foundation Company llegó a constituir una de las más poderosas empresas estadounidenses en Perú, tanto financiera como políticamente hablando, y controló de forma monopólica el grueso de las obras públicas del país. De manera recíproca, dejando de lado las «comisiones» para los mediadores, la Foundation Company proporcionaba al gobierno facilidades financieras cuando el Tesoro se encontraba en dificultades, recuperándolas luego con recursos provenientes de préstamos, por ejemplo.

En cuanto a la inversión pública, junto a los gastos en concepto de ferrocarriles, carreteras,

Años	Defensa externa e interna (%)	Admin. pública general (%)	Promoción social (%)	Promoción económica(%)	Total miles de S/.
1920	35.80	37.74	14.86	11.60	87.900
1921	37.81	32.66	14.89	14.64	86.957
1922	34.09	39.65	14.49	11.77	81.015
1923	32.86	41.08	14.14	11.92	81.114
1924	35.90	38.60	13.31	12.19	104.813
1925	34.29	39.34	13.74	12.63	116.095
1926	33.26	39.62	15.01	12.11	147.205
1927	34.67	39.37	15.06	10.90	155.858
1928	34.60	40.16	14.42	10.82	157.961
1929	33.15	40.17	14.19	12.49	191.970

edificaciones y obras de saneamiento, destacan las inversiones en irrigación que fueron emprendidas durante el oncenio, principalmente las de los valles del Imperial, en Cañete, y la del Olmos, en el departamento de Lambayeque. Ambas obras contaron con la participación de un famoso ingeniero estadounidense, Charles Sutton.

Lambayeque: una obra envuelta en polémica

Los trabajos de irrigación realizados en Lambayeque suscitaron un fuerte conflicto entre los propietarios agrícolas dedicados a la exportación en la zona y el ingeniero Sutton. Los primeros jamás perdonarían a éste los cambios que introdujo en el sistema de distribución de las aguas, que tradicionalmente habían estado bajo control de los terratenientes. Sutton estableció que todas las decisiones en este terreno pasaran por una Comisión de Irrigación del Norte, entidad fuertemente controlada por los intereses estadounidenses.

El ingeniero Charles Sutton proyectó y dirigió las obras para la irrigación de La Imperial, en Cañete.

Estos proyectos hidraúlicos no eran los más rentables, ni quizás lo que la realidad del país requería con una mayor urgencia. De hecho, muchas de las críticas posteriores que la Sociedad Nacional Agraria dirigió al régimen gobernante se basaron en el despilfarro por tanta obra faraónica. Sin embargo, también es cierto que la mayoría de las veces estas críticas escondían motivaciones de intereses personales, no de defensa de las necesidades nacionales.

A finales de la década de 1920 se produjo el *crack* de Wall Street, punto de partida de la crisis económica internacional. El capital especulativo dejó de llegar a Perú y ciertas empresas, como la Fundation Company, desaparecieron por completo del escenario. Al cesar el flujo externo de recursos que sostenía al gobierno leguiísta, éste no tardaría en desplomarse, hecho que sucedió el 22 de agosto de 1930. Tres días más tarde, Augusto B. Leguía se vio obligado a dimitir ante la Junta Militar que presidía el general Manuel María Ponce.

Las nuevas corrientes ideológicas y la transición oligárquica

La Guerra del Pacífico despertó en Perú un fuerte espíritu crítico respecto a lo que hasta entonces había sido este país y lo que constituía su futuro. En el centro del escenario ideológico destaca, sin duda, la figura de Manuel González Prada (1848-1918), hijo de la elite social del Perú que reprochó a su clase su carácter timorato, gris e incapaz de asumir la conducción política. No vaciló en definir a la nación —herejía de herejías— a partir de los inveteradamente marginados: la población indígena.

Con dedo acusador, González Prada señaló que en tanto no se reivindicase la injusticia perpetrada durante siglos contra esa población, las causas que llevaron al desastre de la Guerra del Pacífico y a sus consecuencias seguirían incólumes. En suma, el atraso del país y la opresión indígena eran una sola realidad, como las dos caras de una moneda. Dentro de ese clima crítico florecieron *movimientos indigenistas* surgidos en diversos lugares del país, que se expresaron a través de los periódicos, la literatura, la música, la pintura, el teatro, etcétera.

Es cierto que el movimiento fue liderado por mestizos: eran previsibles las dificultades de cruzar las fronteras del paternalismo. No obstante, el mismo cumplió un extraordinario cometido: esto es, ubicar la cuestión indígena en la agenda de los problemas más importantes del país. En efecto, por primera vez, el indio era reconocido como un componente destacado de una nación que, sin embargo, le había negado su condición ciudadana por miopía de la clase dirigente, la misma que se negaba incluso a reconocer la existencia del problema indígena.

Portada de la célebre revista Amauta, *bastión de las ideas progresistas en Perú, editada por José Carlos Mariátegui.*

La década indigenista

La década de 1920, sobre todo su segunda mitad, marcó una ruptura en el desarrollo de las ideas en el Perú contemporáneo. En 1927 uno de los indigenistas más destacados, Luis E. Valcárcel, publicó su imprescindible texto *Tempestad en los Andes*. Entre esa fecha y el final de la década, el país fue conmovido por una producción intelectual que revolucionó la visión de la realidad social peruana, y que sentaría las bases para la comprensión del Perú contemporáneo.

Mariátegui y Haya de la Torre

Los pensadores clásicos que se mencionan en estos años son especialmente José Carlos Mariátegui (1894-1930) y Víctor Raúl Haya de la Torre (1895-1979). Para Mariátegui, como para González Prada, el atraso nacional estaba directamente relacionado con la opresión indígena. Pero Mariátegui tomó distancias del autor de Páginas Libres, criticando su individualismo y su falta de programa político coherente. Entre 1926 y 1930 Mariátegui editó la revista *Amauta*, publicación de amplio espectro ideológico que perseguía el debate y la difusión de las nuevas ideas acerca de la realidad del país. En 1928 salió a la luz su obra más conocida, *Los siete ensayos de interpretación de la realidad peruana*.

Nacido en 1894, Mariátegui se adhirió al marxismo durante su estadía en el Viejo Continente, de noviembre de 1919 a enero de 1923. Para él, como para el pensador y hombre de acción que fue Haya de la Torre, Perú carecía de una burguesía nacional capaz de modernizar la herencia cuasi feudal y de detener la voracidad del imperialismo capitalista.

Busto de Víctor Raúl Haya de la Torre en el pasillo central del Congreso. Líder y fundador del Partido Aprista Peruano (PAP), es una de las mayores figuras políticas del siglo XX.

Haya de la Torre, político y pensador, dejó importantes obras entre las que sobresalen: Por la emancipación de América Latina, Ideario y acción aprista *y* El antiimperialismo y el Apra.

Haya de la Torre y Mariátegui coincidían inicialmente en éste y en otros análisis acerca de la sociedad peruana. Sin embargo, cada uno tomó diferentes rumbos. En Haya de la Torre se acentuaron progresivamente los aspectos prácticos de la política, y no tardó en distanciarse de la doctrina marxista para elaborar su propio cuerpo doctrinario: el «espacio-tiempo histórico». En tanto el fundador de *Amauta* moría en 1930 a la edad de 35 años, Haya de la Torre atravesó el corazón de la vida política de Perú a lo largo de casi todo el siglo XX. Dotado de una gran vocación política práctica —más que teórica—, Haya de la Torre fue durante décadas una personalidad gravitante de la política peruana.

Durante el segundo gobierno de Manuel Prado Ugarteche (1956-1962) se produjo un punto de quiebra en la historia política del país. La Alianza Popular Revolucionaria Americana (APRA) pactó con sus enemigos de antaño, la elite agroexportadora, en un complejo matrimonio en el que ambas partes creyeron necesitarse para asegurar su futuro. Pero el país había cambiado, como se verá, y esta estrategia aliancista les resultó tardía.

El período 1930-1948: la transición oligárquica

Las décadas de 1930 y 1940 constituyen un período transicional en la historia de Perú. Durante esos años se fueron incubando lentamente los rasgos básicos de lo que, más adelante, a lo largo de la segunda mitad del siglo XX, se convertiría en el perfil fundamental de su fisonomía actual.

Durante estas décadas, el modelo exportador oligárquico comenzó a mostrar sus primeras grandes fisuras, al ser objeto de cuestionamientos críticos por parte de grupos antioligárquicos, portadores a su vez de otras lecturas y propuestas de desarrollo nacional.

De otro lado, en términos estructurales, la relación del sector moderno con el andino empezó a sufrir cambios importantes. El vínculo se debili-

El ejército protege la residencia del ex presidente Leguía, a los pocos días de ser derrocado por Sánchez Cerro, en septiembre de 1930. Leguía murió en prisión el 6 de febrero de 1932.

tó, y formas más estables de organización del trabajo empezaron a perfilar la moderna fuerza laboral de Perú. Esta transición, sin embargo, fue sumamente compleja, y se dio dentro de un proceso que podría llamarse de «restauración oligárquica».

Un proceso éste que, a su vez, tuvo dos momentos bastante diferenciados. El primero transcurrió a lo largo de la década de 1930 y constituye lo que podría denominarse la restauración oligárquica «ortodoxa» o, mejor aún, la restauración del modelo oligárquico exportador ortodoxo: un Estado pequeño, excluyente, con escasa o nula intervención en la economía y con un gasto público por debajo del nivel de expansión de las exportaciones.

El segundo momento corresponde a los ocho primeros años de la década de 1940. En ese lapso de tiempo el modelo oligárquico tradicional entró en crisis. El Estado, sin alterar aún su naturaleza oligárquica, comenzó a ser asediado desde dentro y desde fuera por las demandas populares. Por otra parte, el Estado empezó a actuar de una forma inédita en Perú, con una participación activa en la economía (incluyendo el control del cambio y de las importaciones) y la creación de una banca de fomento estatal orientada al desarrollo de la actividad empresaria local. El gasto público se expandió, y cundió una atmósfera nacionalista que, aunque débil, no pudo ignorarse ni evitar que se expandiera a sectores sociales sensibles a su prédica.

La primera etapa —la de la década de los años treinta— comprende a su vez dos subperíodos: el que va de 1930 a 1933, de oligarquía y democracia; y el de 1933 a 1939, que puede denominarse de militarismo oligárquico. En el primer caso, la figura política dominante fue el presidente Luis M. Sánchez Cerro; en el segundo, el presidente Óscar R. Benavides.

La década de 1940 se subdivide en dos fases: la Segunda Guerra Mundial y la redefinición oligárquica (1940-1945), y la coyuntura 1945-1948. En la primera, el protagonista central fue el presidente Manuel Prado Ugarteche. En la segunda, el presidente José Luis Bustamante y Rivero.

La restauración oligárquica

A la caída de Augusto B. Leguía en 1930, los grupos oligárquicos desplazados buscaron retornar al poder. Sin embargo, no parecían tener más proyecto político que el de restaurar el viejo mo-

Fábrica de tejidos Santa Catalina, propiedad de la familia Pardo y Barreda. Todo el sector exportador se vio gravemente afectado por el crack *de Wall Street de 1929.*

delo civilista, esto es, un modelo exportador excluyente, un mundo en el cual las fronteras del Perú oficial eran pequeñas y en donde el papel del Estado como protagonista económico y político era minimizado al máximo.

Esta restauración del modelo civilista no era, sin embargo, tarea fácil. Y no lo era sobre todo porque el país al que habían retornado políticamente era entonces muy distinto al de 1920. Durante el oncenio de Leguía no sólo se había diversificado el cuerpo social, sino que se habían desarrollado, dentro del debate político, propuestas de lectura y de desarrollo del país distintas a las del modelo exportador oligárquico hasta entonces vigente. En otras palabras, la formación de destacamentos de trabajadores permanentes en los centros productivos para la exportación, así como de significativos núcleos de clase media ligados a la economía exportadora, daban un nuevo perfil a la sociedad peruana. Además, en muchos sectores de estos grupos sociales había echado raíz la prédica aprista y socialista, sobre todo la primera.

Por otra parte, el APRA había extendido su estructura organizativa a lo largo del territorio peruano, constituyendo una formidable fuerza política e ideológica de oposición para la oligarquía, de modo que la presencia del APRA teñiría el escenario político peruano de la época. Buena parte de las diferentes políticas desarrolladas por Sánchez Cerro, Benavides y Prado se llevaron a cabo con el fin de poner freno a la influencia política del aprismo.

Además del nuevo perfil del Perú de entonces, un hecho singular dio el sello definitivo a la década de 1920 y marcó los derroteros de la siguiente: el debilitamiento de las relaciones con Estados Unidos. Luego del *crack* de 1929, los vínculos financieros e incluso comerciales con este país disminuyeron notablemente. A lo largo de toda la década de 1930 no llegaron capitales frescos a Perú, y los que ya operaban en muchos casos disminuyeron el ritmo de sus actividades, en consonancia con los catastróficos avatares de la depresión. Tal situación dominaba la gran minería, en manos de firmas estadounidenses.

Ello significa que cuando, lentamente, la economía exportadora comenzó a recuperarse, el espacio abierto por las nuevas oportunidades fue ocupado por propietarios locales, que, por primera vez en muchos años, no se veían obligados a competir con los grandes capitales extranjeros. Los ejemplos de la minería de oro, plomo y zinc

Tras derrocar a Augusto B. Leguía, Luis M. Sánchez Cerro fue elegido presidente de la República en las elecciones del 11 de octubre de 1931, convocadas por la Junta Nacional de Gobierno.

son harto elocuentes en este sentido. Sin embargo, no debe olvidarse que aun en estos casos se trató de medianos o pequeños yacimientos. Las grandes explotaciones permanecieron siempre en manos del capital extranjero.

Por su parte, el algodón constituyó, durante la década de 1930, la actividad exportadora dominante en el país, no sólo por su relativamente aceptable nivel de precios, sino también por el impacto social que se derivaba de concentrar una gran cantidad de medianos y pequeños propietarios y yanaconas a lo largo de la costa peruana.

La década de 1940, en cambio, tuvo otro matiz. En este período, el modelo oligárquico tradicional dio paso a uno más populista y, en cierto sentido, nacionalista. Esta nueva perspectiva respecto a cómo asumir el modelo exportador se dio en un contexto distinto: se trataba del retorno de la influencia estadounidense a partir del gobierno de Prado, y del robustecimiento económico del grupo oligárquico más fuerte, vinculado a la producción de caña de azúcar. Durante los años cuarenta, la caña tuvo buena acogida en el mercado internacional, lo que permitió a sus productores recuperarse, al menos en parte, de los malos años de la década anterior. Ello les posibilitó hacer una oposición más fuerte a las políticas populistas, principalmente a las de Bustamante y el APRA.

General Óscar R. Benavides. Elegido por el Congreso para suceder a Sánchez Cerro, gobernó con mano férrea un país marcado por la crisis económica y las tensiones políticas.

La respuesta oligárquica: de Sánchez Cerro a Benavides

Inicialmente, la oligarquía civilista aceptó el reto de la nueva realidad social e ideológica que presentaba el país tras la caída de Leguía. Aceptó incorporarse al debate y a la confrontación política con los demás grupos. Pero, atenazado por su vieja concepción aristocratizante, el civilismo se sintió pronto desbordado frente a la efervescencia popular, a la que siempre había temido, y optó por una vía que, en cierto modo, era su negación ideológica: el militarismo.

Este nuevo auge del militarismo tendría a su vez dos momentos claros. El inicial, cuando, aún dentro del esquema liberal, la oligarquía buscaba un caudillo capaz de enfrentarse en la palestra política a los movimientos populares liderados por corrientes doctrinarias antioligárquicas. Fue el período de 1930 a 1933, dominado por el comandante Luis M. Sánchez Cerro. En el segundo, de

Nivel y composición del gasto público en el período 1930-1939

Años	*Defensa externa e interna (%)*	*Admin. pública general (%)*	*Promoción social (%)*	*Promoción económica (%)*	*Total miles de S/.*
1930	33.37	43.64	14.18	8.81	149,064
1931	39.84	35.56	16.15	8.45	131,368
1932	43.15	32.50	15.90	8.45	697,032
1933	45.59	30.10	15.89	8.42	131,179
1934	40.15	34.71	14.37	10.77	169,228
1935	40.39	33.06	15.12	11.13	139,265
1936	42.03	32.77	16.54	8.66	193,724
1937	38.53	33.24	16.90	11.33	197,962
1938	37.25	31.67	16.70	14.38	246,259
1939	39.55	31.52	17.32	11.61	234,213

1933 a 1939, se impuso el general Óscar R. Benavides, quien capitaneó una dictadura cruda, sin falsas apariencias democráticas, que rigió irrestricta dentro de las fronteras del Perú oligárquico.

La Segunda Guerra Mundial y las exportaciones

A diferencia de la primera conflagración planetaria, la Segunda Guerra Mundial no trajo consigo un alza favorable de precios, como muchos exportadores imaginaron. Por el contrario, en algunos casos aparecieron evidentes síntomas de estancamiento, e incluso de declinación.

Este efecto, fue diferente según los productos exportados por Perú. Entre los menos favorecidos estaban los mineros y, en mejor posición, los agrícolas. Sin embargo, es preciso recordar que el 60 por ciento de la producción exportada provenía de las extracciones mineras, y que solamente un 32 por ciento tenía su origen en el agro. Pero, por detrás de estas cifras, se esconde un hecho fundamental. Si bien se ha visto que casi dos tercios de las exportaciones peruanas eran de origen minero, la producción minera del país se encontraba casi exclusivamente en manos del capital extranjero.

Situación diferente ofrecía la agricultura, pues en este caso su suerte estaba asociada a una amplia base social. El mejor ejemplo lo constituye el algodón (que ocupaba aproximadamente un 20% de las exportaciones), producto ligado al trabajo de gran número de pequeños y medianos propietarios y yanaconas. En el azúcar, en cambio, que ocupaba un 8 por ciento de las exportaciones, la producción estaba concentrada en manos de empresas nacionales y extranjeras.

En suma, durante este período el sector exportador estuvo por debajo de las expectativas fijadas. De ahí el saldo menor que puede observarse para el quinquenio 1940-1944.

Nivel y composición del gasto público en el período 1940-1944					
Años	*Defensa externa e interna (%)*	*Admin. pública general (%)*	*Promoción social (%)*	*Promoción económica (%)*	*Total miles de S/.*
1940	43.16	31.90	18.40	6.54	210,193
1941	41.40	32.83	20.23	5.54	328,219
1942	42.28	33.51	19.20	5.01	409,083
1943	40.81	34.42	17.99	6.78	423,602
1944	40.33	32.75	19.51	7.41	507,945

Problemas originados por la guerra

Perú fue uno de los países que habían acumulado menos reservas de divisas, en comparación con otras naciones de América Latina. Pero, a pesar de todo, las reservas crecieron. Los cinco millones de libras esterlinas existentes en el Banco Central de Reserva en 1939 se habían transformado en nueve millones para 1943. La inflación y el costo de la vida fueron grandes problemas que afectaban no sólo a Perú sino a todo el subcontinente americano. Las exigencias creadas a raíz de la guerra con Ecuador (1941) favorecieron el incremento de circulante monetario, que pasó de 132'000,000 de soles a finales de 1939, a 343'000,000 de soles cuatro años después.

En cuanto al costo de vida, los índices de precios al por mayor entre diciembre de 1939 y diciembre de 1943 se duplicaron. Con frecuencia se producía escasez de arroz, carne, pescado y papas. Era un malestar que afectaba principalmente a los sectores urbanos y que creaba un cuadro social de descontento que no se podía ignorar; de ahí las diversas medidas que adoptaron los gobiernos para paliar la situación. Parte de las tierras orientadas a la exportación se dedicaron a la producción de artículos de panllevar, y se barajaron proyectos para organizar un Ministerio de Agricultura encaminado a estimular la producción agrícola y pecuaria del país. Este ministerio comenzó a funcionar finalmente en enero de 1943, y contó con la ayuda financiera y técnica de agencias de Estados Unidos. Habría que señalar que Europa, uno de los principales clientes de las exportaciones peruanas, no pudo mantener tal posición durante el conflicto bélico. Estados Unidos tampoco llenó completamente el vacío dejado por los otros países debido a sus propias restricciones; Perú, en fin, se vio obligado a buscar mercados en los restantes países de América. Esta apertura hacia otros mercados de América Latina constituyó una de las notas más importantes de este período.

Importaciones de América Latina

Lo que ocurría con las exportaciones se reflejaba en las importaciones. Antes del comienzo de la Segunda Guerra Mundial, Perú compraba a Estados Unidos alrededor del 26 por ciento de sus adquisiciones externas. Para 1943, esta cantidad había aumentado hasta el 50 por ciento del total de las compras nacionales. Resalta además un incremento notable de las adquisiciones a otros países de América Latina, especialmente Argentina, Brasil y Chile. Las compras más importantes a Argentina las constituían los alimentos (especialmente trigo), tejidos manufacturados, químicos y manufactura metalmecánica. A Brasil se le compraban bienes manufacturados, de los cuales los productos textiles representaron casi un 60 por ciento de las adquisiciones; también se importó equipo eléctrico, productos químicos, maquinarias y herramientas. De Chile, en fin, llegaban principalmente productos naturales, como fertilizantes, alimentos y madera.

El Perú en las últimas décadas: de 1950 a la actualidad

El nuevo rostro del Perú

La modernización por vía estatal

Gobiernos de Alan García y Alberto Fujimori

El rápido crecimiento de Lima Metropolitana es uno de los fenómenos emblemáticos del Perú contemporáneo. En la foto, de la década de 1960, escena de una populosa calle del centro limeño.

El nuevo rostro del Perú

Durante la década de 1950 se inició una etapa de ruptura en el seno de la sociedad peruana. En aquel momento se fueron perfilando con creciente nitidez los profundos cambios que se habían ido incubando a lo largo de varios decenios en el sustrato social, económico y político del país. El resorte más profundo de este proceso, la relación entre el mundo mercantil urbano y el mundo andino, mostró a su vez una compleja y dramática reestructuración.

Un habitante de la sierra emigrado a la ciudad y convertido en vendedor ambulante de maíz.

Sin embargo, los cambios tuvieron bien poco que ver con las propuestas explícitas de desarrollo por parte de las clases propietarias y políticas, y mucho con la dinámica impuesta por los capitales en la economía exportadora, el desarrollo de un mercado ligado cada vez más a un proceso de desestructuración del sistema de propiedad y del poder tradicional terrateniente en los Andes. Se trató, en gran medida, de un proceso en el cual el papel de la economía no capitalista se modificó notablemente, sin que ello implicara necesariamente su eliminación.

De otro lado, y como correlato de estos cambios, se produjo una profunda transformación demográfica que alteró irreversiblemente la fisonomía del territorio y de la sociedad peruana. Un gigantesco desplazamiento de personas, en particular de origen andino, se produjo, con distintos ritmos y estrategias, hacia la costa, hacia las ciudades. Así Perú, cuerpo social milenariamente andino y rural, se transformó casi repentinamente en un país con predominancia costeña y urbana.

En ese nuevo contexto, con urgencias y demandas de magnitud creciente e insospechada, se produjeron dos intentos de modernización de la economía y la sociedad peruanas a partir de perspectivas y propuestas en cierto modo diferentes. El primer intento tuvo lugar en el período 1948-1968 y puede denominarse como período de modernización liberal. El segundo corresponde a lo que podría señalarse como etapa de modernización vía estatal, y aconteció entre los años 1968 y 1975.

Cambios demográficos: de país rural a país urbano

Hasta antes de 1940 Perú había sido un país eminentemente rural y con mayoría de población andina. Sirve para ello como elocuente ejemplo un antecedente temporal no muy lejano: 1876. Según el censo de ese año, el 75 por ciento de la población del Perú vivía en la sierra. La ciudad de Lima apenas si albergaba al 5 por ciento de los habitantes del país. Tras poco más de medio siglo —64 años, para ser más exactos—, el Perú seguía siendo un país andino. Pero el declive de ese segmento poblacional era ya evidente: la costa cobijaba ya a un tercio de la población total.

La tendencia era harto elocuente: la costa había crecido a una tasa del 1.9 por ciento, en tanto Lima lo hacía en un 2.5 por ciento y la sierra apenas si modificaba sus magnitudes: 1.1 por ciento.

Era un momento de transición. A partir de 1940 los cambios adquirieron un ritmo impresionante; a pasos acelerados Perú dejaría de ser un país andino. Hacia 1961 la costa contaba con el 39 por ciento de la población. Una década más tarde, la cifra llegaba al 46 por ciento, y para 1981 bordeaba ya el 50 por ciento.

El paso de país andino a país con predominancia costeña fue correlato obligado de otro cambio no menos significativo: el de rural a urbano. Entre

La cultura ancestral de la población andina se vio amenazada por la tendencia migratoria hacia ciudades de la costa. Además, en 1950 la ciudad de Cusco fue castigada por un terremoto.

La población rural emigrada a la costa dio origen a cordones de pobreza en las ciudades. Surgió un pujante comercio informal, en muchos casos con mano de obra infantil.

1876 y 1940 la tasa de crecimiento de la población urbana había sido relativamente débil; apenas si llegaba a 1.3 por ciento. El gran salto a la ciudad se dio, como en el caso anterior, también entre 1940 y 1961. Entre ambas fechas, el contingente urbano pasó del 35 por ciento al 47 por ciento de la población nacional. Para 1972 esta cifra se elevó al 60 por ciento y en 1981 era ya del 65 por ciento.

Macrocefalia urbana en Perú

Lima se constituyó en la principal fuerza de atracción de esta gran marea demográfica, convirtiéndose en el monstruo que concentraría cada vez más los mayores contingentes humanos: el 10 por ciento del total nacional en 1940, el 19 por ciento en 1961, el 24 por ciento en 1972 y el 27 por ciento en 1981. Lima no fue la única ciudad en expandirse y cambiar su fisonomía, aunque ninguna otra lo hizo a un ritmo tan espectacular.

Hasta 1940 la capital del país era la única urbe que traspasaba el umbral de los 100,000 habitantes. Para 1961 la situación mostraba novedades, incorporándose a este exclusivo club dos ciudades más: Trujillo y Arequipa. En 1972 la lista había crecido con otros cinco nuevos miembros: Chiclayo, Chimbote, Piura, Cusco y Huancayo. En suma, entre 1940 y 1981 cerca de cuatro millones de peruanos dejaron su hábitat tradicional e irrumpieron en otros espacios, alterando el mapa cultural, económico, político y social del país. Estos grandes contingentes de migración interna provenían sobre todo de los departamentos de Cajamarca, Ancash y Piura al norte, Ayacucho y Huancavelica en el centro, y Cusco, Apurímac y Puno al sur.

Las causas profundas de esta impresionante movilización siguen siendo un interrogante. Sin duda influyeron factores tales como la importante explosión demográfica que situó a Perú entre los países con mayores tasas de crecimiento poblacional del mundo (hasta de 2.9% anual); el deterioro de los recursos y de la agricultura andina, la fragmentación de la propiedad campesina (muchas veces insuficiente para asegurar la reproducción familiar), la demanda coyuntural creciente de mano de obra en la economía exportadora y el debilitamiento de las estructuras de poder tradicionales en los Andes (y, por tanto, de muchos de los mecanismos de sujeción del campesino, etc.).

En suma, se trató de uno de los procesos sociales más profundos sufridos por el país durante el siglo XX, sin el cual es imposible entender la realidad del Perú contemporáneo.

Manuel Prado y Ugarteche, representante de la oligarquía peruana, fue un político sagaz y realista. Ocupó en dos ocasiones la presidencia del Perú; murió en París en 1967.

La modernización liberal

En el período 1948-1968 se llevó adelante una propuesta de modernización económica, política y tecnológica dentro de un esquema liberal ortodoxo que perseguía la plena inserción de Perú en el sistema internacional y la limitación del papel del Estado en la actividad económica del país.

Los principales actores de este proceso fueron las nuevas agrupaciones políticas surgidas del seno de la clase media que irrumpieron en el escenario en clara disputa con el APRA, tanto en el espacio ideológico como en el apoyo ciudadano. Tal es el caso de Acción Popular, la Democracia Cristiana y el Social Progresismo.

Sin embargo, esta propuesta modernizadora distó bastante de ser sistemática u orgánica, y mostró tendencias un tanto disímiles durante los tres mandatos presidenciales en los que tuvo vigencia: Manuel A. Odría (1948-1956), Manuel Prado Ugarteche (1956-1962) y Fernando Belaúnde Terry (1963-1968).

El APRA, la oligarquía y los nuevos partidos políticos

Las elecciones de 1956 marcaron un hito fundamental en la vida política del Perú contemporáneo. De un lado, los grupos tradicionales de poder pactaron con su archienemigo de años, el APRA. A través de esta alianza, la oligarquía buscó neutralizar la creciente presión de los sectores medios y populares. Sentía, por fin, que había llegado la hora de hacer algún tipo de concesiones, de abrirse a las reformas. El APRA, a su vez, esperaba superar el feroz veto de la oligarquía para participar libremente en el escenario político; quería dejar la clandestinidad. Con tal apoyo, el 17 de junio de 1956, Manuel Prado Ugarteche fue elegido presidente de la República por segunda vez, con 568,134 votos (100,000 más que el segundo candidato más votado, Belaúnde Terry). El eslogan principal de la campaña electoral que lo llevó a la presidencia no pudo ser más simple y elocuente: «Tú lo conoces, vota por él».

Pero en tanto el APRA renunciaba estratégicamente a sus planteamientos de cambio, que provenían de sus mismas canteras, la clase media, surgían nuevos grupos políticos que hacían suyos precisamente muchos de esos planteamientos y denunciaban la alianza aprista con la oligarquía y las componendas electorales en marcha. En este sentido, el surgimiento de Acción Popular en torno a Fernando Belaúnde Terry y a otros grupos políticos de clase media es harto revelador.

Testigos de un país que cobraba nueva fisonomía y se movilizaba espacial y socialmente, estos nuevos sectores medios asumirían con entusiasmo las bondades y posibilidades de un esquema modernizador, tecnocrático, esperanzado en la importación de tecnología y capitales, convirtiendo el libre mercado en el pivote de su doctrina.

Al igual que la primera, realizada a principios de siglo, la segunda modernización (1948-1968) mantuvo el carácter agroextractivo exportador que reposaba sobre todo en la inversión foránea, en particular estadounidense. La diferencia radicaba en que, en esta ocasión, la realidad peruana había cambiado sustancialmente, tanto en términos demográficos como sociales y económicos.

Entre los actores principales del proceso había diferencias notables. Esta vez el papel de los estratos medios sería muy activo, no sólo desde el Estado sino desde las diferentes instancias de la sociedad civil, sin que ello excluyera la presencia central de la poderosa oligarquía exportadora.

Trabajadores de la minería con sus hijos en Cerro de Pasco. El auge exportador se tradujo en un incremento del empleo en la minería y en el crecimiento de las ciudades cercanas a los centros de producción.

Participación del capital local

En un primer momento, el proceso de modernización se abrió camino en base a un crecimiento notable del circuito exportador tradicional, vinculado a la minería y la agricultura. Si bien el papel medular seguía perteneciendo al capital extranjero, no resultó ajena a esa expansión la participación activa del capital local que buscaba involucrarse en esas y otras actividades, como el comercio y la intermediación financiera. Bien pronto la modernización económica comenzó a extenderse más allá de los estrictos límites de la producción tradicional para el mercado externo. Las migraciones, el acelerado proceso de urbanización y la crisis del reclutamiento tradicional de la fuerza de trabajo fueron elementos que abrieron nuevas fronteras mercantiles en el país, las cuales influyeron para que en el corazón mismo de la economía agroexportadora se iniciara un lento pero sostenido proceso de diversificación, de extensión hacia actividades de transformación productiva.

Nuevos rubros productivos

Las nuevas actividades productivas, de todas formas, permanecían vinculadas —bien por los insumos, bien por el producto final— al aparato exportador. Tal es el caso de Cerro de Pasco, compañía que incursionó en el terreno de los productos requeridos por el desarrollo urbano en plena gestación: plomo electrolítico para baterías de automóviles y alambre de cobre para las urbanizaciones. La creación de las firmas Explosivos, S. A., y Refractarios, S. A., constituye un buen ejemplo de esta tendencia.

Otra importante firma de capital estadounidense, Grace, incidió por éste y otros rubros, destacando sobre todo su diversificación hacia textiles y alimentos, primero; papel, pinturas y productos químicos, más tarde. Finalmente, vale la pena señalar que también durante este proceso de expansión con respecto al tradicional circuito exportador peruano se dieron casos de asociación entre miembros de la elite tradicional y el capital extranjero.

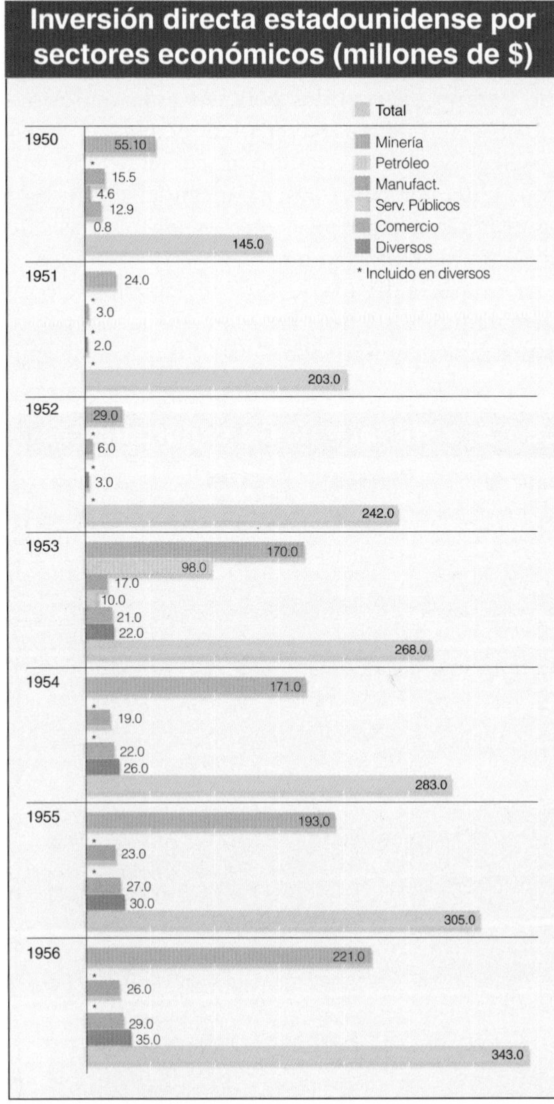

El auge exportador

En general, la euforia modernizadora con que se inició la segunda mitad del siglo XX reposaba en un vigoroso auge de las exportaciones, especialmente las del período comprendido entre 1950 y los primeros años de la década de 1960. El algodón volvió a convertirse en el primer producto peruano en el mercado mundial. Otro tanto ocurrió con el azúcar. En ambos casos, el crecimiento estuvo asociado no sólo a una favorable coyuntura de precios sino a la ampliación de la frontera agrícola de la costa, la cual fue promovida por el gobierno de Manuel A. Odría en base a irrigaciones e innovaciones tecnológicas, como la incorporación de nuevas variedades de granos, el control de las plagas, la introducción de fertilizantes y sistemas de riego, etcétera. Casi todas estas mejoras incidieron principalmente sobre la producción de caña de azúcar.

El general Manuel A. Odría aparece vestido de civil durante una conferencia de prensa, poco después de derrocar y enviar al exilio a José Luis Bustamante y Rivero, en 1948.

Renacimiento de la minería

También la minería daba indicios de una rápida recuperación, al principio con la fuerte participación de propietarios locales en lo que hacía a medianos y pequeños yacimientos. Sin embargo, el impulso mayor provino del vigoroso reingreso del capital estadounidense, que inició la explotación de ricos yacimientos peruanos mantenidos hasta entonces en reserva. Los casos más notables corresponden a los yacimientos de cobre que la Southern Peru Copper Corporation puso en funcionamiento en Toquepala, en 1956, y la ampliación del complejo extractivo-productivo de la compañía Cerro de Pasco.

El mineral de hierro de Marcona, cuyas reservas habían permanecido en manos del Estado durante décadas, se puso finalmente en funcionamiento en 1955, gracias a la gestión de la Marcona Minning Company, empresa de reciente creación y cuyo accionista principal era la firma Utah Construction Company, de Estados Unidos.

Por otra parte, cabe recordar que a finales de la década de 1950 irrumpió con fuerza un producto que marcaría un nuevo hito en el ciclo exportador peruano: la harina de pescado.

Crisis de la economía exportadora

A lo largo de la década de 1960, la euforia de las exportaciones fue mermando. Hacia la segunda mitad de ese decenio se apreciaban ya signos inequívocos de crisis, lo que significó para la elite económica peruana otra señal de alerta. En los últimos tiempos, ésta había percibido cómo su influencia política iba menguando y cómo, al mismo tiempo, los partidos políticos emergentes pasaban con relativa facilidad a ocupar el lugar privilegiado del escenario político. La declinación de la elite, por tanto, amenazó agudizarse cuando en el horizonte apareció otro peligro: la crisis de la economía exportadora.

Durante la década de 1950 se había logrado un cierto equilibrio entre las producciones exportadoras minera y agrícola. Esta última era el gran

Participación porcentual de cada actividad sobre el valor total de las exportaciones

Años	*Agrarias*	*Pecuarias*	*Pesquería*	*Minería**	*Otras*	*Total*
1950	53	4	3	38	2	100
1951	54	5	2	37	2	100
1952	53	3	3	40	1	100
1953	51	4	3	40	2	100
1954	47	4	5	42	2	100
1955	45	2	5	45	3	100
1956	44	2	5	47	2	100

*Incluye minerales metálicos, petróleo y otros.

Plantación de naranjas en el valle de Chancay. El sector agrícola peruano se halla siempre en una excesiva dependencia con respecto a la situación de los mercados internacionales.

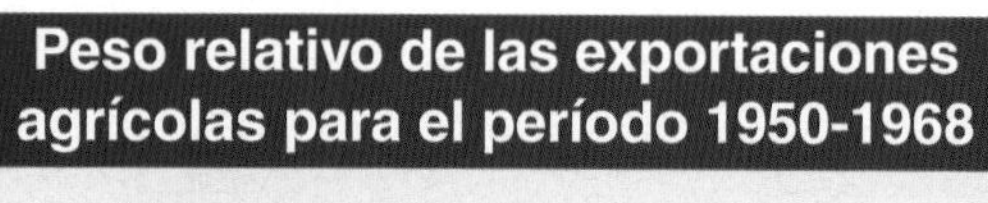

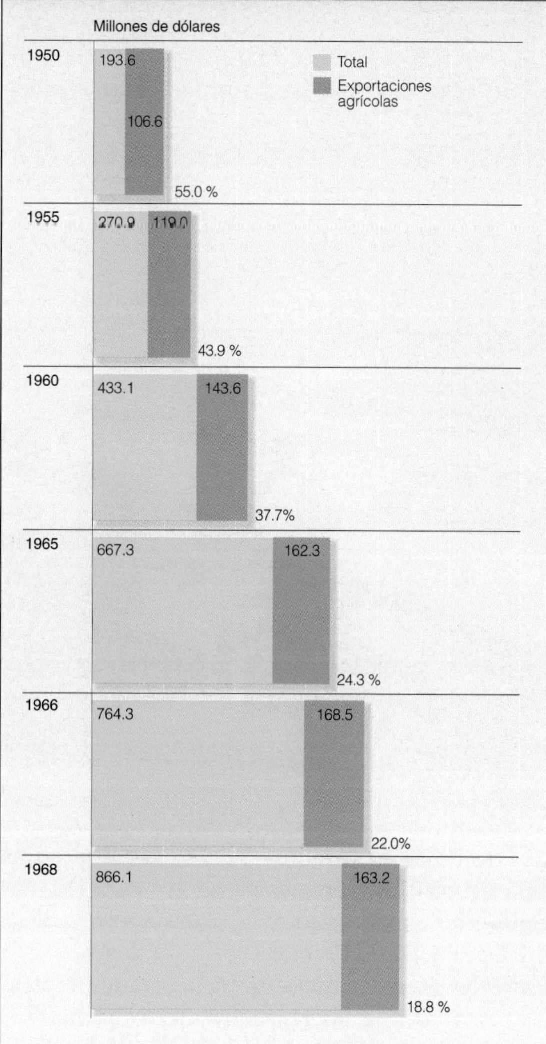

baluarte de los productores locales, principalmente los algodoneros. Cabe recordar que en los veinte años anteriores las exportaciones agrícolas habían sido el pilar de la economía exportadora.

Sin embargo, para alarma de la elite, conforme fue avanzando la década de 1960 las exportaciones agrícolas fueron perdiendo su importancia en favor de actividades como la pesca y la industria, sobre todo porque su desarrollo se había convertido en una de las inspiraciones más preciadas por los círculos académicos y políticos de clase media, que veían en ella una actividad clave para el desarrollo del país.

La industria de sustitución de importaciones. La Ley de Promoción Industrial

Durante los últimos meses de la administración del general Odría se empezó a discutir la pertinencia de una ley capaz de impulsar el desarrollo industrial del país. Eran los momentos germinales de la famosa Ley de Promoción Industrial. En este interés por la industrialización confluían no sólo los partidos políticos y los intelectuales de clase media, que veían en ella un factor capaz de convertirse en el esperado motor integrador de la economía peruana, sino que también eran partícipes los grupos exportadores que vislumbraban la necesidad de diversificar sus intereses hacia un mercado local en expansión.

El debate se prolongaría durante varios años; una vez promulgada, sería un estímulo definitivo para los capitales orientados a la actividad industrial. Como marco legal destinado a facilitar y favorecer el desarrollo de la industria, fue uno de los más generosos de América Latina. La justificación para estos privilegios fue en verdad sencilla: si lo que se buscaba era desarrollar el sector industrial, había que darle el mismo tratamiento promocional que había favorecido, de una forma u otra, la notable expansión de los sectores productivos dedicados a la exportación.

En este contexto, durante la segunda administración de Manuel Prado Ugarteche (1956-1962), hombre ligado a los círculos financieros del país,

Planta productora de cemento, en la localidad de Pacasmayo. Entre 1950 y 1968 se dio un importante crecimiento industrial, financiado en gran parte por capital privado extranjero.

se promulgó la famosa Ley de Promoción Industrial (1959), primer gran conjunto de medidas destinadas a activar el sector. Entre las medidas que ésta incluía cabe destacar las referidas a la liberalización de los impuestos que afectaban a la actividad industrial, sobre todo en lo referente a la importación de insumos y equipos, y a la tributación sobre la renta.

Auge y ocaso de la industria peruana

En suma, se puede señalar que se configuró un contexto sumamente generoso para el inversionista, sin discriminación pero tampoco sin prioridad alguna. Un contexto que no tardó en atraer masivamente al capital extranjero y, junto a él, a los sectores exportadores locales, una emergente capa empresarial. Así se gestó, durante varios años, el dinámico crecimiento del sector manufacturero que no fue incompatible con la estructura agraria tradicional, preñada de múltiples conflictos y poco propicia para el desarrollo de un mercado interno flexible y amplio.

Las cifras son muy elocuentes. En el año 1950 la producción manufacturera representaba tan sólo un 15 por ciento del Producto Nacional Bruto. La agricultura, en cambio, llegaba a un 23 por ciento. Para 1968 las cifras prácticamente se invierten: las manufacturas alcanzan un 20 por ciento del Producto Interno Bruto, mientras que las de la agricultura descienden al 15 por ciento.

Sin embargo, un amargo desencanto fue reemplazando a la euforia inicial. El proceso de industrialización, lejos de establecerse como eje en torno al cual pudiera articularse la economía nacional, cuyo crecimiento y fortaleza debía impulsar, mostraba signos cada vez más inequívocos de fracaso. Abierto a intereses económicos más especulativos que productivos, con una rentabilidad artificialmente sostenida, carente de una estrategia que articulara los recursos del país a las dimensiones y posibilidades de su mercado (desligado éste, a su vez, de los cambios en la estructura agraria tradicional), falto de una integración a un mercado internacional que le garantizara mayor capacidad de reproducción sostenida y de expansión, el fracaso de la industrialización agrietó aún más las ya frágiles paredes del edificio productivo y social del país. Era el dramático ocaso para una de las más caras ilusiones incubadas en el corazón del ímpetu modernizador que jalonó Perú durante las décadas de 1950 y 1960.

Un país convulsionado

Las dos décadas de modernización liberal fueron a dar en un peligroso fracaso. Peligroso porque la crisis de la economía exportadora, primero, y el esquema de desarrollo industrial, después, se daban en el contexto de una sociedad cuyos rasgos cambiaban a pasos acelerados, de un país cada día más convulsionado por el descontento de la población urbana y las movilizaciones campesinas. Aparecieron por entonces, además, las primeras manifestaciones de los movimientos guerrilleros en el corazón de los Andes. Éste es el cuadro que preludia el siguiente gran esfuerzo que tendría lugar en la segunda mitad del siglo XX: el de la modernización estatal.

Composición del Producto Interno Bruto (PIB) por sectores industriales 1950-1968

Sector	*1950 (m.S/.)*	*%*	*1960 (m.S/.)*	*%*	*1966 (m.S/.)*	*%*	*1968 (m.S/.)*	*%*
Agricultura	8,790	22.6	13,368	20.7	15,089	16.1	14,350	15.5
Pesca	160	0.4	1,401	1.6	1,783	1.9	2,074	2.1
Minería	1,768	4.5	4,585	7.1	5,293	5.6	5,701	5.9
Manufactura	5,286	13.6	10,642	16.5	17,93	19.7	19,284	20.2
Construcción	2,000	5.1	2,671	4.1	4,207	4.5	3,143	3.2
Elec. gas, agua	218	0.6	840	1.3	895	0.9	1,032	1.0
Vivienda	3,404	8.7	4,345	6.7	5,210	5.5	5,539	5.8
Gobierno	3,432	8.8	5,046	7.8	7,769	8.3	8,218	8.6
Otros*	13,898	35.7	21,979	34.2	35,005	37.5	36,012	37.7
Total	38,956	100.0	64,175	100.0	93,186	100.0	95,353	100

*Incluye comercio, servicios, transporte y banca.

Modernización vía estatal

El segundo intento de dar un impulso definitivo a la modernización política, social y económica de Perú tuvo lugar en la década de 1970, bajo el mandato del general Juan Velasco Alvarado (1968-1975). En este caso, se plantea un esquema de desarrollo absolutamente polar respecto al anterior. El Estado no solamente se modificaría en dimensión y capacidad de acción política, sino que se convertiría en el productor principal, en el actor económico fundamental del proceso productivo del país.

Afiche de la reforma agraria puesta en marcha en la primera fase del gobierno de Velasco Alvarado.

Se produjo la más importante transformación del sistema de propiedad de la tierra que haya visto Perú en su vida republicana. La relación con el capital internacional también se modificó, desapareciendo prácticamente la oligarquía como interlocutora del capital extranjero; fue el Estado quien asumió ese papel.

En otras palabras, durante el gobierno militar se abordaban otra vez lo que se consideraba constituían los problemas cruaciales del país: la propiedad de la tierra, la estructura del Estado y las relaciones con el capital internacional.

Una de las medidas de mayor impacto de la Junta Militar fue la Reforma Agraria, planteada en términos distintos a todos los proyectos elaborados hasta entonces, sobre todo en lo que se refería a los predios grandes y medianos. El impacto de esta reforma de la propiedad rural no se circunscribió a los linderos de la estructura agraria, pues alteró sustantivamente la estructura del poder en el Perú contemporáneo. Tanto para la oligarquía en la costa como para el gamonalismo andino, la reforma significó un embate demoledor que alteró de forma irreversible el ejercicio del poder privado y estatal en el ámbito local, provincial y nacional.

Un nuevo diseño del Estado

Por otra parte, el marco institucional del Estado fue reorientado no sólo en lo que se refiere al ámbito administrativo sino también, y principalmente, a la actividad productiva. Hasta ese momento, las dimensiones del complejo estatal administrativo habían sido relativamente modestas. El oncenio de Leguía significó un primer salto, pero, bajo Velasco Alvarado, sufriría su cambio más sustantivo no sólo en lo que se refiere a sus dimensiones, sino también a su automatización y su capacidad de decisión.

Tradicionalmente, los ministerios de Guerra, Justicia, Relaciones Exteriores, Gobierno y Policía habían constituido el corazón de la administración pública. Los llamados «ministerios económicos» eran de fecha más reciente. Hasta la década de 1960 había sólo dos, el de Hacienda y el de Fomento. Después, Belaúnde Terry crearía el Ministerio de Agricultura y el Ministerio de Transportes. Sin embargo, fue sólo a partir de 1968 cuando el cuadro estatal alcanzó su mayor complejidad, con la creación de nuevos ministerios (Industria y Comercio, Energía y Minas, Pesquería). De otro lado, y paralelo al proceso anterior, se profundizaron y ampliaron las dependencias de cada ministerio a fin de cubrir nuevas áreas de la acción estatal. El Instituto Nacional de Planificación fue vigorizado y, en la práctica, se le otorgó el control de la inversión pública y la formulación de la política económica a largo plazo.

Los denominados ministerios «sociales» (Salud, Educación y Vivienda) tuvieron un crecimiento menos espectacular. En el caso del de Educación, si bien los recursos no crecieron sustantivamente, se buscó modificar su orientación y su estructura dentro de nuevos cauces académicos. La llamada

Antiguas viviendas de empleados del fundo Flores, en el valle de Lurigancho, en Lima. Los servicios de agua, desagüe y electricidad provenían de generadores y surtidores propios.

Reforma de la Educación se constituyó en uno de los objetivos más controvertidos dentro del proyecto militar.

En Salud y Vivienda, el gasto público fue bastante limitado, tornándose aún más precario el funcionamiento de muchos servicios públicos. Un ejemplo: las viviendas urbanas que no disponían de servicio de desagüe pasaron del 37 por ciento a casi un 50 por ciento por aquellos años.

Las empresas públicas

Lograr que el Estado se transformara en el agente económico fundamental requirió que fueran precisamente las empresas públicas y no los ministerios los que llevaran adelante esta estrategia. Hasta 1968 habían existido muy pocas empresas públicas en Perú. Su función más importante era apoyar al sector privado en actividades indispensables en términos de costos (energía, finanzas, siderurgia). Con el gobierno de Velasco, en cambio, se planteó el propósito explícito de que estas empresas públicas asumieran un papel crucial en el desarrollo de la economía, no reemplazando a la empresa privada pero sí asumiendo una tarea de conducción estratégica de las actividades básicas de la economía. Los sectores económicos donde la acción de las empresas públicas se tornó más preponderante fueron el petróleo, la minería, la pesquería, la industria básica, la electricidad, las comunicaciones, el comercio exterior y las finanzas. Según Fitzgerald, «en conjunto, para 1975 se había creado un complejo de más de cincuenta empresas estatales. En ese año, este complejo era responsable de más de la mitad de la producción minera, un quinto de la producción industrial y dos tercios de las operaciones bancarias; además, de la mitad de la inversión productiva, de casi todas las exportaciones y de alrededor de la mitad de las importaciones. Su objetivo principal era expandir la producción de los productos de exportación y la industria pesada, pero un segundo objetivo importante era la generación de fondos para la inversión».

El fracaso de las reformas estructurales

Probablemente, la reforma agraria y la reestructuración del Estado fueron dos de las acciones más profundas que emprendió el gobierno militar, influyendo decisivamente en la posterior configuración del país. Así, la liquidación del mundo feudal, proceso que venía incubándose desde hacía décadas pero que recién entonces recibió su golpe de gracia, alteró definitivamente no sólo la estructura de la propiedad agraria sino todo el cuerpo social, económico y tecnológico del Perú rural. Y naturalmente, las relaciones de éste con el polo urbano de la sociedad y con las formas de inserción al sistema internacional también acusaron el impacto.

Por otra parte, la creación de un Estado más amplio, con una capacidad inimaginable en el Perú anterior al año 1968, fue un proceso que alteró de forma radical el ámbito político y económico. A pesar de ello, los resultados de estas medidas estuvieron lejos de satisfacer las expectativas de sus gestores.

En el caso de la Reforma Agraria, aparte de las circunstancias conflictivas —tales como la relativamente escasa capacidad redistributiva del Estado, la descapitalización de los fundos por parte de los propietarios anteriores a 1968 y la limitada participación y entusiasmo de los sectores beneficiados—, se dieron factores cruciales que parecieron confabularse para frustrar desde el principio sus mejores perspectivas. Una de estas grandes limitaciones provino del error de circunscribir la cuestión a los títulos de propiedad, descuidando los aspectos técnico-productivos. En el caso de la sierra, la situación se volvió dramática. El desconocimiento del espacio ecológico andino hizo que se delinearan instancias organizativas que poco tenían que ver con los requerimientos específicos de ese ámbito. Siglos de experiencia en la explotación de los recursos productivos andinos fueron ignorados.

Descoordinación de las empresas públicas

En el caso de las empresas públicas, la falta de articulación y la incompetencia no sólo no desaparecieron del panorama económico del país sino que incluso se incrementaron. El veloz surgimiento y expansión de las empresas públicas no fue producto de una estrategia orgánica, planificada, sino que vino impulsado por acciones independientes y desconectadas las unas de las otras. Ello desencadenó dificultades para que las empresas pudieran ejercer incluso un mínimo de coordinación entre ellas.

Pero si las empresas marcharon desligadas entre sí, tampoco en su ligazón tecnológica con el país tuvieron mejor suerte. Confiaron en el rápido y fácil aprovisionamiento tecnológico proveniente del extranjero, que muy poco o nada tuvo que ver con el aparato tecnológico local. Y en la mayoría de las veces, tampoco con el medio ambiente ni con la sociedad peruana. La entrega de instalaciones, llave en mano, donde prácticamente no intervenía el componente local, no fue la excepción.

En suma, la falta de perspectivas claras, coherentes y creativas hizo que las empresas públicas, desligadas ya entre sí, no buscaran unirse al país, es decir, impulsar el desarrollo de su aparato tecnológico articulando una estrategia de corto, mediano y largo plazo, que fuera capaz de conciliar los requerimientos del sector empresarial con las posibilidades, presentes y futuras, de una local y cada vez más reforzada base tecnológica. Perú perdió entonces una oportunidad que quizá le hubiera permitido ampliar los márgenes de su capacidad tecnológica, al extender a otros niveles institucionales (como por ejemplo la universidad) los beneficios de una estrategia integrada en cuanto a la innovación tecnológica, los recursos y el cuerpo social del país.

Crisis y segunda fase del gobierno militar

El período de apogeo del gobierno militar osciló entre 1968 y 1972. Después, el país iniciaría

Áreas expropiadas y readjudicadas por el Estado (en miles de hectáreas)

Año	*Gobiernos*	*Expropiadas*	*Readjudicadas*
1962	Militar: Lindley Pérez Godoy	59.7	
1963-1968	Civil: Fernando Belaúnde Terry	968.0	312.1
1969-1980	Militar: J. Velasco-F. Morales Bermúdez	8,109.5	6,511.3
1981-1985	Civil: Fernando Belaúnde Terry	94.1	460.1
1986-1990 (mayo)	Civil: Alan García Pérez	5.6	1,430.2
Total		**9,236.9**	**8,713.7**

El general Juan Velasco Alvarado (tercero por la izquierda) de gira por el sur del país, en compañía de su gabinete, para defender su plan de reforma agraria.

un ciclo de creciente declive económico, alcanzando uno de sus pozos más acentuados en la severa crisis de 1975-1977.

El fracaso del proyecto de corte estatal constituyó un severo revés para los grupos intelectuales y políticos que, de una manera u otra, habían puesto grandes expectativas en esos planes. El gobierno militar había hecho suyos muchos de los planteamientos doctrinarios que en la década de 1960 habían copado la escena ideológica y política capitaneada por los sectores de clase media. Y era prácticamente imposible negar que esta vez el esquema modernizador había abordado varios de los ejes problemáticos que, durante décadas, se habían considerado claves para el desarrollo del país: la tierra, el Estado, el capital internacional, el desarrollo industrial y la educación, entre otros aspectos.

El fracaso del proyecto, por tanto, tenía otras lecturas. Estaba asociado, más que al hecho de evitar o desconocer los problemas —como había sucedido tradicionalmente—, a la forma de resolverlos, a no aceptar que Perú fuera —como lo es todavía hoy— un país desconocido conceptualmente en términos de la ciencia y la tecnología moderna. Un país heterogéneo que requiere un complejo integrado de alternativas múltiples para los diferentes espacios físicos y sociales que lo constituyen. En este contexto, están condenados al fracaso los grandes esquemas de desarrollo que se niegan a asumir esta multiplicidad.

La presidencia de Morales Bermúdez

A finales de agosto de 1975 tuvo lugar un cambio drástico en la conducción del gobierno militar. El general Francisco Morales Bermúdez reemplazó a Velasco Alvarado en la presidencia de la nación, encabezando la denominada «segunda fase» del gobierno militar (1975-1980). En cierto sentido se trató de una etapa marcada por el intento de desandar el camino hecho por la fase anterior. Para solventar la severa crisis económica, el malestar social y el escaso entusiasmo de los inversionistas extranjeros y locales, se apostó por desmontar en lo posible buena parte de las piezas claves del esquema velasquista. Se trataba, en fin, de la partida de defunción del más profundo esquema modernizador que hasta entonces había conocido el Perú republicano.

Gobiernos de Alan García y Alberto Fujimori

En la década de 1980, Perú conoció no sólo el flagelo de la violencia terrorista, sino también una serie de grandes frustraciones. La elección de Alan García a la presidencia de la República fue una de ellas.

Con apenas 36 años, dotado de un gran talento para la oratoria y con el carisma político heredado de su maestro Víctor Raúl Haya de la Torre, Alan García Pérez fue elegido presidente, por un pueblo esperanzado en un «futuro diferente», en las elecciones del 14 de abril de 1985 con el 46 por ciento de los votos. El 28 de julio de ese año asumió la presidencia, en reemplazo de Fernando Belaúnde Terry, que ocupaba el cargo desde las anteriores elecciones de 1980.

Durante el gobierno de Alan García las manifestaciones populares fueron constantes y numerosas.

Los dos primeros años de gobierno aprista fueron casi apoteósicos. Prácticamente todos los sectores de la sociedad peruana se mostraban conformes con la gestión de Alan García. El país parecía crecer; al menos así lo indicaban los índices macroeconómicos, que señalaban un incremento del PIB del 20 por ciento. Pero súbitamente el castillo de esperanzas se desplomó, y Perú se vio arrastrado a la más brutal crisis económica del siglo XX. ¿Qué había pasado? Los economistas señalan que en los dos primeros años se había dado un crecimiento artificial sin inversión, basado en los estímulos al consumo y en la utilización de una capacidad productiva ociosa, herencia de las gestiones anteriores. Se subsidió el consumo y se fijaron tasas de cambio artificiosas.

Crisis económica y polarización política

A comienzos de 1988, la crisis económica era ya evidente; sin embargo, Alan García mantuvo inalterable su política fiscal expansiva. Por otra parte, el 28 de julio de 1987 formuló en el Congreso de la República su proyecto de estatización de la banca privada. Ésa fue la llamada a combate de los sectores empresariales y conservadores que esperaban, agazapados, el momento propicio para recuperar su presencia política. El país se convirtió en un campo polarizado de fuerzas en las que, con vehemencia, pugnaba una u otra posición. Entretanto, la crisis económica se haría más y más profunda.

Últimos intentos de Alan García

En septiembre de 1988 el gobierno de García planteó un fuerte ajuste presupuestario que rápidamente se mostró fallido. La inflación llegó entonces a niveles nunca antes conocidos en la historia peruana. A decir verdad, la inflación era un fenómeno que venía incrementándose en los últimos años, ya desde antes del gobierno aprista. En 1980 Perú había tenido una inflación acumulada del 61 por ciento, y en 1985, cuando llegó al poder Alan García, alcanzaba ya al 158 por ciento. Merced a la política económica de éste, en los dos primeros años de mandato García logró dominar en parte dicha inflación: 63 por ciento y 115 por ciento para 1986 y 1987, respectivamente.

La situación se volvía cada vez más ingobernable: 1,720 por ciento en 1988, 2,780 por ciento en 1989, y 7,600 por ciento en 1990. El Producto Interno Bruto (PIB) decreció en esos tres años un 16 por ciento, se esfumaron las reservas internacionales y la capacidad adquisitiva de los sueldos y salarios se redujo aproximadamente a la mitad de la que tenían en 1985. Perú vivió entonces una de sus experiencias históricas más dramáticas. De la esperanza y el entusiasmo de los dos primeros

El APRA echó mano de su importante poder de convocatoria en el intento de defender el controvertido proyecto de estatización de la banca impulsado por Alan García.

La polarización social de finales de la década de 1980 favoreció la súbita popularidad de Alberto Fujimori. El lema «honradez, tecnología y trabajo» le valió la victoria en 1990.

años se pasó a la más amarga realidad, en momentos en que, además, la violencia interna amenazaba con socavar las bases mismas de la institucionalidad del país.

El gobierno de Alberto Fujimori

El 10 de junio Alberto Fujimori salió elegido presidente de la República. El 28 de julio este ingeniero agrónomo, ex rector de la Universidad Agraria La Molina, asumió la presidencia del país. Para Vargas Llosa, la solución a la crisis que vivía Perú consistía en el retorno a la más depurada economía de mercado, desactivando la exagerada —según él— presencia del Estado en la vida económica nacional. Sin ambajes, planteó la inevitable necesidad de aplicar una serie de medidas de choque para reactivar la economía peruana.

Astutamente, Fujimori planteó este esquema como demasiado brutal para Perú, alegando que era posible una propuesta heterodoxa que significara costos menores para la población. En suma, que el *shock* propuesto por Vargas Llosa era evitable. Más que proponer alternativas, su discurso consistió en refutar la viabilidad de los planteamientos de Vargas Llosa. Y en una campaña fulgurante, de apenas varias semanas, en la que los astros y los hombres parecieron conjugarse, salió elegido el prácticamente desconocido Fujimori.

Pocas semanas después de asumir la presidencia, en agosto de 1990, el nuevo régimen impuso el más duro ajuste económico que Perú haya conocido. De allí en adelante, se puso en marcha un esquema económico que parecía tomado del de su opositor. Lo sorprendente de ese proceso fue la respuesta de la población, vale decir, la ausencia de estallido social en un país degradado por la crisis económica y la violencia subversiva.

Para muchos analistas políticos, la derrota en las urnas de Mario Vargas Llosa se debió al erróneo enfoque de su campaña electoral en los medios de comunicación masivos.

El control de la inflación y la lucha contra la subversión se convirtieron en los dos mayores logros del gobierno de Fujimori. Pero al mismo tiempo que se aquietaban las aguas de la economía y la política en sus dos aristas más ásperas, el país daba vuelta a la página e iniciaba un nuevo camino en su decurso histórico. Contribuye a ello no sólo la dramática dinámica interna, sino también una compleja estructura internacional, el derrumbe del socialismo real y el auge del pensamiento neoliberal.

En el Perú «oficial» se va imponiendo una visión más pragmática e individualista del país y de la vida personal. Luego de vivir en la frontera misma del colapso social y económico, la desideologización del país se vuelve un proceso que parece casi natural y con pretensión de venir para quedarse. Pero, al mismo tiempo, un fenómeno más profundo, que arrancó en las décadas de 1950 y 1960, va finalmente cristalizando y redefiniendo el cuerpo social de todo el país: la andinización del Perú «oficial».

La afirmación de la diversidad

Entre 1950 y 1980 Perú conoció las aspiraciones, realidades y frustraciones de la puesta en ejecución de los grandes modelos de desarrollo que por entonces se debatían. En esos treinta años, liberalismo y estatismo extremos generaron grandes ilusiones Y en ambos casos, el fracaso coronó el ciclo.

Después de 1980, Perú ingresó en una nueva etapa. La situación de guerra interna y la dramática crisis económica terminó por conmover las delgadas fronteras del Perú «oficial», consolidándose con fuerza creciente el nuevo gran protagonista de la modernización del país: los sectores populares.

Este proceso, sin embargo, está influido por el signo de los tiempos: su desideologización. Los sectores marginales de la sociedad asumen un mayor protagonismo. Esta dinámica establecida significa otra manera de entender el Perú, su futuro, impregnado del carácter, la naturaleza y la perspectiva de sectores sociales que han aprendido,

La erradicación de la violencia terrorista

Puede circunscribirse a los poco más de doce años que van de mayo de 1980 a septiembre de 1992 el período durante el cual Perú vivió el dramático impacto de la violencia terrorista. Los responsables de ello fueron el grupo de ideología maoísta Sendero Luminoso y, en menor medida, el Movimiento Revolucionario Túpac Amaru (MRTA). Fueron doce años de profundo traumatismo para la vida nacional, sobre todo en el campo y en los entornos más pobres y marginados del país, donde el enfrentamiento llegó a límites más severos. El autodenominado Partido Comunista del Perú-Sendero Luminoso (nombre tomado de la obra del ensayista José Carlos Mariátegui) inició su escalada subversiva en la legendaria región andina de Ayacucho, bajo el liderazgo de Abimael Guzmán Reynoso, que había ejercido como profesor de filosofía de la Universidad de Huamanga. Fracasadas las reformas estructurales del gobierno militar, con una crisis económica sin precedentes, Sendero Luminoso logró alterar el pulso del país sin que escaparan a su acción incluso los barrios más exclusivos de la capital. Las cifras hablan por sí solas: 30,000 muertos bajo los gobiernos de Fernando Belaúnde Terry (1980-1985), Alan García (1985-1990) y Alberto Fujimori (primer gobierno, 1990-1995). La violencia transformó el rostro de Perú, principalmente el de las jóvenes generaciones. Hacia finales de la década de 1980, Sendero Luminoso parecía más fuerte que nunca y el Estado, en cambio, se presentaba inerme, amenazado por la agresiva acción terrorista. La reforma agraria de Velasco Alvarado, sin embargo, había quitado al senderismo su principal reivindicación. No es casual que fueran los propios campesinos, a quienes los senderistas pretendían representar, quienes organizaran brigadas para expulsar de sus territorios a los terroristas. La acción de organizaciones populares en los espacios marginales urbanos fue otro componente importante, que contribuyó a contener una marejada que acaso de otra forma hubiera sido incontrolable. El 12 de septiembre de 1992, con la captura de Abimael Guzmán, comenzó el desmoronamiento de la estructura partidaria subversiva. Lentamente fueron cayendo los dirigentes y los cuadros de otras agrupaciones subversivas, como el MRTA. Este grupo quedó completamente desmantelado tras la sonada acción de la toma de la embajada de Japón en Lima, que tuvo lugar entre finales de 1996 y los primeros meses de 1997. Aunque el proceso de pacificación aún no se ha dado por concluido, pues las Fuerzas Armadas se siguen enfrentando a destacamentos de estos grupos, refugiados sobre todo en la ceja de selva, la amenaza de los grupos guerrilleros parece haber quedado definitivamente conjurada en Perú.

Uno de los principales logros de Fujimori fue la práctica erradicación de la violencia terrorista. *En la foto, Abimael Guzmán, líder de Sendero Luminoso, apresado en septiembre de 1992.*

El descrédito de los partidos políticos tradicionales facilitó el éxito del autogolpe de 1992. En Lima hubo algunas protestas de menor importancia contra la clausura del Congreso.

durante siglos, a transitar con cautela por los caminos del cambio. A no ignorar lo de fuera, lo externo (que a lo largo de la historia han sufrido, reprocesado o redefinido) apoyándose en sus pocos recursos y en su ancestral habilidad para acometer los riesgos de un difícil futuro.

En suma, han asumido la heterogeneidad social, geográfica, cultural y tecnológica del país en su más compleja dimensión. Y la han asumido no viviéndola como sinónimo de atraso sino como formidable palanca para su sobrevivencia y desarrollo, marcando un camino para todos los sectores sociales. Se quiera o no.

Naturalmente éste será un proceso lento. Lento pero al mismo tiempo vertiginoso, si se considera los siglos que tomó al mundo andino socavar las bases de una secular marginación espacial, económica y política, e imponer, casi sin proponérselo, una redimensión de lo que constituye realmente Perú y sus posibilidades.

Una nueva etapa

Al tiempo que el país daba vuelta la página e iniciaba un nuevo camino en su decurso histórico, se aquietaban las aguas de la economía y de la política en sus dos aristas más ásperas, el control de la inflación y la práctica erradicación del terrorismo, convirtiéndose en los mayores logros de la gestión de Alberto Fujimori. Contribuyó a ello no sólo la dinámica interna sino también una compleja coyuntura internacional, marcada por la hecatombe del bloque del Este, el derrumbe del socialismo real y el auge del esquema económico neoliberal.

En el Perú se fue imponiendo una visión cada vez más pragmática de la vida económica, política y social del país, tras los peligrosos acercamientos a la frontera misma del colapso. El debilitamiento del debate ha sido acompañado de una tensa calma ahogada por el cotidiano desafío que debe vencer la mayoría de la población enfrentada a una crisis económica que no tiene trazas de concluir a corto plazo.

Andinización de la sociedad peruana

La coyuntura que vivimos constituye el prólogo, la iniciación del momento terminal de un larguísimo ciclo que empieza con la Conquista y que, para buena parte de la población, sobre todo la andina, ha significado 500 años de supervivencia, de resistencia a una irrupción permanente en sus formas de existencia. Ello ha significado que sus modos de organizar el espacio, el tiempo, los recursos, la economía fueran violentados por la presencia de otras formas no siempre adecuadas a su entorno natural y social. Es decir, al conjunto de la sociedad se le impusieron patrones de vida, patrones de consumo, patrones de producción, en cierto sentido artificiales, en la medida que por lo general no tenían mucho que ver con las peculiaridades de su entorno colectivo. Sin embargo, esta violencia se impuso a los distintos grupos del conjunto social con modalidades y énfasis diferentes. Así, a la población andina se la ubicó en la periferia de la periferia. A su turno, estos sectores sociales pudieron sobrevivir en la medida en que resistieron y reprocesaron las fuerzas externas que tendían a marginarlos de los recursos productivos y sociales más importantes del país. En cambio, a quienes vivíamos a la sombra del mundo exportador —y como contrapartida de entregar al sistema internacional lo que éste requería (azúcar, lanas, cobre, caucho)— se nos consintió usufructuar parte del botín, y retener una fracción de los recursos. Eso nos permitió vivir un largo período en la ilusión de que la nuestra era una existencia que tenía visos de realidad, de raíz propia. Éste es el ciclo que se cierra en el Perú. Y se cierra no tanto porque la modernización se haya extendido al conjunto de la sociedad sino porque es ese otro mundo, el marginal, el que ha expropiado al mundo moderno. Éste ha sido un proceso de siglos, pero es en las últimas décadas cuando ha conocido una dinámica acelerada que ha llevado a la andinización de los espacios privilegiados, principalmente urbanos.

Ernesto Yepes,
La modernización del Perú en el siglo XX

El candidato de Perú Posible, Alejandro Toledo, quien decidió boicotear la segunda ronda electoral de 2000 y no reconoció el resultado de las elecciones por considerar que había habido fraude.

El presidente Fujimori, flanqueado por el candidato a vicepresidente Francisco Tudela, en visita a Cajamarca, saluda a sus seguidores durante la campaña por su tercer mandato consecutivo.

Las elecciones del 2000

Las elecciones presidenciales del año 2000 estuvieron precedidas por una campaña electoral no exenta de tensiones en el seno de la clase política. La contienda quedó polarizada entre el presidente Alberto Fujimori, decidido a continuar en el poder durante cinco años más, y el principal candidato de la oposición, Alejandro Toledo, líder de la formación Perú Posible, con voluntad de ser la alternativa democrática en el país. Si bien la primera vuelta, celebrada en el mes de abril, fue favorable a Fujimori, el presidente en funciones no alcanzó la mayoría suficiente para evitar una segunda ronda.

El proceso electoral fue duramente criticado por la oposición, que acusó al gobierno de fraude, y Toledo anunció que retiraba su candidatura al segundo turno, pidiendo la abstención o el voto nulo. Debido a las irregularidades observadas, la Organización de Estados Americanos (OEA) solicitó que se aplazaran los comicios y, ante la resolución administrativa de mantener el calendario electoral previsto, los observadores internacionales fueron retirados. Pese a las protestas y a las manifestaciones convocadas por las fuerzas opositoras, Fujimori, candidato único, fue elegido para un tercer mandato presidencial en el mes de mayo. Finalmente, el Consejo Permanente de la OEA decidió no aplicar las sanciones que había decretado contra el país. El presidente anunció que este mandato no significaba un mero continuismo sino que con él se iniciaba una etapa superior para resolver los problemas pendientes y corregir errores.

Las grandes tareas del Perú actual siguen sin superarse: lograr el crecimiento real de una economía que ha permanecido estancada durante años; que la educación se convierta en el pivote del desarrollo futuro; que el país logre ingresar en el mundo de la ciencia y de la tecnología modernas; que se logre proporcionar trabajo efectivo a millones de personas desocupadas o subempleadas y que se reduzcan las enormes distorsiones económicas y sociales entre los grupos humanos de la costa, la sierra y la selva. Éste es el escenario de la nueva década.

Instituciones públicas

Breve historia constitucional

Estructura del Estado

Las fuerzas políticas

Congreso de la República. Antigua Cámara de Diputados del Perú, a partir de la Constitución de 1993 este recinto se convirtió en sede unicameral del poder legislativo peruano.

Breve historia constitucional

Perú alcanzó la' Independencia el 28 de julio de 1821, pero la administración del Estado se articuló mediante un Reglamento Provisional expedido por el general José de San Martín en Huaura, el 12 de febrero de ese mismo año. A este primer documento seguiría un Estatuto Provisional, dividido en diez secciones, promulgado en el Palacio Protectoral de Lima el 8 de octubre de 1821.

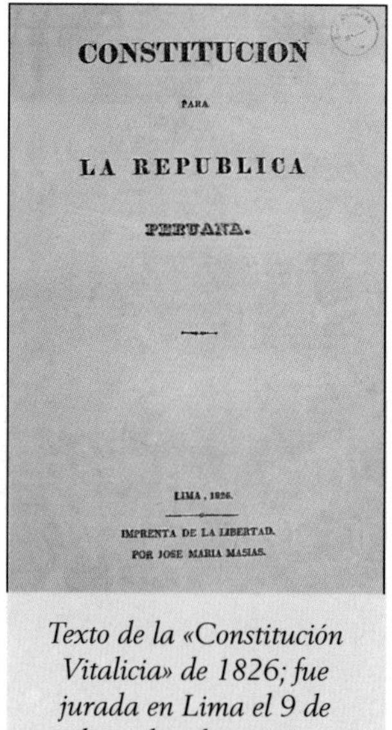
CONSTITUCION

PARA

LA REPUBLICA

PERUANA.

LIMA, 1826.

IMPRENTA DE LA LIBERTAD.
POR JOSE MARIA MASIAS.

Texto de la «Constitución Vitalicia» de 1826; fue jurada en Lima el 9 de diciembre de ese año.

Casi un año más tarde, el 20 de septiembre de 1822 se instaló en Lima el primer Congreso Constituyente, el cual redactó las *Bases* en las que se asentaría su propia labor y sancionó la primera Carta de la naciente República, firmada finalmente el 12 de noviembre de 1823. Conocida como la Constitución de 1823, fue la primera de una larga serie de cartas constitucionales que se designaron por el año en el que fueron promulgadas. Así, la historia de la República habla sucesivamente de las Constituciones de 1826, 1828, 1834, 1839, 1856, 1860, 1867, 1920, 1933 y 1979, hasta la última, de 1993. En total, doce constituciones, sin considerar en esta relación la Constitución de la Confederación Peruano-Boliviana de 1837, ni los Estatutos Provisorios de 1855 y 1879. Como señala Chrinos Soto, a lo largo de todas ellas puede observarse la tensión entre los partidarios del liberalismo y los que defendían una forma de gobierno personalista y autoritaria; a partir de 1920, pasando por la de 1933 y hasta la de 1979, las diversas constituciones se orientaron hacia el compromiso social, lineamiento del que se aparta la Carta de 1993.

Las Constituciones peruanas

La Constitución de 1823 establecía que el Presidente era elegido por el Congreso y que éste sería unicameral; había un Poder Judiciario —tal como se denominaba entonces al actual Poder Judicial—, existía el Poder Electoral y la elección de los representantes al Congreso se hacía por vía indirecta, mediante los Colegios Electorales. El denominado Senado Conservador no se integró al Parlamento, y tenía funciones limitadas, de las que se excluían las legislativas.

Una Constitución que no llegó a ser

En noviembre de 1823, el Congreso termina de discutir y aprobar la Constitución. El 12 del mismo mes el presidente Tagle promulga la Ley Fundamental. Como una de esas travesuras que la porfiada realidad se ha empeñado en jugar siempre a las ilusiones democráticas y republicanas, en la propia víspera de que la Constitución fuese promulgada, el mismo Congreso había aprobado una resolución para suspender el cumplimiento de los artículos constitucionales incompatibles con las supremas atribuciones acordadas a Bolívar. La Constitución de 1823 fue, pues, un aborto, porque murió antes de nacer.

Enrique Chirinos Soto, *Historia de la República*

La Constitución de 1826 instauró la novedad de un Parlamento con tres cámaras: la de los Tribunos, la de Senadores y la de los Censores, encargada ésta de velar por la moral pública. El presidente de la República era vitalicio. Pero esta constitución nunca llegó a entrar en vigor. En cuanto a la Carta de 1828, consideró un poder legislativo compuesto de dos cámaras, posición que perduraría en todas las siguientes constituciones. Además, la Carta de 1828 creó las Juntas Departamentales, por lo que se ha visto en ella una incipiente posición federalista. Se estableció que el ejercicio del poder ejecutivo no podía ser vitalicio, mientras que la elección del presidente era indirecta, permitiéndosele una sola reelección. La Constitución de 1834 no se aparta sustancialmente de estos lineamientos, pero aparece en ella el centralismo, otro carácter que marcará el sino de la administración hasta la actualidad.

Continuidad y evolución

La Constitución de 1839, conocida como la de Huancayo, fue de sesgo conservador, exigiendo la edad mínima de cuarenta años para ser designado ministro o senador, y veinticinco para ejercer derechos de ciudadanía. Asimismo, apartándose de las constituciones anteriores, la de 1839 extiende el mandato presidencial a seis años, y exige la posesión de una renta mínima para poder ser candidato a senador o diputado.

En la Constitución de 1856 se establece el sufragio popular directo y un gobierno unitario, democrático, representativo y centralizado. La de 1860 repite esos conceptos, con escasas novedades. La Constitución de 1867 volvió al régimen unicameral, poniendo el acento en la libertad de prensa y declarando nuevamente la profesión de la nación a la fe católica, a la que el Estado protege, prohibiendo el ejercicio público de cualquier otra. Por lo demás, esta Constitución mantuvo la estructura y los lineamientos de la de 1823.

Mesa de la Presidencia de la antigua Cámara de Diputados. En la actualidad cumple la función de presidencia del Congreso, unicameral y con ciento veinte representantes.

En cambio, se verifica un cambio notable con la Constitución de 1920. Su redacción está mejor estructurada que las anteriores, introduciendo el apartado de garantías sociales y planteando la posibilidad de instaurar Congresos Regionales. Además, se incluye en ella la renovación simultánea de los poderes públicos y la responsabilidad política del gabinete ante cada una de las Cámaras; fijó la duración del mandato presidencial en cinco años y no contempló la posibilidad de reelección inmediata.

Poder para los diputados

La Carta de 1933 mantuvo las garantías sociales, junto con las individuales y nacionales. Además, regresó a la institucionalización de los Con-

La Constitución de 1828

En la Constitución de 1828 se restringió el derecho de ciudadanía, adquiriendo éste un carácter censitario: sólo los propietarios de tierra con un ingreso mínimo de 800 pesos anuales, así como los alfabetos, tenían derecho al voto. Es decir, se excluía de los comicios electorales a la vasta mayoría de la población popular.

Julio Cotler,
Clases, Estado y nación en el Perú

Movimiento pendular de las constituciones

Nuestras sucesivas constituciones están sujetas a un movimiento pendular. El texto de la ley fundamental sirve de campo de batalla para la tendencia liberal y la tendencia autoritaria. Si la tendencia liberal predomina en la carta magna, una vez ésta sea derogada, en la siguiente habrá de predominar la tendencia autoritaria (...).
Así, a la primera Constitución de corte liberal, la de 1823, responde la Constitución bolivariana o vitalicia de 1826, eminentemente autoritaria. La reacción liberal se manifiesta en la Constitución de 1828 y en la de 1834. Saltándose a la garrocha el esquema autoritario de la Confederación de Santa Cruz, la Constitución de 1839 representa una reacción, también conservadora o autoritaria, contra la corriente liberal que se había expresado con los textos constitucionales de 1828 y 1834.
A su hora, como veremos, la Constitución autoritaria de 1839 será reemplazada por la Constitución de 1856, y ésta por la de 1860, donde finalmente se alcanza el difícil equilibrio entre los partidarios de la libertad y los defensores del orden.

Enrique Chirinos Soto,
Historia de la República

sejos Departamentales como forma de superar el centralismo, planteó un Congreso con dos cámaras, una de las cuales tendría una organización funcional —en sintonía con las ideas de la época— y se refirió por primera vez a los partidos políticos, aunque en términos peyorativos.

La Constitución de 1979 tiene un alto contenido social, ya que permite el voto a los analfabetos, propugna la descentralización a través de las regiones, constitucionaliza los partidos políticos, crea el Tribunal de Garantías Constitucionales y desarrolla los mecanismos de protección de los derechos —*habeas corpus*, amparo, acción de inconstitucionalidad y la acción popular contra normas que infrinjan la constitución, entre otros—; asimismo declara la plena libertad para la iniciativa privada, y declara que ésta se ejerce en una economía social de mercado.

El Peruano

FUNDADO EN 1825 POR EL LIBERTADOR SIMON BOLIVAR

■ NORMAS LEGALES: Aprueban instructivo para uso de nuevos formatos de actas para inscripción de nacimientos, matrimonios y defunciones.

Recuento '93
EDICION ESPECIAL DE FIN DE AÑO

■ NORMAS LEGALES: Declaran a diversas asociaciones de transportistas como infractores de las normas de libre competencia.

PRESIDENTE PROMULGO LA CONSTITUCION POLITICA DEL PERU

Se inicia una nueva era

► Carta Magna de 1993 –la primera aprobada en referéndum– refleja las profundas transformaciones ocurridas en los últimos años en la sociedad peruana

► Texto configura el marco para edificar un ordenamiento jurídico más adecuado. No se trata de la conclusión de un trabajo, sino de su inicio

► Es el momento oportuno para avanzar en la búsqueda del consenso nacional por el desarrollo, señala Jefe de Estado en ceremonia realizada

Un periódico recoge el momento en que Alberto Fujimori y Jaime Yoshiyama, en categoría de presidente del Congreso Constituyente Democrático, firman la Constitución de 1993.

Aunque de manera restringida, esta Constitución reglamentaba el instrumento del referéndum, y si bien establece la existencia de dos cámaras en el Congreso, una de ellas —el senado— era prácticamente decorativa, pues el centro de gravedad político se desplazaba a la Cámara de diputados. Rompía así el carácter híbrido de la Carta de 1933, que reafirmaba el centralismo presidencialista y eliminaba toda injerencia parlamentaria en el gasto público. La Constitución de 1979 se ha estimado como avanzada en su contenido social, pero débil en cuanto a su articulación, sobre todo si se la compara con la de 1933 o la de 1920. Sin embargo, en líneas generales, se la reconoce como una de las mejores constituciones peruanas del siglo XX.

La Constitución de 1993

Este texto constitucional es el cuarto promulgado durante el siglo XX en Perú. Las anteriores son las de 1920, 1933 y 1979, y puede decirse que las cuatro nacieron en circunstancias difíciles para el país. Sin embargo, sería un error considerar que el país vivió bajo el imperio de la Constitución desde 1920. El signo fue inverso: han sido más los años de mandatos *de facto* que los de gobiernos constitucionales. Las constituciones del siglo tuvieron, así, vida precaria. Y sobre la actual se anuncian cambios y se promueven críticas que hacen temer una vigencia fugaz.

Las anteriores constituciones no habían previsto soluciones en caso de conflicto de poderes, aspecto que sí encaró la de 1993. El ingeniero Alberto Fujimori fue elegido presidente de la República en 1990, bajo la vigencia de la Constitución de 1979. El 5 de abril de 1992 se produjo un golpe de Estado encabezado por el propio presidente, quien disolvió el Parlamento y concentró en su persona la conducción del poder. Se han esbozado diversas explicaciones para esta intempestiva actitud, aunque todo apunta hacia la impaciencia del presidente para someter sus proyectos a la aprobación parlamentaria, sobre todo teniendo en cuenta que su partido no contaba con mayoría.

La crisis en la que se hallaban sumidos los partidos políticos y los movimientos sindicales impidió una respuesta contundente ante el golpe de Estado. En cambio, la Organización de Estados Americanos (OEA) y la presión de diversos gobiernos de países latinoamericanos lograron que el presidente convocase a un Congreso Constituyente Democrático (CCD), con el fin de aprobar una nueva Constitución, que debía ser ratificada por referéndum popular. El gobierno, que inició su período de administración bajo la legalidad establecida en la Carta de 1979, siguió en el poder con la de 1993, completando su período de cinco años; en 1995 Fujimori fue reelegido, con el 64 por ciento de los votos. La mayoría parlamentaria, esta vez plenamente identificada con el gobierno, ha impulsado una ley que permite una segunda reelección. Pero la Constitución de 1993 no ha previsto soluciones para un eventual conflicto de poderes, en caso de que el presidente debiera enfrentarse a una mayoría parlamentaria adversa. En cualquier caso, la incógnita sobre el proceso de democratización en el país se irá resolviendo en los próximos años.

El autogolpe de abril de 1992

En abril de 1992, Fujimori clausuró el Congreso y anunció una reorganización radical del poder judicial.
Era un autogolpe, sólo posible gracias al sólido respaldo militar. Perú se convirtió así en el primer país sudamericano que recayó en el autoritarismo. Su frágil democracia se derrumbó bajo la presión del caos económico, las profundas divisiones sociales, la corrupción, el terrorismo y el descrédito de los partidos políticos tradicionales, especialmente del APRA.
Para consternación de los críticos de Fujimori de dentro y de fuera, el golpe gozó de amplio apoyo popular.

Thomas E. Skidmore,
Historia contemporánea de América Latina

Forma del Estado

Según la Constitución, Perú es una república unitaria y descentralizada. Desde la Independencia, el modelo estatal prevaleciente fue el de una república unitaria centralizada, salvo en el caso de la Constitución de 1828, que algunos autores calificaron como de federalismo incipiente, pero que en todo caso no llegó a cuajar. En la Carta de 1933 se produjo un nuevo intento descentralizador que tampoco prosperó; mientras se mantuvo vigente —es decir, hasta 1979— la administración tuvo un carácter centralista, a despecho del texto constitucional.

Los pueblos del interior, alejados de los centros de poder de la capital, progresivamente hicieron oír su protesta, en una actitud que el historiador Jorge Basadre denomina «la subversión de las provincias». Los voceros de esos sectores sociales hacían responsable de su atraso económico y social a la forma de Estado imperante, y reclamaban una organización estatal que les permitiera salir de la postración en que se encontraban.

Estas posturas se dejaron sentir en la redacción de la Constitución de 1979, que opta por una república unitaria y descentralizada, estructurando una división regional que se inspira en parte en la propuesta contenida en la Constitución española de 1978. Sin embargo, este ensayo no tuvo los éxitos esperados, quedándose en poco más que buenas intenciones.

La Carta de 1993 mantuvo el esquema unitario-descentralizado, dividiendo el territorio en regiones, departamentos, provincias y distritos. En esas unidades de administración, el gobierno uni-

Gran salón del Palacio de Gobierno. Este edificio es sede del poder ejecutivo y residencia del presidente de la República mientras permanece en el ejercicio de esa función.

tario se ejerce de manera descentralizada y desconcentrada. La decimotercera de las Disposiciones Finales y Transitorias señala que mientras no se constituyan las regiones, y hasta que se elija a sus presidentes de acuerdo con esta Constitución, el poder ejecutivo determina la jurisdicción de los Consejos Transitorios de Administración Regional, según el área de cada uno de los departamentos establecidos en el país.

Forma de gobierno

Perú tiene un gobierno presidencialista con algunos vestigios de gobierno parlamentario. Se ha optado por una democracia representativa, pero introduciendo algunos mecanismos de democracia directa. Esta lucha de fuerzas opuestas en el seno de la forma de gobierno viene de lejos. Ya el gobierno autocrático de la década de 1920 influyó sobre la Constituyente de 1932 —que elaboró la Carta de 1933—, inclinándola hacia un modelo de gobierno que recogiese algunas características del presidencialismo, para insertarlas dentro de un régimen parlamentario. El resultado fue un modelo híbrido, causante, según diversas apreciaciones, de la ineficacia administrativa de los años posteriores. Los cambios recogidos en la Carta de 1979 primero y en la de 1993 más tarde tienden a corregir esas ambigüedades.

Estas modificaciones resaltaron la función administrativa sobre las otras y reafirmaron, básicamente, el diseño de un gobierno presidencialista, en el que el jefe de Estado goza de atribuciones más amplias de las que había gozado hasta la fecha. Estas innovaciones, por otra parte, no hacían otra cosa que recoger la tendencia universal hacia gobiernos que concentran el poder en un número restringido de personas, a las que se dota de las atribuciones necesarias para enfrentar con rapidez y eficacia las situaciones que pueden producirse en las sociedades de nuestros días.

Otra característica importante del régimen reside en la representatividad parlamentaria y en la alternancia en el gobierno; es decir que el pueblo elige por votación directa a sus mandatarios.

Estructura del Estado

La responsabilidad del poder legislativo recae en los ciento veinte miembros del Congreso.

El Estado moderno ha superado la vieja distinción de la separación de poderes y en cambio pone el énfasis en las funciones y en los órganos encargadas de realizarlas. En ese sentido se habla de las funciones legislativa, político-administrativa y jurisdiccional, aunque aceptando la existencia de nuevas funciones o de funciones especializadas que deben ser ejercidas por órganos diferentes a los señalados, y que ocupan niveles más próximos al poder central.

En el caso específico del Perú, nos encontramos con que la Constitución de 1826 se planteó la existencia de tres cámaras, lo que es un hecho singular en la historia constitucional. Pero aquella Constitución, que paradójicamente recibió el nombre de «vitalicia», nunca llegó a entrar en vigor. La norma sería en cambio la del Parlamento bicameral, compuesto por una Cámara de senadores y una de diputados, línea que rigió por lo menos hasta la Carta de 1979, con las excepciones de las de 1823 y 1867, que fueron de inspiración unicameral. En cuanto a la Constitución de 1993, ha optado por un Congreso compuesto de una única cámara, rompiendo así con la tendencia histórica.

Este Congreso cuenta con ciento veinte representantes, que son elegidos por el pueblo mediante voto directo, secreto y universal. El período de elección es de cinco años; para ser elegido congresista se exige ser peruano de nacimiento, tener al menos veinticinco años y gozar del derecho de sufragio. Los militares y miembros de la policía en actividad no pueden votar ni ser elegidos.

El Congreso y sus miembros

La labor del congresista es a tiempo completo, aunque hay voces que reclaman que debería ser a dedicación exclusiva, para que su trabajo se concrete en ejercer únicamente la representación conferida. En cualquier caso, su mandato es incompatible con el ejercicio de cualquier otra fun-

Márgenes y limitaciones del referéndum

La Constitución de 1993 acoge instituciones propias de una democracia directa, tales como el referéndum, la revocatoria o remoción de autoridades, la iniciativa legislativa popular, el derecho del pueblo a interponer la acción de inconstitucionalidad y la demanda de rendición de cuentas, entre otras medidas.
En cuanto al referéndum, se imponen algunas limitaciones: no pueden ser sometidas a consulta popular la supresión o disminución de los derechos fundamentales de la persona, las normas sobre tributación o presupuesto ni los tratados internacionales en vigor. En cambio, pueden someterse a referéndum la reforma total o parcial de la Constitución, la aprobación de normas con rango de ley, las ordenanzas municipales y las materias relativas al proceso de descentralización.

Parada militar en Puerto Maldonado, en el departamento de Madre de Dios. El presidente de la República tiene entre sus poderes el de nombrar a los altos mandos de las Fuerzas Armadas.

ción pública, excepto la de ministro de Estado; es igualmente incompatible con el ejercicio de actividades en empresas privadas que tengan intereses en conflicto con los del Estado.

Como se parte del supuesto de que los congresistas representan a la nación, se los libera del mandato imperativo y de la posibilidad de la interpelación. Gozan de inmunidad —no pueden ser procesados sin autorización del Congreso—, son inviolables en el ejercicio de la función y no están obligados a responder por las opiniones y los votos que emitan en el cumplimiento de su ejercicio. El mandato legislativo es irrenunciable.

El Congreso puede nombrar comisiones de investigación para asuntos específicos de interés público. Si bien todos los funcionarios quedan obligados a prestar la información que se les solicite, como el levantamiento del secreto bancario y el de reserva tributaria, y los investigados deben comparecer bajo apremio de detención, las conclusiones a las que lleguen estas comisiones no son vinculantes para los órganos jurisdiccionales.

Las atribuciones principales del Congreso son promulgar las leyes, interpretarlas, modificarlas o derogarlas; velar por el respeto a la Constitución; aprobar cierto tipo de tratados, el presupuesto y la cuenta general; autorizar empréstitos y ejercer el derecho de amnistía.

El Congreso puede delegar en el poder ejecutivo la facultad de legislar a través de decretos legislativos sobre materias concretas y por plazo establecido en la ley. La ley rige desde el día siguiente de su aprobación, salvo en el caso en que el presidente de la República la «observe», es decir prohíba su vigencia temporal, parcial o total. La ley no tiene efecto retroactivo, excepto en materia penal si es favorable al reo.

Funciones de la Comisión Permanente del Congreso

La Comisión Permanente parlamentaria está formada por no más de treinta congresistas —el veinticinco por ciento del número total— elegidos por el propio Parlamento. Tiene como función llevar ante el Congreso los presuntos cargos contra el presidente de la República, los representantes del Congreso, los ministros de Estado, los miembros del Tribunal Constitucional y del Consejo Nacional de la Magistratura, los vocales de la Corte Suprema, los fiscales supremos, el defensor del pueblo y el contralor general. Los cargos pueden ser por infracción a la Constitución, por cualquier clase de delito cometido durante el ejercicio de las funciones públicas y hasta cinco años después de haber cesado en ellos. Por otra parte, la Comisión Permanente designa al contralor general, aprueba créditos suplementarios y habilitaciones presupuestales.

El poder ejecutivo

El régimen de gobierno peruano es presidencialista, aunque se trata de un presidencialismo *sui generis*, ya que conserva rasgos de parlamentarismo; por ejemplo, un congresista puede ser ministro, el Congreso puede interpelar a los ministros y censurarlos, y puede disolverse.

El Congreso no tiene el poder de injerir en la conducción económica del país; esta función le corresponde al Ejecutivo, que asume también la conducción de la política internacional y el nombramiento del cuerpo diplomático, así como el de los oficiales superiores de las Fuerzas Armadas y de la policía. El presidente de la República es elegido por voto directo, secreto y universal, siempre que alcance más del cincuenta por ciento de los votos emitidos; los votos viciados y en blanco no

Casos en que el presidente puede perder el cargo

La vacancia o pérdida del cargo del presidente de la República se produce por muerte, por incapacidad moral o física permanente declarada por el Congreso, por aceptación de su renuncia por parte del Congreso; por ausentarse del territorio nacional sin autorización del Congreso o por no regresar a él dentro del plazo fijado. Asimismo, el presidente puede ser destituido si es condenado por traición a la patria, por obstaculizar las elecciones presidenciales, parlamentarias, regionales o municipales, por disolver ilegalmente el Congreso o por impedir su funcionamiento o el de los órganos del sistema electoral. El presidente puede quedar suspendido de sus funciones por incapacidad temporal declarada por el Congreso o por hallarse sometido a proceso judicial. En caso de impedimento temporal o permanente del presidente de la República, asume sus funciones el primer vicepresidente y, en defecto de éste, el segundo vicepresidente. En caso de que ambos se hallaran impedidos, las funciones las asume el presidente del Congreso. Si el impedimento del primer mandatario es permanente, el presidente del Congreso debe convocar elecciones al más breve plazo.

se computan. En caso contrario se debe ir a una segunda vuelta dentro de los treinta días siguientes a la proclamación de los cómputos oficiales. La imposición de una segunda confrontación obedece al deseo de que el presidente de la República cuente con un fuerte respaldo de la ciudadanía.

El presidente de la República puede ser reelecto una vez y, transcurrido un período constitucional —es decir, cinco años— puede volver a postularse como candidato. Para ser candidato a la presidencia de la República se exige ser peruano de nacimiento, tener más de treinta y cinco años al momento de la postulación y gozar del derecho de sufragio. Conjuntamente con el presidente de la República se eligen dos vicepresidentes, cuyas funciones específicas no están constitucionalmente determinadas.

Salón Túpac Amaru en el Palacio Presidencial. La Constitución de 1993 revocó la incompatibilidad que pesaba sobre miembros de la policía o las Fuerzas Armadas para ser ministros.

El presidente y los ministros

Las funciones y obligaciones más destacadas del presidente de la República son las de cumplir y hacer cumplir la Constitución, representar al Estado, dirigir la política del gobierno, velar por el orden interno y la seguridad exterior, ejercer la potestad de reglamentar las leyes, declarar la guerra y firmar la paz, administrar la hacienda pública y conceder indultos o conmutar penas.

Una facultad esbozada en la Constitución de 1979 y definida con perfiles más nítidos en la de 1993 es la de dictar medidas extraordinarias mediante decretos de urgencia, con fuerza de ley, en materia económica y financiera; dicha facultad ha permitido enfrentar con eficacia los problemas que han afectado la economía nacional. El Congreso, sin embargo, conserva su prerrogativa de revisar, modificar o derogar los decretos de urgencia.

El presidente de la República designa al Consejo de Ministros para que se encargue de la dirección y gestión de los servicios públicos. Para ser ministro se requiere ser peruano de nacimiento, ciudadano en ejercicio —es decir, gozar del derecho de sufragio— y haber cumplido veinticinco años. Se aclara que los miembros de las Fuerzas Armadas y de la Policía Nacional pueden ser ministros, lo que resuelve dudas de anteriores Cartas y reduce la discriminación al impedimento de votar. Los ministros son responsables solidariamente por los actos violatorios de la Constitución o de las leyes que se acuerden en el Consejo, aunque salven su voto, a no ser que renuncien inmediatamente.

Palacio de Justicia, en Lima. La independencia del poder judicial con respecto al Ejecutivo es uno de los pilares insoslayables del moderno sistema democrático.

Elecciones legislativas

Dentro de los treinta días de asumido el cargo, el presidente del Consejo de Ministros concurre al Congreso para exponer la política del gobierno. La responsabilidad política se hace efectiva con el voto de censura o el rechazo de la cuestión de confianza. Si el Congreso censura o niega su confianza a dos Consejos de Ministros, el presidente de la República está facultado para disolverlo, y simultáneamente debe convocar a nuevas elecciones legislativas. Por otra parte, el Congreso de la nación no puede ser disuelto bajo estado de sitio ni en el último año del mandato del presidente de la República.

El poder judicial

El poder judicial completa la tríada tradicional de la separación de poderes, concebida por la teoría mecanicista como una de las formas de garantizar la libertad y el ejercicio de la democracia.

Se advierte a los jueces que, en todo proceso, cuando existan normas de diferente jerarquía se debe preferir la superior. Este postulado deriva del llamado «control difuso», por oposición al «control concentrado» a cargo del Tribunal Constitucional. En el control difuso, el juez prefiere la norma constitucional a la legal, si hay incompatibilidad, dejando de aplicar la norma de inferior jerarquía en el proceso que está conociendo. El efecto es que la norma no se aplica al caso, pero sigue vigente y puede invocarse en otra situación análoga.

Los grandes principios y derechos de la función jurisdiccional pueden resumirse en los siguientes: unidad y exclusividad de esta función, admitiéndose por excepción la militar y la arbitral; la independencia; la observancia del debido proceso; la publicidad en los procesos; la pluralidad de instancias; la indemnización por errores judiciales y detenciones arbitrarias; la inaplicabilidad por analogía de la ley penal; la imposibilidad de ser condenado en ausencia o de ser privado del derecho de defensa. Por último, se establece que el régimen penitenciario tiene por objeto la reeducación, rehabilitación y reincorporación del penado a la sociedad.

Lamentablemente, el principio de la resocialización del condenado para integrarlo en la sociedad no ha podido cumplirse en la práctica por falta de recursos. En un país pobre los recursos se

Una excepción: las comunidades campesinas

Existen en el país las llamadas comunidades campesinas y nativas, que son organizaciones sociales ancestrales, cuya existencia se remonta incluso, en algunos casos, a la época precolombina. Las comunidades campesinas pertenecen al ámbito andino o de la sierra, mientras que las comunidades nativas viven en la zona de la selva y no se han integrado en la cultura prevaleciente en el resto del territorio peruano. La Constitución establece, como excepción, que estas comunidades pueden ejercer las funciones jurisdiccionales en su territorio, conforme al derecho consuetudinario, siempre que no se violen los derechos fundamentales de la persona. Las leyes establecen además las formas de coordinación de dicha jurisdicción especial con los juzgados de paz y con las demás instancias del poder judicial a nivel nacional.

Miembros de una de las últimas tribus tradicionales del tronco záparo. Los grupos indígenas de la Amazonia no se han asimilado a la cultura dominante en Perú.

administran en atención a las prioridades y éstas giran alrededor de la educación, la salud y la promoción del empleo.

El debate en torno a la pena de muerte

La Carta establece la pena de muerte por el delito de traición a la patria en caso de guerra y el de terrorismo, lo cual ha originado un severo debate doctrinario por su posible colisión con los tratados de legislación internacional que Perú ha suscripto. La Constitución de 1979 sólo establecía la pena de muerte por traición a la patria en caso de guerra exterior, reduciendo su aplicación, ya que con anterioridad —en la Constitución de 1933— esta pena era extensiva al homicidio calificado y a otros delitos. Ahora bien, Perú es signatario de la Convención Americana sobre Derechos Humanos, firmada en San José de Costa Rica, la cual establece en su artículo 4 que no se extenderá la pena de muerte a delitos que no se apliquen al momento de suscribirse y aprobarse el Tratado; Perú lo aprobó el 11 de julio de 1978. Si la Constitución de 1979 restringió la pena de muerte, el debate se plantea en torno a la Carta de 1993, que puede extenderla para actos de terrorismo, sin infringir lo dispuesto en el mencionado Tratado.

El poder judicial es autónomo e independiente y presenta su proyecto de presupuesto para su trámite por el poder ejecutivo. La función jurisdiccional es de dedicación exclusiva, con excepción de la docencia universitaria fuera del horario de trabajo. Los requisitos para ser magistrado supremo son los de ser peruano de nacimiento, ciudadano en ejercicio, tener al menos cuarenta y cinco años, haber sido magistrado o fiscal durante diez años o haber ejercido la abogacía o la cátedra universitaria en materia jurídica durante al menos quince años.

El Consejo Nacional de la Magistratura

La opinión pública exigía reiteradamente que la elección de los jueces se hiciese sin interferencias políticas y sin intervención del poder ejecutivo, a fin de garantizar la autonomía del poder judicial. Diversos ensayos anteriores no habían rendido los frutos esperados, precisamente por esa impregnación política proveniente de las esferas del poder. Haciéndose eco de esas demandas, la Constitución de 1993 estableció un modelo teórico que ha despertado justificadas expectativas en la sociedad, que ansía formas más transparentes en la designación de los jueces.

En efecto, en su composición hay un delegado de la Corte Suprema, otro de la Junta de Fiscales Supremos, uno elegido por los miembros de los colegios de abogados del país, dos elegidos por los demás colegios profesionales, uno designado por los rectores de las universidades nacionales y uno, en fin, por los rectores de las universidades particulares, abriéndose la posibilidad de elegirse dos miembros adicionales por parte de las instituciones representativas del sector laboral y del empresarial. No hay, en cambio, delegados del gobierno. Los miembros titulares del Consejo Nacional de la Magistratura son elegidos, conjuntamente con los suplentes, por un período de cinco años.

Las funciones principales del Consejo Nacional de la Magistratura son las de nombrar y ratificar a los jueces y fiscales de todos los niveles cada siete años, y sancionar con destitución a los vocales de la Corte Suprema y Fiscales Superiores. Esta síntesis permite apreciar la importancia de esta institución, que se distancia de influencias extrañas a la designación de los jueces. Por otra parte, para ser miembro del Consejo Nacional de la Magistratura se requiere ser peruano de nacimiento, ciudadano en ejercicio y haber cumplido los cuarenta y cinco años de edad.

Se ha establecido que la selección y el nombramiento de jueces y fiscales a cargo del Consejo Nacional de la Magistratura se limite cuando ésta se realice por votación popular; pero hasta 1998 no se ha realizado ninguna elección de este tipo.

La Defensoría del Pueblo fue creada por la Constitución de 1979 y reformulada por la de 1993. Defiende los derechos fundamentales del ciudadano frente a probables abusos de poder.

El Ministerio Público

Hasta 1979 el Ministerio Público estaba inserto dentro de la estructura del poder judicial, lo que le restaba autonomía e independencia. Con la Constitución de ese año se estableció la separación de poder judicial y el Ministerio Público. No obstante esa independencia de la función jurisdiccional, el Ministerio Público siguió adoleciendo de dos defectos: uno, que la designación de sus miembros correspondía a otras instancias del poder político, pues los fiscales ante la Corte Suprema eran nombrados por el presidente de la República con aprobación del Senado y se turnaban cada dos años en la Fiscalía de la Nación; otro, que se les asignaba el papel de actuar como defensor del pueblo ante la administración pública, desvirtuando la naturaleza del Ministerio Público, cuya función esencial es promover la acción de la justicia, representar en juicio a la sociedad e investigar el delito.

Se imponía su revisión, lo que se logró con la Constitución de 1993, que establece, en primer término, que al fiscal de la nación lo nombra la Junta de fiscales supremos; en segundo lugar, que los fiscales son nombrados por el Consejo Nacional de la Magistratura, institución cuya composición la aleja de influencias del poder político; y, finalmente, se independiza del Ministerio Público al Defensor del Pueblo.

Las principales funciones del Ministerio Público son las de promover la acción judicial, velar por la independencia de los órganos jurisdiccionales y por la recta administración de justicia, representar en los procesos judiciales a la sociedad, ejercer la acción penal, dirigir la investigación del delito y tener iniciativa en la proposición de las leyes.

Defensoría del Pueblo

En la Constitución de 1979 se concibió por primera vez como una atribución más del Ministerio Público el que pudiera actuar como defen-

Competencias del defensor del pueblo

1. Defender los derechos constitucionales y fundamentales de la persona y de la comunidad. Se le encomienda la protección de los derechos humanos, que son aquellos atributos y facultades inherentes a la persona humana. Ello incluye tanto los llamados derechos civiles y políticos, como los económicos, sociales y culturales; así como los derechos de los pueblos, que tienen como finalidad el logro de la convivencia democrática en una sociedad en la que impere la justicia y el estado de derecho.
2. Supervisar el cumplimiento de los deberes de función de los responsables de la administración pública. La defensoría del pueblo vela por que las diversas instituciones del Estado, así como sus autoridades y funcionarios, cumplan con sus responsabilidades y atiendan correctamente a los ciudadanos. La supervisión se hace siempre desde la perspectiva del sometimiento de la administración estatal a la Constitución y a las leyes, dentro del ámbito del deber de cooperación que la constitución exige a todos los organismos públicos para con la Defensoría del Pueblo
3. Supervisar la adecuada prestación de los servicios públicos. El Defensor del Pueblo supervisa la adecuada prestación de los servicios públicos de luz, agua, teléfono y salud, entre otros, que sean brindados tanto por instituciones públicas como privadas. En estos casos los usuarios deben plantear su reclamo primero ante la empresa que brinda el servicio y luego al organismo supervisor. Si en estos procedimientos no se respetan los derechos de los usuarios, se podrá acudir a la protección que ofrece la Defensoría del Pueblo.

Capítulo XI de la Constitución de 1993

sor del pueblo ante la administración pública. Pero como el Ministerio Público dependía del poder político, la fórmula no dio resultados, aparte de la confusión de funciones entre el Ministerio Público y el Defensor del Pueblo.

Al servicio del país desde 1839

El Comercio

Se aprobó en referéndum nueva Constitución Política

- Según datos extraoficiales, el 'Sí' alcanzó 53.1 % y el 'No' 46.9 %
- Cómputo oficial en Lima concluiría el fin de semana
- Conocido resultado final, se procederá a su promulgación

Los resultados extraoficiales

SI 53.1% NO 46.9%

NUEVA CONSTITUCION POLITICA DEL PERU 1993

CONGRESO PROMULGARIA LA NUEVA CONSTITUCION

Con total tranquilidad se cumplió

Ciudadanía cumplió su deber

Los miembros del Congreso Constituyente Democrático redactaron la Carta Magna de 1993, que luego fue aprobada mediante la convocatoria de un referéndum popular.

La figura del *ombudsman* nació en Suecia, y su desarrollo más notable tuvo lugar en los países nórdicos. La palabra ombudsman significa literalmente «el que tramita por otro», «el que representa a otro». En Perú, la Constitución de 1993 señala la independencia con respecto al Ministerio Público de las funciones de la Defensoría del Pueblo, dando autonomía a la figura del ombudsman.

El Defensor del Pueblo es elegido y removido por el Congreso, debiendo contar con el voto favorable de los dos tercios del número legal de sus miembros —es decir, ochenta votos. Goza de inmunidad, no está sujeto a mandato imperativo ni a interpelación, no es responsable ante autoridad alguna por las opiniones que emita en el ejercicio de sus funciones ni puede ser procesado ni apresado sin autorización del Congreso.

Para desempeñar este cargo se requiere haber cumplido treinta y cinco años de edad y ser abogado; no se exige, en cambio, ser peruano de nacimiento. El mandato tiene cinco años de duración y está afecto a las mismas incompatibilidades que comprenden a los vocales supremos. Le corresponde supervisar el cumplimiento de los deberes de la administración estatal y la prestación de los servicios públicos a la ciudadanía, incluso de los que puedan estar en manos privadas. El ombudsman debe presentar un informe anual al Congreso, puede presentar iniciativas para la sanción de nuevas leyes y tiene derecho a interponer la acción de inconstitucionalidad.

El sistema electoral

Bajo la denominación de sistema electoral no se comprende a las técnicas de elección ni a la distribución de la representación política sino al órgano encargado, como expresa la Constitución, de la planificación, organización y ejecución de los procesos electorales, de referéndum o de otras consultas electorales, así como de mantener un registro único de identificación de las personas y otro relativo a los actos que modifican el estado civil. El sistema electoral está integrado por el Jurado Nacional de Elecciones, la Oficina Nacional de Procesos Electorales y el Registro Nacional de Identificación y Estado Civil.

El Jurado Nacional de Elecciones fiscaliza la legalidad del sufragio, la realización de los procesos electorales, del referéndum y de las consultas populares en general, así como la elaboración de padrones electorales. Le corresponde llevar el registro de las organizaciones políticas, administrar justicia en materia electoral, proclamar los candidatos elegidos y llevar la iniciativa en la formación de leyes vinculadas a la materia electoral. El Jurado se compone de cinco miembros: uno elegido por la Corte Suprema, uno por la Junta de Fiscales, uno elegido en votación secreta por los miembros del Colegio de Abogados de Lima, uno elegido por las facultades de Derecho de las universidades públicas y el quinto por los decanos de las facultades de Derecho de las universidades privadas. Los miembros de este ente no pueden ser menores de cuarenta y cinco años ni mayores de setenta. El cargo es a tiempo completo y sólo es compatible con el ejercicio de la docencia a tiempo parcial.

Instituciones electorales

El Jurado Nacional de Elecciones (JNE) aprecia los hechos con criterio de conciencia, pero resuelve con arreglo a la ley y a los principios generales del derecho. En materia electoral, de referéndum o de otro tipo de consultas populares, sus fallos son inapelables y contra ellos no cabe recurso alguno. En cuanto a la Oficina Nacional de Procesos Electorales (ONPE), está a cargo de un jefe nombrado por cuatro años y le corresponde la organización de todos los procesos electorales, los referéndum y los de otros tipos de consulta popular; además debe determinar su propio presupuesto y distribuir las cédulas de sufragio. El Registro Nacional de Identificación y Estado Civil está a cargo de un funcionario nombrado por cuatro años y le corresponde la inscripción de los nacimientos, matrimonios y defunciones, atribuciones que antaño ejercían las municipalidades.

Obra de Alfredo Corso Masías. La Constitución de 1993 hizo que el Tribunal Constitucional de Garantías Constitucionales (TDG) se convirtiera en Tribunal Constitucional (TC).

Un proceso electoral puede ser declarado nulo si los votos viciados o en blanco superan los dos tercios de votos emitidos. El escrutinio se realiza en acto público y en la misma mesa de sufragio. En las elecciones pluripersonales —cuando se elige entre más de dos personas para un mismo puesto— hay representación proporcional, aplicándose, desde hace muchos años, el sistema de cifra repartidora para la elección parlamentaria.

El Tribunal Constitucional

Una de las preocupaciones de los estados modernos es la de hallar un mecanismo que permita controlar la constitucionalidad del sistema legal, a fin de evitar infracciones a la ley fundamental de la nación. Perú no ha sido una excepción y desde el año 1993 estableció como principio que, cuando había incompatibilidad entre una norma legal y una constitucional, debería preferirse la norma de superior jerarquía, es decir, la constitucional. Sin embargo, no se estableció el órgano pertinente para realizar esa función, con lo que al poder judicial le cupo la responsabilidad tácita de ejercer tal supervisión.

En la década de 1960 esa responsabilidad judicial se hizo expresa mediante ley orgánica, pero con una limitación: no podía declararse la inconstitucionalidad de la ley cuestionada; la objeción se

Sentencias de inconstitucionalidad

Los vocales del Tribunal Constitucional no están sujetos a mandato imperativo y tienen las prerrogativas y privilegios siguientes: son inviolables en el ejercicio de sus funciones y no responden por votos u opiniones emitidos en el ejercicio del cargo; gozan de inmunidad y no pueden ser detenidos ni procesados sin autorización del Pleno del Tribunal, salvo flagrante delito. La sede del Tribunal es la ciudad de Arequipa pero, como se había establecido que por acuerdo de la mayoría de sus miembros puede funcionar en cualquier otro lugar de la República, ha decidido funcionar en Lima de manera regular, convirtiendo en regla lo que se supone era una excepción. Comparado con su antecedente, el Tribunal actual ha mejorado el diseño por cuanto los integrantes son elegidos por el Congreso por una mayoría, lo que hace necesario el consenso. Por otra parte, la sentencia de inconstitucionalidad rige a partir del día siguiente de la publicación y no 45 días después, como con la carta derogada.

limitaba a volverla inaplicable en el caso concreto. Es decir que aunque la ley se hubiera demostrado incorrecta seguía en vigor, y otros jueces podían aplicarla. Tal situación fue objeto de múltiples críticas, lo que determinó que la Constitución de 1979 consagrara un doble mecanismo de control: el primero a cargo del poder judicial, que seguía gozando de la facultad de inaplicar la ley; y el otro, con la capacidad de declarar la inconstitucionalidad de esa ley si tal cosa cabía, bajo la responsabilidad de un nuevo organismo creado para tal fin, bajo el nombre de Tribunal de Garantías Constitucionales.

Por diversas razones, ese Tribunal, encargado del control posterior de la ley e integrado por profesionales abogados y ex magistrados, no satisfizo las exigencias de la opinión pública, desarrollando una labor opaca. Una de las críticas más pertinaces se centraba en que este organismo estaba conformado por representantes de los poderes ejecutivo, legislativo y judicial, precisamente los que iban a ser objeto de supervisión por parte el Tribunal de Garantías Constitucionales. De ahí que, en la nueva Constitución de 1993 se propusiera un modelo que corrigiese los defectos señalados. El título V —«De las Garantías Constitucionales»—, del artículo 201 al 204 inclusive, desarrolló un modelo perfeccionado de Tribunal Constitucional.

Miembros y funciones del Tribunal

El Tribunal Constitucional es el órgano de control de la Constitución; es autónomo e independiente y está integrado por siete miembros, elegidos para un mandato de cinco años por el Congreso de la República, con el voto favorable de al menos los dos tercios del número legal de sus miembros. Como el número legal de congresistas es de ciento veinte se requiere el voto favorable de ochenta representantes.

Para ser miembro de este organismo se exigen los mismos requisitos que para vocal de la Corte Suprema: ser peruano de nacimiento, ciudadano en ejercicio, haber cumplido cuarenta y cinco años, haber sido magistrado de la Corte Superior o Fiscal Superior durante diez años o contar con al menos quince años de ejercicio de la abogacía o la cátedra universitaria en materia jurídica.

Las principales funciones del Tribunal Constitucional son las de conocer, en instancia única, la acción de inconstitucionalidad; conocer, en última y definitiva instancia, las resoluciones denegatorias del *habeas corpus*, amparo, *habeas data* y acción de cumplimiento; y, en fin, conocer los conflictos de competencia o de atribuciones asignadas por la Constitución. Las sentencias del Tribunal declarando la inconstitucionalidad de una determinada norma debe publicarse en el diario oficial; al día siguiente de la publicación dicha norma queda sin efecto. Se declara igualmente que dicha sentencia no tiene efecto retroactivo en todo ni en parte. La Constitución peruana estima que una vez agotada la jurisdicción interna, quien se considere lesionado en los derechos que la Constitución reconoce puede apelar a los tribunales u organismos internacionales constituidos conforme a tratados en que Perú sea parte. Se estima competente, para tales efectos, a la Corte Interamericana de Derechos Humanos, con sede en San José de Costa Rica.

Las garantías constitucionales

Las constituciones de los estados modernos han sido concebidas con el fin de garantizar los derechos de las personas y controlar el ejercicio del poder. Para alcanzar ese poder las cartas constitucionales se asientan sobre una cultura de igualdad y libertad, de distinción de funciones, de pluralismo y de alternabilidad en el poder. Como mecanismos de protección se conciben instituciones que pudieran operar con rapidez, para detener cualquier violación de un derecho o disipar las amenazas de que tal cosa ocurra. La Constitución peruana vigente contiene un avance notable en este campo, al haber sancionado las principales garantías, tales como el *habeas corpus* y la acción de amparo.

Habeas corpus es una expresión latina que significa literalmente «aquí está el cuerpo»; procede contra el hecho u omisión que vulnere o amenace la libertad individual o los derechos constitucionales conexos, como la obtención de declaraciones bajo torturas, la negación de pasaporte o visado, el exilio forzoso, la incomunicación ilegal o la privación de un abogado defensor. En este tipo de procesos se pueden presentar pruebas en la Corte Suprema. Es un juicio sumarísimo; cualquier persona puede ejercer esta acción por vía oral o escrita, y se tramita por la vía penal.

En cuanto a la acción de amparo, protege de todos los demás derechos distintos de los de libertad. No procede contra normas legales ni contra resoluciones judiciales emanadas del procedimiento regular. La acción de amparo se articula por actos por comisión o por omisión, y se tramita por la vía civil.

La Constitución peruana prevé distintas formas de garantizar los derechos de los ciudadanos frente a posibles abusos de poder. En la foto, una unidad policial de elite.

Habeas data e inconstitucionalidad

El desarrollo de los sistemas de cómputo ha perfeccionado las técnicas de investigación y archivo sobre las personas, así como la clasificación de los datos obtenidos, lo que puede llevar a un uso abusivo de la información disponible. Por esa razón se ha creado el *habeas data* (que significa literalmente «aquí está el dato»). Tal figura legal está destinada a proteger la intimidad personal y familiar, y permite solicitar información de las entidades públicas, salvo en los casos de seguridad nacional. El *habeas data* permite acceder a la información para rectificarla, para impedir que se difunda, para que se complemente, para cancelar datos inexactos o autorizar su transmisión.

La acción de inconstitucionalidad, por su parte, procede contra normas que tienen rango de ley, decretos legislativos, decretos de urgencia, tratados, normas regionales de carácter general y ordenanzas municipales. Apareció por primera vez en la Constitución de 1979. Es un procedimiento de los denominados «de puro derecho», pues no hay hechos que probar: sólo apreciar si existe una contradicción entre la norma de inferior jerarquía y la ley constitucional. Este mecanismo está destinado a proteger la constitucionalidad del sistema legal.

Acción popular y acción de cumplimiento

Dentro de las garantías constitucionales se incluye también la acción popular, que procede por infracción de la Constitución y de la ley contra reglamentos, normas administrativas y resoluciones de carácter general. Está destinada a proteger la constitucionalidad del sistema y aparece por primera vez en la Constitución de 1933, reglamentándose definitivamente en la Ley Orgánica del poder judicial de 1963. Su nombre se debe a que cualquier ciudadano que goce de sus derechos civiles puede interponer tal acción.

La acción de cumplimiento procede contra cualquier autoridad o funcionario que se muestre renuente a acatar una norma legal, o bien contra un acto administrativo al margen de las responsabilidades que pudiesen corresponderle. Se tramita por la vía civil y requiere, como cuestión previa, una notificación notarial.

Las fuerzas políticas

En toda sociedad pluralista no monolítica o totalitaria se hace necesaria la presencia de organizaciones sociales que contribuyan a ejercer el control del poder en resguardo de la libertad. Esas organizaciones —denominadas fuerzas porque encierran una idea de dinámica, de impulso o freno— permiten que el Estado realice su acción sin desvirtuar sus principios. Entre las fuerzas políticas principales cabe citar a los partidos políticos y a las organizaciones sindicales.

Manifestación convocada por la Central General de Trabajadores del Perú en septiembre de 1988.

Una mención negativa sobre los partidos políticos aparece en la Carta de 1933. El artículo 53 prohibía la organización de partidos de carácter internacional, lo que significaba la tolerancia exclusiva de los partidos considerados nacionales. El problema residía en lo lábil del concepto de partido nacional, labilidad que permitió a muchos gobernantes aplicar esta norma arbitrariamente, para poner fuera de la ley, por ejemplo, a los militantes del la Alianza Popular Revolucionaria Americana, (APRA) o del Partido Comunista (como sucedió entre 1933 y 1956).

En la Constitución de 1979 se defiende por primera vez la institución del partido político, considerada como elemento de primera importancia para el desarrollo democrático del país. La Carta de 1993 vuelve a considerar a los partidos, pero esta vez como organizaciones que concurren a la formación y manifestación de la voluntad popular, reglamentándose por ley el funcionamiento democrático de cada partido y la transparencia respecto al origen de sus fondos, así como el acceso gratuito a los medios de comunicación de propiedad estatal en forma proporcional al último resultado electoral.

Surgimiento de los partidos

En Perú, puede decirse que el reconocimiento constitucional de los partidos políticos se produjo *a posteriori* de su formación y consolidación. De hecho, los partidos existían en principio como núcleos de defensa de determinados intereses comunes de sus miembros, más que como movimientos de masas fundados alrededor de una ideología. Eran grupos de miembros de la sociedad más elevada, como el Partido Civil (1870), el Partido Nacional (1822), la Unión Nacional (1891) y el Partido Liberal (1901). En 1924, Haya de la Torre fundó en México la Alianza Popular Revolucionaria Americana, y en 1928 José Carlos Mariátegui creó el Partido Comunista Peruano, bajo el nombre inicial de Partido Socialista. La Unión Revolucionaria nació en 1931 en torno al caudillo militar Luis M. Sánchez Cerro.

Con posterioridad se fundaron Acción Popular (AP) y el Partido Demócrata Cristiano (DC), ambos en 1956. En 1966 nació el Partido Popular Cristiano (PPC). En 1990 surgió Cambio 90 y en 1993 Nueva Mayoría que, en coalición, ejercen el control del Parlamento desde el año 1993. El partido Acción Popular ha llegado dos veces a la presidencia de la República, de la mano de su líder Fernando Belaúnde Terry (1963 y 1980), mientras que el APRA accedió al poder en 1985, con Alan García. A éste lo sucedió Cambio 90, capitaneado por Alberto Fujimori, quien fue reelegido en 1995 al frente de la coalición Cambio 90 y Nueva Mayoría.

El Partido Comunista era de orientación marxista; el APRA, de cuño socialdemócrata; Acción Popular, nacionalista, y la Democracia Cristiana y el Popular Cristiano nacieron bajo doctrinas ins-

Alberto Andrade, líder del movimiento político Somos Perú, fue reelegido alcalde de Lima en 1998. En los años noventa las nuevas fuerzas eclipsaron a los partidos tradicionales.

Alberto Fujimori en plena campaña, en 1995. Su reelección fue posible gracias a las reformas introducidas en el apartado presidencial del texto constitucional de 1993.

piradas por núcleos católicos. Se debe mencionar que en la historia política del país el APRA llegó a tener más de un tercio del electorado y Acción Popular, en alianza con la Democracia Cristiana primero y con el Popular Cristiano después, contó también con una fuerte adhesión popular. En la década de 1990, en cambio, se produjo un considerable eclipsamiento de los partidos políticos tradicionales, tanto en su representación parlamentaria como en su capacidad de incidir sobre la opinión pública.

El movimiento sindical

Al término del siglo XIX el país carecía aún de un desarrollo industrial; las pocas industrias existentes se fueron concentrando en Lima, capital de la República, y en el Callao, primer puerto del país. En 1896 y 1904 se produjeron dos grandes huelgas: la de los obreros de la fábrica textil de Vitarte y la de los portuarios, que duró más de veinte días.

En 1904 se formó la Federación Obreros Panaderos «Estrella del Perú», bajo la influencia de las ideas anarquistas. En 1919, y a raíz de la conquista de la jornada laboral de ocho horas, surgió la Federación de Trabajadores Textiles del Perú y la Federación Gráfica. Entre 1920 y 1930, ya bajo el influjo de la Revolución rusa, se consolidaron dos grandes corrientes ideológicas: la marxista, que dio origen al Partido Comunista Peruano, y la socialdemócrata, que se formalizó a través del APRA, organizaciones que impregnaron hasta la década de 1980 los reclamos y movimientos de los trabajadores. Los ideólogos fueron José Carlos Mariátegui para el marxismo y Víctor Raúl Haya de la Torre para la socialdemocracia.

La Confederación General de Trabajadores del Perú —la CGTP, de orientación comunista— se fundó el 17 de mayo de 1929. Comprendía las Federaciones de Choferes, Textil, Gráfica y de Tripulantes del Callao, y la Asociación de Estibadores. En 1944 nació la Confederación de Trabajadores del Perú —CTP, alineada junto al APRA.

Las Confederaciones en la actualidad

De 1948 a 1956, período que se conoce como el «ochenio», una ley de seguridad interior limitó la acción de los sindicatos, junto con la de los partidos. Pero a partir de 1958 comienzan a consolidarse otras organizaciones sindicales: la Federación de Empleados Bancarios y la Federación Nacional

Presidentes de la República del Perú

Nombre y apellidos	*Nacimiento /muerte*	*Mandato*	*Nombre y apellidos*	*Nacimiento /muerte*	*Mandato*
José de San Martín	1778-1850	1821-22	Miguel Iglesias	1830-1909	1883-85
Junta Provisional		1822-23	Andrés Avelino Cáceres	1833-1923	1886-90
José Mariano de la Riva Agüero	1783-1858	1823	Remigio Morales Bermúdez	1836-1894	1890-94
José Bernardo de Tagle	1779-1825	1823-24	Justiniano Borgoño	1836-1921	1894
Simón Bolívar	1783-1830	1824-26	Andrés Avelino Cáceres	1833-1923	1894-95
Andrés de Santa Cruz	1792-1865	1826-27	Manuel Candamo (Junta)	1841-1904	1895
José de La Mar	1778-1830	1827-29	Nicolás de Piérola	1839-1913	1895-99
Agustín Gamarra	1785-1841	1829-33	Eduardo López de Romaña	1847-1912	1899-1903
Luis José de Orbegoso	1795-1847	1833-34	Manuel Candamo	1841-1904	1903-04
Felipe Santiago Salaverry	1805-1836	1835-36	Serapio Calderón	1843-1922	1904
Andrés de Santa Cruz	1792-1865	1836-39	José Pardo y Barreda	1864-1947	1904-08
Agustín Gamarra	1785-1841	1839-41	Augusto B. Leguía	1863-1932	1908-12
Manuel Menéndez	1793-1847	1841-42	Guillermo Billinghurst	1851-1915	1912-14
Juan C. Torrico	1808-1875	1842	Óscar R. Benavides	1876-1945	1914-15
Francisco Vidal	1801-1863	1842-43	José Pardo y Barreda	1864-1947	1915-19
Manuel I. de Vivanco	1806-1873	1843-44	Augusto B. Leguía	1863-1932	1919-30
Domingo Elías	1805-1867	1844	Manuel Ponce	1874-1966	1930
Justo Figuerola	1771-1854	1844	Luis M. Sánchez Cerro	1889-1933	1930-31
Manuel Menéndez	1793-1847	1844-45	Ricardo Leoncio Elías	1874-1951	1931
Ramón Castilla	1797-1867	1845-51	Gustavo A. Jiménez	1886-1933	1931
José Rufino Echenique	1808-1887	1851-55	David Samanez Ocampo (Junta)	1866-1947	1931
Ramón Castilla	1797-1867	1855-62	Luis M. Sánchez Cerro	1889-1933	1931-33
Miguel de San Román	1802-1863	1862-63	Óscar R. Benavides	1876-1945	1933-39
Pedro Díez Canseco	1815-1893	1863	Manuel Prado y Ugarteche	1889-1967	1939-45
Juan Antonio Pezet	1810-1879	1863-65	José Luis Bustamante y Rivero	1894-1989	1945-48
Pedro Díez Canseco	1815-1893	1865	Manuel A. Odría	1897-1974	1948-56
Mariano I. Prado	1826-1901	1865-68	Manuel Prado y Ugarteche	1889-1967	1956-62
Pedro Díez Canseco	1815-1893	1868	Junta Militar	-	1962-63
José Balta	1814-1872	1868-72	Fernando Belaúnde Terry	n. 1912	1963-68
Tomás Gutiérrez	m. 1872	1872	Juan Velasco Alvarado	1910-1977	1968-75
Manuel Pardo	1834-1878	1872-76	Francisco Morales Bermúdez	n. 1921	1975-80
Mariano I. Prado	1826-1901	1876-79	Fernando Belaúnde Terry	n. 1912	1980-85
Luis La Puerta	1811-1896	1879	Alan García Pérez	n. 1949	1985-90
Nicolás de Piérola	1839-1913	1879-81	Alberto Fujimori Fujimori	n. 1938	1990-95
Francisco García Calderón	1834-1905	1881	Alberto Fujimori Fujimori	n. 1938	1995-2000
Lizardo Montero	1832-1905	1881-83	Alberto Fujimori Fujimori	n. 1938	2000-05

de Educadores. En el año 1971 surgió un tercer movimiento denominado Confederación Nacional de Trabajadores, de representación minoritaria. La CTP perdió representatividad por los años setenta, mientras que la CGTP, con una remozada organización interna, incrementó el número de sus afiliados a escala nacional, estimándose en torno a los cuatrocientos mil.

La promoción del cooperativismo, de las empresas de propiedad social, la creación de las comunidades laborales y el proceso de reforma agraria debilitaron enormemente a los sindicatos. Existen en la actualidad dos movimientos de regular envergadura, el Sindicato Único de Trabajadores de la Educación (SUTEP) y la Federación de Trabajadores de la Construcción Civil, así como un intento de reagrupación a escala nacional de la debilitada CGTP. La falta de representatividad de los intereses de los trabajadores, la indiferencia de la masa laboral —preocupada sobre todo por las urgencias de la crisis económica—, las «oligarquías» sindicales y las bases de una economía de mercado han arrinconado a los sindicatos dentro de la vida política e institucional del país.

Historia regional

Las regionalizaciones
del territorio peruano

En las tierras del departamento de Junín se cultivan sobre todo diferentes variedades de papa y maíz. También se cría ganado vacuno y camélido; se elaboran además productos lácteos y embutidos.

Las regionalizaciones del territorio peruano

La historia regional es el conocimiento del devenir histórico de las zonas interiores de un país, es decir, de los sucesos que han marcado la vida de sus provincias, departamentos o estados, y que por lo tanto se distingue de la historia de la capital nacional o de los grandes núcleos urbanos.

La Independencia, *cuadro del pintor peruano Juan Bravo, que se exhibe en la ciudad de Cusco.*

La importancia de la historia regional radica justamente en la ignorancia en que se la tiene por lo general, eclipsada por los grandes acontecimientos de la historia nacional; sin embargo, sólo conociendo la evolución de las regiones interiores se puede construir la historia total de un país y entender sus características presentes. Esto es mucho más cierto aún en un país de composición tan variada y plural como es el Perú, en el que se dan diferencias geográficas marcadas, variedad de razas y de lenguas y convivencia de culturas diversas.

En Perú se han realizado diversos proyectos de regionalización a lo largo de su historia. El último de ellos dividió el país en trece regiones administrativas: Grau, Nororiental del Marañón, La Libertad, Chavín, Andrés Avelino Cáceres, Libertadores-Wari, Inca, Arequipa, José Carlos Mariátegui, San Martín, Loreto y Ucayali.

Pese a que en Perú existe un marcado regionalismo en la población de las zonas interiores, la investigación referida a la historia regional no ha tenido igual suerte en todo el país. Hay departamentos y regiones, como el sur andino, cuya historia ha sido escrita y analizada en las décadas de 1980 y 1990. Se han escrito asimismo las historias del Cusco, Arequipa y Puno. En otros casos se comprueba un desarrollo incipiente de la historia regional, como en Cajamarca, Piura y Loreto, en la zona norte del país. En cambio, existen todavía grandes vacíos en lo que respecta a Junín, La Libertad y Lambayeque. Hay también algunas investigaciones iniciales referidas a Ayacucho, pero no historias regionales totalizadoras desde el pasado prehispánico hasta la actualidad.

A fin de alcanzar la mayor claridad posible se expondrán las historias regionales de los principales departamentos de Perú, comenzando por aquellas que los investigadores han estudiado con mayor extensión y profundidad.

El regionalismo según Mariátegui

El regionalismo no es en el Perú un movimiento, una corriente, un programa. No es sino la expresión vaga de un malestar y de un descontento. Sin embargo, el regionalismo no es en ninguna parte tan sincera y profundamente sentido como en el sur y, más precisamente, en los departamentos del Cusco, Arequipa, Puno y Apurímac. Estos departamentos constituyen la más definida y orgánica de nuestras regiones. En el sur, la región reposa sólidamente en la piedra histórica.

José Carlos Mariátegui,
Siete ensayos de interpretación de la realidad peruana.

Típica calle colonial del Cusco, construida sobre las bases de la ciudad incaica, emblema de la superposición de culturas que caracteriza al Perú.

Cusco

El Cusco fue el núcleo fundador y expansivo de la cultura Inca y la capital del Imperio Incaico; actualmente es, por mandato de la Constitución de 1993, la Capital Histórica de Perú. Como capital del Imperio Incaico, en el Cusco convivían habitantes de todas las regiones que lo formaban. Tenía 50,000 habitantes; era una ciudad sagrada, rica en templos y palacios, y sede de la gran fortaleza de Sacsayhuamán. Durante la época de la Colonia se la consideró cabeza de los Reinos del Perú y centro artístico del virreinato. Los españoles construyeron en el Cusco grandes monumentos religiosos y civiles, razón por la cual la ciudad exhibe una arquitectura mestiza, que le da su actual singularidad.

El área del Cusco fue asimismo escenario de grandes rebeliones antihispánicas, como la de José Gabriel Condorconqui, Túpac Amaru II, que tuvo lugar entre los años 1780 y 1781, y que conmovió el edificio político del virreinato. En 1814 y 1815 fue asimismo escenario de la gran rebelión de José Angulo y Mateo García Pumacahua, antecedente directo de la Independencia de Perú, que se expandió hacia Ayacucho por el norte y hasta el Alto Perú —hoy Bolivia— por el sur.

Cusco conoció la decadencia en el siglo XIX, con el advenimiento de la República y la dinamización de la costa central por la economía del guano. El deterioro de los caminos coloniales produjo el aislamiento geográfico, en tanto que la marginación impuesta por el centralismo originó el estancamiento de su economía, la cual se vio agravada por la desaparición de los obrajes y chorrillos. Durante el siglo XIX el Cusco tuvo además que refugiarse en una agricultura de subsistencia, para la que no existía mercado, y sólo pudo exportar al altiplano cantidades poco importantes de coca. La ciudad y la región se despoblaron por las epidemias y el abandono.

Renacimiento a partir de 1895

El siglo XX, por el contrario, trajo un relativo renacimiento al Cusco, por la presencia de dos ciclos modernizadores dinámicos, que consiguen modificar parcialmente la estructura estática del siglo anterior. Esos ciclos estuvieron separados por el gran terremoto del 21 de mayo de 1950, que destruyó gran parte de la vieja ciudad de origen hispánico. En el primero de estos períodos, que podemos ubicar entre 1895 y 1950, existieron algunos procesos importantes de moderniza-

Grabado que representa el Cusco a principios del siglo XIX. En 1737, José Orco Huaranca capitaneó en esta ciudad una de las primeras rebeliones indígenas contra la autoridad colonial.

ción, como la implantación de la energía eléctrica y de cinco fábricas textiles financiadas exclusivamente por el capital local; se registraron además excedentes en la agricultura y el comercio. Surgió así una pequeña pero activa burguesía industrial, que fundó fábricas textiles y molinos de cilindros para la elaboración de harinas. En 1896 llegó el telégrafo, el primer automóvil circuló en la ciudad hacia 1917 y, sobre todo, llegó el ferrocarril en 1908, marcando el fin del aislamiento del Cusco, ya que quedaba así unido a la costa y el océano.

Fue asimismo importante en esta etapa el descubrimiento de Machu Picchu por parte del explorador estadounidense Hiram Bingham, acontecimiento que tuvo lugar el 24 de julio de 1911 y que marcó el inicio del interés de los cusqueños por el pasado prehispánico. Por otra parte, la presencia del profesor estadounidense Alberto Giesecke originó la renovación académica de la Universidad Nacional de San Antonio Abad del Cusco, a partir de la introducción del pragmatismo de William James y del renovado interés por la realidad local, que dio impulso al auge de este centro de estudios superiores. Así, entre 1911 y 1930 floreció la ideología indigenista, que desde el Cusco llegó a Lima e influyó notoriamente en la mentalidad de los peruanos del siglo XX.

Modernización desde 1950

Hacia 1930 el Cusco completó su integración por vía terrestre al territorio nacional; hacia mediados de esa década, la aviación, tras los vuelos experimentales de Rolandi y Velasco Astete, se estableció firmemente como medio de comunicación con el resto del país.

La modernización social relativa empezó tras el terremoto de 1950, con el afán reconstructor de la ciudad y la región. Por primera vez en el ciclo republicano, el Estado invirtió importantes sumas de dinero en el desarrollo de la región. La reconstrucción cambió la fisonomía urbana del Cusco, dinamizó su economía y produjo inversiones en los sectores de la energía y la industria, tales como la central hidroeléctrica de Machu Picchu, la fábrica de fertilizantes de Cachimayo o la expansión de la importante industria cervecera de la región.

En el campo persistieron las relaciones precapitalistas, arraigadas en una producción para la simple subsistencia. Pero la introducción del cultivo del café en el valle del río Urubamba, en la

Panorámica actual de Cusco. Una vez sofocada la amenaza terrorista, la ciudad ha vuelto a ser una de las grandes atracciones del país tanto para el turismo nacional como para el extranjero.

Las alturas del departamento de Arequipa, y especialmente el valle del Colca (en la fotografía) son zonas de importante concentración de camélidos y de explotación lanera.

zona subtropical, trajo como consecuencia la rebelión de los campesinos que luchaban por la tierra y el salario. Esto modificó —a través de un rápido proceso de sindicalización campesina— las relaciones tradicionales de trabajo precapitalista. Más tarde, la reforma agraria de 1969 cambió la estructura rural, expropiando las haciendas y organizando cooperativas de campesinos y sociedades agrícolas de interés social. La rebelión campesina de 1956-1964 fue el antecedente histórico de la reforma agraria en el Cusco y en el Perú.

Desarrollo del turismo

Entre 1970 y los últimos años del siglo XX Cusco ha desarrollado una infraestructura para el turismo compuesta de cerca de trescientos hoteles y hostales, convirtiéndose en el centro de la actividad turística nacional.

El siglo XX ha marcado también el crecimiento demográfico, pues la ciudad de Cusco tenía 13,000 habitantes a principios de siglo y a finales del mismo suma 280,000 pobladores, en tanto el departamento alcanza a 1'045,000 habitantes.

Es un claro caso de recuperación poblacional y explosión demográfica, que ha ocasionado también migración a las grandes ciudades y a la costa. El descubrimiento, en 1986, de un rico yacimiento de gas y petróleo en el río Camisea, al norte del departamento del Cusco, marca también, con el arribo de la inversión extranjera, la creación de un gran centro de producción eléctrica y la exploración de la selva norte del departamento.

Arequipa

La ciudad de Arequipa fue fundada por Garci Manuel de Carbajal en 1540. En ella se asentaron poderosos encomenderos e hidalgos españoles, que conformaron una sociedad conservadora, muy católica, que edificó la ciudad con piedras blancas de origen volcánico —el famoso «sillar»— dándole un aspecto muy sugestivo, rodeada toda ella de una campiña verde y pródiga. Durante la Colonia, Arequipa exportó vinos, aguardientes de uva y aceitunas al gran mercado de Potosí, y se articuló dentro de esta zona como proveedora de la riquísima mina colonial.

Tras la Independencia, se asentaron en la ciudad de Arequipa algunas decenas de mercaderes ingleses, que empezaron a comerciar con la lana del altiplano, tanto puneño como cusqueño. Establecieron en Arequipa el gran centro de exportación de la lana de ovino y de la fibra de alpaca hacia Inglaterra, al mismo tiempo que importaban e introducían tejidos ingleses. El puerto principal para este comercio fue Islay.

Así, a lo largo del siglo XIX y hasta muy avanzado el siglo XX —hasta 1940— se articuló el llamado circuito lanero que dinamizó la economía arequipeña y sustentó el bienestar de sus habitantes. Hacia 1920, los arequipeños comenzaron a

Plaza de Armas de Arequipa, al pie del volcán Misti. Sus arquerías renacentistas y el interior de su catedral, de inspiración barroca, hacen de esta ciudad una de las más atractivas de Perú.

comprar haciendas en Puno, mejoraron las razas de ovinos y cercaron los pastos, contribuyendo a la modernización tecnológica del altiplano.

La segunda ciudad del país

En el aspecto político, Arequipa fue, durante el siglo XIX y hasta 1950, la «ciudad caudillo», en la que se gestaron las principales revoluciones y golpes de Estado. A lo largo de la historia republicana, en 1858 y 1864 se rebeló contra el gobierno nacional, y en el siglo XX desempeñó un papel destacado contra los presidentes Augusto B. Leguía (en 1930), José Luis Bustamante y Rivero (en 1948) y Manuel A. Odría (en 1950). El valor y civismo de sus habitantes se hicieron proverbiales, y a ello contribuyó el hecho de que la universidad arequipeña de San Agustín se constituyera en uno de los grandes centros de estudio del Derecho en territorio peruano.

En la actualidad Arequipa es un núcleo industrial y ganadero; en su parque industrial se asientan numerosas empresas, entre ellas las del poderoso ramo cervecero; cuenta con una ganadería que se dedica a la producción de leche y de enlatados de este producto. Capitales arequipeños han realizado inversiones también en Lima, Cusco y otras ciudades. Arequipa es la segunda ciudad de Perú, con 650,000 habitantes. El mestizo arequipeño, sobre todo el agricultor, tiene fama de ser uno de los más laboriosos y emprendedores del Perú actual.

Puno

El departamento de Puno está constituido principalmente por el altiplano andino, una meseta muy elevada, en la que se halla el Titicaca, el lago navegable más alto del mundo, a 3,814 m sobre el nivel del mar. En sus llanuras y hoyadas predomina la planta andina denominada paja o «ichu», que sirve de alimento para el ganado.

Puno fue desde tiempos prehispánicos una región predominantemente ganadera, y aún lo es. Antes de que los incas conquistaran el altiplano, en ella se estableció el reino Lupaca, en la margen occidental del lago Titicaca, región muy rica en rebaños de llamas y alpacas, cuya lana sus habitantes convertían en primorosos tejidos. Según una de las más populares leyendas andinas, el lago Titicaca, en concreto la Isla del Sol, se considera

Los Uros, isla del lago Titicaca, en el departamento de Puno. Su población, de origen aymara, conserva aún tradiciones milenarias, como la práctica del trueque.

el lugar de origen de los fundadores del Imperio Incaico, Manco Cápac y Mama Ocllo.

Después de la Conquista española, sobre todo en el siglo XVII, Puno fue un gran centro minero, tras el descubrimiento por parte de los Salcedo de la gran mina de Laicacota. Esto los convirtió en hombres muy ricos y poderosos; tanto que llegaron a desafiar al virrey del Perú, el conde de Lemos. Éste marchó al Altiplano con un ejército y logró someterlos después de encarnizada lucha, condenando y ejecutando a los rebeldes. Pero esta victoria tuvo un alto coste, pues se perdieron las vetas de plata, o fueron anegadas por los vencidos.

En el siglo XVIII el altiplano puneño sufrió los efectos de la gran rebelión de José Gabriel Condorconqui, Túpac Amaru II, y de su primo Diego Cristóbal Túpac Amaru. Este último lo ocupó como zona liberada durante cerca de un año. La ocupación desembocó en una situación devastadora, pues los rebeldes destruyeron las minas, desmantelaron las haciendas y las majadas de ovinos y camélidos sudamericanos, ejecutando una política de tierra arrasada.

Consecuencias del auge lanero

La llegada del ferrocarril al altiplano, hacia 1872, fue un suceso fundamental, porque marcó el inicio de las comunicaciones y sustituyó la antigua feria colonial de Vilque, donde se comerciaba la lana, por el mercadeo en las estaciones ferroviarias, a la vera del ferrocarril del sur.

El auge de la producción lanera produjo un impacto social en el altiplano puneño: las haciendas comenzaron a expandirse mediante el empleo de ejércitos privados. Arrebataban las tierras de las comunidades indígenas y ampliaban sus pastos por el despojo de los territorios comunales. Como respuesta a esta agresión, comenzó un largo ciclo de rebeliones indígenas, que se extendió desde 1895 hasta 1930. Más de cincuenta levantamientos sacudieron la región, con un saldo de destrucción y muerte, mientras los terratenientes, aliados con las fuerzas militares del Estado, aplastaban a las frágiles escuadras de los indígenas. Las rebeliones más famosas se produjeron en las haciendas de San José, Jancoyo y Huancho.

Preponderancia de Juliaca

Hacia 1930 bajó el precio de la lana y de la fibra a causa de la gran depresión de Estados Unidos. Como alternativa, los terratenientes arequipeños, que ya habían penetrado en el altiplano mediante la compra de tierras, introdujeron mejoras tecnológicas tales como el cercado de los pastos con alambre de púas, un manejo más racional de los recursos, y la explotación de nuevas especies mejoradas de ganado ovino y vacuno. La situación social se tranquilizó, con el fin de las rebeliones y el desarrollo capitalista de las haciendas.

Impacto de la reforma agraria en Puno

El último período de la historia puneña corresponde a un fenómeno rural de carácter social: la introducción de la reforma agraria, hacia 1965, y el surgimiento de un gran centro comercial en la ciudad de Juliaca, que se convirtió en el motor que impulsa la economía de la región. La reforma agraria de 1965-1969 cambió radicalmente el campo puneño, mediante la expropiación de las haciendas, la supresión de las relaciones de trabajo precapitalistas y la organización de cooperativas agrarias de gran dimensión territorial. Sin embargo, el campesinado quedó descontento, pues no se sentía, realmente, dueño de esos entes colectivos que, por lo demás, lo beneficiaban muy poco. En el altiplano puneño la reforma agraria significó asimismo el desplome de la producción agrícola y la descapitalización de las haciendas ganaderas, cuyos rebaños fueron vendidos a precio vil para salvar algo de la inminente expropiación.

Juliaca, con una gran fábrica de cemento, y como centro intermediario del comercio de lanas, fibras y productos manufacturados importados, se convirtió en la capital económica del altiplano, y también en la política, por la aparición de partidos regionales como el Frente Nacional de Trabajadores y Campesinos (FRENATRACA), que dominaron el electorado puneño durante largos años.

Loreto

Loreto es el departamento más grande del territorio peruano: supera los 300,000 km^2 de extensión. Creada como departamento en 1861, en 1988 fue erigida, además, en Región Amazonas, nombre que poco después se cambió por el de Loreto. Antes de la creación del departamento de Ucayali, en 1980, Loreto comprendía casi toda la Amazonia peruana. Geográficamente corresponde a la pluviselva tropical, llano amazónico situado en gran parte a menos de 200 m de altitud sobre el nivel del mar; se trata del trópico hiperhúmedo cubierto de bosques y surcado por innumerables ríos, que se multiplican en meandros, ramales y lagos selváticos.

Desde el inicio de la explotación del caucho, la selva amazónica ha sufrido importantes trastornos ecológicos, como la tala indiscriminada de sus árboles y la contaminación de sus ríos.

Julio C. Tello consideraba la selva tropical como el origen de la cultura peruana; en ella se desarrollaron tribus emparentadas con las del Caribe y las del Arawac, conformando decenas de etnias con lenguajes diferentes pero con semejantes formas de adaptación: fueron cazadores, pescadores y recolectores en comunión con la naturaleza. Esto se vio favorecido por el hecho de que la pluviselva tropical es una de las zonas del planeta más ricas en especies vegetales y animales.

Los españoles penetraron en la selva amazónica en busca del mítico El Dorado, imaginando regiones ricas en oro y en especias tales como la canela. Una de las primeras expediciones españolas que se internaron en la selva tropical fue la de Gonzalo Pizarro y Francisco de Orellana; partieron del Cusco y, por la vía de Quito y el río Coca, se adentraron en el territorio de Mainas, hoy Loreto. Mientras Francisco de Orellana descubría el río Amazonas el 12 de febrero de 1542, Gonzalo Pizarro y su expedición, vencidos por el clima y las enfermedades, emprendían su desastroso retorno a Quito. Otro español que incursionó por la Amazonia fue Pedro de Candia, quien anduvo por las zonas de Sandia y Carabaya en pos de minas de oro.

La era del caucho

Hacia 1880 el despegue de la industria del automotor en Europa y Estados Unidos trajo aparejada la demanda de un producto amazónico nuevo, el caucho, indispensable para la fabricación de neumáticos. Comenzó así una etapa febril, que se

La expulsión de los jesuitas

Durante la época colonial, Loreto fue explorado por misioneros franciscanos del convento de Ocopa, en la sierra Central, y jesuitas que se internaban hacia el oriente, desde la Audiencia de Quito. Mientras tanto, la selva del sur, sobre todo la situada entre Cusco y Madre de Dios, era la más importante productora de la coca que se llevaba a Potosí. Este producto resultaba indispensable para el trabajo de los mineros indios del yacimiento de plata. A finales del siglo XVIII la Amazonia fue escenario de un hecho trascendental: los jesuitas fueron expulsados por el rey de España y, por tanto, las misiones quedaron abandonadas; el lugar de los jesuitas lo ocuparon los franciscanos de Ocopa. Además, los selvícolas se tornaron agresivos y protagonizaron sublevaciones y guerras con el fin de recuperar aquel territorio que había sido en parte colonizado por los blancos. Este retroceso de la colonización en el este se amplió a toda la Amazonia. Al mismo tiempo, las invasiones portuguesas —que venían desde el océano Atlántico remontando el río Amazonas— se unieron a las numerosas epidemias para diezmar a la población indígena y a los pocos colonizadores que quedaban en la región. La Amazonia se despobló; numerosas zonas pasaron a figurar en los mapas como tierras desconocidas.

prolongaría durante 35 años y que pasó a la historia con el nombre de «era del caucho».

La era del caucho originó cambios muy importantes en Loreto. La región fue explorada por peruanos y extranjeros en toda su extensión, impulsados por la fiebre económica, pues el caucho había alcanzado un altísimo precio internacional: nada menos que una libra esterlina el kilo.

La nueva coyuntura creada por el mercado internacional hizo que los caucheros comenzaran a explotar la Amazonia extrayendo miles de toneladas del rico producto, que se exportaban por el puerto de Iquitos, cuya aduana fue en un tiempo la más rica de Perú: en 1907, el 22 por ciento de las exportaciones peruanas eran de caucho, y alcanzaron el 30 por ciento en 1910.

Calle céntrica de Iquitos, ciudad que se desarrolló en la época del caucho. En la actualidad concentra la actividad industrial y comercial del departamento de Loreto.

El caucho acarreó, además, otras consecuencias, como la explotación de los indígenas selvícolas, la explosión de nuevas enfermedades epidémicas y el genocidio de algunas etnias amazónicas que se negaban a la explotación de su territorio, sobre todo en la zona del río Putumayo. Al calor de esta repentina riqueza, la Amazonia se integró definitivamente en el Perú; surgió una ciudad republicana como Iquitos, con más de 38,000 habitantes, a la que llegaban materiales de construcción de Europa, alimentos de Estados Unidos e Inglaterra, y en donde el dinero corría a raudales, convirtiéndola en un enclave económico de increíble prosperidad.

Pero en 1915 —con el ingreso al mercado mundial del caucho de Malaca y Java, cultivado científicamente y con rendimientos superiores al amazónico, que era silvestre— la era del caucho tocó a su fin, casi tan repentino e inesperado como lo había sido su nacimiento. Con el derrumbe de los precios llegó una época de recesión que se extendió a lo largo de treinta años.

Ciclos económicos de Loreto

La historia económica de Loreto está marcada por ciclos coyunturales, señalados por el auge de algún producto en particular, vinculado con su rica y variada flora y fauna. Entre 1940 y 1950 fue el barbasco o cube, planta silvestre de la que se extraen sustancias insecticidas; entre 1950 y 1960 fue el palo de rosa, utilizado como materia prima en la elaboración de perfumes; y entre 1960 y

1970 los animales domésticos y ornamentales como peces, loros y monos. Entre 1970 y 1980 llegó otro inesperado *boom*: el del petróleo amazónico, con el descubrimiento de yacimientos y la construcción del oleoducto norperuano. A partir de 1980, la coca y su cultivo ilegal, en la zona del río Huallaga, vinieron a establecer un nuevo ciclo en la historia económica de la Amazonia que se mantiene, con altibajos, hasta la fecha.

Piura

El actual departamento de Piura fue el centro de la cultura norteña, llamada Vicús, más antigua que la Inca. Luego constituyó el reino de los tallanes y la etnia matriarcal de las capullanas.

San Miguel de Piura, fundada por Francisco Pizarro hacia 1533, fue la primera ciudad de creación española en territorio peruano. La región, que en gran parte está ocupada por el desierto de Sechura, tuvo importancia secundaria durante el virreinato como productora de caña de azúcar y algodón. El despegue de Piura en época contemporánea ocurrió a finales del siglo XIX, cuando se perforó el primer pozo de petróleo en Amotape y la London Pacific emprendió una intensa explotación de los yacimientos. Nació así para Piura un rico ciclo productivo, siendo el primer y único productor de petróleo en Perú hasta 1976. Las zonas petrolíferas se sitúan en La Brea y Pariñas, Lobitos y Talara.

Paralelamente, la agricultura piurana se modernizó mediante el ingreso de las modernas tecnologías y las mejorías en las fuentes de regadío, tales como la irrigación de San Lorenzo hacia 1950. Se introdujo una variedad del algodón desértico, de fibra larga —variedad llamada Pima—, con lo que este departamento se convirtió en el gran productor de algodón de Perú. La reforma de 1969-1975 cambió la estructura agraria, suprimiendo las haciendas y el latifundio e introduciendo las cooperativas y la pequeña propiedad.

En 1925, 1983 y 1998 Piura sufrió la agresión de los fenómenos El Niño extraordinarios que provocaron grandes precipitaciones e inundaciones. Las infraestructuras de canales, carreteras y agua potable sufrieron grandes daños.

Lambayeque y La Libertad

El área que hoy ocupan los departamentos de Lambayeque y La Libertad fue el centro de expansión de la cultura Mochica, famosa por su refinamiento y el desarrollo de sus artes. Cerámica, orfebrería y artesanía de plumas, sobre todo, alcanzaron un progreso y una belleza artística que hicieron de esta cultura —que se desarrolló aproximadamente entre el 100 a.C. y el 700 d.C.— el centro más importante de producción artística en el Perú prehispánico. Una de sus expresiones más importantes se encuentra en las excavaciones realizadas en Sipán en 1986-1987.

La extracción de petróleo en la Amazonia, departamento de Loreto, se concentra en las cuencas del Marañón y Napo, por donde pasa el oleoducto que transporta el crudo hacia la costa.

Las tierras labrantías de los departamentos de Lambayeque y La Libertad son las más ricas de Perú y en ellas floreció la industria de la caña de azúcar, creándose enormes ingenios azucareros, que producían para el mercado local y para la exportación. Las técnicas agrícolas y de productividad eran de las más avanzadas del mundo, y convirtieron a Perú en un gran exportador de azúcar. La reforma agraria de 1969-1975 expropió todos los latifundios y haciendas azucareras, estableciendo cooperativas de producción agrícola. Pero, debido al mal manejo gerencial y a errores en la explotación de las tierras, la producción decayó y las cooperativas se convirtieron en una carga para el Estado y la sociedad. En la actualidad dichos predios rurales están en proceso de modernización y privatización, y buena parte de sus tierras ha sido dedicada a nuevos cultivos de exportación, como espárragos, frutas y productos hortícolas.

En la década de 1990, Trujillo, capital del departamento de La Libertad, ha empezado a convertirse en un centro industrial y turístico, contando entre otros con el atractivo de los famosos festivales de la primavera y de la marinera.

Unidad minera estatal de La Oroya. Fue pionera en la refinación y fundición de minerales; en la actualidad constituye uno de los más graves problemas ecológicos del país.

Junín

El departamento de Junín y su área de influencia en la sierra central de Perú constituyen una región articulada en torno a la explotación minera y al circuito comercial liderado por la ciudad de Huancayo.

En la época prehispánica, Junín fue territorio de los huancas, un grupo étnico casi independiente conquistado luego por los incas del Cusco, aunque siempre mantuvo la bandera de la rebeldía. Durante la Conquista española, los huancas colaboraron eficazmente con las tropas de Pizarro, proveyéndolas de alimentos, vituallas y porteadores indígenas, además de constituir ejércitos aliados. Tras la rebelión de Manco Inca, los huancas lucharon contra los cusqueños y vieron cómo éstos arrasaban sus tierras. En premio a su fidelidad, los gobernantes españoles les otorgaron un estatus especial: los liberaron del tributo y respetaron su organización agraria comunal, razón por la cual en la zona huanca no se crearon haciendas y latifundios hasta el siglo XIX.

En los siglos XIX y XX el valle del río Mantaro, corazón de la región huanca, se convirtió en el centro de la producción alimentaria que abastecía a Lima. Durante la guerra con Chile, entre 1881 y 1883, esta región fue el teatro de operaciones de la campaña de la breña, cuando grupos de indígenas capitaneados por el general Andrés Avelino Cáceres contuvieron a las fuerzas chilenas mediante una acertada estrategia de guerra de guerrillas.

A partir de la primera década del siglo XX, tras el arribo del ferrocarril central a Huancayo (en 1908) y su posterior extensión hasta Cerro de Pasco y Huancavelica, se produjo el despegue minero de Junín. Éste contó con inversionistas nacionales, pero sobre todo con el capital estadounidense, invertido en la gran refinería de La Oroya. Junín y su área de influencia pasaron a ser grandes productores de cobre, plata, zinc, plomo y vanadio, entre otros minerales.

La compañía minera Cerro de Pasco Corporation logró establecer además un gran complejo ganadero en la sierra central, concentrando tierras de las haciendas que habían sido perjudicadas en su ecología por los humos de las refinerías. Este enorme latifundio fue expropiado en 1970 en ocasión de la reforma agraria. En la actualidad, Huancayo constituye el gran centro comercial de la sierra central.

La sociedad

Rasgos de la sociedad peruana

El agro: reformas y crisis

Migración interna y vida urbana

La mujer y el niño

Las religiones

Aún hoy se encuentran en el Perú costumbres heredadas del incanato, como la minka *o trabajo comunitario. En la imagen, comida en grupo durante el descanso de la* minka.

Rasgos de la sociedad peruana

Al igual que otras sociedades de América Latina y del llamado Tercer Mundo, la sociedad peruana se define por las formas históricamente específicas en que se entretejen y configuran sus relaciones sociales básicas. Las más serias y actuales investigaciones científico-sociales, como las del destacado sociólogo peruano Aníbal Quijano, han remarcado que esta estructura social, caracterizada por su heterogeneidad histórico-estructural, se constituyó en el proceso que condujo a la formación del mundo colonial y a la constitución del orden mundial que hasta hoy engloba al planeta entero.

Jóvenes limeños. La sociedad peruana está inmersa en profundas transformaciones y cambios.

La colonialidad del poder en la sociedad peruana

Este proceso dio lugar a una estructura social novedosa. En primer lugar, en este mismo escenario y momento histórico, se articularon diversas relaciones sociales, como las de la esclavitud, la servidumbre, la reciprocidad comunal, el salario y la producción mercantil, que, para la experiencia europea, se supone que habían sido sucesivas en el tiempo. Aquí, todas ellas aparecieron articuladas en torno al emergente capitalismo y a su mercado mundial, configurando una compleja estructura de poder que nace insertada como parte constitutiva del sistema internacional que también entonces comenzaba a emerger.

En segundo lugar, esta nueva estructura de poder social, implicó no tan sólo la subordinación de las culturas aborígenes a las europeas, sino que supuso una reorganización de sus pautas culturales, las cuales, a su vez, fueron colocadas bajo los patrones coloniales. Ello implicaría que la relación jerárquica y de discriminación entre lo europeo y lo no europeo, entre lo blanco y lo no blanco, generase una serie de nuevas identidades sociales, como las de «indio», «negro», «mestizo», etcétera, y que, finalmente, esa discriminación jerárquica se constituyera como elemento fundamental de la propia subjetividad colectiva.

De esta forma se constituyó una matriz societal básica, definida por la colonialidad del poder, vale decir, una estructura de poder social que articula a la heterogeneidad de las relaciones sociales de producción, formas de trabajo y de explotación, con las relaciones de desigualdad, de exclusión, de prejuicios raciales entre lo blanco-europeo y lo no-blanco, o sea, lo «indio», lo «negro» y lo «mestizo».

La sociedad peruana «oligárquica»

Hasta la década de 1950, la forma organizativa de la sociedad peruana se caracterizaba por tres rasgos principales: una estructura económica muy compleja y articulada en torno a distintas relaciones sociales de producción; una compleja matriz cultural marcada por la discriminación racial; y una estructura estatal caracterizada por un alto nivel de concentración del poder económico y social, ejercido por una elite minoritaria. A esta forma de organización social y política se la conoció como «sociedad oligárquica».

Hasta la primera mitad del siglo XX, la peruana era una sociedad eminentemente rural, pues contaba con una mayoritaria población campesina. Esta población era sumamente heterogénea en función de su ubicación geográfica y de su in-

El gamonalismo

El gamonalismo invalida inevitablemente toda ley u ordenanza de protección indígena. El hacendado, el latifundista, es un señor feudal. Contra su autoridad, sufragada por el ambiente y el hábito, es impotente la ley escrita. El trabajo gratuito está prohibido por la ley y, sin embargo, el trabajo gratuito, y aun el trabajo forzado, sobreviven en el latifundio. El juez, el subprefecto, el comisario, el maestro, el recaudador, están enfeudados a la gran propiedad. La ley no puede prevalecer contra los gamonales. El funcionario que se obstinase en imponerla, sería abandonado y sacrificado por el poder central, cerca del cual son siempre omnipotentes las influencias del gamonalismo, que actúan directamente o a través del parlamento, por una y otra vía con la misma eficacia.

José Carlos Mariátegui,
Siete Ensayos de Interpretación de la Realidad Peruana

El problema de la tierra

El carácter individualista de la legislación de la República favoreció incuestionablemente en sus inicios, la absorción de la propiedad indígena por el latifundio. La situación del indio, a este respecto, estaba contemplada con mayor realismo por la legislación española. Pero la reforma jurídica no tuvo más valor práctico que la reforma administrativa, frente a un feudalismo intacto en su estructura económica. La apropiación de la mayor parte de la propiedad comunal e individual indígena estaba ya cumplida.

La experiencia de todos los países que han salido de su evo feudal, nos demuestra, por otra parte, que sin la disolución del feudo no ha podido funcionar, en ninguna parte, un derecho liberal.

José Carlos Mariátegui,
Siete Ensayos de Interpretación de la Realidad Peruana

serción en determinadas relaciones productivas. En la costa, gran parte de los campesinos trabajaban en las haciendas agroindustriales, generadoras de productos para la exportación y el mercado internacional; otros, menos numerosos, eran pequeños campesinos parceleros llamados «yanacones», y los menos eran virtualmente campesinos «arrendatarios», aunque muchos de ellos seguían aún sometidos a prestaciones de tipo servil en las grandes haciendas aledañas a las ciudades.

En los Andes del sur, una vasta población indígena se encontraba bajo una total sujeción señorial de tipo casi «feudal» y dependiendo de latifundistas o «gamonales». A lo largo de los Andes centrales y del norte podía ubicarse un campesinado libre que vivía bajo el régimen de la superviviente «comunidad» andina, pero también podían encontrarse pequeños campesinos parceleros libres, que en su mayoría migraban según las estaciones para trabajar en la minería de la sierra o en la industria, agraria o urbana, de la costa. De esta manera, la composición de la población campesina del país se correspondía con la compleja heterogeneidad estructural de la sociedad peruana.

Modernización social

Hasta antes de la década de 1950, el Perú era un país relativamente fragmentado en diversas regiones, con escasas relaciones de intercambio y comunicación y en cuyo vértice se ubicada el centralismo de Lima, como lo señala otro destacado sociólogo, Sinesio López.

A partir de la segunda posguerra mundial, la sociedad peruana ingresó a un período de profundas transformaciones y de cambios sociales. Desde la década de 1950, se desarrolló una política económica basada en el aumento y la diversificación de los sectores productivos destinados a la exportación de materias primas. En paralelo, se inició un proceso acelerado de industrialización dependiente, debido, fundamentalmente, al considerable incremento registrado en el flujo de inversiones por parte de empresas estadounidenses.

Aparecieron nuevas modalidades de penetración del capitalismo en actividades industriales, comerciales y financieras, además de nuevas inversiones en la minería.

Es durante este período que la sociedad peruana comenzó a sufrir profundas modificaciones

Las variaciones en la estructura económica y social después de la segunda posguerra generaron cambios explosivos en el mapa demográfico. Arriba, el Jirón de la Unión, en Lima.

acompañadas de un incipiente desarrollo del mercado interno. También en esos años empezaron a hacerse más densos y frecuentes los intercambios entre las diversas regiones y se desarrollaron los medios de comunicación. A la par, emergió un veloz proceso de urbanización que se expresó en una intensificación de las migraciones internas, en el crecimiento de dichos medios de comunicación, en el desarrollo vertiginoso de las ciudades y en la relativa configuración de un sistema urbano nacional.

El acelerado proceso de urbanización puso en evidencia uno de los fenómenos más visibles y espectaculares de los cambios que ha experimentado la sociedad peruana.

Recomposición de la estructura social

Estos procesos de transformación llevaron a una alteración y reconfiguración de las clases y grupos sociales. En el interior de la elite agroexportadora, ciertos grupos y sectores diversificaron sus intereses dando origen a una elite industrial. Los terratenientes señoriales se han ido reduciendo debido a la lucha campesina o al traslado de sus bienes hacia los sectores urbanos. El proceso de ampliación de las actividades estatales y la industrialización dependiente ha implicado la expansión de las clases medias. El proletariado, tanto urbano como minero, se ha expandido numéricamente y organizado para defender sus intereses constituyendo nuevos sindicatos.

La desaparición de las relaciones serviles

El deterioro del sector agrario tradicional es creciente y se debilita profundamente el latifundio precapitalista. Las relaciones productivas y de dominación social de tipo servil y semi-servil en el agro empiezan a caducar y son rechazadas por una amplia movilización del campesinado, fundamentalmente el andino. Al mismo tiempo, la economía campesina-comunal se fortalece debido al desarrollo del mercado interno e intenta ligarse a la economía nacional, a través de circuitos regionales que comienzan a interconectarse de manera transversal con la costa y con las ciudades más importantes del país.

El agro: reformas y crisis

La hacienda azucarera Casa Grande constituyó la más clara muestra de latifundio en el país.

Los procesos de cambio y movilidad social anteriormente citados condujeron a la crisis del sistema social «oligárquico». Desde mediados de la década de 1960, las capas medias profesionales, la Iglesia, y posteriormente algunos sectores de las Fuerzas Armadas plantearon la necesidad de efectuar una importante serie de reformas en las estructuras sociales, económicas y políticas del país. En 1963 fue elegido presidente de la nación el arquitecto Fernando Belaúnde Terry, quien se postulaba como un decidido abanderado del cambio y la reforma. Sin embargo, las pugnas y los innumerables conflictos entre el poder ejecutivo y el legislativo condujeron a una honda crisis del sistema político peruano.

Surgimiento del gobierno militar reformista

La crisis política de mediados de los años sesenta trajo como desenlace, en 1968, la emergencia de un gobierno militar conducido por el general Juan Velasco Alvarado. El proyecto velasquista, a través de un conjunto de reformas estructurales de carácter antioligárquico y nacionalista, intentó homogeneizar las bases de la sociedad peruana y erradicar las relaciones serviles y semi-serviles en el agro, esto es, dar un sólido impulso a la modernización capitalista de la sociedad, bajo un proyecto centrado en la autogestión.

Las medidas adoptadas por el gobierno militar de Velasco Alvarado tuvieron fundamentales implicaciones para la estructura de poder social. En primer lugar, en la medida en que fueron eliminados la burguesía agroexportadora y los terratenientes rurales, las bases sociales del Estado comenzaron a ser reestructuradas. En segundo lugar, el Estado se convirtió en el vértice de una nueva asociación entre el capital de las empresas estatales y los capitales de las empresas privadas, nacionales e internacionales. En tercer lugar, el reformismo nacionalista de los militares se constituyó, de cierta forma, en el punto culminante del sinuoso proceso de democratización de la sociedad peruana, incorporando y reconociéndose la legitimidad de una serie de reinvindicaciones populares por parte del Estado.

Las reformas del agro

En 1969, el régimen militar promulgó una ley de Reforma Agraria en medio de un gran despliegue de fuerzas y de una insistente prédica agrarista. El gobierno empezó a expropiar las grandes plantaciones costeras bajo el control de la elite agroindustrial y dio paso a la formación de las denominadas Cooperativas Agrarias de Producción (CAP), unidades económicas autogestionadas por los trabajadores agrarios.

De igual manera, se expropiaron los grandes latifundios ganaderos de la sierra bajo el control de los «gamonales» y se crearon las llamadas Sociedades Agrícolas de Interés Social (SAIS), como unidades semicooperativas conducidas por los campesinos antes bajo el régimen servil. Legalmente, se adjudicó la tierra a las Comunidades Campesinas; se crearon, exprofeso, Grupos Campesinos configurados por pequeños labradores dispersos, a quienes también se les adjudicó la tierra y, finalmente, se mantuvo a una mediana y pequeña burguesía rural. Es así como comenzó a configurarse una nueva estructura económica e institucional en el agro peruano.

La adjudicación de tierras de la Reforma Agraria se inició en 1972 en las haciendas de la costa,

Cooperativa Agraria de Producción (CAP) en el valle del Colca. Estas unidades nacieron con las reformas introducidas por Velasco Alvarado dentro de un proyecto de autogestión.

y se generalizó en 1974 en la sierra. En sus inicios, la adjudicación se efectuó a través de cooperativas en las que el Estado ejerció un control total, a pesar de que formalmente la propiedad pertenecía a los trabajadores-socios o cooperativistas. Esta contradicción entre el Estado y los nuevos dueños desembocó en un grave conflicto en el campo y provocó que gran parte de los beneficiarios, frustrados por la falta de rendimiento económico y asfixiados por el control estatal, canalizaran su insatisfacción plegándose a los grupos de oposición. Con el objeto de controlar la presión social, el régimen militar dispuso en 1974 la creación de la Confederación Nacional Agraria (CNA), como única organización representativa del agro. Ésta, luego de identificarse políticamente con la estructura del Estado en el agro, pasó a la oposición en 1976, por lo que fue disuelta en 1979.

Fracasado el intento de controlar al campesinado por las contradicciones entre Estado y proletariado agrícola, y también por el carácter subordinado de los beneficiarios, se hizo manifiesta la incapacidad del gobierno militar para cosechar el apoyo político suficiente para la reforma. Dicha incapacidad derivaría en un aislamiento político del proyecto militar por parte de los sectores de derecha e izquierda, los cuales fueron reprimidos en varias ocasiones con el arma de la deportación.

Crisis agraria reformista

Sin embargo, apenas una década después, el supuesto nuevo orden estaba totalmente desdibujado. La Reforma Agraria se reveló como un conjunto de transformaciones, capaces de cancelar el antiguo régimen señorial y oligárquico pero incapaces de consolidar un nuevo orden. Ello se debió a la dependencia e injerencia del Estado en la conducción y administración de las CAP y SAIS, pero también a la crisis económica y política en la que se debatía el régimen velasquista, a mediados de la década de 1970. En efecto, la caída de los márgenes de ganancia en la economía internacional, los efectos de la revolución tecnológica y científica y el predominio de una estructura monopólica y transnacional, que colisionaba con las economías asentadas en los estrechos espacios nacionales, dieron lugar a una profunda crisis econó-

Cambio de manos

Antes de la Reforma Agraria, la tenencia de la tierra en la costa estaba mayormente a cargo de agricultores individuales, comunidades campesinas y grupos campesinos. Los primeros comprendían a los grandes terratenientes (más de 500 ha) y a los medianos y pequeños agricultores. Para dar una idea de la magnitud de esta problemática de tenencia y propiedad, basta decir que el 0.4 por ciento del total de unidades de producción (851,917) poseía casi el 76 por ciento de la superficie agropecuaria (14'063,694 ha). Con la puesta en marcha de la reforma agraria se logró que alrededor del 47 por ciento de las unidades de producción posean aproximadamente el 43 por ciento de la superficie agropecuaria.

José A. Estrada Ancajima,
La agricultura en la costa

mica mundial, cuyas consecuencias serán el colapso del proyecto social del régimen militar reformista, el surgimiento de una profunda crisis en el agro y un cambio importante en la vida y en la mentalidad del campesinado peruano.

Transición democrática

En un contexto marcado por la constante protesta social, miembros prominentes del gobierno militar forzaron un golpe de Estado, esta vez liderado por el general Francisco Morales Bermúdez, quien inició una tentativa de represión sobre los sectores populares organizados y se abocó a dar solución a la crisis económica. Ante la profundidad de esta crisis, y debido a las presiones externas (básicamente por la política estadounidense del presidente Jimmy Carter), y al igual que en todo el continente, plagado de gobiernos militares, se da inicio a un proceso de transición política encaminado a constituir un régimen democráticamente elegido, convocándose a una Asamblea Constituyente, la cual se reúne en el año 1978.

Crisis agraria democrática

Los dos regímenes civiles subsiguientes al militar, el del presidente Belaúnde Terry, en su segundo mandato, y luego el de Alan García Pérez, se vieron incapaces de enfrentar la crisis económica que, por el contrario, se vio agravada por factores internos y externos, recayendo sobre los hombros de los sectores más pobres del país. La crisis tendría su correlato en el deterioro del sistema político, abriéndose una nueva coyuntura pautada por una cruenta guerra interna, lo que acentuó la situación de crisis en el agro. La desatención y la ubicación de la economía agraria como sector económico subordinado conducirían a la desestructuración de la institucionalidad que recién emergía durante el gobierno militar.

Retorno del poder a la civilidad

Los frustrados intentos de reestructuración del aparato económico y social del Estado desgastaron a las Fuerzas Armadas, convirtiéndolas en el blanco del descontento de la opinión pública. Económicamente, la revolución había fracasado, ya que nunca el Perú había soportado una crisis mayor que la que vivía. En ese contexto, y en medio de una fuerte presión internacional, Francisco Morales Bermúdez hizo dos importantes anuncios en el mensaje del 28 de julio de 1977. El primero consistía en que, en el segundo semestre de 1978, se reuniría una nueva Asamblea Constituyente, mientras que el segundo era el compromiso de las Fuerzas Armadas de transferir indefectiblemente el poder a la civilidad el 28 de julio de 1980, justo tres años después.

La desestructuración institucional del agro

Durante la década de 1980, las dos administraciones democráticas tuvieron como objetivo explícito desmontar la Reforma Agraria iniciada en 1969 y considerada, por su diseño, como el factor explicativo del pausado desarrollo agrícola; sin embargo, las políticas agrarias de los dos gobiernos democráticos terminaron por acentuar la gravedad de la crisis del agro. Como resultado de las nuevas decisiones sobre política agraria se dio el hecho de que más de dos tercios de las Cooperativas Agrarias, consideradas los ejes del agro reformado, comenzasen a ser divididas gradualmente en pequeñas parcelas y a ser explotadas por cientos de familias campesinas independientes.

La crisis del agro peruano se agravó con el accionar de los grupos guerrilleros, ocasionando un éxodo rural de vastas dimensiones. En la imagen, cosecha de papas.

Las sociedades agrícolas de la sierra peruana fueron asediadas e invadidas por los propios campesinos-socios, así como también por los campesinos de las comunidades ubicadas en su entorno. Los empresarios de las medianas y pequeñas haciendas no lograron influir sobre los gobiernos democráticos para lograr políticas públicas a su favor. Finalmente, el agro se convirtió en el escenario privilegiado para la acción de grupos subversivos y se puso en marcha la consabida respuesta del Estado a través de la represión en las zonas de conflicto con la actuación de las Fuerzas Armadas y cuerpos policiales, hechos que provocaron un episodio de vasta migración de campesinos huyendo de las zonas atrapadas por la violencia.

Éxodo rural

Uno de los fenómenos sociales más importantes que se han producido en la sociedad peruana ha sido su intenso proceso de urbanización. Desde el censo nacional de 1940 hasta el censo nacional de 1993, el porcentaje de poblaciones rurales y urbanas del país prácticamente se ha invertido. La población rural ha disminuido desde el 60 por ciento hasta el 30 por ciento, mientras que la urbana ha aumentado del 40 por ciento al 70 por ciento. La mitad de esta población se encuentra asentada en Lima. Durante los últimos cuarenta años, la población de las distintas zonas rurales se ha venido desplazando de la sierra a la costa y, por tanto, la sociedad peruana actual se ha convertido básicamente en una sociedad urbana.

Migración interna y vida urbana

Uno de los elementos fundantes de la urbanización de la sociedad se encuentra, sin duda, en la vasta migración que significó el traslado de cientos de miles de seres humanos desde los sectores agrarios hacia las ciudades más importantes del país, fundamentalmente hacia la capital, Lima.

En términos urbanísticos, las ciudades han sido transformadas debido a la aparición de las llamadas barriadas o pueblos jóvenes, lugares precarios donde se asientan los migrantes campesinos y la población más pobre del estado. En efecto, el origen de las barriadas se halla tan íntimamente ligado al fenómeno de la migración interna que, según el Instituto Nacional de Estadística e Informática (INEI), en el año 1970 el 79 por ciento de los pobladores mayores de 15 años en las barriadas de Lima eran migrantes. De igual manera, si en 1970 el 20 por ciento de la población limeña vivía en las barriadas, en nuestros días se acepta que un tercio de aquélla vive en los pueblos jóvenes. La sociedad peruana contemporánea sería irreconocible sin este crucial fenómeno social.

Sin embargo, debe reconocerse que el escenario urbano peruano ha continuado caracterizándose por evidentes distinciones clasistas y por la continuidad de procesos de marginalización y exclusión en las ciudades. Si bien las barriadas agrupan a los migrantes más pobres —fundamentalmente de extracción campesina— también es cierto que, a lo largo del proceso de urbanización, las elites y las clases medias se han ido expandiendo hacia otros espacios urbanos caracterizados por una mayor y mejor calidad de los servicios públicos y colectivos.

El poco acceso a los servicios básicos es característico de los asentamientos de la periferia de Lima.

Vida urbana y cultura andina

Sin duda, una de las principales consecuencias de esta vasta ola migratoria ha sido la relativa transformación social y cultural de la vida urbana, antes criolla y tradicional, en una vida urbana que va alojando y asimilando la cultura mestiza y provinciana de origen andino.

Este proceso social y cultural se manifiesta en la construcción de viviendas y obras públicas. En los pueblos jóvenes y las barriadas, los migrantes recrean la antigua «minka», es decir, el trabajo colectivo heredado del tiempo del incario y que luego termina con el agasajo de los que participaron. Del mismo modo se manifiesta en la creación de innumerables «asociaciones» de migrantes o «clubs» departamentales, provinciales y hasta de distrito. En ellos se congregan los migrantes y sus familias para celebrar bautizos y bodas, cumpleaños y aniversarios, se hacen negocios y se encuentra ayuda en reciprocidad, sin por eso debilitar los vínculos de parentesco e identidad con el lugar de donde provienen.

Tal como era costumbre en el pueblo de origen, ahora, en la urbe, los migrantes se congregan en torno a sus fiestas folclóricas. Estas celebraciones se han convertido en un mecanismo de reproducción y consolidación de los lazos sociales que los unían en sus pueblos de origen.

Por ejemplo, el viejo sistema de «cargos» o «mayordomías», es decir, el hacerse cargo organizativa y económicamente de la fiesta patronal, se ha urbanizado pero sigue manteniendo su referencia de prestigio y de estatus. De igual modo, la música andina, en sus variados géneros y estilos regionales, se impone con fuerza en la capital. Sus compositores e intérpretes se dirigen a un público más vasto. El acceso creciente del migrante andino a la radio, la televisión, el disco y el cassette, así como la diversificación y la multiplicación de locales particulares, han terminado con la marginación de la música vernacular, anteriormente recluida en los oscuros «coliseos deportivos». Estas y otras innumerables expresiones de la cultura campesina ahora inmersas en el medio urbano van cambiando el rostro de las ciudades y no sólo de la capital limeña.

Crisis social

A pesar de los espacios sociales ganados por la cultura andina en estas últimas décadas, la sociedad peruana ha seguido atravesando una profunda crisis social. Dicha crisis parece conllevar una drástica reestructuración de su heterogénea matriz histórico-estructural. A estos cambios se les ha identificado como la crisis de la sociedad peruana postoligárquica.

En efecto, el proceso que parecía llevar a una mayor homogeneización y modernización capitalista de la sociedad, avanzó lo suficiente como para lograr la descomposición de las relaciones de servidumbre en el agro, pero, al mismo tiempo, ese mismo proceso estalló antes de dar lugar a los resultados que, en términos teóricos, debía haber dado lugar, es decir, a una sociedad homogéneamente capitalista. Por el contrario, la sociedad ha visto emerger otras relaciones sociales cuyas tendencias de constitución y sus instituciones van configurando un nuevo tejido social.

En la medida en que la población que migra hacia las ciudades no se ha «obrerizado», las relaciones de tipo capitalista, como la fábrica y el trabajo asalariado, en tanto instituciones sociales, no se han convertido en las mayoritarias dentro de la dimensión económica y material de la sociedad. Por el contrario, se asiste a un proceso de profundos alcances que los especialistas denominan «desindustrialización».

Del mismo modo, numerosas empresas, medianas y pequeñas, se han «informalizado», esto es, han comenzado a evadir las normas legales de la institucionalidad oficial, en busca de una mayor rentabilidad y ganancia, pero sobre la base de una estructura de trabajo precaria y muy inestable, con salarios reducidos y sin ningún tipo de seguridad social para sus trabajadores. Esto significa que las relaciones formales en el mundo productivo están bajo un intenso proceso de cambios y transformaciones profundas.

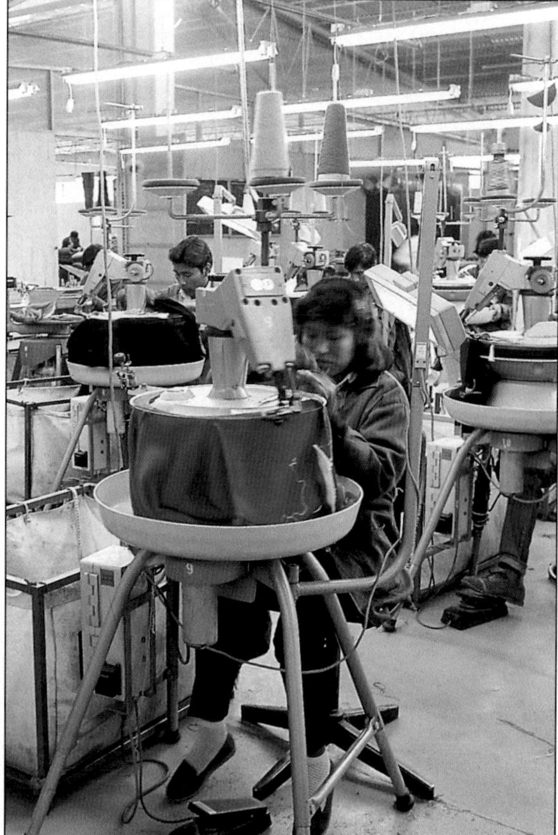

Industria textil en Arequipa. Las políticas de reestructuración económica aplicadas desde 1990 han anulado las formas de organización gremial de los trabajadores industriales.

Tendencias sociales de tipo étnico

Una importante consecuencia de los actuales cambios y procesos sociales ha sido la reaparición de los agrupamientos de tipo étnico. El campesinado andino —como ocurre en el caso de las comunidades aymaras de Puno, así como en las de la región de la selva— ha reforzado y tiende a consolidar su identidad cultural, reconociéndose en sus propios idiomas, símbolos, trayectorias histórico-culturales y reivindicando su derecho a regir su propia vida.

En la medida en que el agro ha atravesado por varias décadas de crisis, la migración interna ha continuado. Sin embargo, lo novedoso es que los migrantes de origen campesino no sólo no han perdido sus vínculos con sus lugares de origen, sino que es en las ciudades de destino donde, ahora, refuerzan su identificación cultural, reivindican su identidad quechua o aymara, y se articulan to-

Fiesta de la Virgen de la Asunta, en Yunguyo, cerca de Puno. Los migrantes se congregan en torno a sus fiestas como mecanismo de consolidación de los antiguos lazos.

mando como punto de referencia el poblado del que son originarios.

Este tipo de referente colectivo se proyecta como una forma de agrupamiento social que organiza no solamente su identidad cultural, sino que también la convierte en un referente para abordar los problemas de sobrevivencia y lograr asociarse en la producción económica y comercial. En ese sentido, las investigaciones sociales y antropológicas actuales refieren la existencia de «economías étnicas», caracterizadas por basarse en relaciones y recursos de tipo cultural.

Nuevas instituciones urbanas

La población asentada en el mundo urbano ha generalizado la creación de las llamadas organizaciones de sobrevivencia, como «comedores populares», «club de madres», «talleres autogestionados», etcétera. Estas instituciones han sido creadas para enfrentarse a la situación de extrema pobreza, ya que en ellas las madres de familia se reúnen para cocinar una «olla común», gestionar y distribuir donaciones de Organizaciones No Gubernamentales o efectuar actividades productivas que les rindan algún tipo de beneficio que pueda ser repartido entre todas.

Estas instituciones se fundan en relaciones sociales de tipo comunitario y de reciprocidad, articulándose en torno a relaciones étnicas y culturales, familiares y/o de parentesco, de compadrazgo y paisanaje, e incluso, de relaciones de género. Estas nuevas instituciones sociales, se caracterizan por su organización democrática y horizontal, por dotarse de un reglamento y una disciplina interna, los cuales son fundamentales para alcanzar sus fines. Estas nuevas relaciones e instituciones sociales se orientan prioritariamente hacia cuestiones más inmediatas y relacionadas con su vida cotidiana.

Reestructuración del mundo urbano

Los cambios en el orden internacional, es decir, los procesos de control de los recursos financieros y de producción que se están desarrollando a nivel mundial, así como también el desprestigio y la falta de representatividad de los precedentes gobiernos democrático-electorales, han determinado que en la mayoría de países de América Latina y, sobre todo, en la región andina y el Perú, se hayan constituido gobiernos que han venido aplicando políticas económicas de libre mercado o neoliberales, encaminadas a lograr la desregulari-

Los rápidos cambios sociales y económicos han transformado el estilo de vida y el patrón de consumo de la clase media. En la imagen, compra familiar en un supermercado de Lima.

zación y la internacionalización de la economía, la privatización de los bienes y las empresas del Estado y, finalmente, al cuestionamiento de toda organización potencialmente crítica. Estas medidas han tenido una directa consecuencia en la estructura social actual.

Modificaciones en la estructura social

Los cambios internacionales, la crisis económica y las actuales políticas públicas han conducido a una completa reestructuración del mundo urbano y han producido cambios en sus estructuras sociales, es decir, han provocado la virtual desintegración, parcial o total, de actores, agentes y grupos sociales básicos, que se habían constituido durante los procesos de modernización iniciados en el país durante la década de 1950.

La pobreza en el Perú no es un problema reciente. En 1970 un 50 por ciento de la población vivía en estado de pobreza. Veinte años después, la cifra bordeaba el 55.3 por ciento. La aplicación de determinadas medidas económicas como el llamado «ajuste estructural», aplicado en 1992, dio como resultado que el número de pobres creciera en siete millones de personas y que, por lo tanto, doce millones, lo que representa el 50 por ciento de la población peruana, fuese incluida en la categoría de «pobreza extrema».

La crisis económica irresuelta, la recesión, el desempleo masivo, la reducción de los ingresos, etcétera, son fenómenos que han situado a gran parte de la población trabajadora —sobre todo a los obreros industriales— fuera de sus anteriores relaciones de clase, es decir, los han colocado fuera de sus movimientos y de sus organizaciones gremiales y políticas, y los han ubicado fuera de una identidad social que, en muchos caso, estaba aún en fase de consolidación.

Las capas o clases medias, técnicas o profesionales, especialmente las asalariadas o de trabajo independiente, así como la empleocracia, casi han desaparecido, pues han visto reducidos sus niveles de vida, tanto en términos de ocupación, como de ingresos, formas de consumo, de educación, cultura, etcétera. Las capas medias han sido empujadas hacia la pobreza y su proletarización.

Las clases burguesas y capitalistas, si bien por el contrario han profundizado su identidad clasista, también han acentuado su articulación económica y reforzado su identificación con los patrones productivos, culturales y de consumo de las burguesías urbanas de los países más desarrollados.

Mural contra la violencia. Las actividades terroristas y la crisis económica han generado un importante incremento de la delincuencia en el país.

La polarización social expresada en la concentración de los ingresos en los niveles más altos y un deterioro de la vida cotidiana en los niveles bajos, ha llevado a la crisis de identidad social de una amplia parte de las poblaciones. En la medida en que se ha desplazado a la industria de su postulada función de eje articulatorio del engranaje económico, las relaciones entre capital-industrial y trabajo asalariado no son ahora determinantes en la configuración de los agrupamientos sociales, como lo eran hasta hace unos cuantos años atrás.

Esto no quiere decir que las clases hayan desaparecido, sino que parece haber entrado en crisis la identificación de tipo clasista y la propia idea de «clase social» como referencia de agrupamiento colectivo. Dada su profundidad, su magnitud y su duración de más de veinte años, esta crisis-transformación de la sociedad peruana ha implicado la modificación de la anterior estructura social. Se asiste, pues, en medio de la crisis y la reestructuración global de la sociedad peruana, a un cambio drástico de todo el escenario social precedente.

Cambios en el mundo del trabajo

Los cambios sociales que emergieron en la segunda parte del siglo XX han traído como consecuencia una profunda transformación del mundo del trabajo urbano. Este cambio fundamental se expresa en la emergencia de nuevas o reconfiguradas relaciones y actividades productivas, principalmente en el mundo urbano de los menos favorecidos. Estas relaciones son establecidas por los pobres para hacer frente a sus condiciones de precariedad, miseria, falta de empleo estable y a su imposibilidad de acceder a recursos sociales mínimos.

En efecto, un importante número de trabajadores se han visto precisados a utilizar una serie de recursos sumamente precarios para poder sobrevivir. Esto ha dado lugar a un conjunto de complejas y heterogéneas formas de producción, comercio, distribución, etcétera, con el consiguiente restablecimiento, ampliación y abultamiento de relaciones sociales basadas tanto en el trabajo personal independiente, como el de grupos familiares, parientes y paisanos. Todas estas actividades productivas y comerciales se orientan, definidamente, hacia la inserción en el mercado, ámbito privilegiado para la adquisición de bienes y recursos necesarios para mantener y reproducir la vida.

Estas nuevas relaciones sociales y actividades productivas han sido subsumidas bajo el rótulo de «economía informal urbana». Sin embargo, no se trata de una economía terciaria, de un simple crecimiento de los sectores económicos de comercio y de servicios, así como tampoco del crecimiento de un sector económico estrictamente delimita-

La economía informal engloba las nuevas relaciones sociales y actividades productivas surgidas de la transformación en el mundo del trabajo. En la imagen, un vendedor callejero en Piura.

do. Por el contrario, puede afirmarse que estas relaciones, aunque de manera muy inestable y fragmentaria, van constituyendo una nueva textura social. En estas condiciones de reconfiguración del mundo urbano, la llamada «informalidad» y la marginalidad social y productiva deben interpretarse como el surgimiento de un modo distinto de existencia social, urdido por unas nuevas relaciones económicas y entretejido por nuevas referencias de agrupamiento social.

Interrogantes sobre la sociedad peruana actual

El ingreso de la sociedad peruana a un tipo de organización colectiva cada vez más urbana no ha podido evitar las secuelas aparejadas con tal condición. Los índices de la criminalidad urbana —especialmente la juvenil— se han visto incrementados. La violencia es cada vez más publicitada debido al incremento de los medios masivos de comunicación social. Han aumentado el número de diarios, periódicos, revistas especializadas y de información, y ahora tienen un peso preponderante los medios de comunicación visuales, especialmente la televisión.

¿Una sociedad en transición?

Debido al intenso proceso de urbanización de la sociedad peruana y en el contexto de la crisis postoligárquica se ha venido reestructurando el mundo urbano; han emergido una serie de nuevas relaciones e instituciones sociales, la vida en las ciudades se reconfigura con la fuerte presencia e indiscutible influencia de la cultura andina, se aprecian profundas modificaciones en su estructura social y se han producido profundos cambios en el mundo del trabajo urbano.

Todo esto conduce a preguntarse si la sociedad peruana actual es o no una sociedad en proceso de transición.

Debido a la «desregulación» estatal de la sociedad y la economía, la sociedad peruana parece que empieza a ser regulada por las reglas «naturales» del mercado. En la medida en que el mercado no es solamente un ámbito económico, sino, ante todo, una relación de poder social, en la sociedad peruana actual las relaciones sociales que la configuran tienden a expresarse como una lucha competitiva entre todos sus miembros, ahora aislados y atomizados, debido a la virtual desintegración de la anterior estructura societal.

El poder social así constituido implica que la vida social no puede ser ya más mediada ni regulada por principios o normas morales y éticas como la solidaridad, la fraternidad y la búsqueda del bien colectivo, sino que el poder tiende a constituir una «sociedad obsesiva de mercado», es decir, una sociedad donde las relaciones sociales entre los individuos y grupos aparecen como meras relaciones de intercambio.

Las nuevas relaciones, los nuevos agrupamientos y las nuevas instituciones sociales, son aún muy inestables y precarios como para poder afirmar que la sociedad postoligárquica en el Perú de hoy ha terminado por constituirse.

Las profundas transformaciones en su estructura social, así como los cambios de comportamiento en la vida urbana, expresan que la sociedad peruana en su conjunto se encuentra aún bajo un intenso proceso de transición.

La mujer y el niño

El trabajo y la responsabilidad familiar reducen el acceso de la mujer a la educación escolar.

El Perú es casi un continente y un archipiélago social y cultural cuyo signo es la diversidad. País multiétnico, multicultural y multilingüe, es casi un continente por lo variado de su territorio y porque agrupa, sin integrar, a más de cincuenta poblaciones de diferentes razas, culturas, idiomas y niveles de desarrollo. Es, además, uno de los sesenta países más pobres del orbe, tanto por las necesidades no cubiertas de la mayoría de sus habitantes, cuanto por la ausencia de una política social que enfrente con decisión sus problemas.

El Perú es un país fragmentado y también deficitario: de sus 23 millones de habitantes, más de la mitad son mujeres. La remuneración mínima para los que trabajan es de 113 dólares al mes... y la canasta básica familiar, alcanza los 634 dólares.

Los últimos cinco siglos de la historia peruana han sido escenario de enfrentamientos no siempre pacíficos entre quienes se adhieren al proyecto occidental de vida y los que, en abierta y dramática resistencia cultural, mantienen vigentes ancestrales usos, costumbres, lenguas y organizaciones sociales. Las víctimas de esta confrontación han sido —lo son actualmente— las mujeres y los niños. Son ellos también los mayores damnificados del actual sistema autoritario y patriarcal.

Uno de cada dos peruanos vive en la miseria. El hecho es más dramático si se comprueba que la mayoría de los pobres son mujeres y niños.

Los niños

En 1965 el ahora inexistente Consejo Nacional de Menores esbozó en su Plan de Defensa Social del Menor las razones de la difícil situación de los niños en el país: «Hay infancia abandonada porque hay subdesarrollo. Hay infancia en peligro moral porque existen deficiencias sociales y económicas en un elevado porcentaje de hogares; porque hay analfabetismo, desempleo y crisis de vivienda; porque hay migración masiva del campesino hacia la ciudad; porque hay desaliento y crisis moral en algunos sectores de la población...» Todo lo dicho entonces es absolutamente vigente ahora. Sólo que con cifras mucho más dramáticas. He aquí algunas:

Cada día mueren 175 niños sin haber cumplido aún 5 años.

El 53 por ciento de los niños del campo padecen de desnutrición crónica.

Un total de 1'425,000 niños entre 6 y 17 años trabajan para sobrevivir y dar de comer a sus familiares sin trabajo. (A esa edad ejercen, pues, de padres de familia).

El coeficiente intelectual promedio de los niños es 97.

La desnutrición infantil, la deserción escolar y la carencia de servicios de salud ha aumentado en los últimos tiempos.

De este modo, el porvenir de las futuras generaciones se torna bastante incierto.

Los hijos del subdesarrollo

En estas circunstancias, la pobreza, el desempleo abierto y creciente, la desigual distribución de la riqueza del país, y todos los otros vicios estructurales de la sociedad peruana impiden el desarrollo normal de los niños de las mayorías nacionales. Muchos se salvan, sin embargo, gracias a sus padres —extraordinarios, casi heroicos— que, de una u otra manera, logran eludir los efectos de las deficiencias estructurales del país. Otros niños, sin embargo, no tienen la misma suerte y desde la

La mujer

En el Perú prehispánico, la mujer estaba incorporada al trabajo productivo. El machismo y su concepción feudal llegaron con la Conquista y aún perduran, debilitados, y no sólo en los hogares más conservadores. En el último medio siglo, sin embargo, la mujer ha rescatado sus derechos políticos; es acogida en el mercado del trabajo; planifica su familia y empieza a ser autónoma. Su problema hoy, más que su condición femenina, deviene de la pobreza y desocupación que asolan al país.

Las mujeres constituyen más de la mitad de la población peruana. Según el INEI, el analfabetismo y el desempleo femeninos se reducirán en pocos años hasta alcanzar el promedio nacional.

marginalidad no pueden eludir las incitaciones que atentan contra su desarrollo normal y especialmente la estructuración de su personalidad.

Les queda, entonces, la calle, los tugurios, los centros de población antiguamente llamados barriadas y que ahora, bautizados como pueblos jóvenes, se ofrecen como refugio pero que en realidad les abocan a riesgos sin fin.

El sistema educativo

Se agrega a esta amenaza vigente otra que, en definitiva, resulta onerosa para el erario nacional y cruel para los niños mismos: el sistema educativo. Dichos centros educativos, dotados con profesores mal pagados, provistos de currículos no adaptados a la diversidad regional del país y con casi inexistente material de enseñanza, les atiborran de conocimientos teóricos que muy poco ayudan al encuentro y comprensión del educando con su ambiente físico, cultural y social. No se les enseña, sobre todo, a superar sus problemas fundamentales. Pero la educación oficial no sólo da la espalda a las nuevas generaciones. «Reformada» a veces, siempre retorna a su espíritu colonial, a su dogmatismo ancestral poco compatible con la vida y la historia de las comunidades de base.

Justicia de menores

Algo similar sucede con la llamada «justicia de menores» que aborda los problemas de la infancia en situación irregular. Ella engloba, teóricamente, a tres categorías de niños: en situación irregular, en estado de abandono, y con problemas de conducta. Debiendo ser considerados, por el espíritu de la ley, como seres inimputables de delito y, en consecuencia, merecedores de protección y de reeducación especializadas, los niños y los jóvenes del Perú son conducidos a centros de sanción, aislamiento y castigo. Esos establecimientos que debieron ser de educación especial suelen denominarse, sin embargo, Hogares de Niños, Centros de Prevención, de Rehabilitación, etcétera.

Los intentos realizados para lograr la vigencia de los Derechos del Niño y el imperio de un derecho de menores humano que respete su condición de niños y adolescentes se frustraron por la formación penal de abogados y políticos que pretenden solucionar los graves problemas infantojuveniles a la antigua y con la práctica del rigor y la coerción.

Los niños del campo

Los riesgos y amenazas que corren los niños campesinos comienzan al nacer. Es posible que lleguen al mundo atendidos por la abuela, una vecina o una «comadrona» (experta empírica generalmente analfabeta). Si el niño perece al nacer o nace muerto es, al mismo tiempo, una tragedia pero también un mandato divino que hay que respetar. Los niños, ya sean de los Andes o de la Amazonia (más del 40 por ciento de la población

Niño quechua del departamento del Cusco trabajando en tareas agrícolas. La tradición inca del trabajo familiar en el campo determina desde corta edad el estilo de vida de los campesinos.

total), están situados en la base de la pirámide social, ya que integran el grupo más oprimido y carencial. Se expresan habitualmente en lengua nativa o, en algunos casos, son bilingües. Sus vidas giran en torno a la tierra y la familia, y se mueven en el interior de un universo pintoresco pero

El niño

Es la mayor víctima de la pobreza, la escasez de empleo en la ciudad y el campo, y la educación formal le impide entender el país multicultural, multirracial y multilingüe en el que vive. Para sobrevivir y ayudar a su familia, tiene que trabajar desde los 7 años o practicar una perniciosa y humillante mendicidad encubierta. Su futuro, en realidad —si pertenece a las clases media y trabajadora— está gravemente comprometido.

también profundo, pleno de creencias mágico-religiosas y lleno de hondo y solidario contenido social.

Los niños participan activamente en la tarea productiva de acuerdo a su género, fuerza y vocación. Las niñas cocinan, cuidan a sus hermanos menores, lavan la ropa y, en el fondo, se preparan de manera práctica para su tarea futura: ser madres. Los muchachos cuidan a los animales domésticos y colaboran —con toda la familia— en preparar la tierra, sembrar y cosechar. Para ellos, las montañas, los bosques, los ríos y, en general, todas las fuerzas de la naturaleza, tienen alma. Sin embargo, alguna vez, más temprano que tarde, tendrán que abandonar el campo para emigrar a esa tierra prometida que es la ciudad.

La vida rural que antes solía cubrir las necesidades colectivas y hasta producía excedentes, está ligada ahora, desde las postrimerías del siglo XVI, al hambre y los sufrimientos.

Ya en la urbe —grande o pequeña— ocupan con naturalidad su condición de marginados. El tugurio y el barrio pobre se convertirán en su nuevo escenario. Su vida, entonces, se desenvolverá al margen de toda seguridad, comodidad o higiene. La escuela gratuita y de asistencia obligatoria se encargará de relegar, a veces hasta el olvido, su idioma materno, sus valores regionales, sus —a menudo— hermosas costumbres. En resumen, les despojará para siempre de sus raíces, de su identidad y de su conciencia.

Todo esto si no sucede algo peor: que explotadores sin alma los conduzcan a lavaderos de oro (la región de Madre de Dios, por ejemplo) y ahí —sin derechos ni respeto a su condición de infantes— sean convertidos, precoz e irregularmente, en hombres de doce años.

La falta de empleo y la explosión demográfica registradas en décadas pasadas obligaron al gobierno a ampliar las campañas de paternidad responsable o control de natalidad.

Los hijos de la opulencia

No se crea, sin embargo, que en Perú sólo los niños pobres tienen problemas. Quienes acumulan ventajas y privilegios suelen también ser víctimas del sistema. Sus padres, demasiado ocupados en dar las atenciones que reclama el desarrollo afectivo y social de sus vástagos, suelen condenarles a la influencia no siempre positiva de sirvientes, mercenarios al fin. Ellos, «hijos de papá» como les denomina el pueblo, se ven obligados a vivir alejados de la realidad que les impone un país de muchas sangres y culturas. Sobreprotegidos, educados para dominar y perpetuar privilegios antes que entender su patria y sus problemas, corren el riesgo de no poder desligarse del destino de sus progenitores. Viven así, a menudo, demasiado satisfechos de sí mismos y no sólo insensibles a las necesidades de sus compatriotas sino —lo que es peor— atribuyéndoles inferioridades que en realidad no existen. Muchos de ellos son peruanos porque nacieron en el Perú y así rezan sus documentos personales, pero viven bajo el imperio de patrones occidentales ajenos a los de la población mayoritaria. En consecuencia, poco conocen del mundo andino (el «Perú profundo», según Jorge Basadre) y no han crecido al calor de vivencias (música, alimentos, experiencias vitales) de varios pueblos distintos, pero que conforman un país cuya riqueza es, precisamente, su diversidad.

Las mujeres

La subordinación de la mujer comienza en el hogar. A menudo son los propios padres («evita que te toquen, no te dejes agarrar») los que «educan» a sus hijas para la obediencia, la costura, la cocina y, sobre todo, el matrimonio al que, en salvaguarda del «honor» de la familia, deben llegar en impoluta virginidad. Las escuelas y colegios religiosos y del Estado, en base a lecciones, textos y consejos de profesores —mujeres en su mayoría—, refuerzan el dominio sobre la mujer. Éste, luego, es reforzado por la comunidad.

Por último, la televisión en la ciudad, y desde hace más de treinta años también en el campo, en

La educación escolar es, junto a la participación laboral, el camino más fructífero para dejar atrás los criterios de discriminación racial, sexual o religiosa todavía vigentes.

vez de incentivar la creatividad, el talento, la vocación laboral o artística del sexo femenino, les conmina a priorizar, con el avieso propósito de verlas convertidas en mujeres-objeto, sus cualidades físicas, su sensualidad y coquetería.

De un tiempo a esta parte, se advierten cambios modernizantes e igualitarios alentadores, pero, en lugares apartados, quedan todavía mujeres condenadas a vivir encerradas en las paredes de su hogar, sometidas a los límites de una menguada y reprimida existencia.

Período autónomo

Sin embargo, no siempre fue así. En el Perú de la época prehispánica, la totalidad de la población —niños, mujeres y ancianos inclusive— participaba en las tareas domésticas, agrícolas y artesanales de acuerdo con sus fuerzas, vocación y necesidades. La riqueza, desde luego, no se afincaba en la propiedad privada de la tierra sino en la fuerza de trabajo.

Se casaban las mujeres entre los 18 y los 25 años. La virginidad, a diferencia del mundo azteca, no era bien acogida, pues se veía como una falta de atractivo personal. Existía el matrimonio a prueba por uno o dos años. La relación de pareja —contra lo que se cree— tenía hondo contenido sentimental. El Inca Garcilaso transcribe versos tan tiernos como éste: «¡Cuán dulce eras / palomita, / cuando reflejado en tus ojos / me veía...!»

La mujer gestante seguía trabajando. Tres días después del parto, en cuyo lapso el padre ayunaba al lado de su mujer para «asustar a los demonios», la madre volvía a su rutina. Llevaba al hijo adherido a su espalda y lo amamantaba durante tres años. Sólo ella se hacía cargo de sus cuidados.

Período dependiente

El machismo llegó con la Conquista que, según Magnus Mörner, fue invasión de pueblos pero también «conquista de mujeres». O sea, uso violento y desmedido de nativas codiciadas por su juventud, piel morena y desnudos senos. El cura Francisco González Paniagua contó en 1545 que «el español que está contento con 4 indias es porque no puede tener 8, y el que con 8, porque no puede tener 16... No hay quien baje de 5 y de 6 mancebas indígenas».

Aún ahora, en los pueblos más aislados, hay mujeres para quienes el himen es el mayor tesoro de ese templo que es su cuerpo. Deben reprimir lazos afectivos, «malos pensamientos» y pláticas que involucren a varones. Y aceptar la castidad, el sufrimiento y la resignación como normas de vida.

Todo esto, como se ha dicho, es un poco historia antigua. Poco a poco, la mujer ha ido conquistando igualdades y derechos, y ganando en autonomía. Con esfuerzo y tiempo, ha empezado a ocupar un mayor espacio laboral, y sobre todo, ha comenzado a controlar y planificar su capacidad reproductora. Participa, desde el año 1951, en las elecciones políticas y municipales; en el año 1956 fue designada la primera senadora y, en 1996, una mujer llegó a presidir el poder legislativo. Cada vez hay más mujeres profesionales, ejecutivas, juezas, policías, miembros del ejército, la aviación y la marina. Los hombres, por su parte, empiezan a informarse sobre la naturaleza femenina y los importantes roles que corresponde cumplir a cada género.

Afortunadamente, el Perú machista va cediendo terreno. Y la mujer avanza, con firmeza, hacia la definitiva conquista de sus derechos.

Las religiones

El Perú es un país con una población de 22'048,356 de habitantes, según el último Censo Nacional. De acuerdo a su religión, la población del país se distribuye así: 19'530,338 católicos (88.6%); 1'585,494 de confesión evangélica (7.2%); 553,974 pertenecen a otra religión (2.5%); 310,498 no profesan ninguna (1.4%) y 68,052 no especifican (0.3%).

Palacio de la Arquidiócesis de Lima. Desde la Colonia la religión mayoritaria del Perú es la católica.

La Iglesia Católica

En el Perú, la Iglesia Católica está dividida en 45 jurisdicciones eclesiásticas, de las cuales 7 son Arquidiócesis, 17 Diócesis, 12 Prelaturas territoriales y 1 Prelatura Personal, 7 Vicariatos Apostólicos y 1 Vicaría Castrense. Las líneas de pastoral más importantes son las de Acción Social, Salud, Juventud, Laicos, Familia, Educación, Medios de Comunicación Social, que se coordinan a nivel nacional en Comisiones Episcopales. Además existen Comisiones Nacionales que atienden otras preocupaciones de la Iglesia como la liturgia, la catequesis, el clero, los seminarios y vocaciones, la doctrina y la fe, entre otras.

Hasta 1997, la Arquidiócesis de Lima era la más importante, y la del Cusco (creada en 1539) es la más antigua de América del Sur. En 1997, Lima se dividió en cuatro diócesis, quedando la zona residencial de Lima como Arquidiócesis, que es un título honorífico que se da a las sedes episcopales que están al frente de una provincia eclesiástica que agrupa a varias diócesis y/o prelaturas. Las nuevas diócesis creadas son las de Lurín, al sur de Lima; la de Chosica, al este; y la de Carabayllo, al norte.

La Iglesia en la región andina

El área andina donde se concentra la población quechua y aymara, es una de las regiones más importantes para la Iglesia Católica. En esta zona se inició la evangelización en el siglo XVI, y a partir de la renovación posconciliar se han puesto en práctica nuevas formas de evangelización. En la región sur andina se ha logrado una coordinación pastoral entre diferentes diócesis y prelaturas que fundaron el Instituto de Pastoral Andina (IPA) el cual realiza investigaciones, seminarios y talleres que permiten organizar una pastoral más participativa y conjunta en esta área. La atención a las culturas quechua y aymara, con sus perfiles regionales propios, ha sido el eje de la actuación en esta región. El éxito de estos esfuerzos se expresa en la frase repetida en las celebraciones masivas de esas iglesias locales: «somos pueblo, somos iglesia», que expresa la identificación de las comunidades campesinas indígenas con su pueblo y con su iglesia.

En la diócesis de Cajamarca, al norte del país, también se han realizado importantes esfuerzos de evangelización del campesinado, a quien se le ha dado una mayor participación en la vida de la Iglesia. Se han organizado como catequistas y se han encargado de administrar algunos sacramentos como el bautismo. El libro *Vamos Caminando,* editado por la Diócesis, es el testimonio escrito de esa nueva experiencia.

En la región andina existen ciudades importantes como las de Cajamarca, Huancayo, Cusco, Huamanga, Arequipa, Puno y Juliaca, entre otras, donde la pastoral urbana sigue las modalidades de la organización parroquial universal.

La religión durante la Independencia

Desde los inicios de la República, la religión Católica fue la religión del Estado, y tuvo el carácter de ser la oficial y excluyente, pese a que el Vaticano no concedió el Patronato al Gobierno Peruano hasta 1872. Es así que, al poco tiempo de ingresar a Lima, San Martín, en el Estatuto Provisional del 8 de octubre de 1821, decreta:
1. La religión, apostólica, romana, es la religión del Estado. El Gobierno reconoce como uno de sus primeros deberes el mantenerla y conservarla por todos los medios que están al alcance de la prudencia humana. Cualquiera que ataque en público o privadamente sus dogmas y principios será castigado con severidad a proporción del escándalo que hubiere dado.
2. Los demás que profesen la religión cristiana y disientan en algunos principios de la religión del Estado, podrán obtener permiso del Gobierno con consulta de su Consejo de Estado para usar del derecho que les compete, siempre que su conducta no sea trascendental para el orden público.
3. Nadie podrá ser funcionario público, si no profesa la religión del Estado.

La Iglesia en la Amazonia

También es importante la región de la Amazonia, donde se encuentran los Vicariatos Apostólicos. El énfasis en estas tierras está puesto en la conversión de poblaciones no cristianas, tomando en cuenta su cultura, los avances en la teología de la misión, en los modelos eclesiológicos y en las teorías antropológicas que también han cambiado mucho. Pero en estas tierras también hay ciudades modernas, donde existen parroquias como en cualquier otra ciudad del mundo. Y en el campo también hay colonos cristianos, muchos de los cuales están organizados como «animadores cristianos» para ayudar a mantener su vida de fe en comunidad a las poblaciones de los caseríos que no pueden tener una iglesia, celebrando liturgias de la palabra (lectura bíblica y comentario de textos) y distribuyendo la comunión en caso de contar con sagrarios bajo su custodia.

En la Amazonia, la diversidad de grupos nativos es muy grande, aunque de poblaciones pequeñas. En la zona del Ucayali están los shipibos, campas, ashaninkas, que pertenecen a una misma familia etnolingüística, junto a los cocamas. En el norte se encuentran los aguarunas y los matzes que habitan en el Yavari, en la frontera con Brasil. Sus cosmovisiones religiosas siguen vigentes aún después de muchos años de contacto con la religión católica y están siendo estudiadas. Algunos ejemplos dados por los libros de Manuel García Rendueles sobre las religiones nativas y el del P. Jaime Reagan SJ, llamado *Hacia la Tierra Sin Mal*, los dos editados por el Centro Amazónico de Antropología y Aplicación Pastoral (CAAAP), que recogen mitos, rituales e ideario religioso de la población autóctona de la región amazónica.

La religión popular: incorporación de otros rituales

La religiosidad popular combina las tradiciones locales con las costumbres y tradiciones de los pueblos católicos que trajeron su fe: España y otras naciones europeas y África, en nuestro caso. La civilización inca tenía rituales religiosos muy desarrollados, en una organización religiosa y política poco diferenciada. Pese al tiempo transcurrido, hay costumbres y ritos que persisten y no permiten hablar de religiones quechuas o aymaras, pero sí de ritos autóctonos aislados. Entre éstos el más difundido es el de la Pachamama, que consiste en el pago a la tierra, a manera de primicia para agradecer su productividad, pedir fertilidad para el próximo año, contentar a los antepasados, etcétera. También se rinde culto a los Apus, o cerros protectores, donde se encuentra el espíritu de los mayores, a donde van a reposar las almas después de la muerte. También hay lectores de hojas de coca, curanderos y sanadores, que se alejan ya de la dimensión más religiosa de los primeros ejemplos.

Son diversas las fiestas religiosas que se celebran con alegría y fastuosidad. En Lima, la más importante, por la gran convocación que tiene, es la del Señor de los Milagros, que sale en procesión dos veces en el mes de octubre y acompaña a sus fieles por los distintos países a donde emigran. Como en otros lugares, la Semana Santa es famosa en el Cusco, Ayacucho, Cajamarca, por las procesiones que salen a recorrer las ciudades.

Si se tiene en cuenta que las estaciones en el hemisferio sur son inversas a las del norte, el calendario litúrgico coincide con las estaciones opuestas: el adviento y la cuaresma coinciden con

La procesión del Señor de los Milagros en Lima, la más importante de las fiestas católicas. En la religiosidad popular se combinan las tradiciones autóctonas con los ritos católicos.

el verano, por lo que se viven paradójicamente en medio de un clima de fiesta y ocio más que de penitencia y trabajo; mientras que Pentecostés marca la entrada del invierno.

Los laicos

Finalmente, cabe mencionar que los movimientos laicales en el Perú siguen trabajando en la evangelización especializada por sectores de la población: la Unión Nacional de Estudiantes Católicos (UNEC), el Movimiento de Profesionales Católicos (MPC), el Movimiento Internacional de Apostolado en el Medio Social Independiente (MIAMSI), el Movimiento de Trabajadores Católicos (MTC), el MANTHOC que trabaja con los hijos de los obreros católicos, el MIJARC con la juventud campesina, y la JEC con estudiantes secundarios, todos ellos conectados con sus organismos internacionales. También las comunidades eclesiales de base están muy extendidas, sin centralizarse en un solo movimiento como ocurre en otros países. La teología de la liberación y la opción por los pobres expresan una manera de vivir el evangelio que gira en torno a experiencias y valores de solidaridad, compromiso, trabajo y apertura a nuevas formas de entender la vida de la Iglesia.

La Renovación Carismática y los Neocatecúmenos son dos movimientos que tienen mucha presencia en la diócesis de Lima. Han creado casas de retiro y de formación, y hay diversas parroquias que colaboran con ellos. Recientemente, movimientos de corte más tradicionalista también han encontrado acogida y seguimiento en el catolicismo peruano; ejemplos de estos movimientos son los grupos Pro Ecclesia Santa, y Sodalitium Christianae Vitae, este último fundado en el Perú en el año 1971, con un acento fuertemente tradicional y una orientación decididamente mariana.

De los tradicionales ritos autóctonos aún subsisten las ofrendas a la madre tierra o Pachamama y al dios Sol o Inti, así como los sacrificios de animales en el Inti Raymi.

Iglesias evangélicas

Con gran frecuencia, las iglesias evangélicas reciben mayor atención en los textos por su variedad y novedad. En el caso del Perú, su aparición se remonta al siglo XIX, alrededor de las luchas por la Independencia y la formación de la nueva República. En esos años, se trataba de visitas de personalidades o de difusores de la Biblia que no causaron mayor impacto en la población.

Durante los siglos XIX y XX se establecieron en el Perú la Iglesia Anglicana, la Luterana, la Metodista y otras iglesias reformadas. Ellas agrupaban a pequeñas comunidades étnicas, como los ciudadanos británicos residentes en el Perú, o los alemanes o estadounidenses, que requerían atención religiosa, pero sin intención misionera por parte de sus iglesias. Solamente a mediados del siglo XX se puede identificar un esfuerzo misionero de las iglesias evangélicas, que se intensifica alrededor de la década de 1980. Procedentes de Estados Unidos, arriban también denominaciones más antiguas como la Bautista, que es de tipo congregacional.

Pero el centro de las denominaciones evangélicas está en la predicación y en el conocimiento de la Biblia. Gran parte ellas están agrupadas en la denominada Iglesia Evangélica Peruana. Sus pastores son ya peruanos, han formado seminarios para la educación y cuentan con publicaciones e instituciones afines que respaldan su trabajo. Dos grandes denominaciones se han extendido mucho y alcanzan notoriedad: las Asambleas de Dios y la Alianza Cristiana y Misionera, la primera de corte pentecostal, la segunda más conservadora. Parte de este grupo de denominaciones en crecimiento es también la Iglesia Metodista, que tiene un seminario en Lima y varias iglesias. Han intervenido en política al apoyar al presidente Alberto Fuji-

Escuela de una misión católica en la Amazonia. La acción pastoral muestra actualmente una mayor atención por las culturas y tradiciones de los pobladores originarios.

mori en un primer momento, entre 1990 y 1992, en el que un evangélico fue elegido vicepresidente de la República. Su presencia abarca todo el país, y han sido afectados por la violencia terrorista.

La Iglesia Adventista del Séptimo Día

Se hizo presente en el Perú a comienzos del siglo XX en la región sur andina de Puno. Con un proyecto de educación para los indígenas, sin discriminaciones de género, ha tenido una influencia muy beneficiosa en las comunidades de la región. Predicando una ética de austeridad, consiguieron mejorar la calidad de la vida de los aymaras, proponiendo unos hábitos de comportamiento basados en el trabajo, sin fiestas ni consumo de bebidas alcohólicas. Presente en casi todas las regiones del Perú, hoy cuenta con numerosas comunidades, escuelas, clínicas y una universidad.

Los Testigos de Jehová

Su presencia es más reciente en el país. Ellos han hecho de la misión, y de la visita difundiendo su revista *Atalaya*, el centro de su práctica religiosa. También cuentan con Salones del Reino donde se lee la Biblia. Creen que el Reino de Dios se vivirá en este mundo y que se establecerá al fin de los tiempos, fin del que estaríamos ya cerca. Promueven un estilo de vida austero. Practican el bautizo por inmersión. Muchos peruanos son visitados y atraídos por ellos, pero el número de bautizados no es muy grande.

Los Santos de Jesucristo de los Últimos Días

Son conocidos también como mormones. Crecieron mucho en el país, construyendo capillas idénticas entre sí. Se reúnen mucho, se visitan y cuidan mutuamente. Los hombres están llamados a ser misioneros y las mujeres a hacer trabajo so-

Boda católica en la sierra peruana. Desde los inicios de la evangelización, el poblador andino ha mezclado sus costumbres nativas con los ritos cristianos.

cial. Su libro de Mormón reemplaza a la Biblia como revelación. Son muy exigentes y rigurosos en su práctica religiosa. Practican el bautismo de los muertos, que tiene lugar sólo en el templo. En el Perú existe un único templo mormón.

La Unión Evangélica Israelita del Pacto Universal

Conocidos también como los israelitas, la Unión Evangélica Israelita del Pacto Universal es una denominación de origen peruana. Fundada por Ezequiel Ataucusi, quien recibió una revelación que le convenció de que era miembro de una de las tribus de Israel que emigraron al Perú en la antigüedad, recluta a sus fieles entre la población andina migrante a las ciudades, los llama a participar en ritos que replican los del templo de Jerusalén, con sacrificios de animales a Dios. Los varones se dejan crecer el cabello y la barba, y las mujeres y niñas se cubren la cabeza con un manto. Semejan imágenes bíblicas y se destacan en medio de la población. Han formado varias colonias y pueblos en la Amazonia que forman parte de su marcha hacia la Tierra Prometida, colonizando áreas de difícil acceso y cercanas a las fronteras con Brasil y Colombia.

Pueblos y lenguas indígenas

Pobladores autóctonos

La familia aymara

La familia quechua

Situación sociolingüística

Lenguas y pueblos amazónicos

Mapa lingüístico

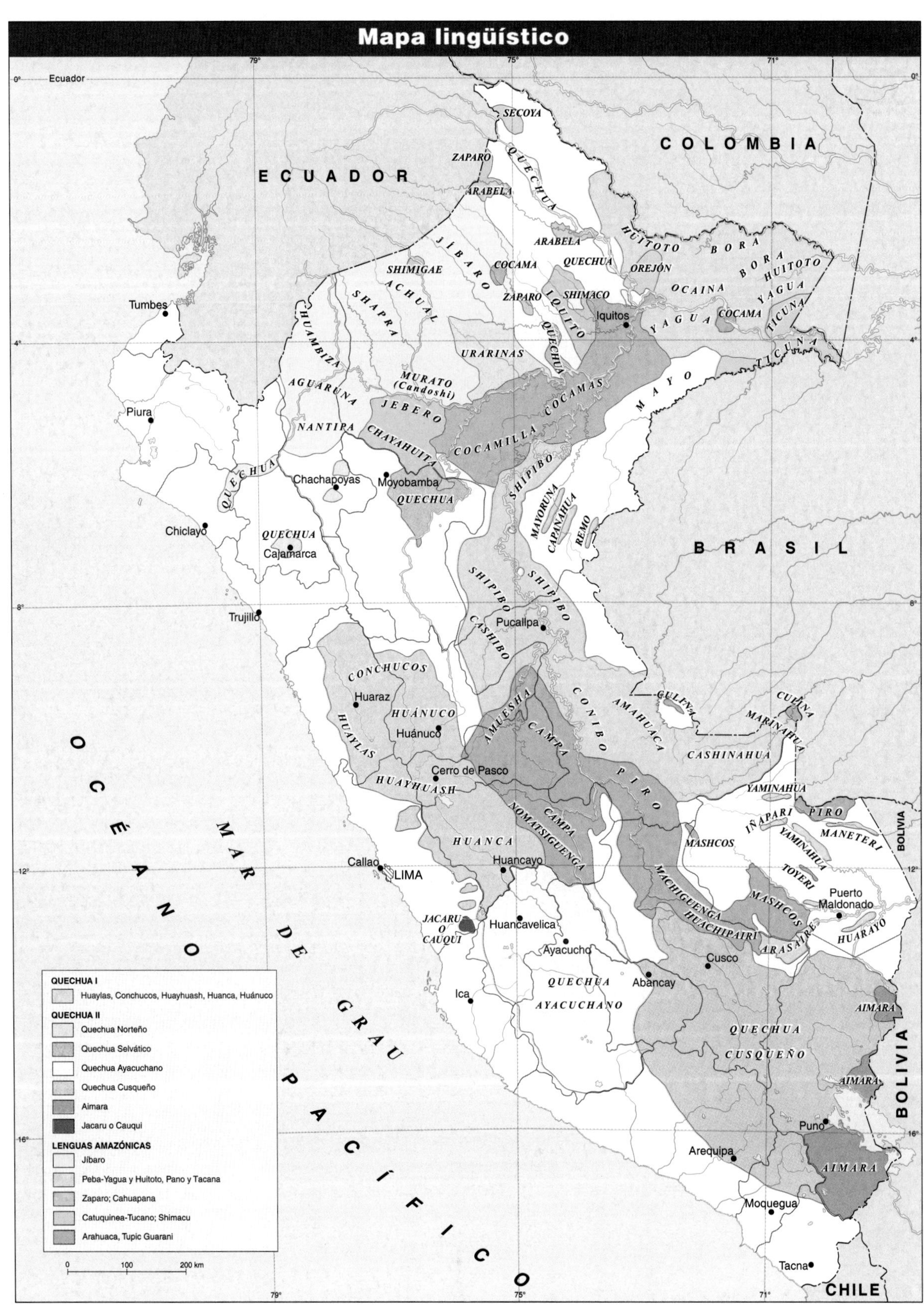

Pobladores autóctonos

De manera muy general se puede decir que el Perú se divide en tres grandes regiones: la costa, franja desértica que corre a lo largo del litoral y es atravesada por 53 ríos de caudal irregular a lo largo del año; la sierra, que se extiende a lo largo de la cadena montañosa de la cordillera de los Andes, entre alturas que oscilan entre los 6,780 m y los 2,000 m sobre el nivel del mar; y la selva o región amazónica, ubicada al este del país, entre las laderas orientales de la cordillera andina y las fronteras con el Ecuador, Colombia, Brasil y Bolivia.

Campesina de Pisac, pueblo habitado por descendientes del Incario, con su vistoso vestuario.

Ninguna de las tres regiones es homogénea. Por el contrario comprenden climas y ambientes ecológicos bien diferenciados. Por citar algunos ejemplos, en el caso de la costa, se encuentran desde los áridos arenales hasta los bosques tropicales de Tumbes, con una flora y fauna similares a la amazónica. En el caso de la sierra, se encuentran las frías altiplanicies situadas a más de 4,000 m y los cálidos valles interandinos aptos para el cultivo de caña de azúcar. En el caso de la selva, están los bosques nubosos con alturas superiores a 3,500 m, donde predomina la vegetación epífita, y la llanura bañada por grandes ríos cuyo cauce variable origina la formación de lagunas o *cochas*, según el término quechua de uso general. Desde el punto de vista morfológico, en esta última región se pueden reconocer tres grandes conjuntos: ceja de selva, entre los 800 y 3,800 m; selva alta, entre los 400 y 800 m (estas dos son popularmente conocidas también con el nombre de *montaña*); y selva baja, entre los 80 y 400 m. Esta distinción resulta muy importante para comprender los procesos históricos, sociales y económicos que se han producido en la región.

Ser indígena en el Perú

Los pobladores autóctonos del Perú han sido siempre víctimas del racismo. Cuando el general Juan Velasco Alvarado asumió el poder en 1968, impulsó una serie de cambios, entre éstos la reforma agraria, cuya ley específica eliminó los conceptos de indígena y comunidad indígena, reemplazándolos por los de *campesino* y *comunidad campesina* para referirse al caso de la población andina y costeña. La explicación dada fue que la palabra indígena había adquirido una carga peyorativa que el gobierno pretendía borrar. De hecho, el nuevo término fue acogido favorablemente por la población aludida.

A comienzos de la década de 1970 el gobierno tomó la iniciativa de elaborar una ley especial para la población originaria de la Amazonia. Fue entonces cuando se acuñaron los términos *nativo* y *comunidad nativa* para referirse a ellos y a sus asentamientos locales. En el transcurso del tiempo, conforme las nacientes organizaciones representativas de esas comunidades se fueron consolidando y ampliando su horizonte mediante el contacto con movimientos similares de otras partes del mundo, la palabra indígena ha sido recuperada por ellas y hoy tiene una clara preeminencia sobre la de nativo. El término cumple también la función de amalgamar realidades de pueblos distintos para luchar por derechos comunes, como la defensa territorial, la autodeterminación, la lengua y la educación bilingüe, entre otros.

Convenio de la OIT

La conciencia de su identidad indígena o tribal deberá considerarse un criterio fundamental para determinar los grupos a los que se aplican las disposiciones del presente Convenio. (Art. 1, inciso 2).

La utilización del término «pueblos» en este Convenio no deberá interpretarse en el sentido de que tenga implicación alguna en lo que atañe a los derechos que pueda conferirse a dicho término en el derecho internacional. (Art. 1, inciso 3).

Indígenas oriundos de la zona de Ayacucho, antigua Huamanga, en los Andes centrales, hablantes del quechua, ataviados con los sombreros y las mantas tradicionales.

La autodefinición indígena

Resulta curioso que en un país como Perú, en el cual la mayoría de población indígena vive en los Andes, los únicos que hoy se autodefinen así sean los amazónicos. ¿Por qué los pobladores originarios de la región andina no se reconocen como tales, ni plantean, al igual que los de la Amazonia, reivindicaciones étnicas? Se pueden proponer algunas hipótesis.

La primera sería la falta de autoidentificación étnica propia del conglomerado quechua hablante. Dicho de otra forma, antes de la expansión del quechua como lengua oficial, lo que hoy día se conoce como los *quechuas* fueron pueblos con idiomas y culturas diferenciadas. De ahí que apelar al uso común de una lengua (que por lo demás tiene variantes dialectales a veces sustantivas) como elemento identificatorio no logre ser un argumento motivador para generar un movimiento indígena. La situación es distinta entre los aymaras, donde sí se da una unidad entre lengua y cultura. Esto explicaría el surgimiento de una corriente en el altiplano peruano-boliviano que intenta basar su fuerza en la recomposición de los *ayllus* (clanes) tradicionales.

La segunda sería que la fuerte inserción de la población andina en las economías regionales que ha producido, por un lado, un fuerte proceso de campesinización y, por otro, de mestizaje y de migraciones hacia las ciudades de la región, habría debilitado sus opciones étnicas.

La tercera sería que el trabajo desarrollado por los partidos de izquierda, que privilegiaron el discurso de carácter clasista, dejó de lado las reivindicaciones étnicas.

Como última hipótesis cabría plantear que la pesada carga que significa el racismo en el Perú habría llevado a los andinos a negar su identidad como indígenas.

En el Perú, como en otros países, las organizaciones indígenas rechazan hoy el calificativo de «minorías étnicas» para referirse a sus sociedades, por lo injusto que resulta caracterizarlas a partir de condiciones —como su caída demográfica— que han sido originadas por la opresión colonial y republicana. La presión de dichas organizaciones ha logrado que el Convenio N°. 169 de la Organización Internacional del Trabajo (OIT) incorpore el concepto de «pueblos», aun cuando éste haya sido limitado en la versión aprobada en 1989.

Al mismo tiempo, han conseguido que se les reconozca el derecho a la autodefinición, es decir, que la definición sobre la calidad de miembro de una comunidad, la identidad y el estatus pertenecen a los propios pueblos indígenas y no al Estado. Este asunto ha sido y sigue siendo discutido por el Grupo de Trabajo de Naciones Unidas. El derecho a la autodefinición ha sido ya incorporado por el mencionado convenio de la OIT.

Manifestación asháninca en Cutivirani. La Asociación Indígena de Desarrollo de la Selva Peruana (AIDESEP) trabaja en la organización de estas comunidades.

Legislación indigenista

Las normas legales establecidas durante la Colonia y la República hasta 1957 aluden sólo a la población indígena andina y costeña. Una de las primera leyes republicanas referidas a los indígenas fue la dictada por Simón Bolívar (8 de abril de 1824), declarando propietarios de sus tierras a los indios «para que puedan venderlas o enajenarlas de cualquier modo». Esta norma originó que muchas comunidades se quedaran sin tierras, motivando la migración de la gente como colonos hacia la Amazonia.

Avances y retrocesos en las constituciones políticas del Perú

En la Constitución de 1920 se reconocieron la existencia legal de las comunidades indígenas y el carácter imprescriptible de sus tierras. En la Carta Magna de 1933 (vigente hasta 1979) se añadiría su condición de inalienables e inembargables.

Con excepción de un tímido decreto supremo de 1957, los indígenas amazónicos fueron ignorados por la ley y la práctica hasta 1974, fecha en la que se promulgó la primera norma republicana que les garantizó derechos similares a los de las comunidades andinas.

La Constitución Política de 1993 ha significado una ruptura en la tradición jurídica indigenista del país, al eliminar el carácter de inembargable e inalienable que tenían las tierras comunales, manteniendo únicamente su condición de imprescriptibles, «salvo en el caso de abandono», el cual será definido por funcionarios estatales. Esta Constitución abre las puertas para que las comunidades campesinas y nativas se conviertan en sociedades anónimas o de personas, y así sus miembros decidan la venta de tierras en conjunto o individualmente.

Lenguas indígenas

Las diferencias entre la costa, la sierra y la selva alta no han constituido barreras infranqueables para el hombre peruano. Por el contrario, estas regiones fueron transitadas a través de migraciones, conquistas y expansiones que condujeron al surgimiento de ciudades y estados, teocráticos primero y políticos después, que revirtieron en el ensayo de unidades regionales y panandinas. Como resultado de tales fuerzas integradoras, se consiguió una relativa homogeneización cultural que, en el terreno lingüístico, se tradujo en la hegemonía de unas cuantas lenguas que en su momento alcanzaron una dimensión de uso primeramente regional y luego panandino, a costa de la absorción de idiomas locales que se extinguieron sin dejar traza alguna. Ello explica por qué en la sierra, a diferencia de la selva, el perfil lingüístico es menos intrincado y mucho más uniforme.

Músicos de Yunguyo, en la orilla sur del lago Titicaca, departamento de Puno, donde todavía se conservan numerosas tradiciones culturales prehispánicas.

Lenguas indígenas desaparecidas

Para referirse a las lenguas de las que se tienen noticias gracias a la documentación colonial, hay que mencionar, en la costa norcentral, a la *tallana* (Tumbes y Piura), la *sechurana* (Piura), la *olmana* (Lambayeque), la *mochica* (Lambayeque y La Libertad) y la *quingnam* (La Libertad, Ancash y parte de Lima); en la sierra norcentral y selva alta, las lenguas *chachapuya* (Amazonas), *culle* (Cajamarca, La Libertad y Ancash), *jibito* y *cholona* (entre el Marañón y el Huallaga); en la costa y sierra sur, la *puquina* y la *uruquilla*. Unas veces coexistiendo con éstas, en condición de lengua dominante, y otras en situación de idioma exclusivo, el quechua tenía una difusión panandina tan sólo disputada por el aymara en los Andes sureños y en el altiplano. El mochica en el norte y el aymara en el sur tenían estatus de verdaderas lenguas regionales, y su aparente resistencia frente al quechua estuvo determinada por la reciente incorporación de sus territorios respectivos (sobre todo en la costa norte) al Imperio Incaico y la debacle final de éste ante la Conquista española: la quechuización de tales territorios habría de quedar parcialmente truncada.

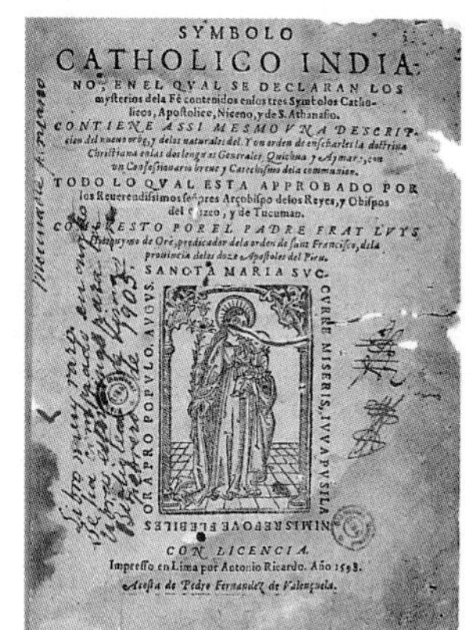

SYMBOLO
CATHOLICO INDIANO, EN EL QVAL SE DECLARAN LOS
mysterios dela Fé contenidos enlos tres Symbolos Catholicos, Apostolico, Niceno, y de S. Athanasio.
CONTIENE ASSI MESMO VNA DESCRIPcion del nueuo orbe, y delos naturales del. Y un orden de enseñarles la doctrina Christiana enlas dos lenguas Generales, Quichua y Aymara, con un Confessionario breue y Catechismo dela communion.
TODO LO QVAL ESTA APPROBADO POR los Reuerendissimos señores Arçobispo delos Reyes, y Obispos del Cuzco, y de Tucuman.
COMPUESTO POR EL PADRE FRAY LVYS Hieronymo de Oré, predicador dela orden de sant Francisco, dela prouincia delos doze Apostoles del Peru.
SANCTA MARIA SVCCVRRE MISERIS, IVVA PVSILANIMIS, REFOVE FLEBILES, ORA PRO POPVLO. AVGVS.
CON LICENCIA.
Impresso en Lima por Antonio Ricardo. Año 1598.
A costa de Pedro Fernandez de Valençuela.

Evolución posterior

La conquista y colonización del antiguo territorio tahuantinsuyano, luego de la implantación del régimen colonial, supuso la entronización del castellano como lengua oficial de la administración, y, en consecuencia, la devaluación sociocultural del quechua y de las demás lenguas indígenas. Ciertamente, el quechua sobre todo, y las lenguas regionales en cierta medida, serán empleados como medios de evangelización, y, gracias a ello, el primero conseguirá expandirse más, reafirmando su presencia en el sur, pero al mismo tiempo el aymara podrá atrincherarse en el altiplano. Las demás lenguas, incluyendo la mochica en el norte y la puquina en el sur, irán sucumbiendo a lo largo de los siglos hasta extinguirse hacia finales del siglo XIX y comienzos del XX. La lengua mochica será desplazada y finalmente absorbida por el castellano; la lengua puquina será desintegrada y eliminada por el quechua y el aymara. De esta manera, llegó a configurarse la situación lingüística andina actual, con la presencia de sólo dos lenguas ancestrales «mayores» —la quechua y la aymara— y del castellano, idioma hegemónico aunque de procedencia extraandina.

La familia aymara

Pese a su desplazamiento por el quechua primero y el castellano después, la lengua aymara, que en verdad constituye una familia lingüística, es hablada en tres países: Perú, Bolivia y Chile. En el Perú se localiza en la sierra central y en el altiplano. En el área central, donde apenas subsiste como *relicto*, se la encuentra en la provincia de Yauyos (departamento de Lima), específicamente en los distritos de Tupe y Cachuy. Se mantiene en el altiplano de manera compacta y se localiza en los departamentos de Puno (provincias de Huancané, El Collao, Puno, Chucuito y Yunguyo), Moquegua (provincia de Mariscal Nieto) y Tacna (provincia de Tarata).

Joven aymara de Yunguyo, vestida con traje tradicional de fiesta y sombrero bombín.

Lenguas y dialectos

La distribución geográfica, central y sureña, corresponde lingüísticamente a dos lenguas ininteligibles entre sí, separadas en el tiempo y en el espacio: el aymara central o *tupino* y el aymara sureño o *altiplánico*. Ambas ramas constituyen una unidad de por sí, por encima de sus dialectos: el tupino y el cachuino, en el primer caso; y las distintas variedades locales, en el segundo. La inteligibilidad mutua está garantizada en cada una de las ramas mencionadas.

Tradicionalmente, el nombre de *aymara* refiere únicamente a los dialectos de la rama sureña, a la par que los de la central reciben el nombre de *cauqui* (en castellano local) o *jacaru* (en el vernáculo). Estas últimas designaciones, de carácter lingüístico, contrastan con la primera, que originariamente aludía a un grupo étnico particular: el de los aymaraes de la cuenca del Pachachaca (Apurímac). Siendo que ambas lenguas derivan de un mismo ancestro, no hace falta acuñar ningún término especial para aludir a toda la familia lingüística, que aquí se designa como aymara.

En términos demográficos, según el último censo, el número de hablantes de la lengua, de la población mayor de cinco años, asciende a 440,380, cifra que no incluye a los de la zona central, cuyo número puede estimarse en 1,500. De esta manera, el total de hablantes de esta familia lingüística ascendería a 441,880.

Origen y expansión

Evidencias de tipo arqueológico, histórico y lingüístico indican que la lengua aymara ancestral tuvo su origen en la región de la costa y sierra centrales del Perú, en una época que precedió a la expansión del quechua. La misma presencia de la lengua en la sierra limeña, con caracteres mucho más arcaicos que su congénere sureño; la abundante toponimia en toda la región centroandina; la documentación colonial que alude a su presencia en los mismos territorios; la expansión huari en dirección sudeste y la presencia de esta civilización en el área cusqueña, todo apunta a una difusión de la lengua ancestral en la misma dirección, en etapas sucesivas, siendo la última aquella que la propulsó a toda la región altiplánica (alrededor del siglo XIII). Lingüísticamente esto se refleja de manera nítida en la relativa homogeneidad del aymara sureño (efecto de su «reciente» expansión), en contraste con la fragmentación y el arcaísmo de las variedades centra-

Ley de inmigración

Se consideran inmigrantes: *«Los extranjeros de raza blanca, menores de sesenta años, que lleguen a la República para establecerse en ella y acojan las disposiciones de esta ley, exhibiendo ante las autoridades designadas por el Gobierno el correspondiente certificado expedido por los cónsules o agentes del Perú en el extranjero, respecto a la moralidad y oficio o profesión del inmigrante».*

Ley de inmigración y colonización.
14 de octubre, 1893

les, señaladas como «aymara corrupto» en las relaciones geográficas del siglo XVI, y a veces confundidas con las variedades del quechua central. La expansión del quechua irá arrinconando al aymara a zonas australes, quebrando su antigua unidad geográfico-territorial, hasta borrar su presencia en la región centro-sureña, dejando como único testigo de su presencia al tupino. En su avance hacia el sudeste, empujada por el quechua, la lengua irá reemplazando al puquina y también al uruquilla, aymarizando a sus ocupantes, que hoy día se reclaman aymaras, al haber perdido la memoria de sus verdaderos ancestros.

El aymara como lengua escrita

Aun cuando es seguro que el aymara en su rama sureña fue objeto de codificación (gramatical y léxica) y escritura (cartillas y catecismos) desde mediados del siglo XVI, lo cierto es que sólo aparecerá en caracteres de molde en el último cuarto del mismo. En efecto, la lengua se inaugura como un idioma escrito en 1584, con la publicación trilingüe castellano-quechua-aymara de la *Doctrina Christiana*, patrocinada e impulsada por el III Concilio Limense (1582-1583): aparece allí no sólo como vehículo de contenidos altamente elaborados como son los del dogma judeo-cristiano sino también parcialmente «reducido en arte». Le seguirán los textos del *Sermonario* y del *Confesionario* (1585). Más tarde, al iniciarse el siglo XVII, el eximio aymarista Ludovico Bertonio no sólo dará a conocer sus obras maestras de carácter gramatical y léxico sino también sus tratados de corte religioso-proselitista. Por la misma época, otro ilustre religioso, el franciscano Jerónimo de Oré, emprenderá un trabajo similar, esta vez tomando como medio la variedad aymara de Collaguas, a diferencia del primero, que se había basado en la lupaca de Juli. El hecho de que el aymara se iniciara como lengua escrita únicamente en su variedad sureña es un claro indicador de que, hacia finales del siglo XVI y comienzos del XVII, el resto de las variedades o habían sido absorbidas por el quechua o estaban a punto de serlo. De allí que, aparte de algunas canciones en el aymara local ayacuchano, transmitidas por Guaman Poma de Ayala, el resto de los dialectos centrales se extinguirá. La única variedad sobreviviente de la rama central —la tupina— sólo será estudiada y registrada por escrito, de manera sistemática, en el siglo XX.

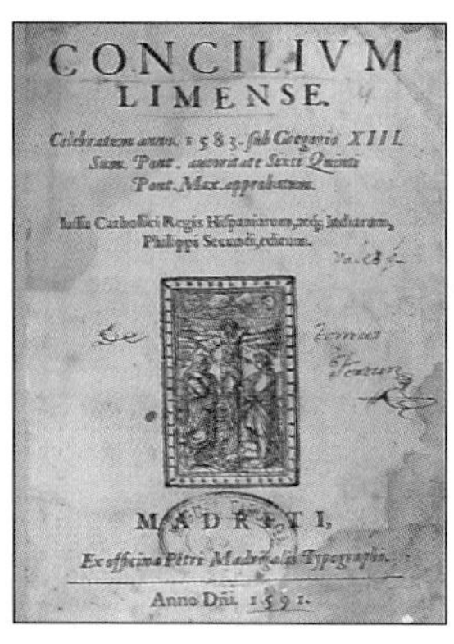

Producción escrita en aymara

La producción escrita en aymara quedó truncada a mediados del siglo XVII, en el lado peruano, una vez que el altiplano puneño pasó a formar parte de la jurisdicción de la Audiencia de Charcas primeramente y de La Paz con posterioridad. Desde entonces, la variedad paceña del aymara se constituyó en la alternativa exclusiva como lengua escrita. De hecho, sólo en el último tercio del siglo XX, a raíz de la ejecución del Programa de Educación Bilingüe de Puno (convenio GTZ-Ministerio de Educación), el aymara peruano volvió a ser objeto de estudio y adecuación para su empleo como medio de enseñanza. Los materiales producidos durante dicho período, en la forma de manuales de enseñanza y textos de apoyo, redactados en la lengua, constituyen un serio esfuerzo por retomar la tradición escrita del idioma. Por lo que toca al aymara central, siguiendo el ejemplo de Puno, pero librado a la iniciativa de un pequeño círculo de profesores, algunos de ellos hablantes nativos de la lengua, se comenzó a recopilar materiales tendientes no sólo a preservar y reforzar su uso sino también para una eventual utilización de los mismos en programas de educación bilingüe. En 1985 se aprobó el alfabeto oficial aymara, que de manera paulatina y continuada se viene imponiendo.

La familia quechua

El quechua, una de las lenguas más importantes de la América indígena por el rol que desempeñó en la época precolombina y por la extraordinaria difusión que alcanzó, constituye una familia lingüística hablada en cinco países: Colombia, Ecuador, Perú, Bolivia y Argentina. En lo que respecta al Perú, el quechua es hablado en todos los departamentos, excepto en Tumbes y Piura, en el extremo norte, y Tacna, en el extremo sur. Naturalmente que la presencia de la lengua no tiene la misma importancia ni la misma distribución en todos los lugares donde se la habla. De hecho, la zona quechua compacta, sin interrupción, se ubica en los Andes centro-sureños, desde el departamento de Ancash hasta los de Puno y Moquegua.

En la imagen, mujeres quechuas, de la zona de Huancavelica, vestidas con su atuendo típico.

Según el último censo, el número de hablantes, tomando en cuenta a la población mayor de cinco años, asciende a 3'199,474, cantidad que incluye a los bilingües de quechua-castellano y que con toda probabilidad resulta bastante conservadora.

Lenguas y dialectos

Como resultado de distintas fases de expansión, el quechua aparece profundamente fragmentado en no menos de una treintena de dialectos clasificados en tres grandes ramas: la norteña, la central y la sureña, cada una de ellas con sus peculiaridades fonológicas, gramaticales y léxicas. Dentro de la norteña se distinguen dos subramas: la norteña propiamente dicha (Cajamarca y Lambayeque) y la oriental (Amazonas, San Martín, Loreto, Ucayali y Madre de Dios). La rama central está constituida por las hablas de Ancash, Huánuco, Pasco, Junín y Lima. Finalmente, la sureña comprende el resto del territorio, desde Huancavelica hasta Puno y Moquegua, distinguiéndose dos grandes subramas: la ayacuchana o chanca y la cusqueña-collavina. De todas estas ramas y subramas, la central destaca por su extraordinaria fragmentación, en tanto que las demás se muestran relativamente uniformes, al margen de sus peculiaridades internas.

Inteligibilidad del quechua

En términos de inteligibilidad, con excepción del quechua central, cuya diversidad interna se traduce en barreras intercomunicativas a veces muy serias (por ejemplo entre las hablas de Huaraz y Huancayo), generalmente se da una mutua comprensión en el interior de cada una de las ramas y subramas. En cuanto a la inteligibilidad por encima de las tres ramas mencionadas, por paradójico que parezca, puede obtenerse cierto margen de entendimiento entre los hablantes de la rama norteño-oriental y la sureña, al mismo tiempo que la comunicación entre ellas con respecto a la central se ve seriamente bloqueada.

Designación étnica del quechua

El nombre genérico de la familia es *quechua*, aun cuando algunos de sus dialectos reciban denominaciones propias (por ejemplo, el lamista, el huanca, el chanca, etc.). De hecho, quechua era una designación étnica que aludía a una «nación» de la cuenca del río Pampas, pues la lengua no tenía designación propia, y el nombre de *runa-simi* «lengua del indio» fue acuñado en la época colo-

Mercado de Pisac. Los incas abandonaron el aymara y adoptaron el quechua que se expandió así por la extensa área andina, abarcando los actuales territorios de Ecuador, Perú y Bolivia.

nial para oponerlo al de *castilla-simi* «lengua castellana», del mismo modo que en aymara *haqi-aru* se oponía a *castilla-aru*.

Origen y expansión

Tradicionalmente se ha sostenido que el quechua tuvo su origen en la región cusqueña, y que de allí se habría expandido impulsado por los incas, paralelamente con la formación y el desarrollo del Imperio Incaico. Los datos etnohistóricos, la evidencia arqueológica y los trabajos propiamente lingüísticos en materia de dialectología y reconstrucción de la protolengua, que han alcanzado un alto grado de desarrollo en los últimos treinta años, demuestran que el foco de origen y expansión de la lengua debe situarse en la costa y sierra centrales del Perú, en un territorio vecino al del aymara originario. La procedencia cusqueña queda desmentida al comprobarse que, por un lado, el espacio geográfico en el que se originó el imperio estaba inmerso en territorio de habla aymara incluso en pleno siglo XVI y XVII. De otro lado, el hecho de que sean los dialectos sureños y norteños los que pueden ser explicados a partir de los centrales, y no al revés, es una prueba contundente de la mayor antigüedad de éstos, los centrales, al mismo tiempo que nos sugiere el carácter tardío de la configuración de aquéllos, en especial la rama sureña.

Fases expansivas del quechua

De acuerdo con los estudios histórico-comparativos y dialectológicos del quechua, la lengua tuvo por lo menos cinco fases expansivas. La primera, a partir de su configuración inicial como *protoquechua*, localizado en la costa y sierra centrales, habría dado lugar a lo que hoy constituyen los dialectos centrales, hecho que habría ocurrido a comienzos de la era cristiana. La segunda expansión, alrededor del siglo VII, habría partido de la costa central en dos direcciones opuestas: por un lado, hacia la sierra norteña hasta llegar a Cajamarca; y, por el otro, hacia la costa sureña. La tercera etapa de difusión se habría orientado igualmente en dos direcciones, esta vez a partir de una zona localizada en Chincha: por el norte, llegaría hasta el Ecuador; por el sur, se internaría en dirección al Cusco. Es en esta fase, ocurrida alrededor del siglo XIII, que los incas habrían adoptado la lengua de origen chinchaisuyo, abandonando la suya, que era la aymara. En una cuarta fase, teniendo a los incas como sus impulsores, la lengua habría sido afianzada en el norte y expandida en el sur a costa del aymara y del puquina. Finalmente, la quinta fase corresponde a la difusión promovida por los propios conquistadores españoles que, utilizando la lengua como medio de evangelización, no sólo afirmó el quechua en los extremos norte y sur del antiguo imperio

(Ecuador y noroeste argentino), sino también lo promovió a las regiones selváticas. Se explica por qué entonces, con excepción de los dialectos centrales, el resto de las variedades, tanto al norte como al sur, están más próximas entre sí, al margen de sus peculiaridades, hecho que permite comprender también su mayor accesibilidad mutua en términos de inteligibilidad.

El quechua como lengua escrita

Aun cuando, como en el caso del aymara, seguramente hubo intentos previos por «fijar» la gramática de la lengua y al mismo tiempo emplearla en la elaboración de cartillas y catecismos, la primera documentación escrita del quechua se remonta a 1560, año en que el ilustre sevillano fray Domingo de Santo Tomás publica en Valladolid su obra gramatical y lexicográfica, que además tiene la virtud de contener los primeros textos escritos en quechua. Descrita y presentada como «lengua general», la versión codificada del quechua, cuya base fue la variedad chinchana, es la misma que se había distinguido como una suerte de *coiné* panandina por encima del resto de los dialectos quechuas y de la otra gran variedad de lenguas coexistentes.

Las obras de fray Domingo de Santo Tomás tuvieron una vigencia indisputada por espacio de 25 años. Con la celebración del III Concilio Limense (1582-1583) y sus disposiciones en materia de política evangelizadora y lingüística, se abrió una nueva etapa en el empleo del quechua como lengua escrita. Esta vez se recusó la variedad chinchaisuya, por considerarla «corrupta», y se promovió un dialecto de base cusqueña. Este nuevo registro, considerado, en oposición al chinchaisuyano como la variante cortesana será tomado como un modelo. Las autoridades sinodales, que inauguraron la imprenta en Sudamérica, no sólo ordenarían traducir y publicar en esta modalidad del quechua los textos conciliares sino que dispondrían también la publicación de un arte y vocabulario, aparecidos en 1586. Con posterioridad, el jesuita cacereño Diego González Holguín se encargaría de codificar, esta vez de manera explícita y directa, el dialecto cusqueño: en 1607 se publicó su *Arte* y al año siguiente apareció su monumental *Vocabulario*.

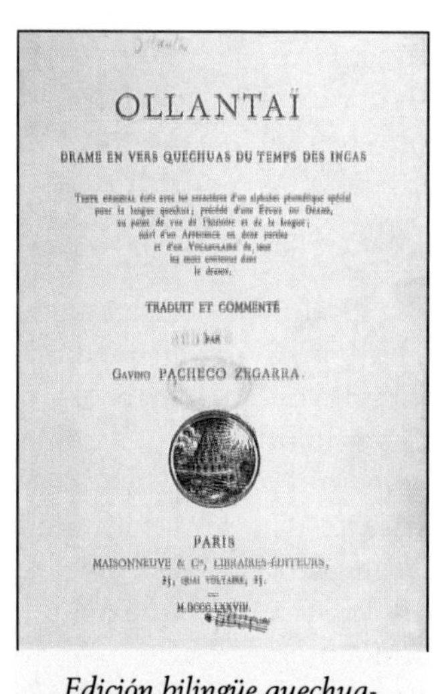

OLLANTAÏ

DRAME EN VERS QUECHUAS DU TEMPS DES INCAS

TRADUIT ET COMMENTÉ

PAR

GAVINO PACHECO ZEGARRA

PARIS

MAISONNEUVE & Cie, LIBRAIRES-ÉDITEURS,

M.DCCC.LXXVIII.

Edición bilingüe quechua-francés de Ollantay, *máximo exponente literario del mito y la tradición incas.*

Con la publicación del *Vocabulario* se inició la hegemonía del quechua cusqueño como lengua no sólo de estudio y reflexión sino de uso escrito, pues pronto se comenzó a abandonar el uso del quechua conciliar, en el que, sin embargo, se escribieron miles de páginas gracias al concurso de eximios quechuistas españoles, criollos y mestizos (Avendaño, Oré, Ávila, Pérez Bocanegra, Jurado Palomino, etc.). Y, luego del empleo instrumental de la lengua como medio de evangelización, surgió, entre finales del siglo XVII y comienzos del XVIII, el afán de criollos y mestizos, religiosos y profanos, por emplear el quechua como vehículo literario y artístico en autos y obras dramáticas, cuyo máximo exponente será el *Ollantay*. El predominio del quechua cusqueño y la completa obliteración de los dialectos ajenos a él será la nota dominante hasta el siglo XX.

Uno de los problemas relacionados con la escritura del quechua ha sido la falta de un sistema ortográfico unitario para las principales variedades, incluyendo la del quechua cusqueño. El intento de unificación ortográfica propugnado por el III Concilio, y cuya práctica tuvo una duración de algo más de una centuria, fue menoscabado sistemáticamente por los quechuistas pro-cusqueñistas que, impugnando toda otra variedad que no fuera la cusqueña como «corrupta» o «impura», querían ver reflejado en la escritura el dialecto cusqueño exclusivamente. Desde entonces han venido proliferando un sinnúmero de prácticas ortográficas, y sólo a partir de la segunda mitad del siglo XX han surgido varios intentos de normalización a través de la propuesta de nuevos alfabetos de inspiración fonológica. Tales propuestas, coincidentes en lo fundamental, han venido cuajando en sistemas más o menos equivalentes; y en la actualidad se advierte, en lo que respecta al quechua cusqueño, el afianzamiento de una norma única, apuntalada por los programas de educación bilingüe y avalada por una producción escrita que adquiere cada vez una mayor presencia: se trata del alfabeto oficial del quechua aprobado en 1985.

Situación sociolingüística

Desde el punto de vista lingüístico, la sociedad peruana se caracteriza por ser diglósica: al lado del castellano, que es la lengua oficial de la administración, se ordenan jerárquicamente, en segundo plano, las lenguas andinas, y en un tercer nivel, las lenguas amazónicas. Así aparece implícitamente estipulado en el artículo 48 del Capítulo I (Título II) de la Constitución vigente (1993), donde se afirma que «son idiomas oficiales el castellano, y, en las zonas donde predominan, también lo son el quechua, el aymara y las demás lenguas aborígenes».

La escuela, tradicional agente castellanizador, otorga hoy mayor atención al legado indígena.

Pérdida de las lenguas ancestrales

De esta manera, relegadas a un segundo y tercer planos, las lenguas indígenas sobreviven, muchas de ellas amenazadas de extinción, como el único vehículo de expresión y cohesión cultural de las distintas comunidades campesinas serranas y de las comunidades nativas de la Amazonia. Desplazadas de las esferas de la administración y del poder, su empleo aparece confinado a los ámbitos de la comunicación intracomunitaria y marginal. Los procesos de desestructuración de las comunidades indígenas, en la región andina mucho más que en la selvática, han tenido un efecto detrimental en la preservación de las lenguas vernáculas al incrementarse el bilingüismo fomentado por los agentes externos de cambio, entre los cuales la escuela ha desempeñado un rol fundamental como agente castellanizador y factor transmisor de las corrientes devaluadoras de las culturas ancestrales. Las migraciones del campo a la ciudad, el servicio militar obligatorio, los medios de comunicación masiva, la violencia creada por los conflictos internos y el narcotráfico, son otros tantos factores que han acelerado en los últimos años el proceso gradual de desplazamiento de las lenguas indígenas por parte del castellano. En este contexto, generado por los mecanismos de asimilación y globalización, el tipo de bilingüismo que ha prevalecido ha sido el de naturaleza sustractiva: los hijos de los bilingües devienen monolingües castellanos.

Como resultado de ello, comunidades íntegras serranas han perdido la lengua ancestral y otras muchas van por el mismo camino. Por lo que toca al quechua, los dialectos del norte, de por sí ya desmembrados, sufren un desplazamiento irreversible. Lo propio ocurre con algunos dialectos del quechua central, sobre todo en los lugares más cercanos a la metrópoli: toda la región serrana de Lima y el valle del Mantaro. El quechua sureño, por el contrario, se mantiene aún compacto y vigoroso, no obstante los embates del asimilacionismo generalizado en todo el país. Sin embargo, cuanto más próximos a las ciudades del interior, los pueblos se van castellanizando aceleradamente. La situación del aymara no es diferente: la variedad central se encuentra seriamente menoscabada y uno de sus dialectos (el cachuino) está a punto de extinguirse; la sureña, todavía vigorosa en el altiplano, cede igualmente al castellano en sus reductos de Moquegua y Tacna.

Correlación lingüístico-étnica

En términos de correlación lingüístico-étnica, con excepción tal vez del caso aymara, y aquí sólo del sureño, resulta evidente que la categoría quechua es un membrete de naturaleza «externa» que

Crítica a la Constitución de 1993

Esto es algo muy grave. Nosotros somos Pueblo y tenemos un territorio sagrado que no es intercambiable por cualquier otro. ¿Cómo puede una comunidad decidir sobre la integridad del territorio de un Pueblo? ¿Cómo puede una generación indígena disponer sobre territorios de sus abuelos y de sus nietos?

Comentarios de AIDESE,
Tomados de *Voz Indígena*

Pobladores originarios de la sierra peruana, asentados posteriormente como agricultores y buscadores de oro en los territorios de la selva amazónica, en el departamento de Madre de Dios.

no identifica a toda la población que hace uso de la lengua en sus distintas variedades, salvo en aquellos lugares en los que las lenguas nativas entran en contacto, como es el caso de algunas comunidades del altiplano. Por debajo de dicho rótulo o de la designación genérica de «pueblo quechua», prevalecen las lealtades e identidades locales y regionales que se remontan a épocas prehispánicas: huaylas, conchucos, tarmas, huancas, pocras, chancas, etcétera, muchas de las cuales, además, se han venido configurando a lo largo de la Colonia como resultado de las reducciones y repoblamientos. En el mismo altiplano, pueblos antiguos como los puquinas y uruquillas han devenido aymaras y hoy, perdida su identidad originaria, se identifican como tales; pero al mismo tiempo, pueblos aymaras primigenios, como los canas, canchis o condes, han devenido en quechuahablantes, y ello no ha impedido que sigan identificándose como distintos de los cusqueños o de los chancas. En fin, los hablantes aymara de las serranías de Lima no sólo no se consideran aymaras sino que rechazan cualquier identificación con los pueblos del altiplano, prefiriendo adherirse a sus viejas identidades locales: antes que aymaras se autodesignan *tupinos*. De allí que las designaciones de quechua y aymara que suelen emplear los lingüistas y los antropólogos son categorías abstractas que responden a su objeto de estudio antes que a una realidad étnica tangible.

Oficialización del quechua

Decretada la oficialización del quechua por el gobierno del general Velasco Alvarado (1975), como una medida que en el plano ideológico buscaba respaldar las profundas transformaciones socioeconómicas emprendidas, se tradujo, en el campo de la educación, en una institucionalización de la política de educación bilingüe para los pueblos de habla vernácula.

Se dictaron entonces medidas tendientes a su implementación (codificación de las variedades quechuas identificadas como las más importantes, oficialización de un alfabeto general), aunque pronto quedarían paralizadas al sobrevenir la llamada *segunda fase* del gobierno militar, la misma que acabó desmantelando las reformas estructurales iniciadas en la fase anterior. Desde entonces hasta la fecha, sin embargo, no ha desmayado el clamor por una educación bilingüe entre las organizaciones de base tanto campesinas como selváticas, apoyadas por instituciones y programas que trabajan con ellas. Hasta ahora, ésta ha venido ensayándose, con carácter experimental, en muchos lugares de la sierra y de la selva, a cargo de instituciones binacionales respaldadas por convenios internacionales, sin que los sucesivos gobiernos hayan encarado de manera frontal el problema educativo de las poblaciones que no dominan el castellano. Últimamente, y pese a la corriente neoliberal y globalizante que caracteriza al gobierno, se advierte una mayor toma de conciencia en la lucha por la reivindicación cultural e idiomática, en la selva con más convicción que en la sierra, como una medida tendiente a contrarrestar el

El tipo de bilingüismo que ha prevalecido ha sido el de naturaleza sustractiva: los hijos de los bilingües devienen monolingües castellanos.

avasallamiento por parte del castellano y la cultura a la que vehiculiza. De allí también el clamor por una educación bilingüe intercultural que acabe con la imposición unilateral de los valores occidentales y busque una comunicación horizontal en el seno de un país tradicionalmente multilingüe y pluricultural.

Relación quechua-aymara

Uno de los aspectos que llamó la atención de los estudiosos desde la época colonial fue el tipo de relación que guardaban entre sí las dos «lenguas mayores» andinas: el quechua y el aymara. La razón de ello radica en el extraordinario parecido que tienen ambas lenguas desde el punto de vista tipológico-estructural. La semejanza, al margen de las peculiaridades, se da en todos los niveles: fonológico, gramatical y léxico-semántico. Esta similitud puede ser achacada entonces a un origen común o a un desarrollo paralelo motivado por la coexistencia de ambos idiomas en un mismo espacio geográfico a lo largo de varios milenios. Así surgieron dos hipótesis encontradas: la primera, que postula un mismo origen a partir de una matriz común —el llamado *quechumara*— y la segunda, descartando el origen común, propone un desarrollo convergente que explicaría las similitudes de tipo formal y semántico.

Planteadas de forma excluyente, ambas hipótesis llegaron a un punto muerto. Ni las formas discrepantes pueden reducirse a una fuente común originaria ni las extraordinarias similitudes se avienen con la tesis de la simple convergencia. Frente a tal impase, en los últimos años viene tomando cuerpo entre los estudiosos una tercera hipótesis que busca conciliar las posiciones extremas en provecho de una solución mixta: según ésta, las dos lenguas habrían tenido un origen común en una época muy antigua, lo que explicaría las similitudes más profundas; pero luego, una vez separadas, al permanecer en contacto continuo, habrían ido acercando sus estructuras, en distintas épocas, al punto de desarrollar los rasgos comunes, más superficiales, que ostentan. Estas interinfluencias se han venido dando de una lengua a otra, y entre sus diversos dialectos, primeramente del aymara al quechua y luego en dirección contraria, fenómeno éste que se habría acentuado en tiempos de la expansión del quechua hacia el sudeste andino. Por lo demás, ambas lenguas habrían sufrido remodelaciones no sólo a través del contacto entre ambas, sino también como resultado de las influencias de algunos idiomas de sustrato a los cuales desplazaron inexorablemente en sus procesos expansivos.

Lenguas y pueblos amazónicos

Nativo asháninca pescando con artes primitivas en la ribera amazónica.

En la Amazonia se distingue una amplia diversidad de culturas en la que coexisten dos sectores sociales importantes: los ribereños y los colonos, además de una extensa población indígena.

Ribereños

El sector conocido con los nombres de *ribereños, mestizos ribereños* o *campesinos ribereños* es característico de algunas regiones de la selva baja, principalmente Loreto y Ucayali y, en menor medida, San Martín (bajo Huallaga) y Huánuco (Pachitea). Cuando se habla de ribereños se alude a un vasto sector dentro del cual se engloba a indígenas que han perdido sus características identificatorias o que simplemente se niegan a reconocerse como tales, a causa de las seculares presiones racistas; a campesinos mestizos migrantes de otros departamentos amazónicos (como San Martín y Amazonas), que llegaron a la selva baja durante la época del caucho o posteriormente; y a descendientes de matrimonios mixtos entre indígenas y dichos campesinos. Esta caracterización de los ribereños explica las semejanzas entre los sistemas de organización, producción y costumbres y creencias propios y los de los indígenas, y también las alianzas que se producen entre ambos sectores.

Colonos

Desde las primeras décadas del siglo XX, muchas zonas de la selva alta comenzaron a recibir inmigrantes provenientes de comunidades andinas que habían quedado sin tierras. Este proceso se dio principalmente en las zonas de la selva central, entre los 300 y los 400 km al este de Lima. Más tarde se reprodujo en la selva sur (Cusco y Puno); y en el curso alto y medio del río Huallaga, que atraviesa los departamentos de Huánuco y San Martín.

Muchos de estos procesos migratorios fueron impulsados directamente por el Estado, en lo que se conoce como colonizaciones dirigidas. La llamada carretera Marginal de la selva, construida por el gobierno del presidente Fernando Belaúnde Terry, el principal promotor de esta política de colonización, se construyó precisamente con esta finalidad.

Frente al fracaso de los cultivos propuestos para las zonas de colonización (café, té, frutales, maíz y otras plantaciones), a partir de la década de 1960, se produjo una gran expansión del cultivo de coca, tradicional en la región desde épocas preincaicas, para satisfacer la creciente demanda de cocaína a nivel mundial. La importancia de este cultivo ha llegado a ser tan grande que a inicios de los años noventa ocupó el segundo lugar en las estadísticas nacionales en cuanto a área sembrada y el primer lugar en valor de producción.

Junto con el narcotráfico abastecedor de las redes internacionales se instalaron en esas zonas dos grupos alzados en armas: Sendero Luminoso (SL) y Movimiento Revolucionario Túpac Amaru (MRTA). Narcotráfico, subversión y represión de las Fuerzas Armadas y actuaciones de grupos paramilitares crearon un escenario de violencia en la zona que tuvo trágicas consecuencias para colonos y nativos.

Ponencia de AIDESEP

Hoy se nos llama para buscar, precisamente en nuestra esencia de pueblos originarios, las pautas para detener el desastre originado por aquellas iniciativas y consolidar el desarrollo futuro desde otras perspectivas. Por decenas de años «el progreso» ha consistido en alterar ese medio, en destruir su integridad así como en condenar nuestra sabiduría y romper nuestro sistema de transmisión de conocimientos y nuestra estima por ese saber.

Taller sobre pueblos indígenas y desarrollo,
Asociación Indígena de Desarrollo
de la Selva Peruana,
Washington, septiembre de 1993

Las organizaciones indígenas

El *leitmotiv* de las organizaciones indígenas de la Amazonia peruana, al igual que lo que ha sucedido en otras partes del mundo, ha sido la lucha por la tierra. Hoy existen alrededor de cincuenta organizaciones regionales, llamadas federaciones, asociaciones o consejos, que agrupan un número variable de comunidades, afiliadas a dos confederaciones nacionales: la Asociación Indígena de Desarrollo de la Selva Peruana (AIDESEP) y la Confederación de Nacionalidades de la Amazonia Peruana (CONAP). La primera, en convenio con el Estado, desarrolla una serie de programas orientados a titular las tierras comunales, a mejorar la atención de salud de la población y a la elaboración y puesta en marcha de un programa bilingüe intercultural de educación escolar. La segunda no ejecuta programas específicos.

Los arahuaca

Dentro de esta familia lingüística existen tres subfamilias: la arahuaca preandina, la arahuaca arawana y la arahuaca chamicura, que a su vez integran distintas comunidades con asentamientos geográficos muy distantes entre sí pero que conservan el mismo tronco lingüístico.

Arahuaca preandina

Componen esta subfamilia los siguientes pueblos indígenas: los amuesha, los asháninca, los machiguenga y los piro.

El pueblo amuesha se da a sí mismo el nombre de yanesha. Su población es de unas 6,500 personas, que viven en 35 comunidades ubicadas en los ríos Palcazu y afluentes, y en el curso bajo del Pichis, y también en la zonas de Villa Rica y Oxapampa. El Estado, desde 1850, impulsó la inmigración europea para colonizar Oxapampa. En oleadas sucesivas fueron llegando tiroleses, italianos y franceses. El bosque nativo fue arrasado por la explotación forestal y el establecimiento de pastos para crianza de ganado, y los indígenas perdieron sus tierras o quedaron reducidos en pequeñas extensiones. Con el paso del tiempo, los yaneshas iniciaron un proceso de organización que los llevó a formar, en 1969, la primera federación indígena en la Amazonia peruana: el Congreso Amuesha, que luego se convirtió en la Federación de Comunidades Nativas Yaneshas (FECONAYA), fundadora de CONAP. Este pueblo también ha sufrido las consecuencias de la expansión del cultivo de la coca y de la guerra desatada por los grupos levantados en armas.

Dentro del pueblo asháninca existen diversos subgrupos, con pequeñas diferencias dialectales y sociales, que se llaman a sí mismos de diversos modos: asháninca, asháninga, ashéninca, atiri, atsiri y caquintei. Estos nombres, como sucede con la generalidad de los pueblos indígenas amazónicos, significan «gente». Su población se estima en 60,000 personas, asentadas en unas 420 comunidades. Su área de dispersión abarca los ríos Apurímac, Ene, Tambo, alto Ucayali, bajo Urubamba, Perené, Pachitea, Yurúa y Pichis, y las zonas del Gran Pajonal y Satipo.

Un pequeño grupo de ashánincas habita en el río Yurúa, en Brasil, hacia donde fueron llevados a finales del siglo XIX por caucheros. A partir de 1980 dicha comunidad ha sido afectada por la expansión del cultivo de coca y el tráfico de droga. Desde comienzos de esa década, primero SL y, luego, el MRTA incursionaron en la vasta región de asentamiento de los ashánincas, que atravesó por una etapa de extrema violencia. Las comunidades del Tambo y alto Ucayali estuvieron sometidas, hasta 1988, a condiciones de esclavitud por los «patrones» de la zona. La confederación indígena AIDESEP denunció la situación ante la OIT ese año y desarrolló un intenso trabajo de organización de las comunidades de la zona.

Aunque muchos opinan que el pueblo machiguenga es el mismo que el asháninca, se sigue considerando aparte, porque tanto el uno como el

Poblado machiguenga en el Parque Nacional del Manu. Sus pobladores provienen de las cabeceras del río Urubamba, de donde fueron traídos por misioneros protestantes.

otro afirman sus diferencias. Los machiguengas suman alrededor de 15,000 personas, asentadas en 25 comunidades que se hallan ubicadas, principalmente, en el curso alto y medio del Urubamba y sus afluentes, pero también en el Poyeni y Manu. El curso del Urubamba comprendido entre Quillabamba y el Pongo de Mainique, que constituye la entrada hacia la selva baja, fue tempranamente afectado por procesos de colonización provenientes de la zona andina de Cusco.

Allí se establecieron haciendas sobre las tierras de los indígenas. El café, el cacao y la coca fueron los cultivos que se expandieron hasta esta zona. En la década de 1980 las corrientes colonizadoras franquearon la barrera del mencionado Pongo y afectaron a las comunidades de esa parte del río. La organización de los machiguengas en federaciones les ha permitido garantizar parte de sus tierras y hacer frente a los colonos. La coca y la subversión afectaron a los machiguengas, aunque en menor medida que sus vecinos ashánincas.

El pueblo piro se da a sí mismo el nombre de yiné. Su población comprende unas 5,000 personas, que se hallan asentadas en una quincena de comunidades ubicadas en el curso bajo del Urubamba, y también en los ríos Madre de Dios y Cushabatay, este último afluente del medio Ucayali, por la margen izquierda. Existe población yiné a lo largo del río Acre, en territorio brasileño. Antiguamente ocupaban parte del Tambo y el Urubamba. Se piensa que los que existen hoy en las tan lejanas zonas del Cushabatay y Madre de Dios fueron llevados por caucheros y otros patrones. Ellos mantuvieron relaciones de intercambio con los incas y su comercio con Cusco se prolongó incluso hasta los primeros años de la República.

Arahuaca arawana

Esta subfamilia lingüística abarca sólo una comunidad indígena: los culina. Se trata de un pueblo actualmente muy pequeño, unas 800 personas, que viven en 6 comunidades del río Purús. Se denominan a sí mismos madija. También están en Brasil. Patrones y comerciantes de la cuenca tienen bajo su dominio a los madijas y a otros indígenas del Purús.

Arahuaca chamicura

Esta tercera subfamilia se compone de un único pueblo indígena: los chamicura. Habitan sólo en una comunidad, Pampa Hermosa, ubicada en el curso bajo del Huallaga, dentro del área de influencia política de la Federación de Comunidades Cocama-Cocamillas (FEDECOCA). Su población es, aproximadamente, de 250 personas.

Indígena perteneciente al pueblo de los bora, de la comunidad asentada en la capital de Loreto, Iquitos. Los bora han creado comunidades autónomas con títulos de propiedad sobre sus tierras.

Mujer aguaruna, de la comunidad indígena que se denomina a sí misma aents, *perteneciente a uno de los asentamientos más numerosos, con una población cercana a las 40,000 personas.*

Otros pueblos indígenas

Bora

Las comunidades de este pueblo, unas ocho, se asientan en los ríos Ampiyacu, Yaguasyacu y Putumayo. Se estima su población en 2,000 personas. Viven también en Colombia. Boras, huitotos y ocainas fueron traídos por patrones peruanos a la caída del auge del caucho, en la década de 1920. Antes habitaban entre los ríos Putumayo y Caquetá, y en sus afluentes. La explotación del caucho tuvo efectos muy nefastos para estos pueblos, ya que les significó una tremenda caída demográfica y una fuerte alteración de su sistema organizativo. Las comunidades boras, huitotos y ocainas del Ampiyacu y Putumayo se han podido librar del poder de los patrones y crear comunidades autónomas con títulos sobre sus tierras.

Capanahua

Llamado a sí mismo canpo piyapi, este pueblo chayahuita, compuesto por unas 9,000 personas, se asienta en cerca de 55 comunidades ubicadas a orillas de los ríos Paranapura y Shanusi, que vierten sus aguas hacia el Huallaga, y Sillay y Cahuapanas, que lo hacen hacia el Marañón. Este pueblo fue afectado tempranamente por la colonización, y a principios del siglo XVII su población había sido severamente reducida debido al tráfico de esclavos. Durante este siglo, los jesuitas redujeron a estos indígenas en diversas misiones. La expansión de colonos y la presencia de patrones madereros y ganaderos es fuerte en las cuencas del Paranapura y Shanusi, y afecta hasta hoy al pueblo chayahuita.

Llamado a sí mismo shiwilu, el pueblo jebero, integrado por unas 4,000 personas, habita en el distrito de Jeberos, provincia de Alto Amazonas. Ellos fueron, al igual que los chayahuitas, sometidos a la esclavitud y a la evangelización jesuítica durante el siglo XVII. Cuando se pensaba que este pueblo había perdido por completo sus propias características culturales, los jeberos iniciaron en 1993 un activo movimiento organizativo. Ese año, en el marco de un festival regional de teatro realizado en Iquitos, escenificaron, ante la sorpresa general, una obra en su propia lengua, que se daba por extinguida.

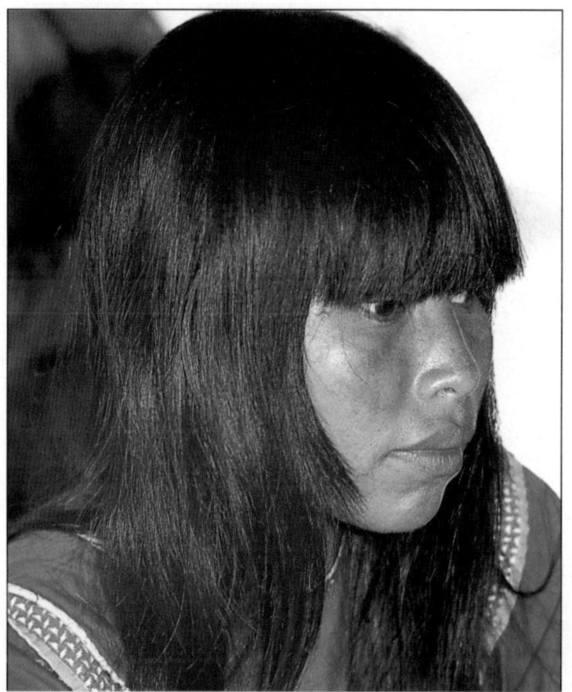

Indígena perteneciente a una de las 120 comunidades shipibo, de unas 25,000 personas con asentamientos a lo largo del río Ucayali y sus afluentes, en la gran cuenca amazónica.

Nombrados a sí mismos nihamwos, *los yaguas componen 40 comunidades que suman aproximadamente 6,000 personas, ubicadas en el curso bajo del río Amazonas y sus afluentes.*

Candoshi

Las 2,800 personas que, en aproximadamente 15 comunidades, conforman el pueblo candoshi, tienen su asentamiento en el curso bajo del Pastaza y sus afluentes. Se les conoce también con el nombre de murato. Los shapras son un subgrupo candoshi, integrado por 1,800 personas asentadas en 10 comunidades ubicadas en las riberas del río Morona y sus afluentes. En 1991, la Federación de Comunidades Nativas Candoshis del Distrito de Pastaza (FECONACADIP) consiguió recuperar el lago Rimachi (que rebautizó como Musa Karusha), para uso y control de sus comunidades. El peligro actual que se cierne sobre el área es la explotación petrolera, ya que el gobierno ha suscrito hace poco contratos para tal fin, con empresas transnacionales.

Harakmbut

El tronco harakmbut está representado por el pueblo amarakaeri y sus subgrupos: huachipaire, sapiteri o arasaire y toyoeri. Son alrededor de 1,800 personas, distribuidas en 11 comunidades en el río Madre de Dios y afluentes. Los caucheros incursionaron en esta zona a finales del siglo XIX. Muchos indígenas fueron esclavizados o masacrados. En la década de 1970 se inició la explotación de los placeres auríferos de la cuenca. Las tierras de las comunidades han sido afectadas, ya que parte de la extracción se realiza en los antiguos cauces del río, lo cual implica remover gran cantidad de material. El mercurio arrojado al río contamina las aguas hasta niveles peligrosos para la vida humana.

Huitoto

Dentro del tronco huitoto cabe señalar dos grupos principales: los huitoto y los ocaina.

Dentro del grupo huitoto existen al menos tres subgrupos: meneca, murui y muinane. Son unos 1,800 individuos, asentados en 20 comunidades ubicadas en las cuencas de los ríos Ampiyacu, Putumayo y Nanay. También están en Colombia. En las comunidades huitotas de los ríos Ampiyacu y Putumayo viven integrados miembros de un pueblo demográficamente en extinción, el andoque (del mismo tronco lingüístico), cuya población se estima en 40 personas.

Indígenas de una comunidad yagua. Su dispersión geográfica no les ha permitido consolidar su propia representación política.

Los ocainas se autodenominan dukaiya o ibo'tsa. Son unas 500 personas que viven en 7 comunidades, en los ríos Ampiyacu, Yaguasyacu y Putumayo. Distribuidos en ellas, se encuentran también los últimos representantes del pueblo resígaro (familia arahuaca), una treintena de personas. Ocainas y resígaros viven también en Colombia.

Jíbaro

El tronco jíbaro abarca a los achuares, a los aguaruna y a los huambisa.

Los achuares o achuales habitan en las cuencas de los ríos Morona, Pastaza, Tigre, Corrientes y Macusaní. Son unas 13,000 personas, asentadas en una cincuentena de comunidades. También habitan en el Ecuador. Las comunidades del Tigre y Pastaza han sido afectadas por la contaminación causada por la extracción de petróleo. Las comunidades situadas en el Pastaza mantienen hoy una férrea oposición al inicio de los trabajos de la transnacional petrolera Atlantic Richfield Company (ARCO).

Llamado a sí mismo aents, al igual que los achuar, el aguaruna es uno de los pueblos más numerosos, con aproximadamente 40,000 personas, asentadas en 200 comunidades, que se encuentran en el curso alto y medio del Marañón y afluentes, y en el Alto Mayo. El intento de establecer *fronteras vivas* en la zona con licenciados del ejército, realizado en la década de 1960, originó que los aguarunas sufrieran muchos atropellos y que algunas comunidades perdieran parte o la totalidad de sus tierras. En 1977 se constituyó el CAH, (Consejo Aguaruna Huambisa), una de las organizaciones que durante mucho tiempo demostró más fuerza en la defensa de los derechos de las comunidades. Lograron frenar la colonización y así asegurar para los indígenas una parte importante de su territorio. El conflicto armado con el Ecuador, en enero-febrero de 1995, ha causado un fuerte impacto en las comunidades del Alto Marañón, en especial, en las del río Cenepa, por donde pasaron las tropas camino de la frontera.

El pueblo huambisa está integrado por unas 8,000 personas, que se hallan asentadas en 40 comunidades ubicadas en las cuencas de los ríos Santiago y Morona. Gran parte de los huambisas viven en Ecuador, donde se les conoce con el nombre de shuares. Su problemática es similar a la de los aguarunas que habitan el alto Marañón.

Hombres lamistas de Tarapoto, cuya lengua es el quechua. Se llaman a sí mismos llakwash. *Antiguamente se les conocía con el nombre de* motilones.

Pano

Los nueve pueblos que conforman el tronco pano son los siguientes: amahuaca, capanahua, cashibo-cacataibo, cashinahua, isconahua, mayoruna, sharanahua, shipibo-canibo y yaminahua.

Los amahuaca se autodeneminan yora. Este pueblo, de unas 2,000 personas y 5 comunidades, se asienta a orillas de los ríos Curanja, Inuya, Sepahua y Mapuya. Existen amahuacas también en zonas de Brasil. Patrones madereros controlan parte de este pueblo mediante el sistema de endeudamiento a cambio de productos del bosque (*habilitación*).

Los capanahua se llaman a sí mismos nuquencaibo. Son unas 900 personas, asentadas en 4 comunidades establecidas a orillas de los ríos Buncuya y Tapiche.

El pueblo cashibo-cacataibo se llama a sí mismo uni. Su población, unas 3,200 personas, habita en 12 comunidades, ubicadas a orillas de los ríos Aguaytía y afluentes. Antiguamente eran más numerosos y sus asentamientos llegaban hasta el río Palcazu. El Aguaytía quedó expuesto a la colonización durante la construcción de la carretera Lima-Pucallpa, en 1940. Aquellos que quedaron más cerca de este eje fueron expulsados de sus tierras. Las enfermedades introducidas en esa época causaron estragos entre los unis. Además, con la carretera Puerto Bermúdez-Pucallpa, construida en la década de 1980, llegaron a su territorio nuevos contingentes de colonos que impulsaron el cultivo de coca. Por esto y por la presencia de SL y MRTA y de las fuerzas contrainsurgentes, la violencia alcanzó niveles muy elevados en la cuenca.

Autodenominados junikuín, los cashinahua se encuentran en los ríos Curanja y Purús. Son unas 2,500 personas distribuidas en 4 comunidades, aunque parte de la población vive aislada. Habitan también en Brasil.

Los isconahuas, autodenominados iscobaquebu, viven en comunidades shipibas del medio Ucayali. Son aproximadamente 120 personas.

Autodenominados matsé, los mayoruna viven en el Yaquerana y afluentes, y también en Brasil. Son cerca de 2,200 personas. A mediados de la década de 1990, el Ministerio de Agricultura les tituló en su favor 40,000 hectáreas.

Los sharanahuas tienen varios subgrupos: marinahua, chandinahua y mastanahua. Su población es de aproximadamente 2,400 personas, que se hallan asentadas en 8 comunidades a orillas de

Joven perteneciente al pueblo bora, el cual se distribuye en ocho comunidades que suman unas dos mil personas. Habitan en las cuencas de los ríos Putumayo, Ampiyacu y Yaguasyacu.

los ríos Purús, Acre y Curanja. También están en territorio brasileño.

Los shipibo-conibo tienen una población estimada en 25,000 personas, que habitan unas 120 comunidades a lo largo del Ucayali y sus afluentes. Con la llegada de la carretera a Pucallpa, en 1943, y el desarrollo de la industria de aserrío y del comercio, las comunidades se vieron expuestas a la ilegal extracción de sus recursos forestales. Al igual que en otras regiones, la coca y los movimientos subversivos han generado una situación de gran violencia.

Los yaminahua tienen una población aproximada de unas 900 personas, que viven en 4 comunidades. Se asientan a orillas del Purús, Curiuja, Piedras, Mapuya y Huacapishtea. También viven en Brasil.

Peba-Yagua

Nombrado a sí mismo nihamwo, el pueblo yagua se compone de unas 6,000 personas que viven en aproximadamente 40 comunidades, ubicadas en el curso bajo del Amazonas y afluentes. También se encuentra en Colombia y Brasil. La dependencia de los patrones y lo amplio de la zona de dispersión donde se asientan las comunidades, no ha permitido a los yaguas consolidar su propia representación política.

Quechua

La familia quechua abarca cuatro pueblos: el lamista, el quechua del Napo, el qucchua del Pastaza y el quechua del Tigre.

Los lamistas se llaman a sí mismos llakwash. Antiguamente se les conocía también con el nombre de motilones. Su población es de unas 22,000 personas. Es difícil indicar en cuántas comunidades se distribuyen, ya que ninguna de ellas ha sido reconocida por el Estado. Aunque sus esfuerzos por organizarse son muy recientes y aún poco sólidos, destaca el hecho de que, al menos una parte de ellos, quiera reafirmar su identidad indígena, a pesar de haber sido considerados, desde hace años, como mestizos.

Los quechuas del Napo son unas 18,000 personas asentadas principalmente en la cuenca del río Napo, curso alto y medio, aunque también viven en el Putumayo y, una comunidad, en el otro extremo de la Amazonia, al sur, en Madre de Dios, adonde fueron llevados por los caucheros, a comienzos del siglo XX, para trabajar en los gomales. En total, conforman unas 40 comunidades. Esta población llegó procedente del Ecuador, a finales del siglo XIX, traída también, como mano de obra, por los caucheros.

Los quechuas del Pastaza se llaman a sí mismos inga. Este grupo está compuesto por alrededor de 4,500 personas, asentadas en 20 comunidades. Viven en el lago Anatico y en el Pastaza. También están en Ecuador. Su lengua tiene pocas diferencias con el quechua del Napo y del Tigre. Al parecer ellos habrían llegado a la cuenca a fines del siglo XIX procedentes de Ecuador, influyendo al Pueblo Andoa que, parcialmente, ha reemplazado su propia lengua por el quechua.

Los quechuas del Tigre se autodenominan alama. Son unas 4,000 personas distribuidas en una decena de comunidades y en un número no precisado de caseríos mestizos, ubicados en las cuencas de los ríos Tigre, Curaray y Arabela. Habitan igualmente en Ecuador. Uno de los graves problemas que sufre esta comunidad, es la contaminación de las aguas de los ríos causada por la activa explotación petrolera.

Reunión de representantes de numerosas tribus amazónicas, en Pucallpa, departamento de Ucayali, vestidos con sus atuendos tradicionales y portando banderas peruanas.

Tacana

Dentro del grupo tacana destaca el pueblo huarayo. Llamado a sí mismo ese'ejja, este pueblo tiene una población aproximada de 1,400 personas distribuidas en 8 comunidades asentadas en el curso bajo de los ríos Madre de Dios, Tambopata y Heath. La mayor parte de la población ese'ejja vive en Bolivia.

Taushiro

Se llama a sí mismo itechi. Es un pueblo en extinción del cual no se encuentran hoy más que unos pocos sobrevivientes, todos integrados en comunidades quechuas y mestizas del río Tigre.

Ticuna

Este pueblo se llama a sí mismo duüxügu. Está integrado por unas 5,500 personas, distribuidas en 20 comunidades ubicadas en el curso bajo del Amazonas y afluentes. También viven en Colombia y Brasil. En este último país suman más de 20,000. En años pasados, hicieron algunos intentos de organizar una federación conjuntamente con los ticunas de Brasil y Colombia, que tampoco ha prosperado.

Tucano

El tronco tucano está compuesto de dos comunidades: los orejones y los secoyas.

Los orejones se autodenominan mai huna. Se trata de unas 400 personas distribuidas en 5 comunidades de los ríos Napo, Yanayacu, Sucusari, Algodón y Putumayo. Conocidos con el nombre de orejones por su antigua costumbre de agrandarse los lóbulos de las orejas mediante la introducción de discos de madera de balsa, los mai hunas fueron reducidos por los misioneros a finales del siglo XVII. Un siglo más tarde, la viruela produjo grandes estragos entre la población.

El pueblo secoya, conocido también en la literatura colonial con los nombres de encabellado, piojé, angotero, icaguate y otros, se autodenomina pay. Se trata de una población total de 700 personas, distribuidas en 8 comunidades, asentadas en afluentes de la cuenca alta de los ríos Napo y Putumayo. También viven en el Ecuador. El mayor problema actual de los pay asentados en los afluentes del Alto Putumayo (Angusilla y Yubineto) es la explotación forestal de los bosques de sus comunidades que llevan a cabo empresarios colombianos.

El aumento de la migración en las riberas del Amazonas ha hecho que gran parte de la población indígena incorpore a su tradición costumbres costeñas y andinas.

Tupi-Guaraní

Dos son los pueblos que conforman el tronco tupi-guaraní: el cocama-cocamilla y el omagua.

Cien comunidades de unas 35,000 personas, asentadas en los cursos bajos de los ríos Huallaga, Marañón, Ucayali y Nanay, y también en el Amazonas, constituyen el pueblo cocama-cocamilla. Los cocamas-cocamillas son un componente fundamental de la población mestiza de las regiones de Ucayali y Loreto. A pesar de su alto grado de mestizaje, los cocama-cocamillas constituyen un buen ejemplo de cómo un pueblo puede recomponer su propia cultura, apropiándose e incorporando dentro de ella conocimientos y tecnologías llegados de fuera.

En cuanto a los omaguas, al parecer se trata de una población compuesta por unas 600 personas que viven en la actualidad distribuidas en comunidades cocamas. No se afirman como sociedad diferenciada.

Urarina

Conocido también con el nombre de itucali, este pueblo vive principalmente en el río Chambira y sus afluentes, pero también en el Urituyacu, Tigre y Corrientes. Son unas 30 comunidades con un total de 5,000 personas. En 1950 una epidemia causó la muerte de numerosas urarinas. Están sometidos, en su mayoría, por los patrones, a quienes deben vender sus cosechas y las pieles de los animales que cazan.

Záparo

Tres pueblos pertenecen al tronco záparo: los andoa, los arabela y los iquito.

Conocidos en el pasado con los nombres de semigae, gae y gaye, los andoas son unas 80 personas, asentadas en una sola comunidad que se ubica en el Pastaza. La mayoría se ha integrado con los quechua del Pastaza, perdiendo incluso su propia lengua.

Llamado a sí mismo tapueyocuaca, el pueblo arabela está integrado por unas 350 personas distribuidas en un par de comunidades. Habitan en el río Arabela, afluente del Curaray por la margen derecha. Muchos arabelas se han casado con quechuas del Napo, aprendiendo las dos lenguas.

Los iquito forman un pueblo integrado por unas 350 personas y tienen su asentamiento en el Alto Nanay. Antiguamente ocupaban también las orillas del Amazonas. Este pueblo da origen al nombre de la ciudad capital de Loreto.

Cultura tradicional

Mitos, leyendas y tradiciones

Arte popular y artesanías

Fiestas populares

Música y danzas

En el Cusco, antigua capital de los incas, se celebran importantes fiestas religiosas en las que vírgenes y santos salen de las iglesias ricamente vestidos a hombros de sus devotos cargadores.

Mitos, leyendas y tradiciones

El folclore en el Perú se nutre de numerosas vertientes; unas arrancan de un pasado de milenios y otras se incorporan a lo largo de los últimos cuatrocientos años, produciéndose un «trabajo de laboratorio» integrador, donde se siente la fuerza, el sabor y el color de los Andes. El famoso *Crucificado de Lunes Santo*, del Cusco, representa al Rabí de Galilea y fue tallado en madera de maguey; su corona de espinas es de oro del Kamanti, y los pétalos rojos que caen sobre su cuerpo en llamarada son del *ñuqchu*, una pequeña flor nativa; la contradanza imita el baile de maestros y aprendices de las aldeas rurales de Occidente, pero el bordado de sus ropajes de terciopelo tiene diseños de los ponchos *queros*; la *milaqtraka* es una manta tejida en telar prehispánico y, sin embargo, entre las flores huarochiranas, aparece garboso el caballo que cruzó dos océanos. Estos tres ejemplos representan el espíritu de dos mundos, tan presente en la mayoría de estas expresiones que sería imposible separarlas.

Danzante de tijeras, baile tradicional de Puquio, en el departamento de Ayacucho.

Los orígenes de la cultura

Los mitos surgen cuando las gentes se preguntan el origen de cuanto les rodea y de sí mismos. Cada cultura tiene su propio dios creador, y la imaginación se desarrolla de forma distinta en cada lugar, según su situación geográfica, su clima y su piso ecológico. El panteón u olimpo peruano es extenso. Kon es uno de los dioses creadores de la costa, al igual que Pachacámac, Vichama o Ai Apaiek. Los hombres, algunas veces, son su hechura; otras, nacen de la unión de dos estrellas; o bajan en el interior de huevos de oro, los señores; de plata, las mujeres nobles; y de cobre, el pueblo.

Entre muchas representaciones míticas interesantes cabe citar el caso de Naymlap, jefe llampallek, al que le crecen alas y vuela después de establecer en buenas tierras a su pueblo. En Huancayo, son el Taita y la Mama, que aparecen en pareja junto a una gran roca después de que los dioses rompan los diques para que surja un hermoso valle. En el altiplano, Pacha Yachachiq es el creador del primer hombre, Viracocha, del untu, la grasa vital de la piedra, las plantas y los animales. En el Cusco, los incas nacen en el interior de Tamputoko, el cerro de las tres ventanas. Son los cápac —todopoderosos—, así como los tambos y los maras, sus servidores. Las *paqarinas* o lugares de nacimiento de otros pueblos, son numerosas. Los chinchas son hijos de Chinchaycámac, el dios jaguar. Los chancas, pocras y huancas salen de la laguna de Choclococha. En la selva, los nativos piros son hechos de la madera del *ñaromete*, que consideran un árbol sagrado, y los huachipaires, junto con otras naciones, salen del *waname*, un árbol mágico cuya semilla fue sembrada por un papagayo en el vientre de una niña virgen, la Pachamama.

Agricultura y ganadería

Los pueblos del Perú domesticaron más de seiscientas especies vegetales mediante interesantes trabajos genéticos, y alrededor de treinta especies animales, pero la explicación de los procesos se transmite de un siglo a otro a través de la leyenda. El maíz, en la región yunga, representa a

Ayahuasca, una de las plantas sagradas que crece como enredadera y es usada por pueblos selváticos con fines principalmente mágicos y de curación. Es fuertemente alucinógena.

Mitos y leyendas

Los kúntures (cóndores) no envejecen nunca, ni mueren de muerte natural. Son eternos, como las nieves del Salcantay, como las neblinas del Yana Pacha, como la laguna de Muyu Orqo. Cuando se sienten ancianos y el pico se les motosea y se les apodera un insólito temblor de las piernas... cuando han perdido la precisión de prismáticos de sus ojos, que han sentido una cortina de niebla y un lagrimeo persistente en sus pupilas, señoras de la distancia... y, por fin, intuyen la proximidad de su muerte, no hacen sino irse a Waynacocha, que es una laguna que está al lado, casi al pie del Salcantay, bañarse en sus virtuosas y taumaturgas aguas y salen tiernitos, *malqos* y frescos, como una raíz, con menos dificultad de sus blindados cascarones.

Humberto Pacheco,
Narradores Cusqueños

los guerreros del cielo que fueron castigados por su padre, un dios bélico, y convertidos en frutos amargos, llenos de espinas y hojas en forma de lanza, hasta que el padre Sol los volvió dulce alimento por haber saciado su hambre. En la región quechua, es una doncella que se sacrifica pidiendo al astro rey la eternidad de su gesto. El pallar, en Ica, es la oreja de un dios que se la quita y la entrega para que sus hijos, los hombres, no pasen hambre. En Ancash y el Cusco Mama Raywana es la celosa guardiana de los alimentos, hasta que es forzada a entregarlos a los hombres. Los alimentos también tienen origen divino y el zorro es el encargado de traerlos del cielo a la tierra después de un banquete sobre las nubes. Las alpacas salen de un manantial o puquio en Puno como presente a un mortal de una *ñusta* enamorada, y el cuy es otro regalo de los dioses subterráneos a los pueblos del *Kay Pacha* o sea la tierra en que todos viven.

Influencias cristianas

Al ingresar al mundo andino, los íconos sagrados de la Cristiandad entran a formar parte de la leyenda; el Niño Dios escapa de los brazos de su

Costumbres y tradiciones

Sagrado Pucasira —invocó Demetrio Rendón Willca, y nombró al poderoso *wamani,* al dios de los «colonos» señor Coropuna; más sagrado señor Salcantay... Pronunciaba los nombres de las lejanas, de las inalcanzables montañas nevadas, dioses de toda la tierra, y esparció con los dedos, gotas de aguardiente en el aire.
— Padre nuestro, río de Lahuaymarca; dios barranco negro de «La Providencia»; cascada de plata donde miran su destino los fuertes, los valientes colonos de los Aragón de Peralta; dioses grandes y menos grandes, cerro de Aparcora también; aquí estamos tus hijos. Vamos a comenzar mañana otro destino. ¡Danos tu aliento, extiende tu sombra a nuestro corazón apacible!

José María Arguedas,
Todas las sangres

Curandero de las Huaringas, en Piura, celebrando una ceremonia ritual para favorecer la buena predisposición de los dioses y obtener sus favores.

santa madre para jugar con otros niños pequeños; la Virgen suele salir a pasear por los campos y regresa con el borde de su manto lleno de flores de *ratarata;* los Cristos, como el Señor de la Soledad de Ancash, aparecen misteriosamente en un bosque o bien enterrados en cofres con una luz indicadora. Hay otras versiones de la misma leyenda, en las que las acémilas que los transportan llegadas a un cierto punto se niegan a seguir caminando, como en el caso del Señor de Locumba, porque allí quiere quedarse y erigir su iglesia.

Seres mágicos

En las tardes de tormenta, en muchos sitios, sale de las lagunas un toro furioso, con cuernos y patas de oro. En otras leyendas se cuenta de patitos de oro que nadan sin que los cazadores puedan alcanzarlos. También se cree en frailes con ojos de fuego que sorprenden a los viajeros solitarios para quitarles la grasa del cuerpo, y en féretros que se desplazan en noches agoreras.

Acervo tradicional

Hay tradiciones de carácter psicológico que han sido reconocidas por científicos del mundo, como el arte de curar el *mancharishka* o «mal del susto», y la famosa «soba del cuy» para diagnosticar algunas enfermedades. También forman parte del acervo tradicional el uso de plantas medicinales conocidas por los curanderos de las distintas regiones culturales del Perú.

Protección de la familia

En centenares de comunidades andinas se mantienen aún vivos los poéticos pedidos de mano o las fiestas para los jóvenes que no alcanzaron a casarse temprano.

Numerosas son las tradiciones concernientes a la infancia: las madres lactan a sus hijos, y los niños descubren el mundo desde sus espaldas donde los llevan cuando trabajan o viajan a las ferias. En el caso de los prematuros se recurre a la iglesia y se hace un abandono simbólico o *saqey*, pidiendo a la imagen de su devoción «que lo salve o se lo lleve para que sea su angelito».

Valores solidarios

La hospitalidad es un valor arraigado en el poblador del campo, quien suele ofrecer generosamente al caminante hospedaje y alimento. Subsiste la costumbre de la ayuda mutua o *ayni*, cuando se realiza la apertura de los surcos y también cuando hay que cosechar. El mercado de trueque se sostiene hasta en las alturas del departamento de Lima, y las «puntas» o grupos de llamas se des-

Reunión en el cementerio de Puno. El 2 de noviembre se celebra el Día de los Muertos. Es costumbre preparar mesas con los manjares preferidos de los difuntos.

plazan desde los 4,100 m de altitud sobre el nivel del mar hasta comarcas costeras, como las de Calango y Mala donde los pobladores truecan ponchos, frazadas, chalinas, alforjas y sogas, por maíz, papas, trigo, harina, azúcar, manzanas, naranjas y uvas. Las comunidades civiles, en numerosos pueblos, mantienen una organización corporativa que permite que la producción de quesos y carnes, por ejemplo, se centralice en comités que se encargan de su venta y el rendimiento de cuentas a su término.

Costumbres ancestrales

Las tradiciones se transmiten de padres a hijos por generaciones: en Julcán (Junín), todavía se hornea en ollas un pan prehispánico, mientras en Santiago de Chuco cada casa tiene su horno y las mujeres preparan el pan para la familia. En Trujillo (La Libertad) se siguen fabricando las famosas balsas conocidas como «caballitos de totora», con las cuales los pescadores entran al mar a pescar en áreas delimitadas; y aún existe la tecnología del cultivo en arena desértica, excavando pozuelos hasta que se encuentra humedad, donde se siembran tomates, sandías, zapallos y calabazos llamados *cheqos*. En varias partes del país, entre las muchas especies que hay de maíz, tienen mucha aceptación entre los niños el llamado «confite» o reventón, conocido en Estados Unidos como *pop corn*, y otro más grande que recibe el nombre de «maná», también reventón.

La práctica de las competencias entre decimistas se conserva en parte de la costa central hasta el norte. En Huacho, a 148 km de Lima, cuando el calor arrecia en verano, los mayores sacan sus sillas a la vereda de las calles y pasan el tiempo intercambiando ingeniosas décimas. El 2 de noviembre, día en que se recuerda a los muertos, se tienden «mesas» con manteles en los cementerios de gran parte del territorio. Se colocan sobre ellos los manjares que solían gustarle al difunto, mientras que los rezadores no se dan abasto pidiendo que su alma regrese a probarlos. La limpieza de las acequias ocupa una semana o más a los agricultores una vez al año, participando en esta actividad tanto hombres como mujeres.

Al margen de las autoridades políticas, en el campo gozan de autoridad —tal y como hace más de 500 años— ministriles, alguaciles, campo alcaldes y *varayoq* o alcaldes andinos, con rangos de acuerdo a su probidad, rectitud y espíritu de justicia.

Arte popular y artesanías

Las artes populares y artesanías son muchas y se remontan a la época prehispánica. La indumentaria, a pesar del gran giro que ha dado en los últimos veinte años, con la introducción del *jean* y las chompas de fibra sintética, conserva algunas prendas muy antiguas.

Hilados y bordados

Se hila el vellón de lana de vicuña, alpaca u oveja en husos andinos o en ruecas de tipo medieval. En telares de cintura, *qallwa*; o extendidos sobre estacas, se tejen con diferentes técnicas prehispánicas, ponchos, mantas, fajas, telas de bayeta, gorros y chalinas; lo mismo se hace en telares occidentales, adoptados sobre todo en el valle del Mantaro, en Junín. Los bordados sobre blusas y polleras van de lo sencillo a lo barroco en Chivay, Ichupampa, Cabanaconde y otras localidades en el valle del Colca y en Tinta, Quiquijana y Pitumarca, en el Cusco. Los modelos de trajes de inspiración hispana, sobre todo andaluces, vascos y otros, modificados de acuerdo al lugar en cuatro siglos, y que requieren de una confección especial, pasan de los ochocientos. En Yauyos (Lima), no sólo tienen el traje de diario sino de acuerdo a las estaciones del año. Sin embargo, a causa de la televisión que llega cada vez más a lejanos centros poblados, se ha acelerado el uso del corte citadino, sobre todo en la gente joven. *Jeans*, minifaldas, polos y chompas reemplazan cada día más a los trajes tradicionales.

Ceramista de la comunidad shipiba, en el departamento de Ucayali.

Marroquinería

Del mismo modo, cientos de artesanos en Cajamarca, Junín, Huancavelica, Puno y Cusco, dedicados a la fabricación de monturas de cuero repujado, pellones de lana peinada y torcelada, riendas con anillas de plata, cabestros, estribos, etcétera, se están quedando desocupados al extenderse la construcción de carreteras y el uso del automóvil. El mismo garboso caballo de paso, para el que se trabajaban primorosos arreos, está en este momento en la curva de extinción.

Artesanías menores

El sombrero de junco para hombre y mujer, desde el más fino, —del cual se decía que «se podía guardar en una caja de fósforos»— se puede adquirir todavía en las ferias de Celendín (Cajamarca); y otros, con sus diferentes características, en Monsefú (Lambayeque) y en Hualhuas (Junín), donde su hechura es de lana como en Ayacucho, Puno y Cusco. Aún es necesario porque el frío, o el calor, lo convierten en imprescindible.

La cestería o canastería, en casi los mismos lugares, así como los pisos de mesa o los petates para dormir, principalmente en la costa norte, forman parte del ingreso familiar. Entre los pueblos de la selva, los collares de semillas como los huairuros «que dan buena suerte», de escamas de *paiche* y de mostacillas con dibujos, son hechos no sólo para los viajeros nacionales sino también para los turistas. Ellos compran como *souvenirs* cajas de mariposas y de escarabajos tornasolados, peces disecados, arcos, cerbatanas y flechas. Los *shipibos* ofrecen telas pintadas y cerámicas con los mismos diseños de diferentes tamaños.

Los mates de Catacaos adornados con flores llevan coplas que revelan agudeza y un gran sentido humorístico. Los mates burilados en Cochas Grande y Cochas Chico (Junín) son descriptivos

Mujeres de Calca, distrito cusqueño, tejiendo en los antiquísimos telares tradicionales que todavía se usan en el mundo andino.

de la vida de los pueblos del valle del Mantaro, sus actividades agrarias, artesanales, religiosas y musicales. Algunos trabajos alcanzan la categoría de arte cuando el buril es manejado por un maestro que por su creatividad puede convertir cada calabazo en una obra única. Entre ellos son muy prestigiadas las obras de los Dorregaray y los Seguil.

Manifestaciones artísticas actuales

Las frazadas y los tapices de Tarma y San Pedro de Cajas, tejidos con una tecnología especial, introduciendo en la trama diminutos vellones, han alcanzado gran popularidad. Un tejedor de la familia Paucar ha logrado realizar verdaderas pinturas que se exponen en las galerías de arte. Lo mismo sucede con los tejedores del barrio de Santa Ana en Huamanga (Ayacucho), donde los Sullca iniciaron hace unos veinte años una verdadera revolución, al recuperar del olvido los tintes naturales de bellísimos colores y firmeza. La temática prehispánica es inspiradora de muchos tejedores, destacando aquellos que usan diseños propios. En Monsefú (Lambayeque), como hace más de mil años, se sigue usando el algodón para tejer finas telas, manteles, pisos, chales, alforjas y hamacas. En El Huaico, Lamas (San Martín) y en Cajamarca son una primicia los rebozos desmanchados con dibujos futuristas de técnica muy antigua.

Artesanía religiosa actual

La devoción de la cruz da lugar a una infinidad de artesanías en distintos materiales: en arcilla, en piedra marmolina, en varillas de fierro forjado con gracia, en maderos donde se pinta el rostro del Cristo y los símbolos de la Pasión, en plata para los guiones de las iglesias, en filigrana de oro, en bronce y hasta en hojalata.

Arte ornamental renovado

El barro toma vuelo en el quehacer artístico de los chulucanenses en Piura, donde, sin dejar las antiguas técnicas prehispánicas, los artesanos de la familia Aquino le dan otro giro apreciable. En Quinua (Ayacucho) tradicionalmente se modelaban iglesias panzonas para colocarlas en la cruz de los tejados a fin de que protegieran las casas; pero los actuales artistas, saliendo de su histórico enclaustramiento, se han renovado hace menos de veinte años llegando a colocar sobre sus viviendas automóviles, camiones y hasta helicópteros. En Sorarija, Kalapuja y Santiago de Pupuja (Puno), se ha registrado un cambio en la representación del toro de lidia, donoso, con *walkas*, enjalmas y rosetones, vidriado amorosamente en colores amarillo o verde, por otro más pulido, con dibujos y pintado totalmente de negro. En Acora se conserva un toro de gran fuerza estética que aparece sólo para su fiesta patronal.

Grupo de tejedoras de sombreros de paja en el pueblo de Monsefú, importante centro industrial y artesanal de la provincia de Chiclayo (Lambayeque).

Cerámica

En Pisac (Cusco), se da un retorno a la cerámica con formas y decoraciones incas, habiendo desaparecido las «cochas» con las que se rendía culto al agua o se hacían las ofrendas a la Pachamama, madre tierra, y los tenebrosos manchaypuitus, los cántaros del terror, donde se tocaba con quena hecha de un hueso humano que hacía retornar a los muertos. En los lugares donde no ha sido reemplazada por el plástico y el fierro, la cerámica es utilitaria, y se siguen haciendo ollas, cántaros, vasos y platos, algunos de ellos decorados.

La aparición de Edilberto Mérida en la década de 1960 imprimió al barro una grandeza y un temperamento que hoy son reconocidos a nivel académico, siendo el único artista popular que ha sido nombrado doctor «honoris causa» en Estados Unidos.

Imaginería

Las esculturas con pan de oro esgrafiado de Antonio Olave, el cual comenzó como imaginero del renombrado Niño Dios cusqueño, recorren el continente europeo con notable éxito. Otro artista que surge de esa academia milenaria que es la cultura popular y se proyecta al exterior con la extraña belleza de sus vírgenes y arcángeles de rostros dulces y cuellos largos, es Hilario Mendívil. También como Santiago Rojas, quien ha logrado, con brillantez, eternizar en la pasta a los célebres grupos de danzarines de la Virgen del Carmen de Paucartambo, muchos de los cuales han desaparecido. Los retablos clásicos de Ayacucho siguen mereciendo la atención creadora de muchos artesanos: Joaquín López Antay, Premio Nacional de Cultura; su discípulo Jesús Urbano Rojas, y Edilberto Jiménez, son excelentes ejemplos de la vitalidad creadora de los imagineros de raigambre secular.

Talla de piedra

La talla de piedra marmolina, en filigranas de una perfección extraordinaria, de acuerdo a las manos que manejan el cincel en Huambocancha (Cajamarca), y la piedra de Huamanga, en Chuschi (Ayacucho), con cultores que han alcanzado una posición importante, es otra de las líneas que ofrece el Perú.

Oro y plata

Las filigranas de oro en Catacaos (Piura), o de plata en San Jerónimo de Tunán (Junín), se siguen elaborando con las técnicas del manejo prehispánico de los metales. Los aretes o dormilonas; los collares con cuentas parecidas a las halladas en las tumbas de los régulos norteños; el laminado, los aros, engastes y soldaduras de las pavas o los cofres respectivamente.

Las paredes del mate vienen a ser, en palabras de José Sabogal, la tabla o el lienzo sobre los que se elabora con el buril una expresión plástica popular.

El arte de la cera

La velería es de una variedad asombrosa. Desde las más simples velas negras para atrapar ladrones hasta aquella que construye jardines o tronos albos con flores, pájaros y ramas para los Señores de Semana Santa de Ayacucho, pasando por las ceras multicolores de varios kilos que arden durante una semana en el Corpus del Cusco, las cuadradas o circulares decoradas con flores, para regalo, y las moradas del venerado Señor de los Milagros de Lima, además de las velas en candelabro de Otusco (La Libertad) o de San Pablo (Cajamarca).

Diseño de juguetes artesanales

En el *Santurantikuy*, la feria del Niño Dios cusqueño, los niños reciben camioncitos artesanales, polícromos caimanes articulados, mariposas que abren y cierran las alas, caballos de cuero, y, las niñas, muñecas de trapo, muebles diminutos y menaje de mesa, todo hecho a mano. En Junín son típicos los juguetes de madera de Molinos, en Monsefú o Eten, las muñecas tejidas de junco. En Huaraz se entretienen con los payasos o equilibristas de madera que hacen todo tipo de suertes sobre una cuerda; y en Puno o en Quinua (Ayacucho), juegan con ollitas, tazas y platos vidriados.

Fiestas populares

El Perú está formado por miles de pueblos de características muy distintas, que han recibido dispares influencias y con un acervo cultural diferenciado. Eso explica la existencia de gran cantidad de fiestas de muy diverso orden y que ofrecen un atractivo abanico de celebraciones tanto religiosas como de origen ancestral.

Tradicional procesión de Lunes Santo, en la Plaza de Armas de Cusco.

La Candelaria y los carnavales

La primera, que es multitudinaria y abre el año, es la celebración de la Candelaria en Puno, a principios de febrero. Es una Virgen menuda, con un origen de leyenda, que dispone de un pomposo cortejo de cientos de diablos revestidos con mantos llenos de bordados y piedras preciosas y máscaras alucinantes, que llenan las calles al son de bandas musicales de Perú y Bolivia; los siguen cuadrillas de *kullawayas, tuntunas*, «doctorcitos», «llameradas», y grupos de las comunidades cercanas que se presentan ataviadas con sus mejores galas. El día de la entrada y el de la octava son los más lucidos, por la ingente cantidad de conjuntos —cien personas más o menos en cada uno— que desfilan dándole alegría y colorido. Termina la octava y se sigue con los carnavales, que desatan en las pampas altiplánicas torbellinos musicales.

En los últimos años han ido cobrando importancia los carnavales de Cajamarca, con disfraces muy llamativos que dan lugar a un movimiento interno de visitantes en pos de gozar con la fiesta. Termina con el entierro del dios Momo, después de la lectura de un jocoso testamento. Una linda ocasión para conocer la ciudad de los celajes.

Festivales

Cada marzo, Trujillo (La Libertad) se convierte en gentil anfitriona de quienes asisten al Festival de la Marinera, muestrario de las variedades que hay de dicha danza en el país. Alegres y jacarandosas la huanchaquera, la mochera y la chiclayana; ceremoniosa y de figuras, la limeña; de movimientos llenos de gracia y vivacidad, la cajamarquina; de cuadrilla y fina, la huamanguina; elegante y señorial, la puneña; vigorosa, la cusqueña y llena de exotismo, la sanmartiniana de «El Huaico».

Un corso en el que participan bellezas peruanas y latinoamericanas completa las exhibiciones que se llevan a cabo para mostrar la riqueza de este baile nacional.

Semana Santa

La Semana Santa es una institución en todo el país. En Ayacucho hay procesiones todos los días. Igualmente en Surco (Lima), donde los santos Señores salen a las calles desde el Viernes de Agonía hasta el Domingo de Resurrección. En el Cusco, el Taitacha Temblores concita oleadas de fervor, como el Señor de Luren, en Ica; el Señor de la Soledad, en Ancash; el Señor de la Bala, en Puno; los Señores de Tarma, en Junín; los Señores de la Pasión, en Lambayeque, donde hay hasta una Última Cena que va en plataforma procesional; los santos Cristos de Catacaos, en Piura, que dan la vuelta a la plaza y a las calles principales en dieciocho horas; las Cruces de Porcón (Cajamarca), que acompañan al Señor de Ramos y le rinden homenaje, y así sucesivamente. Días de recogimiento en que se cubren los altares con paños morados, se disfruta del almuerzo con doce platos

En las ruinas de Sacsayhuamán, en el Cusco, se celebra la fiesta del Sol en el solsticio de invierno. En honor a las montañas y a los dioses se sacrifica una llama.

en Jueves Santo, hay visitas a los monumentos eucarísticos en la noche, y los creyentes se someten a una ligera penitencia en Viernes Santo, comiendo tan sólo pescado seco.

Otras fiestas religiosas y romerías

La fiesta de la Santísima Cruz, el 3 de mayo, que en pueblos como Tarma (Junín) se extiende a todo el mes, es otra de las celebraciones religiosas colectivas. No se venera el Madero Sacro sólo en la iglesias y capillas sino hasta en las propiedades, donde la velación se realiza con la contribución de amigos y parientes. La Cruz de los Caminos, colocada allí donde había una huaca o santuario prehispánico, es llevada a muchos pueblos para vestirla con un sudario nuevo y decirle misa, como en Carumas (Moquegua), Huanta (Ayacucho), Chongos (Junín), San José de Flores y Mala (Lima), o Caraz (Ancash), donde se le elabora un arreglo de frutas de la estación.

Qoyllur Rit'i, uno de los grandes peregrinajes del mundo, concentra en *Sinaq'ara*, las faldas de «el nevado de la estrella», en el Cusco, a romeros del gran Sur, de Arequipa, Moquegua, Puno, Huancavelica, Ayacucho, Apurímac y también de los vecinos países de Bolivia y Chile. Se rinde veneración al Señor de la Rinconada, imagen que apareció en una roca, y los *ukhukus* o pablitos, bufones en algunas danzas y sacerdotes andinos en esta ocasión, dirigen los ritos de purificación, los baños lustrales y la feria de sortilegios entre los asistentes de las comunidades. En el atrio de la iglesia del Cristo, grupos de bailarines ofrecen al Señor sus danzas, siguiendo un riguroso orden para que ninguno de los allí presentes se quede sin participar.

Fiestas andinas

En los cerros que se alzan junto al pueblo de Ocongate, miles de peregrinos realizan un grandioso saludo al padre Sol, parte de un *Inti Raymi* auténtico, a 4,000 m de altitud. Entretanto, en Sacsayhuamán, en el Cusco, se lleva a cabo, para el turismo, la evocación de la fiesta del Sol.

La fiesta de Corpus

Entre mayo y junio tiene lugar, en el Cusco, la fiesta del Corpus, con un suntuoso desfile de ca-

El Señor de los Milagros

En este mes de octubre, mes del Señor de los Milagros: ¡los turrones! Turrón de Doña Pepa, delicado, sabroso, rico en yemas de huevo; suave y dorado, que se «deshacía» de ternura en las bocas golosas, masacoteados con manteca de puerco... pura yema ..

.

Adán Felipe Mejía «El Corregidor»,
Grau y otros textos de ayer y hoy

Celebración de la Fiesta del Señor de los Milagros, en Lima. Se realiza todos los años en el mes de octubre, conocido también como el mes morado, por el color de los hábitos de la Hermandad.

La procesión del Corpus Christi, en Cusco, es la mayor festividad del catolicismo en la ciudad de los incas. En la imagen, el apóstol Santiago montado a caballo en plena procesión.

torce efigies de vírgenes y santos que salen en andas de plata labrada y madera tallada, recorriendo la plaza cuando el sol está en el cenit. La mayoría de ellas proceden de las parroquias cusqueñas y de distritos cercanos. El Corpus fue instaurado por el virrey Francisco de Toledo, que en 1572 reunió, en la ciudad inca, hasta 117 imágenes peregrinas de los virreinatos y audiencias de América, realizando una entrada espectacular.

Fiestas de agosto

En la primera semana de agosto, los romeros norteños se desplazan bajo un sol abrasador, para venerar la Cruz de Chalpón, hallada en la gruta donde se había retirado del mundo el bienaventurado Juan Agustín de Abad. Motupe, al norte de la provincia de Lambayeque, donde está la cruz desde 1868, recibe en esos días un largo desfile de visitantes con ramos de flores y velas.

En el mismo mes, con motivo de su fiesta titular, Arequipa, la ciudad del sillar, realiza entre sus actividades culturales un desfile-corso folklórico nacional e internacional que precede a una vistosa presentación en su coliseo, con capacidad para cientos de espectadores. Los conjuntos que concurren del país y el extranjero brindan una demostración de danzas, trajes y música muy aplaudidas. El cuatricentenario monasterio de Santa Catalina —«una ciudad dentro de otra ciudad»— abre sus puertas durante una noche en que se alternan grupos de tunantes con su música y sus coplas picarescas, bajo las deslumbrantes sombrillas de fuegos artificiales que se abren en el cielo, pintando la noche de colores.

Fiestas de octubre

En octubre, Lima se viste de morado, color de la túnica que llevó el Nazareno para celebrar a una imagen muy querida por el pueblo, el Cristo de Pachacamilla, más conocido como el Señor de los Milagros. Su salida del santuario de las Nazarenas, los días 18 y 28 del mes, acompañado por

Durante meses, escultores y fieles se dedican a vestir las efigies para la Fiesta de los Reyes Magos en Achoma, en el valle del Colca.

una multitud que pugna por acercársele para confiarle sus penas y pedirle sus favores, ocasiona congestiones de tránsito en el centro de la ciudad. Según su historia, la famosa imagen fue pintada en el siglo XVIII, en un galpón de negros esclavos de Angola, que pasaban la cuarentena antes de su venta. Un dulce que es típico de esta fiesta, el turrón de doña Pepa, creado en gratitud, según la leyenda, por una negra tullida a quien devolvió el movimiento de sus manos, tiene ahora carta de exportación por su calidad. La Feria Taurina en la Plaza de Acho pone punto final al mes morado, con la entrega del relicario del Señor de los Milagros al triunfador de la misma.

Manco Cápac y Mama Ocllo

La evocación de la salida de Manco Cápac y Mama Ocllo, fundadores del Cusco, del lago Titicaca, en Puno, cada 4 de noviembre, es un polo de atracción turística. Cientos de visitantes, sobre todo europeos, captan el evento al detalle con filmadoras y máquinas fotográficas. Decenas de balsas de totora forman un marco impresionante a la pareja y su comitiva, que desembarcan en la bahía y son llevadas en andas al estadio donde tiene lugar una ceremonia ritual. Delegaciones de los pueblos aledaños vestidos con sus mejores galas tradicionales, de Acora, Chucuito, Pichacani, Ilave y otras se unen a la comitiva representando a los cuatro *suyus* o regiones del Imperio Incaico.

Fiesta de la fundación de Moquegua

El 25 de noviembre, Moquegua, la villa de Santa Catalina de Guadalcázar, que goza de sol todo el año, celebra su fundación española. Llegar a ella, tras un vuelo en avión a Tacna y un recorrido de dos horas por pista, es penetrar a los siglos pasados. Moquegua conserva con orgullo sus casas de mojinete con fachadas de piedra sillar simulando encajes, candeleros en las ventanas de rejas y escudos en los frontis, de los nobles que las habitaron. En la iglesia de Santo Domingo se venera a Santa Fortunata, una de las mártires del primer siglo de la era cristiana.

En sus mejores épocas, Moquegua fue productora de vinos y piscos que iban hasta Tucumán en recuas de mulas. En su museo prehispánico se pueden admirar tejidos, cerámicas, piezas de metal, alimentos y momias muy bien conservadas de los chiribayas, pastores de camélidos que se asentaron en las faldas de sus cerros. Las comunidades del departamento envían grupos de jóvenes con trajes tradicionales que recuerdan a los españoles del siglo XVII. Entre sus dulces es incomparable su alfajor de penco, y entre sus licores, el de damasco, variedad de albaricoque; la leche de monja y otros que se elaboran con recetas del virreinato.

Fiesta de la Virgen de Otusco

En la fiesta de la Virgen de Otusco, el 15 de diciembre, se llenan las calles de Libertad. Las repetidas veces que la renombrada «Porterita» deja-

Rememorando la tradición bíblica, es costumbre que en la fiesta de los Reyes Magos se realicen ofrendas. En la fotografía, ofrenda en la localidad de Achoma.

ba su trono del altar mayor de su antigua iglesia, según la leyenda, apareciendo en la puerta, «para estar cerca a su pueblo», le valió su cambio a la fachada. Ahora tiene un santuario de piedra, con una capilla exterior en el balcón, del cual baja por un sistema complicado de poleas. Miles de ceras arden en su templo y en la plaza durante todo su novenario. En sus vísperas, el número de castillos pirotécnicos que la alegran con sus luces pasan de trescientos. Castillo que arde es reemplazado de inmediato y sigue un espectáculo deslumbrante.

Al día siguiente se reúnen comparsas de gitanos y negritos para bailar durante la procesión, mientras sobrevuelan la plaza cientos de hojitas con bellas composiciones dedicadas a la Virgen de la Puerta.

Fiestas de Navidad

La Navidad conserva en el interior del país el sentido cristiano que le imprimió San Francisco de Asís. No hay iglesia ni hogar donde los pobladores dejen de «amarrar» los belenes, pesebres o nacimientos en homenaje al advenimiento de Jesús. La fiesta del Niño Dios, que cierra el año, origina un extraordinario movimiento de alcance insospechado. A lo largo de muchos meses escultores e imagineros se dedican a modelar las efigies de la Sagrada Familia, los Reyes Magos, los pastores, amén de los burros y vacas. Familias de bordadores se encargan de las ropas con encajes, terciopelos y pedrerías; los orfebres, de las coronas y potencias. Asimismo, sastres y costureras confeccionan los trajes de pastoras, abuelitos, *huaylías*, *huaylijías*, negritos, pallas, etcétera, que bailan en su honor desde el 15 de diciembre hasta el 6 de enero, Bajada de Reyes. Los artistas populares aprovechan para reproducir una serie de personajes bíblicos y peruanos, además de animales para los belenes.

En cuanto a los villancicos, los hay de todas las épocas. Los chimu del norte, recogidos por el obispo Martínez Compañón en el siglo XVIII; los incas en quechua adaptados al castellano; los de matiz negro y otros que se han ido componiendo con el paso de los años ofrecen un panorama musical de increíble variedad. Las comidas de Nochebuena varían según las costumbres populares. Pavo con piña en Piura; ensaladas en Arequipa; pan de yema y bizcochuelo con chocolate en el Cusco; champús con torticas en Ancash; caldo de cabeza de carnero en Cerro de Pasco; mondongo en Junín; «orincitos del Niño», chicha de maíz y dulces en Lima, etcétera.

Música y danzas

Hay una versión muy difundida de que la música peruana es triste, nostálgica. Sin embargo, el musicólogo Policarpo Caballero Farfán, que estudió la música prehispánica sobreviviente y la actual, registró una infinidad de temas al recorrer durante varios años la geografía del país.

Instrumentos musicales

Caballero Farfán describe una gran variedad de instrumentos, como «algunas *antharas* que tienen escalas completas y se desempeñan como solistas»; *pututus* o trompetas; cornetas parecidas a las occidentales y también enroscadas como el *huacrapuku*; la quena y la *laweta*, flautas verticales; la *phuña* y la *pulahita*, flautas traversas; los *pinkuyllus* o flautas de pico; el *quenacho* de menor tamaño y el *sikus*, aún más pequeño; la *tarca* de madera; el *wankar*, que es un tambor grande, y la *tinya*, tambor chico; sonajas, cascabeles y palos de lluvia o bastones de ritmo. Al llegar los españoles trajeron la guitarra y el arpa, que se adaptaron al sentimiento andino, derivando a partir de ellas el charango con caparazón de armadillo o quirquincho y las arpas ligeras que se pueden tocar sobre el hombro o colocándolas en el piso.

Quenista del Auqui Puli en las fiestas de la Octava de Santiago, en el lago Titicaca.

Variedades musicales

Hay música como elemento bélico para animar las batallas rituales del *Tocto* y del *Chiaraqe* o recordar la reciedumbre de los guerreros incas en el *cachanpa* o el *makana tusuy*; música como el *haylli* para celebrar las victorias; música a la manera de himnos para diferenciar a una «nación» de otra; música para inspirar amor, para la trasmisión de la vida, para ayudar a nacer, para morir; música para provocar el sueño y también como anestésico; música para abrir los surcos, para sembrar, para cosechar, para conseguir que llueva, para la multiplicación de los animales; para limpiar las acequias; para edificar las viviendas; para divertirse en las fiestas patronales o campestres, etcétera.

Temas musicales

Así como la *huanca*, el *taquecuy* y el *tarpuy* son composiciones rurales, el *harawi* y el *pasña taki* son de carácter amoroso; los *sicuris* son litúrgicos e igualmente el *Apu Yaya Jesucristo*, el *Collanan María* y los villancicos, mientras que los *ayarachis* son fúnebres; las marineras y los tonderos son alegres y también los santiagos, los toriles, los cacharparis de fin de fiesta y los *huaynos*, unos más y otros menos, así como los carnavales andinos o danzas de la juventud o las rondas de los pueblos de la omagua o selva. La música de la danza de tijeras es, en general, de competencia, pero cambia del *illapa vivon* al *aguaynieve*, al *yahuarmayo*, el aleteo del búho, y otros de acuerdo a su desarrollo.

Las danzas y sus intérpretes

El universo de danzas es muy rico. Hay solistas como el bailarín de tijeras, de origen prehispánico, que se presenta en fiestas de Junín, Arequipa, Ayacucho, Huancavelica y Apurímac, con diferentes nombres, danzas, galas, villanos, en encuentros donde demuestran su habilidad en las figuras, en las pruebas de valor y las artes de «magia blanca»;

La danza del puli

El puli es una danza de agradecimiento a los dioses del cielo que enviaron una menuda nieve sobre los campos resecos del altiplano. De estos copos brotaron unas plantas que maduraron rápidamente dando unas espigas o pulas en racimos cargadas de frutos. Aquellos granos fueron llamados *jiura*, quinua, que significa grano que da muerte a la muerte. La danza de los pulis se presenta en cinco formas: Pulipulis, Chatripulis, Qarapulis, Aukipulis y Llipipulis.

José Portugal Catacora,
Danzas y Bailes del Altiplano

Dos niños de Huancavelica tocando la wagra *o corneta de cuerno, antiguo instrumento musical fabricado con cuerno de toro, lo que le proporciona su peculiar e intenso sonido grave.*

El baile de la coya

El baile de la coya en Sapallanga, Junín, es muy original. Ella se distingue por su larga cabellera. Danza con dos pañuelos de seda en las manos al compás de una orquesta de arpa, violín, clarinete y saxo. La vestimenta es muy lujosa y de gran peso. La coya lleva sobre la cabeza un enorme adorno de flores, además es frecuente que se cuelgue monedas de plata a la altura de las sienes y collares de piedras finas en el cuello. En la espalda se cubre con fino manto de seda, su falda es toda bordada con hilos de plata. Debe bailar durante siete años para lograr una gracia de la Virgen o para pagar la que ha recibido.

José Carlos Vilcapoma,
Folklore: De la magia a la ciencia

la guiadora que baila haciendo equilibrismo con una larga vara en Quiquijana (Cusco); los *altartusuc*, también de Cusco, con una indumentaria armada sobre carrizos y un casquete de varios metros. La marinera y el *huayno* son bailes nacionales que, con el transcurso de los siglos, acusan cambios, sobre todo la primera. Inicialmente, la marinera era colectiva, siendo hoy de pareja en el centro y el norte del país. De cuadrilla, en Ayacucho, Cusco, Puno, y en la selva alta de San Martín donde tiene el nombre de *chimaychi*. El *huayno* en la sierra es de polleras que giran velozmente, y va perdiendo vigor a medida que asciende hacia Junín y Huánuco, donde es más lenta pero sin dejar de «repicar» arrancando chispas al suelo. En las alturas de Lima, en Yauyos, hay una influencia vasca anotada por Ricardo Roca Rey. Los chiris de Chimu (Puno) tienen su propia música. Son miles de bailarines que participan con su ropa tradicional, pero nueva y con adornos de cintas y flores, en los carnavales o danzas de la juventud.

Danzas campesinas

Hay que agregar las danzas pastoriles o campesinas como la «llamerada» y el «llamerito», la *waka waka* de la isla Amantani y los *choqelas*, chacos o rodeos de vicuñas y los *cintaq'anas* de Chucuito, en Puno; la trilla de alverjas en Huancavelica; el *arrascasca*, los «loros» y el *saratarpuy* en Ayacucho; los *huipalas*, *huaylacas* o llamadores de la lluvia de Quispicanchis, los *chucus* o alpaqueros de Canas y Espinar, el *turkuy* de Yanaoca, los collas de Paucartambo, en el Cusco; los cazadores de animales de monte en Madre de Dios, Junín, Pasco y Loreto; el *huaylash* de chacra, en Junín; la *jijahuanca* y la *huancadanza* en Huánuco; el «caballo danza» en Ancash, y las cosechadoras de arroz de Jaén, entre otras.

La tradicional danza campesina de la chonguinada en Huancayo, departamento de Junín. Se baila con los coloridos trajes tradicionales.

Los espíritus de los cerros y de las rocas

Danzas que representan a los espíritus de los cerros y las rocas bailan los abuelitos de Quipán, en Lima; los *aukis* de Pisac, los *sacsas* de Paruro y los cóndores de Calca, en el Cusco; el *pispicóndor* de Ancash; los gavilanes en Cajamarca; los abuelos de Alcamenca, en Ayacucho; los *thultumachu*, los *callamachu* y los *auki auki* de Azángaro (Puno); los *huatrilas* en Jauja (Junín), etcétera; el *ukhuku* de Cusco, hijo según la leyenda de un oso o *ukhumari* con una doncella que raptó; el *k'usillu* o mono, de las yungas o zonas selváticas de Puno.

Danzas de imitación y satíricas

Las danzas de imitación se registran en casi todo el país: negritos y turcos en Huánuco, la morenada, *pusimorenos*, *pulis*, *chatripulis*, *qarapulis*, doctorcitos o tinterillos, con sus códigos, *kullawada* o tejedores y *q'allawayos* o curanderos, en Puno; los tucumanes en Ubinas y Tumilaca (Moquegua) y los tucumanes de Puno, recuerdan a los conductores de recuas de mulas procedentes de Tucumán, Argentina; los arrieros de Ayacucho; los *awkachilenos*, los *canchis* o *huatac*, los majeños, la contradanza, los *cara chunchos* y los *capac chunchos* de las «naciones» selváticas del Cusco; los capitanes en la zona de Huancavelica; los chonguinos de Chupaca, que imitan los bailes elegantes de los españoles de Chongos; los avelinos de San Jerónimo de Tunán, recuerdo viviente de la Guerra del Pacífico; la relojera de Jauja, en Junín; las *ingas* de Huarochirí y los *wankos* de San Pedro de Pirca de inspiración incaica; las pallas de Laraos, de Gorgor y Huañec, en Lima; los bélicos *cachanpas* de Apurímac y Cusco.

Las danzas satíricas como los huacones y la tunantada se bailan en Junín; la *curcudanza* en Huánuco y los *q'opo q'opo* en Puno, son bailes burlescos sobre los viejos enamoradizos; los diablicos de Túcume, en Lambayeque; el *chuqchu*, los *sikllas*, los *sacras* de Paucartambo, en Cusco; el baile del gorrochano, en Huánuco y la danza de las viudas en Apurímac, etcétera.

Danzas de veneración

Los chutitos, los *qarachakis* y las coyas de Sapallanga se bailan en el departamento de Junín; la diablada, en el de Puno; los gitanos y los negritos de Otusco, en La Libertad; las azucenas, en Ayacucho y en Chincha; las *killa killa* y las pallas de Corongo, en Ancash, y en Tacna, los bailarines litúrgicos de Locumba.

Ciencia y tecnología

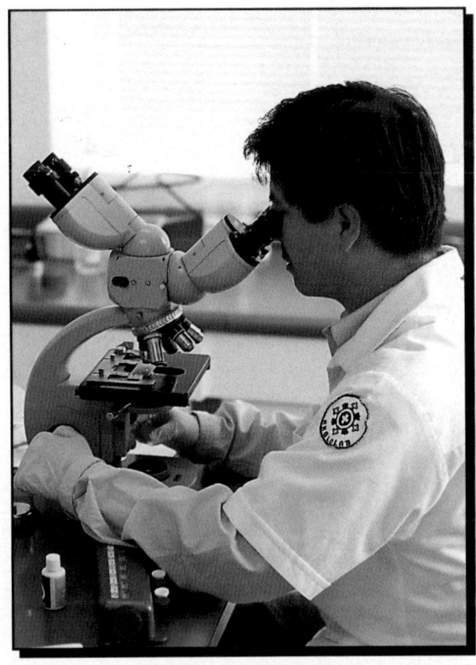

Los conocimientos
en el Perú antiguo

La ciencia
en la época colonial

Desarrollo científico

En la fotografía, una plantación de quinua en Huancayo, departamento de Junín. Se trata de una leguminosa de gran importancia para la alimentación de la población, que ya era conocida por los habitantes del antiguo Perú.

Los conocimientos en el Perú antiguo

A la pregunta ¿se cultivó la ciencia en el Perú prehispánico? resulta muy difícil formularle una respuesta fiable, debido a la carencia de documentación competente y de testimonios escritos. Es posible que el estudio de los quipos, mediante métodos actuales, contribuya a aclarar este fundamental ,interrogante.

Quipos o quipus de la cultura Huari (700 d.C.), elementos de escritura mediante cuerdas con nudos.

Los quipos y su funcionamiento

Sobre los quipos, dice Sebastián Lorente en *Historia antigua del Perú*, en 1860: «En el Perú antiguo los quipos suplían a la escritura verbal de una manera muy imperfecta; sin embargo, en las manos de los hábiles quipocamayos los quipos llegaron a adquirir una perfección extraordinaria. Los nudos expresaban unidades, si eran simples; decenas, si dobles; centenas, si triples; millares, si cuádruplos y decenas de millar, si quíntuplos. Aunque hubo troncos de quipos que pesaban más de una arroba, no se elevaron nunca los nudos hasta la expresión de millones. Con la gama de colores se denotaba la variedad no sólo de cosas materiales, sino de cosas abstractas que tuvieran con ellas alguna analogía; así, el color blanco servía a la vez para indicar la plata y la paz. Hilitos accesorios recordaban circunstancias particulares. La longitud de los hilos permitía ir colocando los objetos según su importancia, por ejemplo, al tratarse del censo, primero el número de los hombres y después el de las mujeres. Comentarios particulares que se confiaban a la memoria de los quipocamayos aclaraban el sentido de esta escritura; y mediante la asociación de ideas, el quipo podía favorecer el recuerdo de los objetos a cuya expresión directa no se habría prestado fácilmente, a la manera que un hilo atado al dedo nos impide olvidar un encargo; y a la manera que ejecutan todavía los indígenas cálculos sorprendentes con granos de maíz y en los primeros tiempos de la Conquista recordaban la doctrina cristiana con el auxilio de algunas piedrecitas.

»Perfeccionados los quipos, pudieron satisfacer todas las necesidades de la estadística y, conservando en los archivos del Estado datos de todo género, llegaron a constituir verdaderos anales del imperio. La fidelidad de los quipocamayos quedaba garantizada, en algún modo, multiplicando en cada capital el número de estos empleados. Mas, a pesar de todos los adelantos y cuantas precauciones tomara el gobierno, se prestaba siempre el quipo por el carácter alegórico de su expresión a toda clase de decepciones y servía muy poco para la transmisión de las nociones científicas; para los que no estaban en el secreto del comentario verbal, su significación era un misterio; y aun para los mismos quipocamayos, la indeterminación del sentido oponía tales dificultades que necesitaban tener los cordones separados con suma diligencia; si llegaban a confundirse los quipos, sólo quedaban en claro números abstractos, pudiendo apenas adivinarse, si indicaban objetos materiales o morales, de esta o de la otra especie. Hay por lo tanto que renunciar a toda esperanza de que el descubrimiento de algunos quipos disipe las tinieblas de las antigüedades peruanas.»

La mayoría de elementos científicos y tecnológicos que empleaban los incas ya se conocían, en

La agricultura incaica avanzó considerablemente gracias a los sistemas de cultivo en terrazas para salvar los desniveles montañosos, como los desarrollados en Pisac, en la imagen.

mayor o menor grado, en las culturas peruanas que les precedieron, tanto en la costa como en la sierra.

La tecnología en la construcción

El desarrollo de la tecnología de construcción fue evidente en el Perú prehispánico, como lo demuestran los monumentos existentes: el Machu Picchu, en Cusco; el de Chavín de Huantar, en Ancash; y el acueducto de Kumbe Mayo, en Cajamarca. Importantes avances tecnológicos significaron el aprovechamiento racional del agua y el desarrollo de los cultivos agrícolas en terrazas, que se aprecian en muchos lugares, y son famosos en Pisac, Cusco. Ha podido comprobarse que la distribución de los cultivos en las terrazas tuvo en cuenta las características de cada uno de ellos: los que requerían una elevada concentración salina se cultivaban en las terrazas inferiores, donde se acumula el agua por gravedad y se concentran las sales en ella disueltas.

Metalurgia y textilería

Importantes fueron también los logros en la textilería y la metalurgia. Los mejores exponentes se encuentran en las culturas preincas de la costa norte y central del Perú, respectivamente. Aplicando las modernas técnicas de laboratorio, se ha podido demostrar el dominio de las aleaciones cobre-arsénico, entre otras, encontradas en Sicán, en el norte del Perú.

En la época de la Conquista fueron destruidos los templos, los ídolos y los quipos; se abandonaron acueductos, caminos y andenes para centrar el esfuerzo en la minería, con una inhumana explotación del indígena que llevó a millones de hombres a la muerte. Los recursos naturales fueron devastados, en particular, los bosques de las laderas andinas, lo cual produjo cambios ecológicos nocivos que aún no han sido reparados.

Plantas alimenticias

Las plantas alimenticias del antiguo Perú fueron estudiadas al inicio del siglo XX por Fortunato Herrera, quien identificó un total de 160 especies que el indígena peruano aprovechaba en forma silvestre o cultivada para su alimentación; entre todas ellas, las más frecuentes son las leguminosas como el pallar común (*Phaseolus lunatus*); el tarwi o chocho (*Lupinus mutabilis*); los tubérculos comestibles como la papa (*Solanum tuberosum*),

El Inca Garcilaso y los quipos

De la aritmética supieron mucho y por admirable manera, que, por nudos dados en unos hilos de diversos colores, daban cuenta de todo lo que en el reino del Inca había de tributos y contribuciones por cargo y descargo. Sumaban, restaban y multiplicaban por aquellos nudos, y para saber lo que cabía a cada pueblo hacían las particiones con granos de maíz y piedrezuelas, de manera que les salía cierta su cuenta. Y como para cada cosa de paz o de guerra, de vasallos, de tributos, ganados, leyes, ceremonias y todo lo demás de que se daba cuenta, tuviesen contadores de por sí, y éstos estudiasen en sus ministerios y en sus cuentas, las daban con facilidad, porque la cuenta de cada cosa de aquellas estaba en hilos y maderas de por sí como cuadernos sueltos, y aunque un indio tuviese cargo (como contador mayor) de dos o tres o más cosas, las cuentas de cada cosa estaban de por sí.

Inca Garcilaso de la Vega,
Comentarios Reales

cuyo origen peruano es indiscutible y se extendió por todo el mundo; el camote *(Ipomea batata)*, el olluco *(Ullucus tuberosus)*, la yuca *(Manihot sp.)*; el maíz *(Zea mays)*, cuyo origen se disputan Perú y México; la quinua *(Chenopodium quinoa) y* el tomate *(Solanum licopersicum)*, conocido como de origen andino, donde todavía crece silvestre, y que llegó a Europa a través de Italia, donde se le llamó *mala (manzana) peruviana*.

También cultivaron muchas frutas que luego fueron adoptadas por los europeos. La más conocida es la piña *(Anana comosus)*, originaria de la selva amazónica; la papaya *(Carica papaya)*; la palta *(Persea gratisima)*, nombre quechua del aguacate mexicano; la guanábana *(Anona muricata)*; la chirimoya *(Anona cherimolia)*; el pacae *(Inga feuillei)*; la granadilla *(Passiflora ligucatum)*; la ciruela *(Bunchosia armeniaca)* y el tumbo *(Passiflora sp.)*. El antiguo peruano cuidó de mejorar el cultivo de las legumbres y las frutas, base de su alimentación, consiguiendo inmejorables calidades y un rendimiento satisfactorio.

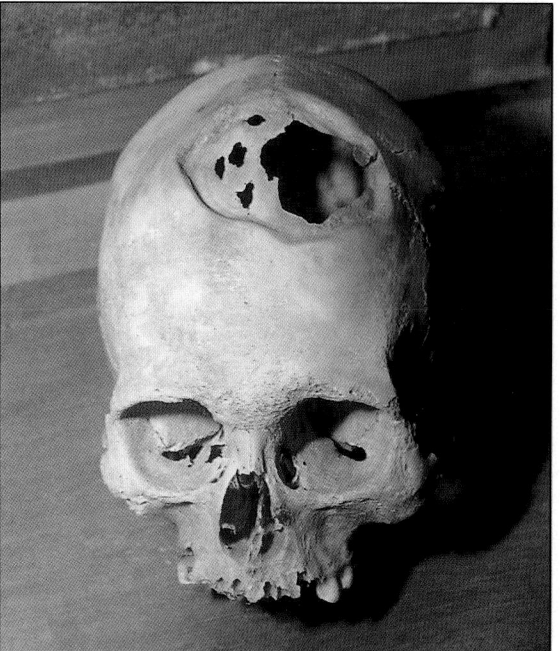

En la imagen, cráneo trepanado de la cultura Paracas. La trepanación de cráneos en el antiguo Perú constituye un poderoso atractivo para los visitantes de los museos antropológicos.

Medicina

Con relación a la medicina, según nos informa Fernando Cabieses, era costumbre en el antiguo Perú que, para el diagnóstico y tratamiento de las enfermedades internas, se hiciera uso de la experiencia ancestral que pasaba de padres a hijos y ponía a disposición del curandero innumerables hierbas y sustancias curativas, muchas de las cuales tenían un valor efectivo y justificaban el nombre de «grandes herbolarios» que el Inca Garcilaso dio a los médicos indígenas. Más aún, en medicina externa y en cirugía, donde la dolencia es objetiva, tangible, mecánica, el médico nativo se guiaba por conceptos racionales: curaba las heridas con aplicaciones tópicas, entablaba las fracturas, llevaba a cabo trepanaciones craneanas, limpiaba quirúrgicamente las heridas utilizando el calor, la succión, el masaje y otros procedimientos curativos de orden físico. Se utilizaban sustancias estupefacientes, cuya acción biológica ahora se sabe que produce un desarreglo mental que consiste en alucinaciones visuales, auditivas y sensoriales, en general, así como en un estado de trance y onirismo farmacológico, y que era interpretado por el antiguo peruano como una forma de entrar en contacto con el mundo ignoto y misterioso de los espíritus.

La trepanación del cráneo en el antiguo Perú es un tema que han frecuentado muchos escritores. Desde un punto de vista objetivo, puede pensarse que existe un cierto chauvinismo en la manera en que los peruanos exhiben los cráneos precolombinos trepanados. Esta postura resulta algo exagerada, teniendo en cuenta que numerosos pueblos y culturas en todo el orbe han practicado la técnica de la trepanación del cráneo.

Los antiguos peruanos utilizaron además otros tipos de cirugía: practicaron la incisión de abscesos, la evacuación de heridas infectadas, la extracción de cuerpos extraños (flechas, dardos, puntas de lanza, etc.) y la amputación de miembros (ya fuera curativa o punitiva).

Del hecho comprobado de que fueron los peruanos quienes descubrieron la coca, la quinina, el curare y otras plantas cuyos principios activos constituyen en la actualidad la base de numerosos medicamentos modernos de gran utilidad, entusiastas panegiristas del pasado se precipitaron a deducir que los herbolarios del Perú prehispánico tenían conocimientos mucho más avanzados que los de la ciencia médica actual.

Los antiguos peruanos conocían también una serie de antihelmínticos y antiparasitarios, que también se siguen utilizando en la medicina moderna. Entre ellos el helecho «macho» (*Aspidium filix mas*), el paico (*Chenopodium ambrosoides*) y el ojé (*Ficus antihelmintica*). Hay que recordar que los peruanos fueron los descubridores del barbasco, que emplearon como veneno en la pesca fluvial. De esta planta se obtiene la rotenona, elemento base hoy de muchos insecticidas.

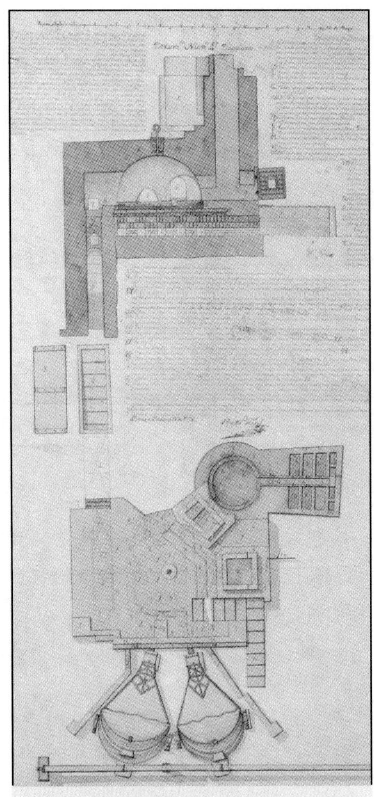

Manuscrito original del plano y perfil del horno de refinar cobres de la fundición de cañones en Vella Vista (El Callao).

Minería

En el Perú prehispánico, la extracción de minerales fue una práctica de gran importancia. El médico e historiador Sebastián Lorente nos informa al respecto: «Apenas puede comprenderse cómo sin hierro, sin pólvora y sin maquinaria se logró el desprendimiento de las enormes piedras que admiramos en algunos edificios. El oro se sacaba de los lavaderos y minas, y es indudable que debieron explotarse riquísimos veneros, pues de otro modo nunca pudieran reunirse las maravillosas cantidades que se han sacado de las tumbas, o que fueron arrancadas de los palacios y templos en los primeros días de la Conquista, y los más considerables tesoros que durante la contienda civil entre los hijos de Huaina Capac, fueron arrojados a las lagunas o escondidos en la tierra para burlar a los conquistadores. De plata, aunque también extrajeron grandes cantidades, es muy poca en comparación de las que hinchan las entrañas de los Andes y aún respecto de las que ya ha sacado el minero europeo. Bajo los incas no se profundizaban las minas, ni se conocía el beneficio del azogue, sino que se llevaban los cortes casi a flor de tierra y se quemaba el metal en hornos colocados en las alturas y abiertos por los cuatro costados para aprovechar la fuerza del viento. El hierro, aunque abundante en el Perú, nunca fue trabajado, y su uso era en gran parte reemplazado con el cobre y el estaño. Del azogue sólo se sacaban limitadas cantidades en las cercanías de Huancavelica, en el estado de cinabrio con que se pintaban las princesas; y si hubiera que creer a ciertos historiadores, el conocimiento del daño que puede causar el azogue a los que lo manejan de manera imprudente, bastó para que se prohibiera beneficiarlo.»

La ciencia en la época colonial

En la época de la colonización prosiguieron los trabajos de explotación minera, aunque con técnicas primitivas y escasa innovación; en el ámbito de la flora y la fauna, se consiguieron adaptar al nuevo hábitat numerosas especies europeas de animales y plantas, pero no se tomó en cuenta el disturbio ecológico que llegaría a ocasionar el sobrepastoreo, en particular el de las cabras, animales depredadores al extremo.

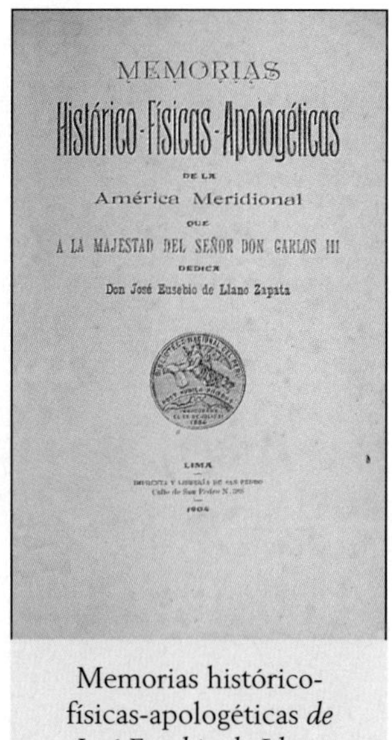

Memorias histórico-físicas-apologéticas *de José Eusebio de Llano y Zapata, de 1904.*

Desprecio por las ciencias

En los siglos XVI, XVII y casi la totalidad del XVIII se vivió intelectualmente como en la Edad Media, sintiendo el mismo desprecio por las ciencias que permitían conocer al hombre y al mundo. Desprecio también por la historia y la moral, por las ciencias físicas y naturales.

El virrey Castellar prohibió que en las universidades se admitiera a mestizos, zambos, mulatos y cuarterones, mas como la orden no estaba confirmada, muchos de éstos consiguieron, por favor, que se les admitiera y graduara en las facultades, principalmente en la de medicina.

Esta educación que enseñaba a juzgar la capacidad por el color de la epidermis, producía entre las clases sociales separaciones insalvables, sembrando entre ellas odio, rencores y rivalidades que impedirían después la formación de la nacionalidad. La educación colonial del siglo XVIII se distinguió por ser aristocrática y servil.

Universidades coloniales

En el siglo XVII visitaron el Perú numerosas expediciones científicas con el objetivo de conocer y estudiar la flora, la fauna y minerales, pero no dejaron discípulos peruanos. Las universidades coloniales de Lima, Cusco y Huamanga crearon cursos de matemáticas, pero descuidaron áreas básicas como la botánica, la zoología y la mineralogía, es decir, reprodujeron la misma estructura de las universidades españolas, de las cuales eran modestas réplicas.

De los intelectuales más importantes, por sus conocimientos y enseñanzas en las universidades peruanas en época de la Colonia, cabe destacar a José de Acosta, Pedro de Peralta, Cosme Bueno, José Eusebio del Llano y Zapata, Pablo de Olavide e Hipólito Unanue.

José de Acosta

Considerado el más notable mentor intelectual de la juventud peruana del siglo XVI, nació en Medina del Campo, en 1540, e ingresó muy joven a la Compañía de Jesús. Llegó a América en 1571 para dictar la cátedra de teología en el Colegio de San Pablo que los jesuitas habían creado en Lima y del cual fue después rector. Su obra más conocida es la *Historia Natural de las Indias*, en la cual describe sus observaciones en los viajes que realizó por el Virreinato del Perú.

Pedro de Peralta

El matemático Pedro de Peralta Barnuevo, según cuenta el historiador Luis Alberto Sánchez, nació en Lima, en 1664, y de su biografía se han ocupado varios autores peruanos y extranjeros. Fue notable alumno y graduado de la Universidad de San Marcos, donde se doctoró en 1686. Ejerció las profesiones de abogado, contador y cosmógrafo. Versado en cálculo y teoremas, fue catedrático de matemática de la Universidad de San Marcos y publicó su libro *Observaciones Astronómicas*, en

1717. Se le atribuye también la autoría del folleto *Desvíos de la naturaleza o Tratado del origen de los monstruos*, publicado en Lima en 1765. Manifestó preocupación por la salud pública y aprobó la publicación en 1723 del libro de Federico Buttoni *Evidencias de la circulación de la sangre*; aprobó también otros libros de médicos extranjeros. En el estilo de la época, también destacó en literatura, pero su fama provino de sus trabajos en matemáticas y medicina. Fue enjuiciado, pero absuelto, por la publicación de un libro mal entendido por el Tribunal de la Inquisición. Rector de la Universidad de San Marcos, falleció en 1743.

Cosme Bueno

El médico y farmacéutico Cosme Bueno, aragonés nacido en 1711, arribó al Perú cuando frisaba los 19 años. En Lima hizo estudios de las dos especialidades a las que dedicó su vida. Fue catedrático del método de medicina y más tarde de prima de matemática y cosmógrafo mayor del Virreinato del Perú. Recibió la orden del virrey para redactar la descripción geográfica de las provincias del virreinato peruano, obra que se publicó muchos años después.

Fue médico para enjuiciados por el Tribunal de la Inquisición, y también en los hospitales de San Bartolomé y San Pedro, en Lima. Fue dueño de una selecta colección de objetos científicos y de material histórico y geográfico referente a las provincias peruanas. De sus aportes a la medicina se destaca su descripción —por primera vez— de la asociación del bocio y la sordera congénitas, basada en casos por él observados.

Su obra geográfica la realiza mediante una labor de documentación y correspondencia con gente de las diferentes provincias del extenso Virreinato del Perú. *Los Almanaques peruanos* aparecieron siguiendo la división eclesiástica con la descripción de las provincias pertenecientes al arzobispado de Lima y luego a los obispados de Arequipa, Trujillo, Huancayo y Cusco. También incluyó a La Plata, Chuquisaca en Bolivia, La Paz, Santa Cruz, Asunción del Paraguay, el Chaco, Buenos Aires, las misiones del Uruguay, las provincias del obispado de Santiago de Chile y de Concepción. Estos almanaques fueron publicados entre 1765 y 1778. La obra de Bueno no se restringe a lo geográfico, pues consideró asimismo lo histórico y económico, con constantes referencias acerca de los recursos naturales del Perú y también a lugares de interés arqueológico. En 1951, el historiador Daniel Valcárcel publicó en forma de libro los textos mencionados con el título de *Geografía del Perú Virreinal*.

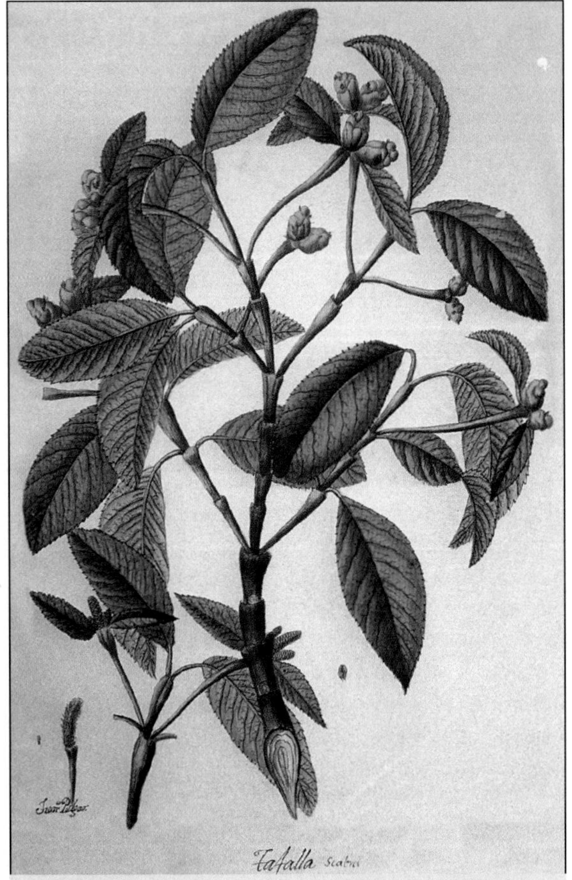

Entre las expediciones científicas que visitaron el Perú destaca la que encabezaron Ruiz y Pavón, quienes realizaron más de dos mil dibujos, entre ellos el de la Tafalla scabra *de la imagen.*

José Eusebio del Llano y Zapata

Según el catedrático de historia Felipe Barreda y Laos, el más notable representante de la cultura científica de la primera mitad del siglo XVIII fue José Eusebio del Llano y Zapata. Nacido en Lima, merece notarse el hecho de que no fue alumno de ningún colegio o universidad.

La obra de más aliento y la que conquistó a su autor mayor renombre, fue la colección de sus célebres *Memorias histórico-físicas, crítico-apologéticas de la América Meridional*. Para realizar esta obra grandiosa, José Eusebio del Llano y Zapata emprendió muchos viajes por Sudamérica recogiendo experiencias y observaciones personales.

Un dibujo de la Flora del Perú, *de Ruiz y Pavón, quienes en 1777 partieron de Cádiz con el propósito de realizar el primer estudio documentado de las plantas del Nuevo Mundo.*

El primer tomo de las citadas memorias está dedicado al estudio del reino mineral; el segundo, al reino vegetal; el tercero, a sus observaciones sobre el reino animal y en el cuarto describe los grandes ríos que bañan América del Sur.

Llano y Zapata propuso la reforma de los estudios. Quería que se enseñara en los colegios, además de griego y latín, idiomas modernos como inglés, italiano, alemán y francés, y proponía recuperar las lenguas indígenas del Perú.

Guiado por la predilección que sentía por las ciencias, José Eusebio del Llano y Zapata trabajó en la fundación de una escuela de metalurgia y alentó que se creara una biblioteca pública. Sus proyectos merecieron críticas injustas y severas y, sin acceso a las cátedras de colegios y la universidad, su esfuerzo fue ineficaz y la enseñanza permaneció fiel a la tradición escolástica.

Pablo de Olavide

El crítico literario Estuardo Núñez, estudioso de la poesía contemporánea y la literatura de viajes, redescubrió a personajes tan importantes como Pablo de Olavide. De él cuenta que nació en Lima en 1725 y murió en Bagua en 1803. Olavide es seguramente el peruano más universal de su tiempo. Su vida novelesca y su obra literaria testimonian la precocidad y versatilidad proverbiales del criollo limeño.

Catedrático de San Marcos y oidor honorario de la poderosa Audiencia de Lima antes de los 25 años, interrumpió sus tareas reconstructoras de la ciudad natal después del terremoto de 1746 con un viaje a España que sería definitivo. Famoso en el Madrid de Carlos III por sus inquietudes edilicias y su vida rumbosa de nuevo rico, bibliófilo y cosmopolita, lo sería también como asesor y protegido de los ministros Aranda, Floridablanca y Campomanes en calidad de intendente de Andalucía, asistente de Sevilla y director y superintendente de las novísimas poblaciones de la colonización de Sierra Morena.

Traductor y contertulio de Voltaire; elogiado por Marmontel y Diderot; coronado de laureles y declarado «Ciudadano de Honor de la República Francesa» por la Convención, Olavide es, por antonomasia, el afrancesado hispanoamericano del siglo XVIII. Dos veces perseguido por la Inquisición española debido a sus arrestos heterodoxos y más tarde a las turbas francesas en los días del Terror, este peruano trasterrado es el prototipo del héroe prerromántico que él mismo admiraba en las páginas de Rousseau.

La trayectoria vital de Olavide representa acaso la mejor posibilidad de realización individual para un criollo de talento dentro del sistema colonial del Imperio español. Pero, apunta también, como signo de los tiempos, a la posibilidad inminente de la autonomía y separación de los Reinos de Indias de su vieja metrópoli española.

El reconocimiento español a Olavide se ha hecho evidente al colocarlo junto a Gaspar Melchor de Jovellanos en la placa de ilustres del siglo XVIII del claustro de la Universidad de Alcalá de Henares y, en los últimos años, al elegirle como epónimo de una nueva universidad en Sevilla.

Hipólito Unanue

Nacido en Arica en 1755, en el seno de una familia modesta, Hipólito Unanue se educó en Lima en la Universidad de San Marcos y falleció en

Hipólito Unanue, médico y fundador del Colegio de Medicina y del Anfiteatro Anatómico en 1792, fue también geógrafo y creó el Museo de Historia Natural y la Beneficencia Pública.

1833. Su vida cívica y científica es singular en el Perú. Fue médico general, fundador del Colegio de Medicina y del Anfiteatro Anatómico en 1792. Geógrafo autor de la obra *El Clima de Lima*, creó el Museo de Historia Natural, cuya dirección encargó a Mariano de Rivero y Ustáriz. También creó, en el año 1825, la institución de la Beneficencia Pública.

Unanue fue uno de los editores del *Mercurio Peruano* y autor de varios artículos, entre ellos el clásico «Estudio sobre la planta de la coca». Prócer de la Independencia, fue apreciado en grado sumo tanto por el libertador Simón Bolívar como por San Martín. Ministro de Hacienda y Relaciones Exteriores, fue mentor de toda actividad médico-científica de su época. Se ha dicho que en Unanue se daba una hermosa conjunción de ciencia pura y ciencia aplicada, de la cultura absolutamente desinteresada y del servicio público. Su recuerdo sobrevive en la memoria de las generaciones peruanas.

Su versación se deduce con claridad al leer los títulos que componen su importante biblioteca que contaba con centenares de volúmenes de ciencia, medicina, historia y filosofía, en inglés, francés, italiano y español.

Unanue fue miembro de la Academia de Ciencias Naturales y Medicina de Madrid, de la de Ciencias de París, de la de Filosofía y Filantropía de Filadelfia y de la de Nueva York.

Los países andinos han honrado su memoria conformando el Convenio Hipólito Unanue para tratar los asuntos de salud en la subregión.

La Historia Natural de las Indias

Escrita en impecable estilo, la obra encierra muy atinadas observaciones geográficas, comparaciones acertadas de las costumbres de diversos pueblos. Su autor posee facilidad para el análisis; curiosidad para el detalle. Los estudios en que más se distingue son aquellos referentes a las propiedades de las plantas de Indias. No hace de ellas una clasificación científica, pero con menos apego a la tradición católica y más libertad en el juicio, el autor habría sido excelente naturalista. El libro, no obstante las doctrinas añejas que encierra, se lee con interés y sin fatiga, en pleno siglo XX, y merece los honores de una crítica indulgente y favorable. Acosta, que fue más audaz que sus contemporáneos y quería leer por sí mismo en el libro de la naturaleza, permaneció fiel a Aristóteles.

Felipe Barreda y Laos,
Vida Intelectual del Virreinato del Perú

El Mercurio Peruano

En la historia de la ciencia en el Perú, *El Mercurio Peruano* merece un lugar preponderante. Publicado entre 1791 y 1794, es una revista que honra al Perú, y por sus aportes en geografía, estadística y botánica, mereció ser traducida al alemán por iniciativa de Alexander von Humboldt. Fue publicada por la Sociedad Amantes del País, tuvo un éxito inmediato, llegando a tener 398 suscriptores; el último número se publicó en agosto de 1794. El 73 por ciento del material publicado lo conforman 576 artículos divididos entre geografía, ciencias varias y economía; el restante espacio se dedicó a letras, artes, política y religión.

Aislamiento intelectual

El pensamiento colonial peruano vivió aislado del resto del mundo [...] ¿Era esta educación un reflejo de lo que ocurría en España? Quienes han estudiado el tema señalan la influencia negativa que tuvo en el Virreinato el Tribunal de la Inquisición y el aislamiento intelectual de España del resto del mundo civilizado para evitar el contagio del luteranismo. La Inquisición llegó en 1570 a Lima y al poco tiempo se hizo temer; toda inteligencia que se distinguía por su pensamiento audaz u original era sindicada de sospechosa. Toda personalidad que sobresalía era vigilada cuidadosamente y castigada si pretendía innovar.

Felipe Barreda y Laos,
Vida intelectual del Virreinato del Perú

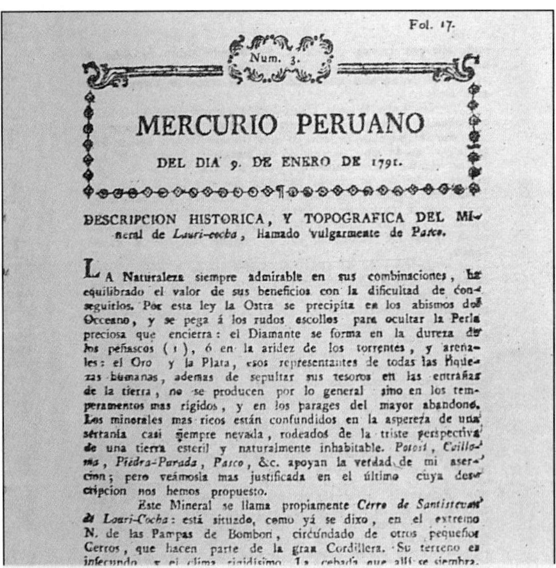

Fol. 17.

Num. 3.

MERCURIO PERUANO

DEL DIA 9. DE ENERO DE 1791.

DESCRIPCION HISTORICA, Y TOPOGRAFICA DEL Mineral de *Lauri-cocba*, llamado vulgarmente de *Pasco*.

LA Naturaleza siempre admirable en sus combinaciones, ha equilibrado el valor de sus beneficios con la dificultad de conseguirlos. Por esta ley la Ostra se precipita en los abismos del Occeano, y se pega á los rudos escollos para ocultar la Perla preciosa que encierra: el Diamante se forma en la dureza de los peñascos (1), ó en la aridez de los torrentes, y arenales: el Oro y la Plata, esos representantes de todas las riquezas humanas, ademas de sepultar sus tesoros en las entrañas de la tierra, no se producen por lo general sino en los temperamentos mas rigidos, y en los parages del mayor abandono. Los minerales mas ricos están confundidos en la aspereza de una sèrranía casi siempre nevada, rodeados de la triste perspectiva de una tierra esteril y naturalmente inhabitable. *Potosí*, *Caillo-ma*, *Piedra-Parada*, *Pasco*, &c. apoyan la verdad de mi asercion; pero veámosla mas justificada en el último cuya descripcion nos hemos propuesto.

Este Mineral se llama propiamente *Cerro de Santistevan de Lauri-Cocha*: está situado, como yá se dixo, en el extremo N. de las Pampas de Bombon, circúndado de otros pequeños Cerros, que hacen parte de la gran Cordillera. Su terreno es

Revista científica El Mercurio Peruano del 9 de enero de 1791. Publicada por la Sociedad Amantes del País, fue traducida al alemán bajo los auspicios de Alexander von Humboldt.

En el *Mercurio Peruano* se publicó, en 1793, el primer tratado de química moderna, con el título de «Principios de Química y Física», con cuadro de elementos y compuestos traducidos del Tratado de Lavoisier. A finales del siglo XVIII en el Perú se dio una polémica tecnológica entre los mineros peruanos y los miembros de la expedición del Barón de Nordenflich. Los peruanos utilizaban la técnica nacional en el beneficio de la plata por el método de «amalgamación de patio», desarrollado durante trescientos años, con la autoridad del Padre Barba, pero los expertos en mineralogía y metalurgia enviados por Carlos III y dirigidos por el metalurgista letón Nordenflich, usaban el método llamado «de los barriles», de su invención. Triunfador fue el método peruano que se publicó de nuevo en Lima en 1817 con el título de *Arte de los metales de Barba*.

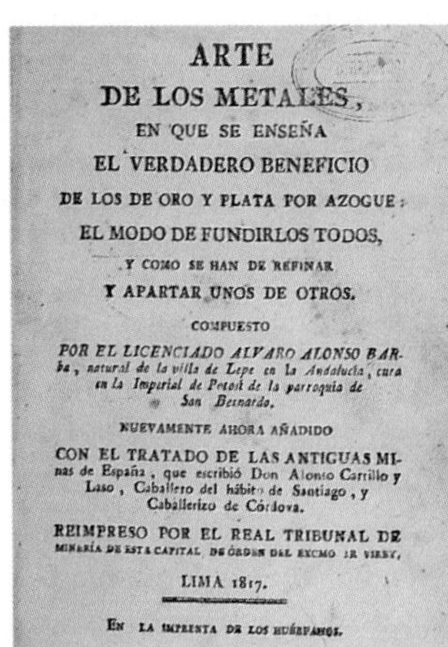

ARTE
DE LOS METALES,
EN QUE SE ENSEÑA
EL VERDADERO BENEFICIO
DE LOS DE ORO Y PLATA POR AZOGUE:
EL MODO DE FUNDIRLOS TODOS,
Y COMO SE HAN DE REFINAR
Y APARTAR UNOS DE OTROS.
COMPUESTO
POR EL LICENCIADO ALVARO ALONSO BARBA, natural de la villa de Lepe en la Andalucía, cura en la Imperial de Potosí de la parroquia de San Bernardo.
NUEVAMENTE AHORA AÑADIDO
CON EL TRATADO DE LAS ANTIGUAS MInas de España, que escribió Don Alonso Carrillo y Laso, Caballero del hábito de Santiago, y Caballerizo de Córdova.
REIMPRESO POR EL REAL TRIBUNAL DE MINERÍA DE ESTA CAPITAL DE ÓRDEN DEL EXCMO SR VIREY,
LIMA 1817.
EN LA IMPRENTA DE LOS HUÉRFANOS.

Estancamiento científico e intelectual

No obstante la activa labor científica realizada en Europa por Nicolás de Cusa, Telesio, Copérnico, Tycho Brahe y sus discípulos, y pese a haberse asestado un golpe mortal a la concepción aristotélica del mundo, en el Perú se ignoraba, o se pretendía ignorar, el movimiento reformador. Los estudiantes peruanos nada sabían de las victorias de la razón sobre las negaciones sistemáticas de la fe.

Mientras el pensamiento en Europa marchaba altiva y decididamente hacia su emancipación, en el Perú, se estancaba, se petrificaba. La ciencia, en manos de los sacerdotes, sufría un proceso de regresión. La religión impuso a la inteligencia la concepción del mundo aristotélico-medieval; podría decirse que entre los siglos XVI y XVIII se produjo un fuerte estancamiento intelectual manteniéndose los mismos preceptos y convenciones del siglo XIII.

El Perú colonial vivió intelectualmente como en la Edad Media, mostrando un decidido desprecio por los avances científicos. No hubo preocupación por formar al hombre y desarrollar sus facultades. Con estudios así deficientes, mal podrían aparecer científicos.

Desarrollo científico

Mina de cobre en Arequipa. La tecnología en el siglo XIX se limitó a la minería y la metalurgia.

Después de la Independencia, en 1821, se distinguen varios períodos en lo referente a la evolución y cultivo de las ciencias y la tecnología. En los años treinta destaca la figura de Mariano de Rivero y Ustáriz, naturalista peruano educado en Europa, discípulo y amigo de Humboldt, creador de la primera Escuela de Minas de Bogotá, a sugerencia de Bolívar. En el Perú fue nombrado Director de Minería e intentó también crear la primera Escuela de Minas del Perú. Organizó un laboratorio químico de análisis y colecciones mineralógicas y petrográficas; también tradujo textos y tratados para la instrucción de alumnos; entre ellos, el Tratado de las Proporciones Químicas de Berzelius y la Mineralogía de Phillips; redactó un Manual de Ensayos y en compañía de Nicolás Fernández de Piérola llegó a publicar el *Memorial de Ciencias Naturales* entre 1827 y 1828, primera publicación peruana dedicada sólo a la difusión de las ciencias y tecnología, interrumpida porque el Estado no cumplió con la ayuda prometida.

Transcurre luego un largo período de guerras civiles que sacuden y paralizan el país. El cultivo de las ciencias y la tecnología se limita a la minería y la metalurgia.

Facultad de Medicina

En 1850 llega al Perú Antonio Raimondi, naturalista italiano que formó parte del plantel docente de la Facultad de Medicina, la cual alcanzó un alto nivel y fue considerada entre 1854 y 1870 como una de las mejores del continente. Raimondi investigó la flora y fauna del país y formó valiosas colecciones que se conservan en el museo que lleva su nombre, en Lima. Publicó sus observaciones en una obra de cuatro volúmenes denominada *El Perú* y ha sido considerado el mentor de la investigación científica peruana.

A inicios de la década de 1870 se creó la Facultad de Ciencias en la Universidad de San Marcos y se adquirió instrumental y equipo científico que se perdió al poco tiempo, al ser trasladado a Chile durante la Guerra del Pacífico.

Escuela Nacional de Ingenieros

Después de la Guerra del Pacífico, en la etapa que se denominara de Reconstrucción Nacional, se reabrió la Escuela Nacional de Ingenieros (ENI) y se inició la publicación de la *Revista de Ciencias de la Universidad de San Marcos*. Destacaron los autores José Sebastián Barranca y Federico Villarreal, naturalista y matemático respectivamente. Fue notable el esfuerzo desplegado por los profesores y primeros graduados de la ENI en el estudio de las peculiaridades del país. Se reconoce el aporte de los profesores extranjeros, entre ellos los científicos polacos, que hicieron posible la creación de la Escuela de Ingenieros y fortalecieron la Facultad de Ciencias.

A finales del siglo XIX se inició la publicación de los *Boletines del Ministerio de Fomento y del Cuerpo de Ingenieros de Minas* que divulgaron los estudios de los primeros ingenieros peruanos.

Químicos, matemáticos y botánicos

En la primera mitad del siglo XX se dieron importantes estudiosos como Emmanuel Pozzi-Escott, químico francés que se estableció en el Perú

El naturalista italiano Antonio Raimondi, considerado el mentor de la investigación científica peruana, llegó al país en 1850. Trabajó y dictó clases en la Facultad de Medicina de Lima.

Mariano de Rivero y Ustáriz, naturalista y director de Minería, intentó crear la primera Escuela de Minas del Perú. Se educó en Europa y fue amigo personal de Alexander von Humboldt.

y fue profesor de la Escuela Nacional de Agricultura y la Universidad de San Marcos; en el campo de las matemáticas la llegada de Alfred Rosenblat, en la década de 1930, significó un cambio muy favorable. El filósofo alemán Augusto Weberbauer llegó al Perú en 1901 para realizar estudios botánicos; investigó extensamente la flora peruana y creó una colección de más de cinco mil especímenes. En 1908 se hizo cargo de la dirección del parque zoológico y botánico de Lima.

Escuela Nacional de Agricultura

La fundación, a principios del siglo XX, de la Escuela Nacional de Agricultura determinó un impulso en el estudio de las plantas y animales autóctonos, y en los esfuerzos para mejorarlos. El grupo inicial de profesores era de nacionalidad belga; posteriormente aparecieron las primeras estaciones experimentales, resultado del esfuerzo de la Sociedad Nacional Agraria, donde se estudiaron las variedades nativas del algodón peruano y también el tratamiento para la erradicación de las plagas que las afectaban.

Logros en el campo de la medicina

En 1870 se inició la construcción de los ferrocarriles peruanos que tenían que recorrer la cordillera andina para unir la costa con los yacimientos mineros de la sierra. Una grave epidemia llamada «fiebre de la Oroya» diezmó a los obreros. La etiología de esta fiebre fue materia de polémica. Un estudiante de medicina, Daniel Alcides Carrión, demostró, en un experimento en el que se usó a sí mismo como cobaya y que le costó la vida, que la «fiebre de la Oroya» y la verruga peruana eran dos estadios de la misma enfermedad producida por una infección bacteriana transmitida por la picadura de un mosquito. El sacrificio de Carrión de-

El estudiante de medicina Daniel Alcides Carrión, que sucumbió al experimentar en sí mismo la conexión entre la «fiebre de la Oroya» y la verruga peruana.

El doctor en medicina Alberto Hurtado, preparado científicamente en Estados Unidos, debe su fama de investigador a sus trabajos sobre los efectos de la altura en el hombre andino.

terminó en los médicos peruanos una intensa dedicación al estudio de esa enfermedad. Así, fue en Lima, donde Alberto Barton aisló el germen que producía la fiebre, estableció su forma de propagación y posteriormente su tratamiento. Las revistas médicas de la época publicaron decenas de artículos sobre este tema.

En 1908 se graduó en San Marcos una promoción brillante de médicos, integrada, entre otros, por Hermilio Valdizán y Carlos Monge, quienes realizaron investigaciones sobre medicina folclórica, psiquiatría y patología tropical, y Julio C. Tello, que, luego de estudiar en la Universidad de Harvard, inició la arqueología científica en Perú.

Importante es el desarrollo de la psiquiatría peruana que se inició con José Casimiro Ulloa, en la segunda mitad del siglo XIX, a quien se considera el primer alienista. Es Hermilio Valdizán la figura fundacional de la psiquiatría peruana, iniciador de la especialidad en la Facultad de Medicina y estudioso también de la medicina folclórica. Su mejor discípulo fue Honorio Delgado, considerado la figura más representativa de la psiquiatría latinoamericana en el siglo XX. Delgado marca el tránsito entre la psiquiatría fundacional y las tendencias actuales.

Carlos Gutiérrez Noriega fue investigador y además un epistemólogo de las ciencias. Contribuyó a la psiquiatría experimental y a la clínica, y estudió los efectos del cocaísmo en el Perú.

La *Revista de Neuro-Psiquiatría*, aparecida en el año 1937, es una de las publicaciones especializadas más antiguas en toda América Latina; dirigida inicialmente por Honorio Delgado y Oscar Trelles, mantiene su alta calidad bajo la dirección de Javier Mariátegui.

Importante en la década de 1920 fue la realización de la primera expedición científica peruana a la altura, organizada por Carlos Monge y Alberto Hurtado, y que recibió apoyo de la Facultad de Medicina, cuyos Anales registran sus resultados. La expedición estuvo integrada por profesores y alumnos. Consecuencia del entusiasmo que generó la expedición fue la creación, en 1930, del

Julio César Tello Rojas, iniciador de la arqueología científica en el Perú, se preparó en la Universidad de Harvard y fue catedrático de Antropología en la Universidad de San Marcos.

Eulogio Fernandini, presidente de la Sociedad Geológica del Perú. Realizó sus estudios en Austria y Alemania e impulsó la explotación de las minas de plata de Colquijirca.

Instituto de Biología Andina en la Universidad de San Marcos, verdadero semillero de los investigadores peruanos en biología y medicina, cuyo aporte al mejor conocimiento del hombre andino es una de las áreas en las cuales el Perú tiene prestigio a nivel mundial.

Alberto Hurtado

Nacido en Lima en 1901, Alberto Hurtado empezó su labor científica en el año 1925, en Estados Unidos, donde estudió medicina en la Universidad de Harvard.

Realizó sus prácticas en Boston y desde allí colaboró, en 1924, en *La Crónica Médica,* excelente revista que se publicaba en Lima, con aportes sobre el uso de la insulina, hormona recién aplicada al tratamiento de la diabetes. A su regreso al Perú, fue asimilado a la Sanidad del Ejército e hizo investigaciones, publicando sus trabajos con el sugerente título de *Estudios sobre el soldado peruano* y otra serie sobre el indio peruano. Fue invitado por Carlos Monge Medrano a organizar la primera expedición médica peruana a la altura, en 1927, y esta oportunidad le permitió apreciar las enormes posibilidades para la investigación que ofrecía la vida en las grandes altitudes, actividad a la cual dedicó el resto de su vida.

Retornó a Estados Unidos en 1933 con una beca de la Fundación Rockefeller y permaneció tres años como profesor visitante en la Universidad de Rochester.

En la década de 1930, junto con Carlos Monge, fundó el Instituto de Biología Andina (IBA) en la Universidad de San Marcos, el más valioso grupo médico peruano dedicado a la investigación, con cuatro generaciones médicas entre los años 1930 y 1960. Hurtado fue nombrado director de investigaciones y continuó allí su labor de profundización en los problemas de altura y neumoconiosis. Los laboratorios del IBA estaban equipados como los mejores de Estados Unidos y Europa y su actividad fue original e importante. Fundó, junto a Honorio Delgado, la Universidad Peruana Cayetano Heredia y el prestigioso Instituto de In-

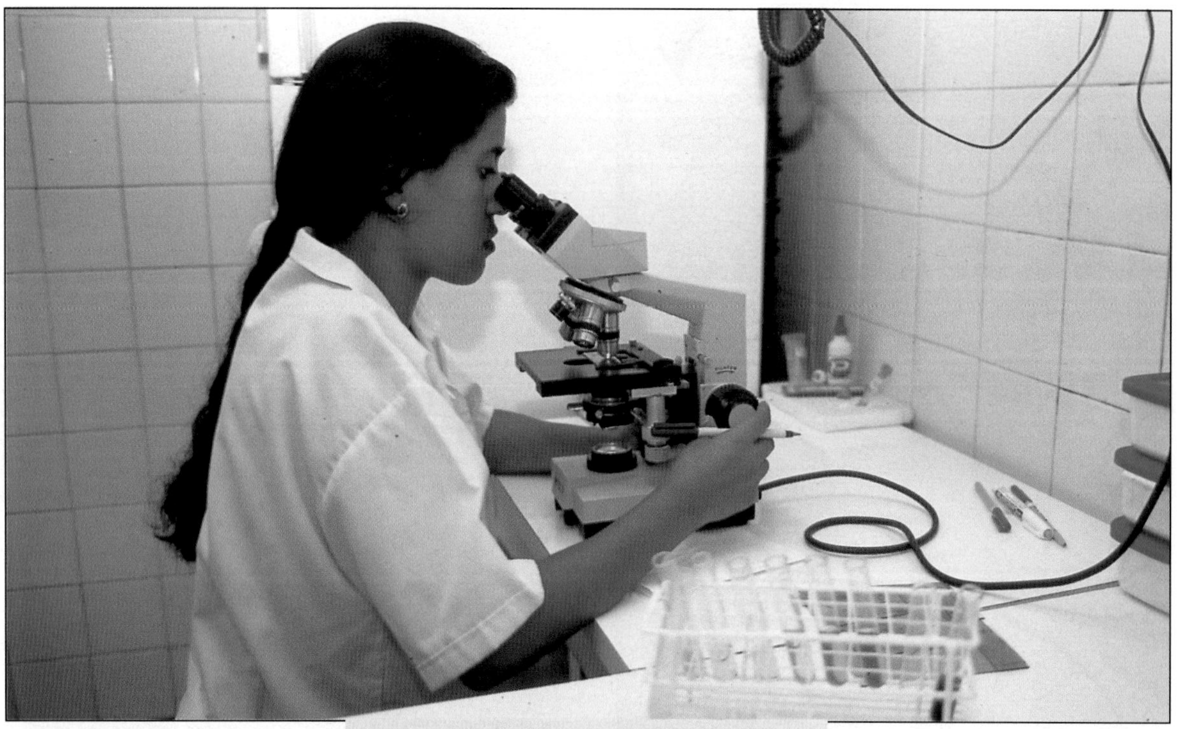

En la imagen, modernas instalaciones adecuadas para la investigación científica en la Escuela de Biología de la Universidad de San Marcos, en Lima.

vestigaciones de la Altura. En 1972 fue propuesto a la Organización de Estados Americanos como candidato al premio Houssay, que le fue otorgado por unanimidad.

Ciencia y tecnología hasta 1960

En la República, las universidades coloniales y las creadas por Simón Bolívar en Arequipa y Trujillo siguieron el modelo colonial, con casi total prescindencia del cultivo de las ciencias. En algunas de ellas se desarrollaron determinadas disciplinas científicas sólo en las primeras décadas del siglo XX. Así, en la Universidad del Cusco se cultivó la botánica; en la de Arequipa, la geología; y en la de Trujillo, la química, ésta última desarrollada por profesores alemanes que emigraron al Perú en la década de 1930. La actividad científico-tecnológica de la universidad peruana en la primera mitad del siglo XX se redujo a las investigaciones biomédicas antes descritas y los aportes tecnológicos provenientes de las escuelas de ingeniería, en particular sobre explotaciones mineras, así como las investigaciones sobre agricultura y veterinaria.

El estallido de la Segunda Guerra Mundial determinó una interrupción de los vínculos científicos con Europa, y desde entonces los profesionales en ciencias e ingeniería eligieron Estados Unidos para sus estudios de posgrado: el Instituto Tecnológico de Massachusetts para la minería y la Universidad de Harvard para la geología y la medicina; aunque estas ampliaciones de estudios estuvieron limitadas a los mejores alumnos que obtenían becas de la Universidad de San Marcos y/o de algunas empresas mineras.

En la década de 1950 apareció en la universidad la figura del profesor a dedicación exclusiva, en mayor número en la Facultad de Medicina y luego en la Escuela de Agricultura. Se recibió ayuda financiera y tecnológica extranjera, que permitió continuar los estudios de biología de altura y los efectos de la hipoxia, por el interés de la industria estadounidense en la medicina aeronáutica. También se recibieron ayudas de las fundaciones Rockefeller y Carnegie y de los institutos nacionales de salud de Estados Unidos.

Ciencias naturales, de la salud, tecnológicas y sociales

Desde la década de 1960 se ha producido un desmesurado crecimiento del número de universidades peruanas, que de tan sólo seis pasó en los siguientes años a treinta, y en la actualidad a sesenta instituciones. Ello determinó improvisación de los docentes y disminución en la calidad de la enseñanza. El estudio de las ciencias y la tecnología se mantiene sólo en algunas universidades, entre ellas la de Ingeniería y la Agraria y la Universidad Peruana Cayetano Heredia (UPCH) en medicina; la Universidad Católica inicia la investigación en las ciencias sociales.

En las últimas décadas del siglo XX, se mantienen activos los Institutos de Investigaciones de la Altura y de Medicina Tropical de la UPCH y algunos laboratorios de las universidades Agraria y Católica en Lima.

Fenómeno interesante es la aparición en el Perú, desde 1960, de algunas instituciones privadas que realizan investigación científica. En Lima, el Instituto de Investigación Nutricional y el de Estudios Peruanos dedicados a las ciencias sociales; en Cusco, el Instituto Bartolomé de las Casas dedicado a estudios andinos. Sus miembros fueron profesores universitarios que tuvieron que dejar sus instituciones de origen puesto que la politización que padecieron durante la década de 1960 hizo muy difícil su actividad.

El Instituto Geofísico del Perú (IGP) inició sus actividades en 1947, aprovechando la situación del Perú en el Ecuador magnético, una línea en la cual se observan diversos fenómenos de importancia en metereología y telecomunicaciones; así, en el laboratorio del IGP en Huancayo (Junín) se descubrió el llamado Electrochorro Ecuatorial.

Desde 1971 funciona en Lima el Centro Internacional de la Papa (CIP) como uno de los centros mundiales con auspicios de la FAO, que realiza una intensa investigación sobre este tubérculo tan importante para la alimentación mundial. El CIP cuenta con un banco de germoplasma y un plantel internacional de investigadores.

Las ciencias sociales han tenido importante desarrollo en el Perú a partir de 1960 y los centros que destacan son la facultad correspondiente de la Universidad Católica en Lima y el Instituto de Estudios Peruanos, también en la capital.

El Consejo Nacional de Ciencia y Tecnología (CONCYTEC) publicó en 1986 un volumen dedicado a *La historia de las ciencias sociales del Perú*, del cual es editor Ernesto Yepes; en él se analiza el desarrollo de la lingüística, la psicología, la geografía, la historia, la arqueología y la antropología; también hay estudios sobre la evolución de las ideas psiquiátricas en el Perú.

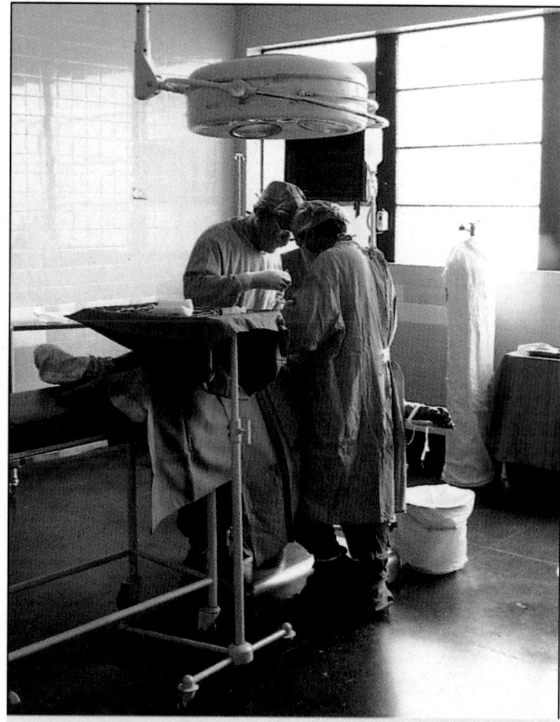

Cirujanos del Hospital Central de Lima practicando una intervención quirúrgica en uno de los modernos quirófanos de este centro, equipados con los últimos avances de la alta tecnología.

Entre los años 1977 y 1984, la *Revista de la Universidad Católica*, en su nueva serie, trató repetidas veces de la situación de las ciencias sociales en el Perú.

En el Cusco, la actividad del Instituto Bartolomé de las Casas y su *Revista Andina*, publicada desde 1983, consiste en difundir los conocimientos científicos relativos al hombre andino y la milenaria vida en sociedad en el ámbito andino.

También destaca la *Revista del Museo Nacional*, iniciada en la década de 1930, y que publica investigaciones antropológicas y arqueológicas.

Academias e instituciones científicas

La Academia Nacional de Medicina fue creada en 1884; en sus primeras décadas la Academia fue el lugar de presentación de la escasa investigación que se realizaba en el Perú y foro de debate de los nuevos métodos diagnósticos y terapéuticos; hasta finales del siglo también sirvió de consultora al gobierno del Perú en asuntos de salubridad hasta la creación, en 1935, del organismo estatal: el Ministerio de Salud. A finales del siglo XX, en la

El Instituto de Investigaciones de la Altura y de Medicina Tropical tiene su sede en el edificio de la Universidad Cayetano Heredia de Lima.

Academia Nacional de Medicina se cultiva la historia de la medicina, los aspectos de bioética y se tratan los grandes problemas de salud y demografía.

Antiguas instituciones que reúnen a cultores de determinadas áreas de las ciencias y la técnica son la Sociedad Geológica del Perú y la de Entomología. Es el caso de sociedades científicas cuyas investigaciones tienen aplicaciones prácticas en la minería y la agricultura. La Sociedad Geológica del Perú publica un boletín anual desde 1920.

En 1968 se creó el Consejo Nacional de Investigación, ligado a la presidencia de la República; razones políticas hicieron que el gobierno militar perdiera interés por la institución que en la práctica no pudo trabajar. Su presidente fue el Ingeniero Alberto Giessecke, director del Instituto Geofísico.

El gobierno constitucional que retornó en 1980 creó el Consejo Nacional de Ciencia y Tecnología (CONCYTEC), que presidió hasta 1985 el médico Roger Guerra-García, investigador de la adaptación humana a la altura. CONCYTEC tiene, entre otras, la atribución de formular la política de desarrollo científico y tecnológico del Perú, coordinarla y otorgar becas y subsidios para la investigación. El CONCYTEC dispuso de importantes recursos hasta 1990; sin embargo, está pendiente todavía el análisis de su utilización. Lo presidió durante esos años el ingeniero Carlos del Río. Desde 1990 la actividad de CONCYTEC ha disminuido de forma considerable debido a la seria crisis económica, social y política que vive el país.

La Academia Nacional de Ciencia y Tecnología (ANCYT) fue creada en 1992 por iniciativa del desaparecido biólogo marino Manuel Vegas Vélez. Desde su creación, convoca un foro anual dedicado a un tema científico mayor. ANCYT está constituido por un selecto número de colaboradorres cuyos trabajos de investigación son tema de debate.

Situación actual

Los investigadores peruanos están de acuerdo en considerar que durante la década de 1990 se dio una seria disminución de la actividad científica y tecnológica en el país; así lo demuestra un trabajo de Benjamín Marticorena, de la ANCYT, y una encuesta a treinta investigadores en las diferentes áreas de la ciencia y tecnología. Una respuesta constante entre los encuestados es que al Estado no le interesaba el desarrollo científico del país. Ello es consecuencia no sólo de la crisis económica, social y política del Perú, sino también de la modernización del Estado que conlleva la disminución de su personal, incluido el que trabaja en actividades científico-tecnológicas. Así, en los últimos años del siglo XX se han desmantelado algunas de las más importantes instituciones, como el Instituto Peruano de Energía Nuclear (IPEN) y el Instituto Nacional de Investigación Agraria (INIA); en el caso del INIA se ha llegado al extre-

El Instituto de Biología Andina

Hacia finales de la década de 1930 el Instituto empezó a extender sus relaciones y a conseguir sus primeros clientes fuera del ámbito universitario. Entre los principales estuvieron las empresas mineras, los grupos ganaderos de la sierra central y la aviación militar norteamericana. El interés de las compañías mineras era bastante obvio, ya que los principales yacimientos se encontraban en las zonas más altas de la sierra central peruana. Los estudios de fertilidad animal empezaron a destacar desde 1940 por la infertilidad en ovejas llevadas a la altura, la cual se debía a una falta de aclimatación. Un discípulo directo de Monge, el doctor Mauricio San Martín, empezó a especializarse en este problema estudiando en un principio gatos y conejos trasplantados a Morococha, y mas tarde concentrándose en la fertilidad del ganado lanar en la altura. Desde finales de la Primera Guerra Mundial la aviación inglesa se había interesado en los efectos de la altura en los pilotos, al establecer que cerca del 90 por ciento de las bajas de sus aviadores se debían a fallos humanos. La marina estadounidense retomó este interés y organizó a comienzos de la década de 1930 una escuela médica de aviación en Florida. Este centro estuvo en contacto cercano con la escuela fisiológica peruana y, cuando en 1949 se organizó en Lima el Simposio Internacional sobre problemas de Altitud, vinieron el director de investigaciones de esta escuela y el jefe de las Fuerzas Aéreas Médicas Norteamericanas.

En Estados Unidos se desarrolló un interés académico por los estudios fisiológicos en la altura, lo que permitió una estrecha colaboración entre universidades, fundaciones y el Instituto de Biología Andina. La Fundación Rockefeller equipó los laboratorios del Instituto y becó desde 1936 a varios médicos peruanos dedicados a la altura.

Marcos Cueto

mo de vender sus estaciones agrícolas experimentales; en IPEN se ha reducido el número de físicos de una veintena a sólo tres. En las conclusiones del trabajo antes citado, a propósito del desarrollo que en Perú tienen la medicina de altura y tropical, la de geofísica en el ecuador magnético y la agricultura de cultivos costeros, se afirma que la peruana es una ciencia con logros temáticos concretos dentro del panorama de la ciencia mundial.

En cuanto a los laboratorios y talleres de investigación, están desparejamente equipados y, en muchos casos, son obsoletos. Se aprecia una tendencia dominante entre los científicos peruanos de que sus investigaciones sean más prácticas y tengan un pronto impacto social y económico. Sin embargo, para desarrollarse en la investigación científica necesitan de un ambiente de libertad individual y también la consideración de la sociedad. En las últimas décadas, el financiamiento a las ciencias en el Perú ha provenido del Estado a través del CONCYTEC, las universidades y los institutos de investigación públicos; el aporte privado local a la ciencia es inexistente.

Los estudios biomédicos sobre el nativo de las grandes alturas tienen gran interés, pues el 20 por ciento de la población del Perú reside en lugares elevados donde se desarrolla la actividad minera.

El andino residente en alturas mayores a 3,000 m.s.n.m. presenta características notables como el elevado número de glóbulos rojos requerido para transportar el oxígeno desde los pulmones hasta los tejidos; también tiene hipertrofiado el lado derecho del corazón, consecuencia de una mayor presión de la arteria pulmonar; estos cambios son reversibles, desaparecen después de algunos meses de permanencia en la costa y aparecen en los sujetos costeños que van a residir en la altura.

Situación diferente es la exposición aguda a la altura que ocurre en los miles de turistas que cada año visitan Cusco, a 3,500 m.s.n.m. y Puno, a 3,800 m.s.n.m.; un pequeño porcentaje de ellos sufre de dolores de cabeza y sensación de falta de aire que desaparece al cabo de veinticuatro horas. Sin embargo, algunos tienen un cuadro de mayor intensidad que puede requerir la provisión de oxígeno.

Investigaciones sobre la altura

Desde 1961, el Instituto de Investigaciones de la Altura de la Universidad Peruana Cayetano Heredia se sumó a la original y motivadora investigación sobre los estudios fisiológicos en la altura, y la continúa gracias a aportes reconocidos en los campos de endocrinología, reproducción y transporte del oxígeno.

Se puede hacer un símil con lo ocurrido en Brasil, país donde el inicio de la ciencia se vincula al interés en la medicina tropical, propiciado en el instituto Oswaldo Cruz alrededor de un problema específico en patología tropical: la enfermedad de Chagas. Se desarrolla la microbiología, después la virología, la microscopía electrónica, la inmunología, etcétera. El símil con Brasil es interesante porque es la respuesta de dos países diferentes a un desafío endógeno. En el Perú: problema de adaptación a la altura; en Brasil: patología tropical y problemas inherentes.

Esta línea de estudio, estas similitudes e inquietudes también llevan a otra situación, como suele ocurrir en investigación: una línea puede concluir en una aplicación utilitaria, muy diferente a la que pensó el investigador. Así, los estudios básicos de población en altura, situación de hipoxia crónica, son ahora aplicables al estudio de enfermedades respiratorias tales como el enfisema, tan frecuente en los fumadores.

Es interesante observar cómo este interés por un tema común, como la altura, ha permitido en el Perú el desarrollo considerable de algunas especialidades. Las investigaciones obligaron, a fin de tener un control sobre el grupo correspondiente, al estudio de la población costeña; de esta manera se contó con tablas antropométricas de la población peruana, valores bioquímicos, hematológicos y endocrinológicos que presentan diferentes concentraciones en la altura.

Los primeros procedimientos analíticos de medición de gases en sangre y hormonas, se hicieron en laboratorios peruanos y después tuvieron aplicaciones terapéuticas.

Instituciones

El marco institucional inmediato de la investigación científica en el Perú es una universidad o un centro de investigación del Estado; actualmente los centros privados de investigación todavía son escasos y se limitan a las ciencias sociales.

En las universidades, públicas o privadas, la investigación es una actividad desprotegida, con pocos científicos involucrados, y sus trabajos están aislados del resto de la actividad académica. Hay algunas investigaciones apoyadas por el Estado, otras por organismos extranjeros o empresas, con fines específicos, como son los de ensayar algún proceso productivo, detectar y medir fenómenos geográficos o descubrir relaciones entre ciertos organismos biológicos y el entorno físico. Otras, menos orientadas a objetivos utilitarios predefinidos, son realizadas sin apoyo explícito de instancias públicas o privadas nacionales, se financian con el presupuesto de funcionamiento provisto por el Estado y con aportes de algún organismo extranjero (universidad, fundación, fondo multilateral o sociedad científica). Es el caso de los estudios de ecología, las investigaciones en arqueometría, las que se realizan sobre propiedades de materiales o algunas en biotecnologías orientadas a la producción de proteínas específicas.

En los centros de investigación del Estado, aunque muy disminuidos con respecto a sus capacidades en la década de 1980, se realizan investigaciones con presupuesto público. Algunas son promovidas por organismos internacionales o cooperación bilateral con otros países, que las financian total o parcialmente, según su interés. El Instituto del Mar del Perú (IMARPE), el Instituto Geofísico del Perú (IGP), el Instituto Nacional de Investigación Agropecuaria (INIA), el Instituto Nacional de Salud (INS) y el Instituto Nacional de Recursos Naturales (INRENA) son los más importantes centros de investigación del Estado, aunque disminuidos en sus objetivos iniciales a causa de decisiones políticas del gobierno.

El receso de la investigación científica significa el aplazamiento de la entrada del Perú en la modernización económica y cultural.

Instituto Geofísico del Perú (IGP), uno de los centros de investigación científica del Estado.

La literatura

Literatura quechua

Literatura aymara
y amazónica

Literatura colonial

Literatura
de la Emancipación

Literatura de la República

Indigenismo
y neoindigenismo

Últimas generaciones

Biblioteca del monasterio de Santa Rosa de Ocopa, magnífica obra del siglo XVIII, en la que se conserva una extraordinaria colección de volúmenes de los siglos XVI y XVII.

Literatura quechua

PARTE PRIMERA
Dela chronica del Peru. Que tracta la demarcacion de sus prouincias: la descripcion dellas. Las fundaciones de las nueuas ciudades. Los ritos y costumbres de los indios. Y otras cosas estrañas dignas de ser sabidas. Fecha por Pedro d Cieça de Leon vezino de Seuilla.
1553.
Con priuillegio Real.

Crónica del Perú, de Pedro Cieza de León, considerada una de las mejores crónicas americanas.

La creación literaria ha alcanzado en el Perú un desarrollo destacable, conformando uno de los conjuntos literarios más importantes de América Latina. Con una dilatada trayectoria, cuenta con autores y obras de relieve hispánico, y en algunos casos de dimensiones universales (en particular, César Vallejo, José María Arguedas y Mario Vargas Llosa). La diversidad y la heterogeneidad son sus características principales, en consonancia con la multiplicidad geográfica, étnica e histórico-cultural de un país irrigado por «todas las sangres» (en feliz expresión de José María Arguedas), poseedor de «mil caras» (en el esclarecedor retrato de Vargas Llosa).

Producida en varios idiomas andinos (sobre todo, el quechua y el aymara) y amazónicos, con la presencia determinante del español desde la dominación ibérica, se nutre no sólo de factores autóctonos e hispánicos (sin duda, los dos primordiales), sino también con significativos aportes de origen africano (negros y mulatos, desde el Virreinato) y asiático (chinos y japoneses, especialmente a partir de la segunda mitad del siglo XIX). La transmisión oral ha sido y sigue siendo el circuito de comunicación de los poemas y narraciones en lenguas andinas y amazónicas, y también de la literatura negra o afro-peruana; convive, pues, con el circuito de la literatura escrita establecido por los europeos, circuito éste inserto en el proceso de especialización moderna de los géneros literarios, desligado ya del antiguo discurso mítico o chamánico, y de sus iniciales conexiones con la danza y la música, mientras que esos nexos subsisten activos en la tradición oral de los Andes y la Amazonia. Semejante variedad de elementos culturales genera interesantes conexiones y sincretismos, dentro de lo que destacados estudiosos (entre ellos, José de la Riva-Agüero, Ventura García Calderón, Víctor Andrés Belaúnde, Raúl Porras Barrenechea, Luis Alberto Sánchez, Jorge Basadre y Augusto Tamayo Vargas) llaman *mestizaje* y que, más recientemente, podría calificarse como *transculturación* (Ángel Rama). De hecho, la mayoría de los autores, corrientes y formas de mayor relevancia literaria ilustran dicho mestizaje o transculturación.

La literatura en tiempos prehispánicos

Aunque todavía se discute el grado en que ha sufrido alteraciones y sincretismos la información y el material literario quechua recogido y transmitido por escrito con la intervención de cronistas, predicadores y funcionarios coloniales, cabe afirmar que la literatura quechua conoció un alto desarrollo en tiempos prehispánicos, con numerosas formas líricas, narrativas e incluso dramáticas o cuasi-dramáticas. Una prueba patente de su potencial creador la hallamos constatando que la mayoría de las manifestaciones literarias escritas más admirables de los siglos coloniales o están en quechua (*Ollantay*, los himnos religiosos y el singular manuscrito de Huarochirí, en los predios del teatro, la lírica y la narrativa, respectivamente) o tienen como eje el Cusco y la sierra cercana al Cusco, merced a autores indios o mestizos que aprendieron el quechua en sus primeros años de vida (Inca Garcilaso, Guaman Poma y Juan de Espinosa Medrano, *El Lunarejo*). La resonancia del quechua en la literatura escrita disminuye en los siglos XVIII y XIX, aunque en ese lapso cristaliza el yaraví (canción amorosa que usa el español pero

Grabado de 1807 representando al Inca Atahualpa ante la embajada española de Pizarro. *El último emperador inca fue el personaje central de la mayoría de las crónicas del siglo XVI.*

Oración de Manco Cápac

¡Oh, Dios soberano (Wiracocha)!
poderosa raíz del ser,
Tú que ordenas: «Éste sea
varón, y ésta sea mujer»,
Señor de la fuente sagrada,
Tú que inclusive tienes
poder sobre el granizo,
¿no me es posible verte?
¿Dónde te encuentras?
¿Dónde está, arriba
o abajo
o en el intermedio,
tu asiento de supremo juez?

De la crónica
de Juan de Santa Cruz Pachacuti,
traducción de Jesús Lara

preserva el ritmo, la temática y el juego metafórico del *arawi* quechua, complaciéndose en tratar a la amada como *urpi*, es decir «paloma», una paloma ingrata, a la que se protegió y curó de heridas que tenía, pero que voló al sentirse sana). En el siglo XX, gracias a los esfuerzos indigenistas, ha vuelto a publicarse en quechua y a sentirse el impacto de los textos quechuas en los libros escritos en español, sobresaliendo la proeza nada fácil de «quechuizar» el español realizada por Gamaliel Churata, Arguedas y Eleodoro Vargas Vicuña: así como el poeta Garcilaso enriqueció el verso hispánico con recursos del italiano, y Rubén Darío trasplantó al español posibilidades de la lengua francesa, ellos efectúan una tarea no sólo lingüística y cultural, sino también estética, consiguiendo nuevos efectos poéticos en español al apropiarse de ciertos componentes de la sintaxis, la morfología, el léxico y la prosodia del quechua. Churata ha estampado una frase luminosa y polémica: «Si América es una realidad genéticamente mestiza, la literatura americana debe ser idiomáticamente híbrida» (*El Pez de Oro*). Hibridez que ya anunciaban los cronistas indios, en particular Guaman Poma de Ayala.

Las formas líricas del quechua

Las principales formas líricas, en esta lengua, se pueden resumir en los siguientes cinco tipos de composición:

a) El *jailli* o *haylle*: himno de temática religiosa, heroica o agrícola. En los cantos colectivos que acompañan a las faenas agrarias se torna clarísimo el nombre quechua de *haylle* (significa 'triunfo', 'canto de triunfo'), porque casi en cada verso o luego de cada verso se repite el vocablo «haylle». Destaca la belleza de los haylles religiosos transmitidos por los cronistas Juan de Santa Cruz Pachacuti Salcamaygua (hacia 1613-1620), Cristóbal de Molina *El Cusqueño* (¿1529?-1585) y Felipe Guaman Poma de Ayala (vivió en la segunda mitad del siglo XVI y murió hacia 1615). Son himnos dirigidos a Wiracocha como Hacedor del universo, atribuidos por esos cronistas a Manco Cápac y a autores prehispánicos. Los especialistas han probado su hechura colonial, con influencia cristiano-occidental.

b) El *arawi* o *harahui*: canción de amor idealizado, frecuentemente doliente. Es una composición tan extendida que, según el Inca Garcilaso, puede dividirse la literatura quechua (división influida por la distinción europea medieval entre

Grabado de la edición de 1704 de la Histories des Yncas, Rois du Perou, *traducción francesa de la primera parte de los* Comentarios Reales *del Inca Garcilaso de la Vega.*

Mester de Clerecía y Mester de Juglaría) en la confeccionada por los *amautas* (sabios que, ayudados por los *quipus*, un sistema de cuerdas con nudos que almacenaban la memoria de los sucesos pasados y los conocimientos adquiridos en las más diversas ramas del saber) y la compuesta por los *haravicus* (claro derivado de *harahui*), a los que califica, sin mayores precisiones, de «poetas». Entre los mejores arawis brillan los que contiene la pieza teatral *Ollantay* y los forjados por el indio Juan Wallparrimachi Mayta (1793-1814), oriundo del Altiplano (hoy Bolivia), y que murió peleando por la Independencia. De otro lado, ya apuntamos que el arawi daría pie al nacimiento del mestizo *yaraví*.

c) El *wawaki*, canto dialogado entre coros de distinto sexo, propenso al ingenio y la sugerencia erótica.

d) El *huayñu* o *wayñu*, expresión privilegiada del alma indígena que fusiona la música, la danza y la poesía. Su cultivo no se ha deteriorado hasta los actuales *huaynos* (en quechua y en español).

e) La *qhashwa*, baile muy alegre y festivo. Goza todavía de gran vitalidad creadora.

Las formas narrativas

Los cronistas (en especial, Pedro de Cieza de León, Juan de Betanzos, Pedro Sarmiento de Gamboa, Cristóbal de Molina *el Cusqueño*, Inca Garcilaso, Pachacuti, Guaman Poma, Alonso Ramos Gavilán, Antonio de la Calancha y Martín de Murúa) proporcionan varias muestras de tres géneros: el mito, la leyenda y el cuento (el cuento folclórico, se entiende). Cabe conjeturar que, ayudados por los quipus, los antiguos peruanos conservaron sucesos históricos bajo una especie de cantares épicos, vestigios de los cuales pueden detectarse en las crónicas *Suma y narración de los Incas* de Juan de Betanzos (1510-1576), *Historia índica* de Sarmiento de Gamboa (1532-1592), la perdida (conocida por las citas que hace el Inca Garcilaso) *Historia de los Incas*, del jesuita mestizo Blas Valera (1545-1597), la primera parte de los *Comentarios Reales* del Inca Garcilaso de la Vega (1539-1616), la *Relación de antigüedades deste reyno del Pirú* de Juan de Santa Cruz Pachacuti, la *Nueva Crónica y Buen Gobierno* de Guaman Poma, la *Historia del origen y genealogía real de los Reyes Incas del Perú* de Martín de Murúa (¿?-¿1617?) y *Miscelánea antártica* de Miguel Cabello Balboa (c.1530-1608). Una joya narrativa la brinda Murúa: el cuento «de un famoso pastor, llamado el Gran Acoytrapa, con la hermosa y discreta Chuquillanto, ñusta hija del Sol», de un elaborado erotismo que junta el refinamiento (afín al «amor cortés» europeo) con la sensualidad; ahí destaca la invocación sexual (en el dibujo traza ingeniosas conexiones de palabras y metáforas, cotejables con los juegos cultistas de los trovadores, el «trovar clus»). Otra joya aparece en Cabello Balboa: la novela corta *Notable historia de los amores de Quilaco Yupanqui del Quito y*

Curicuillor del Cusco, entrelazada a los sucesos históricos, bajo la modalidad de «entregas» que dejan al lector en suspenso y deseoso de devorar las páginas siguientes.

El manuscrito de Huarochirí

Por encargo del extirpador de idolatrías, el jesuita Francisco de Ávila (1573-1647), entre los años 1597 y 1598 se redactó en quechua un manuscrito detallando las creencias míticas y las tradiciones rituales de la región de Huarochirí (sierra próxima a Lima). El propio Ávila, en 1608, vertió una parte del manuscrito, de modo muy libre, en su *Tratado y relación de los errores, falsos dioses y otras supersticiones y ritos diabólicos en que vivían antiguamente los indios de las provincias de Huarochirí, Mama y Chaclla y hoy también viven engañados con gran perdición de sus almas*; trabajo difundido por Clemens R. Marham, en traducción inglesa, en 1873, y publicado por primera vez completo en español por F. Loayza, en 1952. El manuscrito quechua fue publicado completo en 1939, por Hermann Trinborn, quien, además, lo tradujo al alemán. La primera traducción al español, completa y directa, la publicó Arguedas en 1966, bajo el título *Dioses y hombres de Huarochirí.* En 1987 Gerald Taylor ofreció una traducción más rigurosa, titulándola *Ritos y tradiciones de Huarochirí.* Arguedas ha celebrado la enorme importancia de este manuscrito: «es la obra quechua más importante de cuantas existen (...) es el único texto quechua popular conocido de los siglos XVI y XVII (...) es una especie de *Popol Vuh* de la antigüedad peruana; una pequeña biblia regional». Su textura es compleja: a las voces de los informantes se suma el redactor (más una probable intervención seleccionadora y ordenadora del P. Ávila), que gusta distinguirse como cristiano, pero comparte con los informantes la reivindicación de las etnias locales frente a la organización impuesta por el virrey Toledo. En el plano lingüístico, el quechua se enhebra con un sustrato idiomático regional. El núcleo narrativo refiere las peripecias de sus *huacas* (cerros, piedras, ríos o árboles a los que se les atribuye poderes mágicos), siendo la más notable Pariacaca. La mención de un Zorro de Arriba y un Zorro de Abajo, acorde con la concepción dual andina (*hanan* y *hurin,* arriba y abajo, masculino y femenino), serviría de inspiración a Arguedas para el diálogo mítico de su última novela, *El zorro de arriba y el zorro de abajo,* que los asume desde el título.

Dioses y Hombres de Huarochirí Narración quechua recogida por Francisco de Avila (¿1598?) · Edición bilingüe · Traducción castellana de José María Arguedas · Estudio biobibliográfico de Pierre Duviols · Lima, Perú · 1966

Edición bilingüe quechua-castellano, impresa en Lima en 1966, de la narración quechua Dioses y hombres de Huarochirí. *La traducción al castellano es de José María Arguedas.*

Las formas dramáticas

Cultivaban el *wanka,* sobre sucesos históricos de personajes ya fallecidos; y el *aranway,* de temática cotidiana, con tendencia al efecto cómico. Ambas formas iban acompañadas de música y canto. Una cierta idea del *wanka* se puede obtener gracias a la impresionante y hermosa *Tragedia del fin de Atahualpa,* descubierta recién en 1943; su factura y su tono remiten a costumbres escénicas propias del período prehispánico, preservadas sintomáticamente —en tanto afirmación indígena y rechazo de la dominación española— en esta lamentación causada por la destrucción de la admirable organización incaica. También en la memoria de indígenas bolivianos se conserva una versión de *Utqpha Páuqar* con rasgos de lo que debió ser el *aranway.* Durante el Virreinato la herencia dramática incaica se fusionó con las enseñanzas del Siglo de Oro español: el «arte nuevo de hacer comedias» de Lope de Vega y el auto sacramental perfeccionado por Calderón de la Barca, alcanzando este sincretismo teatral un alto nivel

Inkarrí

La sangre de Inkarrí está viva en el fondo de nuestra Madre Tierra. Se afirma que llegará el día en que su cabeza, su sangre, su cuerpo habrán de juntarse. Ese día amanecerá en el anochecer, los reptiles volarán. Se secará la laguna de Parinacochas, entonces, el hermoso y gran pueblo que nuestro Inkarrí no pudo concluir será de nuevo visible.

Recogido por Alejandro Ortiz Rescaniere, *De Adaneva a Inkarrí/Una visión indígena del Perú*

Literatura quechua

Se puede establecer la siguiente recopilación de formas literarias en quechua:

A) Formas líricas
  1. Jailli o haylle
  2. Arawi o harahui. Evoluciona al mestizo (en español) yaraví
  3. Wawaki
  4. Huayñu (huayno)
  5. Qhashwa

B) Formas narrativas
  1. Mitos
  2. Leyendas
  3. Cuentos
  4. Probablemente, cantares épicos

C) Formas dramáticas
  1. Wanka
  2. Aranway
  3. Teatro colonial (mestizaje con teatro lopesco)
     a. Tragedia (*Ollantay)*
     b. Autos sacramentales (El Lunarejo)

D) Escritores del siglo XX
  a. Poetas: A. Alencastre y J.M. Arguedas
  b. Prosistas que «quechuizan» el español: Gamaliel Churata, J.M. Arguedas y E. Vargas Vicuña

Edición de los autos sacramentales escritos en quechua El hijo pródigo, *del escritor barroco Juan de Espinosa Medrano, conocido como* El Lunarejo *y* Usca Páukar, *de autor desconocido.*

(superior al del teatro colonial en español) durante el siglo XVII. Hay que mencionar dos autos sacramentales de autores no identificados todavía: *Usca Páukar* y *El pobre más rico*, de gran sincretismo religioso entre lo cristiano y el sustrato andino. Particularmente interesantes son *El hijo pródigo* y *El robo de Proserpina y el sueño de Endimión*, autos sacramentales de Juan de Espinosa Medrano, *El Lunarejo* (nacido entre 1628 y 1632 y muerto en 1688), compuestos con versación teológica y familiaridad con la antigüedad clásica, diestramente engarzadas al entorno andino.

El *Ollantay*

Sin duda, la obra cumbre del teatro quechua colonial, tal vez la más admirable de toda la trayectoria del teatro peruano. A pesar de los esfuerzos de los especialistas, no se ha logrado identificar a su autor. El argumento y el marco histórico-cultural proceden de una antigua leyenda prehispánica, pero el diseño teatral y el movimiento escénico se inscriben dentro de las fórmulas lopescas: tres actos, versos octosílabos, variedad estrófica, el personaje del «gracioso», etc. El protagonista, Ollanta, guerrero distinguido de las huestes del inca Pachacutec, pretende casarse con Cusi Coyllur, hija del monarca (quien era venerado como una divinidad, al igual que los faraones y los césares); éste, irritado, encarcela a Ollanta y recluye a la ñusta entre las vírgenes religiosas del Acallahuasi. Hasta ahí el orden impone sus sanciones represivas (como en el cuento citado de Murúa); empero, lo que sigue implica una manera distinta (comprensiva y tolerante) de gobernar: Ollanta logra escaparse y se subleva durante varios años hasta que cae derrotado, aunque, ahora, el nuevo monarca, Túpac Yupanqui, lo perdona y le permite desposarse con su hermana Cusi Coyllur. No sabemos hasta dónde puede haber influido la clemencia cristiana (tan frecuente en las obras de Lope y Calderón) o la lectura de tragedias grecorromanas (varias de ellas apuntan a que el nuevo orden de Zeus en el Olimpo no es tan cruel ni tan inhumano como el viejo orden de Cronos-Saturno). Hay que resaltar que, en su tragedia *La piedra cansada*, César Vallejo recrea muchas de las peripecias del *Ollantay* tejiéndolas con varias de *Edipo Rey* de Sófocles.

Período contemporáneo

La generación de escritores surgidos después de la guerra con Chile, entre 1885 y 1888, le dio un gran impulso al indigenismo y a la difusión de la tradición oral quechua, como se percibe en los decisivos aportes de Adolfo Vienrich (1867-1908), Clorinda Matto de Turner y Abelardo Gamarra, *El Tunante*. Vienrich emprende la tarea de recopilar canciones (*Azucenas quechuas*, 1905-1906) y narraciones (*Apólogos quechuas*, 1906), continuada luego por otros valiosos investigadores: *La música de los Incas* (1925) de Marguerite y Raoul d'Harcourt; *Cuentos peruanos* (1937) de Arturo Jiménez Borja; *Mitos, leyendas y cuentos peruanos* (1947) de José María Arguedas (quien, además, haría una espléndida versión quechua del cuento *El sueño del pongo*) y Francisco Izquierdo Ríos; *Canciones y cuentos del pueblo quechua* (1949) de Arguedas, donde traduce joyas narradas por Carmen Taripha (la máxima narradora oral que escuchó Arguedas) y recogidas por Jorge A. Lira, material que sería difundido en las décadas siguientes, en traducciones del propio Lira: *El pueblo de Tutupaka, Isicha Puytu y El joven que subió al cielo* son narraciones formidables, dignas de ser comparadas con los mejores cuentos populares de Europa, con los que tienen muchos tópicos en común; *La poesía quechua* (1947) de Jesús Lara; *Fantásticas aventuras del Atoj y el Diguillo* (1974) de Manuel Robles Alarcón, quien hilvana con acierto las hilarantes ocurrencias del ratón ganando en astucia al zorro, tan extendidas en toda el área andina, tal se diría una «saga» que nos recuerda el *Roman de Renart* del medioevo francés; *La sangre de los cerros* (1987) de Rodrigo, Edwin y Luis Montoya; *Las ranas embajadoras de la lluvia* (1996) de Cecilia Granadino y Cronwell Jara, etcétera.

El quechua en el siglo XX

En el siglo XX también se ha prestado creciente atención al estudio de la mentalidad andina con sus componentes míticos y mágicos. Eso ha llevado a una revisión crítica de las crónicas, privilegiadamente la de Guaman Poma; y al aprovechamiento de material etnohistórico descuidado. Un rubro singular lo conforman las versiones recogidas (las primeras las dieron a conocer, en 1956, Arguedas y Josafat Roel Pineda) del mito del Inkarrí (junta Inka y Rey): el Inca, decapitado o descuartizado, ha sido enterrado separadas sus partes en lugares distantes entre sí (suele mencionarse al Cusco, Cajamarca y Lima); bajo tierra, su cuerpo se está reconstruyendo: cuando lo logre, el Inca volverá. Hay muchas tradiciones de tono mesiánico dentro de lo que Vallejo llamó «nostalgias imperiales»: Alberto Flores Galindo y Manuel Burga han hablado de la «utopía andina».

Hay que señalar que varios poetas del siglo XX escriben en quechua, sobresaliendo Andrés Alencastre (1909-1984) y, en especial, Arguedas, autor de una docena de extraordinarios poemas (*Katatay/ Temblar*, 1972), aficionado a insertar cantos quechuas en los momentos más intensos de sus novelas.

Literatura aymara y amazónica

La creación literaria en lengua aymara acusa rasgos comunes con las formas literarias quechuas. La mayoría de los cronistas ofrece información sobre la meseta del Collao, región central del idioma aymara. Dada la naturaleza de la transmisión oral, resulta arduo delimitar, en el período republicano, los textos aymaras del Perú (en el departamento de Puno, básicamente) y de Bolivia. Hay que destacar las siguientes recopilaciones: *Antología sagrada* (1889) de Carlos Felipe Beltrán; *Auka Kallu* (1930) y *Chachapuma* (1936) de Víctor M. Ibáñez; *Antología de las letras puneñas* (1949) de Alfredo Macedo Arguedas; *Literatura folklórica* (1953) y *Brujerías, tradiciones y leyendas* (1969) de Antonio Paredes Candia; las series *I Festival del Libro Puneño* (1959) *y II Festival del Libro Puneño* (1987); *Literatura aymara* (1996) de César Toro Montalvo (es el tomo VIII de su *Historia de la Literatura Peruana*) y las numerosas contribuciones de José Luis Ayala y Víctor Ochoa Villanueva.

Cubierta de El pez de oro *del autor indigenista Gamaliel Churata, seudónimo de Arturo Peralta.*

De finales del siglo XVIII al siglo XX

En la Emancipación descolló José Domingo Choquehuanca, orador muy recordado por su arenga lírica (en aymara, quechua y español) pronunciada en 1825 ante Simón Bolívar. En las primeras décadas del siglo XX hubo una intensa actividad cultural en Puno; en el terreno literario, actuó el importante grupo indigenista Orkopata, que contó con la extraordinaria revista *Boletín Titikaka* (1926-1930). Su conductor fue el gran escritor Gamaliel Churata, seudónimo de Arturo Peralta (1897-1969), el más interesante de los indigenistas anteriores a Ciro Alegría y José María Arguedas. Churata es autor de una de las obras más complejas y ambiciosas de las letras americanas: *El Pez de Oro* (escrita en los años veinte, y recién publicada en 1957), una especie de *summa* cultural del altiplano peruano-boliviano, en la que se da una reelaboración constante de canciones y mitos aymaras y quechuas, entre ellos el mito del Pez de Oro, asumido con tono de esperanza mesiánica en el resurgimiento vigoroso de la cultura andina, capaz de apropiarse de los aportes contemporáneos de Occidente, incluyendo los experimentos de los grupos vanguardistas (creacionismo, ultraísmo, surrealismo, etc.). El poeta del grupo Orkopata que más escribió en aymara fue Inocencio Mamani, también cultor del quechua. De todos modos, las huellas aymaras y quechuas impregnan los poemas en español de otros integrantes del grupo, como Alejandro Peralta (1899-1973), autor del valioso poemario vanguardista *Ande* (1926), Dante Nava, Luis de Rodrigo y Emilio Vásquez. Entre los poetas posteriores en lengua aymara hay que mencionar a José Luis Ayala (1944).

Literatura amazónica

Las leyendas del Dorado, el Paititi y el reino de las Amazonas, unidas a las peripecias sufridas por los descubridores y exploradores del río Amazonas (descubierto en 1542 por Francisco de Orellana), aparecen en varias crónicas, verbigracia *Descubrimiento del río de las Amazonas* de fray Gaspar de Carvajal (¿1504?-1584). De especial interés son las crónicas de Francisco Vásquez y Toribio de Ortiguera sobre la sanguinaria y delirante aventura de Lope de Aguirre, quien llegó a romper con el rey de España y proclamar la liberación de estas tierras: conocidos novelistas y ci-

EDITORIAL TITICACA
BOLETIN
PUNO AGOSTO 1926

"ANDE" Y LA OPINION DE AMERICA

NOTA EDITORIAL

F A L O

editorial titikaka
BOLETIN
PUNO setiembre 2 1926

Alejandro Peralta y su libro "Ande"

De «Variedades» de Lima

De júbilo pleno se oxigena el espíritu ante la aparición ortal de un nuevo poeta, vale decir de un nuevo intérprete del mundo. El nos da una nueva versión de la vida Cósmica o nos deslumbra con inéditas revelaciones de alma. Con cada poeta esencial se renueva o se rehace el mundo que es una perenne y matinal gestación en el espíritu del hombre.

Alejandro Peralta no es sólo un metaforista magnífico—maneja la metáfora este poeta andino con la misma limpia maestría con que maneja la honda el indígena puneño—; ni es tampoco un cerebral, sobrecargado de complicaciones y enriquecido a expensas de los demás dones creadores del hombre; tampoco es un sentimental de fáciles efusiones como ciertos líricos con alma de mujer; es un poeta cabal y armónico, en la posesión plena de sus facultades. Un Hombre Joven, con médula de América, dueño de las potencias intactas del cantor y del creador. Su cerebro, que yo lo veo cristalino y centelleante como una cúpula solar, colabora por igual con su corazón, radiola perceptiva de las ondas verídicas de la raza y del ritmo augusto de la belleza magnífica que presenta nuestro mundo americano. Poeta estremecido con la sensibilidad fina de los bellos totorales que cantan al más leve viento, es su alma tensa y nerviosa, a través de sus versos, un turbulento.

El don de ver la belleza y de decirla es exaltación de alma, como en los místicos es el don de llegar a Dios.

Alejandro Peralta es oriundo de Puno y claro está, en su juventud, que es un estandarte en sus manos, hay la fortaleza de las montañas y el aliento sutil de las brisas que limpian y aclaran la pupila verde del Titicaca. Como es joven chispea en sus ojos la alegría de la vida y como sabe amar hay en sus manos metálicas, con palabras de él mismo, "escapularios de llagas". No es una larva compleja de atisbos y de medias realizaciones como muchos de los poetas que han precedido nuestra generación. Es una concreción pura y definida de artista, abierto a todos los panoramas líricos de la hora presente. En el círculo de su alma yo veo como rayas de sangre, todas las diagonales de la vida moderna de nuestra época destripadora feroz de la vieja retórica y de todos los sentidos caducos de la lógica y el pensamiento tradicionales.

Imaginista y sensitivo, al jugar con los vidrios de colores de las imágenes se empurpura los dedos de sangre. Qué lejos se está con Peralta de los meros metaforistas, gimnastas y saltimbanquis eximios de la Metáfora, para quienes la poesía es sólo un bello deporte como el tennis o el tiro de pichón, por ejemplo, y no la más cabal y dignificadora expresión y función de la vida.

N O T A

F A L O

Cabeceras de la revista Titikaka *(1926), editada en Puno por el grupo indigenista Orkopata, el cual trabajó brillantemente por la recuperación de las culturas autóctonas.*

neastas de diversas nacionalidades han narrado su increíble viaje.

La tradición oral amazónica

Comprende un complejo mapa de canciones y narraciones de más de sesenta grupos etno-lingüísticos. Destaquemos los textos aguarunas recogidos por José María Guallart (*Poesía lírica aguaruna*, 1974, *El mundo mágico de los aguaruna*, 1989), José Luis Jordana Laguna (*Mitos e historias aguarunas*, 1975, un libro excelente), Manuel García-Rendueles y Aurelio Chumaq Lucía (*Universo mítico de los aguarunas*, 1989); los textos cashinahua referidos por André Marcel d'Ans (*La verdadera biblia de los cashinahua*, 1975, de gran belleza literaria); los textos ashanincas examinados por Stefano Varese (*La sal de los cerros*, 1973); los textos piros organizados por Ricardo Álvarez Lobo (*Los piros*, 1960); los textos capanahuas transmitidos por Betty Hall Loos y Eugene Loos (*Textos capanahuas*, 1975); y los textos machiguengas presentes en *Mitología americana* (1956) de Mariano Izquierdo Gallo. Entre los recopiladores de mitos, leyendas y cuentos de diversas regiones de la selva hay que destacar a Jenaro E. Herrera (1861-1941), el iniciador de las recopilaciones de textos amazónicos (*Leyendas y tradiciones de Loreto*, 1918); luego, Arturo Burga Freitas (*Ayahuasca*, 1938) y tres importantes narradores contemporáneos con varios aportes al tema: Francisco Izquierdo Ríos (1910-1981), Ciro Alegría y Luis Urteaga Cabrera. Además, hay que recordar que el trasfondo de los textos orales amazónicos alimenta varios cuentos (reunidos en *El sol de los jaguares*, 1979) y novelas (*La serpiente de oro*, 1935, y *El mundo es ancho y ajeno*, 1941) de Ciro Alegría, así como también las valiosas novelas *Sangama* (1942) de Arturo D. Hernández (1903-1970), *Las tres mitades de Ino Moxo y otros brujos de la Amazonia* (1981) de César Calvo (1940) y *El hablador* (1987) de Vargas Llosa, novela que asume la herencia de los machiguengas. Igualmente, enriquece los cuentos del citado Izquierdo Ríos y de Róger Rumrill y Arnaldo Panaifo.

Literatura colonial

Siendo el grueso de la hueste conquistadora una soldadesca iletrada, lo primero que arribó a la costa peruana de la riquísima literatura española fue la poesía de vertiente popular: coplas, romances y cantares. Y, por la necesidad de redactar informes y tomar conocimiento de la realidad americana que iban conquistando y colonizando, también llegó la costumbre peninsular de escribir crónicas, practicada desde la expedición misma de Francisco Pizarro. Se trata de narraciones que no ostentan como finalidad única o principal la estética; literatura «ancilar» (al servicio de otros fines: políticos, catequísticos, historiográficos, etnológicos, etc.), en expresión de Alfonso Reyes. Se aborda en rubro aparte a los cronistas. Con relación a las coplas, romances y cantares, circulan al calor de las rencillas, rebeliones y guerras civiles, abundando en ellas el tono satírico. Así, en 1527, el gobernador de Panamá recibe una copla que le remite un soldado desde la Isla del Gallo, calificando de «recogedor» a Diego de Almagro y de «carnicero» a Pizarro: «Pues, señor Gobernador, / mírelo bien por entero, / que allá va el recogedor / y acá queda el carnicero». Pocos años después, desatadas las guerras civiles, una copla presagió con agudeza: «Almagro pide la paz, / los Pizarro, guerra, guerra, / ellos todos morirán / y otro mandará la tierra». El ingenio español se aclimatará entre los criollos (españoles americanos) sirviendo de base al llamado «humor criollo», lleno de sarcasmo y disfuerzos ingeniosos. Puede trazarse una línea satírica que recorre toda la Colonia y prepara al costumbrismo ulterior: Mateo Rosas de Oquendo (1559-1612), Juan del Valle Caviedes (1645-1698), Francisco del Castillo, llamado *El Ciego de la Merced* (¿1714?-1770) y el andaluz Esteban de Terralla y Landa (¿?-1792).

El Inca Garcilaso, gran prosista del siglo XVII, tuvo geniales atisbos de una conciencia nacional.

Influencia de la décima o *espinela*

Conforme ocurre en otros países hispanoamericanos, el romancero no alcanzó tanto arraigo popular (sin embargo, se componen muchos romances hasta las gestas de la Emancipación) como el que fue cobrando la décima (en su modalidad *espinela*, acuñada por Vicente Espinel), la cual terminaría por tornarse la estrofa favorita de la poesía afro-peruana, tan llena del mencionado «humor criollo». También en la Colonia fueron adquiriendo forma diversos ritmos y bailes afro-peruanos, como la saña, el tondero y la cumanana, que se integrarán a la música criolla republicana.

Literatura cultista

Pasados los años turbulentos de las guerras civiles, fundada la Universidad de San Marcos (1551) y establecida la imprenta en Lima (1584), durante la segunda mitad del siglo XVI brotan en el Perú seguidores de la literatura cultista, impregnada del clacisismo renacentista forjado en Italia y España. La primera fuente informativa la proporciona nada menos que Miguel de Cervantes, en el «Canto a Calíope» de *La Galatea* (1585); entre los que cita, figura el portugués Enrique Garcés, traductor de Petrarca y Camões.

Poesía épica

Un caso aparte es el del notable poeta Alonso de Ercilla, autor del mejor poema épico del Siglo de Oro español, *La Araucana* (1569-1589); que

Retrato del poeta Alonso de Ercilla y Zúñiga, pintado por El Greco. Ercilla fue el autor del mejor poema épico del Siglo de Oro, La Araucana, *que ejerció una gran influencia en la poesía peruana.*

aunque corresponde a la literatura chilena, fue escrito en parte en Lima y ejerció una vigorosa influencia en los poemas épicos peruanos, sobre todo en *Arauco Domado* de Pedro de Oña y en *Armas antárticas* de Juan Miramontes Zuázola. Otra fuente de lujo sobre la poesía en el Perú la ofrece el insigne Lope de Vega, en su *Laurel de Apolo* (1630). Lope daría a conocer las dos muestras poéticas más valiosas del clasicismo peruano: prologó en 1611 *La Cristiada* del dominico Diego de Hojeda (¿1571?-1615), el mejor poema épico religioso del Siglo de Oro español, dedicado a la gesta redentora de la Pasión de Cristo.

Poesía conceptual y petrarquista

Y en 1621, dentro de *La Filomena*, Lope reprodujo una canción petrarquista que, a modo de epístola, le había remitido una admiradora huanuqueña escudada bajo el apelativo de Amarilis (no se ponen de acuerdo los especialistas a la hora de identificarla) llamándole a él Belardo: la «Epístola a Belardo», armoniosa, perfectamente estructurada (el esmero se nota hasta en el hecho de que contiene 18 estancias de 18 versos cada una, amén del envío final, propio de una canción petrarquista), de nobles conceptos (ama idealizadamente a Lope y le reprende por no cuidar mejor la salvación de su alma), brilla como la cima lírica de las letras coloniales.

La Academia Antártica

Diego de Hojeda acudía a las sesiones de la Academia Antártica (fines del siglo XVI y primeros años del siglo XVII), integrada, entre otros, por Diego de Ávalos y Figueroa, Diego Mexía de Fernangil, Diego de Aguilar y Córdoba, Miguel Cabello Balboa y Pedro de Oña. En *El Parnaso Antártico* (1608) de Diego Mexía de Fernangil, a manera de prólogo que expone los ideales poéticos y las obras realizadas por la Academia Antártica en su afán de lograr que la poesía engendre frutos descollantes en la América Austral (sin olvidar el medio circundante como temática a abordar, conforme lo prueba el «ciclo araucano»), se publicó un extenso poema en tercetos: el «Discurso en loor de la Poesía» de una poetisa anónima, a la que Ricardo Palma bautizó como «Clarinda». Es éste el primer esfuerzo peruano de teoría y de crítica literaria. Se concluye este panorama de obras cultistas con una muestra excelente de la altura mística alcanzada en el Perú del siglo XVII (época de Santa Rosa de Lima, San Martín de Porras y otros santos y beatos): *Sílex del Divino Amor* (escrito hacia 1650, recién publicado en 1991), bello y profundo tratado del jesuita Antonio Ruiz de Montoya (1585-1652), gran animador de las misiones en Paraguay. Apoteosis del anonadamiento y la unión mística, el *Sílex* resulta un digno heredero de la mística renana y de los grandes místicos carmelitas españoles.

Los cronistas

La crónica fue el primer género que alcanzó gran significación literaria y sincretismo cultural, adaptándose en Indias a funciones más amplias y complejas que las que tenía en España. Asumió roles historiográficos, etnológicos, políticos, etcétera; casi equivalió a manuales enciclopédicos y a biblioteca especializada sobre temas peruanos. De hecho, las crónicas conforman el primer conjunto de textos en español que actúa como un sistema literario en el Perú, donde las obras dialogan y se

«Cómo Almagro tomó por fuerza Cusco a los Pizarros y empieza la guerra entre ellos», ilustración de la Historia general de las Indias y Nuevo Mundo, *de Francisco de Gomara.*

suponen entre sí, tornándose esto patente en sus muestras mayores, las del Inca Garcilaso y Guaman Poma: se califica de «reales» a los *Comentarios* para diferenciarlos de tanto escrito mal informado, y «nueva» es la Crónica que ofrece Guaman Poma, separándose de las escritas hasta entonces. Desde el punto de vista de la creación literaria, algunos cronistas son artistas del idioma y eficaces narradores (asimilan muchos rasgos de los poemas épicos y las formas novelescas), aparte de recoger un valioso material de la tradición oral indígena. La producción de crónicas fue inmensa en los siglos XVI y XVII, de ahí que se imponga una clasificación para mencionar a los cronistas de mayor interés literario.

Cronistas españoles e indios

Los cronistas españoles de mayor renombre en la Conquista son Francisco de Jerez y Pedro Pizarro. En la Colonia, antes de la labor organizadora del virrey Toledo, sobresale el admirable Pedro de Cieza de León y la primera crónica monumental, *Crónica del Perú*. También cabe señalar a Juan de Betanzos, Agustín de Zárate, López de Gómara y fray Bartolomé de Las Casas. Entre los toledanos merecen citarse Polo de Ondegardo y Pedro Sarmiento de Gamboa, favorables a la organización virreinal contra la «barbarie» y el «despotismo» incaicos. Entre los post-toledanos, con mayor conocimiento del quechua y el mundo incaico, que se oponen a la versión toledana, diluyendo la crueldad incaica, ensalzando sus organizaciones como pruebas de civilización, gustando establecer similitudes con el Imperio Romano y con las enseñanzas cristianas, descuella el sabio jesuita José de Acosta, autor de *Historia natural y moral de las Indias* (1590) y de la biografía novelada *Peregrinación de Bartolomé Lorenzo*, escrita en 1586 y publicada en 1666. Otros cronistas son Miguel Cabello Balboa, Martín de Murúa, Anello Oliva y Bernabé Cobo con su monumental *Historia del Nuevo Mundo*.

Entre los cronistas indios destacan Titu Cusi Yupanqui (tercer Inca de Vilcabamba, hijo de Manco Inca), Juan de Santa Cruz Pachacuti Yamqui y Felipe Guaman Poma de Ayala.

Imagen actual de la casa natal del Inca Garcilaso de la Vega en Cusco. El mayor cronista de Indias fue hijo natural de un capitán aristócrata y de una ñusta de la casta imperial.

Cronistas criollos y mestizos

Inca Garcilaso de la Vega, Pedro Gutiérrez de Santa Clara (diestro narrador de *Historia de las Guerras más que Civiles que hubo en el Reino del Perú*), Cristóbal de Molina *el Cusqueño* y los cronistas de convento: el agustino Antonio de la Calancha y el dominico Juan Meléndez, autor de una obra de gran belleza artística, *Tesoros verdaderos de las Indias* (1681-1682).

Inca Garcilaso de la Vega

El más grande de todos los cronistas de Indias y, en general, el prosista más dotado literariamente de las letras coloniales de América, el Inca Garcilaso de la Vega (Cusco, 1539-Córdoba, 1616) se yergue, también, como el primer y el mayor símbolo del mestizaje peruano. Por el lado paterno, era hijo natural de un capitán de familia aristocrática; por el lado materno, de una ñusta de la casta imperial. Ambos ancestros los asumió con devoción, buscando un encuentro armonioso entre el legado incaico y la cultura «occidental» propia de la España de su tiempo (con factores renacentistas y contrarreformistas). Conservó en la memoria los recuerdos imperiales de sus parientes maternos y la naturaleza épica de la Conquista, pero también los trastornos generados por el establecimiento del Virreinato, sobre todo por la férrea organización impuesta por Toledo (quien, a su vez, ajustició al último Inca de Vilcabamba, Túpac Amaru, en 1572). Convencido de que la mayoría de las crónicas que gozaban de autoridad en la Corte daban una versión incorrecta del Incanato y de las guerras civiles entre los conquistadores (padeciendo, a causa de ellas, la negativa a recibir recompensa por los servicios prestados a la Corona por su padre), se preparó meticulosamente para ser un gran historiador, lo que implicaba el dominio de materias filosóficas, retóricas, poéticas, filológicas y humanísticas. Prueba de esa formación integral la hallamos en su celebrada traducción al español de los *Diálogos de Amor* (1590) de León el Hebreo; Garcilaso hace patente su familiaridad con la filosofía neoplatónica y su versación filológica, a la vez que asume una doctrina del amor adversa a la violencia y la discordia desplegadas por las guerras civiles y, sobre todo, por la administración virreinal. Maduro en óptica humanística, se animó a componer su primera crónica: *La Florida del Inca* (1605), sobre la desdichada expedición de Hernando de Soto en la península de La Florida.

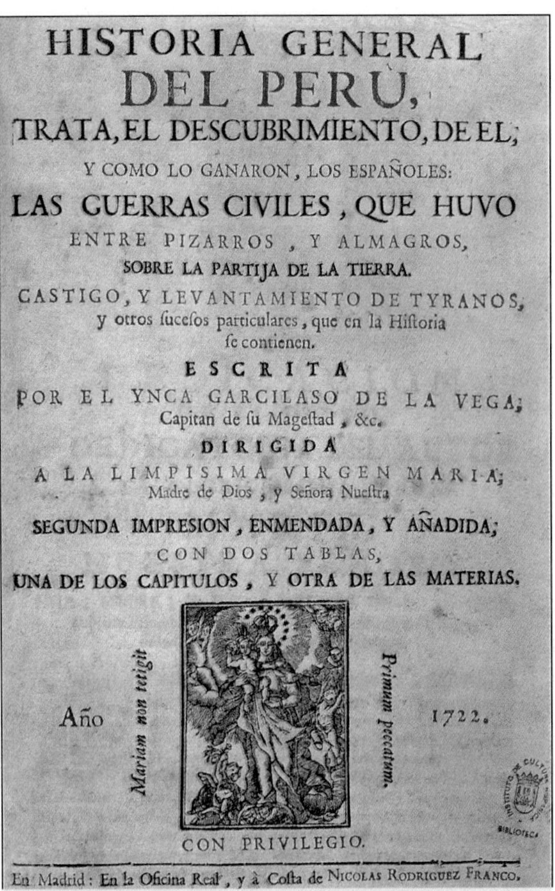
HISTORIA GENERAL
DEL PERU,
TRATA, EL DESCUBRIMIENTO, DE EL;
Y COMO LO GANARON, LOS ESPAÑOLES:
LAS GUERRAS CIVILES, QUE HUVO
ENTRE PIZARROS, Y ALMAGROS,
SOBRE LA PARTIJA DE LA TIERRA.
CASTIGO, Y LEVANTAMIENTO DE TYRANOS,
y otros ſuceſos particulares, que en la Hiſtoria
ſe contienen.
ESCRITA
POR EL YNCA GARCILASO DE LA VEGA;
Capitan de ſu Mageſtad, &c.
DIRIGIDA
A LA LIMPISIMA VIRGEN MARIA;
Madre de Dios, y Señora Nueſtra.
SEGUNDA IMPRESION, ENMENDADA, Y AÑADIDA;
CON DOS TABLAS,
UNA DE LOS CAPITULOS, Y OTRA DE LAS MATERIAS.
Año — Mariam non tetigit — Primum peccatum. — 1722.
CON PRIVILEGIO.
En Madrid: En la Oficina Real, y à Coſta de Nicolas Rodriguez Franco.

Historia General del Perú *del Inca Garcilaso de la Vega, editada en 1722. Segunda parte de los* Comentarios Reales, *donde se describe la Conquista como verdadera gesta épica.*

Los *Comentarios Reales*

Posteriormente a *La Florida del Inca* acometió la meta de tanta preparación, su obra cimera, los *Comentarios Reales*, cuya primera parte (1609) aborda la historia y la cultura del Imperio Incaico, enalteciendo que el Cusco fue «otra Roma», rebatiendo a quienes trataban de «bárbaros» a los indígenas peruanos. Su visión providencialista distingue un tiempo salvaje, anterior a la misión civilizadora de los incas; con éstos, en cambio, se instaló una etapa de alta civilización, a la cual los españoles debían perfeccionar con la evangelización, conforme Roma fue cristianizada en el Viejo Mundo. La segunda parte (publicada póstumamente, en 1617, con el título postizo de *Historia General del Perú*) enfoca la Conquista, vista como gesta épica; el problema es que la Conquista debió culminar en la cristianización del Perú, pero «la labor del Demonio» azuzó los pecados capitales de los españoles, conduciéndolos a las guerras civiles, a la destrucción de sabias instituciones incaicas y a la política toledana adversa a indios y mestizos.

Artísticamente, Garcilaso combina hábilmente recursos de la epopeya, la utopía (género platónico, de gran cultivo entre humanistas) y la tragedia en *La Florida del Inca* y los *Comentarios Reales*. José Durand conceptuaba que la epopeya predomina en *La Florida*, la utopía en la primera parte de los *Comentarios* y la tragedia en la segunda parte. Otra opinión es favorable a una conjunción donde epopeya y utopía se ligan y refuerzan hasta la mitad de *La Florida* y los *Comentarios*, anunciándose entonces la tragedia que termina precipitándose conforme se acerca el final de ambas crónicas. A pesar de esos finales desastrados, Garcilaso mira esperanzado el futuro, destacando la dedicatoria de la segunda parte de los *Comentarios*: «A los indios, mestizos y criollos de los reinos y provincias del grande y riquísimo Imperio del Perú, el Inca Garcilaso de la Vega, su hermano, compatriota y paisano, salud y felicidad».

Conciencia nacional del Inca Garcilaso

Aurelio Miró Quesada Sosa ha señalado que Garcilaso de la Vega tuvo atisbos geniales de una conciencia nacional, no sólo a nivel de Perú, sino a nivel de toda América (piénsese en *La Florida* y en las primeras páginas de los *Comentarios*), adelantándose a los grandes gestores de la Emancipación. Para Garcilaso, el «cuerpo de la nación» lo integran indios, mestizos y criollos; en ese orden, el cual será esgrimido, un siglo y medio después, por el gran rebelde Túpac Amaru II, declarado lector de los *Comentarios*. En cambio, en su visión de la nación americana, Juan Pablo Vizcardo y Guzmán modifica el orden jerárquico de la sociedad, en una secuencia que terminará imponiéndose en las naciones emancipadas: criollos, mestizos e indios, más aportes de negros y mulatos.

Felipe Guaman Poma de Ayala

En 1936 fue publicado —en edición facsimilar al cuidado de Paul Rivet y con introducción escrita por Richard Pietschmann, su descubridor, en 1908, en la Biblioteca Real de Copenhagen— por fin, el manuscrito de la otra crónica fundamental para la cultura peruana: *Nueva Crónica y Buen Gobierno*, compuesta a fines del siglo XVI y comienzos del siglo XVII (probablemente el lapso

Portada de la Nueva Crónica y Buen Gobierno, *de Felipe Guaman Poma de Ayala, en la que se relatan las vicisitudes del pasado incaico en una prosa llena de expresiones indígenas.*

nuclear corresponde a 1612-1615) por el indio Guaman Poma, señor principal (hijo de un curaca y de una hija menor del inca Túpac Yupanqui) nacido poco después de la llegada de los españoles al Perú (probablemente entre 1533 y 1545) al parecer en San Cristóbal de Suntunto (departamento de Ayacucho) y muerto en Lima en 1615. Julio C. Tello ensalzó inmediatamente su importancia incomparable: «No existe libro alguno escrito en este período que pueda competir con él en riqueza de información, clarividencia y valentía del autor para enjuiciar los acontecimientos de su tiempo». Va escrito en una prosa híbrida (la cual será reclamada, tres centurias después, por Gamaliel Churata como mestizaje idiomático a desarrollar) que inserta en el español vocablos y recursos idiomáticos del quechua, el aymara y el dialecto del Chinchaysuyo: maraña verbal que congenia con el sincretismo que intenta entre las creencias andinas y la cultura europea y cristiana. Agréguese que ostenta centenares de dibujos hechos por el propio Guaman Poma; los estudios de Rolena Adorno, Mercedes López-Baralt y Franklin Pease han dilucidado la mayor elocuencia de estos dibujos para expresar la cosmovisión andina (el símbolo espacial que separa arriba y abajo, izquierda y derecha, cuatro direcciones o suyos, etc.), enalteciendo los méritos de Guaman Poma como dibujante. Presentada como una larguísima carta al rey de España, la *Nueva Crónica* reelabora el género de la *crónica* hasta extremos no conocidos, con la libertad propia de un hombre de gran mestizaje de lecturas y creencias como es Guaman Poma. Produce la impresión de una síntesis enciclopédica que buscara hilvanar en un solo texto lo que hacían por separado las crónicas, los informes, las demandas de justicia, los tratados sobre política y sobre evangelización, incluso las utopías al gusto de humanistas (Indias equivale, para él, a «tierra en el día», es decir «tierra india»). Su objetivo central —aplaudido por J.C. Tello, Churata, J.M. Arguedas, etcétera— es ofrecer lo que Wachtel ha llamado la «visión de los vencidos». Conectado a él, opera el designio de enaltecer lo que realizó en el pasado el hombre andino y de instar a su participación digna y efectiva en un gobierno realmente justo y acorde con el mensaje evangélico: sueña con un rey propio para el Perú, aunque jerárquicamente inferior al rey de España, señor de todo el globo terráqueo. Fijémonos en el expresivo título: lo de *nueva* alude a que trae una óptica diferente a las de las crónicas existentes, no escritas ni dibujadas por indios; y lo de *Buen Gobierno*, a su afán por denunciar el mal gobierno del virreinato de esos años, en claro contraste con las instituciones prehispánicas, pero también con las creencias cristianas y los ideales utópicos del humanismo europeo.

El barroco

El impacto del gongorismo y el conceptismo españoles fue enorme en Indias, prolongándose hasta mediados del siglo XVIII, inundando la poesía, la oratoria, el teatro y los tratados en prosa de casi cualquier materia. Barroquismo tan prolongado, a la vez que excesivo en la predilección por todo tipo de artificio, ha llevado a que diversos ensayistas postulen una muy discutible característica barroca como propia del espíritu latinoamericano, según ellos fusión del barroquismo indígena más el barroco europeo más el gusto africano por los disfuerzos artísticos (véase las disquisiciones del peruano Martín Adán y de los cubanos José Lezama Lima y Alejo Carpentier).

El gongorismo

Históricamente hablando, el gongorismo fue introducido en la poesía peruana por el franciscano limeño Juan de Ayllón, con *Poema de las fiestas que hizo el Convento de San Francisco de Jesús, de Lima, a la canonización de los 23 mártires del Japón* (1630).

El ejemplo cundió: hay que mencionar un poema épico-religioso sobre la vida de Santo Tomás de Aquino, titulado *El Angélico* (1645) del dominico limeño Adriano de Alesio; otro poema hagiográfico, *Vida de Santa Rosa de Santa María* (1711) del madrileño Luis Antonio de Oviedo, conde de la Granja; y una epopeya de temática homérica, *Telémaco en la isla de Calipso* (inédito aún, escrito hacia 1720-1730) del limeño Pedro José Bermúdez de la Torre, el cual, según Alberto Tauro, sirve de transición del gongorismo al neoclasicismo. Hay que añadir que, en la oratoria, se estableció en la Lima del siglo XVII el gusto por el «sermón de las tres horas»: glosas elaboradísimas de las Siete Palabras pronunciadas por Jesús en la Cruz, emitidas los Viernes Santos desde el mediodía hasta las tres de la tarde, hora de la Muerte de Cristo. Costumbre todavía en curso en el Perú.

Cubierta del libro de Juan del Valle Caviedes, Diente del Parnaso, *poemario satírico y punzante en el que arremete contra la medicina de la época. La obra es un hito del barroco.*

Juan del Valle Caviedes

El poeta más talentoso de este período es el andaluz, residente en Lima desde muy tierna edad, Juan del Valle Caviedes (Porcuna, Jaén, 1645-Lima, 1698). Supo beber de la poesía de tradición popular, haciendo suyos su ingenio y frescura; y de la poesía cultista, en una gama bastante variada, que va de las lecciones de Góngora y Quevedo a las más templadas, y más cercanas a su talante creador, de Lope y de Calderón. Destaca en el tono satírico, siendo particularmente agudo su *Diente del Parnaso* (recién editado en 1873), poemario de gran organicidad artística dirigido a zaherir a los médicos.

Pedro de Peralta Barnuevo

Sobresale, también, el mayor escritor peruano del siglo XVIII: Pedro de Peralta Barnuevo (Lima, 1664-1743), quien se formó dentro del estilo barroco y la atmósfera universitaria de la segunda escolástica, pero, alerta a los cambios que se operaban en Europa, en su madurez y vejez fue aproximándose cada vez más al neoclasicismo y la Ilustración. Asombra su actividad proteica, su saber enciclopédico y su especie de ubicuidad para desempeñarse como piedra angular de todas las instituciones culturales de su tiempo (literarias, científicas, tres veces rector de San Marcos, etc.), y aun destacar en cargos políticos: auténtico «doctor océano», conforme lo ha bautizado Luis Alberto Sánchez. Capaz de manejar con similar perfección ocho idiomas, Peralta redactó centenares de escritos en los géneros más diversos y sobre toda clase de materia conocible. Artísticamente, hay que seleccionar su poema épico *Lima Fundada* (1732); las oraciones de *Pasión y triunfo de Cristo* (1738), que padecieron la censura de la Inquisición limeña; el tratado historiográfico *Historia de España Vindicada* (1730); y su producción teatral, campo en el que se nutrió ya del teatro clasicista francés: la tragedia *La Rodoguna* (1708), variación de la obra de Corneille; los dramas calderonianos *Triunfos de amor y poder* (1710) y *Afectos vencen finezas* (1712), aparte de varios entremeses, loas y bailes en los que aflora un cultor de la línea costumbrista. Los estudiosos perciben cada vez mejor la complejidad de su espíritu creador, y rinden tributo a su postura innovadora y a

HISTORIA DEL DESCVBRIMIENTO Y CONQVISTA DELA PROVINCIA del Peru, y de las guerras y cosas señaladas en ella, acaecidas hasta el vencimiento de Gonçalo Piçarro, y de sus secazes, que en ella se rebelaron contra su Magestad.

CAPITVLO PRIMERO, DELA NOTICIA QVE SE tuuo del Peru, y como se començo a descubrir.

Cabecera de la Historia del descubrimiento y conquista de la provincia del Perú, *del cronista español Agustín de Zárate. Abajo, Pedro de Peralta Barnuevo.*

su confianza en el desarrollo cultural de América, un americanismo cosmopolita y de hondas raíces más acusado que el de Juan de Espinosa.

Juan de Espinosa Medrano, *El Lunarejo*

El Lunarejo (nació entre 1628 y 1632, en Calcauso, antiguamente dentro de la jurisdicción del Cusco; y murió en el Cusco, en 1688) se ha hecho célebre como gongorista, autor de la más notable muestra de crítica literaria colonial: el discurso en defensa de la poesía gongorista, *Apologético en favor de Don Luis de Góngora* (1662), cuya penetración ha entusiasmado al propio Dámaso Alonso. Con todo lo admirable que resulta ese aporte, no se debe olvidar los grandes méritos de *El Lunarejo* en otros géneros: a) el orador más insigne de las letras coloniales latinoamericanas, como lo prueba *La Novena Maravilla* (1695); b) uno de los dramaturgos más dotados del teatro colonial, tanto en español: *El amar su propia muerte*, donde glosa espléndidamente la copla tradicional «Ven, Muerte, tan escondida / que no te sienta venir, / porque el placer de morir / no me torne a dar la vida», como en quechua; c) uno de los filósofos y lógicos más notables del pensamiento colonial (*Philosophia Tomística*, 1688), siendo digna de realce su defensa de las cualidades intelectuales de los americanos (prefacio a su *Philosophia Tomística*, amén del opúsculo *Panegírica declamación por la protección de las ciencias y estudios*), oponiéndose a los prejuicios europeos que veían como bárbaros o semisalvajes a los americanos; y d) atendiendo a la factura artística de su prosa, y no sólo de su verso, cabe elogiarlo como poeta de envergadura, en la línea trazada por Vargas Llosa: «En *Lunarejo* la inventiva y el brío verbal son tan fuertes que rompen los moldes estrechos y rastreros del género que escogió para expresarse. Su *Apologético* no es tal, sino un poema en prosa en el que, con el pretexto de reverenciar a Góngora y vituperar a Faria y Souza, el apurimeño se libra a una suntuosa prestidigitación. Juega con los sonidos y el sentido de las palabras, fantasea, canta, impreca, cita y va coloreando los vocablos y los malabares con un dejo personal».

Todo ello lo erige como un autor barroco integral, de los más completos del idioma español, y no mero gongorista. Acierta a asimilar la oratoria de fray Hortensio Paravicino, las enseñanzas teatrales de Lope de Vega, Tirso de Molina y Calderón de la Barca (compartiendo las preferencias barrocas por los milagros marianos, los autos sacramentales y los embrollos de amor y celos), y el tomismo de la segunda escolástica, siendo en los tres casos mucho más que un rapsoda de lujo, llegando a ser un creador poderoso y original. En lo tocante a las figuras literarias, asumió las sendas conceptistas de Quevedo y de Gracián.

Literatura de la Emancipación

En el período comprendido entre 1780 y 1824 la existencia de una capa ilustrada en las ciudades posibilitó la aparición de buenos conocedores de la Ilustración, en una brillante generación de ideólogos con caracteres de próceres de la Emancipación, grandes animadores de la Sociedad «Amantes del País» (1790) y de la excelente revista *Mercurio Peruano* (1791-1795). De este grupo de ilustrados hay que destacar a José Baquíjano y Carrillo y a Hipólito Unanue.

Pablo de Olavide, símbolo del criollismo afrancesado y anglófilo, encarnación de la Ilustración.

Pablo de Olavide

Mucho antes que ellos, fue un famoso afrancesado y anglófilo, amigo de Voltaire, proclamado Ciudadano Adoptivo de la República Francesa por la Convención, el limeño Pablo de Olavide (1725-1803). La multiplicidad de Olavide resulta abrumadora: novelista, dramaturgo, poeta, traductor, filósofo, jurisconsulto, colonizador, etcétera. Es cierto que, en gran medida, su polifacética obra no fue original; por regla general adaptó, tradujo o divulgó las nuevas ideas y los nuevos gustos artísticos de la Ilustración, en el tránsito del neoclasicismo al prerromanticismo. Bebió a raudales de las novelas, piezas teatrales y poemas de autores franceses e ingleses de su centuria: Voltaire, Rousseau, Marmontel, Richardson, Fielding, etc., sin dejar de rendir pleitesía a los clásicos franceses del siglo XVII, particularmente Racine. De otro lado, fue sólo un correcto prosista y versificador, pero no un artista que deslumbre por su maestría, su originalidad o su hondura. Padece muchas limitaciones como novelista, mayores aún como dramaturgo y poeta. A pesar de ello, desde un punto de vista histórico, se yergue como un hombre clave en la evolución intelectual y artística del mundo hispánico, como la encarnación más desmesurada en español de la Ilustración, del deseo de transformar el ámbito hispánico para integrarlo al progreso científico, político y artístico. Recordemos su labor en la reforma social (colonización de Sierra Morena), la reforma agraria, la reforma universitaria, la renovación teatral (según Estuardo Núñez, «intentó crear en el público el hábito de espectar piezas en que se presentaban (...) las modernas concepciones de las cosas y el repudio de las supersticiones y las ideas anacrónicas (...) imponer la libertad de pensamiento y de expresión») y, en los últimos años de su vida, reconvertido al catolicismo, el logro de una Ilustración Cristiana (*El Evangelio en triunfo*, 1797, y *Salterio español*, 1799). Pero, sobre todo, hay que subrayar que fue el primer novelista, en el sentido pleno de la palabra, que nació en América: en los últimos años del siglo XVIII, escribió más de veinte «novelas morales» (la senda cervantina de las «novelas ejemplares» con el gusto didáctico y moralizador de los novelistas ingleses y franceses de la Ilustración), veintiuna de las cuales se publicaron en el año 1800.

Juan Pablo Viscardo y Guzmán

Entre los ideólogos contemporáneos de la Sociedad «Amantes del País», conviene recordar al jesuita arequipeño Juan Pablo Viscardo y Guzmán, autor de la célebre *Carta a los españoles americanos* (1799), de nítida repercusión en el deseo americano de Independencia; Viscardo piensa en la «patria grande», adelantando la visión americanista de Miranda, Bolívar y Bello.

José Faustino Sánchez Carrión, tribuno en el congreso constituyente de 1823, defendió las ideas republicanas en El Correo Mercantil y Político *y en las cartas del* Solitario de Sayán.

(✠)

MERCURIO PERUANO

DE HISTORIA, LITERATURA, Y NOTICIAS PÚBLICAS

QUE DA A LUZ

LA SOCIEDAD ACADEMICA

de Amantes de Lima.

Y

EN SU NOMBRE

D. Jacinto Calero y Moreira.

TOMO I.º

QUE COMPREHENDE

LOS MESES DE

Enero, Febrero, Marzo, y Abril

de 1791.

CON SUPERIOR PERMISO

Impreso en Lima: en la Imprenta Real de los Niños Huérfanos.

El Mercurio Peruano, *publicación única en su género en la América colonial, encarnó un nuevo período literario bajo la triple influencia del humanismo, el enciclopedismo y el espíritu científico.*

José Faustino Sánchez Carrión

Entre los ideólogos que surgieron en los años culminantes de la Emancipación (1821, Declaración de la Independencia, a cargo del Libertador José de San Martín, y 1824, victoria de Ayacucho con el ejército del Libertador Simón Bolívar), sobresale José Faustino Sánchez Carrión (Huamachuco, 1787-Lurín, 1825), quien defendió el credo republicano ante los partidarios de la monarquía, en cartas que firmaba como *El Solitario de Sayán*.

Olmedo y Melgar

La poesía emancipadora alcanzó su punto más alto en *La victoria de Junín. Canto a Bolívar* (1825) de José Joaquín de Olmedo (1780-1847), nombre glorioso para las letras peruanas y ecuatorianas, la mejor muestra de clasicismo épico en la literatura española de entonces. Otro poeta de interés es el arequipeño Mariano Melgar (1790-1815), que murió fusilado por su participación en la rebelión emancipadora de Pumacahua y que marca el tránsito del neoclasicismo al romanticismo, especialmente en la atención que prestó a los yaravíes del pueblo, facilitando su aceptación entre la gente culta y toda la sociedad arequipeña. Alguna atención al yaraví le había deparado la revista *Mercurio Peruano*, interesada ésta también en el cultivo de una literatura costumbrista (centrada en el Perú y en sus usos y costumbres), la cual tendría un talentoso exponente pocos años después en José Joaquín de Larriva (Lima, 1780-1832), el de los cáusticos versos «Mudamos de condición, / Pero sólo fue pasando / Del poder de Don Fernando / Al poder de Don Simón». Es decir, Perú se liberó del rey Fernando VII para caer en las tiránicas ambiciones de Bolívar.

Literatura de la República

Se ha generalizado, en las historias de las letras hispanoamericanas, distinguir el costumbrismo, el romanticismo y el realismo como tres corrientes literarias que se sucedieron desde el logro de la Emancipación hasta fines del siglo XIX. A escala peruana, suele ubicarse al costumbrismo como corriente dominante hacia 1830-1850, cediendo el terreno a la «bohemia» de 1848, la cual encarnaría el romanticismo, movimiento que entró en declive después de la Guerra con Chile (1879-1883), cuando la Generación de 1886 (la del Círculo Literario de González Prada) se inclinó por las sendas del realismo.

Felipe Pardo y Aliaga, costumbrista dotado para la poesía satírica, el teatro y la narrativa.

Del costumbrismo al realismo

La verdad es más compleja. El costumbrismo se define por una predilección temática (lo circundante con sus hábitos y ecos del pasado) y, con frecuencia, idiomática (los giros populares, el habla cotidiana), a la par que humor y espíritu crítico ante las costumbres nacionales. Todo ello no sólo cuenta con antecedentes en la Colonia y la Emancipación, sino que comprende autores republicanos de diverso cuño artístico: neoclásicos, como el conservador poeta (destaca la satírica *Constitución Política*), narrador (autor del artículo de costumbres más famoso del Perú: «Un viaje», con el personaje del Niño Goyito, quintaesencia del limeño mimado y abúlico) y dramaturgo Felipe Pardo y Aliaga (Lima, 1806-1868); popularistas, como el talentoso dramaturgo (referencia obligada del teatro peruano: *Ña Catita*, 1856, una versión limeña del personaje enredador y celestinesco), poeta y prosista Manuel A. Segura (Lima, 1805-1871); románticos, como Manuel A. Fuentes, *El Murciélago*; realistas, como Abelardo Gamarra, *El Tunante* (Huamachuco, 1850-Lima, 1924), el más notable costumbrista peruano: ligado al Círculo Literario de González Prada, bregó en favor de los indios, los obreros, los provincianos y los desposeídos en general (Jorge Basadre pronosticó: «En la medida que pierda vigencia la interpretación oligárquica en la literatura peruana y se acentúe, en la crítica de ésta, el sentido social y popular, crecerá la figura de Gamarra. Fue el suyo un costumbrismo en función del Perú total, mientras otros fueron localistas»); e incluso modernistas, como el sabroso dramaturgo y poeta Leónidas Yerovi. Bien mirado, el costumbrismo se extiende a lo largo de todo el siglo XIX y mantiene creatividad, por lo menos, hasta la Primera Guerra Mundial.

Fronteras entre el romanticismo y el realismo

Por otra parte, las fronteras entre el romanticismo y el realismo no son tan nítidas en el campo narrativo, donde se ha acuñado la expresión «realismo romántico» para obras iniciadoras del realismo pero impregnadas todavía del ámbito romántico. Como románticos peruanos, hay que mencionar a los poetas Manuel Nicolás Corpancho, José Arnaldo Márquez, Luis Benjamín Cisneros (también novelista), Pedro Paz Soldán y Unanue (seudónimo: Juan de Arona) y, sobre todo, a Carlos Augusto Salaverry (1830-1891). Por edad conectable a la «bohemia romántica» de 1848, Narciso Aréstegui (Cusco, 1826-1869) ilustra la

Ricardo Palma, el primer escritor peruano que se dedicó a la literatura de manera profesional. Narrador, poeta, ensayista, dramaturgo, periodista y académico, tuvo también una carrera política.

Las Tradiciones peruanas *de Ricardo Palma funden el costumbrismo y el romanticismo. Una amplia variedad de temas tienen cabida en ellas: la Colonia, la Independencia, el honor, etc.*

fusión de asunto costumbrista, estilo romántico y orientación realista; se le debe la primera novela escrita en el Perú (Olavide produjo las suyas en Europa): *El Padre Horán* (1848), cuyo subtítulo «Escenas de la vida del Cusco» evoca a Balzac y no sólo a los costumbristas españoles. Significa, además, un primer paso en la constitución del indigenismo. El segundo lo daría la realista (primero fue discípula de Ricardo Palma y luego integrante del círculo de González Prada) Clorinda Matto de Turner (Cusco, 1854-1909), autora de un hito en el desarrollo del indigenismo (*Aves sin nido*, 1889). Dentro de la novela realista, con tendencia al naturalismo, hay que recordar a Mercedes Cabello de Carbonera (Moquegua, 1845-Lima, 1909), autora de *Blanca Sol* (1889).

Ricardo Palma y las *Tradiciones*

Precoz, a los 15 años de edad, Ricardo Palma (Lima, 1833-1919) se unió a la «bohemia romántica» de 1848; pero pronto mostró una afinidad mayor con los costumbristas (en especial, con Manuel A. Segura, con quien compuso al alimón una pieza teatral, *El santo de Panchita*, en 1859), hasta madurar artísticamente en una especie narrativa, la *tradición*, en la que supo genialmente enlazar rasgos románticos (la leyenda, la novela histórica) y costumbristas (humor, espíritu crítico de los usos e instituciones nacionales, habla popular), enriqueciéndolos con las lecciones de los grandes satíricos y novelistas picarescos del Siglo de Oro español (Quevedo a la cabeza), así como de los ironistas de la Ilustración y el liberalismo (Voltaire, sobre todo). Porque Palma no cuajó como dramaturgo (con piezas románticas y costumbristas) y sólo lo logró a medias, y en tono menor, como poeta (superior en la vena festiva). Su campo privilegiado fue la narrativa breve: comenzó escribiendo narraciones al modo de las «leyendas» románticas, pero en 1864, con «Don Dimas de la Tijereta», acertó a enhebrar las características señaladas de la *tradición*, gozando de un éxito inmediato, refrendado por la enorme acogida que alcanzó dentro y fuera del Perú la primera reunión de sus *Tradiciones peruanas* (1872, llegó a publicar diez series hasta 1911). Estuardo Núñez ha registrado su influencia decisiva en la narrativa hispanoamericana entre 1872 y 1940, como una especie que adelanta componentes del cuento y la novela del siglo XX. Es que fusionar el

Leónidas Yerovi, escritor que cultivó con éxito la lírica modernista y la dramaturgia. Colaboró en numerosas revistas y periódicos como La Prensa, Actualidades *o* Variedades.

La novela Aves sin nido *de la célebre escritora cusqueña Clorinda Matto de Turner significó un gran paso en la fundación de la literatura indigenista americana.*

costumbrismo y el romanticismo era una tarea crucial, encarnada en dos manifestaciones artísticas sobresalientes: la poesía gauchesca y la tradición palmista. No deja de ser sintomático, más que casual, que las dos obras cimeras de ambos procesos creadores, *Martín Fierro* (del argentino José Hernández) y *Tradiciones peruanas*, hayan visto aparecer sus primeras partes el mismo año de 1872. En ellas palpitan ya rasgos de lo que serán la poesía novomundista y la narrativa del realismo «mágico» o «maravilloso», así como la reelaboración de la oralidad y de la óptica del pueblo, tan significativos en las letras hispanoamericanas del siglo XX.

Las antinomias de Ricardo Palma

Palma está dentro y fuera de las creencias maravillosas que recoge de la tradición oral o de los libros antiguos (es liberal, masón, etcétera), dentro y fuera del habla popular (acoge también cultismos y casticismos). En feliz complejidad condensa, según Alberto Escobar, las «antinomias» fundamentales de su época: tradición / renovación; impulso popular / herencia culta; paradigma de oralidad / reelaboración estilística; hispanismo / americanismo; evocación nostálgica de la Colonia / anhelo de una república democrática.

Resulta claro que Ricardo Palma es el escritor peruano más importante del siglo XIX. Y si Luis Leal lo unge como el mejor «cuentista» hispanoamericano de dicha centuria y Estuardo Núñez como el narrador hispanoamericano de mayor influencia a fines del siglo XIX y comienzos del siglo XX, hay que pensar que tal envergadura se vincula con la capacidad de Palma para asumir una tarea pendiente en las letras de esta parte del mundo: efectuar el tránsito de una literatura centrada en la tradición oral (sus cumbres peruanas están en quechua: manuscrito de Huarochirí, cuentos narrados por Carmen Taripha) y en la literatura ancilar (sobresaliendo los cronistas) a una literatura que va a ir privilegiando la modalidad escrita y la reelaboración imaginaria (es decir, la ficción).

Tradición palmista

Así como la crónica europea sufrió grandes transformaciones culturales en Indias hasta convertirse en un género distinto y nuevo, en sentido estricto, el primer género narrativo, de circuito escrito y de factura ficticia, oriundo de Latinoamérica fue el de tradición palmista. La conciencia americanista de Palma no se puede regatear: luchó a lo largo de su vida por una literatura de contenido y de raíces americanas, defendió los americanismos en el idioma, impulsó el fortalecimiento de las bibliotecas públicas (emocionan sus afanes de «bibliotecario mendigo» reconstruyendo la Biblioteca Nacional después del saqueo chileno), animó el funcionamiento de Academias de la Lengua, etcétera.

El modernismo

Con el modernismo aparece una corriente compleja, que contiene diversas tendencias y etapas, con autores muy diferentes entre sí en el aspecto estilístico y en el temático. Como actitud general, anheló «modernizar» la cultura hispánica, para lo cual propició un cosmopolitismo que bebió la «modernidad literaria» en los franceses (cierto remanente romántico a lo Víctor Hugo, más, sobre todo, lecciones del parnasianismo, el simbolismo y el impresionismo), ingleses (la estela byroniana más el prerrafaelismo y la impronta del norteamericano Poe), alemanes (herencia romántica) e italianos (decadentismo); y buscó reavivar el genio del idioma español en declive después del Siglo de Oro, con una nueva sensibilidad («moderna») y nuevos recursos expresivos, tanto en el verso como en la prosa (más creativo en el cuento y en la crónica periodística, que en la novela). De otro lado, bregó por conferir «mayoría de edad» cultural a Hispanoamérica y esclarecer la identidad latinoamericana, completando así la Independencia en el plano literario y cultural (en el caso de Cuba, en todos los campos).

Manuel González Prada

El principal premodernista peruano fue un escritor muy dotado para la prosa (*Páginas libres*, 1894, y *Horas de lucha*, 1908) y la poesía (*Minúsculas*, 1901, *Exóticas*, 1911, y *Baladas peruanas*, 1935): Manuel González Prada (Lima, 1844-1918). Publicó sus poemas y prosas, de factura espléndida (con el mayor rigor parnasiano) y horizonte cosmopolita (que incluye China y Persia), en forma dispersa, reuniéndolas tardíamente (hay que señalar que tiene poemas publicados en diarios y revistas antes de 1875, el año en que se suele fijar el inicio del premodernismo hispanoamericano) y dejando mucho material inédito. A pesar de ello, dejó hondas huellas en los mayores ideólogos (José Carlos Mariátegui, Víctor Raúl Haya de la Torre, etc.) y creadores literarios (José María Eguren, Abraham Valdelomar, César Vallejo, etc.) de las primeras décadas del siglo XX. Además, desde la dirección del Círculo Literario de 1886, favoreció el desarrollo de la nueva corriente del realismo en el Perú, esgrimiendo ideas y argumentos que influirían en la postura indigenista posterior.

Manuel González Prada, el autor premodernista más destacado. Poeta y prosista, dirigió el Círculo Literario de 1886, que propugnaba la modernización política y literaria del Perú.

Cuentistas y cronistas periodísticos

El modernismo peruano cuajó a fines del siglo XIX y comienzos del siglo XX, destacando más los cuentos y las crónicas periodísticas que los poemas: José Antonio Román (*Hojas de mi álbum*, 1903, cuentos), Carlos Ledgard (*Ensueños*, 1899, cuentos), Clemente Palma (*Cuentos malévolos*, 1904) y Enrique A. Carrillo, *Cabotín (Cartas a una turista*, 1905, novela).

Poetas

La figura de mayor resonancia internacional fue la del poeta José Santos Chocano (Lima, 1875-Santiago de Chile, 1934), abanderado de la

Gran divulgador del modernismo y figura singular de las letras peruanas, Chocano fue distinguido como «el poeta de América». Tuvo una vida aventurera y contradictoria.

tendencia «novomundista» opuesta al cosmopolitismo refinado de Rubén Darío, conforme la encarna el notable poemario *Alma América* (1906). Otras de sus obras remarcables son: *Los cantos del Pacífico, Selva virgen, Primicias de Oro de Indias* y *Poemas del amor doliente*.

Otros modernistas peruanos

Casi tan conocido como él (lo era más en Francia y Bélgica, sin duda) brilló el mejor modernista peruano: Ventura García Calderón (París, 1886-1959), uno de los grandes cuentistas y *croniqueurs* del modernismo, gestor de empresas comunes con Darío y Gómez Carrillo, en París. Sintetiza las dos laderas modernistas: la refinada y decadente, con textos cargados de aire «maldito» (*Frívolamente...*, 1908, *Dolorosa y desnuda realidad*, 1914); y la interesada por la patria y América Latina toda, constatando con fruición el mestizaje de los pueblos y la riqueza de las tradiciones vernáculas. En esa línea forjó una imagen de las diversas regiones del Perú, que no se limita a pintar «desde afuera» al indio (de los Andes y de la Amazonia), sino que acoge leyendas y tradiciones orales, recrea el habla de los negros y zahiere el machismo criollo (*La venganza del cóndor,* 1924, *Danger de mort*, 1926, y *Couleur de sang*, 1931). Hay que agregar que pertenece a una generación crucial para la madurez de la historiografía, la arqueología, la crítica literaria, la filosofía y la ciencia en el Perú: la Generación del Novecientos, la de José de la Riva-Agüero, Francisco García Calderón (hermano de Ventura), Víctor Andrés Belaunde, Julio C. Tello, Oscar Miró Quesada (*Racso*), Hermilio Valdizán, Luis Fernán Cisneros y José Gálvez, la mayor parte de ellos abocados, en prosa armoniosa y elegante, a formular interpretaciones de la trayectoria nacional y meditar sobre el futuro del Perú y América Latina.

El postmodernismo

La crisis y abandono del modernismo que suele llamarse postmodernismo y que en el Perú tiene como meollo el lapso 1911-1919, ostentó un vuelo creador más alto todavía, aportando ya los primeros *fundadores* o *forjadores* de la literatura peruana contemporánea, cuya resonancia sigue actuando en las generaciones recientes de escritores: en poesía, José María Eguren y César Vallejo (el de la primera etapa, la de *Los heraldos negros,* 1919); y, en narrativa, Abraham Valdelomar.

En poesía, supuso una profundización del lenguaje inaugurado por el modernismo, aproximándose mucho al hondo simbolismo francés. Esto se percibe en Alberto Ureta (*Rumor de almas*, 1911), César «Atahualpa» Rodríguez, Alcides Spelucín, *Los heraldos negros* de Vallejo y, fundamentalmente, en la expresión más alta del simbolismo en español, uno de los mayores poetas hispanoamericanos de esos fructíferos años: José María Eguren (Lima, 1874-1942), quien tejió un cosmos personal, lleno de matices y sugerencias trascendentalistas, hondamente onírico y feérico (adjetivo derivado de los cuentos de hadas): *Simbólicas* (1911), *La canción de las figuras* (1916), *Sombra* (1929) y *Rondinelas* (1929), así como las prosas originalísimas (crean una mezcla singular de poesía, narración y ensayo, en un discurso que fluye siguiendo la asociación de las ideas, las imágenes y los ritmos) de sus *Motivos* (1930-1931). De otro lado, la poesía postmodernista significó el tránsito hacia el vanguardismo, una especie de pre-vanguardismo, conforme se nota en la temática futurista de Juan Parra del Riego, quien maduró al residir en Montevideo, en los años veinte.

Noche azul

En ti se juntan los colores para trazar un ala blanca, gaviota de todos los cielos. Todos los espacios te esperan y las avenidas asombradas. Todos los caminos tienen nombre pero hay uno innominado. Debe ser bello hasta el espanto. Tú disipas el terror de la noche, porque eres una luz (...) Vamos a preludiar la vida ignota, la emoción primera y última, que seguirá en lo eterno más allá de la vida, donde las almas no pueden olvidar, por no ser densas y espaciales. No pueden olvidar el sentimiento, pues al perder su forma, se vuelven un amor. Un muerto es una pasión que perdura. (...) La noche cierra el pasado y se prepara a la venida del nuevo día. Todos los principios están en movimiento; no es un final, que sería la muerte, sino la cuna de ébano, la dulce mecedora azul de Brahms. (...) El beso es una llave abierta a la profundidad del ser y al infinito, porque el ser es inmortal.

José María Eguren,
Motivos

El gran impulso para la innovación de las letras nacionales lo dio Abraham Valdelomar, poeta, ensayista y, por sobre todo, el primer cuentista clásico del Perú del siglo XX.

Abraham Valdelomar

El postmodernismo se generalizó hacia 1915 en Lima, Trujillo (la «bohemia» de donde saldrían Vallejo y Spelucín) y Arequipa (centro de actividades de Rodríguez y Percy Gibson, de donde saldría luego Alberto Hidalgo). La revista limeña *Colónida* (1916) encarnó la búsqueda de corte prevanguardista de un nuevo mundo espiritual. Al frente de dicha revista se encuentra al escritor que condensa, con brillo y resonancia («epatando» al ambiente con sus poses y anécdotas) el nuevo anhelo: Abraham Valdelomar (Ica, 1888-Ayacucho, 1919).

Ostentó un precoz talento polifacético: poeta prevanguardista, *croniqueur* refinado, agudo ensayista, dramaturgo frustrado, fue el máximo animador cultural de esos años y, primordialmente, un cuentista versátil y sumamente expresivo que, luego de algunos relatos decadentes al gusto modernista, inauguró con el cuento *El Caballero Carmelo* (1913, que daría título al extraordinario volumen de cuentos que publicó en 1918) el abandono del exotismo y el artificio modernistas, orientándose hacia una narrativa genuinamente peruana. También posee cuentos que presagian los experimentos vanguardistas, sin faltar su tributo a la temática incaica (indianismo modernista) y criolla. La pervivencia de Valdelomar se debe básicamente a las narraciones que recrean la vida provinciana.

El vanguardismo

Entre las dos guerras mundiales, la poesía peruana alcanzó su máximo esplendor. Luis Monguió ha señalado que prácticamente no hubo escuelas o ismos vanguardistas (sólo en parte lo fue el indigenismo puneño del grupo Orkopata, de los hermanos Peralta, porque el proselitismo vanguardista de Alberto Hidalgo con el simplismo que él mismo creó, y el de César Moro con su adhesión al surrealismo, se dieron básicamente fuera del Perú y no engendraron una escuela simplista o

José Carlos Mariátegui, intelectual de la Generación del Centenario, bregó desde Amauta *por un conocimiento más profundo del Perú y una ampliación de sus horizontes culturales.*

una surrealista en el Perú) y que nuestro vanguardismo resultó ecléctico (fusionando cubismo, futurismo, dadaísmo, creacionismo, ultraísmo, surrealismo, etc.) y heterodoxo, sin «deshumanizarse» en el sentido de Ortega y Gasset. A pesar de ello, o quizá justamente por ello, el Perú cosechó poemarios excelentes que le otorgan el cetro de la poesía vanguardista en español (con *Trilce* de César Vallejo en el pináculo), así como un lugar muy destacado en la poesía del postvanguardismo (a la cabeza *Poemas humanos, España aparta de mí este cáliz* y varios poemarios de Martín Adán).

La Generación del Centenario

Habría que consignar que en los años veinte actuaba una generación admirable, la del Centenario (conmemoración de la declaración de la Independencia, 1921, y de la batalla de Ayacucho, 1924), la cual profundizó y amplió las rutas abiertas por la Generación del Novecientos, y confirió madurez a lo sociológico y político: Vallejo, José C. Mariátegui, Víctor Raúl Haya de la Torre, Antenor Orrego (de la «bohemia» de Trujillo), Raúl Porras Barrenechea, Jorge Basadre, Luis Alberto Sánchez, Luis E. Valcárcel, Gamaliel Churata, Mariano Iberico, Honorio Delgado, etcétera. Simbolizando la gran capacidad innovadora de esa generación surgió la más grande de todas las revistas peruanas: *Amauta* (1926-1930); bajo la dirección de Mariátegui, estimuló las ideas socialistas, pero también la óptica indigenista, sin olvidar el apoyo entusiasta que dio al vanguardismo.

Diario de poeta

Poesía se está defuera:
Poesía es una quimera...
¡a la vez a la voz y al dios!
Poesía no dice nada:
Poesía se está, callada,
escuchando su propia voz.

Martín Adán,
Diario de Poeta

Poetas vanguardistas

La exploración vanguardista nutrió a tres poetas de relieve hispánico: Carlos Oquendo de Amat (Puno, 1905-España, 1936), con un poemario que concede significación a todos los componentes del libro (diagramación, tipo de letra, corte de las páginas, metros de las páginas extendidas, efectos visuales o caligramáticos de los versos, etc.), organizado como una función de cine que ironiza la temática futurista: *5 metros de poemas* (1927); César Moro (Lima, 1903-1956), el máximo exponente del surrealismo en las letras españolas (también escribió poemas en francés); y Emilio Adolfo Westphalen (Lima, 1911), con dos poemarios fulgurantes que asimilan heterodoxamente el automatismo surrealista y el legado de Eguren: *Las ínsulas extrañas* (1933) y *Abolición de la muerte* (1935). Cabe añadir los aciertos poéticos de los desiguales Alberto Hidalgo, Alejandro Peralta y la primera etapa de Xavier Abril.

El postvanguardismo

A la «aventura» vanguardista, según Guillermo de Torre, le sucedió la «vuelta al orden», es decir el llamado postvanguardismo, preparado a fines de los años veinte (incide mucho el éxito inmediato de la española Generación del 27: García Lorca, Alberti, Jorge Guillén, Salinas, etc.) y generalizado a partir de 1930. La muestra más genial del giro es la evolución del Vallejo de *Trilce* a *Poemas humanos*, pero en clave muy personal, única. Más se nota la sintonía con el tono representado por el 27 español, en el abandono del vanguardismo llevado a cabo por los hermanos Ricardo y Enrique Peña Barrenechea, y por el citado Xavier Abril. Empero, quienes mejor encarnan la «vuelta al orden» son Esther M. Allison (1918-1992), cumbre de la poesía mística contemporánea, y Martín Adán (seudónimo de Rafael de la Fuente Benavides; Lima, 1908-1985), poeta de talla universal que luego de una adolescencia experimentadora (la «novela vanguardista» *La casa de cartón*, 1928), se lanzó a la búsqueda del absoluto con virtuosismo cultista (*La rosa de la espinela*, 1939, y *Travesía de extramares*, 1950), finalmente con turbulencia agónica y abismal (*Escrito a ciegas*, 1961, *La mano desasida*, 1964, *Diario de poeta*, 1975). Los poetas surgidos en los años treinta subrayan la «vuelta al orden», inclinándose por lo social y político, lo regional y cotidiano: Luis Valle Goicochea, Mario Florián y Juan Ríos.

Hay que apuntar el surgimiento de una nueva hornada generacional en los años treinta, conectable a la «vuelta al orden» y el agotamiento del vanguardismo: Martín Adán, José Diez Canseco, Ciro Alegría, José María Arguedas, Francisco Izquierdo Ríos, Estuardo Núñez, Aurelio Miró Quesada Sosa, Francisco Miró Quesada Cantuarias, Alberto Tauro y Augusto Tamayo Vargas.

Cubierta de 5 metros de poesía, *de Carlos Oquendo Amat, poemario que concede significación a todos los componentes del libro: de la diagramación a los efectos caligramáticos.*

César Vallejo

La expresión máxima de la literatura peruana se llama César Vallejo (Santiago de Chuco, sierra del departamento de La Libertad, 1892-París, 1938), una de las voces más geniales de toda la historia del español, ubicable entre los más grandes poetas del siglo XX a nivel mundial. Mestizo biológico (descendía de gallegos y de indias chimúes) como el Inca Garcilaso, encarna igualmente la honda comunión con las raíces andinas (asumidas con tono indigenista en la sección «Nostalgias imperiales» de su poemario *Los heraldos negros*, en las novelas *Hacia el reino de los Sciris* y *El tungsteno*, la novela corta *Fabla salvaje* y las piezas teatrales *Colacho Hermanos* y *La piedra cansada*) y la apertura espiritual al horizonte planetario, absorbiendo crítica y creadoramente la modernidad europea (romanticismo, evolucionismo, positivismo, marxismo, Nietzsche, vanguardismo, el lenguaje cinematográfico, etc.) y norteamericana (Whitman, sobre todo), haciendo suyas las convulsiones que padecía la Unión Soviética, España (nadie como él ha cantado la «españolidad», capaz de redimir a la humanidad en el vía crucis de la guerra civil: *España, aparta de mí este cáliz*), y el escenario mundial entero. El legado andino (en tanto colectivismo comunitario, vínculo armonioso con la naturaleza, principio de reciprocidad, búsqueda de cooperación entre personas de distintas regiones y latitudes, culto al trabajo como lo más humanizante, un culto alegre y rodeado de expresiones artísticas y, por supuesto, poéticas) le parecía compaginable con el núcleo del mensaje evangélico y, al adoptar la visión marxista, con el logro de una nueva humanidad, la del hombre-masa, contrario al hombre individualista, competitivo, capitalista, lobo del hombre. Si el Perú connota tesoros y riquezas, ese legado andino fulgura como el auténtico oro del Perú para el mundo que quiere construir, conforme la invocación del poema «Telúrica y magnética», que forma parte de *Poemas humanos*:

«¡Sierra de mi Perú, Perú del mundo,
y Perú al pie del orbe; yo me adhiero!»

El poeta César Vallejo, expresión máxima de la literatura peruana de todos los tiempos, concilia una intensa emoción y capacidad comunicativa con un lenguaje experimental y dialéctico.

Vallejo cultivó todos los grandes géneros literarios (poesía, cuento, novela, comedia, tragedia, drama, ensayo, crítica literaria y género periodístico), a tal punto que, atendiendo a los frutos mejores de cada género, bien podríamos considerarlo el creador literario más completo del Perú, por encima de la versatilidad, menos genial, de Pedro de Peralta Barnuevo, Pablo de Olavide, Ricardo Palma, Abraham Valdelomar y Sebastián Salazar Bondy. El eje de toda esa exploración estética e intelectual fue, sin duda, su obra poética: en *Los heraldos negros* (escrito en 1915-1918 y publicado en 1919) asimiló los legados romántico y modernista con un aliento personal e innovador que lo erige como uno de los grandes poemarios del postmodernismo.

Trilce

Una hazaña mayor consigue Vallejo en *Trilce* (escrito en 1919-1922, publicado en 1922, sin haber abandonado el Perú, con escasa información sobre la vanguardia europea): bebe libérrimamente las enseñanzas vanguardistas (básicamente, el cubismo, el dadaísmo y el ultraísmo), plasmando un nuevo lenguaje poético, de sorprendente intensidad y originalidad, más radical y renovador en sentido pleno (plantea una nueva estética en coordinación con una nueva antropología, una nueva lógica y una nueva ética) que cualquier otro poemario de la vanguardia mundial (Roberto Paoli ha sostenido que *Trilce* es el más grande poemario vanguardista posterior a la Primera Guerra Mundial). Juzgado a nivel nacional, *Trilce* vertebra fuerzas socioculturales (el mestizaje de lo andino y lo occidental, la alianza entre regionalismo y cosmopolitismo) y tendencias estéticas (abarca desde lo fisiológico hasta lo metafísico, con un hermetismo mayor que el de los cultores de la «poesía pura» y el esteticismo, pero también con un desgarramiento humanístico y referencias a lo socioeconómico que ojalá alcanzaran la «poesía social» o «comprometida»).

El lenguaje dialéctico de César Vallejo

Instalado en París desde 1923 (vivió en España en 1931, e hizo varios viajes, en especial a la Unión Soviética), Vallejo labró otro lenguaje poético único, conectable con el postvanguardismo: el de *Poemas humanos* (debe incluirse en ellos también los que Georgette de Vallejo mal denominó *Poemas en prosa*), en gestación desde 1923-1936, madurados espléndidamente en 1937-1938 (se publicaron póstumamente, en 1939), y el de *España, aparta de mí este cáliz* (escrito en 1937-1938, publicado en 1939). Con tanta o más genialidad que *Trilce*, estos poemas llevan la perspectiva materialista, dialéctica e historicista al lenguaje mismo (a la antítesis léxica, la experimentación gramatical y la pulsación prosódica), y no meramente a los temas abordados; y lo hacen con una complejidad y una sutileza sin parangón en la literatura marxista (se puede aventurar que sólo merecen el cotejo las extraordinarias piezas teatrales de Brecht y las películas de Eisenstein, amén del mural *Guernica* de Picasso), porque Vallejo asumió el marxismo heterodoxamente (en varias páginas suyas discrepa de los marxistas y ateos fanáticos, así como de la reducción del arte a fines proselitistas), como una vía para la libera-

Los heraldos negros, *de César Vallejo, edición de 1918. Eje de toda su exploración estética, este poemario lleva todavía las señales del modernismo pero en él alienta un impulso innovador.*

Masa

Al fin de la batalla,
y muerto el combatiente, vino hacia él un
hombre
y le dijo: «No mueras, te amo tánto!»
Pero el cadáver ¡ay! siguió muriendo.
Se le acercaron dos y repitiéronle:
«No nos dejes! ¡Valor! ¡Vuelve a la vida!»
Pero el cadáver ¡ay! siguió muriendo.
Acudieron a él veinte, cien, mil, quinientos
mil,
clamando: «Tánto amor y no poder nada
contra la muerte!»
Pero el cadáver ¡ay! siguió muriendo.
Le rodearon millones de individuos,
con un ruego común: «¡Quédate,
hermano!»
Pero el cadáver ¡ay! siguió muriendo.
Entonces, todos los hombres de la tierra
le rodearon; les vio el cadáver triste,
emocionado;
incorporóse lentamente,
abrazó al primer hombre; echóse a andar...

César Vallejo,
España, aparta de mí este cáliz

ción del hombre, como una senda de justicia necesaria para construir un Mundo Nuevo, pero no como la solución de todos los enigmas e inquietudes: el misterio del Más Allá, las cuestiones religiosas y metafísicas que le interesaron siempre.

Vallejo, narrador y dramaturgo

Como narrador, César Vallejo fue el primero en el Perú en seguir la ruta que Valdelomar dejara abierta, del postmodernismo al vanguardismo: *Escalas* (1923) y *Fabla salvaje* (1923). La sección «Cuneiformes» de *Escalas* ya posee una factura (onírica y fantasiosa) vanguardista, la cual se acentúa en los relatos de *Contra el secreto profesional* (fueron escritos en 1923-1928, pero publicados en 1973), donde descuella la pequeña obra maestra «Magistral demostración de salud pública», texto afín al Joyce del *Finnegans Wake* y precursor de Julio Cortázar. También cultivó el realismo socialista en la novela *El tungsteno* (1931), de temática indigenista (alabada por Arguedas), y el cuento *Paco Yunque* (escrito en 1931). Como dramaturgo, cultivó un teatro de propaganda bolchevique y de reminiscencia incaica (la fallida tragedia *La piedra cansada*), pero sus trabajos más valiosos son la farsa sociopolítica *Colacho Hermanos* y sus apuntes teóricos sobre una Nueva Estética Teatral, ejemplificados por los apasionantes bocetos *Dressing-room* y *Suite y contrapunto.*

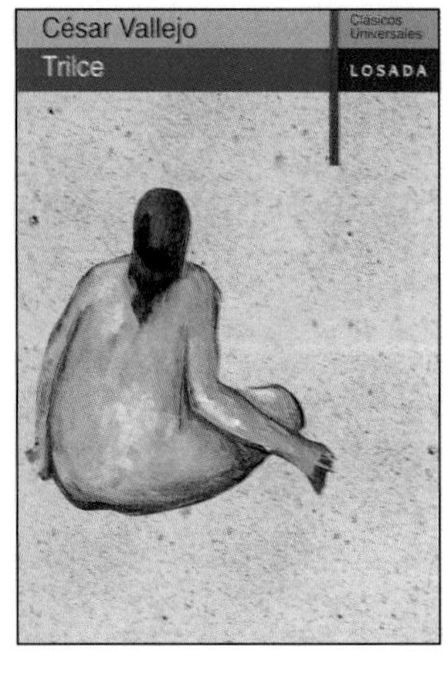

Indigenismo y neoindigenismo

Se llama *indigenista* esta literatura y no *indígena*, como observó penetrantemente José C. Mariátegui, porque los emisores y los receptores de ella no son indios, sino mestizos y criollos que conocen poco o mucho, «desde afuera» o «desde adentro», la realidad andina; el idioma que se emplea es el español (y no las lenguas andinas) y su circuito de transmisión es el escrito (y no la tradición oral). Su tema no se reduce al indio, sino que abarca la compleja realidad andina (donde hay patrones blancos y varios tipos de mestizos, así como tres clases principales de indios: los comuneros, indios libres: los colonos, en dependencia cuasi feudal de un hacendado; y los pongos, al servicio semi-esclavista de un patrón), trazando en sus muestras más talentosas (Churata, Alegría y Arguedas), las conexiones de dicha realidad con el país entero, en particular con los engranajes del Estado, del Perú oficial centralizado en Lima y las grandes ciudades de la costa.

Los Cuentos andinos *de Enrique López Albújar examinan con vigor la situación del indígena.*

Dada la trascendencia de dicha temática, la trayectoria de la vertiente indigenista es muy dilatada y reconoce varias etapas y tendencias: antecedentes coloniales, indianismo, indigenismo y neoindigenismo.

Antecedentes coloniales

Hubo polémica entre los lascasistas pro-indígenas y los que justificaban la dominación española y la extirpación de idolatrías, pintando a los indios como «salvajes» o «bárbaros». Dentro de esta actitud precursora del indigenismo hay que citar a fray Bartolomé de Las Casas, Pedro de Cieza de León, Inca Garcilaso, Titu Cusi Yupanqui y Guaman Poma, sobre todo.

Indianismo

Autores que no conocen directamente la realidad andina la idealizan, al calor de la Ilustración o del romanticismo, con una fuerte influencia de Montaigne y el «buen salvaje» de Rousseau: hay que mencionar a Marmontel y al Voltaire de *Cándido.* Durante el modernismo, persistió la óptica indianista (totalmente «desde afuera» de la realidad andina) en escritores que nada o casi nada conocían del mundo andino, retratándolo con estereotipos: poemas de Chocano y cuentos de Ventura García Calderón y Abraham Valdelomar.

Indigenismo

El indigenismo tuvo una postura estética ligada al realismo literario, asumió la reivindicación del indio en el terreno económico y social, y no sólo en el aspecto cultural y en la demanda de una educación que los «integrara» al cuerpo del Estado. Polemizó con los hispanistas y los racistas de todo cuño. Su noción de realidad fue la de la modernidad europea; por eso juzgaba «desde afuera» (como productos de la ignorancia y la superstición) la mentalidad mítico-mágica del hombre andino, abogando porque éste fuera «ilustrado» dentro de una visión del mundo «realista». El indigenismo peruano reconoce precedentes directos en *El Padre Horán* de Aréstegui, *Aves sin nido* de Matto de Turner y algunos artículos de González Prada, así como la labor ideológica de la Asociación Pro-indígena (1909-1916) de Pedro S. Zulen y Dora Mayer; pero madura literariamente con *Cuentos andinos* (1920) de Enrique López Albújar, e ideológicamente con Luis E. Valcárcel, Hildebrando Castro Pozo, José Uriel García y algunos escritos de Mariátegui, en los años veinte.

Ciro Alegría cultivó la óptica real-maravillosa y ofreció un retrato integral del país inspirándose en la narrativa andina y amazónica, dando así paso a la corriente neo-indigenista.

Indigenismo

I. Antecedentes coloniales: lascasismo y reacción antitoledana.
   Las Casas, Cieza de León, Inca Garcilaso, Titu Cusi Yupanqui y Guaman Poma.

II. Indianismo
   a. Ilustración y romanticismo
   b. Modernismo: J.S. Chocano, V. García Calderón y A. Valdelomar.

III. Indigenismo propiamente dicho (realismo regionalista)
   a. Preparación: N. Aréstegui y C. Matto de Turner.
   b. Maduración: E. López Albújar, L.E. Valcárcel, H. Castro Pozo, J.C. Mariátegui y J.U. García.

IV. Neoindigenismo (realismo mágico o maravilloso):
   G. Churata, C. Alegría, J.M. Arguedas, E. Vargas Vicuña, M. Scorza, y E. Rivera Martínez.

Neoindigenismo

Esta corriente asume la óptica mítico-mágica (colocándose «desde adentro»), «quechuiza» el español, abandona los límites literarios del realismo en pos de lo que se conoce como realismo mágico o maravilloso (lo cual implica ubicarse dentro de la «nueva narrativa») y lleva al extremo la necesidad de abordar la temática indígena en el mosaico peruano («todas las sangres»). Inician esta actitud Gamaliel Churata y el grupo Orkopata, capaces de plasmar una síntesis entre indigenismo y vanguardismo, mientras que López Albújar zahiere a éste, al calificar a su *Matalaché*, en 1928, como «novela retaguardista». La llevan a su maduración Ciro Alegría, José María Arguedas y Eleodoro Vargas Vicuña, mientras que Manuel Scorza, tan «realísticamente mágico» en las cuatro primeras novelas de su saga *La guerra silenciosa*, aboga en la quinta, *La tumba del relámpago*, en 1979, por el abandono de la visión mítico-mágica para adoptar la visión moderna, racionalista y revolucionaria, de lo real; Vargas Vicuña aportó los cuentos de *Nahuín* (1953) y *Taita Cristo* (1964).

Ciro Alegría

Calificado atinadamente por Mario Vargas Llosa como el «primer novelista clásico» del Perú, Ciro Alegría (hacienda Quilca, provincia de Huamachuco, sierra del departamento de La Libertad, 1909-Lima, 1967) revivió hasta cierto punto el proceso configurador del género novelesco a partir de cuentos orales que terminan siendo engarzados entre sí, dando realce a una historia mayor que los envuelve como marco (tipo Scherezade, o los narradores de Boccaccio, Juan Manuel o Chaucer). Bebió en la infancia y la adolescencia la narrativa andina y amazónica (leyendas, mitos y cuentos, carece de novelas); de otro lado, se educó «occidentalmente» y fue buen conocedor de las técnicas de la novela, sobre las que daba conferencias y cursos universitarios. El fruto fueron tres famosas novelas que trascienden el marco estrictamente indigenista (aunque conservan muchos rasgos de él, en particular el vuelo épico y la denuncia contra los despojos padecidos por los indios) enrumbando hacia el neoindigenismo: *La serpiente de oro* (1935), *Los perros hambrientos*

Llamado a algunos doctores

Yo, aleteando amor, sacaré de tus sesos
las piedras idiotas que te han hundido.

El sonido de los precipicios que nadie alcanza, la luz de la nieve rojiza que, espantando, brilla en las cumbres;

el jugo feliz de millares de yerbas, de millares de raíces que piensan y saben, derramaré en tu sangre, en la niña de tus ojos.

El latido de miriadas de gusanos que guardan tierra y luz; el vocerío de los insectos voladores, te los enseñaré, hermano, haré que los entiendas;

las lágrimas de las aves que cantan, su pecho que acaricia igual que la aurora, haré que las sientas y oigas.

Ninguna máquina difícil hizo lo que sé, lo que sufro, lo que del gozar del mundo gozo.

Sobre la tierra, desde la nieve que rompe los huesos hasta el fuego de las quebradas, delante del cielo, con su voluntad y con mis fuerzas hicimos todo esto.

¡No huyas de mí, doctor, acércate! Mírame bien, reconóceme. ¿Hasta cuándo he de esperarte?

(...)

¿Trabajaré siglos de años y meses para que alguien que no me conoce y a quien no conozco me corte la cabeza con una máquina pequeña?

José María Arguedas,
Katatay

(1939) y *El mundo es ancho y ajeno* (1941), distinguidas con premios que le granjearon un enorme éxito internacional. En ellas triunfa la óptica real-maravillosa, palpita alguna nueva técnica narrativa (hay monólogo interior y *collage* de noticias en *El mundo es ancho y ajeno*) y se busca un retrato integral del Perú, abarcando *El mundo es ancho y ajeno* las tres regiones del Perú (costa, sierra y selva) con una solidez artística inigualada.

La «nueva narrativa» en Ciro Alegría

En sus cuentos (urbanos, *7 cuentos quiromáticos*; andinos, *La ofrenda de piedra*, y amazónicos, *El sol de los jaguares*) y novelas —la mayoría in-

Cubierta de La serpiente de oro, *de Ciro Alegría. Escrita en Chile durante el exilio del autor, la novela muestra las dificultades de la vida en la selva alta, a orillas del río Marañón.*

conclusas— posteriores se afirma Alegría dentro de la «nueva narrativa» (se aproxima al neorrealismo urbano y ratifica el realismo mágico de sus novelas iniciales) y el afán de retratar todo el Perú, y aun toda América, ampliando su espacio narrativo a América del Centro y del Norte. Merece destacarse su enfoque de la cuestión negra en Estados Unidos (la novela *El hombre que era amigo de la noche*), su visión de la agitación política en las haciendas de la costa y el padecimiento carcelario en 1930-1934 (la novela *Lázaro*) y una pequeña obra maestra, de gran penetración psicológica, sobre el erotismo entre personajes andinos que rompen estereotipos indigenistas (*Siempre hay caminos*, novela corta).

José María Arguedas

Figura culminante de toda la vertiente indigenista, José María Arguedas (Andahuaylas, Apurímac, 1911-Lima, 1969) coincidió con Alegría en la tarea de encarar «desde adentro» al indio de los Andes, y en el designio de retratar «todas las sangres» de la realidad peruana. De modo más decidido y complejo (en gran medida por provenir de la sierra del centro y del sur, más ligada al idioma quechua y a la herencia prehispánica que la sierra del norte, la de Alegría y Vallejo), desde el comienzo Arguedas expresó la visión de lo «real-maravilloso», logrando una intensidad estética y una identificación con la óptica popular sin parangón (acaso sólo lo admite con el mexicano Juan Rulfo) dentro del realismo maravilloso hispanoamericano. Su primer libro, los cuentos de *Agua* (1935), salió junto con la primera novela de Alegría, pero menos precoz que éste recién desplegó por completo su universo creador en *Los ríos profundos* (1958), la más hermosa y honda de todas las novelas peruanas, en las novelas *Todas las sangres* (1964) y *El Zorro de Arriba y el Zorro de Abajo* (póstuma: 1971), y los cuentos *La agonía de Rasu Ñiti* (1962) y *El sueño del pongo* (1965), (en quechua y en español, transmite un cuento de la tradición oral andina), así como los fulgurantes poemas quechuas (en versión bilingüe, puestos en español por él mismo) de *Katatay/Temblar* (1972); además realizó una importante labor como antropólogo y folclorista, traductor y antólogo. No gozó, pues, del éxito meteórico de Alegría.

Edición de 1935 de Agua, *de José María Arguedas (debajo), figura culminante del indigenismo, cuya escritura brindó una valoración positiva de la tradición cultural quechua.*

«Quechuización» del español

Ya sus narraciones de 1935-1941, en particular el hermoso cuento «Warma Kuyay» (de *Agua*) y la vigorosa novela *Yawar Fiesta* (1941), muestran ese sentirse «entre dos mundos» de Arguedas: blanco de nacimiento (era de familia de hacendados) pero indio de corazón; bilingüe, dominó primero el quechua y nutrió su infancia con la cultura andina (cantos, danzas, relatos y creencias) más que con la occidental, a la cual terminó por conocer sólidamente tanto en su juventud como en su madurez, transculturándola memorablemente: «quechuizó» el idioma español y subvirtió la escritura novelística de la burguesía moderna con elementos de la tradición oral (incluye cantos en los momentos centrales) y el pensamiento mítico (amarus, zorros míticos, danzantes de tijeras, etc.) hasta labrar uno de los experimentos más radicales que haya presenciado la narrativa en español (donde asume críticamente los aportes del «boom» de los años sesenta): *El Zorro de Arriba y el Zorro de Abajo*. El mismo Arguedas hizo notar que su representación del Perú fue ensanchándose en sus libros: de las pequeñas quebradas y caseríos andinos (*Agua*) a una capital de provincia (Puquio en *Yawar Fiesta*), de ahí a capitales de departamento de la costa (Ica en *Diamantes y pedernales*, 1954) y la sierra (Abancay y el Cusco en *Los ríos profundos*), para intentar el encuentro y tensión entre la sierra y la costa, privilegiando las ciudades llenas de migrantes, Lima (*El Sexto, Todas las sangres* y *Katatay*) y Chimbote (*El Zorro de Arriba y el Zorro de Abajo*). Soñaba con un Perú unido, moderno, afincado firmemente en las raíces andinas como sello nacional y diferenciador, ante la pretensión imperialista de aniquilar culturas, lenguas y etnias.

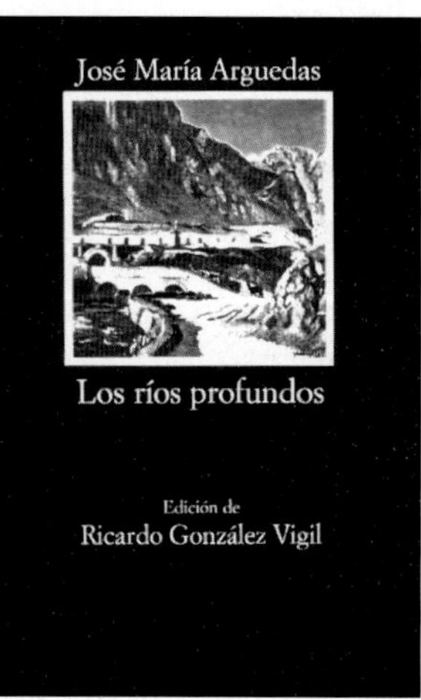

Últimas generaciones

En los años cuarenta y cincuenta cobró relieve una esquemática oposición entre poetas «puros» y «sociales» (preparada por Magda Portal, Serafín Delmar y algunos planteamientos de José C. Mariátegui, a fines de los años veinte), que creía oponer el linaje de Eguren (y Martín Adán) al de Vallejo. División nociva que estimuló el esfuerzo de «deshumanizarse» en los puros, y el descuido estético en los sociales y que, en el fondo, fue más valiosa para las declaraciones y discusiones ideológicas, que para los poemas memorables, éstos felizmente nutridos de belleza y experiencia social a la vez. Todo lo señalado puede constatarse en la versatilidad de Jorge Eduardo Eielson (Lima, 1924), artífice «purista» de *Reinos* (1945), pero también desolado residente de *Habitación en Roma* (1976) y angustiado inmolador de la palabra (en aras de lo «visual» y el abandono de la escritura); en la densidad artística y humana de Javier Sologuren y Blanca Varela, una de las voces femeninas más altas de la poesía hispanoamericana; en la evolución por textos «puros» y «sociales» de Juan Gonzalo Rose, Washington Delgado, Alejandro Romualdo y Pablo Guevara, llegando estos dos últimos a una desaforada experimentación, Romualdo con lo «visual» y Guevara con una narratividad y descalabro formal (nutrido por la poesía contemporánea en lengua inglesa) que sirve de enlace con las generaciones del sesenta y el setenta. ¿Cómo separar, además, lo «puro» de lo «social» en dos voces que escarnecen la burocracia y la alienación: Carlos Germán Belli (con un estilo personalísimo) y Pedro Cateriano; y en la imaginación, tan onírica como existencial, de Francisco Bendezú?

Poeta de la Generación del Cincuenta, Eielson es también un talentoso novelista y artista plástico.

Nueva narrativa

En el campo narrativo, el aporte de la Generación del Cincuenta ha sido crucial, llevando a la madurez la fundación de la *nueva narrativa*: cuaja el realismo maravilloso o mágico (Vargas Vicuña, Scorza), el neorrealismo urbano (C.E. Zavaleta, Sara María Larrabure, Enrique Congrains, Sebastián Salazar Bondy —gran animador cultural de la generación, dotado también para la crítica, la poesía y el teatro— y parte sustancial de Julio Ramón Ribeyro y Mario Vargas Llosa) y la literatura fantástica con prosa de esmero borgiano (José Durand y Luis Loayza, algunos textos de Ribeyro). En los años cuarenta y cincuenta también el teatro se orientó hacia el lenguaje escénico contemporáneo (Juan Ríos, Enrique Solari Swayne, S. Salazar Bondy y Juan Rivera Saavedra). El máximo cuentista de la Generación del Cincuenta, celebrado como el mayor del Perú y uno de los mejores de Hispanoamérica, es Julio Ramón Ribeyro (Lima, 1929-1994): el monumento de *La palabra del mudo* (cuatro volúmenes, con cuentos de 1952-1994) enhebra una imagen bastante completa de nuestra heterogeneidad sociocultural, aunque predomina el ámbito urbano y la pequeña burguesía, brillando el retrato que hace de lo marginal y *lumpen*. No acierta mucho como novelista (*Crónica de San Gabriel*, 1960) y dramaturgo, pero sí en la prosa libérrima de *Prosas apátridas* (1975).

Mario Vargas Llosa

Formado en el marco generacional del cincuenta (su primer libro es de 1959: los cuentos de *Los jefes*), Mario Vargas Llosa (Arequipa, 1936) es uno de los novelistas hispanoamericanos de ma-

Mario Vargas Llosa leyendo el discurso Discretas ficciones de Azorín *en su ingreso como miembro de la Real Academia de la Lengua Española, el 15 de enero de 1996.*

El país de las mil caras

Tengo la impresión de que mi relación con el Perú es más adulterina que conyugal; es decir, impregnada de recelos, apasionamientos y furores. Conscientemente lucho contra toda forma de «nacionalismo», algo que me parece una de las grandes taras humanas y que ha servido de coartada para los peores contrabandos. Pero es un hecho que las cosas de mi país me exasperan o me exaltan más y que lo que ocurre o deja de ocurrir en él me concierne de una manera íntima e inevitable. Es posible que si hiciera un balance, resultaría que, a la hora de escribir, lo que tengo más presente del Perú son sus defectos. También, que he sido un crítico severo hasta la injusticia de todo aquello que lo aflige. Pero creo que, debajo de esas críticas, alienta una solidaridad profunda. Aunque me haya ocurrido odiar al Perú, ese odio, como en el verso de César Vallejo, ha estado siempre impregnado de ternura.

Mario Vargas Llosa,
Contra viento y marea

yor fama mundial, quizás el que ha escrito el mayor número de novelas de alta calidad. Maduró precozmente: *La ciudad y los perros* (1963, la primera novela peruana completamente «moderna» en recursos expresivos), *La Casa Verde* (1966), *Los cachorros* (1967) y *Conversación en La Catedral* (1969) lo ungieron como uno de los protagonistas del «boom» de la novela hispanoamericana de los años sesenta, el más característicamente neorrealista del grupo, con un virtuosismo técnico de enorme influencia internacional. Sus novelas posteriores, excepción hecha de la más ambiciosa de todas, *La guerra del fin del mundo* (1981, agudo retrato de la heterogeneidad sociocultural de América Latina), abandonan el designio de labrar «novelas totales» que hasta entonces lo obsesionaba, y optan por la reelaboración (irónica, transgresora) de formas o géneros «subliterarios» o «extraliterarios», planteando con gran frecuencia una reflexión sobre los límites de la realidad y la ficción que recrea aspectos de la literatura fantástica y el experimentalismo narrativo, sin caer en ellos totalmente: la farsa, en *Pantaleón y las visitadoras* (1973); el melodrama, en *La tía Julia y el escribidor* (1977); la política-ficción anticipatoria, en *Historia de Mayta* (1984); el relato de crimen y misterio, en *¿Quién mató a Palomino Molero?* (1986) y *Lituma en los Andes* (1993); y la narrativa erótica, en *Elogio de la madrastra* (1988) y *Los cuadernos de don Rigoberto* (1997). En una brillante ocasión ha manifestado su fascinación por la tradición oral de la Selva (región que siempre ha motivado su imaginación literaria): *El hablador* (1987), comunión con las raíces indígenas que asombra en un escritor normalmente tan cosmopolita, abocado a propiciar la «aldea global» del liberalismo económico y las instituciones democráticas. Mario Vargas Llosa es también un meritorio, aunque desigual, dramaturgo; un excelente periodista (*Contra viento y marea* reúne sus artículos) y un estupendo crítico literario (destacan sus libros sobre García Márquez y Flaubert).

Con Canto ceremonial contra un oso hormiguero, *Antonio Cisneros ocupó un sitio de privilegio en la poesía peruana contemporánea, reescribiendo la historia desde la óptica de los desposeídos.*

Rodolfo Hinostroza, poeta limeño de la Generación del Sesenta, ganó el premio Maldoror en 1970 por su obra Contra natura. *También obtuvo el premio Juan Rulfo de cuento (París) en 1987.*

Generaciones del sesenta y el setenta

Varios poetas de la Generación del Sesenta (Javier Heraud, César Calvo, Arturo Corcuera, Ricardo Siva-Santisteban, Juan Ojeda y Marco Martos) continúan las sendas abiertas por los poetas de 1910-1950. No obstante, entre 1964-1968 cuajó una gran renovación del lenguaje poético, una especie de «segunda aventura vanguardista» (apoyada en la poesía en lengua inglesa, y ya no francesa, la cual había sido la privilegiada por el vanguardismo de los años veinte), protagonizada por dos poetas consagrados internacionalmente: Antonio Cisneros (*Comentarios reales*, 1964, y *Canto ceremonial contra un oso hormiguero*, 1968) y Rodolfo Hinostroza (*Consejero del lobo*, 1965, y *Contra Natura*, 1971), éste también con talento destacable para el cuento, el teatro y el ensayo; a ellos hay que sumar la obra personalísima de un autor de enorme resonancia entre los novísimos poetas de los ochenta y noventa: Luis Hernández (*Las constelaciones*, 1965, y *Vox horrísona*, 1978), cuyo mito de poeta marginal y suicida ahora subyuga más que el mito de poeta-guerrillero encarnado por Javier Heraud (muerto a los 21 años de edad, en 1963), otrora el símbolo máximo de la generación de los años sesenta.

Neovanguardismo

El aliento neovanguardista fue radicalizado por la mayoría de los poetas de la Generación del Setenta; algunos prefieren hablar de Generación del Sesenta y ocho no sólo por el giro político que desencadenó el general Juan Velasco Alvarado, sino porque alrededor de 1968 aparecen ya poemarios y revistas significativas de esta generación. Resulta sintomático que, como los vanguardistas de los años diez a treinta, tiendan a formar grupos (Movimiento Hora Zero, Gleba, Poetas Mágicos, Cirle, etc.) y/o editar revistas sumamente cuestio-

Julio Ramón Ribeyro abordó la narración, el ensayo y el drama, pero logró sus mayores aciertos en sus cuentos, con los que renovó la narrativa y captó las constantes de la vida nacional.

El novelista Alfredo Bryce Echenique basa su estilo en el humor, tierno y agudo, tratado desde una óptica propia y con una oralidad única que le confiere una magia singular e intemporal.

nadoras de la poesía existente, en particular de los cercanos poetas de las generaciones de los años cincuenta y sesenta (descuella la revista *Estación reunida*, conducida por José Rosas Ribeyro, con la colaboración de Tulio Mora, Oscar Málaga y Elqui Burgos). Les complace, igualmente, lanzar manifiestos y proclamas febrilmente iconoclastas y parricidas, a favor del cambio económico y político revolucionario, y de un replanteamiento del lenguaje poético en el Perú. Ahí sobresale la dilatada labor (su eje más fructífero fueron los años 1970-1973, pero ha emprendido varias actividades en los lustros posteriores) del Movimiento Hora Zero, la agrupación más importante de toda la trayectoria de la poesía peruana, teniendo como propuesta principal el «poema integral» (fusiona el lirismo con componentes narrativos, dramáticos y ensayísticos, ligando el drama individual al marco colectivo, asumiendo el coloquialismo más desaforado con las referencias cultistas más disímiles): Enrique Verástegui (ha reunido bajo el nombre global de *Ética*, poemarios tan deslumbrantes como *En los extramuros del mundo*, 1971, y *Angelus Novus*, 1989-1990), Jorge Pimentel (símbolo mayor de Hora Zero, vanguardista cabal), Juan Ramírez Ruiz (principal teórico y experimentador del «poema integral») y Tulio Mora. Además de los horazeristas, resaltan los aportes de Abelardo Sánchez León, José Watanabe, José Rosas Ribeyro, Patrick Rosas, César Toro Montalvo, Armando Rojas, Cesáreo Martínez y Luis La Hoz. La renovación de la poesía femenina llegó también con las voces del setenta: palpitó en la brevísima obra (de 1973) de María Emilia Cornejo y estalló, inaugurando la actual efervescencia de la poesía femenina peruana, en *Noches de adrenalina* (1981) de Carmen Ollé, quien había pertenecido al Movimiento Hora Zero.

Narrativa de los setenta

No se acostumbra hablar de generaciones del sesenta y del setenta en la narrativa peruana, pero

La primera novela de Alfredo Bryce Echenique, Un mundo para Julius, *retrata con desenfado las costumbres de la rancia oligarquía de Lima y el ambiente de las clases menos favorecidas.*

La novela País de Jauja, *de Edgardo Rivera Martínez, confirmó a su autor como uno de los narradores de mayor prestigio en el actual panorama de las letras peruanas.*

la verdad es que en esos años (teniendo como eje un suculento brote de cuentos y novelas en 1968-1970, coincidiendo con la eclosión de los poetas del setenta) aparecieron varios narradores de talento desusado que atinaron a apropiarse críticamente de las lecciones del «boom» hispanoamericano, inclinándose pronto en dirección de lo que algunos especialistas han terminado por llamar el «post-boom». Esa recepción crítica, en este caso esgrimida con un radicalismo ideológico y una virulencia parricida similar a las de los grupos poéticos del setenta, aunque con mayor fundamentación teórica y elaboración crítica, encontró su expresión más nítida en la revista *Narración* (sólo tres números publicados entre 1966 y 1974, pero con el vigor suficiente como para «sacudir» el ambiente literario peruano; aparte de que, después, ha dejado la secuela de algunos libros editados bajo el sello Narración). No es, propiamente, una revista generacional, conforme lo prueba la participación descollante de dos narradores de la Generación del Cincuenta, muy influyentes hasta ahora en los escritores jóvenes: Oswaldo Reynoso y Antonio Gálvez Ronceros (retrata «desde adentro» a los negros y mulatos de la campiña, en *Monólogo desde las tinieblas,* 1975). No obstante, el núcleo de *Narración* fueron voces de la nueva hornada: Miguel Gutiérrez (figura central de la revista, al lado de Reynoso y Gálvez Ronceros), Gregorio Martínez (una novela que reelabora a un narrador oral negro de la campiña: *Canto de sirena,* 1977), Augusto Higa Oshiro, Hildebrando Pérez Huaranca, Roberto Reyes, Félix Toshihiko Arakaki y Nilo Espinoza Haro. Aparte de ellos, publicaron sus primeros libros Edgardo Rivera Martínez, Eduardo González Viaña, Marcos Yauri Montero, Julio Ortega, José Hidalgo, José Antonio Bravo, José B. Adolph, Luis Urteaga Cabrera, Isaac Goldenberg, Edmundo de los Ríos, Carlos Villanes Cairo, Fernando Ampuero y Laura Riesco, sin contar la tardía dedicación a la novela, de tanto éxito internacional, de Manuel Scorza, conocido poeta y editor de la Generación del Cincuenta.

Alfredo Bryce Echenique

De toda esa floración de narradores, más pródiga en novelistas que cuentistas de relieve, la figura que ha alcanzado más reconocimiento internacional, desde su primera novela, una de las más admirables de las letras peruanas (*Un mundo para Julius*, 1970), es, sin duda, Alfredo Bryce Echenique (Lima, 1939), protagonista del llamado «post-boom» hispanoamericano. Desmesurado, no exento de regodeos que restan intensidad a su prosa, posee una magia singular, con el sello del «genio» según J.R. Ribeyro. Es un autor en todo el sentido de la palabra, con estilo y óptica propios, con un humor y una oralidad únicos e intransferibles que nos esperan en sus mejores cuentos y en cada una de sus novelas (destaquemos *La vida exagerada de Martín Romaña*, 1981, *El hombre que hablaba de Octavia de Cádiz*, 1985, y *No me esperen en abril*, 1995).

Años noventa

Los narradores del sesenta y setenta se encuentran en plena madurez creadora y son los gestores medulares del buen momento por el que está pasando la novela peruana en los años noventa, hasta tal punto que se ha hablado de un auténtico «boom» de la misma, término que hay que relativizar atendiendo al magro tiraje de las ediciones peruanas y a su escasa, o prácticamente nula, repercusión fuera de las fronteras nacionales. Además de varios de los narradores ya mencionados, participan Jorge Díaz Herrera (*Por qué morimos tanto*, 1992), Fernando de Trazegnies (fusionando admirablemente la novela, la historia, el derecho y la filosofía de la ciencia en su obra monumental *En el país de las colinas de arena*, 1994), Luis Enrique Tord, Rodolfo Hinostroza, sin omitir a César Calvo, aunque éste no ha vuelto a publicar desde 1981 (la espléndida *Las tres mitades de Ino Moxo y otros brujos de la Amazonia*).

Los casos más notables, a nuestro juicio, son tres, de una madurez formidable en estos años: Miguel Gutiérrez (Piura, 1940), el más versátil y complejo de los novelistas actuales, autor de una «novela total» que sintetiza todas las corrientes de la nueva narrativa hispanoamericana y brinda una visión desgarrada y profunda de la trayectoria histórica peruana (*La violencia del tiempo*, 1991), y de novelas que reelaboran las lecciones realistas (*Hombres de caminos*, 1988, y *La destrucción del reino*, 1992) y fantásticas (*Babel, el Paraíso*, 1993, y *Poderes secretos*, 1995); Edgardo Rivera Martínez (Jauja, 1935), consumado artífice del cuento y de una novela armoniosa y sutil, retrato feliz del mestizaje nacional (*País de Jauja*, 1993); Laura Riesco (La Oroya, 1940), la mejor novelista peruana, digna de ser reconocida internacionalmente como la gran escritora que es, diestra para situarse entre lo occidental y lo andino, el realismo y la fantasía, la angustia y la ternura (*Ximena de dos caminos*, 1994).

Entre los jóvenes, dados a conocer en los años ochenta y noventa, puede mencionarse a Cronwell Jara, Óscar Colchado, Óscar Malca, Mario Bellatín, Carlos Herrera, Fietta Jarque y Jaime Bayly, este último de enorme éxito internacional.

Artes plásticas

Arte prehispánico

Pintura en el virreinato

Escuela Cusqueña
de Pintura

Escultura en el virreinato

Pintura decimonónica

Arte del siglo XX

Últimos lustros

Piedras incisas con representación de caras y brazos, pertenecientes al templo de Sechín, donde se ubicaron sociedades del período Formativo.

Arte prehispánico

Las expresiones plásticas conocidas más antiguas del Perú se remontan a 10,000 años atrás. Son las pinturas rupestres de las cuevas de Lauricocha, en las fuentes del río Marañón, a 4,000 m de altitud, en la provincia de La Unión, Huánuco. Asociadas a artefactos de piedra y a restos humanos, en ellas se aprecia un complejo grupo de representaciones de diversas épocas y estilos de carácter probablemente mágico-religioso. Sobre algunas piezas aparecen representaciones seminaturalistas; en otras, dibujos no figurativos, caras humanas rectangulares y cuadrangulares y formas geométricas como grecas y triángulos.

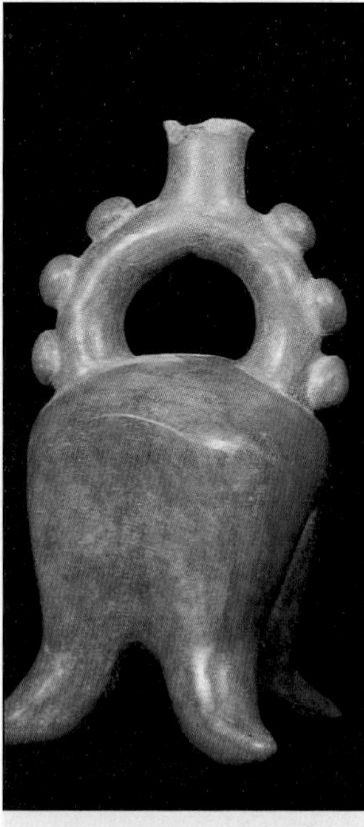

Vasija de cerámica perteneciente a la cultura Chavín, entre los años 800 y 200 a.C.

Cazadores y recolectores

Se puede hacer mención de otro antiguo testimonio rupestre en Toquepala: la cueva de Tacna, en cuyas paredes se aprecia la superposición de dibujos realizados con variadas técnicas y colores, y correspondientes a diversas épocas. Su antigüedad ha quedado establecida en el 7590 a.C. Las figuras que en ella se aprecian miden entre 5 y 10 cm, y representan cazadores acosando guanacos. Las figuras de hombres y animales son bastante alargadas. Existen animales heridos y caídos, y los hombres que los persiguen se presentan cubiertos con máscaras en forma de animal. Se trata, en este caso, de un magnífico documento que ilustra acerca de las técnicas de cacería, la fabricación de utensilios y armas y las prácticas mágico-religiosas del hombre del paleolítico, que llegó al continente americano cruzando probablemente el estrecho de Bering muchos miles de años atrás.

Agricultura incipiente

Iniciada la agricultura hacia el 5000 a.C., es notable advertir las actividades plásticas de este período compuestas por mates ornamentados, uno de cuyos ejemplares se halló en el asentamiento de Huaca Prieta, en el valle de Chicama, Trujillo. En ese mismo asentamiento, activo entre los años 2600 y 1000 a.C., se encontró uno de los primeros textiles adornados de complicadas decoraciones, comprobándose que ya se trabajaba con las técnicas del trenzado, el anillado y el anudado. Del año 1800 a.C. es también el famoso relieve de las manos cruzadas en el templo de Kotosh, próximo a la ciudad de Huánuco.

El Formativo

En la provincia de Casma, Ancash, se levanta el impresionante monumento de Sechín, que pertenece al grupo de sociedades del período del Formativo en que se gestaron los elementos fundamentales para la aparición de las altas culturas peruanas. En Sechín, además de las excepcionales estructuras arquitectónicas, se hallan numerosas decoraciones incisas en piedra que representan dorsos en diferentes posiciones, piernas, brazos, ojos, vísceras y cabezas cortadas, que se prestan a variadas interpretaciones como el relato de un mito, el acontecimiento de una batalla o sacrificios rituales. El trazo de las personas recuerda a las manifestaciones plásticas de otros restos como los de Chavín de Huántar, Garagay, Mojeque y Cerro Blanco, estos últimos trabajados en barro. En los recintos interiores de este edificio de Sechín se encuentran imágenes de felinos en pinturas murales sobre ba-

Pieza de cerámica, de característico color negro, con decoración incisa, con asas en forma de estribo, cuerpo globoso y de 24 cm de altura, característica de la cultura Chavín.

La cerámica mochica ilustra desde costumbres, animales o plantas hasta instrumentos musicales, herramientas o escenas de caza. En la imagen, un personaje de alto rango tocando la flauta.

rro a base de color negro, anaranjado, amarillento y blanco, siendo la representación muy fluida y de preciso dibujo.

De 1100 a.C. es la Huaca de los Reyes (o Caballo Muerto) en el valle de Moche, Trujillo, donde, en un recinto, se aprecian grandes cabezas escultóricas de barro en relieve, policromadas y situadas en nichos. Son representaciones de rasgos felinos cuyos ojos parecen observar las constelaciones. En Pacopampa, provincia de Chota, Cajamarca, se han hallado magníficas expresiones líticas con figuras de felinos muy vinculados con la gran cultura Chavín. En Puncurí, valle de Nepeña, las plataformas de sus edificios están decoradas con figuras escultóricas, siendo lo más destacado una pintura mural con la figura de un ave con elementos humanos y boca de felino.

Cultura Chavín

Es la matriz de las altas culturas peruanas. Su centro ceremonial es Chavín de Huántar, a 3,180 m, en el departamento de Ancash. Florecida hacia el 800 a.C., es notable por sus grandes estructuras arquitectónicas en las que se hallan piedras incisas con imágenes antropomorfas y zoomorfas como las aves del Pórtico de las Falcónidas, los animales fantásticos del obelisco Tello, el Dintel de los Jaguares con una sucesión de rostros felinos de perfil y garras y colmillos pronunciados. En la Pirámide Mayor se encuentra el Templo del Lanzón, en cuyos muros exteriores se aprecian figuras escultóricas exentas de rasgos naturalistas. El monolito del Lanzón representa alguna divinidad antropomorfa con atributos felinos. Hay otras piezas notables como la Estela Raimondi, con sus magníficos relieves, la piedra de Yauya, la del Felino Doble, así como las figuras incisas en las lozas de las galerías subterráneas como peces, crustáceos y símbolos geométricos que evidencian la riqueza iconográfica que sustentó la visión religiosa de esta cultura.

No menos notable es la cerámica compuesta por vasijas de color gris o negro con decoración incisa, estampada o modelada en las que se han aplicado las técnicas del burilado, el bruñido y el dentado. Las formas son sumamente variadas, destacando las botellas de cuerpo globoso, con gollete estribo, y cuencos de paredes verticales.

Iconografía de los mantos Paracas

En los diseños de cada uno de estos elementos de los mantos Paracas, llega a producir vértigo lo complejo de su representación, al igual que en ciertas muñecas del arte popular ruso en las que hay una dentro de otra, dentro de otra, etc. Así en muchos de los diseños de estos personajes de Paracas, en alusión sin duda a mitos muy precisos, el artista parece complacerse en acumular significados para las formas con que se expresa: nos presenta, por ejemplo, personajes aparentemente humanos pero que a pesar de que tienen manos, tienen también piernas y garras de ave de presa y colmillos de felino, pero, además, los ojos, si se observa atentamente, no son sus ojos sino que son los ojos de dos pescados que están colocados simétricamente a los lados de su boca; a la altura de las orejas pueden salirle dos serpientes que también simétricamente enmarcan el rostro y que terminan convirtiéndose en animales con patas; de los costados de la cintura salen otras dos serpientes que se convierten en pescados nuevamente, etc., etc. El laberinto es inagotable y no parece sino que el artista quisiera agotarse y agotarnos proponiéndonos todo el tiempo trampas visuales para la imaginación. ¿Cómo impedirse de pensar en la obra de ciertos pintores flamencos como Bruegel o Bosch?

Fernando de Szyszlo

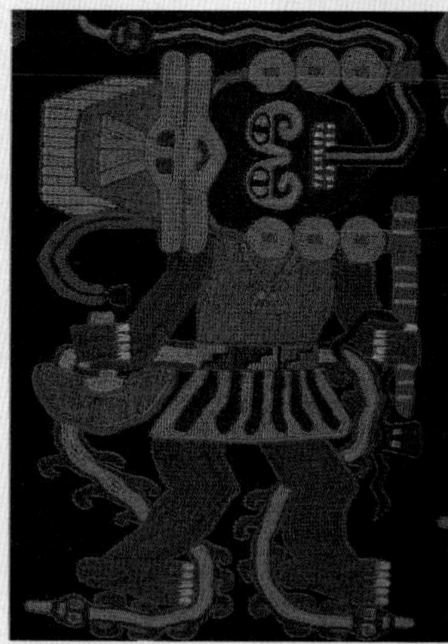

Manto funerario, tejido en alpaca, perteneciente a la cultura Paracas.

Cultura Paracas

Las dos fases de esta cultura (Paracas-cavernas y Paracas-necrópolis) parecen haber evolucionado entre el siglo IV a.C. y los primeros años de nuestra era. La fase más notable es la segunda, Paracas-necrópolis, y su estilo ha sido considerado como parte de las expresiones de Nazca. De esta cultura sólo se han hallado sus tumbas, de donde proceden las extraordinarias piezas de su arte más logrado: la textilería. En efecto, son célebres los mantos funerarios paracas y otras prendas de vestir como túnicas, turbantes, mantillas, lliqllas y unkus de gran calidad. Los mantos funerarios tienen forma cónica y miden más de 1.50 m de altura y con ellos envolvían a las momias. Utilizaron para su fabricación la lana de auquénidos y el algodón y los extraordinarios bordados fueron realizados sobre tela llana con inclusión de figuras simbólicas. Resultan especialmente singulares las composiciones de figuras anatrópicas, que son las realizadas con diversas imágenes de pequeño tamaño y con sentido independiente, que al juntarse con las contiguas forman una figura distinta y nueva, con su propia significación. Los dibujos están estructurados sumando a los motivos geométricos otros motivos de tipo naturalista, además de abstractos y de imágenes fantásticas y cabezas trofeo. Se supone que estas grandes expresiones de la textilería eran las verdaderas prendas que usaban en vida los personajes enterrados.

Cultura Vicús

Se la ubica cerca de la ciudad de Chulucanas, provincia de Morropón, Piura. Su cerámica es de tendencia escultórica realista. Practicaron también la decoración de pintura negativa y blanca sobre rojo. Fabricaron piezas de doble cuerpo unidos por tubo y asa puente, cuerpo esférico y figuras compactas decorativas. Son comunes los personajes de nariz ganchuda, figuras zoomorfas y figuras humanas. En metalurgia se hallan objetos de oro y pequeñas figuras de láminas soldadas, con algunas de sus partes móviles.

Cultura Mochica

Asentados en el valle de Chicama, Trujillo, los mochicas fueron extraordinarios ceramistas, en cuyas piezas entregan una visión completa de sus

Pieza de cerámica en pintura negativa, de la cultura Vicús (100 a.C. a 100 d.C.), hallada en Chulucanas, provincia de Morropón (Piura), representando a un murciélago.

Orejeras de unos 10 cm de diámetro, elaboradas con turquesas, concha y oro, y adornadas con motivos bélicos que ponen en evidencia el carácter guerrero de la sociedad moche.

actividades: los rituales, la vestimenta, la sexualidad de los sacrificios, la arquitectura, los dioses, la salud. Es bicolor, de base plana, cuerpo esférico y asa estribo. La divinidad representada es un personaje de boca atigrada con un cinturón que concluye en cabeza de serpiente. Su cerámica pintada contiene dibujos esquemáticos en rojo oscuro y marrón sobre fondo blanco y amarillo. Son espléndidas sus pinturas murales de Pañamarca y las que existieron en el templo de la Luna que narran mitos y ceremonias. Fueron magníficos metalúrgicos en oro, plata y cobre con que realizaron preciosas alhajas que están entre lo más fino de la orfebrería prehispánica. Dominaron para ello la soldadura, la aleación de diversos metales, el enchapado, el dorado y el vaciado en moldes por el sistema de «cera perdida». Trabajaron piezas escultóricas de metal así como pectorales y collares. Los ejemplares textiles que nos han llegado permiten aseverar que los mochica gustaban de los dibujos geométricos que aplicaban sobre la base de algodón y lana de auquénido.

Recuay

Es una expresión cerámica del Callejón de Huaylas-Ancash, que comprende una gran variedad de formas de alfarería escultórica. La cerámica Recuay usa con frecuencia el asa puente y el asa estribo y la aplicación de pintura negativa en negro, blanco y rojo. Representa felinos, serpientes, seres antropomorfos y personajes mitológicos estilizados: felinos de perfil, emplumados y con cabezas trofeo.

Vaso ceremonial nazca. Si bien la cerámica nazca se distingue más por su colorido que por su modelado, se encuentran algunos vasos-efigies que permiten observar la perfección de esta cultura.

Huaco de la cultura Recuay, en la zona de Huaylas-Ancash, conocido como El reposo del guerrero. *Se caracteriza por la aplicación de pintura negativa en negro, blanco y rojo.*

Cultura Nazca

Ocupó los valles de Pisco, Ica, Río Grande, Chincha, Acarí y Nazca entre los siglos III y IX d.C. En las sucesivas fases de su cerámica, los nazca idearon muy diversas formas: botellas antropomorfas, platos, cabezas trofeos, botellas de doble pico y asa puente, ollas, manos, vasos, peces, serpientes y tazones. Los distintos objetos de que disponemos para su estudio nos permiten observar una de las manifestaciones más perfectas de esta cultura, por la belleza de las imágenes, su brillo, y la suntuosidad y naturalismo de su ejecución. Uno de los motivos representados con más frecuencia es la imagen de la divinidad nazquense: felino o ave, felino-ave y pez. También se encuentra a menudo la representación de pescadores en cortejo, sacerdotes sacrificadores, guerreros y campesinos. Es obvia la vinculación de los nazca con los paracas si nos fijamos en la rigidez de sus trazos geométricos y con las vasijas de Paracas Necrópolis que definen el futuro estilo Nazca. Lo que se conoce como cerámica de la época clásica está constituida por ceramios esféricos cuyas paredes están exornadas con dibujos de líneas negras y policromadas con colores puros. Divinidades zoomorfas, flores, peces y animales de tierra y aire pueblan sus superficies. Los últimos momentos de la cerámica nazquense remiten nuevamente a los paracas, pues su exuberancia y las figuras de difícil interpretación, como la de los mantos funerarios paracas, se mantienen presentes en ella. Los nazca practicaron también el arte de la textilería a base de telas pintadas y bordadas con tendencia a la tapicería.

Máscara funeraria de oro y lapislázuli, de 12 cm de alto, hallada en la tumba del Señor de Sipán y descubierta en 1987 por el arqueólogo peruano Walter Alva.

Cultura Tiahuanaco

Florecida en el lago Titicaca, a 3,625 m de altitud y entre los siglos IV y IX d.C., se distingue por su excepcional litoescultura de la que son característicos sus grandes monolitos antropomorfos, cabezas clavas, cabezas escultóricas y portadas monolíticas. Destaca en cerámica el vaso en forma de timbal denominado quero. Se exornó su cara exterior con motivos geométricos y seres mitológicos, en blanco y negro sobre fondo blanco. Muchas piezas son también de piedra. Uno de sus monumentos más representativos es la Puerta del Sol, en cuyo friso se aprecian cuatro hileras horizontales, las tres primeras interrumpidas, en el centro, por la imagen de una divinidad. Las tres hileras superiores tienen en relieve ocho figuras que se dirigen hacia el dios, son aladas, antropomorfas y portan cetros. Los escasos textiles tiahuanacos conocidos están decorados como su cerámica y tienen como motivo el personaje alado de la Puerta del Sol.

Cultura Huari

Entre el siglo VII y XII d.C. se expandió desde las proximidades de la actual ciudad de Ayacucho esta sociedad belicosa que había recibido la influencia religiosa de los tiahuanaco, lo cual se reflejó en sus ceramios y esculturas pétreas. Son comunes en la cultura Huari las grandes tinajas policromadas con un personaje con cabeza en forma de serpiente y varas en las manos, así como seres con alas, cuerpo humano y dientes de felino. En sus inicios fue cerámica de carácter escultórico y en sus fases siguientes pintada y, en algunos casos, producida en serie por medio de moldes. Además de los tiahuanaco hay que señalar la influencia nazquense manifestada en su cerámica escultórica. Cabe sumar a ello las decoraciones con incrustaciones de caracol en copas de madera, esculturas de piedra de carácter antropomorfo y zoomorfo, estatuillas de turquesa y manufacturas textiles decoradas con figuras geométricas de vivo y contrastado colorido.

Cultura Chimú

Habiendo surgido en el valle de Moche, Trujillo, el reino Chimú forjó un imperio que se extendió desde Tumbes en el norte hasta el valle del Rímac en la costa central. Fue dominado por el Tahuantinsuyo hacia el último tercio del siglo XV. Su centro fue la ciudadela de Chanchán, enorme urbe de barro desde la que una refinada aristocracia acaudillada por régulos gobernaba sus vastos territorio. En Chanchán se hallan pinturas murales y decoraciones en relieve en estuco que representan peces, aves y diseños geométricos que recuerdan los de la textilería. Los muros están exornados con aves, felinos, arabescos, expresiones zoomorfas y cuadrúpedos con extremidades emplumadas. Su cerámica es negra y en ella su iconografía es escasa, siendo ésta de carácter mágico-religioso. Fueron los chimúes sobresalientes como orfebres, pues dominaron ampliamente la metalurgia en la realización de máscaras funerarias de oro, plata y cobre y, a más de conocer las técnicas aplicadas por sus antecesores en el valle, los mochica, fueron maestros de la filigrana. Los incas trasladaron a sus mejores metalurgistas al Cusco donde los emplearon en la fabricación de las joyas para la casta imperial y las piezas de los templos, muchas fundidas en Cajamarca al reunirse el botín para el rescate del Inca.

Vaso ceremonial Lambayeque. Los objetos de la orfebrería lambayecana proceden de tumbas regias y se caracterizan por la insistencia en retratar una figura sobrenatural de suntuosa corona.

Cultura Lambayeque

Su centro se sitúa en el valle de Lambayeque, y sus orígenes no están claramente establecidos. Recibió la influencia Vicús, Tiahuanaco, Huari y Chimú. Su cerámica es de color gris o negro, siendo su cuerpo esférico y su base un pedestal circular. Generalmente, la cabeza del recipiente representa al dios fundador Naymlap. Es común también que se le represente flanqueado por dos personajes escultóricos en miniatura o por dos felinos. Existe una variante de dos picos cónicos divergentes unidos por asa puente, la cual siguió fabricándose después de que los lambayeque fuesen conquistados por los chimúes, los incas y los españoles. Fueron los lambayeques tan buenos orfebres como los chimúes, y fueron los *tumis*, cuchillos ceremoniales de oro en cuya empuñadura ostentan la efigie de Naymlap, las piezas más características de su orfebrería. Son notables también las máscaras repujadas que se colocaban en los fardos funerarios. Fabricaron asimismo vasos ceremoniales de largo cuerpo, con láminas repujadas e incrustaciones de piedras semipreciosas.

Cultura Chancay e Ica-Chincha

Chancay surgió en el valle que lleva su nombre pero se extendió en varios otros de la costa norte. Al inicio su cerámica recibe la influencia de Tiahuanaco-Huari, componiéndose de vasijas de color rojo, negro y blanco con decoraciones geométricas. Posteriormente se sumarían los colores anaranjado, blanco y marrón oscuro. Con este nuevo colorido se representan imágenes escultóricas femeninas y cántaros con cabezas escultóricas de rostros antropomorfos pintados y tocados de plumas.

En la costa sur, en territorios que habían ocupado antiguamente los nazca, se desarrolló la cultura Ica o Chincha. Sus vasijas, de fondo redondeado y con paredes rectas, presentan diseños geométricos y con imágenes zoomorfas dispuestas en hileras. Se han encontrado también vasijas lo-

Aribalo, cerámica muy decorada con diseños geométricos y aves estilizadas, provista de asas. Pertenece a la cultura inca, surgida en el Cusco (siglos XV *y* XVI*).*

bulares y en forma de plato y estatuillas similares a las Chancay de formas femeninas, con los ojos redondos y la cara cuadrada. Los Ica-Chincha produjeron una metalurgia emparentada con la Chimú, particularmente los vasos de plata de láminas martilladas y moldeadas.

Arte incaico

El imperio del Tahuantinsuyo, surgido en el Cusco, inició su expansión en el siglo XV d.C. y alcanzó su máxima irradiación en el primer tercio del siglo XVI, coincidiendo con la llegada de los españoles en el año 1532. Dominó el territorio correspondiente a los actuales Perú y Bolivia y parte de Chile, Argentina, Colombia y Ecuador. En menos de una centuria logró fijar un modelo arquitectónico, incorporando la extraordinaria habilidad artística de algunos pueblos conquistados, entre ellos los orfebres chimúes. Pueblo dominador, los incas no sólo fabricaron objetos rituales de metal, sino también armas, utensilios domésticos e instrumentos. Las versiones de los primeros cronistas evidencian que tuvieron una notable estatuaria de oro y plata con representaciones antropomorfas y zoomorfas. Otras historias cuentan acerca del célebre Jardín del Coricancha del Cusco, donde abundaban las finas piezas de orfebrería de oro y plata que imitaban animales y plantas. Las piezas que se han preservado muestran asimismo pequeñas esculturas de oro y plata de carácter antropomorfo. Su cerámica fue muy sencilla y la pieza característica era el aríbalo, ánfora de diversos tamaños, de fondo cónico, con dos asas laterales en forma de puma. Su decoración era fundamentalmente ornamental geométrica, con policromía compuesta de tres o cuatro colores. El quero, vaso ceremonial que también se halla entre los tiahuanaco, era de madera pintada, decorado con motivos geométricos e iluminado con viva policromía. Sus formas, variadas, imitaban cabezas humanas o de animales. Posteriormente fueron incorporados a la vida doméstica colonial, decorados con escenas de carácter claramente naturalista.

Pintura en el virreinato

La captura del Inca Atahualpa por Francisco Pizarro y su hueste conquistadora en Cajamarca el 16 de noviembre de 1532 trajo como fundamental consecuencia el inicio de una profunda transformación cultural en el mundo andino. De alguna manera este cambio está dramáticamente simbolizado en la fundición de las piezas de oro y plata reunidas para pagar el precio del rescate del emperador inca pues ellas tenían carácter sagrado debido a que eran objetos del culto. Respecto de pinturas de la época prehispánica que aún pudieron apreciar los españoles, debemos señalar los importantes murales policromados que se conservaban en los templos costeños de Pachacamac, Pañamarca, Paramonga, Sechín, Garagay y Huaca de los Reyes, entre otros, que denotan cómo este género fue intensamente practicado en el Perú antiguo en muy diversas épocas. También pudieron conocer los conquistadores ibéricos, al efectuar su búsqueda de tesoros en los enterramientos, las telas pintadas, una de cuyas manifestaciones más interesantes eran las piezas de la cultura Chimú que había sido dominada por el Tahuantinsuyo pocos lustros antes de la llegada de los occidentales.

Quero inca de la época del inicio de la Conquista. Decorado con escenas de guerreros y de la selva.

Los «quillcas»

La existencia de otro tipo de pinturas linda con la leyenda, como es el hecho de que algunos cronistas aseveran que los incas habrían tenido un sistema pictográfico para recordar sus hazañas compuesto por «quillcas», que en quechua significa lienzo, tabla u objeto pintado. Por otro lado, Inca Garcilaso de la Vega en sus *Comentarios Reales de los Incas* asevera que el emperador Viracocha, para celebrar su victoria contra los chancas, ordenó pintar en una peña una alegoría que recordaba aquel acontecimiento decisivo para la sobrevivencia de los cusqueños. Otra referencia se encuentra en Pedro Sarmiento de Gamboa, que recoge la versión según la cual pintaron en grandes tablones la historia de las diversas regiones del Tahuantinsuyo. Estas breves informaciones se mencionan como referencia al hecho de haber sido limitada la incidencia del arte incaico en la pintura que se generó con la llegada de la técnica europea, tanto en la pintura de caballete como en la mural. Sin embargo, luego de la ocupación española, persistieron algunas técnicas y expresiones plásticas como fueron los aríbalos, que son recipientes de cerámica decorados, los tapices de lana exornados con iconografía de origen precolombino, y particularmente los queros.

Los «queros»

Son vasos de madera rituales que fueron de uso frecuente en la vida doméstica colonial, a los que se les decoraba mediante incisiones cubiertas con colores brillantes disueltos en espesas resinas de tonalidades bermellón de cinabrio, ocre claro y oscuro, azul lapislázuli, blanco y negro. Fue habitual que se les exornara con bandas horizontales que separan escenas con figuras tanto de carácter geométrico como naturalista, en que se describen tareas rurales, cacerías y ceremonias. Los queros llamados de transición —es decir, los que se decoraron en las primeras décadas del virreinato— incluyen animales traídos de Europa y personajes con trajes de época. Otra de las muchas formas que adoptaron estos queros fueron las representa-

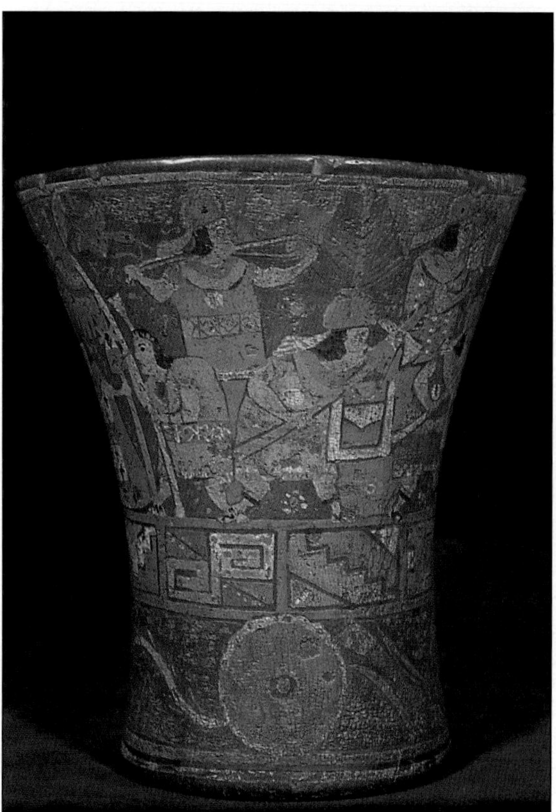

Quero inca o vaso ceremonial, realizado en madera y ricamente decorado en viva policromía. *Este ejemplar, ilustrado con escenas de guerra de los incas, pertenece al periodo de transición.*

ciones de cabezas de felinos policromadas. Otros ejemplares —denominados «pacchas» o recipientes para agúa u otros líquidos— están formados por una madera horizontal que nace de la base del quero, la cual tiene incisa en su parte superior una canaleta recta o en zigzag a la manera de una amaru o serpiente.

Entre los objetos de tradición precolombina que fueron decorados durante la época colonial es interesante mencionar la calabaza o «mate». Es el objeto con expresiones estéticas más antiguo, pues el primer ejemplar conocido ha sido atribuido a la época precerámica, es decir, sobre el 2600 a.C., y fue encontrado en Huaca Prieta, Chicama. Sobre este fondo de herencias autóctonas se produjo la irrupción europea. Fue pues una profunda revolución la ocurrida con la llegada de la pintura de caballete, la mural y la aplicada a cueros, maderas y cerámicas, que vinieron a sumarse a la tradición autóctona.

El arte en el siglo XVI

La colonización española del Nuevo Mundo tuvo entre sus retos fundamentales la difusión del Evangelio en las poblaciones nativas. Esta misión y la penetración cultural encontraron en el Perú grandes dificultades en los primeros lustros, debido a la inestabilidad provocada por la resistencia indígena y las guerras civiles desencadenadas entre los propios españoles. Luego de los sucesos de Cajamarca, los conquistadores debieron enfrentar a los indígenas en numerosos combates y vencer la oposición más grave: el cerco de nueve meses que, entre 1536 y 1537, impuso Manco Inca al Cusco ocupado por los conquistadores. Inclusive este caudillo, luego que levantara el asedio, fundó en la región de Vilcabamba un Estado rebelde gobernado sucesivamente por tres de sus hijos, hasta que el último de ellos, Túpac Amaru, fue derrotado y hecho prisionero en 1572.

Trastornadores sucesos fueron asimismo las guerras civiles que enfrentaron a los españoles por desavenencias internas que conmovieron el naciente virreinato entre 1537, en que se iniciaron los enfrentamientos entre Francisco Pizarro y su antiguo socio Diego de Almagro, y el año 1554 en que concluyó el último alzamiento de los encomenderos contra las leyes decretadas por la Corona. Ya entre 1544 y 1548 se había producido el más peligroso alzamiento de todos: el de los encomenderos acaudillados por Gonzalo Pizarro, que sólo había podido ser vencido por las fuerzas reales conducidas por el Pacificador Pedro de la Gasca. De esta forma, a lo largo de 22 años, desde la sorpresa de Cajamarca, la fundación de ciudades y la enseñanza de las nuevas doctrinas para la cristianización, había avanzado de manera persistente aunque insegura. Pero el modesto arte indígena tuvo una función de primer orden en el proceso de evangelización.

El esfuerzo evangelizador planteó enormes desafíos de comunicación con los pueblos sometidos; no sólo por el hecho de que estaban muy arraigadas las creencias en sus divinidades ancestrales sino por la dificultad de explicar en lenguas desconocidas una doctrina como la cristiana cuyos conceptos eran difíciles, si no imposibles, de transmitir en términos comprensibles. En las lenguas nativas no existían las palabras con una significación similar a las que se usan en los evangelios. De ahí la utilización de las imágenes familiares a los indígenas para presentar mediante nuevas formas el catecismo secular de los europeos.

Estampas y grabados

Frente a esas limitaciones los doctrineros hallaron una solución: las imágenes. Desde muy temprano constataron la gran atracción que ejercían en los aborígenes las estampas y grabados. Es por ello que, con insistencia, las órdenes religiosas piden a sus superiores peninsulares y a las autoridades políticas de la Corona el envío de maestros de pintura, escultura y arquitectura. Consciente de esta situación, el rey Felipe II convino con las importantes casas impresoras de Amberes la realización de libros religiosos adornados con grabados. Sólo la casa Plantin envió al monarca, entre 1571 y 1576, quince mil breviarios, diecisiete mil misales, nueve mil libros de horas y tres mil quinientos himnarios. Amberes fue, entre 1550 y 1624, el más importante centro exportador de libros hacia los dominios ultramarinos del Imperio español. La casa de Hieronymus Cock (llamada A los cuatro vientos), la de Philipus Galle (El lirio blanco) y la de Cristóbal Plantin poseyeron privilegios especiales concedidos por el rey de España y los pontífices romanos.

Ejemplo temprano de la influencia ejercida en la pintura del siglo XVI por el arte de Flandes es el óleo *San Jerónimo* en la Casa de Ejercicios de la Tercera Orden de San Francisco de Lima, que es copia de Joos van Cleff (1490-1540).

Si bien es escaso el número de obras españolas de esa centuria que hoy se encuentran, es clara la influencia sevillana. La más antigua es una *Virgen de la Merced*, en la parroquia cusqueña de San Cristóbal, de 1560. Son más pobres los testimonios de pinturas de origen germánico e italiano; sin embargo, debemos subrayar la evidente influencia del arte renacentista, en particular la profunda huella dejada por el manierismo en la segunda mitad del siglo XVI, el siglo XVII e, inclusive, en una época tan tardía como el siglo XVIII. Aparte de los maestros italianos que llegaron al Perú, hay que recordar que en la raíz de esta corriente, en España, estuvieron los artistas italianos que decoraron el palacio-monasterio de San Lorenzo de El Escorial: Luca Cambiaso, Peregrino Tibaldi y Tadeo y Federico Zuccari.

La pintura virreinal en Lima

La primera pintura de esa época de la que se tiene noticia fue realizada por el conquistador Diego de Mora, compañero de Pizarro, y consiste en un retrato del inca Atahualpa durante su prisión de Cajamarca entre 1532 y 1533, que se hallaba en el Cabildo de Lima. En los primeros cuarenta años de la vida de la ciudad se tiene noticia de la actividad del pintor andaluz Juan de Illescas, que fundó una larga dinastía de artistas. Pintó también para la ciudad de Huánuco y las principales iglesias que se edificaban en la capital. Su hijo Juan de Illescas, el Mozo, realizó pinturas para la catedral (1578), un monumento de Semana Santa (1582) y el dorado de varios altares. Se sabe que dejó discípulos indígenas como Martín Gómez Vinsuf, oriundo de Mansiche. Otros maestros tempranos (Jordán Fernández Lobo, Francisco Xuárez, Juan Amai, Martín Pedro, Francisco Rincón y Domingo Antón) nos dan testimonio de la aparición de numerosos y cualificados pintores aborígenes.

En la imagen, Virgen de la leche, *del pintor y grabador italiano Mateo Pérez de Alesio, quien fue discípulo de Miguel Ángel e introdujo en Perú las técnicas renacentistas italianas.*

Pero es a partir de 1575 que se inició una nueva etapa con la llegada al virreinato de tres notables maestros italianos: Bernardo Bitti, Mateo Pérez de Alesio y Angelino Medoro.

Bernardo Bitti

El hermano jesuita Bitti (c. 1550-1610) llegó al Perú en 1575 enviado por la Compañía de Jesús para realizar las pinturas de las iglesias y conventos que la orden levantaba en el virreinato. Estudió arte en Roma siendo influenciado decisivamente por los maestros de la etapa final del manierismo. Asistido por el hermano Pedro de Vargas, Bitti trabajó altorrelieves de altares, pintó y construyó el retablo de la capilla mayor de Lima. Dejó obra pictórica de importancia como *La coronación de la Virgen*, primera obra suya que manifiesta su gusto por la madre de Cristo como una joven dulce, de fina y alargada figura; un acertado desnudo en la efigie de Jesús y grupos de ángeles de agudos perfiles, cabelleras rizadas y tiernas miradas. Del mismo maestro, en este templo, es la *Virgen de la Candelaria* y la *Virgen de la O*. En el convento de Nuestra Señora de los Ángeles es suya una *Virgen de la Rosa* y atribuible un *San Luis Gonzaga* y un *San Estanislao de Kotska*. En la iglesia jesuita de Ayacucho (la antigua Huamanga colonial) dejó una *Virgen con el Niño*; en el Cusco tiene cinco relieves policromados y óleos importantes como una *Inmaculada Concepción*, una *Asunción de María* y la *Virgen del halcón*. En la iglesia de La Compañía de Arequipa posee cuatro obras de las cuales las más destacadas son un *Cristo triunfante*, que es un espléndido desnudo, y una *Virgen con el Niño*. Finalmente en Juli, doctrina jesuita, se hallan una magnífica *Sagrada familia de la pera*, un *San Juan Bautista*, el *Bautismo de Cristo* y la *Asunción de la Virgen*, entre otros. De los tres pintores italianos citados, el más influyente fue Bernardo Bitti, el único que trabajó fuera de la capital virreinal, pintando en ciudades importantes del interior; su estilo gustó grandemente entre los maestros regionales hasta influir en importantes autores de la posterior Escuela Cusqueña de Pintura, difundiendo el estilo manierista que gravitara fuertemente hasta el siglo XVIII.

Cristo triunfante, *pintura del jesuita italiano Bernardo Bitti, perteneciente a finales del siglo XVI, que se conserva en la iglesia de La Compañía de Jesús, en Arequipa.*

Mateo Pérez de Alesio

Pintor de origen italiano, Pérez de Alesio (1547-c. 1615) llegó a Lima hacia 1588. De él se conservan una pintura mural en la Capilla Sixtina del Vaticano y obras en la villa de Este, en el Oratorio del Gonfalone. También pintó para el palacio de la Orden de los Caballeros de San Juan de Jerusalén en la isla de Malta y para la catedral de Sevilla. Desde Roma vino al Perú acompañado por su asistente Pedro Pablo Morón. En Lima puso taller y trabajó para las principales órdenes religiosas. No ha sido afortunado el destino de sus obras, destruidas por los terremotos o perdidas por la incuria. Se conocen por testimonios documentales, como los murales que realizó para la iglesia de Santo Domingo; en este mismo templo hay una copia de un original suyo, *Jerónimo penitente*, así como una pintura de San Agustín en La Merced de Huánuco. En Lima trabajó igualmente para la catedral, San Agustín y La Merced. Pérez de Alesio pudo dejar discípulos como Antonio Mermejo, de quien es una *Magdalena Penitente* (1626) en San Francisco de Lima.

Angelino Medoro

Medoro (c. 1547-c. 1629) se estableció en Lima en 1599, donde se le encargaron importantes trabajos. Se sabe de un gran lienzo suyo en La Merced que representaba a la Orden, sus santos, la Trinidad y Nuestra Señora, así como una *Imposición de la casulla a San Ildefonso.* De las obras que aún se aprecian destacan las pinturas del retablo del Calvario y *San Buenaventura* en el convento de San Francisco, Lima; un excelente *Cristo meditando* en colección privada; la *Inmaculada Concepción* de San Agustín; *San Antonio resucitando a un muerto, San Diego de Alcalá, Cristo crucificado con San Francisco y Santo Domingo,* en la recolección de Nuestra Señora de los Ángeles; *La multiplicación de los panes,* en las Descalzas de San José; y el retrato de *Santa Rosa de Lima*, entre otros. En su taller aprendieron pintores notables como Francisco Bejarano, Luis de Riaño y Pedro de Loayza. Probablemente dejó la capital en la segunda mitad de la década de 1620, pues en 1629 dejó noticia de su estancia en la ciudad de Sevilla.

Siglo XVII

En el siglo XVII estuvo activo en Lima fray Pedro Bedón, que fue alumno de Alesio, pero de sus obras en el Perú sólo quedan registros documentales. Se constata asimismo la presencia de maestros italianos como Juan Bautista Planeta, que realizó numerosos lienzos para la iglesia de la Concepción y obra para el Cabildo Eclesiástico, y Antonio Dovela, que trabajó para los mercedarios. Otros pintores (Piñoleta, Coberti, Romano) debieron seguir las tardías influencias flamencas e italianas al lado de quienes preferían el gusto sevillano.

Notable pintor fue también Leonardo Jaramillo, manierista, que hizo obra en Trujillo, Cajamarca y Lima. En esta última ciudad está su lienzo más importante: *Imposición de la casulla a San Ildefonso* (1637). Es considerable también la existencia de pintores indígenas, algunos con talleres propios, tanto en Lima como en el Cusco. A finales del siglo XVI y principios del XVII recorría el Perú el religioso jerónimo Diego de Ocaña, que dejó imágenes al óleo de Nuestra Señora de Guadalupe, recaudando limosna para su monasterio en Cáceres de Extremadura. Importante pintor fue asimismo el hermano jesuita Diego de la Puente, natural de Malinas, Bélgica, que trabajó en las principales ciudades a mediados del siglo XVII siguiendo la ruta de su antecesor Bitti. Estuvo influido por los manieristas e introdujo el tenebrismo; se educó en Flandes y en Roma, donde debió conocer la obra de su paisano Pedro Pablo Rubens. En la iglesia de San Pedro de Lima hay obra suya: *San Ignacio de Antioquía*, un *Cristo* y una *Virgen*. Se le atribuyen una *Última Cena* en San Francisco del Cusco y otra en Chile.

Representación de San Buenaventura, *que puede contemplarse en el convento de San Francisco de Lima, realizada por el pintor italiano Angelino Medoro, que llegó a Lima en el año 1599.*

Destacan en la capital cuatro pintores que realizaron en el siglo XVII la vida de San Francisco que está en el claustro mayor de este convento: Diego de Aguilera, Francisco de Escobar, Pedro Fernández de Noriega y el moreno Andrés de Liévana. Otra serie importante de la segunda mitad del siglo XVII es la *Vida de Santo Tomás de Aquino*, en el Salón General del convento de Santo Domingo, de autor anónimo.

Más que por su obra, por su ascendencia debe mencionarse a Pedro Reynalte Coello (1550-1634), hijo del célebre Alonso Sánchez Coello, pintor de cámara del rey Felipe II. Llegó al Perú en 1585, fue buen iluminador y pintor protegido

Dibujo de la Virgen del Rosario, *realizada por el dominico Fray Pedro Bedón, discípulo de Medoro y predecesor de la escuela cusqueña, para el libro de la Cofradía del Rosario.*

San Bernardo de Claraval, *de Francisco de Zurbarán, forma parte del grupo de obras de maestros europeos adquiridas por órdenes religiosas que influyeron en la pintura virreinal.*

por varios virreyes. El esplendor y boato de este siglo explica el subido número de obras y artistas de los que se tiene escasa noticia pero que se conocen por referencia documental: Cristóbal Daza, Francisco García, Alonso Carrión, Joseph de la Parra, Pedro Gerardo, Joseph de Osera pertenecen a ese grupo. Francisco Bejarano merece mención especial como discípulo de Medoro, retratista de virreyes y grabador. No faltaron artistas femeninas como Juana de Valera, limeña, autora de óleos de tema histórico, bíblico y naturalezas muertas.

Influencia de los maestros europeos

En este siglo, tal como se escribe en recuadro aparte, surgió la Escuela Cusqueña de Pintura, en tanto que en otras ciudades virreinales (Huamanga, Trujillo, Arequipa, Cajamarca, Huancavelica) existían activos talleres de pintura, aunque por lo general las obras más importantes eran traídas de las escuelas de Lima y el Cusco. Hay que subrayar la gran influencia ejercida en el virreinato por las obras de los maestros europeos que, adquiridas por órdenes religiosas o magnates, colgaban en casonas, templos y conventos. Los principales fueron Francisco de Zurbarán que pintó numerosos lienzos para Lima, de los cuales existen varias series; Juan de Valdéz Leal, con una magnífica serie de la vida de San Ignacio de Loyola en San Pedro de Lima; Francisco Pacheco del que parecen ser varios lienzos de algunas iglesias limeñas; Bartolomé Esteban Murillo con obra en la recolección franciscana de Nuestra Señora de los Ángeles; Bartolomé Román con la serie de ángeles de San Pedro; Alonso Cano a quien se atribuyen algunos Cristos crucificados; Juan Carreño de Miranda; Francisco de Ribalta; Bernabé de Ayala del que existe una *Virgen de los Reyes*; José de Ribera, llamado el Spagnoletto —a quien se atribuye una serie de apóstoles en Lima—; Juan de Pareja; Domínikos Theotokópoulos, el Greco, del que el obispo Manuel de Mollinedo y Angulo había traí-

Arcángel Miguel *del templo de San Pedro (Lima), pintado por Bartolomé Román. De origen español, fue discípulo de Carducho y pintó muchos cuadros para casas religiosas y particulares.*

Este Ángel de la Guarda *pertenece también a la serie pintada por Bartolomé Román para el templo de San Pedro. Se trata de una de las series de ángeles más antiguas de América.*

do al Cusco un cuadro; Pedro Pablo Rubens, cuya obra se difundió a través de grabados y a cuyo taller se atribuyen varios lienzos en la Tercera Orden Franciscana seglar; Simón de Vos y Antonio van Dick, también influyente a través de grabados hechos de sus óleos. Del taller de los Bassano existe una serie de los *Signos del Zodíaco* de los siglos XVI y XVII en la catedral de Lima, y del mexicano Joseph de Páez en Belén de Cajamarca hay una serie de retratos de los prefectos betlemitas, realizados en el siglo XVIII.

Siglo XVIII

Hay que destacar la obra de Julián Jayo, autor de la *Vida de San Pedro Nolasco*, en La Merced; José Joaquín Bermejo, que también interviene en ella, y Juan de Mata Coronado que firma uno de esos lienzos. Jayo fue autor de pinturas hoy en los conventos franciscanos de Lima, así como de decoraciones para el palacio de los virreyes. Cristóbal Lozano fue una de las figuras cimeras por su sentido de la composición, su dominio del dibujo, el colorido, la penetración psicológica de sus retratos y la elegancia de sus lienzos. También retrató a gobernantes y personajes prominentes de la sociedad colonial, y realizó obras de carácter religioso. Otros notables retratistas fueron el ya mencionado José Joaquín Bermejo, José Díaz y Cristóbal Aguilar. El ciclo barroco de la pintura limeña se cierra con el español José Joaquín del Pozo, miembro de la Academia de Bellas Artes de Sevilla, que llegó con la expedición científica de Alejandro Malaspina en 1790 y dejó obra importante en Santo Domingo y San Francisco. Los últimos maestros coloniales de la capital practicaron la pintura neoclásica, uno de cuyos adalides doctrinarios fue el presbítero vascuense Matías Maestro (1766-1835), polifacético artista que además fue arquitecto y diseñador de retablos y púlpitos. Contemporáneos suyos fueron el retratista Joaquín Urreta, autor de obras religiosas; el grabador Marcelo Cabello; Juan Lorenzo Argüelles; el quiteño asentado en Lima Francisco Javier Cortez; José Alarcón, Francisco Solano, Lorenzo Bartorano, Pedro Díaz y Pablo de Troncoso entre muchos otros nombres destacados.

Escuela Cusqueña de Pintura

La Escuela Cusqueña de Pintura hizo su aparición en la segunda mitad del siglo XVII en el Cusco, ejerciendo una predominancia excepcional y notable influencia en toda la extensión del Virreinato del Perú desde las últimas décadas de aquella centuria, prolongándose durante el siglo XVIII, hasta su desaparición en el período de las guerras de la Independencia. Su temática fue eminentemente religiosa y sus técnicas muestran una fuerte tendencia hacia el hieratismo de las imágenes, a la inclusión de la flora y la fauna regionales, con una persistente gravitación estilística de las estampas flamencas del siglo XVI y de las lecciones del manierismo aprendido del pintor jesuita italiano Bernardo Bitti.

Detalle de La Plaza Mayor, *obra anónima del siglo XVII perteneciente a la catedral de Lima.*

Arte sacro

El terremoto que sufrió el Cusco el 31 de marzo de 1650 y la llegada a la ciudad, en 1673, del obispo Manuel de Mollinedo y Angulo fueron los acontecimientos decisivos que estimularon la vitalidad del arte sacro, principal expresión de la Escuela Cusqueña de Pintura. El obispo Manuel de Mollinedo se abocó durante 26 años, hasta su fallecimiento en 1699, a la reconstrucción de la urbe devastada. Invirtió su propio peculio y los recursos de su diócesis a la reedificación de templos y conventos y su ornamentación artística. Bajo la protección de este prelado una multitud de artistas pintores, escultores, doradores y orfebres, convirtieron a la ciudad imperial en un inmenso taller. Ese esfuerzo hizo posible la expansión y florecimiento del arte religioso en tal medida que representó el logro del mayor esplendor artístico del Cusco.

Diego Quispe Tito

Las figuras cimeras de aquel período fueron los maestros indígenas Diego Quispe Tito y Basilio Santa Cruz Pumacallao. Quispe Tito nació en Cusco, o quizás en San Sebastián, en 1611. El título de Inca que acostumbró a incluir en su firma permite aseverar que perteneció al estamento noble indígena colonial, teniendo en cuenta que en ese pueblo de San Sebastián había asentado el virrey Francisco de Toledo en el siglo XVI a los descendientes de las ilustres panacas (familias) imperiales cusqueñas. La actividad pictórica de este maestro se extendió desde 1627 hasta 1681. Con él se impuso resueltamente el gusto por el arte de Flandes, aunque se evidencia en sus imágenes la tendencia manierista en las expresiones alargadas de sus figuras. Incluye también en sus lienzos el aprecio por el paisaje interpretado en su especial expresión andina. La primera pintura que se le conoce es una *Inmaculada*, a la que le sigue *La Visión de la Cruz*, de 1631, que se halla en el convento de Santo Domingo del Cusco, la cual delata su gusto por el arte flamenco, pues está inspirado en un grabado de Rafael Sadeler el cual se sustenta en una obra de Martín de Vos. En 1680 realizó una *Sagrada Familia retornando de Egipto* inspirada en una obra similar de Pedro Pablo Rubens, grabada por Lucas Vorsterman. La obra más numerosa de Quispe Tito se encuentra en el templo de San Sebastián donde hay una *Ascención del Señor* firmada en 1634, las series *Doctores de la Iglesia, La pasión de Cristo, El martirio de San Sebastián* y *La vida de San Juan Bautista*. La de San Sebastián está inspirada en un grabado de E. y M. Sadeler según una obra de Jacobo Palma, el Joven, y la de San Juan

La Escuela Cusqueña

La segunda mitad del siglo XVII es la época de los grandes maestros cusqueños. Las figuras de Diego Quispe Tito y Basilio Santa Cruz Pumacallao se erigen en las cimeras del arte de la pintura. Sin embargo, los nombres de otros artistas de desigual calidad cimentaron también el prestigio de la Escuela Cusqueña y sus obras embellecieron los numerosos edificios religiosos de esta ciudad marcada por un acontecimiento crucial: el terremoto del 31 de marzo de 1650. Por un lado, este sismo destruyó templos y conventos en los que se perdieron obras valiosas. Pero fue asimismo el estímulo para erigir otras edificaciones y excitar el celo reconstructor de un personaje excepcional por su intensa actividad y mecenazgo: el obispo del Cusco don Manuel de Mollinedo y Angulo. Bajo su protección, se edificaron fundamentales monumentos religiosos y desarrollaron su arte pintores, escultores, arquitectos, doradores y alarifes en número y calidad inusitada. Habiendo gobernado la diócesis desde 1673, año de su llegada, hasta 1699, en que falleció, su energía y generosidad plasmaron el perfil del Cusco de la segunda mitad del seiscientos que, en gran parte, es el que ha llegado a nosotros.

Luis Enrique Tord

Acuario, *obra perteneciente al conjunto* El Zodíaco *(1685), del pintor cusqueño Diego Quispe Tito. De inspiración flamenca, se encuentra ubicada en la catedral del Cusco.*

Bautista en grabados de Cornelis y Felipe Galle sobre un diseño original de Jean Stradamus. Sin embargo, no se limita sólo a copiar esas fuentes sino que manifiesta en ellos el maestro indígena su aprecio por los horizontes apaisados, la exuberancia de árboles y avecillas así como el encanto por los trajes elegantes y las mesas de banquetes.

Óleos suyos, firmados o que se le atribuyen, se hallan en algunas iglesias y conventos del Cusco, el Alto Perú (hoy Bolivia) y en colecciones públicas y privadas. Hay que destacar de entre ellos el lienzo *El juicio final* de la portería del convento de San Francisco del Cusco, de 1675, que recuerda las visiones de Hieronymus Bosch y de Pieter Bruegel, el Viejo. La última obra que al parecer pintó sería el conjunto de *El Zodíaco* (1685), que se encuentra en la catedral cusqueña y está inspirada en láminas flamencas.

Basilio Santa Cruz Pumacallao

Su obra se sitúa entre 1661 y 1699. Con él se afianza la corriente barroca en el Cusco, aunque sus primeras obras tienen un carácter acentuadamente manierista, como su *San Laureano* de la iglesia de La Merced, que manifiesta su gusto por los colores cálidos, los mantos y túnicas en movimiento, la pulcritud en el diseño de la línea del dibujo, cierto recargo en la composición, corrección europea y un insistente tratamiento de las figuras que denuncia modelos impuestos por Bernardo Bitti casi un siglo atrás. Posteriormente este manierismo se atenúa, tal como se aprecia en cuatro lienzos atribuidos a él, en los últimos que conforman la serie de la vida de San Francisco en el claustro mayor del convento de esta Orden en la ciudad imperial.

La obra mayor de Basilio Santa Cruz Pumacallao se encuentra en la catedral y adorna los muros del transepto y del coro bajo. De los catorce lienzos que decoran el transepto, los de mayores dimensiones son *San Cristóbal, San Isidro Labrador, Aparición de la Virgen María a San Felipe Neri* e *Imposición de la casulla a San Ildefonso.* Ampulosidad barroca y espléndido colorido son dos de las características más sobresalientes de este período en las obras del artista. Son importantes asimismo sus creaciones de *La Virgen de Belén* y *Nuestra Señora de la Almudena* que exhiben retratos muy logrados del rey Carlos II y su esposa María Luisa de Borbón así como del obispo Manuel de Mollinedo y Angulo, quien le encomendó las telas de mayor envergadura para la catedral.

Fragmento de La procesión de Corpus Christi, *de autor desconocido. En esta escena se representan personajes de las noblezas inca y criolla, vestidos de manera ceremonial.*

La procesión del Corpus Christi

Del último tercio de este siglo es la importante serie *La procesión del Corpus Christi,* compuesta por quince lienzos de regulares dimensiones. Debió ser realizada entre 1675 y 1680, pues en uno de ellos se puede apreciar un retrato del rey Carlos II, el Hechizado, aún adolescente, que trae a la memoria el pintado por Juan Carreño de Miranda que se halla en el Museo del Prado de Madrid. La fecha se confirma por la presencia en estos óleos de algunos retratos de importantes personajes de esos años, como el obispo Mollinedo, su sobrino Andrés de Mollinedo y Rado, el alférez real de Su Majestad don Carlos Huayna Cápac Inca, hijo de Baltazar Tupa Puma, y las autoridades de los diversos conventos de la ciudad. A su valor plástico hay que sumar el hecho de recoger varios aspectos de la vida de la urbe como algunos de sus edificios principales y su traza urbana, los tipos físicos de los religiosos, la nobleza española, criolla e indígena, y el pueblo. Esta serie, estilísticamente, habría que asociarla tanto a Quispe Tito como a Santa Cruz Pumacallao, aunque se ignora el nombre, o los nombres, de sus verdaderos autores.

Arte cusqueño tardío

Aunque más tardío, es necesario mencionar aquí el importante lienzo que se encuentra en el templo de La Compañía, que describe el matrimonio del capitán Martín Oñaz García de Loyola con la ñusta doña Beatriz Clara Coya. También su anónimo autor tiene parentesco estilístico con la obra de los maestros mencionados.

Santa Cruz formó destacados discípulos como Gerónimo Málaga, Lázaro de la Borda, Pedro Nolasco, Bernardo de Velasco y el anónimo autor de algunos de los lienzos de la importante serie de la vida de San Pedro Nolasco que se halla en el convento de La Merced. Pero sus seguidores más sobresalientes fueron Juan Zapata Inca y Antonio Sinchi Roca. De éste último se hallan en la catedral las series de los cuatro evangelistas, los cuatro doctores de la Iglesia y una de profetas. Sinchi Roca fue, con el arquitecto Juan Tomás Tuyru Túpac y con Quispe Tito, un buen ejemplo de las habilidades plásticas de los descendientes de los incas. De aquel maestro es importante señalar su única obra firmada: los cincuenta y cuatro lienzos del convento de San Francisco de Chile, pintados entre 1668 y 1684, que acusan la influencia de Santa Cruz.

Artistas notables de esta segunda centuria fueron también: Juan Espinoza de los Monteros, autor de *Las glorias de la Orden de San Francisco* y una *Inmaculada Concepción* del convento de San Francisco, los 28 lienzos del convento de Santa Catalina, que son copia de grabados de J. Swelink y Thomas de Lau, a más de cuadros suyos en La Merced: *San Pedro Nolasco ante la Virgen María*; en Santo Domingo: *Cristo ante el Sanedrín*, y en Santa Catalina: *La glorificación de Santa Catalina*.

En los mismos años trabajó Lorenzo Sánchez de Medina siete lienzos que describen la institución de la Cofradía del Santísimo Sacramento, una *Virgen del Rosario con santos dominicos* en la iglesia de Santa Catalina y otros que se encuentran en colecciones privadas.

Autores anónimos

Hay por cierto un gran número de obras de este siglo pertenecientes a autores que han permanecido anónimos y a otros a los que sólo se les conoce por referencias documentales. Nombres como los de Martín de Loayza o Juan de Calderón han sido vinculados a algunas pocas obras, y series importantes que aún permanecen sin identificar, como es el caso de los 16 lienzos que representan a las Vírgenes de la Iglesia Latina, en la iglesia de Santa Catalina, los ocho óleos de regulares dimensiones con la vida de San Blas en la iglesia de su advocación; la serie de la vida de la Virgen, en el templo de Nuestra Señora de Belén de los Reyes; y numerosos cuadros que pueden contemplarse en los muros de la Recoleta franciscana, así como en los de Santo Domingo, San Blas, el Museo de Arte Religioso, el Museo Histórico Regional del Palacio del Almirante y en otros monumentos de la ciudad. Hay asimismo un número elevado de obras en las iglesias regionales de Andahuaylillas, Canincunca, Checacupe, Quiquijana, Zurite, Huarocondo, Yucay y muchas otras que evidencian que el siglo XVII fue la gran centuria de la plástica cusqueña.

Boda de Doña Beatriz Clara Coya, princesa inca, con el noble español Martín de Loyola, pintura del siglo XVIII, de autor anónimo, que se encuentra en la iglesia de La Compañía del Cusco.

Fresco representando la Ascensión de la Virgen a los cielos, de la capilla del monasterio de Santa Catalina de Arequipa, pintado por un autor anónimo, a finales del siglo XVIII.

Influencias de la Escuela Cusqueña

La Escuela Cusqueña de Pintura prosiguió ejerciendo su poderosa influencia durante el siglo XVIII en que no se hallan personalidades tan descollantes como en la centuria anterior. Un aspecto interesante de esta época es la ejecución de imágenes de los soberanos incas, tal como lo encontramos en el contrato que celebra el pintor Agustín de Navamuel con el capitán Cristóbal de Rivas y Velasco: 24 lienzos con las efigies de los doce incas y de las doce ñustas.

Del primer tercio de esta centuria son los óleos de la vida de San Antonio Abad en este templo; Carlos Sánchez Medina con temas de la antigüedad clásica, numerosos pintores (Laureano Barreda, fray Juan de la Concepción Baráun, Juan Maras Mayta, Cristóbal de la Tapia, Felipe de Mesa) realizaron un elevado número de lienzos de las imágenes más veneradas: las «mamachas» (vírgenes); la Santísima Trinidad; el Señor de los Temblores; la Inmaculada Concepción; los santos, etcétera.

Un caso especial son las pinturas murales que adornan techos y paredes de la celda del religioso mercedario fray Francisco de Salamanca. En ellas se representan los temas habituales de la iconografía cristiana: las virtudes teologales, escenas de la vida de Cristo, imágenes del infierno, la adoración de los Reyes, la huida a Egipto, alegorías de la vida, la muerte, la eternidad; todo ello adornado de paisajes, medallones y aves multicolores.

Pintura mural

Fue importante en esta centuria la decoración con pintura mural, tal como se aprecia en los netos de los arcos y los cuerpos de las pilastras de la capilla del monasterio de Santa Catalina, los de la iglesia de Chinchero, que recoge escenas de la rebelión de Túpac Amaru (1780-1781); y los fragmentos que quedan en las Nazarenas, San Antonio Abad, La Merced, la Recoleta, Santa Clara, San Bernardo y Santo Domingo, así como la pintura decorativa de las iglesias regionales de San Jerónimo, Andahuaylillas, Canincuca, Urcos, Quiquijana, Ocongate, Colquepata, Pitumarca, Huasac, Chinchero, Cay-Cay, Yanaoca, Zurite y Tinta.

Basilio Pacheco

En el segundo tercio del siglo XVIII aparece la importante figura de Basilio Pacheco, que ha dejado en La Merced un enorme lienzo con los retratos de decenas de santos, santas y místicas de esta Orden. Son notables también los lienzos que se encuentran en la catedral: *La Circuncisión* y *Jesús ante los doctores.* En Huamanga (Ayacucho) se halla un óleo de su mano: *Ecce Homo* (1752) que incluye un buen retrato del donante, el obispo Manuel Jerónimo de Romaní, Carrillo y Oré. Su obra más vasta es la serie de 38 lienzos con la vida de San Agustín que actualmente adornan el claustro mayor del convento de San Agustín de Lima. Como en el caso de la serie de la procesión de Corpus, en éstos se aprecia también la arquitectura de la ciudad del Cusco, interiores de habitaciones, trajes de época, vajilla, menaje de casa, etc. Buen número de los cuadros de esta serie fueron tomados para su composición de grabados de Bolswert.

En la segunda mitad del setecientos consta en la documentación notarial la elaboración de pinturas en cantidades industriales. Uno de estos casos es el del maestro Mauricio García y Delgado que en julio de 1754 se obligaba a realizar en siete meses 435 lienzos.

Marcos Zapata

Importante artista es también Marcos Zapata cuyos doscientos óleos se hallan repartidos en varias iglesias. Su serie más importante es la que se encuentra en la catedral y está compuesta por cincuenta óleos que representan las letanías lauretanas. Está en los netos de los arcos que soportan las bóvedas de los muros laterales. Son suyos también los que decoran la pared de ingreso a la sacristía con imágenes de San Pedro, San Pablo,

Pintura mural de la iglesia de Huaro, representando una escena del infierno, de Tadeo Escalante, el último representante notable de la Escuela Cusqueña.

San Felipe, Santiago, San Juan Nepomuceno, la Virgen y el Niño. De Zapata son también los lienzos con los retratos de los doce profetas de la iglesia de Huamanga, de 1764.

El segundo y último tercio del siglo XVIII concluye con maestros que están dentro del radio de influencia de Zapata como Ignacio Chacón y Antonio Huillca. De Chacón son cuatro lienzos de 1763 en el convento de Ocopa, en el valle del Mantaro, Junín; y una *Virgen Purísima* y un *San José con el Niño* en el convento de Santa Clara del Cusco. Un claro seguidor de Zapata, Huillca, tiene obra en las iglesias rurales de Puquiura y Zurite. El otro gran maestro de la segunda mitad de este siglo fue Isidoro Francisco de Moncada, cuya obra más notable se encuentra en los templos de Ayaviri y Azángaro. Moncada fue Maestro Mayor y Alcalde Veedor del Arte de la Pintura de la Gran Ciudad del Cusco. Arcaizante, su obra se inspira en grabados de origen flamenco.

Consideraciones eruditas

En el siglo XVIII y principios del XIX se pueden encontrar consideraciones eruditas acerca de la pintura, como la que vierte Ignacio de Castro, Rector del Colegio Real de San Bernardo, en su *Relación de la fundación de la Real Audiencia del Cusco 1788 y de las fiestas que esta grande y fidelísima ciudad celebró este año* (1795) donde afirma que muestran «...también especial inclinación a la pintura y escultura, y un reciente Inglés, cuya obra en orden a la América se hos ha dado poco ha vertida en italiano, asegura que los cuadros del Cuzco han merecido alguna vez aprecio en Italia. No se puede negar que estos pintores tuvieron algún fuego, imaginativa, y tal cual gusto; pero ignoran enteramente todo lo que es instructiva relativa a este arte, no saben ennoblecer a la Naturaleza, ni hacen la esfera de sus pinceles, sino las Imágenes Sagradas en que reluce más la imitación que la invención».

El gran ciclo de la Escuela Cusqueña de Pintura se cierra en el primer tercio del siglo XIX cuando se producen importantes levantamientos contra el poder español, se desencadenan las guerras de Independencia y se emancipa y funda la República. El maestro más significativo de este período es Tadeo Escalante, pintor cuya obra principal la firmó en la iglesia de Huaro en 1802. Sus murales ocupan el arco triunfal, las enjutas de los arcos que soportan el coro y los tres muros del sotocoro. Son escenas con enseñanzas morales que recuerdan, por la fantasía de la composición, las obras de Quispe Tito, Zapata y la vertiente flamenca que entronca con Hieronymus Bosch y Pieter Bruegel, el Viejo. Sus obras finales se encuentran en el interior del molino de Acomayo donde pintó a los emperadores incas, algunas escenas del Antiguo Testamento y su presunto escudo de armas.

Escultura en el virreinato

Desde las primeras décadas del siglo XVII, la influencia ejercida por los maestros sevillanos fue decisiva, tanto en los períodos renacentista y manierista como en el barroco. Son nombres principales Juan Martínez Montañés (1564-1649), Gregorio Hernández (1566-1636), Alonso Cano (1601-1667) y Pedro de Mena (1628-1693). El escultor de mayor resonancia fue Martínez Montañés así por su fama como por el número de piezas que envió al Nuevo Mundo. Sin embargo, la estatuaria no concentró el mismo interés de los artistas ni de la sociedad como la pintura y la talla en retablos y otros muebles. Aparte de la madera, fue muy común el uso del maguey, que es un arbusto de corteza blanda y fibrosa, muy fácil de moldear.

Talla barroca de madera, del siglo XVIII, representando El arquero de la muerte, *atribuida a Gavilán.*

Relieves y policromados

De las piezas más importantes de origen español, descuellan las esculturas y relieves policromados del altar de San Juan Bautista y la *Santa Apolonia* de Juan Martínez Montañés en la catedral de Lima. En el mismo templo hay una magnífica *Virgen con el Niño* atribuida a Roque de Balduque, un hermoso conjunto de la *Sagrada Familia* (1633), un relieve de la *Adoración de los pastores* atribuido a Alonso Gómez, una *Visitación* y un *San Juan Bautista* anónimos. Es notable asimismo una *Virgen de la Candelaria*, en la iglesia de Copacabana, que puede ser pieza sevillana de finales del siglo XVI. Cabe sumar el importante *Cristo de los Aliaga* del círculo de Juan Bautista Vásquez, y el *Tránsito de Santa Rosa de Lima*, de Melchor Caffa (1639-1667), bella pieza de mármol obsequiada a Lima por el papa Clemente IX, que se encuentran en Santo Domingo. En el mismo templo hay una *Virgen del Rosario* de Roque de Balduque. En La Merced se admira un espléndido *Cristo del Auxilio* atribuido a Martínez Montañés, así como una *Piedad* y un *Calvario de Getsemaní*, y del mismo maestro una *Virgen con el Niño de la Espina* en la Buena Muerte y un *Niño Jesús* en el Santuario de Santa Rosa. En San Agustín hay un buen *Cristo de la Columna* del siglo XVIII y de la misma centuria se preserva la espléndida talla barroca de madera *El arquero de la muerte*, obra del artista Baltazar Gavilán, de quien podría ser igualmente una *Dolorosa*, conservada en San Francisco. En este último templo, hay un *Crucificado* atribuido a Roque de Balduque y en San Agustín, una *Nuestra Señora de la Gracia* atribuida a Cristóbal de Ojeda, los dos del siglo XVI. Hay que mencionar asimismo cuatro bellas estatuillas policromadas, probablemente sevillanas, del siglo XVIII, que fueron de la Buena Muerte, hoy en colección privada, un *Cristo de Burgos* atribuido a Gaspar de la Cueva, del siglo XVII, en el Monasterio de Santa Clara y de la misma centuria una *Virgen con el Niño* de Juan Bautista Vásquez en el Instituto Riva-Agüero.

Artistas europeos en Lima

Hay que destacar que en los siglos XVI y XVII estuvieron activos en Lima varios artistas europeos como Andrés Hernández, Gómez Hernández Galván, Pedro de Vargas, Martín de Oviedo, Pedro de Noguera, Gaspar Ginés, entre otros.

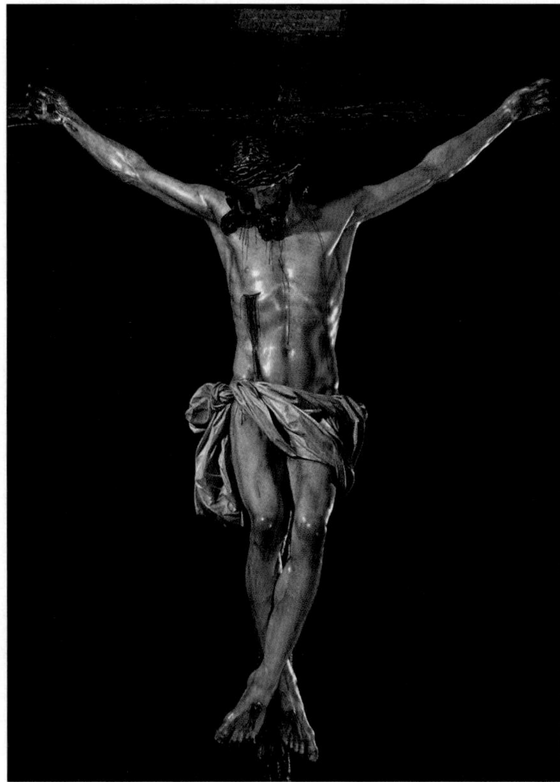

Cristo del auxilio, *talla en madera policromada de mediados del siglo* XVII, *obra realizada por el maestro sevillano Juan Martínez Montañés, expuesta en la iglesia de La Merced de Lima.*

En La Compañía hay un conjunto de magníficas piezas: una *Familia de la Virgen*, de la escuela de Gregorio Fernández; una *Sagrada Familia* del siglo XVIII, anónima, de autor local; dos notables esculturas: la de *San Francisco Javier* (atribuida a Martínez Montañés) y un *San Francisco de Borja*, y un *Cristo crucificado* de Martínez de Oviedo, un *Cristo de la Buena Muerte* de Juan de Mesa y un *Ecce Homo* y una *Dolorosa* de Pedro de Mena.

Esculturas funerarias

Muchas esculturas funerarias fueron destruidas por los terremotos, pero se conservan buenos ejemplares: la del conde de Santa Ana de las Torres, la del arzobispo fray Diego Rubio Morcillo de Auñón, del siglo XVII, obra de Baltazar Meléndez, y la del arzobispo Bartolomé Lobo Guerrero, todas ellas en la catedral. En la iglesia inmediata del Sagrario se conservan dos de menor calidad: la del arzobispo Antonio de Zoloaga y la del arzobispo y vigésimo primer virrey don Melchor de Liñán y Cisneros. En las demás ciudades del virreinato fueron escasas estas representaciones, aunque hay que mencionar una singular losa sepulcral con la estatua yacente de un conquistador anónimo de talla correcta y vigorosa, que viste armadura y empuña una espada, hallada originalmente en la iglesia de La Merced de Ayacucho.

En el Cusco se aprecia un magnífico *Cristo crucificado* en Mollepata, que es una espléndida pieza anónima de artista cusqueño del siglo XVII. Por su valor histórico y arraigo popular cabe citar el *Cristo de los Temblores* de la catedral, emparentado con el Cristo de la catedral de Burgos.

Esculturas policromadas

Del siglo XVI se han preservado en el Cusco unos relieves policromados de Bernardo Bitti y una *Señora de la Concepción* (1569), de autor anónimo, de mármol, y relieves atribuidos a Gómez Hernández Galván. Del siglo XVII hay varias esculturas de Diego Cusi Huamán, Martín de Torres, Diego Martínez de Oviedo, Santiago Martínez Giménez de Villarreal y Melchor Guamán Maita. En el siglo XVIII destacó Adrián Francisco de Medina. De las esculturas procesionales importantes hay que señalar la de *San Sebastián*, del siglo XVII, y la *Virgen de la Almudena* del destacado escultor indígena cusqueño Juan Tomás Tuyru Túpac, a quien se atribuyen imágenes de bulto y púlpitos como el de San Blas. Hay que agregar las piezas del templo de La Compañía: un *San Jerónimo penitente* del siglo XVII y dos de tamaño natural y policromadas de probable taller sevillano: un *San Ignacio de Loyola* y un *San Francisco de Borja*.

En Arequipa hay un buen conjunto de Cristos crucificados en los templos más importantes, así como esculturas tempranas del siglo XVI como el *San Sebastián* de Diego Rodríguez en La Compañía, y *Nuestra Señora del Consuelo* atribuido a Gaspar del Aguila en La Merced. Es muy notable un *Ecce Homo* anónimo, del siglo XVII, en el Banco Central de Reserva. En el valle del Colca son numerosas las imágenes, destacando una *Inmaculada Concepción* montañesina del siglo XVII y una *Santa Rosa* del siglo XVIII en el templo de Lari, y una *Santa Rosa* perteneciente a la misma centuria en Ichupampa.

En la antigua Huamanga (hoy Ayacucho) es de gran interés el *Señor de la Columna*, del siglo XVII, en la Compañía de Jesús, y el *Señor de la Caída*, en Santa Clara. En Trujillo hay una buena *Asunción de la Virgen*, en San Lorenzo, y un es-

Talla policromada perteneciente a una escultura funeraria del conde de Santa Ana de las Torres, de autor desconocido de la época del virreinato, que puede contemplarse en la catedral de Lima.

Ecce Homo, *una notable talla policromada en madera, de autor desconocido del siglo* XVII, *que se encuentra en las dependencias del Banco Central de Reserva del Perú, en Arequipa.*

pléndido *Cristo de la Agonía* del siglo XVIII y unas esculturas policromadas en el altar mayor de la catedral. Son importantes también una *Virgen de la Merced* (1603) en el templo de su nombre debida a Martín Alonso de Mesa, un *Crucificado* del círculo de Martínez Montañés en Santa Clara y relieves policromados de Luis de Espíndola en San Francisco.

Otras imágenes

Emparentadas con las esculturas exentas se hallan en el virreinato otros tipos de imágenes como son las tallas en alabastro y los ricos relieves en retablos, sillerías de coro, púlpitos, artesonados y cajonerías. De las piezas de alabastro son célebres las de Ayacucho conocidas como «piedras de Huamanga». Por su fragilidad se labraron en tamaños no mayores de 40 cm y fue industria floreciente durante todo el período colonial e, inclusive, en el siglo XIX. Respecto de la retablería, las más importantes ciudades históricas poseen piezas magníficas del renacimiento, el barroco, el rococó y el neoclásico, pues en ellas se volcó gran parte del gusto estético. De la misma forma, los púlpitos fueron espacios privilegiados para la talla de madera, en particular los magníficos ejemplares de la segunda mitad del siglo XVII del Cusco barroco. Y en cuanto a las sillerías de coro, las del Perú están entre las más soberbias de Hispanoamérica. En los siglos XVI y XVII se tallaron cinco grandes conjuntos en Lima, tres en el Cusco y uno en Trujillo.

Y por último, tanto en Lima como en el Cusco y Ayacucho, se preservan magníficos artesonados, y en las principales ciudades peruanas buenas cajonerías. A ello hay que sumar otras piezas de valor escultórico artesanal como confesonarios, atriles, facistoles, mesas, gavetas, cofres, bargueños y arcones, así como balcones adornados con ricos relieves tales como los excelentes ejemplares del palacio de los marqueses de Torre Tagle, en Lima.

Pintura decimonónica

Tanto en Lima como en el Cusco, que fueron los centros de irradiación cultural más intensos durante el Virreinato del Perú, destacaron dos artistas que, si bien carecieron de formación académica, representaron el paso entre las tradiciones pictóricas coloniales y las tendencias que se afirmaban: José Gil de Castro y Pancho Fierro, en la capital, y el mencionado Escalante, en el Cusco.

Retrato de José Olaya, del siglo XIX, realizado por el pintor limeño José Gil de Castro.

José Gil de Castro

Gil de Castro (1783-1841) fue pintor de cámara del gobierno peruano, cartógrafo del ejército libertador, capitán de ingenieros del ejército chileno y retratista muy apreciado por la alta oficialidad patriota. Su obra principal la trabajó en Santiago de Chile y en Lima. Al igual que otros maestros, cuando se desencadenaron las guerras de Emancipación, abandonó la pintura de carácter religioso para dedicarse principalmente al retrato. Mulato limeño, Gil de Castro fue buen colorista, algo rígido en la composición de los personajes y reiterativo en su afición a representarlos en posición de tres cuartos del natural. La considerable influencia ejercida por este maestro en Santiago de Chile lo ha convertido en el más influyente precursor de las artes plásticas independientes de ese país.

Pancho Fierro

Fierro (1808-1879) fue también limeño y mulato, vigoroso e imaginativo. Ha dejado en sus acuarelas una inigualable estampa de la vida de la ciudad a través de sus actividades cotidianas, costumbres y personajes característicos. Más de mil doscientas obras suyas se encuentran repartidas en colecciones de Lima, Estados Unidos, Argentina, Francia y Rusia. Recogió en sus cartones la imagen de los religiosos, los militares, las procesiones, las vivanderas, las tapadas, las corridas de toros, los locos que deambulaban por la ciudad, teniendo como fondo las casonas y las alamedas.

Otros artistas

Llegado a Lima en los últimos años del siglo XVIII José Joaquín del Pozo (1759-1821), artista español que había integrado la expedición de Alejandro Malaspina en 1790, trabajó durante las dos décadas primeras del siglo XIX, habiendo pintado en 1815 el telón de boca del Teatro Principal. Matías Maestro encarnó la reacción del neoclasicismo contra las corrientes anteriores. Realizó la mayor parte de su obra en el primer tercio de ese siglo. Maestro posee retratos de autoridades religiosas, una serie de la vida de Cristo en la casa de ejercicios franciscana y un lienzo de grandes proporciones sobre la consagración de la catedral. Escribió un tratado, *Orden sacro*, en el que desarrolla sus concepciones acerca del arte. En los primeros años de la República se recogen también los nombres de Pablo Rojas (1780-1840) y Mariano Carrillo que realizó retratos de próceres. Hay que citar a tres pintores de origen ecuatoriano que se establecieron en la capital: José Anselmo Yáñez, que permaneció activo entre 1830 y 1860; Francisco Javier Cortez (1770-1841), que dirigió la Academia de Dibujo y Pintura, y Manuel Ugalde (1811-1881), retratista.

Expediciones europeas

En la primera mitad del siglo XIX se establecieron en Lima varios autores llegados con las expediciones científicas europeas o de manera independiente. Dejaron una imagen cabal tanto de la capital como de las ciudades del interior, por lo que requieren una mención, a pesar de que no habían nacido en el Perú: Fernando Brambilla, autor de paisajes; el austríaco Francis Martin Drexel (1792-1863) que efectuó retratos de próceres; Emeric Essex Vidal, contador de la Real Armada de su Majestad Británica, de quien podrían ser cuarenta y cinco dibujos de un álbum titulado *South American costumes*; los franceses Raymond Monvoisin, que pintó notables retratos y Ernst Charton (1815-1877) que trabajó escenas de costumbres.

Especial mención requieren Mauricio Rugendas y Leonce Angrand. Rugendas (1802-1885) visitó Lima y el Perú entre 1842 y 1844 dejando más de setecientos trabajos. Angrand, cónsul francés en Lima, efectuó magníficas ilustraciones entre 1836 y 1838. Hacia mediados del siglo XIX se recogen las obras de los dibujantes franceses Bartolomé Lauvergne, Theodore Auguste Fisquet y Max Radiguet.

Académicos y románticos

Concluida la Emancipación y fundada la República, el segundo tercio del siglo XIX recibió la poderosa influencia del romanticismo y del academicismo europeos. A diferencia de los pintores autodidactas del período de la Independencia, los años posteriores a ella verán la aparición de maestros cosmopolitas y formados en escuelas que impulsaron uno de los mejores momentos de la evolución de la plástica no sólo peruana sino también latinoamericana.

Ignacio Merino

El notable pintor Ignacio Merino (1816-1876) nació en el seno de una familia distinguida de origen español, asentada en la ciudad de San Miguel de Piura, en la costa norte del Perú. En París transcurrió su infancia y concluyó su bachillerato, iniciándose en el arte de la pintura en los talleres de Raymond Monvoisin y Paul Delaroche. Completó su primera experiencia artística en Italia, retornando a la edad de 21 años a su patria. En la capital de la República fue subdirector primero, y luego director, de la Academia de Dibujo y Pintura y catedrático de dibujo en el Convictorio de San Carlos. En la Academia tuvo algunos discípulos brillantes, que más tarde destacarían en la plástica nacional, como Francisco Laso, Luis Montero y Francisco Masías.

De nuevo en Europa, perfeccionó sus observaciones del arte mediante los periplos que efectuó por España, Holanda y, nuevamente, por Italia, resolviendo establecerse definitivamente en París. Fue en la capital francesa el primer maestro peruano en alcanzar una posición renombrada e incluso recibió la Medalla de Honor en la Exposición de Bellas Artes.

La temática de muchos de los cuadros de este artista se inspira en obras literarias españolas, inglesas y francesas, manifestándose así su vena romántica y el gusto por asuntos de carácter histórico y dramático recogidos de William Shakespeare, Miguel de Cervantes, Walter Scott, etcétera. *Colón en Salamanca, La mano de Carlos V, Hamlet*, son ejemplos relevantes de esa tendencia. Pero, junto con ello, manifiesta las iniciales propensiones de ciertos pintores nacionales en plasmar descripciones relacionadas con su país, como en sus retratos de los santos limeños *Martín de Porres* y *Santa Rosa*, o estampas costumbristas como *La jarana* y *Limeña en el portal.*

Francisco Laso

Un caso interesante es el de Francisco Laso (1823-1869), discípulo del anterior. También descendiente de familia distinguida, su padre, Benito Laso de la Vega, había sido un destacado bolivariano durante el ciclo de la Independencia. Nacido en Tacna, Laso también tuvo una importante experiencia internacional, pues a los 19 años de edad emprendió viaje a España, Francia e Italia. En París, siguiendo los pasos de su maestro Merino, practicó en el taller de Paul Delaroche y también en el de Charles Gleyre. Fue muy fructífero su retorno al Perú en 1849, pues durante tres años realizó visitas a la sierra, particularmente a Cusco y Puno. Repercusión de esos periplos fue la exhibición que efectuó, de retorno a Europa a los 29 años, de su obra *Habitante de los Andes,* en la Primera Exposición Universal de París en 1855. Regresó una vez más a su patria, al año siguiente, donde recibió diversos encargos pictóricos principalmente del arzobispo de Lima, Sebastián de Goyeneche, magnate arequipeño que adornó varias iglesias de su diócesis con obras religiosas de la mano de Laso. Realizó un último viaje a Europa, en 1863, que lo llevó a Francia, Italia y España de donde retornó al Perú para intervenir en el combate del 2 de mayo de 1866 contra la flota española que atacó el puerto del Callao. Fue diputado por Lima ante el Congreso Constituyente de 1866, practicó el periodismo de temas sociales y falleció a los 46 años.

En su obra se recogen resueltamente temas vernaculares y descripciones paisajísticas. En sus lienzos se evidencian las lecciones de maestros italianos como Tiziano y el Veronés. Fue asimismo un adelantado del futuro indigenismo, tal como podemos apreciar en lienzos como *La lavandera*, el *Indio alfarero* o el dramático óleo *El Machay Puito (El entierro del mal cura)* que fuera rechazado en el Salón de Exposiciones de París en 1861.

Destacó también Laso en el retrato, como se constata en el de su esposa Manuela Henríquez, el del escritor limeño Felipe Pardo y Aliaga y en el del ideólogo y político Bartolomé Herrera. Igual que Merino, pinta personajes de la Lima virreinal, como su interesante *Santa Rosa de Lima*.

Retrato del Indio alfarero, *obra de Francisco Laso. Nacido en Tacna, de familia distinguida y con una marcada influencia europea, Laso fue un adelantado del futuro indigenismo.*

Luis Montero

Un periplo similar al de Francisco Laso es el que sigue Luis Montero (1826-1869). Nacido en Piura, se trasladó joven a Lima donde estudió en la Academia de Dibujo y Pintura que dirigía su paisano Ignacio Merino. Más tarde el gobierno del Perú le concedió una pensión que le permitió perfeccionarse en Europa, donde siguió cursos en la Academia de Bellas Artes de Florencia. De regreso a Lima dirigió la Academia en la que había estudiado. Nuevamente el gobierno peruano lo pensionó en Europa, entre 1852 y 1855, de donde regresó al Perú. Luego de un último viaje al Viejo Mundo, Montero retornó a su patria por Brasil, Argentina y Chile. En Lima recibió la Medalla de Oro del Congreso, falleciendo a los 42 años en el puerto de El Callao.

Como Merino, tuvo también la propensión a los temas históricos y literarios según lo evidencia su obra más célebre: *Los funerales de Atahualpa*, en que demuestra un gran dominio de las amplias composiciones, del color y del dibujo. Con Luis Montero se abrió una renovada perspectiva del pasado como tema.

Otros pintores

A estos notables artistas le sigue una pléyade de pintores peruanos entre los que hay que mencionar a Francisco Masías (1838-1894), autor de bodegones, paisajes y retratos; Federico del Campo (1837-1914), pintor fino que vivió muchos años alejado del Perú dejando plasmadas varias vistas de Venecia de gran precisión realista, por las que fue conocido como el Venecista; Carlos Jiménez (1840-1900?), compositor de paisajes y marinas; Juan de Dios Ingunza (1824-1874), retratista y paisajista urbano; Abelardo Álvarez Calderón (1847-1911), pintor de temática romántica y sentimental; Evaristo San Cristóval (1848-1900), pintor, dibujante y grabador, recoge en su obra panoramas andinos; Rebeca Oquendo (1850-1941), quien mereció menciones honoríficas en la Exposición Universal de París (1878), autora de retratos y paisajes de Lima y Europa.

Arte del siglo XX

En los lustros finales del siglo XIX y las primeras décadas del XX, surgieron artistas de notable calidad que tuvieron una formación y una trayectoria vital cosmopolita similar a la de Montero, Merino y Laso, dentro de la corriente pictórica del impresionismo, que tuvo una enorme influencia.

Impresionistas: Hernández, Castillo y Baca Flor

El pintor más destacado e influyente de la escuela impresionista fue Daniel Hernández (1856-1932), nacido en Huancavelica, quien estudió en Lima y viajó a Francia, Italia y España. En 1918, cuando regresó a su patria, el gobierno de José Pardo le encomendó la dirección de la Escuela de Bellas Artes de Lima, que se acababa de fundar. Bajo su personal vigilancia pedagógica se formaron en ella varias generaciones de artistas plásticos peruanos que recibieron sus enseñanzas y una sólida orientación académica.

Marina *(detalle), de Enrique Domingo Barreda, quien vivió gran parte de su vida en Europa.*

Su experiencia europea, su dominio del color y su capacidad para el dibujo y la composición son los trazos más destacables de este artista. Son muy apreciados sus retratos y obras de género como su *Pizarro ecuestre.* A ello hay que sumar sus correctas acuarelas, marinas, paisajes, bodegones y los numerosos bocetos que se han conservado. Daniel Hernández ha sido uno de los pintores peruanos más distinguidos en el extranjero, pues obtuvo, entre otros galardones, la segunda medalla en el Salón de París de 1899, la Medalla de Oro en la Exposición Universal de París en 1900 y la Legión de Honor del Gobierno de Francia.

Otro notable pintor impresionista fue Teófilo Castillo (1857-1941). Nacido en Carhuaz (Ancash), viajó de muy joven a Europa donde permaneció hasta 1905, año en que retornó con un total dominio de la fotografía y dueño de una intensa experiencia recibida de la observación de la obra del gran impresionista catalán Mariano Fortuny. Como los románticos de mediados del siglo XIX, Castillo buscó su inspiración temática en obras literarias que recreaban el pasado, hallando un filón importante en las *Tradiciones peruanas* del escritor limeño Ricardo Palma. Producto de esas lecturas son sus célebres cuadros *El entierro de Santa Rosa, El pleito de las calesas, El sarao, Patio de Torre Tagle* y otros. Poniendo en evidencia su profundo desacuerdo con el hecho de que el gobierno peruano prefiriera nombrar a Daniel Hernández director de la Escuela de Bellas Artes, Teófilo Castillo abandonó su país y fijó su residencia en la ciudad de Tucumán (Argentina), donde falleció.

El tercer gran maestro de esta corriente fue Carlos Baca Flor (1867-1941). Nació en Islay (Arequipa) y realizó estudios en la Escuela de Bellas Artes de Santiago de Chile. El gobierno del presidente Andrés Avelino Cáceres le otorgó una pensión para residir en Europa, donde permaneció gran parte de su vida, efectuando celebrados retratos a personajes relevantes entre los que se encontraban el banquero de Nueva York, John Pierpont Morgan, el cardenal Eugenio Pacelli (más tarde papa Pío XII), el político irlandés Eamon de Valera, el cardenal Bonzano y el conde León von Moltke-Huitfeldt.

El Entierro de Santa Rosa de Lima, *de Teófilo Castillo, con marcada influencia de Mariano Fortuny, es una muestra de la pintura impresionista de principios del siglo* XX.

Dentro de su estilo minucioso y realista, pintó paisajes de París y numerosos estudios de ancianos y del cuerpo humano en un afán de dominio y aprendizaje de la naturaleza a la manera de los maestros del renacimiento.

Por las mismas décadas florecieron Francisco Canaval (1877-1911), que ha dejado estudios del cuerpo humano; Alberto Linch (1851-1931?), autor de obras de género, distinguido con varios premios europeos; Enrique Domingo Barreda (1879-1944), quien habitó la mayor parte de su vida en Francia e Inglaterra; Fernando Zeballos (1840-1900), autor de temas históricos; Julio Málaga Grenet (1886-1963), excelente dibujante y caricaturista con una larga obra recogida en las más importantes publicaciones del Perú, Argentina, Francia y Nueva York.

Indigenismo

Desde los últimos lustros del siglo XIX, ensayistas y literatos habían empezado a mostrar una creciente atención por las manifestaciones sociales y culturales propias de la nación, en particular por la situación de abandono y de pobreza en que estaban sumidas las poblaciones indígenas de los Andes. En las primeras décadas del siglo XX, el interés despertado por estos problemas sociales se abrió paso en instituciones y revistas dedicadas a analizar lo que genéricamente se denominó «el problema indígena». En todo el mundo, las influencias del pensamiento anarquista, la revolución agrarista mexicana de 1914 y la revolución soviética de 1917 impulsaron el interés por la población marginada y las reformas sociales, al que no fueron ajenas la creación literaria y las artes plásticas.

Indigenistas del Cusco

Esta observación y aprecio de lo propio se vislumbra en el Cusco, cuna de la civilización incaica y región fuertemente sellada por la herencia indígena, en donde la obra pionera de Francisco González Gamarra (1890-1971) está expresada en óleos y acuarelas que retratan los paisajes de la urbe, el ambiente bucólico de las aldeas rurales, así como las procesiones y fiestas populares.

La pintura indigenista

...A principios de la tercera década hubo las siguientes circunstancias propicias para forjar un gran movimiento nacionalista: el rebrote nacionalista en el arte italiano, francés y español entre 1922-1930; la vulgarización de la tesis de la decadencia de Occidente; la ilusión americanista del movimiento pictórico mexicano del 22; la concentración del patriotismo peruano en la cuestión de Tacna y Arica, y, por último, la realización de las ideas marxistas en la revolución rusa. Todas ellas encontraron ecos en los amorosos sentimientos nacionales y contribuyeron a la beligerancia del indigenismo.

Juan W. Acha

Retrato de indio, *de Francisco González Gamarra, gran pintor de temas históricos.*

Retrato de Camilo Blas, *por José Sabogal, propulsor del indigenismo en la plástica. Discípulo de Zuloaga y de los muralistas mexicanos, Mariátegui lo consagró como «el primer gran pintor peruano».*

En la sierra norte del Perú, en Cajamarca, empezó a pintar ambientes y escenas similares un maestro autodidacta, Mario Urteaga (1875-1957), artista que refleja de una forma espontánea y sencilla a los campesinos en sus tareas cotidianas. Estos pioneros inicios alcanzaron más tarde una impetuosa dirección plástica y una importante sustentación ideológica a la que se calificó como «indigenismo».

La visión de lo propio

Fue, por cierto, paralela a actitudes similares habidas en otros lugares del continente americano en que nacía un enérgico nacionalismo. De alguna forma en el Perú este fenómeno constituyó el lento pero irreversible proceso de recuperación de la visión de lo propio, luego que a partir de la Independencia las élites sociales y las principales ciudades costeñas se hubieran desentendido de las regiones andinas adoptando los modelos estéticos, culturales y sociales europeos. En ello incidió du-

Paisaje *de Alfonso Sánchez Urteaga «Camilo Blas». Dentro de la órbita indigenista, Camilo Blas cultivó el retrato de personajes nativos y los paisajes de aldea.*

rante el siglo XIX el hecho de que la actividad plástica fue notablemente importante en ciudades de tradición occidental como Trujillo, Lima y Arequipa, lo que contrastaba con el debilitamiento del arte en las ciudades andinas como Cajamarca, Cusco y Ayacucho que habían florecido durante el virreinato. Paradójicamente en el siglo XIX, mientras los mejores pintores peruanos estaban ceñidos a las reglas del academicismo y sus temáticas las hallaban fuera de la realidad nacional, fueron los artistas extranjeros los que rescataron la imagen del país tal como lo hicieran, entre otros, Leonce Angrand, Mauricio Rugendas y Bonnaffé.

José Sabogal

No puede observarse la evolución del indigenismo en la plástica sin tener en cuenta la obra localista de importantes pintores españoles y americanos, como fue la del vasco Ignacio Zuloaga (1870-1945) y las de los mexicanos Diego Rivera (1886-1957) y Saturnino Herrán (1887-1918). Pero la figura central, por su obra y por haber sido su propulsor ideológico en Perú, es José Sabogal (1888-1956). En su periplo europeo de juventud, Sabogal aprendió las lecciones de Zuloaga y las de los hermanos vizcaínos Ramón y Valentín de Zubiaurre, así como la del catalán Hermenegildo Anglada Camarasa. Este aprendizaje se perfeccionó en Ju-

Bodegón de Ricardo Grau, pintor que rompió con el exclusivismo del indigenismo. Grau representa el puente entre el arte vernacular y las nuevas propuestas europeas del siglo XX.

juy (Argentina) al lado del pintor regionalista Jorge Bermúdez, y lo que fue decisivo: su estadía en México en 1922. Contó grandemente en la difusión de su prédica indigenista el hecho de que Sabogal fuese nombrado director de la Escuela de Bellas Artes de Lima en 1932, a raíz del fallecimiento de Daniel Hernández.

Sabogal retrató aldeas, personajes y paisajes del Perú costeño y andino. Su obra adolece de ciertas limitaciones como la falta de matices y de hondura. Inclusive sus combativas posiciones iniciales fueron perdiendo vigor, al tiempo que el indigenismo pictórico iba adquiriendo una especie de valor oficial. Sabogal destaca también en la pintura mural y fue un notable grabador.

La obra y el pensamiento de este maestro permitió que en la pintura, al igual que ocurría en los ensayos y la literatura, se rescatara lo propio, lo autóctono. Todo ello prosiguió al dejar la dirección de la Escuela en 1943 para formar un Instituto Libre de Arte Peruano que funcionó en el Museo Nacional de la Cultura Peruana. Dejó asimismo discípulos destacados y su pensamiento ha gravitado con continuidad en la plástica peruana posterior.

Otros pintores de la órbita del indigenismo

Afines a Sabogal, o dentro de la órbita del indigenismo, surgieron pintores de la talla de Alfonso Sánchez Urteaga «Camilo Blas» (1903), que prosiguió el gusto por el retrato de personajes nativos y paisajes de aldea; Enrique Camino Brent (1909-1960), buen colorista, dominador de los volúmenes, gustador de la arquitectura urbana y rural de las regiones históricas peruana; Jorge Vinatea Reinoso (1900-1931), quien, a pesar de su breve existencia, dejó una profunda impronta en la plástica nacional. Si bien su obra está impregnada de temática vernacular, tuvo una posición independiente respecto de Sabogal. Aplicó con especial talento las magníficas enseñanzas recibidas de Daniel Hernández y Manuel Piqueras Cotolí, artista español afincado en Lima, que predicaba una síntesis plástica entre lo español y lo indígena. Este brillante artista arequipeño, por su vibrante dominio del color y la emoción que impregna sus óleos y acuarelas, es un hito en la historia de la pintura peruana. Por último hay que destacar a dos pintores que actuaron como puente entre el arte vernacular y las novedosas propuestas europeas en el segundo tercio del siglo XX: Macedonio de la Torre (1893-1981) y Ricardo Grau (1907-1970). De la Torre, nacido en Trujillo, se educó en Francia, Bélgica, Alemania e Italia. A su retorno al Perú, a finales de la década de 1930, trajo el vanguardismo *fauve* y el abstraccionismo, tendencias ambas que no lograron interiorizarse en el ambiente. Hubo que esperar algo más: la llegada al Perú de Ricardo Grau, años después, para que fueran aceptadas las nuevas corrientes pictóricas. Sin embargo, los jardines impresionistas de Macedonio de la Torre, sus paisajes figurativos iniciales, sus retratos y bodegones poseen un perfil propio y original.

Informalistas

La exposición que Ricardo Grau presentó en Lima causó un notable impacto, pues traía consigo en sus bodegones, desnudos y paisajes, un aire de renovación cosmopolita, en un ambiente dominado por la beligerante y dogmática actitud del indigenismo que, si bien había reaccionado contra el academicismo en un principio, se había transformado ya en aquella década en una fórmula. Había asimismo descuidado los aspectos propiamente plásticos y se mostraba repetitivo en el tratamiento pictórico de aldeas, indígenas, mercados nativos y campesinos costeños. Sin embargo, a pesar de su vasta experiencia francesa, Ricardo Grau estuvo muy atento a los mensajes de su propia tierra pues durante varios períodos de su actividad artística posterior recogió intensamente los elementos ancestrales que logró transmitir en un lenguaje moderno. En los tramos finales de su carrera fueron desapareciendo los elementos extrapictóricos, limitándose este artista a representar superficies puramente de color.

A partir de Ricardo Grau se inicia propiamente la pintura contemporánea, uno de cuyos mejores representantes es Sérvulo Gutiérrez (1914-1961), quien en 1943 exhibió un óleo notable: *Los Andes*. Fue un intenso retratista a base de encendidos colores aplicados con pasión pocas veces vista. Sus desnudos participan también de esa furia incandescente. Juan Manuel Ugarte Eléspuru (1911) fue también ganado por lo vernacular, pero en su obra gravita una notable experiencia internacional gracias a su aprendizaje en España, Argentina y Chile. Ugarte es más bien un expresionista exuberante e independiente. Fue Reynaldo Luza (1893-1978) un fino pintor de paisajes y eximio dibujante ilustrador. Contemporáneos de los mencionados fueron asimismo Germán Suárez Vértiz (1897-1975); Felipe Cossío del Pomar (1900-1981); Ricardo Florez (1889-1983); Domingo Pantigoso (1900-1991); Raúl Valencia (1910); Enrique Masías (1898-1928); Víctor Martínez Málaga (1896-1972); Wenceslao Hinostroza (1897-1984); César Calvo Araujo (1910-1970); Cota Carvallo de Nuñez (1915-1980); Alejandro Núñez Ureta (1924-1974) y Ricardo Sánchez (1912-1981).

Notable pintor fue también Carlos Quispe Asín (1900-1983), con una importante obra muralística y con óleos de tema indigenista en algunos casos, y en otros de influencia cubista. Adolfo Winternitz (1906-1993), nacido en Viena, Austria, y radicado en el Perú desde 1939, fundó y dirigió la Escuela de Artes Plásticas de la Pontificia Universidad Católica del Perú. Marcado expresionista en sus óleos, destaca por sus importantes obras vitrales construidas para templos y residencias del Perú y el extranjero. Teodoro Núñez Ureta (1914-1988) posee una vasta obra acuarelística y otra, especialmente notable, muralística. Con una beligerante posición ideológica que lo vincula al realismo, sus imágenes representan verdaderos comentarios acerca del ambiente social, evidenciando su simpatía por los personajes populares y mostrándose burlón con las clases acomodadas. Dentro de la vertiente indigenista hay que destacar a Aquiles Ralli (1920) y a Pedro Azabache (1918), uno de los últimos discípulos de José Sabogal.

Últimos lustros

En la segunda mitad del siglo XX hicieron su aparición múltiples tendencias plásticas, aunque el centro del debate durante las décadas de 1950 y 1960 giró alrededor de los abstraccionistas y las diversas propuestas que iban desde el surrealismo hasta el *Op art*. Y en los lustros finales de la centuria se han dado cita todas las grandes corrientes de la historia de la pintura.

Escultura de Alberto Guzmán expuesta ante la sede del Banco Continental de Lima.

Fernando de Szyszlo

El año de 1951 marcó un hito importante en la plástica nacional ya que se llevó a cabo la primera exposición de Fernando de Szyszlo (1925) luego de su retorno de Europa. Era pintura no figurativa después de la pionera exhibición de Macedonio de la Torre en 1930 y de la de Enrique Kleiser en 1949. Szyszlo había realizado estudios en la Escuela de Artes Plásticas de la Pontificia Universidad Católica, y en Europa se entregó a la pintura de vanguardia, en su tendencia abstracta, que causó en Lima un gran desconcierto. El maestro defendió tenazmente su posición convirtiéndose en el centro de una polémica de importantes consecuencias. En los años siguientes se abrió paso el abstraccionismo, tendencia que terminaron por asumir incluso quienes la habían combatido inicialmente.

Por otro lado, Fernando de Szyszlo, como había sido el caso de Macedonio de la Torre y de Ricardo Grau en décadas anteriores, rescató sus raíces ancestrales dirigiéndose hacia una notable síntesis que ha influido intensamente en numerosos pintores y ha alcanzado su maduración en los años recientes.

Artistas y corrientes

Otro artista importante en la segunda mitad del siglo XX, Alberto Dávila (1912-1988), ha recorrido un largo trayecto que lo ha llevado desde su gusto inicial por el figurativismo de sus obras de juventud (personajes y paisajes norteños) hasta el abstraccionismo de sus años de madurez. Carlos Aitor Castillo (1913) regresó al Perú en 1930 luego de residir varios años en Tucumán, Argentina, en donde se inició en el figurativismo para ir derivando más tarde al abstraccionismo de intensa calidad cromática. Armando Villegas (1928), residente en Colombia durante varias décadas, ha conseguido un rotundo equilibrio entre las herencias de la pintura renacentista y las tendencias contemporáneas, con una moderada abstracción y contenidos autóctonos. Sabino Springuett (1913) fue leal desde el principio a lo vernacular, aunque conservando su independencia respecto de Sabogal. Su obra principal no se aparta del figurativismo que recoge paisajes y personajes de la costa y una temática emparentada con la artesanía popular huamanguina. Víctor Humareda (1920-1986) practicó un expresionismo intenso y dramático que le da un carácter muy particular a su obra, atravesada por una atmósfera cargada de sombras y melancolía. Alfredo Ruiz Rosas (1926) se aferró a una posición social realista en las décadas en que se iba imponiendo el abstraccionismo. Es uno de los pocos plásticos que ha cultivado una posición de combate desde la pintura por su crítica implícita a la sociedad burguesa. Francisco Espinoza Dueñas (1926) ha destacado principalmente en el grabado, la pintu-

La pintura contemporánea

A partir de 1940, comienzan a manifestarse de modo insistente las nuevas corrientes pictóricas... Los últimos años han visto multiplicarse las obras de este carácter, sobre todo entre los jóvenes artistas egresados de las escuelas de arte, donde a la enseñanza académica de cuatro o cinco años, le siguen dos años de total libertad temática, en los que los alumnos hacen primero surrealismo y después pintura abstracta. Hoy todas estas diversas tendencias, incluyendo las del surrealismo, se disputan la intensa actividad pictórica que hay en el país y nuevos nombres, algunos de excepcional talento, van apareciendo al lado de los antiguos. Como nunca, es necesario ahora una clarificación en la apreciación artística y una meditación obligada a los artistas sobre la naturaleza de la obra de arte y la función social que puede contener.

Teodoro Núñez Ureta

Jorge Eduardo Eielson, representante de la generación de los sesenta, es el autor de la obra Quipus*, interesante y estilizada recreación de la memoria ancestral de los incas.*

ra y la cerámica de gran colorido, con referencias insistentes a las propuestas estético-simbólicas del período precolombino. Miguel Angel Cuadros (1928-1995) ha sido un buen dominador de tensiones lineales y un cálido lirismo. Ángel Chávez (1929-1994) ha persistido en un figurativismo que canta los paisajes norteños con un colorismo vibrante. José Milner Cajaguaringa (1932), como muchos de su generación, ha recorrido el camino que va desde el figurativismo al abstraccionismo, jugando con los diseños geométricos que hacen referencia a la arquitectura incaica. Arturo Kubotta (1932) es un pintor depurado y fino que en una primera fase practicó también el figurativismo hasta resolverse por un lírico abstraccionismo. Venancio Shinki (1932) plasma en el lienzo amplios planos de color e insinuaciones formales de sutil calidad poética. Enrique Galdós Rivas (1933) fija en sus telas figuras y temas vernaculares con un buen dominio de gamas de color de rica textura. Alberto Quintanilla (1934) practica un impactante figurativismo expresionista en que aparecen imágenes del universo mágico-religioso de su tierra cusqueña. Gerardo Chávez (1937) ha perfilado una obra de raíz surrealista y carácter propio con un firme sentido del color y un hábil dominio del dibujo. Lo erótico y lo onírico son notas frecuentes en sus lienzos. Tilsa Tsuchiya (1936-1984) posee una fina policromía y una singular fuerza expresiva en visiones próximas a los sueños con reminiscencias ancestrales andinas.

A partir de la década de 1960 son relevantes los nombres de Jorge Piqueras, Ugo Camandona, David Herkowitz, Jorge Eduardo Eielson, Carlos Revilla, Gastón Garreaud, Eduardo Moll, Fernando D'Ornellas, Francisco Abril de Vivero y Nieves Dianderas. En la escultura destacan Joaquín Roca Rey, Cristina Gálvez, Alberto Guzmán, Miguel Baca Rossi y Víctor Delfín. Las generaciones más recientes se sitúan entre el neoexpresionismo intenso, el conceptualismo, el neorrealismo, el abstraccionismo, el figurativismo y una revisión del arte a base de modelos del pasado así como el retrato de una sociedad cuyo crecimiento formidable y desordenado ha convertido a Lima de una ciudad de 600,000 habitantes en 1940 a una de 7'000,000 en la actualidad, con los conflictos, dramas y contradicciones que ello conlleva. Las corrientes anteriormente mencionadas se encuentran en Hermann Braun Vega, Leslie Lee, Julia Navarrete, Luz Negib, José Miguel Tola, Rafael Hastings, Luis Palao Berastaín, Ricardo Wiese, Bill Caro, Enrique Polanco, Leoncio Villanueva, Martha de Rivero y Tito Monzón, principalmente. La presencia del minimalismo se da hoy en escultores notables como Lika Mutal, Susana Roselló y Benito Rosas.

Escultura de la autora contemporánea Susana Roselló que desarrolla parte de su obra dentro de la corriente del minimalismo.

Arquitectura

Arquitectura preincaica
e incaica

Arquitectura renacentista

Arquitectura barroca

Neoclásico y República

Arquitectura del siglo XX

Las tres fuentes de agua que forman parte de uno de los muros pétreos del recinto de Tambomachay, Cusco. Se cree que pudieron haber sido «baños del Inca».

Arquitectura preincaica e incaica

La aparición del hombre en el Perú ha sido calculada en unos 17,000 años. Los restos humanos más antiguos descubiertos son los de las cuevas de Lauricocha, provincia de La Unión (Huánuco), que arrojan una datación de 9,600 años. Eran nómadas que pertenecieron al extenso período de cazadores y recolectores. Pasaron varios miles de años más para que sus descendientes inventaran las técnicas que les permitieron dedicarse a la agricultura y convertirse en sedentarios, pasando así a edificar sus primeras y precarias viviendas. Finalmente, entre los años 3000 y 1000 a.C. se produjo una transformación cultural extraordinaria que la arqueología conoce como el período Formativo, es decir, el de la aparición de culturas que prepararon el advenimiento del período de las altas culturas o agricultura desarrollada, que media entre el año 1000 a.C. y 1532 d.C. aproximadamente, en que se produce la ocupación española del Tahuantinsuyo. Es pues el período Formativo en que aparecen las primeras estructuras arquitectónicas propiamente dichas. Sin embargo, en el estadio precerámico o de la agricultura incipiente ya se encuentran edificaciones significativas como el de Kotosh o de las Manos Cruzadas, que se halla ubicada a 6 km de la ciudad de Huánuco y está compuesto por estructuras de templos superpuestos sobre un promontorio artificial.

Muro con imágenes incisas del templo de Sechín, correspondiente al período Formativo.

El Formativo

Una de las expresiones más importantes del Formativo es el templo de Sechín que se erige en la confluencia de los ríos Mojeque, Casma y Sechín, en la provincia de Casma (Ancash), en la costa norte peruana. Su fachada, de 50 m de longitud, está compuesta por una sucesión de monolitos a cuyos lados se desarrollan dos muros levantados también con lajas de piedra que concluyen en el cerro. Los recintos de las plataformas superiores son de barro. En la fachada de la habitación central se halla una de las decoraciones más antiguas, que es un felino policromado. Los monolitos de los muros, que alcanzan hasta 4 m de altura, poseen imágenes incisas que representan dorsos humanos en diferentes posiciones, piernas, brazos, ojos, vísceras y cabezas cercenadas.

Otro edificio notable de este período es Huaca de los Reyes (o Caballo Muerto), en el valle de Moche, Trujillo. Se sitúa su antigüedad en el año 1100 a.C. Está compuesto por plataformas en forma de U de piedra y barro. Posee cabezas escultóricas de barro policromadas con rasgos felinos.

Pacopampa es un monumento ubicado en Querocoto, Chota (Cajamarca), constituido por una estructura piramidal de tres plataformas donde existieron escaleras, columnas y una cornisa con altorrelieves. De la misma época es Puncurí, en el valle de Nepeña, con plataformas, graderías, vestíbulo y columnas decoradas con figuras escultóricas policromadas. Asimismo, aparece una pintura mural con figura de ave, elementos humanos y boca de felino. Otros conjuntos monumentales importantes en la costa norte son: Cerro Blanco, con sus relieves estucados y policromados; el templo de Mojeque, que es una construcción piramidal con estructuras superpuestas decoradas con imágenes policromadas y en relieve dispuestas en hornacinas; y en la costa central, Garagay, con una estructura de barro en forma de U y notables pin-

Pórtico de las Falcónidas en Chavín de Huántar, la cultura más notable del Formativo, considerada como la matriz de las altas culturas del Perú prehispánico.

turas murales. Importantes restos del Formativo también se encuentran en la sierra sur: Pucará, Puno, que posee una imponente arquitectura compuesta por un edificio principal y viviendas de piedra unidas con barro. La estructura principal está constituida por un conjunto de piedras labradas en hemicírculo frente a un recinto central. Se observan compartimentos que pudieron ser altares y estatuas, hoy quebradas, que debieron adornar el templo. Restos líticos del mismo período son los de Hatuncolla, Chucuito, Taraco y Chiripa.

Cultura Chavín

La cultura más notable del Formativo, considerada como la matriz de las altas culturas del Perú prehispánico, es Chavín. Su centro ceremonial es Chavín de Huántar, situado a 3,177 m sobre el nivel del mar, en el departamento de Ancash. Su expansión cultural irradió hasta Huayruro —próximo al Ecuador— y Ocucaje, en la costa sur. Se calcula su aparición en el año 1000 a.C. y sus construcciones son superposiciones de diversas épocas. Del 800 a.C. puede ser la imponente pirámide trunca y escalonada que se compone de tres pisos y numerosas galerías subterráneas. En la parte superior del Pórtico de las Falcónidas hay dos columnas cilíndricas de piedra negra con representaciones de aves, y en el dintel, siete falcónidas que miran al norte y otras siete en sentido inverso. Pieza fundamental es el obelisco Tello, con representaciones incisas de un ser fantástico. En la Pirámide Mayor se halla el Templo del Lanzón, cuyos muros exteriores tienen figuras escultóricas exentas que son cabezas de rasgos naturalistas. La galería del Lazón tiene planta en forma de cruz, y el monolito presenta forma de un gran cuchillo con la labra de una divinidad antropomorfa. Piezas líticas notables son asimismo la estela Raimondi, con el magnífico relieve de una divinidad antropomorfa; la piedra de Yauya y la del Felino Doble, entre otras.

Bajo las pirámides existen galerías, celdas, escalinatas y largos pasadizos, cuyas vigas están decoradas con figuras de peces, crustáceos y dibujos geométricos. Esta sociedad que irradió su cultura en una gran extensión territorial, dejó una formidable influencia religiosa y artística tal como se aprecia en monumentos del Formativo de la costa y la sierra como los mencionados de Mojeque, en Casma, y Garagay, en Lima.

Cultura Mochica

Centurias más tarde aparecen los mochica, pueblo asentado en el valle de Chicama, Trujillo, entre los años 200 a.C. y 700 d.C., que edificó una arquitectura notable cuyos monumentos más espectaculares son los templos del Sol y la Luna, de los cuales el primero tiene 280 m por 135 m, habiendo alcanzado en su estado original 50 m de

Restauración de los frisos de una habitación del templo de Huaca de la Luna, perteneciente a la cultura Mochica, en el valle del río Moche, Trujillo.

altura. Edificados con millones de adobes, sus paredes estaban embellecidas con pinturas policromadas que narraban escenas mitológicas, de la misma forma que en el templo de Pañamarca, y en Nepeña.

Cultura Tiahuanaco

La cultura Tiahuanaco floreció al sur del Lago Titicaca, a 3,625 m sobre el nivel del mar, habiendo estado habitada su actual zona arqueológica entre los siglos IV y X d.C. Su característica arquitectura se compone de piedras labradas muy bien pulidas que, en algunos casos, alcanzan grandes proporciones, lo cual dificulta la explicación acerca de su traslado desde alejadas canteras. Estas piedras son de basalto y arenisca, y sus bloques mayores se unían entre sí mediante entalladuras o con grapas de cobre. Grandes estatuas pétreas de divinidades antropomorfas se erigieron dentro de esas edificaciones.

Sus edificios principales son la pirámide escalonada de Acapana, de planta cuadrada y 210 m por lado. Calasasaya, que mide 130 m por lado, y es una cancha cercada por una sucesión de piedras alzadas plantadas en el suelo. En el centro hay un patio hundido de 60 por 60 m, y en su esquina noroeste se levanta la célebre Puerta del Sol, monolítica, cuyo dintel posee importantes frisos en relieve que representan a una divinidad y seres antropomorfos alados. Hay también un Templo Subterráneo edificado con pilares y un recinto llamado Pumapuncu construido con sillares de piedra arenisca muy labrados, colocados formando hileras, constituyendo una plataforma doble con asientos tallados y culminada por un templo.

Cultura Huari

La cultura Huari se inició alrededor del siglo VII d.C. y se extinguió por razones desconocidas hacia el siglo XII. Se basó en los patrones de Tiahuanaco y desde su centro en Ayacucho se expandió por vastos territorios de la sierra norte, la costa central y sur, y la sierra sur. A pesar de su originaria influencia tiahuanaquense, Huari llegó a forjar sus propios modelos arquitectónicos y artísticos influyentes en los territorios mencionados. Su centro fueron las ruinas de su nombre, a 22 km de la ciudad de Ayacucho. Sus vestigios muestran una ciudad extensa, con grandes murallas de piedra, dentro de las cuales se levantaban construcciones menores, calles, plazas, plataformas y recintos semisubterráneos cuyas paredes y loza de cierre son grandes lajas de piedra bien talladas y pulidas. Sus conceptos urbanísticos se expandieron por la costa norte y la sierra como se aprecia en los importantes restos del santuario de Pachacámac y la urbe de Cajamarquilla, próximas a Lima, Pacatnamú en el norte y Piquillacta en el Cusco. Hay que destacar el prototipo urbanístico

Altorrelieves en barro de aves o nutrias marinas en los muros de 3 m de altura en la plaza ceremonial de la ciudadela de Chanchán, construida por los chimúes.

compuesto de cuartos rectangulares, calles estrechas y espacios públicos como plazas y templos.

Cultura Chimú

Ubicada en la costa norte, en el valle de Moche, Trujillo, la cultura Chimú se sitúa entre el siglo IX y el siglo XV, en que fue dominada por los incas. Su expansión territorial alcanzó por el norte hasta Tumbes y por el sur hasta el valle de Huaura. Se aprecia en la planificación chimú de las ciudadelas de Chanchán, cuyas ruinas se hallan próximas a la ciudad de Trujillo, la experiencia de los remotos mochica y, principalmente la de Tiahuanaco-Huari. Estas ciudadelas conforman la urbe más extensa del Perú prehispánico. Se levanta sobre 18 km^2 y consta de nueve unidades con murallas de 7 m de altura y 700 m de largo cada una. En ellas se encuentran un reservorio de agua, jardines irrigados, calles, plazas, casas, pirámides, cementerios y construcciones celulares. Tuvieron pinturas murales y decoraciones en relieve que representan peces, aves y combinaciones geométricas. Aparte de Chanchán, existen otras notables construcciones como la Huaca Esmeralda, la del Dragón y Tacaynamo.

Arquitectura inca

El Imperio del Tahuantinsuyo inició su gran expansión en el segundo tercio del siglo XV, bajo Pachacútec, y concluyó con la ocupación española a partir de 1532. En ese breve período consolidó una enorme extensión territorial que abarcó el actual Perú y Bolivia, y parte de Argentina, Chile, Ecuador y Colombia. Tanto en la sierra como en la costa dejó su impronta arquitectónica en muy diversos materiales y diferentes clases de aparejos cuyos tipos más difundidos fueron los de bloques e hileras regulares; hileras regulares rebajadas en sus uniones y pronunciadas en su cara externa; mixtas de piedra y adobe, y los ciclópeos.

Las residencias de las familias notables eran extensas construcciones rectangulares con muros altos dentro de los cuales se hallaban las habitaciones adosadas al muro. Poseían un solo acceso por una portada que conducía a un patio. Las ciudades se amoldaban a la geografía como es el caso de Machu Picchu o se planificaban como el Cusco. En ellas hay calles estrechas, graderías, plazas y recintos religiosos. Es característico el diseño trapezoidal para puertas, ventanas y hornacinas. Se trata de una arquitectura fundamentalmente palaciega, religiosa, militar, popular, funeraria y de depósitos.

El Cusco

La ciudad incaica del Cusco concentró varios de los monumentos más notables. Se extendían alrededor de la gran plaza Aucaypata y su traza se realizó sobre la base de calles rectas. En ella se ha-

Restos de la fortaleza de Sacsayhuamán, cerca de Cusco, construida con imponentes piedras poligonales. Forman tres plataformas de más de 300 m de largo.

llaban los palacios de los incas, muchos de cuyos restos todavía se aprecian, en particular el de Huiracocha, Inca Roca, Pachacútec, Túpac Inca Yupanqui y Huayna Cápac. La tradición asevera que el de Manco Cápac es el actual Colcampata. Todos ellos guardan edificaciones de notables muros magníficamente tallados y pulidos. De los templos destaca el principal que fue el Coricancha, cuyos bellos muros de piedra se aprecian en el interior de la iglesia y convento de Santo Domingo. Hay que sumar a ello los numerosos muros incaicos que fueron reutilizados para edificar sobre ellos las casas de los conquistadores como es el caso de las de Diego Maldonado, *el Rico*, Juan de Salas Valdés, Mancio Sierra de Leguizamo y los marqueses de San Juan de Buenavista para citar algunas.

En las inmediaciones de la ciudad se encuentran edificaciones notables como la gran fortaleza de Sacsayhuamán, mitad fortaleza, mitad centro religioso, que asombró a los españoles por las imponentes piedras ciclópeas poligonales de sus primeras murallas, así como por la perfección del corte de los bloques de piedra de diferentes tamaños de sus grandes portadas y muros superiores. Una de las moles tiene una altura de 9 m por 5 m de ancho y 4 m de espesor, siendo su peso de 360 toneladas. Sobre la última terraza se levantaban torres ya desaparecidas y se aprecian bases de edificios y estanques.

Kenko es un roquedal labrado y una roca votiva a la que rodea un anfiteatro de piedras talladas en forma de asientos. Puca Pucará es una fortificación con terrazas, pasajes, escalinatas y habitaciones interiores. Tambomachay es un recinto de piedras bellamente labradas y pulidas con una fuente de agua. Chinchero ofrece magníficos muros de piedra incaicos habiendo sido algunas piezas talladas de derruidos paramentos reutilizadas en la edificación de la iglesia cristiana colonial. Pisac posee los muros de piedra mejor trabajados de la arquitectura incaica. Sobre la margen derecha del río Vilcanota, por estar en un alto promontorio, se observa una espléndida vista del valle sagrado de los incas. Posee Pisac barrios, almacenes, andenes, atalayas, fuertes, palacios, túneles y observatorios. Ollantaytambo está constituido por una aldea indígena y la fortaleza de su nombre. Lo interesante es que aún están habitadas sus casas incaicas de cantería y se transita por sus viejas calles. La fortaleza tiene andenes, recintos, murallas y unos muros ciclópeos con seis monolitos rectangulares labrados en pórfido rojo de 4 m de alto por 2 m de ancho. Otros lugares (Yucay, Moray, Sala Punco, Qoriwairachina, Torontoy, Vitcos, Choquequirao, Pacaritambo, Tipón, Huarcapay, Muynai, San Pedro de Cacha, Rumicolca, todos dentro de la región del Cusco), poseen excepcionales ejemplares de piedra de la arquitectura del Tahuantinsuyo.

Machu Picchu

Machu Picchu es la población incaica que cuenta con el mayor número de interpretaciones y publicaciones. Desde su descubrimiento por Hiram Bingham, en 1911, su popularidad ha ido aumentando hasta convertirse en uno de los conjuntos monumentales más visitados de América Latina. La belleza de ese centro poblado radica más en su valor de organismo, que en sus construcciones vistas por separado. El conjunto impresiona más que el detalle, no tanto por la belleza espectacular del lugar, sino por la lograda integración de la arquitectura al ambiente. La fama de Machu Picchu ha originado una abundante literatura descriptiva de las ruinas, desde que Bingham publicó el resultado de sus investigaciones e interpretaciones, muchas de las cuales no han perdido validez. La diversidad de opiniones surgidas para determinar la finalidad funcional de conjunto, ha facilitado las atribuciones más variadas. Se ha visto en Machu Picchu una ciudad fortificada, un puesto avanzado en la selva, una ciudadela de frontera, un santuario dedicado a la Luna, un centro de trabajo femenino atendido por *aqllakunas* o «mujeres escogidas», un gran y selecto centro ceremonial, el último refugio de los Inca y la sede de la «Universalidad de la idolatría», de la cual hablaba fray Antonio de la Calancha.

Graziano Gasparini

Ciudadela de Machu Picchu, situada en el cañón del río Urubamba, a 2,400 m de altura, rodeada de precipicios y montañas boscosas que dificultan su acceso.

Detalle del templo de las tres ventanas, con dinteles monolíticos y forma trapezoidal, ubicado en el interior de la ciudadela de Machu Picchu.

Machu Picchu

Descubierta para la ciencia en 1911, es uno de los alardes mayores de la arquitectura incaica por el tallado de sus piedras, el diseño de la ciudadela, su adaptación al medio geográfico y su magnífica ubicación, en una zona semitropical rodeada de montañas boscosas. No se conoce la función que cumplió pero debió ser de extraordinaria importancia, teniendo en cuenta su escondida situación y el hecho de estar protegida por el cañón del río Urubamba, un largo camino escabroso y un conjunto de fuertes y de observatorios entre los cuales se hallan Runcu Raccay, Sayac Marca, Phuyu Pata Marca, Chachabamba, Choquesuysuy y Huiñay Huayna.

Posee sectores como el Intihuatana o reloj solar, el templo principal, el de las tres ventanas, el templo del cóndor, el mausoleo, el torreón, el palacio, las cárceles, las habitaciones de los porteros, así como áreas agrícolas compuestas por numerosas andenerías de cultivos casi tropicales. La ciudadela está unida interiormente por escalinatas, corredores, calles y plazuelas que le dan un aspecto único por los diversos niveles en que se encuentran. Próxima a la ciudad se levanta el Huayna Picchu, que es un picacho hacia el noroeste al que se accede por un camino estrecho y empinado. En sus laderas y cumbre hay grandes bloques de piedra, puertas trapezoidales ciegas y cavidades subterráneas. Urbes, fortalezas y tambos de piedra y barro se hallan asimismo en muchos de los territorios conquistados, en Chucuito, Vilcashuamán, Huaytará, Jauja, Bombón, Huánuco Viejo, Huamachuco y Cajamarca; y en la costa se encuentran las espléndidas ruinas de Tambo Colorado, Incahuasi, Huarco, Pachacámac (donde edificaron al lado del viejo oráculo preincaico un gran templo piramidal al Sol), Puruchuco y muchos otros. El esfuerzo constructor incaico incluyó magníficos caminos que unificaron el Tahuantinsuyo, puentes de totora y colgantes, túneles excavados en la roca y tambos que se utilizaban como depósitos.

Arquitectura renacentista

El Virreinato del Perú fue la institución más vasta y poderosa de los dominios ultramarinos españoles en América meridional, pues su jurisdicción, en el siglo XVI, alcanzaba desde Panamá hasta el Estrecho de Magallanes. Este predominio se reflejó también en el florecimiento de las artes, en particular la arquitectura, en la que durante los trescientos años de poder ibérico sus monumentos expresaron tanto las corrientes estilísticas predominantes en el Viejo Mundo como manifestaciones originales que fueron consecuencia de la entremezcla de las propuestas occidentales y el aporte indígena. A ello hay que sumar el hecho de que el clima y el paisaje difieren extremadamente en la cálida y desértica faja costera, atravesada por feraces valles, y en las frías temperaturas y alturas geográficas de la cordillera de los Andes, lo cual obligó a utilizar materiales de construcción diversos y a plasmar soluciones arquitectónicas muy diferentes.

Iglesia de Santiago Apóstol de Coporaque, del siglo XVI. Fachada de diseño italianizante.

Impulso constructor

En el transcurso del siglo XVI, desde la captura del emperador inca Atahualpa por Francisco Pizarro y sus hombres en Cajamarca en noviembre de 1532, el afán constructor recibió un notable impulso debido al sistema novedoso traído por el conquistador de edificar ciudades en lugares estratégicos, de importancia económica y desde las que se condujo la evangelización. Ésta, junto con la voluntad de dominación, poder y riquezas fue objetivo principal de la Corona española. De esta forma, en las urbes recién fundadas se concedió vastos solares a la Iglesia y las órdenes religiosas para atender a las necesidades espirituales de la población española, indígena y negra, que se constituyeron en los troncos iniciales de la composición social del primitivo virreinato. Otro impulso decisivo de grandes consecuencias para el arte fue la obligación del virrey Francisco de Toledo de hacer cumplir, a partir de 1570, la real orden de «reducir» a poblados a los indígenas con el fin de facilitar su cristianización, el control de sus costumbres y una más eficiente recaudación de tributos. La construcción de aldeas para los indios supuso la edificación de templos y la consiguiente necesidad de adornarlos suntuosamente, con lo que se movilizó una multitud de pintores, retablistas, escultores de púlpitos y doradores que efectuaron un esfuerzo constructor y artístico inmenso. En buena cuenta se cumplía así las ordenanzas del Concilio de Trento, en que fue tan notable la participación de la delegación española enviada por Felipe II, sínodo que en su Sesión XXV decía: «...los obispos enseñarán diligentemente la religión por medio de historias acerca de los misterios de nuestra Redención retratados en pinturas y otras representaciones. El pueblo deberá ser instruido en la doctrina de la fe, la cual debe ser preservada en la mente y sobre la cual debe reflexionarse constantemente. Asimismo, el gran beneficio que deriva de todas estas imágenes es no sólo porque el pueblo recuerda los beneficios y bendiciones propagadas por Cristo sino porque, además, a través de los santos, los milagros de Dios son ejemplos saludables que deben ser puestos ante los ojos de los creyentes de forma tal que puedan agradecer a Dios por estas cosas y puedan adecuar su propia vida y conducta en la imitación de los santos y ser motivados a adorar y amar a Dios y cultivar la piedad...».

Capilla principal del Convento de los Descalzos en Lima, erigido en el primer siglo colonial, en una época marcada por la austeridad y el profundo fervor religioso.

El segundo Concilio Limense (1567) y el tercer Concilio Limense (1582-1583) recogieron rigurosamente las órdenes tridentinas que desencadenaron el celo constructor y exornativo de la jerarquía eclesiástica.

Diseño renacentista

Durante el primer siglo de dominación española, los templos y conventos fueron levantados dentro del diseño renacentista imperante, con la siguiente salvedad: en muchos casos persistieron elementos góticos que en la arquitectura española estuvieron presentes hasta las primeras décadas del siglo XVI. Es el caso de las nervaduras de las que se hallan ejemplos notables en varios edificios de esta centuria, en especial en la cubierta de la nave de la iglesia de Nuestra Señora de Guadalupe (en el norte del Perú), en la catedral y la iglesia de Santo Domingo de Lima, y en la catedral del Cusco. En algunos casos, esas nervaduras no son elementos propiamente funcionales que actúan como soportes, sino meramente decorativos, pero su construcción evidencia la continuidad del gusto hasta el punto de imponerse hasta mediados del siglo XVII, que es cuando se cerraron las cubiertas de la catedral cusqueña e inclusive la segunda mitad de la misma centuria, en que se fabricaron las de Santo Domingo de Lima.

Otra característica remarcable del primer siglo colonial es el hecho de que las iglesias, particularmente en Lima y en las zonas rurales andinas, fueron techadas con artesonados de estilo mudéjar. Habitualmente la parte del edificio más adornada era el prebisterio, cuya cubierta se hizo de madera labrada y policromada en contraste con la de la nave decorada con telas pintadas cuyos motivos imitaban aquellos artesonados. Se debe remarcar finalmente la considerable importancia en las formas decorativas del plateresco, el cual estuvo en la raíz del surgimiento de la exornación arquitectónica mestiza surperuana en el siglo siguiente.

Templos renacentistas

Importantes ejemplares de templos renacentistas, que se empezaron a edificar cuando el establecimiento de las reducciones toledanas, se hallan en la región rural del Cusco. Son de una sola nave extremadamente larga, con muro absidal ochavado. El presbiterio está separado de la nave por un arco triunfal ojival, la cubierta es de par y nudillo, los altares laterales están adosados a los muros, el bautisterio se halla bajo la torre cuadrada, aunque hay iglesias que poseen espadañas. Los

Templo renacentista de Santiago de Madrigal en el valle del Colca, con una ingenua representación de Santiago Matamoros.

altares renacentistas fueron de madera, barro o piedra policromada. Los fragmentos de la pintura mural preservados evidencian el gusto por los grutescos, la decoración floral, de ánforas, putis y medallones. Estos templos tempranos incluyen capillas abiertas de galería y balcón y capillas absidales.

Portadas renacentistas

Muy importantes ejemplares de portadas renacentistas de piedra labrada son la lateral de la iglesia de La Merced de Ayacucho —la antigua Huamanga colonial— y la principal de San Francisco de la misma ciudad. A Harold E. Wethey le recuerdan a sus similares de Ávila, en España, y el parecido entre las dos portadas ayacuchanas delata que las habría fabricado un mismo maestro. Un conjunto notable se encuentra en la región del Cusco, en particular, los templos de San Jerónimo, Oropesa, Andahuaylillas, Cay Cay, Huasac, Urcos, Huaro, Quiquijana, Checacupe y otros que, a pesar de los sismos, los incendios, el deterioro y el cambio en los estilos, han preservado lo fundamental de su estructura arquitectónica del último tercio del siglo XVI y los primeros lustros del XVII. Son estos edificios de una sola nave, con las características que se han señalado para los templos de las reducciones indígenas, y levantados con anchos muros de piedra en su base, de barro en su cuerpo principal, y de piedra y ladrillo en sus portadas. Los hay que aún conservan capilla abierta de balcón, como es el caso de Oropesa, o de galería sobre un nártex que sobrepasa a la fachada principal como el de San Jerónimo. Y es bastante común la capilla absidial, que es un vano que se abre sobre un pequeño balcón.

Son asimismo destacables las portadas del templo conventual de Santa Clara de Ayacucho y el importante artesonado mudéjar de su presbiterio, así como la portada del antiguo seminario jesuita, contigua a la iglesia de La Compañía. En algunas de sus casonas, a pesar de modificaciones posteriores, se conservan en sus fachadas e interiores elementos tempranos.

En Puno se levantan las iglesias de Paucarcolla y San Juan de Juli, con sencillas portadas tempranas, y la de Chucuito, longitudinal a la plaza, con una extensa arquería que circunda el atrio similar a la que se aprecia en la de Checacupe del Cusco. Hay que mencionar tres casos interesantes más: los templos renancentistas del valle del Colca, en la provincia de Cailloma, Arequipa: el de Santia-

Arquitectura virreinal

La arquitectura colonial peruana atestigua un aspecto significativo del Perú como nación: su diversidad, la que bajo ningún aspecto es contradictoria de la unidad nacional. Desde el siglo XVI, al edificarse las primeras construcciones renacentistas, algunas de ellas con techumbres mudéjares, la más indiferenciada unidad arquitectónica abarcó las nuevas ciudades del Perú. Posteriormente, durante la segunda mitad del siglo XVII, comienza la diversificación de los núcleos arquitectónicos regionales, que se consolida a plenitud en el siglo XVIII. Cusco, Arequipa, Lima, Cajamarca y Ayacucho desarrollan sus propias formas de arquitectura con muy pocas coincidencias e influencias mutuas, antes bien como núcleos autónomos, de tal modo que allí comienza la unidad de la diversidad arquitectónica en el Perú.

Antonio San Cristóbal

Puerta principal de la Casa Aliaga, en Lima, construida con elementos renacentistas muy tempranos, aunque se efectuaron numerosos cambios en posteriores reconstrucciones.

go de Madrigal, sobre la ribera derecha del río Colca, que preserva su nave de salón y una sencilla portada clásica de piedra con frontón triangular exornada con el relieve de un Santiago Matamoros ecuestre; y la de Santiago Apóstol de Coporaque, erigida como la anterior en el último tercio del siglo XVI con su imponente fachada de tres cuerpos, de diseño italianizante, que concluye en una elevada capilla abierta de galería de columnas. Muy cerca de ésta, mediando un extenso atrio, se encuentra la capilla más antigua del Perú, la de San Sebastián, de 1565, con su importante fachada renacentista de piedra, emparentada con las portadas de la casa cusqueña del conquistador Juan de Salas Valdés, que es su contemporánea, y la del palacio del Almirante, que es más tardía.

Influencia herreriana

Hay, por otro lado, influencia herreriana en varias construcciones de la misma época como el claustro del convento de San Agustín de Saña (Lambayeque), y elementos de la catedral limeña diseñados por el arquitecto Francisco Becerra. Esta influencia se explica por el hecho de que en el Perú circularon al menos trescientas colecciones de láminas —cada una con doce diseños— de la fábrica del palacio-monasterio de El Escorial. Exponentes del último aliento renacentista en Lima fueron los maestros Diego Guillén (autor de las antiguas portadas de La Soledad y La Veracruz), Juan Martínez de Arrona (autor de las que se proyectaran para la catedral) y José de la Sida (diseñador de la portada lateral de San Agustín).

Influencia andaluza

En esta primera centuria fue decisiva la influencia andaluza expresada en los numerosos artesonados, hoy desaparecidos, y en las cúpulas mudéjares cuyo ejemplar mayor subsiste: es la hemisférica de entrelazados de madera que cubre la imponente escalera imperial del convento de San Francisco. Hay que agregar los coloridos zócalos de azulejos, los balcones de ascendencia muxarabí, la atmósfera de calles y plazuelas que desde el principio selló a la ciudad con ese aire oriental que le hallaron los viajeros que dejaron su testimonio. Las casas de esa ciudad renacentista diseñada a base de «islas» cuadradas y calles rectas se fabricaron con gruesos muros de adobe y paredes interiores de caña, barro, esteras y madera. El la-

Puerta lateral de la hermosa iglesia renacentista de Yanque, en el valle del Colca, Arequipa, reedificada a principios del siglo XVII.

drillo se usó en las portadas y escaleras, los techos se hicieron planos, las paredes se encalaron y las ventanas fueron de rejas de madera. La disposición de las casas limeñas adoptaron el doble influjo andaluz y pompeyano: zaguán, dos piezas laterales, patio, salón frente a la entrada, traspatio, huerta y caballerizas. Hay casonas que guardan elementos tempranos como la de Aliaga, que posee numerosos agregados posteriores, aunque su planta es la original. Es notable asimismo el palacete de los marqueses de San Lorenzo de Vallumbroso (que la tradición denomina Casa de Pilatos) con su blasonada portada de carácter herreriano y su patio de columnas de piedra que es el único de su tipo en la capital.

El Cusco

La arquitectura surgida en el Cusco es un caso muy singular, pues la fundación española de 1534 debió acomodarse a los excepcionales edificios de piedra y a la traza urbana de la ciudad de los incas. De esta forma, los antiguos templos y los prehispánicos palacios del Tahuantinsuyo pasaron a formar parte de las viviendas, iglesias y conventos de los conquistadores, como es el caso del Acllahuasi o Casa de las Escogidas, que pasó a ser el convento de Santa Catalina, o el Coricancha (Templo del Sol) sobre el que se edificó el templo y convento de Santo Domingo. Esta mezcla de tradiciones arquitectónicas le da carácter único a esta urbe e, inclusive, durante la Colonia se reutilizaron piedras incaicas para la edificación de las iglesias y casas españolas. Aparecen notables casos de mestizaje en las portadas de transición, en las que se levantan muros con puertas trapezoidales de tradición incaica, como es el caso de la casa de los marqueses de San Lorenzo de Vallembruso en el Cusco y la de los marqueses de Mozobamba en Ayacucho.

Es notable la casona del conquistador Juan de Salas Valdés con su fachada de elementos manieristas, los retratos en relieve de sus propietarios y el blasón que la preside. Y más tardío, de principios del siglo XVII, el palacio del Almirante, con su imponente portada blasonada. Las pétreas mansiones andinas, con sus grandes patios de arquerías, sus recios zaguanes, su alzada de dos plantas y sus vastos espacios interiores contrastan en solemnidad castellana y extremeña con la gracia andaluza de la Lima costeña.

Arquitectura barroca

La variedad de tendencias que coinciden en el siglo XVI —persistencia de elementos góticos, modelos renacentistas clásicos, propuestas exornativas platerescas y estructuras decorativas mudéjares— dejan paso, en el siglo XVII, a un modelo arquitectónico más unificado, el cual se ramificó en estilos regionales que alcanzaron su máxima expansión en el siglo XVIII. La característica general de los edificios religiosos es su propensión a edificar templos con planta en cruz latina cubiertos con bóveda y cúpula hemisférica sobre el crucero. En algunos casos se modifican los del siglo anterior agregándoseles los brazos del transepto y rediseñándose las portadas que no sólo son sustituidas por las de tipo barroco, sino que este último estilo se superpone en el segundo cuerpo al renacentista del primero como se aprecia en la portada lateral de la iglesia de Yanque en el valle del Colca, que fue reedificada a principios del siglo XVII luego de ser afectada la primitiva por un incendio. En otros casos se levantan naves laterales más bajas y angostas que la central en contraste con los antiguos edificios de una sola nave alargada. Se impone el gusto por cubrir los muros de ladrillo con yeso o cal. En la costa persiste el uso de grandes adobes, ladrillo o piedra para las portadas, y madera y quincha (sistema constructivo compuesto por maderas recubiertas de caña revestida de barro o yeso). La primera mitad del siglo XVII está asimismo caracterizada en la capital del virreinato por el protobarroco que fue el tránsito entre el final del renacimiento y la imposición del barroco.

Iglesia barroca de Santo Domingo en Lima, que a pesar de las alteraciones conserva su trazado.

Arquitectura barroca de Lima

La riqueza de la ciudad de Lima en el siglo XVII, la estabilidad política, el asiento de la corte virreinal y de la suprema autoridad eclesiástica, así como la presencia en ella de las principales órdenes religiosas, junto al hecho de haber sido escogida como lugar de residencia de encomenderos y mineros, también sede de la universidad de San Marcos y del tribunal del Santo Oficio de la Inquisición, favoreció que en Lima prosperaran ampliamente las manifestaciones artísticas y las suntuosas edificaciones; siendo el barroco —tan fastuoso, impresionista, expresivo y teatral— el estilo que halló en ella el lugar adecuado para su florecimiento. En efecto, en el transcurso de esa centuria, la ciudad de Lima alcanzó su apogeo como centro del poder español en América meridional. Capital de lujosos festejos, pero también ciudad de acendrada religiosidad y misticismo.

Los preceptos del Concilio de Trento

Empeñadas las congregaciones religiosas y la Iglesia en aplicar los preceptos aprobados el siglo anterior en el Concilio de Trento en el sentido de cuidar el adorno de las casas de Dios, se lanzaron a un intenso ritmo de reconstrucción de sus iglesias conventuales, las que pasaron a tener planta en cruz latina, bóvedas y cúpula. De esta forma, la iglesia de San Pedro, de la Compañía de Jesús, fue consagrada en 1638. Su modelo fue la iglesia *Il Gesú* de Roma aunque tiene importantes diferencias con ésta, como por ejemplo el poseer la li-

Plaza de Armas de la ciudad de Trujillo diseñada en el siglo XVII. Detrás se aprecian las dos torres de la catedral, trazada en 1643 por el dominico fray Diego Maroto.

Conventos limeños del siglo XVII

El siglo XVII fue también la gran época de los conventos limeños pues su carácter y exornaciones datan de esta centuria y de la siguiente a pesar de que los principales fueron fundados en el siglo XVI como es el caso de Santo Domingo, La Merced, San Francisco y San Agustín. Estos grandes edificios poseen los claustros más suntuosos del período barroco limeño,compuestos por arquerías de ladrillo en su primera planta y adobe y quincha en la segunda. Los zócalos de las galerías de los conventos dominicano y franciscano lucen bellos azulejos sevillanos de las primeras décadas del siglo XVII. Grandes escaleras, artesonados trapezoidales como el de la antesacristía agustina y la ya mencionada cúpula mudéjar de madera sobre la escalera imperial del convento franciscano le dan carácter y enriquecen la majestad de estas construcciones.

meña tres naves y ser más alargada. La iglesia de La Merced fue reconstruida a partir de 1628 con planta en cruz latina, cúpula en el crucero, tres naves cuyas capillas rematan en cupulines, coro alto y planta trapezoidal. El elemento barroco por excelencia de este templo es su portada principal, de principios del siglo XVIII, de dos cuerpos, frontones escalonados, hornacinas y columnas salomónicas. El templo más notable del barroco limeño fue el de San Francisco, reconstruido en el segundo tercio del siglo XVII por el arquitecto portugués Constantino de Vasconcelos y el limeño Manuel de Escobar. San Francisco es un templo de tres naves, planta trapezoidal, brazos en el transepto y cúpula cerrada con bóveda de cañón de quincha, estructura ésta que se empleó más tarde en otros edificios a raíz de los terremotos de esta centuria y la siguiente. Persistieron en el templo y convento franciscano la entremezcla de elementos del manierismo, el mudéjar y el barroco. Su portada retablo flanqueada por dos robustas e imponentes torres, el almohadillado en sus muros, el frontón curvo y partido de su primer cuerpo y el exuberante movimiento de sus relieves hacen de este templo el exponente más característico de esta centuria, hasta el punto de haber ejercido una fuerte influencia en la arquitectura limeña hasta el siglo XVIII.

Otro templo notable es el de Santo Domingo, el cual, a pesar de las alteraciones que ha sufrido, ha conservado su traza original del siglo XVI. Una modificación notable en el último tercio del XVII fue la sustitución de su cubierta mudéjar por bóvedas de nervaduras. Todavía soportó cambios importantes de mano del artista neoclásico Matías Maestro, hacia finales del siglo XVIII, y otras reformas en el XX. El templo de San Agustín fue totalmente modificado hacia 1681 concluyéndose las obras en 1697. En el siglo siguiente terminó por sustituirse la severa fachada principal edificada por José de la Sida en el siglo anterior. Aún sufrió enormes cambios después de 1895 en que quedó seriamente averiada a raíz de la revolución de Nicolás de Piérola.

Preciosos ejemplares de iglesias menores de la primera mitad del siglo XVII son las de Jesús María y La Magdalena. En la primera se aprecia cú-

Templo de San Francisco, en Lima, en el que se entremezclan elementos de manierismo, mudéjar y barroco. La construcción del convento se inició en 1657.

pula en su crucero, bóveda de madera y quincha, y pequeños campanarios.

Resaltan asimismo, por la belleza de su diseño, las hermosas iglesias situadas en los valles al sur de Lima, como la de Chilca, la de San José de Chincha, y las de San Javier y San José de Nazca. Aun siendo iglesias de haciendas —estas últimas de La Compañía de Jesús— sorprende la alta calidad de su diseño y fábrica.

Trujillo y Lambayeque

Hacia el norte de Lima, en la ciudad de Trujillo, lo más relevante de su arquitectura se erige entre los siglos XVII y XVIII. Es el caso de su catedral, trazada en 1643 por el religioso dominico fray Diego Maroto. Fue consagrada en 1666, habiendo sufrido graves daños con los terremotos de 1754 y 1970. De tres naves, coro originalmente dispuesto en la nave central, cúpula y bóvedas de ladrillo, tiene similitud con las catedrales de Lima y Cusco. La iglesia de La Compañía de Jesús, de 1640, de planta basilical y dos capillas laterales, posee una hermosa portada principal de dos cuerpos que en su atemperado barroquismo aún retiene elementos manieristas.

La iglesia de Santo Domingo fue concluida en 1641. De planta basilical y bóveda de ladrillo, su estructura horizontal ofrece resistencia a los sismos. De la misma época son La Merced, San Francisco y San Agustín. La primera destaca por los relieves de sus pechinas y la cornisa de la cúpula, y la segunda por su torre octogonal.

Más al norte de Trujillo se encuentra Lambayeque, cuyos templos, San Pedro de Lambayeque y Santa Lucía de Ferreñafe, poseen torres octogonales de similar planteamiento que la de San Francisco de Trujillo.

Arequipa

La ciudad de Arequipa (fundada el 15 de agosto de 1540) sufrió desde finales del siglo XVI destructores terremotos que han impedido que lleguen hasta la actualidad ejemplares de arquitectura de aquella centuria y de la primera mitad del siglo siguiente, razón por la cual sus principales edificios civiles y religiosos son de la segunda mitad del siglo XVII y del XVIII. En ella nació asimismo, en el último tercio del XVII, una decora-

Detalle de los relieves de la portada principal de la iglesia de San Agustín de Arequipa, una de las más notables del arte mestizo.

ción arquitectónica original a la que se dedica un acápite especial en estas páginas.

La frecuencia de los sismos ha obligado a edificar en esa región edificios robustos construidos con bloques de piedra de lava volcánica extraídos de canteras próximas a la ciudad. Es porosa, fácil de tallar y sus matices de color son el blanco, blanco almendrado y rosado. Además del espesor de los muros se emplean con profusión contrafuertes, arcos, bóvedas y machones que le dan solidez a la masa del monumento. Las edificaciones eran cubiertas de cal o coloreadas con ocre, amarillo, añil y azul índigo.

El templo de La Compañía de Jesús

Iglesia característica del barroco arequipeño es el templo de La Compañía de Jesús, edificado a lo largo de los dos últimos tercios del siglo XVII. De tres naves, cúpula y una torre cuadrada, sigue los lineamientos esenciales de los templos renacentistas de la Orden cuyo modelo es *Il Gesú* de Roma. Su portada principal, edificada en 1698, es el ejemplo más espléndido del decorativismo mestizo surperuano. La portada lateral tiene la singularidad de que su primer cuerpo, tallado en 1654 por el maestro español Simón de Barrientos, tiene un carácter volumétrico europeo en constraste con la coronación que exhibe el relieve planiforme de un Santiago Matamoros ecuestre labrado de mano indígena. Al lado del templo se levanta el antiguo convento y noviciado jesuita, que es un vasto claustro de arquerías sobre pilares profusamente decorados con relieves, en que se entremezclan, al igual que ocurre en la portada principal de la iglesia, la iconografía de origen renacentista y plateresca con las propuestas aborígenes.

Si bien la iglesia de San Francisco, como la de La Compañía, fueron edificadas a mediados del siglo XVI, en el siglo XVII fue objeto de notables modificaciones como la inclusión de las capillas laterales a finales de esta última centuria. Se emplearon ladrillos para la construcción de la bóveda, de los arcos de la nave central, las cúpulas de las capillas y la portada.

Los templos de La Merced y de Santo Domingo

La Merced es uno de los templos que más ha sufrido con los sismos. Su concepción general hay que situarla a mediados del siglo XVII. La construcción está emparentada con la de La Compañía. El maestro Juan de Aldana intervino en la

La iglesia de la Compañía de Jesús de Trujillo, construida en 1640, posee una hermosa portada principal con elementos constructivos y soluciones cromáticas manieristas.

edificación de las dos. También de tres naves, se diferencia de aquélla en sus proporciones y en su presbiterio cubierto con cúpula. La construcción de Santo Domingo se concluyó en el último tercio del siglo XVII y da la sensación de fortaleza, debido a la espesura de sus muros y a la solidez de sus arquerías.

La iglesia de San Agustín

Finalmente, otra de las iglesias características de la ciudad de Arequipa es la de San Agustín, sumamente afectada por los terremotos, de la que sólo ha subsistido su fundamental portada principal, una de las más notables del arte mestizo, y la cúpula de la sacristía.

Monasterios de clausura

De los monasterios de clausura de religiosas hay que destacar, por su carácter y dimensiones, el magnífico conjunto de Santa Catalina, compuesto por callejuelas y plazuelas interiores donde se edificaron pequeñas casas para las enclaustradas y sus servidoras. Amplios claustros de arquerías, refectorio, lavandería y huerta, además del templo con su torre de planta cuadrada completan el conjunto de esta ciudadela cuyas construcciones y ampliaciones se han ido desarrollando durante los tres siglos virreinales e, incluso, en el siglo XIX republicano. Cenobios importantes, aunque de menores dimensiones, son el de Santa Teresa —o El Carmen— y el de Santa Rosa.

Otras iglesias

Extramuros de la ciudad virreinal se hallaban poblaciones que hoy han sido integradas a la urbe moderna. En ellas se levantan iglesias de carácter rural que poseen elementos arquitectónicos y decorativos de gran importancia. Es el caso de las iglesias de San Miguel de Cayma, San Juan de Yanahuara, Paucarpata y Espíritu Santo de Chihuata, cuya descripción figura en el acápite sobre la arquitectura mestiza.

El valle del Colca

Ciento cincuenta kilómetros al norte de Arequipa se halla el valle del Colca (o de los collaguas como se le llamaba en el virreinato) en donde desde 1540 se asentaron doctrinas franciscanas para la evangelización de los indígenas. A lo largo de las tres centurias virreinales se edificaron en las reducciones un conjunto de 16 templos en los

Templo de Lari, en el valle del Colca. Levantado a mediados del siglo XVIII, de gran envergadura y construcción masiva, es el único de sus características con cúpula central.

Catedral de Puno, con elementos mestizos, vinculada estilísticamente con los templos arequipeños. La portada aparece bajo arcos cobijos sobresalientes, sustentados sobre machones.

que se aprecian los diferentes estilos que se impusieron en el Nuevo Mundo e, incluso, comprobar superposiciones en un mismo edificio. Las iglesias más antiguas datan del último tercio del siglo XVI y obedecen a los típicos planteamientos renacentistas en planta y portadas como en los casos de Madrigal y Coporaque. En este último pueblo ha subsistido incluso una capilla de 1565. La mayoría de los templos del valle son de los siglos XVII y XVIII, siendo edificados con planta de una sola nave, torres cuadradas y persistiendo en ellas durante todo el período virreinal, la fábrica de capillas abiertas de galería, balcón y absidales lo que evidencia el tenaz afán catequizador que caracterizó a las doctrinas del valle. Es impresionante hallar en lugar tan apartado, templos de la envergadura del de Lari, de mediados del siglo XVIII, de construcción masiva, y el único que tiene cúpula. A pesar de las características tan singulares que poseen algunos (como el de Yanque, con espléndida decoración mestiza en sus dos portadas), esos edificios están vinculados a la arquitectura mestiza arequipeña, que los pobladores del Colca edificaron, pues fueron ellos los reconstructores de los templos de la ciudad luego que fueran destruidos por los sismos.

Puno

La región de Puno ha estado estrechamente vinculada a la de Arequipa, lo cual explica que algunos de sus templos estén relacionados estilísticamente con la arquitectura mestiza. Aparte de los testimonios renancentistas a los que se ha hecho mención, son muy notables las iglesias edificadas en los siglos XVII y XVIII. Estos templos tienen como característica común poseer sólo una nave, tener planta en cruz latina, estar cubiertas con bóvedas de cañón y poseer cúpula en el crucero. Las capillas laterales están construidas bajo arcos que son parte del muro. Como muchos de los templos del valle del Colca, las portadas puneñas están bajo arcos cobijos muy sobresalientes sustentados sobre sólidos machones. Iglesias vinculadas a las arequipeñas son la catedral, San Martín de Vilque, Yanarico, e independientes de este estilo el hermoso conjunto de templos de Juli: San Pedro, San Juan de la Santa Cruz y los restos de la Asunción. Espléndidos ejemplares puneños son asimismo el de Santiago de Pomata (que posee una cúpula con relieves que está entre las grandes obras de la decoración arquitectónica andina) y las iglesias de Lampa, Azángaro, Ayaviri, Zepita, Juliaca, Santiago de Pupuja y Asillo. Se suman a ellos algunas portadas de casas como las que se aprecian en la plaza principal de Juli con sus tímpanos blasonados y sus ricos relieves.

Ayacucho y Huancavelica

Otra ciudad principal fue la de Huamanga (hoy Ayacucho), fundada en 1540. Aparte de sus edificios del siglo XVI, a los que se ha hecho referencia, posee esta urbe un rico patrimonio de los siglos XVII y XVIII por el número y calidad de sus templos. A pesar del predominio del barroco en

Portada principal de la iglesia del monasterio de Santa Teresa, en Ayacucho, de claro estilo barroco, cuya construcción se dio por concluida a principios del siglo XVIII.

Catedral de Ayacucho, cuyo trazado se debe al jesuita Martín de Aizpitarte, y cuya construcción finalizó en 1672. Su planta es de cruz latina, cúpula en el crucero y tres naves.

estas centurias persistió en Huamanga el gusto por las soluciones renacentistas, por lo que sus diseños y portadas ofrecen una sensación de austeridad distanciada de las opulencias del barroco. Su templo principal, la catedral, fue trazado por el jesuita Martín de Aizpitarte y se concluyó en 1672. Su planta tiene forma de cruz latina, cúpula en el crucero y tres naves, siendo las laterales más bajas que la central.

También del siglo XVII es la iglesia de La Compañía, que posee una nave abovedada con una capilla por lado. En contraste con este diseño tan austero se levantan sus dos torres del siglo XVIII exornadas en sus cubos con hileras horizontales de flores de piedra estilizadas. El templo de Santo Domingo, edificado originalmente en el siglo XVI, fue muy modificado a principios del XVII y en el XVIII. Con planta de cruz latina posee como elemento original un amplio nártex que sobresale de la fachada principal con una capilla abierta de galería en su parte superior. En lugar de torre se levanta sobre el convento lateral una espadaña. La de San Francisco se reconstruyó en el último cuarto del siglo XVII y se concluyó en 1725, respetándose la portada principal del siglo XVI. Con planta de cruz latina, sus bóvedas son tanto vaídas como de cañón transversal. Son de interés las iglesias del monasterio de Santa Teresa, concluida en 1703 y su convento de clausura, la de San Agustín Pampa, con su portada de columnas salomónicas, la de San Francisco de Paula, la de la Buena Muerte y San Juan de Dios.

Huancavelica, importante asiento minero en la Colonia por sus yacimientos de mercurio, fue fundada por el virrey Francisco de Toledo en 1572. Posee interesantes iglesias como la de Santo Domingo y San Sebastián del siglo XVII pero que incorporan elementos del XVIII, persistiendo en ellas diseños renacentistas. Contrastan con ellas las portadas barrocas de la catedral, Santo Domingo y, fuera de la ciudad, Santa Bárbara, al lado del asiento minero de ese nombre.

Cajamarca

Otra de las ciudades históricas importantes desde el inicio de la Conquista fue Cajamarca, urbe en la que Francisco Pizarro apresó al emperador Atahualpa en noviembre de 1532 y en la que fue ejecutado en 1533. La mayoría de sus templos se construyeron tardíamente, en el siglo XVIII y, como en el caso de Arequipa, se edificaron a base de piedra volcánica. Construcciones robustas, cubiertas con bóveda de cañón, tienen parentesco con las edificaciones de la región mencionada, pues hasta el setecientos persistió el gusto por el manierismo y el plateresco, expresado en los ricos altorrelieves que decoran sus torres y portadas, aunque no se hallan en ellos ni el carácter ni las expresiones iconográficas de Arequipa y Puno, sino planteamientos vinculados a los de tradición hispánica.

En la plaza mayor se levanta la catedral, la cual, a pesar de carecer de torres, resulta monumental. Iniciada en 1685 y consagrada en 1762,

Catedral de Cajamarca. Iniciada en 1685, se consagró en 1762. Construida con piedra volcánica, resulta monumental aunque carece de torres. Su portada es figurativa.

La catedral del Cusco

Se inició su edificación en 1560 y fue consagrada en 1669. El plano inicial se debió al maestro Miguel de Veramendi, habiendo intervenido en el transcurso de los cien años de su construcción los maestros Francisco Becerra, Bartolomé Carrión, Miguel Gutiérrez Sencio y Francisco Domínguez Chávez de Arellano. Como la de Lima, con la que guarda importantes similitudes en su traza, concilia los aportes del gótico, el renacimiento manierista y el barroco. De planta rectangular, posee tres naves y capillas laterales, testero plano, bóvedas de arista con nervaduras, coro en la parte media central y pilares cruciformes con arcos de medio punto. El exterior de este edificio da la sensación de austeridad y reciedumbre suavizada por las portadas laterales de carácter manierista y la central discretamente barroca que, como varias del Cusco de este período, mantienen un espíritu herreriano en su concepción. Los grandes cubos cuadrados y los amplios campanarios tienden a darle cierta horizontalidad.

muestra una proficua exornación de diseño almohadillado en los cubos de los inconclusos campanarios, y figurativa en el centro de la fachada. Es de planta en cruz latina y tres naves separadas por muros en los que se abren arcos. Edificio de envergadura es, asimismo, el conventual de San Francisco sobre la misma plaza mayor. Construido en la primera mitad del siglo XVIII, nunca se concluyeron los campanarios de sus torres, siendo las actuales de reciente fábrica. En planta de cruz latina y cúpula sobre el crucero, concentra su decoración de relieves en las ventanas, y particularmente en la capilla de la Virgen de los Dolores, que adornan la bóveda, frisos y presbiterio.

Otro de los grandes monumentos de Cajamarca es la iglesia de Nuestra Señora de Belén, adjunta al Hospital de Nuestra Señora de la Piedad de la orden betlemita. El templo fue edificado en el segundo tercio del siglo XVIII. Su imafronte incorpora elementos arquitectónicos como columnas salomónicas y posee sólo el cubo hexagonal de la torre que carece de campanario. En el interior su más atractiva decoración lo constituyen ocho ángeles atlantes y el exuberante decorado de la cúpula. Aproximadamente de la misma época es la iglesia de la Recoleta, de los religiosos franciscanos, concluida hacia mediados del siglo XVIII. En este edificio se concilian propuestas renacentistas con planteamientos barrocos concentrados principalmente en la espadaña y la fachada con frontones curvos, pilastras y volutas de profundo relieve. Posee también Cajamarca amplias casonas con buenas portadas de piedra que ostentan relieves cuyos motivos recuerdan la exuberancia de la Amazonia. El plateresco en la exornación y el clasicismo en el diseño son notas predominantes en las residencias civiles de los siglos XVII y XVIII.

Cusco barroco

En la ciudad del Cusco, donde se impuso en la época de la fundación española, la traza urbana y los recios muros de piedra incaicos de templos, palacetes y canchas, su arquitectura barroca recibió un notable impulso a raíz de la destrucción causada en la ciudad renacentista por el terremoto del 31 de marzo de 1650 y la extraordinaria

La catedral del Cusco se empezó a construir a finales del siglo XVI y se terminó un siglo después. Incorpora elementos góticos, manieristas y barrocos.

actividad reconstructora fomentada por el gran obispo-mecenas de aquella diócesis, Manuel de Mollinedo y Angulo. Este prelado se entregó a lo largo de su mandato, entre 1673 y 1699, a la tarea de levantar, consolidar y adornar los templos seriamente afectados, de forma tal que la fisonomía de la ciudad es fundamentalmente la que se reedificó a finales del siglo XVII, coincidiendo con el florecimiento de la Escuela Cusqueña de Pintura.

La iglesia de La Compañía

Sobre la misma plaza mayor se yergue la hermosa iglesia de La Compañía, ejemplar sobresaliente del barroco andino cuyo diseño se atribuye a Juan Bautista Gilles. Su reconstrucción se inició al año siguiente del terremoto y concluyó en 1668. Es de una sola nave, planta en cruz latina, capillas laterales de poca profundidad, cúpula sobre tambor en el crucero y bóvedas vaídas de nervadura. Su exterior es una de las realizaciones maestras de fachada-retablo. De tres cuerpos y tres calles, la disposición de sus elementos anuncia la persistencia del manierismo aunque ya influenciado por el barroco. A su lado se levanta el antiguo convento de los jesuitas (hoy universidad), edificado en la segunda mitad del siglo XVII. Construcción maciza de dos pisos, el almohadillado de los muros recuerda algunas fachadas castellanas. El claustro es cuadrado, de arquerías y sostiene una segunda planta de gráciles arcos de menor proporción.

La iglesia de Santo Domingo

Edificada sobre el Coricancha incaico o Templo del Sol, la iglesia de Santo Domingo tiene de sobresaliente su magnífica torre que exhibe un campanario barroco con cinco columnas salomónicas en sus esquinas y dos entre cada pilar. De planta rectangular y tres naves, posee criptas cuyas lápidas informan sobre los importantes personajes en ellas enterrados. Hay que destacar el mestizaje arquitectónico de este edificio, bellamente evidenciado en el muro incaico curvo delante del testero, en el que se halla una capilla abierta con arquerías sustentadas por columnas salomónicas. El claustro renacentista, edificado en el siglo XVI, fue modificado en la centuria siguiente y reconstruido luego del terremoto de 1950. Conserva su carácter primitivo y fundamentales recintos del antiguo Coricancha incaico, siendo el claustro más original del virreinato.

Claustro del convento de la Merced en el Cusco. Construido a finales del siglo XVII, el templo presenta un portal lateral manierista y una hermosa torre barroca.

El templo de La Merced

Concluido hacia finales del siglo XVII, el templo de La Merced es de planta en cruz latina y tres naves separadas por pilares de orden toscano. Es importante su severo portal lateral manierista y su hermosa torre barroca que guarda similitudes con la de Santo Domingo, por el exuberante diseño de altorrelieves de su campanario. Es soberbio el claustro mayor del convento, de autor anónimo; de planta cuadrangular y dos pisos, está formado por hermosos pilares almohadillados que forman una danza de veinticuatro arcadas. Columnas corintias exentas, fustes exornados con anillos de hojas de acanto, fustes escamados y estriados, «arabescos» y otras exornaciones, además de las techumbres de lacería de tradición mudéjar, hacen de él el más hermoso claustro de América meridional. También es importante el segundo claustro del templo del que sí se conoce a sus autores: los maestros de cantería Juan Muñiz y Miguel Mejía de acuerdo a traza de Miguel Gutiérrez Sencio.

La iglesia de San Francisco

Para la construcción de la iglesia de San Francisco tuvo vital importancia el fuerte impulso creador del virrey Francisco de Toledo a raíz de su visita al Cusco en los años 1571 y 1572. La iglesia fue afectada muy seriamente por el sismo de 1650, al extremo que debió reedificarse en parte, quedando como es en la actualidad: en planta de cruz latina, tres naves cubiertas por bóvedas y elevada torre cuadrada. Su portada lateral, renacentista, es testimonio de su fábrica primitiva. Los dos grandes claustros del convento resistieron el sismo mencionado, por lo que permanecen como ejemplos notables del renacimiento, en particular el claustro principal, compuesto por arcos de medio punto en su planta inferior y carpaneles en el alto. En las amplias escaleras se aprecian hermosos azulejos sevillanos.

La iglesia de San Pedro

La sólida y proporcionada iglesia de San Pedro fue edificada en el siglo XVII sustituyendo una construcción de adobe del siglo XVI contigua al Hospital de Naturales que había fundado en 1556 el capitán Sebastián Garcilaso de la Vega, padre del ilustre cronista cusqueño Inca Garcilaso de la Vega. Su construcción, luego del terremoto de 1650, se debió al obispo Manuel de Mollinedo y Angulo y a su sobrino Andrés. Sus torres recuerdan a las de La Compañía y su fachada es de una equilibrada concepción barroca que aún le debe algunos planteamientos al renacimiento. En forma de cruz latina, altas bóvedas y una nave, se abren en sus costados sendas capillas y dos bautisterios, cuyos pórticos están presididos por los escudos de los Mollinedo. Este edificio fue trazado por el arquitecto y hábil escultor Juan Tomás Tuyru Túpac, de la descendencia real de los incas.

Nuestra Señora de Belén de los Reyes

Iglesia magnífica, del último tercio del siglo XVII, sustituyó a la afectada por el sismo de 1650. De una sola nave y planta de cruz latina, es interesante su portada principal con un altorrelieve que narra la visita de los Reyes Magos y en cuyo centro se hallan las efigies de San José y la Virgen.

Otras iglesias

Importante iglesia es asimismo la de San Sebastián, al sur de la ciudad, cuyo alarde mayor es su espléndida fachada de tres calles, dos cuerpos y coronación en que la piedra ha sido diestramente tallada. Fue concluida hacia 1678. Requiere mención la de San Antonio Abad, situada con frente a la plazuela de las Nazarenas. Su fachada está en el tránsito entre el renacimiento y el barroco y se abre en la parte superior de ella un amplio óculo ovalado. Es contigua al antiguo seminario de San Antonio, al que se ingresa bajo una buena portada plateresca. El seminario se compone de dos claustros de dos plantas con arquerías sobre pilares de los que el de la planta superior tiene doble número de arcos. El segundo claustro, en desnivel respecto del primero, es de menores dimensiones y se halla próximo a un refectorio de considerables dimensiones. En 1692 se fundó en él la universidad de su nombre. Algunas referencias requieren también las iglesias de Jesús y María, y la del Triunfo, contiguas las dos a la catedral pues la flanquean. Esta última, la del Triunfo, se edificó sobre el recinto incaico en el que se refugiaron los conquistadores en 1536 y 1537, durante el cerco que Manco Inca impuso al Cusco. Se le dio este nombre en conmemoración de la victoria alcanzada sobre el caudillo indígena en la que, de acuerdo a la tradición, el triunfo se obtuvo mediante la intervención milagrosa de Santiago Apóstol y de la Virgen María. Es una construcción de 1733 que cubrió el templete de cúpula, arcos y columnas que había levantado en el siglo XVI el canónigo Diego Arias de la Cerda. Respetando la fábrica original se construyeron tres naves y una cripta.

Calle empedrada de Arequipa. Al fondo, la cúpula del monasterio de Santa Catalina, original manifestación del barroco peruano, aunando propuestas europeas con decoraciones indígenas.

Iglesias conventuales

Son de gran interés las iglesias conventuales de religiosas. La de Santa Clara fue concluida en 1622 y resistió al sismo de 1650. Es de carácter renacentista su única nave, sus dos portadas y su sobria torre. Las de Santa Catalina y Santa Teresa están emparentadas entre sí por sus fachadas de moderado estilo barroco. Respecto de sus edificios conventuales hay que subrayar que el de Santa Catalina se construyó sobre los restos del Acllahuasi incaico o Casa de las Escogidas, mezclándose de esta manera propuestas arquitectónicas hispánicas con los finos muros indígenas. La iglesia del convento de Santa Clara posee un hermoso claustro de arquerías de dos plantas, que aún conserva el carácter severamente renacentista, a pesar de ser fábrica del siglo XVII.

Casonas cusqueñas

Austeridad y clasicismo predominan en las fachadas de las casonas cusqueñas de los siglos XVII y XVIII. Las fachadas de los edificios religiosos son más austeras que las de los monumentos civiles. Pero continúa con las dimensiones de las casas, el

Decoración de carácter mestizo

Elementos decorativos de carácter mestizo adornan otros edificios religiosos, como los arcos tallados de los coros altos de San Francisco y Santa Teresa y las exornaciones de la portada lateral de la iglesia conventual de Santa Rosa. Respecto de las antiguas iglesias próximas a la ciudad colonial y, que ahora han quedado incluidas en ella, mencionaremos la de San Miguel de Cayma, con su preciosa portada principal de dos cuerpos construida en el siglo XVIII, con singulares relieves como los que se aprecian en las labras de sus columnas pareadas del primer cuerpo, que representan mujeres en posición frontal, sustentando sobre la cabeza canastas con frutas y que adoptan forma de follaje de la cintura para abajo, o los rostros humanos, situados de perfil, en las orlas laterales. La de San Juan de Yanahuara, posee una armoniosa fachada erigida en el año 1750, de dos cuerpos ricamente decorados. La notable portada lateral de Paucarpata, tan similar a la de Santo Domingo, es probable que haya sido obra del mismo maestro. Se diferencia ésta de la dominica porque en lugar de pilastras posee medias columnas. Son interesantes también los mascarones de perfil que adornan sus orlas laterales y los leones de cuyas fauces sale abundante follajería. La portada de Chiguata es también muy destacable, y su ornamento de mayor interés lo constituye su bella cúpula de piedra adornada con doce ángeles, querubines, rosetones y ánforas.

gran aliento en los espacios de patios de arquerías, corredores y galerías por cuanto eran mansiones señoriales de terratenientes que mantenían larga familia y una vasta clientela.

Arquitectura mestiza surperuana

A partir del último tercio del siglo XVII surgió en la ciudad de Arequipa una modalidad decorativa arcaizante y planiforme, que hunde sus raíces en el estilo plateresco y da vida a una original manifestación del barroco americano, al sumar las propuestas iconográficas europeas de tradición renacentista y barroca, con las decoraciones indígenas que incorporan no sólo la flora y fauna regional, sino también efigies de raigambre prehispánica y volumetría en la talla que delatan que la labra en piedra que efectuó el artista aborigen era en verdad la traslación a una materia dura y porosa de la concepción estética de la textilería, que es la gran tradición artesanal andina. En otras palabras, la impresión que dan aquellas labras en las portadas de casas e iglesias es la de tapices rígidos o extensos tejidos vernaculares.

Su arquitectura se ciñó a las propuestas europeas, adoptando la planta en forma de cruz latina y no insistió en el claroscuro. En las regiones más altas de los Andes sureños y en las antiguas reducciones indígenas (como en el valle del Colca y en Puno) se incorporó la capilla abierta de galería o balcón en la portada principal, la de vano en el testero e, incluso, la de galería sobre los muros laterales como es el caso de la iglesia de la Asunción de Nuestra Señora de Chivay.

Portadas principales

La más antigua portada, por el carácter del diseño y ornamentación de este estilo mestizo en Arequipa, es la de San Pablo, entrada lateral de la iglesia de Santo Domingo. Data de 1677-1680 y se compone de un cuerpo y tímpano, teniendo a sus costados pilastras de fuste liso, así como orlas con motivos de follajería y otros ricos motivos exornativos. Sobre las enjutas resalta el relieve de unos ángeles trompeteros y en el centro del tímpano la figura de San Pablo, espada en mano, bajo venera y entre racimos de uvas, ángeles, rosetones y follajería. Las orlas laterales están decoradas por racimos de uvas, imágenes de niños y unos mascarones de perfil sobre pétalos. Estos mascarones muestran narices sumamente pronunciadas, cabellera estriada y enrollada en el extremo, plumajes cual toca sobre la cabeza, gruesos bigotes y un tallo que sale de las bocas. El diseño y la decoración de esta portada influyó considerablemente en la lateral de la iglesia de Paucarpata y la de San Juan de Yanahuara.

Portada de la iglesia de La Compañía

Extremadamente notable es la portada principal de la iglesia de La Compañía labrada en 1698. Compuesta por dos cuerpos y coronación, su primer cuerpo consta de arco romano con clave de variados motivos y arta con relieves de flora regional. Las calles están divididas por columnas pareadas de capitel compuesto y fuste, cuyos dos tercios superiores son lisos y el inferior labrado en zig zag, rematado en doble anillo con hojas y flores de acanto. Entre las columnas y el cornisamento hay abundante labra de follajería, enredaderas, frutos, espigas de trigo, diversas aves y cabezas antropomorfas y zoomorfas. Su segundo cuerpo posee columnas pareadas con fuste en espiral. La hornacina del centro tiene repisa, venera y relieves, apreciándose la representación del águila bicéfala de los Austrias. Un amplio entablamiento la separa de la coronación que es un frontón trilobado y cornisas superpuestas. Destacan en los relieves de esta portada figuras masculinas con colas vegetales de ascendencia manierista y cuatro animales fantásticos de ascendencia precolombina, pues combina el puma con el ciempiés o miriápodo; hay también mascarones con penachos de plumas y tallos en la boca; cabezas felínicas con rasgos humanoides; cabezas de leones y aves de cabeza naturalista y cuerpo abstracto.

Respecto de la importante portada lateral, su primer cuerpo lo talló el maestro español Simón de Barrientos en 1654, pero el tímpano, en cuyo centro se halla el altorrelieve de un Santiago ecuestre, espada en mano, cabalgando sobre cabezas de moros, fue obra de un artífice indígena, probablemente collagua.

Iglesia de San Juan de Yanahuara, en Arequipa. Erigida a mediados del siglo XVIII en un estilo mestizo, presenta muchas similitudes con la iglesia de Santo Domingo.

Portada de la iglesia de San Agustín

San Agustín ofrece una de las portadas notables del arte mestizo surandino. Fue labrada en la primera mitad del siglo XVIII. El primer cuerpo posee tres calles y el segundo una. Su primer cuerpo está compuesto por un portal de ingreso en arco de medio punto exornado con rosetas, y sus enjutas, entre decoración de follajería, tiene relieves de ángeles. Las calles laterales se abren entre columnas de capiteles corintios y fustes con decoraciones de relieves de bandas onduladas así como anillos de hojas de acanto. Entre estos soportes se abren amplias hornacinas aveneradas. Mediando un prominente entablamento se erige el segundo cuerpo, en cuyo centro se aprecia una ventana con venera y efigies en altorrelieve de dos santos. Al igual que en la iglesia de La Compañía, reaparecen águilas bicéfalas, así como cartelas renancentistas y aves de dos colas. Es excepcional la sacristía de este templo, pues está cubierta por una cúpula exornada con motivos planiformes de hojas estilizadas, roleos, estrellas, rosetas, flores de cantuta y nervaduras radiales.

Portada de la iglesia de la Tercera Orden de San Francisco

La fachada principal de la iglesia de la Tercera Orden de San Francisco es bastante tardía, pues se levanta entre 1775 y 1777, reconstruyéndose luego del terremoto de 1784. Se halla flanqueada por dos recios contrafuertes y está compuesta por un ingreso de arco de medio punto y columnas de fuste en espiral. Sobre el arco de ingreso se levanta un tímpano entre pilastras que concluyen en un ondulante frontón partido. En el centro hay un medallón con una orla, una inscripción y las imágenes de Santa Clara y San Francisco a los lados de un arcángel que sustenta una custodia. En su decoración se aprecian racimos de uvas, rosetones y perfiles de lobos, siendo esta portada la última construida en la ciudad, siguiendo las características del arte mestizo.

Fachada principal de la iglesia de la Inmaculada Concepción en Yanque, de estilo mestizo, con altorrelieves y medallones ricamente decorados.

Estilo arequipeño en el valle del Colca

Al norte de la ciudad de Arequipa el estilo mestizo tiene una presencia relevante, y no es para menos, pues los collaguas, habitantes de valle del Colca fueron los edificadores de sus iglesias y quienes llevaron el gusto por este estilo por las rutas del comercio del aguardiente desde los valles bajos hasta el Alto Perú. Ese itinerario, que pasaba a través del lago Titicaca hasta la Villa Imperial de Potosí, es el de la expansión de este estilo difundido por ellos. En el Colca se encuentran ejemplos relevantes del estilo mestizo, como la hermosa iglesia de la Inmaculada Concepción de Yanque, con su espléndida portada constituida por un lienzo con altorrelieves de follajería y medallones con las efigies de San Francisco, el obispo Antonio de León, Santo Domingo de Guzmán, San Vicente Ferrer, Santa Rosa de Lima, Santa Catalina de Siena, San Buenaventura y San Antonio de Padua. Querubines y decoración floral completan este lienzo pétreo, que asocia como ningún otro la visión textilera del indígena andino al decorativismo espacial de un edificio colonial. La portada lateral, en su segundo cuerpo, exhibe un carácter parecido en sus relieves planiformes con imágenes de sirenas con cornucopias, el Padre Eterno, la Virgen coronada, ángeles, leones y águilas. Portadas como la de Sibayo enaltecen el estilo arequipeño, así como los numerosos arcos cobijos que protegen las fachadas y relacionan esta tipología arquitectónica con las iglesias puneñas.

Dentro de este estilo arquitectónico regional hay que señalar las singulares portadas de casonas como la de Tristán del Pozo, con su espléndido tímpano, que exhibe un candelabro de cantutas con los monogramas de la Sagrada Familia, y la de la casona del Moral, con escudo heráldico cuartelado.

Neoclásico y República

Mucho antes de su Independencia en 1821, el poderoso Virreinato del Perú empezó a sufrir síntomas de declinación como fuerza continental. A ello contribuyó la importante disminución de sus vastos territorios originales causada por la creación del Virreinato de Nueva Granada, en 1739, y el del Río de la Plata, en 1776. A este último pasó el control de la Audiencia de Charcas, donde se hallaba la rica mina de plata del cerro de Potosí. Al mismo tiempo se había iniciado el declive de los yacimientos mineros y los obrajes y, como consecuencia de ello, de la vida económica del virreinato y su capital. El terremoto del 28 de octubre de 1746 —y su secuela, el maremoto que destruyó El Callao casi por completo— terminaron por ahondar la crisis.

Espadaña del beaterio de las Nazarenas del Cusco, con portada manierista exornada con escudo.

El barroco tardío y el rococó

En la segunda mitad del siglo XVIII, sin embargo, perduraron el barroco tardío y el rococó. Se construyeron en la capital edificios como el colegio de Teología de Santo Tomás, cuyo locutorio es de planta ovalada, y la iglesia del Sagrado Corazón de Jesús (1766), de planta también ovalada. Otros monumentos de este carácter son la torre de Santo Domingo, la fachada de la iglesia de Santiago de Surco y la Quinta Presa. Pero entre los edificios religiosos es en el templo conventual de las Nazarenas donde se plasma resueltamente la presencia del rococó francés. Construido bajo el gobierno del virrey Manuel de Amat y Junient para albergar la imagen del Señor de los Milagros, el edificio y sus elementos decorativos imponen el estilo Luis XV y el barroco italiano que Juvara y Sachetti habían introducido en Madrid. El púlpito Luis XV y las rocallas en arcos y pechinas definen ese carácter, de la misma forma que se introduce en el camarín de la Virgen de las Mercedes. Obra importante de este período es asimismo la edificación de una construcción militar notable como es el castillo del Real Felipe del puerto del Callao, que dirigió Juan de la Roca, colaborador del virrey Amat.

Matías Maestro

El último momento de la arquitectura virreinal fue el neoclásico, cuyo ideólogo y conductor fue el presbítero Matías Maestro (1766-1834). Su estilo fue académico, aunque impregnado del barroco romano de Bernini y Borromini. Maestro modernizó las principales iglesias coloniales para lo cual destruyó importantes retablos y púlpitos barrocos. Su obra mayor fue la fachada del Cristo de las Maravillas y el Cementerio General de Lima (1808). Este artista encarnó el paso de la Colonia a la Emancipación, época en que predominó el neoclásico.

La arquitectura en el siglo XIX

En contraste con el virreinato, en el cual hubo ciudades importantes distribuidas a lo largo de la costa y de la sierra, en las que la arquitectura fue una actividad intensa y original, que llegó a forjar estilos regionales, la República favoreció el crecimiento desproporcionado de la capital con el consiguiente declive de urbes andinas otrora prósperas. Ello tuvo enormes consecuencias en la arquitectura y en las demás artes que siguieron el destino de aquéllas. A este declive hay que sumar el ocaso del Imperio español y los modelos que

Arquitectura del siglo XIX

Entre la época de Ramón Castilla (1855-1863) y la guerra con Chile (1879-1883) tenemos el período de mayor eclecticismo arquitéctonico en Europa. Pasado el romanticismo, que fue ante todo una añoranza del medioevo, vino al Perú, más bien a Lima y siempre con atraso, las más variadas mezclas de estilos alterando sensiblemente la estructura distributiva y pulcra plástica republicana. La fachadas fueron ostentosas, adquirieron mayor altura, generalmente de dos pisos, se adornaron con motivos floridos y escultóricos, de ritmos amplios, y con la más cuidada artesanía de carpinteros y yeseros. Los interiores, espaciosos, de salones de aparato y los patios tratados con capricho, con escaleras decorativas y generalmente sueltas, todo dando una impresión de fantasía y aún, en algunos casos «surrealista» pero, en el fondo, con disciplina académica. La guerra franco-prusiana (1870) hizo disminuir la influencia francesa en esos años y fueron, sobre todo, maestros italianos los que dejaron su huella imaginativa.

Héctor Velarde

Imagen frontal del patio interior del Palacio Iturregui, en Trujillo, claro exponente de la arquitectura republicana. De estilo neoclásico, es una muestra inequívoca de la influencia europea.

había impuesto, sustituidos por los de procedencia sajona y francesa que predominaron a lo largo del siglo XIX, como ha ocurrido con la influencia de Estados Unidos en el siglo XX.

En efecto, luego de la Independencia, la mayor influencia vino de Inglaterra, que había emprendido décadas atrás la Revolución Industrial que impulsó otro orden de vida y, por ende, particulares estilos arquitectónicos y artísticos. La mayor gravitación se dejó sentir en las construcciones portuarias y la edificación industrial. A esa influencia continua a lo largo de esa centuria le siguieron la italiana, de mediados del siglo, y la francesa, en su último tercio. Otra característica de aquella época es que las propuestas venidas de Europa se aplicaron sin mediar una reinterpretación de las mismas, a diferencia del período virreinal en que las escuelas regionales adaptaron a sus propias exigencias e ingenio los estilos que llegaban del Viejo Mundo. Por último, en el siglo XIX se siguieron en gran parte los patrones constructivos que venían desde el siglo XVIII, en tanto que paralelamente se empleaban materiales novedosos. De esta forma, la imposición del neoclásico en las primeras décadas del XIX no sólo permitió edificaciones nuevas, sino que reformó y adaptó construcciones anteriores a las nuevas exigencias estéticas, principalmente en Lima y Trujillo.

Los balcones requieren una mención especial, pues así como le dieron un carácter acentuada-

Los balcones de Lima

Pronto fue una rica, interminable secuencia la de los balcones cerrados: elegantes alacenas empotradas en las fachadas a la altura de las segundas plantas. El padre Bernabé Cobo dice que los limeños «esméranse mucho en labrar grandes y curiosos balcones de madera y es muy grande el número que hay de ellos... y todos de gran recreación, en especial los de las esquinas». Fray Antonio de la Calancha dice que las rúas limeñas estaban «pobladas de balcones y ventanales, que en muchas calles son tantos y tan largos que parecen calles en el ayre». Lo cual prueba que antes de mediar el siglo XVII era notoria y ostensible su presencia; a ningún viajero le pasaron inadvertidos. Llegan a ser centenares, acaso miles, porque no había casa que se preciara que no tuviera uno o dos... Barrocos, rococós, neoclásicos o imperiales; con «celosías» (palabra que podría venir de «celos») con bastidores de cristal; breves o corridos, rectangulares u ochavados, como los de Olavide en la calle Núñez; con zapatas o *palomillas* ricamente talladas o de sobrias y elegantes líneas...

César Pacheco Vélez

mente oriental a la Lima colonial al recordar los muxarabíes del norte de África, se continuaron construyendo en la Lima del XIX, reemplazando las antiguas celosías por ventanas de vidrio. Habiéndose adoptado en la capital el eclecticismo estilístico europeo de mediados del siglo, se diseñan fachadas neorrenacentistas italianas e, incluso, construcciones neogóticas de carácter veneciano como el *palazzo* de los Astete con vista al río Rímac. Pero no fue sólo en la capital donde florecieron estos gustos: en la ciudad de Arequipa se impuso también el eclecticismo y el neorrenacentismo de origen italiano, francés e inglés, lo que contrastaba con la tradicional arquitectura de fachadas barrocas o neoclásicas, y contrafuertes, ventanales enrejados y fuertes bóvedas. El crecimiento de la ciudad de Lima hacia el sur, desde la época del presidente José Balta (1868-1872), que obligó a la demolición de las murallas coloniales, estimuló las construcciones tipo «rancho» en las aldeas rurales del entorno de la capital y principalmente en sus balnearios próximos como la Magdalena, Chorrillos, Barranco, Miraflores y Ancón. Aquel período del segundo tercio del siglo XIX, debido a los ingresos fiscales producidos por la venta a Europa de grandes cantidades de fertilizante de guano, estimuló la construcción de numerosos edificios públicos y privados, tanto en la capital como en las provincias, sobresaliendo la Penitenciaría o Panóptico, el Palacio de la Exposición, la remodelación de la colonial Alameda de los Descalzos, el Mercado Central, el Hospicio Manrique, el Hospital Dos de Mayo, la reforma de la Casa de la Moneda, el parque de la Exposición y el puente Balta, entre otros. En Arequipa se sustituyó la antigua catedral colonial, consumida por un incendio en 1844, por un edificio predominantemente neoclásico de carácter ecléctico y orden gigante, diseñado por Lucas Poblete, que ocupa todo el lado noroeste de la plaza mayor, edificándose asimismo los portales neorrenacentistas en 1877, según diseño de Eduardo de Brugada, luego que fueran destruidos por el terremoto de 1868. En el mismo período, se edifican los arcos de triunfo neoclásicos que se levantan en el Cusco, Ayacucho y Arequipa. En Tacna se construyen la catedral y la capilla del cementerio.

La Guerra del Pacífico (1879-1883) marcó un período de grave crisis, luego de la cual se abre otra fase para la arquitectura cuyo estímulo mayor llega cuando el gobierno de Nicolás de Piérola (1895-1899) reorganiza las finanzas públicas, se instalan bancos y compañías de seguros, se consolida la prosperidad minera y la exportación agrícola, constituyéndose un naciente capitalismo. Ello se refleja en la modernización de la capital, donde se construyen el elegante Paseo Colón, la avenida de la Colmena, a cuya vera se levantan casas de estilos variados que van desde la decoración neorrenacentista hasta el Art Nouveau pasando por el neobarroco y neorrococó. Más tardíamente se dieron esos estilos en el norte del Perú y en Arequipa.

Arquitectura del siglo XX

Larga es la serie de construcciones entre 1895 y 1915, siendo las más significativas la Casa de Correos y Telégrafos, la Facultad de Medicina, la Cripta de los Héroes, el Teatro Segura, la Casa Courret, el Palacio Legislativo, la Estación de Desamparados, el colegio de Nuestra Señora de Guadalupe, la tienda comercial Oechsle, que se ciñen a los preceptos academicistas de la escuela de Bellas Artes de París, y en su decorativismo a las propuestas en voga: el Art Nouveau, el estilo floreale italiano y el Style Liberty. Es la época en que aparece una pléyade de arquitectos peruanos de notable formación como Máximo Doig, Eduardo de Brugada, Ricardo de Jaxa Malachowski, Manuel J. San Martín, Santiago Basurto, Enrique Bianchi, Gonzalo Panizo, Claudio Sahut y Rafael Marquina, entre otros.

Fachada de la estación del ferrocarril, en Lima, ejemplo de la arquitectura del siglo XX.

El período de entreguerras señaló también otra fase que en parte coincidió con un fuerte impulso hacia la modernización, como fueron los once años de gobierno en sucesivas reelecciones del presidente Augusto B. Leguía (1919-1930), que dio nombre a una época. Aparecen en ella fenómenos urbanos cuyo crecimiento futuro planteará grandes retos a urbanistas y arquitectos, pues se construyeron los primeros edificios contemporáneos en el centro de la ciudad, rompiendo la volumetría de la urbe tradicional. Surgen los primeros barrios marginales y el aumento poblacional de la capital provoca la pérdida de áreas agrícolas. A pesar de los grandes cambios que estaban ocurriendo principalmente en las ciudades de Estados Unidos, en Lima siguió predominando el academicismo francés hasta el final del gobierno de Leguía, tal como se observa en los edificios de aquel período: la Compañía de Seguros Rímac que se levantó frente al Paseo de la República, los edificios de la Plaza Dos de Mayo, el Palacio de Justicia (cuyo modelo fue el de Bruselas), la Sociedad de Ingenieros, el Club Nacional con frente a la Plaza San Martín y el Banco Italiano.

Reacción neocolonial

Frente a esas construcciones aparece una reacción neocolonial cuyas primeras expresiones son el Hotel Bolívar y los portales de la plaza San Martín. Esta plaza es un verdadero mosaico del período que media entre 1920 y 1945, ya que en aquel vasto espacio, que creó otro lugar público de grandes proporciones, aparte de la tradicional Plaza Mayor, se erigió el monumento a José de San Martín (cuyo autor fue Mariano Benlliure), el Teatro Colón, el edificio Art Nouveau de la esquina de Quilca y Colmena, el Hotel Bolívar, el Club Nacional y los altos edificios sobre los portales.

Construcciones principales de este período son el Hospital Arzobispo Loayza, frente a la avenida Alfonso Ugarte, y numerosas residencias de la Colmena, el Paseo Colón y la avenida Arequipa.

Durante el período del gobierno del presidente Leguía prosperan también los balnearios, a los que acuden las familias de mayores recursos, como los de Barranco, Miraflores y La Punta, donde se edifican casas de estilos disímiles como las «villas» de tipo rural inglesas y alemanas, las casonas exornadas con motivos árabes y medievales, y re-

Portales de la Plaza de San Martín en Lima, expresión de la reacción neocolonial contra el academicismo francés de principios del siglo XX.

sidencias de estilo «Tudor» y «vasco», predominantes hasta la década de los años cuarenta.

Corriente neocolonialista

El verdadero carácter de ese período fue el eclecticismo, que tuvo una importante tendencia hispanista parecida al neocolonial, cuya fuente de inspiración es el californiano Spanish Revival. Reflejo de ello es el Hotel Country Club. El estilo neocolonial tuvo como pionero a Rafael Marquina en la década de 1910, al que siguió un prestigioso conjunto de arquitectos, entre los que figuran Malachowski y Sahut, quienes diseñaron el actual Palacio de Gobierno concluido en 1938. Apareció también el estilo «neoperuano», que unía propuestas del barroco colonial con el arte prehispánico. Por último, el estilo «neoincaico», mucho más arcaizante, tuvo también expresiones significativas como el Museo Arqueológico de la Cultura Peruana.

La corriente neocolonialista prosiguió con Emilio Harth-terré, José Álvarez Calderón, Manuel Piqueras Cotolí, Augusto Benavides, Enrique Seoane Ros y Alejandro Manfredi, que mereció estudios escritos por Harth-terré, Héctor Velarde y Carlos Morales Machiavello. Esa tendencia no se circunscribió a la capital, puesto que tuvo repercusiones de consideración en Arequipa, Cusco y Trujillo. El Art Déco sigue al academicismo y con él aparecen las casas conocidas como «estilo buque».

Racionalismo contemporáneo

El final de la Segunda Guerra Mundial, en 1945, marca también el ocaso de las corrientes historicista, romántica, neocolonial y neoperuana, para dar paso al racionalismo contemporáneo impulsado por la Agrupación Espacio, que se planteó la misión de difundir los preceptos arquitectónicos y artísticos modernos en contra del eclecticismo limeño. Los nombres de Le Corbusier y Walter Gropius fueron decisivos.

En la década de 1950 se desencadenó un intenso ritmo de construcciones, como el edificio del Ministerio de Educación Pública y las grandes unidades escolares y vecinales que impusieron una estandarización de la arquitectura.

Último tercio del siglo XX

El último tercio del siglo XX ha visto el desarrollo del funcionalismo, el racionalismo, las propuestas de Le Corbusier, Mies van der Rohe,

Arquitectura de las últimas décadas

Así como la arquitectura de la Colonia osciló entre un polo hispánico y europeo y un polo americano-andino, la arquitectura de la casa moderna siguió, aproximadamente desde 1950, dos tendencias. La primera poseyó una orientación predominantemente internacional y reflejó con más fidelidad los principios llamados modernos. Las obras de esta tendencia oscilan entre las formas relativamente libres u orgánicas que se asocian a Wright o Neutra y un vocabulario más deliberadamente racionalista y estructuralista que pueде asimilarse a la línea de Le Corbusier, Gropius, Mies van der Rohe y sus seguidores. Sin dejar de ser moderna, la arquitectura de la segunda tendencia refleja menos la influencia internacional y es, en cierto modo, más característica del medio... Se trata, pues, de una tendencia que aunque rehuye la utilización de motivos estilísticos del pasado, posee cierta relación con la arquitectura peruana del pasado, tanto prehispánica como colonial.

José García Bryce

Sede de los ministerios en Lima. La moderna edificación de la ciudad capitalina responde a las variadas tendencias de la postmodernidad.

Frank Lloyd Wright, Richard Neutra, José Luis Sert y la mejor arquitectura norteamericana y europea. A partir de la década de 1970, dando un nuevo giro a la visión de la forma, se impuso el neobrutalismo de James Stirling, y las influencias de Kenzo Tange, Louis Kahn, Oscar Niemeyer, Paul Rudolph, entre otros. Más recientemente, dentro del amplio postmodernismo, aparecen las tendencias que impulsan Mario Botta, Ieoh Ming Pei, Arata Isozaki, Michael Graves, Aldo Rossi, Richard Meier y Alvaro Siza, por mencionar a los más connotados. Ello se ha plasmado en notables logros de diseño que contrastan con otra modalidad: la crisis en la calidad arquitectónica en general y un descontrol en las edificaciones, que en parte obedece al crecimiento de la capital, que ha pasado de 600,000 habitantes en 1940 a 7'000,000 a finales del siglo XX, a la multiplicación de los denominados «pueblos jóvenes», a la migración interna desde el campo a las ciudades, a la movilidad social, a los nuevos modelos educacionales, y a la enorme intensificación de la vida civil que una urbe industrial y comercial plantea. A mucha menor escala, estos efectos se están dejando sentir en las ciudades más importantes del interior del país.

Periodismo, deportes y espectáculos

Periodismo

Radio y televisión

Deportes

Cine y teatro

Ópera, ballet y música

GAZETA
DE LIMA
QUE CONTIENE LAS NOTI- cias de eſta Capital deſde 8. de Febrero haſta 28. de Marzo de 1745.

EL EXCELENTISSIMO SEñOR VIRREY, CONTINUA gozando de perfecta ſalud, para la mas cumplida ſatisfaccion de los votos del Publico.

El 9. de Febrero, poco antes de medio dia, ſe experimentò en eſta Ciudad vn Temblor de tierra en dos tiempos, ô remezones cortos, aunque algo recios, y en particular el ſegundo; y la noche ſiguiente á la miſma hora repitióſe con baſtante eſtruendo, aunque el remezon fuè poco. Y lo miſmo ſucedió el dia 17. el 24. de Febrero, y el 22. de Marzo à media noche para el 23.

El 11. dió fondo en el Puerto del Callao, la Fragata nombrada los Dolores, de Don Joſeph Molina Sandoval, cargada de madera, y otros efecto

La Gazeta de Lima *apareció por vez primera en 1715, reproduciendo la* Gazeta *que se publicaba en Madrid y desde entonces las reimpresiones fueron cada vez más frecuentes.*

Periodismo

Manuel Amunátegui, fundador del diario El Comercio *(1839), decano de la prensa nacional.*

Dejando de lado las afirmaciones de algunos historiadores, que sitúan el nacimiento del periodismo peruano en las crónicas de Guaman Poma de Ayala (siglo XVI), y entendiendo como tal, en estricto sentido, el nacimiento de la prensa impresa y distribuida diariamente de forma masiva, hay que señalar los pasos previos que llevaron a lo que hoy entendemos por periodismo.

En el año 1715 aparece la *Gazeta reimpresa en Lima de las novedades más sobresalientes de la Europa del mes de febrero de 1715*, reproduciendo lo que se publicaba en la *Gazeta* de Madrid. Estas reimpresiones empezaron a ser tan sucesivas que en 1744, la *Gazeta de Lima*, confirmó que circularía a partir de entonces como «Una breve historia de los sucesos en que inmediata y progresivamente se esparecen las noticias».

Aparición del periodismo peruano

El 1 de octubre de 1790 aparece el *Diario de Lima*, fundado por el español Jaime Bausate y Mesa. Ésta es la fecha acordada por los profesionales de la especialidad para conmemorar el *Día del Periodista*.

Posteriormente a *El Diario de Lima*, que deja de publicarse el 26 de septiembre de 1793, aparece el *Mercurio Peruano* (1791), editado por ilustres miembros de La Sociedad Amantes del País, publicación escrita por intelectuales y científicos peruanos como Hipólito Unanue, Toribio Rodríguez de Mendoza, José Baquíjano y Carrillo, Jacinto Calero, José María Egaña y otros. Esta publicación dejó de circular en 1794.

Principios del siglo XIX

Los periódicos aparecidos hasta 1810 estaban sujetos a la censura. Circulaban *El Satélite del Peruano, El Verdadero Peruano*, y otros. Según la historia, entre 1811 y 1814 se gozó de la libertad de prensa decretada por las Cortes de Cádiz.

Como el periodismo de entonces era básicamente ideológico, la mayoría de esas publicaciones contribuyeron a la difusión de las ideas libertarias. Circulaban *El Depositario, El Censor Económico, el Seminario de Lima, el Nuevo Depositario,* y *La Gaceta del Gobierno Legítimo del Perú*. Entre 1820 y 1821 circuló el *Boletín del Ejército Libertador*.

En Huara, ciudad al norte de Lima, apareció *El Pacificador del Perú*, primer periódico doctrinario. Luego, *El Consolador, Los Andes Libres, El Correo Mercantil, Político y Literario del Perú* (1822), donde José Faustino Sánchez Carrión defiende sus ideas republicanas. Aparecen *El Sol del Perú*, de vida efímera, y la publicación más importante de la época, el bisemanario *La Abeja Republicana*, que enjuicia el proceso peruano desde la caída del Protectorado de Antonio José de San Martín «hasta la adopción definitiva de la República y la intervención bolivariana». Escriben Francisco Javier Mariátegui y J.F. Sánchez Carrión, *El Solitario de Sayán*, conspicuo hombre público que editó luego *El Tribuno de la República Peruana* abogando por el establecimiento de la República.

Se publican también *El Investigador Resucitado, El Triunfo del Callao* y *El Desengaño*. El Libertador Simón Bolívar apoya la aparición de *La Gaceta del Gobierno*, donde aparecen decretos, leyes y otros documentos oficiales.

El diario oficial El Peruano

El 13 de mayo de 1826, se funda *El Peruano* como diario oficial. En 1827 aparece el segundo *Mercurio Peruano*, que perdura hasta 1834. Con el mismo nombre, en 1918, Víctor Andrés Belaúnde junto a destacados intelectuales de la época, funda una revista cultural, que dura hasta 1978.

Cuando todavía el periodismo no se había tecnificado, aparecen publicaciones como *La Miscelánea, El Conciliador, El Peninente.* Posteriormente, *El Telégrafo, La Prensa Peruana, La Verdad, Los Clamores del Perú, El Telégrafo de Lima, Atalaya contra Vitalicios,* entre otros.

José María de Pando funda en 1827 un nuevo *Mercurio Peruano*; luego, otros periódicos como *La Prensa Peruana,* que dirige José Joaquín Larriva, y *El Genio del Rímac,* de típico corte político, dirigido por el eminente Francisco de Paula González Vigil.

Se publican periódicos satíricos como *La Cotorra con Cartas de otro Mundo, El Primo del Papagayo, El Periódico Eventual, El Moscón* y otros.

El Comercio

En 1839, aparece *El Comercio,* razón por la que se le considera el decano de la prensa nacional, pues circula hasta hoy. Sus fundadores fueron el chileno Manuel Amunátegui y el argentino Alejandro Villota. En 1867, Amunátegui cede sus acciones a su sobrino Luis Carranza. Dos años después, Carranza forma una nueva empresa con el panameño José Antonio Miró Quesada, quien, finalmente, se convierte en su único propietario.

Desde 1840, como lo señala el historiador Porras Barrenechea, se erigió en el defensor de los bienes de la patria. En 1871 se decide a apoyar a Manuel Pardo, y es clausurado un año después, durante el gobierno de José Balta. Reaparece pasada una situación tumultuosa en nuestra historia: la sublevación de los hermanos Gutiérrez y el asesinato de Balta. En 1905, asume la dirección del diario José Antonio Miró Quesada, hijo. En 1919, luego de apoyar a Ántero Aspíllaga, contendiente de Augusto B. Leguía, turbas leguiístas asaltan el diario que es defendido a balazos por sus propietarios y trabajadores. En el año 1931, el diario apoya la candidatura de Luis M. Sánchez Cerro. En 1935, un miembro del Partido Aprista asesina a José Antonio Miró Quesada Laos y a su esposa. Asume la dirección, Aurelio Miró Quesada de la Guerra, a quien le sucede su hermano Luis. Éste realiza vibrantes campañas nacionales,

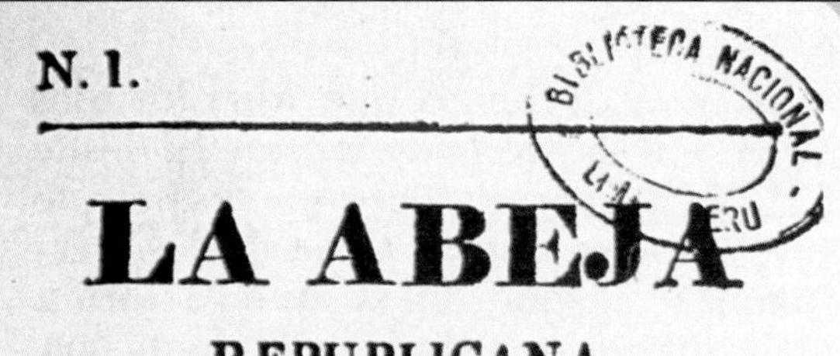

N. 1.

LA ABEJA

REPUBLICANA.

Observaciones á la opinion del S. Moreno, sobre la forma de gobierno que correspode al Perù, remitidas á la sociedad Patriotica el 2º de marzo, por un amigo de sus consiudadanos Las damos á luz para satisfacer al pùblico que desea verlas.

Señores.=No soy miembro de la Sociedad, no soy político; pero las desgracias de la humanidad me conmueven; me estremecen las que preveo en el Perú. Callar cuando se trata de su suerte, seria un cri-

La Abeja Republicana, el bisemanario más importante de principios del siglo XIX en el que colaboraron notorios republicanos como Francisco Javier Mariátegui y J.F. Sánchez Carrión.

como la recuperación del petróleo de la Breña y Pariñas. A él le tocó vivir la expropiación de su diario en el año 1974, durante el gobierno del general Juan Velasco Alvarado. *El Comercio* fue devuelto a sus propietarios en 1980 por el presidente de la República, Fernando Belaúnde Terry.

El Comercio vuelve a colocarse a la cabeza del diarismo nacional debido a su preocupación por modernizarse. *El Comercio* fue el primero en introducir el servicio cablegráfico del extranjero (1844); luego, linotipos, rotativas (1905), y más adelante, servicio de radio-fotos, impresión a color, sistema electrónico, etcétera. En 1961 reemplazó su edición de la tarde por *El Comercio Gráfico,* que no tuvo larga vida pero dejó una lección de periodismo moderno. *El Comercio* es el diario más influyente en el país por su seriedad informativa y editorial y su defensa de los bienes nacionales. Sus actuales directores son Aurelio Miró Quesada Sosa y Alejandro Miró Quesada Garland, y de su suplemento *Dominical,* Francisco Miró Quesada Cantuarias.

José Antonio Miró Quesada, director del diario El Comercio *en 1905, que vivió el «Oncenio», la época más turbulenta entre los partidarios de Ántero Aspillaga y Augusto B. Leguía.*

En la década de 1870 aparece La Sociedad, *que junto con* El Nacional y La Patria *se manifiestan activamente como los defensores del enfrentamiento bélico entre Perú y Chile.*

Otros periódicos

Aparece *El Correo* de Francisco de Paula González Vigil, en 1840; *La Guardia Nacional* dirigida por Felipe Pardo, en 1844; en 1849, se vocea *El Zurriago;* y, en 1850, *El Progreso,* diario político liberal de Pedro Gálvez. En 1854, sobre los restos de la *Gaceta de Gobierno* se oficializa un nuevo *El Peruano.* Ese mismo año, aparece un gran diario, *El Heraldo de Lima* de Luis Benjamín Cisneros que critica duramente al gobierno, razón por la cual es clausurado. En el año 1859 aparece el quincenario ideológico *La Revista de Lima,* donde escribe Ricardo Palma.

En 1864, don Nicolás de Piérola publica *El Tiempo,* diario político, y se imprime *El Perú,* dirigido por José María Quimper. Le sigue *El Bien Público* que muere al año de su aparición.

El Nacional, fundado por Juan Francisco Pazos que luego pasó a manos de Cesáreo Chacaltana, Francisco Flores y Manuel María del Valle, aparece en 1865, impreso empleando la más avanzada tecnología conocida. Fueron sus redactores Andrés Avelino Aramburú, ya preclaro hombre de prensa, y Abelardo Gamarra, *El Tunante. El Nacional* fue clausurado durante la invasión chilena. Reapareció, para cerrar definitivamente en 1903.

En la década de 1870, especialmente durante los años de la Guerra con Chile, circulan en Lima *La Tribuna, El Nacional, La Patria y La Sociedad.* Estos tres últimos apoyan el enfrentamiento bélico mientras *La Opinión Nacional* y *El Comercio* piden máxima cautela. Entablada la guerra, Nicolás de Piérola envía a la cárcel a los directores de periódicos que no firman sus editoriales. Fue una época muy confusa en la que aparecieron y desaparecieron numerosas publicaciones patrióticas.

Entre 1871 y 1872 aparecen, entre otros, *La Patria* fundada por el italiano Tomás Caviano, y *La República,* de muy corta trayectoria.

Aparecen, entonces, numerosos diarios como *La Guardia Nacional* y *Cuentos de Persia.* Los periódicos satíricos insultaban a los mismos presidentes de la República, como ocurrió con *La Zamacueca* y el presidente Ramón Castilla.

Cabeceras de los periódicos más representativos del país en distintas etapas históricas: el Diario de Lima *(1790),* Mercurio Peruano *(1827),* La Crónica *(1912) y* La República *(1981).*

En 1873 se funda *La Opinión Nacional*, que se convertiría en uno de los periódicos de mayor influencia en la época, aun más que *El Comercio*, según algunos historiadores. Sus fundadores fueron Andrés Avelino Aramburú, Reynaldo Chacaltana y Manuel María Rivas. Circulará hasta 1913. En 1882 aparece *El Mercurio*, dirigido por don Manuel Atanasio Fuentes, llamado *El Murciélago*.

En 1883, Darío Arrús funda *El Callao*, que sobrevive hasta 1948 en que es clausurado por el presidente Manuel A. Odría, para reabrir tiempo después. *El Callao* circula aún hoy.

En 1885 aparece el primer diario anticlerical. Se llama *La Luz Eléctrica*. En 1888, publica el famoso discurso del iconoclasta Manuel Gonzáles Prada pronunciado en el Teatro Politeama.

En Trujillo, en 1895, Teófilo Vergel funda *La Industria* en compañía de José Delfín y otros. Después pasó a manos de don Miguel Cerro. Este diario, cien años después, se sigue editando con el empleo de la más moderna tecnología.

Periódicos y publicaciones en la primera mitad del siglo XX

Leónidas Yerovi funda en 1905 una de las publicaciones de humor más importantes en la historia del periodismo nacional: *Monos y Monadas*, que circula hasta 1910. Reaparece en 1978, dirigida por Nicolás Yerovi, pero cierra poco después.

El Tiempo fue fundado en ese mismo año. Luego se fusionaría con *La Prensa*, que circulaba desde hacía dos años.

La Prensa

La Prensa apareció en 1903. La fundó Pedro de Osma. La dirigía Alberto Ulloa Cisneros, y se constituyó en uno de los grandes rotativos del Perú. Diario político, sus directores fueron perseguidos, encarcelados y deportados. En 1915 tenía una plana de redactores y colaboradores insignes como José Carlos Mariátegui y Abraham Valdelomar, entre otros. Leguía lo confiscó en 1921; luego reapareció en 1930. Años después, Francisco Graña Garland adquirió la empresa, pero en enero de 1947 fue asesinado. El presidente Manuel A. Odría lo clausuró cuando era director don Pedro Beltrán, a quien por breve tiempo envió a prisión junto a todos los redactores. Beltrán inició la revolución periodística de la década de 1950: reunió una notable plana de periodistas, aplicó las innovaciones que había visto en los grandes periódicos de Estados Unidos y organizó una publicación eficiente y con sentido moderno. Todo ello cambió la fisonomía del periodismo nacional. En 1974, el diario pasó a manos de Pedro Beltrán Ballón y fue expropiado por el gobierno del general Velasco Alvarado. Cuando los diarios fueron restituidos a sus propietarios, *La Prensa* reabrió e intentó recobrar su importancia, pero cerró poco tiempo después.

La Crónica

De formato tabloide, *La Crónica* fue fundada en 1912 por don Manuel Moral. Lo dirigía Clemente Palma y su aparición en el mercado diarístico constituyó una novedad por su preferencia gráfica. En 1913, el hacendado trujillano Rafael Larco Herrera adquirió el diario, al que retuvo hasta 1947 en que lo vendió a la familia Prado. *La Crónica* pasó a poder del Estado durante el gobierno del presidente Velasco Alvarado. Razones económicas y políticas hicieron que el diario cerrara pocos años después. *La Crónica* editó *La Tercera de la Crónica*, en la década de los cincuenta, dedicada a deportes y espectáculos; alcanzó las más altas cifras de circulación en su época.

El Tiempo

El Tiempo apareció en 1916 bajo la dirección de Pedro Ruiz Bravo a quien secundaban, entre otros, Manuel Quimper y Víctor Larco Herrera. Ruiz atrajo a José Carlos Mariátegui y a César Falcón, quienes trabajaban en *La Prensa*. El diario fue clausurado por el presidente Manuel Pardo hasta el 4 de julio de 1919, cuando éste fue derrotado. A la caída de Augusto B. Leguía, en 1930, *El Tiempo* dejó de circular.

Diarios políticos

Mariátegui y Falcón fundaron *La Razón*, que apareció en mayo de 1919 y cerró en agosto del mismo año. Prestó apoyo decidido a la lucha obrera y a la reforma universitaria auspiciada por Porras Barrenechea.

En 1930 circula *Libertad*, fundado por Francisco Loayza, diario político que cierra un año después. En 1931 se publica *La Tribuna*, a instancias de Víctor Raúl Haya de la Torre, fundador del APRA. Clausurado en 1932, apareció al año siguiente y circuló sólo un año más. Reapareció sucesivamente en 1945 y en 1957, pero después de 1968 desapareció de forma definitiva.

Federico More, uno de los periodistas más importantes de este siglo, fundó *Todo el Mundo*, *El hombre de la Calle* y *Cascabel* (1934), que tuvieron mucha acogida, aunque no larga vida.

En 1935 apareció *El Universal* dirigido por Juan Echecopar Herce y luego, por el periodista More. Duró hasta 1945. En este mismo año apareció *Vanguardia*, fundada por Eudocio Ravínez, un típico órgano de corte político.

Periódicos en la segunda mitad del siglo XX

Última Hora fue un vespertino novedoso en la década de 1950. Fundado por Pedro Beltrán, se distinguió por el empleo de replana en sus titulares. Fue clausurado junto a *La Prensa* durante el gobierno del general Velasco Alvarado. Cuando reapareció, había perdido la preferencia popular. Dejó de circular en 1992.

En 1952, el empresario Luis Banchero Rossi fundó *Correo*, que apareció bajo la dirección de Raúl Villarán. Banchero propició la salida de *Correo* en Tacna, Piura, Arequipa y Huancayo. Pertenece a esta empresa el diario sensacionalista *Ojo*.

El periodista, crítico y poeta Federico More escribió artículos y ensayos fustigando el centralismo y el caciquismo. Practicó un popular periodismo satírico, con gracia verdaderamente criolla.

La Nación, fundado por Carlos Hague Viale, fue un diario político (1953-1956). En 1956, apareció *Unidad*, vocero del Partido Comunista Peruano, que circuló hasta 1979. Y en la misma época apareció *Libertad*, el órgano del Movimiento Social Progresista, de corta vida.

Expreso es un diario tabloide fundado por un grupo de intelectuales encabezados por Manuel Mujica Gallo al comenzar la década de 1960. La organización de este diario fue encargada al periodista Manuel Jesús Orbegozo. Empezó a circular en 1961 bajo la dirección del doctor José Antonio Encinas. En 1965, vendió la empresa a Manuel Ulloa, empresario de éxito que durante el gobierno del presidente Fernando Belaúnde Terry fue ministro de Hacienda. El general Velasco Alvarado, como parte de su programa de gobierno, expropió el diario en 1974 y lo entregó a la gestión de sus trabajadores. Finalmente, *Expreso* volvió a manos de Manuel Ulloa, cuando el presidente Belaúnde Terry regresó al poder. Su director es Manuel D'Ornellas. *Expreso* publica el tabloide *Extra*.

El Tiempo, semanario político dirigido por el periodista Alfonso Baella Tuesta, hizo su aparición en 1975 y fue clausurado un año después. En ese mismo año apareció el semanario de izquierda *Marca*, dirigido por Jorge Flores, Sinesio López y José María Salcedo, entre otros. En junio de 1985 cambió de nombre a *El Diario* pero no sobrevivió por contingencias de orden político.

La República empezó a circular el 16 de noviembre de 1981, creado por Carlos Gutarra, Carlos Maraví y Gustavo Mohme, su actual director. Diario tabloide, desde su aparición, ha sufrido altas y bajas en su circulación aunque se mantiene por ser un diario de oposición a los gobiernos de turno. Su primer director fue el periodista Thorndike. *La República* publica un tabloide sensacionalista *El Popular*.

En el mismo año de 1981 se puso en circulación *El Observador*, financiado por el empresario Luis León Rupp. El diario dejó de salir en 1983. Al año siguiente apareció el diario *Hoy* dirigido por Pablo Truel, que cerró en 1991. En 1986 apareció *La Voz*, dirigido por Efraín Ruiz Caro, de corte izquierdista; sólo circuló hasta 1988.

El Sol, diario tabloide de reciente aparición, es un modelo de periodismo moderno. El propietario es un minero de fortuna, Andrés Marsano Porras. Su director es Jorge Lazarte Conroy.

En la década de 1990 salen publicados muchos otros diarios, como *Gestión*, fundado por Manuel Romero Caro, dedicado a asuntos de economía; y *Síntesis*, de Luis Gonzáles del Valle, que apunta al mundo de los empresarios. *El Mundo*, aparecido en 1994, fue un diario de interpretación, bien diagramado y de presentación moderna. Por razones de publicidad, cerró al poco tiempo.

También vieron la luz una larga serie de periódicos de tamaño tabloide, la mayoría de corte sensacionalista, como *Ídolo* (1989), *El Universal* (1990), *Ajá*, *El Mañanero*, *Onda*, *Página Libre*, *Chuchi*, *El Chino*, y deportivos, como *El Bocón*, *Todo Sport*, etcétera.

Revistas

En el país han circulado revistas de gran prestigio como *Mundial* (1920), fundada por Andrés Avelino Aramburú Salinas. Allí escribieron José Gálvez, Jorge Basadre, Raúl Porras Barrenechea, José Carlos Mariátegui y César Vallejo, entre otros. También, *Variedades* (1908) y *Actualidades* (1903), hitos editoriales de periodismo gráfico y de gran prestigio. En el terreno ideológico, cultural y político, es muy importante la revista *Amauta*, uno de los medios de difusión más importantes del país, que fundó y dirigió José Carlos Mariátegui desde 1926 hasta su muerte, cuatro años después.

La revista *Caretas* (1950) fundada por Doris Gibson y Francisco Igartua, dirigida hoy por Enrique Zileri, practica el periodismo de investigación. Circula la Revista *SI* (1987) del grupo de propietarios de *La República*, y la revista *Gente*, una de las más antiguas, fundada y dirigida por Enrique Escardó Vallejo.

Es preciso recordar a revistas como *Gala* (1948) dirigida por el gran periodista Alfonso Tealdo. También Francisco Igartua fundó *Oiga* (1962), que después de más de treinta años de circulación cerró en 1995. Genaro Carnero Checa fundó el semanario *1947* que tomaba su nombre del año en que empezó a circular; cerró en 1959. *Opinión Libre* (1975) fundada por Alfonso Baella Tuesta, de notable influencia política, fue clausurada un año después.

Periódicos de provincias

En los últimos años del siglo XX circulan suplementos dominicales de diarios y nuevas revistas especializadas como *Agronoticias*, dedicada a la agricultura, y *Rumbos de Sol y Piedra* dedicada al turismo.

También se publican periódicos importantes en varias provincias, como *La Voz de Tacna*, *Correo*, en Tacna; *La Industria*, en Chiclayo; *La Industria*, *El Nuevo Norte*, *La República*, *Satélite*, en Trujillo; *Noticias*, *El Pueblo*, en Arequipa; *El Sol*, *El Comercio*, en Cusco; *La Voz*, *Correo*, en Huancayo, entre otros.

Radio y televisión

La radiodifusión peruana empezó cuando el presidente de la República, Augusto B. Leguía, inauguró la Peruvian Broadcasting Company, el sábado 20 de junio de 1925. Esta primera estación conocida en el dial como OAX pasaría luego a manos del Estado y más tarde (1931) a la compañía de Radiodifusión, propiedad de Guillermo Lazarte. Empezó a llamarse Radio Nacional.

Fachada de la Radio Nacional del Perú, *primera empresa de radiodifusión peruana, creada en 1937.*

Proliferación de emisoras de radiodifusión

Entre 1935 y 1940 la radiodifusión alcanzó un éxito rotundo. Una potente transmisora fue inaugurada en 1937 convirtiendo a Radio Nacional del Perú en una de las más importantes del país; sobrevive hasta hoy.

Funcionaban, paralelamente, Radio Grellaud y Radio Dusa, ambas ya desaparecidas. Años después, surgirían Radio Internacional, Radio Miraflores, de los nietos del tradicionista Ricardo Palma, y Radio Goycochea. En 1942, Radio Mundial obtenía total sintonía. En su inauguración participaron los más renombrados artistas nacionales e internacionales de la época.

La radio revolucionó el sistema de las comunicaciones por su inmediatez y largo alcance. Los programas radiofónicos ingresaban en todos los hogares con sus emisiones de noticias, —el primer noticiero fue el de César Miró, José Torres de Vidaurre y Augusto Mariátegui—, transmisiones de partidos de fútbol y presentación de cantantes famosos. Pero, el plato fuerte de la radiotelefonía de esos años consistía en la transmisión de radioteatros. Las empresas comerciales encontraron en la radio un medio de efectiva propaganda para sus productos.

La radiodifusión en los años cuarenta y cincuenta

En la década del cuarenta, se escuchaba y consagraba a actores o cómicos como Teresita Arce, Edmundo Moreau, Alex Valle, Ernestina Zamorano, y cantantes como José Cómena y Jesús Vásquez, uno de los cantantes de valses más populares del medio, y Oscar Avilés, guitarrista excepcional. Aumentaba el número de estaciones con Radio Colonial y Radio Victoria.

A partir de los años cincuenta, la radio era la visitante hogareña número uno con sus radioteatros, y programas humorísticos. Los programas musicales alcanzaban gran sintonía. Brillaban tríos como Los Embajadores Criollos, Los Morochucos; dúos como La Limeñita y Ascoy e Irma y Oswaldo; y los solistas Luis Abanto Morales y Roberto Tello, entre otros.

La radio precisaba de locutores con voz singular. Surgieron Juan Silva, José Curonisi, Fidel Ramírez Lazo, Nelson Arrunátegui, David Odría, Eduardo Navarro (locutor del Reporter Esso) y otros. El número de estaciones mejoraba su calidad con la presencia de Radio El Sol y Radio Panamericana.

Finales del siglo XX

En los últimos años del siglo XX funcionan 579 estaciones de frecuencia modulada, 395 de onda media y 133 de onda corta. En vez de radioteatros, desplazados por las telenovelas, la mayoría de transmisoras se ocupa de propalar música de moda a través de los *disc-jokeys*, o bien noticias las veinticuatro horas del día. Por lo menos, hay dos emisoras, Radio Programas del Perú (RPP) y Cadena Peruana de Noticias (CPN) de importancia a nivel nacional.

No se ha detenido la llamada «Revolución de los Transistores» que ha permitido la integración cultural del país al escuchar una radio en los lugares más recónditos de la costa, sierra o selva, aunque la calidad de los programas haya disminuido. Sin embargo, en grandes o pequeñas ciudades siguen funcionando estaciones locales de radio.

Televisión

La era de la televisión comercial empezó en 1958 cuando la empresa propietaria de Radio América lanzó los primeros programas televisivos a través del Canal 5. Nicanor Gonzáles y Antonio Umbert figuran entre los pioneros de la televisión nacional.

Un año antes, y sólo en calidad de prueba, el Ministerio de Educación había empezado a transmitir en blanco y negro, filmes documentales a través de un teletransmisor que la UNESCO había obsequiado con fines educativos. Las transmisiones sorprendían aunque todavía no encontraban respuesta masiva popular.

Canal 9, relacionada con Radio El Sol y el diario El Comercio, fue la segunda estación teletransmisora, aunque su incursión no alcanzó el éxito deseado.

En 1959, los hermanos Genaro, Héctor y Manuel Delgado Parker y otros empresarios lanzaron el Canal 13 de Panamericana Televisión. Genaro Delgado Brandt, dueño de las estaciones Radio Panamericana y Radio Central, cambió a Canal 5 su denominación de Canal 13, convirtiéndose en uno de los más importantes del país. Este canal en la actualidad funciona bajo el rubro de Pantel.

Los dueños de la Radiodifusora Victoria S.A., hermanos Eduardo, Oscar, José y Jaime Cavero, en 1962, lanzaron al aire el Canal 2. Veinte años después, fue transferido a la Compañía de Radiodifusión, bajo la denominación de Frecuencia Latina, como funciona ahora, propiedad de Baruch Ivcher.

El grupo Bego, propietario de las radios Excelsior, Atalaya y Radio 1160, de gran sintonía, lanzó al aire Canal 11, en 1967. Ricardo Belmont Casinelli, heredero de dicho Grupo, con inversión de accionarado difundido, relanzó el Canal 11 después de la devolución de los canales expropiados por el Estado. Cambió aquella denominación por sus iniciales RBC Televisión. Cerró en el año 1996. Posteriormente funcionó alquilado a un grupo religioso.

En 1971, el gobierno del presidente Velasco Alvarado expropió el 51 por ciento de las acciones de todas las empresas televisivas para dedicar más programas a la educación, proyecto que fracasó. Cuando Belaúnde Terry advino al poder en 1980, ordenó que los canales expropiados fueran devueltos a sus propietarios.

Posteriormente, el presidente Alberto Fujimori autorizó a que empresas extranjeras pudieran invertir en empresas nacionales de comunicación. Los dueños de Canal 4, vendieron la mayoría de sus acciones a la cadena mexicana Televisa.

En la década de 1990, funcionan los Canales 2 (Frecuencia Latina), Canal 4 (América Televisión), Canal 5 (Panamericana Televisión o PANTEL), Canal 7 (RTP o Radio y Televisión del Perú), Canal 9 (*RTV*) , Canal 11 y Canal 13 (Global Televisión), así como Canal 15 (Uranio 15); algunos manteniendo un alto *rating* de sintonía, aunque todos ejerciendo su respectiva influencia sobre una cada vez más numerosa audiencia.

Muchos programas transmitidos son importados: telenovelas, películas, en su mayoría de sexo y violencia; hay sin embargo, magníficos programas de investigación políticos o ecológicos; culturales y cómicos; mientras todos ofrecen telediarios transmitidos a nivel nacional. Las grandes compañías de la industria y el comercio tienen en la televisión a su mayor agente publicitario.

Avances tecnológicos

Los avances científicos y tecnológicos en este sector han permitido que las transmisiones de televisión, a partir de 1993, sean captadas en casi todo el país donde funcionan 72 estaciones transmisoras y 446 retransmisoras con el empleo de potentes antenas parabólicas.

Telecable empezó a ofrecer servicios desde 1989; mientras el Satélite artificial se ha convertido en herramienta decisiva para el desarrollo de las comunicaciones en el Perú.

Deportes

Fervientes seguidores del Alianza Lima animando a su equipo, uno de los más populares del país.

En el Perú se practican todos los deportes conocidos, desde el fúbol hasta el golf, el tenis, la tabla hawaiana, pasando por el judo, el ping-pong, el box; se practica desde la pesca submarina hasta el voleibol, el sky, el basquetbol, el badmington, el canotaje, etcétera.

Sin embargo, el fútbol es el deporte más popular porque, como sucede en casi todos los países del mundo, es el que más apasiona a las multitudes.

Fútbol

El fútbol aparece en el Perú a finales del siglo XIX, cuando la gran afición de algunos residentes ingleses hizo posible su institucionalización formando el Lima Cricket and Foot Ball Association, en 1865. Como no disponían de los 22 jugadores necesarios, cubrían el déficit con criollos que luego de aprender a jugarlo sobrepasaron en habilidad a sus maestros.

Empezado el siglo XX, ya el fútbol se había acriollado y se jugaba en campos baldíos de tierra o en calles de barrios periféricos de la ciudad. Sólo las canchas del club de los ingleses y del Circolo Sportivo Italiano estaban sembrados de hierba.

Los aficionados de Lima y del vecino puerto del Callao, organizaron sus equipos. En 1918, irrumpía oficialmente en la vida institucional, el porteño Club Atlético Chalaco.

Expansión del fútbol

El fútbol se practicaba ya en toda Sudamérica. En Uruguay y Argentina se jugaba con técnica inmejorable para esos tiempos. Los uruguayos habían adquirido fama de bravos jugadores; se les atribuye el haber inventado «la garra» futbolística.

En la década del veinte vino a Lima el segundo equipo de la selección uruguaya y luego el argentino Belgrano, que ganaron sin atenuantes; al mismo tiempo, dejaron lecciones de técnica y pundonor deportivos.

Consolidación del fútbol peruano

El fútbol peruano intervino en el primer Campeonato Sudamericano de Fútbol, en 1927. Perú perdió ante Uruguay y Argentina, pero ganó a Bolivia. En esa cita se consagraron, entre otros, el legendario arquero Pardón y Saldarriaga *El Sereno*, Montellanos, pero sobre todo, José María Lavalle y Alejandro *Manguera* Villanueva, vecino del barrio criollo de La Victoria.

Villanueva fue una de las figuras que brillaron en las Olimpiadas de Berlín, en 1936, donde el equipo peruano con una mayoría de jugadores del Sport Boys del Callao, estuvo a punto de coronarse campeón mundial. La leyenda señala a Hitler como el causante de que no lo fuera. El Perú, que había goleado a Finlandia y estaba por certificar su triunfo sobre Austria, retiró a su equipo cuando la FIFA intentó hacerlos jugar violando el reglamento. Se consagraron Juan Valdivieso *El Mago*, Arturo Fernández *El Manco*, Victor Lavalle, Carlos Tovar *El Chueco*, Segundo Castillo *Titina*, Orestes Jordán, José Morales *El Cholo*, Alejandro Villanueva, Teodoro Fernández *Lolo*, Jorge Alcalde *Campolo* y Adelfo Magallanes.

A Teodoro *Lolo* Fernández Morzán se le conocía como *El Cañonero* por la contundencia de sus disparos. Lolo es considerado uno de los jugado-

Jugadores de la plantilla del equipo Atlético Chalaco, *fotografiados en 1913. El* Chalaco *es uno de los clubes peruanos de fútbol más importantes. Se profesionalizaron en el año 1918.*

res peruanos más completos en la historia por sus dotes deportivas, su caballerosidad en la vida civil y su lealtad al Universitario de Deportes. *Lolo* Fernández nació en Cañete en 1933 y murió en Lima en 1996.

Grandes éxitos del fútbol peruano

Después de participar en el Primer Campeonato Mundial de Fútbol realizado en Montevideo, el Perú inició la década de 1930 con títulos de gran equipo. En 1933, Perú y Chile armaron el Combinado del Pacífico que realizó una gira por varios países de Europa, Norte, Centro y Sudamérica. En esa gira, *Lolo* anotó 48 goles. Jugaron 39 partidos, ganaron 13, empataron 13 y, curiosamente, perdieron 13. Los jugadores del combinado peruano fueron escogidos de entre tres de los más importantes clubes de la época, Universitario de Deportes, Atlético Chalaco y Alianza Lima. El Universitario y el Alianza son los equipos más populares y semilleros de grandes figuras a menudo contratadas por clubes extranjeros. El 8 de diciembre de 1987 la tragedia se cernió sobre el Alianza. Cuando regresaba de Pucallpa a Lima, luego de jugar con el equipo local según el *fixture* del Campeonato Descentralizado, el avión en que venía el equipo cayó al mar pocos minutos antes de aterrizar. Fue una tragedia nacional.

El Perú, que venía de ganar el campeonato en los primeros Juegos Bolivarianos de 1938, organizó el siguiente Campeonato Sudamericano y, por primera vez, obtuvo la codiciada Copa América. Jugaban el ídolo *Lolo* Fernández, quien se erigió en el goleador de esa justa, y figuras nuevas como el arquero Juan *El Chueco* Honores, Bielich, Pasache y otros.

La hazaña volvió a repetirse en 1975 al ganar la Copa América con otros verdaderos ídolos populares como el *El Cholo* Hugo Sotil, y Teófilo *El Nene* Cubillas, un jugador de talla mundial; y también, Juan Carlos Oblitas, más tarde entrenador nacional.

Profesionalización del fútbol

El fútbol tenía entonces numerosos equipos en todo el país. En Lima, aparte del Universitario y el Alianza, brillaban las escuadras del Deportivo Municipal, Mariscal Sucre, Centro Iqueño, y Sport Boys del Callao. Cada conjunto tenía jugadores extraordinarios, como Valeriano López, del Boys. Algunos equipos desaparecieron, otros aparecieron como el Defensor Lima y el Sporting Cristal, campeón nacional, en 1996.

El fútbol se profesionalizó en la década del 1950; el Perú era una potencia de primera categoría en Sudamérica. Después de participar en numerosos campeonatos regionales, en el Campeonato Sudamericano de 1959, jugado en Buenos Aires, la Selección Nacional empató con Brasil donde jugaba Pelé, *El Rey del Fútbol.* Le ganó al Uruguay por goleada. Entonces, el equipo era uno de los mejores de su época. Brillaban Guillermo *Toto* Terry, Vides Mosquera, Miguelito Loayza, Juan Joya y Oscar *Huaqui* Gómez Sánchez.

En 1970, después de haberle ganado un año antes al equipo argentino con gol de Oswaldo *Cachito* Ramírez, la selección peruana asistió al Mundial de México con algunos jugadores considerados entre los mejores de la historia del fútbol peruano, como el arquero Rubiños, Nicolás Fuentes, el capitan Héctor Chumpitaz, *El Nene* Cubillas, Roberto Challe, Luis Cruzado, Alberto Gallardo y Perico León.

Campeonato Profesional Descentralizado

El Perú volvió a participar en los mundiales de Argentina 78 y España 82 con resultados negativos a pesar de parciales triunfos; participaron figuras famosas como César Cueto, *El poeta de la zurda,* Cubillas, J. J. Muñante, Chumpitaz, Percy Rojas y Juan Carlos Oblitas.

A partir de 1966, se organiza un Campeonato Profesional Descentralizado que se disputa a ni-

El equipo nacional peruano en los Juegos Olímpicos de Berlín de 1936. Se retiraron de la competición al enfrentarse con la FIFA y cuando estaban a punto de ganar.

vel nacional. Los aficionados de provincias podrán ver a los grandes equipos capitalinos en sus propias canchas, ya que para este campeonato se dividió el país en regiones. A lo largo de estos años han participado en estos campeonatos equipos de Trujillo, Talara, Arequipa, Piura, Tacna, Huacho, Tarma, Cajamarca, Iquitos, Lambayeque, Pucallpa, entre otros. En Lima, anualmente se espera con gran pasión la clásica disputa Universitario-Alianza Lima, aficiones y equipos de rivalidades eternas.

Muchos jugadores fueron contratados en el extranjero, como José Soriano y Juan *El Chueco* Honores en Argentina; Héctor Chumpitaz en México; Perico León en Colombia; Miguel Ángel Uribe y Guillermo Barbadillo en Italia. En España tuvieron una actuación remarcable el *Cholo* Sotil, en décadas pasadas, y Maestri, contratado en 1994. En la década de 1990, los resultados en casi todas las competencias sudamericanas fueron adversos. El fútbol deja de ser representativo como deporte nacional y ya no se consiguen triunfos memorables. La selección peruana no se clasificó para la fase final del Mundial de Francia 98.

El voleibol

El deporte en el cual las mujeres brillaron en lo más alto del firmamento deportivo, es el voleibol. En 1988, el equipo que concurrió a las Olimpiadas de Seúl, Corea, estuvo a un punto de coronarse campeón mundial. La codiciada Copa de Oro se les fue de las manos cuando después de ganar a todas sus rivales, perdieron dramáticamente su último partido con la Unión Soviética. La Selección Nacional quedó subcampeona olímpica. Aquel equipo, formado por Rosa García, Gabriela del Solar, Cecilia Tait, Natalia Málaga, Denis Fajardo y Gina Torrealva, fue considerado el mejor de todos los tiempos.

Cuando llegó el Campeonato Mundial 1982, disputado en Lima, el Seleccionado Nacional había obtenido triunfos resonantes. Alcanzaron el segundo lugar. Sobresalieron Luisa *Lucha* Fuentes y Ana Cecilia *Ceci* Carrillo, entre otras.

La selección nacional femenina de voleibol en los Juegos Olímpicos de Seúl, en 1988, que consiguió para el Perú la medalla de plata olímpica y el reconocimiento internacional.

El voleibol, que se empezó a jugar dentro de los colegios, desde la segunda década del siglo XX, a partir de 1933 en que se fundó la Liga de Voleibol de Lima, se expandió rápidamente. Desde la década del 1920 hasta finales del siglo XX, la selección nacional ganó doce veces los Campeonatos Sudamericanos, siete veces quedó en segundo lugar y dos veces en tercero. Por entonces, era entrenador quien podría ser considerado el padre del voley peruano, Akira Kato, muerto prematuramente. Le sucedió otro asiático, el coreano Man Bok Park, artífice de los demás triunfos hasta Seúl.

El voley ha dado grandes figuras como Pilancho Jiménez, Sarita Pinedo, Lucha Fuentes, Rosa García, «armadora» brillante; Cecilia Tait y Gabriela Pérez del Solar, esta última considerada, en Seúl, la jugadora más completa del mundo. Sus nombres exornan las paredes externas del Estadio Nacional.

Otros deportes

En tiro, el Perú ha tenido además de un campeón olímpico, Edwin Vasquez, algunos campeones internacionales, como Francisco Boza, que intervino en los Juegos de Seúl de 1988, y el extraordinario Juan Ghia, ambos con medalla de plata.

En box, el Perú ha sido pródigo en figuras internacionales. El más renombrado, Mauro Mina, a punto de disputar un título mundial en el Madison Square Garden; no lo hizo por problemas en la retina. Rubén Poma disputó el título al campeón mundial de los pesos ligeros, *Bum-Bum* Manccini, a quien casi noquea en ese famoso ring neoyorkino.

En la década de 1930, aparecieron figuras singulares. En 1938 se ganó el Campeonato Latinoamericano con boxeadores de la talla de Mario Verano, Zacarías Flores, Eulogio Quiroz y el casi legendario *Bom Bom* Coronado.

Antonio Frontado causó sensación en el Campeonato de 1944. Con los entrenadores Armando Foglia, italiano, y Guillermo Peñaloza, peruano, la Selección Nacional ganó esa justa con figuras como Roberto Saco, Grimaldo Ulrich, Vicente Urquizo y Ceferino Tapia. Frontado, boxeador fuera de serie, después de ser derrotado por el *Zurdo del Híguamo*, se eclipsó para siempre.

Perico García fue otra de las grandes figuras del box amateur. Apareció cuando Mauro Mina estaba en pleno apogeo. El entrenador de esa selección (1952) fue Otto Salas, que posteriormente ejerció como comentarista de televisión.

En 1958, la Selección de Box del Perú, compitió y ganó en los campeonatos de Lima. Treinta años después, en 1987, con un equipo deslumbrante, volvió a ganar el título sudamericano.

Allí figuraron el campeón, Rubén Poma, Mario Broncano y Carlos Leturia, entre otros. Broncano, que pudo convertirse en campeón mundial de su peso, se perdió en los sórdidos vericuetos de la droga.

Basquetbol

Cuando el equipo nacional participó en las Olimpiadas de Berlín, donde el Perú derrotó a equipos tan poderosos como China, considerada una potencia mundial en este deporte, alcanzó su consagración. El equipo se retiró de las Olimpiadas a causa del *affaire* futbolístico que obligó al Perú a no seguir participando. Jugaron los hermanos Flecha y Dasso, Armando Rossi, Rolando Bacigalupo, Luis Jacob, Manuel Arce, Fernando Ruiz, J. Oré y Jorge *Koko* Cárdenas, después periodista deportivo de *El Comercio*.

La práctica del básquet en el país es casi tan vieja como el fútbol. La Asociación Cristiana de Jóvenes (YMCA) empezó a organizar campeonatos en el año 1920, en los que participaban equipos como el de la Universidad de San Marcos, el Atlético Bilis, Ciclista Lima y otros. El primer Campeonato Nacional se disputó en 1926, año en que aparecieron equipos de damas. Se fundó entonces la Federación Deportiva Femenina que, inmediatamente, organizó y jugó su primer campeonato nacional femenino.

El básquet nacional ha conseguido dos Campeonatos Sudamericanos con jugadores brillantes, muchos de los cuales habían participado en Berlín, en 1936. El equipo femenino ganó el Sudamericano de 1977, con Katia Manzur, Bertha Román, Doris Delgado, Mariela Picasso y Sheyla Allison, entre otras.

No se pueden omitir los nombres de algunos jugadores como Carlos *Chino* Vásquez, Tomás *El Pulpo* Sangio, Alberto *Camarón* Fernández, y los hermanos Raúl y Ricardo Duarte. Ricardo fue el jugador más alto de la historia, con más de dos metros de estatura. Fue quien más *canasteó* en las Olimpiadas de Tokio, en 1964. Por su pundonor y caballerosidad se le consideró como el más completo basquetbolista peruano.

Tenis

El Perú ha tenido una figura de fama mundial: Alejandro Olmedo, *El Cacique* o *El Inca*, que empezó como recogebolas en el Club Internacional de Arequipa, ciudad en la que nació. Olmedo ganó la famosa Copa Davis, disputada en Wimbledon, Inglaterra, aunque como representante de los Estados Unidos por haberse nacionalizado norteamericano. También se pueden destacar otras figuras de renombre como los hermanos Enrique y Eduardo Buse, Laura Arraya y, posteriormente, Jaime Izaga que alcanzó un envidable lugar en el ranking mundial.

Han habido varios clubes de tenis, como el Regatas Lima, pero el más conocido y antiguo es el Club Lawn Tenis de la Exposición, fundado en 1884. La Federación Peruana de Tenis, fundada en 1930, ha tenido siempre como objetivo promocionar el llamado *deporte blanco* con la intención de popularizarlo.

Atletismo

En atletismo hubo figuras que compitieron en justas internacionales, como Eduardo Chirichigno, *Maco* Berendson (Olimpiadas de Berlín), Julia Sánchez y Edith Noeding, entre otros.

Deportes de mesa

En billar se destacó Adolfo Suárez que llegó a ser campeón mundial. En ajedrez, aparte del famoso maestro Estebal Canal, hubo jugadores peruanos de gran calidad como Julio Granda y Orestes Rodríguez, de éxito internacional.

Deportes náuticos

En tabla hawaiana, fue campeón internacional Felipe Pomar y en natación hay que citar a Daniel Carpio que destacó batiendo récords mundiales. Atravesó el Río de la Plata, Argentina, el Canal de la Mancha y el Estrecho de Gibraltar. También destaca Johnny Bello.

Cine y teatro

Algunos críticos afirman que el cine en el Perú comienza en la década de 1960, cuando Armando Robles Godoy presenta su primer largometraje *En la selva no hay estrellas*, obra artística antes que comercial. Su obra posterior *Espejismo* no obtuvo el éxito que se esperaba.

Se puede considerar, sin embargo, que el cine en el Perú comienza en 1911 cuando se filma la primera película *Los centauros peruanos* y años después *Negocio al agua* y *Del manicomio al matrimonio*, películas mudas, artesanales, realizadas con grandes sacrificios, y que causan el natural asombro local.

Imagen de la legendaria película La Perricholi, *sobre la vida de la amante criolla del virrey Amat.*

En la siguiente década se filman películas biográficas como *Luis Pardo* (un bandolero romántico) y *La Perricholi* (una criolla amante del virrey Amat) a las que siguieron otras documentales como *Aves guaneras del Perú*, *Yo perdí el corazón en Lima* y *Cómo serán nuestros hijos* de Manuel Trullen, realizador que contribuyó notablemente al desarrollo del cine nacional.

Cine sonoro

En la década del treinta se empiezan a filmar películas sonoras. La primera es *Resaca* dirigida por Alberto Santana. Luego, Ricardo Villarán filma *La bailarina loca*, *El miedo a la vida* y *A río revuelto*, entre otras. Sigifredo Salas filma a su vez *El gallo de mi galpón* y *Palomillas del Rímac*, que obtienen resonante éxito de taquilla. Por primera vez, actores como Teresa Arce, Pepe Soria, Edmundo Moreau, Gloria Travesí, Charo Ureta, Alex Valle y otros, alcanzan notoria popularidad.

Lima se convierte en una buena plaza para la exhibición de películas extranjeras. Desde cuando se proyectó la primera película, el 2 de enero de 1897, hasta cuando los video-tapes vinieron a trastornar el ritmo cinematográfico, se han exhibido las películas más renombradas.

En la década del 1970, el Estado decide apoyar la industria cinematográfica y firma un decreto que obliga a las salas cinematográficas a proyectar las películas nacionales recién filmadas.

Aparecen cineastas valiosos como Francisco Lombardi, Manuel Chambi, Augusto Tamayo, Jorge Huayhuaca, Felipe Degregori, Luis Figueroa, Federico García y otros, que realizan largos y cortometrajes. Se presentan obras como *Muerte al amanecer* (Lombardi), *Los perros hambrientos* (Figueroa) basada en una novela de Ciro Alegría, *Kuntur Wachana* (García), *Avisa a los compañeros* (Degregori), que impresionan gratamente a la crítica especializada y al público en general.

Lombardi realiza muy buenos filmes: *Muerte de un magnate*, sobre el asesinato del empresario Luis Banchero Rossi; *La ciudad y los perros*, basada en la novela del escritor Mario Vargas Llosa; *La boca del lobo* y *Caídos del cielo*, películas que muestran personalidad y profesionalismo y que obtienen distinciones internacionales.

Los cineastas Chambi, Nishiyama, Figueroa y García, han pretendido crear un cine que corresponda a una «escuela cusqueña»; aunque sin obtener el éxito comercial necesario.

En películas como *Túpac Amaru* (García), *Alias la gringa* (Alberto Durant), *Gregorio* y *Juliana* del Grupo Chaski, se intenta con éxito la recreación de aspectos de la niñez marginal limeña. Luis Llosa llegó a dirigir filmes en Hollywood y se

Fotograma de la película Muerte al amanecer *del director Francisco Lombardi, uno de los nuevos valores del cine peruano, autor también de* Muerte de un magnate *y* La ciudad y los perros.

dedicó también a la producción de miniseries para la televisión nacional.

El trabajo de críticos como Federico de Cárdenas, Isaac León Frías, Alfonso La Torre, Desiderio Blanco y otros, estuvo encaminado a estimular a los realizadores y productores, pero sus críticas fueron implacables con los filmes mediocres. Ricardo Bedoya hizo un inmejorable trabajo en su obra documental *100 años de cine en el Perú: una historia crítica*.

En la última década del siglo XX, la industria cinematográfica en el Perú atraviesa un período de crisis y no produce obras de interés.

Teatro

El teatro en el Perú tiene sus raíces en el incanato. Una de las representaciones de mayor teatralidad que ha llegado hasta nuestros días es el *Inti Raymi*. Los incas –según informan los cronistas, como Guaman Poma de Ayala– autorizaban la escenificación permanente de ritos relacionados con los trabajos agrícolas: la siembra, la cosecha, etc. El *Inti Raymi* se escenifica aún hoy en las explanadas de las ruinas de la fortaleza de Sacsayhuamán (Cusco), en homenaje al Sol. Es una realización multitudinaria y altamente espectacular.

Teatro en la época de la Colonia

Durante la Colonia se llegó a representar el *Ollantay*, un drama amoroso de autor anónimo, escrito en quechua, traducido al castellano y otros idiomas. Trata sobre las hazañas de un guerrero que logró conquistar el amor de Cusy Coillur, la hija predilecta del Inca Pachacútec.

Luego, Juan Espinoza Medrano *El Lunarejo*, un cura cusqueño famoso por su elocuencia, dramatizó los autos sacramentales *El hijo pródigo* y *El rapto de Proserpina*, así como *El amar su propia muerte*. Durante este período histórico no hubo dramaturgos en el país. Lo único que se hacía en Lima era representar teatralmente celebraciones religiosas, como el Corpus Christi. Se afirma, sin embargo, que desde 1563, los virreyes en especial presenciaban representaciones de las obras de Lope de Vega, de Calderón de la Barca (*El gran teatro del mundo*) y otros autores del Siglo de Oro español.

El teatro en la República

Proclamada la Independencia, empiezan a aparecer los primeros dramaturgos de importancia como Felipe Pardo y Aliaga y Manuel Ascensio Segura quienes, en la década del 1830, escriben comedias de corte costumbrista y picaresco. Son famosas las obras *Frutos de la educación* y *Ña Catita* de Pardo y Aliaga y Segura, respectivamente, obras que aún hoy se representan.

Aunque el Perú, en el siglo XIX, no era pródigo en autores teatrales, no por eso los limeños dejaban de asistir a las salas de teatro para presenciar obras de autores europeos así como la escenificación de óperas clásicas y zarzuelas populares.

En 1938 nace la Asociación de Artistas Aficionados (AAA) y se funda la Escuela Nacional de Arte Escénico (ENAE) en 1945.

La Casa de la Cultura, en 1946, instituye premios anuales para las mejores obras teatrales. Sebastián Salazar Bondy, muerto prematuramente, Juan Ríos, fallecido en la década de los noventa, y Enrique Solari Swayne, ganan sendos Premios Nacionales de Teatro. El drama social *Collacocha* de Solari Swayne, permite consagrar a Luis Álvarez como actor que representó la obra a lo largo de casi cuarenta años.

El teatro goza de vasto prestigio en el Perú. En la imagen, diversas representaciones de los escenarios limeños: El pabellón de oro, Santiago el pajarero y Las tres Hermanas.

Las comedias más aplaudidas de Salazar Bondy son *En el cielo no hay petróleo* y *Tres viejas van por la calle.* Ríos fue un dramaturgo proficuo y profundo. Escribió numerosas obras de alta calidad como *Don Quijote, Medea* y *Ayar Manco.*

Entre las instituciones forjadoras de actores figuran El Club de Teatro, creado en 1953 y aún vigente en la década de los noventa, e Histrión, teatro de Arte aparecido en 1957 y dirigido por los hermanos José, Carlos y Tulio Velásquez, primeros actores y comediantes. Los acompañaron actrices y actores importantes: Lucía Irurita, Dalmacia Samohod, Aydeé Orihuela y posteriormente, Delfina Paredes y Ofelia Lazo, entre otros.

Desde el Teatro Universitario de San Marcos (TUSM), se ha desarrollado una amplia labor cultural a partir de su fundación. El Movimiento de Teatro Independiente (MOTIN) realizó una vasta labor de promoción a lo largo de veinte años concretando numerosos encuentros profesionales. Sara Yofré, Juan Rivera Saavedra, César Vega Herrera, Eduardo Andrianzén, Fedor Larco, entre otros, se dedicaron a crear e investigar las ingentes posibilidades teatrales del país.

El 22 de junio de 1961, Ricardo Blume, uno de los más representativos actores nacionales, fundó el Teatro Universitario de la Católica (TUC), que hasta 1968 presentó obras de los más distinguidos autores nacionales y extranjeros como Shakespeare, Pirandello, Juan Ríos y otros.

Dos grupos independientes surgieron en la década del 1970: Cuatrotablas y Yuyashkani, éste último como tomando la posta dejada por el grupo Yego, Teatro Comprometido que actuó paralelamente a otros grupos de vida efímera. Surgen directores notables como Alonso Alegría, Mario Rivera, Jorge Sánchez Pauli y José Velásquez. Posteriormente aparecieron Jorge Chiarella, Edgard Guillén, Alberto Isola, Edgard Saba, Ricardo Santa Cruz y Ernesto Ráez, autor y actor, además de Director del Teatro Peruano.

Alonso Alegría puso en escena *Cruce sobre el Niágara,* pieza con la que ganó el Premio Casa de las Américas y César Vega Herrera, que ganó el mismo premio en 1970, con *Ipakankure.*

El grupo Yuyashkani, dirigido por Miguel Rubio, ha tenido gran significación para las tablas peruanas desde el instante en que pretende realizar un teatro socialmente comprometido. Su obra de corte político, *Allparayku,* lo puso de actualidad como grupo teatral de grandes proyecciones sociales. El grupo Yuyashkani ha tomado parte en numerosos festivales europeos y en países americanos, donde ha dejado muy alto el nombre del Perú.

El teatro como la pintura u otras manifestaciones artísticas goza de gran prestigio y afición en el Perú. En los años noventa, se ofrecen de manera permanente obras de autores extranjeros o nacionales en numerosas salas que funcionan encomiablemente en Lima, San Isidro y Miraflores.

El renombrado novelista Mario Vargas Llosa también ha incursionado en el teatro. Ha escrito *La Señorita de Tacna, Kathie y el hipopótamo* y *La Chunga,* representadas con éxito en salas de Lima y Madrid.

Ópera, ballet y música

El tenor lírico peruano Luis Alva Talledo, director de la asociación musical Prolírica.

La danza en el Perú tiene larga tradición. En los tiempos del incanato, la danza y la música eran las manifestaciones artísticas más difundidas que continuaron durante la Colonia. En la sierra, el huayno; en la costa, desde fines del siglo XIX, la criolla marinera; y el vals y la polca importadas de Europa.

La historia señala que en 1916, la bailarina Felyne Verbist representó *La muerte del cisne*, y en 1917, la bailarina rusa Anna Pavlova y su cuerpo de baile presentaron obras clásicas, como *Las sílfides, Giselle*, etcétera.

En 1928, la bailarina Winnei Gilzean presentó en el Teatro Municipal una versión coreográfica de *El hada de las muñecas* y *La noche de Walpurgis*. El Teatro Municipal formó el Ballet Municipal del que egresó Rosita Ríos, la primera bailarina clásica peruana.

Ópera

Paralelamente, se ofrecían, en el Teatro Municipal y el Teatro Segura, largas temporadas de óperas clásicas y zarzuelas españolas en las que intervenían cantantes de fama internacional y nacional. Hay que recordar a los tenores Alejandro Granda y Luis Alva que llegaron a cantar en la famosa Scala de Milán; fueron alumnos de doña Rosa Mercedes Ayarza de Morales. Una de las recordadas cantantes de ópera es Maruja Pons, que cantó en *Madame Butterfly* y en otras galas.

Es necesario resaltar que a partir de la década de los noventa, se programa una temporada anual de Ópera organizada por una asociación privada, Prolírica, bajo la dirección de Luis Alva. Se han estrenado en la capital algunas de las piezas más célebres de la operística mundial.

Ballet nacional

El Ballet Municipal, formado en 1937, presentó en hermosa coreografía *Cascanueces* de Tchaikowski, con éxito notorio.

En 1941, la bailarina Thora Darsie formó el Ballet Universitario de San Marcos. La eminente bailarina rusa dedicó toda su vida a la formación de profesionales hasta su muerte acaecida en 1996.

La Asociación de Artistas Aficionados propició la enseñanza del ballet. Contrataron a Lisa Von Thoerne y a Kaye Mac Kinnon, quien presentó *Tres Momentos de Ballet* creación de Elvira Miró Quesada Garland y Luis Pacheco de Céspedes.

El bailarín ruso Dimitri Rostoff se presentó en Lima en 1943 y se quedó a enseñar en la Asociación de Artistas Aficionados. Dos de sus alumnas preferidas fueron la famosa compositora Chabuca Granda y doña Mocha Graña. Después de foguear a los bailarines nacionales, el conjunto de Rostoff realizó, en 1953, una gira internacional con participación de bailarines extranjeros, como Tatiana Gratzeva, Oleg Tipin, Alicia Alonso y el coreógrafo Igor Youskevitch, entre otras figuras.

Surgió Lucy Telge para fundar la Asociación Choreartum; luego, dirigió el Ballet del Teatro Municipal, mientras el notable Roger Fenonjois se encargó del Ballet de San Marcos.

Kay Mac Kinnon ha sido importante para el desarrollo del Ballet en el Perú. El Ministerio de Educación le encargó la formación del Instituto Nacional de Ballet como parte del Instituto Nacional de Cultura.

Stella Puga iniciaba los Festivales Internacionales de Ballet de Trujillo, mientras en 1950, Trudy Kressel, fundaba la primera Academia de Danza Moderna, y Vera Stastny dirigía el Ballet

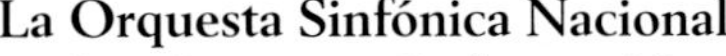

Contemporáneo, fundado por el notable coreógrafo Rogelio López.

Es necesario señalar que La marinera, un baile eminentemente popular considerado patrimonio nacional, está muy extendido en todo el país. Hay concursos permanentes en varias ciudades, aunque el más importante es el realizado anualmente a nivel nacional en la ciudad de Trujillo.

En la década de los noventa, los movimientos de danza clásica siguen vivos en manos de bailarines de prestigio como Diana Height, Patricia Awapara, Ana Cecilia Zavala y Oscar Natters, entre otros. Los bailarines y aficionados tratan por todos los medios de mantener viva esa hermosa expresión artística de la danza clásica.

Música

Es imprescindible señalar la existencia de una Orquesta Sinfónica Nacional con sede en Lima y la Orquesta Sinfónica de Trujillo, esta última nacida de la Escuela Regional de Música que fundó y dirigió el gran maestro Renzo Branccesco. Tuvo su época de oro cuando la dirigió el músico holandés Ignace Verkerk, en la década de 1960. Esta Orquesta Sinfónica fue dirigida por el compositor Ernesto López Mindreau, y actuó como intérprete el maestro Teófilo Alvarez, ambos trujillanos de gran renombre.

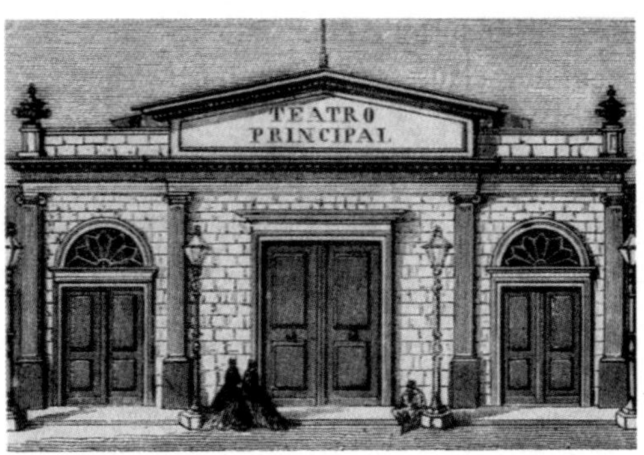

La Orquesta Sinfónica Nacional

La Orquesta Sinfónica Nacional, fundada al comenzar la década del 1930, ha gozado de gran prestigio artístico y también ha obtenido grandes éxitos en las temporadas en que se presentaron los más famosos directores y solistas de su tiempo, como Leopold Stokowski y Claudio Arrau, para señalar solamente a dos de ellos.

La Sociedad Filarmónica de Lima

En el aspecto musical tal vez lo más importante a señalar sea que la Sociedad Filarmónica de Lima ha llegado a ofrecer doce conciertos de cámara anualmente. Esta sociedad fue fundada en 1907 y, desde entonces, ha venido ofreciendo audiciones en la Quinta Hereen, sin interrupciones, lo que la signa como la promotora musical más antigua de América Latina.

La Orquesta Filarmónica de Lima

Al comienzo de la década de los noventa, la Asociación Cultural Renacimiento auspició la formación de la Orquesta Filarmónica de Lima (OFL), bajo la batuta de su fundador Miguel Hart Bedoya, un joven director de gran talento y que goza de fama mundial. Ha dirigido a los más renombrados conjuntos sinfónicos de Estados Unidos, Europa y Asia.

Relaciones exteriores

Perú en el contexto global

Relaciones con el continente

Políticas interna y externa

Relaciones bilaterales y multilaterales

Acuerdos e instituciones vinculantes

La actividad diplomática de la República Peruana se centra de forma primordial en las relaciones con los países fronterizos y con el resto de países de América del Sur. Sala de Embajadores del Palacio de Gobierno del Perú, en Lima.

Perú en el contexto global

Las coordenadas de espacio y tiempo acompañan y a veces sustentan el decurso de la política exterior de los Estados. Un decurso pleno de variantes que no excluye la presencia de ciertas constantes que es imperativo tener en cuenta.

Esta afirmación es válida en la medida en que una gran potencia puede estar calificada para diseñar su política exterior en función de su gravitación global, por lo general concordada con otras potencias afines. No es la misma la situación de países cuya órbita de influencia sólo por excepción supera el propio ámbito regional.

Órbitas de influencia

Va de suyo que en el caso de países con limitada proyección, como el Perú y el promedio de sus vecinos, no parece aconsejable partir de sus núcleos nacionales para formular lineamientos de política exterior que, en círculos concéntricos, partan de sus países limítrofes, para orientarse a espacios regionales y extracontinentales.

Más acorde con la realidad es la aproximación opuesta, una que de la apreciación de la periferia global siga hacia las agrupaciones regionales y subregionales que interesan puntualmente hasta llegar al propio entorno fronterizo. Una visión así trazada permite asumir y mejor aprovechar o en su caso confrontar las realidades circundantes.

Puente-frontera entre Perú y Bolivia, sobre el río Desaguadero, una de las fronteras arcifinias de Perú.

La noción de «ultramarina»

El tratadista Staley sostuvo, hace años, siguiendo a Mackinder, que América Latina, con la excepción de México, es ultramarina. La noción es en especial aplicable a la América del Sur, y la connotación no sólo es de interés intercontinental. El hemisferio septentrional es en la actualidad hegemónico globalmente, con la particularidad de haber desaparecido la confrontación que duró casi cincuenta años entre la extinguida Unión Soviética y las potencias mayores de Occidente.

Es pues marginal la posición del Perú dada su condición sudamericana, y virtualmente no existe o ha quedado sustancialmente disminuida la opción no alineada que en la confrontación Este-Oeste dio lugar, con toda justicia, a posiciones de independencia y repercusión global a países dispares pero vinculados por una ideología básicamente justa. El Perú fue tal vez el país sudamericano más comprometido por esa causa durante la década de los años setenta.

Percepción externa del Perú

Un aspecto de carácter interno en el Perú que tiene amplia repercusión exterior es el narcotráfico. Sus derivaciones son por definición de extensión global, entre otras razones por estar implicados, en función del consumo, todos los países occidentales de mayor significación tanto en lo político como en lo económico.

Siempre desde el punto de vista de la periferia global, y con especial énfasis en los países de mayor desarrollo, es interesante observar la percepción que se hace del Perú, país por así decirlo mítico debido a un pasado precolombino que aún en la actualidad perdura —el señor de Sipán—, y con recursos naturales que siguen ejerciendo una

El peso del pasado precolombino da a la visión del Perú un carácter mítico. En la imagen, Machu Picchu. Abajo, el ex secretario general de la ONU Javier Pérez de Cuéllar.

atracción manifiesta. Pero es también un país en el cual existe un considerable grado de la denominada pobreza extrema, al tiempo que su régimen democrático aún no consigue, a pesar de sus logros, que la comunidad internacional olvide las medidas autoritarias del pasado.

Puede así verse que el interés cultural de la periferia por el pasado del Perú es paralelo a una aproximación un tanto simplista a la realidad sociopolítica del país contemporáneo. Pero al lado de esa visión tal vez algo prejuiciada existe otra, la de los intereses económicos de los grandes centros del hemisferio septentrional en las reformas estructurales experimentadas por el Perú en lo que ha sido la década de los noventa, con el consiguiente crecimiento sostenido interno y la gran oferta de oportunidades para la inversión de capitales extranjeros.

Aún cuando la designación del Secretario General de las Naciones Unidas obedece, en cada caso, a una pluralidad de motivaciones, la reiterada elección al alto cargo del embajador Javier Pérez de Cuéllar no fue ajena al nivel de prestigio de la política exterior del Perú y de su profesional e internacionalmente apreciado servicio diplomático.

Relaciones con el continente

La misma marginalidad sudamericana es la base conceptual para precisar la inserción del Perú en los asuntos del continente en su conjunto y de América Latina en particular. Conviene por ello tener en cuenta los factores que por una parte han atenuado y por otra acentuado la descrita situación marginal.

No está en discusión el factor vinculante que sigue significando el Canal de Panamá entre la costa atlántica de América del Norte y la costa pacífica de América del Sur. Sin embargo, no es ciertamente menos importante que el Atlántico Norte sea en la práctica una especie de mar interior entre Estados Unidos y Europa Occidental y que el Ártico tenga un papel primordial desde el punto de vista estratégico y de las comunicaciones aéreas. A ello se suma el hecho de no ser el Caribe, como tampoco la América Central, de mayor significación como nexos de aproximación entre los dos subcontinentes.

Santuario nacional Los Manglares de Tumbes, en el delta del río Zarumilla, en la frontera con Ecuador.

Para mayor diferenciación entre las dos Américas, la costa occidental de América del Sur, en cuyo centro está el Perú, confronta lo que un tratadista denominó el cuadrante marítimo más vacío del mundo. Por su parte, el Atlántico Sur enfrenta la costa oriental sudamericana con África y constituye una zona marítima de paz según los términos, más declarativos que vinculantes, expuestos por la Asamblea General de las Naciones Unidas.

Pero estos hechos no tienen por qué oscurecer un proceso de institucionalizada vinculación interamericana en la cual el Perú ha tenido y sigue desempeñando un papel destacado.

Tratado de Unión, Liga y Confederación

Si bien fue elegido Panamá, por entonces integrado en la Gran Colombia, como sede geográficamente propicia para el Congreso Anfictiónico de 1826, su convocatoria, promovida por Simón Bolívar, se realizó en Lima, con miras a una unión federativa que la Cancillería del Perú y sus delegados auspiciaron con reconocida capacidad de iniciativa. Frustrados estos designios por la ausencia de varios países y por las carencias de las partes concurrentes, quedó, sin embargo, el suscrito Tratado de Unión, Liga y Confederación como el modelo distante, pero válido en sus principios, del proceso institucional que ha devenido en la Organización de Estados Americanos (OEA).

La carta de la OEA

Son mencionables, por constituir formas de notoria presencia del Perú en el contexto interamericano, sus propuestas en la década de los setenta de reformas estatutarias (la Carta de la OEA en sustancia) y el hecho de haber recurrido el Presidente Fujimori a la Asamblea General, reunida en Bahamas, para superar la situación ocurrida el 5 de abril de 1992, que ocasionó la disolución del Congreso Nacional. Fue con el asentimiento condicionado de la OEA que el Perú pudo convalidar lo ocurrido y retornar al cauce democrático constitucional que hizo posible, en 1995, la reelección del Jefe del Estado.

Proyección externa en el siglo XIX

El auge de cohesión interna y correlativa proyección externa que, a mediados del siglo XIX, tuvo el Perú con Ramón Castilla como Jefe del Estado, alcanzó resultados notables. Entre otros cabe destacar el Congreso de 1847, destinado a contrarrestar el peligro de una restauración del poder español en América del Sur; la intervención peruana en Guayaquil que con la misma finalidad se llevó a cabo en 1860, y el posterior Congreso, celebrado en Lima en 1864, los cuales dieron continuidad a las actuaciones de Ramón Castilla. Hubo pues, en conjunto, un seguimiento de la política exterior iniciada con el Congreso de Panamá.

Sin embargo, al igual que lo ocurrido con los instrumentos suscritos en 1826, los de Lima en mención y el de Santiago en 1856 no llegaron a tener vigencia. Pese a haberse alcanzado el logro político, en ese lapso de tiempo no se logró un efectivo entendimiento cuatripartito de defensa.

Puerto pesquero de Ilo, en el departamento de Moquegua, el más cercano a la frontera con Chile. Vía de salida de la exportación del cobre extraído de los yacimientos de Toquepala y Puno.

El Grupo de Río

En cuanto a convergencias latinoamericanas, su más significativa expresión, el Grupo de Río (América del Sur más México), es políticamente apreciable frente a otros grupos extracontinentales pero, en sí mismo, no ha desplegado una evolución progresiva que merezca mejorable institucionalización. Carece de la fuerza cohesiva que con variantes caracteriza a los movimientos subregionales de integración de la zona.

Relaciones con América del Sur

La relación vecinal del Perú debe ser entendida dentro del marco ampliado de América del Sur. Un marco que, dentro de su característica subcontinental muy propia, presenta atendibles variables subregionales como la andina y la amazónica, de directa incumbencia para el Perú.

El Perú está situado respecto de sus vecinos de norte y sur —aunque en menor dimensión— en la misma ubicación intermedia del Brasil, en América del Sur, y constituye el núcleo de los países andinos, con un litoral virtualmente equidistante entre las costas sumadas de Colombia y Ecuador y el extenso litoral de Chile. Excepción hecha de la limitada presencia de Colombia en el río Amazonas (Leticia), el Perú en los hechos comparte con el Brasil la condición de país ribereño del gran río.

Fronteras arcifinias

Las fronteras del Perú son en considerable proporción arcifinias, es decir, de límites naturales. Dentro de esa categoría interesa referirse a la problemática de las aguas internacionales no marítimas que forman o, en su caso, atraviesan los límites del país o disfrutan de la condición jurídica del condominio, como es el caso de las aguas del lago Titicaca compartidas exclusivamente con la vecina Bolivia.

Las llamadas fronteras vivas o de efectiva ocupación poblacional se reducen a zonas geográficas muy concretas; en el caso peruano, a la zona de Tumbes y Piura, *vis-à-vis* de El Oro y Loja en el Ecuador, a la zona altiplánica con Bolivia, y a los lindes que separan Tacna de Arica chilena. Queda así gran parte de frontera no viva, es decir, despoblada, destinada a separar la Amazonia nacional de las zonas amazónicas colindantes de Colombia, Ecuador, Brasil y Bolivia.

El río Amazonas a su paso por el departamento de Loreto. El río, que cambia periódicamente de curso, tiene un lecho muy sinuoso que forma amplios meandros de gran radio.

Por otra parte, la cadena andina, que es de separación arcifinia entre los estados de Chile y Argentina, tiene alcances divisorios mayormente internos en Colombia, Ecuador, Perú y Bolivia. En el caso peruano, la vertebración orográfica, paralela a la costa, está orientada de noroeste a sudeste, con los consiguientes efectos de proyección internacional.

Harto conocida es la problemática divisoria de orientación vertical, pero no siempre se ha dado similar importancia a la separación de corte horizontal entre el norte y el sur del país. La misma importancia relativa menor se atribuye a la estrecha configuración y escasa extensión que caracteriza a la zona central, en comparación con los dos espacios territoriales a los que sirve de nexo.

En el norte es característica la extensión relativamente amplia de la zona costera, la concurrencia de importantes ríos y la existencia de suficientes puertos naturales, del mismo modo que un acceso o paso cordillerano, el abra de Porculla.

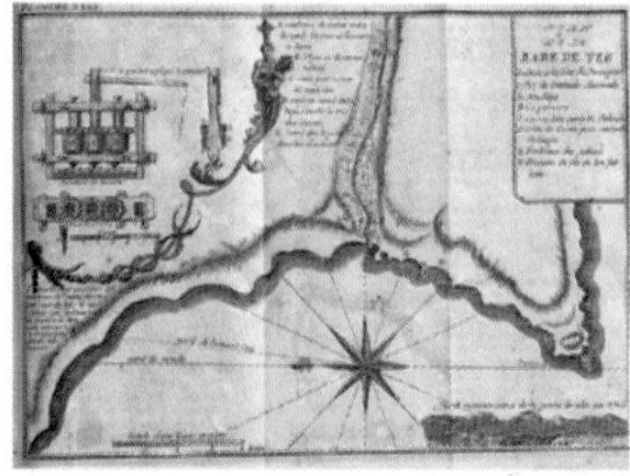

Contribuye a diferenciar aquellos extremos del territorio su opuesta posición con relación a los ríos que cruzan las fronteras. En primer lugar los rios que desde el Ecuador acceden a Tumbes y Piura. Similar condición de país de curso inferior fluvial se da en la cuenca amazónica, con los afluentes que nacen en territorio ecuatoriano y desembocan en el Marañón-Amazonas, respecto del cual Perú está río arriba en relación a Brasil.

Con respecto al sur, es importante consignar la condición del Perú como país de curso superior de afluentes que alimentan el lago Titicaca. Casos distintos son los de los ríos en la frontera amazónica con Bolivia, de las servidumbres internacionales de aguas estipuladas para beneficio peruano en el Tratado de 1929 con Chile y de la función de contigüidad fronteriza del río Yavarí con Brasil.

Políticas interna y externa

A las consideraciones de corte geopolítico es conveniente añadir otras razones de carácter histórico, con miras a una coherente visión de conjunto. Una perspectiva que facilite la mejor comprensión de la política exterior del Perú, a partir de su origen independiente, en consonancia con su política interna y con especial énfasis en la problemática fronteriza.

Bajo el influjo de Simón Bolívar, el Alto Perú se autonomizó adoptando el nombre de Bolivia.

Hay que considerar hasta qué punto se frustró, durante la Colonia, una continuidad de cohesión andina en el Perú cuando se establecieron las encomiendas, a través de las cuales hubo una suerte de autonomía feudal para una casta de conquistadores. Esta cohesión andina nunca restaurada se frustró en favor de un control colonial cada vez más centralizado en la costa, con prevalencia de Lima y desmedro del interior, especialmente en cuanto a la comunicación interandina con otras circunspecciones coloniales.

En otras palabras, la opción costera en desmedro del interior peruano y beneficio de otros dominios españoles en América del Sur, con el declive de los Austrias, fue progresivamente incrementada con los Borbones hasta darse, a fines del siglo XVIII, la creciente importancia de las colonias en el Atlántico. Sin embargo, el centralismo del poder español continuó ubicado en el Virreinato del Perú (no obstante su parcial desmembramiento en beneficio de Nueva Granada y Buenos Aires), a un punto tal que el territorio peruano y altoperuano fue el último en ser independizado.

Visión histórica

Disminuida progresivamente su extensión territorial en época virreinal —excepción hecha de la correctiva Real Cédula de 1802—, el Perú fue independizado con dos recortes territoriales impuestos por Bolívar: Guayaquil y la Audiencia de Charcas. Desde entonces, una verdadera obsesión por preservar las lindes nacionales ha sido prioritaria tanto en lo interno como en el desempeño de la política exterior. Ello ha conducido a visiones un tanto deformantes de realidades ineludibles en cuanto al dominio territorial del Perú.

La frustrada opción monárquica de San Martín y a continuación la breve vigencia de la Constitución vitalicia de Simón Bolívar fueron indicio suficiente del cabal propósito de dar al Perú, por caminos distintos pero concordantes, una suerte de autonomía con predominio aristocrático, entre otros caracteres bien diferenciados respecto de sus cinco países fronterizos.

Opciones políticas

Lo cierto es que el Perú no siguió el rumbo deseado por sus libertadores y prefirió en sus primeros decenios independientes oscilar entre la democracia de inspiración liberal y el caudillismo militar. Tal vez otros hubiesen sido su destino interno y su presencia en el subcontinente si en aquellos decenios se hubieran planteado las opciones que se desarrollaron contemporáneamente en el Brasil imperial o en el absolutismo modal de Chile, no exento desde su inicio de promisorias instituciones civiles.

Es cierto que la mitad del siglo XIX, con Ramón Castilla como figura central, comportó para el Perú el progreso estable y cierto predominio en el entorno regional como queda probado, entre otras formas, por las ya aludidas convocatoria y realización de los congresos de Lima. Sin embargo, como lo ha demostrado el diplomático e histo-

Noción imperial del territorio

Es usual en el Perú concebir un histórico contorno nacional en base a la máxima expansión territorial lograda por el imperio incaico y a la comprensible superposición que durante siglos caracterizó al Virreinato con relación al mismo espacio. Sin embargo, la noción imperial propia de Occidente puede ser parangonable pero no identificable con la del incario. En este sentido es indispensable apreciar, con María Rostworwski (*Historia del Tahuantinsuyo*), «...la fragilidad de las bases sobre las cuales reposaba el Estado Inca».

Pérdidas en la Guerra del Pacífico

La extensión territorial del Perú, en la actualidad, no comporta, en términos comparativos con el pasado, pérdidas de territorios a los que hubiese sido viable y realista acceder o retener, salvo la pérdida, como consecuencia de la Guerra del Pacífico, de Tarapacá y Arica.

Ronald Bruce St.John,
The Foreign Policy of Perú

La Guerra del Pacífico (en la imagen, el combate naval de Iquique) comportó la pérdida de Tarapacá y Arica, con su producción de salitre. El Perú quedó a merced de la ocupación extranjera.

riador Alberto Wagner de Reyna, en el mismo período vuelve a manifestarse la rivalidad chilena de múltiples aspectos que ya había tenido un precedente de suma importancia: el exitoso empeño chileno por la disolución de la Confederación Peruano-Boliviana (1836-1839).

Tan sólo cuarenta años entre el fin de la Confederación y la Guerra del Pacífico, junto con períodos manifiestamente breves de predominio como aquellos de Castilla, fueron adversos al Perú tanto por defectos de cohesión interna como por la atracción de capitales foráneos (ingleses) alcanzados por Chile, paradójicamente en contradicción con sus menores recursos disponibles en comparación con el Perú. Como lo ha señalado St. John, la crisis económica generalizada de 1870 tuvo en suelo peruano devastadores efectos para su defensa. Algo que no ocurrió similarmente en Chile.

En suma, las ideas de solidaridad continental, de ordenamiento jurídico, fueron constantes de la política exterior del Perú en forma no proporcionada a la atención de sus intereses en un contexto de tendencias y de praxis tan propios del siglo XIX, dentro y fuera del ámbito sudamericano.

La negativa proyección del mundo exterior (la crisis de 1929) y el retorno, aunque breve, al estilo de los caudillos bárbaros en lo interno, motivaron acciones lamentables en lo externo, felizmente superadas por el régimen militar de Benavides que, en contraste positivo, contó con la colaboración de ilustres cancilleres, como Alberto Ulloa y Carlos Concha, que han dejado huella profunda en la política exterior.

Evoluciones en política exterior

Ulteriormente fueron de trascendencia: el término, desde el punto de vista jurídico, de la cues-

Reivindicación del territorio

Transcurrieron cincuenta años entre la Guerra del Pacífico y el Tratado con Chile de 1929 para que el Perú pudiese superar el obsesivo monotema de su política exterior, orientado por entonces a reivindicar derechos territoriales peruanos ante una comunidad internacional caracterizada, desde 1918, por la inoperancia de la Liga de las Naciones.

tión limítrofe con el Ecuador (primera presidencia de Manuel Prado, Protocolo de Río de Janeiro de 1942). El decreto sobre jurisdicción marítima en las 200 millas adyacentes (1947) del presidente Bustamante y Rivero. La continuidad efectiva de dicho decreto con la Declaración de Santiago de 1952 y la posición respecto del acceso de Bolivia al mar, cara a cara con Chile, durante el gobierno de facto del general Odría. Prevalencia de necesidades y problemas internos sobre diseños de política exterior (primera presidencia de Belaúnde). Tercermundismo innecesariamente acentuado, voluntad sin precedente de entendimiento con Ecuador y una animosidad preocupante con relación a Chile bajo el gobierno del general Velasco, con caracteres atenuados durante la continuidad en el poder del general Francisco Morales Bermúdez, quien ofreció una interesante iniciativa con respecto a la salida al mar de Bolivia. Incidente armado con Ecuador (Paquisha, 1981), confrontado con equilibrio y realismo por Belaúnde en su segundo período. Lamentable pérdida de la oportunidad en dicho período de adherir a la Convención del Mar de 1982. Errática y unilateral política desarmamentista, en contraste con la Declaración de Ayacucho auspiciada por el Perú y formulada en 1974. Desarticulado y anacrónico tercermundismo, y apreciable voluntad de aproximación a Ecuador, Bolivia y Chile del régimen de Alan García.

Los dos gobiernos consecutivos de Alberto Fujimori se caracterizaron por haber alcanzado la solución definitiva del conflicto fronterizo con el Ecuador —con la firma del Acta de Brasilia en octubre de 1998—, así como por los logros en la estabilización económica y la pacificación del país. Por otra parte, también se destacó este período por la aplicación de una agresiva política de apertura peruana al exterior y el fortalecimiento de las instituciones gubernamentales. A la entrada del siglo XXI es prioritario el cumplimiento de los acuerdos adquiridos en el Acta de Brasilia y perfeccionados ulteriormente con el término de la demarcación fronteriza y la puesta en vigor de acuerdos de integración limítrofe y de cooperación amazónica prevista por el Protocolo de Río de 1942.

Durante el primer gobierno de Manuel Prado y Ugarteche, finalizó desde el punto de vista jurídico el secular litigio con Ecuador mediante la firma del Protocolo de Río de Janeiro, en 1942.

Relaciones bilaterales y multilaterales

Establecida una orientación que a través de círculos concéntricos va desde la periferia global hasta el núcleo nacional peruano, procede contrastar útilmente los criterios hasta ahora planteados con otros que, inversamente, surgen de nuestras problemáticas fronterizas y se amplíen gradualmente hacia los espacios circundantes. Corresponde mencionar la relación bilateral con los países limítrofes y, en lo multilateral, a las subregiones y otros procesos de cooperación en el ámbito sudamericano.

Puesto de observación y vigilancia Cahuide, en la zona fronteriza entre Perú y Ecuador.

Ecuador

Constituye una trascendente singularidad la de ser el Ecuador el único país con el cual mantuvo durante largo tiempo el Perú problemas fronterizos, no obstante haber sido delimitada y en gran parte demarcada la frontera, con arreglo al Protocolo de Río de Janeiro de 1942.

Es característica de dos conflictos emergentes la de su limitada y marginal extensión geográfica, pero también la de haber sido el segundo considerablemente más grave que el primero. Asimismo es destacable que durante la década del setenta fueron regímenes militares los que diseñaron la integración fronteriza, y por el contrario, civiles los gobiernos que en los dos países debieron afrontar lo ocurrido en 1981 y 1995.

Declaración de Itamaraty

En todo caso, lo paradójico, en tanto positivo resultante de esta sucesión de conflictos armados, se dio con la Declaración de Itamaraty de 1995, que aparte de haber dispuesto las sucesivas etapas de restablecimiento de la paz, ya cumplidas, estableció en su último punto la meta final de dar solución a los impases subsistentes. Vale decir, al problema de fondo, o sea para el Perú el término de la demarcación faltante y para el Ecuador la supuesta inexistencia de un accidente geográfico que a su juicio conllevaba la parcial inejecución del Protocolo y por ende fundamento suficiente para la demanda de un acceso soberano al Marañón-Amazonas.

Aspecto inseparable de la Declaración de Itamaraty y de su secuela fue la participación de los cuatro países garantes del Protocolo. A diferencia de lo ocurrido en 1981, oportunidad en que fueron denominados por el Ecuador países amigos, en el proceso de pacificación de 1995 no se limitaron a tomar nota del debido emplazamiento de tropas en las respectivas vertientes de la Cordillera del Cóndor. Esta vez establecieron una misión de vigilancia militar que verificó que se cumplieran las diversas etapas contempladas en la Declaración de Itamaraty, particularmente en lo que respecta a la zona desmilitarizada.

Obviamente esta misión desarrolló su actividad con permanente injerencia de Perú y Ecuador, sin perjuicio de mantener los garantes libertad de acción en cuanto al seguimiento paralelo del proceso, dentro del cual pudieron ejercer la prerrogativa de sugerir a las partes la solución que estimaron conveniente cuando las conversaciones bilaterales entre Ecuador y Perú no llegaron a ningún acuerdo.

Fue previsible la dificultad de conciliar tesis de fondo tan dispares como las formalmente aducidas por ambas partes, habida cuenta del reclamo ecuatoriano de un acceso soberano al río Amazonas que implicaba no la ejecución final sino la revisión del Protocolo de Río. Algo que no

Proyecto Puyango-Tumbes 1971

Es ineludible comprobar que la proyectada cooperación fronteriza entre Ecuador y Perú desde fines de los años sesenta, cuyo amplio espectro tuvo máxima expresión con el proyecto Puyango-Tumbes de 1971, no fue lograda, salvo, tal vez por inercia, en contados rubros y durante emergencias de compartido efecto. Puede que problemas de financiamiento en ambas partes y discontinuidad en el empeño puesto por sucesivos gobiernos hayan conspirado al respecto, sin por ello haber llegado a ser causantes determinantes. Más bien, el origen de casi treinta años de frustraciones está en el efecto acumulativo de los conflictos de 1981 (Paquisha) y 1995 (Alto Cenepa), ambos ocurridos en el sector de la Cordillera del Cóndor.

sólo el Perú sino los garantes no pudieron aceptar. En este contexto, el Acta Presidencial de Brasilia de octubre de 1998 y el término complementario de la demarcación pendiente constituyeron la solución definitiva sugerida por los países garantes al problema limítrofe con Ecuador, abriendo una nueva etapa de integración fronteriza para el desarrollo social y económico de ambos pueblos.

Soldado del ejército peruano en misión de reconocimiento en la frontera con Ecuador, zona de sostenidos conflictos territoriales, que a partir del Acta de Brasilia han alcanzado su solución.

Chile-Bolivia

La problemática Chile-Bolivia no tiene para el Perú la seria implicancia que tuvo la parcial falta de demarcación ni los conflictos habidos con el Ecuador. Es, sin embargo, la más importante en nuestro entorno. No es así en mérito de una artificial conjunción con esos dos países fronterizos. Es así porque la geografía y la historia enseñan que hay una estrecha vinculación trinacional en la zona comprendida entre el puerto peruano de Matarani, las correspondientes franjas fronterizas con Bolivia y el puerto chileno de Antofagasta. Vinculación trágica para el Perú y Bolivia a raíz de la Guerra del Pacífico, sobre la cual no hay otra alternativa que hacer frente a lo irreversible mediante formas creativas de integración y desarrollo, hasta ahora no sistemáticamente intentadas, que puedan conjugar los intereses de los tres países, incluido, como meta final, el acceso pleno de Bolivia al mar a través de territorio ariqueño.

Cooperación tripartita

Queda entendido que la zona de cooperación tripartita esbozada es un núcleo con ramificaciones de sustentos nacionales e incluso transnacionales, particularmente en razón de exportaciones de países del Mercosur por puertos del sur peruano y norte chileno.

Claro está, sin embargo, que en el caso de Ilo, la carretera entre ese puerto y la capital boliviana debe ultimarse para recién poner en práctica la ampliación de las modalidades de zona franca industrial para Bolivia, ya garantizadas por acuerdos bilaterales y sustentadas por la vigente legislación peruana.

En cuanto a las dos convenciones de Lima, suscritas con Chile para cumplir con las cláusulas aún pendientes de ejecución del Tratado de 1929, su retiro del Congreso por el poder ejecutivo del Perú obedeció en gran parte al clima político impuesto por el proceso electoral de 1995 y a la renovada campaña adversa de los mismos grupos de

Las aguas del lago Titicaca son de carácter binacional y condominial entre Bolivia y Perú. En 1950 fue rechazado el proyecto que concedía a Chile el uso de sus aguas.

tacneños que en 1985 frustraron la viabilidad del Acta suscrita en Arica por los cancilleres de ambos países con visible renuencia de los Fuerzas Armadas de Chile.

Por otra parte, sería alejado de la verdad atribuir a las Convenciones una condición de óptima oportunidad perdida. Su farragoso e improcedente reglamentarismo, sus errores no menos graves que sus omisiones debieron merecer su corrección antes del trámite parlamentario en ambos países.

El acta de Cochabamba

Transcurrieron meses de perplejidad sobre el futuro del muelle para uso peruano hasta que, en el inicio de 1996, fue suscrita por los dos cancilleres, en Cochabamba, el acta mediante la cual quedaron en discreto y pragmático olvido las convenciones que, en realidad, ya habían perimido a raíz de su retiro del Congreso peruano. En esta oportunidad quedaron acordados dos puntos heterogéneos pero en la práctica interactuantes: la entrega del muelle mediante los procedimientos más simples posibles y, colateralmente, la negociación de un acuerdo de garantía de recíprocas inversiones. Adviértase que las inversiones chilenas en el Perú llegan a 1,600 millones de dólares.

Es de suponer que el pragmatismo ahora imperante llegue a buen término. Sin embargo, no sería constructivo empezar de fojas cero, como si no hubiese habido un proyecto de la calidad del acta de 1985, además de ser salvables muchas disposiciones insertas en las convenciones de 1993. Aún más, previamente a esos intentos, hubo acuerdos técnicos que con alcance claramente vinculante hicieron posible la anuencia del Perú a la ubicación, dimensiones y otras características del muelle que lleva ya trece años construido.

Condominio de aguas lacustres

Un proyecto inviable de cooperación entre el Perú, Bolivia y Chile fue el planteado en 1949-1950 mediante el cual Chile habría dado acceso al mar a Bolivia a cambio del uso, compartido con Bolivia y el Perú, de aguas del lago Titicaca. El Perú adujo el derecho que le confiere el Tratado con Chile de 1929 (de oponerse a la cesión de territorios ariqueños a terceros) e invocó, además, el carácter exclusivamente binacional y condominial de las aguas del lago. No sólo ha sido puesto en plena vigencia para los dos países el condominio

Iquitos, a orillas del Amazonas. El Tratado de Cooperación Amazónica contempla un ambicioso proyecto de reglamentación para la navegación del río y sus afluentes.

de aguas lacustres sino que existe un régimen de cooperación avanzado que supera ambas jurisdicciones nacionales con amplias atribuciones a una autoridad común.

En la década de 1970 un nuevo intento de dimensión trilateral para la solución de la falta de una salida al mar para Bolivia no prosperó por la negativa chilena a considerar una contrapropuesta peruana orientada hacia un cierto régimen de soberanía en Arica trinacionalmente compartida.

Medidas mejores, más pragmáticas y más extendidas en el tiempo podrían ser la clave de solución a los problemas trinacionales mencionados.

Brasil

El hecho de ser sólo amazónico y alejado de importantes polos de desarrollo el común y notoriamente extenso ámbito fronterizo con Brasil, no llega a constituir la esencia de las relaciones bilaterales, cuya gravitación dentro y más allá del subcontinente supera la existencia de la mera contigüidad geográfica.

El interés con el Brasil proviene específicamente de una compartida situación de ribereños del río Amazonas que motivó, desde mediados del siglo XIX, una sucesión de acuerdos bilaterales de significación. Un punto crucial de evolución de tales entendimientos es el de cooperación en toda la extensión de la cuenca, ya vigente, con la consecuente participación de los países no ribereños del gran río. Ése fue el objetivo, que debe seguir prevaleciendo, del Tratado de Cooperación Amazónica (TCA), suscrito en 1978.

El Tratado de Cooperación Amazónica ofrece oportunidades del más útil aprovechamiento bilateral, puntualmente entre el Perú y el Ecuador, en la medida que haya voluntad concurrente y oportunidad propicia.

Es interesante tener en cuenta que Brasil, como potencia preponderante en la Amazonia y con la oportunidad de ser el primer país sudamericano que alcance la situación de miembro permanente del Consejo de Seguridad de Naciones Unidas, está acrecentando su gravitación en múltiples sentidos. En cuanto al Perú respecta, fue de la más alta significación que la reactivada gestión de los países garantes del Protocolo de Río en las negociaciones y acuerdos finales del Acta de Brasilia fuera presidida formalmente por el gobierno brasileño en la persona de su presidente, Fernando Henrique Cardoso, tal como ocurrió en 1944 (Fórmula Aranha), en 1945 (Laudo arbitral de Dias de Aguiar) y en 1995 (Declaración de Itamaraty).

Tratado de Cooperación Amazónica

Dentro del Tratado de Cooperación Amazónica existen proyectos relativos a la reglamentación de la navegación del Amazonas y sus afluentes. Conviene tanto al Perú como al Ecuador contar con esos elementos técnicos y neutrales para la puesta en práctica del Tratado de Comercio y Navegación recientemente perfeccionado por ambas partes, en cumplimiento del Protocolo de Río.

Es necesario reconocer que el eje central que en el ámbito de América del Sur forman el Perú y Brasil coincide, en el sentido de los paralelos, con la mayor extensión del subcontinente. Esta gran superficie corresponde en su mayor parte al área amazónica y por ende está escasamente intercomunicada, pese al gran río y sus afluentes. Por este motivo es primordial que ambos países y otros, dentro y fuera de la cuenca amazónica, pongan gran empeño en la habilitación integrada de comunicaciones fluviales y redes de transporte terrestre que hagan económicamente sostenible la conexión interoceánica.

Colombia

Podría pensarse que el tratamiento de manera conjunta con dos de los países limítrofes con Perú, Bolivia y Chile, podría por analogía haber determinado el análisis unificado de Ecuador y Colombia. Son dos casos muy diferentes. La relación de estos dos vecinos del sur, entre sí y con el Perú, conforma una compleja urdimbre enraizada en el pasado que parece imperativo ajustar a prioridades contemporáneas de paz y desarrollo.

En cambio, siendo significativa la vecindad de alto nivel establecida entre Colombia y Ecuador, y de trascendencia la problemática entre el Perú y el Ecuador, no existe una similar relación significativa entre el Perú y Colombia. Este y otros factores concurrentes hace improcedente una consideració conjunta al norte del territorio peruano.

La frontera peruano-colombiana concuerda con el curso del río Putumayo, que desemboca en el Amazonas y coincide con el trapecio de Leticia, base de la concesión peruana de 1922 y de los penosos incidentes que terminaron en 1934.

Plantación de coca. El Perú se encuentra en el centro de la problemática del narcotráfico junto a Colombia, país que procesa y diversifica la distribución mundial de la materia prima.

Oscilación de la jurisdicción territorial

Conflictos no remanentes de pasadas situaciones históricas, pero sí variantes de nuevas situaciones problemáticas propician, con frecuencia, la oscilación de la jurisdicción territorial de uno a otro país, en los islotes del Putumayo, amén de cambios que afectan incluso el *thalweg* (curso más profundo del lecho fluvial). Son circunstancias ostensiblemente salvables con criterios de cooperación y reciprocidad, tal como se desprende de recientes proyectos de cooperación fronteriza.

Es mencionable, a propósito del Putumayo y su utilización ampliable por Perú y Colombia a terceros países, un proyecto de vía fluvial-carretera a partir de Brasil y con destino a un puesto del norte ecuatoriano.

Importancia del narcotráfico

La cuestión del narcotráfico coloca al Perú, por su posición geográfica y por ser el mayor productor mundial de coca, en el centro del grave problema; pero ello no debe ocultar el peso mayor que corresponde a Colombia como país profundamente envuelto, en variados niveles, en el

en la actualidad, negativas reacciones en cadena, como todavía hoy sigue ocurriendo con la carrera de armamentos.

No es ésta la única contradicción observable. Junto con el tradicional predominio —por lo menos hasta los cambios de los años cincuenta— de relaciones bilaterales a la manera de compartimentos estancos, se dio paralelamente en América del Sur la conocida tendencia a entendimientos políticos y militares de países no contiguos entre sí pero sí coincidentemente vecinos de terceros con los que existen pendientes problemas fronterizos o simples rivalidades.

Proximidad con las naciones del sur

Dada su posición geográfica, al tiempo que su pasado, el caso del Perú fue remarcable debido a su aproximación a la República Argentina en etapas precedentes y siguientes, durante decenios, a la Guerra del Pacífico. Menor contigüidad y contenido han tenido las vinculaciones peruano-venezolanas. A su vez, Chile tradicionalmente buscó el entendimiento con el Brasil y ha sido objeto del permanente interés de Ecuador.

Otra demostración de asuntos bilaterales en los que terceros países tuvieron injerencia, aduciendo legítimos derechos, se dio en la historia de los problemas limítrofes sudamericanos: el Brasil con respecto a los acuerdos fronterizos entre algunos de sus vecinos y el Perú, con respecto a Chile y Bolivia, son entre otros casos tipificados. En el sentido inverso, vale decir positivo, pueden mencionarse la gestión del arbitraje argentino entre el Perú y Bolivia y la condición *sui generis* de garantes del Protocolo de Río compartida con Estados Unidos por tres países sudamericanos.

Procede elaborar matices diferenciados en esa apreciación de conjunto, pero en todo caso resulta transparente la superación en América del Sur, en beneficio de opciones multilaterales, de la antigua inclinación a los ejes antagónicos.

procesamiento y diversificada distribución de la materia prima que clandestinamente recibe en gran medida de territorio peruano.

Lamentablemente, la cooperación bilateral no llega aún al nivel de eficiencia requerido, en parte cuando menos porque aún no es la proscripción del narcotráfico todo lo vinculante y empeñosa que debiera ser en el marco continental y global en que comparten responsabilidad los países consumidores de la droga.

De cualquier manera, no debe perderse de vista la importancia económica que, pese a sus tribulaciones internas, tiene Colombia en sí y en su proyección que excede la órbita andina. Se trata de una sólida constante de desarrollo que interesa considerablemente al Perú, bilateralmente y dentro del Grupo Andino.

El contexto sudamericano y sus subregiones

El ámbito subcontinental tiene características propias que, perceptibles más allá de su entorno, revelan, en lo interno, determinados rasgos comunes a los países componentes. Rasgos que algunas veces han configurado compartidas solidaridades y otras, más frecuentes en el pasado que

Dos subregiones de integración económica

En un primer análisis aparece como premisa que la existencia en el subcontinente de dos procesos subregionales de integración económica lleva necesariamente a su fusión, en una primera etapa formativa de una zona sudamericana de libre comercio y en último término con miras a formas asociativas con el Tratado de Libre Comercio (TLC) entre Estados Unidos, Canadá y

El Mercosur, integrado por Argentina, Brasil, Paraguay y Uruguay, a los cuales se añadieron como miembros asociados Chile y Bolivia, vive una etapa de consolidación.

México. Es sostenible la premisa pero es aventurado predecir el contenido y duración de las etapas que conduzcan a una integración económica de dimensión continental. Por ahora procede señalar que son más las diferencias que las coincidencias entre la Comunidad Andina y el Mercado Común del Sur (Mercosur).

En primer lugar, porque la integración en América Latina, en particular la del Grupo Andino, llegó hace más de veinticinco años como espejo deformante y no reproducible del proceso de integración europea, hoy Unión Europea. Se quiso entonces, con la guía técnica de la CEPAL, establecer espacios multinacionales económicamente protegidos en materia de aranceles, así como en base a programaciones de complementación industrial que han resultado inviables.

Mercosur y la Comunidad Andina

Hoy la Comunidad Andina está, mediante sucesivos cambios, orgánicamente rediseñada y acentuadamente abierta a realidades económicas regionales y globales totalmente diferentes de las tendencias que prevalecieron durante el decenio de los setenta en países en vías de desarrollo. Ello se refleja ahora en la supresión y sustitución simplificada del órgano colegiado que era la Junta y en la creación de un órgano manifiestamente político, el Consejo de Cancilleres.

Sin embargo, el proceso de adaptación a los ámbitos externos de los cinco países es relativamente tardío, si se le compara, por ejemplo, con la temprana separación del grupo que Chile decidió para buscar otros acercamientos con metas más factibles y de mayor importancia económica, cual fue y sigue siendo, de forma progresiva, su aproximación al proceso del Mercosur.

Si bien la Comunidad Andina ha padecido numerosas frustraciones que han perjudicado su desarrollo económico, en cambio, en el ámbito político ha asistido a la solución bilateral del contencioso que existía entre el Perú y Ecuador, aunque subsisten otros problemas comparativamente de menor gravedad como los que enfrentan a Colombia y Venezuela.

Nuevas pautas económicas

En contraste, el Mercosur se establece en una década, la de los años ochenta, en que se inicia y se consolidan globalmente las pautas económicas que siguen siendo imperantes, al tiempo que, al igual que en el Viejo Continente, esta segunda subregión recibió no una meta políticamente distante sino una realidad: un entendimiento preexistente entre sus dos principales miembros: Argentina y Brasil. Un entendimiento, en lo civil y en lo militar, basado en la solución de diferendos

Política arancelaria

En la década de los ochenta los esfuerzos que durante meses hicieron los socios andinos por salvar las diferencias de política arancelaria entre el Perú y las otras cuatro partes, particularmente Colombia y Venezuela, fueron insatisfactorios. Las negociaciones llegaron a un tal punto de quiebre que el Perú pudo haber llevado a cabo el retiro del Grupo Andino que tenía en cierta forma ya anunciado. Tanto fue así que estaba previsto el traslado a Bogotá de la sede en Lima. Pero hubo, felizmente, la ocasión de convertir máximos antagonismos en soluciones de prudente espera y posible concordancia final. Tal como previamente había manifestado José Antonio García Belaúnde, alto funcionario del Acuerdo de Cartagena ante la pregunta sobre qué ocurriría con el retiro del Perú del Grupo Andino: «una decisión de esta naturaleza lleva necesariamente a hacerse la pregunta ¿quién gana? La verdad es que en términos estrictamente comerciales, a corto plazo nadie gana, pero a largo plazo todos pierden».

fronterizos y en la resultante desaparición de hipótesis de guerra.

Interesa advertir que, paralelamente a su aproximación de alcance económicamente asociativo al Mercosur, Chile, en evidente concordancia política con las dos mayores potencias del ámbito, ha superado el último de sus desacuerdos limítrofes con la Argentina, con el consiguiene beneficio para nuevos diseños de cooperación binacional, por cierto tipificados con los miles de millones de dólares chilenos que han sido invertidos en el mercado de capitales de su vecino.

García Belaúnde añadió que lo que se pierde en lo comercial ha de ir aparejado con el riesgo político para el Perú de aislarse anacrónicamente, sin ventaja alguna para las otras partes. Cabría agregar que el retiro peruano conllevaría, a mediano plazo, el de Bolivia, que perdería el nexo de continuidad geográfica con los tres países remanentes y obviamente se vería obligada a ahondar las vinculaciones, que ya ha iniciado, con el Mercosur, adicionalmente a la de la contigüidad territorial.

Convención del Mar

De los cuatro países del Pacífico Sur sólo Chile suscribió la Convención del Mar y, con la aprobación parlamentaria de rigor, está dispuesto, a corto plazo, a su ratificación. Ecuador tiene una muy singular y no compartida posición con respecto al mismo instrumento, y a la verdad, no se conocen impedimentos legales o de otra naturaleza que sigan postergando la adhesión y perfeccionamiento por parte de Colombia y del Perú.

Otros ámbitos diferenciados

Habida cuenta del desarrollo en todo sentido acentuado en sus zonas periféricas, América del Sur por primera vez viene concertando esfuerzos multinacionales en su más central y amplia pero menos humanamente aprovechada cuenca. Se trata del Tratado de Cooperación Amazónica.

Que ese instrumento, ya jurídicamente perfeccionado, sea de coordinación y no de integración se fundamenta en la necesidad de proporcionar una evolución a esa realidad, con creatividad sostenida a la par que con comprensible parsimonia en cuanto al tiempo. Por eso no se debe a inercia sino a la naturaleza del objetivo a cumplir el que no existan aún resultados que sí son exigibles a las subregiones propiamente dichas.

Formas de cooperación en áreas de prioritaria preocupación global como la de la preservación del medio ambiente —en la cual debiera procederse en beneficio universal en la medida en que concurrentemente lo hagan las potencias industriales—; nuevas tecnologías y métodos para la racional promoción de asentamientos humanos, con respeto preferencial de las etnias existentes: facilidades y regulaciones de navegación fluvial son, entre otras, metas a cumplir.

Para ello, la previamente aludida posición central del Perú debiera ser estimada desde el punto de vista de los cinco países andinos, que a la vez son amazónicos. Es pues un incentivo de cooperación entre sus cinco miembros *vis-à-vis* del Brasil, habida cuenta que la vertiente oriental de los Andes termina en una paralela ceja de montaña que no abarca territorio brasileño y llega a formar, con el sustento de la paralela carretera marginal, aún no concluida, una especie de anfiteatro que, en

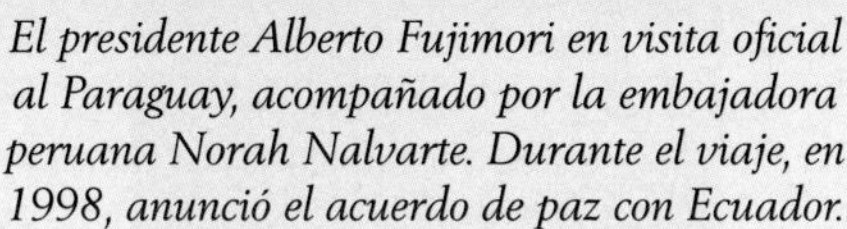

El presidente Alberto Fujimori en visita oficial al Paraguay, acompañado por la embajadora peruana Norah Nalvarte. Durante el viaje, en 1998, anunció el acuerdo de paz con Ecuador.

opinión del ex-presidente Fernando Belaúnde Terry, mira al Brasil y le puede surtir de productos agrícolas y otros recursos escasos o inexistentes en sus extremidades amazónicas.

Ámbito de jurisdicción marítima

El otro ámbito sudamericano no identificable como subregión es el que corresponde al espacio comprensivo de las doscientas millas de jurisdicción marítima correspondientes a cada uno de los cuatro países sudamericanos con litoral en el océano Pacífico: Colombia, Ecuador, Perú y Chile. La cohesión geográfica de aquel espacio no es suficiente para definir la trascendencia de la colaboración cuatripartita establecida (originariamente sin Colombia) desde 1952, oportunidad en que fue suscrita la llamada Declaración de Santiago, base de la actual Comisión Permanente del Pacífico Sur. En efecto, la calidad y la consiguiente preservación de recursos únicos en su género de esos espacios y sus adyacentes, hacen posible una explotación racional que sustenta buena parte de las exportaciones de los cuatro países, con mención especial del Perú.

Preferente interés merece la relación entre la Comisión Permanente del Pacífico Sur y la Convención del Derecho del Mar de 1982, en plena vigencia desde 1994. Porque los decretos chileno y peruano, respectivamente de junio y agosto de 1947, no sólo generaron la Declaración de Santiago de 1952 sino que, a pesar del rechazo manifestado en un inicio por las grandes potencias marítimas, llegaron a constituir, con el paso del tiempo, antecedentes valiosos de la referida Convención.

Por último, y aun cuando no exista entre Colombia, Ecuador, Perú y Chile ningún compromiso vinculante, es mencionable el interés común en cuanto al uso del Canal de Panamá que, en el caso de Perú y Ecuador, implica más del 50 por ciento del total de exportaciones e importaciones marítimas. Asimismo es manifiesto el interés de estos países y otros usuarios en el cumplimiento de los acuerdos Torrijos-Carter (1977), según los cuales en el año 2000 han de revertir en favor del Estado panameño los derechos e instalaciones —bases militares incluidas— propios del Canal de Panamá.

Acuerdos e instituciones vinculantes

Habría que distinguir, en primer término, acuerdos por así decir de vocación pero no de plena extensión latinoamericana. Son, notoriamente, ALADI (la ex Asociación Latinoamericana de Libre Comercio), que es un proceso de integración económica declinante pero aún útil para ciertas coordinaciones y cambios de información con otros grupos, y el Grupo de Río, ente político orgánicamente no institucionalizado y cuya ampliación a partir del Grupo de Apoyo (la paz en Centroamérica) hasta su extensión a toda América del Sur no ha sido hasta ahora de mayor beneficio, tal vez por la excesiva cantidad de temas a tratar.

Primera expedición científica peruana a la Antártida, en 1989, después del Tratado Antártico.

Hay que preguntarse qué queda de la solidaridad latinoamericana, en sus orígenes con una participación tan útil en la evolución del sistema panamericano y ulteriormente presente en la conjunción de grupos de países que aún conforman el Movimiento No Alineado, y el Grupo de los 77 en el marco de las Naciones Unidas.

El tratado de Tlatelolco

Es indispensable compensar ese balance negativo con la culminación cabal del Tratado de Tlatelolco, en virtud de la incorporación, ya perfeccionada como miembros plenos, de dos países con significado específico desde el punto de vista nuclear, Argentina y Brasil, y de Chile. No podría considerarse que la ausencia de Cuba en el proceso esté impidiendo el logro de su aplicabilidad.

El tratado de Rarotonga

No es de menos importancia —desde el punto de vista del Perú como ribereño del Pacífico— que el perfeccionamiento de Tlatelolco, incluidas sus reformas de actualización, haya fortalecido el proceso del Tratado de Rarotonga entre países del extremo sudoccidental del mismo océano, dando lugar por continuidad, a una inmensa área compartida de erradicación nuclear que llega hasta el paralelo 60, a partir del cual se encuentra la zona igualmente libre de armas de destrucción masiva que llega hasta el casquete polar sur, en virtud del Tratado Antártico del que el Perú es miembro consultivo.

El ámbito continental

En la práctica, si se quiere preferir lo más importante y factible, en vez de incidir en temas con respecto a los cuales hay en la OEA una inerte tendencia a repetir conceptos y actitudes, entonces sí conviene destacar su renovada disposición a considerar asuntos relativos a la seguridad colectiva, dentro de un análisis compresivo de otros factores afines.

Tomado el Tratado Interamericano de Asistencia Recíproca (TIAR) como base jurídica de la seguridad continental, complementada por la Carta de la OEA, los cincuenta años transcurridos desde su vigencia eventualmente hacen pensar en su obsolescencia en la medida en que han desaparecido las amenazas al continente que tipificaron el período de la confrontación bipolar.

Esas y otras razones indujeron al régimen del presidente Alan García a anunciar el retiro del Perú del TIAR, sin haber llegado en los hechos a perfeccionar el correspondiente procedimiento. Felizmente fue así por una fundamental razón: el TIAR no sólo concierne a la seguridad respecto de amenazas exteriores sino está asimismo orien-

TIAR

Puede que en la práctica el Tratado Interamericano de Asistencia Recíproca no sea expresamente invocado para su aplicación entre pares de países del continente, pero no por ello deja de seguir siendo una norma jurídicamente vinculante que no es prescindible y que no sería conducente revisar en términos que forzosamente llevarían a la suscripción de nuevos acuerdos susceptibles de lentos procesos de ratificación. Cuando menos, desde el punto de vista del Perú, fue un buen fundamento el TIAR para contradecir la pretensión ecuatoriana de promover un pacto bilateral de no agresión.

tado al mantenimiento de la seguridad entre los miembros del sistema continental.

Por otra parte, el TIAR es expresa o tácitamente un marco de sustentación de la Comisión de Seguridad Hemisférica, mediante la cual la OEA, en cumplimiento de resoluciones de su Asamblea General, tuvo la mira de dar relieve a la reunión presidencial que, con motivo de los cincuenta años de la Organización, tuvo lugar en 1998 en Santiago de Chile.

Ceremonia de cierre de la segunda Cumbre de las Américas celebrada en 1998 en Santiago de Chile. Treinta y cuatro jefes de Estado asistieron al acto, en el Congreso de la capital chilena.

América Central y el Caribe

Adicionalmente hay que considerar que la América Central y el Caribe confrontan entre sus miembros y con relación a los Estados Unidos como potencia mayor, realidades y expectativas muy diferentes a las de América del Sur, a la cual, en cuanto defensa concierne, tampoco puede considerarse como un todo homogéneo, debido a los diferenciados grados de entendimiento político, ya señalados, entre los miembros de una y otra subregión componentes.

Complementa la complejidad de lo mencionado que las importantes renovaciones de armamento que viene haciendo Chile estén paralelamente acompañadas de continuos avances en sus relaciones políticas y específicamente castrenses con la Argentina (maniobras comunes, propósito de disponer parámetros comunes para comparar adquisiciones de armamento). Aunque en un menor nivel, también son mencionables las medidas de fomento de la confianza que Chile mantiene con el Perú desde hace once años.

No obstante la finalización de los problemas limítrofes entre Perú y Ecuador en 1998, desde el último conflicto armado en 1995 la política de adquisición de armas de ambos países ha generado especial atención en muchos analistas militares dentro y fuera del subcontinente. Y se ha centrado preferentemente en la adquisición de escuadrillas de aviones de combate K-Fir con motor norteamericano para Ecuador y Mig-29 de origen ruso para el Perú. Lo cual, según la opinión de las autoridades pertinentes, sólo obedeció a la necesidad de cumplir con los programas de reemplazo de los aparatos dados de baja por antigüedad, y no a ningún tipo de repotenciamiento de la capacidad militar con vistas a la posibilidad de intervenir en nuevos conflictos armados.

Perspectivas futuras

Desde los gobiernos militares en la década de 1970, la política peruana para la compra de armamento se ha basado principalmente en la posibilidad de intervenir en conflictos armados con países fronterizos, como Ecuador y Chile, y en la lucha interna contra los grupos terroristas nacionales, como el MRTA y Sendero Luminoso. Por ello, y por la solución de gran parte de esos problemas, tanto los analistas políticos como los militares coinciden en que la tendencia a incrementar la participación porcentual de los gastos de defensa en el presupuesto nacional peruano se revertirá gradualmente desde el año 2000. Y se incrementarán los gastos en la educación, la salud, y en la construcción de infraestructuras que posibiliten el desarrollo conjunto del territorio nacional.

De otro lado, en el plano continental, tal como se avizora en las relaciones que sobre el particular tienen Argentina, Brasil y Chile, y teniendo en cuenta pronunciamientos que competen al Grupo Andino como la Declaración de Ayacucho de 1974 y el documento aprobado en Galápagos (1989) sobre medidas de fomento de la confianza, es tiempo adecuado para que el Perú promueva, dentro de la subregión, y en lo posible con la participación de Chile, normas para la aplicación adecuada e incrementada del Registro de Transferencias de determinadas categorías de armas que existe en Naciones Unidas.

Aspectos subregionales

Con ese propósito podrían adoptarse criterios de aplicación subregional que están teóricamente definidos, tales como los de notificación anticipada y consulta apropiada a propósito de la transferencia de armamentos, y nociones más generales pero orientadoras como las del más bajo nivel aceptable para los medios de defensa y de transparencias que coadyuven a evitar la denominada acumulación excesiva y desestabilizadora de armas.

No es soslayable por una parte ni fecundamente censurable en sí misma la hegemonía que exponencialmente en el campo de las armas y la seguridad tiene Estados Unidos en el continente, y es precisamente por ello que la OEA está llamada a ser en lo posible un punto de encuentro del nivel universal, que es el de las grandes potencias y de las Naciones Unidas, con el latinoamericano y preferentemente con el de las subregiones mencionadas anteriormente.

Relaciones con Estados Unidos, Europa y la Cuenca del Pacífico

La metodología empleada y los criterios seguidos hasta ahora inducen a reflejar en el presente la noción de sucesivos círculos de relación internacional en que se desenvuelve la actividad del Perú, como premisa para dotar de un significado realista a sus vinculaciones bilaterales con la primera potencia mundial que es Estados Unidos y con las demás potencias que conforman el llamado Grupo de los Ocho, particularmente las integrantes de la Unión Europea, sin olvido de Rusia.

En otras palabras, y salvo en algunos puntos relevantes y en situaciones dadas, nuestras relaciones con aquellas potencias tendrán mayor significado positivo para el Perú, como potencia media en América del Sur, en la medida en que comparta y promueva, dentro de propios agrupamientos subregionales y regionales y en los organismos de más amplia extensión, acciones solidariamente colectivas, sin por ello pretender la sustitución de las corrientes de pensamiento y de praxis predomianantes, sobre todo en el campo cada vez más globalizado de la economía mundial, que vienen impuestas desde el hemisferio norte en su conjunto.

En lo que respecta a la Cuenca del Pacífico, hay que reconocer que el camino a seguir por el Perú está eficientemente trazado por Chile, país con el que puede haber la conveniencia de labores conjuntas, por ejemplo, en el ámbito de la APEC (Cooperación Económica en Asia-Pacífico), en el que se ha integrado Perú en fecha reciente.

Cronología

PERÚ

Orígenes

10000 a.C. Períodos Inicial y Lítico: pueblos recolectores, pescadores y cazadores. Los animales de presa eran camélidos, cérvidos, roedores, perdices y lacértidos. Se utilizaba la técnica de presión y percusión en la elaboración de herramientas. Los vestigios encontrados pertenecen a los sitios de Paccaicasa, Chivateros, Toquepala, Guitarrero y Ancón.
7500 a.C. Se inicia el cambio geoclimático que acabará en el 4500 a.C.
7000 a.C. Rudimentos de agricultura. De una economía recolectora y de caza y pesca se pasa a la producción, la domesticación de animales y plantas y, como consecuencia de ello, el sedentarismo y las construcciones monumentales. Desarrollo de una religiosidad teocrática.
6000 a.C. Domesticación de camélidos. Huaca Prieta y Huaca Negra.
5000 a.C. Agricultura incipiente. Lurín.
4000 a.C. Chilca, aldea de ocupación continua.
3000 a.C. Domesticación del perro (*Canis ingoe*). Uchccomachay.
1800 a.C. Aparición de la cerámica en la cordillera de los Andes.

800 a.C. - 1000 d.C.

800 a.C. Horizonte temprano o formativo medio y superior. El formativo tiene tres fases:
-Inferior o inicial (pre-Chavín): pueblos con economías mixta, algunos con cerámica y textilería. Curayacu, Ancón y Hacha.
-Media (Chavín): síntesis de propagación panandina. Ruinas de Chavín de Huantar. Irradiación de influencia a Ecuador, Ica y Ayacucho.
-Superior o final (pos-Chavín): desarrollo de culturas locales como Vicús, Salinar y Paracas Cavernas. Desarrollo de la textilería y la cerámica.
200 d.C. Primer desarrollo regional o intermedio temprano. Sociedades jerarquizadas. Arquitectura en adobe y piedra. Desarrollo de la alfarería. Culturas Moche, Nazca y Lima.

Jarrón con doble puente de la cultura Vicús.

700 Sociedades multirregionales u horizonte medio. Nuevo ensayo de unificación panandina. Cultura Tiahuanaco-Huari.
1000 Segundo florecimiento regional o intermedio tardío. Culturas Chincha, Chimú y señoríos lacustres.

CONTEXTO MUNDIAL

15000 a.C. Facies cultural del Solutrense Superior, en Europa, rica en piezas obtenidas por retoque plano, que permite la fabricación de puntas largas, anchas y muy delgadas.
9000 a.C. Facies cultural del Aziliense, en Europa, caracterizada por una industria microlítica y de guijarros pintados.
3000 a.C. La ciudad de Ábidos se convierte en el centro religioso más importante del Alto Egipto. Pobladores procedentes de Rusia meridional o de Siria fundan la civilización de Dimini, en Tesalia (Grecia).
1700 a.C. Datación de los más antiguos instrumentos de astronomía.
1354 a.C. En Egipto, Tutankamón es proclamado nuevo faraón.
960 a.C. Salomón, hijo de David, es proclamado rey de Israel.

Máscara del faraón egipcio Tutankamón.

660 a.C. Fundación de Bizancio.
753 a.C. Fundación legendaria de Roma.
477 a.C. Las ciudades griegas se federan.
331 a.C. Se funda la ciudad de Alejandría.
44 a.C. Julio César se convierte en dictador vitalicio de Roma, pero es asesinado.
476 d.C. Rendición del último emperador romano, Rómulo Augústulo, ante los bárbaros.
570 Nace Mahoma.
711 Se produce la invasión árabe de la Península Ibérica.
800 Carlomagno es coronado emperador por el papa León III.
907 Comienza en el norte de China el período de las Cinco Dinastías.

1001 - 1400

1200 Etnias y señoríos en estado de guerra generalizado en los Andes. Tras la victoria inca en los regnícolas Hualla, Poque y Lare, se inicia la confederación cusqueña de los reyes hurín. Formada por diversas alianzas, esta confederación tendrá una fase provincial de más de dos siglos de duración. Es el inicio del Incario, también conocido como «tiempo sagrado», en el que el inca Manco Cápac aparece como el arquetipo primordial cusqueño. Se inicia la organización inca de la ciudad del Cusco. El poder está en manos de la dinastía hurín, dentro de la que se suceden los soberanos Manco Cápac, Sinchi Roca, Lloque Yupanqui, Mayta Cápac y Cápac Yupanqui. Estilo arqueológico llamado Quilque. La cerámica acusa una clara influencia Huari.

Lloque Yupanqui, de la dinastía Hurin Cusco.

1400 Inicio del conflicto y posterior guerra con los chanca.

1401 - 1525

1438 Con Pachacuti en el poder, se inicia la expansión panandina de los incas.
1450 Horizonte tardío. Derrota de los chancas. Se crea el Imperio Inca, conocido como Tahuantinsuyo. Rápida expansión territorial, con las conquistas militares de los Incas Pachacútec y su hijo, Túpac Inca Yupanqui, que hacen del Tahuantinsuyo la mayor unidad política anterior a la Conquista española. Se inicia la construcción de las majestuosas fortalezas.
1512 El papa Julio II admite en una bula que los indios occidentales son de la progenie de Adán.
1520 Una epidemia de viruela en el incanato causa una terrible mortandad, que diezma irreparablemente la población nativa.
1523 Circulan entre los incas las primeras noticias acerca de la presencia de extranjeros en zonas cercanas.
1525 Mueren de viruela Huayna Cápac y su heredero nominal, Ninan Cuyuchi. Se inicia la guerra civil por el poder del Imperio entre Huáscar y Atahualpa.

PERÚ

CONTEXTO MUNDIAL

1100-1200 Fundación de las primeras universidades europeas, como las de Bolonia y París.
1192 Se inicia en Japón la era Kamekura.
1200 Las tribus mexicas llegan al valle de México.
1275 Marco Polo llega a China.
1300-1400 Renacimiento italiano (Dante, Giotto, Petrarca).
1305-1377 Los papas trasladan su sede a Aviñón.
1325 Los aztecas fundan Tenochtitlan.
1368 En China se inicia la dinastía Ming.

Entrada en Granada de los Reyes Católicos.

1453 Caída de Constantinopla en manos de los turcos. Fin del imperio bizantino.
1492 Cristóbal Colón llega a América.
1493 Bula papal concediendo a los Reyes Católicos «omnímoda potestad» sobre las nuevas tierras descubiertas.
1498 Vasco de Gama hace la primera travesía marítima desde Europa hasta la India.
1517 Coronación del rey Carlos I de España.
1519 Hernán Cortés desembarca en Veracruz, México, e inicia la conquista del imperio azteca.
1522 Juan Sebastián Elcano realiza el primer viaje de circunnavegación de la historia.
1524 Pedro de Alvarado conquista el imperio quiché.

PERÚ

1526 - 1537

1524 Primeras exploraciones marítimas de Francisco Pizarro en la costa peruana.
1529 Capitulación de Toledo.
1531 Se inicia la invasión española al país de los incas. Se funda la primera ciudad española, San Miguel de Piura.
1532 Se funda la ciudad colonial de Cajamarca, donde fue apresado el Inca Atahualpa, el 16 de noviembre de ese año. Llegan los dominicos a Lima. Gonzalo Fernández de Oviedo es nombrado cronista general de Indias.
1533 Ejecución del Inca Atahualpa. Saqueo español del Cusco incaico.
1534 Se funda el Cusco colonial sobre la ciudad incaica y Jauja, primera capital colonial. Sancho de la Hoz compone su *Relación,* en que por primera vez se distinguen las tres regiones peruanas: «costa, sierra y antis». Se publica en Sevilla la *Verdadera relación,* de Francisco de Jerez, secretario de Pizarro.
1535 Pizarro funda la ciudad de los Reyes o Lima. Se crea la Casa de la Moneda y llegan a Lima los franciscanos. Paulo III crea la diócesis del Cusco.
1536 Manco Inca pone sitio al Cusco y amenaza Lima.
1537 Inicio de las disputas por las encomiendas, que finalizará en 1542.

1538 - 1550

1538 Derrota y ejecución de Diego de Almagro en las Salinas.
1540 Se funda la ciudad de Arequipa. Se crea el convento de la Merced en Ayacucho.
1541 Asesinato de Pizarro.
1542 Alzamiento y muerte de Almagro el Mozo, vencido en Chupas por el gobernador Cristóbal Vaca de Castro. *Nuevas leyes,* de espíritu lascasista y antiencomendero. Francisco de Orellana realiza la primera navegación española por el Amazonas. Se crea el Virreinato del Perú, con capital en Lima.

Asalto del Cusco por Gonzalo Pizarro.

1543 Fray Jerónimo de Loaysa es designado primer obispo de Lima.
1544 Llega al Perú el primer virrey, Blasco Núñez de Vela. Se inicia la tercera guerra civil.
1546 Núñez de Vela es vencido y ejecutado en Añaquito por los encomenderos rebeldes, al mando de Gonzalo Pizarro. Se crea el arzobispado de Lima.

CONTEXTO MUNDIAL

1531 En Inglaterra, el rey Enrique VIII se separa oficialmente de la Iglesia católica.
1532 Ante la amenaza turca, se firma la paz de Nuremberg entre protestantes y católicos.

Enrique VIII y el obispo Sherburne.

1533 Carlos V promulga su Código Penal.
1536 Almagro descubre el territorio de Chile.
1537 El papa Paulo III, declara que los indígenas son seres humanos.

1538 Fundación de la Universidad de Santo Domingo, primera de América. Alianza entre Carlos V, el papa Pablo III y Venecia para luchar contra el avance turco.
1540 Francisco Vázquez de Coronado explora Kansas, Sonora, Arizona y Nuevo México. Primer núcleo protestante en Sevilla. Tiziano pinta *La presentación en el templo*.
1541 Valdivia funda Santiago del Nuevo Estremo (Chile). Calvino vuelve a la ciudad de Ginebra. Miguel Ángel da término a los frescos del *Juicio final.*
1544 El gobernador Pérez de Tolosa inicia la colonización de Venezuela. Sebastián Cabot presenta en Sevilla su mapamundi. Dieta Imperial de Espira.
1545 Se inaugura el Concilio de Trento.

1551 - 1575

1551 Se funda la Universidad de San Marcos. Antonio de Mendoza es virrey del Perú. Primer concilio limense.
1552 Se publica en Zaragoza la *Hispania victrix*, del cronista Francisco López de Gómara.
1553 Ve la luz en Sevilla la *Crónica del Perú*, de Pedro de Cieza de León.
1554 Es ejecutado el rebelde Francisco Hernández Girón, vencido en Pucará.

Francisco de Toledo es nombrado virrey.

1556 Andrés Hurtado de Mendoza es nombrado nuevo virrey del Perú.
1560 Sublevación de Lope de Aguirre en el Amazonas.
1561 Diego López de Zúñiga, nuevo virrey.
1567 Segundo concilio limense.
1568 Francisco de Toledo es nombrado virrey. Los jesuitas llegan al Perú.
1570 Se establece en Perú el Tribunal de la Inquisición.
1574 El virrey Francisco de Toledo reorganiza la mita peruana.

1576 - 1600

1578 Se publica *El Marañón*, descripción de la cuenca amazónica, de Diego de Aguilar y Córdova.
1580 Desarrollo de la minería argentífera peruana gracias a la aplicación del sistema de la amalgama.
1581 Martín Enríquez de Almansa es nombrado virrey del Perú.
1582 Tercer concilio provincial interdiocesano de Lima.
1584 *Pragmática sobre los diez días del año*, primer texto impreso en Perú, escrito por Antonio Ricardo.
1585 Fernando de Torres y Portugal, nuevo virrey.
1589 García Hurtado de Mendoza es el nuevo virrey. José de Acosta obtiene licencia para imprimir su *Historia natural y moral de las Indias.*
1592 Comienzan las obras de construcción de las catedrales de Lima y Cusco. *Miscelánea austral*, obra de Diego Dávalos y Figueroa.
1594 Se crea el Consulado de Mercaderes de Lima.
1595 Madrid ordena al virrey del Perú que el castellano sea enseñado a los indios desde la infancia.
1596 Luis de Velasco es nombrado virrey del Perú.
1598 Muere el jesuita chachapoyano Blas Valera, autor de una *Historia indica.* Se publica *Símbolo Catholico indiano*, del franciscano Jerónimo de Oré.
1600 Se funda la ciudad de Arica.

PERÚ

1553 Rebelión de los araucanos en Chile y muerte de Pedro de Valdivia.
1556 Carlos V abdica: su hijo Felipe II hereda España y sus dominios; la porción germana del Imperio pasa a Fernando I, hermano de Carlos.
1558 Isabel I sube al trono de Inglaterra.
1561 Felipe II elige Madrid como capital de España.
1562 El inglés J. Hawkins inicia el comercio de esclavos entre África y América.
1563 Finaliza el Concilio de Trento.

El Concilio de Trento finalizó en 1563.

1580 Felipe II asume la Corona de Portugal. Juan de Garay lleva a cabo la segunda fundación de Buenos Aires.
1588 La Armada Invencible de Felipe II es derrotada por los ingleses.
1595 Los holandeses se establecen en el territorio de las Indias Orientales.
1598 Muere Felipe II y la Corona hispana pasa a manos de su hijo Felipe III.
1600 Se funda la Compañía inglesa de las Indias Orientales, de carácter comercial.

CONTEXTO MUNDIAL

PERÚ

1601 - 1625

1604 Importante terremoto en la costa sur. Gaspar de Zúñiga y Acevedo, nuevo virrey.
1605 El Inca Garcilaso de la Vega publica *Historia de la Florida.*
1606 Muere Toribio de Mogrovejo, arzobispo de Lima. En 1726 será canonizado por Benedicto XIII.
1607 Juan de Mendoza, nuevo virrey.
1608 *Vocabulario quechua*, del jesuita Diego González Holguín.
1609 Aparece en Lisboa la primera parte de los *Comentarios reales*, del Inca Garcilaso.
1610 Muere Francisco Solano, franciscano, canonizado por Benedicto XIII en 1726.
1611 Nace Diego Quispe Tito, figura dominante en la escuela cusqueña del siglo XVII.
1615 Guaman Poma concluye su *Nueva crónica.* Toma de Paita por la flota holandesa. Francisco de Borja y Aragón, nuevo virrey.
1617 Muere Isabel Flores Oliva, canonizada como Santa Rosa de Lima en 1671 por Clemente X.
1621 *Extirpación de la idolatría en el Pirú*, del jesuita Pablo José de Arriaga. *La Ovandina*, de Pedro Mejía de Ovando.
1622 Diego Fernández de Córdova asume el virreinato.
1624 La flota del almirante holandés Jacques l'Hermite asalta e incendia el Callao y lo bloquea cien días.

1626 - 1650

1629 Jerónimo Fernández de Cabrera, virrey del Perú.
1630 El geógrafo Francisco López de Carabantes concluye su *Noticia general.* La Corona prohíbe el comercio entre Guatemala y Perú.

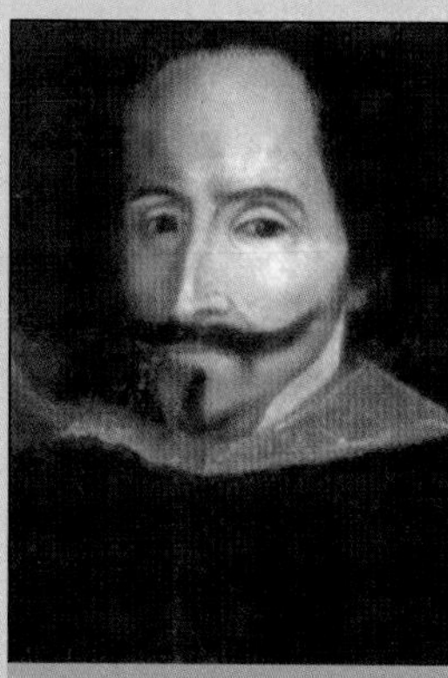
Pedro de Toledo, virrey que amuralló el Callao.

1631 Se prohíbe definitivamente el servicio indígena, salvo un 4 por ciento para la explotación minera.
1634 Queda prohibido el comercio entre Perú y Nueva España, y el tráfico de esclavos en el Pacífico.
1639 Gran auto de fe de la Inquisición en Lima. Muere fray Martín de Porras, mulato limeño canonizado por Juan XXIII en 1962. Pedro de Toledo, nuevo virrey del Perú. Se publica *Crónica moralizada* del agustino Antonio de la Calancha.
1648 García Sarmiento de Sotomayor, virrey del Perú.
1650 Gran terremoto en el Cusco.

CONTEXTO MUNDIAL

1601 - 1625

Colonización holandesa de Pernambuco (Brasil).

1605 Se publica el primer volumen de *Don Quijote*, de Cervantes.
1608 Samuel Champlain, al mando de una expedición francesa, funda Quebec, en Canadá.
1620 Los colonos ingleses llegados en el *Mayflower* se establecen en Virginia.
1623 Los holandeses se apoderan de Bahía, en Brasil, y, tres años más tarde, fundan la factoría de Nueva Amsterdam en la isla de Manhattan.

1626 - 1650

1627 El cardenal Richelieu funda una sociedad para acelerar el proceso colonizador en América.
1640 Separación de España y Portugal como consecuencia de la guerra por la sucesión al trono lusitano.
1643 Inicia su reinado Luis XIV de Francia.

Luis XIV de Francia recibiendo a sus ministros.

1651 - 1675

1653 El jesuita Bernabé Cobo da fin a su monumental *Historia del Nuevo Mundo*.
1655 Martín de Torres pinta el retablo de la Trinidad en la catedral de Cusco.
1657 *Trabajos, agravios e injusticias que padecen los indios del Perú*, impreso en que el jurista limeño Juan de Padilla denuncia los abusos del sistema colonial. Comienzan las obras del nuevo convento de San Francisco, en Lima, según proyecto del arquitecto portugués Constantino Vasconcelos.
1666 Pedro Fernández de Castro es nombrado virrey. La Audiencia de Lima dicta un auto para evitar los excesos de los corregidores
1667 Lienzos franciscanos del pintor indio Basilio de Santa Cruz Pumacallao, uno de los fundadores de la escuela cusqueña. Retablo de la Inmaculada en la catedral de Lima, por Ascensio de Salas.
1671 Se funda en Lima el hospital de Nuestra Señora del Carmen.
1674 Portada de San Luis, de la iglesia de San Francisco de Lima, por Manuel de Escobar.

1676 - 1700

Estampa de un corsario inglés del siglo XVII.

1677 Un terremoto destruye la catedral de Lima.
1680 Correrías del pirata William Dampier por la costa peruana.
1681 Melchor de Navarra y Rocaful, virrey del Perú.
1683 Se publica *Diente del Parnaso*, poemario festivo del escritor costumbrista Juan del Valle Caviedes.
1684 Se inicia la construcción de una muralla perimetral para proteger la ciudad de Lima.
1685 Se imprimen en Lima las ordenanzas para corregidores. El virrey hace efectiva la orden para que se enseñe a los indios la lengua española y se multipliquen las escuelas.
1686 El pirata Davis incursiona en las costas del Perú. Se construye la muralla de Trujillo.
1687 Terremoto en la costa sur. Acaba la construcción de la muralla de Lima, en tanto aparece en la ciudad una devastadora epidemia proveniente del consumo de trigo.
1689 Melchor de Portocarrero, nuevo virrey.

PERÚ

1651 Nace Sor Juana Inés de la Cruz
1654 La paz de Westminster pone fin a la guerra entre Holanda e Inglaterra; ésta sale ganadora, al imponer sus leyes de navegación.
1656 Velázquez pinta *Las meninas*.
1661 Se establece una Audiencia en Buenos Aires.
1665 Muere Felipe IV y le sucede Carlos II en el trono de España.
1666 La armada holandesa derrota a la inglesa en el Canal de la Mancha.
1671 Destrucción e incendio de la ciudad de Panamá por el pirata Morgan y sus hombres.
1672 Se funda el Seminario de Santa Rosa de Caracas, de donde surgirá la primera universidad de Venezuela.

1677 Los holandeses obtienen un «asiento» (contrato) para abastecer de esclavos africanos a la América española.
1680 Fundación portuguesa de Colonia del Sacramento sobre el estuario del Río de la Plata, que es ocupada por los españoles.
1689 Con la Declaración de Derechos nace la monarquía parlamentaria inglesa, que pone fin al absolutismo.
1700 Sube al trono español Felipe V, nieto de Luis XIV de Francia; comienza así la dinastía borbónica.

Felipe V, primer rey Borbón de España.

CONTEXTO MUNDIAL

PERÚ

1701 - 1725

1704 Se da término a la fachada de la iglesia de la Merced en Lima.
1707 Manuel de Oms de Santa Pau de Semanat es nombrado virrey.
1708 Intento de expulsar a los franceses, responsables del contrabando en las costas peruanas.
1709 Explora Lima y alrededores el jesuita Louis Feuillée, naturalista y astrónomo francés.
1713 Pasa por Lima el viajero francés Amedée Frezier.
1716 Cármine Nicolás de Caraccioli, nuevo virrey.
1719 Mueren cerca de ochenta mil indígenas por una epidemia en el Cusco y en la sierra.
1720 Incursión de George Shelvocke en la costa peruana. Construcción de la fachada de San Agustín en Lima. Abolición de las encomiendas. El arzobispo Diego Morcillo Rubio de Auñón es nombrado virrey.
1724 José de Armendáriz, nuevo virrey.
1725 Fray Francisco de San José funda el monasterio de Ocopa. Nace el intelectual Pablo de Olavide.

Monasterio de Ocopa, en Huancayo, fundado en 1725.

1726 - 1750

1729 Suspensión de la mita minera.
1732 *Lima fundada*, extenso poema histórico del erudito Pedro de Peralta Barrionuevo.
1736 La orden de San Camilo se establece en Perú. Auto de fe en Lima.
1737 Llega al Perú Charles Marie de la Condaminc, jefe de la expedición científica de la Academia de Ciencias de París.
1740 Se reduce el impuesto sobre la producción de la plata del 20 al 10 por ciento.
1741 Incursión del pirata George Anson en Piura.
1742 Juan Santos Atahualpa, caudillo andino y precursor de la lucha por la independencia, se levanta en armas.
1743 Muere el polígrafo Pedro de Peralta, rector de la Universidad de San Marcos.
1746 José Antonio Manso de Velasco, nuevo virrey.
1746 Un terremoto provoca grandes daños en el Callao y Lima.
1747 Se emprende la construcción del fuerte del Real Felipe en el Callao, que concluirá veinte años más tarde.

CONTEXTO MUNDIAL

1701 - 1725

1701 Guerra de Sucesión española (hasta 1714) entre los seguidores del archiduque Carlos de Austria y los defensores de Felipe V, vencedores a la postre.
1703 Pedro I el Grande, zar de Rusia, funda San Petersburgo.
1713 Firma del tratado de Utrecht entre España, Portugal, Gran Bretaña y Francia que, tras doce años de guerra, modifica el mapa de Europa. España renuncia a los territorios de Italia, Países Bajos, Gibraltar y Menorca.

San Petersburgo, bastión ruso en el Báltico.

1726 - 1750

1739 Se decide la creación del Virreinato de Nueva Granada.
1740 Sube al trono de Prusia Federico II el Grande, el rey que convertiría el país en potencia mundial. Muere el papa Clemente II, y es sucedido por Benedicto XIV.
1746 Fernando VI sucede a Felipe V en el trono español, continuando las reformas administrativas propias del absolutismo: centralización del país y autoritarismo monárquico.

Retrato del rey Federico II el Grande de Prusia.

1751 - 1775

1755 Se publica el *Voto consultivo*, del rector de San Marcos y jurista limeño Pedro José Bravo de Lagunas, sobre problemas económicos. Nace Hipólito Unanue.
1761 Llega a Lima el virrey Manuel de Amat y Junient, que gobierna hasta 1776. Muere Juan Santos Atahualpa, a quien se había dado el apodo de Apo Inca.
1763 Micaela Villegas, «la Perricholi», se estrena como cupletista y actriz en el reconstruido «corral» de Olavide.
1767 Expulsión de los jesuitas de las colonias españolas.
1771 Abre sus puertas el primer café limeño, en la calle del Correo Viejo.
1774 Reforma del Convictorio de San Carlos, impulsada por el clérigo y educador peruano Toribio Rodríguez de Mendoza.
1775 Blas Túpac Amaru se embarca a España para solicitar en la corte madrileña la supresión definitiva de la mita. Es asesinado durante el trayecto.

Manuel de Amat y Junient, virrey del Perú.

1776 - 1800

1776 Se publica en Lima *El Lazarillo de ciegos caminantes*, de Alonso Carrió de la Vandera, aunque su pie de imprenta lo da como editado en Gijón en 1773.
1778 Con el *Reglamento de comercio libre* se pone fin al monopolio mercantil de España. Llegan al Perú los naturalistas Hipólito Ruiz, José Pavón y José Dombey, en una expedición botánica.
1780 El gran levantamiento indígena de Túpac Amaru II marca el punto culminante de las numerosas rebeliones producidas a lo largo del siglo XVIII.
1784 Se crea el régimen de las intendencias; son éstas Trujillo, Tarma, Lima, Huancavelica, Huamanga, Cusco y Arequipa.
1790 Jaime Bausate y Mesa funda el *Diario de Lima*. Llega al Callao una expedición científica al mando del italiano Alessandro Malaspina, con el naturalista Tadeo Haenke.
1791 La Sociedad Amantes del País lanza la edición del periódico *Mercurio Peruano*.
1793 Se empieza a publicar la *Gazeta de Lima*, que durará hasta 1804.
1796 Una cédula real devuelve al Perú la provincia de Puno.
1798 *Flora peruviana et chilensis*, notable registro botánico debido a Hipólito Ruiz y José Pavón.

PERÚ

1754 Franceses e ingleses luchan en territorio norteamericano.
1756 Estalla la guerra de los Siete Años entre Inglaterra y Francia, cuyo escenario abarca la Europa continental, el Mediterráneo y las colonias americanas. Los franceses toman Menorca en tanto que los británicos se adueñan de Manila, Florida y Pensacola.
1759 Carlos III sube al trono español.
1761 España se alía con Francia. Los ingleses toman La Habana.
1763 La Paz de París pone fin a la Guerra de los Siete Años. Por este acuerdo, Francia pierde importantes dominios en América del Norte y entrega a España la Luisiana occidental; España devuelve a Portugal la Colonia de Sacramento.
1775 Estalla la guerra de independencia estadounidense, que se prolongará hasta 1783.

1776 Carlos III ordena la creación del Virreinato del Río de la Plata, que se hace efectiva al año siguiente con Pedro de Cevallos como primer virrey.
1777 Tratado de San Ildefonso: Colonia del Sacramento es propiedad de España; Santa Catalina y Río Grande pasan a Portugal.
1781 Levantamiento de los comuneros del Socorro colombiano contra los españoles.
1789 Estalla la Revolución Francesa, que culminará con la proclamación de la República.
1799 Napoleón Bonaparte es designado cónsul de Francia.

Toma de la Bastilla por el pueblo francés.

CONTEXTO MUNDIAL

PERÚ

1801 - 1805

El gran naturalista y viajero Alexander von Humboldt.

1802 Real cédula que reintegra al Perú la soberanía sobre Maynas y la provincia de Guayaquil.
1803 Llegan al Perú el barón Alexander von Humboldt y el botánico francés Aimé Bompland. Muere Pablo de Olavide, el más famoso de los «ilustrados» peruanos. Nace en París, de padre arequipeño y madre francesa, Flora Celestina Teresa Enriqueta Tristán, conocida como Flora Tristán, famosa feminista y luchadora por los derechos de los trabajadores.
1804 Por real cédula se erige el Colegio de Abogados.
1805 Conspiración fallida contra el poder virreinal del huanuqueño José Gabriel Aguilar y el moqueguano José Manuel Ubalde, quienes fueron ejecutados el 5 de diciembre en el Cusco.

1806 - 1810

1806 Al virrey Gabriel de Avilés le sucede Fernando de Abascal, quien gobernará hasta 1816. Se publica *Observaciones sobre el clima de Lima*, de Hipólito Unanue.
1808 El 31 de mayo se inaugura en Lima el Cementerio general Presbítero Maestro. El virrey Abascal moviliza las tropas realistas con el fin de evitar que la abdicación de Fernando VII genere un movimiento patriótico en el territorio del virreinato del Perú. Además, las juntas revolucionarias de Chuquisaca, La Paz, Quito y Santiago de Chile serán derrocadas por tropas enviadas por Abascal.

Fernando de Abascal, virrey entre 1806 y 1816.

1810 Se publica *Plan del Perú*, que Manuel Lorenzo de Vidaurre escribió en Cádiz denunciando los defectos del gobierno colonial. Esta obra es un hito en la lucha por la independencia.

CONTEXTO MUNDIAL

1801 - 1805

Napoleón I Bonaparte, emperador de Francia.

1804 Napoleón se proclama emperador de Francia. Jean-Jacques Dessalines declara la independencia de Haití.
1805 Batalla de Trafalgar: al mando de la flota inglesa, Nelson derrota a la coalición franco-española. Dominio inglés de los mares. Los ingleses se apoderan de la colonia holandesa de El Cabo, en Sudáfrica.

1806 - 1810

1806 Abdicación de Francisco II de Austria. Fin del Sacro Imperio Romano Germánico.
1808 España es invadida por Francia. Carlos IV y su hijo Fernando abdican en favor de José Bonaparte. Resistencia del pueblo español.
1810 El sacerdote mexicano Miguel Hidalgo lanza el «grito de Dolores». Revolución de Mayo en Buenos Aires.

Hidalgo lanza el «grito de Dolores» en México.

1811 - 1815

1811 Se inaugura el Colegio de medicina y cirugía San Fernando. Batallas de Guaqui y Sipe-Sipe, en la que vencen los realistas y abortan un plan revolucionario surgido en Arequipa. Alzamiento en Tacna de Francisco José de Zela. Nace Enrique Meiggs. Aparece el diario *El Peruano*.
1812 El peruano Morales Duárez es elegido presidente de las Cortes de Cádiz, que promulgará una constitución de signo liberal para España. Insurrección patriota de Juan José Crespo y Castillo en Huánuco. Los *curacas* de Huánuco y el regidor Crespo y Castillo organizan otra rebelión en contra del poder virreinal y en favor de la independencia del Perú.
1813 Levantamiento de Enrique Paillardelle en Tacna. El general español Joaquín de la Pezuela se impone sobre el ejército libertador argentino en las batallas de Vilcapugio y Ayohuma.
1814 Estalla la rebelión del Cusco, principal sublevación patriota del siglo XIX, que se extiende a Puno y Arequipa. Son sus líderes los hermanos José, Vicente y Mariano Angulo, el *curaca* Mateo G. Pumacahua. Éste asumirá la presidencia tras derrocar a los funcionarios de la Real Audiencia.
1815 Triunfo realista en Humachiri y ejecución en el campo de batalla del poeta Mariano Melgar. En Sicuani es ejecutado el rebelde Pumacahua y, en el Cusco, los patriotas José y Vicente Angulo.

1816 - 1820

1816 Nace en Lima Francisco Bolognesi, que será héroe de Arica en 1880.
1818 La victoria de Maipú sobre los realistas asegura la independencia de Chile. Son ejecutados los patriotas Nicolás Alcázar, José Gómez y Casimiro Espejo.
1820 Parte de Valparaíso y desembarca en Paracas la expedición libertadora del Perú comandada por José de San Martín, quien en 1817 había cruzado los Andes y triunfado en Chacabuco. Se llevan a cabo las negociaciones de Miraflores. Un grupo de patriotas de Lambayeque, encabezados por Juan Manuel Iturregui, juran la Independencia. Por su parte, José Bernardo Tagle proclama la Independencia en Trujillo. Guayaquil también proclama su independencia y se constituye una junta de Gobierno.

José de San Martín, prócer de la Independencia.

PERÚ

1811 Independencia de Paraguay y Colombia.
1813 Independencia de México.
1814 Abdicación de Napoleón Bonaparte. Restauración de Fernando VII en España.
1815 Fusilamiento del patriota mexicano José María Morelos. Napoleón huye de Elba y gobierna Francia durante cien días hasta su derrota por el duque de Wellington, militar inglés, en la batalla de Waterloo. Rusia ambiciona los Balcanes y los estrechos que unen el mar Negro con el Mediterráneo. Artigas es nombrado Protector de la Banda Oriental.

Napoleón confinado en la isla de Santa Elena.

1817 Federico Guillermo II funda la Iglesia evangélica de Prusia. San Martín cruza los Andes y libra la batalla de Chacabuco.
1818 Austria, Reino Unido, Rusia, Prusia y Francia forman la Quíntuple Alianza, de ideología monárquico-restauradora.
1819 Proclamación de la República de la Gran Colombia.
1820 En Chile, Bernardo O'Higgins, con el apoyo de San Martín, que desobedece al gobierno argentino, organiza un poderoso ejército para liberar Perú. Levantamiento de Riego en España.

CONTEXTO MUNDIAL

PERÚ

1821 - 1825

1821 El 3 de enero Piura declara su Independencia. Tras un motín en Aznapuquio es depuesto el virrey Joaquín de la Pezuela y se hace con el poder el general José de la Serna. Negociaciones en Punchauca entre éste y José de San Martín. El 28 de julio José de San Martín proclama la Independencia, y es elegido Protector del Perú. Se crea la Biblioteca Nacional.
1822 Motín en Lima al mando de José de la Riva Agüero. Entrevista en Guayaquil entre San Martín y Bolívar. Primer Congreso Constituyente. San Martín abandona Perú rumbo a Valparaíso. Fusilan en Ayacucho a María Parado de Bellido.
1823 Ejecución del pescador José Olaya Balandra, patriota chorrillano. Se aprueba la primera Constitución peruana. José de la Riva Agüero es elegido primer presidente del Perú. Meses después lo sucede José Bernardo de Tagle. Bolívar desembarca en el Callao. Se promulga parcialmente la Constitución de 1823.
1824 Simón Bolívar toma el poder. Capitulación de Ayacucho.
1825 Bolívar crea el diario oficial *El Peruano* y emite un decreto de elección y convocatoria de Congreso. Muere en Lurín «el Solitario de Sayán», José Sánchez Carrión. El antiguo Alto Perú se convierte en la República de Bolivia.

1826 - 1830

1826 Concluye la resistencia de los ejércitos realistas: el general Rodil capitula en los castillos del Callao. Gobierno del general Santa Cruz. Se reúne el Congreso anfictiónico de Panamá, convocado por Bolívar. Se jura la denominada Constitución vitalicia. Bolívar abandona Perú rumbo a la Gran Colombia. Publicación de *A la victoria de Junín*, poema épico de José Joaquín de Olmedo.
1827 Se declara la abolición de la Constitución de 1826 y se restablece la de 1823. Nuevo Congreso Constituyente. El general José de La Mar accede a la presidencia.
1828 Guerra del Perú contra la Gran Colombia, que concluye con el tratado Larrea-Gual. Muere el almirante Martín Jorge Guise. El libertador San Martín se ofrece para volver al Perú.

Gamarra venció a Sucre y lo hizo dimitir.

1829 Golpe de Estado de Gutiérrez de la Fuente y Agustín Gamarra; días después, éste será proclamado presidente de la República. Se instala el primer Congreso ordinario del Perú.
1830 Muere Simón Bolívar.

CONTEXTO MUNDIAL

1821 Panamá y Ecuador se integran a la República de la Gran Colombia.
1822 Pedro I, primer emperador de Brasil.
1823 Reinstauración del absolutismo en España. Doctrina Monroe en Estados Unidos prohibiendo a los Estados europeos establecer colonias en el Nuevo Mundo.

Pedro I, emperador de Brasil

1827 Bolívar decreta en Caracas una amnistía y ratifica en el poder a José Antonio Páez.
1829 Venezuela se separa de la Gran Colombia y un año después dicta su primera Constitución. Juan Manuel de Rosas, gobernador de Buenos Aires en Argentina.
1830 Independencia de Ecuador. Revolución liberal en Francia: Luis Felipe, monarca constitucional. En Estados Unidos se decide el traslado de la población india a la frontera oeste; rebelión de esclavos en Virginia. Sanción de la Constitución uruguaya aprobada previamente por Argentina y Brasil. Grecia obtiene su independencia tras largos años de dominio turco.

1831 - 1835

1832 Famosa acusación parlamentaria de Francisco de Paula González Vigil contra Gamarra («Yo debo acusar y acuso...»), rechazada por 36 votos contra 22.

Luis José de Orbegoso, sucesor de Gamarra.

1833 Nace el polígrafo, poeta y tradicionista Ricardo Palma. Se instala la Convención Nacional. Inicia su gobierno el general Luis José de Orbegoso.

1834 Al mando del general Pedro Bermúdez, la guarnición de Lima se subleva contra el presidente constitucional. Todo acaba con el «abrazo de Maquinhuayo». Se aprueba y promulga la Constitución de 1834. Gamarra se refugia en Bolivia.

1835 El general Felipe Santiago Salaverry se subleva en los castillos del Callao y se proclama jefe supremo. Orbegoso mantiene en Arequipa su investidura como presidente; sus fuerzas, junto a las de Santa Cruz, derrotan a Gamarra en Yanacocha. Nace en Lima el poeta romántico Clemente Althaus.

1836 - 1840

PERÚ

1836 El 4 de febrero, las fuerzas de Salaverry vencen a las de Santa Cruz en Uchumayo. Pero pocos días después aquél es vencido por Santa Cruz en Socabaya, y es fusilado. La población del Perú es censada en 1'373,736 habitantes. La Asamblea de Sicuani aprueba la Confederación Peruano-Boliviana, nombrando protector a Andrés de Santa Cruz. Chile declara la guerra a la Confederación.

1837 Argentina se une a Chile y declara la guerra a la Confederación Peruano-Boliviana. Primera expedición restauradora al mando del chileno Blanco Encalada.

1838 Segunda expedición restauradora al mando del general chileno Manuel Bulnes. El mariscal Agustín Gamarra es declarado presidente provisional del Perú. El protector San Cruz toma Lima.

1839 Batalla de Yungay, que sella el final de la Confederación. Congreso de Huancayo. Se aprueba una nueva Constitución. Gamarra es designado presidente. Manuel Amunátegui y Alejandro Villota fundan el diario *El Comercio*. Se publica *Peregrinaciones de una paria*, de Flora Tristán.

1840 Se inicia la explotación del guano. El periódico *El espejo de mi tierra* recoge las letrillas y prosas costumbristas de Felipe Pardo y Aliaga.

CONTEXTO MUNDIAL

1832 Enfermo Fernando VII, la regencia pasa a manos de su esposa, María Cristina.

1833 Promulgación de la Constitución chilena, que regirá hasta 1925. El Parlamento británico aprueba leyes de trabajo limitando el horario laboral infantil. India se convierte en la joya de la corona británica.

1835 Manuel Oribe sucede a su adversario político José F. Rivera en la presidencia de Uruguay. Expansionismo inglés: empresas privadas se establecen en Melbourne y Adelaide, Australia.

El Parlamento británico en pleno debate.

1837 Promulgación de una Constitución de carácter liberal en España.

1838 Sube al trono inglés la reina Victoria, quien manejará los asuntos de Estado hasta su muerte en 1901. Bloqueo francés de las costas argentinas. Rivera recupera el poder en Uruguay.

1839 Disolución de la Confederación Centroamericana, lo que da lugar al nacimiento de los actuales estados de la región.

1840 Final del bloqueo francés a Argentina.

PERÚ

1841 - 1845

1841 El presidente Gamarra muere en el campo de batalla de Ingavi. Se produce una situación de anarquía militar. Combate de Motoni.
1842 Combate de Orurillo. Se firma la paz con Bolivia. Cuartelazo en Lima del general Juan Crisóstomo Torrico. Levantamiento del ejército del sur al mando del general Francisco Vidal.
1843 El general Manuel Ignacio de Vivanco instaura el directorio como forma de gobierno, dando inicio a un régimen autoritario. Domingo Elías se pronuncia contra el directorio. Se produce la «Semana Magna», durante la cual el pueblo se pronuncia contra la continuidad del caudillaje militar.
1844 Nace Manuel González Prada, poeta, ensayista e ideólogo rebelde y pugnaz. Ramón Castilla vence a Vivanco en la batalla del Carmen Alto. Se restablece la Constitución de 1839. El general Manuel Menéndez reasume el mando supremo. Muere en el Cusco el mariscal Domingo Nieto.
1845 El general Ramón Castilla jura su primera presidencia constitucional. Se empieza a practicar una política fiscal orgánica y se potencia la explotación industrial de los fertilizantes.

1846 - 1850

1846 Se presenta al Congreso el primer proyecto de presupuesto nacional. La explotación del guano es ya una fuente de grandes dividendos para el país.
1847 Empiezan a llegar *coolíes* chinos, traídos por el político y terrateniente iqueño Domingo Elías, para trabajar en régimen de semiesclavitud en las haciendas costeñas. Bartolomé Herrera, como rector del Convictorio de San Carlos, difunde las ideas conservadoras. Se reabre el Colegio Militar Bellavista.
1848 Se inicia la construcción de la línea de ferrocarril Lima-Callao, el primero de Sudamérica. Se acreditan legaciones diplomáticas en Estados Unidos, Inglaterra, Chile, Bolivia y Ecuador. El cusqueño Narciso Aréstegui publica *El padre Horán*, considerada como la primera novela peruana.

Mercedes Cabello de Carbonera.

1849 Nace la novelista moqueguana Mercedes Cabello de Carbonera.
1850 Población del Perú: 2'001,203 habitantes. Llega al país el joven científico italiano Antonio Raimondi.

CONTEXTO MUNDIAL

1841 Una Convención Internacional sobre los estrechos prohíbe el paso de buques de guerra rusos por el Bósforo a fin de evitar el expansionismo de Rusia.
1842 El Reino Unido adquiere Hong Kong.
1843 Sube al trono español Isabel II, quien imprime un tono moderado a su gestión.
1844 Carlos A. López, hombre fuerte del Paraguay, sucede al dictador Gaspar Rodríguez de Francia.
1845 Luis Felipe de Francia se entrevista con la reina Victoria de Inglaterra.

Sublevación de París, en 1848.

1846 Inglaterra deroga las leyes de protección de su agricultura e instaura el libre cambio. Guerra entre Estados Unidos y México por cuestiones territoriales.
1848 México termina cediendo Texas, California y Nuevo México.
1848-1849 Revoluciones liberales, democráticas y nacionalistas en Francia, Alemania, Italia, Austria y Hungría.
1850 En América Central, Guatemala libra la guerra contra Honduras y El Salvador. En Londres, Carlos Marx reúne a la Liga Comunista.

1851 - 1855

Ramón Castilla, presidente en dos ocasiones.

1851 Se inaugura el ferrocarril Lima-Callao. Firma del Tratado de límites con Brasil. Asume el gobierno el general José Rufino Echenique. Escándalo por la «consolidación» de la deuda interna y de los consignatarios del guano. Se publica *Antigüedades peruanas*, del arequipeño Mariano Eduardo de Rivero y el suizo Jakob von Tschudi.

1852 Se establecen las municipalidades y se promulga el Código Civil, redactado por el senador Andrés Martínez. Se recibe en el Callao la fragata *Amazonas* y las goletas *Tumbes* y *Loa*, compradas por la Marina peruana.

1854 Castilla inicia la revolución «moralizadora» contra Echenique; decreta la supresión del tributo indio y la abolición de la esclavitud.

1855 Se inicia el segundo gobierno del general Ramón Castilla. Se baten todas las marcas en las ventas de guano. Se inaugura el alumbrado a gas en Lima.

Guerra de Crimea: los rusos son vencidos en Sebastopol.

1852 Derrota de Juan Manuel de Rosas en Caseros, Argentina. Restauración monárquica en Francia: proclamación de Luis Napoleón Bonaparte como emperador, bajo el nombre de Napoleón III.

1853 La marina estadounidense desembarca en Japón para exigir el libre comercio. Expansión territorial rusa.

1854 Francia y Gran Bretaña combaten a Rusia en la Guerra de Crimea.

1856 - 1860

PERÚ

1856 Se promulga una nueva Constitución, de carácter liberal. Estreno de *Ña Catita*, pieza del comediógrafo limeño Manuel Ascensio Segura. Se convoca la Convención Nacional. Se disuelve la Corte Suprema.

1857 El coronel Pablo Arguedas disuelve la Convención Nacional. Ecuador cede a sus acreedores británicos territorios que, de acuerdo con la Real Cédula de 1802, pertenecen en realidad al Perú. Se crea la provincia litoral de Loreto, con capital en Moyobamba. Entra en funcionamiento el teléfono entre Lima y Callao.

1858 El Congreso proclama a Castilla presidente constitucional para el período 1858-1862. *Estadística general de Lima*, de Manuel Atanasio Fuentes. Perú declara la guerra a Ecuador.

Manuel Atanasio Fuentes, «El Murciélago».

1859 Aparece la *Revista de Lima*.

1860 Nuevo Congreso Nacional y nueva Constitución. Tropas peruanas ocupan la ciudad de Guayaquil. El Tratado de Mapasingue del 25 de enero concluye la guerra con Ecuador.

CONTEXTO MUNDIAL

1857 Nueva Constitución federal en México: libertad de imprenta, pensamiento y enseñanza.

1858 Reformas sociales en Rusia: emancipación de los siervos de la gleba de la Corona; finaliza la autocracia zarista.

1859 Francia se anexiona Indochina. España reconoce la independencia argentina.

1860 El estado de Carolina del Norte promulga la ordenanza de Secesión, primer paso de la guerra civil estadounidense, que se prolongará hasta 1865.

Campamento confederado en la Guerra de Secesión.

PERÚ

1861 - 1865

Juan Antonio Pezet en el palacio de gobierno.

1862 La población del Perú es censada en 2'387,916 habitantes. Empieza a funcionar la Penitenciaría. Se crea el Banco de la Providencia.
1862 Gobierno del general Miguel San Román.
1863 Muere San Román y asume el poder el vicepresidente, Juan Antonio Pezet. Muere en alta mar el poeta romántico Nicolás Corpancho. Aloise Kieffer abre en el Callao la fábrica de cerveza Pilsen.
1864 El industrial inglés Arthur Field abre una fábrica de galletas y caramelos. Manuel Odriozola, director de la Biblioteca Nacional, publica el primer volumen de la *Colección de documentos literarios*. Ocupación española de las islas de Chincha.
1865 Se levanta en Arequipa el coronel Mariano Ignacio Prado; Pezet es derrocado. Dictadura del coronel Prado. Perú declara la guerra a España. Muere en Nantes (Francia) el gran mariscal Andrés de Santa Cruz. El artista piurano Luis Montero, discípulo de Merino y de Laso, pinta el óleo *Los funerales de Atahualpa*.

1866 - 1870

1866 Famoso combate naval del 2 de mayo. Muere el héroe José Gálvez.
1867 Nace en Islay el pintor Carlos Baca-Flor. Nueva Constitución, que dura apenas cinco meses. Muere Ramón Castilla. Ve la luz en París *Lima. Apuntes históricos*, de Manuel Atanasio Fuentes, alias «el Murciélago».
1868 Terremoto en la costa de Tacna, de magnitud 8.6. El coronel José Balta asume la presidencia de la República. Construcción de obras ferroviarias, con participación del ingeniero estadounidense Henry Meiggs, el llamado «Pizarro yanqui».
1869 Nicolás de Piérola, ministro de Hacienda de José Balta, firma el contrato del guano con la casa francesa Dreyfus. Muere en San Mateo el pintor tacneño Francisco Laso. Perú reconoce la independencia de Cuba; lucha en favor de la isla el héroe peruano Leoncio Prado. *Diamantes y pedernales*, poemario del romántico Carlos Augusto Salaverry.
1870 Se inician las obras del ferrocarril Lima-La Oroya y, poco después, las de la línea Arequipa-Puno.

José Balta impulsó los ferrocarriles.

CONTEXTO MUNDIAL

Napoleón III se entrevista con Bismarck.

1861 Creación del Reino de Italia.
1862 El mariscal Bismarck es nombrado primer ministro de Prusia.
1864 México suspende el pago de la deuda externa y Francia, España y Reino Unido invaden el país. Napoleón III ofrece la corona imperial mexicana a Maximiliano de Austria. Rusia completa la conquista del Cáucaso.
1865 Fin de la guerra de Secesión estadounidense con el triunfo del Norte sobre el Sur. Argentina, Brasil y Uruguay declaran la guerra a Paraguay.

1867 Fusilamiento del emperador Maximiliano en México. EEUU compra Alaska a Rusia.
1868 Revolución liberal en España y expulsión de los Borbones.
1869 Inauguración del canal de Suez.
1870 Las tropas paraguayas al mando de Solano López se retiran hacia el norte.

Primera travesía por el canal de Suez.

1871 - 1875

1871 Inauguración del ferrocarril Mollendo-Arequipa. Apoyándose en el auge del guano, el gobierno inicia una política agresiva de empréstitos tomados de la banca extranjera y los consignatarios.

1872 Motín de los hermanos Tomás, Silvestre, Marcelino y Marceliano Gutiérrez; el presidente José Balta es hecho prisionero en el cuartel de San Francisco, donde será asesinado. El Congreso proclama presidente a Manuel Pardo Lavalle, fundador del partido civilista y primer gobernante civil del Perú.

1873 Tratado secreto peruano-boliviano de alianza defensiva, que Chile conoce extraoficialmente. Finalizan los trabajos del ferrocarril Ilo-Moquegua.

1874 Se inaugura el ferrocarril Arequipa-Puno. Manuel de Mendiburu publica el primer volumen del *Diccionario histórico-biográfico*.

1875 Muere Francisco de Paula González Vigil, teólogo y librepensador. Emmanuelle Ravettino funda la fábrica de chocolates El Tigre, y Rodolfo Barton abre un establecimiento de gaseosas. Se inaugura el hospital de beneficencia 2 de Mayo. Aparece el primer volumen de *El Perú*, del naturalista italiano Antonio Raimondi.

1876 - 1880

PERÚ

1876 La población censada es de 2'774,998 habitantes. El general Mariano Ignacio Prado accede al poder.

1878 Es asesinado el ex presidente Manuel Pardo. Se inaugura el ferrocarril Callao-La Oroya.

1879 Estalla la guerra con Chile. Muerte heroica del almirante Miguel Grau Seminario en Angamos y victoria peruana en Tarapaca. Muere el acuarelista limeño Pancho Fierro. Se publican el *Diccionario de la legislación peruana*, de Francisco García Calderón, y la *Historia de la civilización peruana*, de Sebastián Lorente.

Acuarela del artista limeño Pancho Fierro.

1880 Muere Francisco Bolognesi en la batalla de Arica. Prado abandona el país y Nicolás de Piérola accede al poder. El ejército chileno entra en territorio peruano. Batallas de San Juan y Miraflores. Perú pierde Tarapacá y Arica y queda a merced de la ocupación extranjera.

CONTEXTO MUNDIAL

1871 Segundo Reich alemán: bajo la hegemonía prusiana, el imperio alemán se constituye en la primera potencia europea. En Brasil es dictada «la libertad de vientres» para los esclavos nacidos a partir de este año.

1872 «Alianza de los tres emperadores» (Alemania, Rusia y Austria) para aislar a Francia.

1873 En España: abdicación de Amadeo de Saboya, elegido rey de España en 1870, y proclamación de la Primera República. Crisis financiera.

1874 Tropas estadounidenses invaden México. Restauración borbónica en España: sube al trono Alfonso XII.

1875 Comienza la Conquista del Desierto en Argentina.

1876 En México, Porfirio Díaz inicia su campaña contra la reelección de Lerdo Tejada y se hace con el gobierno. Estalla la guerra de Guatemala con Honduras y El Salvador.

1877 Rusia invade los Balcanes turcos tras haber conquistado ya todo el norte de Asia, pero un año después firma la paz de Berlín.

1879 Justo Rufino Barrios, dictador de Guatemala. Inglaterra somete a los zulúes en África del Sur.

1880 Parnell inicia la rebelión irlandesa contra Inglaterra. Costa Rica inaugura el comercio bananero con Estados Unidos. Honduras adopta una Constitución liberal. Tegucigalpa es declarada capital. En Francia son expulsados los jesuitas.

PERÚ

1881 - 1885

1882 Gobierno del general Miguel Iglesias, nombrado «presidente regenerador» por la Asamblea de Montán.
1883 Batalla de Huamachuco. Se firma el Tratado de Ancón, que pone fin a la guerra con Chile. *Diccionario de peruanismos*, del poeta Pedro Paz Soldán y Unanue, también conocido como Juan de Arona. Comienza la explotación del caucho. Al costo de grandes abusos contra la población nativa, el caucho alienta la penetración en la selva y se convierte, a la larga, en un medio de peruanización de la Amazonia. Nace en Arequipa Víctor Andrés Belaunde.

General Miguel Iglesias Pino.

1884 El ejército chileno se retira de Perú. Se instaura una nueva Asamblea Constituyente.
1885 Rebelión indígena y popular contra la política fiscal, encabezada por el caudillo Pedro Pablo Atusparia en el departamento de Ancash. Triunfo del general Cáceres sobre el presidente Iglesias. Nace en Lima José de la Riva Agüero. El mártir de la medicina peruana Daniel Alcides Carrión se hace inocular el virus de la verruga.

1886 - 1890

1886 El general Andrés Avelino Cáceres se convierte en presidente de la República.
1887 Se establece la Academia Peruana de la Lengua.
1888 La crisis económica impulsa al gobierno a ordenar que todas las dependencias públicas reciban entradas sólo en metálico. Nace en Cajabamba el pintor José Sabogal, que será jefe de escuela de la pintura indigenista. Luis Carranza, médico y geógrafo ayacuchano, funda la Sociedad Geográfica de Lima. Prado, Raffo y Boggio fundan la fábrica de tejidos Santa Catalina, y los hermanos García la fábrica de camisas Anchor. Se reúne la primera junta general de la Cámara de Comercio de Lima.
1889 El contrato Grace cede por 66 años la administración de los ferrocarriles. Se funda el Banco Italiano. El Partido Demócrata de Nicolás de Piérola da a conocer sus principios. Se publican *Aves sin nido*, novela realista de Clorinda Matto de Turner, y *Rasgos de pluma*, del periodista satírico Abelardo Gamarra, alias «el Tunante».
1890 Inicia su gobierno el coronel tarapaqueño Remigio Morales Bermúdez. Se constituye la London & Pacific Petroleum Corporation. Nace el pintor cusqueño Francisco González Gamarra.

CONTEXTO MUNDIAL

1881 Los franceses establecen su protectorado sobre Túnez; disputas con Reino Unido por los territorios africanos. Asesinato del zar ruso Alejandro II.

Expedición alemana en África Central.

1882 La escuadra inglesa se apodera de Alejandría (Egipto) y ocupa el canal de Suez y la ciudad de El Cairo. Alemania, Austria e Italia forman la Triple Alianza.
1884 Las grandes potencias europeas se reúnen en Berlín para fijar normas internacionales para la fundación de colonias en África.

Obreros en la fundición Le Creusot de París.

1889 Fundación de la II Internacional en París y establecimiento del 1 de mayo como jornada de reivindicación de las ocho horas de trabajo. París acoge también la Exposición Internacional: se inaugura la torre Eiffel. Caída de la monarquía brasileña: el mariscal Fonseca proclama la república.
1890 Estados Unidos de Norteamérica se convierte en primera potencia industrial del mundo. Quiebra del tradicional Banco Baring de Londres.

PERÚ

1891 - 1895

1891 Se funda la Unión Nacional, partido político capitaneado por Manuel González Prada.
1892 Se suscribe un tratado con Ecuador, llamado García-Herrera, que al año siguiente será anulado.
1893 Caduca el Tratado de Ancón, que otorgaba a Chile la ocupación de Tacna y Arica. Ernst Wilhelm Middendorf publica en Berlín su monumental *Perú. Observaciones y estudios*, resultado de veinticinco años de residencia y extensos viajes por el país.
1894 Tras la muerte de Morales Bermúdez el general Justiniano Borgoño asume el poder; cuatro meses después lo entrega al general Avelino Cáceres. Se publican *Estado social durante la dominación española*, de Javier Prado y Ugarteche, y *Páginas libres*, de Manuel González Prada.
1895 Nicolás de Piérola, apodado «el Califa», al frente de la Coalición Nacional y secundado por sus montoneros, se levanta contra Cáceres. Entra en Lima y es elegido presidente hasta 1899. Se inicia la denominada República aristocrática. Se publica *Sociología de Lima*, de Joaquín Capelo. La familia Mejía funda en el Cusco la fábrica de tejidos de lana Maranganí.

1896 - 1900

1896 Se inicia un período de auge exportador. Se crea la Sociedad Recaudadora de Impuestos. Se desatan rebeliones de indígenas en la sierra sur. Se crea la Sociedad Nacional de Industrias. Llega a Perú una misión militar francesa para reformar el Ejército peruano, al mando del coronel Clement.
1897 El patrón oro es introducido en la economía peruana. Abre sus puertas la popular heladería D'Onofrio, de Pedro D'Onofrio.
1898 Se crea en Chorrillos la Escuela Militar. Firma del denominado protocolo Billinghurst-Latorre.
1899 Presidencia de Eduardo López de Romaña. El superávit comercial permite suprimir el impuesto de la contribución personal; en ese contexto, el presupuesto nacional alcanza una cifra récord: el equivalente a 1´100,000 libras esterlinas.
1900 Nace el notable pintor arequipeño Jorge Vinatea Reynoso. Se abre el aserradero de Sanguinetti y Miguel Dasso, así como la industria vitivinícola Ocucaje, de F. Zunini.

Alegoría arequipeña, *cuadro de Jorge Vinatea Reynoso.*

CONTEXTO MUNDIAL

1891 Rusia se aleja de la alianza de los emperadores y firma un acuerdo con Francia. Se inicia la construcción del ferrocarril transiberiano.
1893 Guerra civil en Brasil: Río de Janeiro es bombardeada.
1894 Aprobación de la ley de sufragio universal en España. Coronación del último zar de Rusia, Nicolás II.
1895 Reiterados choques entre Reino Unido, Francia y Rusia por los dominios africanos y asiáticos. Concluye la guerra entre China y Japón. Corea proclama su independencia.

Nicolás II, último zar de Rusia, con su esposa.

1897 El estratega alemán Schlieffen idea un plan para atacar a Francia pasando por Bélgica, que fracasaría durante su puesta en práctica en la Primera Guerra Mundial.
1898 Estalla el caso Dreyfus en Francia. Guerra hispano-estadounidense por Cuba. Estados Unidos ocupa las islas Hawai en el océano Pacífico.
1899 Comienza la guerra de los Bóers entre Gran Bretaña y Holanda en el sur de África. Guerra civil en Guatemala (hasta 1903).
1900 Un anarquista asesina al rey de Italia, Humberto I.

PERÚ

1901 - 1905

1901 Se adopta definitivamente el patrón oro en la economía peruana. Fundación de la compañía minera Cerro de Pasco Cooper Corporation.
1902 Perú y Bolivia firman el Tratado Osma-Villazón para la delimitación de la parte meridional de su frontera.
1903 Manuel Candamo Iriarte asume la presidencia; fallecerá ocho meses más tarde, el 7 de mayo de 1904. Nace la pintora y escritora limeña Carlota Carvallo. Muere José Arnaldo Márquez, poeta lírico, traductor de obras clásicas e inventor del linotipo. Pedro de Osma funda el diario *La Prensa*.
1904 Se inicia el primer gobierno de José Pardo Barreda, hijo de Manuel Pardo. Se publica *La cuestión obrera en el Perú*, de Luis Miró Quesada.
1905 Se decreta que la instrucción primaria es obligatoria y gratuita. Se crea el Instituto Histórico del Perú (actual Academia Nacional de la Historia). Llega a Lima el primer automóvil. Fallece el pedagogo limeño Pedro A. Labarthe. Se publican el *Diccionario teatral del Perú*, de Manuel Moncloa, y *Carácter de la literatura independiente*, de José de la Riva Agüero.

1906 - 1910

1906 Se funda la Compañía Peruana de Vapores. Publicación de *Alma América*, poemario de José Santos Chocano.
1907 Inauguración de la Escuela Superior de Guerra. Llegan al Callao los cruceros *Almirante Grau* y *Coronel Bolognesi*, adquiridos por la Marina peruana. Se publica *Contribución a la geología de Lima*, de Carlos Lissón.
1908 Primer gobierno de Augusto B. Leguía. Fracasa un intento de revolución pierolista.
1909 Carlos de Piérola, hermano de Nicolás, y los hijos de éste, Isaías y Amadeo de Piérola, asaltan el Palacio de Gobierno e intentan forzar la renuncia de Augusto B. Leguía. Se suscribe el tratado de límites definitivo con Brasil.

Jorge Chávez, aviador francés de origen peruano.

1910 Orestes Ferro recluta montoneras en Lambayeque. Se funda en Lima la Liga Nacional de Aviación. Jorge Chávez es el primero en cruzar los Alpes en avión y muere durante el aterrizaje.

CONTEXTO MUNDIAL

Desembarco del ejército japonés en Liaodong.

1903 Panamá se separa de Colombia y vende una franja territorial a Estados Unidos para la construcción del canal.
1904 Guerra civil en Uruguay entre «blancos» y «colorados». Comienza la guerra ruso-japonesa.
1905 Tratado de Portsmouth: Rusia renuncia a los territorios japoneses ocupados y abandona Manchuria. Estalla la primera revolución rusa; el zar Nicolás II renuncia al poder absoluto.

1906 Conferencia de Algeciras: España y Francia se dividen Marruecos. Reino Unido y Francia establecen la Entente Cordial.
1907 Uruguay deroga la pena de muerte. En México estalla una huelga de obreros textiles.
1908 Golpe militar contra el sultán turco: Bulgaria, último país balcánico bajo dominio otomano, declara su independencia. Austria interviene en la agitada región de los Balcanes.
1909 La anexión de Bosnia por parte de los austríacos causa tensiones entre las potencias europeas.
1910 En Argentina se suceden diversos actos para conmemorar el Centenario de la Independencia.

PERÚ

1911 - 1915

Hiram Bingham en las ruinas de Machu Picchu.

1911 Enfrentamiento armado con Colombia en La Pedrera, en tanto en el Cusco aparecen montoneras al mando de David Samánez Ocampo. Hiram Bingham descubre las ruinas de Machu Picchu. Nace en Andahuaylas el novelista José María Arguedas. Publicación de *Aserradero*, de Luis Guillermo Ostolaza.
1912 Asume la presidencia Guillermo Billinghurst.
1913 Muere Nicolás de Piérola. El músico huanuqueño Daniel Alomía Robles estrena en Lima su composición *El cóndor pasa*.
1914 Golpe de Estado contra Billinghurst; asume el poder el coronel Óscar Raimundo Benavides. El líder obrero Carlos Barba organiza el sindicato de zapateros.
1915 José de la Riva Agüero y Osma funda el Partido Nacional-Democrático. Una reforma constitucional contempla la libertad de culto. José Pardo Barreda gana las elecciones y se convierte en presidente de la República por segunda vez.

1916 - 1920

1916 Una ley garantiza la vigencia del *habeas corpus*. El literato Abraham Valdelomar funda la revista *Colónida*.
1917 Muere asesinado el poeta Leonidas Yerovi.
1918 Mueren Teresa González de Fanning y Manuel González Prada. El marino Germán Stiglich publica la primera parte del *Diccionario geográfico del Perú*. Se publican también *El caballero Carmelo*, de Abraham Valdelomar, y *Los heraldos negros*, de César Vallejo.
1919 Se inicia el Oncenio de Augusto B. Leguía. Asalto e incendio de las sedes de *El Comercio* y *La Prensa*. Mueren Ricardo Palma, autor de *Tradiciones peruanas*, y Abraham Valdelomar. Se establece la jornada laboral de 8 horas. Se forma la Federación de Trabajadores de Tejidos del Perú. Reforma universitaria en San Marcos y Conversatorio Universitario. Víctor Raúl Haya de la Torre y José Carlos Mariátegui empiezan a destacar como intelectuales renovadores y líderes sociales. Se funda la Escuela de Aviación Militar.
1920 Nueva Constitución peruana, que reconoce las comunidades indígenas. Se reúne en el Cusco el primer Congreso Nacional de Estudiantes. Se crea el Ministerio de Marina. Nace el pintor puneño Víctor Humareda. Andrés A. Aramburú funda el semanario *Mundial*. Publicación de los *Cuentos andinos*, de Enrique López Albújar.

CONTEXTO MUNDIAL

1911 Italia se apodera de Trípoli, actual Libia. Inicio de un período de convulsiones sociales en México protagonizado por Emiliano Zapata y Pancho Villa.
1912 La socialdemocracia alemana gana las elecciones parlamentarias.
1914 Asesinato en Sarajevo del archiduque austríaco Francisco Fernando. Serbia, apoyada por Rusia, se enfrenta a Alemania y los austro-húngaros. Estalla la Primera Guerra Mundial. Inauguración del canal de Panamá.

El canal de Panamá, inaugurado en 1914.

1916 Tropas francesas derrotan al ejército alemán en Verdún.
1917 Revolución Rusa: desaparece el régimen zarista y se instaura el primer estado socialista del mundo.
1918 Abdicación del káiser alemán Guillermo II y fin de la guerra mundial. Se crea la III Internacional Comunista.

Lenin preside un soviet tras la Revolución.

1919 Declaración de la República de Weimar en Alemania y firma del tratado de Versalles: los límites de Europa se modifican.

PERÚ

1921 - 1925

1921 Se inaugura el monumento a San Martín del escultor español Mariano Benlliure.
1922 Se suscribe el acuerdo Salomón-Grant en referencia a los yacimientos petrolíferos de la Brea y Pariñas. Se firma un nuevo tratado de límites con Colombia, llamado Salomón-Lozano. Creación del Banco Central de Reserva. Muere el compositor arequipeño Luis Duncker Lavalle. Fallece en Tucumán (Argentina) el pintor ancashino Teófilo Castillo. Se publica *Trilce*, de César Vallejo.
1923 Muere el mariscal Cáceres, héroe de la resistencia en la guerra con Chile. El Congreso, sometido a Leguía, autoriza la reelección ilimitada para el cargo de presidente de la República.
1924 Reelección dictatorial de Leguía. La International Petroleum Company sustituye a la London & Pacific en la explotación de la Brea y Pariñas. Se promulga la ley laboral 4,916, que impide el despido sin previo aviso de 90 días. Víctor Raúl Haya de la Torre funda en México la Alianza Popular Revolucionaria Americana (APRA). Se inaugura el hospital Arzobispo Loayza.
1925 José Santos Chocano da muerte a Edwin Elmore. Muere Juan Parra del Riego, poeta de las máquinas y del deporte.

1926 - 1930

1926 José Carlos Mariátegui funda la revista *Amauta*, una de las mejores publicaciones culturales de la historia peruana.
1927 En cumplimiento del Tratado Salomón-Lozano el Perú cede la zona cauchera de Leticia a Colombia.
1928 Elmer Faucett funda la primera compañía de aviación de Perú. Nace la Confederación General de Trabajadores del Perú. La Peruvian Corporation recibe a perpetuidad los ferrocarriles del Estado. Aparecen *Siete ensayos de interpretación de la realidad peruana*, de Mariátegui; *Casa de cartón*, obra vanguardista de Martín Adán, y *Matalaché*, novela de Enrique López Albújar.

Sánchez Cerro derrocó a Leguía.

1929 El Tratado de Lima decreta que Arica queda en manos chilenas, en tanto Tacna vuelve a soberanía peruana. Leguía es reelecto por segunda vez, en unos comicios en los que se presenta como candidato único.
1930 Entran en vigencia todos los acuerdos del Tratado Salomón-Lozano. Se funda el Partido Aprista Peruano. Luis Miguel Sánchez Cerro depone a Leguía. Muere José Carlos Mariátegui.

CONTEXTO MUNDIAL

1922 Benito Mussolini, «duce» de Italia con el consentimiento del rey Víctor Manuel III.
1923 España bajo la dictadura de Primo de Rivera, con el apoyo de sectores burgueses. La Rusia soviética dicta su carta constitucional.

El duce de Italia, Benito Mussolini.

1924 Fin de la ocupación estadounidense en la República Dominicana. Muerte de Lenin. León Trotski funda la IV Internacional Comunista.
1925 Los estadounidenses abandonan suelo nicaragüense, ocupado desde 1912 (volverán a intervenir durante la guerra civil de 1927-1928 hasta 1932).

1926 Lucha armada de Augusto César Sandino en Nicaragua.

Sandino, líder revolucionario.

1927 Charles Lindbergh sobrevuela el Atlántico sin escalas, desde Nueva York hasta París.
1929 El Estado italiano y la Iglesia firman el tratado de Letrán. Creación del Estado Vaticano; continuidad de los antiguos Estados Pontificios. Quiebra la Bolsa de Nueva York; las finanzas internacionales y el patrón oro muestran su debilidad. Descenso de la producción industrial y del comercio mundial.
1930 Golpes de Estado en Argentina, Bolivia, Perú y Brasil.

PERÚ

1931 - 1935

1931 Muere a los 31 años el pintor arequipeño Jorge Vinatea Reinoso. Publicación de *La realidad nacional*, de Víctor Andrés Belaunde, y de *Perú, problema y posibilidad*, de Jorge Basadre.

1932 Muere el ex presidente Leguía. Conflicto con Colombia en el Trapecio Amazónico. Rebelión aprista en Trujillo. Muere el pintor huancavelicano Daniel Hernández.

1933 Se promulga una nueva Constitución. Tras el asesinato de Sánchez Cerro, a manos de un fanático, el general Óscar R. Benavides inicia su segunda presidencia.

1934 Es asesinado en Santiago de Chile el poeta José Santos Chocano. Publicación de *Cuentos pretéritos*, del poeta y narrador chorrillano Manuel Beingolea.

El maestro indigenista Ciro Alegría.

1935 Fallece Felipe Pinglo Alva, compositor de música popular. Es asesinado Antonio Miró Quesada, director del diario *El Comercio*. El huamachuquino Ciro Alegría publica *La serpiente de oro.*

1936 - 1940

1936 Benavides anula la convocatoria a elecciones y prorroga por tres años su mandato. Se crea el Seguro Social del Obrero, y se funda el Ministerio de Salud Pública, Trabajo y Asistencia Social. Entra en vigor el nuevo Código Civil.

1938 César Vallejo muere en París; sus *Poemas humanos* serán publicados póstumamente por Raúl Porras.

César Vallejo, el mayor poeta del Perú.

1939 Intento fallido de sublevación del general Antonio Rodríguez. Benavides convoca a plebiscito para enmendar la constitución de 1933. Manuel Prado Ugarteche es elegido presidente, con 262,971 votos, seguido por el abogado trujillano José Quesada, con 76,222 votos.

1940 Terremoto en Lima de magnitud 8.2. La situación creada en Europa por el estallido de la Segunda Guerra Mundial hace que Perú estreche sus lazos comerciales con los países latinoamericanos.

CONTEXTO MUNDIAL

1931 Triunfo republicano en España; se aprueba una nueva Constitución; exilio del rey Alfonso XIII.

1932 Comienza la Guerra del Chaco entre Paraguay y Bolivia, que finalizará en 1935.

1933 Hitler asume el poder en Alemania. Oliveira Salazar, dictador de Portugal.

1934 «Larga Marcha» encabezada por Mao Zedong (Mao Tse-tung) en China durante la guerra civil de aquel país.

1935 Muere en Caracas Juan Vicente Gómez, tras 27 años de férrea dictadura.

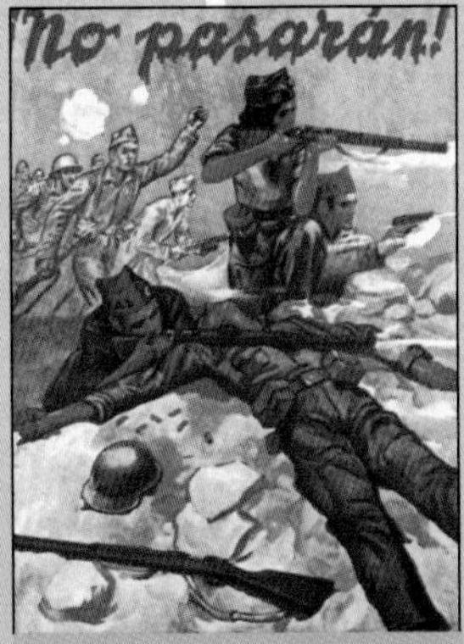

Propaganda republicana en el frente de Madrid.

1936 Gobierno del Frente Popular en Francia. El general Franco se alza contra la República española: estalla la guerra civil. Mussolini proclama la anexión de Etiopía. En Nicaragua se inicia la dictadura de Anastasio Somoza.

1938 Alemania se anexiona Austria y ocupa los Sudetes.

1939 Fin de la guerra civil española. Pacto ruso-alemán de no agresión. El ejército alemán invade Polonia. Reino Unido y Francia declaran la guerra a Alemania.

PERÚ

1941 - 1945

1941 Conflicto con el Ecuador, que Perú resuelve a su favor en la batalla de Zarumilla. Ciro Alegría publica *El mundo es ancho y ajeno*.
1942 Perú y Ecuador suscriben en Río de Janeiro el Protocolo de Paz, Amistad y Límites, con la garantía de Argentina, Brasil, Chile y Estados Unidos. Muere José María Eguren, el poeta de *Simbólicas* y *La canción de las figuras*.
1943 Se crea la Corporación Peruana del Santa y se funda el Banco Wiese. Muere el pintor Juan Dellepiani. Ley orgánica de Educación Pública. Incendio en la Biblioteca Nacional; se le encarga la reconstrucción del fondo de la biblioteca a Jorge Basadre.
1944 Muere José de la Riva Agüero y Osma.
1945 El jurista arequipeño y líder del Frente Democrático José Luis Bustamante Rivero es elegido presidente. Aparece el semanario *Vanguardia*. Se publican *Los cronistas del Perú*, de Raúl Porras Barrenechea, y *Ruta cultural del Perú*, del etnólogo Luis E. Valcárcel.

José de la Riva Agüero y Osma.

1946 - 1950

1946 Se autoriza a la International Petroleum Company a explotar el petróleo del desierto de Sechura. Muere el político socialista ayabaquino Hildebrando Castro Pozo.
1947 Muere el médico e investigador huarochirano Julio César Tello Rojas, el más importante de los arqueólogos peruanos del siglo XX. Es asesinado el ex director de *La Prensa*, Francisco Graña Garland.
1948 Grave crisis del gobierno constitucional. Cuartelazo de Manuel A. Odría y comienzo del Ochenio. José Luis Bustamante y Rivero es deportado a Buenos Aires. Se proscribe toda actividad del APRA y del Partido Comunista.
1949 El decreto ley denominado de Seguridad Interior de la República suspende de manera permanente las garantías constitucionales. Victor Raúl Haya de la Torre se asila en la embajada de Colombia.
1950 Benavides, candidato único, es reelecto. Se reestablece la convertibilidad de las divisas. Doris Gibson funda la revista *Caretas*. Martín Adán publica *Travesía de extramares*.

Manuel Odría, presidente de facto.

CONTEXTO MUNDIAL

1941 Tropas alemanas invaden Rusia. Ataque japonés a Pearl Harbor: EE UU entra en guerra. Alemanes e ingleses luchan en el norte de África.
1943 Caída de Benito Mussolini.
1944 Desembarco de las tropas aliadas en Normandía. Ocupación de Italia.
1945 Cumbre de Yalta entre Churchill, Roosevelt y Stalin. Hitler se suicida. Capitulación alemana. Ejecución de Mussolini. EE UU lanza bombas atómicas sobre Hiroshima y Nagasaki. Fin de la guerra y fundación de la Organización de las Naciones Unidas.

La cumbre de Yalta diseñó el nuevo mapa de Europa.

1946 Juan Domingo Perón elegido presidente de Argentina, con el 54 por ciento de los votos.
1947 Plan Marshall para la reconstrucción de Europa. La India declara su independencia.
1948 Creación del Estado de Israel. Gandhi es asesinado en la India. Nace la Organización de Estados Americanos (OEA).
1949 Victoria comunista en China; Mao Zedong es elegido presidente. Partición de Alemania en la República Federal u Occidental y la República Democrática u Oriental. Surge la alianza militar Organización del Tratado del Atlántico Norte (OTAN).

PERÚ

1951 - 1955

1951 Gracias a la coyuntura internacional, Perú registra uno de sus mejores años de crecimiento económico. Se inaugura el monumento a Andrés Avelino Cáceres, obra del escultor Luis Agurto. Se mantiene la bonanza económica, con la inflación controlada, estabilidad en el tipo de cambio y reducción del déficit fiscal.
1952 Perú, Ecuador y Colombia declaran la soberanía marítima de las 200 millas.
1953 Las exportaciones peruanas sufren un brusco descenso debido a la firma del armisticio de Corea.
1954 En medio de una crisis gubernamental, el general Zenón Noriega, hasta entonces uno de los hombres fuertes de Odría, es deportado bajo cargo de sublevación. Se publica *Lima, hora cero*, cuentos de Enrique Congrains Martín.
1955 Héctor Cornejo Chávez y otros políticos arequipeños fundan el partido Demócrata Cristiano. Manuel Mujica Gallo y Pedro Roselló fundan el partido Coalición Nacional.

El jurista Héctor Cornejo Chávez.

1956 - 1960

1956 Fernando Belaúnde Terry funda el partido Acción Popular. Se decreta la adopción del sistema electoral de escrutinio de votos en mesa. Manuel Prado y Ugarteche asume la presidencia por segunda vez. Se deroga la ley de Seguridad Interior de la República y se declara la amnistía política.
1957 Victor Raúl Haya de la Torre regresa al Perú. Fallece el poeta y político tarmeño José Gálvez Barrenechea.
1958 Muere el político socialista y pedagogo puneño José Antonio Encinas. Publicación de *Los ríos profundos*, novela de José María Arguedas.
1959 Pedro Beltrán es nombrado presidente del Consejo de Ministros, y asume la cartera de Hacienda y Comercio.
1960 La economía nacional se fortalece, y el Estado registra superávit fiscal. Mueren el pintor limeño Enrique Camino Brent y el historiador, diplomático y maestro universitario Raúl Porras Barrenechea.

José María Arguedas, novelista bilingüe.

CONTEXTO MUNDIAL

1951 Alemania logra su casi total independencia tras la ocupación de las tropas aliadas.
1952 Puerto Rico adquiere el estatuto de Estado libre asociado a Estados Unidos de América.
1953 Muerte de Stalin; le sucede Nikita Jruschov.
1954 Se suicida el presidente brasileño Getulio Vargas. Francia se retira de Indochina y comienza una cruenta guerra en Argelia. Alfredo Stroessner se convierte en el hombre fuerte de Paraguay.
1955 La Unión Soviética y los países del Este firman el Pacto de Varsovia.

Los líderes del Pacto de Varsovia.

1956 Reino Unido da el primer paso de descolonización en África: independencia de Ghana y devolución a Egipto del canal de Suez.
1957 Creación de la Comunidad Económica Europea. La Unión Soviética pone en órbita la nave espacial Sputnik I.
1959 Triunfo de la revolución cubana: derrocamiento del dictador Batista y entrada de Fidel Castro en La Habana.
1960 Cuba y la URSS reinician relaciones diplomáticas y comerciales. Brasilia, nueva capital de Brasil.

PERÚ

1961 - 1965

1961 Pedro Beltrán renuncia a sus cargos en el gobierno.
1962 José Enrique Bustamante y Corzo, presidente del Jurado Nacional de Elecciones, es destituido. Una Junta militar presidida por Ricardo Pérez Godoy se hace con el poder y anula la victoria aprista de Víctor Raúl Haya de la Torre, con 558,237 votos. Se publica *La ciudad y los perros*, novela de Mario Vargas Llosa.
1963 Primer gobierno de Fernando Belaúnde Terry. Se funda el Banco de la Nación. Se realizan elecciones municipales en todo el territorio nacional. Exportación récord de harina de pescado: 1'100,000 toneladas; destaca la figura del empresario pesquero Luis Banchero Rossi.
1965 Primeras manifestaciones de movimientos guerrilleros en zonas rurales del Perú. Muere el poeta Javier Heraud.

Aeropuerto Jorge Chávez, en el Callao.

1966 - 1970

1966 Inauguración del aeropuerto internacional Jorge Chávez. Se funda el Partido Popular Cristiano (PPC). Se realizan elecciones parlamentarias complementarias. Importantes compras militares, que incluyen aviones *Mirage*. Muere el cuentista y novelista Enrique López Albújar.
1967 Muere el novelista Ciro Alegría.
1968 Por la firma del Acta de Talara, Perú recupera los yacimientos de la Brea y Pariñas. Golpe de Estado del general Juan Velasco Alvarado. Ocupación de Talara e inicio de las reformas sociales y las medidas nacionalistas. La deuda externa asciende a 700 millones de dólares. Se publica *Huerto cerrado*, libro de cuentos de Alfredo Bryce Echenique.
1969 El Decreto ley 17,716 da inicio a la Reforma Agraria. Se formula el Pacto Andino, por el que Perú, Bolivia, Ecuador y Chile forman un bloque de integración subregional. En 1973 se une Venezuela, mientras que Chile se retira en 1976.
1970 Decreto ley 18,350, llamado de «Reforma industrial». Expropiación militar de los medios de comunicación. Los gobiernos municipales son nombrados por el gobierno militar. Un terremoto en Ancash deja 70,000 víctimas. Declaración de Lima, del llamado «Grupo de los 77». Se publican los libros *Un mundo dividido*, poemario de Washington Delgado, y *Un mundo para Julius*, novela de Alfredo Bryce Echenique.

CONTEXTO MUNDIAL

1961 Construcción del muro de Berlín. «Guerra fría» entre Occidente y los países del Este. El presidente John F. Kennedy rompe relaciones con Cuba y alienta la invasión por Playa Girón. Castro proclama la República Socialista de Cuba.
1962 Crisis de los misiles cubanos protagonizada por EE UU y la Unión Soviética.
1963 Asesinato de John F. Kennedy.
1964 Golpe militar en Brasil. Nace en Jerusalén la Organización para la Liberación de Palestina (OLP). Comienza la guerra de Vietnam.

John F. Kennedy, presidente de EE UU.

1966 El presidente chino Mao Zedong inicia la llamada Revolución Cultural.
1967 En la sierra boliviana, el ejército de ese país da muerte a Ernesto «Che» Guevara.
1968 Intervención soviética en Checoslovaquia. En París, obreros y estudiantes ocupan las calles en el denominado «Mayo francés».
1969 Muere el líder vietnamita Ho Chi Minh. Guerra del fútbol entre Honduras y El Salvador.
1970 El socialista Salvador Allende, presidente de Chile.

Una manifestación del «Mayo francés».

PERÚ

1971 - 1975

1971 Se crea el Sistema Nacional de Apoyo a la Movilización Social (SINAMOS).
1972 Promulgación de la Ley de Reforma Educativa. Muere asesinado Luis Banchero Rossi. Se publican el volumen de cuentos *La palabra del mudo*, de Julio Ramón Ribeyro, e *Historia de las ideas en el Perú contemporáneo*, obra del filósofo y educador Augusto Salazar Bondy
1973 El Decreto ley 22,000 estatiza la industria de harina y aceite de pescado. Se crea Pesca-Perú, compañía estatal de explotación pesquera.
1974 Decreto ley 20,598 de las empresas de Propiedad Social. Se prohíben las actividades de Acción Popular. La deuda externa de Perú asciende a 3,000 millones de dólares. Huelga nacional de la policía. Se produce una situación de crisis entre la Marina de Guerra y el general Velasco por el cese del vicealmirante Luis Vargas Caballero. Aparece el semanario *Opinión Libre*.
1975 Pronunciamiento en Tacna y golpe de Estado del general Francisco Morales Bermúdez. Se inicia la segunda etapa del gobierno militar, que se caracteriza por una notoria regresión con respecto a los postulados doctrinarios de Velasco Alvarado, y por el intento de atajar la crisis económica. Se autoriza el retorno de los exiliados al país.

1976 - 1980

Fernando Belaúnde Terry.

1976 Se anuncia una nueva devaluación de la moneda y se suspenden las garantías constitucionales.
1977 Fundación del Partido Socialista Revolucionario. El gobierno anuncia la convocatoria de una Asamblea Constituyente y el retorno del poder a la civilidad en 1980. Muere en México Eudocio Ravines. Publicación de *Canto de sirena*, del novelista iqueño Gregorio Martínez
1979 La Asamblea Constituyente, presidida por Victor Raúl Haya de la Torre (que morirá poco después), elabora una nueva Carta Magna. Se convocan elecciones generales.
1980 Se inicia el segundo gobierno de Fernando Belaúnde Terry. Convocatoria de elecciones municipales en todo el territorio. Los medios de comunicación son devueltos a sus propietarios. El grupo terrorista Sendero Luminoso se da a conocer mediante actos de sabotaje a las elecciones presidenciales.

CONTEXTO MUNDIAL

1972 EE UU se retira de Vietnam.
1973 Crisis internacional del petróleo. Golpe de Estado en Chile: bombardeo del Palacio de la Moneda; el presidente Allende se suicida; el general Pinochet se convierte en el hombre fuerte del país. En Uruguay el presidente Bordaberry disuelve el Parlamento.
1974 Estalla el escándalo Watergate, que obliga a renunciar al presidente estadounidense Richard Nixon. «Revolución de los claveles» y recuperación democrática en Portugal.
1975 Muere Francisco Franco. Juan Carlos I, rey constitucional de España. Vietnam del Sur se rinde.

Guerrilleros del Frente Sandinista.

1976 Reunificación de los territorios de Vietnam del Norte y del Sur. España devuelve los territorios africanos del Sáhara a Marruecos y Mauritania. Nombrado en Uruguay un gobierno cívico-militar.
1978 El presidente de Egipto y el primer ministro israelí firman el acuerdo de paz de Camp David.
1979 El ayatollah Jomeini proclama la República Islámica en Irán. El Frente Sandinista de Liberación, comandado por Daniel Ortega, toma el poder en Nicaragua y el dictador Somoza se refugia en Paraguay.

PERÚ

1981 - 1985

El presidente Alan García Pérez.

1981 Conflicto armado con Ecuador, que se salda con la victoria peruana. Gana la alcaldía de Lima el candidato de Acción Popular, Eduardo Orrego. Mueren el general Rafael Hoyos Rubio (en un accidente de aviación) y el escritor Carlos Moreyra y Paz Soldán. Se publica *La guerra del fin del mundo*, de Mario Vargas Llosa.
1983 Alberto Barrantes Lingán es elegido alcalde de Lima. Por los desastres del fenómeno de El Niño extraordinario, el PBI se reduce en un 11.5 por ciento. Asesinato de ocho periodistas en Uchuraccay.
1984 Atentado terrorista contra el presidente del Jurado Nacional de Elecciones, Domingo García Rada. Los atentados terroristas determinan frecuentes períodos de estado de emergencia en gran parte del país. Se promulga un nuevo Código Civil.
1985 Alan García Pérez asume la presidencia de la República. Se establece que el servicio de la deuda externa no sea superior al 10 por ciento del producto de las exportaciones. Se crea el Ministerio de Defensa.

1986 - 1990

1986 El aprismo pone en práctica una política económica heterodoxa. Aparece el «dólar MUC», del Mercado Único de Cambios, cuya cotización controla el gobierno. Se liberaliza el mercado paralelo de moneda extranjera. El candidato aprista Jorge del Castillo es elegido alcalde de Lima. Amotinamiento de terroristas en las cárceles de Lurigancho, Chorrillos y El Frontón.
1987 El Perú es declarado inelegible por la comunidad financiera internacional, por su negativa al pago de la deuda externa. El gobierno da a conocer su intención de estatizar el sistema financiero nacional. El escritor Mario Vargas Llosa irrumpe en la escena política liderando el grupo de oposición denominado Libertad.
1988 Se inicia el proceso hiperinflacionario y recesivo de la economía, al tiempo que se intensifican los atentados terroristas.
1989 Se reinician los pagos de la deuda externa, que alcanza a 20,000 millones de dólares. Ricardo Belmonto es elegido alcalde de Lima.
1990 Se relanza el Pacto Andino. En una segunda vuelta electoral, y con amplio apoyo de los sectores apristas e izquierdistas, Alberto Fujimori, líder del partido de reciente fundación Cambio 90, inicia su primer gobierno, en medio de una crisis económica y política generalizada.

CONTEXTO MUNDIAL

1982 El conflicto árabe-israelí se desarrolla con virulencia en territorio libanés.
1984 Elecciones en Uruguay: triunfa el candidato del Partido Colorado Julio María Sanguinetti. Asesinato de la primera ministra india Indira Gandhi.
1985 Recuperación democrática en Brasil tras más de veinte años de gobiernos militares. A la muerte de K. Chernienko, llega a la Secretaría General del Partido Comunista de la URSS Mijail Gorbachov y comienza un proceso de renovación y transparencia.

La caída del Muro de Berlín, en 1989.

1986 Fin de la dinastía Douvalier en Haití.
1987 Ronald Reagan y Mijail Gorbachov firman un acuerdo de eliminación de los arsenales atómicos.
1989 Derrocamiento del régimen dictatorial de Alfredo Stroessner en Paraguay. Sangrienta represión de estudiantes en China, en la plaza de Tiananmen. Caída del Muro de Berlín.
1990 Violeta Chamorro, presidenta de Nicaragua. Los países bálticos proclaman su independencia de la URSS. Irak invade Kuwait.

1991 - 1995

1991 La epidemia de cólera, además de sus efectos catastróficos sobre la población, afecta drásticamente a las exportaciones nacionales. Se firma un convenio antidrogas con Estados Unidos.
1992 El 5 de abril, Alberto Fujimori da un autogolpe, disuelve el Congreso, declara la «reorganización» del poder judicial y suspende la vigencia de la Constitución. Se convoca a elecciones para la formación de un Congreso Constituyente Democrático, de característica unicameral, con funciones simultáneas de Asamblea Constituyente y Congreso ordinario.
1993 Se promulga la nueva Constitución. Con la captura de Abimael Guzmán, jefe de Sendero Luminoso, se inicia el eclipse definitivo de la violencia terrorista. Publicación de *La violencia del tiempo*, novela del piurano Miguel Gutiérrez.
1994 Muere el escritor Julio Ramón Ribeyro.
1995 Alberto Andrade asume la alcaldía de Lima. Segundo gobierno de Alberto Fujimori. Incidentes fronterizos llevan a un conato de conflicto militar con el Ecuador en la región del alto Cenepa.

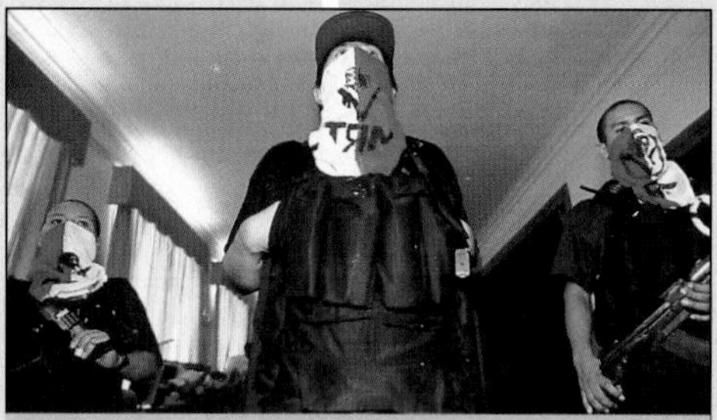

Néstor Cerpa Cartolini, líder del MRTA.

1996 - 1999

PERÚ

1996 Un grupo del Movimiento Revolucionario Túpac Amaru (MRTA) toma como rehenes a los cerca de quinientos invitados a una recepción en la residencia del embajador del Japón. Se publica *Los últimos días de la prensa*, de Jaime Bayly.
1997 En operación relámpago las fuerzas especiales de las Fuerzas Armadas liberan a los rehenes del MRTA y toman la embajada de Japón. Se registran graves pérdidas en el norte del país por el fenómeno de El Niño extraordinario. Sporting Cristal gana la Copa Libertadores de fútbol. Alfredo Bryce Echenique publica *Reo de nocturnidad* y Mario Vargas Llosa, *Los cuadernos de don Rigoberto.*
1998 Tras largas negociaciones diplomáticas los gobiernos del Perú y Ecuador firman el Acta Presidencial de Brasilia, un acuerdo de límites con vocación definitiva. Se realizan elecciones municipales en todo el territorio peruano. Alberto Andrade reelegido alcalde de Lima.
1999 Primer paro nacional general en nueve años.
2000 Alberto Fujimori reelegido a la presidencia por tercer mandato consecutivo.

CONTEXTO MUNDIAL

1991 Guerra del golfo Pérsico. Guerra de los Balcanes al desmembrarse la antigua Yugoslavia.
1992 Destitución del presidente brasileño Fernando Collor de Mello, acusado de corrupción. Disolución del Pacto de Varsovia.
1993 El presidente venezolano Carlos Andrés Pérez es suspendido por el Senado.
1994 Surge el Ejército Zapatista de Liberación Nacional en Chiapas (México). Firma del tratado de libre comercio entre Canadá, EE UU y México.
1995 Asesinato del primer ministro israelí Isaac Rabin.

Guerrilleros zapatistas en Chiapas.

1996 Las elecciones en Bosnia significan un paso adelante en la pacificación. Abolición legal del *apartheid* en Sudáfrica.
1997 Destitución del presidente ecuatoriano Abdalá Bucaram, sustituido por Fabián Alarcón. Los británicos devuelven Hong Kong a China. Crisis de las Bolsas. Fuerzas parapoliciales mexicanas asesinan a campesinos en Chiapas.
1998 Visita del papa Juan Pablo II a Cuba.
1999 Guerra en Kosovo. La OTAN bombardea Serbia.
2000 Guerra de Chechenia.

*Nelson Mandela, líder anti-*apartheid.

Biografías

Este apéndice biográfico no pretende ser exhaustivo,
sino abarcar algunos de los nombres más representativos
en los distintos ámbitos de la historia, la política,
la cultura, las artes, etcétera.

Biografías

José María Arguedas

Nació en Andahuaylas (departamento de Apurímac) en 1911; a los 3 años de edad quedó huérfano de madre, y en 1917 su padre volvió a casarse. Apenas congenió con su madrastra y padeció las crueldades de un hermanastro adolescente. Puesto que su padre viajaba continuamente, se crió con los sirvientes indígenas, que hicieron de él un niño bilingüe (dominó el quechua antes que el castellano). Es por ello que, a pesar de pertenecer a una familia de hacendados de raza predominantemente blanca, Arguedas se formó en la cultura indígena y andina. Entre 1921 y 1922, huyendo del tiránico hermanastro, vivió en la hacienda Viseca, propiedad de un tío suyo, y trató con la comunidad indígena de Utek, experiencias que están en la base de los cuentos de su libro *Agua* (1935) y de los recuerdos del personaje Ernesto en *Los ríos profundos* (1958). En 1924 estudió en Abancay, y en 1926-27 en la ciudad costeña de Ica; en 1928 se trasladó a Huancayo y en 1931, ya en Lima, ingresó a la Universidad Nacional Mayor de San Marcos, donde se graduó de antropólogo. Durante los años 1937 y 1938 estuvo preso por participar en una protesta estudiantil. Arguedas se casó en 1939 con Celia Bustamante; ella y su hermana Alicia, pertenecientes a la peña Pancho Fierro, eran muy aficionadas a las artes populares del Perú, y buscaron su reconocimiento en los círculos intelectuales de Lima. En 1933 Arguedas había publicado sus primeros cuentos, animado por la intención de presentar de modo fidedigno la realidad andina, ya que autores como López

Por su aguda percepción del mundo andino, Arguedas fue calificado como el más grande indigenista del siglo XX.

Albújar y V. García Calderón hacían, en su opinión, una representación falsa del indio. En cambio, las enseñanzas de José Carlos Mariátegui y la impregnación andina de César Vallejo (no sólo en sus poemas, sino también en su novela *El tungsteno*) estimularon a Arguedas en la enorme empresa de «quechuizar» el español y retratar «desde adentro» la cultura andina, con su visión real-maravillosa. Sobre esa base se asentó para alcanzar la cima más alta de la narrativa indigenista y una de las mayores de la narrativa hispanoamericana. Por otra parte, Arguedas desplegó una importante actividad como antropólogo, traductor y antólogo de la etnoliteratura peruana. Entre 1951 y 1961 editó la revista *Folklore americano*; en 1963-64 dirigió la Casa de la Cultura, donde creó la revista *Cultura y pueblo*, y en 1964-66 dirigió el Museo Nacional de Historia. Divorciado en 1965, unió su vida a la de la joven chilena Sybila Arredondo. Pero, por su tendencia depresiva, que se remontaba a los padecimientos infantiles y que lo había vuelto insomne y melancólico, se quitó la vida, disparándose una bala en la sien, en 1969, en Lima.

Jorge Basadre

Uno de los más importantes historiadores de Perú, nació en la ciudad de Tacna en 1903 y falleció en Lima en 1980. Fue hijo de Carlos Basadre Forero y Olga Grohmann Pividal. Sus primeros estudios los cursó en Tacna; ya en Lima, fue alumno del Colegio Alemán y del Colegio Nacional Nuestra Señora de Guadalupe. Ingresó en la Universidad Nacional Mayor de San Marcos, donde se graduó de bachiller, y más tarde doctor, en la Facultad de Letras, y asimismo de bachiller y doctor en derecho. Simultáneamente al desarrollo de sus estudios universitarios prestó servicios en la Biblioteca Nacional, institución de la que llegó a ser director. Docente en San Marcos desde 1928, dictó las cátedras de Historia de la República e Historia del derecho peruano, en las Facultades de Letras y Derecho. Fue becado en Estados Unidos para estudiar organización de bibliotecas y de este país pasó a Alemania y España. Al regresar al Perú, dirigió la Biblioteca Central

Las obras de Jorge Basadre han sido determinantes para la reformulación de la historia republicana del Perú.

de San Marcos y de forma simultánea al dictado de sus cátedras ejerció también la docencia universitaria en la Pontificia Universidad Católica y en la Escuela Militar de Chorrillos. Más tarde sería ministro de Educación Pública en dos ocasiones. Autor de numerosos libros, la principal obra de Basadre es su *Historia de la República*, que fue publicada en 16 volúmenes más uno de bibliografía; fue reeditada en numerosas ocasiones. Otros libros suyos son *La multitud, La ciudad y el campo en la historia del Perú*; *Perú problema y posibilidad*; *Historia del derecho peruano*; *Literatura inca*; *Meditaciones sobre el destino histórico del Perú*; *Fundamentos de la historia del derecho*; *El azar en la historia y sus límites*; *Elecciones y centralismo en el Perú*; *La vida y la historia*; etcétera. Fue presidente del Instituto Histórico del Perú y director del Departamento de Relaciones Culturales de la Unión Panamericana.

Fernando Belaúnde Terry

Nació en Lima el 7 de octubre de 1912, hijo de Rafael Belaúnde Diez Canseco y Lucila Terry García. Marchó a estudiar en Estados Unidos y se graduó de arquitecto en la Universidad de Texas, en 1935. Fue profesor de la Facultad de Arquitectura de la Universidad Nacional de Ingeniería, institución de la que llegó a ser decano. Sus libros *La conquista del Perú por los peruanos* y *Pueblo por pueblo*, publicados en la década de 1960, contienen tanto su programa como su ideología, que él desarrolló bajo la consigna de «el Perú como Doctrina». Fundó el partido Acción Popular, al frente del cual gobernaría el país en dos mandatos: de 1963 a 1968 y de 1980 a 1985. En su primer gobierno extendió la gratuidad de la enseñanza a todos los niveles en las instituciones oficiales y creó el régimen municipal por sufragio universal obligatorio y secreto. Además construyó 1,500 km de la llamada carretera Marginal de la selva, que discurre en la vertiente oriental de los Andes peruanos. Fue una importante contribución al desarrollo periférico del territorio nacional. A lo largo de sus dos gobiernos, Belaúnde incrementó la capacidad eléctrica y las áreas de cultivo irrigadas: se construyeron los represamientos de Pañe, Condoroma, Aguada Blanca, Tinajones y Gallito Ciego, y la irrigación del Bajo Piura, enriquecida por la Toma de los Ejidos. El Plan Nacional de la Vivienda, también denominado «revolución habitacional en democracia», permitió acceder a la propiedad inmobiliaria a cientos de miles de personas. Belaúnde creó el programa llamado de «Cooperación Popular», que movilizó a todo el país en obras de desarrollo local, con participación desinteresada de la ciudadanía. También modificó la situación portuaria del país, tanto en el litoral costero como en la red fluvial, e impulsó la construcción de aeropuertos, destacando su gestión en la construcción del terminal aéreo Jorge Chávez de Lima. En el Altiplano se construyó la pista comercial en la ciudad de Juliaca, departamento de Puno.

En sus dos gobiernos, Fernando Belaúnde potenció las inversiones en comunicación y en construcción de viviendas.

En su segundo gobierno, Belaúnde restableció desde el primer día de su administración la libertad de prensa y difusión, retornando a sus legítimos propietarios la gestión de los diarios, canales de televisión y estaciones radiofónicas, que se hallaban confiscados desde su anterior derrocamiento por parte de los militares. En el orden internacional promovió, en la Conferencia de Punta del Este de 1967, un movimiento planificador continental, proponiendo cambiar «la tradicional defensa de lo mío por la salvadora fórmula de lo nuestro». Inspirado en esa doctrina, durante su segundo gobierno fue uno de los mandatarios que más se empeñó en la empresa de evitar el choque entre Argentina y el Reino Unido por las Malvinas. Durante el largo destierro (de 1968 a 1977) que siguió a su derrocamiento, sobrellevado principalmente en Estados Unidos, ocupó cátedras como profesor invitado en las universidades de Harvard, American, Johns Hopkins, Columbia y George Washington. En esa época recibió varios doctorados honorarios y una medalla de oro en la Bienal de Rimini, por la concepción de la carretera Marginal de la selva.

Óscar R. Benavides

Nació en Lima el 15 de marzo de 1876, hijo de Miguel Benavides y Erfilia Larrea. Estudió en la Escuela Militar de Chorrillos, de la que egresó en 1894 con el título de subteniente de artillería. En 1905 fue enviado a realizar estudios de especialización a Francia, país en el que permaneció por cinco años. De regreso, participó en la campaña contra Colombia, tomando parte en la acción de la Pedrera. En julio de 1911 derrotó en Caquetá a las tropas del país del norte. En 1913 el presidente Guillermo Billinghurst lo nombró jefe de Estado Mayor, pero poco después fue destituido por negarse a participar en la disolución del Congreso, ordenada por el propio presidente. El 4 de febrero de 1914 comandó el golpe de Estado que derrocó a Billinghurst; encabezó primero una junta militar, para actuar luego como presidente provisorio, hasta 1915. Ese año, Benavides convocó elecciones para restablecer el régimen constitucional. Ya con José Pardo en el poder, Benavides fue enviado a Francia como observador de la Gran Guerra, que se hallaba entonces en su punto culminante. Al año siguiente ejerció como ministro plenipotenciario en España, renunciando tres años después. Más tarde fue nombrado ministro en España y luego en Italia. Cuando regresó al Perú pidió su pase al retiro. En 1932 el presidente Sánchez Cerro lo convocó para encomendarle la defensa del país, al haberse reavivado el conflicto con Colombia. Al poco tiempo Sánchez Cerro cayó asesinado; corría el año 1933, y en tales circunstancias el Congreso Constituyente lo nombró presidente constitucional. Convocó elecciones generales en 1936, pero ante la aparente victoria del APRA decidió anular los comicios y permanecer en el gobierno hasta 1939. En las elecciones de ese año salió elegido Manuel Prado. En 1940 Benavides fue galardonado con el bastón de mariscal del Perú. Más tarde volvió a la diplomacia, como embajador en España y en Argentina. Desde Buenos Aires tuvo un importante papel en las negociaciones que culminaron en el Protocolo de Río de Janeiro y que zanjaron el viejo litigio fronterizo con el Ecuador. De regreso en 1944, y a punto de concluir el mandato de Prado, fue uno de los impulsores del Frente Democrático Nacional, que nucleaba al APRA y otros partidos. El 2 de julio de 1945, a la edad de 69 años, murió en el Callao.

Óscar R. Benavides saneó las finanzas peruanas apoyándose en una coyuntura internacional favorable.

Francisco Bolognesi Cervantes

El coronel Francisco Bolognesi Cervantes nació en la ciudad de los Reyes del Perú, Lima, el 8 de noviembre de 1816. Hijo de Andrés Bolognesi, natural de Génova, y de Juana Cervantes, oriunda de Arequipa, fue su padrino el marqués de Montamira, caballero de la Gran Cruz Colorada. Realizó sus estudios primarios en Arequipa. En 1830, ingresó al Seminario Conciliar de San Jerónimo, donde estudió secundaria, sobresaliendo en el curso de matemáticas. Desde muy joven, a la muerte de su padre, ocurrida el 27 de agosto de 1834, trabajó en *El Comercio* de Arequipa. Estudió contabilidad y llegó a dominar el francés. A los 24 años se dedicó a los negocios de manera independiente, pero su principal interés se centraba en la vida política del país, que por aquel entonces atravesaba una etapa de anarquía. En 1853, con el grado de teniente coronel, fue designado ayudante del Estado Mayor General de la división de Arequipa, y posteriormente, el 28 de junio de 1854, fue nombrado comisario de guerra. Participó en varias batallas libradas en Ayacucho, Arequipa, Cusco y otros lugares. El 18 de abril de 1856, pasó a servir en la Inspección General del Ejército en Lima. El 14 de noviembre de ese año fue nombrado edecán de campo del presidente de la República, el mariscal Ramón Castilla. En abril de 1857, empezó a ejercer el mando como artillero. El 7 de marzo del año siguiente, fue ascendido al grado de coronel efectivo, por acción distinguida. En la campaña contra el Ecuador de 1860 participó como jefe de artillería. Enviado a Europa para comprar piezas de artillería, regresó de Londres el 18 de enero de 1862 con el armamento adquirido. En 1872 pasó al retiro, dejando una brillante estela por su recia personalidad de militar a carta cabal en su calidad de excelente comandante de un regimiento de artillería. Cuando estalló la guerra con Chile, fue llamado para tomar las armas y defender la patria. En dicha contienda estuvo al mando de la tercera división y participó en las batallas de San Francisco y Tarapacá. Bolognesi Cervantes pasó a la inmortalidad en la batalla de Arica, donde murió el 7 de junio de 1880 luchando junto a sus soldados y después de pronunciar las célebres palabras: «Tengo deberes sagrados que cumplir y los cumpliré hasta quemar el último cartucho». Su valentía y coraje han pasado a la historia como ejemplo del soldado de honor y el espíritu guerrero.

José Luis Bustamante y Rivero

Hijo de Manuel Bustamante y Barreda y de Victoria Rivero y Romero, nació en la ciudad de Arequipa el 15 de enero de 1894 y falleció en Lima en 1989. Sus primeros estudios los cursó en el Colegio San José de Arequipa;

La falta de apoyo del Congreso y la inestabilidad determinaron el derrocamiento de José Luis Bustamante.

luego fue alumno de las universidades San Agustín de Arequipa y San Antonio Abad del Cusco. En esta última optó el grado de doctor en Letras y en San Agustín se graduó como bachiller y doctor en jurisprudencia; en fin, en 1929 también obtuvo los títulos de abogado y doctor en ciencias políticas y económicas, a la edad de 35 años. Se inició en la docencia como profesor de secundaria y fue también docente universitario en Arequipa, donde impartió clases de filosofía, geografía, historia y derecho procesal. Cuando el gobierno de Leguía intervino la universidad, Bustamante renunció a todas sus cátedras. Más tarde participó en el movimiento militar iniciado en Arequipa por el teniente coronel Luis M. Sánchez Cerro; fue secretario político de la junta revolucionaria organizada en esta ciudad. Al formarse la junta de gobierno cívico-militar que reemplazó a la junta revolucionaria, en los años 1930-31, ocupó el cargo de ministro de Justicia, Culto e Instrucción. Prestó servicios diplomáticos como embajador en la República de Bolivia y como ministro plenipotenciario en Uruguay. Candidato por el Frente Democrático, fue elegido presidente constitucional del Perú en las elecciones de 1945. Durante su gobierno se expidió el Decreto Supremo nº 781, de fecha 1 de agosto de 1947, estableciendo las 200 millas del Mar Peruano, para preservar y salvaguardar la riqueza ictiológica existente. La misma actitud asumieron entonces los gobiernos de Chile y Ecuador. El 3 de octubre de 1948 se produjo un motín de la Armada, alentado por sectores apristas, hecho que motivó la proscripción de ese partido. El 27 de octubre de 1948, un movimiento militar en la ciudad de Arequipa, encabezado por el general Manuel A. Odría y apoyado en Lima por el general Zenón Noriega, puso fin al gobierno constitucional de Bustamante, que fue desterrado a Buenos Aires. Bustamante fue miembro de la Academia Peruana de la Lengua, decano del Colegio de Abogados de Lima, magistrado en la Corte Internacional de Justicia de La Haya, mediador en el conflicto limítrofe entre Honduras y El Salvador, y senador vitalicio. Escribió además numerosas obras, entre las que merecen destacarse *Visión del Perú* (1941); *Tratado de derecho internacional* (1943); *Tres años de lucha por la democracia en el Perú* (1949) y *Mensaje al Perú* (1955).

Andrés Avelino Cáceres

Nació en Ayacucho el 4 de febrero de 1836, hijo de Domingo Cáceres y Justa Dorregaray. Realizó casi todos sus estudios en su ciudad natal. En 1854, a los 18 años, ingresó en el Ejército y tomó parte en varios de los enfrentamientos civiles de la época. Ascendido a capitán, acudió a la frontera cuando estalló la guerra con el Ecuador. Durante el gobierno del general Pezet fue desterrado a Chile por su oposición al presidente. Cuando le fue permitido regresar al país participó, junto

El temperamento de Andrés Avelino Cáceres se plasmó en su heroica resistencia durante la campaña de La Breña.

a Mariano Ignacio Prado, en el combate del 2 de mayo, en el que el Perú se enfrentó con la flota española, desde la batería *Ayacucho*. Al estallar la guerra con Chile, Cáceres se encontraba en el Cusco, y participó en los principales episodios del conflicto. En 1881 tuvo una actitud sobresaliente en la defensa de Lima. Herido, se refugió en el hospital jesuita y consiguió fugar a la sierra central, desde donde comandó una heroica resistencia frente al ejército invasor, conocida como campaña de La Breña, con el apoyo de los campesinos de la zona. Después de una muy valerosa actuación fue derrotado en Huamachuco en 1883. Obligado el Perú a firmar el tratado de Ancón con Chile, Cáceres se opuso y buscó prolongar la resistencia. En 1886 fue elegido presidente; gobernó hasta 1890 y fue reelegido en 1894. Pero una coalición encabezada por Nicolás de Piérola lo obligó a entregar el mando. De 1905 a 1912 desempeñó cargos diplomáticos en Europa. Fue ascendido al grado de gran mariscal en reconocimiento a su brillante actuación en la campaña de La Breña; murió en Ancón, completamente apartado del mundo de la política, el día 10 de octubre de 1923, a los 87 años de edad.

Daniel Alcides Carrión

Nació en la ciudad de Cerro de Pasco el 13 de agosto de 1857 y murió en Lima el 5 de octubre de 1885, a los 28 años de edad. Sus padres fueron Baltazar Carrión y Dolores García Navarro. Sus estudios primarios los cursó en Cerro de Pasco y Tarma. Luego se trasladó a Lima para ingresar en el Colegio Nacional Nuestra Señora de Guadalupe. Concluidos sus estudios secundarios, ingresó en 1877 en la Facultad de Ciencias de la Universidad Nacional Mayor de San Marcos, iniciando sus estudios en la Facultad de Medicina en 1881. Declarado mártir de la medicina peruana, su temprana muerte fue consecuencia de haberse hecho inocular voluntariamente un brote de verruga, enfermedad que se hallaba investigando, para demostrar experimentalmente que era una do-

Daniel Carrión es, por la grandeza de su sacrificio, la figura más destacada de la medicina peruana del siglo XIX.

lencia transmisible. Anotó sus observaciones sobre la naturaleza y síntomas de esta enfermedad en su propio organismo después de la inoculación que se hizo. Estos apuntes permitieron hacer grandes avances en la lucha contra la enfermedad. En 1886, al cumplirse el primer aniversario de su muerte, la enfermedad en cuya lucha él inmoló su vida fue denominada enfermedad de Carrión.

José Santos Chocano

Este poeta modernista nació en Lima en 1875; su existencia aventurera y su encendida y no siempre feliz vocación política lo convirtieron en una de las figuras más singulares de las letras peruanas. En 1895 estuvo recluido en el Real Felipe, acusado de conspirador; una vez liberado, fue secretario del presidente Nicolás de Piérola. Divulgado el ideal modernista por el nicaragüense Rubén Darío y otras figuras de las letras hispanoamericanas, Chocano asumió la nueva estética y la difundió desde las revistas *El Perú*

Ilustrado (1895-1896), *La Neblina* (1896-1897) y *La Gran Revista* (1897-1898). Sin embargo, criticó el afrancesamiento de Darío, por lo que se enemistó con él; en Madrid, en la década siguiente, harían las paces. Tras un viaje por la sierra y la selva elaboró su sueño de convertirse en «el cantor de América, autóctono y salvaje», en clara oposición —una vez más— al Darío cosmopolita y refinado, conforme lo proclama su poema «Blasón». Chocano quiso ser, en definitiva, ese «Walt Whitman del sur» que reclamaba el uruguayo

De personalidad apasionada, José Santos Chocano hizo de su propia vida un capítulo de su obra literaria.

Rodó en su estudio sobre el modernismo. En esa línea, bautizada como «novomundista», compuso *El derrumbamiento* (1899) y el canto épico *La epopeya del Morro* (1899), alcanzando su cima expresiva en *Alma América* (1906), acompañada de palabras preliminares de Darío, Unamuno y Menéndez y Pelayo, con ilustraciones de Juan Gris. Entre 1901 y 1906, sin interrumpir su ingente obra poética, Chocano cumplió misiones diplomáticas en América Central, Colombia y España. Más tarde vivió en Cuba, Santo Domingo, Estados Unidos, México —donde sirvió a Madero, Venustiano Carranza y Pancho Villa— y Guatemala. En este último país fue famosa su defensa de la dictadura de Estrada Cabrera, lo que le valió una condena a muerte a la caída de éste; Chocano se salvó gracias al apoyo de numerosos intelectuales del orbe de habla castellana. Regresó a Perú en 1921 y fue coronado en 1922 como «el poeta de América», viendo cumplido así su sueño de toda la vida. En 1925 asesinó al joven escritor Edwin Elmore, que había atacado su poesía y la de su amigo, el poeta argentino Leopoldo Lugones; nuevamente, su fama hizo que la justicia fuera benévola con él: en 1927 el proceso judicial quedó suspendido y fue excarcelado. En 1928 emigró a Santiago de Chile, donde un demente lo asesinó en 1934.

José María Eguren

Nació en Lima en 1874 y murió en la misma ciudad en 1942. Toda su vida se desarrolló entre la capital y algunas haciendas aledañas. A partir de 1897 estableció su hogar en el balneario de Barranco; entre 1931 y 1940 trabajó en la biblioteca del Ministerio de Educación Pública. Eguren gustaba de caminar a campo traviesa, observando los insectos y las aves, trazando apuntes para sus óleos y acuarelas, o echando mano a una cámara de su invención que tomaba fotos ovaladas de tamaño diminuto (poco más de un centímetro). A pesar de su voluntario apartamiento de la vida pública, gozó de la admiración y afecto de hombres de la talla de Manuel González Prada, Abraham Valdelomar y José Carlos Mariátegui, entre otros. Ellos lo instaron a publicar sus poemas, considerados

José María Eguren, hombre de temperamento reservado, fue la mayor figura del simbolismo postmodernista.

como la muestra más honda y depurada de la estética simbolista en lengua española. La aparición de *Simbólicas* (1911) es tomada como un hito en la superación del modernismo, ya que actúa como la fundación de la poesía contemporánea del Perú, instaurando una tradición todavía viva y vigente en la actualidad. Junto a César Vallejo, Eguren es, así, el poeta peruano más importante del siglo XX. En cuanto a sus trabajos en prosa, destacan los *Motivos estéticos*, aparecidos en revistas en la década de 1930 y recogidos en volumen póstumamente, en el año 1959.

Alberto Fujimori

Tras las elecciones del 8 de abril de 1990, «Tsunami Fujimori» denominaron los observadores el arrasador ascenso del hijo de Naochi Fujimori y Matsue Inomoto, nacidos ambos en la prefectura de Kumamoto, en Japón, y llegados al puerto del Callao en 1934, formando parte del numeroso flujo de inmigrantes que desembarcó en Perú por aquellos años. Naochi trabajó como sastre y luego, junto con su esposa, fueron cosechadores de algodón en la hacienda Carrera, donde hoy se ubica el distrito limeño de Surquillo. Alberto Fujimori, el segundo de los hijos del matrimonio (son sus hermanos Juana, Rosa, Pedro y Santiago), nació el 28 de julio de 1938. Pasó su infancia en el popular distrito de La Victoria, en Lima. Realizó sus estudios primarios en el colegio Nuestra Señora de la Merced, en el centro de la ciudad, y en la escuela pública La Rectora del antiguo vecindario de los Barrios Altos. Su educación secundaria se desarrolló en la Gran Unidad Escolar Alfonso Ugarte. Por entonces ayudaba además a su padre en la floristería que éste regentaba. Estas actividades y la tradición agrícola familiar influyeron, sin duda, en su opción por los estudios de agronomía. En 1957 ingresó en la Universidad Nacional Agraria de La Molina, de la que egresaría en 1961 con las más altas calificaciones. En 1962, a sus 24 años, ingresó en la plana de profesores del departamento de matemáticas de la Facultad de Ciencias de la misma universidad. A esa temprana experiencia docente siguieron los estudios de Matemáticas y Física en la Universidad de Estrasburgo, en Francia, en 1964; y en 1970, becado por la Fundación Ford, realizó otro posgrado de dos años en la Universidad de Wisconsin, Estados Unidos. En los años siguientes, la agronomía y las matemáticas fueron las dos áreas a las que Fujimori se volcó en su carrera docente. Una larga trayectoria que se jalonó en 1984, cuando fue nombrado decano de la Facultad de Ciencias de la Universidad Nacional Agraria de La Molina; pocos meses después fue elegido rector de esa misma institución. En 1986 recibió de la universidad particular San Martín de Porras su primer doctorado *honoris causa*. Al año siguiente, la Universidad de Gembloux, Bélgica, lo distinguió con idéntico honor. Desde el año 1987, Fujimori presidió la Asamblea Nacional de Rectores de las universidades peruanas.

Vertiginoso fue el ascenso político de Alberto Fujimori, hasta imponerse en las elecciones presidenciales de 1990.

En 1989, el ingeniero Fujimori comenzó a cimentar su movimiento político. Inicialmente se reunió con algunos colegas del medio universitario y luego fue tomando contacto con dirigentes representativos de otros sectores sociales. Fujimori y un pequeño grupo de colaboradores crearon Cambio 90, inscribiéndolo con 150 000 firmas ante el Jurado Nacional de Elecciones. En ese momento, nadie sospechaba que esta flamante agrupación tuviera alguna chance frente a los partidos tradicionales. Sin embargo, el 10 de junio de 1990 Fujimori ganaba la segunda vuelta electoral, con el 56.63 por ciento de los votos válidos emitidos, lo cual significaba más de 22 puntos de ventaja sobre Mario Vargas Llosa. En el frente interno, el nuevo jefe del Estado puso en marcha un programa de liberalización económica y de apertura comercial. Además, mostró un importante empeño en la política exterior, realizando numerosos viajes al extranjero. En cuanto al proceso de pacificación emprendido por Fujimori, permitió la desarticulación de los grupos terroristas Sendero Luminoso y Movimiento Revolucionario Túpac Amaru (MRTA) y la encarcelación de sus principales cabecillas. Asimismo, combatió el narcotráfico con un nuevo y original enfoque que, en el ámbito internacional, fue denominado como «la doctrina Fujimori». El 5 de abril de 1992 anunció la disolución temporal del Congreso de la República, la «reorganización» total del poder judicial y sus instituciones, así como el establecimiento de un «Gobierno de emergencia y reconstrucción nacional», dentro de lo que se denominó el «autogolpe». Los objetivos del nuevo gobierno fueron expuestos por Fujimori durante su intervención en la Asamblea de Cancilleres de la OEA, celebrada el 18 de mayo de ese año en las Bahamas. En dicho foro internacional anunció la realización de elecciones para el 22 de noviembre, con el propósito de conformar el Congreso Constituyente Democrático que elaboraría una nueva Constitución. Este Congreso Constituyente redactó la nueva Carta Magna, sometida a la aprobación popular mediante un referéndum convocado el 31 de octubre de 1993 y promulgada, en fin, el 29 de diciembre de ese año. En los comicios generales realizados el 9 de abril de 1995, fue electo por el 64 por ciento de los votos emitidos. El 12 de mayo recibió del Jurado Nacional de Elecciones la credencial de presidente electo para el período 1995-2000. Otro episodio importante del gobierno de Fujimori se abrió en diciembre de 1997, cuando un grupo del MRTA secuestró a más de cuatrocientas personas, incluyendo diplomáticos de países diversos y autoridades nacionales, que se encontraban reunidos en la residencia del embajador del Japón. Luego de liberar a la mayoría de los rehenes, los terroristas retuvieron a 42 de ellos y endurecieron sus exigencias. Tras varios meses de infructuosas negociaciones, Fujimori autorizó la acción de rescate llevada a cabo por cuarenta comandos de asalto, hecho que culminó con la liberación de 41 rehenes sanos y salvos. En 1998 se inició la etapa de conversaciones para llegar a un acuerdo global y definitivo con Ecuador, que se plasmó en el Acta Presidencial de Brasilia, firmada el 26 de octubre de ese año. El presidente Fujimori participó además, a mediados de noviembre de 1998, en la sexta Cumbre de Jefes de Estado del Foro de Cooperación Económica Asia-Pacífico (APEC), realizada en Kuala Lumpur. En ese marco, Perú se incorporó oficialmente como miembro de este organismo que agrupa a 21 economías de la cuenca del Pacífico. En el año 2000, tras unas polémicas elecciones cuyos resultados fueron rechazados por la oposición, Fujimori resultó electo para un tercer mandato.

Alan García Pérez

Nació en Lima el 23 de mayo de 1948, hijo de Carlos García Ronceros y de Nitha Pérez de García. No conoció a su padre hasta los cinco años, debido a que éste había permanecido en prisión por su militancia aprista. Estudió en la Gran Unidad Escolar José María Eguren de Barranco. Ingresó en 1965 en la Pontificia Universidad Católica, donde estudió letras y derecho. Además se graduó en la facultad de derecho de la Universidad Nacional Mayor de San Marcos. Más tarde, a principios de la década de 1970, viajó a París y Madrid, para realizar estudios de posgrado en sociología y derecho respectivamente. Volvió a Perú en 1977, y emprendió la actividad docente en la Universidad Federico Villareal. Por otra parte, Alan García, que había militado desde su adolescencia en movimientos vinculados al aprismo, conoció en 1962, en un campamento juvenil, a Víctor Raúl Haya de la Torre, a quien seguiría vinculado hasta la muerte del famoso dirigente aprista. Alan García fue escalando posiciones dentro de su partido, pasando de secretario nacional de organización (durante la campaña presidencial de Armando Villanueva, en 1980) a secretario general, en 1982. En 1978 fue secretario del Congreso Constituyente, que presidió Haya de la Torre; en 1980 fue elegido diputado. Además de ser un encumbrado representante de una nueva y brillante generación de políticos peruanos, García contaba con el valor añadido de su imponente oratoria. Fue así como, a una edad inusualmente temprana para tal responsabilidad, resultó elegido candidato a la presidencia de la República en 1985; tenía entonces 36 años. El 14 de abril de ese año se impuso en las elecciones, con el 52 por ciento de los votos, y juró el cargo presidencial el 28 de julio. Alan García declaró su intención de orientar el gobierno a la atención de las necesidades más urgentes del Perú y de su población, como el fomento de la agricultura, la industria y la minería, además de hacer frente a la deuda externa y a los preocupantes índices de inflación y desempleo. Por otra parte, defendió la posición de los países latinoamericanos frente a las imposiciones de la gran banca internacional; al respecto se recuerda un memorable discurso que pronunció ante la ONU en septiembre de 1985. En ese marco, Alan García se propuso estatizar el sistema financiero del Perú, decisión que desencadenó una de las tormentas políticas más encendidas de la historia contemporánea del país. Por otra parte, la inflación no pudo ser dominada y alcanzó niveles que prácticamente colapsaron la economía nacional. En ese contexto, el final de su mandato presidencial fue más bien turbulento. En 1990 fue sucedido en el cargo por Alberto Fujimori.

Alan García Pérez fue el primer miembro del Partido Aprista Peruano que alcanzó la presidencia del Perú.

Inca Garcilaso de la Vega

Nació en Cusco en 1539, hijo natural del capitán Sebastián Garcilaso de la Vega; descendía por lo tanto de una aristocrática familia española, con numerosos antepasados ilustres, sobre todo en el ámbito literario, como el marqués de Santillana, Jorge Manrique y Garcilaso de la Vega. Su madre fue la princesa inca Isabel Chimpu Ocllo, nieta del Inca Túpac Yupanqui. De este modo, el Inca Garcilaso era el fruto del mestizaje de las más altas estirpes española y americana. Cuando Garcilaso tenía quince años, su padre fue nombrado Justicia Mayor y Corregidor del Cusco. El Inca continuó viviendo en la casa paterna a pesar del casamiento de su padre con una dama española, en 1549; de esta forma, frecuentaba a los más empinados representantes de la Corona española en el Perú. Pero ello no le impidió mantener el contacto con sus parientes maternos, asimilando con afecto tanto su herencia española como sus raíces indígenas, lo cual le permitió en sus escritos proclamar orgulloso su mestizaje y erigirse voluntariamente en portavoz de una síntesis entre lo español y lo incaico. De allí que la crítica literaria lo haya identificado como el primer peruano, es decir, la primera manifestación importante de algo que ya no era el Tahuantinsuyo pero tampoco era una mera posesión de España, sino una nueva realidad nacional en formación, la del Perú. En efecto, en sus escritos recoge experiencias en ambos sentidos, desde su contacto con los conquistadores recién llegados de España hasta sus largas conversaciones con los *amautas*, los viejos portadores del saber tradicional de los incas. Muerto su padre en 1559, el 20 de enero de 1560 Garcilaso se embarcó hacia España para completar su educación. Garcilaso estudió filosofía, historia y retórica, conoció a sus parientes paternos y reclamó —sin éxito— recompensas reales por los servicios de su padre. Residió en Montilla (1561-1588), en casa de su tío Alonso de Vargas, y en Córdoba (1589-1616), donde murió el 23 de abril de 1616, curiosamente con pocas horas de diferencia con respecto a los fallecimientos de sus dos contemporáneos más geniales, Miguel de

El Inca Garcilaso de la Vega supo hacer compatibles las dos tradiciones de las que era hijo, la incaica y la española.

Cervantes y William Shakespeare. Al comprobar en España lo mal que se conocía el Incario y la historia de la conquista del Perú, tras una corta carrera militar al servicio del rey (1564-1570), decidió escribir crónicas «reales» sobre dichas materias, si bien es cierto que ya se había estrenado en las lides literarias en 1590, con la traducción de los *Diálogos de amor*, del humanista portugués Jehudah Abrabanel, más conocido como León Hebreo. En 1596, además, escribió el opúsculo *Genealogía de Garci Pérez de Vargas*. Garcilaso eligió como nombre literario no el que recibió al nacer (Gómez Suárez de Figueroa, formado por los apellidos de la ascendencia paterna), sino el simbólico nombre mestizo de Inca Garcilaso de la Vega, con el que aludía al poeta Garcilaso y a su condición de primogénito. Sus obras son *La Historia de la Florida y jornada que a ella hizo el gobernador Hernando de Soto* (1605), larga rememoración del pasado americano, que anuncia el estilo y los puntos de interés que caracterizarán su obra esencial, y los *Comentarios reales*. La primera parte de esta obra se publicó en la ciudad de Lisboa en 1609 y la segunda, que llevó el título puesto por los editores de *Historia general del Perú*, fue editada póstumamente en Córdoba, en 1617. Los *Comentarios* del Inca son una mezcla de autobiografía, reivindicación de su glorioso linaje e intento de dar una visión histórica del imperio incaico y su conquista por parte de los españoles. Esta conjunción de argumentos de diverso interés ha originado una larga polémica acerca de la verosimilitud histórica de los datos aportados por el Inca en sus escritos. En cambio, desde el punto de vista meramente literario, su prosa está considerada como una de las más elevadas manifestaciones de la lengua castellana y como una referencia inexcusable en la formación de una tradición literaria latinoamericana.

Manuel González Prada

Nació en Lima en 1844 y murió en la misma ciudad en 1918. De familia aristocrática, su orientación revolucionaria lo llevó a quitar el «de» al apellido paterno González de Prada; en algunas ocasiones, firmaba sus escritos con un escueto Manuel G. Prada. Peleó en la batalla de Miraflores (1881) y se recluyó en su casa durante la ocupación chilena, encierro que no rompió hasta tres años después, ya suscrito el tratado de Ancón: «No quería ver la insolente figura de los vencedores», escribió. En 1886 figuró entre los fundadores del Círculo Literario; fue el eje ideológico de ese grupo que en 1891 se transformó en partido político bajo el nombre de Unión Nacional. Los escritos y los célebres discursos que González Prada pronunció en 1888 en los teatros Politeama y Olimpo significaron la crítica más honda y descarnada de las razones por las que el Perú había perdido la guerra contra Chile, así como la exigencia de una renovación profunda en la vida política nacional, con sentencias tales como «los viejos a la tumba, los jóvenes a la obra». Más tarde, tras una prolongada permanencia en Francia, de 1891 a 1898, se apartó de la Unión Nacional, rechazando la alianza de ésta con los liberales. En contrapartida, se dedicó a predicar el anarquismo entre los obreros. Dirigió la Biblioteca Nacional en dos períodos, de 1912 a 1914 y de 1916 a 1918, con el objetivo de impulsar la cultura popular. En cuanto a su obra como escritor, destacan sus trabajos en prosa —ensayos, discursos y narraciones—, crucial en las luchas anticlericales y anarquistas, y fuente de la que bebió el indigenismo, el aprismo y el socialismo de José Carlos Mariátegui. También fue un dotado poeta, parnasiano y cosmopolita, considerado como el más antiguo de los premodernistas hispanoamericanos.

La doctrina de González Prada fue el fundamento de la izquierda peruana durante gran parte del siglo XX.

Miguel Grau Seminario

Héroe de Angamos, fue hijo del teniente coronel Juan Manuel Grau Berrío, de ascendencia catalana, y de Luisa Seminario del Castillo, descendiente de muy antiguas familias piuranas. Nació en Piura el 27 de julio de 1834 y falleció gloriosamente en el puente de mando del monitor *Huáscar*, el 8 de octubre de 1879, a los 45 años. Su infancia transcurrió en Piura y más tarde en el puerto de Paita, cuando su progenitor fue nombrado vista de aduana. En 1843, siendo todavía un niño pues sólo tenía nueve años, el pequeño Miguel se embarcó en una goleta comandada por Ramón Herrera, gran amigo de su padre, que hacía un viaje de Paita a Panamá. Lamentablemente la goleta naufragó y al regreso al hogar su madre no estaba dispuesta a consentir ya nuevos embarques. Ingresó al colegio de Nieto, en el cual, según uno de sus biógrafos, Fernando Romero Pintado, «Miguel se torna taciturno. En el colegio está siempre distraído, callado, casi hosco. Apenas terminan las clases y en los días de vacaciones merodea por la playa...». Contaba once años cuando doña Luisa, su madre, aceptó que volviera a cruzar los océanos. Recorrió entonces todos los mares y durante nueve años, según el historiador Alberto Tauro del Pino, el joven Grau «surca mares de Asia, Europa y América en diversos transportes y aún en buques balleneros». Al regresar al Perú, en 1853, se radicó en Lima, donde fue alumno del poeta español Velarde y estudió para ingresar a la Marina. El 14 de marzo de 1854 se convirtió en guardiamarina y vistió el uniforme que cubriría de gloria. Navegó en los vapores *Rímac*, *Vigilante* y *Ucayali* antes de ser trasladado a la fragata *Apurímac*, donde sirvió con Lizardo Montero, otro ilustre marino piurano. Cuando prestaba servicio en la *Apurímac*, el comandante de esta nave apoyó la revolución del general Vivanco. Tras el fracaso del movimiento, el joven oficial que formaba parte de la tripulación fue separado del servicio en 1858 y volvió a la Marina Mercante. Llamado nuevamente, regresó a la Marina el 11 de septiembre de 1863, casado ya con Dolores Cavero, quien le dio nueve hijos. Ascendió a teniente segundo y el 4 de diciembre del mismo año, a teniente primero, para pasar pocos meses después a capitán de corbeta. Enviado a Europa para traer la corbeta *Unión*, llegó a Valparaíso en 1865, año en que fue ascendido a capitán de fragata, y desde el puerto chileno apoyó la revolución del coronel Mariano Ignacio Prado. Siempre al mando de la corbeta *Unión* participó en el combate naval de Abtao, el 7 de febrero de 1866, y siguió hacia el sur hasta los canales de Chile, para esperar las nuevas naves adquiridas en Inglaterra. Cuando Prado, posponiendo a brillantes marinos peruanos, contrató al contralmirante norteamericano John Tucker para comandar la Armada, Grau protestó y presentó su renuncia, actitud que fue considerada como rebeldía. Fue preso en la isla de San Lorenzo y permaneció allí hasta que, después de un largo juicio, salió absuelto. Pasó nuevamente a ejercer su profesión de marino en la actividad privada y tuvo el mando del vapor mercante *Puno*, propiedad de la Compañía Inglesa. A finales de 1867, regresó a la Marina en calidad de comandante del monitor *Huáscar*. El 25 de julio del año siguiente fue ascendido a capitán de navío y el 19 de abril de 1873 a capitán de navío efectivo, siendo después comandante general de la escuadra de evoluciones, durante siete meses. Pasó luego a ocupar el alto cargo de comandante general de la Marina. En 1872, al estallar la revolución de los hermanos Gutiérrez, Grau encabezó el pronunciamiento de la Marina en contra de la dictadura. Al no ser escuchado para reorganizar y modernizar la Armada, ingresó a la política y fue elegido diputado por Paita en el período comprendido entre 1876 y 1878. Cuando Chile declaró la guerra al Perú en 1879, Grau aceptó dirigir la primera división naval a sabiendas de la superioridad que tenía la escuadra de ese país en tonelaje, número de barcos, cañones y espesor de blindaje, y conociendo el mal estado de las unidades peruanas. Inició su campaña en mayo del mismo año y en su primer combate hundió la corbeta chilena *Esmeralda*, salvando luego a los náufragos, lo que hizo que uno de ellos al llegar a la cubierta del *Huáscar* gritara agradecido «Viva el Perú generoso». El 31 de agosto de ese año, Grau fue ascendido a contralmirante. El 8 de octubre apareció frente a Punta Angamos la flota chilena, compuesta por seis barcos todos ellos superiores al *Huáscar* en blindaje y potencia de fuego, formando un círculo para batirse con el buque insignia de la marina peruana. El almirante Grau, consciente de la situación, ordenó a la *Unión* que se retirara para seguir combatiendo más tarde y se quedó solo con su barco, dispuesto a presentar combate a pesar de la inferioridad en que se encontraba. Pasó a la inmortalidad como un marino estratega y valiente pero generoso, que cumplió con sus proféticas palabras «si el *Huáscar* no regresa triunfante al Callao tampoco yo regresaré».

Víctor Raúl Haya de la Torre

Nació en la ciudad de Trujillo el 22 de febrero de 1895 y falleció en Lima el 2 de agosto de 1979. Fue hijo de Raúl Edmundo Haya y Cárdenas, periodista y fundador del diario *La Industria* de Trujillo, y de Zoila Victoria de la Torre. Estudió en los colegios de San Carlos y San Marcelo de Trujillo. Ingresó a la Universidad Nacional de Trujillo, donde siguió estudios de Filosofía y Letras, e integró el grupo artístico y literario La Bohemia de Trujillo, junto con figuras de la talla de César Vallejo y Antenor Orrego, entre otros. Se trasladó a Lima en 1917 y en la Universidad Nacional Mayor de San Marcos siguió estudios de jurisprudencia y Ciencias Políticas Administrativas. Haya de la Torre viajó por los departamentos de Apurímac, Cusco y Arequipa, y a su regreso a Lima formó parte de la comisión universitaria que apoyó la lucha obrera por la jornada de ocho horas. En 1919 fue elegido presidente de la Federación de Estudiantes del Perú, y en 1920 organizó y presidió el primer congreso de estudiantes peruanos en Cusco, donde se aprobó la creación de las universidades populares, que desde 1921 tomaron el nombre de

La fervorosa lucha política de Haya de la Torre se coronó con la promulgación de la Constitución de 1979.

González Prada. En 1922 visitó Uruguay, Argentina y Chile; en mayo de 1923, con el Frente Único Obrero Estudiantil, participó en las populosas manifestaciones que fueron violentamente reprimidas. En colaboración con José Carlos Mariátegui, publicó la revista *Claridad*. Elegido una vez más presidente de la Federación de Estudiantes, fue apresado en 1923 y deportado; no regresaría hasta 1931. Visitó en esos años Panamá y Cuba, pasando a México, donde fue secretario de José Vasconcelos; el 7 de mayo de 1924 fundó en ese país la Alianza Popular Revolucionaria Americana (APRA). Con posterioridad

Haya de la Torre viajó a Estados Unidos, Rusia, Suiza, Italia y Francia. Entre 1925 y 1927 estudió economía en Londres y antropología en Oxford. Después de asistir en Bruselas al congreso antiimperialista mundial, viajó a Nueva York y retornó a México, para luego visitar Guatemala, El Salvador y Costa Rica. Con posterioridad, las autoridades panameñas lo enviaron a Bremen, de donde pasó a Berlín. Al ser derrocado Leguía, Haya regresó al Perú, tal como lo hicieron Manuel Seoane y Carlos Manuel Cox, otros importantes líderes del APRA. En 1931 postuló su candidatura a la presidencia de la República, a los 36 años de edad. En las elecciones, realizadas el 11 de octubre de 1931, resultó triunfante el teniente coronel Luis M. Sánchez Cerro. El 6 de mayo de 1932 Haya de la Torre fue nuevamente apresado, y amnistiado en 1933 por el gobierno del general Óscar R. Benavides. A partir de 1934 estuvo en la clandestinidad hasta que se constituyó el Frente Democrático Nacional, que con apoyo del APRA propició la candidatura presidencial de José Luis Bustamante y Rivero, quien triunfó en las elecciones de 1945. En 1948 un pronunciamiento militar encabezado por el general Manuel A. Odría puso fin al gobierno constitucional de Bustamante y Rivero; se reinició entonces la represión contra el APRA, que obligó a Haya de la Torre a asilarse en la embajada de Colombia en 1949, donde permaneció hasta 1954. Después debió permanecer otros varios años en el extranjero. Fue nuevamente candidato a la presidencia en 1962, pero el proceso electoral fue anulado por la junta militar que había derrocado al presidente Prado. En nuevas elecciones realizadas en 1963 resultó ganador en las urnas Fernando Belaúnde Terry, quedando en segundo lugar Haya de la Torre. En 1979 fue elegido representante a la Asamblea Constituyente, de la que ocupó su presidencia. En su lecho de enfermo firmó la nueva Carta Magna, el 12 de julio de 1979. Además de su intensa vida política, Haya publicó entre otros los siguientes libros: *Por la emancipación de América Latina* (1927), *Teoría y táctica del aprismo* (1931), *Construyendo el aprismo* (1933), *La defensa continental* (1942), *El antiimperialismo y el APRA* (1936); *Espacio-tiempo histórico* (1948) y *Treinta años de aprismo* (1956). Sus *Obras completas* fueron publicadas en 1977. La popularidad de su figura quedó demostrada en el multitudinario entierro llevado a cabo en su ciudad natal.

Augusto B. Leguía

Nació en la Caleta de San José, departamento de Lambayeque, el 19 de febrero de 1863, hijo de Nicanor Leguía y Carmen Salcedo. Cursó estudios primarios en Lambayeque, trasladándose luego a Valparaíso (Chile) para estudiar comercio. A su regreso a Perú, inició su vida profesional en la casa Prevost y Compañía. Al estallar la guerra, en 1879, se incorporó en el Ejército, y combatió en las batallas de San Juan y en la de Miraflores. Más tarde volvió a su trabajo en la casa Prevost y en la New York Insurance; en representación de esta compañía viajó a Ecuador y Estados Unidos. Finalmente emprendió su propia andadura empresarial, que le permitió, en el curso de unos pocos años, hacerse una posición holgada en lo económico y encumbrada en el ámbito social. Leguía se

A finales de la década de 1920, el colapso social y financiero contribuyó unánimemente al derrocamiento de Leguía.

estrenó en la lid política como miembro del Partido Civil, que en ese momento lideraba Manuel Candamo. Durante el gobierno de éste y el de José Pardo, Leguía fue ministro de Hacienda. En 1907 lanzó su propia candidatura presidencial, contando con el apoyo de parte de su partido. Llegó a la presidencia de la República en septiembre del año siguiente, y poco después comenzaron los problemas. Los seguidores de Nicolás de Piérola lo tomaron preso en palacio el 29 de mayo de 1909, obligándolo a renunciar tras ser conducido por las calles de Lima hasta el Congreso; pero fue al fin liberado por acción de un pelotón militar. La inestabilidad política, empero, marcaría el resto de su gestión. En el terreno de la política exterior, Leguía buscó resolver los conflictos con Ecuador, Brasil y Bolivia, y cortó las relaciones diplomáticas con Chile; por otra parte, dio especial importancia al desarrollo de la agricultura y la minería. En 1912 entregó el gobierno a Guillermo Billinghurst; al año siguiente fue desterrado a Panamá. Cuando en

1919 José Pardo concluía su mandato presidencial, Leguía reapareció en el primer plano de la escena política peruana. Lanzó nuevamente su candidatura, con el apoyo del Partido Constitucional y de algunos sectores del civilismo. Leguía ganó las elecciones, pero sin esperar la transferencia de poder, y con el apoyo de los militares encabezados por el coronel Álvarez, en julio de 1919 dio un golpe de Estado y depuso a Pardo. Comenzó así el largo período conocido como el Oncenio, durante el cual se produjo una sensible transformación política del Perú. Siempre preocupado por los problemas limítrofes, durante su administración se firmaron los tratados definitivos con Colombia y Chile. Con el trasfondo de la crisis económica mundial que se manifestó en el *crack* de 1929, el régimen de Leguía se tambaleó, tras más de diez años de férreo gobierno, durante los cuales había prohibido la actividad de los partidos políticos. Durante este segundo mandato como presidente, Leguía aprovechó el fervor nacionalista despertado por el festejo del centenario de la Independencia y de las batallas de Junín y Ayacucho para emprender la construcción de grandes obras de carácter vial, sanitario, de viviendas y de monumentos conmemorativos. La educación fue asimismo una de las áreas que recibieron un mayor impulso. En cambio, se le criticó los métodos utilizados para obligar a los nativos a poner su fuerza de trabajo al servicio de las grandes obras emprendidas por su gobierno. Debilitado ya su poder y habiendo perdido casi todo su predicamento en los sectores que lo habían apoyado a lo largo de su gestión, Augusto B. Leguía fue depuesto en agosto de 1930 por el comandante Luis M. Sánchez Cerro, al frente de un movimiento que había estallado en Arequipa. Reducido a reclusión, Leguía intentó la fuga, pero la nave en la que se había embarcado fue interceptada y obligada a volver al puerto del Callao. Nuevamente prisionero, enfermó de gravedad; murió en el hospital naval de Bellavista el 6 de febrero de 1932.

La agudeza intelectual de Mariátegui lo convierte en una referencia imprescindible del pensamiento latinoamericano.

José Carlos Mariátegui

Nació en Moquegua en 1894 y murió en Lima en 1930. Fue hijo de Francisco Javier Mariátegui Requejo y de María Amalia La Chira Ballejos. Jorge Basadre lo definió como el peruano más representativo del siglo XX. Nacido en humilde medio provinciano, una enfermedad, la osteomielitis, lo mantuvo convaleciente durante una buena parte de su infancia y adolescencia, transformando a un joven de extraordinaria inteligencia y gran imaginación en un lector ávido y crítico, que se formó independientemente de la escuela tradicional, a la manera de un auténtico autodidacta. Trabajó en el ambiente del periodismo desde los 14 años, y ascendió de las posiciones menos relevantes a la de gran columnista de opinión. Al mismo tiempo cultivó la literatura, la poesía, la narrativa y el teatro, en lo que él denominaría como su «adolescencia literaria». Desde sus primeras crónicas —reunidas luego en los ocho volúmenes de sus *Escritos juveniles*— se dejó ver su gran estatura de ensayista, sobre todo en lo que hace a la crítica social. Mariátegui fundó en 1919 el primer diario de orientación obrera y socialista, *La razón*. Después de permanecer en Europa entre 1919 y 1923, en plena posguerra, escribió su primer libro, *La escena contemporánea* (1925), en el que analizaba la realidad de su propio país. Era el comienzo de su detenido examen de la realidad peruana y latinoamericana desde una perspectiva marxista heterodoxa y humanista. Su obra fundamental, *Siete ensayos de interpretación de la realidad peruana* (1928), uno de los grandes clásicos del pensamiento latinoamericano, contiene la teoría y las proposiciones factuales sobre el Perú, que, pese al tiempo transcurrido, mantienen todavía toda su vigencia. Mariátegui fue el fundador de la revista *Amauta* (1926-1930), considerada como la de mayor entidad intelectual en el Perú contemporáneo. Fundó además la Confederación General de Trabajadores del Perú (CGTP), el quincenario *Labor* y el Partido Socialista (1928), que se apartó de la rigidez dogmática proveniente de la Unión Soviética. Su obra incluye además títulos como *El alma matinal y otras estaciones del hombre de hoy*, *Defensa del marxismo*, *Ideología y política*, *Peruanicemos al Perú* y *La novela y la vida*. En 1994 se publicó su obra completa bajo el título de *Mariátegui total*.

Mariano Melgar

Nació en Arequipa en agosto de 1790. De gran precocidad intelectual, cursó filosofía y teología, y recibió las órdenes religiosas menores en 1810; pero abandonó la carrera eclesiástica al enamorarse de una dama, María Santos Corrales, la que aparece en sus poemas con el nombre de «Silvia». Enseñó latín, retórica, filosofía, física y matemáticas. En 1812 viajó a Lima para estudiar derecho en los claustros de San Carlos, coincidiendo su estancia en la capital con las manifestaciones en favor de la Independencia. Melgar retornó a Arequipa en 1814 y poco después se incorporó a la rebelión emancipadora de Mateo Pumacahua, a quien sirvió como auditor de guerra; tras la batalla de Umachiri fue apresado y sometido a consejo de guerra; el 12 de marzo de 1815, en fin, fue fusilado. A pesar de su formación neoclásica, Melgar poseyó rasgos prerrománticos: sentimentalismo, amor por la naturaleza, culto a la libertad y fervor patriótico. También resulta prerromántico su interés por las inquietudes del pueblo y su asimilación de una forma mestiza de canción muy extendida en los Andes: el yaraví, donde el idioma es el español pero la música y la temática resultan andinas. Los yaravíes de Melgar significaron el triunfo de esa veta popular entre las capas urbanas y cultas, especialmente en Arequipa, donde un yaraví melgariano es considerado como una especie de himno de la «patria chica». Entre otros autores, Melgar tradujo a Ovidio, modificando ingeniosamente el título *Remedia amoris* por *Arte de olvidar.* Póstumamente, en 1878, se editó el volumen *Poesías de don Mariano Melgar.*

Francisco Miró-Quesada supo combinar la labor pedagógica con la producción de una prolífica obra ensayística.

Francisco Miró-Quesada Cantuarias

Nació en Lima el 21 de diciembre de 1918, hijo del escritor Óscar Miró-Quesada de la Guerra y de Josefina Cantuarias. Inició sus estudios en Passy (Francia) y los continuó en el Colegio Antonio Raimondi de Lima. Los estudios superiores los cursó en la Pontificia Universidad Católica del Perú (donde obtuvo el doctorado en filosofía y el bachillerato en derecho) y en la de San Marcos (donde se doctoró en matemáticas). Fue catedrático de filosofía contemporánea, de lógica, de filosofía de las matemáticas, de filosofía política, de filosofía de las ciencias y de filosofía del derecho. Su amplia labor diplomática incluye cargos como el de delegado del Perú ante la Asamblea General de la Unesco, embajador adjunto de la misión peruana ante las Naciones Unidas y embajador en Francia. Fue además director del Instituto de Investigaciones Filosóficas de la Universidad de Lima, del Instituto de Estudios e Investigaciones Filosóficas de la Universidad Peruana Cayetano Heredia, del suplemento dominical del diario *El Comercio* y de la firma Suplementos y Revistas. Al iniciarse la primera administración de Fernando Belaúnde Terry, Miró-Quesada Cantuarias se desempeñó como ministro de Educación Pública, desde julio de 1963 a octubre de 1964. Además, fue miembro fundador y presidente de la Sociedad Peruana de Filosofía, y presidente de la Federación Internacional de Sociedades de Filosofías (FISP). Sus principales obras son: *Sentido del movimiento fenomenológico* (1941), *El problema de la libertad y la ciencia moderna* (1945, en colaboración con Óscar Miró-Quesada de la Guerra), *Lógica* (1946), *Filosofía de las matemáticas* (1954-1955), *Problemas fundamentales de la lógica jurídica* (1956), *Iniciación lógica* (1958), *El hombre sin teoría* (1959), *La otra mitad del mundo* (2 volúmenes, 1959, crónicas de un viaje a la Unión Soviética y China), *Las estructuras sociales* (1961 y 1965), *Apuntes para una teoría de la razón* (1963), *La ideología de Acción Popular* (1964), *Humanismo y revolución* (1969), *Iniciación lógica* (1969), *Conocimiento, dialéctica e ideología* (Valencia, Venezuela, 1982), *Ensayos de filosofía del derecho* (1986), *Hombre, sociedad y política* (1992) y *Razón e historia en Ortega y Gasset* (1992).

Óscar Miró-Quesada de la Guerra

Escritor y notable divulgador científico, hijo de José Antonio Miró-Quesada y Matilde de la Guerra, nació en Lima el 30 de julio de 1884 y falleció en la misma ciudad el 12 de agosto de 1981. En 1902, concluidos sus estudios secundarios, ingresó en la Universidad Nacional Mayor de San Marcos para seguir la carrera de medicina; pero su vocación humanística y su inquietud social lo orientaron al estudio de otras disciplinas, doctorándose finalmente en la Facultad de Letras. Con posterioridad optó también al grado de doctor en derecho. A partir de 1910 ejerció la docencia universitaria en San Marcos, primero como catedrático interino de sociología y luego en el área de pedagogía. Más tarde estuvo a cargo de la cátedra de Derecho Penal y la de Criminología, esta última recién instaurada. En 1927, tras un viaje por Europa durante el cual hizo acopio de un gran bagaje de los más recientes conocimientos científicos, decidió dejar las cátedras universitarias. A partir de entonces se dedicó al periodismo en *El Comercio* de Lima, donde exhibió su capacidad para divulgar los modernos conceptos científicos de la época mediante un lenguaje sencillo y ameno; firmaba sus artículos con el seudónimo de Racso. Miró-Quesada de la Guerra —que se casó con Josefina Cantuarias Dañino y, en segundas nupcias, con Rita de la Fuente Arias— publicó numerosas obras, entre las que figuran *Problemas ético-sociológicos del Perú* (1907), *Elementos de geografía científica del Perú* (1919) y *La realidad del ideal* (1922). Otros muchos títulos suyos se dedicaron a la explicación de los modernos descubrimientos de la física, como la teoría cuántica y la reacción en cadena. Fue miembro de la Sociedad Geográfica de Lima, la Academia Peruana de la Lengua, la Academia de Ciencias Exactas, Físicas y Naturales, la Sociedad Peruana de Filosofía y la Academia Nacional de Historia.

Tras el Pronunciamiento de Tacna de 1975, Morales Bermúdez inició la «segunda fase» del gobierno militar.

Francisco Morales Bermúdez Cerrutti

Nació en Lima el 4 de octubre de 1921, hijo de Remigio Morales Bermúdez y de Nila Cerrutti. Estudió con los jesuitas en el colegio de La Inmaculada y más tarde en la Escuela Militar de Chorrillos, de la que egresó en 1943 con el grado de subteniente de ingeniería, premiado además con la Espada de honor por su excelencia en los estudios. Fue también el primero de su promoción en los cursos de oficial alumno de ingeniería y en los que habilitaban a los grados de teniente y capitán, respectivamente, en el arma de ingeniería. Más tarde se diplomó como oficial de Estado Mayor en la Escuela Superior de Guerra del Perú, promoción n.° XXIV, donde obtuvo la Divisa de honor, nuevamente por ser el primero en las calificaciones. Durante 1957 y 1958 estudió en la Escuela Superior de Guerra del Ejército Argentino. De regreso a Perú, fue profesor en la Escuela Militar de Chorrillos, en la Escuela de Aplicación de Ingeniería y en la Escuela Superior de Guerra. Luego asistió al Centro de Altos Estudios Militares (CAEM), promoción n.° XVII, en la que se graduó con calificación «sobresaliente»; también viajó a Estados Unidos, para estudiar en el National War College. En su calidad de ingeniero militar, inició la construcción de la carretera a Rioja-Tarapoto. En 1962 emprendió la reestructuración del Registro Electoral del Perú, que permaneció vigente hasta las elecciones de 1980. En cuanto a su labor política, fue ministro de Economía y Finanzas de 1969 a 1973, de Hacienda y Comercio, en el primer semestre de 1968. En enero de 1974 pasó a ser jefe del Estado Mayor general del Ejército; en febrero del siguiente año fue nombrado primer ministro y ministro de Guerra. El 29 de agosto de 1975, Morales Bermúdez derrocó a Juan Velasco Alvarado y se proclamó presidente de la República, cargo que ocupó hasta el 28 de julio de 1980. Desde la presidencia, Morales Bermúdez organizó la transición a la democracia representativa, convocando a la Asamblea Constituyente que se instaló en julio de 1978 y promulgó la nueva Constitución en julio de 1979. Finalmente, convocó a elecciones democráticas en mayo de 1980, transfiriendo el poder el 28 de julio de ese año a Fernando Belaúnde Terry. En 1983 fundó la agrupación política Frente Democrático de Unidad Nacional, por la que fue candidato a la Presidencia de la República en 1985. Más tarde se interesó por el fomento del estudio de la problemática nacional, mediante la fundación del Centro de Estudios de la Realidad Peruana (CERP). Morales Bermúdez es autor de varios libros, entre los que se incluye *Proyecto nacional*

(1984) y *Autoritarismo y democracia* (1989). Además, es director honorario del Consejo Económico de la Cuenca del Pacífico y desde 1981 es catedrático del Centro de Altos Estudios Militares. Fue galardonado con las Palmas Sanmartinianas del Instituto Nacional Sanmartiniano de la República Argentina; es miembro de honor del Ilustre Colegio de Abogados de Perú; es profesor honorario de la Universidad Nacional de San Martín; y es hijo predilecto del departamento de Ucayali, en gratitud por la creación de dicho departamento en 1980, cuando Morales Bermúdez era presidente.

Ricardo Palma

Nació en Lima el 7 de febrero de 1833 y murió el 6 de octubre de 1919, a los 86 años, en la misma ciudad; desde su infancia bebió los dichos, las creencias y las costumbres populares. Ávido lector, en su juventud adquirió una sólida cultura literaria y un amplio conocimiento de la historia peruana. Hijo de padre blanco (Pedro Palma) y madre de ascendencia negra (Dominga Soriano), el mestizaje étnico y cultural fue un rasgo esencial en la formación del incipiente escritor y de su comprensión de la realidad peruana. Por otra parte, desde los 15 años participó en la vida de la denominada «bohemia romántica», con poemas, obras teatrales y leyendas. Pronto su espíritu festivo, enemigo de la grandilocuencia y el sentimentalismo, y su agudeza crítica lo fueron distanciando del romanticismo, aunque dejando intacto su amor por las tradiciones populares, la patria y la libertad, y el entusiasmo por la temática legendaria y los acontecimientos históricos. Congenió con el costumbrista Manuel Segura, junto a quien escribió *El santo de Panchita*. En 1864 escribió «Don Dimas de la Tijereta», primera muestra cabal del arte de la *tradición*, género literario creado por él, y en cuyo cultivo alcanzaría su mayor estatura de escritor, convirtiéndolo en uno de los clásicos imprescindibles de las letras peruanas y latinoamericanas. En efecto, desde la publicación de la primera serie de sus *Tradiciones peruanas* (1872) sería imitado en todo el ámbito de la lengua española, influencia que no decaería durante varias décadas. En la arena política, Palma militó en el liberalismo; en 1860 fue desterrado a Chile, acusado de conspirar contra el presidente Castilla. Durante su permanencia en ese país trabó amistad con escritores chilenos y argentinos, a los que evocaría más tarde en sus escritos. De regreso a Perú fue secretario del presidente José Balta; en 1868 fue elegido senador por Loreto. Es importante señalar que el amor de Palma por las tradiciones populares no significaba un tradicionalismo conservador y reaccionario, sino que, por el contrario, se complementaba con una mirada crítica sobre el poder político y el clero. Por otra parte, su patriotismo lo llevó a combatir contra la agresión española el 2 de mayo de 1866 y contra los chilenos en la batalla de Miraflores (1881). Entre 1883 y 1912 ejerció la dirección de la Biblioteca Nacional, que había sido saqueada por los invasores chilenos; la reconstruyó a fuerza de actuar como «bibliotecario mendigo», según sus propias palabras. Además de las diversas ediciones de sus *Tradiciones*, Palma fue periodista y poeta; en esta última faz se le deben títulos como *Armonías* (1865) y *Verbos y gerundios* (1887).

En las diez series de Tradiciones peruanas, *Ricardo Palma dejó un amplio fresco de la historia nacional.*

Manuel Pardo

Manuel Pardo de Lavalle nació en Lima el 9 de agosto de 1834, hijo de Felipe Pardo y Aliaga y de Petronila de Lavalle y Cavero. Estudió en diferentes instituciones de Chile, España y Francia. Cuando retornó al Perú, trabajó como administrador de la hacienda Villa, cercana al actual distrito de Chorrillos. Por entonces debió permanecer una temporada en Jauja, en la sierra central, para restaurar su salud a raíz de una dolencia pulmonar que había contraído. Aprovechando esa estadía andina, escribió su célebre monografía *Estudios sobre la provincia de Jauja*. En 1859 se casó con Mariana Barreda y Osma. En 1864 viajó a Europa con el fin de realizar transacciones comerciales como representante del Estado peruano. De regreso al Perú en 1865, Mariano Ignacio Prado lo nombró secretario de Hacienda. En 1868, como director de la Sociedad de Beneficencia, combatió la epidemia de fiebre amarilla que, por otra parte, causó la muerte de uno de sus hijos. Al año siguiente fue nombrado alcalde de Lima, y desde ese puesto llevó adelante un mejoramiento del empedrado urbano, de la salubridad y del sistema educativo. En 1871, Pardo fundó el Partido Civilista, por el cual se presentó como candidato presidencial. El militarismo que había dominado la República durante 50 años intentó cerrarle el paso, pero la población de Lima y el Callao apoyó masivamente su candidatura. Finalmente asumió el cargo de presidente de la República el 2 de agosto de 1872. Gobernó el país hasta 1876, con una caja fiscal ya en bancarrota y en medio de constantes intentonas golpistas; durante su gobierno, sin embargo, pudo dar especial impulso a la educación.

Manuel Pardo y Lavalle tenía 37 años cuando fue elegido como el primer presidente civil de la historia republicana.

También celebró la alianza defensiva con Bolivia, nacionalizó la industria salitrera y creó la Guardia Nacional. Lo sucedió en el cargo el general Mariano Ignacio Prado. Acusado de conspirador, en 1877 se exilió en Chile, de donde regresó para asumir la presidencia de la Cámara de Senadores, puesto para el que había sido proclamado en junio de 1877. El 16 de noviembre de 1878 fue asesinado a las puertas del senado nacional.

Nicolás de Piérola

Nació en Arequipa el 5 de enero de 1839, hijo de Nicolás Fernández de Piérola y de Teresa de Villena y Pérez. El joven Nicolás tuvo inclinaciones eclesiásticas: estudió en el Seminario de Santo Toribio de 1853 a 1861, pero ese año dejó esa institución y se casó con doña Jesús de Iturbide y Villena. En 1864 editó el periódico *El Tiempo*. En 1869, durante el gobierno de José Balta, fue nombrado ministro de Hacienda. Durante su gestión se firmó el famoso contrato Dreyfus. Desterrado del Perú por sus actividades conspirativas, regresó al declararse la guerra con Chile. Se rebeló contra el presidente Prado, quien le había ofrecido un ministerio, y el 21 de diciembre de 1879 un movimiento revolucionario lo elevó al cargo de jefe supremo. Sin embargo, su actuación como jefe político y militar durante la Guerra del Pacífico no fue precisamente exitosa. Las batallas de Miraflores y San Juan dieron muestra de una notable improvisación. En noviembre de 1881, Piérola fue prácticamente obligado a renunciar. Fue apresado el 5 de abril de 1890 y sometido a juicio militar, pero se consiguió fugar de la cárcel y salió del país. Regresó justamente cuando una insurrección deponía al presidente Cáceres, en marzo de 1895. Convocadas elecciones a presidente, Piérola se presentó al frente de una coalición que unía a su partido, el Demócrata, con el Civil. Permanecería en la presidencia hasta 1899, siendo sucedido por Eduardo López Romaña. El gobierno de Piérola inauguró un ciclo de estabilidad democrática que perduraría hasta 1919; por otra parte, durante su mandato se estableció el patrón oro y se reglamentó el servicio militar obligatorio. Murió en Lima el 23 de junio de 1913; su sepelio fue uno de los más multitudinarios que se recuerdan en Perú.

Nicolás de Piérola fue el gran protagonista de la vida política de Perú desde 1869 hasta su muerte, en 1913.

Raúl Porras Barrenechea

Notable maestro universitario, historiador y diplomático, nació en Pisco, departamento de Ica, el 23 de marzo de 1897, y falleció en Lima el 27 de septiembre de 1960. Sus padres fueron Guillermo Porras Osores y Juana Barrenechea y Raygada. Al trasladarse su familia a Lima, estudió en los colegios San José de Cluny y de los Sagrados Corazones. Ingresó en la Universidad Nacional Mayor de San Marcos en 1912, donde además prestó servicios administrativos en las facultades de Letras y en la de Ciencias Políticas y Administrativas. Participó en el Congreso Nacional de Estudiantes realizado en Cusco en 1920, teniendo activa participación en la creación de la Federación de Estudiantes. Porras Barrenechea ingresó al servicio diplomático como secretario del ministro Melitón Porras y ocupó sucesivamente los cargos de auxiliar del archivo de límites, miembro de la delegación peruana para el plebiscito de Tacna y Arica, jefe del archivo de límites y redactor de la «Exposición presentada a la comisión especial de límites sobre la frontera norte y sur del territorio de Tacna y Arica». Posteriormente viajó a España como ministro consejero, y como ministro plenipotenciario formó parte de la delegación peruana a la Liga

Raúl Porras Barrenechea fue uno de los principales historiadores del período colonial en todos sus aspectos.

de las Naciones. En 1938 asistió en Washington a las reuniones peruano-ecuatorianas para dar solución a la controversia fronteriza. En 1942 organizó la celebración del cuarto centenario del descubrimiento del río Amazonas. Además fue embajador del Perú en España durante los años 1948-49 y ministro de Relaciones Exteriores de 1958 a 1960; como tal, presidió la delegación peruana que asistió a la Conferencia de Cancilleres Americanos en San José de Costa Rica (1960), donde con gran lucidez defendió el principio de no intervención al discutirse las acciones diplomáticas que debían adoptarse para hacer frente al gobierno revolucionario de Cuba. Porras Barrenechea obtuvo los grados de bachiller y de doctor en Historia por la Universidad Nacional Mayor de San Marcos. Su actividad docente se inició en 1923 con el dictado de un curso de Historia del Perú en el colegio Anglo Peruano, y se continuó luego en el colegio Antonio Raimondi. En 1928 se incorporó al cuerpo docente de San Marcos, primero en la cátedra de Literatura Castellana y, a partir de 1931, en la de Historia de la Conquista y la Colonia, ambas en la facultad de Letras. En 1932, cuando San Marcos fue clausurado, pasó a la Universidad Católica, donde dictó un curso sobre fuentes históricas peruanas. En 1945 retornó a San Marcos para ocupar una cátedra homónima a aquélla y la de Historia de la Conquista y la Colonia, siempre en la facultad de Letras. Elegido senador de la República en 1956, fue presidente de esa cámara al año siguiente. Escritor brillante y erudito, Porras Barrenechea publicó numerosos libros, entre los que destacan *Historia de los límites del Perú* (1926), *Mito, tradición e historia del Perú* (1951), *Fuentes históricas peruanas* (1954), *El paisaje peruano, de Garcilaso a Riva Agüero* (1955), *Los cronistas del Perú* (1962) y *Los ideólogos de la emancipación* (1974).

Durante la primera presidencia de Prado y Ugarteche, se firmó con Ecuador el Protocolo de Río de Janeiro.

Manuel Prado y Ugarteche

Nació en Lima el 21 de abril de 1889, hijo del ex presidente Mariano Ignacio Prado y de su esposa, Magdalena Ugarteche. Murió en París en 1967. Estudió en el colegio jesuita de La Inmaculada, luego en la Escuela de Ingenieros y finalmente en la facultad de Ciencias Matemáticas. Fue profesor en San Marcos. En 1919 fue elegido diputado por Huamachuco, siendo desterrado por Leguía debido a su manifiesta oposición a la política de éste. Regresó en 1932 y fue nombrado presidente del Banco de Reserva. En 1939, Óscar R. Benavides convocó a comicios, en los que Prado resultó ganador. Durante su gobierno se desencadenó en Europa la Segunda Guerra Mundial, cuyo impacto fue importante sobre la economía exportadora peruana. Como consecuencia de ello, los intereses del capital estadounidense se reforzaron en el país. Por otra parte, se sentaron las bases para la resolución definitiva del antiguo litigio con Ecuador, mediante el Protocolo de Río de Janeiro de febrero de 1942. En 1956, con el apoyo del APRA, Prado y Ugarteche fue reelegido presidente, venciendo por escaso margen a Fernando Belaúnde. En 1962 convocó a elecciones, en las que se impuso Haya de la Torre; en tal ocasión, los partidarios de Belaúnde lo acusaron de fraude electoral. Faltando apenas once días para terminar su gobierno, una junta militar encabezada por Ricardo Pérez Godoy lo depuso. Los militares lo sacaron del palacio presidencial y lo detuvieron en un buque de la Armada. Prado se refugió entonces en París, donde fallecería años más tarde.

José Quiñones González

El capitán José Quiñones González nació el 22 de abril de 1914 en el puerto de Pimentel, convertido hoy en distrito de la provincia de Chiclayo, departamento de Lambayeque. Hijo de José María Quiñones Arizola y de Juana Rosa González Orrego. Egresó de la Escuela Central de Aviación Jorge Chávez con la promoción Comandante Raguz y recibió por Resolución Suprema nº 2, el 9 de enero de 1939, su despacho de alférez de aeronáutica. En la fecha de su graduación, durante la demostración aérea de su promoción, asombró a la concurrencia realizando un vuelo invertido a un metro del suelo, con lo que demostró lo privilegiado de su ser, capaz de lo imposible. En 1941 se produjo la agresión ecuatoriana en la frontera Norte. La primera división ligera, en su orden del 2 de julio, fijó la misión de recuperar la frontera en maniobra apoyada por la acción de la aviación sobre el puerto ecuatoriano de Quebrada Seca. Es así como el 23 de julio, conforme consta en los partes de misión y testimonios escritos de testigos presenciales, a las 07:50 horas, la escuadrilla 41 despegó para dar cumplimiento a su misión. Dicha escuadrilla estaba al mando del teniente Antonio Alberti, acompañado de los tenientes Fernando Paraud y José Quiñones y el alférez Manuel Rivera. A las 08:00 horas se encontraron sobre el objetivo e iniciaron el pasaje para dar cumplimiento al bombardeo de Quebrada Seca. En ese preciso momento y cuando el avión que pilotaba el teniente Quiñones efectuaba un descenso para lanzar sus bombas, fue alcanzado por el fuego de piezas antiaéreas enemigas, afectándolo en sus partes vitales. Envuelto en llamas su avión, el teniente Quiñones, lejos de utilizar su paracaídas, en el uso del cual era experto, con plena conciencia de sus actos mantuvo el equilibrio de la máquina y describió con ella un ceñido viraje hacia la batería enemiga, contra la que se estrelló destruyéndola por completo. Había cumplido heroicamente la misión confiada, con desprendimiento, valor, abnegación y el sacrificio de su propia vida, que había jurado consagrar a la patria cuando recibió su espada de oficial de la Fuerza Aérea del Perú. La propia Fuerza Aérea ecuatoriana reconoció el heroísmo de Quiñones y el gobierno del Perú le concedió el ascenso póstumo al grado de capitán de Aeronáutica, por muerte en acción de armas. Por ley nº 16126, del 10 de mayo de 1966, el congreso de la República lo declaró héroe nacional, a la vez que dispuso que el día 23 de julio de cada año, aniversario de su sublime sacrificio, sea declarado el día de la Aviación Militar del Perú, debiéndose efectuar en la citada fecha, ceremonias conmemorativas recordatorias en todas las bases aéreas de la República. De esta manera, la patria exalta los méritos de uno de sus hijos más queridos, cuyo ejemplo constituye una imperecedera lección de patriotismo para las presentes y futuras generaciones de peruanos.

Emilio Romero Padilla supo plasmar en sus libros la realidad del Perú profundo, ajeno a las grandes ciudades.

Emilio Romero Padilla

Nació en la ciudad de Puno el 16 de febrero de 1899, hijo de Eladio Romero y Honorata Padilla. En su juventud escribió una obra de teatro, *Las noches de San Juan*, en la que denunciaba la opresión de los indígenas a manos de los gamonales. Cursó estudios secundarios en el colegio Nacional de San Carlos e inició los universitarios en la Universidad de San Agustín de Arequipa. Luego los continuó en San Marcos, donde se graduó de abogado. En 1928 Romero Padilla publicó la *Monografía del departamento de Puno*, libro al que le siguen *Tres ciudades del Perú*, que recoge ensayos originalmente publicados en la revista *Amauta*, y los cuentos de *Balseros del Titicaca*, ambos de

1929. En 1930 escribió *Geografía económica del Perú* (1930), que ha sido reeditado tres veces, y más tarde *Historia económica del Perú* (1949). También incursionó en la política: fue elegido representante por Puno a la Asamblea Constituyente de 1930, y fundó con otros colegas provincianos el Partido Descentralista, cuya doctrina se expresa en su libro *El Descentralismo* (1932). En 1945 fue elegido Senador de la República. Como diplomático fue embajador de Perú en Ecuador, Uruguay, México y Bolivia, experiencia en la que basó varios de sus libros, como *Perú por los senderos de América* y *Biografía de los Andes* (ambos de 1965). Fue ministro de Hacienda y Comercio (de 1950 a 1952) y ministro de Educación (entre 1959 y 1960). Pero estas importantes ocupaciones no distrajeron a Romero Padilla de su labor docente, que continuó sobre todo en San Marcos, donde además de sus cátedras fue director del Instituto de Geografía de la Facultad de Letras (1954-1955) y ejerció el decanato de la Facultad de Ciencias Económicas (1961-1964). Además, presidió durante largos años la Sociedad Geográfica de Lima. Falleció en Lima el 26 de mayo de 1993.

San Martín de Porras

Nació en Lima en 1579 y murió en la misma ciudad en 1639. Era mulato, hijo natural de un burgalés, caballero de Alcántara, y de su criada, una negra libre. Fue bautizado en la iglesia de San Sebastián, el mismo templo donde pocos años después recibiría el bautismo Santa Rosa de Lima. Reconocido por su padre, vivió con él en Guayaquil (1587-1590), donde aprendió a leer y escribir. Al ser nombrado su padre gobernador de la Provincia de Panamá, regresó a Lima y aprendió el oficio de barbero, que entonces incluía labores de cirujano. A los quince años de edad ingresó como lego donado en el convento de Santo Domingo, encargándose de la limpieza y las tareas más humildes —de allí proviene la tradición de representarlo con una escoba— hasta que en 1603 profesó como hermano y asumió, con esmero ejemplar, la enfermería. Consagró muchas horas a la oración y a un ascetismo riguroso, que incluía ayunos, disciplinas y descanso exiguo en un lecho de tablas más cortas que su estatura; logró una asombrosa comunicación con las plantas y los animales; otra imagen emblemática lo presenta haciendo comer de un solo plato a perro, pericote y gato. Sobresalió por su inagotable caridad, ayudando siempre a los más necesitados. La fama de sus milagros, incluyendo atributos de ubicuidad —atestiguan haberlo visto hasta en países distantes—, le granjearon una admiración generalizada; las personas pudientes le entregaban bienes y dinero confiando en el buen uso que les daría. La popularidad que había alcanzado quedó patente en sus funerales, que fueron apoteósicos; el propio virrey, conde de Chinchón, y destacados funcionarios gubernamentales portaron el féretro, ante una multitud convencida de la santidad del fenecido. Sin embargo, su proceso de beatificación duró casi dos siglos, y se resolvió en 1837, bajo el papado de Gregorio XVI. La canonización tuvo que esperar un siglo más, hasta Juan XXIII, quien lo santificó en 1962. San Martín de Porras es en Perú el patrono de la justicia social; su fiesta se celebra el 3 de noviembre.

Santa Rosa de Lima

Nació en Lima en 1586 y murió en 1617 en la misma ciudad. Fue bautizada como Isabel Flores de Oliva, pero en la confirmación recibió el nombre de Rosa, apelativo que sus familiares empleaban prácticamente desde su nacimiento, por una visión que tuvo su madre, en la que el rostro de la niña se volvió una rosa. Tal nombre lo asumió ella definitivamente a los 25 años, cuando entendió que era «rosa del jardín de Cristo» y adoptó la denominación religiosa de Rosa de Santa María. Residió cuatro años en Quives, locali-

Santa Rosa de Lima es considerada la peruana más ilustre dentro y fuera de los límites del país.

dad andina cercana a Lima, donde su padre administraba un obraje; allí la confirmó en 1597 el arzobispo Santo Toribio de Mogrovejo. También tuvo oportunidad de escuchar la prédica de San Francisco Solano. En su adolescencia eligió como modelo religioso a Santa Catalina de Siena, y a partir de 1606 vistió el hábito de terciaria dominica, pero nunca llegó a ingresar a un convento. Rosa de Lima vivió con sus familiares, ayudando en las tareas de la casa y preocupándose por las personas necesitadas; la leyenda sostiene que incluso salvó a la capital peruana de una incursión de piratas. En el jardín de su casa construyó una pequeña ermita donde practicó un severísimo ascetismo, con corona de espinas bajo el velo, cabellos clavados a la pared para no quedarse dormida, hiel como bebida, ayunos rigurosos y disciplinas constantes. A pesar de ello, sufrió la incomprensión de familiares y amigos, y padeció etapas de hondo vacío espiritual, pero todo fructificó en una intensa vida espiritual, llena de prodigios, como la comunicación con plantas y animales, sin perder jamás la alegría de su espíritu (aficionado a componer canciones de amor con simbolismo místico) y la belleza de su rostro. Pasó los últimos tres años de su vida en casa del funcionario Gonzalo de la Maza, cuya esposa la admiraba. Alcanzó el grado más alto de la escala mística, el matrimonio espiritual: la tradición cuenta que, rezando en la iglesia de Santo Domingo, vio a Jesús y escuchó que le pedía que fuera su esposa. Desde el 26 de marzo de 1617 usó ella un anillo simbólico. A su muerte, sus exequias fueron imponentes por su resonancia entre la población capitalina. El papa Clemente IX la beatificó en 1668 y un año después la declaró patrona de Lima y Perú. Clemente X la declaró en 1670 patrona principal de América, Filipinas y las Indias Occidentales, canonizándola en 1671; fue la primera americana santificada por el Vaticano. Su fiesta se celebra el 30 de agosto.

Alberto Tauro del Pino

Historiador y escritor, hijo de Miguel Ángel Tauro y Catalina del Pino, nació en el Callao el 17 de enero de 1914 y falleció en Lima el 18 de febrero de 1994. Estudió en el colegio La Inmaculada, dirigido por religiosos jesuitas. Ingresó luego en la Universidad Nacional Mayor de San Marcos, donde se graduó como bachiller y doctor en letras. En la misma institución, se graduó de abogado. Tauro del Pino se inició en la docencia dictando cursos de su especialidad en diversos colegios de educación secundaria, como en el Instituto Pedagógico Nacional de Varones, en la Escuela Normal Superior y en la Escuela Nacional de Bibliotecarios. Fue catedrático de la Facultad de Letras de San Marcos, donde ejerció además los cargos de director de publicaciones y director de coordinación académica y evaluación pedagógica. En 1945 obtuvo el premio Nacional de Periodismo, otorgado por el Ministerio de Educación Pública. Miembro de la Comisión Nacional del Sesquicentenario de la Independencia, se encargó de la edición de siete volúmenes de la *Colección documental*. En cuanto a su importante labor como historiador y crítico literario, publicó *Elementos de literatura peruana* (1946), *«Amauta» y su influencia* (1960) y *La independencia nacional y la política de las potencias* (1969), entre muchos otros. Su labor como editor de grandes obras fue asimismo esencial en el Perú contemporáneo: en 1966 publicó el *Diccionario enciclopédico del Perú*, y en 1987 vio la luz la primera edición en seis volúmenes de su *Enciclopedia ilustrada del Perú*, que contiene apartados de biografías, historia, geografía, toponimias, folklore, peruanismos, flora y fauna, recursos naturales, etcétera. Fue miembro de la Academia Nacional de la Historia, Sociedad Peruana de Historia, Academia Peruana de la Lengua, Centro de Estudios Histórico-Militares; Sociedad Geográfica de Lima y Sociedad Bolivariana del Perú.

Hipólito Unanue

Médico y precursor de la Independencia, nació en Arica en 1755 y falleció en Lima en 1833. Al trasladarse con sus padres, Miguel Antonio de Unanue y Manuela Pavón, a la ciudad de Arequipa, estudió en el seminario de San Jerónimo. Más tarde se trasladó a Lima e ingresó en la Universidad Nacional Mayor de San Marcos, donde se graduó como

Por su incansable y rigurosa labor científica, Hipólito Unanue es considerado el padre de la medicina peruana.

bachiller en medicina en 1783, y en 1786 prestó juramento para actuar como médico. Inició su actividad en la docencia universitaria en 1788, dictando el curso de Método de medicina. Por esos años formó parte del grupo que fundó la Sociedad Académica de Amantes del País, donde ejerció el cargo de secretario, al tiempo que colaboraba en el *Mercurio*

Peruano con artículos sobre historia, geografía y plantas medicinales. Organizó además el anfiteatro anatómico, con el apoyo del virrey Gil de Taboada. Nombrado cosmógrafo mayor del reino, publicó la *Guía política, eclesiástica y militar del virreinato* y las *Observaciones sobre el clima de Lima y su influencia en los seres organizados, en especial del hombre*. Nombrado protomédico general por el virrey Abascal, impulsó la fundación del Real Colegio de Medicina de San Fernando, en 1808. En 1813 viajó a España como representante de Arequipa a las Cortes; en tal ocasión rechazó el título de marqués que le fue ofrecido. En cambio, aceptó el nombramiento de médico honorario de la Real Cámara. A su regreso al Perú, en 1816, formó parte de la comisión que se entrevistó con San Martín en Miraflores. En 1821 fue uno de los firmantes del Acta de la Independencia, aprobada en sesión del cabildo de Lima. Durante el Protectorado de San Martín fue nombrado ministro de Hacienda, y cuando Bolívar dirigió los destinos del país, desempeñó los ministerios de Hacienda, de Gobierno y de Relaciones Exteriores. Fue además vicepresidente del Consejo de Gobierno, por ausencia de Bolívar. Elegido diputado por Puno, fue presidente del Congreso Constituyente de 1822.

Luis Eduardo Valcárcel

Hijo de Domingo L. Valcárcel y Leticia Vizcarra, nació en la ciudad de Ilo el 8 de febrero de 1891 y falleció en Lima el 26 de diciembre de 1987. A temprana edad, sus padres se trasladaron a la ciudad del Cusco, donde hizo sus estudios secundarios en el seminario de San Antonio Abad.

Luis E. Valcárcel aplicó con rigor las modernas teorías historiográficas a la investigación del Perú antiguo.

Ingresó a la Universidad del Cusco y, siendo estudiante, promovió la primera asociación universitaria del Perú. Valcárcel se graduó como bachiller en Letras, en Ciencias Políticas y Económicas y en Jurisprudencia, y como doctor en Letras y Jurisprudencia. Además, obtuvo el título de abogado. Se inició en la docencia dictando clases en el Colegio Nacional de Ciencias; desde 1917 fue catedrático de la Universidad del Cusco, dictando los cursos de historia del Perú e historia del arte peruano. Como periodista, fue director del diario *El Comercio* y redactor de *El Sol* y *El Sur*. En 1930 se trasladó a Lima, al ser nombrado director del Museo Bolivariano, pasando luego a dirigir el museo de Arqueología Peruana. A partir de 1931 dio clases en la Facultad de Letras de San Marcos, sobre todo en los cursos de Historia antigua del Perú, Historia de la cultura peruana e Introducción a la etnología. Fundador y presidente en varias oportunidades de la Asociación Nacional de Escritores y Artistas, fue además miembro de la Academia Nacional de Historia. Presidió el comité Interamericano de Folklore y fue autor de numerosas obras, centradas sobre todo en el mundo inca, con títulos tales como *Del ayllu al imperio* (1925), *Tempestad en los Andes* (1927), *Mirador indio* (en dos volúmenes, 1937-41), *Ruta cultural del Perú* (1945), *Etnohistoria del Perú antiguo* (1945) e *Historia del Perú antiguo* (en tres volúmenes, 1964).

César Vallejo

Nacido en el pequeño pueblo de Santiago de Chuco, en el departamento de La Libertad, en 1892, hizo sus estudios escolares en la sierra del norte del Perú. Se nutrió en la infancia y adolescencia de las raíces andinas, con valores tales como el sentimiento comunitario, el amor al trabajo y la comunión con la naturaleza; al mismo tiempo recibió una educación católica, cuyas huellas son visibles en toda su obra. Vallejo estudió letras y derecho en Trujillo (1913-17), participando desde 1915 en una notable «bohemia» de esa ciudad, integrada por jóvenes deseosos de una renovación profunda de la sociedad, la política, la filosofía, el arte y la literatura peruanas, entre los que se encontraban Haya de la Torre y Antenor Orrego, entre otros. Radicado en Lima a partir de 1918, la ruptura con su amada Otilia (1919), la prisión injusta que sufrió durante más de tres meses en Trujillo (1920-1921) y la constante estrechez económica estuvieron en la base de su ruptura definitiva con los cánones del modernismo y la originalísima búsqueda formal que se plasmó en *Trilce* (1922), poemario esencial en la historia de la poesía moderna en lengua castellana. En 1923 viajó a París, donde viviría hasta su muerte, en 1938, con excepción de una estadía en Madrid en 1931. Sus tres viajes a la Unión Soviética (1928, 1929 y 1931) y su adhesión al ideario de Mariátegui sellaron su filiación marxista, un marxismo heterodoxo que se combinaba con influjos de ecumenismo católico. La Guerra Civil española lo conmovió profundamente, y en sus *Poemas humanos*, publicados póstumamente en 1939, hay un importante apartado dedicado a la defensa

El sustrato católico y el ideario socialista se combinaron en la personal dicción poética de César Vallejo.

de la República española, titulado *España, aparta de mí ese cáliz*. Vallejo clamó hasta el último día de su vida por la unión entre los países democráticos y los comunistas contras las fuerzas fascistas. Como periodista, cuentista, novelista y dramaturgo, dejó páginas valiosas en su etapa europea. En fin, Vallejo es considerado uno de los forjadores de la poesía hispanoamericana contemporánea y uno de los mayores poetas del siglo XX y de la lengua española.

Mario Vargas Llosa

Nació en Arequipa en marzo de 1936. Al año de edad marchó con sus familiares a Cochabamba, Bolivia, donde permanecció hasta 1945. De vuelta al Perú, vivió en Piura y después en Lima, iniciándose en el periodismo desde finales de sus estudios secundarios. Mientras estudiaba letras en la Universidad Nacional Mayor de San Marcos se relacionó con escritores de la denominada Generación del 50. Además, contra la oposición familiar, se casó en 1955 con Julia Urquidi, que estaba emparentada con él, y era divorciada y varios años mayor. Por primera vez visitó París en 1957, premiado por un concurso de cuentos de la *Revue Française*; en 1958-59 estudió becado en la Universidad Complutense de Madrid, trasladándose en 1959 a París, donde residiría durante los siguientes siete años. En 1959 Vargas Llosa publicó su primer libro, el volumen de cuentos *Los jefes*, galardonado con el premio Leopoldo Alas «Clarín». Fue el inicio de la impresionante carrera literaria de Vargas Llosa, que se convirtió en uno de los protagonistas del *boom* de la novela hispanoamericana y en uno de los novelistas más relevantes del mundo en la segunda mitad del siglo XX. Así, en 1962 fue el primer escritor hispanoamericano en obtener el prestigioso premio Biblioteca Breve de la editorial Seix Barral, merced a su novela *La ciudad y los perros*, basada en su experiencia de juventud como interno en el colegio militar Leoncio Prado de Lima. La segunda novela de Vargas Llosa, *La casa verde* (1966), se alzó con el premio de Crítica Española y con la primera entrega de uno de los más prestigiosos galardones literarios de Latinoamérica, el Rómulo Gallegos. En 1976 Vargas Llosa fue elegido presidente del PEN Club Internacional; en 1985 recibió el premio Ritz París Hemingway; en 1986 el Príncipe de Asturias, y en 1994, el premio Cervantes, el más importante del ámbito de la lengua castellana. Ese mismo año fue elegido miembro de la Real Academia Española de la Lengua. Un aspecto relevante de la biografía de Vargas Llosa es su itinerancia, que lo llevó a vivir en diversas ciudades europeas, sin por ello desvincularse nunca de la realidad peruana, en la que su literatura se ha inspirado siempre.

En las novelas de Vargas Llosa, la realidad peruana se convierte en materia de portentosa literatura universal.

Así, en 1966 fijó su residencia en Londres; en 1970, en Barcelona; en 1974, en Lima y a partir de 1990, nuevamente Londres. De una inicial adhesión a las tesis revolucionarias marxistas, en los años sesenta, pasó en 1971, a raíz del denominado «caso Padilla», a la ruptura con la revolución cubana, evolucionando gradualmente hacia posiciones liberales y conservadoras. Este cambio de bando político fue causa de no pocas polémicas en las que el escritor se vio envuelto, y puede decirse que es por entonces cuando Vargas Llosa acabó de depurar su aguda prosa de articulista y ensayista, con la que intenta desmontar las voces que se oponen a sus posiciones. De hecho, a pesar de las muchas críticas recibidas, pocos fueron los que se negaron a reconocer que, como escritor, Vargas Llosa seguía siendo una referencia inexcusable de las letras castellanas, como quedó evidenciado con su primera novela importante tras la ruptura con Cuba, *La guerra del fin del mundo* (1981). En la década de 1980 Vargas Llosa se erigió en uno de los defensores más decididos de la democracia liberal y la economía de mercado. Durante su segundo mandato, Fernando Belaúnde Terry le ofreció el cargo de primer ministro, que Vargas Llosa rechazó; en ese momento, muchos peruanos creían que el escritor prefería erigirse como una voz crítica frente a determinados aspectos de la realidad nacional, para mantenerse al margen de la política activa, y no verse obligado a interrumpir su labor literaria. Sin embargo, en agosto de 1987 se convirtió en uno de los protagonistas de la más convulsa actualidad política, al encabezar un movimiento cívico contra el designio del presidente Alan García de estatizar el sistema financiero. Al año siguiente fundó el Movimiento Libertad y en 1989 aceptó ser el candidato presidencial del Frente Democrático, pero perdió las elecciones en 1990. Alegando que el gobierno de Fujimori planeaba quitarle la ciudadanía peruana, en 1993 pidió y obtuvo la ciudadanía española. Mario Vargas Llosa casó en segundas nupcias, en 1965, con Patricia Llosa Urquidi, su prima hermana. En 1993, con *Lituma en los Andes* ganó el premio Planeta. También es importante su labor como crítico, con libros como *Gabriel García Márquez: Historia de un deicidio* (1971), *La orgía perpetua. Flaubert y «Madame Bovary»* (1975) y *La verdad de las mentiras* (1990). Su profusa labor como columnista de los más importantes diarios latinoamericanos y europeos se recopila en las sucesivas ediciones de *Contra viento y marea* (1983, 1988 y 1990).

Juan Velasco Alvarado

Nació en Piura el 16 de junio de 1910; sus padres fueron Juan Francisco Velasco Gallo y Clara Alvarado. Cursó sus estudios secundarios en el colegio San Miguel de Piura. Ya en Lima, en 1929 se presentó como soldado. Su verdadera meta era ingresar en la Escuela Militar de Chorrillos, y lo consiguió tras aprobar los exámenes respectivos. En 1934 egresó como subteniente de infantería. Como militar, Velasco Alvarado recorrió la entera geografía peruana. Además, fue agregado militar en Francia. Durante el segundo gobierno de Manuel Prado (1956-1962) ascendió a general de brigada. En enero de 1968, bajo la presidencia de Fernando Belaúnde, fue nombrado comandante general del Ejército y presidente del Comando Conjunto. Ocupando tales cargos, el 3 de octubre de ese año Velasco dio un golpe de Estado, derrocó a Belaúnde e inició el denominado gobierno revolucionario de la Fuerza Armada. Este gobierno emprendería profundos cambios, desde la reforma agraria o educativa al redimensionamiento del Estado y de las estructuras de poder. En febrero de 1973 Velasco Alvarado sufrió un ataque provocado por un aneurisma que le causó la ruptura de la aorta abdominal, debiéndosele amputar una pierna. A partir de ese momento la mengua en su capacidad de mando empezó a hacerse visible en el gobierno de la República. El 29 de agosto de 1975 fue relevado de la presidencia por un movimiento institucional encabezado por el general Francisco Morales Bermúdez, quien hasta entonces ocupaba el cargo de primer ministro. Juan Velasco Alvarado murió en Lima el 24 de diciembre de 1977, a los 67 años de edad. Su sepelio fue uno de los más multitudinarios que se recuerdan en el Perú de las últimas décadas.

Ningún aspecto escapó al ímpetu reformista de Velasco Alvarado, una figura política de irreductible singularidad.

Acta Presidencial de Brasilia

Tras 56 años de pugnas, conflictos y de controversias diplomáticas, los gobiernos de las Repúblicas de Perú y Ecuador firmaron un acuerdo definitivo de paz en Brasilia. El propósito de este documento es la aplicación integral del Protocolo de Paz, Amistad y Límites suscrito el 29 de enero de 1942 en Río de Janeiro, y así culminar la demarcación del tramo faltante en la frontera común. El Acta Presidencial de Brasilia, como fue llamada, se firmó a las 08:00 horas (11:00 en Brasil) del 26 de octubre de 1998, con la participación de dos mil invitados de Perú, Ecuador y los cuatro países garantes: Chile, Argentina, Estados Unidos y Brasil. El coordinador de los garantes y presidente de la República Federal del Brasil, Fernando Henrique Cardoso, ofició como anfitrión, acompañado por los presidentes de Argentina, Carlos Menem, Chile, Eduardo Frei, y el representante personal del presidente de Estados Unidos, Thomas F. McLarty III, además de un representante del papa Juan Pablo II. En la ceremonia estuvieron presentes, los reyes de España, Juan Carlos y Sofía, y los presidentes de Bolivia, Hugo Bánzer, y de Colombia, Andrés Pastrana. En este marco, los presidentes de Perú y Ecuador suscribieron el documento cuyo contenido se transcribe a continuación.

En agosto de 1998 los presidentes de Perú y de Ecuador se reunieron en Asunción (Paraguay), para preparar el texto del Acta Presidencial de Brasilia.

Texto oficial del Acta

«En la ciudad de Brasilia, el 26 de octubre de 1988, los excelentísimos señores Jamil Mahuad Witt, presidente de la República del Ecuador y Alberto Fujimori Fujimori, presidente de la República del Perú, se reunieron para dejar constancia formal de la conclusión definitiva de las diferencias que durante décadas han separado a sus dos países.

»Estuvieron presentes, en su condición de jefes de Estado de los países garantes del Protocolo de Paz, Amistad y Límites, suscrito en Río de Janeiro el 29 de enero de 1942, los excelentísimos señores Fernando Henrique Cardoso, presidente de la República Federal del Brasil; Carlos Menem, presidente de la República de Argentina; Eduardo Frei, presidente de la República de Chile y el representante personal del presidente de los Estados Unidos de América, señor Thomas F. McLarty III.

»En ocasión de este trascendental evento, los presidentes de Perú y Ecuador convinieron en suscribir la presente Acta Presidencial de Brasilia por la cual,

1. Expresan su convencimiento acerca de la histórica trascendencia que para el desarrollo y el bienestar de los pueblos hermanos de Ecuador y del Perú tienen los entendimientos alcanzados entre ambos Gobiernos. Con ellos culmina el proce-

Los presidentes de las Repúblicas de Perú, Alberto Fujimori, y de Ecuador, Jamil Mahuad, se abrazan tras la firma del Acta Presidencial de Brasilia, el 26 de octubre de 1998.

so de conversaciones sustantivas previsto en la Declaración de Paz de Itamaraty del 17 de febrero de 1995 y se da término, en forma global y definitiva, a las discrepancias entre las dos Repúblicas de manera que, sobre la base de sus raíces comunes, ambas Naciones se proyecten hacia un compromiso futuro de cooperación y mutuo beneficio.

2. Declaran que con el punto de vista vinculante emitido por los Jefes de Estado de los Países Garantes, en su carta de fecha 23 de octubre de 1998, que forma parte integrante de este documento, quedan resueltas en forma definitiva las diferencias fronterizas entre los dos países. Con esta base, dejan registrada la firme e indeclinable voluntad de sus respectivos Gobiernos de culminar, dentro del plazo más breve posible, la fijación en el terreno de la frontera terrestre común.

3. Simultáneamente, manifiestan su compromiso de someter los acuerdos que se suscriben en esta fecha, a los procedimientos de aprobación de derecho interno, según corresponda, con miras a asegurar su más pronta entrada en vigencia. Estos acuerdos son:

-Tratado de Comercio y Navegación, en aplicación de lo dispuesto en el artículo VI del Protocolo de Paz, Amistad y Límites en Río de Janeiro.

-Acuerdo Amplio Peruano Ecuatoriano de Integración Fronteriza, Desarrollo y Vecindad, que incluye como anexos el Reglamento de la Comisión de Vecindad Peruano-Ecuatoriana; el Convenio sobre Tránsito de Personas, Vehículos, Embarcaciones Marítimas y Fluviales y Aeronaves; el Reglamento de los Comités de Frontera Peruano-Ecuatoriano; la Estructura Organizativa del Plan Binacional de Desarrollo de la Región Fronteriza; los Programas del Plan Binacional de Desarrollo de la Región Fronteriza; y la Estructura Organizativa del Fondo Binacional para la Paz y el Desarrollo. También incluye el Convenio de Aceleración y Profundización del Libre Comercio entre Ecuador y Perú. Asimismo, incluye el Proyecto de Acuerdo por Intercambio de Notas para realizar el Estudio de Viabilidad Técnico-Económica del Proyecto Binacional Putumayo-Tumbes; el Proyecto de Memorándum de Entendimiento sobre el Programa Urbano-Regional y de servicios del eje Tumbes-Machala; el Proyecto de Memorándum de Entendimiento sobre la Interconexión Vial Peruano-Ecuatoriana; el Proyecto de Convenio sobre Interconexión Eléctrica; el Acuerdo de Bases para la Contratación de un Estudio de Prefactibilidad para el Proyecto Binacional del Transporte de Hidrocarburos; el Proyecto de Memorándum de Entendimiento para el Fortalecimiento de la Cooperación Mutua en Turismo; el Proyecto de Acuerdo para el Desarrollo de un Programa de Cooperación Técnica en el Área Pesquera; y el Proyecto de Memorándum de Entendimiento de Cooperación Educativa.

-Intercambio de Notas sobre el Acuerdo de Bases respecto de la rehabilitación o reconstrucción de la bocatoma y obras conexas del Canal de Zarumilla, así como el Reglamento para la Administración del Canal de Zarumilla y la Utilización de sus Aguas.

-Intercambio de Notas con relación a los aspectos vinculados a la navegación de los sectores de los Cortes de los ríos y del río Napo.

-Intercambio de Notas sobre el Acuerdo de Constitución de la Comisión Binacional Peruano-Ecuatoriana sobre Medidas de Confianza Mutua y de Seguridad.

De izquierda a derecha, los presidentes de Argentina, Ecuador, Brasil, Perú y Chile, en la ceremonia de la firma del Acta Presidencial de Brasilia.

4. Dejan expresa constancia de la importancia de los acuerdos alcanzados para los ideales de paz, estabilidad y prosperidad que animan al Continente Americano. En ese sentido y de conformidad con el Artículo Primero del Protocolo de Paz, Amistad y Límites de Río de Janeiro de 1942, reafirman solemnemente la renuncia a la amenaza y al uso de la fuerza en las relaciones entre el Perú y el Ecuador, así como a todo acto que afecte la paz y la amistad entre las dos naciones.

5. Deseosos de resaltar su reconocimiento por el papel fundamental desempeñado para el logro de estos entendimientos por los Gobiernos de la República Argentina, la República Federal del Brasil, la República de Chile y los Estados Unidos, países garantes del Protocolo de Paz, Amistad y Límites suscrito en Río de Janeiro el 29 de enero de 1942, los presidentes del Ecuador y del Perú dejan registro del aprecio de sus Naciones por la dedicación y esfuerzo desplegado en el cumplimiento de lo dispuesto en el Protocolo, y los exhortan a continuar cumpliendo esta función hasta la conclusión de la demarcación.

Suscriptores del Acta Presidencial

»Suscriben la presente Acta los excelentísimos señores presidentes de las Repúblicas del Perú y del Ecuador, Ingeniero Alberto Fujimori Fujimori y Doctor Jamil Mahuad Witt, y la refrendan los señores Ministros de Relaciones Exteriores del Perú, doctor Fernando Trazegnies Granda y del Ecuador, embajador José Ayala Lasso.

»Suscriben en calidad de testigos de esta solemne ceremonia, los excelentísimos señores Fernando Henrique Cardoso, presidente de la República Federal del Brasil; Carlos Saúl Menem, presidente de la República Argentina; Eduardo Frei Ruiz-Tagle, presidente de la República de Chile y el representante personal del presidente de Estados Unidos de América, señor Thomas F. McLarty III.

Firmado:
Jamil Mahuad Witt
Alberto Fujimori Fujimori
Carlos Saúl Menem
Fernando Henrique Cardoso
Eduardo Frei Ruiz-Tagle
Thomas F. McLarty III
Fernando Trazegnies Granda
José Ayala Lasso

Índice onomástico

Índice onomástico

A

Abad, Juan Agustín de, 731
Abancay, ciudad, 67, 103, 163, 164, 166, 174, 255, 440, 445, 449, 790
Abancay, departamento, 445
Abancay, provincia, 164, 166, 255, 305
Abanto Morales, Luis, 877
Abascal, Fernando de, 536, 550, 964
Abiseo, río, 114
Abrabanel, Jehudah, 951
Abril, Xavier, 783, 784
Abril de Vivero, Francisco, 834
Abujao, río, 252
Acarí, aldea, 476
Acarí, río, 171, 168
Acarí, valle, 483, 802
Acción Popular, (AP), 619, 654, 655, 944
Accnococha, laguna, 95
Acequia Alta, ciudad, 437
Achacollo, nevado, 97
Acobamba, ciudad, 48, 187, 188, 190, 255
Acobamba, provincia, 187, 188, 255
Acococha, laguna, 228
Acomayo, ciudad, 183, 184, 185, 255, 819
Acomayo, provincia, 183, 185, 255
Acora, ciudad, 726, 732
Acos, río, 93
Acoscocha, laguna, 93
Acosta, José de, 457, 498, 743
Acre, río, 9, 711, 715
Acucullo, pampa, 96
Adán, Martín, 772, 784, 791
Adolph, José B., 795
Adorno, Rolena, 772
Agnococha, laguna, 187
Agua Blanca, ciudad, 242
Agua Blanca, río, 103
Agua Colorada, quebrada, 91
Agua Dulce, playa, 126
Aguada Blanca, represa, 944
Aguamiro, termas, 51
Aguarico, río, 6, 104
Aguas Calientes, mina, 389, 393
Aguas Calientes, pueblo, 51
Aguash, laguna, 92
Aguashiyacu, cataratas, 242, 442
Aguaytía, ciudad, 41, 251, 252, 256
Aguaytía, río, 39, 106, 108, 252, 254, 269, 444, 448, 715
Águila, Gaspar del, 821
Aguilar, Cristóbal, 812
Aguilera, Diego de, 811
Aguirre, Lope de, 765
Aguirre, pongo, 38, 39, 113, 114, 239, 240
Aguja, centro poblado, 17
Aija, ciudad, 162, 255
Aija, provincia, 161, 162, 255
Aipena, río, 114, 216
Aizpitarte, Martín de, 855
Akillpo, laguna, 118
Alarcón, José, 812
Alaska, 458, 459
Albania, 4
Alberti, Antonio, 961
Alberti, Rafael, 784
Albornoz, Cristóbal de, 508, 528
Alcacocha, laguna, 107
Alcalá de Henares, 745
Alcalde, Jorge, 879
Alcamenca, ciudad, 736
Alcántara, Martín de, 524
Alcón, Pedro, 526
Aldana, Juan de, 852
Aledaño Bocatoma, C.N.I., bosque de protección, 306
Alegría, Alonso, 886
Alegría, Ciro, 765, 766, 784, 788, 790, 883
Alejandro Magno, 497
Alemania, 152, 405, 431, 831, 944
Alencastre, Andrés, 763, 764
Alesio, Adriano de, 773, 911
Aleutianas, islas, 126, 459, 460
Alexander von Humboldt, bosque nacional, 306
Alfaro, río, 108
Algarrobal El Moro, zona reservada, 306
Algodón, río, 104, 717
Ali Haggin, James, 391
Alianza Popular Revolucionaria Americana, (APRA), 609, 611, 612, 619, 654, 655, 945, 953, 961
Alier, Aquiles, 572
Allison, Esther M., 784
Allison, Sheila, 883
Almagro, ciudad, 521, 522
Almagro, Diego de, 341, 521, 523, 524, 530, 808
Alonso, Alicia, 887
Alonso, Dámaso, 774
Altar, nevado, 187
Altiplano de Puno, 324
Alto Amazonas, provincia, 215, 217, 255, 305, 306, 445, 712
Alto Mayo, bosque de protección, 306
Alto Perú, 367, 547, 559, 560
Alto Pisqui, río, 108
Alto Purús, río, 104
Alva, Luis, 887
Alva, Walter,
Alvarado, Clara, 966
Alvarado, Diego, 433
Alvarado, Felipe Antonio,
Alvarado Torata, Rudecindo,
Álvarez, Luis, 885
Álvarez, Teófilo, 888
Álvarez Calderón, Abelardo, 825
Álvarez Calderón, José, 867
Álvarez de Maldonado, Juan, 221
Álvarez Lobo, Ricardo, 766
Amai, Juan, 809
Amantani, isla, 116, 438, 735
Amaru-Mayo, río, 104, 219
Amat y Junient, Manuel de, 536, 863
Amazonas, departamento, 28, 34, 37, 51, 78, 109, 114, 155, 158, 175, 203, 215, 239, 255, 256, 296, 317, 319,321, 324, 325, 352, 355, 433, 443, 700, 703, 709
Amazonas, provincia, 316
Amazonas, río, 5, 9, 40, 41, 58, 98, 100, 101, 102, 103, 104, 105, 106, 110, 112, 159, 168, 187, 215, 216, 218, 228, 252, 291, 443, 448, 450, 458, 716, 718, 894, 895, 899, 902, 903
Amazonia, 10, 89, 155, 228, 239, 276, 279, 345, 354, 377, 382, 383, 412, 415, 421, 430, 441, 443, 468, 474, 498, 564, 665, 666, 685, 690, 694, 697, 698, 699, 706, 710, 716, 759, 782, 856, 902
Ambato, ciudad, 111
Ambo, ciudad, 113, 191, 193, 194, 255, 441
Ambo, provincia, 191, 193, 255
Ameghino, Florentino, 457
Amézaga, Carlos G., 106
Amigos, río, 219
Amotape, cerros, 18, 25, 248, 250, 507, 667
Ampama, río, 111
Ampato, volcán, 167, 436
Ampay, nevado, 163, 166, 440
Ampay, santuario nacional, 305, 440
Ampiyacu, río, 216, 712, 713, 714
Ampuero, Fernando, 795
Amunátegui, Manuel, 872
Anachaya, meseta, 223
Ananea, nevado, 116
Ananea, paso, 4
Anatico, lago, 716
Ancash, ciudad, 262, 445, 477
Ancash, departamento, 4, 17, 21, 23, 29, 30, 32, 47, 48, 51, 61, 85, 92, 109, 110, 120, 149, 159, 162, 191, 203, 211, 221, 255, 256, 274, 295, 305, 331, 332, 333, 379, 380, 381, 384, 385, 428,434, 447, 476, 477, 481, 700, 703, 722 729,730, 735, 736, 740, 799, 800, 826, 837, 838,
Ancash, mina, 390, 618
Ancieta, F., 127
Ancomarca, río, 10
Ancón, ciudad, 131, 146, 149, 214, 289, 472, 475, 476, 563, 583, 947
Andagoya, Pascual de, 464, 521
Andahu, localidad, 60
Andahua, volcán, 51
Andahuaylas, ciudad, 103, 163, 163, 166, 186, 255, 355, 445, 449, 789, 846, 943
Andahuaylas, provincia, 164, 166, 255, 817
Andahuaylas, valle, 165
Andajes, termas, 51
Andalucía, 745
Andamarca, ciudad, 48
Andamayo, termas, 51
Andamayo, río, 96
Anderson, Carl, 467
Andes, cordillera de los, 3, 4, 10, 17, 18, 26, 28, 31, 32, 33, 57, 61, 62, 67, 73, 74, 89, 94, 95, 160, 162, 163, 167, 183, 197, 205, 208, 225, 226, 231, 268, 275, 310, 382, 421, 431, 433, 441, 445, 470, 472, 474, 483, 489, 490, 495, 498, 501, 503, 508, 515, 516, 517, 528, 559, 560, 564, 601, 617, 618, 625, 685, 698, 721, 742, 753,759, 781, 790, 844, 860, 956
Andiguela, termas, 51
Andrade, Alberto, 636
Andrés Avelino Cáceres, región administrativa, 659
Andrianzén, Eduardo, 886
Angahuaylas, 818
Angamos, punta, 952, 953
Angaraes, provincia, 187, 188, 255
Anglada Camarassa, Hermenegildo, 829
Angola, 732
Angrand, Leonce, 824, 829
Angulo, José, 660
Angulo, Mariano, 551
Angulo, Vicente, 551
Angusilla, río, 104, 717
Anián, estrecho, 457
Anta, ciudad, 183, 255
Anta, provincia, 183, 185, 255
Antabamba, ciudad, 166, 255
Antabamba, provincia, 164, 166, 255
Antabamba, río, 163
Antacocha, laguna, 163
Antajave, nevado, 243
Antarazo, nevado, 187
Antaura, termas, 51
Antillas, 468
Antisuyo, 498
Antofagasta, región, 140, 491, 580, 900
Antón, Domingo, 809
Antonio Raimondi, provincia, 161, 162, 255
Aplao, ciudad, 170, 255
Apurímac, departamento, 32, 47, 51, 166, 167, 171, 183, 255, 256, 262, 295, 305, 317, 319, 320, 321,324, 355, 380, 391, 428, 440, 445, 528, 618, 659, 730, 734, 736, 789, 943, 953
Apurímac, provincia, 316, 495

Apurímac, río, 20, 31, 33, 38, 62, 65, 98, 100, 105, 107, 119, 163, 165, 166, 168, 171, 172, 173, 174, 184, 216, 252, 266, 267, 439, 440, 495, 701, 710
Apurímac, zona reservada, 306
Aquino, familia, 726
Ara, cacique, 550
Arabela, río, 716, 718
Aramburú Salinas, Andrés Avelino, 873, 874, 876
Arana, Julio César, 383
Aranda, conde de, 745
Arapa, laguna, 32, 117, 235
Arauco, región, 507
Arcadio, 519
Arcalla, 495
Arce, Manuel, 883
Arce, Teresa, 877, 884
Areche, José Antonio de, 548, 549
Arenal, yacimiento, 475
Arenas, Antonio, 478
Arequipa, ciudad, 47, 48, 52, 53, 62, 67, 96, 169, 170, 207, 238, 255, 287, 331, 342, 343, 344, 346, 349, 350, 351, 367, 368, 369, 406, 425, 436, 437, 445, 449, 451, 452, 476, 485, 491, 496, 530, 538, 544, 548, 551, 562, 579, 583, 588, 618, 652, 662, 663, 689, 730, 731,744, 752, 782, 791, 812, 821, 829, 855, 860, 865, 867, 875, 876, 881, 883, 945, 946, 956, 959, 963
Arequipa, departamento, 17, 18, 20, 21, 22, 24, 27, 28, 47, 50, 51, 54, 58, 61, 63, 70, 97, 98, 105, 120, 149, 163, 167, 168, 169, 173, 183, 195,220, 223, 235, 251, 255, 256, 305, 317, 319, 321, 331, 332, 355, 378, 380, 384, 396, 412, 436, 437, 659, 733, 734, 846, 854, 945, 946, 953, 962
Arequipa, provincia, 170, 305, 316
Aréstegui, Narciso, 778, 787, 788
Argentina, 5, 6, 7, 8, 85, 239, 371, 375, 386, 404, 430, 498, 563, 564, 594, 614, 703, 722, 736, 806, 823, 825, 826, 827, 831, 832, 840, 879, 881, 883, 895, 904, 905, 908, 909, 910, 945, 953, 958, 967, 969
Arguedas, José María, 759, 763, 764, 765, 772, 784, 788, 789, 943
Argüelles, Juan Lorenzo, 812
Arias de la Cerda, Diego, 859
Arica, ciudad, 48, 126, 246, 485, 745, 828, 894, 896, 902, 946, 960
Aricota, laguna, 97, 117, 243
Arona, Juan de, 777
Arrau, Claudio, 888
Arraya, Laura, 883
Arredondo, Sybila, 943
Arriaga, corregidor, 548, 549
Arrunátegui, Nelson, 877
Arrús, Darío, 874
Artesanal, puerto, 205
Arundane, volcán, 51, 223
Ascope, ciudad, 203, 206, 255, 583
Ascope, provincia, 203, 204, 255
Asia, yacimiento, 146, 475
Asillo, localidad, 854
Asnahuaccanqui, paso, 109
Asnaycu, termas, 51
Asociación de Estibadores, 655
Áspero, yacimiento, 474
Aspíllaga, Antero, 594, 601, 872
Aspusana, río, 99, 139
Astete, Domingo Luis, 551
Astocochа, laguna, 94
Asunción, provincia, 161, 162, 255, 305
Asunción del Paraguay, 182, 744
Atacama, desierto, 85, 580
Atacames, 525
Atacuari, río, 216
Atahualpa, 11, 12, 147, 341, 390, 433, 494, 497, 507, 511, 515, 516, 518, 519, 525, 526, 543, 807, 844
Atalaya, ciudad, 103,106, 251, 252, 255
Atalaya, provincia, 251, 252, 255
Atarco, 487
Ataucusi, Ezequiel, 694
Atico, lomas, 260
Atico, puerto, 127, 132, 170
Atiquipa, distrito, 27
Atiquipa, lomas, 260
Atocongo, localidad, 356
Atocongo, lomas, 260
Atun Wayllay, ruinas, 441
Aucayacu, ciudad, 34, 355
Aucayacu, río, 103, 114, 191
Aullagas, lago, 115
Australia, 82, 83, 85
Austria, 4, 831
Avendaño, 705
Ávila, ciudad, 846
Ávila, Francisco de, 762
Avilés, Gabriel de, 536
Avilés, Oscar, 877
Awapara, Patricia, 888
Ayabaca, ciudad, 232, 233, 234, 255, 432, 446
Ayabaca, provincia, 48, 67, 233, 255, 294,
Ayacucho, ciudad, 67, 103, 166, 171, 172, 173, 174, 255, 344, 350, 354, 440, 445, 448, 449, 452, 459, 461, 472, 474, 476, 486, 487, 495, 528, 563, 690, 725, 728, 730, 804, 821, 822, 829, 839, 846, 848, 854, 865, 947
Ayacucho, departamento, 32, 47, 50, 51, 65, 105, 162, 163, 167, 168, 170, 183, 187, 195, 199, 255, 256, 262, 295, 305, 319, 320, 331, 332, 343, 355, 380, 396, 440, 445, 618, 659, 660, 726, 727, 728, 730, 734, 735, 736, 772
Ayacucho, provincia, 316
Ayala, Bernabé de, 812
Ayala, José Luis, 765
Ayala Lasso, José, 969
Ayambis, río, 111
Ayapata, río, 236
Ayar, Auca, 495
Ayar, Cachi, 495
Ayar, hermanos, 494, 495
Ayar, Uchi, 495
Ayarza de Morales, Rosa Mercedes, 887
Ayaviri, ciudad, 51, 116, 237, 256, 355, 819, 854
Ayaviri, río, 33, 94, 116, 235
Ayllón, Juan de, 773
Aymaraes, provincia, 164, 166, 255
Aymara-Lupala, zona reservada, 306, 491
Azabache, Pedro, 831
Azángaro, ciudad, 236, 237, 255, 819, 854
Azángaro, provincia, 233, 236, 255
Azángaro, río, 33, 116, 235
Azul, cordillera, 35, 38, 39, 114, 193, 239, 251, 448
Azul, río, 219

B

Babilonia, 504
Baca Flor, Ricardo, 826
Bacca Rossi, Miguel, 834
Bacigalupo, Rolando, 883
Backus, Jacobo, 390
Baella Tuesta, Alfonso, 876
Bagazán, ciudad, 106
Bagua, ciudad, 110, 156, 157, 158, 255, 355, 446
Bagua, provincia, 37, 155, 156, 157, 158, 255
Bagua, valle, 384
Bagua Grande, ciudad, 110, 156, 157, 158, 256, 355
Bahamas, islas, 949
Bahía de la Independencia, 21, 22, 150
Bahía de Paracas, 435
Bahía San Mateo, 526
Baja California,140
Bajo Pisqui, río, 108
Bajo Piura, 90
Balboa, Vasco Núñez de, 123
Balduque, Roque de, 820
Ballestas, isla, 195, 198, 435
Ballivián, lago, 115, 235
Balta, José, 573, 574, 656, 865, 872, 956, 958, 959
Balzac, Honorato de, 778
Bambamarca, ciudad, 178, 255
Bambamarca, ruinas, 229, 230
Banchero Rossi, Luis, 875, 884
Bánzer, Hugo, 967
Baños Chimú, 48
Baños, río, 110
Baños, termas, 51
Baños del Inca, 48, 433
Baquero, pongo, 240
Baquíjano y Carrillo, José, 550, 775, 871
Baráun, Juan de la Concepción, 818
Barbacay, 60
Barbacoas, región, 523, 526
Barbadillo, Guillermo, 881
Bárbara D'Achille, reserva nacional, 305
Barcelona, 451, 965
Bardella, Gianfranco, 405
Barranca, ciudad, 47, 211, 212, 214, 255, 350
Barranca, provincia, 211, 212, 255
Barranca, río, 370
Barreda, Enrique Domingo, 827
Barreda, Laureano, 818
Barreda y Laos, Felipe, 744, 746, 747
Barrenechea y Raygada, Juana, 959
Barrientos, Simón de, 852, 861
Barton, Alberto, 750
Bartorano, Lorenzo, 812
Basadre, Jorge, 561, 566, 572, 583, 584, 589, 596, 642, 759, 777, 783, 876, 943, 944, 955
Basdadre Forero, Carlos, 943
Bastidas, Micaela, 549
Basurto, Santiago, 866
Batán Grande, yacimiento, 489
Batán Grande, zona reservada, 306
Baudin, Louis, 494
Baúl, cerro, 226, 437
Bausate y Mesa, Jaime, 871
Bayly, Jaime, 796
Bayóvar, caleta, 4
Bayóvar, localidad, 232, 234
Becerra, Francisco, 847, 856
Bedón, Pedro, 811
Bedoya Reyes, Luis,
Bedoya, Ricardo, 885
Bejarano, Francisco, 811, 812
Belaúnde, Victor Andrés, 759, 781, 872
Belaúnde Diez Canseco, Rafael, 944
Belaúnde Terry, Fernando, 421, 425, 619, 626, 630, 654, 656, 671, 676, 709, 872, 875, 906, 944, 954, 956, 957, 961, 966
Bélgica, 4, 781, 811, 831, 949
Belgrano, Manuel, 551
Bellatín, Óscar, 796
Bellavista, ciudad, 239, 242, 252, 284
Bellavista, provincia, 239, 241, 255

Belli, Carlos Germán, 791
Bellido y Simons, Eliodoro, 20, 25, 32
Bello, Andrés, 775
Bello, Johnny, 883
Belmont Casinelli, Ricardo, 878
Beltrán, Carlos Felipe, 765
Beltrán, Pedro, 874, 875
Beltrán Ballon, Pedro, 874
Benalcázar, Sebastián, 525
Benavides, Augusto, 867
Benavides, Miguel, 945
Benavidez, Óscar R., 405, 593, 596, 610, 612, 613, 656, 897, 945, 954, 960
Benavides y de la Cueva, Diego, 536
Bendezú, Francisco, 791
Benlliure, Mariano, 866
Bennet, Wendell, 468, 485
Bentín, Ricardo, 389, 393
Bering, paso, 458, 459, 460, 461
Berlín, ciudad, 451, 879, 883
Bermejo, José Joaquín, 812
Bermúdez, Jorge, 830
Bermúdez de la Torre, Pedro José, 773
Bernales Alto, 60
Bernini, Gian Lorenzo, 863
Bertonio, Ludovico, 702
Bertorio, 498
Betanzos, Juan de, 761
Biabo, río, 99, 113, 114, 139
Biabo Cordillera Azul, bosque nacional, 306
Bianchi, Enrique, 866
Bielich, 880
Bigote, río, 90
Billinghurst, Guillermo, 587, 588, 594, 595, 596, 656, 945, 954
Bingham, Hiram, 466, 507, 842
Biobío, río, 498
Bird, Junius, 467, 475
Birú, cacique, 521
Bitti, Bernardo, 809, 810, 816, 821
Blanca, cordillera, 4, 20, 80, 91, 92, 118, 159, 162, 262, 295, 434
Blanca, laguna, 244
Blanca, reserva nacional, 305, 436
Blanco, Desiderio, 885
Blanco, río, 31, 97, 112, 219
Blanco Encalada, Manuel, 563
Blume, Ricardo, 886
Bobonaza, río, 111
Boca de Capones, punta, 6
Bogotá, ciudad, 498, 748, 907
Bojovich, Miomir, 473
Bok Park, Man, 882
Bolívar, ciudad, 203, 255
Bolívar, provincia, 203, 204, 255
Bolívar, Simón, 370, 553, 559, 560. 561, 564, 566, 602, 639, 656, 699, 746, 748, 752, 775, 776, 896, 964
Bolivia, 1, 32, 33, 58, 73, 104, 115, 166, 174, 219, 235, 236, 243, 246, 267, 274, 367, 371, 389, 431, 438, 449, 476, 484, 498, 555, 561, 562, 563, 564, 567, 579, 580, 581, 592, 593, 660, 697, 701, 703, 717, 729, 730, 744, 806, 816, 840, 879, 894, 895, 900, 901, 903, 904, 906, 946, 954, 957, 962, 965, 967
Bolognesi, Andrés, 945
Bolognesi, provincia, 92, 161, 162, 255, 305
Bolognesi Cervantes, Francisco, 945
Bombón, lago, 32, 117, 200, 228
Bombón, puna, 199, 516, 843
Bonavía, Duccio, 146, 475
Bongará, provincia, 156, 158, 255
Boquerón del Padre Abad, 108, 251, 443, 448
Borbón, María Luisa de, 816
Borbón, príncipe, 558
Borda, Lázaro de la, 817
Borgoño, Justiniano, 656
Borja, pueblo, 110
Borja y Aragón, Francisco de, 536
Borromini, Francesco, 863
Bosch, Hieronymus, 816, 819
Bosch, Pedro, 460
Bosque de Piedras de Huayllay, 230
Botta, Mario, 868
Boucher de Perthes,
Bouysse-Cassagne, Thérèsse,
Bowman, Isaiah, 19, 39, 46, 70, 115, 235
Boza, Francisco, 882
Brahe, Ticho, 747
Bram, 501
Brambilla, Fernando, 824
Branccesco, Renzo, 888
Brasil, 1, 5, 6, 7, 8, 9, 11, 85, 100, 101, 102, 104, 215, 216, 216, 222, 251, 404, 459, 475, 593, 614, 690, 694, 697, 710, 711, 715, 716, 717, 756, 825, 880, 894, 895, 896, 902, 903, 904, 905, 906, 907, 908, 910, 954, 967, 969
Brasilia, ciudad, 900, 902, 950, 967, 969
Braun Vega, Hermann, 834
Bravo, José Antonio, 795
Brea, pampa, 231
Brecht, Bertold, 785
Breña, distrito, 872
Breu, río, 104
Briceño, Alonso, 526
Broncano, Mario, 883
Bruegel, Pieter, 816, 819
Brugada, Eduardo de, 865, 866
Bruselas, ciudad, 866, 954
Bryan, 460
Bryce Echenique, Alfredo, 795
Bucarest, ciudad, 335
Bueno, Cosme, 743, 744
Buenos Aires, ciudad, 182, 547, 550, 744, 880, 896, 946
Bulnes, Manuel, 563
Buncuya, río, 715
Burga, Manuel, 493, 764
Burga Freitas, Arturo, 766
Burger, 477
Burgos, Elqui, 794
Buse, Eduardo, 883
Buse, Enrique, 883
Busse, H., 146
Bustamante, Alicia, 943
Bustamante, Celia, 943
Bustamante y Barreda, Manuel, 946
Bustamante y Rivero, José Luis, 405, 610, 612, 656, 663, 946, 954
Busto Duthurburu, José Antonio del, 522

C

Caballero Farfán, Policarpo, 734
Caballococha, ciudad, 215, 217, 218, 260, 284
Caballococha, provincia, 215
Caballos, punta, 48
Cabana, ciudad, 162, 256
Cabanaconde, 725
Cabanillas, río, 116, 235
Cabello, Marcelo, 812
Cabello Balboa, Miguel, 455, 464, 494, 761
Cabello de Carbonera, Mercedes, 778
Cabeza Larga, 475
Cabezón, cerro, 207
Cabieses, Fernando, 741
Cabo Blanco, 129, 234, 445
Cabrera y Bobadilla, Luis Jerónimo de, 536
Cacabasa, 52
Cáceres, Andrés Avelino, 581, 582, 589, 594, 656, 668, 947, 959
Cáceres, Domingo, 946
Cacique de Chucuito, 225
Cachi, 495
Cádiz, ciudad, 871
Cahuachi, poblado, 483
Cahuapanas, río, 216, 712
Cailloma, mina, 390
Cailloma, provincia, 100, 255, 846
Cainarachi, río, 114
Cajabamba, ciudad, 177, 178, 255, 355
Cajabamba, provincia, 178, 255
Cajamarca, ciudad, 28, 67, 91, 103, 110, 175, 176, 177, 178, 206, 255, 267, 340, 341, 343, 344, 350, 354, 378, 445, 447, 452, 487, 496, 507, 515, 525, 689, 690, 704, 725, 726, 729, 764, 805, 807, 808, 811, 812, 829, 843, 844, 855, 856, 881
Cajamarca, departamento, 48, 78, 109, 110, 155, 173, 203, 206, 207, 220, 231, 232, 255, 256, 274, 295, 305, 306, 332, 355, 379, 380, 384, 390, 433, 476, 618, 636, 659, 700, 703, 725, 727, 728, 729, 736, 740, 800, 828, 837
Cajamarca, provincia, 177, 178, 255, 306
Cajamarca, río, 110
Cajamarca, valle, 470
Cajamarquilla, pueblo, 214, 434, 839
Cajamarquilla, ruinas, 214
Cajaruma, cerro, 111
Cajas, río, 203
Cajatambo, ciudad, 47, 211, 214, 255
Cajatambo, provincia, 93, 211, 212, 255
Cajón de Sión, cañón, 113, 240
Cajunani, pampa, 243
Calancha, Antonio de la, 761, 842, 865
Calango, 724
Calasasaya, 485
Calca, ciudad, 183, 185, 255, 439, 736
Calca, provincia, 183, 185, 255
Calcauso, 774
Calcuchimac, general, 516
Calderón, Juan de, 817
Calderón, Serapio, 656
Calderón de la Barca, Manuel, 551
Calderón de la Barca, Pedro, 762, 764, 773, 774, 885
Calero, Jacinto, 871
Caleta de San José, 954
Calicó Hill, 459
Calientes, río, 243
California, 140, 451, 459
Calipuy, punas, 205
Calipuy, reserva nacional, 305, 434
Callacullán, río, 91
Callao, bahía, 22, 182, 211
Callao, ciudad, 21, 23, 47, 48, 93, 125, 126, 131, 134, 136, 140, 147, 149, 150, 151, 180, 181, 182, 202, 211, 213, 214, 255, 316, 319, 320, 321, 331, 342, 350, 353, 356, 359, 370, 372, 419, 420, 434, 530, 548, 558, 559, 560, 583, 592, 601, 655, 825, 863, 879, 953, 955, 963
Callao, Provincia Constitucional del, 47, 180, 255, 331, 316, 428, 701
Callaría, río, 40
Callazas, río, 97, 243
Callejón de Conchucos, 118, 161, 162, 295
Callejón de Huaylas, 4, 29, 46, 80, 91, 92, 118, 160, 162, 214, 288, 295, 434, 447,
Callería, río, 252
Caluyo, aldea,
Calvas, río, 6, 89
Calvo Araujo, César, 766, 793, 796, 831
Camaná, ciudad, 48, 146, 169, 170, 255

Camaná, lomas, 260
Camaná, provincia, 169, 170, 255
Camaná, río, 27, 96, 168
Camandona, Ugo, 834
Cambiaso, Luca, 809
Cambio 90, 654, 949
Camino Brent, Enrique, 830
Camino del Inca, 230, 439
Camisea, río, 107, 662
Campanilla, ciudad, 448
Campanquis, relieves, 156
Campo, Federico del, 825
Campomanes, Pedro Rodríguez, conde de, 745
Campuya, río, 104
Camprubí Alcázar, Carlos, 577, 590
Canadá, 140, 402, 904
Canal de la Mancha, 883
Canal de Panamá, 893, 907
Canal de Puinahua, 109
Canal de Quiroz, 90
Canas, provincia, 183, 185, 255, 735
Canaval, Francisco, 827
Cancas, 149
Canchaque, río, 90
Canchis, provincia, 183, 185, 255
Canchis, río, 6, 111, 175
Candamo, Manuel,587, 588, 603, 656, 954
Candamo, río, 236
Candarave, ciudad, 51, 243, 244, 245, 255
Candarave, provincia, 243, 244, 255
Candia, Pedro de, 526, 665
Candungos, río, 111
Cangallo, ciudad, 171, 172, 174, 255
Cangallo, provincia, 171, 172, 255
Canicunca, 817, 818
Cano, Alonso, 812, 820
Canta, ciudad, 47, 211, 212, 214, 230, 255, 356, 358
Canta, provincia, 211, 212, 255
Cantamarca, ruinas, 214
Canterac, José, 559
Cantuarias Dañino, Josefina, 956, 957
Cañete, ciudad, 60, 166, 211, 212, 214, 255, 350, 409, 448, 449, 602, 880
Cañete, provincia, 211, 212, 255, 306
Cañete, río, 31, 94, 119, 212
Cañete, valle, 24, 361, 370, 607
Cañón del Infiernillo, 434
Cañón del Padre Abad, 39
Cañón del Pato, 92, 160, 162, 434
Cápac Yupanqui, 494
Capachica, península, 116
Caplina, río, 97, 243
Capoche, 491
Caquetá, 593, 945
Caquetá, río, 11, 712
Carabaya, cordillera, 98, 99, 100, 219, 438
Carabaya, provincia, 233, 236, 237, 255, 306, 391, 665
Carabayllo, valle, 93, 374, 489
Caracas, ciudad, 550
Caracocha, laguna, 187
Caravajal, Gaspar de, 102, 103
Caravelí, ciudad, 48, 169, 170, 255
Caravelí, provincia, 169, 170, 255
Caraz, ciudad, 92, 119, 161, 255, 730, 434
Carbajal, Garci Manuel de, 662
Carbón, río, 219
Cárdenas, Federico de, 885
Cárdenas, Jorge, 883
Cardich, Augusto, 460, 473
Cardoso, Fernando Henrique, 902, 967,969
Carhuapampa, río, 94
Carhuasanta, quebrada, 105, 216
Carhuasanta, río, 168, 252
Carhuaz, ciudad, 92, 162, 255, 826
Carhuaz, provincia, 161, 162, 255, 305
Carlos el Calvo, 519
Carlos Fermín Fitzcarrald, provincia, 161, 162, 255
Carlos I, 536
Carlos II, 235, 536, 816
Carlos III, 536, 546, 745, 747
Carlos IV, 239, 536
Carmen Alto, ciudad, 437
Carnero Checa, Genaro, 876
Caro, Bill, 834
Carpentier, Alejo, 772
Carpio, Daniel, 883
Carpish, bosque, 441
Carpish, relieve, 38, 63, 113, 191
Carranza, Venustiano, 948
Carreño de Miranda, Juan, 812, 816
Carrillo, Ana Cecilia, 881
Carrillo, Enrique A., 780
Carrillo, Mariano, 823
Carrión, Alonso, 812
Carrión, Antón, 526
Carrión, Baltazar, 947
Carrión, Bartolomé, 856
Carrión, Daniel Alcides, 441, 749, 947
Carter, James Earl, 676
Carumas, 51, 730
Carvallo de Nuñez, Cota, 831
Casa Grande, hacienda, 345
Casa Grande, valle, 59, 91
Casapalca, mina, 389, 390, 391
Casas, Bartolomé de las, 463, 498, 512, 531, 769, 787, 788
Casaverde, Mateo, 50
Cascas, ciudad, 203
Cashpajali, río, 104
Cashu-cocha, laguna, 219
Casiri, nevado, 116
Casma, bahía, 22
Casma, ciudad, 50, 161, 162, 255, 434, 447
Casma, lomas, 260
Casma, provincia, 161, 162, 255, 799, 837, 838
Casma, río, 159, 476, 837
Casma, valle, 370, 472, 481
Castilla, provincia, 169, 170, 255, 540
Castilla, Ramón, 313, 466, 555, 565, 567, 569, 570, 579, 656, 864, 873, 894, 896, 897, 946, 958
Castillo, Carlos Aitor, 832
Castillo, Segundo, 879
Castillo, Teófilo, 826
Castro, Ignacio de, 819
Castro Pozo, Hildebrando, 787, 788
Castrovirreyna, ciudad, 68, 187, 188, 190, 255
Castrovirreyna, mina, 390
Castrovirreyna, provincia, 94, 119, 187, 188, 255
Catacaos, ciudad, 432, 446, 725, 727
Catamarca, 498
Catamayo, río, 89
Cateriano, Pedro, 791
Cavernas, 479
Cavero, Dolores, 952
Cavero, Eduardo, 878
Cavero, Jaime, 878
Cavero, José, 878
Cavero, Óscar, 878
Cavero Egúsquiza, Ricardo, 239
Caviano, Tomás, 873
Cavinzas, isla, 179
Caxas, 507
Cayalti, 59
Cay-Cay, 818, 846
Cayaltí, pampa, 207
Caylloma, provincia, 169, 170, 305
Cayma, ciudad, 437
Cayumba, cajón, 34, 240
Cayumba, cañón, 38
Cazaderos, quebrada, 6
Celendín, ciudad, 177, 178, 255, 268, 355, 725
Celendín, provincia, 177, 178, 255
Cenepa, río, 111, 155, 157, 433, 714
Central, cordillera, 33, 666
Cerro, Miguel, 874
Cerro Azul, 207
Cerro Blanco, centro ceremonial, 476, 799, 837
Cerro Colorado, 433
Cerro de la Bruja Machay, ruinas, 230
Cerro de Pasco, ciudad, 32, 70, 71, 103, 110, 112, 174, 182, 202, 227, 228, 229, 230, 256, 287, 345, 350, 374, 389, 391, 392, 421, 441, 445, 448, 668, 733, 947
Cerro Negro, 90
Cerro Rico, 367
Cerro Verde, 168
Cerro Verde, mina, 392
Cerros de Illescas, 25
Cerrutti, Nila, 957
Cervantes, Juana, 945
Cervantes, Miguel de, 824, 951
Céspedes del Castillo, Guillermo, 533
Chacas, ciudad, 162, 255
Chachani, volcán, 51, 167, 170, 436
Chachapoyas, ciudad, 67, 103, 110, 155, 156, 157, 255, 268, 342, 433, 445, 446, 496
Chachapoyas, provincia, 155, 156, 158, 255
Chachicadan, 51
Chaclacayo, ciudad, 93, 290
Chaclatana, Cesáreo, 873
Chaclatana, Reynaldo, 874
Chaco, 744
Chacón, Ignacio, 819
Chacón de Popovici, Gloria, 129
Chacramarca, santuario, 305
Chala, distrito, 23, 27
Chala, lomas, 260
Chala, puerto, 169
Chalhuanca, ciudad, 166, 174, 255
Challe, Roberto, 880
Challuacocha, laguna, 92
Chamaya, río, 99, 109, 110, 175, 266
Chambi, Manuel, 884
Chambira, río, 108, 718
Chanane, cerro, 97
Chanapata, aldea, 476
Chanca, 495
Chancay, ciudad, 93, 145, 149, 150, 214, 289, 486, 538
Chancay, río, 24, 93, 175, 208, 212, 370
Chancay, valle, 26, 120, 208, 352, 361,
Chanchamayo, provincia, 199, 255, 306
Chanchamayo, río, 38, 107
Chanchamayo-Perené, río, 361, 441
Chanchán, ruinas, 205, 340, 433, 465, 466, 489, 805, 840
Chancos, 51
Chandles, río, 219
Chao, isla, 21
Chao, río, 203
Chao, valle, 482, 489
Cháparra, 64
Chapi, ciudad, 437
Chapuli, río, 119
Chaquistambo, 31
Characato, ciudad, 437
Charcas, Audiencia de, 389
Charcas, ciudad, 342, 537, 544
Charton, Ernst, 824
Chauchat, Claude, 473

Chaupihuaranga, río, 113
Chávez, Ángel, 834
Chávez, Francisco, 102
Chávez, Gerardo, 834
Chavín, distrito, 365, 476, 479, 659
Chavín de Huantar, 162, 434, 466, 476, 477, 799
Chavinillo, pueblo, 191
Chazuta, pueblo, 113, 240
Checacupe, distrito, 817, 846
Chepén, ciudad, 203, 204, 206, 255
Chepén, provincia, 203, 204, 255, 306
Chiarella, Jorge, 886
Chicama, ciudad, 289
Chicama, puerto, 151, 205, 206
Chicama, río, 91, 175, 203, 433,
Chicama, valle, 24, 120, 352, 370, 371, 481, 482, 489, 799, 801, 808, 838
Chiclayo, ciudad, 136, 178, 207, 208, 209, 242, 250, 255, 284, 285, 287, 289, 345, 346, 350, 352, 432, 446, 447, 448, 452, 473, 618, 876
Chiclayo, provincia, 207, 209, 255, 961
Chicón, nevado, 46, 288
Chila, cordillera, 100, 168, 251, 450
Chilatahua, isla, 116
Chilca, distrito, 146, 148, 309, 365, 439, 475, 579, 851
Chile, 3, 5, 6, 7, 9, 10, 20, 21, 22, 27, 28, 58, 60, 82, 85, 116, 127, 130, 131, 139, 140, 181, 243, 244, 265, 272, 342, 369, 371, 372, 373, 375, 376, 402, 420, 430, 445, 451, 474, 485, 490, 496, 498, 557, 564, 569, 580, 581, 582, 584, 592, 593, 614, 668, 701, 730, 748, 764, 777, 806, 825, 831, 840, 864, 873, 894, 895, 896, 897, 900, 901, 904, 906, 907, 908, 909, 910, 946, 947, 951, 952, 953, 957, 958, 959, 967, 969
Chilete, río, 175
Chili, río, 70, 96, 168
Chilifruta, ciudad, 48
Chillón, río, 93, 179, 182, 212, 214, 350, 361, 472
Chillón, valle, 26, 120, 214, 558
Chimbote, bahía, 21, 22, 92, 136
Chimbote, ciudad, 23, 50, 61, 92, 136, 138, 139, 141, 145, 150, 161, 162, 256, 287, 350, 352, 355, 406, 419, 420, 434, 447, 583, 618
Chimpu Ocllo, Isabel, 951
Chimú, isla, 21, 489, 507
China, 152, 385, 402, 459, 504, 590, 780, 883
Chincha, ciudad, 190, 198, 312, 340, 483, 490, 491, 507, 583, 704
Chincha, islas, 21, 195, 271, 273
Chincha, provincia, 255
Chincha, río, 94, 195
Chincha, valle, 24, 197, 198, 370, 482, 489, 802
Chincha Alta, ciudad, 196, 255, 350
Chincha Alta, provincia, 195
Chinchaicocha, lago, 117, 199, 200, 202
Chinchao, cañón, 38, 441
Chinchao, río, 113, 441
Chinchao, valle, 34
Chinchaycocha, lago, 291
Chinchaysuyo, 498
Chincheros, ciudad, 166, 186, 440, 818, 841
Chincheros, provincia, 164, 166, 255
Chinchipe, río, 6, 37, 111, 175, 176, 266
Chinecas, 92
Chinganaza, río, 111
Chinoa, laguna, 120, 252
Chipurana, río, 114, 139
Chiqueomate, 52
Chiquián, ciudad, 162, 255
Chiquitoy Viejo, 489
Chira, río, 6, 29, 89, 146, 231
Chira, valle, 24, 25, 89, 120, 341
Chirata, isla, 116
Chirca, río, 431
Chiriaco, río, 112
Chirichigno, Eduardo, 883
Chirinos Soto, Enrique, 558, 639, 641
Chiris, río, 94
Chiriyaco, río, 155, 158
Chiuchine, quebrada, 97
Chivateros, sitio arqueológico, 214, 462, 472, 473
Chivay, ciudad, 100, 169, 170, 255, 725, 860
Chocano, José Santos, 780, 787, 788, 947, 948
Chochama, playa, 522, 526
Choclococha, laguna, 32, 95, 119, 187, 196, 721
Chocope, valle, 91
Chojcho, cerro, 94
Chongos, distrito, 730, 736
Chonta, laguna, 93
Chontayacu, río, 75, 99, 114, 239
Choquehuanca, José Domingo, 765
Choquequirao, sitio arqueológico, 166, 440, 841
Chorrillos, distrito, 23, 306, 356, 958
Chorrillos, bahía, 22, 211
Chosica, pueblo, 29, 290, 689
Chota, ciudad, 110, 177, 178, 255, 268, 837
Chota, provincia, 177, 178, 255, 306, 800
Chotano, río, 110
Chucuito, distrito, 493, 535, 537, 732, 838, 843
Chucuito, península, 116, 233, 236, 255, 306, 701
Chuica, río, 96
Chulucanas, ciudad, 85, 232, 233, 256, 432, 446, 801
Chumaq Lucía, Aurelio, 766
Chumbao, río, 163
Chumbivilcas, provincia, 183, 185, 255
Chumpicocha, laguna, 94
Chumpitaz, Héctor, 880, 881
Chuncho, laguna, 94
Chupaca, ciudad, 199
Chupaca, provincia, 199
Chupas, ruinas, 440, 476
Chupiquiña, quebrada, 97
Chuquiamanta, volcán, 51
Chuquianama, volcán, 51
Chuquibamba, ciudad, 48, 170, 255
Chuquibambilla, ciudad, 166, 255
Chuquibambilla, río, 163
Chuquicamanta, volcán, 243
Chuquicara, río, 92
Chuquisaca, ciudad, 550, 744
Churata, Gamaliel, 760, 763, 765, 772, 783, 788
Churcampa, ciudad, 187, 255
Churcampa, provincia, 187, 188, 255
Chusgón, río, 110, 175, 203
Cieneguilla, distrito, 26
Cieza de León, José, 463, 464, 498
Cieza de León, Pedro, 312, 433, 490, 761, 769, 787, 788
Cinto, río, 27, 97, 243
Cisneros, Luis Benjamín, 873
Cisneros, Luis Fernán, 781
Citac, nevado, 187
Ciudad Blanca, 351
Ciudad de los Reyes, 530
Clemente IX, 962
Clemente X, 962
Coaque, 525, 526
Coasa, río, 236
Coata, río, 116, 235
Coberti, pintor, 811
Cobo, Bernabé, 311, 464, 494, 509, 865
Coca, río, 103, 665
Cocahue, bahía, 9
Cochabamba, 965
Cochas Chico, 725
Cochas Grande, 725
Cochasay, mina, 391
Cochrane, Tomás, 557
Coina, río, 91
Coishco, ciudad, 139, 149, 150, 287
Colaraque-Vizcachas, río, 223
Colca, cañón, 167, 450
Colca, pampa, 96
Colca, río, 96, 435, 450, 451, 725, 846, 853, 854, 860, 862
Colchado, Óscar, 796
Cole, Jeffrey, 368
Coline, laguna, 96
Colis, 440, 498
Collao, meseta, 10, 65, 67, 115, 117, 120, 238, 470, 489, 491, 494, 765
Collasuyo, 498
Collier, Donald, 468
Collique, cacique, 207
Collotán, cerro, 176
Collpapampa, río, 116
Colombia, 1, 5, 6, 9, 11, 28, 100, 104, 215, 216, 279, 386, 468, 474, 475, 481, 520, 561, 564, 593, 694, 697, 703, 712, 714, 716, 717, 806, 881, 893, 894, 895, 903, 904, 905, 907, 945, 948, 954, 967
Colón, Cristóbal, 455, 456, 520
Colorado, río, 219
Colquepata, 818
Comagre, cacique, 520
Comaina, río, 111, 158, 178, 433
Cómena, José, 877
Comenmayo, río, 116
Compepalca, quebrada, 95
Comunidades Campesinas, 674
Concave, nevado, 243
Concepción, ciudad, 126, 199, 200, 201, 255, 744
Concepción, provincia, 199, 255
Concha, Carlos, 897
Conchimasa, río, 96
Conchucos, ciudad, 48
Condebamba, río, 64, 175
Condesuyos, provincia, 169, 170, 255
Cóndor Pico, volcán, 51, 243
Cóndor, ruinas, 166
Condorcanqui, José Gabriel, 537, 548, 660, 664, 771
Condorcanqui, provincia, 155, 156, 158, 255
Condoroma, represa, 944
Confederación de Trabajadores del Perú, (CTP), 655, 656
Confederación General de Trabajadores del Perú, (CGTP), 655, 656
Confederación Nacional Agraria, (CNA), 675
Congata, ciudad, 437
Congrains, Enrique, 791
Conoc, baños, 166, 230, 441
Conococha, laguna, 32, 92
Conococha, punas, 33
Consebidayoc, río, 107
Contamana, ciudad, 40, 41, 51, 103, 106, 215, 217, 218, 251, 254, 256, 284, 443
Contamana, relieves, 40, 44
Contisuyo, 498
Contraalmirante Villar, provincia, 247, 249, 255
Contral, provincia, 305

Contumaza, ciudad, 177, 178, 255
Convención, provincia, 306
Coñec, pongo, 104
Cooperativas Agrarias de Producción, (CAP), 674, 675, 676
Copacabana, península, 9
Copérnico, 747
Coquimbo, 140
Coracora, ciudad, 171, 172, 174, 256
Corcuera, Arturo, 793
Cordillera Costanera, 243
Cordillera de Barroso, 243
Cordillera del Cóndor, 111, 155, 158, 176, 899, 900
Cordillera del Sira, 251
Cordillera Occidental Andina, 4, 98, 100, 227, 243, 351, 448
Cordillera Volcánica, 167
Córdoba, 951
Corea del Sur, 152, 881
Coricancha, templo, 339
Cornejo, María Emilia, 794
Cornejo, Mariano H., 512
Cornelis, 816
Coronado, *Bom-Bom*, 882
Coronel Portillo, provincia, 251, 252, 255, 306
Corongo, ciudad, 162, 255
Corongo, provincia, 161, 162, 255
Coropuna, nevado, 96
Coropuna, volcán, 51, 167
Corpancho, Manuel Nicolás, 777
Corrientes, pueblo, 714
Corrientes, río, 718
Cortázar, Julio, 787
Corte, nevado, 93
Cortés, Hernán, 463
Cortez, Francisco Javier, 812, 823
Cosirani, río, 107
Cosñipata, río, 104
Cossio del Pomar, Felipe, 831
Costa, cordillera de la, 20, 27
Costa Rica, 520, 635, 954
Cotabambas, provincia, 164, 166, 255
Cotahuasi, cañón, 167
Cotahuasi, ciudad, 95, 169, 170, 256
Cotahuasi, río, 168, 435
Cotler, Julio, 640
Cotos de Caza, zona reservada, 306
Coya, Beatriz Clara, 817
Coyllorcocha, laguna, 119
Crespo y Castillo, regidor, 550
Crisnejas, río, 110, 175
Criterión, cerro, 27
Croix, Teodoro de, 536
Crucero, río, 97
Cruz, Oswaldo, 756
Cruzado, Luis, 880
Cuadros, Miguel Ángel, 834
Cuba, 602, 780, 908, 948, 953, 960, 966
Cubillas, Teófilo, 880
Cucaza, río, 111
Cuchillacocha, laguna, 119
Cuélap, 466
Cuéllar, Francisco de, 526
Cuenca, 496
Cueto, César, 880
Cueto, Marcos, 755
Cueva, Gaspar de la, 820
Cueva de las Lechuzas, 441
Cueva del Diablo, 473
Cueva del Guitarrero, 434
Cueva Enríquez, Baltazar de la, 536
Cuito, cacique, 207
Culebras, distrito, 146, 149,
Culebras, río, 159, 475
Cullicocha, laguna, 118
Culqui, río, 232
Cumbemayo, ruinas, 178, 433
Cumbinama, pongo, 109, 155
Cunambo, río, 6
Cunow, Heinrich, 494
Cuntur Huasi, ruinas, 178, 476
Cupisnique, distrito, 472
Curahuasi, 65, 67, 166
Curanja, río, 715, 716
Curaray, río, 104, 216, 716, 718
Curayacu, sitio arqueológico, 146, 476
Curibaya, río, 97, 716
Curonisi, José, 877
Curumuy, río, 232
Cusa, Nicolás de, 747
Cusco, ciudad, 30, 47, 65, 67, 102, 103, 106, 166, 170, 174, 183, 185, 222, 238, 255, 339, 340, 341, 342, 343, 346, 350, 354, 367, 406, 421, 425, 437, 438, 440, 445, 448, 449, 451, 452, 465, 494, 495, 499, 508, 510, 515, 516, 519, 528, 529, 530, 533, 537, 538, 544, 548, 551, 574, 579, 592, 660, 661, 662, 663, 665, 689, 690, 704, 721, 725, 728, 729, 730, 731, 732, 740, 743, 744, 752, 753, 755, 759, 764, 771, 774, 778, 790, 806, 808, 810, 813, 814, 816, 821, 822, 824, 827, 829, 839, 840, 844, 848, 856, 859, 865, 867, 876, 945, 946, 951, 964
Cusco, departamento, 20, 30, 32, 34, 47, 50, 51, 104, 117, 120, 163, 167, 171, 173, 184, 199, 219, 235, 251, 255, 256, 288, 295, 305, 306, 319, 320, 332, 355, 378, 379, 380, 384, 410, 412, 438, 439, 445, 506, 509, 618, 659, 666, 709, 711, 722, 725, 727, 730, 733, 735, 736, 846, 952
Cusco, provincia, 183, 185, 255, 476, 489, 563
Cusco, río, 351
Cusco, valle, 494
Cushabatay, río, 40, 99, 106, 108, 216, 711
Cusi Huamán, Diego, 821
Cusi Yupanqui, Titu, 464, 529, 787, 788
Cuspa, río, 95
Cutervo, cerro, 176
Cutervo, ciudad, 177, 178, 255
Cutervo, cuevas, 279
Cutervo, provincia, 177, 178, 255, 268, 305
Cutierape, cerro, 24
Cuyuchi, Ninan, 497

D

Daniel Alcides Carrión, provincia, 227, 228, 255
D'Ans, André Marcel, 766
Darío, Rubén, 760, 781, 947, 948
Darwin, Charles, 457
Dávalos y Lissón, Pedro, 573, 574, 575
Dávila, Alberto, 832
Dawson, Lawrence, 480
Daza, Cristóbal, 812
Degregori, Felipe, 884
Delaroche, Paul, 824
Delavaud, Collin, 24
Delfín, José, 874
Delfín, Víctor, 834
Delgado, Doris, 883
Delgado, Honorio, 750, 751, 783
Delgado, Washington, 791
Delgado Brandt, Genaro, 878
Delgado Parker, Héctor, 878
Delgado Parker, Manuel, 878
Democracia Cristiana, 619, 655
Desaguadero, distrito, 68, 237, 449
Desaguadero, río, 9, 115, 116
Descubridora, mina, 389
Despoblado de la Huaca, 25
D'Harcourt, Marguerite, 764
D'Harcourt, Raoul, 764
Dianderas, Nieves, 834
Dias de Aguiar, Braz, 7, 902
Díaz, José, 812
Díaz, Pedro, 812
Díaz Herrera, Jorge, 796
Dick, Antonio van, 812
Díez Canseco, José, 784
Díez Canseco, Pedro, 656
Díez de Betanzos, Juan, 464
Díez de San Miguel, 493
Divisoria, cordillera, 35
Doig, Máximo, 866
Dollfus, Oliver, 26, 33, 46
Domínguez Chávez de Arellano, Francisco, 856
Donnan, Christopher, 482
D'Ornellas, Fernando, 834
D'Ornellas, Manuel, 876
Dorregaray, familia, 726
Dorregaray, Justa, 947
Dos de Mayo, provincia, 191, 193, 255
Drexel, Francis Martin, 824
Dreyfus, Augusto, 573, 574
Duarte, Raúl, 883
Duarte, Ricardo, 883
Durán, Diego, 498, 500, 501
Durand, José, 791
Durant, Alberto, 884
Duviols, Pierre, 493

E

Earl de Curzon, 601
Echecopar Erce, Juan, 875
Echenique, José Rufino, 579, 656
Ecuador, 1, 5, 6, 7, 8, 11, 21, 22, 24, 78, 80, 82, 89, 104, 110, 111, 112, 127, 140, 142, 152, 155, 175, 215, 230, 247, 248, 250, 265, 375, 420, 445, 475, 476, 481, 496, 498, 507, 564, 567, 592, 614, 697, 703, 704, 705, 714, 716, 717, 838, 840, 884, 895, 899, 900, 902, 903, 904, 905, 907, 909, 910, 945, 946, 950, 953, 954, 962, 967
Ecuador, ciudad, 260, 496
Egaña, José María, 871
Egipto, 459, 497, 504, 818
Eguren, José María, 780, 781, 782, 791, 948
Eielson, Jorge Eduardo, 791, 834
Eisenstein, Serge, 785
Ejernìocc, laguna, 94
Ekholm, 459
El Abra, pampa, 243
El Agustino, cerro, 358
El Alto, distrito, 59, 265
El Angolo, zona reservada, 306
El Barco, cerro, 247
El Bosque, 459
El Brujo, sitio arqueológico, 433
El Cono, cerro, 40
El Dorado, provincia, 239, 241
El Fraile, nevado, 70, 71, 243
El Frontón, isla, 21, 179
El Huaico, poblado, 726
El Inca y Vitarte, 600
El Infiernillo, cañón, 93
El Niño, cerro, 204
El Oro, distrito, 894
El Salvador, 946, 954
El Sol de la Molina, mina, 26
El Valle, pueblo, 191
Elías, Domingo, 567, 656

Elías, Ricardo Leoncio, 656
Elmore, Edwin, 948
Empresa Muelle y Dársena del Callao, 595
Encanto, yacimiento, 474
Encinas, José Antonio, 875
Ene, río, 105, 168, 199, 200, 216, 252, 441, 710
Engel, Federico, 146, 148, 469, 475
Enriquez de Almansa, Martín, 536
Enriquez de Guzmán, Luis, 536
Escalante, Tadeo, 819
Escardó Vallejo, Enrique, 876
Escobar, Francisco de, 779, 811
España, 4, 102, 235, 368, 370, 431, 455, 463, 499, 507, 518, 520, 524, 525, 529, 531, 533, 534, 538, 541, 545, 547, 550, 555, 556, 558, 666, 690, 747, 765, 768, 770, 772, 784, 785, 809, 824, 825, 826,831, 846, 881, 944, 945, 948, 951, 958
Esperanza, pueblo, 104
Espinar, ciudad, 183
Espinar, provincia, 183, 185, 255, 735
Espíndola, río, 6,
Espinosa Medrano, Juan de, 759, 774, 885
Espinosa, Waldemar, 493
Espinoza de Monteros, Juan, 817
Espinoza Dueñas, Francisco, 832
Espinoza Haro, Nilo, 795
Essex Vidal, Emeric, 824
Estados Unidos, 5, 6, 7, 8, 85, 126, 140, 344, 385, 386, 402, 404, 431, 451, 574, 589, 602, 611, 614, 622, 664, 665, 666, 692, 724, 727, 751, 752, 823, 864, 866, 874, 883, 888, 893, 904, 909, 944, 947, 948, 949, 953, 954, 955, 957, 967
Estete, Miguel de, 493
Estrada Ancajima, José A., 676
Estrada Cabrera, Manuel, 948
Eten, pueblo, 208, 209, 210
Europa, 565, 589, 614

F

Fajardo, Denis, 881
Falcón, César, 875
Faria y Souza, Manuel de, 774
Faura Gaig, Guillermo, 100, 110, 111
Favre, Henri, 496
Federación de Choferes, 655
Federación de Empleados Bancarios, 655
Federación de Trabajadores de la Construcción Civil, 656
Federación de Trabajadores Textiles, 655
Federación de Tripulantes del Callao, 655
Federación Gráfica, 655
Federación Nacional de Educadores, 655
Federación Obreros Panaderos, 655
Federación Textil, 655
Felipe II, 536, 809, 811, 844
Felipe III, 536
Felipe IV, 536
Felipe V, 536, 547
Fell, cueva, 460
Fenojois, Roger, 887
Fernández, Alberto, 883
Fernández, Arturo, 879
Fernández, Diego, 463
Fernández, Gregorio, 820, 821
Fernández, Teodoro, 879
Fernández de Castro, Pedro, 536
Fernández de Córdoba, Diego, 536
Fernández de Noriega, Pedro, 811
Fernández de Oviedo, Gonzalo, 455, 464
Fernández de Piérola, Nicolás, 748, 959
Fernández Lobo, Jordán, 809
Fernandini, Eulogio, 392
Fernando VI, 536
Fernando VII, 536, 550, 776
Ferreñafe, ciudad, 207, 209, 210, 255
Ferreñafe, provincia, 207, 209, 255, 306
Ferreyra, Ramón, 259, 262
Ferrol, isla, 21
Fielding, Henry, 775
Fierro, Pancho, 823
Figueroa, Luis, 884
Figuerola, Julio, 567
Figuerola, Justo, 656
Filadelfia, 746
Filipinas, 961
Filipo II, 497
Fisquet, Theodore Auguste, 824
Fitzcarrald, Carlos Fermín, 221, 383
Fitzcarrald, istmo, 219, 221
Fitzgerald, 627
Flandes, 811, 814
Flaubert, Gustave, 792
Flecha y Dasso, hermanos, 883
Florencia, 825
Flores, Francisco, 873
Flores, Jorge, 876
Flores, Zacarías, 882
Flores Galindo, Alberto, 764
Florez, Ricardo, 831
Florida, 451, 755
Floridablanca, conde de, 745
Foca, isla, 232
Foglia, Armando, 882
Folana, familia, 439
Folsom, 460
Fortaleza, río, 31, 92, 159, 212
Fortuny, Mariano, 826
Francia, 4, 431, 565, 781, 823, 824, 825, 826, 827, 831, 945, 949, 954, 956, 958, 966
Francisco I, 11
Frankfurt, 451
Frente Democrático Nacional, 945, 952
Frente Nacional de Trabajadores y Campesinos, (FRENATRACA), 665
Frei, Eduardo, 967
Frías, Isaac León, 885
Frías, río, 232
Fuente Arias, Rita de la, 957
Fuentes, Atanasio, 874
Fuentes, Lucha, 882
Fuentes, Luisa, 881
Fuentes, Nicolás, 880
Fühlrott, 457
Fujimori, Alberto, 631, 632, 634, 636, 642, 654, 656, 693, 878, 893, 948, 949, 950, 966, 967, 969
Fujimori, Hiro Alberto, 950
Fujimori, Juana, 949
Fujimori, Keiko Sofía, 950
Fujimori, Kenji Gerardo, 950
Fujimori, Naochi, 948
Fujimori, Pedro, 949
Fujimori, Rosa, 949
Fujimori, Sachi Marcela, 950
Fujimori, Santiago, 949

G

Galápagos, islas, 21, 133, 140, 181, 910
Galdós Rivas, Enrique, 834
Galindo, pueblo, 482
Gallardo, Alberto, 880
Galle, Felipe, 809, 816
Gallinazo, sitio arqueológico, 479, 481
Gallito Ciego, represa, 175, 203, 944
Gallo, isla del, 523, 526
Gálvez, Cristina, 834
Gálvez, José, 781, 876
Gálvez, ministro, 548
Gálvez, Pedro, 873
Gálvez, río, 104
Gálvez Ronceros, Antonio, 795
Gamarra, Abelardo, 764, 777, 873
Gamarra, Agustín, 373, 555, 561, 562, 563, 564, 567, 569, 602, 656
Gamboa, Sarmiento de, 455, 493
Garagay, ruinas de, 476, 799, 807, 837, 838
García, Federico, 884
García, Francisco, 812
García, Gregorio, 455
García, José Uriel, 787, 788
García, Lorenzo, 578
García, Perico, 882
García, Rosa, 881, 882
García Belaúnde, José Antonio, 906, 907
García Bryce, José, 437, 868
García Calderón, Francisco, 581, 781
García Calderón, Ventura, 759, 781, 787, 788, 943
García Lorca, Federico, 784
García Márquez, Gabriel, 792
García Navarro, Dolores, 947
García Pérez, Alan, 426, 630, 654, 676, 950, 966
García Pumacahua, Mateo, 660
García Rendueles, Manuel, 690, 766
García Ronceros, Carlos, 950
García Rosell, 498
García y Delgado, Mauricio, 818
Garcilaso de la Vega, 951
Garcilaso de la Vega, Inca, 12, 14, 146, 183, 340, 463, 495, 498, 499, 500, 549, 688, 741, 759, 760, 761, 769, 770, 771, 784, 787, 788, 807, 858, 951
Garcilaso de la Vega, Sebastián, 858, 951
Garreaud, Gastón, 834
Gasca, Pedro de la, 532
Gasñape, cerro, 204
Gasparini, Graziano, 842
Gavilán, Baltazar, 820
Gayco, río, 109
Genaro Herrera, pueblo, 40, 41, 106
General Sánchez Cerro, provincia, 223, 225, 255, 305
Gengis Kan, 497
Gerardo, Pedro, 812
Ghia, Juan, 882
Gibraltar, estrecho, 883
Gibson, Doris, 876
Gibson, Percy, 782
Giessecke, Alberto, 754
Gil de Castro, José, 823
Gil de Taboada y Lemos, Francisco, 536, 963
Gilles, Juan Bautista, 857
Gilzean, Winnei, 887
Ginés, Gaspar, 820
Gleyre, Charles, 824
Goldemberg, Isaac, 795
Golfo Pérsico, 123
Gómez, Alonso, 820
Gómez Carrillo, 781
Gómez Sánchez, Óscar, 880
Góngora y Argote, Luis de 773, 774
González, Francisca, 522
González, Nicanor, 878
Gonzáles del Valle, Luis, 876
González Gamarra, Francisco, 827
González García, 473
González Holguín, Diego, 705
González Orrego, Juana Rosa, 961
González Paniagua, Francisco, 688
González Prada, Manuel, 608, 780, 787, 874, 948, 951, 952, 953

González Viaña, Eduardo, 795
González Vigil, Paula, 873
Gorgona, isla, 524, 526
Gorgor, distrito, 736
Goyeneche, Sebastián de, 825
Gracián, Baltasar, 774
Gran Bretaña, 368, 368, 369, 370, 372, 579, 589
Gran Chimú, provincia, 203, 204
Gran Colombia, 560, 561
Gran Pajonal, relieve, 227
Granada, 529
Granadino, Cecilia, 764
Granda, Chabuca, 887
Granda, Julio, 883
Grande, río, 91, 110, 116, 171, 187, 195, 196, 483
Graña, Mocha, 887
Graña Garland, Francisco, 874
Gratzeva, Tatiana, 887
Grau, Miguel, 581
Grau, provincia, 166, 231, 255, 659
Grau, Ricardo, 831, 832
Grau Berrío, Juan Manuel, 952
Grau Seminario, Miguel, 147, 181, 432, 952, 953
Graves, Michael, 868
Gregorio XVI, 960
Gris, Juan, 948
Grohmann Pividal, Olga, 943
Gropius, Walter, 867
Grubner, Fritz,
Grupos Campesinos, 674
Guadalupe, 206
Guadalupe, ciudad, 583
Guadalupito, 146
Guallart, José María, 766
Guamache, río, 106
Guamán Maita, Melchor, 821
Guañape, isla, 21, 48
Guatemala, 947, 954
Guayaquil, 8, 14, 370, 894, 896, 962
Guayaquil, ciudad, 558, 562
Guayaquil, golfo, 135, 140
Guayas, río, 458, 506
Gueppi, pueblo, 3, 75
Gueppi, río, 6, 104
Gueppi, zona reservada, 306
Guerra, Matilde de la, 956
Guevara, Alejandro Romualdo, 791
Guevara, Pablo, 791
Guillén, Diego, 847
Guillén, Edgard, 886
Guillén, Jorge, 784
Guirior, Manuel, 536
Guitarrero, sitio arqueológico, 462, 472, 474
Guruya, río, 104
Gutarra, Carlos, 876
Gutiérrez, Miguel, 795, 796
Gutiérrez, Sérvulo, 831
Gutiérrez, Tomás, 656
Gutiérrez Cuevas, Teodomiro, 596
Gutiérrez de la Fuente, 562
Gutiérrez Noriega, Carlos, 750
Gutiérrez Sencio, Miguel, 856, 858
Guzmán, Alberto, 834
Guzmán Reynoso, Abimael, 633

H

Hacha, sitio arqueológico, 476
Hague Viale, Carlos, 875
Hall Loos, Betty, 766
Hanansuyo, 498
Hardoy, Jorge E., 485
Hart Bedoya, Miguel, 888
Harth-terré, Emilio, 867
Hastings, Rafael, 834
Hatuncolla, 838
Hawai, 126
Haya de la Torre, Víctor Raúl, 608, 609, 630, 654, 655, 780, 783, 875, 950, 953, 954, 960, 964
Haya y Cárdenas, Raúl Edmundo, 953
Haynes, 460
Heath, río, 3, 104, 219, 236, 444, 717
Hebreo, León, 951
Height, Diana, 888
Heine Geldern, 458, 459
Henríquez, Manuela, 825
Heraud, Javier, 793
Heredia, Cayetano, 753
Heremita Clerk, Jacobo, 181
Herkowitz, David, 834
Hernández, Andrés, 820
Hernández, Arturo D., 766
Hernández, Daniel, 826, 830, 831
Hernández, José, 779
Hernández Galván, Gómez, 820, 821
Herrán, Saturnino, 829
Herrera, Antonio de, 463
Herrera, Bartolomé, 825
Herrera, Carlos, 796
Herrera, Fortunato, 740
Herrera, Jenaro E., 766
Herrera, Ramón, 952
Hespero, 455
Hidalgo, Alberto, 782, 783
Hidalgo, José, 795
Higa Oshiro, Augusto, 795
Hinostroza, Rodolfo, 796
Hinostroza, Wenceslao, 831
Hitler, Adoph, 879
Hnefeldt, Christine, 374
Holanda, 824
Holguín, 498
Honduras, 946
Honolulú, 126
Honores, Juan, 880, 881
Honorio, 519
Hospicio, pampa, 243
Hrdlicka, Alec, 458, 460, 466
Huaca de la Luna, 482
Huaca de los Reyes, ruinas, 800, 807
Huaca del Sol, 482
Huaca Negra, ruinas, 474
Huaca Prieta, ruinas, 146, 433, 467, 474, 475, 799, 808
Huaca Rajada, ruinas, 432, 482
Huácac, 494
Huacachina, laguna, 116, 197
Huacapishtea, río, 716
Huacaybamba, provincia, 191, 193, 255
Huaccanqui, paso, 109
Huachipa, ruinas, 481
Huachi-Pampa, quebrada, 94
Huacho, bahía, 22, 211
Huacho, ciudad, 23, 47, 136, 211, 212, 213, 214, 255, 275, 350, 409, 724, 881
Huacho, sitio arqueológico, 146, 149, 150
Huacho, valle, 93
Huacrachuco, villa, 191, 206, 256
Huacullo, laguna, 163
Huairacocha, 495
Huairajirca, 475
Huaisambilla, río, 104
Huaitire, laguna, 97
Hualacache, pueblo, 51
Hualgayoc, ciudad, 177
Hualgayoc, mina, 390
Hualgayoc, provincia, 177, 178, 255
Hualhuas, pueblo, 725
Huallaga, provincia, 239, 241, 255, 475
Huallaga, río, 20, 31, 32, 33, 34, 38, 39, 44, 99, 101, 108, 112, 113, 114, 117, 174, 191, 192, 194, 216, 218, 228, 230, 239, 240, 267, 441, 442, 443, 448, 667, 700, 709, 711, 712, 718
Huallaga Central, valle, 78, 384
Huallaga del Padre Sobreviela, río, 113
Huallanca, distrito, 30, 67, 92, 118
Huallpa, Diego, 367
Huamachuco, ciudad, 67, 203, 204, 206, 256, 340, 355, 776, 777, 843, 947, 960
Huamalíes, provincia, 191, 193, 255
Huamanga, ciudad, 171, 174, 343, 533, 538, 544, 689, 726, 812, 819, 821, 846, 854
Huamanga, provincia, 171, 172, 255, 305, 343, 743, 788
Huamanga, universidad, 633
Huamaní, pueblo, 64
Huamarazo, nevado, 187
Huambocancha, pueblo, 727
Huamuco, río, 114, 191
Huanacauri, cerro, 339
Huanaco, 468, 470, 473, 475, 493
Huanca, ciudad, 172
Huanca-Huanca, río, 171
Huanca Sancos, ciudad, 171, 172, 255
Huanca Sancos, provincia, 255
Huancabamba, ciudad, 111, 194, 232, 233, 234, 255, 446
Huancabamba, provincia, 89, 233, 255, 294, 481
Huancabamba, río, 108, 110, 119, 158, 207, 209, 231, 232
Huancabamba-Pozuzo, río, 228
Huancané, ciudad, 67, 68, 236, 237, 238, 255
Huancané, provincia, 116, 255, 305, 701
Huancané, río, 115, 116, 235
Huancapi, ciudad, 171, 256
Huancarani, quebrada, 95, 476
Huancaray, río, 163
Huancavelica, ciudad, 68, 103, 174, 187, 188, 202, 255, 343, 441, 445, 448, 495, 528, 538, 668, 725, 730, 812, 825
Huancavelica, departamento, 32, 47, 51, 94, 95, 105, 107, 171, 189, 195, 196, 199, 255, 256, 295, 317, 319, 320, 321, 324, 325, 331, 367, 380, 396, 428, 441, 445, 618, 703, 734, 736
Huancavelica, provincia, 187, 188, 255, 316
Huancay, río, 91
Huancayo, ciudad, 48, 67, 103, 107, 166, 174, 182, 190, 199, 200, 201, 202, 214, 255, 345, 346, 350, 352, 353, 372, 441, 445, 447, 448, 452, 592, 618, 640, 668, 689, 721, 744, 753, 875, 876, 943
Huancayo, departamento, 703
Huancayo, provincia, 199, 255
Huanchaco, ciudad, 149, 205289, 434
Huancho, hacienda, 664
Huancho, ruinas, 229
Huanchuy, río, 187
Huandoy, nevado, 119
Huanta, ciudad, 171, 172, 174, 255, 355, 730
Huanta, provincia, 171, 172, 255, 309
Huánuco, ciudad, 110, 113, 174, 191, 193, 194, 242, 255, 350, 441, 442, 445, 448, 452, 799, 837
Huánuco, departamento, 20, 34, 38, 47, 51, 63, 64, 78, 103, 105, 110, 112, 159, 203, 206, 211, 227, 251, 255, 256, 274, 284, 305, 306, 317, 319, 325, 355, 379, 380, 441, 550, 703, 735, 837
Huánuco, provincia, 191, 193, 255, 316, 799
Huánuco, valle, 113, 192, 194,

Huánuco Pampa, 194
Huánuco Viejo, ruinas, 102, 194, 340, 442, 506, 843
Huanzo, laguna, 95
Huañec, distrito, 736
Huañipaco, volcán, 51
Huaqui, ciudad, 115, 438, 451
Huaquisa, 237
Huaracayo, pongo, 109, 155
Huaracondo, distrito, 817
Huaral, ciudad, 211, 212, 214, 255, 350
Huaral, provincia, 211, 212, 255, 305
Huaral, valle, 120, 361
Huarancocha, laguna, 32, 228, 441
Huaranguillo, ciudad, 437
Huarantambo, ruinas, 230
Huaraz, ciudad, 47, 50, 62, 64, 67, 92, 159, 162, 214, 255, 350, 445, 447, 452, 703, 728
Huaraz, provincia, 161, 162, 305
Huarcapay, sitio arqueológico, 841
Huarcaya, río, 95
Huarco, ruinas, 843
Huari, ciudad, 161, 173, 255, 479, 485, 486
Huari, cultura, 485, 489
Huari, provincia, 118, 161, 162, 255, 305, 477, 482
Huariaca, río, 112, 113
Huaringas, 446
Huaripampa, 107
Huarmey, ciudad, 131, 142, 145, 151, 161, 162, 255, 289, 474
Huarmey, provincia, 161, 162, 255
Huarmey, río, 159
Huarmey, valle, 482
Huarmicocha, laguna, 94
Huaro, 846
Huarochirí, provincia, 211, 212, 255, 736, 779
Huasac, 818, 846
Huascacocha, laguna, 112
Huascaicocha, laguna, 119
Huáscar, 494, 497, 511, 515, 516, 518, 526, 550
Huascarán, glaciar, 288
Huascarán, nevado, 3, 10, 33, 17, 50, 46, 119,
Huata, península, 116
Huatanay, río, 106, 500
Huatire, nevado, 243
Huaura, provincia, 22, 211, 212, 255, 639, 871
Huaura, río, 31, 93, 212, 370
Huaura, valle, 840
Huayabamba, río, 99, 114, 239, 442
Huayhuaca, Jorge, 884
Huaylas, ciudad, 47, 475, 486
Huaylas, provincia, 161, 162, 255, 305, 563
Huayllay, santuario nacional, 230, 305, 441
Huayna, 497
Huayna Cápac, 496, 516, 519, 742, 841
Huayna Cápac Inca, Carlos, 816
Huaynapicchu, cerro, 186, 843
Huaynaputina Quinistaquilla, volcán, 51, 52, 53, 54
Huayruro, ruinas, 838
Huaytapallana, nevado, 441
Huaytará, ciudad, 187, 255, 843
Huaytará, provincia, 119, 187, 188, 255
Huaytará, río, 187
Hubert, Henri, 504
Huenque, río, 235
Hueri, ciudad, 162
Huertas, Lorenzo, 493
Huichinga, laguna, 94
Huillaripa, río, 163
Huillca, Antonio, 819
Huimbayoc, distrito, 113
Huiñaimarca, lago, 9, 115
Huiñaque, 487
Huipaya, río, 107
Huiracocha Pampa, ruinas, 206, 494
Huiracocha, 841
Humajalso, volcán, 223
Humareda, Víctor, 832
Humaya, observatorio meteorológico, 60
Humboldt, Alexander von, 127, 128, 464, 506, 746, 748
Hunt, Shane, 575
Hurinsuyo, 498
Hurtado, Alberto, 750, 751
Hurtado de Mendoza, Andrés, 529, 536
Hurtado de Mendoza, García, 536
Hurts, H.E., 100

I

Ibáñez, Víctor M., 765
Ibarra, 460
Iberia, ciudad, 75, 78, 220, 222
Ibérico, Mariano, 783
Ica, ciudad, 25, 47, 48, 60, 89, 95, 195, 196, 255, 284, 285, 287, 346, 350, 369, 445, 447, 452, 583, 729, 790, 943
Ica, departamento, 17, 20, 21, 22, 23, 24, 47, 61, 85, 120, 144, 149, 150, 167, 171, 187, 211, 255, 256, 305, 317, 319, 320, 333, 355, 381, 428, 435, 475, 476, 479, 959
Ica, desierto, 20
Ica, provincia, 195, 196, 255, 316, 483
Ica, río, 95, 119, 187, 195, 196
Ica, valle, 24, 120, 197, 198, 490, 802
Ichtollo, volcán, 51
Ichu, río, 187
Ichuña, río, 97, 223
Ichupampa, pueblo, 725
Igartua, Francisco, 876
Iglesias, Miguel, 581, 656
Ilave, ciudad, 71, 238, 355
Ilave, río, 235
Illescas, relieve, 24, 25
Ilo, ciudad, 136, 223, 225, 246, 255, 289, 350, 355, 419, 420
Ilo, provincia, 223, 225, 255, 260
Ilo, valle, 226
Imata, pueblo, 70, 71, 96
Imaza, río, 112
Imbelloni, José, 459
Inambari, río, 99, 104, 219, 235, 237, 353
Inca, cultura, 461, 468, 510
Inca, región administrativa, 659
Inca Roca, 104, 221, 494, 841
Incahuasi, ruinas, 843
Inchollo, volcán, 223
Inchupalla, río, 115
Independencia, isla, 21, 195
India, 459, 504, 590,
Indonesia, 82, 85
Ingenio, pampa,
Inglaterra, 152, 547, 565, 827, 864, 883, 945, 953
Ingunza, Juan de Dios, 825
Inomoto, Matsue, 948
Inuira, laguna, 120, 252
Inuya, río, 100, 107, 715
Iñapari, ciudad, 219, 221, 256
Iñuma, nevado, 116
Iparraguirre, J., 144
Iquitos, ciudad, 40, 41, 42, 79, 80, 101, 103, 215, 216, 217, 218, 242, 256, 284, 344, 346, 350, 352, 353, 354, 425, 443, 445, 452, 666, 881
Irán, 152
Irlanda, 496
Irurita, Lucía, 886
Islacocha, laguna, 171
Islay, bahía, 22
Islay, pueblo, 369, 662, 826
Islay, provincia, 170, 255, 305
Isola, Alberto, 886
Isozaki, Arata, 868
Italia, 152, 824, 825, 826, 831, 881, 945, 954
Itaya, río, 101, 103
Itiers, 493
Iturbide y Villena, Jesús de, 959
Izaga, Jaime, 883
Izquierdo Gallo, Mariano, 766
Izquierdo Ríos, Francisco, 764, 766, 784
Izumi, Seichi, 475

J

Jacob, Luis, 883
Jaén, ciudad, 76, 77, 78, 79, 103, 110, 178, 256, 378, 446, 735, 773
Jaén, provincia, 175, 177, 178, 255, 561
Jaén, valle, 384
Jaguay, lomas, 260
Jahuay Grande, 48
Jahuinlla, río, 163
Jaihuamachay, sitio arqueológico, 472
James, William, 661
Jancoyo, hacienda, 664
Japón, 144, 152, 385, 459, 633, 949, 950
Japopunco, río, 97
Jara, Cronwell, 764, 796
Jaramayo, río, 159
Jarpaña, río, 116
Jarque, Fietta, 796
Jauja, ciudad, 12, 67, 103, 107, 199, 201, 256, 312, 341, 342, 441, 481, 530, 533, 736, 796, 843, 958
Jauja, laguna, 202
Jauja, provincia, 199, 255, 306
Jáuregui y Aldecoa, Agustín de, 536
Java, 666
Jaxa Malachowski, Ricardo de, 866, 867
Jelache, río, 114
Jenks, 20, 27
Jenyns, 137
Jequetepeque, río, 91, 203, 290, 433
Jequetepeque, valle, 24, 370, 371, 482, 489
Jera, río, 242, 442
Jerez, Francisco de, 507
Jerez, García de, 526
Jerusalem, 500
Jesús, ciudad, 191
Jhacsata, pueblo, 52
Jiménez, Carlos, 825
Jiménez, Ediberto, 727
Jiménez, Gustavo A., 656
Jiménez, Pilancho, 882
Jiménez Borja, Arturo, 764
Jiménez de la Espada, Marcos, 463
Jocos, 51
Johnson, George, 450
Johnston, J.H., 390
Jonsani, península, 116
Jordán, Orestes, 879
Jordana Laguna, José Luis, 766
Jorge Basadre, provincia, 243, 244, 255
Jorge de Inglaterra, 602
José Carlos Mariátegui, región, 659
Joya, Juan, 880
Juan Carlos I de España, 967
Juan Fernández, islas, 140

Juan Pablo II, 967
Juanjuí, ciudad, 34, 78, 79, 114, 239, 241, 242, 256, 284, 355, 442, 448
Jucumarini, río, 97
Jucumarini, meseta, 223
Jujuy, provincia (Argentina), 498
Julcamarca, 51
Julcán, ciudad, 203, 724
Julcán, provincia, 203, 204
Juli, ciudad, 67, 238, 255, 438, 702, 810, 846, 854
Juli, golfo, 116
Juliaca, ciudad, 68, 69, 170, 236, 237, 256, 350, 352, 353, 421, 449, 583, 665, 689, 854, 944
Julio II, 455
Jumbilla, ciudad, 268
Junín, departamento, 20, 30, 32, 47, 48, 51, 105, 118, 158, 171, 183, 187, 199, 201, 211, 227, 251, 255, 256, 287, 295, 305, 306, 332, 333, 355, 378, 379, 380, 384, 412, 428, 441, 445, 659, 668, 703, 724, 725, 727, 728, 730, 733, 734, 735, 736, 819
Junín, lago, 20, 32, 107, 117, 202, 228, 291, 292, 441
Junín, meseta, 33, 200
Junín, provincia, 199, 255, 305, 474, 563
Junín, reserva nacional, 305, 441
Jurado Palomino, 705
Juvara, Filippo, 863

K

Kahn, Louis, 868
Kalapuja, centro poblado, 726
Karno, Howard, 599, 600
Kato, Akira, 882
Kauffmann Doig, Federico, 476, 479, 496, 502
Kayra, pueblo, 67
Kelsen, Hans, 504
Kemmerer, Edwin, 424
Kenji, Gerardo, 943
Kinzl, H., 160
Kizu Yupanqui, 528
Kleiser, Enrique, 832
Koepchke, María Emilia, 271
Korihuayrachina, centro poblado, 439
Kosok, Paul, 484
Kotosh, sitio arqueológico, 113, 194, 442,
Krakatoa, volcán, 126
Kressel, Trudy, 887
Kroeber, Alfred, 467, 470
Kuala Lumpur, 950
Kubotta, Arturo, 834
Kuélap, fortaleza, 433, 446
Kyûshû, isla, 458

L

La Achirana, canal, 95, 196, 198
La Atarjea, ciudad, 291
La Bandera, cerro, 40
La Brea, centro poblado, 667
La Canela, centro poblado, 102, 103
La Chira Vallejos, María Amalia, 955
La Convención, provincia, 30, 35, 183, 185, 255, 378
La Convención, valle, 34
La Cruz Verde, pampa, 243
La Cumbre, sitio arqueológico, 461, 482
La Esperanza, ciudad, 251, 256
La Florida, centro ceremonial, 476
La Haya, ciudad, 946
La Hoz, Luis, 794
La Independencia, bahía, 195
La Islilla, centro poblado, 149
La Joya, desierto, 24, 28, 167
La Leche, río, 24, 90, 175, 208, 432
La Leche, valle, 352, 481, 489
La Libertad, ciudad, 331, 445, 463, 475
La Libertad, departamento, 17, 20, 21, 24, 28, 29, 47, 48, 61, 85, 91, 109, 114, 149, 155, 159, 175, 191, 203, 206, 207, 239, 255, 256, 286, 295, 305, 306, 319, 331, 332, 340, 351, 355, 378, 379, 380, 381, 385, 392, 393, 428, 433, 474, 481, 659, 667, 700, 724, 728, 729, 784, 788, 964
La Libertad, provincia, 316
La Mancha, 521
La Mar, provincia, 171, 172, 255
La Mariposa, pampa, 207
La Merced, ciudad, 30, 103, 107, 199, 202, 230, 255, 452
La Merced, valle, 201
La Merced-San Ramón, ciudad, 355
La Mina, cerro, 207
La Molina, distrito, 25, 60, 356, 360
La Morada, centro poblado, 114
La Niña, laguna, 90
La Oroya, ciudad, 103, 107, 166, 174, 199, 201, 202, 256, 287, 292, 345, 391, 445, 449, 668
La Paz, ciudad, 182, 550, 551, 702, 744
La Peca, ciudad, 156, 157
La Peca, quebrada, 158
La Perla, distrito, 290
La Plata, ciudad, 744
La Puerta, Luis, 656
La Punta, ciudad, 23, 60, 356
La Puntilla, centro poblado, 90, 14
La Rioja, provincia (Argentina), 498
La Torre, Alfonso, 885
La Unión, ciudad, 191, 193, 194, 255
La Unión, provincia, 169, 170, 799, 837
La Viuda, paso, 230
La Yarada, pampa, 243
Laberinto, centro poblado, 222
Lacayacunca, pampa, 96
Lachay, centro poblado, 146, 309
Lachay, lomas, 260, 261, 435
Lachay, reserva nacional, 305
Lachira y Amotape, 507
Ladrón de Guevarra, Diego, 536
Lagartococha, río, 6, 104
Lagoa Santa, 460
Laguna Cerro, depresión, 4
Laguna Grande, pueblo, 149
Lagunas de Mejía, santuario nacional, 305
Lagunero, río, 96
Lagunillas, pueblo, 149
Lagunillas, laguna, 32, 235
Lahuaymarca, río, 722
Laicacota, mina, 664
Lajas, distrito, 6
Lamas, ciudad, 113, 114, 239, 241, 242, 256, 442, 726
Lamas, provincia, 239, 241, 256
Lambayeque, ciudad, 24, 59, 60, 209, 210, 256, 432, 445, 483, 487, 489, 505, 851, 881
Lambayeque, departamento, 20, 24, 59, 85, 120, 149, 173, 175, 203, 207, 231, 255, 256, 286, 306, 319, 332, 378, 379, 381, 428, 432, 474, 607, 659, 667, 700, 703, 725, 726, 729, 954, 961
Lambayeque, provincia, 209, 256, 306, 316, 490, 731
Lambayeque, río, 90
Lambayeque, valle, 370, 371, 481
Lampa, ciudad, 48, 236, 256, 481, 854
Lampa, provincia, 233, 236, 256
Lampa, río, 116
Lampalla, río, 171
Lamud, ciudad, 158, 256
Langui Layo, laguna, 32, 117
Lanning, Edward P., 472
Laquipampa, zona reservada, 306
Laramate, río, 171
Laraos, distrito, 736
Laras, río, 107
Larco, Fedor, 476, 481, 886
Larco Herrera, Rafael, 874
Larco Herrera, Víctor, 875
Larco Hoyle, Rafael, 481
Lari, pueblo, 51, 450
Larmacata, río, 97
Larrabure, Sara María, 791
Larrea, Erfilia, 945
Larriva, José Joaquín de, 776, 872
Las Haldas, sitio arqueológico, 146, 474
Las Huaringas, lagunas, 231
Las Minas, volcán, 51
Las Piedras, río, 219, 220, 716
Las Yangas, río, 175
Laso, Francisco, 824, 825
Laso de la Vega, Benito, 824
Latcham, Ricardo, 494
Lathrap, Donald, 458
Lau, Thomas de, 817
Lauricocha, cueva, 194, 309, 442, 462, 473, 799, 837
Lauricocha, provincia, 191, 193
Lauricota, laguna, 32
Lauvergne, Bartolomé, 824
Lavalle y Cavero, Petronila de, 958
Lavalle, José María, 879
Lavalle, Víctor, 879
Lavallée, Danielle, 474
Laviosa, 459
Lazarte, Conroy, Jorge, 876
Lazarte, Guillermo, 877
Lazo, Ofelia, 886
Le Corbusier, 867
Ledgard, Carlos, 780
Lee, Leslie, 834
Leguía, Augusto B., 8, 420, 587, 588, 592, 593, 600, 601, 602, 603, 604, 605, 607, 610, 611, 612, 626, 656, 663, 872, 874, 875, 877, 946, 953, 954, 955, 960
Leimebamba, distrito, 158
León de los Caballeros de Huánuco, ciudad, 191, 342, 434, 530
León Pinelo, Antonio de, 456
León, Antonio de, 862
León, Luis de, 498
León, Perico, 880, 881
Leoncio Prado, provincia, 191, 193, 256, 305
Leticia, centro poblado, 894, 903
Leturia, Carlos, 883
Lévano, César, 595
Levillier, Roberto, 498
Levin, Jonathan, 571, 572, 577
Lévi-Strauss, Claude, 504
Lewisville, 459
Lezama Lima, José, 772
Libertadores-Wari, región administrativa, 659
Lichicocha, laguna, 93
Liévana, Andrés de, 811
Lima, ciudad, 21, 22, 26, 47, 48, 60, 64, 80, 93, 102, 120, 126, 140, 141, 166, 174, 179, 200, 201, 207, 211, 222, 230, 242, 250, 256, 261, 284, 285, 287, 292, 314, 331, 333, 341, 342, 343, 344, 347, 349, 350, 351, 354, 356, 357, 358, 361, 362, 369, 370, 371, 372, 374, 375, 390, 398,

404, 405, 415, 416, 421, 425, 435, 441, 445, 446, 447, 448, 452, 456, 472, 476, 528, 530, 531, 532, 535, 538, 544, 548, 557, 558, 559, 561, 563, 574, 575, 578, 581, 594, 598, 599, 600, 601, 602, 617, 618, 633, 635, 636, 639, 652, 655, 661, 663, 668, 672, 677, 678, 689, 690, 691, 724, 728, 731, 736, 743, 744, 745, 747, 749, 750, 751, 753, 755, 764, 773, 776, 777, 780, 782, 784, 789, 791, 795, 796, 811, 813, 820, 822, 823, 825, 826, 829, 830, 838, 839, 845, 851, 864, 865, 866, 871, 873, 879, 880, 881, 886, 906, 943, 944, 945, 946, 947, 948, 949, 950, 951, 952, 953, 954, 955, 956, 957, 958, 959, 960, 961, 962, 963, 964, 965, 966
Lima, departamento, 23, 47, 51, 85, 120, 134, 146, 149, 159, 169, 187, 191, 195,199, 206, 211, 214, 227, 255, 256, 260, 305, 306, 317, 319, 320, 321, 331, 332, 355, 379, 381, 385, 409, 428, 469, 475, 700, 701, 703, 706, 723,725, 729, 730, 733, 735, 743, 945
Lima, provincia, 212, 256, 306, 316, 563
Limas, puerto, 169
Linch, Alberto, 827
Liñán y Cisneros, Melchor de, 536, 821
Lira, Jorge A., 764
Lircay, ciudad, 187, 188, 190, 255
Lircay, río, 187
Lirima, río, 115
Lisboa, 456, 951
Liullita, laguna, 163
Liverpool, 571
Lizárraga, Reginaldo de, 491
Llacctachayocc, quebrada, 95
Llamellín, ciudad, 162, 255
Llanganuco, laguna, 32, 159
Llano y Zapata, José Eusebio del, 743, 744, 745
Llanos, Manuel, 100
Llata, ciudad, 67, 191, 193, 194, 255
Llaucano, río, 110, 175
Llocllapampa, 51
Lloque Yupanqui, 494
Lloque, pueblo, 52
Llosa, Luis, 884
Llosa Urquidi, Patricia, 966
Lluracocha, laguna, 92
Loayza, Francisco, 762, 875
Loayza, fray Jerónimo de, 544
Loayza, Luis, 791
Loayza, Martín de, 817
Loayza, Miguelito, 880
Loayza, Pedro de, 811
Lobitos, centro poblado, 667
Lobo, río, 219
Lobo Guerrero, Bartolomé, 821
Lobos de Afuera, islas, 21, 140, 141
Lobos de Tierra, islas, 21, 271, 272
Locumba, ciudad, 48, 243, 244, 245, 256, 736
Locumba, río, 27, 97, 118, 136, 243
Loja, ciudad, 89, 894
Lomas, distrito, 146, 149,
Lomas de Lachay, estación meteorológica, 60
Lombardi, Francisco, 884
Londres, 577, 584, 597, 602, 946, 965
López, Rogelio, 888
López, Sinesio, 672, 876
López, Valeriano, 880
López Albújar, E., 788, 943
López Antay, Joaquín, 439, 727
López-Baralt, Mercedes, 772
López de Gómara, Francisco, 463
López de Romaña, Eduardo, 391, 587, 588, 656, 959
López de Zúñiga, Diego, 536
López Mindreau, Ernesto, 888
Lorente, Sebastián, 466, 497, 739
Loreto, ciudad, 445
Loreto, departamento, 3, 20, 40, 42, 51, 75, 78, 80, 105, 109, 112, 155, 191, 216, 218, 239, 240, 255, 256, 284, 305, 306, 317, 319, 321, 333, 379, 443, 452, 659, 665, 666, 703, 709, 718, 735, 958
Loreto, provincia, 215, 217, 256, 305, 316
Los Cedros, pueblo, 59
Los Cerrillos, pampa, 243
Lotario, 519
Lovoscota, laguna, 235
Lozano, Cristóbal, 812
Lucanas, provincia, 171, 172, 256, 305
Lugones, Leopoldo, 948
Luis el Germánico, 519
Luisiana, ciudad, 105, 174
Luján, ciudad, 457
Lumbreras, Luis G., 468, 488
Lungará, provincia, 155
Luna, isla, 116
Lupaca, 502
Lupín, lomas, 260
Luque, Hernándo de, 521
Lurichincha, sitio arqueológico, 490
Lurín, distrito, 22, 25, 481, 689, 776
Lurín, lomas, 260, 475
Lurín, río, 212, 361, 475
Lurín, valle, 26, 214,
Luya, provincia, 155, 156, 158, 256, 433
Luza, Reynaldo, 831
Lyell, Charles, 457
Lynch, Patricio, 376,
Lynch, Thomas, 472, 475
Lyon, 11

M

Mac Kinnon, Kaye, 887
Mac Neish, Richard, 459, 460, 461, 472
Macapomacocha, laguna, 292
Macará, río, 89
Macedo Arguedas, Alfredo, 765
Macera, Pablo, 496, 564
Machu Picchu, cañón, 38, 184, 186
Machu Picchu, ruinas, 17, 30, 106, 166, 305, 439, 440, 449, 466, 507, 740, 840, 842, 843
Mackinder, Alford John, 891
Macusani, ciudad, 236, 237, 255
Macusani, río, 714
Madeira, río, 104, 221
Madero, Francisco I., 948
Madre de Dios, ciudad, 331, 445, 449
Madre de Dios, departamento, 3, 20, 42, 58, 75, 78, 105, 183, 221, 234, 251, 255, 256, 305, 306, 319, 331, 355, 444, 666, 686, 703, 735
Madre de Dios, río, 40, 99, 100, 104, 184, 219, 221, 222, 235, 444, 711, 713, 716, 717
Madrid (España), 451, 558, 745, 746, 816, 871, 886, 948, 950, 962
Maestro, Matías, 812, 823, 850
Magallanes, Adelfo, 879, 880
Magallanes, estrecho de, 123, 844
Magdalena, distrito, 290
Magdalena, río, 113, 191
Mages, valle, 54
Mahuad, Jamil, 967, 968, 969
Mainique, pongo, 34, 38, 39, 106, 252, 711
Maita Cápac, 494
Majes, meseta, 167
Majes, pampa, 28, 62
Majes, río, 31, 96, 168
Majes, ruinas, 451
Majoro, centro poblado, 60
Mala, ciudad, 25, 212, 724, 730
Mala, río, 94, 212
Malaca, 666
Málaga, Alejandro, 437
Málaga, Gerónimo, 817
Málaga, Natalia, 881
Málaga, Óscar, 794
Málaga Grenet, Julio, 827
Malaspina, Alejandro, 812, 823
Malca, Óscar, 796
Maldonado, Diego, 841
Malinas, ciudad, 811
Malinowski, Bronislaw, 503
Malpaso, aguas termales, 48
Malta, isla, 810
Malvinas, islas, 945
Malaysia, 950
Mama Ocllo, 493, 664, 732
Mamani, Inocencio, 765
Manabí, 522
Manarisuyo, 498
Manco Cápac, 183, 493, 664, 732, 760, 841
Manco Inca, 343, 528, 529, 530, 668, 769, 808, 859
Máncora, 141, 146, 234, 431, 445
Mancos, aguas termales, 51
Manfredi, Alejandro, 867
Manglares de San Pedro, 431
Manglares de Tumbes, santuario nacional, 305
Manití, río, 216
Manners, 601
Manosuyo, 498
Manrique, Jorge, 951
Manseriche, pongo de, 34, 37, 38, 39, 109, 111, 155, 158, 433, 446
Manso de Velasco, José Antonio de, 536
Manta, 140
Mantaro, provincia, 412
Mantaro, río, 20, 31, 32, 33, 93, 99, 105, 107, 171, 172, 173, 187, 190, 200, 202, 266, 267, 291, 292, 295, 334, 341, 345, 353, 361, 375, 416, 421, 668, 706, 725, 726, 819
Mantaro, valle, 470, 496
MANTHOC, 691
Manto de la Virgen, catarata, 108
Manu, ciudad, 219, 256
Manu, provincia, 219, 220, 256, 305, 306
Manu, río, 104, 105, 444, 711
Manu, zona reservada, 306
Manuripe, río, 219
Manú-Tali, río, 104, 219
Manzur, Katia, 883
Mapuya, río, 715, 716
Maquía, río, 106
Mar, José de la, 372, 558, 561, 562, 656
Mar de Grau, 3, 9, 21, 25, 57, 59, 82, 83, 91, 92, 97, 121, 126, 128, 129, 130, 133, 134, 135, 136, 137, 138, 140, 141, 142, 144, 147, 148, 150, 151, 159, 160, 161, 167, 171, 179, 195, 203, 204, 207, 208, 211, 212, 223, 224, 231, 232, 243, 245, 247, 248, 250, 271, 272, 287, 288, 289, 385, 431, 452, 946
Mar Negro, 123
Mar Peruano (V. Mar de Grau)
Mar Rojo, 123
Maranganí, ciudad, 583
Marañón, pongo del, 109
Marañón, provincia, 75, 78, 191, 193, 256
Marañón, río, 4, 20, 31, 33, 34, 37, 39, 41, 48, 62, 80, 99, 100, 101, 105, 109, 110, 111, 112, 114, 155, 156, 157, 158, 159,

175, 176, 191, 203, 204, 205, 216, 218, 252, 266, 267, 268, 296, 433, 434, 443, 446, 448, 700, 712, 714, 799, 895, 899
Maras Maytas, Juan, 818
Marcahuamachuco, ruinas, 206
Marcapata, río, 184
Marcapomacocha, laguna, 32, 118, 200
Marcará, distrito, 118
Marcatapa, 449
Marcavalle, sitio arqueológico, 476, 481
Marcona, ciudad, 23, 27, 289, 394, 621
Marham, Clemens R., 762
Mariátegui, Augusto, 877
Mariátegui, Javier, 750
Mariátegui, José Carlos, 608, 609, 633, 654, 655, 672, 780, 783, 787, 788, 791, 874, 875, 876, 948, 952, 953, 955, 965
Mariátegui Requejo, Francisco Javier, 871, 955
Mariscal Cáceres, bosque nacional, 306
Mariscal Cáceres, provincia, 239, 241, 256, 305, 306
Mariscal Luzuriaga, provincia, 161, 162, 256, 305
Mariscal Nieto, provincia, 223, 225, 256, 701
Mariscal Ramón Castilla, provincia, 215, 217, 256
Markham, Sir Clement Robert, 465, 494
Marmontel, Jean-François, 775, 787
Maroto, Diego, 851
Márquez, José Arnaldo, 777
Marquina, Rafael, 866
Marsano Porras, Andrés, 876
Marshall, islas, 181
Marticorena, Benjamín, 754
Martínez, Cesáreo, 794
Martínez, Gregorio, 795
Martínez de Arrona, Juan, 847
Martínez de Compañón, 733
Martínez de Oviedo, Diego, 821
Martínez Giménez del Villarreal, Santiago, 821
Martínez Málaga, Víctor, 831
Martínez Montañés, Juan, 820, 821, 822
Martos, Marco, 793
Masías, Enrique, 831
Masías, Francisco, 824, 825
Masisea, ciudad, 252
Mason, J. Alden,
Massachusetts, 752
Mata Coronado, Juan de, 812
Matará, río, 163
Matarani, ciudad, 149, 169, 289, 351, 419, 420, 421
Matos Mendieta, Ramiro,
Matto de Turner, Clorinda, 764, 778, 787, 788
Matucana, ciudad, 31, 93, 94, 211, 212, 214, 255, 290
Maule, río, 496
Mauri, río, 10, 116
Mauss, Marcel, 504
Mayas, ciudad, 48
Mayasito, pongo de, 155
Maynas, provincia, 215, 217, 256, 306, 561, 563
Mayo, pongo de, 109
Mayo, río, 99, 239, 498
Maza, Gonzalo de la, 962
Mazán, río, 104, 216
Mazo Cruz, ciudad, 70, 71, 97, 237
Mc Cune, Alfredo W., 391
Mc Larty, Thomas F., 967
Means, Philip Ainsworth, 494
Medina, Adrián Francisco de, 821
Medina del Campo, 743
Mediterráneo, mar, 123
Medoro, Angelino, 809, 810
Meggers, B., 460
Meier, Richard, 868
Mejía, Adán Felipe, 730
Mejía, laguna, 435
Mejía, Miguel, 858
Mejía Xesspe, Manuel Toribio, 467, 484
Meléndez, Baltasar, 821
Meléndez, Manuel, 567
Melgar, Mariano, 551, 776, 956
Melgar, provincia, 233, 236, 256
Melgarejo, Mariano, 580
Mena, Cristóbal de, 507
Mena, Pedro de, 820, 821
Mendaña, Álvaro de, 180
Mendes Corría, Augusto, 458
Mendívil, Hilario, 727
Mendoza, Antonio de, 536
Mendoza, (Argentina), 158, 256, 268, 498
Mendoza Caamaño y Sotomayor, José Antonio de, 536
Mendoza y Luna, Juan de, 536
Menem, Carlos Saúl, 967, 969
Menéndez, Manuel, 656
Menéndez y Pelayo, Marcelino, 948
Menghin, Oswaldo, 460
Menzel, Dorothy, 480
Mérida, Edilberto, 727
Merino, Ignacio, 824, 825
Mesa, Felipe de, 818
Mesa, Juan de, 821
Mesa, Martín Alonso de, 821
Métraux, Alfred, 496, 498
México, 140, 464, 500, 535, 741, 830, 881, 891, 905, 948, 953, 954, 962
Middendorf, Ernst W., 465, 466
MIJARC, 691
Milán, 887
Millones, Luis, 493
Milner Cajauaringa, José, 834
Milpo, estación meteorológica, 70
Mina, Mauro, 882
Minas, 475
Mirador, cerro, 207
Miranda, Francisco de, 775
Mirante Villar, provincia, 305
Miró, César, 877
Miró Quesada, Carlos, 578
Miró Quesada, José Antonio, 872, 956
Miró-Quesada Cantuarias, Francisco, 784, 872, 956
Miró Quesada de la Guerra, Aurelio, 872
Miró Quesada de la Guerra, Luis, 872, 955
Miró Quesada de la Guerra, Óscar, 781, 956
Miró Quesada Garland, Alejandro, 872
Miró Quesada Garland, Elvira, 887
Miró Quesada Lagos, José, 872
Miró Quesada Sosa, Aurelio, 784, 872
Mishagua, río, 107
Mishahuanya, cerro, 176
Mishollo, río, 114, 239
Mismi, nevado, 100, 105, 167, 168, 215, 251, 450
Misti, volcán, 51, 167, 170, 351, 436
Mito, distrito, 107
Moche, cultura, 461, 482, 486, 489, 490, 505
Moche, río, 29, 91, 203, 290
Moche, valle, 461, 481, 482, 486, 800, 837, 840
Mocoso, Juan. T., 551
Mohave, desierto, 459
Mohme, Gustavo, 876
Moho, provincia, 233, 236
Mojeque, río, 837
Mojeque, sitio arqueológico, 476, 799, 837, 838
Molina, Alonso de, 526
Molina, Cristóbal de, 464, 760, 761
Moll, Eduardo, 834
Mollebamba, río, 163
Mollendo, ciudad, 22, 170, 256, 309, 369, 437, 574, 583, 592
Mollendo, departamento, 47, 168, 255, 256
Mollendo, lomas, 260
Mollepata, centro poblado, 821
Mollinedo y Angulo, Andrés, 858
Mollinedo y Angulo, Manuel de, 812, 814, 815, 816, 857, 858, 859
Mollinedo y Rado, Andrés, 816
Mollocucha, laguna, 94, 119
Moltke-Huitfeldt, León, 827
Momón, río, 443
Moncada, Ididoro Francisco de, 819
Monet, Juan Antonio,
Monge, Carlos, 750, 755
Monge Medrano, Carlos, 751
Monguió, Luis, 782
Monsefú, distrito, 725, 726
Monsú, 475
Montaigne, Michel, 787
Montandón, 459
Montano, 455
Montero, Lizardo, 656, 952
Montero, Luis, 825
Montesinos, Fernando, 456, 500, 510
Montevideo, 781, 880
Montilla, 951
Montoya, Edwin, 764
Montoya, Luis, 764
Montoya, Rodrigo, 764
Monvoisin, Raymond, 824
Monzón, distrito, 34
Monzón, río, 113, 191
Monzón, Tito, 834
Moquegua, ciudad, 223, 224, 225, 226, 256, 310, 331, 367, 437, 451, 452, 491, 730, 955
Moquegua, departamento, 18, 21, 27, 32, 51, 53, 61, 97, 168, 225, 235, 243, 255, 256, 305, 317, 319, 321, 331, 355, 396, 412, 437, 485, 558, 701, 703, 706, 730, 732, 736, 778
Moquegua, provincia, 316
Moquegua, río, 223
Moquegua, valle, 54, 223
Mora, Diego de, 809
Mora, Tulio, 794
Moral, Manuel, 874
Morales, Daniel, 468, 473, 474, 476
Morales, José, 879
Morales Bermúdez Cerrutti, Francisco, 629, 676, 957, 958, 964, 966
Morales Bermúdez, Remigio, 656, 957
Morales Machiavello, Carlos, 867
Moray, andenes, 186, 440
Moray, sitio arqueológico, 841
Morcillo Rubio de Auñón, Diego, 536
More, Francisco, 875
Moreau, Edmundo, 877, 884
Morgan, John Pierpont, 826
Morner, Magnus, 688
Moro, César, 782, 783
Morococha, distrito, 390, 391, 755
Morón, Pedro Pablo, 810
Morona, río, 111, 216, 443, 713, 714
Morrito, cerro, 243
Morro de Sama, isla, 271
Morro Putina, volcán, 51, 53
Mórrope, pampa, 207
Morropón, provincia, 233, 234, 256, 481, 801
Moseley, Michael, 461, 476
Mosna, río, 434
Mosquera, Vides, 880
Motupe, ciudad, 24, 209, 210
Motupe, río, 208, 432

Movimiento de Profesionales Católicos, (MPC), 691
Movimiento Revolucionario Tupác Amaru (MRTA), 633, 635, 709, 710, 910, 949, 950
Movimiento Social Progresista, 875
Moyán, río, 90
Moyobamba, ciudad, 47, 51, 78, 103, 110, 113, 114, 239, 241, 242, 256, 284, 442, 448, 452
Moyobamba, provincia, 239, 241, 242, 256, 306
Mozobamba, marqueses de, 848
Mugica Martínez, Ramón, 123
Mujica Gallo, Manuel, 875
Mullaca, laguna, 119
Munich, 451
Munster, Sebastián, 457
Muñani, río, 115
Muñanta, J.J., 880
Muñiz, Juan, 858
Muquiyauyo, distrito, 107
Murillo, Bartolomé Esteban, 812
Murmunta, quebrada, 116
Murra, John V., 366, 493, 503
Murúa, Martín de, 493, 761, 764
Musa Karusha, lago, 713
Mutal, Lika, 834
Muynai, sitio arqueológico, 841
Muyu Orqo, laguna, 722
Myers, Joseph W., 571

N

Nacará, río, 6
Naimlap, 489, 490
Nanay, río, 42, 103, 216, 443, 713, 718
Naplo, centro poblado, 22
Napo, río, 41, 100, 103, 104, 110, 216, 296, 443, 716, 717, 968
Natters, Óscar, 888
Nauta, ciudad, 41, 42, 106, 110, 215, 217, 218, 256
Nava, Dante, 765
Navamuel, Agustín de, 818
Navarra y Rocaful, Melchor de, 536
Navarrete, Julia, 834
Navarro, centro poblado, 114
Navarro, Eduardo, 877
Navicopa, 367, 389
Nazca, ciudad, 27, 48, 61, 120, 166, 174, 195, 196, 198, 256, 275, 370, 435, 447, 448, 449, 452, 486, 851
Nazca, cordillera, 17, 21
Nazca, cultura, 461, 483, 486, 487, 490, 505
Nazca, provincia, 17, 195, 196, 197, 256
Nazca, valle, 120, 198, 484, 802
Negib, Luz, 834
Negra, cordillera, 20, 91, 92, 160, 262
Negritos, centro poblado, 146, 476
Nepeña, centro poblado, 146, 602
Nepeña, río, 159
Nepeña, valle, 481, 482, 800, 837, 838
Neshuya, centro poblado, 41, 73, 78, 448
Neutra, Richard, 868
Nevada, 459
Nicaragua, 459, 521
Nicolás Caraccioli, Cármine, 536
Nicuesa, Diego de, 520
Niemeyer, Óscar, 868
Nieto, Manuel Domingo, 567, 570
Nieva, río, 112, 155, 157, 158
Nilo, río, 100
Ninacuyo, nevado, 116
Niñobamba, aguas termales, 51
Noeding, Edith, 883
Noguera, Pedro de, 820
Nolasco, Pedro, 817
Nordenflich, barón de, 747
Nordenskjöld, 459
Noriega, Zenón, 946
Nororiental del Marañón, región administrativa de, 659
Noruega, 152,
Nudo de Sabanillas, 6.
Nuestra Señora de la Antigua, ciudad, 520
Nueva Andalucía, gobernación, 520
Nueva Cajamarca, ciudad, 355
Nueva Granada, virreinato de, 547, 896
Nueva Mayoría, 654
Nueva Valencia, ciudad, 524
Nueva York, 451, 746, 826, 827, 954
Nuevo Cajamarca, ciudad, 114
Nuevo México, 459
Núñez, Estuardo, 745, 778, 779, 784
Núñez de Balboa, Vasco, 520
Núñez de Vela, Blasco, 532, 535, 536
Núñez Ureta, Teodoro, 831, 833
Nuñogayoc, laguna, 94

Ñ

Ñahuin Puqio, sitio arqueológico,
Ñapari, ciudad, 220
Ñaupe, río, 208

O

O'Higgins, Ambrosio de, 536
Obispo, laguna, 94
Oblitas, Juan Carlos, 880
Obregoso, Luis José de, 656
Obregozo, Manuel Jesús, 875
Ocaña, Diego de, 811
Occidental, cordillera, 28, 29, 33
Ochoa Villanueva, Víctor, 765
Ocongate, 730, 818
Ocoña, ciudad, 23, 48, 309, 47
Ocoña, lomas, 260, 472
Ocoña, río, 95, 96, 168, 171
Ocopa, pueblo, 666
Ocros, provincia, 161, 162
Ocucaje, 480, 838
Odría, David, 877
Odría, Manuel A., 393, 405, 407, 621, 623, 656, 663, 874, 946, 954
Ojeda, Alonso de, 520
Ojeda, Cristóbal de, 820
Ojeda, Juan, 793
Olañeta, Pedro Antonio, 560
Olave, Antonio, 727
Olave, familia, 439
Olavide, Pablo de, 550, 743745, 775, 785
Oliva, Anello, 464, 500
Ollachea, aguas termales, 51
Ollantaytambo, ciudad, 106, 186, 340, 439, 449, 506, 841
Ollé, Carmen, 794
Olmedo, Alejandro, 883
Olmos, ciudad, 209, 432, 607
Olmos, pampa, 207, 209
Olmos, río, 208
Omasuyo, 498
Omate, ciudad, 51, 52, 223, 225, 255
Omate, volcán, 51, 52, 53
Oms y Santa Pau de Semanat, Manuel de, 536
Ondegardo, Polo de, 464
Oñaz García de Loyola, Martín, 817
Opatarisuyo, 498
Oquelaca, cerro, 97
Oquendo, Rebeca, 825
Oquendo de Amat, Carlos, 783
Orbegoso, Luis José, 372, 562, 563
Orbigny, Alcide d', 455
Orcococha, laguna, 119
Orcuyo, río, 105
Oré, Jerónimo de, 702, 705, 883
Orellana, Francisco de, 40, 102, 103, 665, 765
Organización de Estados Americanos, (OEA), 136, 636, 642, 752
Organización de las Naciones Unidas (ONU), 136, 698, 892, 902, 910, 950
Oriental, cordillera, 33
Orihuela, Aydeé, 886
Orococha, laguna, 32, 187
Oropesa, 846
Orosa, río, 216
Oroya, estación meteorológica, 68
Orrego, Antenor, 783, 953, 964
Ortega, Julio, 795
Ortega y Gasset, José, 783
Ortiguera, Toribio de, 765
Ortiz de Zúñiga, Íñigo, 493
Ortiz Rescaniere, Alejandro, 763
Orurillo, laguna, 235
Osera, Joseph de, 812
Osma, Pedro de, 874
Osmore, río, 223
Ossa, Paul, 461
Otuma, sitio arqueológico, 146, 475
Otuzco, ciudad, 203, 204, 206, 256, 433, 728
Otuzco, provincia, 203, 204, 256
Otuzco, río, 91
Ovidio, 956
Oviedo, Luis Antonio de, 773
Oviedo, Martín de, 820
Owen, 460
Oxamarca, sitio arqueológico, 178
Oxapampa, ciudad, 30, 63, 64, 103, 227, 228, 229, 256, 355, 378, 710
Oxapampa, provincia, 227, 228, 256, 305, 306
Oxapampa, valle, 384
Oyón, ciudad, 51, 211, 256
Oyón, provincia, 211, 212, 256

P

Paca, laguna, 117, 200, 202, 441
Pacahruri, laguna, 118
Pacaicasa, sitio arqueológico, 461, 472
Pacaichacu, río, 114
Pacallamoco, sitio arqueológico, 476
Pacaritambo, sitio arqueológico, 841
Pacasmayo, ciudad, 204, 205, 206, 256, 583
Pacasmayo, provincia, 203, 204
Pacatnamú, sitio arqueológico, 489
Pacaya, río, 108, 119, 216, 443
Pacaya Samiria, reserva nacional, 109, 112, 305, 443
Paccha, río, 110
Pacelli, Eugenio, 826
Pachacamac, distrito, 214, 465, 466, 486, 487, 489, 807, 843
Pachacamac, isla, 211
Pachachaca, río, 70, 163, 164, 703
Pachacútec, 95, 440, 840, 841, 885
Pachacuti, 464, 494, 496
Pachacuti Salcamaygua, Juan de Santa Cruz, 760
Pachamac, ciudad, 340, 341, 487

Pachamachay, sitio arqueológico, 292, 462, 472
Pachasili, arroyo, 9
Pacheco, Basilio, 818
Pacheco, Francisco, 812
Pacheco, Humberto, 722
Pacheco de Céspedes, Luis, 887
Pacheco Vélez, César, 865
Pacheco Zegarra, Gabino, 511
Pachitea, provincia, 191, 193, 256, 306
Pachitea, río, 64, 106, 108, 191, 192, 228, 251, 252, 709, 710
Pachitea, valle, 192
Pacococha, laguna, 95
Pacopampa, sitio arqueológico, 178, 476, 800
Pacucha, laguna, 32, 163, 440
Pacucha, puna, 166
Padilla, Honorata, 961
Padre Abad, provincia, 251, 252, 256, 306
Padre Isla, isla, 101
Padre Río, río, 104, 219
Páez, Joseph de, 812
Paffen, K. H., 63, 67
Pagaibamba, bosque de protección, 306
Pagorani, río, 107
Paiján, sitio arqueológico, 462, 473
Paillardardelli, Enrique, 551
Pailli-Aiké, sitio arqueológico, 460
Paita, bahía, 22, 231
Paita, ciudad, 21, 22, 23, 131, 139, 145, 148, 149, 150, 232, 233, 234, 256, 283, 289, 419, 420, 583, 952, 953
Paita, provincia, 233, 256
Pakatnamú, sitio arqueológico, 206
Palao Berastaín, Luis, 834
Palca, río, 202
Palcazu, río, 64, 108, 227, 230, 710, 715
Pallanchacra, distrito, 230
Pallasca, provincia, 92, 161, 162, 256
Palma, Clemente, 780, 874
Palma, Jacobo, 814
Palma, Pedro, 958
Palma, Ricardo, 778, 780, 826, 958
Palmapampa, centro poblado, 174
Palo Grueso, pampa, 207
Paloma, sitio arqueológico, 469
Palomino, Cerrón, 493
Palpa, ciudad, 256
Palpa, provincia, 195, 196, 256
Pampa, río, 119, 495
Pampa de Arrieros, 167
Pampa de Ayacucho, sitio arqueológico, 305
Pampa de Colca, 70
Pampa de La Joya, 97
Pampa de Lampas, 92
Pampa de Majes, 62, 63, 64
Pampa de Quinua, 174
Pampa de Vincocaya, 70
Pampa del Confital, 96
Pampa del Sacramento, 269
Pampa Galeras, puna, 172, 174
Pampa Galeras, reserva nacional, 305, 449
Pampa Grande, pueblo, 482
Pampa Hermosa, 38, 711
Pampa Sacramento, 108
Pampa Turún-Turún, 97
Pampacolca, centro poblado, 67
Pampamarca, centro poblado, 548
Pampas, ciudad, 187, 188, 190, 256
Pampas, río, 33, 99, 163, 165, 171, 173, 440, 701, 703
Pampas de Heath, sitio arqueológico, 305, 444
Panaifo, Arnaldo, 766
Panalanca, sitio arqueológico, 202
Panamá, 13, 14, 370, 468, 520, 521, 522, 523, 524, 525, 526, 844, 893, 952, 953, 962
Panamá, istmo de, 521
Panao, ciudad, 191, 193, 194, 256
Pando, José María de, 872
Pangoa, río, 199, 441
Panizo, Gonzalo, 866
Panquiaco, 520, 521
Pantanos de Villa, zona reservada, 306
Pantiacolla, río, 104
Pantigoso, Domingo, 831
Pantoja, 104
Pañamarca, 802, 807
Pañe, 70
Pañe, laguna, 70, 96
Pañe, represa, 944
Paoli, Roberto, 785
Paquipallango, pongo, 106
Paracas, ciudad, 272, 275, 287, 435
Paracas, cultura, 461, 475, 479, 481, 490, 505
Paracas, distrito, 20, 22, 27, 61, 146, 195, 198
Paracas, península, 17, 22
Paracas, reserva nacional, 305, 435, 447
Parachique, ciudad, 139, 145, 150, 234
Paraguay, 85, 967
Paramonga, distrito, 409, 489, 807
Paraná, río, 58
Paranapura, río, 99, 114, 712
Paraud, Fernando, 961
Paravicino, Hortensio, 774
Parde, Maurice, 98
Pardo, José, 588, 826, 945, 954
Pardo y Aliaga, Felipe, 777, 825, 885, 873, 958
Pardo y Barreda, José, 587, 588, 656
Pardo y Lavalle, Manuel, 373, 553, 570, 578, 579, 588, 591, 592, 593, 600, 601, 603, 656, 875, 872, 958, 959
Pardón y Saldarriaga, 879
Paredes, Delfina, 886
Paredes Candia, Antonio, 765
Pareja, Juan de, 812
Pariahuanca, ciudad, 48
Parianocochа, laguna, 95,
Parinacochas, laguna, 32, 117, 171, 173, 440
Parinacochas, provincia, 171, 172, 256
Parinacota, laguna, 235
Pariñas, distrito, 872
Pariñas, pampa, 231, 667
París, 746, 781, 784, 785, 824, 950, 960, 965
Parodi Trece, Carlos, 430
Parón, laguna, 32, 119
Parque del Huascarán, 162
Parque Nacional Bahuaja-Sonene, 220, 222, 305, 444
Parque Nacional Cerros de Amotape, 232, 266, 305, 432
Parque Nacional Cutervo, 178, 305, 433, 447
Parque Nacional Huascarán, 305, 434, 447
Parque Nacional de Yanachaga-Chemillén, 230
Parque Nacional del Manu, 220, 222, 305, 444, 449
Parque Nacional Río Abiseo, 305, 442
Parque Nacional Tingo María, 305, 441
Parque Nacional Yanachaga-Chemillén, 305, 441
Parra del Riego, Juan, 781
Parra, Joseph de la, 812
Parsons, 485
Partido Civil, 570, 578, 589, 591, 592, 654, 954, 959
Partido Comunista del Perú-Sendero Luminoso, 633
Partido Comunista Peruano, 654, 655, 875
Partido Constitucional, 955
Partido Demócrata, 589, 590, 593, 959
Partido Demócrata Cristiano, 654
Partido Nacional, 654
Partido Popular Cristiano, 654, 655
Partido Socialista, 654, 955
Paruro, ciudad, 183, 256, 495, 736
Paruro, provincia, 183, 185, 256,
Pascana del Hueso, 3
Pasco, departamento, 20, 32, 51, 105, 112, 191, 199, 201, 211, 226, 229, 230, 251, 256, 287, 291, 305, 306, 325, 331, 355, 378, 441, 445, 703, 735
Pasco, macizo, 99
Pasco, provincia, 228, 256, 305
Paso Crucero Alto, 96
Paso de Drake, 123
Paso de Porculla, 4, 895
Paso de Ticlio, 4,
Paso de Utica, 106
Pastaza, río, 6, 111, 119, 216, 443, 713, 714, 716, 718
Pastaza-Morona-Marañón, bosque nacional, 306
Pasto Grande, represa, 223
Pastrana, Andrés, 967
Pata de Gallo, cerro, 91
Patagonia, 458, 459, 498, 569
Patan-qotu, sitio arqueológico, 441
Pataz, provincia, 203, 204, 256
Pativilca, ciudad, 93, 559
Pativilca, río, 67, 92, 212
Pato, cañón, 29, 30
Paucar del Sara-Sara, provincia, 171, 172
Paucarcocha, laguna, 119
Paucarcolla, distrito, 846
Paucartambo, ciudad, 183, 184, 185, 256, 736
Paucartambo, provincia, 185, 256, 305, 306
Paucartambo, río, 38, 107, 184
Paula González Vigil, Francisco de, 872
Pausa, ciudad, 65, 67, 171, 256
Pavlova, Anna, 887
Pavón, Manuela, 963
Payaca Samiria, reserva nacional, 452
Payan, 590
Paz, Martín de, 526
Paz Soldán, Pedro
Pazos, Juan Francisco, 873
Pease, Franklin, 496, 772
Pedro, Martín, 809
Pedro Ruiz Gallo, centro poblado, 446
Pei, Ieoh Ming, 868
Pelagatos, nevado, 92
Pelé, Edson Arantes do Nascimento, 880
Pelón Chico, cerro, 91
Peña Barrenechea, Ricardo, 784
Peñaloza, Guillermo, 882
Peralta, Alejandro, 765, 783
Peralta, Arturo, 765
Peralta, Cristóbal de, 526
Peralta Barnuevo, Pedro de, 743, 773, 785
Perené, río, 32, 38, 99, 105, 199, 200, 202, 710
Pérez Bocanegra, 705
Pérez de Alesio, Mateo, 809
Pérez de Cuéllar, Javier, 892
Pérez de García, Nitha, 950
Pérez de Torres, Simón, 53
Pérez del Solar, Gabriela, 882
Pérez Godoy, Ricardo, 961
Pérez Guaranca, Hildebrando, 795
Perú Posible, 636
Pestecocha, laguna, 95
Petersen, U., 19
Petrópolis, 7,
Pezet, Juan Antonio, 656, 947
Pezuela y Sánchez, Joaquín de la, 536
Piaui, 459
Picasso, Mariela, 883
Picha, río, 107
Pichacani, pueblo, 732
Pichanaqui, ciudad, 355

Pichari, ciudad, 105
Pichis, río, 64, 230, 251, 710
Pichu-Pichu, volcán, 51, 167
Pico Banderas, 251
Picota, ciudad, 239, 242, 256
Picota, provincia, 239, 241, 256
Piedras, río, 104
Piérola, Nicolás de, 573, 581, 587, 588, 589, 590, 593, 594, 656, 865, 873, 947, 954, 959
Pilcopata, río, 104
Pilicocha, laguna, 119
Pimentel, ciudad, 141, 149, 208, 209, 210, 961
Pimentel, Jorge, 794
Pineda, Josafat Roel, 764
Pinedo, Sarita, 882
Pino, Catalina del, 963
Pintoyacu, río, 6, 112
Piñas, puerto, 521
Piñi-Piñi, río, 219, 221
Piñoleta, pintor, 811
Piqueras, Jorge, 834
Piqueras Cotolí, Manuel, 831, 867
Piquimachay, sitio arqueológico, 173, 309, 459, 472
Pirandello, Luigi, 886
Pirtua, aguas termales, 51
Pirua Pacaric Manco, 13
Pisac, sitio arqueológico, 440, 449, 727
Pisco, ciudad, 23, 60, 61, 94, 106, 136, 138, 139, 140, 141, 144, 150, 186, 190, 196, 198, 213, 256, 272, 287, 289, 350, 409, 435, 490, 583, 736, 740, 841, 959
Pisco, desierto, 20, 259
Pisco, provincia, 195, 196, 256, 305
Pisco, río, 94, 95, 195, 196, 480
Pisco, valle, 197, 198, 802
Piscobamba, ciudad, 162, 256
Pisco-Paracas, 452
Piscullani, quebrada, 97
Pishcohuañuna, jalca de, 156
Pisqui, río, 99, 106, 108, 216
Pitumarca, distrito, 725, 818
Piura, bosque, 260, 293, 491
Piura, ciudad, 4, 20, 22, 23, 24, 25, 28, 29, 47, 48, 58, 59, 62, 85, 110, 116, 136, 231, 232, 234, 250, 256, 265, 284, 285, 287, 289, 290, 293, 346, 350, 369, 425, 432, 445, 452, 481, 507, 525, 583, 618, 726, 796, 824, 875, 881, 952, 963, 965, 966
Piura, departamento, 20, 59, 85, 127, 132, 135, 149, 162, 175, 176, 206, 207, 234, 247, 255, 256, 286, 305, 306, 332, 333, 341, 378, 379, 380, 381, 385, 396, 428, 476, 659, 667, 700, 703, 727, 729, 733, 801, 894
Piura, provincia, 233, 256, 294
Piura, río, 29, 59, 81, 85, 89, 90, 231, 232, 234, 431, 895, 944
Piura, valle, 120, 341, 482
Pizana, ciudad, 448
Pizarro, Francisco, 102, 183, 341, 342, 463, 491, 497, 507, 515, 519, 520, 521, 522, 523, 524, 525, 526, 530, 532, 543, 667, 668, 767, 807, 808, 844, 855
Pizarro, Gonzalo, 102, 522, 524, 532, 665, 808, 809
Pizarro, Hernando, 11, 524
Pizarro, Juan, 524
Pizarro, Pedro, 464
Planeta, Juan Bautista, 811
Plantin, Cristóbal, 809
Platón, 455
Poblete, Lucas, 865
Pocatuanú-Pakatnuamú, ciudad, 433
Poe, Edgar Alan, 780
Poechos, represa, 89, 90, 231, 234, 432, 445
Poechos, río, 232
Polanco, Enrique, 834
Polanyi, Karl, 503
Polinesia, 83, 130
Polonia, 602
Poma de Ayala, Felipe Guaman, 488, 493, 499, 503, 759, 760, 761, 764, 769, 772, 787, 788, 871, 885
Poma, Rubén, 882, 883
Pomabamba, ciudad, 51, 161, 162, 256
Pomabamba, provincia, 161, 162, 256, 305
Pomabamba, río, 110, 159
Pomacocha, laguna, 158
Pomar, Felipe, 883
Pomata, ciudad, 238, 438
Ponasa, río, 108, 139
Ponce, Manuel María, 607
Ponce, Manuel, 656
Ponce Sanginés, Carlos, 484
Poncomayo, río, 96
Pons, Maruja, 887
Poopó, lago, 33, 115, 116
Popovici, Zacarías, 127, 128, 129, 131, 132, 133, 134
Porculla, paso, 175, 260
Porras, Melitón, 960
Porras Barrenechea, Raúl, 11, 13, 146, 759, 783, 872, 876, 958, 959, 960
Porras Osores, Guillermo, 959
Portal, Magda, 791
Portales, Diego, 372
Portobello, 370
Portocarrero, Jorge Arturo, 410
Portocarrero y Laso de la Vega, Melchor de, 536
Portugal Catacora, José, 735
Portugal, 4
Posma, río, 159
Posnasky, Arthur,
Potosí, ciudad, 367, 533, 662, 666, 862
Potosí, departamento, 541
Potosí, mina, 343, 389
Potosí, provincia, 368
Poyeni, río, 711
Pozo, José Joaquín del, 812, 823
Pozo, Tristán del, 862
Pozo con Rabo, laguna, 90
Pozuzo, río, 32, 99, 108
Pozzi-Escott, Emmanuel, 748
Prado, Mariano Ignacio, 581, 656, 947, 952, 957, 958, 960
Prado y Ugarteche, Manuel, 395, 405, 406, 609, 610, 612, 619, 623, 656, 945, 954, 960, 961, 966
Prescott, William, 497
Progreso, distrito, 34
Puca Urco, centro poblado, 104
Pucacocha, laguna, 118, 171
Pucallpa, ciudad, 39, 41, 73, 75, 78, 79, 80, 101, 103, 106, 108, 119, 174, 214, 251, 252, 254, 255, 284, 350, 420, 444, 445, 448, 452, 715, 880, 881
Pucara, nevado, 104, 480
Pucara, río, 116
Pucara, sitio arqueológico, 438
Puccho, río, 31, 159
Pucusana, centro poblado, 22, 25, 149, 213
Pueblo Quemado, 522, 526
Puente, Diego de la, 811
Puente Candamo, José Agustín de la, 552
Puente Rancho, 191
Puerto Bermúdez, ciudad, 228, 230, 715
Puerto de Piñas, 526
Puerto del Hambre, 522, 526
Puerto Hormiga, sitio arqueológico, 475
Puerto Huicte, centro poblado, 114, 242
Puerto Inca, ciudad, 191, 193, 254, 256
Puerto Inca, provincia, 191, 193, 256
Puerto Maldonado, ciudad, 75, 78, 79, 104, 219, 220, 222, 256, 355, 452
Puerto Pizarro, centro poblado, 138, 140, 149
Puerto Rico, centro poblado, 202
Puerto Viejo, centro poblado, 525, 526
Puesto Bobonaza, centro poblado, 112
Puga, Stella, 887
Pulgar Vidal, Javier, 75
Pultoc, laguna, 95
Pumacahua, Mateo, 551, 556, 776, 956
Pumpurre, cerro, 207
Puná, isla, 506, 507, 525, 526
Puncurí, sitio arqueológico, 460, 476, 489, 800
Punin, sitio arqueológico,
Puno, bahía, 238, 287
Puno, ciudad, 67, 68, 115, 117, 166, 174, 235, 236, 237, 238, 256, 350, 354, 391, 421, 438, 445, 449, 451, 452, 538, 548, 549, 551, 583, 663, 689, 725, 728, 730, 725, 824, 962
Puno, departamento, 3, 32, 46, 47, 51, 69, 70, 71, 120, 167, 183, 219, 223, 237, 243, 245, 255, 256, 295, 305, 306, 319, 320, 331, 331, 332, 351, 355, 369, 412, 437, 438, 445, 476, 481, 618, 659, 663, 693, 701, 703, 709, 726, 729, 732, 735, 736, 765, 854, 944, 964
Puno, golfo, 116
Puno, provincia, 233, 256, 305, 563, 701
Punrún, lagunas, 32, 441
Punta Agujas, 22, 140
Punta Bombón, 97
Punta de Ite, 97
Punta de Pescadores, 132
Punta del Este, 945
Punta Hermosa, 458
Punta Lobos, 17
Punta Marca, sitio arqueológico, 229, 230
Punta Pariñas, 17, 21, 142
Punta Sal, ciudad, 249, 250
Puntería, cerro, 207
Puqui, ciudad, 171
Puquio, ciudad, 166, 172, 174, 256
Puquio Santa Rosa, bosque de protección, 306
Puquina, 491
Puquiura, centro poblado, 819,
Puruchuco, sitio arqueológico, 214, 843
Purus, provincia, 251, 252, 256
Purus, río, 40, 104, 219, 711, 715, 716
Pusmalca, quebrada, 90
Putina, río, 115
Putumayo, río, 3, 6, 11, 41, 100, 103, 104, 666, 712, 713, 714, 717, 903
Putushin, río, 111
Puya Raimondi, 162, 168, 447
Puyango, río, 6

Qoriwairachina, sitio arqueológico, 841
Qotuqotu, sitio arqueológico, 441
Quebrada Balsamal, 6
Quebrada de Pilares, 6
Quebrada Huáscar, 93
Quempiri, 202
Querobamba, ciudad, 171, 256
Querocoto, 837
Quevedo, Francisco de, 773, 774, 778
Quiches, ciudad, 48
Quijano, Aníbal, 671
Quilca, ciudad, 149, 169, 289
Quilca, río, 27, 54, 96, 97, 168
Quilisane, río, 116

Quillabamba, ciudad, 103, 107, 183, 184, 185, 256, 355, 711
Quilliciani, río, 116
Quilmaná, lomas, 260
Quimper, José María, 873
Quimper, Manuel, 875
Quincemil, ciudad, 73, 77, 78, 449
Quinchohuayco, quebrada, 105
Quintanilla, Alberto, 834
Quinua, sitio arqueológico, 440, 726, 728
Quiñones Arizola, José María, 961
Quiñones González, José, 961
Quipán, 736
Quipatahua, isla, 116
Quiquijana, 725, 817, 818, 846
Quirihuac, sitio arqueológico, 461
Quiroz, Eulogio, 882
Quiroz, Francisco de, 569, 571
Quiroz, río, 29, 89, 232
Quiruvilca, mina, 390
Quisa, laguna, 93
Quispe Asín, Carlos, 831
Quispe Tito, Diego, 814, 815, 817, 819
Quispicanchis, provincia, 183, 185, 256
Quistococha, laguna, 119, 216
Quitambe, 247
Quiteni, 106, 202
Quito, ciudad, 8, 102, 103, 104, 496, 516, 519, 537, 550, 665, 666

R

Rabí, aguas termales, 441
Radiguet, Max, 824
Ráez, Ernesto, 886
Ragrampi, río, 93
Raimondi, Antonio, 32, 52, 53, 465, 478, 748
Raimondi, estela, 478, 486
Ralli, Aquiles, 831
Rama, Ángel, 759
Ramírez, Oswaldo, 880
Ramírez Lazo, Fidel, 877
Ramírez Ruiz, Juan, 794
Ramis, río, 115, 116, 235
Ramón, laguna, 116, 231, 234
Ramón Grande, laguna, 446
Ramos, Josefina, 475
Ramos Gavilán, Alonso, 761
Ranracancha, río, 112
Ranrahirca, ciudad, 110, 46, 288
Ranrahirca, quebrada, 50
Raura, nevado, 92
Ravines, Roger, 489
Ravínez, Eudocio, 875
Reaga, Jaime, 690
Recuay, ciudad, 92, 161, 162, 256
Recuay, provincia, 161, 162, 256, 305, 482
Reiche, María, 484
Reino Unido, 152, 402
Rendón Willca, Demetrio, 722
Rentema, pongo, 34, 109, 111, 155, 433
Reque, cerro, 207,
Reque, río, 90
Requearriaga, valle, 489
Requena, ciudad, 41, 103, 106, 215, 256, 284
Requena, provincia, 215, 217, 218, 256, 305
Revilla, Carlos, 834
Reyes, ciudad, 343, 945
Reyes, lago, 32, 117, 200, 291
Reyes, Roberto, 795
Reynalte Coelho, Pedro, 811
Reynoso, Oswaldo, 795
Riaño, Luis de, 811
Ribalta, Francisco de, 812
Ribera, Nicolás de, 526
Ribera, José de, 812
Ribeyro, Julio Ramón, 791
Ribeyro, Ramón, 578
Richardson, Samuel, 775
Rick, 469
Riesco, Laura, 795, 796
Rímac, río, 31, 93, 179, 182, 211, 212, 284, 290, 292, 342, 361, 805
Rímac, valle, 24, 26, 120
Rimachi, lago, 111, 119, 216, 713
Rimini, 945
Rincón, Francisco, 809
Río de Janeiro, 5, 182, 899, 945, 960
Río de la Plata, 73, 565, 883
Río Grande, valle, 197, 802
Río Seco, 146
Rioja, ciudad, 114, 239, 241, 242, 256, 448, 452
Rioja, provincia, 239, 241, 256, 306
Ríos, Edmundo de los, 795
Ríos, Juan, 791, 885, 886
Ríos, Pedro de los, 523, 524
Ríos, Rosita, 887
Riquelme, Alonso, 102
Ritcher, Charles, 50
Riva Agüero y Sánchez Boquete, José de la, 494, 558 759, 781
Rivas y Velasco, Cristóbal de, 818
Rivas, Manuel María, 874
Rivera, Diego, 829
Rivera, Manuel, 961
Rivera Martínez, Edgardo, 788, 795, 796
Rivera Saavedra, Juan, 886
Rivero, ciudad, 489
Rivero, Martha de, 834
Rivero y Romero, Victoria, 946
Rivero y Ustáriz, Mariano, 465, 746, 748
Rivet, Paul, 458
Robles Alarcón, Manuel, 764
Robles Godoy, Armando, 884
Roca Rey, Joaquín, 834
Roca Rey, Ricardo, 735
Rocco, río, 104
Rocha, Diego Andrés, 456
Rodil, José Ramón, 560
Rodó, José Enrique, 948
Rodrigo, Luis de, 765
Rodríguez, César Atahualpa, 781
Rodríguez, Orestes, 883
Rodríguez de Mendoza, provincia, 155, 156, 158, 256
Rodríguez de Mendoza, Toribio, 550, 971
Rohe, Mies van der, 867
Rojas, Armando, 794
Rojas, Jesús Urbano, 727
Rojas, Pablo, 823
Rojas, Percy, 880
Rojas, Santiago, 727
Roma, 505, 771, 810, 811, 848, 852
Román, Bertha, 883
Román, José Antonio, 463, 780
Romaní Carrillo y Oré, Manuel Jerónimo de, 818
Romero, Eladio, 961
Romero Caro, Manuel, 876
Romero Padilla, Emilio, 109, 578, 590, 959, 961, 962
Romero Pintado, Fernando, 952
Rosas, Benito, 834
Rosas, Juan Manuel de, 563
Rosas, Patrick, 794
Rosas Ribeyro, José, 794, 796
Rosaspata, cerro, 439
Rose, Juan Gonzalo, 791
Roselló, Susana, 834
Rossi, Aldo, 868
Rossi, Armando, 883
Rostoff, Dimitri, 887
Rostworowski, María, 146, 496, 497, 897
Rousseau, Jean-Jacques, 745, 775, 787
Rowe, John H., 470, 480, 487, 494, 497
Rubens, Pedro Pablo, 812, 814
Rubiños, 880
Rubio, Miguel, 886
Rubio Morcillo de Aunión, Diego, 821
Rudolph, Paul, 868
Ruecas, cerro, 91
Rugendas y Bonaffé, Mauricio, 824, 829
Ruiz, Bartolomé, 490, 522, 524, 526
Ruiz, Diego, 342
Ruiz, Fernando, 883
Ruiz Bravo, Pedro, 875
Ruiz Caro, Efraín, 876
Ruiz Estrada, Arturo, 163,
Ruiz Rosas, Alfredo, 832
Rulfo, Juan, 790
Rumicolca, sitio arqueológico, 841
Rumimaqui, 596
Rumi-Rumi, cerro, 176
Rumrill, Róger, 766
Rupac, río, 110, 159
Rupp, Luis León, 876
Rusia, 152, 385, 823, 954

S

Saba, reina de, 456
Saba, Edgard, 886
Sabancaya, volcán, 51, 167
Sabogal, José, 829, 831
Sachaca, ciudad, 437
Sachetti, Giovanni, 863
Saco, Roberto, 882
Sacsayhuaman, fortaleza, 439, 449, 506, 528, 660, 730, 840, 883
Sadeler, Rafael, 814
Sagrado de los Incas, valle, 46
Sahagún, Bernardino de, 498
Sahara, desierto, 11
Sahut, Claudio, 866, 867
Sajino, paso, 109
Sala Punco, sitio arqueológico, 841
Salado, río, 97, 243
Salamanca, Francisco de, 818
Salas, Otto, 882
Salas, Sigifredo, 884
Salas Valdés, Juan de, 841, 847, 848
Salaverry, Carlos Augusto, 777
Salaverry, ciudad, 131, 149, 205, 206, 351, 419, 420,
Salaverry, Felipe Santiago, 372, 656
Salazar Bondy, Sebastián, 785, 791, 885, 886
Salazar y Baquijano, Manuel, 558
Salcantay, volcán, 30, 722
Salcedo, Carmen, 954
Salcedo, José María, 876
Salinar, 479, 481
Salinas y Aguada, reserva nacional, 305, 436
Salinas, laguna, 32
Salinas, Pedro, 784
Salkantay, cerro, 439
Salomón, rey, 456
Salomón, islas, 181
Salta, 498
Salto del Fraile, 22
Salto del Tigre, 248
Sama, ciudad, 48
Sama, lomas, 260
Sama, río, 97
Samanco, bahía, 22, 434
Samanco, ciudad, 148, 289

Samanez Ocampo, David, 656
Samiria, río, 112, 119, 216, 443
Samohod, Dalmacia, 886
San Alejandro, pueblo, 230, 448
San Alejandro, río, 269
San Andrés, ciudad, 149, 289
San Antonio de Putina, provincia, 233, 236
San Carlos, cerro, 227
San Cosme, cerro, 358
San Cristóbal, Antonio, 847
San Cristóbal, cerro, 358
San Cristóval, Evaristo, 825
San Cristóbal de Suntunto, 772
San Diego, 140
San Francisco, laguna, 95
San Francisco, río, 6, 7, 111
San Francisco Solano, 962
San Gabán, río, 236, 237
San Gallán, isla, 21, 435
San Ignacio, ciudad, 178, 256, 433, 446
San Ignacio, provincia, 175, 176, 177, 178, 256, 305, 378
San Jerónimo de Ica, 195
San Jerónimo de Tunán, 727, 736
San José, ciudad, 149, 208, 289
San José, hacienda, 664
San José, río, 171
San José de Costa Rica, 648, 652, 960
San José de Flores, 730
San José de Sisa, ciudad, 239, 242
San Juan, bahía, 22, 27
San Juan, pueblo, 62, 127,
San Juan, río, 94, 107, 187, 195, 196, 522, 526
San Juan de Buenavista, marqueses de, 841
San Juan de la Frontera de Huamanga, centro poblado, 171, 530
San Juan de la Frontera de los Chachapoyas, centro poblado, 155
San Juan de Lurigancho, centro poblado, 356
San Juan de Marcona, centro poblado, 149
San Juan Pata, sitio arqueológico, 481
San Lorenzo, cerros, 90
San Lorenzo, isla, 21, 146, 150, 179, 180, 181, 273, 953
San Lorenzo, lagunas, 91,
San Lorenzo, represa, 90
San Lorenzo de Putirza, centro poblado, 31
San Lorenzo de Vallumbroso, marqueses de, 848
San Luis, ciudad, 162, 255
San Marcos, ciudad, 178, 256
San Marcos, provincia, 177, 178, 256
San Martín, ciudad, 331, 419, 420, 445, 579
San Martín, departamento, 30, 34, 38, 47, 51, 78, 80, 112, 114, 117, 120, 155, 174, 191, 203, 221, 239,255, 256, 284, 305, 306, 319, 325, 331, 352, 355, 378, 379, 442, 446, 452, 602, 659, 703, 709, 726
San Martín, José de, 239, 435, 553, 557, 558, 565, 566, 639, 656, 690, 746, 776, 871, 896
San Martín, Manuel J., 866
San Martín, Mauricio, 755
San Martín, provincia, 20, 42, 239, 241, 256, 306
San Martín, río, 89
San Martín de Porras, 962
San Mateo, bahía de, 523, 525
San Mateo, centro poblado, 31, 93, 290
San Matías, cerro, 227
San Matías-San Carlos, bosque de protección, 230, 306, 441
San Miguel, ciudad, 171, 174, 256, 355, 507
San Miguel, golfo, 13
San Miguel, provincia, 177, 178, 256
San Miguel de Pallaques, ciudad, 178, 256
San Miguel de Tangarará (Piura), ciudad, 341, 526, 530
San Nicolás, bahía, 22, 146, 195
San Nicolás, lomas, 260
San Pablo, ciudad, 178, 182, 256, 728
San Pablo, provincia, 177, 178
San Pedro, centro poblado, 475, 490
San Pedro de Cacha, sitio arqueológico, 841
San Pedro de Cajas, centro poblado, 201, 726
San Pedro de Lloc, ciudad, 203, 206, 256
San Pedro de Pirca, centro poblado, 736
San Ramón, ciudad, 103, 202, 230, 452
San Ramón, valle, 34, 75, 78, 201
San Román, Miguel de, 656
San Román, provincia, 233, 236
San Sebastián, ciudad, 814
San Vicente de Cañete (V. Cañete)
Sánchez, J., 144
Sánchez, Julia, 883
Sánchez, Luis Alberto, 743, 759, 773, 783
Sánchez, Pablo, 295
Sánchez, Pedro, 390
Sánchez, Ricardo, 831
Sánchez Carrión, José Faustino, 776, 871
Sanchez Carrión, provincia, 203, 204, 206
Sánchez Cerro, Luis M., 393, 596, 610, 612, 654, 656, 872, 945, 946, 954, 955
Sánchez Coelho, Alonso, 811
Sanchez León, Abelardo, 794
Sánchez Medina, Carlos, 818
Sánchez Pauli, Jorge, 886
Sánchez Urteaga, Alfonso, 830
Sancho, Pedro, 339
Sandia, ciudad, 4, 236, 256
Sandia, gruta, 459
Sandia, provincia, 233, 236, 305, 306, 665
Sandia Cave, 460
Sangayán, isla, 195
Sangio, Tomás, 883
Santa, ciudad, 47, 482
Santa, provincia, 161, 162
Santa, río, 4, 29, 30, 33, 91, 92, 118, 159, 160, 162, 203, 205, 272, 288, 295, 370, 374, 434, 524
Santa Ana de las Torres, conde de, 821
Santa Bárbara, mina, 389
Santa Blanca, isla, 21
Santa Catalina, arsenal, 596
Santa Catalina, valle, 91, 370, 371
Santa Catalina de Guadalcázar, ciudad, 223, 732
Santa Catalina de Siena, 962
Santa Clara, isla, 524, 526
Santa Cruz, Andrés de, 63, 64, 372, 555, 558, 562, 563, 656
Santa Cruz, provincia, 63, 64, 90, 177, 178, 256
Santa Cruz de la Sierra, ciudad, 744
Santa Cruz de Succhabamba, ciudad, 178, 256
Santa Cruz Pumacallao, Basilio, 814, 815, 816, 817
Santa Eulalia, río, 29, 93, 118, 284, 292
Santa Fe de Bogotá, ciudad, 550
Santa María de la Mar Dulce, río, 102
Santa María de Nieva, ciudad, 156, 158, 255, 446
Santa María del Valle, centro poblado, 113
Santa Rosa, ciudad, 208, 289, 459, 583
Santa Rosa de Lima, 93, 962
Santa Rosa de Quives, centro poblado, 31
Santa Rosita, isla, 21
Santa Teresa, distrito, 30
Santana, Alberto, 884
Santiago, río, 6, 7, 8, 95, 111, 155, 157, 158, 523, 526, 714
Santiago de Chile, 182, 550, 563, 744, 780, 823, 826, 909, 948
Santiago de Chuco, ciudad, 67, 203, 204, 205, 206, 256, 724, 784, 964
Santiago de Chuco, provincia, 203, 204, 256, 305
Santiago de los Valles de Moyobamba, ciudad, 239
Santiago de Pupuja, centro poblado, 726, 854
Santillán, Hernando de, 464, 499
Santillana, marqués de, 950
Santo Domingo, 475, 948
Santo Domingo, mina, 391
Santo Tomás, ciudad, 183, 255
Santo Tomás, Domingo de, 705
Santo Tomás, río, 163, 168
Santo Tomás de Aquino, 773
Santo Toribio de Mogrovejo, 544, 962
Santos, ciudad, 172
Santuario de Calipui, Reserva Nacional, 205
Santuario de Pachacamac, 214
Santuario Nacional de Ampay, 166
Sanz Tapia, Ángel, 468
Saña, ciudad, 207, 432, 446, 489
Saña, río, 208, 352
Sapallanga, centro poblado, 735
Saposoa, ciudad, 39, 239, 241, 242, 255, 442
Saposoa, río, 114, 239
Sara Sara, volcán, 51, 171
Sargón II, 497
Sarmiento de Gamboa, Pedro, 180, 761, 769, 807
Sarmiento de Sotomayor, García, 536
Satipo, ciudad, 30, 48, 103, 199, 256, 355
Satipo, provincia, 199, 256, 306, 378
Satipo, río, 199, 201, 202, 384
Sauce, lago, 120, 240
Sauce, laguna, 117, 242, 442
Sayán, ciudad, 47
Sayri Túpac, 529
Schobinger, 460
Schweigger, Erwin, 127, 129, 130, 139, 271
Scorza, Manuel, 788, 791, 795
Scott, Walter, 824
Sechín, río, 837
Sechín, sitio arqueológico, 162, 434, 447, 476, 477, 807
Sechura, bahía de, 17, 22
Sechura, ciudad, 4, 131, 232, 432, 446
Sechura, desierto, 4, 20, 24, 59, 81, 90, 116, 117, 120, 231, 667
Sechura, provincia, 233, 234
Segura, Manuel Asencio, 778, 885
Seminario del Castillo, Luisa
Sempat, Carlos, 313
Sendero Luminoso, 633, 709, 910, 949
Seoane Ros, Enrique, 867
Sepa, río, 107
Sepahua, río, 715
Serjalí, río, 100
Serna, José de la, 535, 536, 555, 558, 560
Serpiente, río, 219
Sert, José Luis, 868
Seúl, 881, 882
Sevilla, 11, 507, 522, 541, 745, 810, 811
Shakespeare, William, 824, 886, 951
Shapaja, centro poblado, 39, 44, 240, 242
Shepahua, río, 100, 107
Sheque, laguna, 441
Sheshea, río, 100, 106, 252
Shima, río, 242, 442
Shimbe, laguna, 110, 119, 231, 432
Shinki, Venancio, 834
Shippee, Robert, 450
Shori, río, 91
Shujoc, laguna, 94
Siam, 602
Sibayo, distrito, 68

Sibinacocha, laguna, 117
Sicate, río, 232
Siches, 462
Sicra, 174
Sicuani, 487, 583, 551
Sicuani, ciudad, 103, 184, 185, 255, 355
Sida, José de la, 847, 850
Sierra de Leguizamo, Mancio, 841
Sierra Morena, 745, 775
Siguas, meseta, 167
Siguas, valle, 54
Sihuas, ciudad, 48, 161, 256, 487
Sihuas, provincia, 161, 162, 256
Sihuas, río, 168, 170
Sillay, río, 712
Silva Santiesteban, Fernando, 469
Silva, Juan, 877
Simeón Tejada, José, 578
Simpson, 460
Sinchi Roca, 493
Sinchi Roca, Antonio, 817
Sión, cajón, 34
Sipán, sitio arqueológico, 210, 432, 483
Sira, reserva nacional del, 230, 441
Sisa, río, 114, 239
Siva-Santiesteban, Ricardo, 793, 793
Siza, Álvaro, 868
Skidmore, Thomas E., 642
Socabaya, provincia, 412,
Social Progresismo, 619
Socicaya, río, 104
Sociedad Nacional de Agricultura, 590
Sociedad Nacional de Industrias, 590
Sociedad Nacional de Minería, 590
Sociedades Agrícolas de Interés Social, (SAIS), 674, 675
Socos, pampa, 484
Sofía de España, 967
Sogorón, cerro, 89
Sol, isla, 116, 663
Solano, Francisco, 812
Solar, Gabriela del, 881
Solari Swayne, Enrique, 791, 885
Solf y Muro, Alfredo, 5
Solimana, volcán, 51, 96, 167
Sologuren Javier, 791
Sono, Toshihiko, 475
Sorarija, centro poblado, 726
Soria, Pepe, 884
Soria Luce, Domingo, 526
Soriano, Dominga, 958
Soriano, José, 881
Sotil, Hugo, 880
Soto, Hernando de, 525
Soto, isla, 115, 116, 438
Spelucín, Alcídes, 781
Springuett, Sabino, 832
Squier, Ephraim George, 465, 489
Staley, 891
Stastny, Francisco, 439
Stastny, Vera, 887
Steel, George, 391
Stokowski, Leopold, 888
Stradamus, Jean, 816
Strong, William Duncan, 468
Stübel, Alphons, 466
Suárez de Figueroa, Gómez, 951
Suárez Vértiz, Germán, 831
Suche, laguna, 32, 97
Suches, laguna, 244
Suches, río, 9, 235
Suchiman, ciudad, 583
Sucre, Antonio José de, 174, 560, 561
Sucre, provincia, 171, 172, 256
Sucumbios, río, 11, 717
Suecia, 650
Suiticocha, laguna, 163
Suiza, 954
Sullana, ciudad, 25, 89, 232, 233, 256, 346, 350, 432, 445
Sullana, provincia, 233, 256, 305, 306
Sumbay, río, 96
Sunchubamba, zona reservada, 177, 306
Supe, ciudad, 131, 146, 149, 150, 214, 289
Supe, río, 212
Surco, distrito, 93, 729
Surimana, pueblo, 548
Surquillo, ciudad, 359, 360, 949
Sutton, ingeniero, 607
Swelink, J., 817
Szeminski, 493
Szyszlo, Fernando de, 801, 832

T

Tabaconas, río, 111, 176
Tabacones Namballe, santuario nacional, 305
Tabalosos, ciudad, 114
Tablachaca, río, 30, 159
Tacna, ciudad, 48, 62, 126, 128, 243, 244, 245, 246, 256, 260, 331, 350, 438, 445, 449, 451, 452, 550, 473, 484, 799, 824, 865, 875, 876, 881, 943, 960
Tacna, departamento, 3, 18, 21, 27, 32, 47, 51, 61, 97, 118, 136, 149, 223, 235, 243, 255, 256, 317, 319, 320, 321, 331, 355, 396, 412, 420, 437, 438, 701, 703, 706, 828
Tacna, lomas, 260
Tacna, provincia, 244, 256, 316, 491, 562
Tacuatimanú, río, 104
Tacuni, volcán, 51
Tafur, Manuel, 523, 524
Tagle, José Bernardo de, 656
Tagma, sitio arqueológico, 230
Tahití, 83
Tahuamanu, provincia, 219, 220, 256
Tahuamanu, río, 219
Tahuantinsuyo, federación panandina, 170, 190, 365, 498
Tait, Cecilia, 881, 882
Talara, ciudad, 3, 17, 22, 23, 59, 136, 139, 140, 233, 234, 256, 283, 289, 350, 667, 881
Talara, provincia, 233, 256, 306
Talavera, baños, 166
Talcahuano, 140
Tamaya, río, 106, 120, 252
Tamayo, Augusto, 884
Tamayo Vargas, Augusto, 759, 784
Tambo, río, 20, 22, 27, 52, 54, 95, 96, 97, 100, 105, 106, 168, 199, 200, 216, 223, 252, 437, 441, 710, 711
Tambo Colorado, sitio arqueológico, 435, 843
Tambo de Mora, centro poblado, 149, 490
Tambo Grande, centro poblado, 90, 232
Tambo Viso, centro poblado, 51
Tambobamba, ciudad, 166, 255
Tambopata, provincia, 219, 220, 256, 305, 306
Tambopata, río, 104, 219, 235, 236, 237, 353, 444, 717
Tambopata-Candamo, zona reservada, 306
Tambor Yacu, río, 104, 216
Tampotoco, centro poblado, 495
Tamshiyaco, centro poblado, 41
Tandayoc, cerro, 176
Tangarará, centro poblado, 525
Tange, Kenzo, 868
Tantamayo, sitio arqueológico, 442
Taparacay, sitio arqueológico, 495
Tapia, Ceferino, 882
Tapia, Cristóbal de, 818
Tapiche, río, 100, 106, 163, 216, 715
Taquile, isla, 116, 237, 438
Taraca, ciudad, 48
Taraco, golfo, 9
Taraco, sitio arqueológico, 838
Tarama, provincia, 378
Tarapacá, centro poblado, 372, 373, 485, 584, 897, 946
Tarapacá, departamento, 373
Tarapoto, ciudad, 39, 78, 79, 80, 103, 110, 113, 114, 117, 120, 190, 239, 240, 241, 242, 256, 350, 355, 442, 445, 448, 452
Tarata, ciudad, 71, 243, 244, 245, 256
Tarata, provincia, 10, 243, 244, 256, 701
Taripha, Carmen, 764, 779
Tarma, ciudad, 67, 103, 199, 201, 256, 441, 445, 448, 452, 538, 726, 730, 881, 947
Tarma, provincia, 199, 256
Tarma, río, 202
Tarma, valle, 200, 441
Tartaria Mayor, 456
Tauro, Miguel Ángel, 963
Tauro del Pino, Alberto, 183, 773, 784, 963
Tayabamba, ciudad, 110, 114, 203, 206, 256
Tayacaja, provincia, 187, 188, 256
Taylor, Gerald, 762
Taymi, río, 90, 207
Tchaikowski, Piotr, 887
Tejedores, centro poblado, 59
Telarmachay, sitio arqueológico, 202
Telesio, Bernardino, 747
Telge, Lucy, 887
Tello, Julio César, 458, 466, 479, 484, 494, 665, 750, 772, 781
Tello, Roberto, 462, 467, 470, 877
Teodosio, 519
Tequendama, 474
Teresita, ciudad, 105
Terry García, Lucila, 944
Terry, Guillermo, 880
Tezozómoc, 498
Theotokópoulos, Dominikos, 813
Thoerne, Lisa von, 887
Thorndike, 876
Thurnwald, 503, 504
Tiahuanaco, 170, 365, 461, 464, 465, 466, 479, 480, 482, 484, 485, 486, 487
Tibaldi, Peregrino, 809
Ticlio, nevado, 93, 441, 421
Ticllacocha, laguna, 119
Ticsani, volcán, 51
Tiglatfalasar III, 497
Tigre, río, 6, 41, 42, 112, 216, 443, 716, 717, 718
Timur Leng, 497
Tinajones, represa, 90, 208, 944
Tingo Grande, ciudad, 437
Tingo María, ciudad, 34, 39, 41, 78, 103, 110, 113, 114, 174, 191, 193, 194, 214, 242, 284, 355, 445, 448, 452
Tingo María, cuevas, 279
Tingo María, valle, 192, 256
Tinta, ciudad, 549, 725, 818
Tipin, Oleg, 887
Tipón, sitio arqueológico, 841
Tiquina, estrecho, 115
Tirso de Molina, 498, 774
Tiscani, volcán, 223
Titicaca, isla, 116
Titicaca, lago, 3, 9, 10, 20, 32, 33, 58, 67, 69, 89, 98, 115, 116, 117, 200, 235, 243, 246, 287, 310, 334, 386, 438, 474, 481, 484, 591, 583, 663, 732, 804, 839, 862, 894, 895, 901
Titicaca, meseta, 67, 72, 224, 238
Titicaca, reserva nacional, 305, 438
Tiziano, Vecellio, 825
Tlapacoya, 459

Tobar Donoso, Julio, 5,
Tocache, ciudad, 34, 110, 242, 355, 448
Tocache, cuevas, 279
Tocache, provincia, 239, 240, 241, 256
Tocache, río, 99, 114, 239
Tocache Nuevo, ciudad, 114, 241, 256
Tocache Nuevo, río, 113
Tocache Viejo, ciudad, 114
Tocras, quebrada, 207
Tokyo, 883
Tola, José Miguel, 834
Toledo, Alejandro, 636
Toledo, Francisco de, 493, 508, 529, 530, 532, 533, 536, 546, 731, 762, 814, 844, 855, 858
Toledo y Leiva, Pedro de, 536
Tomayquichua, pueblo, 194
Tomebamba, 496
Tono, río, 104
Topará, 480
Topa Yupanqui, 494
Toquepala, ciudad, 243, 246, 309, 462, 621, 799
Toquepala, mina, 394, 472, 473
Tord, Luis Enrique, 796, 815
Toribio Ureta, Manuel, 578
Toro Mocho, pampas, 436
Toro Montalvo, César, 765, 794
Toro Muerto, sitio arqueológico, 451
Torontoy, sitio arqueológico, 841
Torre, Guillermo, 783
Torre, Juan de la, 526
Torre, Macedonio de la, 831, 832
Torre, Zoila Victoria de la, 953
Torre Tagle, marqués de, 558, 559
Torrealva, Gina, 881
Torres, Martín de, 821
Torres de Vidaurre, José, 877
Torres y Portugal, Fernando de, 536
Torrico, Juan Crisóstomo, 565, 567, 656
Tortuga, bahía, 22
Tortugas, islas, 21
Tortugas, sitio arqueológico, 146, 434
Toshihiko Arakaki, Félix, 795
Tossi, Joseph A., 59, 259, 265
Totoral, volcán, 243
Tovar, Carlos, 879
Travesí, Gloria, 884
Trazegnies, Fernando de, 796, 969
Trelles, Oscar, 750
Tres Ventanas, 472
Trinborn, Hermann, 762
Troll, C., 63, 67
Troncoso, Pablo de, 812
Truel, Pablo, 876
Trujillo, ciudad, 24, 25, 48, 59, 60, 92, 126, 127, 128, 136, 178, 203, 204, 206, 207, 242, 256, 259, 260, 284, 285, 287, 289, 341, 343, 344, 345, 346, 350, 351, 352, 370, 425, 433, 446, 447, 452, 472, 521, 522, 524, 530, 538, 544, 558, 583, 618, 667, 724, 729, 744, 752, 782, 783, 799, 811, 812, 821, 822, 829, 831, 840, 851, 853, 864, 867, 874, 876, 881, 888, 953, 964
Trujillo, departamento, 203, 255, 256, 800, 801, 838, 840
Trujillo, Gonzalo Martín de, 526
Trujillo, lomas, 260
Trujillo, provincia, 203, 204, 256, 306
Trullen, Manuel, 884
Tschudi, Johan Jakob von, 465, 489
Tsuchiya, Tilsa, 834
Tubal, 456
Tucker, John, 953
Tuco, nevado, 92
Tucumán (Argentina), 498, 732, 736, 826, 832
Túcume, pirámides, 210
Tule Springs, 459
Tullparaju, laguna, 119
Tulumayo, río, 35, 114, 191, 199, 202, 267,
Tumán, hacienda, 345
Tumbes, ciudad, 136, 150, 247, 248, 249, 250, 256, 285, 331, 350, 431, 445, 506, 507, 525, 526, 805, 840
Tumbes, departamento, 20, 22, 25, 48, 58, 62, 85, 125, 127, 135, 142, 149, 231, 247, 250, 255, 256, 259, 272, 293, 305, 306, 319, 331, 420, 432, 700, 703, 894
Tumbes, fortaleza, 524
Tumbes, provincia, 247, 249, 256, 305, 306, 316, 561
Tumbes, río, 6, 25, 89, 136, 137, 248, 250, 259, 288, 289, 431, 895
Tumbi, cacique, 247
Tumilaca, centro poblado, 736
Tunan Marca, ruinas, 441
Túnel Cero, 70
Tunga, cerro, 27
Tungasuca, 548, 549
Tunqui, sitio arqueológico, 230
Tupa Puma, Baltazar, 816
Túpac Amaru I, 528, 529, 533, 770, 808, 818
Túpac Amaru II, 537, 538, 547, 548, 549, 550,
Túpac Amaru, Diego Cristóbal, 664
Túpac Yupanqui, 104, 221, 240, 496, 772, 841, 951
Turpo, laguna, 94
Tutmoses III, 497
Tutupaca, volcán, 51, 243
Tuyru Túpac, Juan Tomás, 817, 821, 859

U

Ubinas, centro poblado, 52, 736
Ubinas, volcán, 51, 54
Ucayali, ciudad, 331, 445
Ucayali, departamento, 20, 105, 183, 191, 199, 219, 218, 221, 227, 306, 718, 958
Ucayali, provincia, 40, 215, 217, 256, 305, 306, 317, 319, 324, 325, 333, 443, 452, 659
Ucayali, río, 40, 41, 98, 100, 104, 105, 106, 107, 109, 110, 119, 168, 191, 215, 216, 228, 239, 251, 252, 255, 256, 284, 443, 444, 690, 665, 703, 709, 710, 711, 715, 716, 718
Uchcomachay, sitio arqueológico, 474
Uchiza, ciudad, 30, 34, 114, 241, 242, 355
Uchiza, río, 114, 139
Uchusuma, río, 97, 116
Uctubamba, río, 266, 433
Ucupe, pampa, 207
Ugalde, Manuel, 823
Ugarte Eléspuru, Juan Manuel, 831
Ugarte, Alfonso, 866
Ugarteche, Magdalena, 960
Uhle, Friedrich Max, 462, 466, 467, 470, 489
Ulloa, Antonio de, 566
Ulloa, José Casimiro, 750
Ulloa, Manuel, 875
Ulloa Cisneros, Alberto, 874, 897
Ulrich, Grimaldo, 882
Umayo, laguna, 32, 235, 438
Umbert, Antonio, 878
Umpalca, río, 97
Unamuno, Miguel de, 948
Unanue, Hipólito, 550, 743, 745, 775, 963
Unanue, Miguel Antonio de, 963
Uncallame, río, 116
Unión de Jornaleros de la Compañía Naviera, 594
Unión Nacional de Estudiantes Católicos (UNEC), 691
Unión Nacional, 654, 952
Unión Revolucionaria, 654
Unión Soviética, 784, 785, 891, 955, 962
Unión, río, 110
Urcos, ciudad, 183, 184, 185, 256, 818, 846
Urcosuyo, 498
Ureta, Alberto, 781
Ureta, Charo, 884
Uribe, Miguel Ángel, 881
Urituyacu, río, 718
Uro, 491
Urquidi, Julia, 965
Urquizo, Vicente, 882
Urteaga, Mariano, 828
Urteaga Cabrera, Luis, 766, 795
Urubamba, ciudad, 10, 46, 103, 183, 184, 185, 186, 256, 288
Urubamba, provincia, 183, 185, 256, 305
Urubamba, río, 20, 30, 34, 38, 39, 66, 105, 106, 107, 183, 184, 186, 221, 252, 267, 439, 440, 661, 710, 711, 843
Urubamba, valle, 30, 470
Uruguay, 744, 879, 946, 953, 962
Uscayo, río, 236
Ustute, isla, 116
Utcubamba, provincia, 155, 156, 157, 158, 256
Utcubamba, río, 112, 155, 156, 158
Utiquenea, río, 252

V

Valcárcel, A., 570
Valcárcel, Domingo, 964
Valcárcel, Luis Eduardo, 310, 494, 608, 783, 787, 788, 964
Valdelomar, Abraham, 780, 781, 782, 785, 786, 787, 788, 874, 948
Valdez Leal, Juan de, 812
Valdivia, 140, 458, 475
Valdivia, Gualberto, 52, 53
Valdivieso, Juan, 879
Valdizán, Hermilio, 750, 781
Valencia, laguna, 219
Valera, Blas, 12, 13, 495, 498, 500
Valera, Eamon de, 826
Valera, Juana de, 812
Valladolid, 491, 705
Valle, Alex, 877, 884
Valle, Manuel María del, 873
Valle Caviedes, Juan de, 773
Valle de Majes, ciudad, 48
Valle Sagrado de los Incas, 183, 184, 186, 439, 440, 449
Vallejo, César, 759, 764, 780, 781, 783, 784, 785, 786, 790, 791, 876, 943, 948, 953, 964
Valparaíso, 140, 370, 372, 565, 602, 952, 953
Valverde, Vincente de, 526, 525, 543
Vancouver, 140
Varela, Blanca, 791
Varese, Stéfano, 766
Vargas, Alonso de, 951
Vargas, Pedro de, 810, 820
Vargas Guerra, 111
Vargas Llosa, Mario, 631, 759, 766, 774, 788, 791, 792, 883, 949, 965, 966
Vargas Ugarte, Rubén, 372
Vargas Vicuña, Eleodoro, 760, 763, 788, 791
Vasconcelos, José, 953
Vasquez, Carlos, 883
Vasquez, Edwin, 882

Vásquez, Emilio, 765
Vásquez, Jesús, 877
Vásquez, Juan Bautista, 820
Vaticano, 690, 810, 962
Vázquez de Espinosa, Antonio, 456, 493
Vega Herrera, César, 886
Vega y Carpio, Lope de, 762, 764, 773, 885
Vegas Vélez, Manuel, 137, 145
Velarde, José, 952
Velarde, Héctor, 864
Velarde, Octavio, 261
Velasco, Bernardo de, 817
Velasco, Luis de, 536
Velasco Alvarado, Juan, 407, 425, 626, 629, 633, 656, 671, 697, 698, 707, 872, 874, 875, 878, 957, 966
Velasco Gallo, Juan Francisco, 966
Velásquez, Carlos, 886
Velásquez, José, 886
Velásquez, Tulio, 886
Velo de la Virgen, cascada, 443
Venezuela, 279, 386, 456, 520, 564, 602, 905, 907
Ventanilla, ciudad, 146, 289
Ventanillas de Otuzco, sitio arqueológico, 433
Veragua, 520
Veramendi, Miguel de, 856
Verano, Mario, 882
Verástegui, Enrique, 794
Verbist, Felyne, 887
Verde, río, 70, 116
Verdecocha, laguna, 93
Vergel, Teófilo, 874
Verkerk, Ignace, 888
Veronés, Paolo Caliari el, 825
Verpucio, Americo, 456
Víctor Fajardo, provincia, 171, 172, 256
Victor Hugo, 780
Vicús, cerro, 479
Vidal, Juan Francisco, 656
Viena, 831
Vienrich, Adolfo, 764
Vilacota, laguna, 244
Vila-Vila, centro poblado, 149
Vilca, río, 187
Vilcabamba, ciudad, 528, 529, 532, 533, 770, 808
Vilcabamba, cordillera, 99, 439
Vilcabamba, río, 163
Vilcanota, laguna, 32
Vilcanota, macizo, 99
Vilcanota, río, 33, 65, 66, 106
Vilcapoma, José Carlos, 735
Vilcas Huaman, ciudad, 171, 172, 173, 256, 843
Vilcas Huaman, provincia, 171, 172, 256
Vilcas Huaman, sitio arqueológico, 440, 506
Villa, Pancho, 948
Villa Rica de Oropesa, 187, 710
Villa Rica, departamento, 355
Villa Valverde, 195
Villanes Cairo, Carlos, 795
Villanueva, Alejandro, 879
Villanueva, Armando, 950
Villanueva, Leoncio, 834
Villar Don Pardo, conde de, 536
Villarán, Luis Felipe, 578
Villarán, Raúl, 875
Villarán, Ricardo, 884
Villegas, Armando, 832
Villena y Pérez, Teresa de, 959
Villota, Alejandro, 872
Vilque, 369, 664
Vilquechico, golfo de, 116
Vinatea Reinos, Jorge, 831
Vírilá, 120, 234, 446
Virreinato del Perú, 370, 549, 550, 531
Virreinato del Río de la Plata, 547, 548,
Virú, ciudad, 146, 203, 481
Virú, provincia, 203, 204
Virú, río, 24, 203
Virú, valle, 481, 482, 489
Viscachas, laguna, 32
Viscardo y Guzmán, Juan Pablo, 775
Viso, cañón, 93
Vista Florida, conde de, 550, 558
Vitcos, sitio arqueológico, 841
Vitcos, cerro, 439
Vítor, río, 96, 97, 168
Vitor, valle, 54, 62
Viuda, cordillera de la, 441
Vivanco, Manuel Ignacio de, 555, 567, 656, 952
Vizcarra, Leticia, 964
Voltaire, 775, 778, 787
Von Hassel, 104
Vorsterman, Lucas, 814
Vos, Martín de, 814, 812

W

Wachtel, Nathan, 493, 772
Wallparrimachi Mayta, Juan, 761
Washington, 19, 710, 958
Watanabe, José, 794
Weberbauer, Augusto, 35, 77, 259, 262, 267, 749
Westphalen, Emilio Adolfo, 783
Wethey, Harold E., 846
Whitman, Walt, 784, 948
Wichquena, sitio arqueológico, 173, 440
Wiener, Charles, 465, 497
Wiese, Ricardo, 834
Willey, Gordon, 479
Winternitz, Adolfo,
Wissler, Clark, 468
Wyrtki, Klaus, 131, 133

X

Xerez, Francisco de, 463, 809

Y

Yaguas, río, 104
Yaguasyacu, río, 712, 714
Yáhuar Huaca, 104, 494
Yahuarpampa, 495
Yanachaga, relieve, 227
Yanahuanca, ciudad, 227, 228, 229, 255
Yanahuara, ciudad, 437, 860
Yanaoca, ciudad, 183, 255, 818
Yanasalla, cerro, 96
Yanayacu, río, 717
Yanesha, reserva comunal, 306
Yañez, José Anselmo, 823
Yañez Pinzón, Vicente, 102
Yaquerana, río, 715
Yarinacocha, laguna, 119, 252
Yarovilca, provincia, 191, 193, 488
Yarupa, nevado, 109
Yarus, sitio arqueológico, 229, 230
Yauca, río, 168, 171
Yauli, mina, 390
Yauli, provincia, 51, 199, 256
Yaupi, río, 6, 7,8, 111
Yauri, ciudad, 183, 255
Yauri Montero, Marcos, 795
Yaurihuirí, laguna, 171
Yauyos, ciudad, 64, 67, 211, 212, 214, 256, 725, 735
Yauyos, provincia, 211, 212, 256, 701
Yavarí, río, 9, 41, 100, 215, 216, 296, 443, 690, 895
Yavarí-Yaquerana, río, 104
Yaverija, río, 9
Yavero, río, 106
Yectán, 455
Yepes, Ernesto, 635, 753
Yerovi, Leónidas, 777, 874
Yerovi, Nicolás, 874
Yofré, Sara, 886
Yonan, ciudad, 583
Youskevitch, Igor, 887
Yubineto, río, 104, 717
Yucamané, volcán, 51, 243
Yucatán, 455
Yucay, sitio arqueológico, 449, 817, 841
Yucay, ciudad, 186
Yuma, 460
Yungane, río, 97
Yungay, ciudad, 10, 46, 50, 92, 161, 162, 256, 288
Yungay, provincia, 161, 162, 256, 305
Yunguyo, ciudad, 68, 237, 256, 438
Yunguyo, provincia, 233, 236, 256, 306, 701
Yupanqui, 495
Yura, ciudad, 51, 437
Yura, río, 96
Yuraccocha, laguna, 118
Yuracyaco, 80, 251
Yuracyacu, río, 39, 108, 269, 443, 444
Yurimaguas, ciudad, 41, 110, 113, 114, 215, 217, 218, 242, 255, 443, 445, 448
Yurúa, río, 40, 104, 710
Yuscay, río, 232
Yutupis, río, 111

Z

Zaltieri, 457
Zamora, río, 6, 7
Zamorano, Ernestina, 877
Zancudo, río, 6
Zaña, río, 175
Zaña, sitio arqueológico, 210
Zaña, valle, 370, 371
Zapallal, pongo, 248
Zapata, Marcos, 818, 819
Zapata Inca, Juan, 817
Zárate, Agustín de, 463
Zaruma, sierras, 89
Zarumilla, ciudad, 247, 249, 250, 256
Zarumilla, provincia, 247, 249, 256, 305, 306
Zarumilla, río, 6, 25, 89, 137, 248, 259
Zavala, Ana Cecilia, 888
Zeballos, Fernando, 827
Zela, Francisco de, 550
Zileri, Enrique, 876
Zoloaga, Antonio de, 821
Zorritos, ciudad, 22, 59, 125, 247, 249, 250, 255, 289
Zubiaurre, Valentín de, 829
Zuccari, Federico, 809
Zuccari, Tadeo, 809
Zuidema, Tom, 493
Zulen, Pedro S., 787
Zuloaga, Ignacio, 829
Zumaco, provincia, 103
Zúñiga y Acevedo, Gaspar de, 536
Zurbarán, Francisco de, 812
Zurite, centro poblado, 817, 818, 819
Zuta, Salvador, 132, 133